中国铁建年鉴

CHINA RAILWAY CONSTRUCTION CORPORATION LIMITED YEARBOOK

2021

《中国铁建年鉴》编委会 编

图书在版编目（CIP）数据

中国铁建年鉴. 2021 / 《中国铁建年鉴》编委会编.
--北京：中国经济出版社，2022.1
ISBN 978-7-5136-6824-8

Ⅰ. ①中… Ⅱ. ①中… Ⅲ. ①铁路工程-中国-2021-年鉴 Ⅳ. ① F532.3-54

中国版本图书馆CIP数据核字（2022）第029985号

中国铁建年鉴（2021）

策划编辑：李祥柱
责任编辑：李玄璇
责任印制：马小宾

出版发行：中国经济出版社
承　　印：北京富泰印刷有限责任公司
经　　销：各地新华书店
开　　本：787mm × 1092 mm　1/16
印　　张：48.75
插页印张：3
字　　数：1800千字
版　　次：2022年1月第1版
印　　次：2022年1月第1次印刷
定　　价：300.00元
广告经营许可证：京西工商广字第8179号

中国经济出版社　**网址** www.econmyph.com　**社址** 北京市东城区安定门外大街58号　**邮编** 100011
本版图书如存在印装质量问题，请与本社发行中心联系调换（联系电话：010-57512564）

《中国铁建年鉴》编委会

编 辑 工 作 人 员

编辑说明

一、《中国铁建年鉴》是一部概览中国铁建系统各方面情况的综合性、资料性工具书，1993年创办，本期年鉴为第29卷。全书全面、系统地反映2020年度中国铁建的基本概貌、改革发展、施工生产、经营管理、科技创新、党群工作等方面取得的新成果、新经验以及重要活动信息。

二、本年鉴记载时间跨度为2020年1月1日至12月31日，内容采用文章、条目、图片、表格等表现形式。年鉴体例采用分类编辑法，全书由类目、分目、条目3个层次组成，个别类目如“工程施工”“党的工作”为表述清楚设次分目。本期年鉴共计17个类目，类目下设分目75个、次分目45个、条目1668条、表格62份、文章12篇。

三、本年鉴注重图片资料收录，以彩页和压题、补白的形式编录，力求全书图文并茂地反映企业的发展历程。

四、本年鉴稿件由中国铁建总部各部门及所属各单位提供，并经其主管领导审核把关。年鉴文章、条目、图表中涉及的一些数据，是不同口径、不同渠道提供的，如有矛盾之处，应以经营和财务资金部门提供的数据为准。

五、本年鉴根据行文实际需要，单位名称全称和简称并用。

六、本年鉴卷首有详细的目录，卷末有按汉语拼音顺序排列的主题分析索引，文中所有信息均可由目录、索引、书眉检索。

七、本年鉴坚持“质量第一、读者第一、服务第一”的宗旨，篇幅适当、内容丰满、信息密集、数据翔实，且数据信息图表化，注重实用功能和数据对比分析，为读者了解、认识、研究中国铁建提供真实可靠、可鉴、可用的翔实资料。从年鉴内容到格式，均按中国制定发布的与编辑、校对有关的法律、法规、标准和规范的等有关规定进行规范。为进一步提高编纂质量，诚盼读者提出宝贵意见。

八、《中国铁建年鉴》的编辑出版，得到中国版协年鉴工作委员会、中国经济出版社和兄弟单位的指导、帮助，得到中国铁建系统各级领导、部门的关心、支持，得到各单位史志工作者的密切配合，我们在此一并致谢。

2020年1月18日，中铁建发展集团有限公司在北京举行战略合作签约暨揭牌仪式。
（黄慧娟 提供）

2020年4月28日，中铁建资本控股集团有限公司在北京举行成立揭牌仪式。图为参加揭牌仪式人员合影。
（王楚怡 摄）

2020年11月5日，中国铁建党委书记、董事长汪建平到中铁十五局集团有限公司调研。图为汪建平（中）参观企业荣史馆。（赵向国 摄）

2020年11月12日，中国铁建总裁、党委副书记庄尚标（中）到中国铁建大桥工程局集团有限公司福厦高速铁路项目检查调研。（张 伟 摄）

2020年5月14日，中国铁建党委副书记、执行董事陈大洋（右一）到中铁城建集团有限公司调研指导。（杜进才 摄）

2020年12月1日，中国铁建党委常委、执行董事刘汝臣（左二）到华南区域总部深圳地铁16号线检查调研。（刘德联 摄）

2020年12月29日，中国铁建党委常委、总会计师兼总法律顾问、首席合规官王秀明（右二）到中铁十六局集团有限公司宣讲党的十九届五中全会精神并调研。（冯 爽 提供）

2020年10月14日，中国铁建党委常委、纪委书记李春德（左一）到中铁二十四局集团江苏公司调研并讲党课。（张欢欢 提供）

2020年10月20日，中国铁建党委常委、副总裁李宁（左二）到中铁十八局集团环保科技公司南阳竹缠绕管道生产基地考察调研。（杨小刚 摄）

2020年8月5日，中国铁建党委常委、副总裁汪文忠在太原出席中国铁建赴尼日利亚防疫工作组回国欢迎仪式并调研。图为汪文忠（前排右一）向工作组成员赠送纪念品。（周福荣 摄）

2020年7月22日，中国铁建副总裁刘成军（左二）到中铁建设集团有限公司葛沽镇项目调研。（杨　宽 摄）

2020年5月27日，中国铁建副总裁王立新（前排中）到中铁二十二局集团有限公司京沈客运专线京冀段调研。（王翰韬 摄）

2020年7月20日，中国铁建副总裁倪真到华北区域总部北京大兴国际机场北线高速项目调研。图为倪真（右二）查阅党建工作资料。（许　鹏 摄）

2020年9月15日，中国铁建昆仑投资集团有限公司与四川省攀枝花市人民政府签署战略合作协议。 （李国卿 摄）

2020年9月11日，中国铁建与河北省保定市人民政府签署战略合作框架协议。 （李亚军 摄）

2020年7月13日，中铁建发展集团有限公司与中国化工新材料有限公司在北京签署合作框架协议。 （刘建军 摄）

2020年12月22日，中国铁建与中国出口信用保险公司签署战略合作协议。

（李锦龙 摄）

2020年11月10日，中国铁建西南区域总部与西藏开发投资集团有限公司在成都签署“十四五”清洁能源领域战略合作协议。

（李国卿 摄）

2020年10月20日，中铁十八局集团有限公司与北京洪泰产业投资有限公司在天津签署战略合作框架协议。

（伍 振 摄）

2020年10月28—29日，中国铁建党委书记、董事长汪建平，副总裁刘成军到河北省张家口市万全区、尚义县调研扶贫工作。图为汪建平（左一）、刘成军（右一）一行到张家口伦比服饰有限公司调研。

（李美华 摄）

2020年6月8—10日，中国铁建总裁、党委副书记庄尚标参加青海省2020年深度贫困地区脱贫攻坚现场推进会，并到青海省甘德县调研扶贫工作。图为庄尚标（前排右二）代表中国铁建向甘德县捐助帮扶资金。

（周福荣 摄）

中铁建设集团西南公司承建的易地扶贫搬迁工程贵州省毕节市金海湖锦绣金海小区。（李兰锁 摄）

2020年7月16日，中国铁建大桥工程局集团有限公司，中铁十二局、中铁十九局集团有限公司参建的国务院交通扶贫重点工程建（始）恩（施）高速公路建成通车。（殷 民 提供）

2020年1月10日，中铁城建集团有限公司对口扶贫工作推进会暨麻阳县石羊哨乡赠送锦旗仪式在湖南长沙举行。（杜进才 提供）

2020年2月，在阻击新型冠状病毒肺炎疫情的关键时刻，中铁十一局集团有限公司驰援武汉火神山医院施工建设，为打赢疫情防控阻击战贡献中国铁建力量，彰显央企责任担当。

（黄品青 摄）

2020年4月1日，中国铁建向阿尔及利亚捐赠呼吸机仪式在中国铁建国际集团有限公司举行。图为中国铁建员工为阿尔及利亚抗疫加油。

（李 子 提供）

2020年6月22日，中铁建设集团设备安装公司历经55小时连续奋战，圆满完成北京新发地批发市场有关污染气体消毒净化任务，在科学战“疫”中彰显央企担当和社会责任。（李小军 摄）

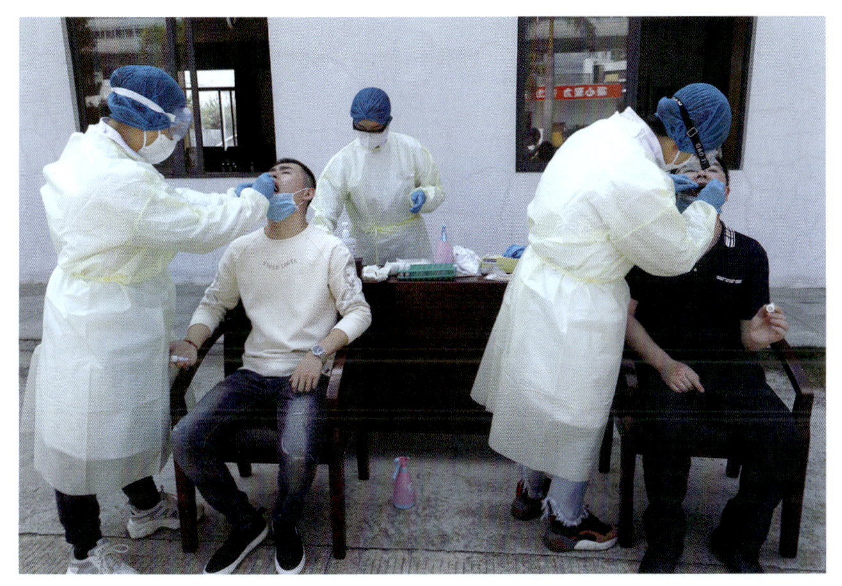

2020年2月22—29日，中国铁建华南区域总部组织所属各单位到岗人员全部开展核酸检测，呵护员工身心健康。（刘 虹 提供）

2020年2月12日，中铁二十五局集团西北分公司向西安市高新区管委会援助抗疫物资。（石 楠 摄）

中国铁建大桥工程局集团有限公司参建的广州市轨道交通2号、8号线延长线工程获第17届中国土木工程詹天佑奖。

（张洪飞 摄）

中铁十二局集团有限公司及其建安公司参建的重庆西站（重庆至贵阳铁路扩能改造工程重庆西站站房及相关工程）获第17届中国土木工程詹天佑奖。

（赵明远 摄）

中铁十二局、中铁十七局、中铁二十局集团有限公司，中铁第四勘察设计院集团有限公司参建的郑州至徐州铁路客运专线工程获第17届中国土木工程詹天佑奖。
（罗春晓 摄）

中铁二十四局集团有限公司参建的上海长江路越江通道工程获第17届中国土木工程詹天佑奖。（周小京 摄）

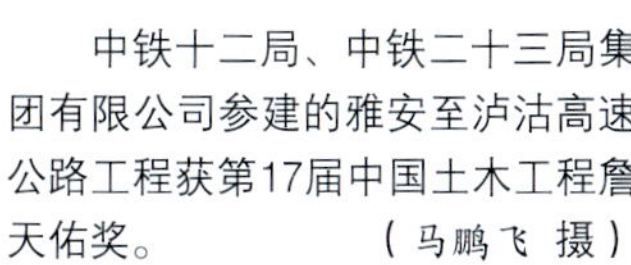

中铁十二局、中铁二十三局集团有限公司参建的雅安至泸沽高速公路工程获第17届中国土木工程詹天佑奖。（马鹏飞 摄）

中铁十四局、中铁十六局集团有限公司参建的杭州市紫之隧道（紫金港路至之江路）工程获第17届中国土木工程詹天佑奖。

（冯 爽 提供）

中铁十二局、中铁十九局、中铁二十一局集团有限公司，中铁第一勘察设计院集团有限公司参建的新建拉萨至日喀则铁路工程获第17届中国土木工程詹天佑奖。

（张孟桥 摄）

中铁十八局集团有限公司参建的云桂铁路南盘江特大桥工程获第17届中国土木工程詹天佑奖。

（杨继明 摄）

中国铁建大桥工程局集团有限公司，中铁十四局、中铁二十局、中铁二十三局集团有限公司参建的成都地铁2号线工程获第17届中国土木工程詹天佑奖。
（岳文锋 摄）

中铁十四局、中铁十八局、中铁十九局、中铁二十五局集团有限公司参建的云桂铁路工程获第17届中国土木工程詹天佑奖。
（王大利 摄）

中铁十四局集团有限公司、中铁第四勘察设计院集团有限公司参建的扬州市瘦西湖隧道工程获第17届中国土木工程詹天佑奖。（邓云文 提供）

中国土木工程集团有限公司建设的土耳其安伊铁路二期工程获2020年度中国建设工程鲁班奖（国家优质工程）。

（国 测 提供）

中铁建设集团有限公司承建的北京新机场南航基地项目获2020年度中国建设工程鲁班奖（国家优质工程）。（司武平 提供）

中铁十八局、中铁二十五局集团有限公司承建，中铁十一局、中铁十二局、中铁十六局、中铁十九局、中铁二十局、中铁二十四局集团有限公司，中国铁建大桥工程局集团有限公司、中国铁建电气化局集团有限公司、中铁城建集团有限公司参建的南宁市轨道交通3号线一期工程（科园大道至平乐大道）获2020年度中国建设工程鲁班奖（国家优质工程）。

（张满红 摄）

中铁建设集团有限公司承建的广西大学君武文化艺术教育中心项目获2020年度中国建设工程鲁班奖（国家优质工程）。（冯友平 提供）

中铁建设集团有限公司承建的长影海南生态文化产业园中国区工程获2020年度中国建设工程鲁班奖（国家优质工程）。（冯友平 提供）

中铁建设集团有限公司承建的新建吉安西站站房及相关工程获2020年度中国建设工程鲁班奖（国家优质工程）。

（张淼森 提供）

中铁十四局集团有限公司承建，中铁十四局集团大盾构公司、中铁十一局集团电务公司、中铁十二局集团电气化公司参建的武汉市轨道交通8号线一期工程获2020年度中国建设工程鲁班奖（国家优质工程）。

（黄松河 摄）

中国土木工程集团有限公司参建的中国建筑巴基斯坦PKM项目获2020年度中国建设工程鲁班奖（国家优质工程）。

（国 测 提供）

中铁十一局集团有限公司参建的500米口径球面射电望远镜（FAST）项目主体工程获2020年度国家优质工程金质奖。

（徐云华 提供）

中铁十五局集团有限公司参建的广州市轨道交通14号线一期工程获2020年度国家优质工程金质奖。

（闫永凤 提供）

中铁建设集团有限公司施工总承包，中铁第四勘察设计院集团有限公司勘察设计，北京铁城建设监理有限责任公司监理，中铁建设集团北京中铁装饰公司、设备安装公司、基础设施建设公司，中铁十一局集团建安公司参建的新建云桂铁路引入昆明枢纽昆明南站站房工程获2020年度国家优质工程金质奖。

（陈 静 提供）

铁四院（湖北）工程监理咨询有限公司、北京铁城建设监理有限责任公司监理的深圳市城市轨道交通9号线工程获2020年度国家优质工程金质奖。图为9号线侨城东车辆段运用库。

（周新霞 提供）

中铁十二局集团有限公司施工总承包的太古供热项目（古交兴能电厂至太原供热主管线及中继能源站工程）获2020年度国家优质工程金质奖。图为建设者欢庆太古供热隧道进口和2号斜井提前贯通。

（张 鼎 提供）

中铁十一局、中铁十七局集团有限公司，中铁十二局集团电气化公司施工总承包，铁四院（湖北）工程监理咨询有限公司监理，中铁十一局集团一、四、六公司和城轨公司参建的武汉市轨道交通6号线一期工程获2020年度国家优质工程金质奖。图为唐家墩站。 （周新霞 提供）

中铁第一勘察设计院集团有限公司勘察设计的郑州至西安客运专线引入西安枢纽新建客运北环线西安动车段工程获2020年度国家优质工程奖。 （张孟桥 摄）

中铁建设集团有限公司施工总承包，中铁建设集团西安公司参建的荣华国际商务中心工程获2020年度国家优质工程奖。 （李 超 提供）

中国铁建电气化局集团有限公司施工总承包，中铁第一勘察设计院集团有限公司勘察设计，西安铁一院工程咨询监理有限责任公司、北京铁研建设监理有限责任公司、北京铁城建设监理有限责任公司监理，中国铁建电气化局集团二、四公司和北方公司参建的新建铁路西安至成都客运专线西安至江油段四电系统集成工程获2020年度国家优质工程奖。

（张 旭 提供）

中铁二十二局集团有限公司施工总承包，北京铁研建设监理有限责任公司监理，中铁二十二局集团二公司参建的昆玉铁路宝峰隧道工程获2020年度国家优质工程奖。

（侯钦佩 摄）

北京铁城建设监理有限责任公司监理的新建南京至安庆铁路芜湖站工程获2020年度国家优质工程奖。

（李 馨 提供）

中铁十一局、中铁十六局集团有限公司参建的京港澳高速公路驻马店至信阳（豫鄂界）段改扩建工程获2020年度国家优质工程奖。（杜　亮 提供）

中铁十七局集团有限公司施工总承包，中铁十七局集团四公司参建的广西贵港市青云大桥工程获2020年度国家优质工程奖。（张　鹏 摄）

中国铁建投资集团有限公司管理，中铁十二局、中铁十四局集团有限公司施工总承包，中铁十四局集团一、二公司和中铁二十局集团二公司参建的北京兴延高速公路石峡隧道工程获2020年度国家优质工程奖。（曹　茜 提供）

中铁十一局集团五公司施工总承包，中铁二十三局集团有限公司参建的重庆市华岩（石板）隧道工程获2020年度国家优质工程奖。（徐　锋 提供）

中铁一院集团南方工程咨询监理有限公司监理的柳州市官塘大桥工程获2020年度国家优质工程奖。（邓海洪 摄）

中铁建设集团有限公司施工总承包，中铁建设集团北京公司参建的北京新机场东航基地项目（1号配餐楼等12项）获2020年度国家优质工程奖。（司武平 提供）

中铁城建集团有限公司参建的广西东盟信息交流中心一期建设项目获2020年度国家优质工程奖。（梁财太 提供）

中铁二十局集团有限公司施工总承包，中铁第四勘察设计院集团有限公司勘察设计，甘肃铁一院工程监理有限责任公司监理，中铁二十局集团一、三、五公司参建的新建郑州至徐州铁路客运专线民权特大桥工程获2020年度国家优质工程奖。（唐相彦 提供）

中国铁建港航局集团有限公司施工总承包的达州金南大桥工程获2020年度国家优质工程奖。（曾妆云 摄）

中铁第一勘察设计院集团有限公司勘察设计的新建铁路宝鸡至兰州客运专线古城岭隧道工程获2020年度国家优质工程奖。（王新东 摄）

北京铁研建设监理有限责任公司监理的成都地铁7号线工程土建工程第10标段川师车辆段与综合基地工程获2020年度国家优质工程奖。（魏 昕 提供）

中国铁建大桥工程局集团有限公司，中铁十二局、中铁二十局集团有限公司施工总承包，中铁十四局集团电气化公司、中国铁建大桥工程局集团五公司、中铁十八局集团三公司参建的西安市地铁4号线工程获2020年度国家优质工程奖。 （白晓萍 提供）

中铁十一局、中铁十六局集团有限公司施工总承包，中铁第四勘察设计院集团有限公司勘察设计，中铁一院集团南方工程咨询监理有限公司监理，中铁十六局集团轨道公司、中铁十一局集团城轨公司和六公司、中国铁建电气化局集团有限公司参建的郑州市轨道交通1号线二期工程获2020年度国家优质工程奖。 （谭新强 提供）

西安铁一院工程咨询监理有限责任公司监理的石家庄市城市轨道交通1号线工程获2020年度国家优质工程奖。 （李 琳 提供）

中铁十四局集团有限公司及其电气化公司参建的济南轨道交通1号线工程获2020年度国家优质工程奖。

（胡 琦 摄）

中铁十二局集团有限公司及其二公司参建的郑州机场至周口西华高速公路（一期）工程获2020年度国家优质工程奖。（唐晓明 提供）

中铁十八局集团有限公司及其一公司、中铁十五局集团城建公司参建的武西高速公路桃花峪黄河大桥工程获2020年度国家优质工程奖。（刘庆华 提供）

中铁十一局集团一公司、中铁十七局集团有限公司及其二公司、中铁十八局集团有限公司及其二公司参建的黄陵至铜川高速公路工程获2020年度国家优质工程奖。（丁 迪 摄）

中国铁建施工总承包，中国铁建昆仑投资集团有限公司，中铁十四局、中铁十六局、中铁二十四局集团有限公司，中铁城建集团有限公司等参建的成都元华路神仙树节点项目获2020年度国家优质工程奖。（李培源 摄）

中铁十四局集团有限公司参建的苏州港太仓港区华能煤炭码头工程获2020年度国家优质工程奖。

（甘军华 提供）

中铁十一局集团有限公司施工总承包，中铁十一局集团二、六公司和桥梁公司，中国铁建电气化局集团有限公司参建的新建济南至青岛高速铁路淄博特大桥工程获2020年度国家优质工程奖。（林成立 提供）

中铁十一局集团有限公司施工总承包，中铁第一勘察设计院集团有限公司勘察设计，北京铁研建设监理有限责任公司监理，中铁十一局集团四公司、中国铁建电气化局集团有限公司参建的新建兰州至重庆铁路毛羽山隧道工程获2020度国家优质工程奖。

（徐云华 提供）

中铁十一局集团三公司，中铁十四局集团有限公司及其一、二公司，中铁十二局、中铁十八局、中铁二十三局、中铁二十五局集团有限公司参建的广东省龙川至怀集公路（龙川至连平段）工程获2020年度国家优质工程奖。（曾凡泓 提供）

铁四院（湖北）工程监理咨询有限公司监理的新建北京至沈阳铁路客运专线河北段站前工程JSJJSG-3标段瀑河特大桥工程获2020年度国家优质工程奖。

（邓云文 提供）

中铁第一勘察设计院集团有限公司勘察设计的乌鲁木齐轨道交通1号线工程百园路车辆基地综合楼工程获2020年度国家优质工程奖。

（张孟桥 摄）

2020年12月7日，中国土木工程集团有限公司承建的西非地区首条中国标准双线铁路——拉伊铁路载客试运行。（刘英才 摄）

2020年10月21日，中铁二十一局集团有限公司、中国铁建电气化局集团有限公司参建的匈塞铁路贝（尔格莱德）泽（蒙）段左线开通运营。（解二旬 摄）

中国铁建国际集团有限公司承建的中国企业在特立尼达和多巴哥首个立交桥项目——特多库勒珀立交桥项目建成通车。（李 子 提供）

2020年9月30日，中国土木工程集团有限公司、中铁十九局集团有限公司联合承建的坦桑尼亚乌本戈立交桥建成通车。（石　磊 摄）

中铁建设集团有限公司承建的巴新新爱尔兰省议会大厦项目。（李　威 摄）

2020年10月2日，中铁二十局集团安哥拉国际公司承建的马兰热省卡布迪公路竣工通车。（强星星 提供）

中国铁建国际集团有限公司承建的阿尔及利亚贝佳亚连接线项目第三优先段建成通车。（马彦林 提供）

2020年9月27日，中铁第四勘察设计院集团有限公司总体设计，中铁十二局、中铁十九局、中铁二十四局集团有限公司等参建的衢（州）宁（德）铁路全线通车运营。（邓云文 提供）

2020年5月26日，成昆铁路扩能改造（复线）工程米易至攀枝花段通车。图为中铁建设集团有限公司承建的攀枝花南站。（马昌远 摄）

2020年6月28日，中国铁建大桥工程局集团有限公司、中铁十七局集团有限公司、中国铁建电气化局集团有限公司等参建的商合杭高速铁路合肥至湖州段开通运营。（郭定宏 摄）

2020年12月27日，中铁十二局、中铁二十一局集团有限公司，中国铁建电气化局集团有限公司等参建的京雄城际铁路全线开通运营。图为京雄城际铁路复兴号高速列车整装待发。

（曹筱璐 摄）

2020年12月26日，中铁第一勘察设计院集团有限公司总体勘察设计，中铁十一局集团有限公司、中国铁建大桥工程局集团有限公司，中铁十四局、中铁十六局、中铁十九局、中铁二十二局集团有限公司等参建的银西高速铁路全线通车运营。

（史少龙 摄）

2020年12月30日，中铁十二局、中铁十七局、中铁二十四局集团有限公司等参建的大理至临沧铁路开通运营。

（丁明明 摄）

2020年11月20日，中铁十六局、中铁十七局集团有限公司，中铁建设集团有限公司、中国铁建电气化局集团有限公司等参建的太焦高速铁路开始试运行。（冯 爽 提供）

2020年12月23日，中铁十一局、中铁十四局、中铁十六局集团有限公司等参建的宁波地铁4号线开通运营。 （范思婷 摄）

2020年12月18日，中国铁建昆仑投资集团有限公司投资建设，中铁十二局、中铁十七局、中铁二十局集团有限公司，中铁建设集团有限公司等参建的成都地铁6号线一、二期工程通车运营。 （刘建伟 摄）

2020年12月26日，中铁十二局、中铁十四局、中铁十七局、中铁十八局集团有限公司等参建的太原地铁2号线一期工程通车运营。 （张 鼎 摄）

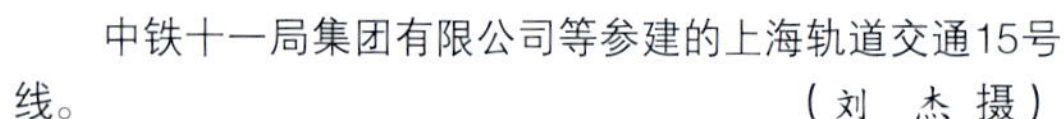

中铁十一局集团有限公司等参建的上海轨道交通15号线。 （刘 杰 摄）

中国铁建电气化局集团有限公司等参建的成都地铁18号线首开段开通运营。（石金石 提供）

2020年6月28日，中国铁建大桥工程局集团有限公司，中铁十九局、中铁二十五局集团有限公司等参建的长沙地铁3号线一期工程开通试运营。（王继力 摄）

2020年8月18日，中国铁建华南区域总部总承包，中国铁建大桥工程局集团有限公司，中铁十五局、中铁二十三局集团有限公司，中铁建设集团有限公司、中铁城建集团有限公司等参建的深圳地铁6号、10号线开通运营。（柳金斌 提供）

2020年12月28日，中铁第四勘察设计院集团有限公司设计，中铁二十二局集团有限公司承建的广州有轨电车1号线开通运营。（李再良 摄）

中铁二十二局集团有限公司承建的哈尔滨市香坊区文景街棚户区改造工程获黑龙江省建设工程“龙江杯”奖。

（王智海 摄）

中铁十二局集团有限公司承建的郑州航空港区（郑州新郑综合保税区）河东第五棚户区4标段工程获2020年度河南省建筑工程安全文明标准化示范工地称号。

（杨璐娟 摄）

中铁二十局集团有限公司承建的南昌市礼步花园安置房项目。

（陈福得 摄）

中铁建设集团有限公司承建的博鳌（山东）大厦项目获2020年度中国安装工程优质奖（中国安装之星）。

（夏美雷 提供）

2020年9月27日，中铁十四局集团有限公司、中国铁建重工集团股份有限公司联合研制的盾构机“京华号”在长沙市下线。（黄 杰 摄）

2020年11月6日，中国铁建重工集团股份有限公司、中铁十四局集团有限公司联合研制的盾构机“星盛号”在长沙市第一产业园下线。（丁 甜 摄）

2020年7月11日，中国铁建重工集团股份有限公司、中铁十八局集团有限公司联合研制的新型敞开式岩石隧道掘进机在长沙市下线。（黄星霖 提供）

2020年12月26日，中铁第四勘察设计院集团有限公司总体勘察设计，中国铁建大桥工程局集团有限公司，中铁十八局、中铁二十四局集团有限公司等参建的福平铁路开通运营。图为平潭海峡公铁两用跨海大桥。

（张启山 摄）

2020年12月9日，中铁第一勘察设计院集团有限公司总体勘察设计，中铁十二局、中铁十五局、中铁十六局、中铁十七局、中铁二十一局、中铁二十二局集团有限公司，中国铁建电气化局集团有限公司等参建的格尔木至库尔勒铁路全线通车。

（冯 爽 提供）

2020年12月28日，中铁第一勘察设计院集团有限公司设计，中铁十一局、中铁十四局、中铁十六局、中铁十八局、中铁二十局、中铁二十一局集团有限公司，中国铁建电气化局集团有限公司等参建的西安地铁5号线、6号线一期工程、9号线同步开通试运营。（张孟桥 摄）

中铁第五勘察设计院集团有限公司勘察设计的沿江公路全线通车。（魏 昕 提供）

2020年12月11日，中铁上海设计院集团有限公司总体设计，中铁十四局、中铁十七局、中铁十九局、中铁二十四局集团有限公司等参建的连（云港）镇（江）高速铁路淮安至丹徒段开通运营。（周 娟 提供）

2020年7月1日，中铁第四勘察设计院集团有限公司总体设计，中铁十四局、中铁十九局集团有限公司参建的上海至苏州至南通铁路开通运营。图为沪通长江大桥。（欧 巍 摄）

中国铁建房地产集团武汉京铁房地产开发有限公司开发的武汉中国铁建·江语城项目。

（马成杰 提供）

中铁建设集团（天津）房地产开发有限公司开发建设的天津市津南区葛沽镇定向安置房项目。（赵丽娜 摄）

中国铁建房地产集团西南有限公司开发的成都中国铁建·西派澜岸项目。（吕 英 提供）

中铁二十局集团房地产公司开发的中国铁建·万籁九歌项目。（杨 娟 提供）

2020年12月30日，中铁建重庆投资集团有限公司投资，中铁第一勘察设计院集团有限公司设计，中铁十六局、中铁十七局集团有限公司，中铁建设集团有限公司、中国铁建电气化局集团有限公司等采用“BOT+EPC”模式实施的重庆永川至四川泸州高速公路（重庆段）通车运营。

（刘 玉 提供）

2020年10月1日，中铁十六局、中铁十八局、中铁十九局、中铁二十局、中铁二十一局集团有限公司，中国铁建电气化局集团有限公司参建的轨道交通PPP项目呼和浩特市地铁2号线开通运营。

（冯 爽 提供）

2020年12月26日，中国铁建投资集团有限公司投资，中铁第四勘察设计院集团有限公司设计，中铁十二局、中铁十四局、中铁二十三局集团有限公司等参建的BOT项目山东省高唐至东阿高速公路通车运营。 （常 钊 摄）

2020年5月12日，中铁十七局集团有限公司中心医院开展“致敬护理团队、17战胜疫情”主题活动。图为抗疫一线护理工作者讲述抗疫故事、分享感悟、传递精神。（石 磊 摄）

2020年12月24日，中铁建设集团有限公司团委在北京举行“奋进新时代、逐梦新征程”主题演讲比赛，深入学习贯彻党的十九届五中全会精神。（王艺彬 摄）

目录

工程施工

工程管理

经营管理

企业管理

经营计划

投资管理

财务管理

审计监事

综合管理

总部政务 行政事务

党的工作

综合工作

组织　人力

工会工作

区域总部

中国铁建股份有限公司华南区域总部

中国铁建股份有限公司重庆区域总部

中国铁建股份有限公司西南区域总部

中国铁建股份有限公司西北区域总部

中国铁建股份有限公司工程总承包部

所属单位

中国土木工程集团有限公司

中铁十二局集团有限公司

中国铁建大桥工程局集团有限公司

中铁十四局集团有限公司

中铁建设集团有限公司

中国铁建电气化局集团有限公司

中国铁建港航局集团有限公司

中国铁建房地产集团有限公司

中铁第一勘察设计院集团有限公司

中铁第四勘察设计院集团有限公司

中铁第五勘察设计院集团有限公司

中铁城建集团有限公司

中国铁建投资集团有限公司

人　物

新闻人物

模范人物

逝世人物

统计资料

文献辑要

附　录

索　引

2021 年 1 月 19 日，中国铁建 2021 年工作会议暨三届一次职工代表大会在中国铁建大厦召开。

（黄诗伟 摄）

特 载

实事求是　守正创新　行稳致远
奋力开启高质量发展新征程

——党委书记、董事长汪建平在中国铁建2021年工作会议暨三届一次职工代表大会上的讲话

（摘 要）

（2021年1月19日）

这次会议的主要任务是：以习近平新时代中国特色社会主义思想为指导，贯彻中央经济工作会议和中央企业负责人会议精神，总结2020年和“十三五”主要工作，分析当前形势，部署2021年和“十四五”重点工作，统一思想、坚定信心、乘势而上，奋力开启“十四五”高质量发展新征程。

一、2020年和“十三五”工作回顾

2020年是中国铁建改革发展历程中极不平凡的一年。一年来，中国铁建坚决贯彻落实党中央、国务院、国资委的重大决策部署，顶住压力、逆势而上、攻坚克险，一手抓生产经营、一手抓疫情防控，改革发展和党的建设取得新成绩。

党的建设压舱稳舵。面对世所罕见的疫情冲击，面对前所未有的复杂局面，中国铁建党委团结带领广大干部职工，坚守初心、上下同欲、迎难而上，扛起“把方向、管大局、保落实”担子，履行“稳队伍、抓管理、促发展”责任。坚持政治引领，突出组织建设，狠抓思想宣传，强化正风肃纪，推进和谐发展，发挥压舱稳舵关键作用。

大疫大考挺身而出。坚决贯彻落实习近平总书记重要指示批示精神，坚持人民至上、生命至上，坚决服从大局、服务大局。组织铁建突击队、铁建志愿者、铁建医疗队积极投身抗疫一线；合计捐款捐物7700余万元，集中采购400余万套防护用品支援抗疫斗争；所属驻鄂企业建成武汉62%的方舱医院、90%的救治床位；1人获全国抗击新冠肺炎疫情先进个人称号。

经济指标逆势增长。坚决贯彻“两手都要硬、两战都要赢”工作要求，目标不动摇、指标不改变、工作不松懈，奋力实现“两个力争”。海外市场在疫情冲击下难中求进，营业收入实现同比增长。中国铁建继续保持国资委A级评价，2020年获国家优质工程奖50项，中国土木工程詹天佑奖11项。

改革创新集中推进。坚持改革创新双轮驱动，制定《改革三年行动实施方案》。总部职能定位持续优化，总部经营战略稳步落实，区域经营协同效果明显；推进“放管服”改革，开展“总部机关化”问题整改。“双百行动”步伐加快，“处僵治困”正在攻坚。科技创新成效明显，管理创新持续深化，2020年通过国家科学技术进步二等奖评审6项。

风险防范有力有效。开展安全生产专项整治三年行动，在建项目工期、质量、进度有序可控，安全生产形势总体稳定。开展财务资金管理风险专项治理，摸清底数，明确目标。开展提质增效专项活动，压两金、减负债、降成本、治亏损。“法治铁建”取得阶段性建设成果，形成以法律合规为主导的风险防控体系和以审计监督为主的风险评估体系。

“十三五”已圆满收官，“十四五”正起步开局。中国铁建用改革发展的生动实践，为中国经济社会的发展作出贡献。

五年来，中国铁建转理念、调结构、稳增长，综合实力持续增强，创造铁建速度。企业连续15年跻身世界500强，由2015年的第79位上升到2020年的第54位；在“中国企业500强”排名第14位，连续保持国资委中央企业A级评价。拥有A+H股融资平台、充足银行授信、建筑企业最高国际评级，综合实力保持建筑央企先进水平。

五年来，中国铁建促改革、强管理、增活力，公司治理持续优化，迈出铁建步伐。重组设立23家二级单

位，打造区域总部架构，构建“3 +5 + N”的海外经营发展体系。实施“放管服”改革，开展“瘦身健体”，剥离企业办社会职能，推进工程公司建设。获国家管理创新成果一等奖 3 项。

五年来，中国铁建抓创新、建精品、防风险，创优创新不断提升，打造铁建品牌。获中国建设工程鲁班奖 45 项、国家优质工程奖 206 项。拥有 3 个国家级劳模创新室，70 个省部级以上劳模创新平台。获国家科学技术进步奖 17 项、省部级科学技术奖 466 项、中国土木工程詹天佑奖 39 项。获省部级工法 1607 项，中国专利奖 23 项、授权专利 14389 件，位列国资委 2020 年中央企业专利质量评价建筑类央企首位。

五年来，中国铁建走出去、抢先机、树品牌，海外市场持续发力，实现铁建作为。发挥“一带一路”主力军作用，进入多个国家和地区，经营布局覆盖“一带一路”沿线大部分市场。公司海外营业收入在 ENR 全球最大 250 家国际承包商中排名持续上升，从 2015 年的第 58 位上升至 2019 年的第 12 位。多个境外项目分别获中国建设工程鲁班奖、国家优质工程奖、ENR 全球最佳工程奖；亚吉铁路成为中国铁路全产业链“走出去”的模式标杆。

五年来，中国铁建讲政治、振士气、育文化，党的建设持续加强，弘扬铁建本色。企业始终以习近平新时代中国特色社会主义思想强根铸魂，坚持把加强政治建设放在首位，把企业党组织内嵌到公司治理结构，推动党的建设与生产经营深度融合；持续加强“三基建设”，切实发挥基层党组织功能作用；不断深化干部队伍建设，坚持抓好宣传思想文化工作，持续正风肃纪，深入推进党风廉政建设和反腐败斗争。1 人被评为“全国优秀党务工作者”；中国铁建纪委 2017 年被评为全国纪检监察系统先进集体。

五年来，中国铁建守初心、担使命、惠民生，认真履行发展责任，展现铁建担当。不断提升职工群众幸福指数，切实维护职工群众合法权益，汇聚起同心同向同行的强大正能量。认真履行社会责任，全力打赢扶贫攻坚战，全系统 3 个定点扶贫县和 21 个扶贫点全部脱贫“摘帽”。积极投身社会发展事业，参与志愿服务、抢险救灾、应急救援。坚持绿色发展，践行环保理念，促进节能减排，致力打造“绿色铁建”。获评全国劳动模范 9 人、省部级模范 30 人。

二、面临的形势

一是深刻把握国际发展变局，在新发展格局中锚定高质量发展路径。环顾当今世界，世界多极化和经济全球化在曲折中继续发展，积极适应和把握新发展契机，既是企业实现高质量发展的现实要求，也是应对百年未有之大变局的主动选择。新冠肺炎疫情继续在世界范围内蔓延和变异，全球治理体系巨变的历史序幕加速拉开，世界经济增长会在较长时期内阴晴不定，全球价值链供应链因大国博弈深度调整，海外建筑市场需求增加投资减少。同时，中国积极推进全球治理体系变革，以高水平的对外开放积极应对外部环境的变化，国际事务话语权影响力迅速提升，中国企业参与国际循环优势显现。特别是中国企业在“一带一路”倡议引领下，在“一带一路”沿线国家形成强大供给布局，基础设施建设能力优势明显。以上优势为企业更好利用两个市场、两种资源，畅通国内国际双循环，实现更加持续、更加健康、更加强劲的发展提供良好契机。

二是深刻把握国家发展变革，在新发展阶段中抢抓高质量发展先机。从宏观层面看，中国高质量发展深入推进，新发展格局统筹构建，经济发展长期趋稳向好；有效的市场与有为的政府协同发力，企业发展环境与营商环境更加稳定理性；中央经济工作会议系统布局新型基础设施，国内基础设施投资仍会保持稳定增长。从行业发展看，“十四五”期间，交通强国、制造强国、科技强国、数字中国等国家战略，会在城市群、都市圈、交通网、智慧区、新基建、新能源等建设领域形成新的增长极和增长点。

三是深刻把握企业发展变化，在新发展理念中开辟高质量发展新局。党的十九届五中全会、中央经济工作会议、中央企业负责人会议，为企业实现高质量发展指明前进方向、提供根本遵循。要深刻领会核心要义，以此统领改革发展全局。牢牢把握发挥国有经济战略支撑作用这一重要使命，在创新驱动、强基补链、绿色发展、履行责任，主动服务国家战略上奋发有为；牢牢把握做强做优做大国有企业这一重大部署，在基础稳固、运行健康、增长稳定、发展持续，构建新发展格局上奋发有为；牢牢把握加快建设世界一流企业这一重点任务，在深化改革、畅通循环、转型升级、创造价值，实现高质量发展上奋发有为。

三、“十四五”发展的有关意见

发展思路：高举中国特色社会主义伟大旗帜，以习近平新时代中国特色社会主义思想为指导，全面贯彻党的十九大和十九届二中、三中、四中、五中全会精神，全面落实国务院国资委关于国有企业改革发展和党的建设重要部署，科学把握新发展阶段，坚决贯彻新发展理念，积极融入新发展格局，坚持稳中求进工作总基调，以高质量发展为主题，以生产经营为中心，以改革创新为根本动力，强化创新驱动，优化布局结构，健全治理体系，防范重大风险，提升党建质量，培育和建设世界一流综合建设产业集团。

发展目标：紧紧围绕国家基本实现现代化的新目标新要求，牢牢把握企业发展规律，聚焦高质量发展，聚焦主责主业，推动企业因强而优由优至大，加快建设具有全球竞争力的世界一流企业。通过不懈奋斗，企业高质量发展能力持续增强，党的领导更加坚强，体制机制更加完善，公司治理更加优良，品牌影响力更加广泛，企业综合实力更强，美誉度更高，员工获得感幸福感更足，成为备受关注、广受尊敬、公众喜爱、员工依赖的优秀企业。经营指标处于建筑中央企业先进水平，主要经济指标不低于国家 GDP 增长，保持在国务院国资委业绩考核中位列 A 类，在 ENR“全球最大 250 家承包商”和“全球 500 强企业”中排名持续提升。

发展原则：遵循“实事求是、守正创新、行稳致远”工作方针，立足企业实际、遵循发展规律、保持战略定力，努力做到“六个更加注重”。一是更加注重党建引领。发挥好党委把方向、管大局、保落实的领导作用，切实发挥好国有企业的“六种力量”，让对党忠诚、勇于创新、兴企有为、治企有方、清正廉洁的干部脱颖而出，带领企业实现高质量发展。二是更加注重顶层设计。正确处理好谋划长远与把握当前的关系、战略引领与市场导向的关系、顶层设计和基层创新的关系，固根基、扬优势、补短板、强弱项，实现发展质量、结构、规模、速度、效益协调发展。三是更加注重高质量发展。打造一批产业龙头企业、创新领军企业、发展冠军企业。积极推动从承包商向以承包商为主，投资商、发展商、运营商并重转型。四是更加注重精益管理。构建以提升管理能力为抓手，以降本增效为目标、以绩效改善为核心的基础管理体系。充分利用数字化手段开展管理创新，推进设备物资集中采购、资金集中管理、责任成本管理水平不断提升。五是更加注重风险防控。围绕守住不发生重大风险的底线，切实强化能力建设，着力提升总部党的领导能力、战略引领能力、发展创新能力、资源配置能力、运营管理能力和风险管控能力；着力提升项目整合能力、核心竞争能力和风险管控能力。六是更加注重责任履行。坚定履行政治责任、经济责任和社会责任，巩固拓展扶贫攻坚成果，实现防疫发展双胜利。充分激发广大员工干事创业的积极性、主动性、创造性，保障广大员工权益、增强员工福祉，提高员工获得感、幸福感、归属感。

四、关于 2021 年主要工作安排

总体要求：以习近平新时代中国特色社会主义思想为指导，科学把握新发展阶段，坚决贯彻新发展理念，积极融入新发展格局，以党的建设为统领，以高质量发展为主题，以深化供给侧改革为主线，紧紧围绕发展要务，抓改革、促创新、强管控、防风险、稳增长、增效益，以企业改革发展和党建工作的新成绩为建党 100 周年献礼。

（一）聚焦发展，千方百计稳增长

全域经营，向市场升级要质量。一是要加强区域经营。充分发挥总部的统筹引领作用，有效发挥区域总部的平台作用，完善区域经营体系，提升区域经营能力，营造区域经营文化。二是要把握市场机遇。坚持建筑为主、相关多元的经营方针。三是要强化经营基础。完善经营体系，落实经营制度，建立区域内经营信息共享机制，优化经营人才激励机制，完善区域经营绩效管理。

全链创效，向转型升级要质量。全面提升价值创造能力，加快实现提质增效。产业链要为客户提供一站式综合解决方案，提升在重特大项目、高难度项目、综合性项目的市场竞争力。供应链要完善集采体系，扩展集采品类，加强集采管理，提高采购质量。生态链要落实分包商名录管理制度，严把分包商准入录用关，按规定履行录用程序，规范招标环节，优选施工队伍，探索建立战略合作关系，实现更深层次的利益捆绑。

全业协同，向投资拉动要质量。注重投资牵引拉动作用，带动主业发展、拓展新兴领域、补齐业务短板、培育新兴板块。投资结构力求协调；投资布局力求均衡；投资管理力求高效。

全球发展，向国际循环要质量。要保持“走出去”战略定力，深耕核心支柱市场，加快打造海外发展的“四梁八柱”。要带动全产业链“走出去”。提升海外合同质量。明确海外资本运营业务战略定位和发展方向，实现海外生产经营与资本经营双轮驱动。

（二）激发活力，多措并举抓改革

完善现代企业制度。把加强党的领导和完善公司治理有机统一，建立党委会、董事会、监事会、经理层各司其职、各负其责、协调运转、有效制衡的现代公司治理机制。要充分发挥党委领导作用，加强二级单位董事会建设。要规范董事会运作，落实董事会权力，保证经理层在授权范围内自主开展生产经营工作。

深化三项制度改革。继续深化“总部机关化”专项治理，完善市场化选人用人机制。畅通“出”的渠道，减少无效人工成本支出。以市场化激励约束机制激发活力，积极有序推进关键岗位核心人才激励，坚持激励与约束相统一，强化薪酬与业绩双对标，灵活开展多种方式的中长期激励。

推进混改落地见效。按照国资委的要求和既定方案，加快推进各项任务落地见效。做好“处僵治困”收官，“三供一业”分离移交、厂办大集体、退休人员社会化管理移交等改革收尾工作。扎实推进重点亏损企业专项治理，集中抓好“两非两资”剥离处置工作。

（三）提质增效，全力以赴精管理

推进项目精细管理。始终把项目管理作为企业管理的重中之重。聚焦“两新一重”建设，围绕国家重大战略性项目、市场带动效应性项目、业务拓展带动性项目，列出清单、明确标准、系统推动。川藏铁路建设要高起点、高质量、努力实现高收益。强化事前预控，狠抓事中监管，严格事后考核。推进项目标准化管理，做

好典型推广，形成经验复制。推动项目管理下沉，工程公司的主要精力要放在项目和作业面上。

推进物资设备集采。大力加强供应链的管理和完善，不断完善集采体系，提升集采集中度。加强供应商管理，推进供应商动态评价及筛选，提高采购质量。要服务内外两个市场。搭建一体化智慧采购信息平台，构建物资设备智慧供应链生态链，推动物资设备采购管理向数字化转型。

强化财务资金管控。坚持“稳健型、创新型、价值型”发展理念，构建“3 + 1”新型财务管理体系。严控“两金”增长，加强带息融资管理，开展风险资产清理，严格资金管理，提高资金使用效率。以产促融、以融助产、产融结合，推动全产业链协同发展，提升财务价值创造水平。

推动“数字铁建”建设。遵循“统筹规划、分步实施、统一标准、互联共享”原则，构建自上而下、横向协同、运行有序的信息化系统。突破重点领域，推动企业管理标准化、项目管理标准化、岗位管理标准化体系建设。加快数字化转型步伐，逐步构建“数字铁建”。以示范项目驱动新技术的逐步验证与推广，助推中国铁建提质增效、转型升级。

发挥考核导向作用。细化考核指标，努力做到指标设置科学、权重分值合理。实施分类考核，科学导向，精准考核。加强对新设机构考核，加强考核结果的运用，更好地发挥考核指挥棒作用。

（四）增强动能，锻长补短谋创新

明确创新导向。既要抓紧推进能够快速突破、及时解决问题的小创新，也要提前部署属于战略发展、需要久久为功的创新。让创新融入组织运行的血液中，让创新成为自觉、成为常态。

完善创新机制。做实科技创新平台，使创新平台成为创效增长点，积极参与国家、行业重点实验室、工程研究中心等高端研发机构建设。完善创新考核机制，健全以科研成果转化应用为主要内容的激励机制。改进科技项目组织管理方式，实行重点项目攻关“揭榜挂帅”制度。营造尊重创新、鼓励创新、勇于创新的大环境。

狠抓自主创新。集中力量推进关键核心技术攻关，优化资源配置，下大力气解决“卡脖子”问题。加快突破一批战略性、前瞻性、前沿性、全局性的特大重大关键技术，打造中国铁建迈向世界一流企业的高端技术“名片”。

（五）规范运作，严防死守控风险

构建现代企业管理体系。中国铁建总部按照“战略 + 运营管控型总部”定位，深化战略研究，突出战略引领，加强战略管控。区域总部坚持“统筹、协调、监管、服务、高端经营”职能，重点服务区域内所属企业经营和在建项目监督管理。集团公司聚焦主责主业，打造“行业突出、专业领先、业绩卓越”的产业集团。三级公司坚持“五化”要求，逐步形成“助强、扶弱、汰劣”的发展机制。

强化重点领域风险防控。增强中国铁建系统全员安全发展意识，增强法纪和合规意识，防止“风险”衍生成“危机”。严格落实风险防控责任，守住不发生重大风险底线。重点关注海外风险、安全风险、金融风险、投资风险、法律风险、合规风险、舆情风险，有效防范和化解重大风险。

构建“大风控”“大监督”体系。加快构建以法律管控为主的风险管控体系和以审计为主的评价追责体系，形成“大风控”“大监督”协同工作的机制和体系。针对巡视巡察、党建考核、内部审计等发现的问题，开展风险排查，加大监督力度，督促整改到位。保证“三重一大”决策制度合规执行。建立健全有效的内部监督协同和会商机制，形成督促整改的整体合力。

（六）深度融合，一以贯之强党建

强化政治引领。以习近平新时代中国特色社会主义思想为指引，全面贯彻新时代党的建设总要求和新时代党的组织路线，围绕迎接建党 100 周年、全国国企党建会议召开 5 周年，扎实开展“中央企业党建创新拓展年”，把加强党的领导与完善公司治理统一起来，推进党建工作与业务工作深度融合。

强化理论武装。坚持用习近平新时代中国特色社会主义思想武装头脑，贯彻落实好党中央总体部署和国务院国资委党委工作安排。结合实际挖掘红色资源、传承红色基因，充分发挥宣传舆论主阵地作用，引导广大党员干部职工知史爱党、知史爱国、知责前行。

强化组织建设。以“三基”建设为抓手，持续提升党组织的组织力、凝聚力、战斗力。加快推进职业经理人制度，不断加强企业核心人才储备。持续改进优化党建工作责任制考核评价，突出解决党建工作短板。

强化干部队伍。建立更加科学规范的干部考核评价体系，在选人用人上，要“五湖四海”“墩苗壮骨”，强化组织观念、严肃组织纪律。加强人文关怀，落实好“三个区分开来”，不断完善激励约束和容错纠错机制。

强化正风肃纪。压紧压实管党治党责任，压实各级党委管党治党政治责任。扎实做好巡视整改“后半篇文章”，抓好国务院国资委巡视反馈问题整改，推动整改工作取得实效。坚定不移惩治腐败，坚持无禁区、全覆盖、零容忍，紧盯重大工程、重点领域、关键岗位、关键环节，坚决查办违法违纪行为。锲而不舍落实中央八项规定精神，狠抓“四风”问题，久久为功推动作风建设。

凝心聚力 乘势而上
确保“十四五”高质量发展首战必胜
为全面建设世界一流企业接续奋斗

——总裁庄尚标在2021年工作会议暨
中国铁建三届一次职工代表大会上的报告
（摘 要）

（2021年1月19日）

一、2020年主要工作和“十三五”主要成就

2020年，面对严峻复杂的内外形势、艰巨繁重的发展改革任务和前所未有的困难挑战，特别是疫情的严重冲击，中国铁建坚决贯彻落实习近平总书记关于统筹推进疫情防控和经济社会发展的系列重要讲话、重要指示批示精神，坚决贯彻落实党中央、国务院“六稳”“六保”部署安排，坚持“稳中求进”工作总基调，按照“实事求是、守正创新、行稳致远”工作方针，落实“守正、革新、提质、做实”工作要求和“一加四升、两高三低”高质量发展指标体系，迎难而上，奋力拼搏，实现安全持续平稳较快发展。

（一）在大灾大疫前实现疫情防控有力有效

新冠肺炎疫情发生以来，中国铁建坚决扛起央企责任、发挥顶梁柱作用，第一时间响应、全面高效统筹。各级各单位各部门坚决服从大局，始终做到思想、责任、措施不松懈，系统上下、境内境外未发生任何聚集性疫情，在中华民族用众志成城、坚忍不拔书写的抗疫史诗中贡献铁建力量。

（二）在市场重压下实现经营承揽逆势增长

中国铁建坚持“指标不减、目标不变”，主动调整经营策略、创新经营举措，努力克服不利影响，市场经营迅速逆势提升。坚持统筹国内海外两个市场，抢抓“四个窗口期”，自我加压、调增目标、主动作为。坚持“五位一体”、协同作战，深挖经营潜能，撬动业绩增长。

（三）在抢时补损中实现施工生产稳中快进

中国铁建带头推进差异化、精准化复工复产，理顺审批链、供应链、生产链，着力达产、稳产、增产，迅速形成“大干快上”的高效局面。坚持重点重抓，确保施工生产平稳有序。牢固树立精品意识，打造一大批优质精品工程，全年获中国建设工程鲁班奖6项、国家优质工程奖50项。

（四）在经济困局中实现提质增效解难纾困

中国铁建实施提质增效专项行动。坚持以现金流为核心，持续压“两金”、控负债、治亏损、降成本。坚持问题导向，全力开展财务资金专项整治，统一思想，压实责任，全面抓好整改落实。

（五）在深水前行中实现改革创新有新作为

启动中国铁建改革三年行动，统筹推进三项制度改革、“放管服”改革、“双百行动”“科改示范行动”“交通强国建设试点”“对标世界一流”等专项任务。全力加强科技创新，积极组织关键核心技术攻关，解决“卡脖子”难题。全年获中国土木工程詹天佑奖11项；新增专利5099件。

（六）在爬坡过坎中实现转型升级再上新台阶

中国铁建持续推动各产业板块做强做优做大。工程承包路外业务占比持续提升，房建+市政新签合同额突破1万亿元；非工程承包业务快速增长。新兴产业、新兴业务重视程度更高、举措行动更有力、体制机制更完善，规模再上新台阶。

（七）在对标赶超中实现企业全面建设加压奋进

三级公司“五化”水平持续提升；启动编制“十四五”规划；持续加强人才队伍建设；法治铁建“十三五”建设目标圆满完成；信息化建设稳步推进；审计工作连续18年获“全国内部审计先进集体”称号；企业文化

和新闻传播体系、品牌管理体系更加完善;群团工作更加有力。保障职工合法权益,推动民生福祉建设取得新成效。全力履行社会责任,定点扶贫的3个县区全部实现脱贫"摘帽",积极投身抢险救灾、应急救援等工作,树立良好的央企形象。

一年来,中国铁建坚持把党的政治建设摆在首位,坚决贯彻落实习近平总书记系列重要讲话和重要指示批示精神,深入学习贯彻党的十九届五中全会精神,不断增强"四个意识"、坚定"四个自信"、做到"两个维护"。持续推动党建与生产经营深度融合,切实把党建优势转化成为创新优势、发展优势、竞争优势,以高质量党建引领企业高质量发展。

通过五年的艰辛努力,中国铁建健全完善一整套高质量发展管理体系、指标体系、保障体系,圆满完成"稳增长、高质量"改革发展任务和"十三五"总体预期目标,获国务院国资委考核4个A级和任期业绩优秀奖,成功实现由铁路独大向五大支柱市场均衡开拓、新兴市场多元迸发的转型,实现由承包商、建造商向投资商、运营商、服务商、制造商、集成商的升级。五年时间,中国铁建实现跨越发展,产业拓展、基础管理达到一个新高度,经营体量、生产规模、质量效益再造一个新铁建。

二、2021年工作思路与目标任务

2021年,中国铁建系统要凝心聚力、乘势而上,确保"十四五"高质量发展首战必胜。第一,坚决做到"两个维护"。第二,坚定发展信心不动摇。第三,担当作为,真抓实干。第四,把握形势,乘势而上。第五,狠抓落实,首战必胜。

总体思路:高举中国特色社会主义伟大旗帜,以习近平新时代中国特色社会主义思想为指导,全面贯彻落实党的十九大和十九届二中、三中、四中、五中全会精神,深入贯彻习近平总书记关于国资国企改革发展和党的建设的重要论述精神,落实中央经济工作会议、中央企业负责人会议精神,立足新发展阶段、贯彻新发展理念、融入新发展格局,坚持稳中求进工作总基调,以推动高质量发展为主题,以改革创新为根本动力,坚持实事求是、守正创新、行稳致远工作方针,坚持系统观念,更好统筹发展与安全,凝心聚力,乘势而上,确保"十四五"高质量发展首战必胜,为全面建设世界一流企业接续奋斗!

三、2021年重点工作安排

(一)加快市场端、需求侧适应性变革,实现经营上台阶

1. 坚持以城市为中心开展经营。建立健全城市经营机制。构建更加完善的高端对接、前端跟踪、协同经营、政企合作经营机制等,激发城市经营活力。打造国内一流的"铁建美好城市"系列品牌。更加注重城市发展规划、产业需求等方面研究,拿出"铁建方案、铁建特供、铁建定制",擦亮城市经营品牌。优化城市经营布局。坚持"铁建一盘棋",进一步优化以关键城市、关键区域为支点,辐射周边区域、辐射相关行业的城市经营布局,形成各级各单位统分有序、协同合作、各有侧重的立体城市经营网络。落实城市经营责任。强化考核激励,确保经营成效。区域总部要坚守"12字"职责,当好"带头人"和"引路人";各局集团要发挥主体作用,协同所属区域经营机构、三级公司进一步丰富资质、业绩和专业人才,配强城市经营力量,夯实城市经营基础。

2. 坚持高端引领、协同合作开展经营。推动经营资源向高端集中。进一步引导零散、有限的经营资源向"大市场、大客户、大项目"和系统内头部企业有序集中,完善区域总部、局集团、三级公司"三大"清单。提升综合经营能力。投资平台公司和外经单位要当好产业集成商,增强全产业链经营能力,强化项目包、项目群综合经营。进一步加大对内部协同经营项目的政策支持。进一步理顺内部经营管理。深入落实区域总部实体化倾向整改。研究更加科学、更符合实情的内部收费比例和收取方式。全面深化对外合作。以开放的心态,构建更加广泛的利益共同体、命运共同体,拓宽经营渠道。

3. 坚持依托属地市场、在建项目开展经营。打造主阵地。参照"三大"清单,构建局集团"一个属地省+N个滚动省"、工程公司"一个属地市+N个滚动市"的"1+N"主阵地布局。明确考核目标。原则上各单位属地经营份额不能低于其他省份和城市。进一步激发活力。支持各级与驻地政府深度融合,共同培育属地市场。区域总部和局区域经营机构要自觉支持和融入"1+N"主阵地布局。

4. 坚持新兴市场和传统市场并举。七大产业板块都要固优势、拓新兴,大力培育增长新动能。巩固提升传统市场优势,新兴市场开拓全面提速。要全面强化"专精特新"业务经营,实现新兴与传统市场、传统业务同步推动、协同发展。

5. 坚持聚焦高质量经营。更加注重经营稳增长的质量。坚持做到有所为有所不为,落实"五必须""六不揽""七严禁"要求。进一步强化市场现场"两场联动"。加强投标报价团队与项目实施团队的融合,确保标前算赢和经营生产的延续性。研究建立经营质量评价体系,进一步细化经营质量评价。进一步提升订单落地率,督促引导各单位主动做实订单。

(二)深化生产端、供给侧结构性改革,实现生产上台阶

1.以强化科技创新为生产端、供给侧赋能。一是全力抢占科技创新新高地。坚持科技自立自强,围绕国家战略和高质量发展需要,瞄准行业关键领域和前沿方向,积极争取国家重大科技项目、重点研发任务,形成引领新供给的技术优势。二是全面强化技术攻关。大力实施重大科技攻坚行动,持续提升技术创新能力,出台一线创新激励政策,激发创新活力。三是以数字化、智能化实现生产端战略升级。推进智能生产、智能施工装备的研发、制造和使用,推动生产方式变革,提高生产效率;出台智慧工地建设规制文件,明确建设标准和目标。四是做实做强科技创新平台。加强"3+20"国家级创新平台管理,推动成果转化应用,提升创新引领能力。五是创新科研管理模式。建立健全有铁建特色的"集中力量办大事"科研投入与管理体制机制,打好事关企业核心竞争力和前途命运的科技创新攻坚战;实施科技创新"军令状"和"揭榜挂帅"机制,进一步激发广大科研人员的积极性、主动性和紧迫感。

2.以加强三级公司建设为生产端、供给侧聚力。一是健全完善考核评价指标体系。工程公司要在考核规模、效益指标基础上,强化专业能力、运行质量、属地发展、全员劳动生产率、人均创效等指标考核;非工程承包三级公司要形成以总资产收益为主的考核评价体系,形成比学赶超的发展氛围。二是健全"推优扶弱汰劣"长效机制。坚持"发展优势产能、升级过剩产能、淘汰落后产能",建立健全三级公司支持、帮扶、激励、约束、淘汰机制。三是优化区域、专业和生产要素结构。加强三级公司专业化发展顶层设计,持续完善专业清单管理;在更大范围内优化配置资源要素,促使三级公司在产能上向高端高效高价值和"专精特新"转变。

3.以推进项目精益化管理为生产端、供给侧增效。一是深化落实"1234+"项目管理思路,科学实施"法人管项目"下的项目经理负责制,有效调动法人和项目两个积极性;抓好经济和技术两条主线,守住安全、质量、工期、效益、环保、信誉"六条底线";紧紧扭住责任这个"牛鼻子",落实项目考核"四个必须",实现项目管理提质。二是推动生产组织模式变革。把劳动生产率、人均创效纳入项目考核评价;大力推行区域项目群管理模式;加强对下游社会资源的集约化、专业化管理,通过"借力"扩大有效产能。三是持续强化项目责任成本管理与二次经营。强化责任成本预控与考核兑现刚性约束,做好统筹协调与督导帮扶。四是大力开展项目达标争先活动。推动项目标准化建设,建立健全达标争先机制。五是深化亏损项目整治。完善亏损项目监控预警机制,有效遏增量;锚定整治目标,强力压存量;加大亏损治理奖惩力度。六是加强重难点项目监管。针对国内外重难点项目,要重点重抓,确保项目顺利推进、实现预期目标。

(三)提升效益效率、优化资产结构,实现经济上台阶

1.减负。一是厉行"瘦身健体"。持续做好法人户数管理,全面推进"两非"剥离,开展挂靠企业排查摸底与清理处置。做好"三供一业"分离移交、厂办大集体改革、医疗机构改革、退休人员社会化管理移交收官工作。二是强化亏损企业治理。压实亏损企业主要领导治亏减亏第一责任,积极稳妥处置存量风险敞口。做好"处僵治困"收尾工作。三是稳妥推进混合所有制和股权多元化改革。鼓励各集团通过合资合作、战略联盟等方式,引入战略投资者,优化调整企业股权结构;支持符合条件的三级公司进行混合所有制、股权多元化改革;充分发挥交通强国试点优势。

2.降耗。一是严控融资规模、优化融资结构。严守融资管理底线,加强预算管理,强化带息融资规模和资产负债率双重管控;创新融资方式,用好融资手段,降低融资成本,改善负债结构。二是严控营业成本。增强大成本意识,强化精益化管理,建立完善控制体系。三是严控各项费用支出。严控非生产性支出,对于费用不合理增长的单位采取惩戒措施。做好税务规划,充分利用"减税降费"政策,降低税收成本。四是强化资金物资集中管控。提高资金集中使用效率和服务水平,加大内部资金调配。完善物资集采管理,进一步提高集采率、节资率。加大设备物资、周转材料、商务服务内部调剂与集采力度,实现资源共享、优势互补。

3.盘活。一方面,强化资产处置盘活。完善实物资产信息系统建设,开展实物资产大盘点,确保家底清、账目明、管理顺。在更广范围、更深层次,对低效无效资产以及低收益高风险投资,灵活有效、依法合规加快处置。切实抓好非上市资产管理,最大程度实现保值增值。对于具备条件的投融资项目,争取转为工程承包项目,特别是延期回购的BT项目,要加大力度,限期回款。另一方面,加快推动轻资产发展。进一步树立不求所有、但求所用的轻资产思维,制定"化重为轻"具体方案。对于新业务,优先支持轻资产发展,严格固定资产投入论证审批,逐步改善公司轻重资产配比。

4.做实。一是强力去化库存。商业、车位等顽固性库存既是大户又是重难点,要压实责任、创新形式、加大力度;要动态掌握土地库存、现房库存情况,强化库存监控、预警和应对。二是强力清收。健全应收账款动态管理台账,并加大逾期处罚力度。三是强力处置合同资产。严格合同管理,加大确权清收、变更索赔工作力度,改善项目现金流状况和企业效益质量,着力降存量、遏增量。四是强力做实应付账款。严格按照合同约定付款时间和条件进行支付,最大限度减缓现金流出。建立应付账款动态管理机制,定期梳理长期挂账款项,严禁通过虚列成本增加资产债务、做大应付款项。五是持续推进项目收尾并账销号和银行账户清理。全面开展已竣工决算项目挂账清理,上移支付权限,实行收支统管,确保存货、预付账款、合同资产等处置清零。

(四)聚焦产业升级、强化协同融合,实现产业上台阶

1.工程承包产业。加快“专精特新”业务培育。各局集团要学习业务培育经验,保持战略定力,坚持差异化发展,实现“精准破局”。加强与非工程承包产业的融合。主动融入铁建转型升级大势,以创新驱动和轻资产投入为主,强化产业协同联动。创新产业发展模式。以“整合上下游资源,减少要素依赖,提升管理效能”为方向,加快工程局集团、工程公司经营模式、生产模式、管理模式革新,推动企业从劳动密集型向管理效益型升级。

2.勘察设计咨询产业。高度重视勘察设计咨询产业的引领支撑地位,加强产业统筹管理。坚持做强做优做大勘察设计主业。在巩固铁路、城轨市场优势的基础上,加快提升路外业务占比,优化主业结构;大力发展城市高端设计咨询、“工程医院”、风险咨询等多元业务,加快培育勘察设计板块的“专精特新”品牌。全面激发设计院科技创新活力,大力支持设计院抢占新兴领域、未来领域的创新高地。

3.投资运营产业。投资业务要坚持轻资产发展原则,进一步优化中长期投资业务结构,减少资源占用,提高资产周转效率。进一步加强建设期、运营期、回收期全过程管控,健全管理机制,提升综合创效能力。助力“专精特新”业务发展,补强业绩短板,提升产业拉动能力。运营业务要重点关注高速公路运营培育期风险,打造专业的运营服务平台,实现专业化、精益化、效益化发展。结合智慧交通、智慧物流、智慧城市等新发展方向,大力发展铁路、港口、城轨、园区、城市运营等轻资产服务业,不断扩大竞争优势。

4.房地产开发产业。贯彻“推进以人为核心的新型城镇化”发展要求,落实“房子是用来住的、不是用来炒的”定位,因城施策、因业施策、因项目施策,采取更加灵活模式多快好省获取土地,强化销售、去化库存、优化结构、防控风险,巩固地产传统业务、品牌形象优势,在房地产+服务、康养、文化、旅游等业务领域实现突破。物业服务要加快提品质、扩规模,探索上市路径。

5.工业制造产业。进一步落实加快发展高端装备制造、服务型制造和数字化、智能化的要求,坚持创新引领,形成“人无我有”“人有我优”的竞争优势。大力发展设备再制造、维养租赁等相关多元业务和特色服务业务。以加强产业合作、提供产业导入为切入点,畅通内外销售渠道。

6.物资物流产业。落实提升供应链现代化水平和加快发展现代物流服务业的要求,融入“双循环”,畅通铁建供应链。坚持“保供应、保质量、降成本、提价值”服务主业定位不动摇,依托既有仓储、厂区、港口等资源,积极协同项目和区域市场开发,在全国布局若干区域性枢纽物流基地;尽快建立完善以物资材料为主,包含设备机具劳务商务的一体化、全流程、全周期集采服务平台,提升铁建供应链水平。

7.产业金融。落实党中央关于金融有效支持实体经济的要求,坚守“服务主业、服务实体、以融促产、产融结合”定位不动摇,在顺应宏观金融环境、融通内外部金融资源、全面防控金融风险上下功夫。

8.新兴产业。全面加强新兴产业发展统筹与顶层设计,尽快发布“7+N”产业发展名录,明确界定七大板块的传统业务和新兴业务,并在此基础上明确“专精特新”业务名录,制定发展规划和目标,健全配套机制,确保产业发展有方向、有目标、有措施、有考核。加快培养生态环保、交通运营、城市运营、融合业务、装配式建筑、砂石骨料开发、智慧城市、新型轨道交通等领域的“冠军企业”,积蓄产业力量,形成品牌优势。增强产业孵化能力。

9.海外业务。坚持国内国际双循环相互促进,实现海外高质量发展。更加突出借助国家力量。立足高质量建设“一带一路”,优化完善海外经营布局和产业布局。更加突出国内国际经营联动。有针对性地加大与国内有关部委、商会、银行、企业的高端对接频次,确保在两优项目、援外项目、重大项目融资落地、重大铁路项目任务划分中得到更多支持。更加突出产业协同。支持三家外经单位“以企业为主体,以市场化为导向”,以“投建营”一体化为突破口,带动勘察设计、工业制造、物资物流、运营维管等产业共同“走出去”。更加突出现汇项目经营。全面加大支付有保障、现金流相对稳定的现汇项目经营开发力度,支撑海外发展大局。更加突出核心支柱市场的带动作用。进一步打造海外市场“四梁八柱”,完善打造海外核心支柱市场的管理体系和指标体系。更加突出国内的支撑保障作用。着力解决海外员工休假、轮岗、培训、安家、子女入学等现实问题;探索建立外经单位与其他单位干部挂职交流机制。

(五)强化管理提升、夯实基础工作,实现管理上台阶

1.强管理。以对标世界一流管理提升行动为抓手,激发企业管理活力。一是要深化三项制度改革。稳步推行竞聘上岗、末等调整、不胜任退出制度;有效推行超额利润分享;有序开展股权激励和分红激励;积极推行子企业经理层任期制、契约制;进一步完善员工总量、工资总额差异化调控机制。二是要持续加强人才队伍建设。加大高端领军人才和院士专家培养力度;创新推进“两个人才库”建设,大力推行干部年轻化;构建更加科学完善的职称评审聘用体系;加强创新型、实用型、技能型人才引进培养;探索推行具有铁建特色的学徒制和导师带徒制;积极开展各种职业技能大赛和技术比武活动,提升技能人才水平。三是要着力提升各级总部管理效能。各级总部要按照自身定位,进一步梳理明确本级权责事项清单,厘清理顺管理边界;着力优化总部部门设置,全面提升各级总部的制度供给能力。切实推行“放管服”改革,确保“总部机关化”整改取得实效。四是要加快管理手段的数字化转型。全面加快信息化建设进程,加快推进一体化技术平台建设和推广应用,增强基础管理和集团管控能力。五是要持续加强民生工作。全力保障职工福利待遇与合法权益,实施“健康铁建”建设。大力推动和谐劳动关系建设,创新开展特色活动,增强队伍的凝聚力和向心力。

2.防风险。一方面,构建高效的监督内控体系。全面开展“财务、投资、合同、分包、人员”五项排查;务实开展风险内控管理;发挥好巡视利剑作用;持续开展审计工作“质量效率深化年”活动;进一步夯实巡视、纪检、审计、合规、内控“五位一体”综合监督体系,构建全面覆盖、高效协同、威慑到位的大监督格局。另一方面,准确识别、科学防控各类重大风险。针对施工生产风险,进一步树牢安全生产红线意识,落实安全生产主体责任、终端责任和全员责任,落实质量责任终身制,牢牢守住项目管理“六条底线”。针对财务经济风险,加快完善制度体系和监督机制,加强资金管理专项审计检查,严格执行金融业务负面清单,严防脱实向虚。针对投资风险,严守投资经营“四条底线”,严格执行投资项目负面清单,落实现场调研、标前测算、分析论证和咨询评估责任。针对法律合规风险,深化法治铁建建设,强化“一没四不”和“应审必审”;推动涉外法律合规风险机制建设;开展案件管理“压存控增、提质创效”专项行动。针对海外风险,完善风险预警、预控机制,严防各类海外风险,特别是要严防制裁风险以及项目推迟延误、停工停产带来的经济和履约风险。针对舆情稳定风险,进一步完善舆情处置应急机制,坚持“三到位一处理”,保持企业稳定。

3.铸品牌。进一步加强品牌文化建设,提升软实力。要加强对外宣传工作,重点围绕庆祝建党100周年开展系列宣传活动,持续讲好铁建故事,传播铁建能量,提升对外宣传质量。抓好品牌文化建设,大力弘扬铁道兵精神、主人翁精神、工匠精神,加快完善新时代中国铁建文化体系。牢固树立品牌意识,大力开展“专精特新”品牌塑造与质量创优活动,以品牌文化凝聚共识、积聚力量。积极履行社会责任,提升央企形象。严格落实“四个不摘”要求,持续巩固脱贫攻坚成果,助力乡村振兴;发挥企业优势,积极参与抢险救灾,彰显关键时刻“靠得住、拉得上、打得赢”的人民铁军形象。

坚持党的领导、加强党的建设,是实现企业高质量发展的根本保证。要旗帜鲜明讲政治,持续学习贯彻习近平新时代中国特色社会主义思想,持续学习贯彻习近平总书记系列重要讲话和重要指示批示精神,持续学习贯彻党的十九届五中全会精神,不断提高政治判断力、政治领悟力、政治执行力,增强“四个意识”、坚定“四个自信”、做到“两个维护”,在思想上政治上行动上同以习近平同志为核心的党中央保持高度一致。积极推动企业党建和业务工作相互促进、融合发展,牢牢把握高质量党建与高质量发展的内在关系,坚持围绕发展抓党建、抓好党建促发展。驰而不息推进全面从严治党,锲而不舍落实中央八项规定精神,坚决反对形式主义、官僚主义,始终保持反腐高压态势,努力营造风清气正的政治生态和发展环境。

保持政治定力 坚持严的主基调 坚定不移推进全面从严治党 为新时代企业高质量发展提供坚强保障

——纪委书记李春德在2021年中国铁建党风廉政建设和反腐败工作会议暨警示教育大会上的报告

(摘 要)

(2021年2月2日)

会议的主要任务是:以习近平新时代中国特色社会主义思想为指导,深入贯彻党的十九大和十九届二中、三中、四中、五中全会精神,以及十九届中央纪委五次全会精神,贯彻落实国资委党风廉政建设和反腐败工作会议暨警示教育大会部署,总结回顾2020年工作,研究部署2021年重点任务,坚定不移推进党风廉政建设和反腐败工作向纵深发展,为新时代企业高质量发展提供坚强保障。

一、聚焦"两个维护",坚守使命责任,党风廉政建设和反腐败工作成效显著

(一)提高政治站位,政治监督进一步强化

政治建设坚定自觉。持续强化理论武装,各级党委以政治建设为统领,坚持抓好"第一议题"制度,通过党委(常委)会、中心组学习会、专题研讨等方式,深入学习贯彻习近平新时代中国特色社会主义思想,认真贯彻落实习近平总书记重要指示批示精神和党中央重大决策部署,增强"四个意识"、坚定"四个自信"、做到"两个维护"。压紧压实"两个责任",各级党委、纪委认真履职尽责、担当作为,2020年开展落实"两个责任"监督检查203次,进一步压紧压实管党治党政治责任。

政治监督持续加强。加强对疫情防控和复工复产的监督,全年全系统开展疫情防控监督检查4762次,为疫情防控提供有力保障。加强对2020年生产经营目标任务完成情况的监督,督促各单位努力完成全年目标任务,切实做好"六稳"工作、落实"六保"任务。加强对扶贫领域腐败和作风的监督,全年全系统开展扶贫领域监督检查185次,有力保障扶贫攻坚成果。加强对驻(北)京办事机构清理的监督,进一步巩固治理成效。加强对选人用人的监督,严把选人用人政治关、廉洁关、形象关。

(二)保持高压态势,正风肃纪进一步深化

作风建设向善向好。持之以恒贯彻落实中央八项规定及其实施细则精神,紧盯元旦、国庆等重要节点,发送廉洁短信,印发提醒通知,采取明察暗访、突击检查等方式,全年全系统派出监督检查组1031个,抽查单位3091家。坚决把制止餐饮浪费、铺张浪费作为监督检查重点,着力发现和纠治在商务接待、食堂用餐等方面的铺张浪费问题,重点查处公款购买、使用茅台等高档酒水、超标准接待问题,有效遏制"舌尖上的浪费"和奢靡之风。

执纪审查坚定有力。坚决查处违规违纪违法案件,始终坚持严的主基调,保持"零容忍"态度,持续加大执纪审查力度。加强对追逃追赃工作的领导,积极做好中央纪委国家监委国际合作局挂牌督办案件的协调和配合工作。加大对项目亏损追责问责力度,有效推动项目管理健康发展。

"四种形态"精准运用。充分运用第一种形态,约谈函询、批评教育占比45.8%;妥善运用第二种形态,纪律轻处分、组织调整占比47.5%;准确运用第三种形态,重处分、重大职务调整占比6.1%;果断运用第四种形态,惩处严重违纪违法涉嫌犯罪占比0.6%。注重抓早抓小、防微杜渐,各级党委、纪委对苗头性倾向性问题及时谈话提醒。中国铁建主要领导及时约谈

二级单位主管领导，强调部署全面从严治党、党风廉政建设和反腐败工作。年内公司纪委对3家二级单位主管领导开展专项约谈，对6家二级单位领导班子成员开展集体谈话。各二级单位党委、纪委分别就落实全面从严治党“两个责任”约谈下属单位主管领导1064人次、986人次，传导压实管党治党政治责任。

（三）强化纪律教育，廉洁防线进一步巩固

警示教育走深走实。持续开展反面典型教育，对巡视发现的突出问题和执纪审查典型案件，在全系统点名道姓、通报曝光，以案示警、形成震慑。扎实开展反腐倡廉宣传教育，年内在全系统组织开展以“知敬畏守底线、严监管强执行”为主题的反腐倡廉宣传教育月活动。各级纪委克服疫情影响，因地制宜开展廉洁党课、参观警示教育基地、举办演讲比赛、拍摄廉洁微视频、家庭助廉等形式多样的宣教活动，营造浓厚的崇廉尚廉氛围。

共建联控形成合力。各级纪委以“廉洁共建”为载体，组织开展内容丰富的共建活动。中国铁建纪委加强与工程总承包部业主单位纪委沟通交流，签署《重大工程建设廉政监督共建协议》，参加对工程总承包部项目的联合巡查；部分区域总部与施工单位签订《共建廉洁工程协议书》、建立监督检查协调联动工作机制；多数二级单位纪委通过开展廉洁体系建设观摩推进会、与驻地监委签订“监企共建”协议等方式，深化共建成果，筑牢廉洁防线。

（四）整合监督资源，监督实效进一步增强

职能监管不断强化。“首道防线”更加牢固，各级纪委以强化职能监管为抓手，加大沟通协调力度，畅通问题线索移交机制，推动问题整改落实，督促职能部门履职尽责。职能监管工作成效显著，各二级单位通过建立党风廉政建设和反腐败工作协调小组等机制，加强督促检查，完善制度体系，长效机制逐步形成；各级职能部门思想认识、责任意识明显提高，积极、主动履行监管职责，监管力度不断加大。总部相关部门先后开展财务资金管理专项整治、科技研发经费使用情况检查等，发现问题、推动整改、完善制度，有力提升企业管理水平。

专项整治监督有力。按照国务院国资委党委统一部署，中国铁建党委在全系统开展境外腐败、利益输送、设租寻租和化公为私问题专项整治工作，总部牵头部门认真制定整治方案，积极指导自查自纠，扎实开展监督检查，全面督促整改落实。中国铁建纪委认真督促总部牵头部门和二级单位抓好贯彻落实，组织召开“四个”专项整治工作督导推进会，听取牵头部门和部分二级单位党委工作汇报，协调组织职能部门开展现场监督检查，推动专项整治工作有效落实。

（五）深化政治巡视，利剑作用进一步彰显

深入开展专项巡视。上下联动，在全系统部署开展财务资金管理专项巡视巡察。中国铁建党委成立5个巡视组，开展对47家二级单位专项巡视；所属各二、三级单位派出巡察组506个，开展对3536家单位（项目）专项巡察。通过专项巡视巡察，发现问题，督促整改，进一步堵塞漏洞、规范管理。

巡视整改成效明显。各级党委、纪委高度重视，主动把国资委党委巡视作为重要政治体检和组织考验，积极配合，全力协作，有力保障巡视工作顺利完成。中国铁建党委统筹谋划，坚决扛起巡视整改政治责任，坚持立行立改、全面整改，及时研究制定整改方案，明确责任分工和整改时限。扎实开展内部巡视整改，被巡视单位党委切实担负起巡视整改主体责任，制定整改措施2920项，完善制度787项，有效促进企业规范管理。加强对巡视巡察整改落实情况的督查，扎实做好“后半篇文章”。

（六）加强自身建设，履职能力进一步提升

始终把政治建设摆在首位，强化理论武装，提高政治素质。不断提升专业能力，组织开展纪检干部业务培训，选派业务骨干参加上级培训，提升综合素质。中国铁建纪委通过举办业务培训班，以干代训、以学促干，加强与兄弟单位纪委沟通交流，互学互鉴，增强监督执纪本领。加强纪检干部队伍建设。认真开展二级单位纪委书记履职考核，有效激励鞭策，激发担当作为。严防“灯下黑”，努力打造忠诚干净担当的纪检队伍。

二、保持政治定力，深化标本兼治，坚定不移推进党风廉政建设和反腐败工作向纵深发展

2021年中国铁建党风廉政建设和反腐败工作总体要求是：坚持以习近平新时代中国特色社会主义思想为指导，深入贯彻党的十九大和十九届二中、三中、四中、五中全会精神，全面落实十九届中央纪委五次全会部署要求，按照国务院国资委党委、驻国资委纪检监察组安排部署，增强“四个意识”、坚定“四个自信”、做到“两个维护”，坚持严的主基调不动摇，保持政治定力，以党的政治建设为统领，更加突出政治监督，严格日常监督，持之以恒正风肃纪，健全完善监督体系，一体推进不敢腐、不能腐、不想腐，不断推进党风廉政建设和反腐败工作向纵深发展，为中国铁建高质量发展提供坚强纪律保障。

（一）抓政治建设不动摇，更加突出政治监督

全面提高政治能力。各级党委要把党的政治建设摆在首位，不断提高各级党组织和党员干部的政治能

力。要提高政治判断力，科学把握形势变化、精准识别现象本质、清醒明辨行为是非、有效抵御风险挑战，坚持政治立场不移、政治方向不偏。要提高政治领悟力，科学领会党中央的重大决策部署，对“国之大者”了然于胸。要深入学习领会习近平新时代中国特色社会主义思想的科学内涵、精神实质、重大意义，做到学懂弄通做实，始终同党中央保持高度一致。要提高政治执行力，坚持底线思维和问题导向，经常对表对标，及时校准偏差，强化责任意识，做到知责于心、担责于身、履责于行，坚决把各项工作部署落实到位。

持续深化政治监督。加强对习近平总书记重要指示批示精神、十九届五中全会精神和党中央重大决策部署贯彻落实情况的监督。加强对把握新发展阶段、实现高质量发展情况的监督，确保高质量发展始终成为“十四五”时期企业改革发展的主题。加强对贯彻新发展理念、创新驱动发展战略落实情况的监督，推动企业更加自觉地把科技自立自强作为战略支撑。加强对构建新发展格局、服务国家重大战略落实情况的监督，推动企业在构建新发展格局、服务国家战略方面更好地发挥引领和支撑作用。加强对国企改革三年行动方案落实情况的监督，不断推动党的领导融入公司治理制度化、规范化、程序化。

（二）抓高压反腐不变向，持续加大惩治力度

加大执纪审查力度。牢牢把握严的主基调，坚持态度不能变、决心不能减、尺度不能松，坚持无禁区、全覆盖、零容忍，坚持重遏制、强高压、长震慑，聚焦生产经营管理中权力集中、问题较多的领域和环节，坚决查处重大违纪违法腐败案件。要加大对境外腐败问题的惩治力度，绝不放过任何境外腐败分子。要把监督执纪问责的重心向基层一线延伸，重点查处项目管理粗放、无序失范、损害职工群众切身利益的腐败问题。要加大对亏损项目、违规经营投资的问责力度，形成失责必问、问责必严的鲜明导向。加强同各级纪委监委、司法机关的沟通协作，重点做好中央纪委国家监委国际合作局挂牌督办案件的办理工作，对涉嫌职务犯罪的坚决移送，不断强化震慑。

发挥查办案件治本功能。各级党委、纪委要以系统施治、标本兼治的理念推进正风肃纪反腐，扎实开展以案为鉴、以案促改、以案促治工作，建立“一案一剖析”“一案一警示”“一案一建议”制度，针对案件暴露出的问题，及时向党委提出监督检查建议，倒逼发案单位和部门完善规章制度，把权力关进制度笼子，综合发挥惩治震慑、惩戒挽救、教育警醒的功效，不断提高治理腐败效能。

（三）抓作风建设不停歇，营造风清气正政治生态

巩固深化作风建设。坚决整治形式主义、官僚主义，重点整治贯彻落实习近平总书记重要指示批示和党中央重大决策部署过程中的形式主义、官僚主义问题。高度重视腐败问题和不正之风交织的现象，对有令不行、有禁不止及其背后存在的利益输送、以权谋私、贪污腐败等问题要严肃惩治。持之以恒贯彻落实中央八项规定及其实施细则精神，坚守重要节点，紧盯违规收送礼品礼金、滥发津补贴、公车私用等突出问题开展监督检查。坚决反对讲排场、搞特权，坚决制止餐饮浪费、铺张浪费，坚决遏制履职待遇、业务支出中的违规违纪问题。健全完善作风建设长效机制，注重从干部职工反映和信访举报中发现问题、掌握实情，对反复出现、普遍存在的作风问题，从机制上找原因，促进完善制度规范。

持续抓好宣传教育。各级党委要继续巩固拓展“不忘初心、牢记使命”主题教育成果，深入开展党性党风党纪教育和理想信念教育，引导党员干部筑牢思想之魂、补足精神之钙。各级纪委要持续抓好反腐倡廉教育，开展好党风廉政建设宣传教育月活动，加大警示教育力度，开展“以案释纪”“以案释法”警示教育活动，凡是查结的重大、典型案件，都要在本单位及时点名道姓、通报曝光，用身边事教育身边人。

（四）抓日常监督不放松，突出重点推动创新

做实做细日常监督。压实管党治党主体责任，各级纪委要督促党委落实《全面从严治党主体责任清单》。深化与党委定期会商机制，把信访举报、监督检查、执纪审查过程中发现的问题，及时向党委沟通汇报，共同研判本单位政治生态，有针对性地提出监督建议。破解“一把手”监督和同级监督难题，继续坚持上级纪委同下级党委班子成员集体谈话、纪委书记定期与下一级党委书记谈话、开展述职述廉评议，使监督和被监督成为自觉。加强对“三重一大”决策制度执行情况的监督，坚决防止“三重一大”决策制度形同虚设。强化对选人用人的监督，全程参与提名酝酿、考察监督等环节，防止“带病提拔”“带病上岗”。

加强对境外国有资产的监管。坚决落实习近平总书记关于加强对境外国有资产监管的要求和驻委纪检监察组工作部署，涉外单位党委要加强境外机构党的领导，监督境外机构“三重一大”、党组织前置研究等决策程序执行情况；重点加强直派财务负责人等制度落实情况的监督。同时要在加强境外党建、整合境外监督资源、破解恶性竞争问题方面下功夫，健全完善境外资金监管机制，防范境外廉洁风险。

加强对基层项目管理的监督。各级纪委要聚焦财务资金、物资采购、设备租赁、验工计价、劳务分包等关键环节开展监督，加大对基层项目特别是亏损项目的监督检查和惩治力度，压缩腐败滋生空间，堵塞效益流失“黑洞”，提升项目管理效能，做实监督“最后一公里”。

探索创新监督方式。各级纪委要积极探索、创新监督方式方法，充分运用现代信息技术手段，整合信息资源，强化数据分析运用，破解传统监督方式的局限性，推进大数据与监督执纪工作有机融合。要深化运用信息化技术，强化预案研究，加强监测预警，增强发现问题、解决问题的本领，提高监督质效。要积极开展创新监督实践，相关单位要做好大数据监督的先行先试工作，提升创新监督能力。

（五）抓政治巡视不换挡，高悬巡视巡察利剑

突出政治巡视。各级党委要坚持政治巡视定位，切实担负起巡视巡察主体责任，加强组织领导，健全领导体制，完善巡视巡察制度。各级纪委要全力协助党委抓好巡视巡察工作，深入贯彻习近平总书记关于巡视工作的重要指示精神，着力查找政治偏差，发挥政治“显微镜”“探照灯”作用。坚持常规巡视和专项巡视相结合，重点对腐败问题易发多发的工程项目，有针对性地开展专项巡视巡察。积极探索巡视巡察上下联动机制，在监督重点、监督对象和方式方法上互通互补互联，以巡视带动巡察、以巡察充实巡视，同步同向发力，形成联动监督合力。

强化巡视整改。各级党委要认真落实国务院国资委党委巡视反馈意见整改主体责任，确保件件有着落、事事有回音。各级纪委和组织人事部门要主动担负起整改监督责任，加强督促检查，推动整改责任落实、整改措施到位、整改效果达标。要把巡视巡察整改和深化标本兼治有机结合起来，举一反三、完善制度、规范管理，发挥震慑遏制治本作用，促进巡视整改督查工作规范化、制度化。

（六）抓职能监管不松劲，健全完善监督体系

不断增强监督合力。各级党委、纪委要以党内监督为主导，推动各类监督有机贯通、相互协调，健全完善党风廉政建设和反腐败领导小组、协调小组工作机制，统筹发挥好纪律监督、巡视监督、业务监督、职工监督、舆论监督的作用，畅通信息渠道，打破信息壁垒，实现资源共享、信息共享、成果共享，形成监督合力。

持续深化职能监管。各级纪委要继续把强化职能部门监管摆在重要位置，切实担负起“监督的再监督”职责，督促各职能部门落实“谁的业务谁监管”，切实担负起业务领域内“管”和“治”的责任。各级纪委要协助并督促党委统筹企业发展和安全，注重风险管控，督促各职能部门紧盯防范化解重大风险，加强对生产经营、安全事故、生态环保、资金管理、干部腐败等重大风险的监管，增强风险防范能力，提升综合管理水平，助推企业高质量发展。

（七）抓队伍建设不懈怠，打造高素质纪检铁军

旗帜鲜明讲政治，各级纪委要始终把政治建设摆在首位，坚持用习近平新时代中国特色社会主义思想武装头脑，带头提高政治判断力、政治领悟力、政治执行力，在履职中践行“两个维护”。提升素质强本领，要健全纪检机构，配齐配强纪检干部，全面提升纪检干部业务能力。强化监督铸铁军，各级纪委要严格纪检干部准入标准，落实任职回避制度，把巡视作为发现、培养、锻炼干部的重要平台，让最优秀、最合适的人员充实到纪检队伍。各级纪检干部要依规依纪依法行使权力，严防“灯下黑”，以铁一般的纪律作风锻造忠诚干净担当的纪检队伍。

2020年10月，国务院国资委党委第二巡视组向中国铁道建筑集团有限公司党委反馈巡视情况。图为国资委党委第二巡视组巡视中国铁建党委情况反馈会议现场。（马　勇　摄）

大事记

2020年中国铁建大事记

1月

▲1日　中铁十一局、中铁十二局、中铁十八局、中铁二十局、中铁二十三局集团有限公司等参建的河惠莞高速公路龙紫段通车。

▲2日　中铁十一局、中铁十六局、中铁十九局集团有限公司等参建的云南省格(勒)巧(家)高速公路建成通车。

▲7日　中国铁建与中国航空工业集团有限公司在中国铁建大厦签署战略合作框架协议。

▲8日　中国铁建与中国航天科工集团有限公司在中国铁建大厦签署战略合作框架协议。

▲10日　中国铁建系统4项技术获2019年度国家科学技术奖。其中,特等奖1项、二等奖3项。

▲10日　中铁十一局集团桥梁公司拉林铁路曲水分公司质检女工班班长崔欣获2019年“最美铁路人”称号。

▲13日　中国铁建党委副书记陈大洋在国务院国资委党委召开的第二批“不忘初心、牢记使命”主题教育总结会议上作交流发言。

▲15日　中国铁建2019年度二级单位党委书记抓基层党建述职评议会议在北京召开。

▲15—16日　中国铁建2020年工作会议暨二届五次职工代表大会在中国铁建大厦举行。中国铁建党委书记、董事长陈奋健作题为《放飞梦想、勇于创新、立足实干,为中国铁建实现品质发展而砥砺前行》的讲话,总裁、党委副书记、执行董事庄尚标作题为《守正、革新、提质、做实,奋力夺取品质铁建“十三五”收官之战全面胜利》的行政工作报告;党委副书记、执行董事陈大洋主持会议。会议审议通过《行政工作报告》《关于财务收支及经济运行情况的报告》《关于业务招待费使用情况的报告》《提案工作报告》等决议草案;中国铁建所属单位签订《2020年度绩效合约》和《安全包保责任书》。

▲16日　中国铁建党委一届四次全委(扩大)会议在北京召开。中国铁建党委书记、董事长陈奋健代表党委常委会作题为《坚持党建引领、持续强根铸魂,凝聚起实现“品质铁建”战略的磅礴力量》的工作报告,党委副书记、总裁、执行董事庄尚标主持会议。

▲16日　中国铁建在北京召开2020年安全生产工作会议。

▲17日　中国铁建党委在北京召开“不忘初心、牢记使命”主题教育总结大会。国务院国资委监管中央企业主题教育第二巡回督导组组长万晓云出席会议并讲话,中国铁建领导班子成员出席会议。

▲17日　中国铁建在北京召开2020年党风廉政建设和反腐败工作会议。中国铁建党委书记、董事长陈奋健出席会议并讲话,党委副书记、总裁、执行董事庄尚标主持会议;党委常委、纪委书记李春德作题为《强监督严执纪、深化标本兼治,为打造“品质铁建”提供坚强纪律保障》的工作报告,党委常委、副总裁李宁通报2019年第二轮巡视情况,党委常委、副总裁汪文忠通报2019年执纪审查情况。

▲18日　中铁建发展集团有限公司(以下简称铁建发展)在北京举行战略合作签约暨揭牌仪式。仪式现场,铁建发展与北京市石景山区人民政府签署全面战略合作协议,并与中国(深圳)综合开发研究院、毕马威企业咨询(中国)有限公司、北京首创股份有限公司、中国地质大学(北京)、中信建投证券股份有限公司签署战略合作协议。

▲20日　中国铁建党委理论学习中心组举行2020年第一次集中学习,中国铁建班子成员参加学习。会议审议《关于认真学习宣传贯彻股份公司年度工作会议精神的通知》《2020年宣传思想文化工作要点》等文件。

▲20日　中国铁建总裁、党委副书记庄尚标,党委常委、副总裁汪文忠在中国铁建大厦会见中国驻巴西大使杨万明。双方就推动中国铁建在巴西的业务开展进行深入交流并达成共识。

▲20日　中铁二十局集团有限公司投资、建设和运

营的黄(龙)蒲(城)高速公路白水至蒲城段建成通车。

▲21日 中国铁建副总裁王立新到中铁十二局集团有限公司雄安站房项目检查指导。

▲22日 中国国家铁路集团有限公司党组书记、董事长陆东福,总经理杨宇栋,中国铁建总裁、党委副书记庄尚标到中铁建设集团有限公司京沈高速铁路星火站工地检查。

▲24日 中国铁建副总裁倪真出席天津地铁8号线PPP项目开工动员会。

▲1月 中国铁建在第2届中国上市公司发展年会上获“2019科创发展上市公司百强”称号。

2月

▲1日 中国铁建党委向所属单位划拨550万元留用党费,用于支持各单位新型冠状病毒肺炎的疫情防控工作。其中,向奋战在疫情防控第一线的中铁十一局集团有限公司、中铁第四勘察设计院集团有限公司、中铁磁浮交通投资建设有限公司划拨170万元支持疫情防控。

▲5日 中铁十一局、中铁十四局集团有限公司继驰援武汉火神山医院、武汉国际会展中心和武汉客厅“方舱医院”后,再次增援武汉客厅“方舱医院”施工建设,为打赢疫情防控阻击战贡献中国铁建力量、展现责任担当。

▲6日 中国铁建召开党委常委扩大会议,对疫情防控工作进行再安排、再部署、再动员。

▲7日 中国铁建在北京召开加强新型冠状病毒肺炎疫情防控工作视频会。中国铁建党委书记、董事长、新型冠状病毒感染肺炎疫情防控工作领导小组(以下简称防控领导小组)组长陈奋健出席会议并讲话,总裁、党委副书记、防控领导小组组长庄尚标主持会议并讲话;党委副书记、执行董事、防控领导小组常务副组长陈大洋传达相关会议精神,并宣读中国铁建党委《告中国铁建全体党员书》。

▲7日 中国铁建向全系统发出倡议书,号召各级各单位和广大干部职工,通过各种渠道、采取各种措施,力所能及地筹集医用N95口罩、防护服、护目镜、医用手套等医疗物资,并积极组织做好捐赠工作,助力疫情防控。

▲12日 中国铁建党委书记、董事长、新冠肺炎疫情防控工作领导小组组长陈奋健分别到中铁建设集团有限公司施工的京沈高速铁路星火站、中铁十二局集团有限公司施工的房山线北延2标段项目部,检查疫情防控和复工复产情况。

▲15日 国务院国资委召开建筑施工类中央企业复工复产工作视频会议。中国铁建党委书记、董事长陈奋健等中央企业负责人汇报企业抓好疫情防控、推动复工复产情况。中国铁建总裁、党委副书记庄尚标,副总裁王立新在中国铁建分会场参会。

▲23日 中铁第一勘察设计院集团有限公司咨询监理的斯里兰卡南部高速公路延长线全线通车。

▲26日 中国铁建党委理论学习中心组举行2020年第二次集中学习。中国铁建全体班子成员参加学习,并重点围绕学习习近平总书记在统筹推进新冠肺炎疫情防控和经济社会发展工作部署会议上的重要讲话作研讨发言。

▲27日 国务院国资委党委书记、主任郝鹏,中国铁建党委书记、董事长陈奋健,总裁、党委副书记庄尚标,副总裁王立新到中铁建设集团有限公司京沈高速铁路星火站项目部调研指导疫情防控和复工复产工作。

▲28日 中国铁建在北京召开统筹推进新冠肺炎疫情防控和复工复产视频会。中国铁建党委书记、董事长陈奋健出席会议并讲话,总裁、党委副书记庄尚标主持会议并讲话,党委副书记、执行董事陈大洋传达上级有关疫情防控和复工复产的指示精神。

▲29日 中国铁建对口扶贫18年的河北省尚义县脱贫“摘帽”。

3月

▲2日 中国铁建总裁、党委副书记庄尚标,党委常委、副总裁李宁赴中国铁建房地产集团有限公司北京青秀城和山屿湖项目、中国铁建投资集团有限公司运营的兴延高速公路和京承高速公路项目调研。

▲3日 中国铁建总裁、党委副书记庄尚标,副总裁王立新赴中铁二十二局集团有限公司北京玉景阳光共有产权房项目和北京地铁昌平线南延02标段项目调研。

▲4日 中国铁建党委常委、副总裁汪文忠代表中国铁建出席中国发展研究基金会主办的支援农村地区抗疫防护项目捐赠仪式,并现场捐赠10000只医用外科一次性口罩。

▲6日 中国铁建总裁、党委副书记庄尚标,党委常委、副总裁汪文忠赴中国铁建国际集团有限公司、中

国土木工程集团有限公司总部，实地调研疫情防控、复工复产及海外生产经营情况。

▲12日　国务院国资委副主任、党委委员，中华全国总工会副主席翁杰明到中铁十四局集团有限公司北京地铁8号线三期03标段项目部调研指导疫情防控和复工复产工作。

▲13日　中国铁建总裁、党委副书记庄尚标，党委副书记、执行董事陈大洋，党委常委、副总裁李宁赴中铁建国际投资有限公司，实地调研疫情防控、复工复产和海外生产经营情况。

▲16日　中国铁建总裁、党委副书记庄尚标带队在中铁建发展集团有限公司调研，并召开座谈会暨干部会议。中国铁建党委副书记、执行董事陈大洋出席会议，副总裁倪真主持会议。

▲18日　中国铁建在北京召开2020年经营工作专题视频会议。

▲18日　中国出口印度最大直径盾构机在中国铁建重工集团股份有限公司长沙第一产业园发运，参与孟买沿海公路隧道建设。

▲19日　中国人民银行金融市场司副司长彭立峰带队的中央复工复产调研组到中铁建设集团有限公司京沈高铁星火站项目部调研。中国铁建总裁、党委副书记庄尚标，副总裁王立新参加调研。

▲19日　中国铁建党委理论学习中心组举行2020年第3次集中学习，中国铁建在北京班子成员参加学习并研讨发言。

▲20日　中铁十四局集团有限公司施工的日照岚山疏港铁路开工建设。开工仪式前，中国铁建与山东省日照市采用“线上+线下”相结合的方式签订深度战略合作协议。签约仪式上，中国铁建副总裁倪真通过视频连线致辞。

▲23日　中国铁建在北京召开境外疫情防控专题视频会。中国铁建总裁、党委副书记庄尚标出席会议并讲话，党委副书记、执行董事陈大洋传达有关指示精神和工作要求，党委常委、副总裁汪文忠主持会议。

▲23日　中国铁建总裁、党委副书记庄尚标在北京出席中铁建资本控股集团有限公司领导干部会议并调研。中国铁建党委副书记、执行董事陈大洋出席会议，党委常委、总会计师兼总法律顾问、首席合规官王秀明主持会议。

▲25日　中国铁建总裁、党委副书记庄尚标到中铁物资集团有限公司调研指导并主持召开座谈会。

▲26日　中国铁建总裁、党委副书记庄尚标，副总裁刘成军到中铁第五勘察设计院集团有限公司调研。

▲31日　中国铁建在北京召开2019年年报业绩发布电话会议。

▲31日　中国铁建在北京召开决战决胜脱贫攻坚视频会议，中国铁建副总裁刘成军出席会议并讲话。

4月

▲1日　中国铁建党委常委、副总裁李宁到中国铁建投资集团有限公司检查指导工作。

▲2日　中国铁建总裁、党委副书记庄尚标到中铁十八局集团北京公司调研。

▲3日　中国铁建总裁、党委副书记庄尚标到中国铁建高新装备北京瑞维通公司调研。

▲7日　中国铁建总裁、党委副书记庄尚标到中铁建网络信息科技有限公司调研，并召开座谈会暨干部会议。中国铁建副总裁刘成军参加调研。

▲7日　中国铁建赴尼日利亚防疫工作组出发仪式在北京中土大厦举行。中国铁建赴尼日利亚防疫工作组由中国土木工程集团有限公司牵头，协同中铁十七局集团有限公司中心医院组成，为中国铁建驻尼员工提供防疫指导。

▲7日　中铁十七局、中铁十九局集团有限公司承建的川藏铁路拉林段米林隧道顺利贯通。至此，川藏铁路拉萨至林芝段47座隧道全部贯通。

▲8日　中国铁建总裁、党委副书记庄尚标到中铁十六局集团有限公司调研。

▲9日　中国铁建总裁、党委副书记庄尚标带队赴中铁十九局集团有限公司、中国铁建华北区域总部北京大兴国际机场北线高速项目调研。

▲10日　中国铁建在北京召开“十四五”规划编制工作启动会。中国铁建党委书记、董事长陈奋健出席会议并讲话，总裁、党委副书记庄尚标主持会议。

▲12日　中国铁建总裁、党委副书记庄尚标在北京市大兴区会见区委书记周立云、区长王有国，双方就进一步加强合作进行深入交流并达成共识。

▲13日　中国铁建总裁、党委副书记庄尚标，副总裁倪真赴中国铁建华南区域总部、中铁二十五局集团有限公司、中铁建华南建设有限公司调研。

▲14—15日　中国铁建总裁、党委副书记庄尚标带队赴武汉调研中铁十一局集团有限公司、中铁第四勘察设计院集团有限公司、中铁磁浮交通投资建设有

限公司等单位，实地了解疫情防控和复工复产情况，看望慰问坚持奋战在疫情防控最前线的各级干部职工。

▲15 日　中国铁建总裁、党委副书记庄尚标在武汉会见湖北省委常委、武汉市委书记王忠林，双方就进一步深化战略合作，提升合作层次，扩大合作规模，推动武汉疫后经济重振进行深入交流，并达成重要共识。

▲17 日　国务院国资委召开中央企业一季度经济运行情况通报暨 2020 年度经营业绩责任书签订视频会议，国资委党委书记、主任郝鹏出席会议并讲话。通过视频会议系统，郝鹏代表国资委与中国铁建党委书记、董事长陈奋健等中央企业负责人签订 2020 年度经营业绩责任书。

▲17—20 日　中国铁建总裁、党委副书记庄尚标赴福建省厦门市、漳州市开展商务活动，并到有关项目调研及安全生产检查。

▲20 日　中国铁建在北京召开安全生产工作视频会议。中国铁建总裁、党委副书记庄尚标对会议作出指示；副总裁王立新出席会议并讲话。

▲20 日　中国铁建对口扶贫 7 年的青海省甘德县脱贫“摘帽”。至此，中国铁建对口扶贫的所有区县全部如期脱贫。

▲21 日　中国铁建副总裁倪真在青海省西宁市会见青海省委副书记、省长刘宁，双方就进一步深化战略合作，推动有关项目实施进行深入交流。

▲21—23 日　中国铁建总裁、党委副书记庄尚标在江苏开展商务活动，并赴中铁十四局集团有限公司南京和燕路过江通道项目调研和检查慰问。

▲22 日　中国铁建与中核集团在中国铁建大厦签署战略合作框架协议。

▲22 日　中国铁建“品质铁建杯”2020 年财税知识竞赛启动会在北京召开。中国铁建党委常委、总会计师兼总法律顾问、首席合规官王秀明出席会议并讲话。

▲24 日　中国铁建总裁、党委副书记庄尚标在济南市会见山东省委常委、济南市委书记孙立成，并赴有关单位调研和慰问。

▲26 日　中国铁建在北京召开 2020 年第一季度经济运行分析会。

▲28 日　中铁建资本控股集团有限公司在北京举行成立揭牌仪式。该公司以中国铁建财务有限公司、诚合保险经纪有限公司、中铁建金融租赁有限公司、中铁建资产管理有限公司为基础组建，为中国铁建全资子公司。营业范围包括金融股权投资及投资管理、资产管理、投资咨询、财务顾问、担保业务、金融信息咨询与服务、金融科技开发与服务及与中国铁建经营有关的实业投资等。

▲28 日　中国铁建在北京召开境外疫情防控排查工作部署视频会议。中国铁建党委副书记、执行董事陈大洋出席会议并讲话，党委常委、副总裁汪文忠主持会议。

5 月

▲1 日　中铁第五勘察设计院集团有限公司总体设计，中铁十一局集团有限公司参与投资、施工和运营的 PPP 项目——甘肃省天水市有轨电车示范线工程(一期)通车运营。

▲8 日　中铁建国际投资有限公司成功入股西班牙 Aldesa 集团庆典活动在北京举行。中国铁建党委常委、副总裁李宁出席庆典活动。

▲8 日　中国铁建与北京交通大学在中国铁建大厦签署战略合作协议。

▲11 日　中国铁建党委书记、董事长陈奋健在广州市会见广东省委副书记、省长马兴瑞，双方就深化合作进行交流探讨，并达成共识。

▲11 日　中国铁建重工集团股份有限公司地下工程装备(4 台凿岩台车和 4 台湿喷台车)在长沙第二产业园首次批量出口中东。

▲12 日　中国铁建在北京召开中国铁建企业文化与品牌提升工作启动大会。中国铁建党委副书记、执行董事陈大洋出席会议并讲话。

▲12—13 日　中国铁建党委书记、董事长陈奋健在广东省广州市、江门市、佛山市、中山市开展商务活动，会见有关领导，就多领域深化合作进行广泛交流，并达成系列共识。中国铁建党委常委、副总裁李宁，副总裁倪真参加相关活动。

▲13 日　中国铁建党委常委、纪委书记李春德赴中铁建资本控股集团有限公司调研，并就落实全面从严治党主体责任与领导班子进行集体谈话。

▲14 日　中国铁建对境外机构和项目进行视频再巡检。中国铁建总裁、党委副书记庄尚标通过视频在线巡查境外机构和项目疫情防控工作并提出要求，党委常委、副总裁汪文忠参加视频巡检。

▲14 日　中国铁建副总裁刘成军出席中央企业北斗产业协同发展平台揭牌暨线上开通仪式。中铁第五勘察设计院集团有限公司为该发展平台副理事长单

位之一。

▲14 日　中国铁建召开 2020 年第一次总部党风廉政建设和反腐败工作协调小组会暨职能部门监管工作推进会。中国铁建党委常委、纪委书记李春德出席会议并讲话。

▲15 日　中国铁建副总裁王立新赴中铁二十三局集团有限公司,就亏损项目治理和党建工作开展联系点进点调研,并组织召开座谈会。

▲17 日　中铁二十局集团有限公司参建的泰国 23 号公路右幅道路全线开通。

▲19 日　中国铁建在北京召开房地产板块发展座谈会。中国铁建总裁、党委副书记庄尚标出席会议并提出工作要求,党委常委、总会计师兼总法律顾问、首席合规官王秀明主持会议,党委常委、副总裁李宁出席会议并讲话。

▲20 日　中国铁建纪委联合党委组织部组成两个督查组分别进驻中铁十九局集团有限公司、中铁二十二局集团有限公司,开展对两家单位党委巡视整改落实情况督查。

▲20 日　中国铁建党委常委、总会计师兼总法律顾问、首席合规官王秀明到中铁十六局集团有限公司,就清收清欠、控“两金”、减负债和党建工作开展联系点进点调研,并组织召开座谈会。

▲22 日　中国铁建党委书记、董事长陈奋健,总裁、党委副书记庄尚标,党委副书记、执行董事陈大洋在中国铁建大厦会见中国国际智力合作有限公司党委书记、董事长卜玉龙,党委副书记、总经理王晓梅,双方就进一步深化合作进行交流,并达成共识。

▲22 日　中国铁建副总裁倪真在雄安新区会见雄安新区党工委副书记、管委会常务副主任,中国雄安集团党委书记、董事长田金昌,双方就进一步深化合作、推动项目落地进行广泛交流,并达成系列共识。

▲25—29 日　中国铁建党委常委、总会计师兼总法律顾问、首席合规官王秀明,党委常委、副总裁李宁到华东区域总部,就中铁建城市开发有限公司发展及拓展未来社区、片区开发等领域市场进行调研。

▲26 日　中国铁建总裁、党委副书记庄尚标赴中国铁建大桥工程局集团有限公司进行联系点进点调研。

▲26 日　中国铁建纪委组织召开 2019 年度二级单位纪委书记履职考核述职视频会。中国铁建党委常委、纪委书记李春德出席会议并讲话。

▲27 日　中国铁建副总裁王立新赴中铁二十二局集团有限公司京沈铁路客运专线京冀段调研,并就项目建设管理提出相关要求。

▲28 日　中国铁建党委在北京召开巡视工作会议暨财务资金管理专项巡视巡察工作动员部署(视频)会。会上宣布,中国铁建党委成立 5 个巡视组,开展对 47 家区域总部和二级单位财务资金管理专项巡视。

▲29 日　中国铁建在北京召开剥离国有企业办社会职能和解决历史遗留问题工作视频会。中国铁建总裁、党委副书记庄尚标出席会议并提出工作要求,副总裁刘成军出席会议,副总裁倪真主持会议。

▲29 日　中国铁建与山东重工集团在中国铁建大厦签署战略合作框架协议。

▲5 月　中国铁建投资集团有限公司牵头,中铁十一局、中铁十二局、中铁十四局集团有限公司,中铁第五勘察设计院集团有限公司、中铁城建集团有限公司联合体中标烟台市福山区夹河新城项目。该项目计划投资 203 亿元,开发周期 15 年。

6 月

▲1 日　中国铁建在北京启动 2020 年“安全生产月”活动并发布安全生产专项整治三年行动实施方案。

▲3 日　国务院国资委与湖北省委、省政府共同举办中央企业助力湖北疫后重振发展视频会议。中国铁建党委书记、董事长陈奋健,总裁、党委副书记庄尚标,党委常委、副总裁李宁,副总裁刘成军在中国铁建分会场参会;李宁代表中国铁建与湖北省黄冈市政府签订项目合作协议。

▲4 日　中国铁建党委理论学习中心组举行 2020 年第 7 次集中学习,中国铁建在北京班子成员参加学习并研讨发言。

▲8—10 日　中国铁建总裁、党委副书记庄尚标参加青海省 2020 年深度贫困地区脱贫攻坚现场推进会,并代表中国铁建为甘德县带去直接帮扶资金,参加帮助牧民购买牲畜保险捐赠仪式等活动。

▲9 日　中国铁建党委常委、副总裁李宁在上海会见中国宝武上海宝钢不锈钢公司、宝钢特钢公司党委书记、董事长蔡伟飞,总经理朱建春,双方就推进相关项目合作进行交流并达成共识。

▲10 日　中国铁建党委常委、副总裁李宁赴中国铁建西南区域总部就 TOD 业务和区域生产经营情况进行调研,并组织召开座谈会。

▲10—11 日　中国铁建总裁、党委副书记庄尚标在兰州会见甘肃省委副书记、省长唐仁健，并赴有关单位调研。

▲11 日　中国铁建在河北雄安召开雄安新区项目管理推进会。中国铁建副总裁王立新出席会议并讲话。

▲16 日　中国铁建党委书记、董事长陈奋健，党委常委、副总裁李宁在中国铁建大厦会见新疆生产建设兵团第一师党委副书记、副师长（主持行政工作），阿拉尔市政府党组副书记、副市长李斌，双方就深化合作进行交流，并签署深化战略合作协议。

▲19 日　中国铁建 2019 年年度股东大会在中国铁建大厦召开。

▲23—24 日　中国铁建党委书记、董事长陈奋健，副总裁刘成军到中国铁建定点扶贫的河北省张家口市万全区、尚义县实地调研扶贫工作，并向尚义县捐赠帮扶资金 907 万元，主要用于完善当地医疗卫生服务体系，巩固脱贫攻坚成果。

▲24 日　中国铁建副总裁王立新赴中铁城建集团有限公司承建的中国民航建设集团公司设计科研综合楼项目、中铁十六局集团有限公司承建的北京安贞东方医院项目检查调研。

▲28 日　中国铁建重工集团股份有限公司、中铁十四局集团有限公司联合研制的最大直径泥水平衡盾构机在长沙第一产业园下线。

▲28 日　中铁第四勘察设计院集团有限公司总体设计，中国铁建大桥工程局集团有限公司，中铁十七局、中铁二十四局集团有限公司，中铁建设集团有限公司，中国铁建电气化局集团有限公司等参建的商合杭高速铁路合肥至湖州段（合湖段）开通运营。

▲28 日　中铁第四勘察设计院集团有限公司参与设计，中国铁建大桥工程局集团有限公司，中铁十一局、中铁十四局、中铁十九局、中铁二十五局集团有限公司参建的长沙地铁 3 号线一期工程开通试运营。

▲28 日　中铁十四局集团有限公司、中铁建设集团有限公司、中国铁建电气化局集团有限公司参建的长沙地铁 5 号线一期工程开通试运营。

▲29 日　中铁第四勘察设计院集团有限公司设计，中铁十四局、中铁十九局集团有限公司，中国铁建电气化局集团有限公司等承建的穗莞深城际铁路深圳机场至前海段开工建设。

▲29—30 日　中国铁建党委书记、董事长陈奋健，党委常委、副总裁李宁赴北京大兴国际机场北线高速公路公司、京承高速公路公司、兴延高速公路公司调研项目运营和建设情况，检查指导疫情防控工作。

▲30 日　中铁十二局、中铁十五局、中铁十七局、中铁二十一局、中铁二十二局集团有限公司，中国铁建电气化局集团有限公司等参建的格尔木至库尔勒铁路青海段建成通车。

▲30 日　中铁十四局集团有限公司等参建的莆炎（福建莆田至湖南炎陵县）高速公路福州段建成通车。

▲6 月　根据国务院国资委党委巡视工作的统一部署，国务院国资委党委第二巡视组开展对中国铁道建筑集团有限公司党委巡视。

▲6 月　中国铁建获第 11 届中国上市公司投资者关系天马奖最佳董事会、最佳投资者关系公司荣誉；董事会秘书获“最佳董秘”称号。

7 月

▲1 日　中铁第四勘察设计院集团有限公司总体设计，中铁十四局、中铁十九局集团有限公司参建的上海至苏州至南通铁路开通运营。

▲3 日　中铁建设集团有限公司承建的中老铁路万象站站房开工建设。

▲8 日　中铁十二局集团有限公司、中国铁建大桥工程局集团有限公司等参建的贵州省安（顺）六（盘水）高速铁路开通运营。

▲8 日　杭州新安江水库开启全部 9 孔泄洪，杭州市防汛应急响应提升至Ⅰ级。中国铁建所属中铁十二局、中铁十四局、中铁十六局、中铁十八局、中铁二十五局、铁四院、铁建投资等积极支援抗洪抢险，及时处置各类汛情，确保汛期人员安全、工程安全。

▲11 日　中国铁建重工集团股份有限公司、中铁十八局集团有限公司联合研制的国产首台新型敞开式岩石隧道掘进机、国产首台再制造大直径敞开式岩石隧道掘进机在湖南长沙下线。

▲13 日　中国铁建总裁、党委副书记庄尚标在北京会见中国化工总经理、党委副书记杨兴强，双方就进一步拓展合作领域、共同构筑产业转型新优势深入交换意见，并共同出席中铁建发展集团有限公司与中国化工新材料有限公司合作框架协议签约仪式。

▲14—16 日　中国铁建党委常委、副总裁李宁在

广东开展系列商务活动，出席华南区域总部投资重点项目推进会和江门人才岛推介会，见证中国铁建与江门市政府签署战略合作框架协议。

▲15—16 日　中国铁建总裁、党委副书记庄尚标在合肥市会见安徽省委常委、合肥市委书记虞爱华，并到中铁二十五局集团二公司调研。

▲16 日　中国铁建大桥工程局集团有限公司，中铁十二局、中铁十九局集团有限公司参建的建（始）恩（施）高速公路建成通车。

▲17 日　中国铁建党委书记、董事长陈奋健，总裁、党委副书记庄尚标在中国航空工业集团有限公司总部会见中国航空工业集团有限公司党组书记、董事长谭瑞松，党组副书记、总经理罗荣怀，双方就进一步深化战略合作进行探讨和交流，并达成共识。

▲17 日　中国铁建在 2019 年度中央企业负责人经营业绩考核结果中获 A 级评价。

▲20 日　中国铁建副总裁倪真赴华北区域总部北京大兴国际机场北线高速项目，就协助提高承揽新产业新基建能力和华北区域总部党建工作开展情况进行联系点进点调研。

▲20—21 日　中国铁建总裁、党委副书记庄尚标在贵阳市分别会见贵州省委书记孙志刚，贵阳市委副书记、市长陈晏等领导，就推动相关项目落地和双方探索合作模式、促进互利共赢深入交换意见。

▲21—28 日　中国铁建副总裁倪真在广东省就加强战略合作、实现强强联合、推进合作项目落地与多方进行会谈和广泛交流，并达成系列共识。

▲22 日　中国铁建总裁、党委副书记庄尚标在成都会见西南交通大学党委书记王顺洪，双方就进一步加强校企合作，推动人才培养、科研攻关等方面合作达成广泛共识。

▲22 日　中国铁建党委常委、总会计师王秀明率中国铁建财务资金管理专项整治抽查验收督导组一行，先后赴中国铁建电气化局集团有限公司、中铁建设集团有限公司等单位督导检查。

▲22 日　中国铁建副总裁刘成军在天津出席中国铁建 2020 年度科技立项评审暨“十四五”科技创新规划编制启动座谈会。会后，刘成军赴中铁建设集团有限公司葛沽镇项目调研。

▲23 日　中国铁建党委书记、董事长陈奋健在昆明市会见云南省委书记陈豪、省长阮成发，双方就进一步深化战略合作进行交流。

▲27 日　中国铁建党委书记、董事长陈奋健，总裁、党委副书记庄尚标在上海市会见中共中央政治局委员、上海市委书记李强，上海市委副书记、市长龚正，并出席中国铁建与上海市政府战略合作协议签约仪式。

▲28 日　中国铁建党委书记、董事长陈奋健，总裁、党委副书记庄尚标在长春市会见吉林省委书记巴音朝鲁、省长景俊海，双方就进一步深化战略合作，推进重大基础设施建设项目实施，助力东北全面振兴等交换意见，并达成共识。中国铁建副总裁王立新与吉林省副省长蔡东分别代表双方签署协议。

▲28 日　中国铁建区域总部党建工作座谈会暨党委选举工作培训会在山东济南召开。中国铁建党委副书记、执行董事陈大洋出席会议并讲话。

▲28 日　中国铁建党委副书记、执行董事陈大洋赴中铁十四局集团有限公司总部进行联系点进点调研。

▲28 日　中国铁建党委常委、执行董事刘汝臣赴联系点中国铁建电气化局集团有限公司，就进一步做强做优做大企业、盘活内外资源和加强企业党建工作进行进点调研。

▲29 日　中国铁建党委常委、副总裁李宁在保定市会见保定市委书记党晓龙，双方就加强基础设施建设及城市开发等方面的合作进行深入交流，并达成共识。

▲29 日　中国铁建国际集团有限公司参建的俄罗斯最大物流中心铁路场站——别雷拉斯特物流园项目通车。

▲30 日　中国铁建副总裁倪真受邀出席南通市新基建促进大会，会见南通市有关领导。双方在交通基础设施建设、产业园区综合开发建设、生态环保、新基建等领域达成合作共识。会上，中国铁建华中区域总部与南通市人民政府签署战略合作协议。

▲31 日　中国铁建 2020 年年中工作会议在北京召开。

▲31 日　中国铁建施工总承包，中铁二十五局集团有限公司、中铁建设集团有限公司、中铁城建集团有限公司参建的庆盛枢纽区块综合开发项目安置房工程在广州市南沙开工建设。

8 月

▲3 日　中国铁建系统 6 项技术通过 2020 年度国家科学技术奖初评。

▲3—4 日　中国铁建副总裁倪真赴华东区域总

部调研，并分别与沪昆客专浙江公司、杭州市交通投资集团主要负责人会谈。

▲4—6 日　中国铁建党委常委、副总裁李宁在广东省开展系列商务活动，并出席中铁磁浮交通投资建设有限公司清远磁浮“大干 200 天，确保主体工程完工劳动竞赛”暨工人先锋号、青年突击队授旗仪式并授旗。

▲5 日　中国铁建党委书记、董事长陈奋健赴联系点中铁十九局集团矿业公司调研并讲授主题党课。

▲5 日　中国铁建党委常委、副总裁汪文忠在山西省太原市出席中国铁建赴尼日利亚防疫工作组回国欢迎仪式并致辞。

▲5 日　中国铁建在南京召开驻江苏企业和在施项目安全生产专项整治专题会议。中国铁建副总裁王立新出席会议并讲话。

▲6 日　中国铁建副总裁刘成军赴联系点中铁城建集团有限公司所属山东省会文化艺术中心三馆二期项目调研。

▲10 日　中铁十四局、中铁二十三局集团有限公司承建的山东枣菏高速公路通车运营。

▲10 日　中国铁建位列 2020 年《财富》“世界 500 强”第 54 位。

▲10—11 日　中国铁建副总裁倪真在长春市开展系列商务活动，并到东北区域总部调研。

▲11 日　中国铁建党委常委、副总裁李宁出席无锡绿色智慧建筑工业化创新产业基地项目交流会。

▲11—13 日　中国铁建总裁、党委副书记庄尚标在杭州市会见浙江省委副书记、省长袁家军等领导，并赴华东区域总部调研。

▲13 日　中国铁建党委书记、董事长陈奋健在雄安新区会见河北省委常委、副省长，雄安新区党工委书记、管委会主任陈刚，并赴中铁十二局集团有限公司、中铁建设集团有限公司有关项目调研。

▲13 日　中铁第四勘察设计院集团有限公司总体设计，中国铁建电气化局集团有限公司参建的浙江省乐清湾铁水联运铁路开通运营。

▲14 日　中国铁建总裁、党委副书记庄尚标，党委常委、总会计师兼总法律顾问、首席合规官王秀明在中国铁建大厦会见中国政企合作投资基金公司董事长冯晋平，双方就进一步加强 PPP 项目、基金等领域的合作深入交换意见并达成系列共识。

▲16 日　中国共产党十九大代表，中国铁道建筑集团有限公司党委书记、董事长，中国铁建股份有限公司党委书记、董事长陈奋健在北京不幸逝世，享年 58 岁。

▲18 日　中铁第四勘察设计院集团有限公司总体设计的珠海市区至珠海机场城际铁路拱北至横琴段（珠机一期）建成通车。

▲18 日　中国铁建党委常委、副总裁李宁出席中国铁建投资集团有限公司投资，中铁十四局、中铁十五局、中铁十八局、中铁二十局、中铁二十一局集团有限公司等参建的银川至昆明高速公路太阳山开发区至彭阳段项目开工仪式。

▲18 日　中国铁建华南区域总部总承包，中国铁建大桥工程局集团有限公司，中铁十一局、中铁十二局、中铁十四局、中铁十五局、中铁十六局、中铁十八局、中铁十九局、中铁二十二局、中铁二十三局、中铁二十五局集团有限公司，中铁建设集团有限公司，中铁城建集团有限公司等参建的深圳地铁 6 号、10 号线开通运营。

▲18 日　中铁十七局、中铁二十四局集团有限公司，中国铁建电气化局集团有限公司参建的广（州）石（滩）铁路开通运营。

▲26 日　中国铁建党委常委、副总裁汪文忠赴联系点中国土木工程集团有限公司调研。

▲26 日　中国铁建在北京召开对标世界一流管理提升行动启动会。

▲27 日　中国铁道建筑集团有限公司召开中层副职以上干部大会，国务院国资委有关负责领导宣布国资委党委关于中国铁道建筑集团有限公司领导班子调整的决定：汪建平任中国铁道建筑集团有限公司党委书记、董事长。

▲28 日　中国铁建副总裁倪真出席中铁十一局、中铁十四局集团有限公司承建的河北省石家庄滹沱河生态修复三期工程开工仪式。

▲28 日　中铁十八局集团有限公司等参建的南宁市轨道交通 5 号线全自动地铁车辆基地建成投用。

▲31 日　中国铁道建筑集团有限公司党委书记、董事长汪建平，中国铁建党委副书记、执行董事陈大洋参观铁道兵纪念馆（中国铁建展览馆）。

▲31 日　中国铁建召开 2020 年半年报业绩发布电话会。

▲31 日　中国土木工程集团有限公司、中铁十七局集团有限公司联合建立的中国铁建员工健康中心在尼日利亚首都阿布贾挂牌成立。

▲31 日　中铁十二局、中铁二十三局集团有限公

司参建的长(沙)益(阳)高速公路扩容工程全线通车运营。

▲8 月　中国铁建位列 2020 年度美国《工程新闻记录》“全球最大 250 家工程承包商”第 3 位、位列“全球最大 250 家国际承包商”第 12 位。

9 月

▲1 日　中国铁道建筑集团有限公司党委书记、董事长汪建平,中国铁建总裁、党委副书记庄尚标在北京会见中国国家铁路集团有限公司董事长、党组书记陆东福,双方就进一步深化铁路建设领域合作交换意见,并达成共识。

▲1—7 日　中国铁建独立非执行董事王化成、承文,董事会秘书赵登善赴青海、西藏地区,对部分所属单位及重点项目进行调研。

▲2 日　中国铁道建筑集团有限公司党委书记、董事长汪建平,中国铁建副总裁王立新赴中铁建设集团有限公司北京朝阳站、中铁十四局集团有限公司东六环项目调研。

▲2 日　中国铁建党委副书记、执行董事陈大洋赴联系点中铁十四局集团有限公司北京地铁 19 号线项目调研并讲授主题党课。

▲2 日　中国铁建党委副书记、执行董事陈大洋出席《中国铁建党支部建设指导手册》首发仪式并为新书揭幕,向基层党支部书记代表和基层党员代表赠书。

▲3 日　中国铁道建筑集团有限公司党委书记、董事长汪建平在中国铁建大厦会见巴基斯坦驻华大使莫因・哈克,双方就加强有关基建项目合作进行交流。

▲4 日　中国铁建在北京召开铁路工程红线管理工作视频会。

▲4 日　中国铁建总裁、党委副书记庄尚标参加 2020 年中国国际服务贸易交易会全球服务贸易峰会。

▲6 日　中国铁建总裁、党委副书记庄尚标,党委常委、副总裁李宁在北京会见武汉长江新城管委会主任、江岸区委书记马泽江,双方围绕加强武汉长江新城、江岸区基础设施开发建设,推动相关项目落地深入交流。

▲7 日　中国铁建在北京召开第 76 次党委常委会。中国铁道建筑集团有限公司党委书记、董事长汪建平主持会议,中国铁建领导班子成员参加会议,总部有关部门负责人列席会议。

▲7—8 日　中国铁建总裁、党委副书记庄尚标在四川省达州市、成都市东部新区开展商务活动,出席并见证有关战略合作框架协议签订仪式。

▲8 日　中国铁道建筑集团有限公司党委书记、董事长汪建平出席全国抗击新冠肺炎疫情表彰大会;中铁第四勘察设计院集团有限公司副院长张浩获“全国抗击新冠肺炎疫情先进个人”称号。

▲9 日　中国铁建 2020 年全面从严治党“两个责任”促进会暨警示教育大会在北京召开。

▲9 日　中国铁道建筑集团有限公司党委书记、董事长汪建平,中国铁建总裁、党委副书记庄尚标在中国铁建大厦会见中国中车党委书记、董事长刘化龙,总裁、党委副书记孙永才,双方就相关业务合作进行交流探讨。

▲9 日　中国铁道建筑集团有限公司党委书记、董事长汪建平,中国铁建总裁、党委副书记庄尚标在中国铁建大厦会见石家庄铁道大学党委书记杨绍普,党委副书记、校长龙奋杰,双方就深化校企合作进行交流,并达成共识。

▲10 日　中国铁道建筑集团有限公司党委书记、董事长汪建平,中国铁建党委常委、副总裁汪文忠,副总裁倪真赴中铁十九局集团有限公司、中国土木工程有限公司调研。

▲11 日　中国铁建总裁、党委副书记庄尚标在保定市会见保定市委书记党晓龙,并共同见证中国铁建与保定市政府签署战略合作框架协议。中国铁建党委常委、副总裁李宁与保定市委副书记、市长郭建英分别代表双方签署协议。

▲15 日　中国铁道建筑集团有限公司党委书记、董事长汪建平,中国铁建党委常委、副总裁汪文忠在中国铁建大厦会见中国驻特立尼达和多巴哥(简称特多)大使方遒,双方就促进中国铁建在特多的业务发展进行深入交流,并达成共识。

▲15 日　中国铁道建筑集团有限公司党委书记、董事长汪建平,中国铁建党委副书记、执行董事陈大洋,党委常委、副总裁李宁在中国铁建大厦会见攀枝花市委书记贾瑞云,并共同见证中国铁建昆仑投资集团有限公司与攀枝花市政府签署战略合作协议。

▲16 日　中国铁建重工集团股份有限公司、河南能源化工集团联合研制的国产首台煤矿全功能智能化岩石隧道掘进机在长沙第二产业园下线。

▲16—17 日　中国铁道建筑集团有限公司党委书记、董事长汪建平,中国铁建党委常委、副总裁李宁,

副总裁刘成军赴中铁第五勘察设计院集团有限公司、中国铁建投资集团有限公司调研。

▲16—17日　中国铁建总裁、党委副书记庄尚标，副总裁王立新分别赴中铁二十三局集团有限公司大瑞铁路、中铁十九局集团有限公司玉磨铁路调研。

▲18日　中国铁建在昆明召开云南区域重点项目施工生产座谈会。中国铁建总裁、党委副书记庄尚标出席会议并提出工作要求，副总裁王立新出席会议并讲话。

▲22日　中国铁建承建的重庆西站（重庆至贵阳铁路扩能改造工程重庆西站站房及相关工程）、云桂铁路南盘江特大桥、郑州至徐州铁路客运专线工程、新建拉萨至日喀则铁路、扬州市瘦西湖隧道、雅安至泸沽高速公路、云桂铁路、杭州市紫之隧道（资金港路至之江路）、成都地铁2号线、广州市轨道交通2号和8号线延长线工程、上海长江路越江通道11项工程获第17届中国土木工程詹天佑奖。

▲22日　中铁十八局集团有限公司承建的邯郸机场改扩建工程建成通航。

▲22—23日　中国铁建副总裁王立新赴联系点中铁二十三局集团有限公司成绵苍巴项目调研并讲授主题党课。

▲22—24日　中国铁道建筑集团有限公司党委书记、董事长汪建平，中国铁建副总裁倪真赴中国铁建华中区域总部、中国铁建重工集团股份有限公司、中铁城建集团有限公司、中铁十一局集团有限公司、中铁第四勘察设计院集团有限公司、中铁磁浮交通投资建设有限公司等驻湘驻鄂单位调研。

▲23日　中国铁道建筑集团有限公司党委书记、董事长汪建平在长沙市会见时任湖南省委副书记、省长许达哲，双方就进一步深化全方位战略合作以及推进重点项目落地进行深入交流，并达成共识。

▲24日　中国铁建纪委在总部召开“四个”专项整治工作督导会。中国铁建党委常委、纪委书记李春德出席会议并讲话。

▲24日　中国铁建大桥工程局集团有限公司，中铁二十四局、中铁二十五局集团有限公司等参建的阳大铁路阳泉北至阳泉东段开通运营。

▲24—25日　中国铁建安全监督干部培训班在重庆举办。中国铁建副总裁王立新出席开班式并讲话，系统内130余人参加培训。

▲26日　中国铁建总裁、党委副书记庄尚标出席“深化融合发展，助力追赶超越”央企进陕推进会议，并代表中国铁建与陕西省政府签署战略合作协议。

▲27日　中国铁建重工集团股份有限公司、中铁十四局集团有限公司联合研制的超大直径盾构机“京华号”在长沙第一产业园下线。

▲27日　中铁第四勘察设计院集团有限公司总体设计，中铁十二局、中铁十九局、中铁二十四局集团有限公司，中铁建设集团有限公司，中国铁建电气化局集团有限公司参建的衢（州）宁（德）铁路通车运营。

▲28日　中铁第一勘察设计院集团有限公司总体设计，中铁十一局集团有限公司等参建的西（宁）成（都）铁路开工仪式在青海省西宁市举行。

▲28日　中国铁建位列“2020中国企业500强”第14位。

▲29日　中国土木工程集团有限公司承建的尼日利亚中线铁路开通运营。

▲30日　中国土木工程集团有限公司、中铁十九局集团有限公司联合承建的坦桑尼亚乌本戈立交桥建成通车。

10月

▲1日　中国铁建昆仑投资集团有限公司参建的昆明绕城高速公路东南段建成通车。

▲10日　中国铁建副总裁倪真在广东省揭阳市会见揭阳市委书记蔡朝林、市长张科，双方就进一步加强战略合作深入交换意见，并共同见证中国铁建与揭阳市政府签约投资300亿元的“三旧”连片改造项目。

▲12日　中国铁建青年马克思主义者培养工程启动暨2020年青马班开班仪式在中国铁建总部举行。中国铁建党委书记、董事长汪建平出席会议并讲话，党委副书记、执行董事陈大洋主持会议。会上，与会领导为铁建“青马工程”和2020年“青马班”授旗并为“青马班”导师颁发聘书，导师代表和学员代表分别作表态发言。作为12家试点办班的中央企业之一，中国铁建36名青年骨干参加首期“青马班”培训。

▲13日　中国铁建总裁、党委副书记庄尚标赴联系点中国铁建大桥工程局集团有限公司督导提质增效工作并讲授主题党课。

▲13日　中国铁建党委常委、纪委书记李春德赴联系点中铁二十四局集团有限公司督导提质增效工作并讲授主题党课。

▲14日　中国铁建在北京召开区域总部座谈会。中国铁建党委书记、董事长汪建平，总裁、党委副书记

庄尚标出席会议并讲话，副总裁倪真主持会议。会上，中国铁建九大区域总部主要负责人汇报工作情况，并就促进区域总部更好发展提出意见和建议。

▲15 日　中国铁建总裁、党委副书记庄尚标赴中铁十九局集团有限公司及辽阳所属单位调研，并开展提质增效督导工作。

▲15—16 日　中国铁建副总裁刘成军出席 2020 年度中国铁建科学技术奖评审会议并讲话。

▲16 日　中国铁建副总裁倪真赴联系点中国铁建华北区域总部讲授主题党课。

▲18 日　中国铁建大桥工程局集团有限公司，中铁十二局、中铁十五局、中铁十七局、中铁十八局集团有限公司等参建的惠清高速公路通车运营。

▲19 日　中国铁建党委书记、董事长汪建平，总裁、党委副书记庄尚标在北京会见交通运输部部长李小鹏。双方就进一步深化合作，推进交通领域重大项目建设进行深入交流。

▲20 日　中国铁建党委常委、副总裁李宁赴中铁十八局集团环保科技公司南阳竹缠绕管道生产基地，就竹缠绕产业发展情况考察调研。

▲21 日　中铁二十一局集团有限公司、中国铁建电气化局集团有限公司参建的匈塞铁路贝（尔格莱德）泽（蒙）段左线开通运营。

▲21 日　中国铁建在北京召开 2020 年第三季度生产经营调度会。

▲22 日　中国铁建总裁、党委副书记庄尚标参加中央企业抗击新冠肺炎疫情表彰大会暨先进事迹报告会。中铁十一局集团城轨公司获评“中央企业抗击新冠肺炎疫情先进集体”，该公司党委同时获评“中央企业先进基层党组织”；中国土木工程集团有限公司孙湘春、中铁十七局集团有限公司白小芳、中铁建山东京沪高速公路济乐有限公司杨庆广获评“中央企业抗击新冠肺炎疫情先进个人”。

▲22 日　中国铁建党委常委、执行董事刘汝臣赴中铁建设集团华中公司讲授主题党课，并督导提质增效工作。

▲23 日　中国铁建党委书记、董事长汪建平在太原市会见山西省委副书记、省长林武。双方就深化互信，推动重点项目落地进行深入交流，并达成共识。

▲23—24 日　中国铁建副总裁刘成军出席在北京召开的第二届中国铁路发展论坛。

▲24 日　中国铁建副总裁倪真赴中国铁建大桥工程局集团有限公司调研。

▲27 日　中国铁建召开尼日利亚和卡塔尔市场疫情防控视频巡检会。中国铁建党委常委、副总裁汪文忠出席会议并讲话。

▲28 日　中国铁建党委常委、副总裁李宁在湛江会见湛江市委书记郑人豪、市长曾进泽，双方就进一步深化合作进行交流探讨，并达成共识。

▲28 日　中铁十二局集团有限公司等参建的太（白县）凤（县）高速公路通车。

▲28—29 日　中国铁建党委书记、董事长汪建平，副总裁刘成军赴河北省张家口市万全区、尚义县调研扶贫工作。

▲29 日　中国铁建总裁、党委副书记庄尚标在北京市会见交通运输部副部长戴东昌，双方围绕推进“十四五”综合交通运输发展规划相关工作进行深入交流。

▲29 日　中国土木工程集团有限公司承建的埃塞俄比亚德雷达瓦工业园建成开园。

▲30 日　中国铁建党委常委、副总裁李宁赴中国铁建投资集团珠海投资公司讲授主题党课，并督导提质增效工作。

▲30 日　中国铁建党委书记、董事长汪建平赴中国铁建电气化局集团有限公司调研，中国铁建党委副书记、执行董事陈大洋主持调研座谈会。

▲10 月　国务院国资委党委第二巡视组向中国铁道建筑集团有限公司党委反馈巡视情况。国务院国资委党委委员、副主任赵爱明主持召开向中国铁建党委书记、董事长汪建平的反馈会议，出席向中国铁建党委领导班子反馈巡视情况会议，对巡视整改提出要求；国务院国资委党委第二巡视组组长赵华林向中国铁建党委反馈巡视情况。

11 月

▲2 日　中国铁建党委召开党的十九届五中全会精神专题学习会，并就贯彻落实全会精神安排部署。中国铁建党委书记、董事长汪建平主持会议，全体班子成员参加会议。

▲2 日　中国铁建召开“3 + 5”海外业务单位生产经营座谈会。

▲3 日　中国铁建党委常委、副总裁李宁在汕头市会见汕头市委书记马文田，双方就加快推进有关合作项目落地等事宜进行深入交流，并达成共识。

▲3 日　中国铁建党委常委、副总裁汪文忠赴联

系点中国土木工程集团有限公司讲授主题党课,并督导提质增效工作。

▲3—4 日　中国铁建副总裁刘成军出席中国工程院“丽香铁路工程院士专家行”活动。中国工程院副院长、院士何华武,中国工程院院士杜彦良、郑健龙、冯夏庭等出席活动,活动在中铁十六局集团有限公司丽香铁路4标段项目举行。

▲3—4 日　中国铁建股份有限公司、中铁十四局集团有限公司承办的第三届工程建设行业科技创新大会在江苏南京召开。

▲4 日　国务院国资委党委书记、主任郝鹏到中国铁建宣讲党的十九届五中全会和习近平总书记重要讲话精神,对中国铁建抓好全会精神学习宣贯落实工作进行调研指导。中国铁建党委书记、董事长汪建平,总裁、党委副书记庄尚标汇报中国铁建学习贯彻党的十九届五中全会精神,以及企业经营发展、改革创新、党的建设等方面情况。中国铁建在北京领导班子成员参加会议。

▲6 日　中国铁建副总裁刘成军赴中铁城建集团二公司讲授主题专题党课,并督导提质增效工作。

▲6 日　中国铁建党委书记、董事长汪建平在上海会见上海市委副书记、市长龚正,并赴中国铁建驻沪单位调研,组织召开座谈会。

▲6 日　中国铁建重工集团股份有限公司、中铁十四局集团有限公司联合研制的超大直径盾构机“星盛号”在长沙第一产业园下线。

▲9 日　中国铁建党委召开党的十九届五中全会精神学习宣传贯彻专题工作推进会。中国铁建党委副书记、执行董事陈大洋主持会议并提出具体要求。

▲10 日　中国铁建三级单位党委书记培训班在北京开班。中国铁建党委副书记、执行董事陈大洋出席开班仪式并讲话。

▲12 日　中铁二十局集团有限公司、中国交建联合体在巴西与巴伊亚州政府共同签署巴西巴伊亚州萨尔瓦多跨海斜拉桥特许经营合同文本。

▲12—13 日　中国铁建总裁、党委副书记庄尚标在福州市、厦门市分别会见福建省委副书记、省长王宁,福建省委副书记、厦门市委书记胡昌升,福建省委常委、福州市委书记林宝金,并赴有关项目调研。

▲13 日　中国铁建党委书记、董事长汪建平赴中铁十八局集团北京公司调研,副总裁王立新主持调研座谈会。

▲16 日　中国铁建总裁、党委副书记庄尚标在重庆市会见重庆市副市长陆克华,双方围绕深化交通基础设施建设领域合作进行深入务实友好交流。

▲16 日　中国铁建2020年项目经理培训班(第二期)在中国铁建党校(北京培训中心)开班。中国铁建副总裁王立新出席开班仪式并讲话,系统内300余人分两期参加培训。

▲16 日　中铁第四勘察设计院集团有限公司设计的广东江门站开通运营。

▲16—18 日　中国铁建党委书记、董事长汪建平赴中国铁建华南区域总部、中铁二十五局集团有限公司、中国铁建港航局集团有限公司、中铁建华南建设有限公司调研,组织召开党的十九届五中全会精神宣讲暨调研座谈会,听取4家驻粤单位工作汇报。

▲17 日　中国铁建党委书记、董事长汪建平在广州会见广东省委副书记、省长马兴瑞,双方就深化互信,推动重点项目落地进行深入交流,并达成共识。

▲17 日　中国铁建总裁、党委副书记庄尚标出席四川省与中央企业合作发展座谈会暨项目签约仪式。国务院国资委党委书记、主任郝鹏,四川省委书记、省人大常委会主任彭清华出席会议并讲话。会上,郝鹏、彭清华为中铁建融城发展有限公司在内的8家中央企业揭牌。中国铁建、西南区域总部分别与四川天府新区成都管理委员会、四川省交通投资集团有限责任公司签订合作协议。

中铁建融城发展有限公司由中国铁建与成都轨道集团共同出资成立,旨在发挥中国铁建全产业链优势,顺应城市建设新形势,向大中型城市提供TOD发展理念下的整体解决方案。

▲18 日　中国铁建副总裁刘成军出席2020中外知名企业四川行投资推介会暨项目合作协议签署仪式,并参加知名企业促投资谋发展座谈会。

▲18 日　中国铁建副总裁王立新在中国铁建大厦会见上海临港新片区管委会党组成员、专职副主任吴杰,双方就开展相关合作进行深入交流,并达成共识。

▲18 日　中国铁建2020年度财务工作会议在陕西西安召开。中国铁建总裁、党委副书记庄尚标出席会议并讲话,党委常委、总会计师兼总法律顾问王秀明作2020年度财务工作报告。

▲18—22 日　中国铁建在中铁二十局集团有限公司培训中心举办2020年责任成本管理高级培训班,系统内236人参加培训。

▲19 日　中国铁建“品质铁建杯”2020年财税知

识竞赛在西安落幕。中国铁建党委常委、总会计师兼总法律顾问王秀明出席团体决赛并为获奖选手和团队颁奖。

▲19日　中国铁建党委特邀中央宣讲团成员、中央政策研究室原副主任施芝鸿，为全系统党员作党的十九届五中全会精神专题辅导。中国铁建党委书记、董事长汪建平主持集体学习(视频)会。

▲20日　中国铁建党委副书记、执行董事陈大洋赴党建联系点中铁十四局集团房桥公司调研，宣讲党的十九届五中全会精神。

▲20日　中国铁建副总裁刘成军出席科技部与中国铁建联合召开的“弘扬艰苦奋斗优良传统，聚力科技改革创新发展”学习党的十九届五中全会精神主题联学座谈会。

▲20日　中铁十一局集团三公司、中铁十四局集团房桥公司、中铁十六局集团地铁公司、中铁十七局集团五公司、中铁二十二局集团二公司、中铁物资集团东北公司、中国铁建国际集团有限公司获评第6届“全国文明单位”。

▲20日　中铁上海设计院集团有限公司、中铁建设集团有限公司等承建的中国铁建临港大厦在上海临港新片区开工建设。

▲20日　中铁十五局、中铁十九局集团有限公司等投资参建的敦(煌)当(金山口)高速公路通车运营。

▲20日　中国铁建获评第3届新财富“最佳IR港股公司”；董事会秘书赵登善获评第16届“新财富金牌董秘”。

▲21—22日　中国铁建总裁、党委副书记庄尚标出席2020轨道交通高质量创新发展峰会开幕式并致辞。会议由中国铁建与3家单位联合主办并进行网络直播。

▲22日　中国铁建总裁、党委副书记庄尚标，副总裁王立新在太原市会见山西省委常委、太原市委书记罗清宇等有关领导。

▲22日　中国铁建在山西太原召开2020年度二次经营工作专题会。中国铁建总裁、党委副书记庄尚标出席会议并讲话，副总裁王立新出席会议并讲话，系统内95人参加会议。

▲23日　中国铁建党委书记、董事长汪建平，党委常委、副总裁李宁在郑州市会见河南省委书记、省人大常委会主任王国生，省委副书记、省长尹弘。双方就进一步深化合作，加强战略对接，推进重点项目落地交换意见，并达成共识。

▲23日　中国铁建总裁、党委副书记庄尚标，副总裁倪真会见北京市副市长杨斌，双方就深化各领域合作进行交流。

▲24日　中国铁建党委书记、董事长汪建平在南宁市会见广西壮族自治区党委书记、自治区人大常委会主任鹿心社，自治区党委副书记、代主席蓝天立，并在华南区域总部北部湾公司组织召开驻桂单位调研座谈会，听取相关单位工作汇报。

▲24日　中国铁建总裁、党委副书记庄尚标在江苏省南通市会见南通市委书记、市人大常委会主任徐惠民，双方就进一步深化战略合作、加快推进重点项目落地等深入交流并达成系列共识。

▲24日　中国铁建党委常委、执行董事刘汝臣出席甘肃省天水至陇南铁路暨陈家沟煤矿专用线开工仪式。

▲25日　2020年中国铁建先进集体和劳动模范表彰暨事迹报告会在北京举行。9名全国劳动模范、62个先进集体和157名先进个人受到表彰。

▲25—27日　2020年全国行业职业技能竞赛——中国铁建股份有限公司职业技能竞赛在长沙举行。中国铁建副总裁、大赛组委会主任刘成军出席开幕式并讲话。中铁十四局、中铁十八局、中铁十六局集团有限公司获团体竞赛前3名；魏哲、张彪、贾栋晴获个人竞赛前3名。

▲26日　中国铁建总裁、党委副书记庄尚标赴中铁十六局集团五公司、中铁十八局集团二公司等驻唐(山)基层单位宣讲党的十九届五中全会精神并开展调研。

▲26日　中国铁建总裁、党委副书记庄尚标在唐山市会见河北省委常委、唐山市委书记张古江，并共同见证中国铁建与唐山市政府签订战略合作框架协议。

▲26日　中铁十四局、中铁二十五局集团有限公司参建的京沪高速公路莱芜至临沂(鲁苏界)段改扩建工程全线通车。

▲26日　中铁十四局集团有限公司参建的岚罗高速公路通车。

▲26日　中铁十四局、中铁二十一局集团有限公司参建的潍莱高速铁路建成通车。

▲26日　中国铁建审计监事部西安中心、中国铁建大桥工程局集团有限公司审计部、中铁十七局集团有限公司审计部获评“全国内部审计先进集体”；3人获评“全国内部审计先进工作者”。中国铁建选送的5篇论文获新时代内部经济责任审计的思路与方法理论研讨奖，中国铁建获优秀组织奖。

▲27 日　中国铁建总裁、党委副书记庄尚标，党委常委、总会计师兼总法律顾问王秀明，党委常委、副总裁汪文忠在北京市会见中国进出口银行党委副书记、行长吴富林，双方就进一步加强银企战略合作进行深入交流，并达成共识。

▲28 日　中铁十一局、中铁十二局、中铁十四局、中铁十五局、中铁十六局、中铁十九局、中铁二十四局、中铁二十五局集团有限公司，中国铁建大桥工程局集团有限公司，中铁建设集团有限公司，中铁城建集团有限公司等参建的徐州地铁 2 号线通车运营。

▲30 日　中铁十一局、中铁十二局、中铁十四局集团有限公司，中铁第四勘察设计院集团有限公司参建的武汉轨道交通 12 号线（PPP 项目）开工活动在武汉举行。

▲30 日　中铁十一局、中铁十九局集团有限公司参建的龙蒲高速公路通车。

▲30 日至 12 月 1 日　中国铁建总裁、党委副书记庄尚标赴中铁十一局集团有限公司驻湖北襄阳一公司、六公司、汉江重工等单位调研，并主持召开调研座谈会。

▲11 月　中国铁建获中国百强 20 年特别贡献企业奖、中国百强企业奖、中国百强高成长企业奖；董事会秘书赵登善获中国百强 20 年卓越董秘奖。

▲11 月　中国铁建获评第 2 届新财富“最佳上市公司”。

12 月

▲1 日　中铁十四局集团有限公司参建的京张高速铁路延庆支线及市郊铁路 S2 线开通运营，延庆综合交通服务中心（换乘中心）同步投入使用。

▲1—2 日　中国铁建党委书记、董事长汪建平在南昌市分别会见江西省委副书记、省长易炼红，江西省委常委、南昌市委书记吴晓军，就进一步加深政企合作进行交流。

▲2 日　中国铁建党委副书记、执行董事陈大洋主持召开学习宣传贯彻党的十九届五中全会精神工作推进例会。

▲2—3 日　中国铁建党委常委、副总裁汪文忠出席第 11 届国际基础设施投资与建设高峰论坛，并主持召开在澳门市场生产经营调研座谈会。

▲3 日　中国铁建党委书记、董事长汪建平在重庆市会见重庆市委副书记、市长唐良智，双方就进一步深化战略合作，推进有关重点项目实施交换意见，并达成共识。

▲3 日　中国铁建获中国证券金紫荆奖“最佳上市公司”荣誉；董事会秘书赵登善获“最佳上市公司董事会秘书”称号。

▲3—4 日　中国铁建党委书记、董事长汪建平赴中国铁建重庆区域总部、中铁建重庆投资集团有限公司调研。中国铁建党委常委、副总裁李宁主持调研座谈会。

▲3—4 日　中国铁建总裁、党委副书记庄尚标在江苏省泰州市会见泰州市委书记、市人大常委会主任史立军，并赴系统内驻泰州基层单位调研。

▲4 日　中国铁建党委常委、纪委书记李春德赴中铁建设集团装饰公司宣讲党的十九届五中全会精神并调研。

▲4 日　中铁第五勘察设计院集团有限公司和北京交通大学共同筹备组建的“装配式桥梁研发中心”在北京揭牌，这是国内首个聚焦桥梁装配式技术的研发中心。

▲6 日　中铁第一勘察设计院集团有限公司设计，中铁二十一局集团有限公司等参建的新建阿勒泰至富蕴至准东铁路通车运营。

▲8 日　中国铁建党委书记、董事长汪建平，副总裁倪真在中国铁建大厦会见淄博市委书记江敦涛，双方就深化政企合作，推进有关项目落地进行交流。

▲8—10 日　中国铁建党委书记、董事长汪建平主持中国铁建党委理论学习中心组读书班，全体领导班子成员进行交流发言。

▲9 日　中国铁建党委书记、董事长汪建平在中国铁建大厦会见山东省委常委、青岛市委书记王清宪，并共同见证中国铁建中原区域总部与青岛市城阳区人民政府签署战略合作框架协议。

▲9 日　中铁第一勘察设计院集团有限公司勘察设计，中铁十二局、中铁十五局、中铁十六局、中铁十七局、中铁二十一局、中铁二十二局集团有限公司，中国铁建电气化局集团有限公司承建的格尔木至库尔勒铁路全线通车。

▲11 日　中国铁建副总裁倪真赴中铁建发展集团有限公司宣讲党的十九届五中全会精神并调研。

▲11 日　中国铁建党委书记、董事长汪建平出席在贵阳举行的 2020 年央企助力贵州发展大会。

▲11 日　中铁上海设计院集团有限公司总体设计，中铁十四局、中铁十七局、中铁十九局、中铁二十四

局集团有限公司等参建的连（云港）镇（江）高速铁路淮安至丹徒段开通运营。

▲12 日　中铁十一局、中铁十二局、中铁十六局、中铁十七局集团有限公司，中铁建设集团有限公司，中国铁建电气化局集团有限公司等参建的郑（州）太（原）高速铁路建成通车。

▲13 日　中铁十六局集团有限公司参建的新郑机场至郑州南站城际铁路开通运营。

▲14 日　中国铁建党委书记、董事长汪建平主持召开领导班子巡视整改专题民主生活会，中国铁建领导班子全体成员参加会议。

▲14—15 日　中国铁建法律纠纷案件“压存控增、提质创效”专题会议暨2020 年度总法律顾问、首席合规官述职会议在浙江绍兴召开。中国铁建党委常委、总会计师兼总法律顾问、首席合规官王秀明出席会议并讲话。

▲15 日　国务院国资委、中央企业与北京市政府进一步深化合作共同推进落实国家战略座谈会在北京召开。中共中央政治局委员、北京市委书记蔡奇，市委副书记、市长陈吉宁与国务院国资委党委书记、主任郝鹏座谈。中国铁建总裁、党委副书记庄尚标等中央企业负责人参加座谈会。

▲15 日　中铁磁浮交通投资建设有限公司投资、建设、运维的广东清远磁浮首列车下线。

▲16 日　中铁十四局、中铁十八局、中铁二十一局集团有限公司参建的西（乡）镇（巴）高速公路全线通车。

▲17 日　河北省张家口市尚义县委书记王占理到访中国铁建，送来感谢信和牌匾，感谢中国铁建 18 年来对尚义县的大力支持和帮助。中国铁建副总裁刘成军与王占理座谈交流。

▲17 日　中国铁建副总裁王立新出席中国铁建质量管理工作会暨质量管理干部培训班并宣讲党的十九届五中全会精神，全系统 160 余名质量管理干部参会。

▲18 日　中国铁建总裁、党委副书记庄尚标与北京市密云区委书记潘临珠、区长龚宗元开展工作对接，双方就进一步加强有关领域合作进行会谈交流，并达成广泛共识。

▲18 日　中国铁建昆仑投资集团有限公司投融资总承包建设，中铁第四勘察设计院集团有限公司总包设计的成都地铁 6 号线一、二期工程开通运营。

▲21 日　中铁十一局、中铁十二局、中铁十七局、中铁十八局集团有限公司等参建的潮汕环线高速公路建成通车。

▲22 日　中国铁建党委书记、董事长汪建平主持召开党委理论学习中心组 2020 年第 14 次学习会议，领导班子全体成员参加会议。

▲22 日　中国铁建党委书记、董事长汪建平在中国铁建大厦会见中国出口信用保险公司董事长、党委书记宋曙光，双方就进一步深化合作，推进海外业务进行深入交流，并共同见证战略合作协议签署。

▲22 日　中铁第四勘察设计院集团有限公司总体设计，中铁十七局、中铁二十四局集团有限公司，中铁建设集团有限公司，中国铁建电气化局集团有限公司参建的京港高速铁路合肥至安庆段开通运营。

▲23 日　中国铁建党委书记、董事长汪建平，副总裁倪真在中国铁建大厦会见广西壮族自治区副主席费志荣，双方就加强交通等基础设施建设领域合作进行深入交流。

▲23 日　中国铁建总裁、党委副书记庄尚标，党委常委、副总裁汪文忠在中国铁建大厦会见澳门中联办副主任姚坚，双方围绕推动澳门经济适度多元化发展进行深入交流。

▲23 日　中铁二十局集团有限公司投资、建设、管理、运营的陕西黄（龙）蒲（城）高速公路全线通车。

▲23 日　中铁十一局、中铁十四局、中铁十六局集团有限公司，中国铁建电气化局集团有限公司参建的宁波地铁 4 号线开通运营。

▲23—24 日　中国铁建党委常委、执行董事刘汝臣，独立非执行董事王化成、承文赴雄安新区调研。

▲24 日　中国铁建召开 2020 年第二次总部党风廉政建设和反腐败工作协调小组会暨职能部门监管工作总结会。中国铁建党委常委、纪委书记李春德出席会议并讲话。

▲24 日　中铁第四勘察设计院集团有限公司设计，中铁十四局集团有限公司承建的南京江心洲夹江隧道工程建成通车。

▲24—25 日　中国铁建党委常委、副总裁汪文忠赴中铁第一勘察设计院集团有限公司、中国铁建西北区域总部、中铁二十局集团有限公司宣讲党的十九届五中全会精神并调研。

▲24—25 日　中国铁建党委常委、副总裁汪文忠获“2020 国际工程杰出人物”称号，并在中国对外承包商会七届六次理事会暨 2020 行业年会主题论坛上做主旨演讲。

▲26 日　中铁第一勘察设计院集团有限公司设计，中国铁建大桥工程局集团有限公司，中铁十二局、中铁十四局、中铁十九局、中铁二十一局、中铁二十二局集团有限公司，中国铁建电气化局集团有限公司等参建的银（川）西（安）高速铁路通车运营。

▲26 日　中铁第四勘察设计院集团有限公司参与设计，中铁十二局、中铁十五局、中铁二十局、中铁二十五局集团有限公司，中国铁建电气化局集团有限公司，中铁城建集团有限公司等参建的渝怀铁路增建二线开通运营。

▲26 日　中铁第四勘察设计院集团有限公司总体设计，中铁第一勘察设计院集团有限公司监理，中国铁建大桥工程局集团有限公司，中铁十八局、中铁二十四局集团有限公司等参建的福州至平潭铁路通车运营。

▲26 日　中国铁建投资集团有限公司投资，中铁第四勘察设计院集团有限公司设计，中国铁建大桥工程局集团有限公司，中铁十二局、中铁十四局、中铁二十二局、中铁二十三局集团有限公司参建的山东省高唐至东阿高速公路通车运营。

▲26 日　中铁十二局、中铁十四局、中铁十七局、中铁十八局集团有限公司等参建的太原地铁 2 号线一期工程通车运营。

▲26 日　中铁第一勘察设计院集团有限公司总体设计的黄（骅南）大（家洼）铁路开通运营。

▲27 日　中铁十一局、中铁十二局、中铁十九局、中铁二十一局集团有限公司，中铁建设集团有限公司、中国铁建电气化局集团有限公司，中铁第四、第五勘察设计院集团有限公司，中铁物资集团有限公司等参建的（北）京雄（安）城际铁路开通运营。

▲27 日　中国铁建投资集团有限公司投资，中铁二十局、中铁二十一局集团有限公司等参建的张（掖）扁（都口）高速公路建成通车。

▲28 日　中铁第四勘察设计院集团有限公司设计，中铁二十二局集团有限公司承建的广州有轨电车 1 号线开通运营。

▲28 日　中铁第一勘察设计院集团有限公司设计，中铁十一局、中铁十四局、中铁十六局、中铁十八局、中铁二十局、中铁二十一局集团有限公司，中国铁建电气化局集团有限公司等参建的西安地铁 5 号线、6 号线一期、9 号线同步开通试运营。

▲28 日　中国铁建投资集团有限公司投资，中国铁建大桥工程局集团有限公司，中铁十四局、中铁二十一局集团有限公司等参建的合（阳）铜（川）高速公路建成通车。

▲28 日　中铁十一局、中铁十二局、中铁十四局、中铁十五局、中铁十七局、中铁二十局集团有限公司等参建的广东省怀（集）阳（江港）高速公路怀集至郁南段建成通车。

▲29 日　中国铁建党委常委、总会计师兼总法律顾问王秀明赴联系点中铁十六局集团有限公司讲党课，宣讲党的十九届五中全会精神并调研。

▲29 日　中铁十二局、中铁十四局、中铁二十二局集团有限公司等参建的济南市轨道交通 2 号线一期工程试运行。

▲29 日　中铁十二局集团有限公司等参建的深圳外环高速公路一期工程通车。

▲30 日　中国铁建党委书记、董事长汪建平，党委副书记、执行董事陈大洋，党委常委、副总裁汪文忠在中国铁建大厦会见中联部副部长王亚军，双方就加强海外业务合作，推进“一带一路”建设进行深入交流。

▲30 日　中铁十一局、中铁二十四局集团有限公司，中铁建设集团有限公司，中国铁建电气化局集团有限公司等参建的盐通高速铁路开通运营。

▲30 日　中铁十二局、中铁十七局、中铁二十四局集团有限公司等参建的大理至临沧铁路开通运营。

▲30 日　中国铁建投资集团有限公司，中铁十五局、中铁十八局集团有限公司组成的联合体负责投融资、建设管理和运营维护的湖南省安乡至慈利高速公路石门至慈利段建成通车试运营。

▲30 日　中铁建重庆投资集团有限公司投资，中铁第一勘察设计院集团有限公司设计，中铁十六局、中铁十七局集团有限公司，中铁建设集团有限公司，中国铁建电气化局集团有限公司参建的重庆永川至四川泸州高速公路（重庆段）通车运营。

▲30 日　中铁建重庆投资集团有限公司投资，中铁十六局、中铁二十局集团有限公司参建的重庆石柱至黔江高速公路通车运营。

▲31 日　中国铁建投资集团有限公司投资，中国铁建大桥工程局集团有限公司、中铁十七局集团有限公司参与总承包的成都经济区环线高速公路德阳至简阳段（德简高速公路）建成通车。

▲31 日　中国铁建昆仑投资集团有限公司投资，中铁十一局、中铁十四局、中铁十五局、中铁十六局、中铁十九局、中铁二十三局集团有限公司等参建的蒲都

高速公路开通试运营。

▲31 日　中铁十四局、中铁十五局、中铁十七局、中铁十八局、中铁二十二局、中铁二十五局集团有限公司参建的济宁市内环高架通车。

▲12 月　中国铁建获 2020—2021 年度第一批中国建设工程鲁班奖（国家优质工程）6 项，国家优质工程奖 50 项。其中，南宁市轨道交通 3 号线一期工程（科园大道至平乐大道）、武汉市轨道交通 8 号线一期工程、长影海南生态文化产业园中国区项目、新建吉安西站站房及相关工程、北京新机场南航基地项目、广西大学君武文化艺术教育中心项目获中国建设工程鲁班奖（国家优质工程）；500 米口径球面射电望远镜（FAST）项目主体工程、新建云桂铁路引入昆明枢纽昆明南站站房工程、武汉市轨道交通 6 号线一期工程、太古供热项目、广州市轨道交通 14 号线一期工程、深圳市城市轨道交通 9 号线 6 项工程获国家优质工程金质奖。

2020 年 9 月 18 日，中国铁建云南区域重点项目施工生产座谈会在昆明召开。（赵渊青　摄）

2020 年 4 月 7 日，中国铁建赴尼日利亚防疫工作组出发仪式在北京中土大厦举行。图为参加仪式领导与中国铁建赴尼日利亚防疫工作组成员合影。

（刘　军　摄）

概　况

2020 年中国铁建发展概况

【中国铁建简况】 中国铁建股份有限公司(中文简称中国铁建,英文简称 CRCC)的前身是组建于 1948 年 7 月的中国人民解放军铁道兵,由中国铁道建筑总公司(后改制更名为中国铁道建筑集团有限公司,下同)独家发起设立,于 2007 年 11 月 5 日在北京成立,为国务院国有资产监督管理委员会管理的特大型建筑企业。2008 年 3 月 10 日和 3 月 13 日,分别在上海证券交易所(A 股,代码 601186)和香港联合证券交易所(H 股,代码 1186)上市。

截至 2020 年底,中国铁建下辖 38 家二级子公司和单位;三级法人企业 648 家,其中工程公司 175 家;四级法人企业 386 家。在职员工 286242 人。其中,管理人才 60026 人,占 20.97%;专业技术人才 152199 人,占 53.17%;技能人才 74017 人,占 25.86%。拥有中国工程院院士 1 人、国家勘察设计大师 11 人、“百千万人才工程”国家级人选 12 人、享受国务院特殊津贴的专家 264 人。

资产总额 12427.93 亿元。机械动力设备 138940 台(套),原值 764 亿元、净值 297 亿元。公司业务涵盖工程承包、勘察设计咨询、工业制造、房地产开发、物资物流、投资、金融及其他新兴产业,具有科研、规划、勘察、设计、施工、监理、运营、维护和投融资完整的行业产业链,具备为业主提供一站式综合服务的能力。在高原铁路、高速铁路、高速公路、桥梁、隧道和城市轨道交通工程设计及建设领域,确立行业领导地位。自 20 世纪 80 年代以来,中国铁建在工程承包、勘察设计等领域获得国家级奖项 952 项。其中,国家科学技术奖 87 项,国家勘察设计四优奖 161 项,中国土木工程詹天佑奖 112 项,中国建设工程鲁班奖 148 项,国家优质工程奖 444 项。累计拥有有效专利 19072 件,获省部级工法 3460 项、中国专利奖 31 项。

中国铁建经营范围遍及包括台湾在内的全国 32 个省、自治区、直辖市和香港、澳门特别行政区,以及世界 130 余个国家,是中国乃至全球最具实力、最具规模的特大型综合建设集团之一。连续 16 年入选《财富》杂志“世界 500 强”,2020 年排名第 54 位;连续 25 年入选美国《工程新闻记录(ENR)》杂志“全球 250 家最大承包商”,2020 年排名第 3 位;连续 19 年入选“中国企业 500 强”,2020 年排名第 14 位。

(杨启燕 刘爱民)

【主要财务指标完成情况】 2020 年,中国铁建实现营业收入 9103.25 亿元,同比增长 9.62%;利润 314.91 亿元,同比增长 12.36%;上缴税金 262.15 亿元,实现利税 577.06 亿元,同比增长 6.52%;实现净利润257.09亿元,同比增长 13.64%;基本每股收益 1.50 元。截至 2020 年底,资产总额 12427.93 亿元,负债总额 9291.54 亿元,资产负债率 74.76%。所有者权益总额 3136.39 亿元,其中归属于上市公司股东的权益 2542.98 亿元,归属于上市公司股东的每股净资产 18.73 元。

2019—2020 年中国铁建股份有限公司主要经济指标

项 目	2019 年	2020 年	同比增长(%)
资产总额(亿元)	10812.39	12427.93	14.94
所有者权益(亿元)	2620.22	3136.39	19.70
营业收入(亿元)	8304.52	9103.25	9.62
利润总额(亿元)	280.27	314.91	12.36
净利润(亿元)	226.24	257.09	13.64
归属于母公司所有者的净利润(亿元)	201.97	223.93	10.87
技术开发投入(亿元)	167.52	186.67	11.43
利税总额(亿元)	541.76	577.06	6.52
应缴税金总额(亿元)	243.32	253.58	4.22
加权平均净资产收益率(%)	12.03	11.45	减少 0.58 个百分点
总资产报酬率(%)	3.46	3.19	减少 0.27 个百分点
集团公司国有资本保值增值率(%)	110.44	108.89	减少 1.55 个百分点

(制表:丁亚杰)

【经营承揽】 2020年,中国铁建新签合同额25542.89亿元,同比增长27.28%。其中,国内业务新签合同额23214.81亿元,占新签合同总额的90.89%,同比增长33.60%;海外业务新签合同额2328.08亿元,占新签合同总额的9.11%,同比减少13.53%。工程承包板块新签合同额22207.45亿元,占新签合同总额的86.94%,同比增长28.32%。其中,铁路工程新签合同额2892.10亿元,占工程承包板块新签合同额的13.02%,同比增长10.67%;公路工程新签合同额2621.72亿元,占工程承包板块新签合同额的11.81%,同比减少19.29%;房屋建筑工程新签合同额8585.51亿元,占工程承包板块新签合同额的38.66%,同比增长58.31%;城市轨道工程新签合同额1966.36亿元,占工程承包板块新签合同额的8.85%,同比增长10.03%;市政工程新签合同额4598.94亿元,占工程承包板块新签合同额的20.71%,同比增长49.04%;水利电力工程新签合同额614.33亿元,占工程承包板块新签合同额的2.77%,同比增长118.80%;机场码头及航道工程新签合同额300.39亿元,占工程承包板块新签合同额的1.35%,同比减少20.20%。非工程承包板块新签合同额3335.44亿元,占新签合同总额的13.06%,同比增长20.76%。其中,勘察设计咨询新签合同额225.54亿元,同比增长51.08%;工业制造新签合同额345.12亿元,同比增长33.78%;物资物流新签合同额1204.04亿元,同比增长25.86%;房地产新签合同额1265.24亿元,同比增长0.88%。

(杨启燕 刘爱民)

【施工生产】 2020年,中国铁建系统完成施工产值9029.50亿元,5000万元以上的在建项目4284项,其中铁路工程496项、公路工程724项、市政工程795项、城市轨道交通工程592项、水利水电工程176项、房屋建筑工程1392项、其他工程109项。国内在建重点工程34项。其中,铁路工程15项:京雄高速铁路、玉磨铁路、大瑞铁路、拉林铁路、郑万铁路客运专线、成兰铁路、成昆铁路复线、福厦高速铁路、贵南高速铁路、赣深高速铁路、渝黔高速铁路、杭绍台铁路、张吉怀铁路、南宁至崇左城际铁路、北京星火站;公路工程4项:渝黔高速公路扩能工程、成绵苍巴高速公路、岳黄高速公路、贵州省贵阳经金沙至古蔺(川黔界)高速公路;市政工程3项:明珠湾大桥、芜湖城南过江隧道、张家港高铁新城(西北片区)基础设施及公共建设配套项目;城市轨道交通工程8项:北京地铁17号线、广州轨道交通18线和22号线、深圳轨道交通16号线、杭州地铁8号线、成都地铁6号线、徐州轨道交通2号线一期、呼和浩特市轨道交通2号线一期、天津地铁8号线一期工程;水利、电力工程3项:新疆引额供水二期工程、引绰济辽水利工程、小清河复航工程;房屋建筑工程1项:乌鲁木齐宝能城。

2020年,商合杭高速铁路合肥至湖州段(合湖段)、上海至苏州至南通铁路、连镇高速铁路、郑太高速铁路、银西高速铁路、盐通高速铁路、广(州)石(滩)铁路、衢(州)宁(德)铁路、阳大铁路阳泉北至阳泉东段、广东江门站、渝怀铁路增建二线、黄(骅南)大(家洼)铁路、格尔木至库尔勒铁路、焦柳铁路电气化改造工程、珠海市区至珠海机场城际铁路拱北至横琴段(珠机一期)开通运营,福平铁路开始联调联试,合(肥)安(庆)高速铁路建成试运营,宝兰铁路客运专线天水南站动车组存车线建成投入使用。万(宁)洋(浦)高速公路、建(始)恩(施)高速公路、山东枣菏高速公路、衢州市美丽沿江公路、南昌市昌南大道快速路迎宾大道互通立交工程、长沙湘府快速路主线工程、云南省腾冲至陇川高速公路、昆明绕城高速公路东南段建成通车。杭州地铁5号线后通段和16号线,宁波地铁4号线,深圳地铁3号、6号、8号、10号线,太原地铁2号线一期,广州有轨电车1号线开通运营;长沙地铁3号线、5号线,西安地铁5号线、6号线一期、9号线,徐州市城市轨道交通2号线、呼和浩特市轨道交通2号线、济南市轨道交通2号线一期、成都地铁6号线开通试运营(行)。2022年北京冬奥会配套项目涞源国家高山跳台滑雪训练科研基地一期工程投入使用,昆明雨污合流水转输通道全线通水投入使用,河北省保定市乐凯大街斜拉桥正式通车,厦门海沧海底隧道、小浪底引黄工程施工难度最大的盾构隧道、文登抽水蓄能电站高压管道上层排水廊道顺利贯通,宁远机场改扩建工程、邯郸机场改扩建工程建成通航,广东清远磁浮首列车正式下线。川藏铁路拉林段全线轨道铺通,中(国)老(挝)国际通道玉磨铁路重点控制性工程万和隧道、尚岗1号隧道、勐腊等隧道贯通,牡佳高速铁路麻山隧道、成昆铁路复线老鼻山隧道、井陉矿山南白花隧道、大(理)临(沧)铁路大保山隧道、赣深高速铁路银瓶山隧道、中(卫)兰(州)铁路客运专线盘岘山隧道贯通,西安地铁14号线全线隧道、杭州地铁8号线文桥区间风井至桥头堡站盾构隧道贯通。国内跨越铁路既有线路最多、高纬度高寒地区转体重量最大的转体斜拉桥——黑龙江省哈尔滨市哈西大街跨哈南场立交桥合龙,世界最大跨度串联式斜拉桥——珠海洪鹤大桥建成通车,建设规模世界第一的公路隧道——宝(鸡)坪(坎)高速公路秦岭天台山隧道贯通,世界最大跨度通水通航钢结构渡槽——引江济淮淠河总干渠钢渡槽合龙,南京长江五桥江心洲夹江隧道正式通车。

(杨启燕 刘爱民)

【公司治理】 (1)持续加强公司治理规范运作。中国铁建股份有限公司(以下简称公司)把加强党的领导融入公司治理,严格按照《公司章程》《股东大会议事规则》《董事会议事规则》《监事会议事规则》《总裁工作细则》和专门委员会工作细则等制度规定，持续完善各司其职、各负其责、协调运转、有效制衡的公司治理机制。按照监管机构的有关规定，结合企业实际，修订《公司章程》《股东大会议事规则》等制度，提高股东大会召开的时效性。严格按照证监会《关于开展上市公司治理专项行动的通知》要求，对照上市公司治理专项自查清单，认真梳理查找存在的问题，切实推动公司治理整体水平有效提升。(2)不断加强信息披露管理。公司严格按照股票上市地上市规则的规定和要求，优质高效完成每年四次定期报告的编制和披露，真实、准确、完整、及时、公平地进行信息披露，不断提升信息披露水平。继续坚持法定信息披露与主动信息披露相结合，不断增强定期报告内容的针对性和有效性，高质量编制披露2020年年度报告、半年度报告和季度报告；修订《重大新中标项目与新签合同信息披露实施细则》，进一步提高信息披露的质量和效率。全年披露中英文文件429份，其中在上海证券交易所披露文件140份，在香港联合交易所披露中文文件171份、英文文件118份。(3)扎实有效开展投资者关系管理。全年安排投资者和分析师见面会及电话会38场，接待来访567人。积极参加国内外投资机构举办的现场交流活动，参加投资者和分析师会议31次，接待投资者64场515人次。配合定期报告的披露，召开业绩发布会4次，接待机构及中小投资者409人次；组织路演2次，安排“一对一”及“一对多”会议33场，接待机构投资者153人次。通过多种渠道和方式，保持与投资者的良好沟通，投资者关系管理工作获得资本市场高度认可，企业形象和社会影响力不断提升。(4)2020年获新浪财经最具社会责任上市公司，新财富最佳上市公司、最佳IR港股公司，百强高峰论坛中国百强企业、中国百强高成长企业、中国百强20年特别贡献企业，金紫荆最佳上市公司，天马奖最佳董事会、最佳投资者关系，港股综合实力100强、营业额10强等荣誉。 （杨启燕 刘爱民）

【疫情防控】 新冠肺炎疫情发生以来，中国铁建坚决扛起央企责任、发挥顶梁柱作用，坚决贯彻落实习近平总书记重要指示批示精神，坚持人民至上、生命至上，坚决服从大局、服务大局。各级党组织第一时间成立应对新冠肺炎疫情工作领导小组，建立健全工作体系，强化疫情防控措施，快速形成全面动员、全面部署、全面加强疫情防控的工作格局；在抓好自身疫情防控的同时，组织铁建突击队、铁建志愿者、铁建医疗队积极投身抗疫一线；不讲条件、不畏艰难，全力投入抗疫斗争，捐款捐物折合人民币7700余万元。中国铁建房地产集团有限公司等单位主动减免租户和商家租金、物业费；中国土木工程集团有限公司、中铁十七局集团有限公司派出专家医疗队；中铁十一局、中铁十二局、中铁十四局集团有限公司，中铁建设集团有限公司，中铁第四勘察设计院集团有限公司等企业全力参与火神山、雷神山医院建设，建成武汉62%的方舱医院、90%的救治床位，为打赢湖北保卫战、武汉保卫战作出突出贡献。铁四院张浩获“全国抗击新冠肺炎疫情先进个人”称号。中国铁建坚持把职工生命安全摆在首位，把疫情防控贯穿全年工作始终，做到思想不松懈、责任不松劲、措施不松动、员工关爱不减弱，全系统疫情防控取得较好成效，系统上下、境内境外未发生任何聚集性疫情，在中华民族用众志成城、坚忍不拔书写的抗疫史诗中贡献铁建力量。 （杨启燕 刘爱民）

【改革创新】 2020年，中国铁建坚持改革创新双轮驱动，制定《改革三年行动实施方案》，明确六大方面23项改革任务，确定改革举措71条，统筹推进三项制度改革、“双百行动”、“科改示范行动”、“交通强国”建设试点、对标世界一流等专项任务。总部职能定位持续优化，管理效能和管控能力进一步提升，一级部门由31个调整为21个，编制定员由411人调整为349人；总部经营战略稳步落实，区域经营协同效果明显；海外“3+5+N”经营体系健全完善，海外市场持续发力。实施“放管服”改革，加大授权放权力度；稳步推进“瘦身健体”，建立压减工作长效机制，严格落实新设非项目法人单位“增一减一”要求，实现国务院国资委“法人户数净增长幅度不超过上年度净利润增幅的50%”的目标。“处僵治困”改革主体任务基本完成；印发不具备竞争优势、缺乏发展潜力的非主业非优势业务剥离方案，有效推进“两非”剥离工作；加快推进剥离办社会职能和历史遗留问题的解决，稳妥开展退休人员社会化移交，厂办大集体在职职工安置率100%。

（杨启燕 刘爱民）

【科技创新】 2020年，中国铁建全力加强科技创新，积极组织关键核心技术攻关，解决“卡脖子”难题；持续推进“城市地下大空间开发利用”国家级系列课题研究，中国铁建专家委员会正式成立；首批12家工程实验室(研发中心)筹建工作进入验收阶段。全年获省部级科学技术奖107项、中国施工企业管理协会工程建设科学技术奖44项、第17届中国土木工程詹天佑奖11项；新增省部级工法310项，11项BIM技术成果获中国建设工程BIM大赛奖。授权专利5099件；主持和参与制定国际标准4项、国家标准8项、行业标准15项、地方标准32项、团体标准36项。

（杨启燕 刘爱民）

【安全监督】 2020年，中国铁建坚持以习近平新时代中国特色社会主义思想为指导，牢固树立安全发展理念和安全生产红线意识，克服新冠肺炎疫情及经济下行等不利因素影响，围绕“从根本上消除事故隐患”核心工作，持续完善安全生产体制机制，深入开展安全生产专项整治三年行动，全面加强安全监督检查，狠抓各项安全生产措施落实，安全生产形势持续趋稳向好，年内未发生重大生产安全事故。一是安全生产体系逐步完善。进一步明确以体系保安全的工作思路，以制度建设为切入点，全面加强组织体系建设、风险防控、隐患排查治理、教育培训、安全投入、应急管理、考核奖惩及安全文化建设，综合施策，持续发力，安全生产体系进一步完善。二是安全生产全员责任制落实深入推进。按照“党政同责、一岗双责、齐抓共管、失职追责”和“三管三必须”原则要求，制定岗位安全生产责任清单，逐级签订安全包保责任书，严格包保兑现、考核奖惩，推进全员安全生产责任落实。三是风险隐患双控机制效果显现。中国铁建把风险分级管控与隐患排查治理双预控工作作为安全生产的重要抓手，突出抓好风险源头治理及过程管控。所属各单位运用信息化手段，加强风险防控信息平台、隐患排查治理“一张网”建设，提升双预控信息化、流程化、规范化水平。四是专项整治三年行动取得积极进展。围绕三年行动阶段目标、任务，按照既定的路线图、时间表，深入开展安全生产专项整治。五是安全生产基层基础工作更加扎实。所属各单位从强化专职安全队伍建设、加强安全教育培训、开展安全标准化管理、提升分包队伍安全管理水平等方面，突出抓实抓细安全生产基层基础工作。六是应急管理综合能力水平稳步提升。不断加强应急管理体系与能力建设，优化现场应急处置方案，强化应急物资设备设施配备，组建专兼职救援队伍，采取多种形式开展应急培训和演练，进一步提升应急能力水平。

（杨启燕　刘爱民）

【质量控制】 中国铁建高度重视质量发展，认真落实国家质量发展纲要精神，严格执行有关质量标准，推行项目终端质量责任制，推进工程质量创优活动，确保质量管理扎实推进，2020 年全系统未发生重大工程质量问题。一是加强质量管理。组织开展全员质量管理活动，对职工进行质量法律法规、质量管理知识等质量素质教育，加大宣传力度，充分动员职工参加质量管理活动，增强全员质量意识。组织职工开展岗位职业培训，提高各级人员的专业素质，切实履行法定质量管理义务。二是积极开展工程创优活动。按照《中国铁建股份有限公司创建优质工程管理规定》，持续落实过程精细化质量管理理念，推动质量管理水平全面提升，按规划控制创优活动，全面开展质量管理小组活动，搞好创优策划，落实过程创优，实现创优目标。三是加强铁路工程质量红线管理。按照中国国家铁路集团有限公司《铁路建设项目质量安全红线管理规定》，部署开展铁路工程红线管理工作，切实强化铁路项目质量安全意识和关键环节控制，确保项目质量安全全面受控，提升铁路建设项目质量安全水平。（杨启燕　刘爱民）

【风险防范】 2020 年，中国铁建持续强化风险预警及过程管控，突出风险管理实效，推进重大风险识别与监控体系建设。一方面，完成公司年度风险评估工作，并对评估认定的重大风险进行二次评估，建立重大风险监控 KRI 指标体系，为各单位、各部门督促落实重大风险管控和监测工作提供细化的参考指标。另一方面，强化重大风险跟踪监测要求，建立重大风险监测报告机制，出台《重大风险事件报告工作制度》，对年初评估的重大风险进行持续监测，并对全系统重大风险信息进行及时收集和报送。为适应外部监管要求和内部管理需要，全面修订《内部控制与风险管理办法》，进一步规范相关工作要求，不断改进和完善风险内控体系建设。一是开展安全生产专项整治三年行动，在建项目工期、质量、进度有序可控，安全生产形势总体稳定。二是开展财务资金管理风险专项治理，摸清底数，明确目标，为进一步提升管理水平打下基础。三是开展提质增效专项活动，压“两金”、减负债、降成本、治亏损，经济运行质量进一步提高。四是“法治铁建”取得阶段性建设成果，建立完善合规管理制度，初步形成以法律合规为主导的风险防控体系和以审计监督为主的风险评估体系。

（杨启燕　刘爱民）

【工程创优】 2020 年，中国铁建获中国建设工程鲁班奖 6 项，国家优质工程奖 50 项。其中，参建的南宁市轨道交通 3 号线一期工程（科园大道至平乐大道），武汉市轨道交通 8 号线一期工程，长影海南生态文化产业园中国区工程，新建吉安西站站房及相关工程，北京新机场南航基地项目，广西大学君武文化艺术教育中心项目获 2020 年度中国建设工程鲁班奖（国家优质工程）；参建的 500 米口径球面射电望远镜（FAST）项目主体工程，太古供热项目（古交兴能电厂至太原供热主管线及中继能源站工程），新建云桂铁路引入昆明枢纽昆明南站站房工程，武汉市轨道交通 6 号线一期工程，广州市轨道交通 14 号线一期工程，深圳市城市轨道交通 9 号线 6 项工程获国家优质工程金质奖；苏州港太仓港区华能煤炭码头工程，北京市通州运河核心区市政配套工程北环环隧工程，北京兴延高速公路石峡隧道工程，农业路快速通道工程（雄鹰东路至金源东街），郑州机场至周口西华高速公路（一期）工程，武西高速公路桃花峪黄河大桥工程，京港澳高速公路驻马店至信阳（豫鄂界）段改扩建工程，广西贵港市青云大桥工程，柳州市官塘大桥工程，广东省龙川至怀集公路（龙川至连平段）工程，重庆市华岩（石板）隧道工程，达州金南大桥工程，成都元华路神仙树节点项目，新万福路桥梁1标段新建万福大桥工程，上海市虹梅南路至金海路通道越江段新建工程，黄陵至铜川高速公路工程，常青路(三环线至青年路)改造工程，湖南省永顺至吉首高速公路第三合同段猛洞河特大桥工程，新建北京至沈阳铁路客运专线河北段站前工程JSJJSG-3标段瀑河特大桥工程，石家庄市城市轨道交通1号线工程，郑州市轨道交通1号线二期工程，新建郑州至徐州铁路客运专线郑汴特大桥工程，新建郑州至徐州铁路客运专线民权特大桥工程，济南轨道交通1号线工程，新建济南至青岛高速铁路淄博特大桥工程，西安市地铁4号线工程，郑州至西安客运专线引入西安枢纽新建客运北环线西安动车段工程，新建铁路西安至成都客运专线西安至江油段四电系统集成工程，成都地铁7号线工程土建工程第10标段川师车辆段与综合基地工程，新建铁路宝鸡至兰州客运专线古城岭隧道工程，新建兰州至重庆铁路毛羽山隧道工程，厦门市轨道交通1号线一期工程，广州市城市轨道交通13号线首期工程，昆玉铁路宝峰隧道工程，北京新机场东航基地项目(1号配餐楼等12项)，中节能(江西)总部基地工程(2号、3号、4号及地下室)，港盛大厦项目，西城·西进时代中心三地块项目1标段工程，新建南京至安庆铁路芜湖站工程，广西东盟信息交流中心一期建设项目，贵定卷烟厂易地技术改造项目1标段工程(联合工房、动力中心及管道连廊)，荣华国际商务中心项目，乌鲁木齐轨道交通1号线工程百园路车辆基地综合楼工程，卡拉奇至拉合尔高速公路(KLM)Ⅲ标段工程获2020年度国家优质工程奖。

(杨启燕　刘爱民)

【海外发展】　2020年，面对复杂严峻的国际环境与市场形势以及新冠疫情的严重冲击，中国铁建积极投身“构建国内国际双循环相互促进的新发展格局”，大力实施“海外优先”战略，积极参与“一带一路”建设和国际产能合作，全年全系统境外未发生聚集性疫情，未发生因疫情死亡病例，疫情防控工作受到肯定。“十三五”末，中国铁建海外国别市场数量增至130余个，市场布局覆盖“一带一路”沿线大部分国家。其中，尼日利亚、沙特等传统市场优势持续巩固，俄罗斯、泰国、孟加拉国、卡塔尔、秘鲁等新兴市场开拓不断取得新成绩。年内拉伊铁路实现载客试运行，卢赛尔体育场实现屋面主体结构完工，莫斯科地铁项目进展顺利，中老铁路主要站房主体结构如期封顶，亚吉铁路安全运营超过600天。中国铁建在打造精品工程，带动中国标准、装备、技术、服务“走出去”的同时，切实履行海外社会责任，助力当地经济发展，彰显大国责任担当，全球影响力不断攀升，党建引领更加突出。以“海外优先”战略为引领，构建的“3+5+N”海外经营发展体系和管理架构不断优化；通过投建营一体化、小比例投资带动EPC等模式，延伸产业链条，成功签约中国企业首个海外高铁投资类项目——泰国EEC高铁项目，完成西班牙阿尔德萨公司并购交割。重大境外工程：沙特内政部安全总部发展项目，尼日利亚铁路现代化项目拉各斯至伊巴丹段工程，阿联酋铁路二期B、C、D标段工程，阿尔及利亚55千米铁路项目，马来西亚金马士—新山双线电气化铁路设计、施工、供应、安装、竣工、测试、试运行及维护工程，卡塔尔卢赛尔体育场项目，鲁雷纳瓦克至里韦拉尔塔公路项目。全年中国铁建海外新签合同额340.91亿美元，海外完成营业额75.14亿美元。

(杨启燕　刘爱民)

【环境保护】　一是严格遵守《中华人民共和国环境保护法》《中华人民共和国大气污染防治法》等法律法规，注重源头控制，在施工生产过程中加强对施工现场和周边区域粉尘、水质、土壤等方面的监测和管理，优化施工方案和工艺，采用先进技术和设备，持续降低施工生产过程中污染物的产生和排放。二是高度重视资源的合理利用，着力控制能源消耗总量，合理调整能源使用结构，全面推进清洁生产战略，加速淘汰落后产能及工艺，优化施组方案，依靠科技进步节能；积极推广应用节能环保新技术、新设备、新材料、新工艺，调整能源使用结构，提高能源利用效率，控制能耗总量；加大对水资源的保护和管理力度，在设计施工中采取多种措施节约用水，打造节水型企业。2020年消耗水资源总量27934.26万立方米，耗水密度311吨/百万元营业收入；全年能耗总量594.13万吨标准煤，企业万元营业收入综合能耗(可比价)0.0781吨标准煤，比2019年下降3.22%。三是强化绿色施工理念，努力做到“不碰红线，守住底线，创造亮点”，实现企业高质量可持续发展，修订《中国铁建股份有限公司能源节约与生态环境保护监督管理办法》，印发《节能减排与生态环境保护法律法规汇编》，组织培训学习，提高企业全员环境保护意识。所有在建工程项目，严格遵守环境保护法律法规制度，严格控制施工现场扬尘污染、噪声污染、水污染、光污染、土壤污染、放射性物质污染及其他污染对生态环境的破坏，自觉保护野生动植物和生态植被，坚决打好“蓝天、碧水、净土”三大保卫战，为国家生态文明建设作出积极贡献。

(杨启燕　刘爱民)

【履行社会责任】　2020年，中国铁建持续健全社会责任管理体系，有序开展社会责任工作，切实推进社会责任管理与实践相融合，塑造负责任的品牌形象。(1)响应国家号召。中国铁建积极担当政治责任，主动对接雄安新区建设、粤港澳大湾区建设、长江三角洲区域一体化发展等重大国家战略，结合自身行业特点，促进地区发展。12月27日，中国铁建参建的京雄城际铁路全线开通运营,雄安新区开工建设的第一个重大基础设施项目——雄安站投入使用。7 月,长三角交通一体化研究中心区域铁路与轨道交通联合研究基地在中铁上海设计院集团有限公司揭牌。(2)共建美好社区。坚持与社区共享发展成果,充分发挥企业优势,做优民生工程,支援抢险救灾,开展志愿服务,助力文物保护,以实际行动共建和谐社区。全年对外捐赠 11796.18 万元,投入资金 4034 万元,重点改善 732 个偏远艰苦项目工作生活环境;筹集送温暖资金 8545 万元,慰问因病、因灾或意外等致困员工家庭 9443 户,慰问劳模先进、生产一线员工、离退休人员以及农民工 95730 人。全年参与工程抢险救援和防汛抗洪救援 1570 次,出动 29400 人次,出动机械车辆设备 4620 台;参与社会公益活动 2095 次,参与活动志愿者 3.9 万人次。高度重视文物保护工作,在项目建设过程中积极采取措施,调整施工方略,制定保护预案,呵护遗珍华彩。(3)建设绿色家园。始终践行"绿水青山就是金山银山"理念,加强环境管理,开展绿色施工,优化节能减排,实施绿色运营,致力于建设资源节约型和环境友好型企业,实现企业与自然的协调发展。不断完善环境保护顶层设计,加强环境管理体系建设,设置环保预警应急机制,严格贯彻绿色发展理念,全年环保总投入 153219 万元。(4)社会责任管理。中国铁建积极履行企业公民责任,以实际行动回报社会。年内获中国上市公司社会责任奖、最具社会责任上市公司等荣誉;获国家优质工程奖 50 项、中国建设工程鲁班奖 6 项;获省部级科学技术奖 107 项、中国土木工程詹天佑奖 11 项。持续加强社会责任管理,建立健全社会责任组织体系,修订完善社会责任管理制度,开展社会责任培训,全面提升员工责任意识和履责能力。

(杨启燕 刘爱民)

【企业资质】 截至 2020 年底,中国铁建系统施工资质 2098 项,其中总承包资质 856 项、专业承包资质 1221 项。全年新取得特级资质 4 项、全系统特级资质 82 项。

(董 凌)

【管辖单位】 截至 2020 年底,中国铁建股份有限公司下辖中国土木工程集团有限公司,中铁十一、十二局集团有限公司,中国铁建大桥工程局集团有限公司,中铁十四至二十五局集团有限公司,中铁建设集团有限公司,中国铁建电气化局集团有限公司,中国铁建港航局集团有限公司,中国铁建房地产集团有限公司,中铁第一、第四、第五勘察设计院集团有限公司,中铁上海设计院集团有限公司,中铁物资集团有限公司,中国铁建重工集团股份有限公司,中国铁建国际集团有限公司,中铁城建集团有限公司,中国铁建投资集团有限公司,中铁建资本控股集团有限公司,中铁建商务管理有限公司,中铁磁浮交通投资建设有限公司,中铁建华南建设有限公司,中铁建网络信息科技有限公司,中铁建国际投资有限公司,中铁建发展集团有限公司,北京培训中心(党校),中铁建锦鲤资产管理有限公司 38 家二级子公司和单位;三级法人企业 648 家,其中工程公司 175 家;四级法人企业 386 家。

(陈向阳)

【境内并购】 2020 年 11 月,中铁十四局集团有限公司为补齐设计短板,发展新兴产业,拓展地下空间开发业务、构筑完整产业链,出资 3543.12 万元,以非公开协议转让方式,收购山东省人民防空建筑设计院有限责任公司 51% 的股权。

(何燕军)

【内部重组】 2020 年 1 月,以华东区域总部平台公司中铁建东方投资建设有限公司为收购主体,通过非公开协议转让方式,收购中铁二十二局集团有限公司持有的中铁海峡建设集团有限公司 50% 的股权。

3 月,中国铁建将中铁建资产管理有限公司持有的中铁建投资基金管理有限公司全部股权调整至中国铁建股份有限公司。

4 月,中国铁建将持有的中铁建投资基金管理有限公司全部股权与中铁建资产管理有限公司股权一并重组至新注册成立的中铁建资本控股集团有限公司。

6 月,中铁建重庆投资集团有限公司将持有的重庆铁发物业管理有限公司 100% 的股权,以 2019 年 12 月 31 日的账面净资产 342.11 万元的交易价格,通过协议转让方式转给中铁二十局集团房地产开发有限公司。

7 月,中国铁建国际投资集团有限公司将持有的中铁建海南建设发展有限公司全部 33.3% 的股权,以 10 亿元的交易价格,通过协议转让方式转给中国铁建股份有限公司。

8 月,中国铁建将诚合保险经纪有限公司代中国铁道建筑集团有限公司持有的广州中咨城轨工程咨询有限公司 50.001% 的股权划转至中铁建华南建设有限公司;将诚合保险经纪有限公司持有的诚合瑞正风险管理咨询有限公司 100% 的股权划转至中铁建发展集团有限公司。

(何燕军)

【总部机构、编制定员调整】 2020 年 9 月 25 日,为进一步理顺职能关系,厘清管理界面,提升总部管控能力,总部有关部门职责和编制做出调整:(1)行政办公室职责中增加负责北京地区机动车辆交通安全工作。(2)科技创新部职责中增加"双创"管理工作。(3)运营管理部职责中增加负责定期组织经济运行情况(成本)分析;负责企业生产进度,完成任务量等生产情况的统计、汇总、分析等;负责工程承包、勘察设计咨询、装备制造、物资物流和新兴产业等业务的生产监督和管理。科技创新部负责的"组织全系统勘察设计'四优’和优秀工程咨询成果奖励工作，并推荐申报上级勘察设计咨询奖工作”职责，调整到运营管理部。(4)投资开发部职责中增加负责参股境内外独立法人实体的审批和管理工作。(5)审计监事部职责中增加对股份公司及所属单位贯彻落实国家重大政策措施情况、企业发展规划情况、内部控制情况、企业领导人员履行经济责任情况、境外经济活动等进行审计及审计信息化开发、建设、运用和维护工作。(6)法律合规部职责中增加负责合规风险评估处置工作；负责合规审查、考核、评价工作；协助首席合规官组织应对外部合规质询、检查、调查，督促指导整改工作；负责合规咨询、举报与投诉的受理与调查工作。(7)运营管理部项目监管处更名为生产监管处，定员增加2人。调整后，生产监管处定员8人。(8)安全监督部增设基础建设处，定员2人，设经理1人、职员1人；安全监督处更名为监督管理处，应急救援处更名为应急管理处。(9)投资开发部投资管理处定员增加1人。调整后，投资管理处定员5人。(10)法律合规部合规处定员增加2人。调整后，合规处定员5人。(11)党委组织部(人力资源部)激励与薪酬处定员增加1人，干部监督处定员增加1人，人才处定员减少1人。调整后，激励与薪酬处定员4人，干部监督处定员3人，人才处定员2人。(12)信访审理室增加纪检专员岗位。调整后，设主任1人，纪检专员1人，职员2人。　(陈向阳)

【机构设立审批】　1月2日，中国铁建成立中铁建东南投资建设有限公司、中铁建华东建设发展有限公司。

1月3日，中铁十八局集团有限公司成立几内亚股份有限公司。

同日，中国土木工程集团有限公司成立中国土木南太平洋(所罗门)有限公司。

同日，中国铁建股份有限公司成立阿布扎比分公司。

1月7日，合资成立贵港西外环高速公路有限公司，公司注册资本金10000万元。其中，广西贵港市交通投资发展集团有限公司(政府方出资代表)出资500万元，占5%的股权；中铁十四局出资1240万元，占12.4%的股权；铁五院出资1260万元，占12.6%的股权；中铁建投资基金管理有限公司出资7000万元，占70%的股权。

1月9日，中铁十九局集团有限公司成立哈萨克斯坦分公司。

同日，合资成立贵阳中铁南投房地产开发有限公司，公司注册资本金2000万元。其中，中铁房地产集团(贵州)有限公司出资1400万元，占70%的股权；贵阳南明投资(集团)有限责任公司出资600万元，占30%的股权。

同日，中铁二十一局集团有限公司成立西藏工程有限公司。

1月17日，中国铁建房地产集团有限公司成立南京京盛房地产开发有限公司。

1月23日，中铁建华南建设有限公司成立中铁建华南建设(广州)高科技有限公司。

同日，合资成立中铁建华南建设(广州)建材有限公司，公司注册资本金100万元。其中，华南建设出资55万元，占55%的股权；中铁十一局出资45万元，占45%的股权。

同日，中国铁建房地产集团有限公司成立西安铁弘房地产开发有限公司。

同日，合资成立中国土木工程集团东帝汶有限公司，公司注册资本金1000美元。其中，中国土木占99%的股权；中国土木工程集团南太平洋(瓦努阿图)有限公司占1%的股权。

同日，中国土木工程集团有限公司成立柬埔寨分公司。

2月17日，合资成立成都乐欣置业有限公司，公司注册资本金5000万元。其中，中铁房地产集团西南有限公司出资2500万元，占50%的股权；中铁房地产集团北京投资管理有限公司出资1000万元，占20%的股权；深圳市联峰企业管理有限公司出资1500万元，占30%的股权。

同日，合资成立南京城建房桥建筑科技有限公司，公司注册资本金10000万元。其中，中铁十四局集团房桥有限公司占51%的股权；南京城市建设管理集团有限公司占49%的股权。

同日，合资成立西咸新区世纪大道建设管理有限公司，公司注册资本金20000万元。其中，中铁二十局出资9300万元，占46.5%的股权；中铁二十局集团第三工程有限公司出资200万元，占1%的股权；中国能源建设集团西北建设投资有限公司出资9300万元，占46.5%的股权；中能建西北城市建设有限公司出资200万元，占1%的股权；陕西西咸新区城建投资集团有限公司出资1000万元，占5%的股权。

同日，合资成立南昌高投秉正置业有限公司，公司注册资本金1000万元。其中，中铁建设集团房地产有限公司占95.5%的股权；南昌高投城市建设开发有限公司占4.5%的股权。

2月19日，中国铁建投资集团有限公司成立中铁建投珠海未来城置业有限公司。

同日，合资成立中铁建投肇庆开发有限公司，公司注册资本金10000万元。其中，铁建投资出资2400万元，占24%的股权；中铁建投资基金管理有限公司出资5100万元，占51%的股权；中铁十二局、中铁十九局、中铁二十三局各出资100万元，各占1%的股权；铁五院出资200万元，占2%的股权；肇庆市高新区建设投资开发有限公司(政府方出资代表)出资2000万元,占20%的股权。

同日,合资成立中铁建投廊坊开发建设有限公司,公司注册资本金10000万元。其中,铁建投资出资1340万元,占13.4%的股权;中铁建投资基金管理有限公司出资8000万元,占80%的股权;中铁十二局、中铁十六局各出资300万元,各占3%的股权;铁五院出资50万元,占0.5%的股权;中铁建苏州设计研究院有限公司出资10万元,占0.1%的股权。

同日,合资成立中铁建投河南许昌城市开发有限公司,公司注册资本金20000万元。其中,铁建投资出资5980万元,占29.9%的股权;中铁建投资基金管理有限公司出资6300万元,占31.5%的股权;中铁十五局、中铁十六局、中铁十九局各出资200万元,各占1%的股权;铁五院出资100万元,占0.5%的股权;中铁建苏州设计研究院有限公司出资20万元,占0.1%的股权;许昌市建设投资有限责任公司(政府方出资代表)出资6000万元,占30%的股权;许昌建投郑许一体建设开发有限公司(政府方出资代表)出资1000万元,占5%的股权。

同日,合资成立中铁建投高邑城市开发有限公司,公司注册资本金19012万元。其中,铁建投资出资3327万元,占17.5%的股权;中铁建投资基金管理有限公司出资11407万元,占60%的股权;中铁十九局出资951万元,占5%的股权;中铁二十局出资380万元,占2%的股权;铁五院出资95万元,占0.5%的股权;高邑县城市建设投资公司(政府方出资代表)出资2852万元,占15%的股权。

同日,合资成立中铁建投山东泰东高速公路有限公司,公司注册资本金10000万元。其中,铁建投资出资2790万元,占27.9%的股权;中铁建投资基金管理有限公司出资7000万元,占70%的股权;中铁十四局、中铁二十三局各出资100万元,各占1%的股权;铁四院出资10万元,占0.1%的股权。

2月27日,中国土木工程集团有限公司成立西部铁路特许经营公司。

同日,中国土木工程集团有限公司成立中国土木塞内加尔有限公司。

2月28日,中国铁建成立中铁建财资管理(香港)有限公司,委托中国铁建财务有限公司管理。

3月5日,合资成立重庆永川德盛和置业有限公司,公司注册资本金1000万元。其中,中铁二十一局集团德盛和置业有限公司出资800万元,占80%的股权;中铁二十一局集团第五工程有限公司出资200万元,占20%的股权。

3月9日,合资成立中铁建张家港城市发展有限公司,公司注册资本金5000万元。其中,中铁建城市建设投资有限公司出资4500万元,占90%的股权;张家港高铁投资发展有限公司出资500万元,占10%的股权。

同日,中国铁建大桥工程局集团有限公司成立长春市铁建大桥电气化工程有限公司。

同日,中铁二十四局集团有限公司成立三峡日新(湖北)建设有限公司。

同日,合资成立三亚中铁建置业有限公司,公司注册资本金2000万元。其中,中铁建海南建设发展有限公司出资1200万元,占60%的股权;中国铁建房地产集团华南有限公司出资800万元,占40%的股权。

同日,合资成立中铁建投(桐乡)建设管理有限公司,公司注册资本金74300万元。其中,铁建投资出资16346万元,占22%的股权;中铁建投资基金管理有限公司出资31949万元,占43%的股权;中铁十五局出资14860万元,占20%的股权;桐乡市交通建设投资集团有限公司(政府方出资代表)出资11145万元,占15%的股权。

同日,合资成立中铁建投潍坊城市开发有限公司,公司注册资本金89985.8万元。其中,铁建投资出资8998.58万元,占10%的股权;中铁建投资基金管理有限公司出资70188.924万元,占78%的股权;中铁二十局、中铁二十一局各出资899.858万元,各占1%的股权;潍坊市基础设施投资建设发展有限公司(政府方出资代表)出资8998.58万元,占10%的股权。

3月11日,中国铁建房地产集团有限公司成立中铁建河北雄安城市建设有限公司。

3月13日,中铁建国际投资有限公司成立欧洲基础设施投资有限公司。

3月16日,中铁建设集团有限公司成立长春建设有限公司。

3月24日,中铁二十局集团有限公司成立埃及分公司。

同日,中铁二十二局集团有限公司成立曲阜中圣置业发展有限责任公司。

3月29日,中铁二十局集团有限公司成立长春市政建设有限公司。

同日,中铁十二局集团有限公司成立吉林建设管理有限公司。

3月31日,中铁十八局集团有限公司成立许昌房地产开发有限公司。

4月1日,中铁建设集团有限公司成立中铁建设集团(温州)置业有限公司。

同日,合资成立安庆市高铁新区建设投资有限责任公司,公司注册资本金10000万元。其中,中铁建城市建设投资有限公司出资2000万元,占20%的股权;中铁建投资基金管理有限公司出资4000万元,占40%的股权;中铁十四局、中铁十七局各出资950万元,各占9.5%的股权;铁一院出资100万元,占1%的股权;安庆市交通投资有限公司出资2000万元,占

20%的股权。

4月8日，中铁第四勘察设计院集团有限公司成立印度尼西亚分公司、马来西亚分公司、孟加拉分公司。

同日，合资成立中土—湖北路桥—河南设研院联营体有限责任公司，公司注册资本金1万美元。其中，中国土木出资0.6万美元，占60%的股权；湖北省路桥集团有限公司出资0.3万美元，占30%的股权；河南省交通规划设计研究院股份有限公司出资0.1万美元，占10%的股权。

同日，合资成立惠州榕铁投资有限公司，公司注册资本金5000万元。其中，中铁城建出资4250万元，占85%的股权；博罗县缚娄资源开发有限公司出资750万元，占15%的股权。

4月10日，中国铁建电气化局集团有限公司成立第一分公司、第三分公司、南方分公司、北方分公司。

同日，合资成立中铁建(天津)轨道交通投资发展有限公司，公司注册资本金500000万元。其中，中国铁建出资110000万元，占22%的股权；中铁建华北投资发展有限公司出资20000万元，占4%的股权；中铁建投资基金管理有限公司出资100000万元，占20%的股权；中铁十一局、中铁十六局、中铁二十局、中铁二十二局、中铁二十四局各出资2500万元，各占0.5%的股权；中国铁建大桥局出资5000万元，占1%的股权；中铁十八局出资7500万元，占1.5%的股权；天津轨道交通集团有限公司(政府方出资代表)出资245000万元，占49%的股权。

同日，中铁十九局集团有限公司成立长春诚和电务建筑安装有限公司。

同日，中铁十五局集团有限公司成立淮安构件有限公司。

同日，中铁十一局集团有限公司成立第一分公司、第二分公司、第三分公司、第四分公司、第五分公司、第六分公司、电务分公司、建安分公司、桥梁分公司、城市建设分公司。

4月15日，中铁十四局集团有限公司成立青岛房地产开发有限公司。

同日，合资成立青岛天柱新材料科技有限公司，公司注册资本金2000万元。其中，中铁十四局出资1020万元，占51%的股权；平度市城市建设投资开发有限公司出资980万元，占49%的股权。

同日，合资成立中铁建宁夏高速公路有限公司，公司注册资本金50000万元。其中，中国铁建出资500万元，占1%的股权；中铁建西北投资建设有限公司出资9500万元，占19%的股权；中铁建投资基金管理有限公司出资20000万元，占40%的股权；铁建投资出资9750万元，占19.5%的股权；中国铁建大桥局、中铁十五局、中铁十八局、中铁二十局、中铁二十一局各出资50万元，各占0.1%的股权；宁夏建工集团有限公司出资10000万元，占20%的股权。

同日，中铁二十二局集团有限公司成立轨道分公司、雄安分公司、电气化分公司。

4月22日，中国铁建东北区域总部成立中铁建长春投资建设有限公司。

4月28日，中铁二十局集团有限公司成立菲律宾分公司。

同日，合资成立中铁二十五局集团菲律宾建设有限公司，公司注册资本金4.1万美元。其中，中铁二十五局占40%的股权；DEMIE JEAN DR. RIO占30%的股权；MA. LIEZL A. AGOT占30%的股权。

5月6日，合资成立苏州京万房地产开发有限公司，公司注册资本金2000万元。其中，中国铁建房地产集团浙江京城投资有限公司出资1100万元，占55%的股权；苏州傅泽企业管理咨询有限公司出资900万元，占45%的股权。

同日，合资成立贵港市合思全域旅游开发有限公司，公司注册资本金10000万元。其中，中铁二十局出资3500万元，占35%的股权；西安建工市政交通集团有限公司出资3500万元，占35%的股权；贵港市覃塘区荷美资产运营有限公司出资3000万元，占30%的股权。

5月9日，中铁第五勘察设计院集团有限公司成立哈萨克斯坦分公司。

5月12日，中国铁建国际集团有限公司成立哥伦比亚分公司、哥斯达黎加分公司、智利分公司。

5月17日，合资成立江阴中铁建昆仑城市发展有限公司，公司注册资本金50000万元。其中，昆仑集团出资21910万元，占43.82%的股权；中铁建投资基金管理有限公司出资25500万元，占51%的股权；中铁十五局、中铁十六局、中铁城建各出资30万元，各占0.06%的股权；江阴城市发展集团有限公司出资2500万元，占5%的股权。

5月21日，中铁十四局集团有限公司成立铁门关市城市基础设施建设有限公司。

同日，中国铁建华东区域总部成立温州京瓯城市开发有限公司。

同日，合资成立石河子城市基础设施建设有限公司，公司注册资本金10000万元。其中，中铁十四局出资9000万元，占90%的股权；石河子市泰安建筑工程有限公司出资1000万元，占10%的股权。

同日，中铁十六局集团有限公司成立中铁建重庆地铁运营有限公司。

同日，中铁十四局集团有限公司成立兖州国际陆港物流有限公司。

同日，中国铁建重工集团股份有限公司成立长春铁建重工有限公司。

5月25日，中国铁建国际集团有限公司成立格林纳达分公司。

同日，中铁二十三局集团有限公司成立浙江分公司、丽水分公司。

6月1日，中国铁建电气化局集团有限公司成立尼日利亚分公司。

同日，合资成立中铁建江湾投资有限公司，公司注册资本金10亿元。其中，铁建投资出资4.5亿元，占45%的股权；中铁地产出资4.5亿元，占45%的股权；中国土木出资1亿元，占10%的股权。

同日，中铁十四局集团有限公司成立铁正河北雄安检测技术有限公司。

6月3日，合资成立中铁建融城发展有限公司，公司注册资本金30亿元。其中，中国铁建出资18亿元，占60%的股权；成都轨道集团出资12亿元，占40%的股权。

同日，合资成立中铁建重庆建筑科技有限公司，公司注册资本金20000万元。其中，中铁十四局占55%的股权；中铁建重庆投资集团有限公司占30%的股权；重庆市蔡家组团建设开发有限公司占7.5%的股权；重庆市北碚区新城建设有限责任公司占7.5%的股权。

6月10日，中铁十八局集团有限公司成立毛里求斯分公司。

同日，合资成立三亚中铁建海悦发展有限公司，公司注册资本金2000万元。其中，中铁建海南建设发展有限公司出资1200万元，占60%的股权；中国铁建房地产集团华南有限公司出资800万元，占40%的股权。

同日，合资成立长春京新房地产开发有限公司，公司注册资本金2000万元。其中，大连京信置业有限公司出资1020万元，占51%的股权；长春恒逸房地产开发有限公司出资980万元，占49%的股权。

6月12日，中国土木工程集团有限公司成立中国土木斯里兰卡有限公司。

同日，合资成立中国土木—中铁十四局罗马尼亚合资有限公司，公司注册资本金38.5万美元。其中，中国土木占51%的股权；中铁十四局占49%的股权。

6月16日，合资成立中铁建投昆钢昆明城市开发有限公司，公司注册资本金10亿元。其中，铁建投资出资9.5亿元，占95%的股权；昆明钢铁控股有限公司出资0.5亿元，占5%的股权。

同日，中铁二十二局集团有限公司成立黄石京坤置业有限公司。

同日，合资成立中铁建重投集团（江苏）生态环境建设有限公司，公司注册资本金48400万元。其中，中铁建投资基金管理有限公司出资24200万元，占50%的股权；中铁建重庆投资集团有限公司出资14520万元，占30%的股权；中铁建生态环境有限公司出资3872万元，占8%的股权；中铁二十一局出资484万元，占1%的股权；铁五院出资484万元，占1%的股权；扬州科丰高新产业投资开发集团有限公司出资4840万元，占10%的股权。

6月18日，中铁二十五局集团有限公司成立富阳建设有限公司。

同日，中铁二十二局集团有限公司成立漳州市京焜置业有限公司。

6月24日，合资成立中铁利津东津黄河大桥有限公司，公司注册资本金27617.28万元。其中，中铁建城市建设投资有限公司出资8285.19万元，占30%的股权；中铁十四局出资8009.01万元，占29%的股权；铁四院出资276.17万元，占1%的股权；山东黄河工程集团有限公司出资11046.91万元，占40%的股权。

同日，中铁第四勘察设计院集团有限公司成立武汉检测技术有限公司。

同日，合资成立中铁二十三局集团（湖北）爆破有限公司，公司注册资本金2603.24万元。其中，中铁二十三局出资1718.14万元，占66%的股权；中钢集团武汉安全环保研究院有限公司出资885.1万元，占34%的股权。

6月26日，合资成立济南市中昊城市发展有限公司，公司注册资本金3000万元。其中，中铁十四局集团房地产开发有限公司占40%的股权；济南市嬴昊置业有限公司占40%的股权；济南市莱芜区嬴昊城市建设投资有限公司占20%的股权。

7月7日，中铁建设集团有限公司成立杭州建设有限公司。

7月9日，中铁十四局集团有限公司成立摩尔多瓦有限公司。

同日，中铁十四局集团有限公司成立缅甸分公司。

7月15日，中铁二十四局集团有限公司成立上海铁建星东置地有限公司。

同日，合资成立中铁建投（台州）温玉铁路有限公司，公司注册资本金5亿元。其中，铁建投资出资7650万元，占15.3%的股权；中铁建投资基金管理有限公司出资13005万元，占26.01%的股权；中铁海峡建设集团有限公司出资4845万元，占9.69%的股权；温岭市轨道交通建设开发有限公司（政府方出资代表）出资11750万元，占23.5%的股权；玉环市铁路投资有限责任公司（政府方出资代表）出资12750万元，占25.5%的股权。

同日，合资成立铁建发展（范县）范水生态环境治理有限公司，公司注册资本金1亿元。其中，铁建发展出资2000万元，占20%的股权；中铁建投资基金管理有限公司出资4000万元，占40%的股权；中铁城建出资2000万元，占20%的股权；范县建设投资集团有限公司出资2000万元，占20%的股权。

同日，合资成立中铁建投吉林长太高速公路有限公司，公司注册资本金1亿元。其中，铁建投资出资1050万元，占10.5%的股权；广德铁建蓝海华澜投资中心出资3000万元，占30%的股权；中国铁建大桥局出资1040万元，占10.4%的股权；铁五院出资10万元，占0.1%的股权；长岭县交通投资有限责任公司（政府方出资代表）出资4900万元，占49%的股权。

同日，合资成立中铁建投富春湾（杭州）城市开发有限公司，公司注册资本金5亿元。其中，铁建投资出资17500万元，占35%的股权；中铁建投资基金管理有限公司出资27500万元，占55%的股权；杭州富春湾新城建设投资集团有限公司（政府方出资代表）出资5000万元，占10%的股权。

同日，合资成立中铁建投（烟台）开发有限公司，公司注册资本金1亿元。其中，铁建投资出资2760万元，占27.6%的股权；中铁建投资基金管理有限公司出资3300万元，占33%的股权；中铁十一局、中铁十二局、中铁十四局、中铁城建各出资100万元，各占1%的股权；铁五院、中铁建南方投资有限公司、中铁建青岛投资有限公司、中铁建苏州设计研究院有限公司各出资10万元，各占0.1%的股权；烟台润福股权投资有限公司（政府方出资代表）出资3500万元，占35%的股权。

7月21日，中铁十六局集团有限公司成立安徽省顺淮房地产开发有限公司、安徽省京淮房地产开发有限公司。

7月27日，中国铁建港航局集团有限公司成立中铁建港航局集团（加纳）有限责任公司。

7月29日，中国铁建股份有限公司成立中铁建华南投资有限公司。

7月30日，中铁十四局集团有限公司成立埃塞俄比亚分公司。

同日，中铁十八局集团有限公司成立苏丹分公司。

同日，合资成立中铁城建张家港置业有限公司，公司注册资本金980万元。其中，中铁城建集团房地产开发有限公司出资686万元，占70%的股权；陕西逸博置业有限公司出资294万元，占30%的股权。

8月14日，中国土木工程集团有限公司成立索马里分公司。

8月24日，中铁十八局集团有限公司成立中铁十八局集团（浙江）建设发展有限公司。

8月28日，合资成立陕西关环麟法高速公路有限公司，公司注册资本金60000万元。其中，铁建投资出资21000万元，占35%的股权；中国葛洲坝集团有限公司出资13200万元，占22%的股权；中国能源建设集团西北建设投资有限公司出资11400万元，占19%的股权；中铁建西北投资建设有限公司出资3000万元，占5%的股权；中铁十四局、中铁十八局、中铁十九局、中铁二十局、中铁建电气化局、中国葛洲坝集团第三工程有限公司、中国葛洲坝集团第二工程有限公司、中国葛洲坝集团路桥工程有限公司、中能建西北城市建设有限公司各出资600万元，各占1%的股权；宝鸡市交通建设投资有限公司（政府方出资代表）出资6000万元，占10%的股权。

9月3日，合资成立中铁物资集团（天津）智慧物流有限公司，公司注册资本金900万元。其中，中铁物资出资540万元，占60%的股权；中铁物资集团东北有限公司出资360万元，占40%的股权。

同日，合资成立南通中铁设计研究院有限公司，公司注册资本金900万元。其中，铁五院出资540万元，占60%的股权；南通沿海开发集团有限公司出资360万元，占40%的股权。

9月4日，合资成立四川大内高速公路有限公司，公司注册资本金10000万元。其中，昆仑集团出资6000万元，占60%的股权；中铁十七局出资500万元，占5%的股权；内江路桥集团有限公司出资3500万元，占35%的股权。

同日，合资成立临沂沂沭建设项目管理有限公司，公司注册资本金6000万元。其中，中铁十六局占10%的股权；铁五院占1%的股权；中铁十六局集团永兴广大投资（天津）有限公司占84%的股权；临沂振东建设投资有限公司占5%的股权。

9月9日，中国土木工程集团有限公司成立中国土木加纳有限公司。

同日，中国铁建股份有限公司成立中铁建淄博投资发展有限公司，委托中国铁建房地产集团有限公司管理。

9月10日，合资成立中铁建投（宁波）开发建设有限公司，公司注册资本金50000万元。其中，铁建投资出资15450万元，占30.9%的股权；铁建基金出资25500万元，占51%的股权；中铁建东方投资出资8000万元，占16%的股权；中铁十一局、中铁十五局各出资500万元，各占1%的股权；上海院出资50万元，占0.1%的股权。

9月11日，合资成立中铁建投黄冈建设开发有限公司，公司注册资本金10000万元。其中，铁建投资出资2630万元，占26.3%的股权；铁建基金出资3650万元，占36.5%的股权；中铁十一局出资500万元，占5%的股权；中铁十二局、中铁二十局各出资100万元，各占1%的股权；铁四院、苏州院各出资10万元，各占0.1%的股权；黄冈白潭湖投资发展有限公司（政府方出资代表）出资3000万元，占30%的股权。

9月18日，合资成立中铁建投驻马店城市开发有限公司，公司注册资本金10000万元。其中，铁建投资出资2820万元，占28.2%的股权；铁建基金出资3250

万元，占32.5%的股权；中铁十二局、中铁十五局、中铁十八局、中铁二十一局各出资100万元，各占1%的股权；铁建投资南方公司、铁五院、铁建投资苏州院各出资10万元，各占0.1%的股权；驻马店示范建设发展有限公司（政府方出资代表）出资3500万元，占35%的股权。

9月20日，中国铁建投资集团有限公司成立中铁建恒诚有限公司。

9月25日，中铁建重庆投资集团有限公司成立中铁建重庆投资集团实业发展有限公司。

9月28日，合资成立云南普砚高速公路投资开发有限公司，公司注册资本金10000万元。其中，昆仑集团出资9643.61万元，占96.4361%的股权；中铁十六局、中铁二十四局、中铁二十五局分别出资47.39万元，各占0.4739%的股权；中铁建电气化局出资14.22万元，占0.1422%的股权；文山交通投资建设集团有限公司出资200万元，占2%的股权。

9月29日，合资成立中铁建（无锡）工程科技发展有限公司，公司注册资本金35000万元。其中，中国铁建占40%的股权；中铁十九局占9%的股权；铁五院占1%的股权；无锡地铁集团有限公司占40%的股权；无锡市市政公用产业集团有限公司占10%的股权。

同日，中国铁建东北区域总部成立中铁建黑龙江投资建设有限公司。

9月30日，合资成立中铁建投（沈阳）城市开发建设有限公司，公司注册资本金20000万元。其中，铁建投资出资8260万元，占41.3%的股权；中信建投资管公司出资9200万元，占46%的股权；中铁十九局、中铁二十一局各出资200万元，各占1%的股权；中铁建电气化局出资100万元，占0.5%的股权；铁五院、铁建投资苏州院各出资20万元，各占0.1%的股权；沈阳中德园开发建设集团有限公司（政府方出资代表）出资2000万元，占10%的股权。

10月10日，中铁十四局集团有限公司成立黑龙江省绿盈生态保护工程有限公司。

10月14日，中国铁建股份有限公司成立中铁建华中投资有限公司。

10月19日，合资成立中铁建投冀中开发建设有限公司，公司注册资本金10000万元。其中，铁建投资出资3870万元，占38.7%的股权；中信建投资管公司出资4800万元，占48%的股权；中铁十一局、中铁十六局、中铁二十二局各出资100万元，各占1%的股权；中铁建电气化局出资500万元，占5%的股权；铁建投资南方公司、铁五院、铁建投资苏州院各出资10万元，各占0.1%的股权；保定市国控集团有限责任公司（政府方出资代表）出资500万元，占5%的股权。

10月21日，合资成立中铁建投西安城市开发有限公司，公司注册资本金10000万元。其中，铁建投资出资580万元，占5.8%的股权；中信建投资管公司出资5000万元，占50%的股权；铁一院出资3000万元，占30%的股权；中铁十二局、中铁十四局、中铁十八局、中铁二十五局各出资100万元，各占1%的股权；铁建投资南方公司、铁建投资苏州院各出资10万元，各占0.1%的股权；西安市纺织城开发建设有限公司（政府方出资代表）出资1000万元，占10%的股权。

10月22日，合资成立天津互通投资有限责任公司，公司注册资本金1000万元。其中，中铁建投资基金管理有限公司出资810万元，占81%的股权；国寿基础设施投资管理有限公司出资190万元，占19%的股权。

10月23日，中铁十一局集团有限公司成立西安弘铁房地产开发有限公司。

同日，中铁十四局集团有限公司成立中铁十四局集团黄河建筑科技有限公司。

10月27日，中国铁建港航局集团有限公司成立中铁建港航局集团舟山基础设施工程有限公司。

同日，合资成立杭州富阳东合建设发展有限责任公司，公司注册资本金3000万元。其中，中铁四院集团投资有限公司占44.99%的股权；中铁四院集团房地产开发有限公司占0.01%的股权；湖北元春并购基金管理有限公司占45%的股权；杭州富阳开发区建设投资集团有限公司占10%的股权。

10月29日，中铁十四局集团有限公司成立中铁十四局集团（杭州）工程有限公司。

同日，合资成立中铁房桥银龙（天津）轨道科技有限公司，公司注册资本金6600万元。其中，中铁十四局集团房桥公司占60%的股权；河间市银龙轨道有限公司占40%的股权。

11月10日，中铁十六局集团有限公司成立中铁十六局集团俄罗斯有限公司。

同日，中铁二十四局集团有限公司成立中铁二十四局集团西南建设有限公司。

11月11日，中国铁建大桥工程局集团有限公司成立黑龙江自贸区哈尔滨片区中桥市政工程有限公司。

11月12日，合资成立中铁建投保定开发建设有限公司，公司注册资本金10000万元。其中，铁建投资出资4470万元，占44.7%的股权；铁建基金出资4800万元，占48%的股权；中铁二十二局、中铁二十四局各出资100万元，各占1%的股权；铁建投资南方公司、铁五院、铁建投资苏州院各出资10万元，各占0.1%的股权；清泰（保定）创新产业发展有限公司（政府方出资代表）出资500万元，占5%的股权。

11月13日，中铁二十二局集团有限公司成立哈尔滨市瑞昂建设工程有限公司。

11月18日，中铁二十三局集团有限公司成立中铁二十三局集团(广东)工程建设有限公司。

11 月 19 日,合资成立四川南遂潼高速公路有限公司,公司注册资本金 10000 万元。其中,昆仑集团出资 4800 万元,占 48% 的股权;中铁十九局、中铁二十四局各出资 100 万元,各占 1% 的股权;铁信通达(深圳)基础设施投资合伙企业(有限合伙)出资 5000 万元,占 50% 的股权。

同日,中国铁建港航局集团有限公司成立中铁建港航局集团重庆基础设施工程有限公司。

同日,中铁建设集团有限公司成立中铁建设集团华中建设有限公司。

11 月 23 日,中铁十六局集团有限公司成立中铁十六局集团(上海)城市建设有限公司。

同日,中铁十四局集团有限公司成立中铁十四局(广州)建设项目管理有限公司。

12 月 2 日,中铁二十一局集团有限公司成立中铁二十一局集团阿拉尔工程有限公司。

12 月 4 日,中铁二十二局集团有限公司成立新疆中铁天都建设工程有限公司。

同日,合资成立太原轨道交通 1 号线建设运营有限公司,公司注册资本金 418725.97 万元。其中,中铁建投资基金管理有限公司占 38% 的股权;中国铁建占 26.1% 的股权;太原市轨道交通发展有限公司占 26% 的股权;铁建投资占 3.4% 的股权;中铁十七局占 1.3% 的股权;中铁十二局、中铁建电气化局各占0.7% 的股权;中铁十四局占 0.6% 的股权;中铁十一局、中铁十二局电气化公司、中铁十八局各占 0.5% 的股权;中铁二十二局占 0.4% 的股权;中铁十五局、中铁十六局、中铁二十三局、中铁城建各占 0.3% 的股权;中铁建黄河投资建设有限公司占 0.1% 的股权。

12 月 7 日,合资成立甘肃航桥混凝土工程有限责任公司,公司注册资本金 999 万元。其中,中国铁建大桥局出资 509.49 万元,占 51% 的股权;甘肃省民航建设(集团)有限公司出资 489.51 万元,占 49% 的股权。

12 月 8 日,合资成立云南泸丘广富高速公路投资开发有限公司,公司注册资本金 10000 万元。其中,昆仑集团出资 3912.909 万元,占 39.12909% 的股权;中铁十一局、中铁十五局、中铁十六局、中铁二十局、中铁二十四局、中铁二十五局各出资 42.534 万元,各占 0.42534% 的股权;中铁十九局、中铁建设、中铁建电气化局各出资 10.629 万元,各占 0.10629% 的股权;文山交通投资建设集团有限公司出资 1000 万元,占 10% 的股权;中冶交通集团出资 3800 万元,占 38% 的股权;湖北路桥出资 1000 万元,占 10% 的股权。

12 月 9 日,中铁十四局集团有限公司成立中铁十四局集团(青岛)动车小镇昌德建设有限公司。

12 月 11 日,合资成立龙岩市钰拓新型建材有限公司,公司注册资本金 8000 万元。其中,中国铁建大桥局出资 5600 万元,占 70% 的股权;福建客家矿业投资发展集团有限公司出资 2400 万元,占 30% 的股权。

同日,合资成立中铁建长江(铜陵)港铁建设运营有限公司,公司注册资本金 5000 万元。其中,中铁十六局出资 2500 万元,占 50% 的股权;中铁二十局出资 2500 万元,占 50% 的股权。

12 月 16 日,合资成立北京中铁新材料研发有限公司,公司注册资本金 900 万元。其中,铁五院出资 450 万元,占 50% 的股权;中铁物资出资 450 万元,占 50% 的股权。

同日,中铁十九局集团有限公司成立中铁十九局集团华东工程有限公司。

同日,中铁十四局集团有限公司成立武汉盾构项目管理有限公司。

12 月 21 日,中铁二十五局集团有限公司成立中铁二十五局集团青岛即墨建设有限公司。

同日,中铁二十五局集团有限公司成立中铁二十五局集团轨道交通建设有限公司。

12 月 22 日,中铁建设集团有限公司成立中铁建设集团(温州)发展有限公司。

12 月 23 日,中铁二十三局集团有限公司成立中铁二十三局集团工程检测有限公司。

12 月 25 日,中铁十八局集团有限公司成立中铁十八局集团建设发展有限公司。

同日,合资成立中铁建投(天津)中德生态城开发有限公司,公司注册资本金 10000 万元。其中,铁建投资出资 4070 万元,占 40.7% 的股权;中信建投资管公司出资 4800 万元,占 48% 的股权;中国铁建大桥局、中铁十八局各出资 300 万元,各占 3% 的股权;铁五院、铁建投资南方公司、铁建投资苏州院各出资 10 万元,各占 0.1% 的股权;天津大邱庄控股有限公司(政府方出资代表)出资 500 万元,占 5% 的股权。

12 月 28 日,中铁二十三局集团有限公司成立中铁二十三局集团(河北)工程建设有限公司。

12 月 31 日,中铁建设集团有限公司成立中铁建设集团(天津)置业发展有限公司。 (陈向阳)

【机构更名】 1 月 3 日,中铁二十二局集团哈尔滨铁路建设集团有限责任公司更名为中铁二十二局集团第一工程有限公司。

1 月 7 日,中铁城建集团有限公司江西分公司更名为中铁城建集团有限公司国际工程分公司。

2 月 27 日,山西华铁工程质量检测有限公司更名为华铁信远检测科技有限公司。

3 月 9 日,中国铁建电气化局集团有限公司西安轨道交通工程分公司更名为中国铁建电气化局集团有限公司第二分公司。

同日,中国铁建电气化局集团有限公司广州分公司更名为中国铁建电气化局集团有限公司第四分公司。

同日，中国铁建电气化局集团有限公司南宁分公司更名为中国铁建电气化局集团有限公司第五分公司。

3月16日，海南振海工程有限公司更名为中铁十二局集团海南工程有限公司。

3月26日，中铁建资本控股有限公司更名为中铁建资本控股集团有限公司。

4月1日，珠海新铁城建筑工程有限公司更名为中土集团南方建设发展有限公司。

同日，中国铁建电气化局集团有限公司太原分公司更名为中国铁建电气化局集团有限公司新型建筑工程公司。

4月2日，中铁房地产集团华东有限公司更名为中铁房地产集团上海置业有限公司。

4月8日，中国铁建股份有限公司海南指挥部更名为中国铁建股份有限公司海南总部。

4月10日，中铁海外工程(马来西亚)有限公司更名为中铁建设集团(马来西亚)有限公司。

4月15日，中国铁建大桥工程局集团有限公司钢结构分公司更名为中国铁建大桥工程局集团有限公司设计研究院分公司。

4月22日，中铁十八局集团第三工程有限公司涿州机械厂更名为中铁十八局集团第三工程有限公司涿州工程装备分公司。

4月28日，中国土木工程集团(科特迪瓦)有限公司更名为中国土木科特迪瓦有限公司。

5月18日，广州南沙区一二建筑工程有限公司更名为中铁十二局集团华南工程有限公司。

5月21日，陕西逸博置业有限公司更名为中铁一院集团逸博置业有限公司。

6月28日，中铁四院集团岩土工程有限责任公司更名为中铁四院集团工程建设有限责任公司。

7月17日，中铁房地产集团浙江京城投资有限公司更名为中铁房地产集团华东有限公司。

8月5日，北京铁城信诺工程检测有限公司更名为北京铁城检测认证有限公司。

8月21日，中铁建设集团天津工程有限公司更名为中铁建设集团华北工程有限公司。

9月16日，中铁城建集团物业管理有限公司更名为中铁城建集团城市运营服务有限公司。

9月25日，中铁十一局集团物资贸易有限公司更名为中铁十一局集团铁恒实业有限公司。

10月16日，中铁(贵州)市政工程有限公司更名为中铁十七局集团城市建设有限公司。

12月14日，中铁十一局城市轨道武汉重型装备有限公司更名为中铁十一局武汉重型装备有限公司。

(陈向阳)

【机构注销】 1月22日，中铁十二局集团有限公司注销天津顺熙仓储有限公司。

2月14日，中铁十七局集团有限公司注销福州勤达物业管理有限公司。

3月14日，中铁二十局集团有限公司注销深圳市大河建筑工程有限公司。

3月25日，中铁二十局集团有限公司注销苏州市吴中区南环路西延二期工程项目投资建设有限公司。

3月30日，中国土木工程集团有限公司注销中土巴西国际商业有限公司。

4月23日，中铁十五局集团有限公司注销瓮安宏远磷业有限责任公司。

4月28日，中铁城建集团有限公司注销广东中铁城市建设有限公司。

5月14日，中国铁道建筑集团有限公司注销昆明凤凰建筑工程队。

6月15日，中铁第一勘察设计院集团有限公司注销中铁一院塔吉克斯坦有限责任公司。

6月17日，中铁十六局集团有限公司注销扬州伴月建筑工程有限公司。

6月19日，中铁十一局集团有限公司注销中铁信恒(武汉)投资发展合伙企业(有限合伙)。

同日，中铁建网络信息科技有限公司注销北京汇信志勤信息技术有限公司。

6月22日，中铁二十一局集团有限公司注销甘肃金轮铁路建筑工程检测有限公司。

7月6日，中铁十五局集团有限公司注销河北中通交通设施有限公司。

7月20日，中铁十四局集团有限公司注销铁正川渝检测科技成都有限公司。

8月5日，中铁十九局集团有限公司注销无锡谈渡桥站商业配套工程项目管理有限公司。

8月20日，中铁十六局集团有限公司注销通辽市首通立宏物业服务有限责任公司。

9月16日，中铁第五勘察设计院集团有限公司注销北京中德工程咨询有限责任公司。

9月22日，中铁第五勘察设计院集团有限公司注销中铁加拿大有限责任公司。

10月21日，中铁建资本控股集团有限公司注销海路保险经纪有限公司。

10月23日，中铁十六局集团有限公司注销广东悍海建设工程有限公司。

11月6日，中铁建设集团有限公司注销昆山市吉瑞峻建筑有限公司。

11月16日，中铁城建集团有限公司注销哈尔滨市北方颜料厂。

11 月 25 日,中铁二十三局集团有限公司注销中铁金穗成都资产管理有限公司、中铁润业(成都)投资开发合伙企业(有限合伙)。

11 月 26 日,中国铁建大桥工程局集团有限公司注销中铁建大桥工程局集团云南工程有限公司。

12 月 7 日,中国铁道建筑集团有限公司注销北京轨道建筑学会。

12 月 9 日,中国铁建房地产集团有限公司注销中铁房地产集团杭州京顺置业有限公司。

同日,中铁二十一局集团有限公司注销兰州铁润物业管理有限公司。

12 月 15 日,中铁十七局集团有限公司注销重庆铁建物流有限公司。

12 月 18 日,中国铁建重工集团股份有限公司注销昆明奥通达铁路机械有限公司。

12 月 21 日,中国铁建华东区域总部注销江西赣兴置业有限公司。

12 月 22 日,中铁十四局集团有限公司注销青岛藏马山基础设施建设管理有限公司。

12 月 23 日,中铁第五勘察设计院集团有限公司注销北京铁资造价咨询有限公司。

12 月 24 日,中铁十六局集团有限公司注销北京北建精业建筑工程有限公司。

12 月 28 日,中国铁建投资集团有限公司注销中铁建河南上罗高速公路有限公司。　(陈向阳)

【区域经营机构、直管、托管项目设立、变更】 1 月 16 日,成立中国铁建股份有限公司西安地铁 8 号线工程施工总承包 2 标段项目经理部,由中国铁建西北区域总部管理。

1 月 23 日,成立中国铁建股份有限公司滨海快线(福州至长乐机场城际铁路工程)土建施工第 2 标段项目经理部、中国铁建股份有限公司厦门市轨道交通 6 号线林埭西至华侨大学段工程土建施工总承包项目经理部,由中国铁建华东区域总部管理。

同日,成立中国铁建股份有限公司东莞市城市轨道交通 1 号线一期工程 1302 标段项目指挥部,由中国铁建华南区域总部管理。

3 月 2 日,成立中国铁建 · 中铁十一局 · 湖南路桥 · 中铁建电气化局 · 上海院联合体长株潭西环线一期总承包 2 标段项目经理部,由中铁十一局集团有限公司管理。

3 月 4 日,成立中国铁建股份有限公司洛阳市城市轨道交通 2 号线一期工程刘富村车辆段指挥部,由中国铁建中原区域总部管理。

同日,成立中国铁建股份有限公司南京地铁 9 号线一期工程施工总承包 D.009. X – TA02 标段项目部,由中国铁建华中区域总部管理。

4 月 1 日,成立中国铁建股份有限公司北方指挥部、中国铁建股份有限公司中部指挥部、中国铁建股份有限公司东部指挥部,由中国铁建 JM 融合指挥部管理。

4 月 8 日,成立中国铁建股份有限公司深圳皇岗路快速化改造工程设计施工总承包部,由中国铁建华南区域总部管理。

4 月 22 日,成立中国铁建股份有限公司沈阳指挥部,由中国铁建 JM 融合指挥部管理。

5 月 6 日,成立中国铁建股份有限公司郑州轨道 12 号线一期土建施工项目经理部,由中国铁建中原区域总部管理。

5 月 17 日,中国铁建股份有限公司厦门轨道 6 号线林埭西至华侨大学段工程土建施工总承包项目经理部更名为中国铁建股份有限公司厦门轨道 6 号线土建施工总承包 2 标段项目部。

5 月 27 日,成立中国铁建股份有限公司三清高速公路工程指挥部、中国铁建股份有限公司福宜高速公路工程指挥部,由中国铁建西南区域总部管理。

同日,成立中国铁建股份有限公司长春市城市轨道交通 7 号线一期工程总包部,由中国铁建东北区域总部管理。

6 月 1 日,成立中国铁建股份有限公司新疆项目区域指挥部,由中国铁建 JM 融合指挥部管理。

6 月 29 日,成立中国铁建股份有限公司新疆项目电力专项指挥部,由中国铁建 JM 融合指挥部管理。

8 月 4 日,成立中国铁建股份有限公司中部区域指挥部,由中国铁建 JM 融合指挥部管理。

8 月 14 日,成立中国铁建股份有限公司 LJ 工程大学基础设施建设项目指挥部,由中国铁建 JM 融合指挥部管理。

同日,成立中国铁建股份有限公司苍巴高速公路项目工程总承包部,由中铁十五局集团有限公司管理。

9 月 15 日,成立中国铁建股份有限公司 31111 工程项目部、中国铁建股份有限公司 33059 工程项目部、中国铁建股份有限公司 33046 工程项目部,由中国铁建 JM 融合指挥部管理。

12 月 2 日,成立中国铁建股份有限公司 71008 – 1 – 3 工程项目部,由中国土木工程集团有限公司管理。

12 月 7 日,成立中国铁建股份有限公司珠三角城际广清北延 GQBY – 1 标段项目经理部,由中国铁建华南区域总部管理。

同日,中国铁建股份有限公司 JM 融合指挥部更名为中国铁建股份有限公司工程总承包部。

(陈向阳)

中国铁道建筑集团有限公司领导

党委书记、董事长　汪建平(8 月任)
　　陈奋健(8 月逝世)
总经理、党委副书记、董事　庄尚标
党委副书记、职工董事　陈大洋
党委常委　刘汝臣
　　王秀明
党委常委、纪委书记　李春德
党委常委　李　宁
　　汪文忠

中国铁建股份有限公司领导

党委书记、董事长　汪建平(9 月任)
　　陈奋健(8 月逝世)
总裁、党委副书记、执行董事　庄尚标
党委副书记、执行董事　陈大洋
党委常委、执行董事　刘汝臣
党委常委、总会计师、
总法律顾问、首席合规官　王秀明
党委常委、纪委书记　李春德
党委常委、副总裁　李　宁
　　汪文忠
副总裁　刘成军
　　王立新
　　倪　真

中国铁建股份有限公司部门以上领导

总经济师　赵晋华
　　孙公新
工会主席　史道泉
总工程师　雷升祥
董事会秘书　赵登善
安全总监　官山月
副总工程师　辛　实
　　王清明
　　陈勇鹏
　　覃为刚(4 月免,退休)
副总经济师　郝趁义(5 月免,退休)
　　李学福
纪委副书记　钱桂林
　　由　建(5 月免)
　　王云飞(10 月任)
工会副主席、女工委主任　白　晶
副总法律顾问　王甲国
监事、总审计师　刘正昶
安全副总监　李春霞
铁建总部大院建设领导小组常务副组长
　　赵　伟(12 月任)

中国铁建股份有限公司部门正副职领导

董事会办公室
主　任　靖　菁
副主任　王　强
　　张　捷(10 月免)
证券事务代表　谢华刚
行政办公室(保卫部)
主任(部长)　陈建军
执行主任　顾传智
副主任(副部长)　马总路
副主任　李　冰
一级咨询　戴开扬
二级咨询　曹　军
　　邵长亮
发展规划部
总经理　楼　翱(10 月任)
执行总经理　李吉锋(10 月任,10 月免总经理)
副总经理　白云飞

杜经红(3 月免,退休)

科技创新部(技术中心办公室)

总经理(主任)　许和平

副总经理(副主任)　贾志武

张育红

经营计划部(JM 融合办公室)

总经理(主任)　乔志东(8 月免,退休)

副总经理(副主任)　吴文钊

运营管理部(总部集团战备部)

总经理(总部集团战备部总经理)

高晓东

执行总经理　王旭永

沙明元

副总经理　刘　晖

二级咨询(总部集团战备部副总经理)

贾国林

安全监督部

总经理　秦正刚

副总经理　彭　锋

魏向阳

杨生荣

二级咨询　仇　发

投资开发部

总经理　陈梦月

执行总经理　楼　翱(10 月免)

二级咨询　荀照杰

财务资金部

总经理　乔国英(8 月免)

副总经理　王　磊

高继红

郭双来

审计监事部

总经理　刘正昶(兼)

副总经理　李忠心

法律合规部

总经理　王甲国(兼)

副总经理　刘　兵

二级咨询　文荣周

信息化管理部

总经理　曾宗根

一级咨询　肖新华

海外业务部(总部集团外事办公室)

总经理(主任)　曹保刚(12 月任主任)

执行总经理(主任)　廖　军(12 月免)

副总经理(副主任)　王永强

朱　勇

党委办公室(党委统战部、团委)

主任(部长)、直属机关党委书记

沈玉泉

副主任、保密办公室主任　梁树峰

副主任(团委书记)　史昌盛

二级咨询　王子利

党委组织部(人力资源部)

职工监事、部长(总经理)　康福祥

执行部长(执行总经理)　赵玉林

副部长(副总经理)　杨　赳

党委宣传部(企业文化部)

部长(总经理)、新闻发言人　刘树山

副部长(副总经理)、铁道兵纪念馆馆长

钱东锋

党建思想政治工作研究会副秘书长

王　洋

党委巡视办

主　任　张晓明

党委巡视组组长　陈　涛

董海军

纪委办公室

主　任　陈建宏

信访审理室

副主任　杜　军

执纪审查室

主　任　杜庆吉

纪检专员　王共明(1 月免,退休)

工会工作部

部长、火车头体协秘书长　李　睿

副部长、机关工会主席　吕向东

副部长　李智伟

总部房地产管理中心

主　任　樊祜修

副主任　童联合

离退休职工管理中心

副主任　高尚升

卜锦华

中国铁道建筑报社

社长、总编辑　王　利

副总编辑　汪元章

二级咨询　梅梓祥(12 月免,退休)

(王　炽)

中国铁道建筑集团有限公司所属单位组织序列

（2020年）

- 中国铁道建筑集团有限公司
  - 中国铁建股份有限公司
    - 中国土木工程集团有限公司
    - 中铁十一至十二局集团有限公司
    - 中国铁建大桥工程局集团有限公司
    - 中铁十四至二十五局集团有限公司
    - 中铁建设集团有限公司
    - 中国铁建电气化局集团有限公司
    - 中国铁建港航局集团有限公司
    - 中国铁建房地产集团有限公司
    - 中铁第一、第四、第五勘察设计院集团有限公司
    - 中铁上海设计院集团有限公司
    - 中铁物资集团有限公司
    - 中国铁建重工集团股份有限公司
    - 中国铁建国际集团有限公司
    - 中铁城建集团有限公司
    - 中国铁建投资集团有限公司
    - 中铁建资本控股集团有限公司
    - 中铁建商务管理有限公司
    - 中铁磁浮交通投资建设有限公司
    - 中铁建华南建设有限公司
    - 中铁建网络信息科技有限公司
    - 中铁建国际投资有限公司
    - 中铁建发展集团有限公司
    - 北京培训中心（党校）
  - 中铁建锦鲤资产管理有限公司
    - 北京通达京承高速公路有限公司
    - 西安天创房地产有限公司
    - 北京锦成宏资产管理咨询有限公司

（制图：陈向阳）

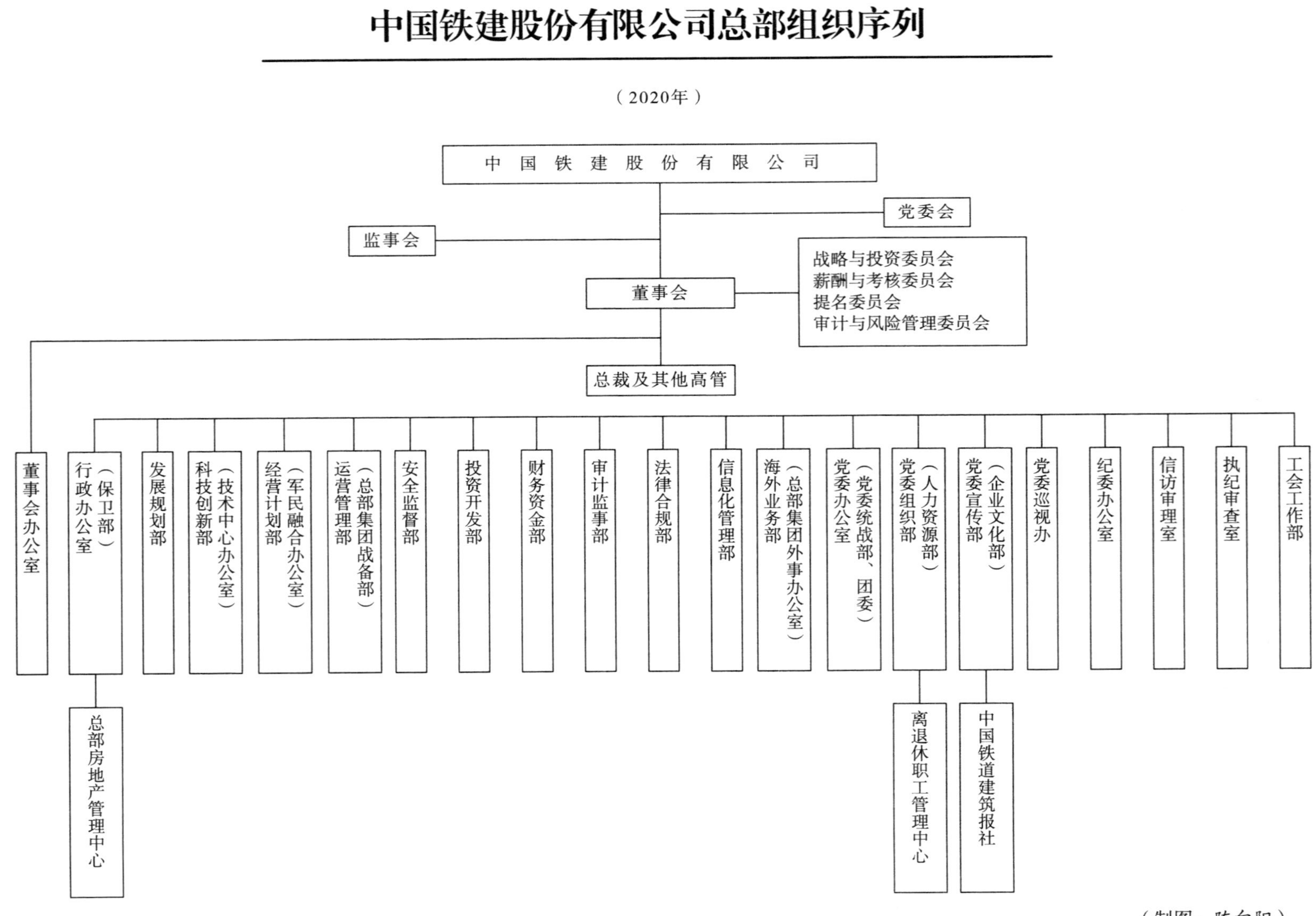
中国铁建股份有限公司总部组织序列
（2020年）
中国铁建股份有限公司
党委会
监事会
董事会
战略与投资委员会
薪酬与考核委员会
提名委员会
审计与风险管理委员会
总裁及其他高管
董事会办公室
行政办公室（保卫部）
总部房地产管理中心
发展规划部
科技创新部（技术中心办公室）
经营计划部（军民融合办公室）
运营管理部（总部集团战备部）
安全监督部
投资开发部
财务资金部
审计监事部
法律合规部
信息化管理部
海外业务部（总部集团外事办公室）
党委办公室（党委统战部、团委）
党委组织部（人力资源部）
离退休职工管理中心
党委宣传部（企业文化部）
中国铁道建筑报社
党委巡视办
纪委办公室
信访审理室
执纪审查室
工会工作部
（制图：陈向阳）

中国铁建股份有限公司所属二级单位组织序列

（2020年）

中国铁建股份有限公司

- 中国土木工程集团有限公司
- 中铁十一局集团有限公司
- 中铁十二局集团有限公司
- 中国铁建大桥工程局集团有限公司
- 中铁十四局集团有限公司
- 中铁十五局集团有限公司
- 中铁十六局集团有限公司
- 中铁十七局集团有限公司
- 中铁十八局集团有限公司
- 中铁十九局集团有限公司
- 中铁二十局集团有限公司
- 中铁二十一局集团有限公司
- 中铁二十二局集团有限公司
- 中铁二十三局集团有限公司
- 中铁二十四局集团有限公司
- 中铁二十五局集团有限公司
- 中铁建设集团有限公司
- 中国铁建电气化局集团有限公司
- 中国铁建港航局集团有限公司
- 中国铁建房地产集团有限公司
- 中铁第一勘察设计院集团有限公司
- 中铁第四勘察设计院集团有限公司
- 中铁第五勘察设计院集团有限公司
- 中铁上海设计院集团有限公司
- 中铁物资集团有限公司
- 中国铁建重工集团股份有限公司
- 中国铁建国际集团有限公司
- 中铁城建集团有限公司
- 中国铁建投资集团有限公司
- 中铁建资本控股集团有限公司
- 中铁建商务管理有限公司
- 中铁磁浮交通投资建设有限公司
- 中铁建华南建设有限公司
- 中铁建网络信息科技有限公司
- 中铁建国际投资有限公司
- 中铁建发展集团有限公司
- 北京培训中心（党校）

（制图：陈向阳）

中国铁道建筑集团有限公司党组织序列

（2020年）

- 中国铁道建筑集团有限公司党委
  - 中国铁建股份有限公司党委
    - 中国铁建股份有限公司东北区域总部党委
    - 中国铁建股份有限公司华北区域总部党委
    - 中国铁建股份有限公司中原区域总部党委
    - 中国铁建股份有限公司华中区域总部党委
    - 中国铁建股份有限公司华东区域总部党委
    - 中国铁建股份有限公司华南区域总部党委
    - 中国铁建股份有限公司重庆区域总部党委
    - 中国铁建股份有限公司西南区域总部党委
    - 中国铁建股份有限公司西北区域总部党委
    - 中国铁建股份有限公司工程总承包部党委
    - 中国土木工程集团有限公司党委
    - 中铁十一局集团有限公司党委
    - 中铁十二局集团有限公司党委
    - 中国铁建大桥工程局集团有限公司党委
    - 中铁十四局集团有限公司党委
    - 中铁十五局集团有限公司党委
    - 中铁十六局集团有限公司党委
    - 中铁十七局集团有限公司党委
    - 中铁十八局集团有限公司党委
    - 中铁十九局集团有限公司党委
    - 中铁二十局集团有限公司党委
    - 中铁二十一局集团有限公司党委
    - 中铁二十二局集团有限公司党委
    - 中铁二十三局集团有限公司党委
    - 中铁二十四局集团有限公司党委
    - 中铁二十五局集团有限公司党委
    - 中铁建设集团有限公司党委
    - 中国铁建电气化局集团有限公司党委
    - 中国铁建港航局集团有限公司党委
    - 中国铁建房地产集团有限公司党委
    - 中铁第一勘察设计院集团有限公司党委
    - 中铁第四勘察设计院集团有限公司党委
    - 中铁第五勘察设计院集团有限公司党委
    - 中铁上海设计院集团有限公司党委
    - 中铁物资集团有限公司党委
    - 中国铁建重工集团股份有限公司党委
    - 中国铁建国际集团有限公司党委
    - 中铁城建集团有限公司党委
    - 中国铁建投资集团有限公司党委
    - 中铁建商务管理有限公司党委
    - 中铁磁浮交通投资建设有限公司党委
    - 中铁建资产管理有限公司党委
    - 中铁建华南建设有限公司党委
    - 股份公司党校（北京培训中心）党委
    - 中铁建国际投资有限公司党委
    - 中铁建发展集团有限公司党委
    - 集团公司（股份公司）直属机关党委
  - 中铁建锦鲤资产管理有限公司党委

（制图：张按楠）

中国铁道建筑集团有限公司工会组织序列

（2020年）

- 中国铁道建筑集团有限公司工会
  - 中国铁建股份有限公司工会
    - 中国铁建股份有限公司东北区域总部工会
    - 中国铁建股份有限公司华北区域总部工会
    - 中国铁建股份有限公司中原区域总部工会
    - 中国铁建股份有限公司华中区域总部工会
    - 中国铁建股份有限公司华东区域总部工会
    - 中国铁建股份有限公司华南区域总部工会
    - 中国铁建股份有限公司重庆区域总部工会
    - 中国铁建股份有限公司西南区域总部工会
    - 中国铁建股份有限公司西北区域总部工会
    - 中国铁建股份有限公司工程总承包部工会（筹）
    - 中国土木工程集团有限公司工会
    - 中铁十一局集团有限公司工会
    - 中铁十二局集团有限公司工会
    - 中国铁建大桥工程局集团有限公司工会
    - 中铁十四局集团有限公司工会
    - 中铁十五局集团有限公司工会
    - 中铁十六局集团有限公司工会
    - 中铁十七局集团有限公司工会
    - 中铁十八局集团有限公司工会
    - 中铁十九局集团有限公司工会
    - 中铁二十局集团有限公司工会
    - 中铁二十一局集团有限公司工会
    - 中铁二十二局集团有限公司工会
    - 中铁二十三局集团有限公司工会
    - 中铁二十四局集团有限公司工会
    - 中铁二十五局集团有限公司工会
    - 中铁建设集团有限公司工会
    - 中国铁建电气化局集团有限公司工会
    - 中国铁建港航局集团有限公司工会
    - 中国铁建房地产集团有限公司工会
    - 中铁第一勘察设计院集团有限公司工会
    - 中铁第四勘察设计院集团有限公司工会
    - 中铁第五勘察设计院集团有限公司工会
    - 中铁上海设计院集团有限公司工会
    - 中铁物资集团有限公司工会
    - 中国铁建重工集团股份有限公司工会
    - 中国铁建国际集团有限公司工会
    - 中铁城建集团有限公司工会
    - 中国铁建投资集团有限公司工会
    - 中铁建资本控股集团有限公司工会
    - 中铁建商务管理有限公司工会
    - 中铁磁浮交通投资建设有限公司工会
    - 中铁建华南建设有限公司工会
    - 中铁建国际投资有限公司工会（筹）
    - 中铁建发展集团有限公司工会
    - 股份公司党校（北京培训中心）工会
    - 集团公司（股份公司）直属机关工会
  - 中铁建锦鲤资产管理有限公司工会（筹）

（制图：霍蓓蓓）

中国铁道建筑集团有限公司共青团组织序列

（2020年）

- 中国铁道建筑集团有限公司团委
  - 中国铁建股份有限公司团委
    - 中国土木工程集团有限公司团委
    - 中铁十一局集团有限公司团委
    - 中铁十二局集团有限公司团委
    - 中国铁建大桥工程局集团有限公司团委
    - 中铁十四局集团有限公司团委
    - 中铁十五局集团有限公司团委
    - 中铁十六局集团有限公司团委
    - 中铁十七局集团有限公司团委
    - 中铁十八局集团有限公司团委
    - 中铁十九局集团有限公司团委
    - 中铁二十局集团有限公司团委
    - 中铁二十一局集团有限公司团委
    - 中铁二十二局集团有限公司团委
    - 中铁二十三局集团有限公司团委
    - 中铁二十四局集团有限公司团委
    - 中铁二十五局集团有限公司团委
    - 中铁建设集团有限公司团委
    - 中国铁建电气化局集团有限公司团委
    - 中国铁建港航局集团有限公司团委
    - 中国铁建房地产集团有限公司团委
    - 中铁第一勘察设计院集团有限公司团委
    - 中铁第四勘察设计院集团有限公司团委
    - 中铁第五勘察设计院集团有限公司团委
    - 中铁上海设计院集团有限公司团委
    - 中铁物资集团有限公司团委
    - 中国铁建重工集团股份有限公司团委
    - 中国铁建国际集团有限公司团委
    - 中铁城建集团有限公司团委
    - 中国铁建投资集团有限公司团委
    - 中铁建资本控股集团有限公司团委
    - 中铁建商务管理有限公司团委
    - 中铁磁浮交通投资建设有限公司团委
    - 中铁建华南建设有限公司团委
    - 中铁建网络信息科技有限公司团委
    - 中国铁建股份有限公司党校团工委
    - 中铁建南方建设投资有限公司团工委
    - 中国铁建昆仑投资集团有限公司团委
    - 中铁建重庆投资集团有限公司团委
    - 中国铁建股份有限公司西北区域总部团工委
    - 中国铁建股份有限公司华北区域总部团工委
    - 中国铁建股份有限公司华中区域总部团工委

（制图：李长城）

2020 年 9 月 1—7 日，中国铁建独立非执行董事王化成、承文赴青藏地区对部分所属单位及重点项目进行调研。图为调研组在中铁十二局集团养护公司召开调研座谈会。（彭建平　提供）

董事会工作

【中国铁道建筑集团有限公司董事会】 2020 年 8 月 26 日，国务院国资委下发《关于汪建平任职的通知》(国资任字〔2020〕85 号)，任命汪建平为中国铁道建筑集团有限公司董事长。中国铁道建筑集团有限公司(以下简称总部集团)第一届董事会由汪建平、庄尚标、陈大洋 3 名董事组成；董事长汪建平，总经理、董事庄尚标，职工董事陈大洋。 (赵登善)

【规范董事会工作】 总部集团董事会按照国资委关于建设规范董事会相关规定，不断完善公司法人治理，提高董事会决策的合规性、科学性。 (靖 菁)

【总部集团第一届董事会第 20 次会议】 2020 年 1 月 19 日召开，会议审议通过《关于公司 2020 年度主要经济指标计划的议案》《关于公司总部金融机构综合授信的议案》《关于制定〈中国铁道建筑集团有限公司工资总额备案制管理办法〉的议案》。 (孙 瞻)

【总部集团第一届董事会第 21 次会议】 2020 年 4 月 1 日召开，会议审议通过《关于公司 2020 年度重大风险评估情况报告的议案》《关于公司 2020 年度工资总额预算方案的议案》《关于中国铁建重工集团股份有限公司首次公开发行股票并在上海证券交易所科创板上市的议案》《关于公司所属企业分拆上市持续符合〈上市公司分拆所属子公司境内上市试点若干规定〉相关条件的议案》《关于分拆中国铁建重工集团股份有限公司于科创板上市有利于维护股东和债权人合法权益的议案》《关于公司保持独立性及持续经营能力的议案》《关于中国铁建重工集团股份有限公司具备相应的规范运作能力的议案》《关于分拆所属子公司至科创板上市符合相关法律、法规规定的议案》《关于本次分拆履行法定程序的完备性、合规性及提交的法律文件的有效性的说明的议案》《关于本次分拆目的、商业合理性、必要性及可行性分析的议案》《关于审议〈中国铁建股份有限公司关于分拆所属子公司中国铁建重工集团股份有限公司至科创板上市的预案(修订稿)〉的议案》《关于授权董事会及其授权人士全权办理与铁建重工在科创板上市有关事宜的议案》。 (孙 瞻)

【总部集团第一届董事会第 22 次会议】 2020 年 5 月 14 日召开，会议审议通过《关于修订〈中国铁道建筑集团有限公司境外投资管理办法〉的议案》。 (孙 瞻)

【总部集团第一届董事会第 23 次会议】 2020 年 5 月 29 日召开，会议审议通过《关于公司投资央企信用保障基金的议案》。 (孙 瞻)

【总部集团第一届董事会第 24 次会议】 2020 年 6 月 29 日召开，会议审议通过《关于制定〈中国铁道建筑集团有限公司重大风险事件报告工作制度〉的议案》《关于公司 2019 年度工资总额预算执行情况的议案》。 (孙 瞻)

【总部集团第一届董事会第 25 次会议】 2020 年 7 月 30 日召开，会议审议通过《关于公司增加注册资本金的议案》。 (孙 瞻)

【总部集团第一届董事会第 26 次会议】 2020 年 9 月 16 日召开，会议审议通过《关于向中国铁建股份有限公司推荐执行董事、董事长人选的议案》。 (孙 瞻)

【总部集团第一届董事会第 27 次会议】 2020 年 10 月 28 日召开，会议审议通过《关于公司 2020 年度内部控制评价及考核工作实施方案的议案》《关于〈中国铁道建筑集团有限公司内部控制与风险管理办法〉的议案》。 (孙 瞻)

【股东大会】 股东大会是股份公司的权力机构，依法行使下列职权：决定公司的经营方针和投资计划；选举和更换非由职工代表担任的董事、监事，决定有关董事、监事的报酬事项；审议批准董事会报告；审议批准监事会报告；审议批准公司的年度财务预算方案和决算方案；审议批准公司的利润分配方案和弥补亏损方案；对公司增加或者减少注册资本作出决议；对发行公司债券作出决议；对公司合并、分立、解散、清算或者变更公司形式作出决议；制定和修改公司章程，并批准《股东大会议事规则》《董事会议事规则》《监事会议事规则》；对公司聘用、解聘或者不再续聘会计师事务所作出决议;审议单独或者合计持有公司3%以上有表决权股份的股东提出的议案;审议批准公司在一年内购买、出售重大资产超过公司最近一期经审计总资产30%的事项;审议批准变更募集资金用途事项;审议批准股权激励计划;审议批准公司章程规定的对外担保事项;审议法律和公司股票上市地的证券监督规则规定的应当由股东大会审议批准的关联交易;审议依据法律、公司股票上市地的证券监督管理机构的相关规定及公司章程规定应当由股东大会决定的其他事项。

(靖　菁)

【中国铁建股份有限公司2019年度股东大会】 2020年6月19日,中国铁建股份有限公司(以下简称公司)2019年度股东大会以现场与网络相结合的方式召开,会议审议并通过《关于董事会2019年度工作报告的议案》《关于监事会2019年度工作报告的议案》《关于公司2019年度财务决算报告的议案》《关于公司2019年度利润分配方案的议案》《关于公司2019年年报及其摘要的议案》《关于核定公司2020年对全资及控股子公司担保额度的议案》《关于支付2019年度审计费用和聘请2020年度外部审计机构的议案》《关于2019年度董事、监事薪酬的议案》《关于授予董事会发行股份一般性授权的议案》,听取公司独立董事2019年度履职情况报告。

(王　强)

【2020年第一次临时股东大会】 2020年3月10日,公司2020年第一次临时股东大会以现场与网络相结合的方式召开,会议审议并通过《关于修订〈中国铁建股份有限公司章程〉的议案》《关于修订〈中国铁建股份有限公司股东大会议事规则〉的议案》。

(王　强)

【2020年第二次临时股东大会】 2020年4月28日,公司2020年第二次临时股东大会以现场与网络相结合的方式召开,会议审议并通过《关于中国铁建重工集团股份有限公司首次公开发行股票并在上海证券交易所科创板上市的议案》《关于公司所属企业分拆上市持续符合〈上市公司分拆所属子公司境内上市试点若干规定〉相关条件的议案》《关于分拆中国铁建重工集团股份有限公司于科创板上市有利于维护股东和债权人合法权益的议案》《关于公司保持独立性及持续经营能力的议案》《关于中国铁建重工集团股份有限公司具备相应的规范运作能力的议案》《关于分拆所属子公司至科创板上市符合相关法律、法规规定的议案》《关于本次分拆履行法定程序的完备性、合规性及提交的法律文件的有效性的说明的议案》《关于本次分拆目的、商业合理性、必要性及可行性分析的议案》《关于审议〈中国铁建股份有限公司关于分拆所属子公司中国铁建重工集团股份有限公司至科创板上市的预案(修订稿)〉的议案》《关于授权董事会及其授权人士全权办理与铁建重工在科创板上市有关事宜的议案》。

(王　强)

【2020年第三次临时股东大会】 2020年10月19日,公司2020年第三次临时股东大会以现场与网络相结合的方式召开,会议审议并通过《关于公司执行董事人选的议案》。

(王　强)

【中国铁建股份有限公司董事会】 2020年10月19日,经公司2020年第三次临时股东大会审议通过,同意汪建平为公司执行董事;2020年10月19日,经公司第四届董事会第48次会议审议通过,选举汪建平为公司董事长。截至2020年12月31日,公司第四届董事会由8名董事组成:董事长、执行董事汪建平,执行董事、总裁庄尚标,执行董事陈大洋、刘汝臣,独立非执行董事王化成、辛定华、承文、路小蔷。

董事会对股东大会负责,按照《中国铁建股份有限公司章程》依法行使职权。董事会下设提名、战略与投资、薪酬与考核、审计与风险管理4个专门委员会。董事会制定《董事会议事规则》、各专门委员会工作细则及《独立董事工作制度》等法人治理相关工作制度。

(赵登善)

【董事会提名委员会】 提名委员会负责规范公司董事、总裁及其他高级管理人员的选择标准和程序,执行及检讨董事会成员多元化政策等。2020年10月19日,经公司第四届董事会第48次会议审议通过,汪建平担任董事会提名委员会主席职务。截至2020年12

月31日,公司第四届董事会提名委员会由汪建平、陈大洋、王化成、辛定华、承文5名董事组成,汪建平任提名委员会主席。2020年,董事会提名委员于9月21日召开1次会议,审议1项议题。 (赵登善)

【董事会战略与投资委员会】 战略与投资委员会负责对公司发展战略规划和重大投资决策进行研究并提出建议等。截至2020年12月31日,公司第四届董事会战略与投资委员会由庄尚标、刘汝臣、王化成、辛定华4名董事组成,庄尚标任战略与投资委员会主席。2020年,董事会战略与投资委员会分别于1月13日、3月2日、3月9日、3月29日、4月2日、4月28日、5月27日、6月22日、7月7日、8月13日、8月22日、8月27日、9月21日、9月29日、10月16日、10月29日、11月27日、12月17日和12月22日召开19次会议,审议71项议题。 (赵登善)

【董事会薪酬与考核委员会】 薪酬与考核委员会负责制定、审查公司董事及高级管理人员的薪酬政策与方案;负责研究公司董事及高级管理人员的考核标准、进行考核并提出建议等。截至2020年12月31日,公司第四届董事会薪酬与考核委员会由承文、路小蔷2名董事组成,承文任薪酬与考核委员会主席。2020年,董事会薪酬与考核委员会分别于3月29日、4月28日、10月29日召开3次会议,审议6项议题。

(赵登善)

【董事会审计与风险管理委员会】 审计与风险管理委员会主要负责提议公司外部审计机构的聘请、更换;公司内部审计制度的监督;公司内外部审计的沟通、监督和核查;财务信息及其披露的审阅;内控制度的审查;公司风险管理策略和解决方案的制定,重大决策、重大事件、重要业务流程的风险控制、管理、监督和评估等工作。截至2020年12月31日,公司第四届董事会审计与风险管理委员会由王化成、辛定华、承文、路小蔷4名董事组成,王化成任审计与风险管理委员会主席。2020年,董事会审计与风险管理委员会分别于3月29日、4月28日、8月27日、10月29日、12月25日召开5次会议,审议18项议题。 (赵登善)

【董事会秘书】 公司设董事会秘书1名,由董事会聘任和解聘。董事会秘书为公司的高级管理人员,对董事会负责。其主要职责:(1)组织筹备并列席董事会会议及其专门委员会会议、监事会会议和股东大会会议。(2)确保公司董事会决策的重大事项严格按规定的程序进行。根据董事会的要求,参加组织董事会决策事项的咨询、分析,提出相应的意见和建议。受委托承办董事会及其有关委员会的日常工作。(3)作为公司与证券监管部门的联络人,负责组织准备和及时递交监管部门所要求的文件,负责接受监管部门下达的有关任务并组织完成。(4)负责协调和组织公司信息披露事宜,建立健全有关信息披露的制度,参加公司所有涉及信息披露的有关会议,及时知晓公司重大经营决策及有关信息资料。(5)负责公司股价敏感资料的保密工作,并制定行之有效的保密制度和措施。对于各种原因引起公司股价敏感资料外泄,要采取必要的补救措施,及时加以解释和澄清,并通告公司股票上市地监管机构。(6)负责公司投资者关系管理事务,完善公司投资者的沟通、接待和服务工作机制。(7)负责协调来访接待,保持与新闻媒体的联系,负责协调解答社会公众的提问,并组织向中国证监会报告有关事宜。(8)协助公司董事会制定公司资本市场发展战略,协助筹划或者实施公司资本市场再融资或者并购重组事务。(9)保证公司的股东名册妥善设立,保证有权得到公司有关记录和文件的人及时得到有关记录和文件;负责公司股权管理事务,包括保管公司股东持股资料,办理公司限售股相关事项,督促公司董事、监事、高级管理人员及其他相关人员遵守公司股份买卖相关规定及其他公司股权管理事项。(10)协助董事及总裁在行使职权时切实履行境内外法律、公司章程及其他有关规定。在知悉公司作出或可能作出违反有关规定的决议时,有义务及时提醒,并有权如实向中国证监会及其他监管机构反映情况。(11)协调向公司监事会及其他审核机构履行监督职能提供必要的信息资料,协助做好对有关公司财务负责人、公司董事和总裁履行诚信责任的调查。(12)履行董事会授予的其他职权以及公司股票上市地要求具有的其他职权。 (赵登善)

【第四届董事会第 33 次会议】 2020 年 1 月 14 日在中国铁建大厦 14 层第 2 会议室召开。会议审议通过《关于公司总部金融机构综合授信的议案》《关于修订〈中国铁建股份有限公司章程〉的议案》《关于修订〈中国铁建股份有限公司股东大会议事规则〉的议案》《关于召开公司 2020 年第一次临时股东大会的议案》《关于中铁建城市建设投资有限公司等单位组成联合体参与安庆市高铁新区起步区综合开发项目一期投资建设的议案》《关于中铁十四局集团有限公司等单位组成联合体参与山东重工·中国重汽百万整车整机绿色制造产业城项目投资建设的议案》等 11 项议案。

（孙　瞻）

【第四届董事会第 34 次会议】 2020 年 3 月 2 日以通讯表决方式召开。会议审议通过《关于〈中国铁建董事会 2020 年工作要点〉的议案》等 2 项议案。

（孙　瞻）

【第四届董事会第 35 次会议】 2020 年 3 月 9 日以通讯表决方式召开。会议审议通过《关于调整中铁建资产管理有限公司所属中铁建投资基金有限公司股权的议案》《关于中国铁建投资集团有限公司等单位组成联合体参与沪通铁路张家港站客运枢纽配套设施 PPP 项目投标的议案》《关于中国铁建投资集团有限公司等单位组成联合体参与岑溪（粤桂界）至大新公路（玉林至横县段）、岑溪（粤桂界）至大新公路珠海至玉林（广西段）项目投标的议案》。（孙　瞻）

【第四届董事会第 36 次会议】 2020 年 3 月 29 日在中国铁建大厦 14 层第 2 会议室召开。会议审议通过《关于公司 2019 年度财务决算报告的议案》《关于公司 2019 年年报及其摘要的议案》《关于公司 2019 年度利润分配方案的议案》《关于核定公司 2020 年对全资及控股子公司担保额度的议案》《关于增加公司 2020 年度对外捐赠预算额度的议案》《关于公司为参股公司贷款提供担保的议案》《关于公司 2019 年度董事会工作报告的议案》《总裁 2019 年度工作报告》《关于公司 2019 年度社会责任报告的议案》《关于公司 2019 年度内部控制评价报告的议案》《关于支付 2019 年审计费用和聘请 2020 年度外部审计机构的议案》《关于 2019 年度董事、监事薪酬的议案》《关于中国铁建昆仑投资集团有限公司等单位组成联合体参与调整后南充过境高速公路广（元）南（充）至南（充）广（安）段、南充至潼南（四川境）高速公路项目投资的议案》《关于中铁十四局集团有限公司等单位组成联合体参与调整后广西贵港市西外环高速公路 PPP 项目投资的议案》《关于公司调增对信德人寿保险股份有限公司投资额的议案》《关于授予董事会发行股份一般性授权的议案》《关于召开公司 2019 年度股东大会审议相关事宜的议案》。

（孙　瞻）

【第四届董事会第 37 次会议】 2020 年 4 月 2 日以通讯表决方式召开。会议审议通过《关于中国铁建重工集团股份有限公司首次公开发行股票并在上海证券交易所科创板上市的议案》《关于公司所属企业分拆上市持续符合〈上市公司分拆所属子公司境内上市试点若干规定〉相关条件的议案》《关于分拆中国铁建重工集团股份有限公司于科创板上市有利于维护股东和债权人合法权益的议案》《关于公司保持独立性及持续经营能力的议案》《关于中国铁建重工集团股份有限公司具备相应的规范运作能力的议案》《关于分拆所属子公司至科创板上市符合相关法律、法规规定的议案》《关于本次分拆履行法定程序的完备性、合规性及提交的法律文件的有效性的说明的议案》《关于本次分拆目的、商业合理性、必要性及可行性分析的议案》《关于审议〈中国铁建股份有限公司关于分拆所属子公司中国铁建重工集团股份有限公司至科创板上市的预案（修订稿）〉的议案》《关于授权董事会及其授权人士全权办理与铁建重工在科创板上市有关事宜的议案》《关于召开公司 2020 年第二次临时股东大会的议案》。

（孙　瞻）

【第四届董事会第 38 次会议】 2020 年 4 月 29 日在中国铁建大厦 14 层第 2 会议室召开。会议审议通过《关于公司 2020 年第一季度报告的议案》《关于〈2019 年度中央企业内控体系工作报告〉的议案》《关于董事会对总裁 2019 年度考核结果的议案》《关于董事会对总裁 2020 年度考核方案的议案》《关于修订〈中国铁建股份有限公司境外投资管理办法〉的议案》《关于中国铁建昆仑投资集团有限公司等单位组成联合体参与丘北至砚山高速公路PPP项目投标的议案》《关于中国铁建投资集团有限公司等单位组成联合体参与烟台市夹河新城区域开发建设项目投标的议案》《关于中国铁建投资集团有限公司等单位组成联合体参与杭州富春湾新城春北片区开发项目投标的议案》《关于中国铁建投资集团有限公司等单位组成联合体参与慈溪市新城河区块二、三期改造项目投标的议案》《关于中国铁建投资集团有限公司等单位组成联合体参与沈阳汽车城智慧路网及配套公共服务建设(一期)PPP项目投资建设的议案》等11项议案。（孙　瞻）

【第四届董事会第39次会议】 2020年5月27日以通讯表决方式召开。会议审议通过《关于设立中铁建轨道城市发展有限公司的议案》《关于中国铁建投资集团有限公司合资设立中铁建江湾投资有限公司的议案》等3项议案。（孙　瞻）

【第四届董事会第40次会议】 2020年6月22日以通讯表决方式召开。会议审议通过《关于公司等单位组成联合体参与太原轨道交通1号线一期工程PPP项目投标的议案》《关于中国铁建投资集团有限公司等单位组成联合体参与驻马店城乡一体化示范区新型城镇化项目投标的议案》《关于中国铁建投资集团有限公司等单位组成联合体参与关中环线眉县经岐山至凤翔公路和麟游至法门寺高速公路PPP项目投标的议案》《关于中国铁建投资集团有限公司等单位组成联合体参与台山市大广海湾基础设施综合开发项目投标的议案》《关于中铁建中原投资建设有限公司等单位组成联合体以股权转让方式参与洛阳古城保护与整治PPP项目投标的议案》《关于中铁十六局集团有限公司等单位组成联合体参与临沂市河东工业园片区二期综合开发建设项目投标的议案》《关于中国铁建国际集团有限公司参与以色列特拉维夫绿线、紫线轻轨项目投标的议案》。（孙　瞻）

【第四届董事会第41次会议】 2020年7月7日以通讯表决方式召开。会议审议通过《关于中铁十六局集团有限公司为参股公司贷款提供担保的议案》《关于中国铁建投资集团有限公司等单位组成联合体参与保定市清苑区高铁片区启动区项目投标的议案》等4项议案。（孙　瞻）

【第四届董事会第42次会议】 2020年8月13日以通讯表决方式召开。会议审议通过《关于中铁建资本控股集团有限公司与中国人寿保险股份有限公司共同设立国寿铁建基础设施投资基金的议案》等2项议案。（孙　瞻）

【第四届董事会第43次会议】 2020年8月22日以通讯表决方式召开。会议审议通过1项议案。（孙　瞻）

【第四届董事会第44次会议】 2020年8月28日在中国铁建大厦14层第2会议室召开。会议审议通过《关于公司2020年半年报及其摘要的议案》《关于中国铁建昆仑投资集团有限公司等单位组成联合体参与陆良至寻甸高速公路项目投资的议案》等3项议案。（孙　瞻）

【第四届董事会第45次会议】 2020年9月21日以通讯表决方式召开。会议审议通过《关于公司执行董事人选的议案》《关于召开公司2020年第三次临时股东大会的议案》《关于中铁建城市开发有限公司等单位参与丽水市灯塔片区开发项目投资建设的议案》《关于中国铁建投资集团有限公司等单位参与西安市灞桥区城市环境改造项目投资建设的议案》《关于中国铁建投资集团有限公司等单位参与沈阳中关村科技创新基地配套工程项目投资建设的议案》《关于中国铁建投资集团有限公司等单位参与保定市主城区城中村连片开发ABO项目投资建设的议案》《关于中国铁建昆仑投资集团有限公司等单位参与泸西至丘北至广南至富宁高速公路工程(文山州承建段)PPP项目投资建设的议案》。（孙　瞻）

【第四届董事会第46次会议】 2020年9月29日以通讯表决方式召开。会议审议通过《关于中国铁建投资集团有限公司等单位组成联合体参与武汉市轨道交

通12号线工程PPP项目投标的议案》等2项议案。（孙 瞻）

【第四届董事会第47次会议】 2020年10月16日以通讯表决方式召开。会议审议通过《关于中国铁建投资集团有限公司等单位组成联合体参与中德天津大邱庄生态城片区开发项目投标的议案》。（孙 瞻）

【第四届董事会第48次会议】 2020年10月30日在中国铁建大厦14层第2会议室召开。会议审议通过《关于选举公司董事长的议案》。（孙 瞻）

【第四届董事会第49次会议】 2020年10月30日在中国铁建大厦14层第2会议室召开。会议审议通过《关于公司2020年第三季度报告的议案》《关于公司高级管理人员2019年度薪酬兑现方案的议案》《关于调整中铁建城市开发有限公司股权结构的议案》《关于〈中国铁建股份有限公司内部控制与风险管理办法〉的议案》《关于公司2020年度内部控制评价及考核工作实施方案的议案》《关于公司等单位组成联合体参与南京江北新区中心区地下空间二期工程PPP项目投标的议案》《关于中铁十五局集团有限公司参与周口高新区区域开发建设项目投标的议案》等8项议案。（孙 瞻）

【第四届董事会第50次会议】 2020年11月27日以通讯表决方式召开。会议审议通过《关于中国铁建投资集团有限公司等单位组成联合体参与天津东丽区金钟示范小城镇项目投标的议案》《关于中国铁建昆仑投资集团有限公司等单位组成联合体参与攀枝花空港新城片区综合开发项目投标的议案》《关于中国铁建昆仑投资集团有限公司等单位组成联合体参与攀枝花流沙坡片区综合开发项目投标的议案》《关于中铁建东南投资建设有限公司等单位组成联合体参与南昌市新建区九望新城片区与文旅小镇片区综合开发项目投标的议案》等10项议案。（孙 瞻）

【第四届董事会第51次会议】 2020年12月17日以通讯表决方式召开。会议审议通过《关于中铁建城市建设投资有限公司等单位组成联合体参与先锋岛生态组团（基础设施）二期项目投标的议案》《关于中国铁建昆仑投资集团有限公司等单位组成联合体参与达州“双城一线”城市综合开发项目投标的议案》《关于中国铁建昆仑投资集团有限公司等单位组成联合体参与资阳临空高铁新城综合开发项目投标的议案》等4项议案。（孙 瞻）

【第四届董事会第52次会议】 2020年12月22日以通讯表决方式召开。会议审议通过《关于中铁十八局集团有限公司等单位组成联合体参与遂宁高新区桃花山片区综合开发项目投标的议案》等3项议案。（孙 瞻）

【第四届董事会第53次会议】 2020年12月28日在中国铁建大厦14层第2会议室召开。会议审议通过《关于公司2021年内部审计工作思路及工作计划的议案》。（孙 瞻）

【完善公司法人治理制度】 董事会持续加强制度建设，按照国务院国资委、中国证监会、证券交易所等监管机构的有关规定，结合企业实际情况，进一步完善法人治理制度。2020年，修订《中国铁建股份有限公司章程》《中国铁建股份有限公司股东大会议事规则》《中国铁建重大新中标项目与新签合同信息披露实施细则》等制度。（王 强）

【外部董事专题调研】 2020年，董事会围绕加快推进企业高质量发展和“十四五”规划编制，组织外部董事调研活动2次，现场考察6个二级单位和8个重点项目。9月1—7日，股份公司独立非执行董事王化成、承文到青藏地区调研部分所属单位及重点项目；12月23—24日，股份公司独立非执行董事王化成、承文到雄安新区调研所属单位和重点项目。（孙 瞻）

【组织公司董事、董秘参加培训】 按照国资委、上海证券交易所、香港联合交易所等有关监管机构要求，组织公司董事、董事会秘书参加董事会规范运作专题研讨及上市公司合规运作专题培训。2020年，组织公司董事、董事会秘书参加相关培训16人次。（白 岩）

【董事会办公室】 董事会办公室为公司董事会的常设工作机构,负责公司董事会日常工作事务,负责筹备、组织股东大会、董事会及其各专门委员会会议,负责董事会决议执行情况的监督和信息反馈;负责起草董事会重要文件及各项工作制度,负责公司章程等法人治理制度的修订;负责董事会印章管理,处理法人代表授权委托事项;负责为董事履职提供工作服务,组织外部董事调研,组织董事、监事、高级管理人员参加国资委、证券监管机构的履职培训;负责组织公司资本市场再融资和所属子公司分拆上市等相关工作;负责公司对外信息披露工作;负责组织编制年报、半年报、季度报告等定期报告;负责投资者关系管理,组织路演推介、业绩发布会、投资者见面会、投资者来电来函来访接待等活动;负责董事会与公司内外部及监管机构的联络与沟通;负责针对外部资本市场的信息监控与分析;负责二级公司董事会规范运作业务指导及考核评价;负责重大信息内部报告、内幕信息管理工作;负责参加二级公司股东大会的股东代表行使决策意见的沟通与协调;承办总部集团董事会相关工作;完成公司领导交办的其他工作。董事会办公室下设秘书处、投资者关系处和股权代表管理处;定员14人,其中主任1人、副主任2人,证券事务代表1人。

2020年,按照《董事会2020年工作要点》的总体部署,围绕董事会规范运作,持续完善公司治理与制度建设,筹备召开各类决策会议,做好信息披露与投资者关系管理,进一步加强二级公司董事会建设,开展股权再融资工作,充分发挥部门的职能作用,为企业改革与发展服务。 (靖 菁)

【《中国铁建股份有限公司章程》修订】 2020年,根据国务院《关于调整适用在境外上市公司召开股东大会通知期限等事项规定的批复》(国函〔2019〕97号)有关规定,结合公司实际情况,修订《中国铁建股份有限公司章程》有关条款,并经公司2020年第一次临时股东大会审议通过。3月12日,正式印发《中国铁建股份有限公司章程》(中国铁建董办〔2020〕39号)。

(李 静)

【《中国铁建股份有限公司股东大会议事规则》修订】 2020年,根据国务院《关于调整适用在境外上市公司召开股东大会通知期限等事项规定的批复》(国函〔2019〕97号)有关规定,结合公司实际情况,修订《中国铁建股份有限公司股东大会议事规则》有关条款,并经公司2020年第一次临时股东大会审议通过。3月12日,正式印发《中国铁建股份有限公司股东大会议事规则》(中国铁建董办〔2020〕40号)。

(李 静)

【《中国铁建重大新中标项目与新签合同信息披露实施细则》修订】 2020年,为进一步完善公司信息披露制度,提高信息披露的质量和效率,按照证券监管机构的有关规定,结合公司实际,修订《中国铁建股份有限公司重大新中标项目与新签合同信息披露实施细则》,并经2020年第11次总裁办公会审议通过。7月29日,正式印发《中国铁建重大新中标项目与新签合同信息披露实施细则》(中国铁建董办〔2020〕105号)。 (何 珊 赫东娜)

【加强二级公司董事会规范运作】 2020年,按照《二级公司董事会规范运作指导意见》《二级公司董事会规范运作考核评价暂行办法》的要求,考核评价2019年度所属二级公司董事会规范运作情况。对考核中发现的问题,督促二级公司及时完善整改,建立定期自查机制;督促二级公司严格执行法人治理制度,重大事项必须按照制度规定履行相关决策程序,切实提高制度的执行力。建立二级公司董事会日常工作报备制度,全年收到董事会决议等相关资料953份,法人治理制度841份,董事会年度工作报告37份,董事监事高级管理人员及董事会机构情况76份。加强与二级公司董事会工作机构的业务联系与交流,通过QQ工作群、电话和邮箱等多种形式,交流、解答业务问题。

(徐 红)

【重大信息内部报告】 2020年,收集各类重大信息74条,整理披露临时公告45份,确保公司内部重大信息迅速上报、归集和有效管理。 (徐 红)

【股东代表行使出资人决策意见工作】 2020年,针对所属控股子公司召开股东大会事项,会同有关部门对议案进行审核，履行审批程序，体现出资人意志。全年所属控股子公司召开股东大会13次，均履行内部审批程序，确保决策合法合规。（徐　红）

【资本市场获奖情况】 2020年，中国铁建在第十一届中国上市公司投资者关系天马奖中获“最佳董事会”“最佳投资者关系”称号；在中国上市公司发展年会上获“科创发展上市公司百强”称号；在第十四届中国上市公司价值评选中获中国上市公司社会责任奖；在新浪财经金麒麟港股价值风云榜评选中获“最具社会责任上市公司”奖；在第二届新财富最佳上市公司评选中获“新财富最佳上市公司”以及第三届新财富“最佳IR港股公司”称号；在第二十届中国上市公司百强高峰论坛上获中国百强企业奖、中国百强高成长企业奖、中国百强20年特别贡献企业奖；在第十届中国证券金紫荆奖颁奖典礼上获“最佳上市公司”奖；在第八届港股100强颁奖典礼上获“综合实力100强”“营业额10强”称号。（徐　衍）

【合规披露公司信息】 2020年，公司在上海证券交易所、香港联交所披露各类中英文文件429份。信息披露文件除在交易所网站披露外，分别在《中国证券报》《上海证券报》《证券日报》《证券时报》4家指定报纸和《中国铁道建筑报》及公司网站披露。（赫东娜）

【公司定期报告编制】 2020年，编制与披露公司2019年年度报告、2020年第一季度报告、2020年中期报告和2020年第三季度报告，并完成定期报告的翻译、校对、排版、挂网、印刷、邮寄和分发等工作。

（谢华刚　李　静　何　珊）

【投资者关系管理】 公司认真贯彻落实《国务院办公厅关于进一步加强资本市场中小投资者合法权益保护工作的意见》、上海证券交易所《关于进一步加强上市公司投资者关系管理工作的通知》和北京证券监督管理局《关于集中开展投资者保护宣传工作的通知》精神，按照《中国铁建股份有限公司投资者关系工作制度》的有关规定，扎实有效地开展投资者关系管理工作。公司设立投资者关系热线电话，及时回复投资者和分析师的问题。设立投资者关系专用邮箱，为投资者及分析师提供便利的沟通条件。2020年，接听热线电话800余次，回复邮件数百封，对投资者普遍关注的热点问题，及时汇总并上报。全年召开投资者会议38场，接待投资者567人次；参加投资机构举行的投资者论坛31次64场，接待投资者515人次。年初，公司入选上交所优秀投资者关系管理案例，在展播活动中受到重点宣传。（何　珊）

【“上证e互动”平台管理】 公司重视和加强与投资者的互动和交流，充分利用上海证券交易所“上证e互动”网络平台，对投资者提出的问题给予及时回复，并上传机构投资者来访调研记录等资料。利用“上证e互动”平台召开现金分红网络说明会，回答投资者提出的问题。（何　珊　徐　衍）

【业绩发布和路演】 公司配合定期报告的披露，及时召开业绩发布会。2020年召开业绩发布电话会议4次，发布公司经营业绩，回答投资者和分析师普遍关注的问题。全年举办年报、半年报路演2次，召开电话会议33场，接待国内外投资机构127家、投资者153人次。公司业绩获得资本市场的普遍认可。

（何　珊　徐　衍）

【市值管理】 2020年，公司召开市值管理领导小组工作会议5次，安排业绩发布工作，讨论投资者关注的问题，研究制定市值管理工作的具体措施。（何　珊）

【内幕信息管理】 公司按照中国证监会等监管机构的相关要求和《中国铁建股份有限公司内幕信息知情人管理制度》的规定，进一步加强内幕信息管理，完善内幕信息知情人登记备案制度，对重点事项进行重点管控，严格规范内幕信息知情人的行为，有效保护股东、公司及其他利益相关方的合法权益。2020年，公司登记内幕信息知情人229人次。

（谢华刚　徐　衍）

【2019年度分红派息】 公司认真做好2019年度分红派息工作，制定工作计划，明确工作流程、时间节点及

分工建议，整体筹划分红派息工作，并与财务资金部密切配合，2020 年 8 月，完成 2019 年度分红派息工作。2019 年度利润分配每股派发现金红利 0.21 元（含税），派发现金红利合计 2851703715 元，与 2019 年度合并报表中归属于上市公司普通股股东的净利润之比 15.04%。（赫东娜）

【上市合规类中介机构】 2020 年，组织完成对公司所聘 4 家上市合规类中介机构的年度考核工作。组织年度考核，对各中介机构年度工作情况进行评议，并提出改进要求。经协商，决定继续聘任北京德恒律师事务所（境内律师）、贝克·麦坚时律师事务所（境外律师）、香港中央证券登记有限公司（境外股东登记服务机构）、香港皓天财经集团有限公司（境外财经公关公司和印刷商）为公司新一年度的上市合规类服务机构，签署年度服务协议和保密协议，并支付上一年度的服务费用。（何　珊　赫东娜）

【公司股东名册管理】 公司 A 股、H 股股东情况和相关数据分别由中国证券登记结算公司上海分公司和香港中央证券进行管理。A 股股东名册管理主要是定期下载公司前百名大股东名册数据和股息红利差异化计税补缴明细数据，在召开股东大会、分红派息、业绩发布等期间进行股东名册的申请、下载、汇总、对比和查询。H 股股东名册管理主要是定期从香港中央证券网站下载公司全部股东名册等统计表格，及时掌握公司股份分布情况和大股东权益变动情况。截至 2020 年底，公司股东 317005 户，其中 A 股股东 301825 户、H 股股东 15180 户。（赫东娜　徐　衍）

2020年11月8日，川藏铁路(雅安至林芝段)开工动员大会在北京和中铁第一勘察设计院集团有限公司勘察设计的川藏铁路控制性工程色季拉山隧道、大渡河特大桥三地，以视频连线的方式同时进行。 (张孟桥 摄)

工程施工

工程管理

【中国铁建股份有限公司质量管理委员会】 2020年11月6日,中国铁建股份有限公司质量管理委员会成员调整。党委书记、董事长汪建平,总裁、党委副书记庄尚标任主任委员;党委副书记陈大洋等任副主任委员;总部有关部门负责人任委员。下辖的质量管理委员会办公室设在运营管理部,运营管理部总经理担任办公室主任,日常工作由业务部门具体承办。中国铁建股份有限公司质量管理委员会的主要职责:宣传贯彻国家质量方针政策;确定中国铁建的质量方针和质量目标;策划、监督、指导全系统质量管理工作;审议质量管理规章制度;对质量工作重大问题提出意见;审定质量工作奖惩;负责对中国铁建重大质量问题的原因调查、最终仲裁、责任界定和处罚。 (侯 敏)

【中国铁建股份有限公司节能环保工作领导小组】 2020年10月28日,中国铁建股份有限公司节能环保工作领导小组成员调整。党委书记、董事长汪建平,总裁、党委副书记庄尚标任组长;副总裁王立新任副组长;部门以上领导及总部有关部门负责人任组员。下辖的节能环保工作领导小组办公室设在运营管理部,负责处理节能环保日常工作。中国铁建股份有限公司节能环保工作领导小组的主要职责:统筹规划中国铁建系统节能环保工作,负责节能环保管理规章制度的制定和实施,依照规章制度对所属各单位的节能减排管理情况进行检查、指导、监督和考核。 (侯 敏)

【运营管理部(总部集团战备部)】 是中国铁建股份有限公司(以下简称公司)工程项目监管与协调、信用评价、分包管理、劳务分包管理、节能减排与环境保护、质量监管、设备物资管理、成本管理、定额管理及二次经营、提质增效等工作及铁路战备综合管理职能部门。主要职责:负责全系统工程项目监管与协调、指导工作,及时上报下达工程管控信息;负责组织制定建设项目施工管理、竣工验收管理等各项规章制度;负责交流推广先进项目管理经验;负责组织有关部门处理和解决公司承建的重点工程中的施工组织、施工难点问题和竣工验收交接工作;负责公司总承包项目和本级工程项目的施工组织管理指导工作;负责信用评价、专业分包、劳务分包管理工作;负责工程项目节能减排、环境保护监管工作;负责工程项目施工质量监管工作,协助处理质量事故;负责设备物资管理工作及设备物资供应商管理工作;负责设备租赁和内部设备调剂管理工作;负责定额管理、二次经营等成本监管工作;负责公司提质增效工作;承办总部集团管理的国家铁路战备工作。部门定员28人,现员20人,设部门总经理(总部集团战备部总经理)1人,执行总经理2人,副总经理1人,二级咨询(总部集团战备部副总经理)1人;下设综合处、生产监管处、节能环保处、质量监督处、设备物资处、成本管理处、经济合同处。 (侯 敏)

【工作综述】 (1)生产监管。一是统筹推进疫情防控和复工复产。印发《关于加强疫情期间施工生产管理工作的紧急通知》,开展对重点区域在建项目全覆盖检查,在做好防疫的前提下,推进差异化复工复产,实现施工生产稳中快进。二是重点重抓,落实“三保一降”责任。强化清单式管理,召开中国铁建西南片区施工生产座谈会、重点项目推进会,以点带面,促进重难点工程顺利推进。三是多措并举,不断提升项目管理水平。组织印发“1234+”工程项目管理思路实施意见,策划召开二次经营工作会、质量管理工作会、智慧工地研讨会、环保观摩座谈会、高原铁路隧道机械化施工技术交流和装备观摩会等,开展智慧工地样板选树、信用评价、施组评比活动,促进项目管理水平不断提升。(2)节能环保。一是组织制定《能源节约与生态环境保护监督管理办法》《节能减排与生态环境保护法律法规汇编》,促使节能环保管理体系完善,环保行政处罚同比大幅减少。二是在9月中央环保督察期间,提前派出3个督导组,深入北京市、天津市、浙江省进行迎检督导,促使400余个在建项目环保工作进一步规范。三是通过管理提升,科学节能,淘汰落后产能和工艺,优化项目施工组织和专项方案,推广应用“四新”成果等措施,公司万元营业收入综合能耗比2019年同期下降5个百分点,比“十三五”基期下降14个百分点,圆满完成“十三五”目标计划。(3)质量监管。一是组织制定《工程质量监督管理办法》《股份公司本级项目总承包质量管理办法》《铁建杯优质工程管理办法》,完善质量管理体系。二是组织开展“质量月”活动、QC攻关活动和工程创优工作,引导各单位增强工匠意识和精品意识,打造京雄高速铁路等精品工程,全年获中国建设工程鲁班奖6项、国家优质工程奖50项。三是建立铁路红线管理常态化工作机制,促进各单位由被动消缺、收尾消缺向主动消缺、过程消缺转变。(4)供应链保障。一是在分包管理方面,审核发布《中国铁建2020年分包商名录》，源头避免不合格分包商的进入；督促相关单位完成股份公司党委巡视办移交的2019年第二轮巡视发现问题的整改工作。二是在物资设备采供方面，不断扩大物设集采范围，加快采购平台信息化建设，积极推动砂石骨料产业发展，实现"两保一降"目标。三是在内部采购调配方面，引导各单位优先采购租赁内部产品，加大内部资源调配力度，2020年调剂设备3845台（套）。（5）提质增效。制定提质增效专项行动方案，成立领导小组，开展对所属重点单位提质增效、亏损项目治理和"两金"压降专项督导。（6）其他综合性工作。战备设施项目立项、储备物资维护保养、战备科研工作开展、专业保障队伍演练、战备资产及资金管理等有序开展。举办工程调度、项目经理、责任成本管理、二次经营、成本管理、质量管理等培训班，促进全系统对口业务水平持续提高。同时以"股份公司总部生产指挥中心建设、智慧工地建设"为抓手，加快管理模式变革、管理手段更新。

（侯　敏）

【施工生产综述】 2020年，中国铁建系统完成施工产值9029.5亿元，占年度计划的111.4%，与同期相比增加1499.2亿元。其中，中铁建设集团有限公司，中铁十五局、中铁十四局集团有限公司，中铁城建集团有限公司4家单位年度施工产值同比增长幅度超过30%；中铁十二局、中铁十一局、中铁十四局集团有限公司3家单位施工产值在700亿元以上。全系统超过5000万元以上的在建国内项目4284项。其中，铁路工程496项；公路工程724项；市政工程795项；城市轨道交通工程592项；水利水电工程176项；房屋建筑工程1392项；其他工程109项。

中国铁建国内在建重点项目34项。其中，铁路工程15项：京雄高速铁路、玉磨铁路、大瑞铁路、拉林铁路、郑万铁路客运专线、成兰铁路、成昆铁路复线、福厦高速铁路、贵南高速铁路、赣深高速铁路、渝黔高速铁路、杭绍台铁路、张吉怀铁路、南宁至崇左城际铁路、北京星火站工程。公路工程4项：渝黔高速公路扩能工程、成绵苍巴高速公路、岳黄高速公路、贵州省贵阳经金沙至古蔺（川黔界）高速公路。市政工程3项：明珠湾大桥、芜湖城南过江隧道、张家港高铁新城（西北片区）基础设施及公共建设配套项目。城市轨道交通工程8项：北京地铁17号线、广州轨道交通18号线和22号线、深圳轨道交通16号线、杭州地铁8号线、成都地铁6号线、徐州轨道交通2号线一期工程、呼和浩特市轨道交通2号线一期工程、天津地铁8号线一期工程。水利电力工程3项：新疆引额供水二期工程、引绰济辽水利工程、小清河复航工程。房屋建筑工程1项：乌鲁木齐宝能城项目。

2020年，中国铁建参建的商合杭高速铁路合肥至湖州段（合湖段）、格尔木至库尔勒铁路、上海至苏州至南通铁路、珠海市区至珠海机场城际铁路拱北至横琴段（珠机一期）、广（州）石（滩）铁路、衢（州）宁（德）铁路、阳大铁路阳泉北至阳泉东段、合（肥）安（庆）高速铁路、广东江门站、焦柳铁路电气化改造工程、连镇高速铁路、郑太高速铁路、银西高速铁路、渝怀铁路增建二线、黄（骅南）大（家洼）铁路、盐通高速铁路开通（试）运营，宝兰客专天水南站动车组存车线建成投入使用，福平铁路进入联调联试阶段，甬舟铁路先行工程开工建设。参建的杭州地铁5号线后通段和16号线，长沙地铁3号线和5号线，深圳地铁3号、6号、8号、10号线，成都地铁6号线，徐州市城市轨道交通2号线，呼和浩特轨道交通2号线，宁波地铁4号线，太原地铁2号线（一期），西安地铁5号线、6号线（一期）、9号线，广州有轨电车1号线，济南市轨道交通2号线（一期）开通（试）运营（行），北京地铁8号线全线贯通，上海轨道交通15号线进入全线动车调试阶段。参建的万（宁）洋（浦）高速公路、衢州市美丽沿江公路、南昌市昌南大道快速路迎宾大道互通立交、长沙湘府快速路主线、建（始）恩（施）高速公路、山东枣菏高速公路、云南省腾冲至陇川高速公路、昆明绕城高速公路东南段建成通车。参建的2022年北京冬奥会配套项目涞源国家高山跳台滑雪训练科研基地一期工程投入使用，河北省保定市乐凯大街斜拉桥通车，小浪底引黄工程施工难度最大的盾构隧道贯通，文登抽水蓄能电站高压管道上层排水廊道贯通，昆明雨污合流水转输通道全线通水投入使用，天津造甲村湿地水乡项目建成，宁远机场改扩建工程建成通航，邯郸机场改扩建工程建成通航，广东清远磁浮首列车下线。参建的川藏铁路拉林段全线轨道铺通，玉磨铁路重点控制性工程万和等隧道、西安地铁14号线全线隧道、宝（鸡）坪（坎）高速公路秦岭天台山隧道贯通，湖北棋盘洲长江公路大桥、黑龙江省哈尔滨市哈西大街跨哈南场立交桥合龙，南京长江五桥江心洲夹江隧道、珠海洪鹤大桥建成通车。

（侯　敏）

【项目管理先进单位】 2020年，中国铁建表彰项目管理先进单位22家。

中国土木工程集团尼日利亚公司
中铁十一局集团一公司
中铁十一局集团二公司
中铁十二局集团一公司
中铁十二局集团七公司
中国铁建大桥工程局集团五公司

中铁十四局集团五公司
中铁十五局集团城轨公司
中铁十六局集团四公司
中铁十七局集团中铁(贵州)市政公司
中铁十八局集团五公司
中铁十九局集团矿业投资公司
中铁二十局集团一公司
中铁二十局集团五公司
中铁二十一局集团二公司
中铁二十二局集团二公司
中铁二十四局集团上海铁建公司
中铁建设集团北京工程公司
中铁建设集团设备安装公司
中国铁建电气化局集团二公司
中国铁建国际集团北非区域公司
中铁城建集团一公司

(侯　敏)

【优秀项目经理部】 2020 年,中国铁建表彰优秀项目经理部 52 个。

中国铁建华北区域总部天津地铁 6 号线工程建设指挥部

中国铁建中原区域总部洛阳市轨道交通 1 号线工程土建施工 LYGD1 - TJ - 01 标段建设指挥部

中国铁建华东区域总部厦门市轨道交通 3 号线工程土建施工总承包 3 标段建设指挥部

中国铁建华南区域总部南宁轨道交通 2 号线东延工程建设指挥部

中国铁建西南区域总部成都地铁 5 号线一、二期工程建设指挥部

中国土木工程集团有限公司尼日利亚中线铁路修复改造项目经理部

中铁十一局集团有限公司汉十铁路孝感至十堰段 HSSDSG - 1 标段项目经理部

中铁十一局集团有限公司昆明轨道交通 5 号线土建 8 标段项目经理部

中铁十一局集团有限公司郑阜铁路河南段站前工程 1 标段项目经理部

中铁十二局集团有限公司雄安站站房工程 1 标段项目经理部

中铁十二局集团有限公司青岛地铁 1 号线土建 2 标段八工区项目经理部

中铁十二局集团有限公司徐州东站东广场客运综合枢纽配套工程项目经理部

中铁十二局集团有限公司银西铁路甘宁段 YXZQ - 1 标段项目经理部

中国铁建大桥工程局集团有限公司京藏高速公路改扩建银川过境段 JZLM1 标段项目经理部

中国铁建大桥工程局集团有限公司云南滇中新区机场北高速公路项目经理部

中铁十四局集团有限公司穗莞深城际轨道长安金沙至深圳机场段站前 SZH - 8 标段项目经理部

中铁十四局集团有限公司清云高速公路 TJ3 标段项目经理部

中铁十五局集团有限公司柳格国高敦煌至当金山口公路项目经理部

中铁十五局集团有限公司郑州市轨道 5 号线 1 标段项目经理部

中铁十六局集团有限公司呼和浩特市城市轨道交通 2 号线一期工程项目经理部

中铁十六局集团有限公司厦门市轨道交通 2 号线土建施工总承包 1 标段一工区项目经理部

中国铁建股份有限公司吴忠至中卫城际铁路工程第 9 项目经理部

中铁十七局集团有限公司毕节市妇幼保健医院项目经理部

中铁十七局集团有限公司郑万铁路河南段站前工程 8 标段项目经理部

中铁十八局集团有限公司新建大瑞铁路保瑞段 DRBRTJ - 1 标段怒江四线特大桥项目经理部

中铁十九局集团有限公司国道 302 线珲春至阿尔山公路三岔至阿尔山段二期工程项目经理部

中铁十九局集团有限公司崇左大桥及引道工程 1 标段、2 标段项目经理部

中铁二十局集团有限公司中国铁建山水逸城项目经理部

中铁二十局集团有限公司西咸国际文化教育园棚户区改造(一期)工程施工 2 标段项目经理部

中铁二十局集团有限公司南宁市轨道交通 3 号线 01 标段土建四工区项目经理部

中铁二十一局集团有限公司格库铁路(青海段)先期开工段站前工程 2 标段项目经理部

中铁二十一局集团有限公司新建黄骅南至大家洼铁路站前工程 3 标段项目经理部

中铁二十二局集团有限公司格库铁路站前工程 5 标段项目经理部

中铁二十二局集团有限公司贵州茅台酒“十二五”扩建技改工程项目经理部

中铁二十二局集团有限公司武汉硚口至孝感高速公路一期工程 2 标段项目经理部

中铁二十三局集团有限公司日照市岚山区与市区连接线三期(厦门路南延)工程项目经理部

中铁二十四局集团有限公司凤翔路快速化改造工程 FXB03 标段项目经理部

中铁二十四局集团有限公司金华站货场搬迁工程项目经理部

中铁二十五局集团有限公司南宁市亭洪路延长线上跨铁路立交工程项目经理部

中铁二十五局集团有限公司徐州市轨道交通 2 号线一期工程土建 01 标段项目经理部

中铁建设集团有限公司澳门名胜世界建造工程项目经理部

中铁建设集团有限公司航空大学代建任务许昌项目经理部

中铁建设集团有限公司新建北京至沈阳客运专线星火站站房工程项目经理部

中国铁建电气化局集团有限公司新建蒙西至华中地区铁路煤运通道 MHSD－2 段标项目经理部

中国铁建港航局集团有限公司南宁市邕宁水利枢纽航运过坝工程项目经理部

中国铁建房地产集团有限公司广州南沙区万顷沙保税港加工制造业区块综合开发项目经理部

中铁第一勘察设计院集团有限公司青岛地铁项目经理部

中铁第四勘察设计院集团有限公司珠西综合交通枢纽江门站配套设施项目经理部

中铁第五勘察设计院集团有限公司河北建投邢台热电联产工程铁路专用线工程项目经理部

中国铁建国际集团有限公司 G TOWER 高档写字楼工程项目经理部

中铁城建集团有限公司岳麓科技产业园工程项目经理部

中国铁建投资集团有限公司珠海市西部中心城区 B 片区工程建设指挥部

（侯　敏）

【优秀项目经理】 2020 年，中国铁建表彰优秀项目经理 62 人。

孟卫明　唐晓冬　张　明　申家喜　方碧锋
王祖华　姚军军　王志强　张鹏翔　张学文
吕争魁　王　钊　靳建民　王臻林　韩　冰
郑建广　高洪吉　路开道　赵世国　袁　鹰
丁冠军　赵世永　安德柱　彭萼辉　娄　兵
于兴国　张栓柱　杨　帆　路明鉴　惠武平
马　骏　李宝成　李宝财　屈振学　田彦平
刘建新　张广义　刘锡波　李　健　李晓鹏
何学东　陈小科　丁晖东　郭立军　田江云
冯建洲　辛建忠　郭永良　刘　杨　韦庆武
谌荣华　孙青霞　王　硕　李升产　狄春锋
刘晋明　罗　涛　刘华情　郑喜平　刘大伟
段艳刚　刘印生

（侯　敏）

【项目监管】 （1）统筹疫情防控和复工复产。2020 年，面对突如其来的新冠肺炎疫情，中国铁建认真贯彻党中央、国务院国资委的指示精神和决策部署，统筹推进疫情防控和复工复产工作。一是加强宏观指导，印发《关于加强疫情期间施工生产管理工作的紧急通知》，对各单位疫情防控和科学推进施工生产提出要求。二是安排专人每日对全系统在建工程项目进行复工复产统计，及时上报国务院国资委。三是组织 6 个检查组开展对北京市部分未停工和复工项目疫情防控检查。联合安全监督部开展对 46 个项目 78 个合同段的疫情防控、复工复产、安全管控、施工进展等综合督导。截至 5 月底，系统内在建项目具备复工条件的均实现正常施工。（2）加强在建项目监管。一是对重难点项目实行清单式管理，要求各单位建立健全重难点项目监管台账，把有限的资源集中在重点项目上，提升监管效能；结合公司战略部署，突出雄安新区等重点区域项目管理，成立雄安工程建设领导小组，雄安新区在建项目纳入股份公司本级项目管理，组织召开雄安新区项目管理推进会，全年 34 项重点项目整体推进平稳。二是在西南区域重点项目召开施工生产座谈会，研究解决西南区域重点项目施工生产及经济创效问题。组织召开福厦高速铁路施工生产座谈会，大力扭转项目经济运行不乐观的现状；现场督导成都地铁 6 号线、西安地铁 5 号线、玉磨铁路、大瑞铁路等项目，及时发现和消除工期风险。（3）夯实业务基础工作。信用评价方面，修订印发《内部施工企业信用评价管理办法》，优化修订《行业信用评价管理办法》，进一步细化对各单位信用评价管理内容，引起重视。施工组织管理方面，组织征集优秀施工组织设计案例，通过简报等形式进行内部交流；督导部分在建项目实施性施工组织设计执行情况，推动系统整体施组水平的提升。培训交流方面，年内组织调度业务培训班和项目经理培训班（两期），促进调度基础业务水平和全系统项目管理水平整体提升；挖掘、征集系统内先进项目管理经验，每季度印发《工程项目管理交流简报》；组织评选中国铁建优秀项目经理、优秀项目经理部和项目管理先进单位。（4）推进智慧工地建设。中国铁建大力革新传统的生产监管方式，推进智慧工地建设。在总部设立生产指挥中心，组织召开智慧工地研讨会。选取系统内 10 家单位 11 个工程项目进行智慧工地建设情况调研，按专业选取部分亮点项目作为“标杆”，以点带面，稳步推进。(5)承办中国铁道工程建设协会组织的首届铁路施工技术论坛及论文征集选报工作，获优秀论文组织奖。 (侯 敏)

【节能环保】 2020年，中国铁建控制能源消耗总量，依靠科技进步节能，所属单位能源消耗总量398.8万吨标准煤，二氧化碳排放量543.7万吨，万元营业收入综合能耗(可比价)0.0781吨标准煤。健全企业能源节约与生态环境保护监督管理体系，修订印发《中国铁建股份有限公司能源节约与生态环境保护监督管理办法》。全面宣传普及国家能源节约、环境保护法律法规知识，编辑汇总国家节能减排与环境保护有关的15部法规、18个法律条例、3项规章制度，印刷成书下发各单位。组织各单位对环境保护存在问题大排查，整改完成率100%，并在苏州地铁6号线5标段项目召开环境保护管理工作观摩座谈会。 (丁 浩)

【全国“质量月”活动】 根据国家市场监督管理总局等部门《关于开展2020年度全国“质量月”活动的通知》精神，中国铁建系统组织开展2020年“质量月”活动。各单位结合实际，围绕“建设质量强国、决胜全面小康”主题，开展群众性质量活动，建设质量文化，增强质量意识。把开展全国“质量月”活动和解决现场实际难题结合起来，针对关键工序、质量通病，深入开展质量攻关活动，推广应用先进经验做法，提升工程质量管控水平。同时以“改革创新推动高质量发展”为主题，大力提倡质量管理思路提升和材料设备、工艺工法创新，通过建言献策、“小改小革”等形式推动各项创新举措落地，促使质量管理工作深入持续推进。 (刘 辉 牛 峰)

【全国企业员工全面质量管理知识竞赛活动】 2020年8月27日至11月30日，国务院国资委联合中国质量协会组织开展中央企业全面质量管理知识竞赛暨全国企业员工全面质量管理知识竞赛活动。在3个月的竞赛过程中，所属各单位高度重视，充分调动全员积极性，组织发动职工参与本次竞赛，员工积极响应、踊跃答题，认真学习全面质量管理知识，营造全员重视质量的良好氛围，助力中国铁建实现高质量发展。在综合评价中，中国铁建位列综合得分中央企业第1名；中铁建设集团有限公司吴春玮获个人一等奖。 (刘 辉 牛 峰)

2020年中国铁建优秀质量管理小组

序号	获 奖 小 组	获 奖 成 果
1	中国土木工程集团有限公司中土西门子埃塞±500千伏换流站项目部QC小组	缩短±500千伏换流阀组的安装时间
2	中铁十一局集团二公司锁扣钢管桩围堰QC小组	提高钢管拱拼装线形一次合格率
3	中铁十一局集团三公司创新磁浮QC小组	中低速磁浮承轨台移动浇筑设备研制
4	中铁十一局集团电务公司勇往直前QC小组	提高信号室内配线准确率
5	中铁十一局集团建安公司武汉秦园路风塔QC小组	提高超高层大截面斜钢柱安装一次合格率
6	中铁十一局集团六公司封浜车辆段项目“7890”QC小组	研制新型管道检测小车
7	中铁十二局集团一公司架梁1项目QC小组	900吨箱梁运梁车桥面会车新设备研制
8	中铁十二局集团四公司“实干”QC小组	研制箱梁模板监测控制装置
9	中铁十二局集团建安公司乐高建筑QC小组	提高装配式建筑线管对接一次合格率
10	中铁十二局集团电气化公司北京管廊猎豹QC小组	提高电力舱锚栓安装合格率
11	中铁十二局集团二公司领航QC小组	提升地连墙预埋声测管一次合格率
12	中国铁建大桥工程局集团有限公司河北宁晋ZS外模板施工QC小组	提高ZS外模板外观质量施工合格率

续表

序号	获 奖 小 组	获 奖 成 果
13	中国铁建大桥工程局集团有限公司未来网质量控制QC小组	提高大截面混凝土框架柱外观成型质量
14	中国铁建大桥工程局集团有限公司飞渡长江QC小组	混凝土PK箱梁外观质量控制
15	中国铁建大桥工程局集团四公司东二环高架桥钢箱梁剪力钉焊接QC小组	提高钢箱梁剪力钉焊接质量合格率
16	中国铁建大桥工程局集团二公司厦门北站至同安食品工业园市政隧道4号线嘟嘟QC小组	降低盾构穿越杭深铁路线沉降报警率
17	中铁十四局集团大盾构公司南京长江第五大桥A3标段项目部管片防水质量QC小组	提高大直径盾构隧道防水一次合格率
18	中铁十四局集团隧道公司济南轨道交通R1线QC小组	提高矩形顶管施工地层变形值合格率
19	中铁十四局集团五公司贵南高速铁路项目部QC小组	降低永兴1号隧道进口Ⅴ级围岩段初期支护变形量
20	中铁十四局集团二公司九绵高速青山绿水QC小组	提高高海拔小半径螺旋隧道二衬施工外观质量
21	中铁十四局集团市政分公司冯文东QC小组	旋挖桩桩底沉渣厚度测量器的研制
22	中铁十四局集团房桥公司钢结构分公司QC小组	提高住宅类PC钢模具的拼装质量
23	中铁十五局集团五公司北京地铁16号线19标段QC小组	提高地铁车站二次结构预埋构件测量放线效率
24	中铁十五局集团城轨公司广州地铁18号线横沥站QC小组	降低地下车站结构渗漏率
25	中铁十五局集团一公司延崇项目桥梁施工QC小组	提高桥梁泄水管安装一次验收合格率
26	中铁十五局集团电气化公司新疆大学新校区项目综合管线处理QC小组	提高吊顶内综合管线安装一次验收合格率
27	中铁十五局集团二公司兴赣北延高速公路A7标段QC小组	提高郑枫2号隧道初支喷射混凝土平整度
28	中铁十六局集团二公司文墨书香QC小组	提高技能大赛水泥剂量试验得分率
29	中铁十六局集团铁运公司包神指机车QC小组	减少SS4G型电力机车牵引无流故障
30	中铁十六局集团二公司火蓝刀锋QC小组	提高无砟轨道胀锚螺栓一次安装合格率
31	中铁十六局集团铁运公司朔黄指重载运输QC小组	减少朔黄线交流机车OCE机箱AB节通信故障
32	中铁十六局集团北京轨道公司绍兴地铁1号线10标段神舞QC小组	降低围护结构施工混凝土超耗率
33	中铁十七局集团一公司检测公司QC第3小组	提高高速公路50米预制箱梁质量合格率
34	中铁十七局集团二公司昭泸高速QC小组	降低隧道喷射混凝土超耗率
35	中铁十七局集团四公司玉磨铁路项目安质QC小组	提高隧道二衬特殊端头环向施工缝施工质量验收合格率
36	中铁十七局集团五公司108国道项目QC小组	提高S形曲线钢箱梁顶推滑移施工质量
37	中铁十七局集团建筑公司长春新区四路三桥域外工程QC小组	大直径预制混凝土管变向装置的研制

续表

序号	获 奖 小 组	获 奖 成 果
38	中铁十八局集团四公司南京管廊 QC 小组	降低综合管廊渗漏水发生率
39	中铁十八局集团市政公司呼市地铁 2 号线 07 标段 QC 小组	缩短富水砂砾地层全回转套管机大直径桩基拔除施工时间
40	中铁十八局集团二公司大瑞铁路项目经理部 QC 小组	双肋四桁提篮式栓接钢桁拱合龙方法的创新
41	中铁十八局集团三公司金粟大道石敢当 QC 小组	提高深管沟回填质量一次验收合格率
42	中铁十八局集团一公司郑万铁路重庆段项目 QC2 组	降低隧道二衬混凝土裂缝率
43	中铁十九局集团二公司淮安快速路建设工程载人吊篮研制 QC 小组	可移动载人作业吊篮的研制
44	中铁十九局集团五公司赤喀铁路客运专线 CFSG－3 标段勇攀高峰 QC 小组	缩短隧道掌子面帷幕注浆循环时间
45	中铁十九局集团六公司银西铁路 3 标段运架分部 QC 小组	提高 SXJ900 型架桥机大下坡架设箱梁一次成功率
46	中铁十九局集团轨道公司昆明地铁 5 号线 5 标段锋芒 QC 小组	降低泥炭质土地层地连墙混凝土绕流发生率
47	中铁十九局集团电务公司无锡地铁 3 号线站后综合工程机电安装 03 工区 QC 小组	利用 BIM 技术提高综合管线布控质量
48	中铁二十局集团电气化公司西安站改扩建工程 QC 小组	提高铁路光缆故障抢修效率
49	中铁二十局集团四公司襄阳东津站项目部 QC 小组	提高花瓶墩混凝土外观质量
50	中铁二十局集团五公司西安地铁 14 号线 SGZCB－1 标段指挥部 QC 小组	提高涂膜防水质量合格率
51	中铁二十局集团六公司荣民科创园 QC 小组	提高超高层地下室防水一次性合格率
52	中铁二十局集团一公司昌南大道 QC 小组	提高市政工程现浇箱梁外观质量
53	中铁二十一局集团一公司郑州市东四环工程项目经理部 QC 小组	提高节段梁悬臂拼装一次性合格率
54	中铁二十一局集团五公司天水南存车线项目 QC 小组	提高钢筋机械连接接头合格率
55	中铁二十一局集团四公司银吴铁路项目经理部轨道 QC 小组	提高有砟高速铁路道岔铺设精度
56	中铁二十一局集团六公司衙门口房建项目 QC 小组	提高剪力墙钢筋安装精准度
57	中铁二十一局集团四公司七彩云南，多彩玉磨 QC 小组	提高隧道初期支护喷射混凝土施工一次性合格率
58	中铁二十二局集团一公司昆楚高速公路项目隧道喷射混凝土施工 QC 活动小组	提高大型湿喷机隧道喷射混凝土施工效率
59	中铁二十二局集团三公司厦门轨道交通 4 号线涉铁段 QC 小组	降低下穿高速铁路的隧道爆破振速
60	中铁二十二局集团四公司气象新苑住宅小区 D 区 QC 小组	提高灌注桩桩头防水施工一次合格率
61	中铁二十二局集团五公司银西铁路项目 QC 活动小组	软塑性黄土隧道围岩变形量控制
62	中铁二十二局集团轨道公司广州管片厂 QC 小组	混凝土盾构管片外观质量一次成优

续表

序号	获 奖 小 组	获 奖 成 果
63	中铁二十三局集团二公司职工安置区 ZG1 －1 标段 QC 小组	提高室外排水管道安装一次合格率
64	中铁二十三局集团二公司筑梦起航 QC 小组	提高施工现场扬尘达标一次合格率
65	中铁二十三局集团三公司以点带面 QC 小组	提高机制砂混凝土合格率
66	中铁二十三局集团六公司北京地铁亮剑 QC 小组	提高地铁隧道初支格栅节点连接质量
67	中铁二十三局集团一公司莆炎高速后亭溪大桥 QC 小组	提高预应力 T 梁张拉合格率
68	中铁二十四局集团福建公司红牛精测 QC 小组	提高轨道控制网水准测量效率
69	中铁二十四局集团路桥分公司无锡凤翔路装配式桥梁项目 QC 小组	提升大悬臂盖梁安装合格率
70	中铁二十四局集团南昌公司跃动 QC 小组	提高高边坡坚岩日开挖方量
71	中铁二十四局集团安徽公司实践者 QC 小组	解决盾构管片模具漏浆问题
72	中铁二十四局集团轨道交通分公司绍兴轨道交通 1 号线镜湖站项目部 QC 小组	降低地连墙成槽缺陷率
73	中铁二十五局集团六公司探索 QC 活动小组	提高不良地质区域旋挖灌注桩施工质量
74	中铁二十五局集团四公司启航 QC 小组	提高变截面高墩抗震钢筋保护层施工合格率
75	中铁二十五局集团三公司赣州至深圳铁路项目部 QC 小组	提高高速铁路道岔连续梁张拉端锚槽施工质量合格率
76	中铁二十五局集团有限公司深圳地铁 QC 小组	降低冻结孔成孔不合格率
77	中铁二十五局集团二公司南京管廊 QC 小组	强风化岩钢板桩施工改进创新研究
78	中铁建设集团有限公司天涯 QC 小组	研制一种骑乘演艺建筑（高大隔墙）钢立柱安装方法
79	中铁建设集团有限公司商报大厦 QC 小组	研制一种高支模钢管架与铝模间的连接件
80	中铁建设集团有限公司海洋 QC 小组	研制一种吊顶 R 角仿石铝板无拼缝的施工工艺
81	中铁建设集团有限公司昌吉生态养殖基地项目 QC 小组	提高负温环境下大面积素混凝土施工一次合格率
82	中铁建设集团有限公司华章天地 QC 小组	提高铝、木结合接茬位置施工一次验收合格率
83	中铁建设集团有限公司“318”QC 小组	缩短 EPC 报批报建工期
84	中国铁建电气化局集团北方公司西银铁路 QC 小组	牵引变电所亭电缆沟通风装置的研制
85	中国铁建电气化局集团北京设计研究院公司海化信号 QC 小组	提高信号专业施工图建筑工程预算的准确率
86	中国铁建电气化局集团二公司靖神信号 QC 活动小组	开发全电子计算机联锁系统模拟试验电路
87	中国铁建电气化局集团康远公司质量提升 QC 小组	提升锡铜合金接触线的一次检验合格率
88	中国铁建电气化局集团南方公司银吴四电项目接触网工程 QC 小组	提高接触网高速无交分线岔调整准确率
89	中国铁建港航局集团有限公司广州机场第二高速公路北段工程 SG08 标段 QC 小组	临近地铁高架桥桩基复合式防护快速成孔方法研究

续表

序号	获 奖 小 组	获 奖 成 果
90	中国铁建港航局集团有限公司西海新区项目 QC 小组	提高海绵城市透水混凝土施工一次验收合格率
91	中国铁建港航局集团有限公司东营港 10 万吨航道工程项目 QC 小组	提高外海恶劣工况下铺排施工效率
92	中国铁建港航局集团有限公司重庆长寿长江二桥项目 QC 小组	提高大跨径悬索桥主缆锚固预应力索导管施工精度
93	中国铁建港航局集团有限公司随州市绕城南路综合管廊工程项目部 QC 小组	城市复杂环境下液态二氧化碳相变致裂施工技术研究
94	中国铁建港航局集团有限公司双湖路跨鸡啼门特大桥工程 QC 小组	提高悬浇箱梁混凝土外观质量
95	中铁第一勘察设计院集团有限公司桥隧处 BIM 技术应用 QC 小组	基于 BIM 技术研发的铁路桥梁设计系统
96	中铁第一勘察设计院集团有限公司川藏铁路精准排雷 QC 小组	提高川藏铁路交通廊道重大山地灾害(链)隐患识别效率及精准度
97	中铁第一勘察设计院集团有限公司智慧软件 QC 小组	研发铁路工程投资项目定额替换软件
98	中铁第一勘察设计院集团有限公司车辆基地设计 QC 小组	提高现代有轨电车车辆基地工艺设计效率
99	中铁第一勘察设计院集团有限公司呼和浩特地铁 1 号线区间设计 QC 小组	降低地铁区间隧道施工及运营动荷载对地表文物古建筑的影响
100	中铁第一勘察设计院集团有限公司交通院综合所 QC 小组	降低高速公路工程项目总造价的预算偏差率
101	中铁第四勘察设计院集团有限公司工经处便道设计 QC 小组	提高山区铁路新建便道投资精度
102	中铁第四勘察设计院集团有限公司保护泉水费用分析 QC 小组	提高地下车站泉水保护投资精度
103	中铁第四勘察设计院集团有限公司站场室软件研发 QC 小组	缩短铁路车站平面示意图绘制时间
104	中铁第四勘察设计院集团有限公司结构创新 QC 小组	新型钢管—型钢混凝土柱节点的研发
105	中铁第四勘察设计院集团有限公司山区危岩体 QC 小组	研发危岩体结构面非接触式测量方法
106	中铁第四勘察设计院集团有限公司盾构隧道结构 QC 小组	研发高水压地段泄水降压型管片结构
107	中铁第五勘察设计院集团有限公司开拓者 QC 小组	低净空全套管灌注桩基研发
108	中铁第五勘察设计院集团有限公司精益求精 QC 小组	提高片区市政路网指标测算效率
109	中铁第五勘察设计院集团有限公司福路娃 QC 小组	提高路基工程数量计算效率
110	中铁第五勘察设计院集团有限公司翱翔云天 QC 小组	提高站场排水设计效率
111	中铁第五勘察设计院集团有限公司滴水穿石 QC 小组	提高滴定法测定 SO42 - 的合格率
112	中铁第五勘察设计院集团有限公司苍龙 QC 小组	提高弯曲梁桥抗倾覆稳定性系数
113	中铁上海设计院集团有限公司连镇铁路信号 QC 小组	提高高速铁路横向连接线设置的准确率

续表

序号	获 奖 小 组	获 奖 成 果
114	中铁上海设计院集团有限公司降低安徽首矿大昌金属材料有限公司铁路专用线工程造价 QC 小组	降低安徽首矿大昌金属材料有限公司铁路专用线工程造价
115	中铁上海设计院集团有限公司成都 6 号线信号 QC 小组	提高成都 6 号线信号施工图电缆工程量统计准确率
116	中铁上海设计院集团有限公司提高更新改造工程概预算编制质量 QC 小组	提高更新改造工程概预算编制质量
117	中铁上海设计院集团有限公司变形监测 QC 小组	减小穿跨越铁路工程中第三方监测对影响铁路行车安全的风险
118	中铁物资集团有限公司加强协同融合,提升项目质量管理 QC 小组	中铁物资信息系统项目群管理优化
119	中铁物资集团有限公司建立内部供应链系统,优化运营质量管理 QC 小组	建立内部供应链系统,优化运营质量管理——解决客户超限额赊销与合同文本规范性不足问题
120	中国铁建重工集团股份有限公司攻无不克 QC 小组	提高主驱动深长扭矩销轴孔加工合格率
121	中国铁建高新装备股份有限公司奇思妙想 QC 小组	雨刮装置改造
122	中国铁建国际集团有限公司卢赛尔体育场项目 QC 小组	提高钢结构焊缝焊前报验通过率
123	中国铁建国际集团有限公司贝佳亚连接线 QC 小组	在欧洲规范下预应力锚索施工质量控制
124	中铁城建集团一公司银川绿地中心 QC 小组	提高超高层塔冠混凝土弧形梁标高控制合格率
125	中铁城建集团北京公司唐山唐颂国际第 2QC 小组	提高高层建筑铝模板工艺下排水成品预埋套筒安装一次合格率
126	中铁城建集团南昌公司超越者 QC 小组	提高塑钢窗塞缝一次验收合格率
127	中铁城建集团总承包分公司洋湖苑二期 QC 小组	提高钢梁混凝土楼板钢梁安装一次验收合格率
128	中铁城建集团三公司香山之耀 QC 小组	提高加气块墙体施工一次验收合格率
129	中国铁建投资集团中铁建陕西高速公路公司合铜高速高墩隐患排查治理 QC 小组	高墩大跨桥梁高墩施工隐患排查治理
130	中国铁建投资集团中铁建陕西高速公路公司合铜高速机械连接 QC 小组	提高直螺纹套筒连接一次验收合格率
131	中铁磁浮交通投资建设有限公司中国铁建清远磁浮工程疏散平台 QC 小组	国内首条磁浮旅游专线疏散平台制造安装精度控制
132	中铁磁浮交通投资建设有限公司中铁磁浮技术研发 QC 小组	研制中低速磁浮新型承轨梁结构
133	中铁磁浮交通投资建设有限公司中国铁建清远磁浮工程制梁 QC 小组	提高磁浮旅游专线简支梁体承轨台预埋钢筋精度控制
134	中铁建华南建设有限公司南沙科技产业园管理处 1 号 QC 活动小组	提升“铁箭”盾构密封油脂的抗水压密封性能
135	中铁建华南建设有限公司南沙科技产业园管理处 2 号 QC 活动小组	降低“铁箭”盾构同步注浆用干拌砂浆使用时的堵管率

续表

序号	获 奖 小 组	获 奖 成 果
136	中铁建黄河投资建设有限公司、中铁十八局集团隧道公司青岛地铁1号线工程QC小组	提高城市地铁DSUC双护盾TBM掘进隧道轴线合格率
137	中铁建黄河投资建设有限公司、中铁十四局集团隧道公司青岛地铁2号线项目部QC小组	提高EPB在上软下硬地层掘进施工技术
138	中铁建黄河投资建设有限公司、中铁二十局集团有限公司蓝天QC小组	提高板钢筋排距一次合格率
139	中铁海峡建设集团有限公司、中铁二十四局集团福建公司福州地铁6号线1标段4工区项目部匠心QC小组	降低小半径隧道二衬结构错台量
140	中铁海峡建设集团有限公司、中铁十一局集团有限公司厦门市轨道交通4号线4标段3工区项目部QC小组	盾构机下穿城市快速路地面沉降控制
141	中铁海峡建设集团有限公司、中铁十六局集团有限公司厦门市轨道交通3号线3标段项目部QC小组	降低盾构隧道管片错台率
142	中铁建重庆投资集团有限公司、中铁十六局集团有限公司、中铁二十局集团有限公司铁发建新石黔路面项目QC小组	提高高速公路水稳基层抗裂性能的措施

（制表：刘　辉　牛　峰）

中国铁建1984—2020年优质工程获奖统计

年　份	中国建设工程鲁班奖（国家优质工程）	国家优质工程	铁道部（铁路）优质工程	火车头优质工程	集团公司（股份公司）优质工程	中国铁建杯优质工程奖
1984年		1			1	
1985年		1	1		7	
1986年		1	4			
1987年		1	3			
1988年			3			
1989年		2	7			
1990年	2	2	2			
1991年	1	2			10	
1992年			1		12	
1993年			5		14	
1994年					9	
1995年			24		19	
1996年	3		12		20	
1997年	4		20		29	
1998年	2		27		27	
1999年	2	4	24		54	
2000年	3	5	13		41	
2001年	5	1	21		61	
2002年	6	5	9	12	64	
2003年	9	6	18	28	55	
2004年	6	10		14	48	

续表

年　份	中国建设工程鲁班奖（国家优质工程）	国家优质工程	铁道部（铁路）优质工程	火车头优质工程	集团公司（股份公司）优质工程	中国铁建杯优质工程奖
2005 年	4	13		29	78	
2006 年	5	11		56	90	
2007 年	5	23		61	110	
2008 年	8	18		71	99	
2009 年	6	20		63	91	
2010 年	3	17	31	47	143	
2011 年	7	15		54	124	
2012 年	5	24	52			144
2013 年	4	16				98
2014 年	4	16	27			126
2015 年	9	24				133
2016 年	10	34	30			137
2017 年	8	35				123
2018 年	10	46	21			123
2019 年	11	41				105
2020 年	8	50	38			98
合　计	150	444	393	435	1206	1087
总　计	594	828	2293			

（制表：刘　辉　牛　峰）

2020 年中国铁建获中国建设工程鲁班奖情况

序号	获　奖　工　程	施　工　单　位
1	武汉市轨道交通 8 号线一期工程	中铁十一局集团电务公司、中铁十二局集团电气化公司、中铁十四局集团有限公司及其大盾构公司
2	南宁市轨道交通 3 号线一期工程（科园大道至平乐大道）	中国铁建股份有限公司、中铁十一局集团有限公司、中铁十二局集团有限公司、中国铁建大桥工程局集团有限公司、中铁十六局集团有限公司、中铁十八局集团有限公司、中铁十九局集团有限公司、中铁二十局集团有限公司、中铁二十四局集团有限公司、中铁二十五局集团有限公司、中国铁建电气化局集团有限公司、中铁城建集团有限公司
3	北京新机场南航基地项目	中铁建设集团有限公司及其北京工程公司、设备安装公司
4	广西大学君武文化艺术教育中心项目	中铁建设集团有限公司及其南方公司、设备安装公司
5	新建吉安西站站房及相关工程	中铁建设集团有限公司及其北京中铁装饰公司
6	长影海南生态文化产业园中国区项目	中铁建设集团有限公司及其南方公司、设备安装公司、北京中铁装饰公司
7	土耳其安伊铁路二期工程	中国铁建股份有限公司、中国土木工程集团有限公司
8	中国建筑巴基斯坦 PKM 项目	中国土木工程集团有限公司

（制表：刘　辉　牛　峰）

2020 年中国铁建获国家优质工程奖情况

序号	获奖工程	施工单位
金质奖		
1	500 米口径球面射电望远镜(FAST)项目主体工程	中铁十一局集团有限公司及其二公司
2	太古供热项目(古交兴能电厂至太原供热主管线及中继能源站工程)	中铁十二局集团有限公司
3	新建云桂铁路引入昆明枢纽昆明南站站房工程	中铁第四勘察设计院集团有限公司、中铁第五勘察设计院集团北京铁城建设监理有限责任公司、中铁十一局集团建安公司,中铁建设集团有限公司及其设备安装公司、基础设施建设公司、北京中铁装饰公司
4	武汉市轨道交通 6 号线一期工程	中铁第四勘察设计院集团铁四院(湖北)工程监理咨询有限公司,中铁十二局集团电气化公司,中铁十七局集团有限公司,中铁十一局集团有限公司及其一、四、六公司和城轨公司
5	广州市轨道交通 14 号线一期工程	中铁十五局集团有限公司
6	深圳市城市轨道交通 9 号线工程	中铁第四勘察设计院集团铁四院(湖北)工程监理咨询有限公司、中铁第五勘察设计院集团北京铁城建设监理有限责任公司
国优奖		
7	苏州港太仓港区华能煤炭码头工程	中铁十四局集团有限公司
8	北京市通州运河核心区市政配套工程北环环隧工程	中铁十六局集团有限公司
9	北京兴延高速公路石峡隧道工程	中国铁建投资集团有限公司,中铁十二局集团有限公司,中铁十四局集团有限公司及其一、二公司,中铁二十局集团二公司
10	农业路快速通道工程(雄鹰东路至金源东街)	中铁第四勘察设计院集团有限公司
11	郑州机场至周口西华高速公路(一期)工程	中铁十二局集团有限公司及其二公司
12	武西高速公路桃花峪黄河大桥工程	中铁十八局集团有限公司及其一公司、中铁十五局集团城建公司
13	京港澳高速公路驻马店至信阳(豫鄂界)段改扩建工程	中铁十一局集团有限公司、中铁十六局集团有限公司
14	广西贵港市青云大桥工程	中铁十七局集团有限公司及其四公司
15	柳州市官塘大桥工程	中铁第一勘察设计院集团中铁一院集团南方工程咨询监理有限公司
16	广东省龙川至怀集公路(龙川至连平段)工程	中铁十一局集团三公司,中铁十二局集团有限公司,中铁十四局集团有限公司及其一、二公司,中铁十八局集团有限公司,中铁二十三局集团有限公司,中铁二十五局集团有限公司
17	重庆市华岩(石板)隧道工程	中铁十一局集团五公司、中铁二十三局集团有限公司
18	达州金南大桥工程	中国铁建港航局集团有限公司

续表

序号	获奖工程	施工单位
19	成都元华路神仙树节点项目	中国铁建股份有限公司、中国铁建昆仑投资集团有限公司、中铁十四局集团有限公司及其四公司、中铁十六局集团有限公司及其五公司、中铁二十四局集团有限公司及其上海铁建公司、中铁城建集团有限公司及其三公司
20	新万福路桥梁1标段新建万福大桥工程	中铁第四勘察设计院集团有限公司
21	上海市虹梅南路至金海路通道越江段新建工程	中铁二十四局集团有限公司
22	黄陵至铜川高速公路工程	中铁十一局集团一公司、中铁十七局集团有限公司及其二公司、中铁十八局集团有限公司及其二公司
23	常青路(三环线至青年路)改造工程	中铁十一局集团有限公司及其二公司
24	湖南省永顺至吉首高速公路第3合同段猛洞河特大桥工程	中铁十五局集团二公司
25	新建北京至沈阳铁路客运专线河北段站前工程JSJJSG－3标段瀑河特大桥工程	中铁第四勘察设计院集团铁四院(湖北)工程监理咨询有限公司
26	石家庄市城市轨道交通1号线工程	中铁第一勘察设计院集团西安铁一院工程咨询监理有限责任公司
27	郑州市轨道交通1号线二期工程	中铁第四勘察设计院集团有限公司,中铁第一勘察设计院集团中铁一院集团南方工程咨询监理有限公司,中铁十六局集团有限公司及其北京轨道交通公司,中铁十一局集团有限公司及其六公司、城轨公司,中国铁建电气化局集团有限公司
28	新建郑州至徐州铁路客运专线郑汴特大桥工程	中铁第四勘察设计院集团有限公司
29	新建郑州至徐州铁路客运专线民权特大桥工程	中铁第四勘察设计院集团有限公司,中铁第一勘察设计院集团甘肃铁一院工程监理有限责任公司,中铁二十局集团有限公司及其一、三、五公司
30	济南轨道交通1号线工程	中铁十四局集团有限公司及其电气化公司
31	新建济南至青岛高速铁路淄博特大桥工程	中铁十一局集团有限公司及其二、六公司和桥梁公司,中国铁建电气化局集团有限公司
32	西安市地铁4号线工程	中铁二十局集团有限公司、中国铁建大桥工程局集团有限公司及其五公司、中铁十二局集团有限公司、中铁十四局集团电气化公司、中铁十八局集团三公司
33	郑州至西安客运专线引入西安枢纽新建客运北环线西安动车段工程	中铁第一勘察设计院集团有限公司
34	新建铁路西安至成都客运专线西安至江油段四电系统集成工程	中铁第一勘察设计院集团有限公司及其西安铁一院工程咨询监理有限责任公司,中铁第五勘察设计院集团北京铁研建设监理有限责任公司,北京铁城建设监理有限责任公司,中国铁建电气化局集团有限公司及其二、四公司和北方公司
35	成都地铁7号线土建工程第10标段川师车辆段与综合基地工程	中铁第五勘察设计院集团北京铁研建设监理有限公司
36	新建宝鸡至兰州铁路客运专线古城岭隧道工程	中铁第一勘察设计院集团有限公司
37	新建兰州至重庆铁路毛羽山隧道工程	中铁第一勘察设计院集团有限公司、中铁第五勘察设计院集团北京铁研建设监理有限责任公司、中铁十一局集团有限公司及其四公司、中国铁建电气化局集团有限公司

续表

序号	获 奖 工 程	施 工 单 位
38	厦门市轨道交通1号线一期工程	中国铁建股份有限公司、中铁十一局集团有限公司、中铁十二局集团有限公司、中国铁建大桥工程局集团电气化公司、中铁十七局集团有限公司、中铁十八局集团有限公司、中铁二十四局集团有限公司、中铁建设集团有限公司、中国铁建电气化局集团有限公司、中铁第四勘察设计院集团有限公司、中铁海峡建设集团有限公司
39	广州市城市轨道交通13号线首期工程	中铁第一勘察设计院集团有限公司、中铁十九局集团有限公司、中铁十六局集团有限公司、中铁十二局集团电气化公司
40	昆玉铁路宝峰隧道工程	中铁第五勘察设计院集团北京铁研建设监理有限责任公司、中铁二十二局集团有限公司及其二公司
41	北京新机场东航基地项目(1号配餐楼等12项)	中铁建设集团有限公司及其北京公司
42	中节能(江西)总部基地工程(2号、3号、4号及地下室)	中铁建设集团有限公司及其中南公司
43	港盛大厦项目	中铁十四局集团有限公司及其建筑公司
44	西城·西进时代中心三地块项目1标段工程	中铁城建集团有限公司及其一公司
45	新建南京至安庆铁路芜湖站工程	中铁第五勘察设计院集团北京铁城建设监理有限责任公司
46	广西东盟信息交流中心一期建设项目	中铁城建集团有限公司
47	贵定卷烟厂易地技术改造项目1标段工程(联合工房、动力中心及管道连廊)	中铁十二局集团建安公司
48	荣华国际商务中心项目	中铁建设集团有限公司及其西安公司
49	乌鲁木齐轨道交通1号线百园路车辆基地综合楼工程	中铁第一勘察设计院集团有限公司
50	卡拉奇至拉合尔高速公路Ⅲ标段工程	中铁二十局集团有限公司及其一、二、三、四公司

(制表:刘 辉 牛 峰)

2020年中国铁建杯优质工程奖获奖情况

序号	获 奖 工 程	施 工 单 位
1	离岛医疗综合体护理学院建造工程	中国土木工程集团(澳门)有限公司
2	特拉维夫红线轻轨东标段隧道项目	中国土木工程集团有限公司
3	徐州市城市快速轨道交通1号线一期工程地下市政工程土建施工A合同段	中铁十一局集团有限公司及其一公司
4	武汉市轨道交通2号线南延线光谷广场综合体工程	中铁十一局集团有限公司及其一、四公司
5	浩吉铁路汉江特大桥工程	中铁十一局集团有限公司及其一、三公司
6	新建商丘至合肥至杭州铁路站前工程下塘特大桥工程	中铁十一局集团有限公司及其三、六公司和桥梁公司
7	成昆铁路米易至攀枝花段扩能改造工程总发隧道工程	中铁十一局集团有限公司及其五公司

续表

序号	获 奖 工 程	施 工 单 位
8	新建武汉至十堰铁路孝感至十堰段四电系统集成及相关工程	中铁十一局集团有限公司及其电务公司、中国铁建电气化局集团南方公司
9	新建北京至沈阳铁路客运专线辽宁段站房及相关工程 JSLNZF－2 标段	中铁十一局集团有限公司及其建安公司
10	新建杭州至黄山铁路先行标段站前工程	中铁十一局集团有限公司及其二、三公司和电务、桥梁公司
11	新建蒙西至华中铁路煤运通道重点控制工程 MHSS－2 标段万荣隧道工程	中铁十二局集团有限公司及其二公司、中国铁建电气化局集团有限公司
12	新建大同至张家口高速铁路山西省境内站前工程智家堡御河特大桥工程	中铁十二局集团有限公司及其四、七公司
13	新建怀化至邵阳至衡阳铁路先期开工 HSHZQ－2 标段黄岩隧道工程	中铁十二局集团有限公司及其二公司、电气化公司
14	新建蒙西至华中地区铁路煤运通道工程汾河特大桥工程	中铁十二局集团有限公司及其四公司
15	新建北京至霸州铁路工程黄固特大桥工程	中铁十二局集团有限公司及其一公司
16	新建武汉至十堰铁路孝感至十堰段谷城特大桥工程	中铁十二局集团有限公司及其三公司
17	国道 318 线林芝至拉萨公路改造工程米拉山隧道工程	中铁十二局集团有限公司及其一公司
18	高新 NEWORLD 工程	中铁十二局集团建安公司
19	北京轨道交通新机场线一期工程站后四电工程（供电系统及综合监控系统设备安装、信号、通信、自动售检票安装）	中铁十二局集团有限公司及其电气化公司、中铁十四局集团有限公司及其电气化公司
20	宁波市轨道交通 2 号线二期土建工程 TJ2212 标段	中国铁建大桥工程局集团有限公司及其三公司
21	重庆市轨道交通环线二期（上浩至重庆西）项目土建 7 标段鹅公岩轨道专用桥工程	中国铁建大桥工程局集团有限公司及其一公司
22	浩吉铁路土建工程 13 标段三门峡黄河公铁两用大桥工程	中国铁建大桥工程局集团有限公司及其四公司、西北公司
23	萍乡市海绵城市西门内涝区综合整治工程	中国铁建大桥工程局集团有限公司及其三公司
24	广州市轨道交通 21 号线工程施工 6 标段土建工程	中国铁建大桥工程局集团有限公司及其二公司
25	新建北京至张家口铁路站前工程 JZSG－1 标段清华园隧道工程	中铁十四局集团有限公司及其二公司、大盾构公司、房桥公司
26	北京市轨道交通新机场线一期工程土建施工 07 合同段工程	中铁十四局集团有限公司及其隧道公司
27	新建鲁南高速铁路临沂至曲阜段工程	中铁十四局集团有限公司及其三、四、五公司和房桥公司，中铁十九局集团有限公司，中铁二十一局集团有限公司，中国铁建大桥工程局集团有限公司，山东省路桥集团有限公司，中铁电气化局集团有限公司，中铁十局集团有限公司，中国铁路通信信号股份有限公司
28	济南高层次人才创新创业基地起步区项目	中铁十四局集团有限公司及其建筑公司
29	太原站东广场及配套路网工程	中铁十四局集团有限公司及其二公司

续表

序号	获奖工程	施工单位
30	新建通辽至京沈高速铁路新民北站铁路工程 TLSG－2 标段工程	中铁十四局集团有限公司及其三、五公司和电气化公司、房桥公司
31	高功率芯片生产项目(一期第一阶段)EPC 工程	中铁十四局集团有限公司及其建筑公司、信息产业电子第十一设计研究院科技工程股份有限公司
32	新建徐州至淮安至盐城铁路站前工程 XYZQ－3 标段徐洪河特大桥工程	中铁十五局集团有限公司及其一、二公司和路桥公司
33	X120 线川黄公路雪山梁隧道工程	中铁十五局集团有限公司及其三公司
34	新建武汉至十堰铁路孝感至十堰段东津特大桥工程	中铁十五局集团有限公司及其五公司、路桥公司
35	郑州市轨道交通 5 号线土建施工 01 标段工程	中铁十五局集团有限公司及其城轨公司
36	新建南昌至赣州铁路客运专线赣州赣江特大桥工程	中铁十六局集团有限公司及其五公司
37	宁波轨道交通 3 号线一期工程	中铁十一局集团有限公司及其电务公司、中铁十四局集团有限公司、中铁十六局集团有限公司、中国铁建电气化局集团南方公司、中铁十局集团有限公司、中铁隧道局集团有限公司、宏润建设集团股份有限公司、浙江省二建建设集团有限公司、中铁四局集团有限公司
38	新建吴忠至中卫铁路中卫南站工程	中铁十六局集团有限公司及其电气化公司
39	苏州市轨道交通 3 号线工程	中铁十六局集团有限公司及其北京轨道交通公司、中铁十一局集团有限公司及其城轨公司、中铁十二局集团有限公司及其二公司、中铁十七局集团有限公司及其上海轨道交通公司、中国铁建大桥工程局集团有限公司及其二公司、中铁二局集团有限公司、中铁隧道集团有限公司、中交隧道工程局有限公司、中亿丰建设集团股份有限公司
40	杭州地铁 5 号线一期 SG5－6 标段工程	中铁十六局集团有限公司及其北京轨道交通公司
41	温岭泽国至玉环大麦屿疏港公路工程(228 国道玉环段)漩门湾特大桥工程	中铁十六局集团三公司
42	新建张家口至呼和浩特铁路站前工程 ZHZQ－2 标段工程	中铁十七局集团有限公司及其二公司
43	新建敦煌至格尔木铁路(甘肃段)DGGSZQ－3 标段当金山隧道工程	中铁十七局集团有限公司及其四、五公司
44	太原市妇幼保健院迁建工程	中铁十七局集团有限公司及其建筑公司
45	新建蒙西至华中地区铁路煤运通道工程 MHTJ－4 标段阳城隧道工程	中铁十七局集团有限公司及其五公司
46	2022 年冬奥会延庆赛区外围配套综合管廊工程	中铁十八局集团有限公司及其隧道公司、中铁十四局集团有限公司及其二公司
47	新建郑州至周口至阜阳铁路周淮特大桥工程	中铁十八局集团有限公司及其一、二、五公司
48	新建郑州至万州铁路(河南段)张良镇跨南水北调干渠特大桥工程	中铁十八局集团有限公司及其二公司、中铁二十局集团有限公司、中铁四局集团有限公司

续表

序号	获 奖 工 程	施 工 单 位
49	新建商丘经合肥至杭州铁路 SHZQ－4 标段古城特大桥工程	中铁十八局集团有限公司及其一、二、五公司
50	郑州市轨道交通 5 号线土建施工 05 标段工程	中铁十八局集团有限公司及其一公司
51	理想花园住宅小区二期项目	中铁十八局集团北京公司
52	四川省雅砻江两河口水电站库首跨库大桥及其引道段库首跨库大桥工程	中铁十八局集团有限公司及其二公司
53	鄂北水资源配置工程 15 标段工程	中铁十八局集团有限公司及其隧道公司
54	崇左市崇左大桥工程	中铁十九局集团有限公司
55	青岛地铁 2 号线一期工程	中国铁建股份有限公司、中铁十一局集团有限公司、中铁十二局集团有限公司、中铁十四局集团有限公司、中铁十六局集团有限公司、中铁十七局集团有限公司、中铁十八局集团有限公司、中铁十九局集团有限公司、中铁二十局集团有限公司、中铁二十二局集团有限公司、中铁二十五局集团有限公司、中国中铁股份有限公司、中铁隧道局集团有限公司、中铁一局集团有限公司、中铁二局集团有限公司、中铁三局集团有限公司、中铁四局集团有限公司、中铁十局集团有限公司、中铁电气化局集团有限公司、山西省工业设备安装集团有限公司、青岛安装建设股份有限公司
56	新建郑州至周口至阜阳铁路（河南段）ZFZQ－3 标段扶华特大桥工程	中铁十九局集团有限公司及其五公司、中铁北京工程局集团有限公司
57	新建郑州至万州铁路（湖北段）站前工程 ZWZQ－3 标段襄阳东津站工程	中铁十九局集团二公司
58	西成铁路客运专线南郑特大桥工程	中铁二十局集团有限公司及其六公司
59	宫园观邸 DK－1 工程	中铁二十局集团六公司
60	福州沈海复线（宁德漳湾至连江浦口福州段）高速公路 A1 合同段油车岭隧道工程	中铁二十局集团一公司、中铁六局集团有限公司
61	引江济淮试验工程	中铁二十局集团有限公司
62	深（圳）至茂（名）铁路江门至茂名段白沙水特大桥工程	中铁二十局集团有限公司及其四公司
63	新建南昌至赣州铁路客运专线 CGZQ－12 标段梨园特大桥工程	中铁二十一局集团有限公司及其六公司
64	新建鲁南高速铁路临沂至曲阜段 LQTJ－2 标段赵庄特大桥工程	中铁二十一局集团有限公司及其五公司
65	新建哈尔滨至佳木斯铁路站前铺架工程	中铁二十二局集团有限公司及其二公司
66	祥平保障房地铁社区一期工程	中铁二十二局集团三公司
67	京沈铁路客运专线（辽宁段）JSLNTJ－13 标段蒲河特大桥工程	中铁二十二局集团有限公司及其四公司
68	成都地铁 5 号线一二期工程土建施工 12 合同段工程	中铁二十二局集团有限公司及其轨道公司

续表

序号	获 奖 工 程	施 工 单 位
69	成都地铁5号线一二期工程土建14标段工程	中铁二十三局集团有限公司及其轨道交通公司
70	中铁西派城1标段房建工程	中铁二十三局集团有限公司及其四公司
71	福州东南绕城高速公路琅岐特大桥2号桥工程	中铁二十三局集团一公司
72	新建尧化门货场工程 YHMHC－SG 标段工程	中铁二十四局集团有限公司
73	鹰潭市余信贵大桥工程	中铁二十四局集团有限公司
74	杭黄铁路站前 HHZQ－3 标段浦阳江特大桥工程	中铁二十四局集团有限公司
75	南宁市亭洪路延长线上跨铁路立交工程	中铁二十五局集团四公司
76	新建深圳至茂名铁路江门至茂名段 JMZQ－8 标段工程	中铁二十五局集团有限公司
77	青岛蓝色硅谷城际轨道交通04标段工程	中铁二十五局集团有限公司
78	新建北京至张家口铁路昌平站等5站站房及相关工程 ZFSG－2 标段工程	中铁建设集团有限公司
79	新建郑州至万州铁路南阳东站、邓州东站、方城站工程	中铁建设集团有限公司
80	柳州站站房扩建工程	中铁建设集团有限公司
81	盐城先锋国际广场三期酒店写字楼工程	中铁建设集团有限公司
82	中国医学科学院肿瘤医院住院综合楼工程（医技用房、手术用房、病房等）	中铁建设集团有限公司
83	一方·中港国际工程	中铁建设集团有限公司
84	滑县第一高级中学东校区建设项目	中铁建设集团有限公司
85	蒙西至华中地区铁路煤运通道四电工程	中国铁建电气化局集团有限公司及其一、二、三、四公司和南方公司、北方公司
86	新建郑州至周口至阜阳铁路四电集成及相关工程	中国铁建电气化局集团有限公司及其一公司、南方公司
87	银川至中卫铁路四电集成及相关工程	中国铁建电气化局集团有限公司及其南方公司
88	新建通辽至京沈高速铁路新民北站铁路四电系统集成及配套房屋工程	中国铁建电气化局集团有限公司及其三公司
89	南宁市邕宁水利枢纽工程航运过坝项目	中国铁建港航局集团有限公司
90	新会区银鹭大桥新建工程	中国铁建港航局集团有限公司及其路桥公司
91	阿尔及利亚927千米东西高速公路中标段项目	中国铁建股份有限公司、中国铁建国际集团有限公司、中铁十二局集团有限公司、中铁十四局集团有限公司、中铁十九局集团有限公司、中国土木工程集团公司
92	G TOWER 高档写字楼项目	中国铁建国际集团有限公司
93	云桂线引入昆明枢纽Ⅰ类变更设计完善客运配套设施及昆明车辆段迁建工程	中铁城建集团有限公司及其一公司
94	新建黔江至张家界至常德铁路站房、生产生活房屋及相关配套工程 QZCFJ－1 标段龙山北站工程	中铁城建集团有限公司

续表

序号	获 奖 工 程	施 工 单 位
95	内蒙古冰上运动训练中心建设项目(大道速滑馆、冰球冰壶馆)	中铁城建集团有限公司及其北京公司
96	宝坻新城城中村和平房宿舍还迁项目一期工程	中铁城建集团有限公司及其三公司
97	厦门市轨道交通2号线一期工程土建施工总承包2标段工程	中国铁建股份有限公司、中铁海峡建设集团有限公司、中铁十一局集团有限公司、中铁十七局集团有限公司、中铁二十二局集团有限公司及其三公司、中铁十八局集团有限公司、中国铁建大桥工程局集团有限公司、中铁武汉电气化局集团有限公司、中铁电气化局集团有限公司
98	成都地铁10号线一期工程	中国铁建股份有限公司、中铁十一局集团有限公司、中国铁建大桥工程局集团有限公司、中铁十五局集团有限公司、中铁十六局集团有限公司、中铁二十局集团有限公司、中铁二十三局集团有限公司、中铁建设集团有限公司、中国铁建电气化局集团有限公司、中国铁建昆仑投资集团有限公司

(制表:刘 辉 牛 峰)

【主要施工设备】 截至2020年底,中国铁建拥有设备138940台(套),原值764亿元、净值297亿元。主要施工设备:盾构机设备405台,铁路客运专线用900吨箱梁运架一体机26台、架桥机197台、运梁车192台、提移梁机94台(套);移动模架17套,节段拼装造桥机13台,1600吨箱梁提运架设备4台;大型施工船舶33艘;常规铁路架桥机144台、铺轨机182台;电气化施工设备822台(套);大型机械化整道设备133台。

(张宏成)

【设备管理专业人员】 2020年,中国铁建系统设备管理专业技术人员13566人。其中,高级工程师775人、工程师2716人,设备技术工人19112人,机械司机9017人,汽车驾驶员8661人,修理工2577人。所属各单位全年完成专业技术培训937期,培训人员27381人。

(张宏成)

【2019年设备购置统计】 中国铁建2019年实际购置设备固定资产20398台(套)、105.88亿元,实际投入资金51亿元。

(张宏成)

【2020年设备购置计划】 2020年,中国铁建计划购置设备固定资产34522台(套)、181.93亿元。其中,新购31864台(套)、116.02亿元,结转2658台(套)、65.91亿元,当年计划投入资金74.62亿元。

(张宏成)

【设备集中采购】 2020年,中国铁建系统集中采购设备14094台(套)、64.72亿元,节约资金2.91亿元,节资率5.79%。

(张宏成)

【铁路运输保障任务】 2020年,经国家铁路局批复同意,在中铁十二局集团湘潭铁路工程学校设立中国铁建铁路机车车辆驾驶人员理论考试考点,为中国铁建培养铁路机车驾驶员提供优势与便利。年内秋季首次承办铁路机车车辆驾驶人员资格理论考试,在国家铁路局设备监督管理司和广州地区监管局及铁路机车车辆驾驶人员资格理论考试中心指导下,顺利完成各项报名、培训、考试任务,考试一次通过率45%。全年办理铁路机车驾驶员实作考试人员报名122人次,新获证人员适时填补新老司机交替的空缺,增强企业铁路机车驾驶司机实力。全年办理铁路路用车申请120份,申请使用路用车3089辆,其中路内项目1988辆、路外项目1101辆,保障现场施工生产顺利进行。

(张宏成)

【参加中国国际进口博览会】 2020年11月5—10日,中国国际进口博览会召开,中国铁建副总裁王立新参加开幕式及分论坛活动。中国铁建重工集团股份有限公司举办与德国2家供应商关于采购隧道掘进机、大型养路机械配套零部件的签约仪式等系列活动。中国铁建在第三届进博会上与3家国外供应商达成签约意向,成交4551万美元。

(张宏成)

【物资管理专业人员】 2020年,中国铁建系统物资管理专业人员18094人。其中,高级职称502人、中级职称2510人、初级职称5814人,其他管理人员9268人。所属各单位全年完成业务培训1566期,培训28488人次。 （张 玮）

【物资供应】 2020年,中国铁建系统组织采购供应物资3324.12亿元,消耗物资3311.1亿元。其中,供应钢材2361万吨,水泥6568万吨,柴油104万吨,炸药9万吨,满足施工生产的物资需求,确保施工生产顺利进行。 （张 玮）

【物资集中采购】 2020年,中国铁建系统工程施工物资采购3324.12亿元,集中采购物资3063.91亿元,集采率92.17%,节约资金99.37亿元,节资率3.14%。 （张 玮）

【区域物资集采工作】 2020年,中国铁建区域物资集采工作稳步推进。一是需求集中度不断提升。全年收集项目信息2243条,采购计划5268项,钢材及制品采购计划2249万吨,同比增长24.84%,水泥采购计划5147万吨,同比增长16.06%。二是降本增效成果明显。全年组织实施采购1008批次,采购金额845.95亿元,同比增长7.83%,其中采购钢材及制品1443万吨,同比增长7.84%;水泥3517万吨,同比增长25.11%。预期节约16.41亿元、节资率4.85%。三是大力推广电子招标。各区域中心充分利用"铁建云商"电子招标系统,实现电子开标和异地远程评标,开展在线招评标业务,全年实施电子招标项目463个,采购金额199.77亿元,为全系统物资采购上线、电子化采购打下坚实基础。 （张 玮）

【小件物资采购工作】 2020年,中国铁建商城整体运行平稳,网站各项运营指标正常,访问量稳步增长。截至2020年底,网站供应商入驻80000余家,其中活跃供应商35149家,月度活跃账户10484人次,活跃率13.11%。系统内22个局级单位完全进驻,7466个核算单位入驻中国铁建商城展开网采业务,累计开通采购账号13000余个,每月活跃账户2456人次。 （张 玮）

【平台撮合交易运营工作】 2020年,中国铁建平台撮合交易询价68603次,询价单总价63亿元,供应商有效报价次数22.8万次,撮合合同额107亿元,平台资金交易流入20.23亿元、流出19.53亿元。 （张 玮）

【提质增效专项行动】 一是成立中国铁建提质增效专项行动领导小组,明确小组成员和相关职责。二是下发《中国铁建股份有限公司2020年提质增效专项行动方案》,明确1个总体要求、十大经营目标、7个方面35项具体措施。三是针对新冠肺炎疫情影响,下发《关于积极应对疫情影响深化提质增效工作的通知》,明确落实常态化疫情防控,抓好复工达产,把疫情造成的损失降到最低限度。四是按季度下发提质增效简报,动态掌握各单位提质增效主要指标完成情况及相关工作开展情况。五是召开总部提质增效推进会议,有效推动提质增效专项行动的开展和落实。六是中国铁建领导带队分10个工作组,分别开展对所属24家单位专项督导检查,解决实际困难,督促抓好提质增效工作。2020年,中国铁建系统亏损项目数及亏损额较年初分别下降70个、57.59亿元,工程项目平均综合收益率7.22%,同比增加0.02个百分点,非工程承包板块平均成本费用利润率9.44%,同比增加0.09个百分点;全年实现变更索赔1139.45亿元,同比增长14.3%。 （城 云）

【完善管理制度体系】 2020年,中国铁建下发《中国铁建股份有限公司关于落实"1234+"工程项目管理思路的实施意见》,明确通过围绕法人管项目1种管控模式,紧盯创誉、创效2个目标,落实制度化、标准化、流程化三化要求,强化专业化、工厂化、机械化、信息化4项支撑,紧紧抓住重点人、重点事项、重点项目等若干重点工作,利用3年左右时间,推动项目管理实现"四个明显提升",即全周期管控水平明显提升、施工生产效率明显提升、标准化建设水平明显提升、项目创誉创效能力明显提升。 （城 云）

【编印《疫情对工程项目经济管理影响应对操作指南》】 2020年,针对新冠肺炎疫情对工程项目的影响,中国铁建及时收集整理国家相关部委、各省市出台的相关政策,经过多次研讨、修改,针对疫情对工程项目增加防疫费用及措施费,停工、工期顺延及赶工,人材机价格上涨,复工后工程项目成本管控,分供商管理,援建地方防疫项目,捐赠费用,海外工程项目管理,疫情期间投标工作9个方面的影响提出具体应对措施,编制印发《疫情对工程项目经济管理影响应对操作指南》,科学指导所属各单位在疫情防控常态下做好成本管理工作。 (城 云)

【中国铁建2020年分包商名录发布】 根据所属各单位2020年分包商评价结果,编制《中国铁建2020年分包商名录》,名录含工程项目、房地产开发项目和境外工程项目3类,发布2020年优秀分包商289家,不合格分包商1555家。合格分包商名录由所属各单位编制管理,合计27126家。 (城 云)

【责任成本管理考评】 2020年10月底,中国铁建下发《关于2020年责任成本管理考评的通知》;12月,组织开展对所属20家工程局参建的赣深高速铁路、杭绍台铁路、苏州地铁、明珠湾大桥、小清河复航工程现场检查考评,并对各单位成本管理指标完成情况及存在问题通报。通过现场考评总结责任成本管理的好经验、好做法,督促所属各单位抓好问题整改落实,促进工程项目责任成本管理水平持续提升。 (城 云)

【中国铁建经济管理人才培训班】 2020年10月16日至12月4日,中国铁建在石家庄铁道大学举办2020年经济管理实务操作培训班,主要培训经济管理基础知识、经管人员实务操作(案例式)和模拟沙盘演练(实战化)三部分内容,系统内180人参加培训。11月18—22日,2020年责任成本管理高级培训班在陕西眉县中铁二十局集团培训中心举办,培训主要围绕创效功臣与工程公司效益20强企业责任成本管理案例分享、EPC项目责任成本管理、增值税成本税务筹划、其他大型央企工程项目成本管理方法等内容进行,系统内236人参加培训。 (城 云)

【变更索赔】 2020年,中国铁建施工板块21家单位实现变更索赔1139.5亿元,完成年度计划指标1000亿元的113.95%,变更索赔率12.82%,超出年度计划指标0.82个百分点。 (刘延华 周本敏 郝一明)

【变更索赔包保责任制】 2020年,中国铁建印发《关于下达2021年重点项目变更索赔包保责任目标的通知》,开展对144个项目责任包保,包保目标额97.2亿元,所属各集团公司主管领导为第一责任人。股份公司动态跟踪包保目标实现情况和考核兑现情况,并纳入对各集团公司主管领导绩效考核。

(刘延华 周本敏 郝一明)

【铁路项目概算清理】 2020年,中国铁建印发《关于加强2020年度铁路销号项目概算清理工作的通知》,梳理蒙华、郑万、鲁南、成贵、福平等重难点项目费用问题,督促所属各单位加强铁路项目概算清理工作,及时办理结算和计价工作,加大确权工作力度,实现计价回款目标。全年完成铁路项目115个施工标段的清概工作,项目清概后在原合同总额1458.7亿元的基础上增加189.7亿元。 (刘延华 周本敏 郝一明)

【发布变更索赔案例和文件汇编】 2020年,中国铁建编印《2020年版工程项目变更索赔案例汇编》《工程项目变更索赔文件汇编》《2020年新冠疫情相关文件汇编》,分别收集156个项目变更索赔案例、107个相关政策性文件和110个疫情相关文件,为系统内各单位和项目开展变更索赔工作提供参考借鉴依据,指导各项目及时进行工期和施工费用索赔补偿。

(刘延华 周本敏 郝一明)

【定额造价研究】 2020年,组织中铁十一局、中铁十二局、中铁十六局集团有限公司有关人员参加国家铁路局针对铁路隧道施工经济指标和定额消耗水平的研讨,开展对国家铁路局调整铁路工程造价标准编制期综合工费方案的研究并沟通反馈建议。参加2020年铁路工程造价标准评审工作,完成铁路造价标准修订施工措施费专项研究工作;完成《铁路基本建设工程设计概(预)算编制办法、费用定额》修订大纲审查等工作。 (刘延华 周本敏 郝一明)

【施工合同管理】 2020年,中国铁建认真开展施工合同管理工作,办理南宁地铁2号线等本级项目43份施工合同补充协议的评审及签署工作,参与长春轨道交通7号线等施工总承包项目投标、固定资产建设及地产开发等81个项目的评审工作。

(刘延华 周本敏 郝一明)

【中国铁建二次经营工作专题会议】 2020年11月22日在山西省太原市组织召开。会议研究部署重点项目变更索赔包保责任制等工作,所属各集团公司和设计院汇报2020年工作情况及计划工作举措。会上,中铁十一局集团一公司、中铁十二局集团四公司、中铁十四局集团有限公司蒙华铁路项目、中铁十六局集团有限公司防东项目作经验交流。中国铁建总裁、党委副书记庄尚标,副总裁王立新出席会议并讲话。

(刘延华　周本敏　郝一明)

【中国铁建二次经营高级管理人员培训班】 2020年12月2—5日在中国铁建北京培训中心(党校)举办。所属各集团公司、工程公司经济合同管理与变更索赔专家、工程公司经管部长和铁路项目计财部长共198人参加培训。(刘延华　周本敏　郝一明)

铁路工程

·京雄高速铁路·

【工程概况】 新建北京至雄安新区铁路位于北京市和河北省境内,线路北起北京枢纽李营线路所(含),南至雄安站(含)。沿线涉及北京市大兴区,河北省廊坊市固安县、永清县、霸州市,雄安新区。线路全长92.8千米,设黄村站、新机场站、固安东站、霸州北站、雄安站。2016年12月开工建设,李营至新机场段2019年9月开通运营,河北段2020年11月16日试运行;2020年12月27日,大兴机场至雄安新区段开通运营,标志着京雄城际铁路全线通车运营,雄安站及配套工程同步投入使用。中国铁建所属中铁十二局、中铁十九局、中铁二十一局、中铁建电气化局集团有限公司参加工程建设。(侯　敏)

【参建标段】 中铁十二局集团有限公司京雄高速铁路JBSG－1标段工程　项目部驻北京市大兴区,项目负责人姚军军。合同投资331758万元,线路长28千米。主要工程量:路基土石方13.6万立方米,桥梁31100延长米,正线铺轨15.2千米,车站1座。

中铁十二局集团有限公司京雄高速铁路HCZF－SG标段工程　项目部驻北京市大兴区,项目负责人呼延峰。合同投资22736万元。主要工程量:北京黄村车站站房及相关配套工程。

中铁十二局集团有限公司京雄高速铁路JXZF－1标段工程　项目部驻河北省保定市,项目负责人贺歌今。合同投资186828万元。主要工程量:雄安车站站房及相关配套工程。

中铁十九局集团有限公司京雄高速铁路JXSG－4标段工程　项目部驻河北省廊坊市,项目负责人高峰。合同投资158957万元,线路长13.8千米。主要工程量:路基土石方124万立方米,桥梁10500延长米,铺设无砟轨道13.8千米。

中铁二十一局集团有限公司京雄高速铁路JXSD－1A标段工程　项目部驻河北省保定市,项目负责人王俊行。合同投资24234万元,线路长53.9千米。主要工程量:通信、信号、信息、电力、接触网等四电工程。

中国铁建电气化局集团有限公司京雄高速铁路JXSD－1B标段工程　项目部驻河北省保定市,项目负责人西穷。合同投资88056万元,线路长92.8千米。主要工程量:通信、信号、信息、电力、接触网等四电工程。(侯　敏)

·玉磨铁路·

【工程概况】 玉溪至磨憨铁路(简称玉磨铁路)是指玉溪—普洱—景洪—磨憨的铁路,是泛亚铁路中线的重要组成部分,是中国及云南省通向老挝、缅甸、泰国、马来西亚、新加坡的重要国际大通道的连接线。线路全长507.4千米,客货共线铁路,等级Ⅰ级,采用电力牵引方式,其中玉溪至景洪为双线、景洪至磨憨为单线。旅客列车设计时速160千米,工程投资507.4亿元。建设工期6年,2016年4月开工建设,计划2021年建成通车。中国铁建所属中铁十一局、中铁十二局、中铁十五局、中铁十六局、中铁十七局、中铁十八局、中铁十九局、中铁二十一局、中铁二十二局、中铁二十五局集团有限公司参加工程建设。(侯　敏)

【参建标段】 中铁十一局集团有限公司玉磨铁路YMZQ－9标段工程　项目部驻云南省墨江哈尼族自治县,项目负责人王力。合同投资163910万元,线路长20.5千米。主要工程量:路基土石方13.2万立方米,桥梁1座94延长米,隧道2座20400延长米,无砟轨道20.5千米。

中铁十二局集团有限公司玉磨铁路YMZQ－2标段工程　项目部驻云南省玉溪市,项目负责人张隽。合同投资185570万元,线路长32.2千米。主要工程量:路基土石方384.3万立方米,桥梁4座910.7延长米,隧道6座27300延长米。

中铁十五局集团有限公司玉磨铁路 YMZQ－20 标段工程　项目部驻云南省西双版纳傣族自治州，项目负责人王青海。合同投资 164494 万元，线路长 37 千米。主要工程量：路基土石方 115.6 万立方米，桥梁 13 座 4400 延长米，隧道 7 座 30100 延长米，涵洞 8 座 188 横延米，无砟轨道 20.9 千米。

中铁十六局集团有限公司玉磨铁路 YMZQ－8 标段工程　项目部驻云南省普洱市，项目负责人范永强。合同投资 159497 万元，线路长 20.9 千米。主要工程量：桥梁 1 座 109 延长米，隧道 3 座 20800 延长米，无砟轨道 36.9 千米。

中铁十七局集团有限公司玉磨铁路 YMZQ－4 标段工程　项目部驻云南省玉溪市，项目负责人张建峰。合同投资 184530 万元，线路长 27.4 千米。主要工程量：路基土石方 277.1 万立方米，桥梁 3 座 708 延长米，隧道 3.5 座 24500 延长米，涵洞 7 座 584 横延米，站场 1 处，无砟轨道 33.5 千米。

中铁十八局集团有限公司玉磨铁路 YMZQ－12 标段工程　项目部驻云南省普洱市，项目负责人李小丰。合同投资 152987 万元，线路长 25.3 千米。主要工程量：路基土石方 3.4 万立方米，桥梁 5 座 765 延长米，隧道 6 座 24300 延长米，无砟轨道 28.3 千米。

中铁十九局集团有限公司玉磨铁路 YMZQ－7 标段工程　项目部驻云南省普洱市，项目负责人徐立新。合同投资 157863 万元，线路长 19.9 千米。主要工程量：路基土石方 312 万立方米，桥梁 2 座 650 延长米，隧道 2 座 18400 延长米，涵洞 2 座 302 横延米，站场 1 处，无砟轨道 36.6 千米。

中铁二十一局集团有限公司玉磨铁路 YMZQ－10 标段工程　项目部驻云南省普洱市，项目负责人柴颖鹏。合同投资 147500 万元，线路长 22.4 千米。主要工程量：路基土石方 31.9 万立方米，桥梁 4 座 902 延长米，隧道 3 座 20700 延长米，涵洞 3 座 124 横延米，站场 1 处，无砟轨道 30.6 千米。

中铁二十二局集团有限公司玉磨铁路 YMZQ－18 标段工程　项目部驻云南省西双版纳傣族自治州，项目负责人王冠英。合同投资 152497 万元，线路长 38.9 千米。主要工程量：路基土石方 153.6 万立方米，桥梁 7 座 5800 延长米，隧道 9 座 27800 延长米，涵洞 23 座 615 横延米，站场 3 处，无砟轨道 10.6 千米。

中铁二十五局集团有限公司玉磨铁路 YMZQ－21 标段工程　项目部驻云南省勐腊县，项目负责人李连海。合同投资 105086 万元，线路长 26 千米。主要工程量：路基土石方 287 万立方米，桥梁 16 座 6000 延长米，隧道 5 座 15000 延长米，车站 2 座。　（侯　敏）

·大瑞铁路·

【工程概况】　大瑞铁路是泛亚铁路西线的重要组成部分，起自大理站，止于瑞丽站，沿途设漾濞站、永平站、保山站、龙陵站、芒市站等多个县级、地级中等站。线路全长 330 千米，Ⅰ级单线电气化铁路，设计时速 140 千米，工程投资 257.3 亿元，计划 2022 年底建成通车。中国铁建所属中铁十二局、中铁十七局、中铁十八局、中铁二十三局集团有限公司参加工程建设。

（侯　敏）

【参建标段】　中铁十二局集团有限公司大瑞铁路 4 标段工程　项目部驻云南省保山市，项目负责人许继琪。合同投资 145933 万元，线路长 36.5 千米。主要工程量：路基土石方 165.7 万立方米，桥梁 11 座 2400 延长米，隧道 7 座 32600 延长米，涵洞 2 座 22.9 横延米，车站 3 座。

中铁十七局集团有限公司大瑞铁路 6 标段工程　项目部驻云南省瑞丽市，项目负责人卫青元。合同投资 180235 万元，线路长 59.7 千米。主要工程量：路基土石方 871 万立方米，桥梁 39 座 14000 延长米，隧道 5 座 10100 延长米，涵洞 100 座 2802 横延米，车站 6 座。

中铁十八局集团有限公司大瑞铁路 1 标段工程　项目部驻云南省保山市，项目负责人阎树欣。合同投资 158151 万元，线路长 6.9 千米。主要工程量：桥梁 1 座 1200 延长米，隧道 1 座 5900 延长米，无砟轨道 5.4 千米。

中铁二十三局集团有限公司大瑞铁路 2 标段工程　项目部驻云南省永平县，项目负责人刘加华。合同投资 112359 万元，线路长 32 千米。主要工程量：路基土石方 156.6 万立方米，桥梁 12 座 2900 延长米，隧道 5 座 14700 延长米。　（侯　敏）

·拉林铁路·

【工程概况】　拉林铁路即新建川藏铁路拉萨至林芝段，位于西藏自治区东南部，线路从拉日铁路协荣站引出，向南穿过冈底斯山脉进入雅鲁藏布江河谷，在贡嘎跨过雅鲁藏布江后沿河谷而下，向东经过扎囊、山南市区、桑日、加查、朗县、米林后沿尼洋河至林芝。正线全长 400.7 千米，Ⅰ级单线电气化快速铁路，桥隧占比 73.23%，计划 2021 年建成通车。2020 年 12 月 31 日，拉林铁路全线通轨。中国铁建所属中铁十一局、中铁十二局、中铁十五局、中铁十七局、中铁十八局、中铁十九局、中铁二十一局集团有限公司参加工程建设。

（侯　敏）

【参建标段】 中铁十一局集团有限公司拉林铁路LLZQ－1标段工程 项目部驻西藏自治区拉萨市，项目负责人吴启新。合同投资154661万元，线路长10.2千米。主要工程量：路基土石方13万立方米，桥梁3座5100延长米，隧道4400延长米，涵洞3座38.7横延米，铺轨461.7千米。

中铁十二局集团有限公司拉林铁路LLZQ－6标段工程 项目部驻西藏自治区加查县，项目负责人白国峰。合同投资74586万元，线路长13.3千米。主要工程量：桥梁300延长米，隧道13100延长米。

中铁十五局集团有限公司拉林铁路LLZQ－1B标段工程 项目部驻西藏自治区贡嘎县，项目负责人张文涛。合同投资43722万元，线路长6.6千米。主要工程量：路基土石方163万立方米，桥梁300延长米，隧道2500延长米。

中铁十七局集团有限公司拉林铁路LLZQ－11标段工程 项目部驻西藏自治区米林县，项目负责人王树成。合同投资188407万元，线路长38.3千米。主要工程量：路基土石方39.5万立方米，桥梁2700延长米，隧道34300延长米，无砟轨道32.9千米。

中铁十七局集团有限公司拉林铁路迁改工程 项目部驻西藏自治区拉萨市，项目负责人刘易。合同投资21277万元。主要工程量：通信光缆迁改、基站迁移、电缆迁改，给排水管道迁改。

中铁十七局集团有限公司拉林铁路公网通信工程 项目部驻西藏自治区拉萨市，项目负责人刘易。合同投资14481万元，线路长435.5千米。主要工程量：拉林铁路公网通信覆盖施工，主设备安装及传输代建施工，144芯沿线光缆代建施工。

中铁十八局集团有限公司拉林铁路LLZQ－9标段工程 项目部驻西藏自治区朗县，项目负责人李正士。合同投资209856万元，线路长39.2千米。主要工程量：路基土石方132万立方米，桥梁1300延长米，隧道35800延长米，无砟轨道33.2千米。

中铁十九局集团有限公司拉林铁路LLZQ－12标段工程 项目部驻西藏自治区林芝市，项目负责人何旭。合同投资243417万元，线路长53.1千米。主要工程量：路基土石方602万立方米，桥梁12200延长米，隧道18700延长米。

中铁二十一局集团有限公司拉林铁路LLDJSGZQ标段工程 项目部驻西藏自治区拉萨市，项目负责人芦巍。合同投资70971万元，线路长5.5千米。主要工程量：路基土石方288万立方米，站房56874平方米，铺轨9千米。

（侯 敏）

·郑万铁路客运专线·

【工程概况】 郑（州）至万（州）铁路客运专线是郑渝（郑州至重庆）铁路的重要组成部分，同时也是联系中原地区和西南地区的主要高速客运通道，兼顾沿线城际及旅游客流运输。线路起自郑州南站，通过联络线连接郑州东站，经河南省开封市、长葛市、禹州市、平顶山、南阳市、邓州市，进入湖北省襄阳市襄城区、南漳县、保康县、神农架林区、兴山县、恩施州巴东县，后进入重庆市巫山县、奉节县、云阳县、万州区，连接渝万高速铁路。全长818千米，设计时速350千米，工程投资1180亿元。河南段2015年10月底开工建设，2019年底建成通车；全线计划2022年建成通车。中国铁建所属中铁十一局、中铁十二局、中铁十五局、中铁十六局、中铁十七局、中铁十八局、中铁十九局、中铁二十局、中铁建设、中铁建电气化局集团有限公司参加工程建设。

（侯 敏）

【参建标段】 中铁十一局集团有限公司郑万铁路客运专线（湖北段）5标段工程 项目部驻湖北省襄阳市，项目负责人黎建华。合同投资257574万元，线路长35.1千米。主要工程量：路基土石方230万立方米，桥梁26座18100延长米，隧道6座14100延长米，涵洞3座52横延米，无砟轨道69.7千米，车站1座。

中铁十一局集团有限公司郑万铁路客运专线（重庆段）9标段工程 项目部驻重庆市云阳县，项目负责人于涛。合同投资251253万元，线路长27.4千米。主要工程量：路基土石方60.6万立方米，桥梁9座4500延长米，隧道6座22100延长米，无砟轨道55.9千米，铺轨369.9千米。

中铁十二局集团有限公司郑万铁路客运专线（湖北段）7标段工程 项目部驻湖北省保康县，项目负责人王立军。合同投资321572万元，线路长35.1千米。主要工程量：桥梁5座3600延长米，隧道4.5座31200延长米，车站1座。

中铁十五局集团有限公司郑万铁路客运专线（河南段）7标段工程 项目部驻河南省南阳市，项目负责人金国海。合同投资231206万元，线路长37.6千米。主要工程量：路基土石方78万立方米，桥梁4座34000延长米，涵洞9座210横延米，站场1处，无砟轨道74.9千米。

中铁十六局集团有限公司郑万铁路客运专线（重庆段）6标段工程 项目部驻重庆市奉节县，项目负责人陈鹰。合同投资109264万元，线路长13.5千米。主要工程量：隧道1座13500延长米，铺轨13.5千米。

中铁十七局集团有限公司郑万铁路客运专线(河南段)8标段工程　项目部驻河南省南阳市,项目负责人范三庆。合同投资255155万元,线路长43.1千米。主要工程量:路基土石方109.7万立方米,桥梁39400延长米,涵洞12座398横延米,车站1座,铺轨83.7千米。

中铁十七局集团有限公司郑万铁路客运专线(重庆段)8标段工程　项目部驻重庆市万州区,项目负责人郭俊勇。合同投资94418万元,线路长12.3千米。主要工程量:路基土石方2.5万立方米,桥梁1座258延长米,隧道2座12000延长米,铺轨24.6千米。

中铁十八局集团有限公司郑万铁路客运专线(河南段)5标段工程　项目部驻河南省平顶山市,项目负责人杨国良。合同投资45256万元,线路长13.9千米。主要工程量:桥梁1座13800延长米。

中铁十八局集团有限公司郑万铁路客运专线(湖北段)6标段工程　项目部驻湖北省保康县,项目负责人郭志强。合同投资290949万元,线路长35.6千米。主要工程量:路基土石方11.9万立方米,桥梁15座5900延长米,隧道11座29400延长米,铺轨71.3千米。

中铁十八局集团有限公司郑万铁路客运专线(重庆段)2标段工程　项目部驻重庆市巫山县,项目负责人刘晓树。合同投资171628万元,线路长16.6千米。主要工程量:隧道1座16600延长米,站后场坪3处,改移道路1条。

中铁十九局集团有限公司郑万铁路客运专线(湖北段)3标段工程　项目部驻湖北省襄阳市,项目负责人李锐。合同投资267724万元,线路长22.1千米。主要工程量:路基土石方206.8万立方米,桥梁8座29600延长米,隧道1座317延长米,站场1处,铺轨42.1千米。

中铁二十局集团有限公司郑万铁路客运专线(河南段)4标段工程　项目部驻河南省平顶山市,项目负责人张林。合同投资266333万元,线路长44.9千米。主要工程量:路基土石方214.9万立方米,桥梁5座25600延长米,无砟轨道42.8千米。

中铁建设集团有限公司郑万铁路客运专线(河南段)站房工程2标段　项目部驻河南省南阳市,项目负责人李双来。合同投资85451万元。主要工程量:站房建筑面积9万平方米。

中铁建设集团有限公司郑万铁路客运专线(湖北段)襄阳动车所工程　项目部驻湖北省襄阳市,项目负责人张镜心。合同投资31111万元。主要工程量:襄阳动车所建筑面积67439平方米,维修工区建筑面积5897平方米。

中国铁建电气化局集团有限公司郑万铁路客运专线(湖北段)强电标段工程　项目部驻湖北省襄阳市,项目负责人盛存银。合同投资104048万元,线路长286.9千米。主要工程量:标段内强电系统集成及相关工程。

中国铁建电气化局集团有限公司郑万铁路客运专线(重庆段)四电标段工程　项目部驻重庆市云阳县,项目负责人徐元成。合同投资108499万元,线路长183.9千米。主要工程量:标段内四电系统集成及相关工程。
(侯　敏)

·成兰铁路·

【工程概况】　成兰铁路起自四川省成都市青白江区,经广汉市、什邡市、绵竹市、安县、茂县、九寨沟县、松潘县,在甘肃省内接兰渝铁路哈达铺站,哈达铺至兰州段与兰渝铁路共线。线路全长780千米,设计时速200千米,Ⅰ级电气化铁路,工程投资619亿元。2012年开工建设,计划2022年建成通车。中国铁建所属中铁十二局、中铁十四局、中铁十六局、中铁十七局、中铁十八局、中铁十九局、中铁二十五局集团有限公司参加工程建设。
(侯　敏)

【参建标段】　中铁十二局集团有限公司成兰铁路CLZQ-8标段工程　项目部驻四川省茂县,项目负责人石红吉。合同投资158755万元,线路长18.2千米。主要工程量:桥梁1座171延长米,隧道2座18000延长米。

中铁十四局集团有限公司成兰铁路CLZQ-11标段工程　项目部驻四川省松潘县,项目负责人张同晓。合同投资147334万元,线路长24.2千米。主要工程量:桥梁1座2473延长米,隧道5座21100延长米。

中铁十六局集团有限公司成兰铁路CLZQ-4标段工程　项目部驻四川省安县,项目负责人于天赐。合同投资125717万元,线路长19.2千米。主要工程量:路基土石方320.2万立方米,桥梁2座480延长米,隧道2座11900延长米,涵洞34座1281横延米,铺轨101.9千米。

中铁十六局集团有限公司成兰铁路CLZQ-12标段工程　项目部驻四川省松潘县,项目负责人于天赐。合同投资71582万元,线路长11.8千米。主要工程量:隧道1座11800延长米。

中铁十七局集团有限公司成兰铁路CLZQ-7标段工程　项目部驻四川省茂县,项目负责人侯国强。合同投资108314万元,线路长7.3千米。主要工程量:路基土石方105万立方米,桥梁3座1213延长米,隧道1座6000延长米,涵洞1座21横延米,无砟轨道129.8千米。

中铁十七局集团有限公司成兰铁路引入成都枢纽DJ标段站前工程　项目部驻四川省成都市，项目负责人张德根。合同投资32280万元，线路长13千米。主要工程量：路基土石方232万立方米，桥梁9座，涵洞37座，站场4处，铺轨30.5千米。

中铁十八局集团有限公司成兰铁路引入成都枢纽DJ标段站后工程　项目部驻四川省成都市，项目负责人郝午飞。合同投资12937万元。主要工程量：房屋建筑面积40428平方米。

中铁十九局集团有限公司成兰铁路CLZQ－5标段工程　项目部驻四川省安县，项目负责人王海亮。合同投资133078万元，线路长18.1千米。主要工程量：路基土石方2.6万立方米，桥梁1座235延长米，隧道2座17700延长米，站场1处。

中铁二十五局集团有限公司成兰铁路CLZQ－13标段工程　项目部驻四川省松潘县，项目负责人庞尔林。合同投资157087万元，线路长22.9千米。主要工程量：路基5.3千米，路基土石方293万立方米，桥梁14座6400延长米，隧道2座11200延长米，涵洞11座751横延米，铺轨102千米，车站2座。　（侯　敏）

·成昆铁路复线·

【工程概况】　成昆铁路复线是在既有成昆铁路基础上新建或增建二线的铁路线，北起四川省成都市，南至云南省昆明市，施工期间称成昆铁路扩能改造工程，属快速铁路。线路全长900千米，其中四川省境内632千米。扩能改造后，复线主要承担客运功能，兼顾货运功能，计划2023年建成通车。中国铁建所属中铁十一局、中铁十二局、中铁十四局、中铁十六局、中铁十七局、中铁十八局、中铁十九局、中铁二十一局、中铁建设集团有限公司参加工程建设。　（侯　敏）

【参建标段】　中铁十一局集团有限公司成昆铁路复线EMZQ－15标段工程　项目部驻四川省德昌县，项目负责人余斌。合同投资128562万元，线路长25.7千米。主要工程量：路基土石方86.1万立方米，桥梁2600延长米，隧道20000延长米，涵洞400横延米，站场1处，无砟轨道28.5千米。

中铁十二局集团有限公司成昆铁路复线（峨米段）EMZQ－3标段工程　项目部驻四川省乐山市，项目负责人聂清文。合同投资180817万元，线路长29.2千米。主要工程量：路基土石方138万立方米，桥梁1841.4延长米，隧道25500延长米。

中铁十二局集团有限公司成昆铁路复线CKZQ－6标段工程　项目部驻云南省禄丰县，项目负责人张隽。合同投资92618万元，线路长19.2千米。主要工程量：路基土石方46.7万立方米，桥梁800延长米，隧道13400延长米，涵洞300横延米，站场1处，无砟轨道26.6千米。

中铁十二局集团有限公司成昆铁路复线MPZQ－5标段工程　项目部驻四川省攀枝花市，项目负责人李有生。合同投资155075万元，线路长23.3千米。主要工程量：路基土石方129.4万立方米，桥梁600延长米，隧道38800延长米，涵洞200横延米，站场1处，无砟轨道35.8千米。

中铁十四局集团有限公司成昆铁路复线EMZQ－16标段工程　项目部驻四川省攀枝花市，项目负责人冯加勇。合同投资119179万元，线路长22.5千米。主要工程量：路基3.7千米，路基土石方145.7万立方米，桥梁5900延长米，隧道12700延长米，涵洞300横延米。

中铁十六局集团有限公司成昆铁路复线EMZQ－7标段工程　项目部驻四川省甘洛县，项目负责人齐永立。合同投资141392万元，线路长21.2千米。主要工程量：桥梁200延长米，隧道21000延长米，无砟轨道39.2千米。

中铁十七局集团有限公司成昆铁路复线EMZQ－2标段工程　项目部驻四川省乐山市，项目负责人陈礼宏。合同投资124509万元，线路长21.6千米。主要工程量：路基土石方30万立方米，桥梁4700延长米，隧道14500延长米，无砟轨道20.1千米，车站1座。

中铁十八局集团有限公司成昆铁路复线EMZQ－5标段工程　项目部驻四川省乐山市，项目负责人姜胜。合同投资196315万元，线路长26.6千米。主要工程量：桥梁500延长米，隧道26200延长米，无砟轨道41.5千米。

中铁十九局集团有限公司成昆铁路复线CKZQ－4标段工程　项目部驻云南省牟定县，项目负责人刘百合。合同投资111021万元，线路长17.8千米。主要工程量：路基土石方22.4万立方米，桥梁300延长米，隧道17200延长米，涵洞100横延米，站场1处，无砟轨道22.6千米。

中铁二十一局集团有限公司成昆铁路复线EMZQ－10标段工程　项目部驻四川省冕宁县，项目负责人李旦合。合同投资150080万元，线路长25.6千米。主要工程量：路基土石方255万立方米，桥梁12座9600延长米，隧道4座13100延长米，涵洞10座292横延米，无砟轨道18千米。

中铁建设集团有限公司成昆铁路复线车站站房工程　项目部驻四川省攀枝花市，项目负责人孟军伟。合同投资47567万元。主要工程量：攀枝花南站建筑

面积 7999 平方米,米易东站建筑面积 2492 平方米,盐边站建筑面积 1794.9 平方米。 (侯 敏)

·福厦高速铁路·

【工程概况】 福厦高速铁路是连接福建省福州市和厦门市的铁路客运专线,北起福州南,接入京福铁路客运专线,南至漳州。线路全长 294 千米,双线高速铁路,设计时速 350 千米,工程投资 530.4 亿元。2017 年 1 月 15 日开工建设,计划 2022 年建成通车。中国铁建所属中铁十一局、中铁十二局、中国铁建大桥局、中铁十六局、中铁十七局、中铁建电气化局集团有限公司参加工程建设。 (侯 敏)

【参建标段】 中铁十一局集团有限公司福厦高速铁路 FX-4 标段工程 项目部驻福建省莆田市,项目负责人孙昱。合同投资 239253 万元,线路长 21.5 千米。主要工程量:路基土石方 257.3 万立方米,桥梁 2 座 18500 延长米,站场 1 处,铺轨 371 千米。

中铁十二局集团有限公司福厦高速铁路 FX-2 标段工程 项目部驻福建省福州市,项目负责人李保明。合同投资 231404 万元,线路长 33.4 千米。主要工程量:路基 2.7 千米,桥梁 9700 延长米,隧道 21000 延长米,站场 1 处,无砟轨道 64.9 千米。

中国铁建大桥工程局集团有限公司福厦高速铁路 FX-7 标段工程 项目部驻福建省晋江市,项目负责人崔淑斌。合同投资 264766 万元,线路长 32.2 千米。主要工程量:路基土石方 236.5 万立方米,桥梁 9 座 20400 延长米,隧道 2 座 5900 延长米,涵洞 14 座 651 横延米,站场 1 处。

中铁十六局集团有限公司福厦高速铁路 FX-3 标段工程 项目部驻福建省莆田市,项目负责人王传宗。合同投资 216940 万元,线路长 35.1 千米。主要工程量:路基土石方 22.9 万立方米,桥梁 5 座 23700 延长米,隧道 3 座 9900 延长米,涵洞 4 座 90.5 横延米。

中铁十六局集团有限公司福厦高速铁路迁改 1 标段工程 项目部驻福建省莆田市,项目负责人戴卫超。合同投资 36225.8 万元,线路长 108.3 千米。主要工程量:110 千伏及以上超高压线路迁改,长途干线光缆迁改 69.9 千米,部队光缆处理 15 处,移动基站迁改 12 座,通信机房迁改 3 座,给排水管线迁改 14.5 千米,长输油气管道迁改 4.4 千米。

中铁十七局集团有限公司福厦高速铁路 FX-XX 标段工程 项目部驻福建省漳州市,项目负责人卓文龙。合同投资 47231 万元,线路长 9.9 千米。主要工程量:桥梁 6 座 5900 延长米,隧道 4 座 2900 延长米,无砟轨道 5.8 千米。

中国铁建电气化局集团有限公司福厦高速铁路 FXSD 标段工程 项目部驻福建省福清市,项目负责人刘兴晨。合同投资 181016 万元,线路长 277.4 千米。主要工程量:正线及联络线电力、变电、通信、信号、接触网及配套设备房屋工程。 (侯 敏)

·贵南高速铁路·

【工程概况】 贵南高速铁路由原中国铁路总公司、贵州省、广西壮族自治区共同出资建设,工程投资 757.6 亿元。线路全长 512 千米,其中新建线路 482 千米,设车站 14 座,设计时速 350 千米。2017 年 12 月开工建设,计划 2023 年 12 月建成通车。中国铁建所属中铁十一局、中铁十二局、中铁十四局、中铁十八局、中铁二十一局集团有限公司参加工程建设。 (侯 敏)

【参建标段】 中铁十一局集团有限公司贵南高速铁路(贵州段)GNZQ-4 标段工程 项目部驻贵州省独山县,项目负责人陈家勇。合同投资 256165 万元,线路长 30.6 千米。主要工程量:路基土石方 165.7 万立方米,桥梁 8 座 5400 延长米,隧道 6 座 21100 延长米,涵洞 10 座 327.5 横延米,车站 1 座,无砟轨道 62.2 千米。

中铁十一局集团有限公司贵南高速铁路(广西段)GNZQ-6 标段工程 项目部驻广西壮族自治区都安瑶族自治县,项目负责人李俊。合同投资 200140.5 万元,线路长 32.8 千米。主要工程量:路基土石方 103.3 万立方米,桥梁 4 座 2100 延长米,隧道 5 座 29500 延长米,涵洞 5 座 206.3 横延米,铺轨 66.6 千米。

中铁十二局集团有限公司贵南高速铁路(贵州段)GNZQ-XQ 标段工程 项目部驻贵州省荔波县,项目负责人曹国俊。合同投资 92940 万元,线路长 12.8千米。主要工程量:隧道 1 座 12800 延长米。

中铁十二局集团有限公司贵南高速铁路(广西段)GNZQ-3 标段工程 项目部驻广西壮族自治区环江毛南族自治县,项目负责人宋振军。合同投资 189290 万元,线路长 27.6 千米。主要工程量:路基土石方 157 万立方米,桥梁 15 座 10700 延长米,隧道 4 座 13900 延长米,车站 1 座。

中铁十四局集团有限公司贵南高速铁路(广西段)GNZQ-4 标段工程 项目部驻广西壮族自治区河

池市，项目负责人刘立新。合同投资190251万元，线路长14.3千米。主要工程量：路基土石方333万立方米，桥梁7座3900延长米，隧道2座10500延长米，铺轨584千米。

中铁十四局集团有限公司贵南高速铁路（贵州段）GN-QGLD标段工程　项目部驻贵州省都匀市，项目负责人岳洪光。合同投资18589万元，线路长285.7千米。主要工程量：通信及高低压电力线路迁改222.6千米，水管线路迁改34.4千米。

中铁十八局集团有限公司贵南高速铁路（贵州段）GNZQ-6标段工程　项目部驻贵州省荔波县，项目负责人李开军。合同投资190129万元，线路长23.9千米。主要工程量：路基土石方279.7万立方米，桥梁5座4800延长米，隧道2座17200延长米，涵洞9座821.4横延米，站场1处，无砟轨道48.9千米。

中铁十八局集团有限公司贵南高速铁路（广西段）GNZQ-2标段工程　项目部驻广西壮族自治区河池市，项目负责人薛喜平。合同投资153863万元，线路长24.8千米。主要工程量：桥梁2座200延长米，隧道3座24500延长米，无砟轨道49.6千米。

中铁二十一局集团有限公司贵南高速铁路（广西段）GNZQ-8标段工程　项目部驻广西壮族自治区马山县，项目负责人池平平。合同投资189115万元，线路长28.7千米。主要工程量：路基土石方62.8万立方米，桥梁10座18100延长米，隧道3座6800延长米，涵洞9座232.3横延米，车站1座。　（侯　敏）

·赣深高速铁路·

【工程概况】　赣深高速铁路即京港高速铁路赣深段，连接江西省赣州市和广东省深圳市，起自赣州西站，止于深圳西丽站，初期在深圳枢纽经联络线引入深圳北站。线路全长436.4千米，设车站15座，时速350千米，计划2021年建成通车。中国铁建所属中铁十二局、中国铁建大桥局、中铁十六局、中铁十九局、中铁二十五局集团有限公司参加工程建设。　（侯　敏）

【参建标段】　中铁十二局集团有限公司赣深高速铁路GSJXZQ-1标段工程　项目部驻江西省南康区，项目负责人鲍海荣。合同投资252553万元，线路长37.1千米。主要工程量：路基5.7千米，桥梁29座16300延长米，隧道25座15100延长米，涵洞34座，站场1处。

中国铁建大桥工程局集团有限公司赣深高速铁路GSJXZQ-2标段工程　项目部驻江西省信丰县，项目负责人董兴国。合同投资227050万元，线路长37.3千米。主要工程量：路基土石方272万立方米，桥梁23座17900延长米，隧道7座10100延长米，涵洞24座，站场1处。

中铁十六局集团有限公司赣深高速铁路GSJXZQ-3标段工程　项目部驻江西省龙南县，项目负责人王振浩。合同投资184368万元，线路长27.3千米。主要工程量：路基土石方246万立方米，桥梁11座，隧道7座。

中铁十六局集团有限公司赣深高速铁路GSSG-6标段工程　项目部驻广东省博罗县，项目负责人秦涛。合同投资263067万元，线路长49.2千米。主要工程量：路基土石方154万立方米，桥梁22座39300延长米，隧道8座3600延长米。

中铁十六局集团有限公司赣深高速铁路站房2标段工程　项目部驻江西省龙南县，项目负责人刘玉林。合同投资29582万元。主要工程量：龙南东站站房建筑面积9999平方米，定南西站站房建筑面积9997平方米。

中铁十六局集团有限公司赣深高速铁路GSSG-1标段工程　项目部驻广东省河源市，项目负责人李明。合同投资109879万元，线路长15.7千米。主要工程量：路基0.4千米，桥梁2座227延长米，隧道4座15100延长米。

中铁十九局集团有限公司赣深高速铁路GSSG-8标段工程　项目部驻广东省东莞市，项目负责人吕忠华。合同投资233689万元，线路长30.5千米。主要工程量：路基土石方145万立方米，桥梁9座24700延长米，隧道3座10200延长米。

中铁二十五局集团有限公司赣深高速铁路GSSG-4标段工程　项目部驻广东省河源市，项目负责人武明静。合同投资284825万元，线路长37.5千米。主要工程量：路基6.7千米，桥梁44座17500延长米，隧道11座14000延长米，车站2座。　（侯　敏）

·渝黔高速铁路·

【工程概况】　渝黔高速铁路即渝湘高速铁路重庆至黔江段，从重庆枢纽重庆站引出，途经重庆市渝中区、南岸区、巴南区、南川区、武隆区、彭水县、黔江区，与黔张常铁路贯通。线路正线全长269.5千米，设车站8座，其中新建6座、改建2座（重庆站、黔江站）。建设工期5年，计划2025年建成通车。中国铁建所属中铁十一局、中铁十二局、中铁十四局、中铁十七局、中铁十八局集团有限公司参加工程建设。　（侯　敏）

【参建标段】 中铁十一局集团有限公司渝黔高速铁路4标段工程　项目部驻重庆市巴南区,项目负责人陈华富。合同投资234754万元,线路长24.3千米。主要工程量:桥梁17座8300延长米,隧道9座14700延长米,车站1座,铺轨340.7千米。

中铁十一局集团有限公司渝黔高速铁路7标段工程　项目部驻重庆市武隆区,项目负责人刘志国。合同投资242910万元,线路长24.5千米。主要工程量:路基0.2千米,隧道2座24400延长米,无砟轨道49千米。

中铁十二局集团有限公司渝黔高速铁路10标段工程　项目部驻重庆市彭水县,项目负责人常帅斌。合同投资190513万元,线路长20.3千米。主要工程量:路基0.1千米,隧道2座20200延长米。

中铁十四局集团有限公司渝黔高速铁路2标段工程　项目部驻重庆市南岸区,项目负责人王子龙。合同投资239409万元,线路长19.2千米。主要工程量:路基1.9千米,桥梁2座3200延长米,隧道3座14100延长米。

中铁十七局集团有限公司渝黔高速铁路11标段工程　项目部驻重庆市彭水县,项目负责人郑海乐。合同投资251501万元,线路长32.5千米。主要工程量:路基1.1千米,桥梁12座3300延长米,隧道9座28100延长米,无砟轨道64.9千米。

中铁十八局集团有限公司渝黔高速铁路5标段工程　项目部驻重庆市南川区,项目负责人史粮逢。合同投资224289万元,线路长27.2千米。主要工程量:桥梁17座8100延长米,隧道5座15000延长米,涵洞4座,车站1座,道床56.2千米。

中铁十八局集团有限公司渝黔高速铁路6标段工程　项目部驻重庆市武隆区,项目负责人杨文华。合同投资260731万元,线路长30.5千米。主要工程量:桥梁10座4700延长米,隧道10座23500延长米,车站1座。　(侯　敏)

·杭绍台铁路·

【工程概况】 杭绍台铁路是连接浙江省杭州市、绍兴市、台州市3地的专供旅客列车行驶的城际铁路,作为沿海铁路快速客运通道的组成部分,是中国首条民营资本控股的高速铁路PPP项目。线路主线全长266.9千米,其中新建线路226千米,设计时速350千米,工程投资448.9亿元,计划2021年底建成通车。中国铁建所属中铁十一局、中国铁建大桥局、中铁十八局、中铁二十五局集团有限公司参加工程建设。　(侯　敏)

【参建标段】 中铁十一局集团有限公司杭绍台铁路HSTZQ－5标段工程　项目部驻浙江省台州市,项目负责人沈显才。合同投资198234万元,线路长28.2千米。主要工程量:路基2.6千米,桥梁12座11200延长米,隧道11座15300延长米,车站1座。

中国铁建大桥工程局集团有限公司杭绍台铁路HSTZQ－2标段工程　项目部驻浙江省绍兴市,项目负责人田树坤。合同投资225700万元,线路长38千米。主要工程量:路基7.4千米,桥梁15座12800延长米,隧道8座18000延长米。

中铁十八局集团有限公司杭绍台铁路HSTZQ－3标段工程　项目部驻浙江省绍兴市,项目负责人侯峰。合同投资245446万元,线路长41千米。主要工程量:路基5.1千米,桥梁8座10000延长米,隧道6座25900延长米。

中铁二十五局集团有限公司杭绍台铁路先期工程　项目部驻贵州省都匀市,项目负责人岳洪光。合同投资5573万元,线路长285.7千米。主要工程量:迁改通信线路和高低压电力线路222.6千米,迁改水管线路34.4千米。　(侯　敏)

·张吉怀铁路·

【工程概况】 张吉怀铁路位于湖南省西北部,以南北向贯穿大湘西地区,是连接湖南省张家界市、湘西自治州、怀化市的铁路客运专线,途经3个市(州)7个县(市)区。线路正线全长246.6千米,设车站8座,设计时速350千米,计划2021年建成通车。中国铁建所属中铁十二局、中国铁建大桥局、中铁十四局、中铁十八局集团有限公司参加工程建设。　(侯　敏)

【参建标段】 中铁十二局集团有限公司张吉怀铁路ZJHZQ－3标段工程　项目部驻湖南省张家界市,项目负责人原军。合同投资248191万元,线路长35.8千米。主要工程量:路基2.3千米,桥梁17座5500延长米,隧道18座28000延长米。

中国铁建大桥工程局集团有限公司张吉怀铁路ZJHZQ－10标段工程　项目部驻湖南省怀化市,项目负责人刘邵石。合同投资235869万元,线路长24.2千米。主要工程量:路基2千米,桥梁18座9200延长米,隧道10座10700延长米。

中铁十四局集团有限公司张吉怀铁路ZJHZQ－9标段工程　项目部驻湖南省怀化市,项目负责人薛峰。合同投资243313万元,线路长32.2千米。主要工程量:路基3.5千米,桥梁27座7500延长米,隧道18.5座21400延长米。

中铁十八局集团有限公司张吉怀铁路 ZJHZQ－6 标段工程　项目部驻湖南省湘西自治州，项目负责人侯守江。合同投资 232172 万元，线路长 32.2 千米。主要工程量：路基土石方 120 万立方米，桥梁 13 座 4300 延长米，隧道 11 座 27500 延长米，车站 1 座。

（侯　敏）

·南崇城际铁路·

【工程概况】 南（宁）崇（左）城际铁路连接广西壮族自治区南宁市、崇左市，全线设南宁站、吴圩机场站、扶绥南站、渠黎站、崇左南站。线路全长 119.52 千米，设计时速 250 千米，工程投资 155.87 亿元，计划 2021 年建成通车。中国铁建所属中铁十一局、中铁十四局、中铁十九局、中铁二十二局集团有限公司参加工程建设。（侯　敏）

【参建标段】 中铁十一局集团有限公司南崇城际铁路NCZQ－5 标段工程　项目部驻广西壮族自治区扶绥县，项目负责人熊尚阳。合同投资 153056 万元，线路长 25.5 千米。主要工程量：路基 11.7 千米，桥梁 17 座 6300 延长米，隧道 5 座 5900 延长米，涵洞 33 座 881.9 横延米。

中铁十一局集团有限公司南崇城际铁路 NCZQ－6 标段工程　项目部驻广西壮族自治区崇左市，项目负责人李贻材。合同投资 74943 万元，线路长 20 千米。主要工程量：路基 9.1 千米，路基土石方 356 万立方米，桥梁 15 座 10000 延长米，隧道 2 座 680 延长米，涵洞 14 座 304 横延米，三电迁改。

中铁十四局集团有限公司南崇城际铁路 NCZQ－2标段工程　项目部驻广西壮族自治区南宁市，项目负责人陈建福。合同投资 136896 万元。主要工程量：U 型槽，盾构隧道，大、小里程明挖隧道，无砟轨道。

中铁十九局集团有限公司南崇城际铁路 NCZQ－3 标段工程　项目部驻广西壮族自治区南宁市，项目负责人丁永铭。合同投资 157840 万元，线路长 23.3 千米。主要工程量：路基土石方 102.6 万立方米，桥梁 4 座 4608.8 延长米，涵洞 41 座 1019.4 横延米。

中铁二十二局集团有限公司南崇城际铁路 NCZQ－1 标段工程　项目部驻广西壮族自治区南宁市，项目负责人孙俭峰。合同投资 108253 万元，线路长 25.6 千米。主要工程量：路基土石方 81.4 万立方米，桥梁 10 座 9900 延长米，隧道 4 座 3100 延长米，涵洞 10 座 242.1 横延米。（侯　敏）

·北京星火站·

【工程概况】 京沈高速铁路星火站枢纽起自北京市朝阳区星火站南咽喉，是北京市内重要交通枢纽，建成后为集高速铁路、地铁、公交、出租车等于一体的立体化交通平台。星火站是京沈高速铁路在北京市始发和终点站之一，2017 年 4 月开工建设，2020 年底竣工。中国铁建所属中铁建设、中铁建电气化局集团有限公司参加工程建设。（侯　敏）

【参建标段】 中铁建设集团有限公司北京星火站 XHZFSG－1 标段工程　项目部驻北京市朝阳区，项目负责人王伟。合同投资 281161 万元。主要工程量：星火站中央站房，西站房，土建工程及配套暖通、给排水、电力、供电、通信系统，停车场配套设施、消防设施。

中国铁建电气化局集团有限公司北京星火站 XHFJSG－2 标段工程　项目部驻北京市朝阳区，项目负责人王付安。合同投资 19048 万元。主要工程量：铺设通信光电缆 40 千米，站场通信 2 站，安装基站设备 2 站。（侯　敏）

公路工程

·渝黔高速公路扩能工程·

【工程概况】 渝黔高速公路扩能工程起自绕城高速忠兴，经重庆市巴南区、綦江区和万盛经济开发区，止于小张坝附近省界。路线全长 99.9 千米，按六车道高速公路标准建设，设计时速 100 千米，工程投资 179 亿元。2017 年开工建设，计划 2021 年竣工。中国铁建所属中铁十四局、中铁十八局、中铁二十一局、中铁二十三局、中铁二十四局集团有限公司参加工程建设。

（侯　敏）

【参建标段】 中铁十四局集团有限公司渝黔高速公路扩能 YQTJ1 标段工程　项目部驻重庆市巴南区，项目负责人刘玉柱。合同投资 362478 万元，线路长 23.6 千米。主要工程量：路基土石方挖方 608.7 万立方米、填方 372.1 万立方米，桥梁 3800 延长米，隧道 6600 延长米。

中铁十八局集团有限公司渝黔高速公路扩能工程 YQTJ3 标段工程　项目部驻重庆市綦江区，项目负责人王凯。合同投资38953万元,线路长10.5千米。主要工程量:路基土石方,特殊路基处理,防护及附属、预埋管线工程。

中铁十八局集团有限公司渝黔高速公路扩能工程YQTJ4标段工程　项目部驻重庆市綦江区,项目负责人马文通。合同投资47877万元,线路长8.3千米。主要工程量:路基土石方548.6万立方米,桥梁100延长米,隧道1700延长米。

中铁十八局集团有限公司渝黔高速公路扩能工程YQTJ5标段工程　项目部驻重庆市綦江区,项目负责人李先。合同投资99816万元,线路长18.4千米。主要工程量:路基土石方594.7万立方米,桥梁2800延长米,涵洞3465横延米。

中铁二十一局集团有限公司渝黔高速公路扩能工程YQTJ2标段工程　项目部驻重庆市綦江区,项目负责人张贵仓。合同投资79859万元,线路长9.3千米。主要工程量:路基土石方650万立方米,桥梁7座1500延长米,隧道2900延长米,涵洞2座。

中铁二十三局集团有限公司渝黔高速公路扩能工程YQTJ7标段工程　项目部驻重庆市綦江区,项目负责人杨建明。合同投资377634万元,线路长22.8千米。主要工程量:路基土石方738.9万立方米,桥梁30座19900延长米,隧道6座16900延长米,涵洞36座1600横延米。

中铁二十四局集团有限公司渝黔高速公路扩能工程YQTJ6标段工程　项目部驻重庆市綦江区,项目负责人戴剑冰。合同投资80000万元,线路长6.8千米。主要工程量:路基土石方287.7万立方米,桥梁9座1100延长米,隧道2座6300延长米,涵洞19座746横延米。　（侯　敏）

·成绵苍巴高速公路·

【工程概况】　成绵苍巴高速公路由成绵扩容段、绵苍高速、苍巴高速3部分组成,线路全长320.7千米,为施工总承包项目,总投资594.9亿元,中国铁建昆仑投资集团有限公司为实施主体。其中,成绵高速公路扩容项目全长127.7千米,按双向八车道高速公路标准建设,合同投资333.2亿元。主要工程量:桥梁177座61800延长米,立交桥35处,人行天桥10座,连接线37.4千米。绵苍高速公路全长100.8千米,按双向四车道高速公路标准建设,合同投资133.4亿元。主要工程量:桥梁87座33500延长米,隧道27座29100延长米,立交桥32处,收费站7座,服务区2处,停车区3处。苍巴高速公路全长91.9千米,按双向四车道高速公路标准建设,合同投资128亿元。主要工程量:桥梁81座25300延长米,隧道25座29600延长米。　（侯　敏）

【承建单位】　中铁二十三局集团有限公司主要承担成绵苍巴高速公路施工任务,项目总指挥孙圣杰。建设工期36个月,计划2023年底建成通车。（侯　敏）

·岳黄高速公路·

【工程概况】　岳黄高速公路由黄山至千岛湖高速公路、无为至岳西高速公路组成,其中黄山至千岛湖高速公路全长25.5千米、无为至岳西高速公路全长178.08千米。工程开始采用PPP模式,总投资228.9亿元。中国铁建所属中铁十二局、中铁十五局、中铁十六局、中铁十八局、中铁二十三局、中铁二十四局、中铁二十五局集团有限公司参加工程建设。后因工程变更实施模式,除中铁十二局集团有限公司参加黄山至千岛湖高速公路HQTJ－03标段工程建设外,其余单位所辖标段停工或退场。　（侯　敏）

【参建标段】　中铁十二局集团有限公司黄山至千岛湖高速公路HQTJ－03标段工程　项目部驻安徽省黄山市,项目负责人朱奎。合同投资84323万元,线路长9.2千米。合同工期2020年4月至2022年12月。主要工程量:路基706米,桥梁2座10246延长米,隧道5座16600延长米。　（侯　敏）

·贵阳经金沙至古蔺(黔川界)高速公路·

【工程概况】　贵阳经金沙至古蔺(黔川界)高速公路为PPP项目,总投资324.9亿元,归属中国铁建昆仑投资集团有限公司管理82亿元。线路起自贵州省贵阳市云潭北路,止于成贵高速公路四川境赤水河大桥,主线全长160.8千米,其中贵阳境内65.9千米、毕节境内94.9千米。该项目按双向六车道高速公路标准建设,路基宽33.5米,设计时速100千米。建设工期4年,运营期30年,计划2024年建成通车。中国铁建土建施工划分4个标段,全长48.5千米。主要工程量:路基工程17.6千米,桥梁38座20100延长米,隧道4座3500延长米,互通4座,枢纽2座,服务区2处,回转车道1处。项目部驻贵州省金沙县,西南区域总包部负责人刘鹤冰。中铁十六局集团有限公司承担13

标段、14 标段的施工任务,中铁十二局集团有限公司承担 15 标段、18 标段的施工任务。（侯　敏）

城市轨道交通工程

·北京地铁 17 号线·

【工程概况】 北京地铁 17 号线南起亦庄新城,北至未来城科技城北区,呈南北走向,串联通州、东城、朝阳、昌平 4 个行政区。线路全长 49.7 千米,设车站 20 座,其中换乘站 10 座,分段开通运营。中国铁建所属中铁十二局、中国铁建大桥局、中铁十四局、中铁十六局、中铁十八局、中铁十九局、中铁二十局、中铁二十一局、中铁二十二局集团有限公司参加工程建设。

（侯　敏）

【参建标段】 中铁十二局集团有限公司北京地铁 17 号线 15 标段工程　项目部驻北京市朝阳区,项目负责人谢卫林。合同投资 57624 万元,线路长 3.9 千米。主要工程量:1 站 1 区间。

中铁十二局集团有限公司北京地铁 17 号线 22 标段工程　项目部驻北京市朝阳区,项目负责人谢卫林。合同投资 23404 万元。主要工程量:明挖车站 1 座。

中国铁建大桥工程局集团有限公司北京地铁 17 号线 9 标段工程　项目部驻北京市东城区,项目负责人曲建生。合同投资 53001 万元,线路长 2.3 千米。主要工程量:1 站 1 区间。

中铁十四局集团有限公司北京地铁 17 号线 12 标段工程　项目部驻北京市朝阳区,项目负责人温盛科。合同投资 70689 万元,线路长 2 千米。主要工程量:1 站 1 区间。

中铁十六局集团有限公司北京地铁 17 号线 1 标段工程　项目部驻北京市昌平区,项目负责人王兵。合同投资 71907 万元,线路长 2.9 千米。主要工程量:2 站 3 区间。

中铁十六局集团有限公司北京地铁 17 号线 10 标段工程　项目部驻北京市朝阳区,项目负责人徐福田。合同投资 82074 万元,线路长 1.2 千米。主要工程量:1 站 1 区间。

中铁十八局集团有限公司北京地铁 17 号线 13 标段工程　项目部驻北京市朝阳区,项目负责人许杨平。合同投资 82185 万元,线路长 3.3 千米。主要工程量:1 站 2 区间。

中铁十九局集团有限公司北京地铁 17 号线 11 标段工程　项目部驻北京市朝阳区,项目负责人李刚。合同投资 58397 万元,线路长 1.4 千米。主要工程量:1 站 1 区间。

中铁二十局集团有限公司北京地铁 17 号线 4 标段工程　项目部驻北京市朝阳区,项目负责人刘召臣。合同投资 50021 万元,线路长 3.4 千米。主要工程量:1 站 2 区间。

中铁二十一局集团有限公司北京地铁 17 号线 8 标段工程　项目部驻北京市朝阳区,项目负责人刘东方。合同投资 52814 万元,线路长 2.4 千米。主要工程量:1 站 1 区间。

中铁二十二局集团有限公司北京地铁 17 号线 6 标段工程　项目部驻北京市朝阳区,项目负责人王鑫平。合同投资 66800 万元,线路长 2.5 千米。主要工程量:1 站 1 区间。（侯　敏）

·广州地铁 18 号线和 22 号线·

【工程概况】 广州地铁 18 号线和 22 号线由中铁建华南建设有限公司施工总承包,合同投资 436.3 亿元。其中,18 号线起自南沙区万顷沙枢纽,止于天河区广州东站,线路全长 61.3 千米,均为地下线,设车站 9 座,8 座换乘站;22 号线起自番禺区番禺广场,止于荔湾区白鹅潭,线路全长 30.8 千米,均为地下线,设车站 8 座,4 座换乘站,在番禺广场站预留远景南延的条件,初期万顷沙至番禺广场段与 18 号线共线。2017 年 10 月开工建设,计划 2022 年 12 月开通试运营。中国铁建所属中铁十一局、中铁十二局、中国铁建大桥局、中铁十四局、中铁十五局、中铁十八局、中铁十九局、中铁二十二局、中铁二十五局、中铁建电气化局集团有限公司参加工程建设。（侯　敏）

【参建标段】 中铁十一局集团有限公司广州地铁 18 号线和 22 号线 5 分部工程　项目部驻广州市番禺区,项目负责人李兵。合同投资 706428 万元,线路长 8.8 千米。主要工程量:盾构 6.7 千米,暗挖 289 米,车站建筑面积 14 万平方米。

中铁十二局集团有限公司广州地铁 18 号线和 22 号线 8 分部工程　项目部驻广州市番禺区,项目负责人何建斌。合同投资 367476 万元,线路长 6.8 千米。主要工程量:盾构 4.4 千米,暗挖 265 米,车站建筑面积 14.4 万平方米。

中国铁建大桥工程局集团有限公司广州地铁 18

号线和22号线6分部工程　项目部驻广州市番禺区，项目负责人靳建民。合同投资271492万元，线路长10.1千米。主要工程量:1站3区间。

中铁十四局集团有限公司广州地铁18号线和22号线7分部工程　项目部驻广州市海珠区，项目负责人严士海。合同投资387107万元，线路长5.7千米。主要工程量:2站2区间，停车场。

中铁十五局集团有限公司广州地铁18号线和22号线2分部工程　项目部驻广州市南沙区，项目负责人乔水旺。合同投资232119万元，线路长9.5千米。主要工程量:车站1座、风井1个、盾构井1个，盾构区间3个8.7千米，联络通道14座。

中铁十八局集团有限公司广州地铁18号线和22号线9分部工程　项目部驻广州市番禺区，项目负责人杨阳春。合同投资234614万元，线路长9.7千米。主要工程量:车站1座、风井2个，盾构区间4个。

中铁十九局集团有限公司广州地铁18号线和22号线1分部工程　项目部驻广州市南沙区，项目负责人李华伟。合同投资695184万元，线路长10.9千米。主要工程量:18号线万顷沙车辆段、万顷沙站、万顷沙出入段线、万横区间中间风井、万顷沙站至万横中间风井盾构区间;22号线中间风井、祈福站至中间风井盾构区间、中间风井至广州南站盾构区间。

中铁二十二局集团有限公司广州地铁18号线和22号线3分部工程　项目部驻广州市南沙区，项目负责人马杰。合同投资250571万元，线路长8.3千米。主要工程量:盾构区间7424米。

中铁二十五局集团有限公司广州地铁18号线和22号线4分部工程　项目部驻广州市南沙区，项目负责人石超。合同投资167936万元，线路长15.3千米。主要工程量:2井3区间。

中国铁建电气化局集团有限公司广州地铁18号线和22号线10分部工程　项目部驻广州市番禺区，项目负责人梁涛。合同投资129097万元，线路长61.3千米。主要工程量:18号线全线弱电、信号工程61.3千米，万顷沙车辆段、横沥站、横番区间1—3号风井机电工程，横沥站、横番区间1—3号风井装饰装修工程，万顷沙至番禺广场(不含)供电系统工程。（侯　敏）

·深圳地铁16号线·

【工程概况】　深圳地铁16号线位于广东省深圳市龙岗区和坪山新区，起自大运站(不含)，止于田心车辆段。正线全长29.2千米，均为地下线，设车站23座、区间25段、车辆段1座、停车场1处。本项目由中铁建南方建设投资有限公司施工总承包，合同投资184.3亿元，建设工期5.8年。中国铁建所属中铁十一局、中铁十二局、中国铁建大桥局、中铁十四局、中铁十六局、中铁十九局、中铁二十二局、中铁二十四局、中铁二十五局、中铁建电气化局集团有限公司参加工程建设。

（侯　敏）

【参建标段】　中铁十一局集团有限公司深圳地铁16号线4工区　项目部驻深圳市龙岗区，项目负责人薛楷斌。合同投资191012万元，线路长5.9千米。主要工程量:盾构区间9901.6米，3座车站建筑面积55116.4平方米。

中铁十二局集团有限公司深圳地铁16号线7工区　项目部驻深圳市坪山区，项目负责人王毅军。合同投资197108万元，线路长5.9千米。主要工程量:盾构区间9210.8米，5座车站建筑面积71789.1平方米。

中国铁建大桥工程局集团有限公司深圳地铁16号线3工区　项目部驻深圳市龙岗区，项目负责人张绍辉。合同投资252960万元，线路长4.56千米。主要工程量:盾构区间6744.8米，5座车站建筑面积102619.9平方米。

中铁十四局集团有限公司深圳地铁16号线8工区　项目部驻深圳市坪山区，项目负责人厉铁军。合同投资231952万元，线路长2.2千米。主要工程量:车辆段建筑面积173587平方米，出入车辆段线2216.3米，其中盾构段1355.2米。

中铁十六局集团有限公司深圳地铁16号线2工区　项目部驻深圳市龙岗区，项目负责人罗杰。合同投资141810万元，线路长4.1千米。主要工程量:盾构区间6650.5米，2座车站建筑面积39920平方米。

中铁十九局集团有限公司深圳地铁16号线5工区　项目部驻深圳市坪山区，项目负责人李健学。合同投资120680万元，线路长2.6千米。主要工程量:盾构区间3360米，3座车站建筑面积44346平方米。

中铁二十二局集团有限公司深圳地铁16号线6工区　项目部驻深圳市坪山区，项目负责人杨成宁。合同投资227650万元，线路长2.9千米。主要工程量:盾构区间3541米，4座车站建筑面积98479.7平方米。

中铁二十四局集团有限公司深圳地铁16号线9工区　项目部驻深圳市龙岗区，项目负责人倪峰。合同投资77883万元，线路长1.5千米。主要工程量:双洞单线盾构区间1247.8米，单洞双线暗挖区间107.3米、明挖区间35米，1处停车场建筑面积72422平方米。

中铁二十五局集团有限公司深圳地铁16号线1工区　项目部驻深圳市龙岗区，项目负责人姜智彬。合同投资95291万元，线路长2.3千米。主要工程量:盾构区间3580.7米,2座车站建筑面积38511.3平方米。

中国铁建电气化局集团有限公司深圳地铁16号线电务工区　项目部驻深圳市龙岗区,项目负责人刘波。合同投资17655万元,线路长6.7千米。主要工程量:双龙主变电所建筑面积3759平方米,敷设110千伏线路6020米、35千伏线路634米。　(侯　敏)

·杭州地铁8号线·

【工程概况】 杭州地铁8号线一期工程起自地铁1号线文海南路站,止于新湾路站。线路全长17.1千米,均为地下线,设车站8座、中间风井1座,其中文海南路站与既有1号线换乘,青六路站与规划7号线换乘,终点站设新湾车辆基地1座。中国铁建华东区域总部施工总承包,合同投资49亿元。中国铁建所属中铁十一局、中国铁建大桥局、中铁十六局、中铁十九局、中铁建电气化局集团有限公司参加工程建设。

(侯　敏)

【参建标段】 中铁十一局集团有限公司杭州地铁8号线一期GD工区　项目部驻杭州市萧山区,项目负责人张春林。合同投资26685万元,线路长39.4千米。主要工程量:全线铺轨及相关工程。

中铁十一局集团有限公司杭州地铁8号线一期JD5工区　项目部驻杭州市萧山区,项目负责人李双河。合同投资13400万元,线路长17.1千米。主要工程量:通信系统,信号系统,地铁隔断门系统。

中国铁建大桥工程局集团有限公司杭州地铁8号线一期TJ3工区　项目部驻杭州市萧山区,项目负责人窦洪羽。合同投资83240万元,线路长4.4千米。主要工程量:2站2区间。

中国铁建大桥工程局集团有限公司杭州地铁8号线一期JD3工区　项目部驻杭州市萧山区,项目负责人孙宏伟。合同投资11733万元,线路长3.1千米。主要工程量:装修、通风、空调与采暖、给排水及消防工程。

中铁十六局集团有限公司杭州地铁8号线一期TJ1工区　项目部驻杭州市萧山区,项目负责人胡伟。合同投资139103万元,线路长5.1千米。主要工程量:3站2区间。

中铁十六局集团有限公司杭州地铁8号线一期JD1工区　项目部驻杭州市萧山区,项目负责人高江飞。合同投资33940万元,线路长10.7千米。主要工程量:装修、通风、空调与采暖、给排水及消防工程。

中铁十九局集团有限公司杭州地铁8号线一期TJ2工区　项目部驻杭州市萧山区,项目负责人王树才。合同投资123560万元,线路长4千米。主要工程量:2站3区间。

中铁十九局集团有限公司杭州地铁8号线一期JD2工区　项目部驻杭州市萧山区,项目负责人孟健。合同投资12331万元,线路长4千米。主要工程量:装修、通风、空调与采暖、给排水及消防工程。

中国铁建电气化局集团有限公司杭州地铁8号线一期JD4工区　项目部驻杭州市萧山区,项目负责人李大建。合同投资44152万元,线路长17.2千米。主要工程量:供电系统,广告灯箱及票亭、站台门、监控工程。

(侯　敏)

·成都地铁6号线·

【工程概况】 成都地铁6号线一、二期工程整体呈南北走向,北起成都市郫都区望丛祠站,南至高新区观东站。线路全长47.4千米,均为地下线,设车站37座、车辆段1座、停车场1处、主变电站3座。合同投资176.3亿元,建设工期50个月,2016年10月开工建设,2020年12月18日建成运营。中国铁建所属中铁十一局、中铁十二局、中国铁建大桥局、中铁十四局、中铁十五局、中铁十六局、中铁十七局、中铁十八局、中铁十九局、中铁二十局、中铁二十一局、中铁二十二局、中铁二十三局、中铁二十四局、中铁建设、中铁建电气化局、中铁城建集团有限公司参加工程建设。(侯　敏)

【参建标段】 中铁十一局集团有限公司成都地铁6号线09标段工程　项目部驻成都市郫都区,项目负责人段红海。合同投资8.1亿元,线路长2.4千米。主要工程量:梁家巷车站,建设北路站,人民北路站至梁家巷站区间,梁家巷站至前锋路站区间,前锋路站至建设北路站区间。

中铁十二局集团有限公司成都地铁6号线05标段工程　项目部驻成都市郫都区,项目负责人李江峰。合同投资6.9亿元,线路长3.8千米。主要工程量:梓潼宫站,侯家桥站,侯家桥站至梓橦宫站区间,侯家桥站至上府河站区间。

中国铁建大桥工程局集团有限公司成都地铁6号线08标段工程　项目部驻成都市金牛区,项目负责人郭庆飞。合同投资29580万元,线路长5.6千米。主要工程量:星河站至人民北路站盾构区间5.6千米。

中国铁建大桥工程局集团有限公司成都地铁6号线08标段工程　项目部驻四川省成都市,项目负责人孙宏卫。合同投资34420万元,线路长0.6千米。主要工程量:土石方挖方30.5万立方米、填方5.9万立方米。

中铁十四局集团有限公司成都地铁 6 号线 10 标段工程　项目部驻成都市锦江区，项目负责人王长江。合同投资 67410 万元，线路长 3.8 千米。主要工程量：新鸿路站，玉双路站，牛王庙站。

中铁十五局集团有限公司成都地铁 6 号线 11 标段工程　项目部驻成都市锦江区，项目负责人王延龄。合同投资 7 亿元，线路长 2.5 千米。主要工程量：顺江路站，三官堂站，东光站，东光站至三官堂站区间，三官堂站至顺江路站区间。

中铁十六局集团有限公司成都地铁 6 号线 2A 标段工程　项目部驻成都市郫都区，项目负责人刘锐。合同投资 2.5 亿元，线路长 1.1 千米。主要工程量：望丛祠站，郫筒车辆段出入段线区间。

中铁十六局集团有限公司成都地铁 6 号线 02 标段工程　项目部驻成都市郫都区，项目负责人杨立伟。合同投资 7.6 亿元，线路长 4.1 千米。主要工程量：土石方 45.7 万立方米，混凝土 16.1 万立方米，钢筋 2.4 万吨。

中铁十七局集团有限公司成都地铁 6 号线 06 标段工程　项目部驻成都市金牛区，项目负责人张其积。合同投资 5.6 亿元。主要工程量：兴盛站，青杠站，西华大道站，兴盛站至青杠站区间，青杠站至西华大道站区间。

中铁十八局集团有限公司成都地铁 6 号线 04 标段工程　项目部驻成都市郫都区，项目负责人万朝栋。合同投资 8.6 亿元，线路长 4.7 千米。主要工程量：天宇路站，犀浦站，兴业北街站，天宇路站至犀浦站区间，犀浦站至兴业北街站区间，兴业北街站至梓潼宫站区间。

中铁十九局集团有限公司成都地铁 6 号线 12 标段工程　项目部驻成都市锦江区，项目负责人李洪文。合同投资 6.5 亿元，线路长 3.4 千米。主要工程量：盾构掘进、盾构过站、联络通道施工，管片拼装，区间防水工程。

中铁二十局集团有限公司成都地铁 6 号线 03 标段工程　项目部驻成都市郫都区，项目负责人谢贵明。合同投资 9.2 亿元，线路长 5.1 千米。主要工程量：檬梓站，檬梓站至尚锦路站区间，尚锦路站至红高路站区间，红高路站至天宇路站区间。

中铁二十一局集团有限公司成都地铁 6 号线 07 标段工程　项目部驻成都市金牛区，项目负责人苏志刚。合同投资 6.6 亿元，线路长 3.1 千米。主要工程量：金府站，星河站，西南交大站，西华大道站至金府站区间，星河站至金府站区间。

中铁二十二局集团有限公司成都地铁 6 号线 13 标段工程　项目部驻成都市双流区，项目负责人姚义。合同投资 8.6 亿元，线路长 6.5 千米。主要工程量：三色路站，中和站，金石路站至三色路站区间，三色路站至中和站区间，龙灯山车辆出入段区间。

中铁二十三局集团有限公司成都地铁 6 号线盾构管片工程　项目部驻成都市金牛区，项目负责人马俊。合同投资 35261 万元。主要工程量：实物工程量管片 24537 环。

中铁二十三局集团有限公司成都地铁 6 号线 10 标段工程　项目部驻成都市锦江区，项目负责人樊荣江。合同投资 6830 万元，线路长 0.9 千米。主要工程量：区间盾构隧道主体。

中铁二十四局集团有限公司成都地铁 6 号线 14 标段工程　项目部驻成都市双流区，项目负责人刘新功。合同投资 6.12 亿元，线路长 3.3 千米。主要工程量：车站围护结构及主体结构施工，盾构区间工程。

中铁建设集团有限公司成都地铁 6 号线 01 标段工程　项目部驻成都市郫都区，项目负责人王俊超。合同投资 5 亿元。主要工程量：土石方 246.9 万立方米，钢筋 8.2 万吨，混凝土 29.2 万立方米。

中国铁建电气化局集团有限公司成都地铁 6 号线机电 3 标段工程　项目部驻成都市郫都区，项目负责人刘成刚。合同投资 10.6 亿元，线路长 46.8 千米。主要工程量：机电设备安装工程。

中铁城建集团有限公司成都地铁 6 号线 15 标段工程　项目部驻成都市双流区，项目负责人胡迎晖。合同投资 16 亿元，线路长 1.2 千米。主要工程量：总建筑面积 19.1 万平方米。

中铁城建集团有限公司成都地铁 6 号线 15A 标段工程　项目部驻成都市双流区，项目负责人李清坤。合同投资 1.8 亿元，线路长 0.4 千米。主要工程量：围护桩 419 根，主体土石方 15 万立方米，主体混凝土 3.1 万立方米。

（侯　敏）

·徐州地铁 2 号线·

【工程概况】　徐州地铁 2 号线一期工程北起新台子河站，途经二环北路、彭城广场、江苏师范大学、淮海纪念园、七里沟、市政府，止于新区东站。线路全长24.25 千米，均为地下线，设车站 20 座。工程投资 171.79 亿元，2020 年 11 月 28 日开通运营。中国铁建所属中铁十一局、中铁十二局、中国铁建大桥局、中铁十四局、中铁十五局、中铁十六局、中铁十九局、中铁二十四局、中铁二十五局、中铁建设、中铁城建集团有限公司参加工程建设。

（侯　敏）

【参建标段】　中铁十一局集团有限公司徐州地铁 2 号线 15 标段工程　项目部驻江苏省徐州市，项目负责人郑刚。合同投资 27340 万元，线路长 41.3 千米。主要工程量：铺轨 29.4 千米，车辆段碎石道床 6.3 千米，整体道床 5.5 千米。

中铁十一局集团有限公司徐州地铁 2 号线 4 标段工程　项目部驻江苏省徐州市,项目负责人曹鹏。合同投资 58388.07 万元,线路长 2.6 千米。主要工程量:开挖土石方 52.2 万立方米,钢筋 2.6 万吨,混凝土 16.5 万立方米。

中铁十二局集团有限公司徐州地铁 2 号线 20 标段、21 标段工程　项目部驻江苏省徐州市,项目负责人骆建仁。合同投资 116487 万元,线路长 24.2 千米。主要工程量:35 千伏中压环网电力电缆敷设 237 千米,1500 伏电力电缆敷设 100 千米,各类信号电缆敷设 522 千米。

中铁十二局集团有限公司徐州地铁 2 号线 16 标段工程　项目部驻江苏省徐州市,项目负责人王成杰。合同投资 27077.03 万元,线路长 5.1 千米。主要工程量:车站装饰装修,通风空调系统,给排水系统,建筑装饰工程。

中铁十二局集团有限公司徐州地铁 2 号线 18 标段工程　项目部驻江苏省徐州市,项目负责人王成杰。合同投资 32348.5 万元,线路长 7.7 千米。主要工程量:车站装饰装修,通风空调系统,给排水系统,建筑装饰工程。

中铁十二局集团有限公司徐州地铁 2 号线 10 标段工程　项目部驻江苏省徐州市,项目负责人张玉民。合同投资 68042 万元,线路长 3 千米。主要工程量:新元大道站,新区东站,汉源大道站至新元大道区间。

中铁十二局集团有限公司徐州地铁 2 号线 13 标段工程　项目部驻江苏省徐州市,项目负责人黄亚飞。合同投资 49431 万元。主要工程量:综合楼,运用库,检修组合库,物资总库,工程车库,受电弓及轮对检测库,试车线用房建筑工程。

中铁十二局集团有限公司徐州地铁 2 号线 6 标段工程　项目部驻江苏省徐州市,项目负责人陈谦。合同投资 59046 万元,线路长 0.1 千米。主要工程量:土建工程,建筑设备安装工程,系统设备安装工程,轨道工程,声屏障工程。

中铁十二局集团有限公司徐州地铁 2 号线 11 标段工程　项目部驻江苏省徐州市,项目负责人李文通。合同投资 28251.08 万元,线路长 1.4 千米。主要工程量:1 站 1 区间。

中铁十二局集团有限公司徐州地铁 2 号线 14 标段工程　项目部驻江苏省徐州市,项目负责人李文通。合同投资 20680 万元,线路长 23.9 千米。主要工程量:铺轨 23.2 千米,停车场 1 处。

中铁十二局集团有限公司徐州地铁 2 号线 9 标段工程　项目部驻江苏省徐州市,项目负责人曹华。合同投资 43644 万元,线路长 2.9 千米。主要工程量:大龙湖站,文博园盾构接收井至大龙湖站区间,大龙湖站至市政府站区间,市政府站至汉源道站区间。

中铁十二局集团有限公司徐州地铁 2 号线 12 标段工程　项目部驻江苏省徐州市,项目负责人王力功。合同投资 38564 万元,线路长 0.5 千米。主要工程量:市政府站,汉源大道站。

中国铁建大桥工程局集团有限公司徐州地铁 2 号线 22 标段工程　项目部驻江苏省徐州市,项目负责人兰旭。合同投资 29485 万元,线路长 24.2 千米。主要工程量:综合监控系统及自动售票系统设备安装工程。

中铁十四局集团有限公司徐州地铁 2 号线 5 标段工程　项目部驻江苏省徐州市,项目负责人李玉泉。合同投资 43635 万元,线路长 2.4 千米。主要工程量:建国路站,师范大学站,区间 2 千米。

中铁十五局集团有限公司徐州地铁 2 号线 2 标段工程　项目部驻江苏省徐州市,项目负责人张庆军。合同投资 34497 万元,线路长 1.5 千米。主要工程量:新台子河站,丁万河站。

中铁十六局集团有限公司徐州地铁 2 号线 8 标段工程　项目部驻江苏省徐州市,项目负责人刘永。合同投资 51718 万元,线路长 2.6 千米。主要工程量:1 站 2 区间。

中铁十九局集团有限公司徐州地铁 2 号线 23 标段工程　项目部驻江苏省徐州市,项目负责人房浩。合同投资 51730 万元,线路长 24 千米。主要工程量:车站 20 座,区间、车辆段、停车场的气体灭火系统、屏蔽门系统、安检设备的安装施工。

中铁十九局集团有限公司徐州地铁 2 号线 3 标段工程　项目部驻江苏省徐州市,项目负责人萧雨。合同投资 35691 万元,线路长 1.9 千米。主要工程量:土石方挖方 20 万立方米、填方 5 万立方米,混凝土 7 万立方米,钢筋 1.7 万吨。

中铁二十四局集团有限公司徐州地铁 2 号线 7 标段工程　项目部驻江苏省徐州市,项目负责人李建伟。合同投资 26219 万元,线路长 2.1 千米。主要工程量:1 站 2 区间。

中铁二十五局集团有限公司徐州地铁 2 号线 1 标段工程　项目部驻江苏省徐州市,项目负责人唐建园。合同投资 43743 万元,线路长 2.1 千米。主要工程量:新台子河停车场建筑面积 31671 平方米,停车场出入线工程。

中铁建设集团有限公司徐州地铁 2 号线 19 标段工程　项目部驻江苏省徐州市,项目负责人王志飞。合同投资 31038 万元,线路长 4.3 千米。主要工程量:车站装饰装修,通风空调系统,给排水系统,建筑装饰工程。

中铁城建集团有限公司徐州地铁 2 号线 17 标段工程　项目部驻江苏省徐州市,项目负责人王强。合同投资 33800 万元,线路长 5.5 千米。主要工程量:车站装饰装修,通风空调系统,给排水系统,建筑装饰工程。　(侯　敏)

·呼和浩特地铁2号线·

【工程概况】 呼和浩特地铁2号线一期工程南自阿尔山路站，北至塔利东路站，呈L形南北贯穿呼和浩特市，连接金桥开发区、呼和浩特市中心海亮广场、呼和浩特火车站及新城区。线路全长27.3千米，均为地下线，设车站24座、区间22个、停车场1处、车辆段1座、主变电所2座。工程投资203.04亿元，2017年开工建设，2020年下半年建成试运行。中国铁建所属中铁十六局、中铁十八局、中铁十九局、中铁二十局、中铁二十一局、中铁建电气化局集团有限公司参加工程建设。 （侯　敏）

【参建标段】 中铁十六局集团有限公司呼和浩特地铁2号线一期土建1标段工程　项目部驻内蒙古自治区呼和浩特市，项目负责人胡占涛。合同投资59469万元。主要工程量：1座车辆段、1座车站、出入段线的土建及装饰装修工程。

中铁十六局集团有限公司呼和浩特地铁2号线一期土建3标段工程　项目部驻内蒙古自治区呼和浩特市，项目负责人汪俊。合同投资54962万元。主要工程量：2站2区间的土建及装饰装修工程。

中铁十六局集团有限公司呼和浩特地铁2号线一期土建4标段工程　项目部驻内蒙古自治区呼和浩特市，项目负责人丁玉龙。合同投资50869万元。主要工程量：2站2区间的土建及装饰装修工程。

中铁十六局集团有限公司呼和浩特地铁2号线一期土建8标段工程　项目部驻内蒙古自治区呼和浩特市，项目负责人武鹏。合同投资53988万元。主要工程量：2站2区间的土建及装饰装修工程。

中铁十六局集团有限公司呼和浩特地铁2号线一期土建9标段工程　项目部驻内蒙古自治区呼和浩特市，项目负责人张旭园。合同投资45695万元。主要工程量：2站2区间的土建及装饰装修工程。

中铁十六局集团有限公司呼和浩特地铁2号线一期土建10标段工程　项目部驻内蒙古自治区呼和浩特市，项目负责人黄富昌。合同投资53499万元。主要工程量：3站2区间的土建及装饰装修工程。

中铁十六局集团有限公司呼和浩特地铁2号线一期土建11标段工程　项目部驻内蒙古自治区呼和浩特市，项目负责人张浩。合同投资96929万元。主要工程量：4站4区间、停车场的土建及装饰装修工程。

中铁十六局集团有限公司呼和浩特地铁2号线一期铺轨标段工程　项目部驻内蒙古自治区呼和浩特市，项目负责人何均成。合同投资43205万元。主要工程量：全线场、段及正线的铺轨。

中铁十六局集团有限公司呼和浩特地铁2号线一期外电源标段工程　项目部驻内蒙古自治区呼和浩特市，项目负责人龙大发。合同投资36339万元。主要工程量：外电源隧道工程。

中铁十六局集团有限公司呼和浩特地铁2号线一期机电1标段工程　项目部驻内蒙古自治区呼和浩特市，项目负责人谢名所。合同投资103063万元。主要工程量：车辆段、停车场、13座车站、11个区间的常规及系统机电设备安装。

中铁十八局集团有限公司呼和浩特地铁2号线一期土建7标段工程　项目部驻内蒙古自治区呼和浩特市，项目负责人龙刚。合同投资61453万元。主要工程量：2站2区间的土建及装饰装修工程。

中铁十九局集团有限公司呼和浩特地铁2号线一期土建5标段工程　项目部驻内蒙古自治区呼和浩特市，项目负责人吴浩。合同投资51783万元。主要工程量：2站2区间的土建及装饰装修工程。

中铁二十局集团有限公司呼和浩特地铁2号线一期土建6标段工程　项目部驻内蒙古自治区呼和浩特市，项目负责人何云焱。合同投资55110万元。主要工程量：2站3区间的土建及装饰装修工程。

中铁二十一局集团有限公司呼和浩特地铁2号线一期土建2标段工程　项目部驻内蒙古自治区呼和浩特市，项目负责人宋卫杰。合同投资40727万元。主要工程量：1站2区间的土建及装饰装修工程。

中国铁建电气化局集团有限公司呼和浩特地铁2号线一期机电2标段工程　项目部驻内蒙古自治区呼和浩特市，项目负责人李佳。合同投资61915万元。主要工程量：11座车站、11个区间的常规及系统机电设备安装工程。 （侯　敏）

·天津地铁8号线·

【工程概况】 天津地铁8号线一期工程正线长18.6千米，设车站17座，均为地下站。本工程为PPP项目，采用“建设、运营、移交”（BOT）运作方式实施，中铁建华北投资发展有限公司为投资（实施）主体，总包部负责人周明军。工程投资246.24亿元，2020年开工建设，计划2024年12月31日竣工。中国铁建所属中铁十一局、中国铁建大桥局、中铁十六局、中铁十八局、中铁二十局、中铁二十二局、中铁二十四局集团有限公司参加工程建设。 （侯　敏）

【参建标段】 中铁十一局集团有限公司天津地铁8号线一期2标段工程　项目部驻天津市南开区，项目负责人邱拥军。合同投资73171万元，线路长1.7千米。主要工程量:3 站 2 区间。

中国铁建大桥工程局集团有限公司天津地铁 8 号线一期 5 标段工程　项目部驻天津市河西区,项目负责人曲建生。合同投资 207905 万元,线路长 5.3 千米。主要工程量:4 站 5 区间。

中铁十六局集团有限公司天津地铁 8 号线一期 3 标段工程　项目部驻天津市南开区,项目负责人汪俊。合同投资 80088 万元,线路长 3.2 千米。主要工程量:1 站 2 区间。

中铁十八局集团有限公司天津地铁 8 号线一期 4 标段工程　项目部驻天津市河西区,项目负责人王昌。合同投资 247785 万元,线路长 4.7 千米。主要工程量:5 站 5 区间。

中铁二十局集团有限公司天津地铁 8 号线一期 7 标段工程　项目部驻天津市河西区,项目负责人徐文涛。合同投资 71663 万元,线路长 2.7 千米。主要工程量:1 站 2 区间。

中铁二十二局集团有限公司天津地铁 8 号线一期 1 标段工程　项目部驻天津市南开区,项目负责人朱博。合同投资 72158 万元,线路长 0.5 千米。主要工程量:1 站及区间铺轨工程。

中铁二十四局集团有限公司天津地铁 8 号线一期 6 标段工程　项目部驻天津市河西区,项目负责人张海川。合同投资 60429 万元,线路长 0.5 千米。主要工程量:1 站及区间铺轨工程。　(侯　敏)

市政工程

·明珠湾大桥项目·

【工程概况】　明珠湾大桥项目位于广东省广州市南沙区,起自万顷沙镇万环西路,止于南沙街虎门联络道。大桥全长 9.1 千米,主桥长 2.64 千米,采用三主桁中承式六跨连续钢桁拱,拱高 109 米,主跨 436 米,横跨南沙龙穴南水道,是广州城市副中心南沙区规划的重要跨江通道。合同投资 308461 万元,2018 年 3 月开工建设,计划 2021 年 8 月建成通车。　(侯　敏)

【参建单位】　中国铁建大桥工程局集团有限公司以 EPC 模式承担明珠湾大桥项目施工任务。项目部驻广东省广州市,项目负责人杨梦纯。　(侯　敏)

·芜湖城南过江隧道项目·

【工程概况】　芜湖城南过江隧道项目是 PPP 项目,自安徽省芜湖市鸠江区二坝镇纬一路至江南主城大工山路,路线全长 5.96 千米,按双向六车道城市快速通道标准建设,设计时速 80 千米。隧道采用盾构法和明挖法施工,隧道段长 4.94 千米,盾构外径 14.5 米。合同投资 361729 万元,合同工期 2017 年 9 月至 2022 年8 月。　(侯　敏)

【参建单位】　中铁十四局集团有限公司作为投资主体承担芜湖城南过江隧道项目施工任务。项目部驻安徽省芜湖市鸠江区,项目负责人李东升。主要工程量:隧道、接线、附属等土建工程和机电设备安装工程。　(侯　敏)

·张家港高铁新城基础设施及公共建设配套项目·

【工程概况】　张家港高铁新城基础设施及公共建设配套项目位于江苏省张家港市塘桥镇高铁新城西北片区,占地 8.1 平方千米(不含黄泗浦生态园)。其中,北至华天路、南至新泾路、西至二干河东路、东至双鹿路的西片区占地 2.8 平方千米,北至张扬公路、南至南苑路、西至西环路、东至新 204 国道的北片区占地 5.3 平方千米。项目投资 146.6 亿元,计划 2023 年建成。　(侯　敏)

【参建单位】　中国铁建大桥工程局集团有限公司承担张家港高铁新城(西北片区)基础设施及公共建设配套项目 31.2 亿元的施工任务。项目负责人邢志强。

中铁城建集团有限公司承担张家港高铁新城(西北片区)基础设施及公共建设配套项目 112.3 亿元的施工任务。项目负责人邵明志。　(侯　敏)

水利工程

·新疆引额供水二期工程·

【工程概况】　新疆引额供水二期工程建设分两步完成,第一步调水到乌鲁木齐市,第二步在额尔齐斯河上游修调节水库,分西水东引、喀双隧洞、双三(双井子至三塘湖)段3部分。二期输水工程KS隧洞长283.4千米,起自新疆维吾尔自治区北屯市境内,终点至奇台县,工程投资560亿元,建设工期2016—2023年。中国铁建所属中铁十一局、中国铁建大桥局、中铁十四局、中铁十六局、中铁十八局、中铁十九局集团有限公司参加工程建设。 (侯 敏)

【参建标段】 中铁十一局集团有限公司新疆引额供水二期喀双段6标段工程 项目部驻新疆维吾尔自治区阿勒泰地区,项目负责人王明华。合同投资53704万元,线路长19.9千米。主要工程量:钻爆开挖支护施工隧洞2.2千米,盾构施工隧洞17.7千米,整洞混凝土铺底及衬砌施工。

中国铁建大桥工程局集团有限公司新疆引额供水二期西水东引2标段工程 项目部驻新疆维吾尔自治区阿勒泰地区,项目负责人郭宏宇。合同投资94111万元,线路长26.8千米。主要工程量:钻爆开挖支护施工隧洞1.4千米,盾构施工隧洞23.8千米,整洞混凝土铺底及衬砌施工。

中铁十四局集团有限公司新疆引额供水二期双三段4标段工程 项目部驻新疆维吾尔自治区昌吉州,项目负责人吴逼。合同投资142960万元,线路长37.4千米。主要工程量:钻爆开挖支护施工隧洞17.9千米,盾构施工隧洞18.9千米,整洞混凝土铺底及衬砌施工。

中铁十六局集团有限公司新疆引额供水二期西水东引4标段工程 项目部驻新疆维吾尔自治区阿勒泰地区,项目负责人郭震。合同投资40603万元,线路长6.6千米。主要工程量:倒虹吸3座。

中铁十六局集团有限公司新疆引额供水二期西水东引8标段工程 项目部驻新疆维吾尔自治区阿勒泰地区,项目负责人郭震。合同投资133216万元,线路长34.8千米。主要工程量:施工隧洞34.7千米,施工道路32.1千米,供水管线12千米。

中铁十六局集团有限公司新疆引额供水二期喀双段10标段工程 项目部驻新疆维吾尔自治区昌吉州,项目负责人牛超良。合同投资33925万元,线路长9.1千米。主要工程量:钻爆开挖支护施工隧洞9.1千米,整洞混凝土铺底及衬砌施工。

中铁十八局集团有限公司新疆引额供水二期西水东引3标段工程 项目部驻新疆维吾尔自治区阿勒泰地区,项目负责人齐建锋。合同投资133828万元,线路长43.8千米。主要工程量:钻爆开挖支护施工隧洞5.1千米,盾构施工隧洞38.7千米,整洞混凝土铺底及衬砌施工。

中铁十八局集团有限公司新疆引额供水二期双三段2标段工程 项目部驻新疆维吾尔自治区昌吉州,项目负责人罗春灵。合同投资43597万元,线路长22.7千米。主要工程量:隧洞17千米,施工道路14千米。

中铁十九局集团有限公司新疆引额供水二期喀双段4标段工程 项目部驻新疆维吾尔自治区阿勒泰地区,项目负责人吕海明。合同投资174669万元,线路长46.2千米。主要工程量:钻爆开挖支护施工隧洞7.7千米,盾构施工隧洞38.5千米,整洞混凝土铺底及衬砌施工。 (侯 敏)

·引绰济辽水利工程·

【工程概况】 引绰济辽水利工程从嫩江支流绰尔河引水到西辽河,向沿线城市及工业园区供水,由文得根水利枢纽和输水工程两部分组成,文得根水利枢纽总库容19.64亿立方米,电站装机容量36兆瓦,输水线路总长390.3千米。其中,输水隧洞段183千米,工程投资252.16亿元。中国铁建所属中铁十八局、中铁十九局集团有限公司参加工程建设。 (侯 敏)

【参建标段】 中铁十八局集团有限公司引绰济辽水利工程隧洞段5标段工程 项目部驻内蒙古自治区兴安盟,项目负责人陈立和。合同投资145342.8万元,线路长46.5千米。主要工程量:土石方开挖120.1万立方米,衬砌混凝土21.6万立方米,钢筋33540吨。

中铁十八局集团有限公司引绰济辽水利工程PCCP管线段1标段工程 项目部驻内蒙古自治区兴安盟,项目负责人李广臣。合同投资14874.45万元,线路长14.6千米。主要工程量:PCCP管道铺设27.5千米,钢管安装1539.4米,土石方250.5万立方米。

中铁十九局集团有限公司引绰济辽水利工程PCCP管线段10标段工程 项目部驻内蒙古自治区通辽市,项目负责人连凯。合同投资17517万元,线路长22.5千米。主要工程量:主管道为1根DN3200的PCCP管,线路沿线穿越铁路1处、大坝1处、国道1处、县道2处。 (侯 敏)

·小清河复航工程·

【工程概况】 小清河复航工程起自山东省济南市荷花路跨小清河桥下200米处,止于潍坊港西港区羊口作业区,全长237千米,计划建Ⅲ级限制性航道169.2千米。工程投资133.02亿元,建设周期3年,计划2023年建成运营,运营期至2050年。中国铁建所属中国铁建大桥局、中铁十四局、中铁二十五局、中国铁建港航局集团有限公司参加工程建设。 (侯 敏)

【参建标段】 中国铁建大桥工程局集团有限公司小清河复航3标段工程 项目部驻山东省淄博市，项目负责人罗长征。合同投资153031万元，线路长30.8千米。主要工程量：开挖土石方423万立方米，水下疏浚137万立方米，新建船闸1座，改建桥梁7座。

中铁十四局集团有限公司小清河复航2标段工程 项目部驻山东省滨州市，项目负责人冯立志。合同投资156725万元，线路长26.7千米。主要工程量：开挖土石方904万立方米，水下疏浚165万立方米，改建船闸1座，新建航道维护基地及公共锚地1处，改建桥梁4座，倒虹吸3道，提灌站26座，支流控制闸（涵闸）50座。

中铁二十五局集团有限公司小清河复航1标段工程 项目部驻山东省济南市，项目负责人杨志文。合同投资161048万元，线路长29.3千米。主要工程量：开挖土石方1154.7万立方米，水下疏浚41万立方米，改建节制闸1座，新建航道维护基地及公共锚地1处，改建桥梁13座。

中国铁建港航局集团有限公司小清河复航4标段工程 项目部驻山东省东营市，项目负责人吴兵。合同投资325808万元，线路长82.3千米。主要工程量：疏浚作业，护岸43.6千米，改建船闸2座，改建桥梁13座。 （侯 敏）

房建工程

·乌鲁木齐宝能城项目·

【工程概况】 乌鲁木齐宝能城项目位于新疆维吾尔自治区乌鲁木齐市经济技术开发区二期延伸区，玄武湖路以东，岳麓山街以南，天柱山街以北，西邻万达广场，东临高铁片区卫星路，由1—4号4个地块组成，总建筑面积175万平方米。本项目建在宝能城1号、2号地块，两个标段。其中，1标段总建筑面积741188.5平方米，其中地上建筑面积548896.6平方米、地下建筑面积192291.9平方米；2标段总建筑面积330609平方米，其中地上建筑面积293556平方米、地下建筑面积37053平方米。合同工期2016年4月至2024年12月，合同投资22.1亿元。截至2020年底，开工累计完成总投资的48.2%，主楼建成封顶。 （侯 敏）

【参建单位】 中铁建设集团有限公司承担乌鲁木齐宝能城项目施工任务。项目负责人刘海涛。

（侯 敏）

安全监督

【中国铁建股份有限公司安全生产委员会】 2007年成立。中国铁建董事长、总裁任主任委员；分管领导及其他副职领导任副主任委员；部门以上领导及总部有关部门负责人任委员。下辖的安全生产委员会办公室设在安全监督部，安全监督部总经理兼任办公室主任，日常工作由业务部门具体承办。中国铁建股份有限公司安全生产委员会（简称安委会）主要职责：规划、监督、指导全系统安全生产工作；审议安全生产规章制度；评估安全生产状况，提出强化监管举措；对安全生产重大问题提出决策性意见；实施安全生产奖惩；对安全生产事故提出处理意见。2020年1月9日，安委会研究修订《生产安全事故管理规定》，研究2019年安全包保责任书奖罚兑现，确定2020年安全生产包保责任书，安全生产工作会议与公司年度系列会议同期召开。 （郭 宏 高维权）

【安全监督部】 主要职责：负责建立健全中国铁建股份有限公司（以下简称公司）安全监督管理体系，包括安全生产的组织、制度、目标及责任、标准、教育、文化、风险控制、应急管理、监督保障和评价体系；负责贯彻国家及有关部委安全生产、应急管理工作法律法规，制定公司安全生产、应急管理规章制度；负责建立健全安全生产领导责任制、岗位责任制等安全生产责任制，落实安全生产包保和有关奖惩制度；负责组织推动安全标准化建设，组织或参与制定企业安全技术标准、防护标准、操作规程等相关安全标准、规范、规程；负责组织或参与本级安全生产教育和培训活动，监督、指导所属单位安全生产教育培训工作；负责检查、督导、考核所属单位与本级项目的安全生产状况，提出改进安全生产管理的工作建议，并督促安全生产整改措施的落实；负责开展安全风险管控、隐患排查治理双重预防机制建设，推动安全生产高新技术应用及信息化工作；负责编制完善本级生产安全事故应急预案，根据股份公司总部各部门和处室职责汇编组织开展应急救援演练；负责向国家有关部门申报安全生产预防和应急专项资金，开展对国家级和系统各级应急救援队、救援培训基地建设的业务指导；负责生产安全事故及灾害的统计、上报、应急救援和调查处理工作；配合政府部门进行对本级安全生产条件的核查和安全生产许可证延期办理等工作；负责注册安全工程师注册管理、继续教育等工作；负责本级各行业安全三类人员证书管理工作；负责建立与国家应急管理部、住房和城乡建设部、交通运输部、国务院国资委等相关部门及有关协会的沟通联系机制；负责公司安委会日常工作。（郭　宏　高维权）

【安全生产工作综述】 2020年5月，根据国务院安委会全国安全专项整治三年行动计划有关要求，制定《中国铁建股份公司安全生产专项整治三年行动实施方案》《安全生产专项整治三年行动实施方案措施清单》。8月，中国铁建在南京市组织召开驻江苏省21家三级企业和在施项目安全生产专项整治专题会议，会议就如何落实20项企业安全生产主体责任清单、8个方面项目安全生产专项整治内容提出要求和工作安排；年内2次专项督导6家三级单位，并通报督导情况。按照制度建设“1+N”顶层设计，印发《中国铁建股份有限公司生产安全事故管理规定》《中国铁建股份有限公司生产安全事故应急管理暂行办法》，继续推进安全监督管理制度建设。加强区域安全监管，建立与各区域总部安全工作监管对接机制；10月在中国铁建西南区域总部召开安全生产座谈会，专题调研安全生产形势和实际管理情况，会议就如何强化区域总部对以股份公司名义承揽项目的安全监管和强化对高风险项目的监管进行充分讨论，提出意见和建议。针对疫情期间、重要时段、复工复产和高风险作业安全管理，及时下发各类通知，部署所属单位落实安全防范措施和应急准备，排查整治安全隐患，并结合近年来各类事故和灾害教训，坚持每日发布工作警示，印发《瓦斯隧道安全施工指南（试行）》。全年派出4个检查组对全国19个省（区、市）46个重点项目（78个合同段）进行检查；根据安排，中国铁建带队组成检查组对中国能建10个工程建设项目进行督导检查。年内派出5个汛期安全生产督导组对系统内山区铁路、公路、水利工程的50个项目开展检查，监督检查驻江苏6家三级企业安全生产专项整治情况，11月回头督查其中5家三级企业的落实情况和实际效果；派出5个安全生产综合督查组对所属40家单位督导检查。同时，根据北京市安全生产工作会议要求，开展对北京片区12个房屋建筑和市政工程进行安全生产专项检查。按照应急管理部工作部署和要求，推选系统内60个在建工程项目，作为应急管理部中央企业工程应急力量的补充，并持续确认更新，确保具备应急能力。全年参与工程抢险救援和防汛抗洪救援1570余次，出动人员29400人次、机械车辆设备4620台。组织参加第二届全国应急管理普法知识竞赛活动，获优胜奖。（郭　宏）

【安全培训教育】 2020年9月底，中国铁建在重庆召开安全管理干部培训班，以安全生产责任制体系建设和信息化落实手段为主要内容，选取基层单位先进做法及政府监管部门最新监管要求进行交流学习。10月底至11月初，组织全系统400余名注册安全工程师进行连续6天（分三期）的继续教育安全培训。10月下旬，开展对股份公司本级20名建筑施工安全生产三类人员的专场培训和考试取证；在国家安全生产应急救援培训演练基地中铁二十局集团有限公司太白山520职业教育培训中心，组织举办生产安全事故应急处置培训班（西北区域班）。11月中旬，开展对股份公司本级30余名建筑施工安全生产三类人员的续期教育。（郭　宏）

【安全生产工作会议】 2020年1月16日，中国铁建召开安全生产会议，总结上年安全生产工作，分析面临的形势，剖析存在的问题，部署安全生产工作。4月20日，召开安全生产工作视频会议，深入贯彻落实全国安全生产电视电话会议和中央企业安全生产工作视频会议精神，部署全系统安全生产工作。8月5日，召开中国铁建驻江苏企业和在施项目安全生产专项整治专题会议，落实国务院安委办关于做好驻苏中央企业安全生产专项整治工作要求，督促驻苏企业和在施项目严格落实安全生产主体责任。（郭　宏　高维权）

【安全包保责任状】 2020年初，中国铁建与所属51家单位主要负责人分类签订《2020年度安全包保责任书》，逐级落实安全生产主体责任，并依据与各单位签订的《2019年度安全包保责任书》，开展对相关单位和负责人兑现奖罚。（高维权）

【全国“安全生产月”活动】 2020年6月1日，中国铁建通过视频会议,在全系统四级同步、实时联动,启动全国第19个“安全生产月”活动并发布安全生产专项整治三年行动方案。所属各单位将安全生产月活动与专项整治行动一同部署,同向发力,相互促进,推动各级深入学习贯彻习近平总书记关于安全生产的重要论述,开展“安全生产月”活动,抓好专项整治三年行动起步开局。组织指导所属单位积极参加全国安全知识网络竞赛和北京市住建系统安全生产知识竞赛;制作安全宣传幻灯片,在总部电梯广告屏循环播放,加强安全知识宣传。（程明新）

【中国铁建安全生产标准工地】 2020年,中国铁建系统96个项目被评为安全标准工地(车间)。

中国土木工程集团有限公司以色列红线轻轨东标段隧道工程项目

中铁十一局集团有限公司重庆轨道交通18号线工程土建2标段项目

中铁十一局集团有限公司深圳市城市轨道交通16号线工程施工总承包4工区项目

中铁十一局集团有限公司厦门轨道交通3号线轨道工程施工项目

中铁十一局集团有限公司新建南玉铁路站前工程No3项目

中铁十一局集团有限公司贵南高速铁路广西段6标段项目

中铁十二局集团有限公司郑万高速铁路湖北段ZWZQ－7标段项目

中铁十二局集团有限公司新建北京至唐山铁路站前工程JTZQ－4标段2分部项目

中铁十二局集团有限公司天津地铁6号线工程(梅林路站至咸水沽西站)4工区项目

中铁十二局集团有限公司徐州市城市轨道交通2号线一期工程土建06标段项目

中铁十二局集团有限公司合肥市轨道交通5号线工程供电系统集成1标段项目

中国铁建大桥工程局集团有限公司巢湖大桥工程项目

中国铁建大桥工程局集团有限公司陕西合铜高速公路TJ－11标段王家河特大桥项目

中国铁建大桥工程局集团有限公司新建福州至厦门铁路站前工程FX－7标段项目

中国铁建大桥工程局集团有限公司明珠湾大桥工程项目

中铁十四局集团有限公司广州市轨道交通18和22号线项目

中铁十四局集团有限公司济南绕城高速公路二环线东环段第1标段项目

中铁十四局集团有限公司玉溪至临沧高速公路控制性工程勘察试验段土建施工4标段项目

中铁十四局集团有限公司济南市济泺路穿黄隧道工程项目

中铁十五局集团有限公司G228国道三门园里至宁海一市段公路工程1标段项目

中铁十五局集团有限公司杭州时代大道改建工程第2标段项目

中铁十五局集团有限公司济宁市内环高架及连接线工程6标段项目

中铁十五局集团有限公司重庆合川至四川安岳(重庆段)高速公路第4合同段项目

中铁十六局集团有限公司郑许市域铁路工程许昌段梅庄停车场及出入线工程

中铁十六局集团有限公司南沿江城际铁路站前3标段项目

中铁十六局集团有限公司漳武高速公路南靖段A4合同段项目

中铁十六局集团有限公司杭州地铁8号线一期工程施工总承包土建工区项目

中铁十六局集团有限公司北京地铁17号线01标段项目

中铁十七局集团有限公司新建川藏铁路拉萨至林芝站前工程YLLZQ－11标段项目

中铁十七局集团有限公司新建玉溪至磨憨铁路站前工程YMZQ－4标段项目

中铁十七局集团有限公司翔安机场快速路(大嶝岛段)工程B1标段项目

中铁十七局集团有限公司无锡地铁4号线一期工程土建施工06标段工程

中铁十七局集团有限公司长春空港经济开发区市政综合工程项目

中铁十八局集团有限公司郑济铁路郑州至濮阳段站前工程ZPZQ－2标段项目

中铁十八局集团有限公司红莲大桥项目

中铁十八局集团有限公司南昌轨道交通4号线一期工程土建3标段项目

中铁十八局集团有限公司几内亚达圣铁路DSTL－02标段项目

中铁十八局集团有限公司中国商飞江西生产试飞中心项目

中铁十九局集团有限公司G3011敦当高速公路项目

中铁十九局集团有限公司双山街道办事处城中村、城边村改造一期（东西沟头、李家埠安置房建设）项目

中铁十九局集团有限公司S214都昌多宝至县城段升级改造工程A2标段项目

中铁十九局集团有限公司佛山市城市轨道交通3号线工程土建3206－1标段项目

中铁十九局集团有限公司新建铁路成都至兰州线成都至川主寺段站前工程CLZQ－5标段项目

中铁二十局集团有限公司津石高速公路（海滨大道至荣乌高速）第11标段（6—9标段预制梁场）项目

中铁二十局集团有限公司鹰潭智联小镇项目

中铁二十局集团有限公司横琴新区环岛东路立交工程

中铁二十局集团有限公司陕西沃德新能源汽车有限公司年产4万辆纯电动商用车建设工程EPC总承包项目

中铁二十局集团有限公司北京地铁17号线工程土建施工04合同段项目

中铁二十一局集团有限公司北京地铁17号线工程土建施工08合同段项目

中铁二十一局集团有限公司五彩湾1号露天煤矿铁路专用线项目

中铁二十一局集团有限公司张扁高速公路ZBTJ－3标段项目

中铁二十一局集团有限公司中国铁建清樾园西区A－1～A－5号楼及地下车库建筑安装工程

中铁二十二局集团有限公司京通电气化改造工程1标段（换梁工程）项目

中铁二十二局集团有限公司中国铁建花语江南城A2－1地块一期工程

中铁二十二局集团有限公司南京地铁D7－TA03标段土建6工区项目

中铁二十二局集团有限公司济南轨道交通R2线一期工程场段工程施工3标段项目

中铁二十三局集团有限公司栾卢高速公路LLTJ－4标段项目经理部1号钢筋加工厂项目

中铁二十三局集团有限公司琼山大道市政化改造路面工程项目

中铁二十三局集团有限公司溪东特大桥项目

中铁二十三局集团有限公司苏州河（真北路至蕰藻浜）堤防达标改造工程2标段项目

中铁二十四局集团有限公司上海轨道交通市域线机场联络线（西段）JCXSG－1标段项目

中铁二十四局集团有限公司崧泽大道跨线桥人非设施工程

中铁二十四局集团有限公司S42省道改建及缙云抽蓄复建道路工程项目

中铁二十四局集团有限公司南通市城市轨道交通2号线一期工程土建施工10标段项目

中铁二十五局集团有限公司G211赵家至长沙公路改造工程（浦万大道左右村至高桥村段）

中铁二十五局集团有限公司连镇铁路灌云站综合客运枢纽工程

中铁二十五局集团有限公司援斯里兰卡国家医院门诊楼项目

中铁二十五局集团有限公司昆楚高速公路土建TJ－3标段项目

中铁建设集团有限公司九江市公安局业务技术用房建设项目及地下室工程设计采购施工总承包工程

中铁建设集团有限公司深耕村项目二期商住工程

中铁建设集团有限公司西安前海人寿医院项目（一期）

中铁建设集团有限公司天津北万（挂）2017－145号宗地（国印文苑）1—12号楼、配建1—3号楼和地下车库工程

中铁建设集团有限公司青岛大学城公共场馆建设工程

中国铁建电气化局集团有限公司新建商丘至合肥至湖州铁路（肥东至湖州段）四电集成及相关工程SHSD－1标段（安徽段）工程

中国铁建电气化局集团有限公司新建银川至西安铁路（陕西段）四电系统集成YXSDJC－1标段工程

中国铁建电气化局集团有限公司新建盐城至南通铁路四电系统集成及动车所站后工程

中国铁建电气化局集团有限公司新建太原至焦作铁路山西段四电系统集成及相关工程

中国铁建港航局集团有限公司珠海市鹤州至高栏

港高速公路二期工程鹤港7标段项目

中国铁建港航局集团有限公司东营港10万吨航道工程项目

中国铁建港航局集团有限公司四川省九寨沟(甘川界)至绵阳公路路基土建工程LJ16合同段项目

中国铁建港航局集团有限公司中船重工大连市庄河海域海上风电场Ⅱ项目风机基础施工1标段项目

中国铁建房地产集团有限公司海语熙岸住宅一期及凤凰广场商业综合体项目

中铁第一勘察设计院集团有限公司银川至西安铁路项目

中铁第四勘察设计院集团有限公司张家港站城市综合配套工程总承包项目

中铁第五勘察设计院集团有限公司郑州机场至许昌市域铁路项目

中铁物资集团东北有限公司物流中心

中国铁建重工集团股份有限公司掘进机总厂长沙装配车间

中国铁建国际集团有限公司沙特阿美萨勒曼国王能源城基础设施和管线项目

中铁城建集团有限公司运河雅苑工程总承包项目

中铁城建集团有限公司庆盛枢纽区块综合开发项目庆盛人工智能产业园及安置配套工程东涌污水处理厂工程

中铁城建集团有限公司中国民航机场建设集团公司设计科研综合楼项目

中铁城建集团有限公司京师璟台项目

中国铁建投资集团有限公司湖南省安乡至慈利高速公路项目

中国铁建投资集团有限公司陕西合阳至铜川高速公路项目

中铁建商务管理有限公司北京铁建物业管理有限公司院区服务中心

中铁建华南建设有限公司广州高科技产业有限公司盾构新材车间 (高维权)

【全国安全生产标准化工地】 2020年,中国铁建系统9个项目被评为全国安全生产标准化工地。

中铁十一局集团有限公司万开周家坝—浦里快速通道2标段工程

中铁十四局集团有限公司苏州市轨道交通5号线土建施工项目V-TS-12标段工程

中铁十四局集团有限公司滇中新区空港智园(一期)项目

中铁十六局集团有限公司呼和浩特市城市轨道交通2号线一期10标段工程

中铁十八局集团北京工程有限公司富田城1号、2号院项目

中铁十九局集团有限公司广州市轨道交通18和22号线项目

中铁建设集团有限公司新建北京至沈阳铁路客运专线星火站站房及相关工程XHZFSG-1标段工程

中铁城建集团有限公司苏州高新区何山路西延工程3标段工程

中国铁建股份有限公司广州市南沙区自贸试验区万顷沙保税港加工制造业区块综合开发项目安置区工程(一期) (高维权)

2020年中国铁建生产安全事故情况

事故级别	总计(起数)	死亡人数(人)	重伤人数(人)	直接经济损失(万元)	备注
一般事故	4	6			
较大事故	1	3			
重大事故					
特别重大事故					
其他					
合计	5	9			

(制表:郭 宏)

中国铁建兵改工以来职工因工死亡人数逐月统计

年份	一月(人)	二月(人)	三月(人)	四月(人)	五月(人)	六月(人)	七月(人)	八月(人)	九月(人)	十月(人)	十一月(人)	十二月(人)	全年合计		
													职工人数(人)	死亡人数(人)	千人死亡率(‰)
1984	1	4	1	1	3	1	3	2	3	1	4	3	150549	27	0.179
1985		1	3	1	2	10	4	2	4	6	2	1	153134	36	0.235
1986	4	1	1	5	3	3	7	5	6	5	3	1	151620	44	0.290
1987			4	12	2		9	8	3	4	2	1	151428	45	0.297
1988			4	1	5	1	2		3		2	3	146855	21	0.143
1989	3		4	2	3		3	1	1	3			150962	20	0.132
1990	1				1		3		1		2		153288	8	0.053
1991			1	1	1		3		5	9	4		158588	24	0.151
1992	1					1	1	2	1	1	2	6	160379	15	0.094
1993	1	2	1		1	3	1	2	1	6	1		145876	19	0.130
1994		3		2			5		1	1		2	145368	14	0.096
1995		3		5		1		1		1	1	2	145608	14	0.096
1996	1	1			1	1				1	1		146871	6	0.041
1997	1	9		3	4	1	1	3	4		2		141327	28	0.198
1998			2								2		139731	4	0.029
1999			1	7	2	2	1	5	3	1		10	171445	32	0.187
2000	6		4				1	5	1	1	1	1	200850	20	0.100
2001	2				2		2	2	6		7	3	186680	24	0.129
2002											1		186000	1	0.005
2003			2			1	1						176000	4	0.023
2004	1				1		2	1	1		1	4	227650	11	0.048

续表

年份	一月（人）	二月（人）	三月（人）	四月（人）	五月（人）	六月（人）	七月（人）	八月（人）	九月（人）	十月（人）	十一月（人）	十二月（人）	全年合计		
													职工人数（人）	死亡人数（人）	千人死亡率（‰）
2005		7	4		1			2	7			12	230533	33	0.143
2006	1	8		1						4		6	237232	20	0.084
2007	4		6	4	1	4			3				242168	22	0.091
2008			5		3			2					184868	10	0.054
2009			5					3		6		6	209103	20	0.096
2010		2	12	4	3		10	1	2	1	7		228004	42	0.184
2011	3		6		7			5	1	25		2	240660	49	0.2036
2012					3	3	1			13	4		287568	24	0.0835
2013	3			3	3		3					3	287341	15	0.0522
2014	3								5	3	7	5	296983	23	0.0774
2015													298424		
2016	1		1	2		6	1	2	2	2		6	350964	23	0.0655
2017		3			12	3		3					364964	21	0.0575
2018	5	4		3	2			3			1	4	362648	22	0.0607
2019			1	7		3	1		2	2	4		352168	20	0.0568
2020			2	2	3	1		1					335901	9	0.0268
合计	42	48	70	66	69	45	65	61	66	96	61	81		770	0.0975

（制表：郭　宏）

原铁道兵部队和中国铁建逐年事故死亡人数统计

年　份	死亡人数(人)	千人死亡率(‰)	年　份	死亡人数(人)	千人死亡率(‰)
1948	21		1984	27	0.179
1949	96		1985	36	0.235
1950	36		1986	44	0.290
1951	365		1987	45	0.297
1952	521		1988	21	0.143
1953	448		1989	20	0.132
1954	33		1990	8	0.053
1955	157	1.55	1991	24	0.151
1956	144	1.26	1992	15	0.094
1957	60	0.58	1993	19	0.130
1958	125	1.24	1994	14	0.096
1959	235	1.53	1995	14	0.096
1960	249	1.77	1996	6	0.041
1961	151	1.17	1997	28	0.198
1962	63	0.64	1998	4	0.029
1963	137	0.68	1999	32	0.187
1964	106	0.51	2000	20	0.100
1965	336	1.63	2001	24	0.129
1966	436	1.00	2002	1	0.005
1967	351	1.00	2003	4	0.023
1968	263	0.60	2004	11	0.048
1969	373	0.58	2005	33	0.143
1970	404	0.70	2006	20	0.084
1971	536	1.30	2007	22	0.091
1972	371	0.71	2008	10	0.054
1973	254	0.61	2009	20	0.096
1974	291	0.67	2010	42	0.184
1975	263	0.56	2011	49	0.2036
1976	257	0.74	2012	24	0.0835
1977	216	0.64	2013	15	0.0522
1978	193	0.58	2014	23	0.0774
1979	192	0.51	2015		
1980	177	0.58	2016	23	0.0655
1981	116	0.52	2017	21	0.0575
1982	121	0.62	2018	22	0.0607
1983	76	0.47	2019	20	0.0591
			2020	9	0.0268
铁道兵合计	8173	0.88	中国铁建合计	770	0.1102

（制表：郭　宏）

中国铁建兵改工以来伤亡事故统计

年份	合计				职工因工伤亡事故				职工在国有公路上发生交通事故				职工非因工事故				中国铁建主要责任造成群众伤亡事故				外部劳务伤亡事故			
	起数（起）	轻伤（人）	重伤（人）	死亡（人）	起数（起）	轻伤（人）	重伤（人）	死亡（人）	起数（起）	轻伤（人）	重伤（人）	死亡（人）	起数（起）	轻伤（人）	重伤（人）	死亡（人）	起数（起）	轻伤（人）	重伤（人）	死亡（人）	起数（起）	轻伤（人）	重伤（人）	死亡（人）
1984	312	187	107	79	219	162	69	27					36	7	9	24	57	18	29	28				
1985	241	168	58	52	215	157	51	36					17	3	4	10	9	8	3	6				
1986	259	160	61	77	217	156	47	44					26	3	6	19	16	1	8	14				
1987	166	99	38	63	145	92	36	45					13	5	2	11	8	2		7				
1988	117	64	23	45	92	60	21	21	4		1	3	15		1	15	6	4		6				
1989	111	76	26	33	87	56	19	20	14	20	5	5	10		2	8								
1990	113	89	18	31	86	69	15	8	12	17	3	8	12	3		12	3			3				
1991	128	99	24	38	107	84	21	24	7	9	4		11			11	3	6		3				
1992	144	113	15	28	130	112	13	15	6	1	2	4	6			7	2			2				
1993	144	131	28	32	129	119	21	19	10	9	6	11	3	1		2	2	2	1		11			20
1994	107	97	8	21	99	94	6	14	3	3	2	2	5			5	1	2		4	9	10	6	33
1995	92	85	15	14	92	85	15	14													4	3		6
1996	72	62	9	8	70	62	9	6					2			2					3			9
1997	87	72	11	36	85	72	11	28					2			8					4	5		7
1998	66	59	7	6	64	59	7	4					2			2					4	2	1	9
1999	103	86	9	37	98	86	9	32					5			5					2			4
2000	66	74	13	21	65	74	13	20					1			1					3	1	1	5
2001	66	80	14	30	62	80	14	24					4			6					1			1
2002	79	70	7	2	78	70	7	1					1			1					2	1	2	4
2003	72	67	10	4	72	67	10	4													2	1		4

续表

年份	合计				职工因工伤亡事故				职工在国有公路上发生交通事故				职工非因工事故				中国铁建主要责任造成群众伤亡事故				外部劳务伤亡事故			
	起数（起）	轻伤（人）	重伤（人）	死亡（人）	起数（起）	轻伤（人）	重伤（人）	死亡（人）	起数（起）	轻伤（人）	重伤（人）	死亡（人）	起数（起）	轻伤（人）	重伤（人）	死亡（人）	起数（起）	轻伤（人）	重伤（人）	死亡（人）	起数（起）	轻伤（人）	重伤（人）	死亡（人）
2004	76	79	7	12	75	79	7	11					1			1								
2005	57	63	10	33	57	63	10	33													3			3
2006	60	60	11	20	60	60	11	20													1	3		3
2007	67	70	14	22	67	70	14	22													3			4
2008	4	2	2	10	1			4													3	2	2	6
2009	8			20	6			15													2			5
2010	10	3		42	1	3		7													9			35
2011	11			49																	11			49
2012	6	22	7	24																	6	22	7	24
2013	5			15																	5			15
2014	5			23																	5			23
2015																								
2016																								23
2017	4			21																	4			21
2018	11			22																	11			22
2019	7			20																	7			22
2020	5			9																	5			9
合计	2881	2237	552	999	2479	2091	456	518	56	59	23	33	172	22	24	150	107	43	41	73	120	50	19	366

（制表：郭　宏）

中国铁建兵改工以来各单位逐年职工因工死亡人数统计

单位:人

单位	一九八四年	一九八五年	一九八六年	一九八七年	一九八八年	一九八九年	一九九〇年	一九九一年	一九九二年	一九九三年	一九九四年	一九九五年	一九九六年	一九九七年	一九九八年	一九九九年	二〇〇〇年	二〇〇一年	二〇〇二年	二〇〇三年	二〇〇四年	二〇〇五年	二〇〇六年	二〇〇七年	二〇〇八年	二〇〇九年	二〇一〇年	二〇一一年	二〇一二年	二〇一三年	二〇一四年	二〇一五年	二〇一六年	二〇一七年	二〇一八年	二〇一九年	二〇二〇年	合计
中国土木工程集团有限公司																																						
中铁十一局集团有限公司	2	7	6	4	2	2	1	1	7	1	5						2	2		2		1	4				2			3			1		3	2	2	62
中铁十二局集团有限公司	2	1	1	2	4										2	2		14					2	9		2	10				3		1		3	1		59
中国铁建大桥工程局集团有限公司	1	2		2	4	3		1	1	1			1			4				1			1	1			7			3	7				2			42
中铁十四局集团有限公司	1	3	1	6	1	1	1	4	2				1	1		1	1					6				6		3		3			5	3	3	4		57
中铁十五局集团有限公司	3	2		2	2	4		6	2	3	4			1		8	6	1					1	3	1			5					1	12	1			68
中铁十六局集团有限公司	6	8	11	4	1	2	1	2	2	3	1	2	1	20				1			1	8		3		5	2								4			88
中铁十七局集团有限公司	1		2	3		1	1	1			3												9	4	4	1	2	2		3								37
中铁十八局集团有限公司	5	4	9	16	3		2	1		3		6	1			2	2	1						1	5	3	10	1	13		3		1		1			93
中铁十九局集团有限公司	1		4	1	1	3		3		5		1		1	1	10	8				1	12		1				24			5		1			8		91
中铁二十局集团有限公司	1	6	7	5	3	4	1	1	1							4		2			2		3					11										51
中铁二十一局集团有限公司																													7	3							1	11
中铁二十二局集团有限公司																						3					1		1				3	3	4	3		18
中铁二十三局集团有限公司																												1	3		5		4					13
中铁二十四局集团有限公司																					4					2	7						1		1		5	20
中铁二十五局集团有限公司																										1	1										1	3
中铁建设集团有限公司		1	1																									2					2					6
中国铁建电气化局集团有限公司																																		3		2		5
中国铁建港航局集团有限公司																																						
中国铁建房地产集团有限公司																																						
中铁第一勘察设计院集团有限公司																																						
中铁第四勘察设计院集团有限公司																					1												3					4
中铁第五勘察设计院集团有限公司																			1																			1
中铁上海设计研究院集团有限公司																																						
中铁物资集团有限公司			1										1																									2
中国铁建重工集团股份有限公司																				1																		1
中铁建商务管理有限公司																					1	3																4
中国铁建直属单位	4	2	1				1	4		3	1	5	1	5	1	1	1	3		1																		34
合　计	27	36	44	45	21	20	8	24	15	19	14	14	6	28	4	32	20	24	1	4	11	33	20	22	10	20	42	49	24	15	23		23	21	22	20	9	770

注:中国铁建直属单位包括原工厂局、国内工程公司、铁路运输处、铁道战备舟桥处。

（制表:郭　宏）

2020 年 3 月 23 日，中国铁建在北京召开境外疫情防控专题视频会。　　（付玉忠 摄）

海外业务

海 外 经 营

【海外业务部(总部集团外事办公室)】 主要职责:负责中国铁建股份有限公司(以下简称公司)海外业务的统筹和协调;负责海外在建项目的监督与指导,协助总部职能部门履行海外项目管控职责;负责海外项目风险防控;负责海外发展战略及海外中长期规划的研究制定、阶段性评估、调整、完善以及贯彻执行;制定和完善外经、外事管理制度和办法;负责海外合规业务的具体管理,协助总部职能部门履行海外合规管理职责;负责牵头统筹与国家外交、外经主管部门,国内、国际工程承包行业有关的商协会,金融和保险机构、全球大型跨国公司,驻外使领馆、经参处、驻华使领馆的沟通联络;负责境外投融资业务的统筹管理,履行统筹、协调、监督等职责,协助总部职能部门履行境外投融资管理职责;负责海外业务年终考核工作;负责下达全系统海外业务年度生产经营计划,以及对海外生产经营数据进行统计分析;牵头负责以公司名义承揽项目的评审、审批、项目备案办理和相关证照提供,牵头负责其他以二级单位名义承揽的重大项目的评审和审批;牵头负责境外突发事件应急预案的制定及突发事件应急联络、善后处置等工作,协助总部职能部门履行海外应急管理职责;负责因公出国(境)审批及相关证照的办理、换发及管理,负责邀请外国人来华的审核报批;参与商务部、国务院国资委、国家外汇管理局组织的境外投资联合年检和综合绩效评价工作;负责国际政治、经济形势研究,行业境外业务对标分析,以及与国内外高端智库的交流对接;负责海外专家委员会的日常工作;负责ENR参评资料准备及报送工作;负责海外工程项目中标信息、重大信息的汇总、报送;协助总部职能部门履行海外人力资源管理、舆情管控、企业文化建设、社会责任、资产监管、财务管理、党建纪检、海外利益保护等管理职责;承办总部集团外事办公室相关工作;完成公司领导交办的其他工作。部门定员45人,设总经理1人,执行总经理2人,副总经理4人;下设综合处、外事处、对外联络处、合规管理处、项目监管处、境外投融资处、非洲市场处、亚大市场处、欧美市场处。(张　静)

【全球最大250家国际承包商排名】 5月,按照中国对外承包工程商会《关于组织参加ENR2020年度全球最大250家国际承包商评选活动的通知》(承商工函〔2020〕039号)要求,完成美国《工程新闻纪录》(ENR)组织的2020年度全球最大250家国际承包商评选活动的资料报送工作。2020年,中国铁建在ENR“最大250家全球承包商”排名第3位,在ENR“最大250家国际承包商”排名第12位。(张　静)

2020年中国铁建海外新签合同额情况

序号	单　位	新签合同额(万美元)	占海外合同总额比例(%)
1	中国土木工程集团有限公司	1003535	29.44
2	中铁十一局集团有限公司	36086	1.06
3	中铁十二局集团有限公司		
4	中国铁建大桥工程局集团有限公司	919	0.03
5	中铁十四局集团有限公司	68066	2.00
6	中铁十五局集团有限公司	23064	0.68
7	中铁十六局集团有限公司	88353	2.59
8	中铁十七局集团有限公司	100620	2.95
9	中铁十八局集团有限公司	133753	3.92
10	中铁十九局集团有限公司	107479	3.15
11	中铁二十局集团有限公司	299179	8.78
12	中铁二十一局集团有限公司	13026	0.38
13	中铁二十二局集团有限公司	282	0.01
14	中铁二十三局集团有限公司	25589	0.75
15	中铁二十四局集团有限公司	12922	0.38

续表

序号	单 位	新签合同额(万美元)	占海外合同总额比例(%)
16	中铁二十五局集团有限公司	6134	0.18
17	中铁建设集团有限公司	16574	0.49
18	中国铁建电气化局集团有限公司	5116	0.15
19	中国铁建港航局集团有限公司	24691	0.72
20	中铁第一勘察设计院集团有限公司	8140	0.24
21	中铁第四勘察设计院集团有限公司	2639	0.08
22	中铁第五勘察设计院集团有限公司	680	0.02
23	中铁上海设计院集团有限公司	660	0.02
24	中铁物资集团有限公司	17914	0.53
25	中国铁建重工集团股份有限公司	11360	0.33
26	中国铁建国际集团有限公司	1344456	39.44
27	中铁城建集团有限公司		
28	中铁建资本控股集团有限公司	212	0.01
29	中铁建国际投资有限公司	57646	1.69
	总 计	3409095	100.00

(制表:张 静)

2020 年中国铁建海外完成营业额情况

序号	单 位	完成营业额(万美元)	占海外营业总额比例(%)
1	中国土木工程集团有限公司	247306	32.91
2	中铁十一局集团有限公司	14565	1.94
3	中铁十二局集团有限公司	20726	2.76
4	中国铁建大桥工程局集团有限公司	3375	0.45
5	中铁十四局集团有限公司	27593	3.67
6	中铁十五局集团有限公司	8341	1.11
7	中铁十六局集团有限公司	42392	5.64
8	中铁十七局集团有限公司	16693	2.22
9	中铁十八局集团有限公司	43148	5.74
10	中铁十九局集团有限公司	11479	1.53
11	中铁二十局集团有限公司	16234	2.16
12	中铁二十一局集团有限公司	11406	1.52
13	中铁二十二局集团有限公司	282	0.04
14	中铁二十三局集团有限公司	731	0.10
15	中铁二十四局集团有限公司	7568	1.01
16	中铁二十五局集团有限公司	6738	0.90
17	中铁建设集团有限公司	14537	1.93
18	中国铁建电气化局集团有限公司	6615	0.88
19	中国铁建港航局集团有限公司	4453	0.59
20	中铁第一勘察设计院集团有限公司	1951	0.26
21	中铁第四勘察设计院集团有限公司	899	0.12
22	中铁第五勘察设计院集团有限公司	739	0.10
23	中铁上海设计院集团有限公司	268	0.04
24	中铁物资集团有限公司	8222	1.09
25	中国铁建重工集团股份有限公司	14245	1.90
26	中国铁建国际集团有限公司	170026	22.63
27	中铁城建集团有限公司	9008	1.20
28	中铁建资本控股集团有限公司	142	0.02
29	中铁建国际投资有限公司	41758	5.56
	总 计	751440	100.00

(制表:张 静)

【外事工作】 2020年,面对加速演变的国际局势和突如其来的新冠肺炎疫情,中国铁建在习近平新时代中国特色社会主义思想和习近平外交思想指引下,认真贯彻落实中央及相关部委外事管理精神和公司管理规定,科学统筹境外疫情防控和复工复产,外事工作整体平稳有序。一是不断完善外事管理制度建设。总部集团2019年12月修订印发外事工作管理办法和实施细则并组织宣贯后,所属涉及海外业务的单位组织修订本单位外事工作管理办法并贯彻落实。二是从严加强外事管理和监督检查。明确所属各单位党委对本单位临时因公出访团组负有主体责任,加大事中事后监督,深入贯彻落实中央八项规定精神及其实施细则要求。严格审核审批因公出国(境)团组,对不符合规定的团组要求调整或取消,全年退回或要求调整不合格团组21个、112人次,占总人次的1.3%。三是认真加强人员出入境疫情防控和健康管理。印发通知加强对人员出入境疫情防控方面的管控,科学指导人员有序跨境流动,防范疫情输入。通过个人健康申报、单位组织体检与评估、境外人员健康管理等环节,保障人员健康派出,减少人员在境外健康意外事件的发生。四是持续加强外事培训和信息化建设。年内组织召开中国铁建2020年外事工作培训视频会,介绍当前国际政治经济和境外新冠肺炎疫情形势、上级外事工作精神和要求,总结外事工作情况,分析存在的问题,要求从严管控因公出访,妥善应对外事风险。完善外事管理信息系统与外交部护照、签证办理授权公网对接功能,实现护照办理"只跑一次",护照信息自动提取;提升安全防护水平,配合总部集团相关部门把外事管理信息系统由外网迁移至VPN网络。五是全力服务和保障境外生产经营。全年全系统审批因公出国(境)团组2708个,累计9305人次,办理各类因公证件2603本,自办签证3507人次。面对各国因疫情防控频繁锁国封城、部分国家取消免签或落地签、提高签证办理材料标准、限制航班出入境等困难,系统内各单位统筹协调、密切配合,境外新冠肺炎疫情暴发后累计派出3788人,其中接种新冠疫苗3195人,切实服务和保障境外项目复工复产和经营需要。 (李　亮)

【对接交流】 2020年,面对疫情带来的社交隔离,在确保安全、亟须必需的情况下,公司创新与国家部委、各国驻华大使馆、商协会等机构的对接交流活动。同时,公司利用党建联学联建契机,利用铁道兵纪念馆平台,积极与有关机构开展主题党日活动,以党建交流促进业务对接。年内,中联部副部长王亚军、澳门中联办副主任姚坚、巴基斯坦驻华大使莫因・哈克等先后到访公司。中联部二局、中国信保等机构与公司进行党建交流活动。在对接联络过程中,切实增强政治意识、大局意识、服务意识,贯彻落实有关外事管理规定,注重细节、实效,全面展示企业良好形象,中国铁建的朋友圈不断扩大,品牌影响力进一步增强。 (杨　晨)

【海外发展战略】 中国铁建"十三五"海外业务发展定位:加快转型升级,努力培育成世界一流的建筑业跨国公司。实行建营一体化发展战略,由单一传统业务向综合性业务转型。巩固发展传统核心主业优势,实现相关企业间、企业内部子企业间优势资源战略重组,加强企业间合作;延伸产业链条,实现向科技研发、工程咨询、工程总承包、特许经营等价值链高端纵向一体化发展。在更大范围、更多领域和更高层次上参与国际市场竞争,实现规模与效益、结构与布局的合理匹配,在"一带一路"倡议和中国铁路"走出去"战略中发挥主力军和先锋队作用。"十三五"海外业务发展的总体策略:以"四个全面"战略布局为指导,紧跟国家"走出去"政策方向,坚持"创新驱动、合作共赢、科学发展、员工共享"的理念,抓住"一带一路"倡议、自由贸易区、中非"三网一化"等机遇,坚持发展是第一要务,深入推进海外区域市场建设,全球经营;大力开发政府间框架项目,着力实施两个"1+N"战略,即以海外铁路、公路为主,不断向房建、市政、港口、电力、机场等"路外"领域拓展;以承包工程为主,积极推进海外规划设计、投资、运营、物流、经贸合作区、房地产、工业、国际贸易等多元化经营。中国铁建坚定不移推进"海外优先"战略,具体体现是落实"四个优先",即思想优先、资源优先、政策优先、保障优先,要学习借鉴先进的国际化经营理念,转变思想,投身海外,在思想深处以海外为先,以海外为重,把最优秀的人才、最优质的资源、最优惠的政策和最优先的保障全面向海外倾斜。当好“四者”身份,即做政府购买服务的优质提供者、区域经济发展的深度参与者、政府与经济社会发展的责任担当者和国家战略的卓越践行者。积极践行“四个融入”,即融入国家战略、融入所在国的发展、融入外经平台、融入中国“走出去”的企业,按照“补短板、稳布局、拓空间”的总体要求,利用10~15年时间,打造一个以基础设施建管营为主,集投资、咨询、工程承包等业务为一体的“海外铁建”。 (张 静)

【来宾访问】 1月20日,中国铁建总裁、党委副书记庄尚标在中国铁建大厦会见中国驻巴西大使杨万明。双方就推动中国铁建在巴西的业务开展进行深入交流并达成共识。中国铁建党委常委、副总裁汪文忠参加会见。

4月1日,中国铁建向阿尔及利亚捐赠呼吸机仪式在中国铁建国际集团有限公司举行。中国铁建党委书记、董事长陈奋健代表中国铁建把捐赠的100台呼吸机递交给阿尔及利亚驻华大使艾哈桑·布哈利法,助力该国早日战胜新冠肺炎疫情。中国铁建副总裁汪文忠在捐赠仪式上致辞。

5月28日,中国铁建党委书记、董事长陈奋健在中国铁建大厦会见来访的中国进出口银行党委委员、副行长谢平一行,双方就进一步推进有关合作进行深入交流,并达成共识。中国铁建党委常委、副总裁汪文忠参加会见。

9月3日,中国铁道建筑集团有限公司党委书记、董事长汪建平在中国铁建大厦会见到访的巴基斯坦驻华大使莫因·哈克,双方就加强有关基建项目合作进行交流。

9月9日,中国铁道建筑集团有限公司党委书记、董事长汪建平,中国铁建总裁、党委副书记庄尚标在中国铁建大厦会见到访的中国中车集团有限公司党委书记、董事长刘化龙,总裁、党委副书记孙永才,双方就相关业务合作进行交流探讨。中国铁建党委常委、副总裁汪文忠参加会谈。

9月15日,中国铁道建筑集团有限公司党委书记、董事长汪建平在中国铁建大厦会见中国驻特立尼达和多巴哥大使方道,双方就促进中国铁建在特多的业务发展进行深入交流,并达成共识。中国铁建党委常委、副总裁汪文忠参加会见。

11月27日,中国铁建总裁、党委副书记庄尚标在北京会见中国进出口银行党委副书记、行长吴富林,双方就进一步加强银企战略合作开展深入交流,并达成共识。中国铁建党委常委、总会计师兼总法律顾问王秀明,党委常委、副总裁汪文忠参加会见。

12月22日,中国铁建党委书记、董事长汪建平在中国铁建大厦会见到访的中国出口信用保险公司(简称中国信保)董事长、党委书记宋曙光一行,双方就进一步深化合作,推进海外业务开展进行深入交流,并共同见证中国铁建与中国信保签署战略合作协议。中国铁建党委常委、副总裁汪文忠,中国信保党委委员、副总经理张辉代表双方签署协议。

12月23日,中国铁建总裁、党委副书记庄尚标在中国铁建大厦会见澳门中联办副主任姚坚一行,双方围绕推动澳门经济适度多元化发展进行深入交流。

12月30日,中国铁建党委书记、董事长汪建平在中国铁建大厦会见中联部副部长王亚军一行,双方就加强海外业务合作,推进“一带一路”建设进行深入交流。中国铁建党委副书记、执行董事陈大洋,党委常委、副总裁汪文忠参加会见。 (张 静)

【重要活动】 4月7日,中国铁建赴尼日利亚防疫工作组出发仪式在北京中土大厦举行。中国铁建党委书记、董事长陈奋健,总裁、党委副书记庄尚标为出征壮士送行,伊肯雅乌等3位尼日利亚驻华公使出席仪式。中国铁建党委常委、副总裁汪文忠主持仪式。

4月28日,中国铁建召开境外疫情防控排查工作部署视频会议。会议强调,全系统要更加紧密地团结在以习近平同志为核心的党中央周围,增强“四个意识”,坚定“四个自信”,做到“两个维护”,坚决贯彻落实好党中央国务院决策部署和国务院国资委工作要求,扎扎实实做好境外疫情防控大排查,坚决避免发生境外聚集性疫情,确保全系统境外员工生命安全和身体健康,实现“两稳”“两不”目标,为中央企业境外疫情防控工作作出积极贡献。中国铁建党委副书记、执行董事陈大洋出席会议并讲话，党委常委、副总裁汪文忠主持会议。

5月8日，中铁建国际投资有限公司（简称铁建国投）成功入股西班牙 Aldesa 集团庆典活动在北京举行。中国铁建党委常委、副总裁李宁出席。成功入股西班牙 Aldesa 集团后，铁建国投努力统筹中国铁建的整体资源优势，借鉴兄弟单位的成功并购经验，遵循国际化公司的运作规律，有效整合，科学管控，支持 Aldesa 集团进一步改善资本结构，增强资本实力，主动开拓欧洲和拉美等国际区域市场和新业务领域，积极参与更多、更大型项目，努力把 Aldesa 集团打造成国际化的行业先进企业，发展成为铁建国投在欧洲和拉美的投资平台，为铁建国投未来发展壮大奠定基础。

5月14日，为检查中国铁建各项工作部署在境外落实情况，督导境外机构和项目进一步加强疫情防控各项工作，中国铁建对境外机构和项目进行视频再巡检。中国铁建总裁、党委副书记庄尚标通过视频在线巡查境外机构和项目疫情防控工作并提出要求，党委常委、副总裁汪文忠参加视频巡检。

8月5日，中国铁建党委常委、副总裁汪文忠在山西太原出席中国铁建赴尼日利亚防疫工作组回国欢迎仪式并致辞。仪式结束后，汪文忠调研中铁十七局集团有限公司海外业务并召开座谈会。

10月18日，中国土木工程集团有限公司所属全资子公司中铁建国际工程咨询有限公司在北京中土大厦揭牌。中国铁建党委常委、副总裁汪文忠出席仪式并为中铁建国际工程咨询有限公司成立揭牌。

10月27日，中国铁建召开尼日利亚和卡塔尔市场疫情防控视频巡检会。国务院国资委境外办常务副主任、规划局副局长孟华强到会指导，中国铁建党委常委、副总裁汪文忠出席会议并讲话。

12月2—3日，中国铁建党委常委、副总裁汪文忠应邀出席在澳门召开的第11届国际基础设施投资与建设高峰论坛，并到中国土木工程集团港澳分公司澳门第四跨海大桥项目部主持召开在澳门市场生产经营调研座谈会。（张　静）

【重要记载】 ▲2月11日　中铁二十局集团有限公司以设计施工总承包（EPC）模式建设的阿尔及利亚房建项目部卜利达5000套租售房项目整体交房完毕，标志着该项目全面进入质保维修阶段。

▲3月13日　中铁十二局集团有限公司承建，中铁第五勘察设计院集团有限公司监理的“一带一路”关键工程、泛亚铁路中线重要组成部分中老铁路万和隧道提前10天贯通，这也是全线贯通的首座万米级长隧。

▲3月26日　中国铁建重工集团股份有限公司和中国水利电力对外有限公司联合研制的中国首台出口南美洲敞开式岩石隧道掘进机在湖南长沙成功发运，运往秘鲁参与圣加旺水电站隧洞工程建设。

▲5月30日　中国土木工程集团东非有限公司承建的坦桑尼亚乌本戈立交桥项目层桥（莫罗戈洛路方向）顺利通车。

▲6月8—9日　在中美洲的特立尼达和多巴哥，中国铁建国际集团有限公司承建的库勒珀立交桥、阿利玛总医院两大项目启用，特多总理基思・罗利连续两天出席启用仪式，对中国企业克服疫情影响，顺利完成项目表示赞誉和感谢。

▲7月8日　中国土木工程集团有限公司承建的首个航道疏浚项目——蒙格拉港疏浚一期项目的南区疏浚工程完成验收并正式移交业主。

▲7月16日　巴布亚新几内亚总理詹姆斯・马拉佩在巴新新爱尔兰省省长陈仲民爵士（华裔）等相关政府官员陪同下到中铁建设集团有限公司新爱尔兰省议会大厦项目考察指导。

▲7月29日　中国铁建国际集团有限公司参建的俄罗斯最大物流中心铁路场站——别雷拉斯特物流园项目正式通车，开启沈阳至莫斯科别雷拉斯特定向集装箱班列的常态化运行。

▲8月20日　中国政府援密克罗尼西亚联邦卡玛桥改造项目交付启用仪式在中铁十四局集团有限公司建设现场举行。

▲9月17日　美国《工程新闻纪录》（ENR）2020年度第8届年度全球最佳及优秀工程项目颁奖典礼在纽约举行。中国土木工程集团有限公司承建的澳门离

岛医疗综合体——护理学院建造工程项目获 ENR 教育/研究组别最佳项目奖。

▲10 月 7 日　埃塞俄比亚总理阿比出席中国土木工程集团有限公司承建的巴赫达尔工业园区开园仪式,赞赏中国土木为埃塞俄比亚工业化发展作出的贡献。

▲10 月 29 日　埃塞俄比亚总理阿比出席中国土木工程集团有限公司承建的德雷达瓦工业园区开园仪式。

▲11 月 3 日　亚洲基础设施投资银行投资,中铁二十五局集团有限公司承建的斯里兰卡 700 套保障房项目在科伦坡北部郊区瓦塔举行奠基仪式,标志着项目正式破土动工。

▲11 月 28 日　雅万高速铁路钢轨出口首航仪式在北部湾港防城港 6 号泊位举行。中铁物资集团有限公司供应的 8790 吨 50 米高铁钢轨从广西防城港发往印度尼西亚,此次发运是国内首次向海外市场大批量出口 50 米钢轨,标志着中国长定尺钢轨走向世界舞台。

▲12 月 22 日　中铁十八局集团有限公司参建的马达加斯加鲁班工坊“云揭牌”仪式在天津市和马达加斯加首都塔那那利佛同步举行,这是天津市落实中非合作论坛北京峰会“八大行动”、在非建设的第十座鲁班工坊,也是中国铁建参建的第三座鲁班工坊。

(张　静)

海 外 工 程

【沙特内政部安全总部发展项目第五期合同第 1、第 3、第 5 号承包项目】　第 1 号承包项目:利雅得地块,合同投资 4094098682.66 沙特里亚尔(约合 10.92 亿美元);第 3 号承包项目:麦加地块,合同投资 1262498195.18 沙特里亚尔(约合 3.37 亿美元);第 5 号承包项目:东部地块,合同投资 2066711099.95 沙特里亚尔(约合 5.51 亿美元)。项目为设计施工总承包模式,合同总工期 1440 天,不同建筑群工期 720 ~ 1080 天不等,合同投资 26 亿美元。截至 2020 年底,开工累计完成营业额 3.69 亿美元。

(张　静)

【尼日利亚铁路现代化项目拉各斯至伊巴丹段工程】　尼日利亚铁路现代化项目拉各斯至卡诺双线准轨铁路,正线全长 1315 千米,铺轨 2730 千米,设车站 25 座,桥梁 200 千米,机车车辆维修工厂 2 座,全线全立交、全封闭、全自动闭塞微机联锁。全线电力贯通,采用中国技术标准进行设计、施工,开创中国技术标准输出先河。其中,拉各斯至伊巴丹段为双线铁路项目,线路全长 156.65 千米,设车站 8 座,合同投资 14.88 亿美元。截至 2020 年底,开工累计完成营业额 16.76 亿美元。

(张　静)

【阿联酋铁路二期 B、C、D 标段工程】　阿联酋铁路项目业主为阿联酋联邦铁路公司,阿联酋联邦财政部、阿布扎比财政局和联邦铁路公司共同提供融资。项目为工程总承包(EPC)合同,其中 B 标段合同投资 7.23 亿美元,线路全长 221.53 千米,正线工期 1110 天、支线工期 1188 天;C 标段合同投资 5.42 亿美元,线路全长 94.83 千米,正线工期 959 天、支线工期 1136 天;D 标段合同投资 13.2 亿美元,线路全长146.18千米,项目工期 1379 天。阿联酋联邦铁路项目二期 B、C、D 标段工程是阿联酋铁路网的重要组成部分,项目建成通车后,成为一条横贯阿联酋东西的交通运输大通道。截至 2020 年底,开工累计完成营业额 5.13 亿美元。

(张　静)

【阿尔及利亚 55 千米铁路项目】　位于阿尔及利亚北部沿海地区。2007 年 7 月,中国土木工程集团有限公司与土耳其 OZGUN 公司组成联合体中标,2009 年 6 月 20 日签约,2009 年 7 月 18 日开工建设。线路全长 55 千米,合同投资 5.7 亿美元。根据工程量变更,中国土木与业主签订补充协议,项目总投资变更为 9.29 亿美元。项目为设计施工总承包模式,设计时速 160 千米。截至 2020 年底,开工累计完成营业额10.57亿美元。

(张　静)

【马来西亚金马士至新山双线电气化铁路工程】 位于马来西亚金马士与新山之间，为双线电气化升级改造米轨铁路，正线全长 191.14 千米，设计客运时速 160 千米、货运时速 90 千米。合同工期 48 个月，合同投资 89 亿马来西亚林吉特，约折合人民币 144.69 亿元。2016 年 10 月，中国铁建—中国中铁—中国交建联合体有限公司签约该项目。其中，中国铁建在联合体中占建设合同投资的 40%，35.60 亿马来西亚林吉特，约折合人民币 57.87 亿元。截至 2020 年底，开工累计完成营业额 5.79 亿美元。 （张 静）

【卡塔尔卢赛尔体育场项目】 位于卡塔尔多哈，业主为卡塔尔最高遗产和传承委员会，合同投资 7.69 亿美元，2016 年 11 月 21 日开工建设，延展后工期 56 个月。项目内容包括 MEP、结构、顶棚、场地、房间、区域、设施等。截至 2020 年底，开工累计完成营业额 6.97 亿美元。 （张 静）

【鲁雷纳瓦克至里韦拉尔塔公路项目】 位于玻利维亚西北部的贝尼省，由政府所在地拉巴斯，延伸到位于巴西边境的瓜亚拉梅林，线路全长 508.07 千米。合同投资 5.79 亿美元，设计为双向两车道，为超过国家地理区域 1/3 的地区提供交通服务。项目建成后为玻利维亚农林、农牧和旅游等产业发展提供有力支持；作为一条非常重要的国际贸易线路，尤其是对巴西商品经由智利、秘鲁的太平洋港口发往亚洲具有重要意义。该项目除了是玻利维亚历史上签署单笔金额最大的合同项目、首笔使用拉美地区 100 亿美元优惠性质贷款额度的项目外，也是中国企业在玻利维亚承建的最大项目以及中国铁建在拉美地区中标的首个工程总承包 + 融资项目。截至 2020 年底，开工累计完成营业额 3.63 亿美元。 （张 静）

2020 年 8 月 26 日，中国铁建在北京召开对标世界一流管理提升行动启动会。（刘建军 摄）

经营管理

企业管理

【发展规划部】 主要职责:组织制定中国铁建股份有限公司(以下简称公司)总体发展战略、中长期发展规划,组织开展公司发展方针、政策、策略和各创效板块战略、分战略、子战略等战略体系的构建,组织全面风险管理和内控工作,负责企业重大课题组织研究及企业改革、资源配置、整合、并购、重组、合并、分离、分立、关闭、注销、撤销、破产等方案的制定和组织实施,负责企业组织架构、机构编制设立、审批、撤销、管理等工作,组织工程公司建设及企业管理建设,负责企业施工、勘察设计、工程监理、对外承包等资质的审核、申报、统计、管理工作,负责注册资本金调整和企业工商注册、商标注册等工商登记工作,负责企业管理协会和公司参加的相关协会的日常工作;承办中国铁道建筑集团有限公司企业管理相关工作。定编18人,设总经理1人、副总经理2人;内设战略规划处、改革处、企业管理处、风险内控处、编制处。 (楼 翔)

【工作综述】 强化战略引领。2020年,编制完成《"十三五"规划评估工作方案》《公司2020年度"十三五"规划执行工作重点》,明确全年开展的7项重点工作,确保"十三五"各项规划目标圆满收官。同时有序启动"十四五"规划相关工作,按照调查摸底、摸清底数,夯基垒台、立柱架梁,靶向突破、系统完善3个阶段的任务计划,推进"十四五"规划编制工作。

实施改革创新。制定完成公司改革三年行动实施方案,并根据方案形成71条改革任务台账和措施,上报国务院国资委备案并印发实施。持续推进"双百行动"、"科改示范行动"、对标世界一流管理提升行动等专项工作,稳步推进剥离国有企业办社会职能和解决历史遗留问题工作;积极推进厂办大集体改革,累计安置在职职工6515人,安置率99.31%;扎实开展"处僵治困"工作,组织对系统内"僵尸企业"补助资金进行清算,2020年申报特困企业补助资金1541万元。激励引导各单位加大亏损企业治理力度,有效推进非主业、非优势业务剥离工作。

产业优化布局。积极做好交通强国试点建设,编制《公司关于交通强国建设试点实施方案》上报交通运输部并获批;加快新兴产业、新兴业务发展,编制完成中国铁建第一批新兴产业重点扶持单位发展情况总结及下一步工作计划,更新第二批重点业务和重点扶持单位"两个清单"。加强内外部战略性重组和资源整合,印发《境内并购管理暂行办法》,积极审慎开展境内并购,全年研究论证股份公司3起境内并购事项,对所属二级单位7起境内并购事项完成立项审批、1起境内并购事项完成实施审批。依法合规办理对外股权转让事项,全年批复2起所属二级单位对外转让股权事项;有序实施内部资源整合,全年批复7起内部股权转让事项。2020年压减法人单位10户,累计压减279户,存量压减比例29.7%;最长法人层级和管理层级继续分别保持在五级、四级,符合层级管理要求。

强化基础管理。全年全系统新取得特级资质3项,特级资质总数81项;优化资质配置,梳理全系统现有资质,完成股份公司资质情况报告;规范管理系统内资质重组平移工作,年内配合中国铁建大桥工程局集团有限公司与中国铁建重庆区域总部,中铁二十二局集团有限公司与中国铁建投资集团有限公司等完成资质重组平移工作。持续加强三级公司建设,制定完成《加强工程公司建设的具体行动方案》,完成各区域总部、优秀产业集团"一对一"帮扶困难工程公司工作实施初步方案,形成《中国铁建非工程承包业务三级公司建设工作方案》《非工程承包业务三级公司建设调研材料汇编》。2020年完成46家单位内控自评的复核工作,并抽取其中8家单位开展现场监督评价。

(李 江)

【企业战略规划】 中国铁建"十三五"总体发展战略:建筑为本、相关多元、协同一体、转型升级,发展成为技术创新国际领先、竞争能力国际领先、经济实力国际领先,最具价值创造力的综合建筑产业集团。

建筑为本。坚持以建筑主业为本,抢抓国内基建市场的历史机遇,紧跟和融入京津冀一体化、长江经济带等国家战略和"一带一路"倡议以及国家已批准的上海、天津、广东、福州自贸区和重庆两江新区、贵安新区等区域建设机会,布局相关市场;同时重点关注国家专项产业规划,不断拓展有吸引力的细分领域,为公司长期、持续发展奠定基础。

相关多元。通过积极的多元化扩张,布局能与现有产业相关联、能与现有业务发挥协同效应、增强企业整体盈利能力、提升主业竞争力、扩大品牌影响力,同时具有广阔市场前景,符合国家战略发展需要的新领域、新业态、新产业。

协同一体。积极推进经营协同、产业协同、产业链协同,构建投资、设计、施工、运营、房地产开发等产业一体化运作的模式,构建渠道互通、业务互动、优势互补、资源共用、利益共享、风险共担、共同发展的联动互惠机制,充分发挥中国铁建全产业链优势。

转型升级。工程承包从以铁路、公路为主向多个建设领域转型，产业分工从低端向产业高端转型，发展形态从劳动密集型向智力、管理、技术、资本密集型转型，发展定位从工程承包商向资产运营商、现代交通运营商、城市综合运营商转型，发展要素从依靠生产要素驱动向依靠科技进步、员工队伍素质提高、创新驱动发展转型，综合工程局从同质化、综合化、分散化发展向专业化、差异化、区域化，资源集中、集聚、集约化转型，管理方式从粗放化、经验化向精细化、精益化、标准化转型，市场开发从做大做强国内市场向做大做强国内国际两个市场转型；从重点关注经营指标、财务指标向质量、效益和价值创造转型；商业模式从依靠企业单打独斗、内部无序竞争向集团协同、产业协同、产业链协同，与国内外企业合作和投融资引领，多形态、多模式发展转型；公司治理从无序化、虚位化、不规范化向权责明确、有效制衡、有序运作，规范化、法治化转型。

（李　江）

【中国铁建“十三五”发展成就】 主要经济指标持续增长，综合实力显著增强。“十三五”时期，中国铁建累计新签合同额88731亿元，完成“十三五”规划目标59605亿元的148.86%，复合增长率21.90%；实现营业收入37812亿元，完成“十三五”规划目标35628亿元的106.13%，复合增长率8.68%；实现净利润997亿元，完成“十三五”规划目标862亿元的115.61%，复合增长率13.97%。截至2020年底，公司资产总额12428亿元、净资产3136亿元，营业收入利润率3.41%，资产负债率74.76%。公司在《财富》“世界500强”排名中由2015年的第79位上升至2020年的第54位，在“中国企业500强”排名中动态保持前14位，在美国《工程新闻纪录》（ENR）“全球最大250家承包商”中稳居前3位。

产业布局结构持续优化，多业并举成效明显。“十三五”时期，中国铁建工程承包产业结构不断优化，铁路、公路、城市轨道交通市场优势持续巩固，“房建+市政”成为新的万亿级市场，新兴市场业务规模增长10倍以上，2020年新兴市场业务占比24.7%；非工程承包产业快速发展，核心竞争力显著增强，2020年新签合同额、营业收入、净利润较2015年分别增长136%、54.3%、215.5%。截至2020年底，公司投资项目总规模2.53万亿元，较2015年末增长494%，持有运营高速公路7401千米、参与铁路运营服务1.15万千米、城市轨道交通运营维管500千米、港口运营泊位724个，地下管廊、停车场运营维管和物业服务业务初具规模。

海外市场拓展持续发力，品牌影响力大幅提升。中国铁建坚定“走出去”信心决心，扎实推进“海外优先”战略，积极响应“一带一路”倡议，成立中铁建国际投资有限公司，构建“3+5+N”海外经营发展体系；不断完善海外市场布局，五年进入的国家和地区从“十二五”末的92个增长到“十三五”末的136个，经营布局覆盖“一带一路”沿线绝大多数国别市场；积极推动海外并购，收购德国CIDEON设计公司、西班牙阿尔德萨集团公司股权，增强海外属地化发展能力。“十三五”时期，中国铁建海外累计新签合同额8451亿元，实现营业收入1807亿元；参建的19个境外项目分别获中国建设工程鲁班奖、国家优质工程奖、ENR全球最佳工程奖，国际影响力和品牌美誉度大幅提升，形成CRCC和CCECC两个国际知名品牌。公司在ENR“全球最大250家承包商”中的排名由2015年的第58位上升至2020年的第12位。

技术创新能力持续增强，科研成果捷报频传。中国铁建全面实施创新驱动发展战略，成功召开科技创新大会，创新体制机制，搭建科研平台，加大研发投入，提升科创能力，攻克一批核心技术和关键技术，掘进机设计制造技术，长大隧道、穿江越海隧道建造技术，高速、高原、高寒铁路设计建造技术，港珠澳大桥系统集成技术等重大成果技术达到国内领先、国际一流水平。“十三五”时期，公司累计获国家级科学技术奖17项、省部级科学技术奖466项，中国土木工程詹天佑奖39项，省部级工法1607项；编制已颁布的国际标准10项、国家标准62项、行业标准65项、地方标准67项，中国铁建企业技术标准24项；获中国专利奖23项，授权专利14389件，其中发明专利2165件、PCT/巴黎公约专利28件。

重大工程建设持续领先，精品工程不断涌现。中国铁建坚持抓基层、打基础、练好基本功，着力推进“五化”工程公司建设，深入贯彻“1234+”项目管理思路，全面推行责任成本管理，严守安全、质量、工期、效益、环保、信誉六条底线，施工生产能力、创誉创效能力和项目管理水平持续提升。积极投身“一带一路”倡议和国家重大发展战略，参建京雄高速铁路、京张高速铁路、港珠澳大桥、成都地铁、亚吉铁路、莫斯科地铁、卡塔尔世界杯体育场、贝贾亚高速公路等国内外重点工程、优质工程、品牌工程。“十三五”时期，公司累计获得中国建设工程鲁班奖45项，国家级勘察设计咨询奖143项，国家优质工程奖206项，其中国家优质工程金质奖18项。

组织管理体系持续优化，管控能力有效增强。中国铁建坚持党委“把方向、管大局、保落实”，把党的领导融入公司治理，持续完善“三重一大”问题党委前置研究制度，理清党委会、董事会、监事会、经理层各自职责，形成权责明确、各司其职、协调运转、有效制衡的决策、执行和监督机制。持续推进综合改革,多点发力、重点突破,公司制改革、国企改革三年行动、总部机构改革、组织架构变革、经营体系改革、市场体系改革,中国铁建重工集团股份有限公司分拆上市等取得突破性进展,管理体系持续优化,管理能力大幅提升。推动所属集团公司董事会规范运作,加大授权放权力度,不断激发企业发展活力。

履行社会责任持续作为,共建共享亮点纷呈。中国铁建坚决履行社会责任,积极参与应急救援、抢险救灾、志愿服务,在新冠肺炎疫情防控中迅速响应、主动作为,累计捐款捐物7700余万元,建成武汉62%的方舱医院、90%的救治床位。同时助力打赢脱贫攻坚战,打造扶贫“铁建模式”,高质量做好援疆、援藏和定点扶贫工作,累计直接投入帮扶资金1.7亿元,引进帮扶资金4955万元,帮助3个定点扶贫县和21个扶贫点顺利脱贫“摘帽”。充分保障员工合法权益,关注员工健康安全,组织实施送温暖、送清凉、金秋助学等活动,解决员工实际困难,让员工共享企业发展红利。坚持绿色发展,践行绿色施工理念,促进减能减排,开展环保宣传,致力打造“绿色铁建”。

党的建设持续加强,党的领导更加有力。中国铁建始终以习近平新时代中国特色社会主义思想为指导,坚持把加强政治建设放在首位,推动党的建设与生产经营深度融合。持续加强“三基建设”,切实发挥基层党组织功能作用。不断加强干部队伍建设,干部人才素质显著提升;坚持抓好宣传思想文化工作,为企业发展凝聚强大精神动力。持续正风肃纪,深入推进党风廉政建设和反腐败斗争,为企业发展营造风清气正的良好政治生态。（李　江）

【风险管理和内部控制】　(1)强化风险预控,突出风险管理实效。通过完成2020年度风险评估工作以及对评估认定的重大风险进行二次评估,建立重大风险监控KRI指标体系,为各单位、各部门督促落实重大风险管控和监测工作提供细化的参考指标。同时建立重大风险监测报告机制,出台《重大风险事件报告工作制度》,并按制度要求完成季度重大风险信息的收集和上报。(2)坚持战略引领,持续优化风控体系。2020年,全面修订完成《内部控制与风险管理办法》《内部控制评价与考核管理办法》;印发《关于开展内控体系自查和优化工作的通知》,组织全系统针对内控体系中的缺陷和问题进行自查和整改。(3)落实管理风控,改进评价整改模式。采取总部前期统筹并编制指导底稿,所属单位结合管理实际细化评价内容并开展自我评价的工作模式。在评价考核上,增加专业内控考核项;在缺陷整改方面,组织开展上年度内控共性缺陷专项自查,有效提升企业管理和风险管控水平。(4)推进体系整合,提高管理工作效率。认真研究风险内控体系与三标体系区别与联系,从管理思路上统一,从管理模式上整合,从管理效率上提高,助力企业战略与发展目标的实现。变更《管理手册》《管理体系程序文件》(2018版)部分内容,开展7个单位和项目的贯标内外审工作,保持质量管理体系、环境管理体系和职业健康安全管理体系的认证注册资格,保证“三标一体”管理体系在公司运行的有效性、符合性。

（张世杰　刘志鹏）

【管理体系建设】　2020年,中国铁建强化管理体系建设,制定印发《中国铁建股份有限公司子公司主业管理办法》,促使所属企业聚焦主责主业,规范主业范围。下发《中国铁建股份有限公司企业托管管理办法》,完善企业管控体系,理顺公司上下层级管理关系,规范企业托管内容和流程,明确管理权限和责任。

（董　凌）

【服务企业发展】　2020年,按照《关于加强工程公司注册地变更搬迁管理有关问题的通知》,批复中铁十四局集团一公司、中铁十五局集团四公司、中铁十六局集团铁运公司、中铁十九局集团二公司、中铁二十一局集团六公司、中铁二十四局集团新余公司、中国土木工程集团凯明工程咨询公司、中铁建生态环境有限公司8家符合搬迁条件的单位注册地变更搬迁事项。根据企业发展实际情况和客观需要,年内批复所属24家二级单位《章程》部分修订条款内容,大额资金拨付中铁建黄河投资建设有限公司等6家单位注册资本金,合计45.25亿元。（董　凌）

【商标注册工作】　2020年,根据中国铁建《商标管理办法》规定,加强全系统商标注册申请管理。截至2020年底,中国铁建申请商标注册数量1061件,成功注册商标300余件,有效保护企业品牌。（董　凌）

【对标提升行动】　2020年,中国铁建扎实开展对标世界一流管理提升行动,成立由主管领导任组长、领导班子成员任副组长、总部各业务部门为成员的中国铁建对标提升行动组织领导机构。组织召开全系统对标提升行动启动视频会议,编制完成《对标世界一流管理提升行动实施方案》《对标世界一流管理提升工作清单》,建立定期监督落实机制;按照对标提升行动阶段节点要求,加大对所属各单位推进对标提升行动工作的督导力度,确保中国铁建对标提升行动高标准起步、高质量完成。（董　凌）

【“两非”剥离工作】 2020年，根据国务院国资委《中央企业“两非”剥离专项治理工作方案》要求，中国铁建全面启动“两非”剥离专项治理工作，制定印发《中国铁建“两非”剥离专项治理工作方案》，从指导思想、工作目标及时间安排、工作原则、剥离范围、工作举措、工作要求六方面进行部署。按照划分标准，全系统非优势主业企业（业务）164家、非主业企业（业务）5家。其中，拟进行处置的14家，均拟采取自行处置（含注销）方式进行处置。 （董 凌）

【三级公司建设】 2020年，中国铁建继续从全系统层面推动工程公司建设，成立建设领导小组，建立完善督导长效机制，系统梳理制约工程公司改革发展问题，收集整理135条工程公司亟待解决的问题并形成问题清单。推进评价体系建设，调整优化评选办法，修订印发《中国铁建股份有限公司三级公司20强评选发布实施办法》，在原有工程公司规模20强、效益20强评选基础上，增加专业化发展10强、属地化发展10强的评选，完善评价体系，持续提升评选工作的权威性。（董 凌）

2020年中国铁建工程公司规模20强排名

序号	单位名称	营业收入（万元）
1	中铁十二局集团建筑安装工程有限公司	1568122.05
2	中铁十四局集团第三工程有限公司	887745.49
3	中铁十一局集团第五工程有限公司	850194.23
4	中铁十一局集团第一工程有限公司	825413.25
5	中铁建设集团有限公司基础设施事业部 （中铁建设集团基础设施建设有限公司）	815967.93
6	中铁十一局集团第二工程有限公司	783650.74
7	中铁建设集团有限公司北京分公司 （中铁建设集团北京工程有限公司）	755541.74
8	中铁十四局集团大盾构工程有限公司	744058.47
9	中铁十一局集团第四工程有限公司	741185.35
10	中铁二十四局集团福建铁路建设有限公司	721199.50
11	中铁十八局集团第五工程有限公司	720459.64
12	中铁建设集团有限公司华中分公司	702083.36
13	中铁二十局集团第四工程有限公司	700295.87
14	中铁十一局集团第三工程有限公司	688934.08
15	中铁建设集团有限公司华南分公司 （中铁建设集团南方工程有限公司）	680076.69
16	中铁十四局集团建筑工程有限公司	675884.61
17	中国铁建大桥工程局集团第一工程有限公司	651670.46
18	中铁城建集团第一工程有限公司	642771.52
19	中铁十一局集团城市轨道工程有限公司	636305.03
20	中铁十一局集团建筑安装工程有限公司	616925.38

（制表：董 凌）

2020 年中国铁建工程公司效益 20 强排名

序号	单 位 名 称	利润总额(万元)
1	中铁十二局集团建筑安装工程有限公司	46204.76
2	中铁十九局集团矿业投资有限公司	42083.13
3	中铁城建集团第一工程有限公司	35544.10
4	中铁十一局集团第五工程有限公司	24381.11
5	中铁十一局集团第一工程有限公司	23027.28
6	中铁十八局集团第五工程有限公司	22641.30
7	中铁十一局集团第三工程有限公司	22366.34
8	中铁十一局集团城市轨道工程有限公司	21438.57
9	中铁十四局集团大盾构工程有限公司	20805.33
10	中铁十一局集团电务工程有限公司	19147.05
11	中铁十四局集团第三工程有限公司	18223.73
12	中铁十二局集团第一工程有限公司	16996.73
13	中铁十二局集团第七工程有限公司	15673.25
14	中铁建设集团有限公司基础设施事业部 (中铁建设集团基础设施建设有限公司)	15243.31
15	中铁建设集团有限公司华南分公司 (中铁建设集团南方工程有限公司)	15119.33
16	中铁二十局集团第五工程有限公司	14340.77
17	中铁二十一局集团第二工程有限公司	13837.81
18	中国铁建大桥工程局集团第一工程有限公司	13393.78
19	中铁二十局集团第三工程有限公司	13006.35
20	中铁二十局集团第四工程有限公司	12636.76

(制表:董 凌)

2020 年中国铁建工程公司专业化 10 强排名

序号	单 位 名 称	利润总额(万元)	营业收入(万元)	主营业务
1	中铁十二局集团建筑安装工程有限公司	46204.76	1568112.05	房建工程
2	中铁十一局集团第三工程有限公司	22366.34	688934.08	铁路铺轨工程
3	中铁十一局集团城市轨道工程有限公司	21438.57	636305.03	城市轨道交通工程
4	中铁十四局集团大盾构工程有限公司	20805.33	744058.47	隧道工程
5	中铁建设集团有限公司基础设施事业部 (中铁建设集团基础设施建设有限公司)	15243.31	815967.93	房建工程
6	中铁建设集团有限公司华南分公司 (中铁建设集团南方工程有限公司)	15119.33	680076.69	房建工程

续表

序号	单 位 名 称	利润总额(万元)	营业收入(万元)	主营业务
7	中铁建设集团有限公司北京分公司 (中铁建设集团北京工程有限公司)	13376.35	755541.74	房建工程
8	中铁二十局集团第三工程有限公司	13006.35	614640.59	房建工程
9	中铁十四局集团建筑工程有限公司	11907.74	675884.60	房建工程
10	中铁十二局集团电气化工程有限公司	12219.56	515186.93	电务电气化工程

(制表:董 凌)

2020年中国铁建工程公司属地化10强排名

序号	单 位 名 称	属地新签合同额(万元)
1	中铁建设集团有限公司华南分公司 (中铁建设集团南方工程有限公司)	3937597
2	中铁十二局集团建筑安装工程有限公司	3029192
3	中铁十一局集团第五工程有限公司	1473908
4	中铁十六局集团第二工程有限公司	1458344
5	中铁十四局集团建筑工程有限公司	1428724
6	中铁建设集团有限公司西北分公司 (中铁建设集团西安工程有限公司)	1222876
7	中铁建设集团有限公司华中分公司	1016533
8	中铁建设集团有限公司北京分公司 (中铁建设集团北京工程有限公司)	986753
9	中铁建设集团有限公司中南分公司 (中铁建设集团中南建设有限公司)	857205
10	中铁十七局集团城市建设有限公司 原中铁(贵州)市政工程有限公司	839446

(制表:董 凌)

2020年中国铁建非工程承包业务三级公司规模20强排名

序号	单 位 名 称	营业收入(万元)	主营业务
1	中铁建设集团北京中铁建工物资有限公司	1575185.41	物资物流业务
2	中铁建昆仑地铁投资建设管理有限公司	845592.86	投资运营业务
3	中铁物资集团西南有限公司	800040.04	物资物流业务
4	中国土木工程集团中土尼日利亚有限公司	575964.75	海外工程业务
5	中铁物资集团东北有限公司	479200.47	物资物流业务
6	中铁物资集团中南有限公司	434804.97	物资物流业务
7	中铁物资集团云南有限公司	364665.15	物资物流业务
8	中铁物资集团华南有限公司	362878.99	物资物流业务

续表

序号	单位名称	营业收入(万元)	主营业务
9	中铁物资集团北京中铁工业有限公司	318489.16	物资物流业务
10	中铁建昆仑资产管理有限公司	288338.65	产业金融业务
11	中铁二十局集团中铁长安重工有限公司	236735.11	工业制造业务
12	中国铁建房地产集团中铁建南沙投资发展有限公司	230845.04	投资运营业务
13	中铁十二局集团物资有限公司	216145.17	物资物流业务
14	中铁十四局集团房桥有限公司	213054.24	新兴业务
15	中铁二十一局集团德盛和置业有限公司	208419.53	房地产业务
16	中铁建云南交通建设管理有限公司	196480.39	投资运营业务
17	中国铁建国际集团马来西亚有限公司	195379.59	海外工程业务
18	中铁十七局集团物资有限公司	190008.20	物资物流业务
19	中国铁建国际集团俄罗斯有限公司	175602.22	海外工程业务
20	中铁二十五局集团南方实业开发有限公司	174556.72	物资物流业务

（制表:董　凌）

2020 年中国铁建非工程承包业务三级公司效益 20 强排名

序号	单位名称	利润总额(万元)	主营业务
1	中国铁建房地产集团华东有限公司	215281.05	房地产业务
2	中国铁建房地产集团西南有限公司	119124.79	房地产业务
3	中国土木工程集团尼日利亚有限公司	106644.61	海外工程业务
4	中铁建昆仑地铁投资建设管理有限公司	62903.17	投资运营业务
5	中国铁建房地产集团华南有限公司	50535.65	房地产业务
6	中国铁建重工集团股份有限公司道岔分公司	30566.74	工业制造业务
7	中国铁建房地产集团北方有限公司	24868.00	房地产业务
8	中铁建云南交通建设管理有限公司	24336.15	投资运营业务
9	中铁二十局集团安哥拉国际有限责任公司	17554.14	海外工程业务
10	中铁二十局集团房地产开发有限公司	16403.50	房地产业务
11	中铁建设集团北京中铁建工物资有限公司	15586.64	物资物流业务
12	中铁物资集团西南有限公司	15579.14	物资物流业务
13	中铁二十二局集团房地产开发有限公司	15398.94	房地产业务
14	中铁十四局集团房桥有限公司	13139.00	新兴业务
15	中铁物资集团东北有限公司	11840.87	物资物流业务
16	中国铁建重工集团中铁隆昌铁路器材有限公司	11709.83	工业制造业务
17	中铁物资集团中南有限公司	11090.94	物资物流业务

续表

序号	单　位　名　称	利润总额(万元)	主营业务
18	中国铁建房地产集团大连京信置业有限公司	10559.53	房地产业务
19	中国铁建国际集团俄罗斯有限公司	8960.56	海外工程业务
20	中铁物资集团云南有限公司	7868.06	物资物流业务

(制表:董　凌)

【协会管理工作】　2020 年,中国铁建继续密切与各协会业务联系,畅通沟通渠道,积极参与协会组织的中国企业 500 强及世界 500 强等各类协会的评选活动。中国铁建连续 15 年入选《财富》杂志“世界 500 强”,2020 年位列第 54 位;连续 19 年入选“中国企业 500 强”,2020 年位列第 14 位。　(董　凌)

经营计划

【经营计划部(JM 融合办公室)】　主要职责:负责中国铁建股份有限公司(以下简称公司)经营管理体系机制、规章制度、发展战略以及经营规划的制定工作;负责公司新签和产值计划指标下达、统计与考核以及经营先进单位和先进个人的评选表彰工作;负责国内项目经营以及全系统各产业经营统筹协调和经营协同工作,重点做好与国家相关部委、省市、大型企业、建设单位等高层领导的沟通联络工作;负责国内建筑中央企业合作机制建立以及公司重点项目的经营组织工作;负责公司区域总部市场开发的统筹协调、业务管理以及规章制度的建设工作;负责 JM 融合市场开发以及 JM 融合指挥部经营统筹协调、业务管理以及规章制度的建设工作;负责股份公司名义承揽工程总承包项目的标前审核、合同评审、任务分配及收费标准制定工作;负责国内经营需要股份公司配合的备案、资审、授权、资质证书借用、注册人员管理、工程业绩提供等投标手续办理工作;负责收集国内建设项目和招标信息,搭建企业信息服务平台并定期发布项目信息;负责经营会议组织、业务培训及信息化建设工作;负责公司经营行为规范及经营风险防范制度制定工作。定员 16 人,现员 11 人,设总经理 1 人、副总经理 3 人;内设市场开发处、投标管理处、计划统计处、综合处。　(杨永睿)

【工作综述】　2020 年,中国铁建新签合同额 25542.9 亿元,完成年度计划 21400 亿元的 119.4%;完成产值 10780.5 亿元,完成年度计划 10000 亿元的 107.8%。

组织实施应对疫情冲击创新经营举措。制定印发《关于疫情防控期间企业经营工作指导意见》《关于抢抓疫情后政策机遇推动企业经营工作的通知》,组织全系统奋力开拓市场。统筹协调区域总部、所属各单位在履行好社会责任和服务地方恢复经济的同时,增强企地关系,把市场经营转为线上线下同步开展,加强与地方政府以及所属相关基建部门的沟通联络,打破固有经营布局,采用大兵团作战的经营模式。针对疫情期间各地政府很难把主要精力用于项目推进工作的现状,经营窗口前移,加强前端经营,密切各方关系,创造良好条件。积极贯彻落实国家新发展理念,动员全系统把防疫、应急、救援、安全、智能、绿色、合作、混改等元素纳入铁建经营方案进行优化调整,通过“铁建方案”撬动市场经营。利用“六稳、六保”宏观经济举措和金融、货币、财政、税收等优惠政策,加强沟通对接,策划包装项目,创新融资方案,推动项目落地。同时,对于国家重点扶持、受益于政策支持且资金充裕的投融资项目,变换经营方式,提前回购资金。积极争取各地在减税降费、总部落户建设、疫情增加施工费用补偿、人工材料和设备价格上涨因素纳入概预算体系、解决属地企业历史遗留问题等方面的政策支持。

科学制定年度生产经营计划。根据中央经济工作会议精神,围绕国家重大战略和政府重大经济措施,结合企业实际,下发 2020 年生产经营计划,明确各区域总部、所属各单位生产经营目标及各专业市场承揽指标,积极引导全系统加快经营进度,调整产业结构,提升路外市场和新兴市场占比。7 月,根据从中央到地方加大投资政策举措,及时制定下发经营承揽力争计划,引领各单位抢抓疫情后机遇,打造更多的经营增量。

认真谋划市场开发工作。召开中国铁建经营专题视频会议，统一全系统经营思想，明确战略战术安排，创新经营举措，为市场经营工作指明目标方向和发展路径。

高端经营发挥作用。公司领导带头到湖北武汉等省市开展高端经营工作，积极组织各区域总部、所属各单位加强与投资热点省份及所属有关地市政府、重点跟踪项目业主，大型中央企业及城市地铁公司、城投公司等大业主、大客户的沟通对接，表达合作意愿、签署战略合作协议和宣传企业优势，为全系统市场开发工作创造有利条件，推动相关重点项目落地。

严格防范市场开发风险。一是严格股份公司名义项目评审，组织总部相关部门开展对57个项目进行投标前、签订合同前（含部分补充协议）阶段的评审，及时将有关意见反馈责任主体单位，杜绝风险。同时，继续与区域平台公司就其新中标项目签订《股份公司名义工程总承包项目管理责任合同》，明确各项责任，防范企业风险。二是严格铁路项目市场投标，要求所属各单位严格内部评审，提交经主管领导签字的投标评审清单后报股份公司审核。全年开展对6个项目38个标段投标价格审核，有效遏制先天不足潜亏项目的投标承揽，提高企业经营承揽质量。（杨永睿）

【JM融合市场开发与管理】 2020年，中国铁建从顶层提前预判市场发展趋势，站在业主的角度对以往招标文件中的条件设置提出建设性建议，积极创造更加公平的竞争环境。同时围绕招标办法精心策划，确立以中标为导向确保公司利益最大化，坚持大项目以总部为主、中小项目以集团公司为主、凭借工程业绩和贡献大小选择牵头单位，不使用中介承揽3个经营原则，通过召开经营研讨会、推进会和协调会等，做好技术预研、方案筹划和经营组织工作。全年全系统新签JM融合项目584亿元。（杨永睿）

【经营统筹协调和协同工作】 2020年，完成长春地铁7号线项目，南京地铁9号线项目，长株潭城际项目，郑州地铁7号线项目，深圳深汕九条道路项目，郑州地铁12号线、6号线和8号线项目，成都轨道交通8号线、17号线、18号线、27号线和30号线项目，长春地铁5号线项目，西安地铁10号线、15号线项目，大连地铁4号线项目投标配合工作；完成国内经营所需的企业备案、合同备案、授权、保证金等40项手续办理工作。负责注册建造师管理信息系统维护与管理，积极做好股份公司本部建造师、造价师初始、增项、转注册及安全员信息录入工作。明确专人，专门协调服务所属单位拓展竹缠绕、西水东输和水利信用评价工作。加强经营信息共享发布，积极组织与国家有关部委及所有省市发展改革委、交通运输厅、住房城乡建设厅的沟通联络，认真梳理、分析各省市政府投资计划、基础设施建设需求，编制2020年跟踪百亿元以上重大建设项目信息，为所属各单位开展项目跟踪提供有力支撑。（杨永睿）

【区域总部本级项目招投标】 2020年，中国铁建九大区域总部自揽项目新签合同额3675.96亿元。其中，东北区域总部中标长春轨道交通7号线一期工程，合同额108.54亿元。华北区域总部中标天津地铁1号线（含东延线）存量PPP项目、天津地铁6号线梅林路站至咸水沽西站设备采购、安装及装饰装修工程，合计合同额112.39亿元。中原区域总部中标山东重工莱芜绿色智造产业城、郑州地铁12号线一期工程、洛阳古城保护与整治PPP项目，合计合同额247.03亿元。华中区域总部中标先锋岛生态组团（基础设施）二期工程，南京地铁9号线一期工程，安庆高铁新区一期开发工程，长株潭城际轨道交通总承包项目，南京地铁5号、6号、10号、16号线南部新城土建工程总承包项目和东津黄河大桥工程项目，合计合同额301.92亿元。华东区域总部中标新建区九望新城片区项目、文旅小镇（新丰新城片区）综合开发项目、丽水灯塔社区项目、古田梅花山文旅康养试验区启动项目（一期）投资项目和福州市轨道交通5号线一期工程施工总承包项目，合计合同额453.77亿元。华南区域总部中标新建南宁至玉林铁路工程总承包项目、深圳地铁3号线四期工程施工总承包项目、深圳地铁16号线二期工程施工总承包项目、广州至清远城际轨道交通项目清远站（不含）至省职教城站（含）段施工总价承包项目、穗莞深城际轨道交通深圳机场至前海段施工总承包项目和深圳国际会展中心配套市政项目，合计合同额312.92亿元。重庆区域总部中标西部（重庆）科学城北碚高新产业园综合开发PPP项目（一期）、重庆梁平至四川开江高速公路PPP项目、宣威市北盘江流域水环境综合整治PPP项目、高邮市滨湖移步易景生态长廊PPP项目、重庆市传感器特色产业基地设计采购施工一体化总承包项目、平度市城市居住环境品质提升工程设计施工总承包项目、徐州经开区水污染治理一期工程EPC项目、龙口北河2号泵站改造工程EPC项目、中国铁建·北碚山语城和中国铁建·公园1159项目,合计合同额164.21亿元。西南区域总部中标泸西至丘北至广南至富宁高速公路PPP项目,贵阳地铁S1线一期工程PPP项目,成都市金堂县环保应急片区综合开发项目,攀枝花市空港新城片区综合开发项目,南充过境高速公路广(元)南(充)至南(充)广(安)段,南充至潼南(四川境)高速公路,曲靖市陆良至寻甸高速公路,流沙坡片区综合开发项目投资人+EPC+片区综合开发项目,丘北至砚山高速公路PPP项目,资阳临空高铁新城综合开发项目,轨道交通资阳线工程施工总承包项目,达州市"双城一线"综合开发项目,成都地铁6号线一、二期工程投融资项目合同增加额项目,内江至大足高速公路(四川境),昆明市巫家坝"未来之城"项目,成都轨道交通10号线二期工程和成都地铁5号线一、二期工程投融资建设项目,合计合同额1892.83亿元。西北区域总部中标西安市临潼区片区开发项目、西安地铁15号线一期工程施工总承包项目,合计合同额82.31亿元。（杨永睿）

【基础数据统计】 2020年,依据所属各单位逐月上报的生产经营数据,经审核、校验后编辑完成中国铁建全系统生产经营情况统计月快报资料,及时对当期及开工累计完成的生产经营数据进行统计分析,并据此编制完成企业《统计信息》月刊,定期报送股份公司领导和总部相关部门,为企业管理和领导决策提供重要依据。结合全年计划同比增长情况,对上半年和全年各单位的经营承揽进行分析和预判,为调整经营举措提供依据。新冠肺炎疫情暴发后,及时按照上级要求统计生产经营受疫情影响情况,提供生产经营资料;按照部门业务分工,及时提供上市公司披露的年度报告、季度报告、企业社会责任报告,以及报送国务院国资委的企业年度工作报告所需相关统计资料。同时在各单位上报资料的基础上,通过与相关部门的沟通核对,清理核减确定无法执行的合同。（杨永睿）

【中国铁建经营专题视频会议】 2020年3月18日在北京召开。会议要求中国铁建各级早准备、早应对、早动手,主动适应市场,打好"情报战、攻坚战、闪电战、突击战、集团战、游击战、阵地战",打胜市场经营总体战;各级经营组织要看清差距,正视问题,增强忧患意识,科学研判形势,完善市场经营体系,抓重点强弱项,着力提升经营质量,并对培育客户、经营模式创新、新兴市场开发、各板块产业经营,推动订单结构向大市场、大客户、大项目集中等作出战略部署。（杨永睿）

【中国铁建区域总部座谈会】 2020年10月14日在北京召开。会议专门组织召开九大区域总部和军民融合指挥部座谈会,传达国务院国资委巡视整改提出的要求,听取有关意见和建议。中国铁建党委书记、董事长汪建平,总裁、党委副书记庄尚标出席会议并分别对区域总部去实体化整改工作提出要求、作出部署。（杨永睿）

【组织策划高端项目】 2020年,组织策划深圳机荷高速公路世界最大直径18.1米隧道盾构施工方案,成立经营专班,明确经营分工,从设计、施工、装备协同联动,推动各层级高端对接,组织专家论证关键技术和完善盾构设计方案,提出有针对性的举措。积极融入国际物流产业链供应链体系,抢占发展先机,完善铁建产业链条、拓展业务范围。组织策划对接北京市重点项目,积极落实北京市领导调研会议精神,围绕重点项目前期介入和资源优势,提供铁建方案,为深度参与首都建设、推动相关项目经营发挥积极作用。（杨永睿）

【推进长江大保护项目】 2020年,推动所属单位与三峡集团开展对接,通过组建联合体的方式共同投资建设长江大保护市场。全年根据所属单位参与意愿、掌控资源和跟踪优势,组织中国铁建大桥工程局集团有限公司参加湖北宜昌项目竞选并进入联合体,获得施工份额9.9亿元;组织中铁二十四局集团有限公司参加湖北钟祥项目联合体竞选并进入联合体,获得施工份额8.95亿元。（杨永睿）

【网上经营实战培训】 2020年4月,根据全系统培训需求和经营短板,中国铁建组织开展对全系统从事国内经营、投融资、房地产开发及海外经营的11100余人进行专题培训。培训通过邀请有关专家和领导亲自授课,全面讲解国家宏观经济、数字经济和新兴产业、企业战略、市场开发、经营文化、风险防范及"7+1"各业务板块经营操作技能和方法,全面帮助全系统经营人员提高对建筑市场新形势新变化的认识,开拓视野,掌握中国铁建区域经营战略,灵活应用各产业板块经营操作技能,达到适应市场形势、更新知识结构和提高经营能力的目的。（杨永睿）

投资管理

【投资开发部】 主要职责:负责中国铁建股份有限公司(以下简称公司)资本运营投资(不含金融类投资),房地产投资,固定资产建设项目投资及其他股权类投资业务的规划、计划的编报、执行、投资统计等宏观管理;负责组织公司重大资本运营投资(不含金融类投资)项目、房地产投资项目、固定资产建设项目及其他股权类投资项目的投资计划、立项审核、评估论证、投资批复和投资管理工作;负责对限额以下投资项目实施备案管理;负责重大投资项目的设计审核;负责对限额以下投资项目的设计审核实施备案管理;负责投资项目的投资监控及投资评价;负责参股境内外独立法人实体的审批和管理;负责全系统参股企业(控制权未发生变化)及资本运营、房地产开发、固定资产建设项目公司的股权变动管理;负责国有资产和资本投资项目的产权管理和实施过程的监管;负责建立健全实物资产的全生命周期管理体系,包括资产新增、资产重组、资产处置和转让事项等;负责"三供一业"分离移交管理、投资项目运营管理。承办中国铁道建筑集团有限公司的资产管理、处置工作。定员22人,设总经理1人、副总经理3人;内设投资评估处、设计审查处、投资管理处、产权资产处、房地产处。 (陈梦月)

【工作综述】 2020年,中国铁建系统中标投融资项目113个,中标金额7036.73亿元,占年度总计划4000亿元的175.92%。投资平台类公司中标5521.25亿元,占年度计划的78.47%。全年完成投资530.88亿元,占年度计划686.52亿元的77.33%。其中,本企业完成出资279.65亿元,占年度计划268.8亿元的104.03%;投资拉动1431.15亿元,占年度计划1491.83亿元的95.93%;实现效益144.7亿元,占年度计划190.37亿元的76.01%;实现营业收入1310.36亿元,占年度计划1450.14亿元的90.36%。全年91个BT项目实现回购167亿元,占年度计划140.99亿元的118.45%。中国铁建在手项目中具有运营性质的BOT和PPP项目302个,其中BOT项目57个、PPP项目245个。经营性公路项目73个,合计里程7401千米;其他运营类项目包括城市轨道、市政路桥、地方铁路、停车场等。截至2020年底,36个项目进入(试)运营期,其中经营性公路项目25个,运营里程1768千米;铁路类项目1个,运营里程29.35千米;停车库项目2个,运营面积11.28万平方米;市政项目3个,运营里程74千米;港口项目4个,运营停泊位724个;海外市政项目1个,运营面积2.45万平方米。进入运营期的项目累计完成运营收入261亿元,实现收益3.32亿元,全年完成运营收入42亿元。2020年中国铁建系统中标境外投资项目3个、总投资107.94亿元;已实施境外投资项目13个、总投资345亿元。

2020年,房地产项目实现销售1265.23亿元,完成年度计划1304亿元的97%;实现销售面积866万平方米,完成年度计划882万平方米的98%。全年房地产板块完成营业收入413.04亿元、实现利润总额63.3亿元、实现净利润48.9亿元,分别占年度计划的86%、88%、90%。全年召开18次房地产领导小组会议,研究审议土地80宗,备案审核土地47宗。截至2020年底,中国铁建在北京、天津、重庆、武汉、昆明、苏州、太原、成都、西安、杭州、张家口等34个城市获取土地57宗,审议获取率45%。全年新获土地总建设用地388万平方米,规划总建筑1184万平方米,总土地价款556.63亿元。房地产可售产品现房面积163.52万平方米,货值158.89亿元,平均每平方米9717元,相较2019年12月现房产品,面积下降7.4万平方米,货值下降1.89亿元,现房库存去化取得一定的成效。

2020年,中国铁建下达项目投资244994万元,实际完成投资159603万元,占年度计划的65.1%。其中,企业自有资金投入154943万元,占全部投资的97.1%;其他资金投入4659万元,占全部投资的2.9%。全年新开工建设项目完成投资25161万元,占全部投资的15.8%;续建项目完成投资134442万元,占全部投资的84.2%;主业完成投资159603万元;境外项目完成投资7256万元,占全部投资的4.5%。截至2020年底,全系统在投固定资产建设项目402.3万平方米,开工累计竣工面积124.8万平方米。其中,年内新开工面积44.3万平方米,竣工面积47万平方米。 (荀照杰)

【投资评估工作】 2020年,中国铁建紧跟市场形势,实施更新、出台相关制度文件,下发《关于进一步强调资本运营项目评审决策时间要求的通知》《关于进一步加强项目融资的通知》,要求所属各单位严格履行项目评审决策流程,加强融资策划,促进项目中标后按期落地顺利实施;更新下发《关于调整资本运营投资项目财务收益指标的通知》,调整投资项目财务收益指标,要求所属各单位及时修改其投资管理制度和决策程序，严守投融资经营决策“四条”底线，严防投资风险。修订完善《中国铁道建筑集团有限公司暨中国铁建股份有限公司境外投资管理办法》，加强企业境外投资管理，保证境外投资管理更加制度化、规范化。（张选虎）

【资本运营项目评审会】 2020 年，中国铁建召开资本运营项目审查会 29 次，审查项目 134 个，总规模 9184 亿元；组织参与资本运营项目评审会 23 次，评审决策项目 116 个，总规模 8740 亿元。全年通过评审项目 111 个，总规模 8494 亿元；按照备案程序管理项目 61 个，总规模 784 亿元。（张选虎）

【跟踪项目简报】 2020 年，联系跟踪投融资项目 366 个，完成力保中标项目跟踪简报 24 期。（张选虎）

【重大项目现场调研】 2020 年，为做好重点项目的评审决策，了解现场信息，提高咨询评估的科学性，组织开展对中国铁建投资集团有限公司西安灞桥片区开发项目和 G105 黄河桥项目、中铁建城市开发有限公司丽水片区开发项目、中铁建城市建设投资有限公司东营利津黄河桥项目等 10 个项目的现场调研。（张选虎）

【基础业务办理】 2020 年，为满足重大资本运营项目的前期接洽、跟踪、投标、谈判需要，办理各类授权书、洽谈函、拜访函、投标文件等手续 53 件，保障资本运营项目市场经营和管理需要。（张选虎）

【设计审查工作】 2020 年，下发《中国铁建股份有限公司投资项目设计审查和备案管理实施细则》，认真履行设计审查程序，完成资兴高速、安紫高速、济鱼高速 3 个项目的概算清理和德遂高速、贵港高速、眉太高速、澄韦高速、三清高速、北京新机场北线高速（中段）6 个项目的初步设计与概算审查，以及安慈高速重大设计变更审查；完成大内高速、巫镇高速、德遂高速、杭衢铁路、澄韦高速等 7 个项目的初步设计和施工图备案，投资规模 1168.12 亿元，节余投资 29.56 亿元；组织绵苍高速、秦望通道工程、天津地铁 8 号线、剑黎高速 4 个项目的初步设计和蒲都高速的清理概算评审，投资规模 716.09 亿元。开展对 2018 年以来中标的经营性投资项目梳理，需履行初步设计审查程序项目 32 个，需履行清理概算审查程序项目 14 个。严格执行《资本运营项目建设管理暂行办法》有关要求，完成济乐高速、德商高速的概算清理和吴华高速、天府机场高速的设计审查，贵港高速和德遂高速的设计评审，以及北京新机场北线的重大设计变更。制定《中国铁建股份有限公司投资项目设计审查和备案管理实施细则》，为做好设计审查及备案管理工作提供制度依据。（刘清文）

【投资管理】 2020 年，完成 19 个项目的标段划分和招标方案审批；完成 8 个项目的阶段性评价（后评价）工作，有效改进并提高项目管理水平。印发《关于对存量投融资项目进行梳理的通知》，结合梳理情况及存在问题，联合开展系统内 10 家单位现场调研，并组织专门督导；印发《关于进一步明确既有经营性公路项目运营承接及管理事项的通知》，安排部署中铁建重庆投资集团有限公司与中国铁建昆仑投资集团有限公司高速公路运营承接、中国铁建投资集团有限公司与中铁二十局集团有限公司黄蒲项目运营承接相关事项。开展参股经营投资自查整改工作，出台《中国铁建对外参股经营投资管理办法》，落实管理责任，维护国有股东权益，严防国有资产流失。抓好项目资金回收工作，全年 BT 项目回购 161.77 亿元；印发《关于做好新冠肺炎疫情防控免收收费公路车辆通行费期间有关工作的通知》，确保把疫情带来的损失降到最低。加强运营管理工作，调研进入运营期的高速公路、地下综合管廊等项目，并赴厦门管廊项目现场，开展基于项目实际的建造运营成本分析、运营管理要点总结归纳及运营经验分享，探索运营管理方式。加强与政府沟通，转变项目实施模式，化解项目投资风险。全年办理各类合同、协议（补充协议）手续 30 余件，股东会议、授权书等手续 60 余件，大额资金审批手续 25 件，整理各地出访、来访材料 70 余份，按时完成计划统计及非主业投资比例的申报与核定工作。编制形成《运营维管产业推进发展情况专题报告》《中国铁建经营性公路管理咨询方案》；聘请专业咨询机构开展对全公司经营性公路资产梳理，分析市场环境和财务情况，形成专项资产管理方案、降债方案及可能的独立上市安排和管理提升建议。（罗　芳）

【产权管理】 2020 年，针对国务院国资委对公司产权登记和资产评估专项检查情况，明确产权登记岗和资产评估岗，专职专责，梳理和优化新设、注销产权登记流程，开展对评估备案流程及报备要求、要点的梳理和讲

解，重新选聘并印发《关于评估机构备选库调整的通知》，进一步夯实产权管理基础。（邓　凯　穆恒昌）

【产权登记】 2020年，扎实做好产权登记信息梳理，以监督促监管，做好国有股权清册。组织开展“挂靠”问题专项梳理排查工作，并向国资委报送《关于“挂靠”问题专项梳理排查自查报告》；组织完成境外国有产权个人代持情况的梳理与汇报、中央企业参股管理应用系统初始224家参股企业信息填报工作。全年在国资委产权登记系统上报并通过审核475户企业涉及的各类产权登记事项；全系统企业产权登记总户数1302户。产权登记数据的真实、准确、完整性大幅度提升，产权归口管理显著加强，以产权登记为纽带监督管理国有股权变动情况的能力得到有效提升。（邓　凯　穆恒昌）

【维护资产安全】 2020年，积极参与企业经营，充分发挥产权管理作用和价值，切实维护国有资产安全。以制度形式明确资产评估作为境内外并购项目的前置条件，资产评估报告由事后审核变为事前审核，资产的获得、经营、处置以产权合规为前提，履行管理职责，规范经济行为，挖掘潜在价值。截至2020年底，中国铁建在国资委系统内评估备案项目46项，评估国有资产159.71亿元，国有净资产评估值16.75亿元、增值率21.29%，有效维护国有资产安全，为企业效益实现高质量增长作出贡献。（邓　凯　穆恒昌）

【产权服务】 2020年，产权管理工作直接服务产权登记、资产评估、评估备案等，不定期指导各单位产权管理工作，解读产权政策。积极组织、指导所属各单位国有资产交易等工作，年内产权交易所挂牌总金额11.99亿元，单项国有资产交易增值率最高98.36%，成交综合溢价率19.33%，实现国有资产交易依法合规并大幅增值。（邓　凯　穆恒昌）

【实物资产管理】 2020年，持续推动实物资产权证梳理与完善完备工作，开展非上市公司资产和总部本级实物资产的盘点。制定印发《关于进一步明确总部本级基本建设项目投资决策及实施流程的通知》，并以此审核总部本级本年度基本建设项目30项、投资金额3.39亿元；梳理下发《关于做好实物资产运管系统推广强化实物资产“账账核对”“账实核对”的通知》。截至2020年底，全系统1294宗3680万平方米土地、3668处710.87万平方米房产的相关信息录入上线，进一步夯实实物资产管理基础。（邓　凯　穆恒昌）

【资产处置】 2020年，经审批处置实物资产19项，涉及土地386486.67平方米、房产9.87万平方米，处置总收入16.44亿元，预期处置收益13.08亿元。通过进场交易转让低效股权1项，转让标的评估价648.61万元；转让交易价格1849.75万元，为评估价的2.85倍；推动系统内12家改制企业国有股权的协议转让。同时响应国家号召，组织贯彻服务中小微企业及个体工商户租金减免工作。全年中国铁建系统对符合要求的中小微企业、个体工商户累计减免房租7957万元、惠及2310户，累计缓收房租3128万元、惠及1765户。（邓　凯　穆恒昌）

【“三供一业”分离移交】 2020年，持续推进企业的供水、供电、供热和物业管理分离移交工作，组织开展“三供一业”分离移交中央财政补助资金清算审计，按期向国资委上报《关于职工家属区“三供一业”分离移交中央财政补助资金清算的请示》。经审核，全系统需分离移交项目658个，其中法人单位126家、职工家属区186个、住户11.52万户，需支付分离移交费用33.4亿元，已获得中央财政补助14.4亿元。截至2020年底，相关工作已基本完成，符合国务院国资委下达的目标任务要求。（邓　凯　穆恒昌）

【房地产管理】 2020年，修订《房地产项目备案管理暂行办法》，下发《关于进一步明确“总部”类房地产项目评价要求的通知》，组织召开全系统12家房地产主业单位参加的中国铁建房地产板块发展座谈会。同时要求所属各单位统一思想认识，指标不减、目标不变；组织4家销售进度滞后单位召开专题会议，督促采取有效措施，努力完成全年经营目标。组织召开总部相关部门、中国铁建房地产集团有限公司和中铁建城市开发有限公司参加的房地产融资新规专题研讨会，从“应急措施、常态应对、长远计划”三方面提出相关建议和意见。组织专业机构中金公司、中信证券对中国铁建房地产板块及物业板块上市运作路径进行专题研究和分析，并形成相关分析报告；组织中国铁建房地产集团物业公司调研系统内物业整体运营情况，推动全系统物业板块整合，并召开中国铁建物业板块整合工作推进会。（刘建光　傅志跃）

【房地产管理信息系统】 2020年,中国铁建启动房地产管理信息系统的建设工作。系统依托中国铁建一体化技术平台,功能管理贯穿项目前期、开发期、运营期、结转期全生命周期各个阶段。截至2020年底,完成需求论证、系统建设、试点运行、功能优化、数据迁移等工作,并在全系统上线试运行。 (刘建光 傅志跃)

【铁建好房平台】 2020年,中国铁建为进一步加强系统内房地产项目线上营销拓客能力,充分利用互联网平台,最大程度调动社会全员参与房地产项目营销的积极性,挖掘潜在客户资源,拉动房地产板块销售业绩提升,4月在全系统推广使用"铁建好房"全民营销平台。截至2020年底,全系统11家单位105个项目上线"铁建好房"平台,累计实现签约销售额246.53亿元。

(刘建光 傅志跃)

【内外部协同联合】 2020年,中国铁建系统内各单位通过与内部单位协同联动、与外部单位强强联合及并购二级市场等模式实现新项目开发,取得良好效果。其中,1—11月新获取的52个项目中,21个项目是通过内外部协同方式合作开发的,占40%。年内,中铁建城市开发有限公司获取系统内首个温州鹿城区集新未来社区项目、首个文旅地产张家口戏雪乐园项目启动建设、首个长租公寓项目上海保利熙悦实现运营,中国铁建在康养、文旅及未来社区等新兴业务领域迈出实质性步伐。 (刘建光 傅志跃)

【固定资产管理】 2020年,中国铁建召开固定资产建设项目投资评审会议12次,研究25个项目的可研及立项,投资规模65.37亿元。截至2020年底,批复可研项目19个,投资规模26.5亿元,批复立项项目6个,投资规模38.87亿元;备案管理项目43个,投资规模7425万元;批复生产性项目16个,投资规模22.64亿元。年内,批复天津、海南、南京、惠州、重庆5个装配式产业项目(含立项),投资规模9.38亿元;批复山东平度、福建永定2个砂石骨料项目,投资规模1.69亿元。印发《关于加快培育和发展新兴产业的指导意见》《中国铁建股份有限公司企业固定资产建设项目投资管理办法》,形成《中国铁建装配式建筑固定资产投资情况分析报告》,对全系统分布在全国27个省份55个城市、总投资82.10亿元的16家集团公司79个装配式建筑固定资产项目,提出进一步优化投资的建议;形成《中国铁建租赁系统外部办公用房情况报告》,分析租赁外部办公用房存在问题,并提出管理建议,初步形成《中国铁建股份有限公司企业租赁办公用房管理办法(试行)》。

(傅志跃)

【固定资产信息管理】 2020年,中国铁建为进一步加强固定资产建设项目投资信息管理工作,在原有固定资产建设项目投资管理信息系统基础上进行功能升级,重新搭建固定资产建设项目投资管理信息化系统。截至2020年底,完成系统搭建,组织7家二级单位进行新系统试点,并逐步开展数据迁移工作。年内,在培训中心(党校)录制固定资产建设项目投资线上课程,并推送上线给全系统业务人员开展业务培训。 (傅志跃)

财务管理

【财务资金部】 负责中国铁建股份有限公司(以下简称公司)财务管理、会计核算、资金管理、全面预算管理、绩效考核、财务信息化建设、会计监督、财会队伍建设等工作的综合职能部门。主要职责:制定和实施财务内控,推动国家财经法律法规的贯彻执行;组织制定和实施财务发展战略;建立健全全面预算管理体系,组织全面预算编审及执行评价;按照会计准则规定,制定公司统一的会计政策,并组织实施;建立健全经营业绩考核体系,并组织实施;负责全系统资金管理及融资信贷管理;依法编制财务会计报告,组织开展财务分析及对标分析;负责财务信息化规划编制、顶层设计等,组织做好实施指导;负责全系统税务管理及总部各项纳税申报等涉税工作;负责全系统产业金融业务审批及工作指导;组织建立财务风险防范预警与防控机制;负责公司内部财务监督工作;负责全系统财会队伍建设;负责总部集团及战备资产、基建财务管理与核算;协助做好上市公司信息披露相关工作;参与公司总体发展战略及中长期规划的研究制定、全面风险管理、投资并购与重组论证、投资项目后评价工作。定员35人,现员21人,设总经理1人、副总经理2人;内设财务处、会计处、总部财务处、预算考核处、资金管理处、产融管理处、税务管理处。 (乔国英)

【工作综述】 2020年,中国铁建财务工作紧紧围绕年度目标，坚持稳中求进工作总基调，强化基础管理、推进财务转型、提高保障能力、化解财务风险，不断提升资产质量，各项工作扎实有序推进。深入开展财务资金管理专项整治，强化财务内部管控，降低财务风险。坚持降杠杆、减负债、控规模、防风险不动摇，强力压降“两金”，压控带息融资规模，加强债务管控，改善经济运行质量。突出资金生命线，坚持做优资金管理，发挥产融助推剂，以融助产、产融共赢。用好减税降费动力源，坚持做实政策红利，推动实现企业生产经营良性运转。改进财务共享管理运行模式，扩大覆盖范围，拓展功能应用，创新管控手段，完善运营体系，充分发挥财务共享的平台作用和数据价值，助推管理提升。强化预算考核，引导落实企业战略；规范财务核算管理，提升会计信息质量；强化履职考核，开展竞赛培训，加强财务队伍建设，推动财务基础管控水平不断提升。（高继红）

【会计信息披露和配合审计工作】 2020年，中国铁建在上海证券交易所和香港联合证券交易所及时、准确、完整地披露公司季度报告、半年度报告和年度报告等各项会计信息，完成国务院国资委、财政部财务决算报告的编制和报送。配合股份公司董事会完成财务信息披露、资料整理、路演数据文本的制作。截至2020年底，中国铁建系统财务决算审计机构3家，审计法人单位930家。2020年内退人员精算报告在韬睿事务所、股份公司党委组织部（人力资源部）的协助下顺利完成。

（丁亚杰）

【财务制度建设】 2020年，修订《中国铁建股份有限公司资金集中管理办法》《中国铁建股份有限公司银行账户管理办法》，严格资金及账户集中管控要求，完善管理政策，提高资金及账户管控水平。修订《中国铁建股份有限公司产业基金业务管理办法》，落实国资委管理规定，加强全系统产业基金业务管理，防控风险，促进业务健康发展。制定《中国铁建股份有限公司金融业务管理办法》《中国铁建金融业务负面清单（2020年版）》，明确金融业务管控体系及职能定位，严格金融业务管控措施，明确禁止清单，强化风险防控，提高金融服务效能。制定《关于加强债券融资管理工作的通知》，严格管控系统内各单位发债业务，严控债券风险。制定《关于贯彻落实国资委〈关于切实加强金融衍生业务管理有关事项的通知〉的通知》，严格按照国资委衍生业务管理最新要求，加强全系统金融衍生业务管理管控。制定《中国铁建股份有限公司直托管项目税务管理暂行办法》，规范直托管项目税务管理工作，防范税收风险，提高税务管理水平，提升税务管理价值创造能力。制定《中国铁道建筑集团有限公司暨中国铁建股份有限公司子公司负责人2020年度绩效考核实施方案》，下达子公司本年度考核指标及目标值，引导子公司重视过程管控，增强风险意识，实现业绩稳增长。制定《中国铁建股份有限公司2020年提质增效高质量发展特别奖励办法》，激励子公司加强提质增效，实现高质量发展，股份公司对提质增效明显、超额完成净利润目标的单位给予奖励。

（郭双来）

【中国铁建2020年度财务工作会议】 2020年11月18—19日在陕西省西安市召开。会议提出2021年财务工作指导思想：以习近平新时代中国特色社会主义思想为指导，全面贯彻落实党的十九届五中全会精神，以“十四五”战略规划为统领，以“夯基、提质、转型”为主线，持之以恒，接续奋斗；通过提升经济运行质量、提升基础管理能力、提升风险防范能力，推动全产业链协同发展、推动财务管理转型升级的“三提升、两推动”，努力实现稳增长、高质量发展目标，为培育具有全球竞争力的世界一流企业贡献财务力量。会议通报“两金”压降、带息负债等情况。中国铁建总裁、党委副书记庄尚标出席会议并讲话，党委常委、总会计师兼总法律顾问王秀明作题为《凝心聚力、奋发有为，努力开创“十四五”财务管理新局面》的财务工作报告。所属各单位总会计师、财务部（处）长、决算负责人，股份公司相关部门负责人和财务资金部有关人员158人参加会议。

（王旭琴）

【税务管理】 2020年，充分利用税收优惠政策，降低企业税收成本，下发《关于做好疫情防控期间税务管理工作的通知》，要求所属各单位统筹协调、积极沟通、认真学习，深入落实有关优惠政策，积极享受政策红利。加大过程监管力度，夯实研发经费支出规模，规范研发费用核算，下发《关于对研发费用支出进行专项监督检查的通知》，要求所属各单位提高认识、突出重点，逐级开展专项检查工作，强化税务管理水平。组织开展企业投融资业务税务管理及涉税风险防范培训班，通过系统性的专业培训，具体指导工作中遇到的相关财税问题，强化财税人才队伍建设。（韩　斌）

【融资信贷管理】 2020年,中国铁建继续把资产负债率及带息融资纳入全面预算与绩效考核管理,把各类融资信贷业务纳入预算管控,分解指标,传导压力,明确超预算逐笔报批等过程管控措施,严格管理,严控风险。下发《关于加强债券融资管理工作的通知》,严格管控系统内各单位发债业务,明确非AAA级评级单位禁止发行公募债券,严格所有发债融资逐笔上报股份公司审批机制,严控债券风险。持续监测全系统权益融资、降杠杆工作完成情况,并收集统计所属各单位年末计划,逐笔审批各单位权益融资,结合权益资金缺口情况制定本部权益融资方案,保障年末降杠杆目标完成。全年股份公司总部办理新增融资540.6亿元,偿还到期融资509.3亿元,有效保障总部资金周转。 (东润宁)

【资金集中管理】 制定下达2020年度资金集中管理预算指标,并按季度通报各单位资金集中度和上存度完成情况,重点对未完成预算考核单位进行督导。全年总体资金集中度平均保持在85%以上,中国铁建财务有限公司(以下简称铁建财务)全口径资金集中度63.6%。把上存度继续纳入各单位负责人2020年度绩效考核指标体系中,通过建立考核引导和约束机制,促进各单位资金集中意识提升和工作成效。修订《资金集中管理办法》《银行账户管理办法》,严格资金及账户集中管控要求,完善管理政策,提高资金及账户管控水平。加强铁建财务运营情况监测,对其内部放贷规模未达预期情况及时提出意见,要求完善对内政策,提高吸存规模的同时加大对内防控调剂力度,提升资金集中管控水平。持续推进资金信息化系统建设,全面开展银行账户管理信息系统上线工作,启动第二期财资管理系统建设,提高资金结算、调剂及核算信息化管理水平。推进香港财资中心建设,设立具体方案经公司领导审批,成立筹备组,完成调研、业务梳理等,年末设立方案报发展改革委和商务部备案通过,并进入香港公司注册处注册程序。推进年末资金管理和融资压控工作,提高资金集中管理效率效果,缓解存贷双高情况。 (东润宁)

【中国铁建信用评级】 2020年,中国铁建整体经营情况保持良好发展态势,财务状况保持"稳定",国际评级机构标准普尔和穆迪保持对公司A-和A3的信用评级,展望为"稳定";国内评级机构中诚信国际信用评级有限责任公司和中诚信证券评估有限公司在银行间市场和证券市场继续保持对公司AAA的信用评级。 (陈 匀)

【担保情况】 2020年,中国铁建股份有限公司对全资子公司担保总额750亿元,对控股子公司担保总额50亿元。截至2020年底,公司对全资及控股子公司实际对外担保余额173.66亿元,除为全资及控股子公司提供担保外,公司其他担保余额27.927亿元,不存在逾期担保。 (东润宁)

【全面预算管理】 1月,中国铁建股份有限公司组织开展对所属单位2020年度全面预算汇审,完成全面预算报告,提交董事会审议并获得通过,中国铁道建筑集团有限公司2020年度预算报告上报国务院国资委。3月,根据国务院国资委预算批复要求,结合管理重点,开展对所属子公司2019年度全面预算逐个单位批复,指出需要重点关注和改进的问题。4月,根据2019年度决算数据及业务部门统计数据,通报各单位2019年度预算执行情况;5月,通报所属单位2020年第一季度预算执行情况;9月,通报所属单位2020年第二季度预算执行情况;11月,通报所属单位2020年第三季度预算执行情况,下发2021年度全面预算编报通知,安排2021年全面预算管理工作。11月,根据所属各单位上报的2020年度主要经济指标预计完成情况,结合对建筑行业形势的研判,向国务院国资委上报2021年度主要经济指标预报表。12月,下达所属子公司2021年度预算指导数。 (冯文钊)

【绩效考核】 1月,制定所属子公司负责人2020年度绩效考核主要指标方案,并在公司年度工作会议上,由中国铁建总裁与所属各子公司董事长签订2020年度绩效合约书。3月,上报国务院国资委2020年度经营业绩考核指标建议值,经审核同意后,签订《中央企业负责人2020年度经营业绩责任书》。4月,总裁考核议案提交股份公司董事会审议,董事会评定总裁2019年度业绩考核结果A级,审议通过《董事会对总裁2020年度绩效考核实施方案》。5月,上报国务院国资委关于2019年度经营业绩考核目标完成情况的报告。6月,完成所属子公司负责人2019年度绩效考核结果的考核认定。修订子公司负责人绩效考核办法,制定下发《子公司负责人2020年度绩效考核实施方案》。7月,国务院国资委评定中国铁道建筑集团有限公司2019年度经营业绩考核结果为A级;上报国务院国资委关于2020年上半年考核指标执行情况的报告。8月,完成编写《2020年度行业对标分析报告》,完成子公司2020年上半年预考核。11 月，上报国务院国资委《2020 年度考核分配工作总结》，制定下发《2020 年提质增效高质量发展特别奖励办法》。（冯文钊）

【中国铁建总部财务管理】 2020 年，为强化财务内控机制，规范财务工作流程，实现会计档案影像化管理，提高员工报销效率，按照财务信息化建设总体规划，启动中国铁建总部财务核算系统建设。年内完成集团公司总部、股份公司总部、外派机构、基建办等核算单位的日常报销、账务处理、预决算报表的编制与分析、固定资产管理、会计档案等工作。核定总部经费预算指标并按季度对执行情况进行通报；及时发放在岗职工、退休职工的工资奖金和下属单位离退休人员统筹外费用；完成国家财政补助资金的请款、报表上报及股份公司中标项目和直管项目投标保证金的拨付回收工作。开展总部财务自查整改工作，财务管理进一步规范；协调处理完成总部各部门、中铁建商务管理有限公司所属各服务单位相关事务性工作及各项检查、审计、临时查账等工作。（李 鲲）

【财务共享中心建设】 2020 年，完成中铁上海设计院集团有限公司、中铁建锦鲤资产管理有限公司等单位财务共享中心建设，启动中铁第四勘察设计院集团有限公司等单位财务共享中心上线工作。截至 2020 年底，中国铁建系统已建成 21 家共享中心，覆盖五大板块、37 家二级单位。继续推行财务共享托管模式，降低运行成本，促进管理转型，全系统 8 家区域总部及投资平台公司、197 个直管项目、5 个外部单位在中铁二十局集团有限公司托管，为实现区域财务共享模式积累经验。推进财务共享 3.0 单据上线，提升管理效能。打通移动端、PC 端和智能报账机器人三大报销入口，利用 OCR 技术把纸质票据信息自动转化为结构化数据辅助填单；通过合同入池审批、差旅费标准植入和红绿灯风险提示等手段强化财务内控执行。账表一体化在完成工程板块全覆盖的基础上，完成勘察设计板块、物资物流板块取数；完善审核预警通报制度，强化风险防范。为加强共享中心建设统一化、标准化、规范化，拟定共享中心建设指导意见，为共享中心明确职能定位与转型指明方向。（牛永辉）

【银行授信与合作】 2020 年，中国铁建与浙商银行股份有限公司、中国邮政储蓄银行签订战略合作协议，推进在投融资、资本运作和资产管理等全方位业务合作。截至 2020 年底，中国铁建系统取得银行授信额度 17006.99 亿元，其中已使用 6172.42 亿元。（陈 匀）

【产业基金投资管理】 2020 年，推进中铁建资本控股集团有限公司和铁建基金、中国人寿及其所属投资平台国寿投资联合设立总额 280.1 亿元的国寿铁建基础设施投资基金，并于年底正式签订协议。按照国务院国资委有关要求，中国铁道建筑集团有限公司认缴出资央企信用保障基金 15.9 亿元，该事项通过公司决策流程审批，于 6 月上旬按时完成首期 2 亿元出资，该资金作为用于化解和处置中央企业债券风险的备用资金，防范化解央企债券兑付风险。（陈 匀）

【财会队伍】 截至 2020 年底，中国铁建系统财务人员 21736 人。其中，本科及以上学历 18156 人，占83.53%；中高级技术职务以上 5935 人，占 27.3%，财务队伍结构进一步优化。（王旭琴）

【会计人员继续教育】 2020 年，根据财政部会计人员继续教育规定，中国铁建组织驻北京单位具有高级会计师技术职务的会计人员参加高级会计人员继续教育培训。在北京培训中心（党校）举办 2 期中初级会计人员继续教育培训班，培训 332 人；部分会计人员通过股份公司、各集团公司组织的财务业务培训、网络培训等，完成继续教育学习，取得规定学分，并报国管局报备。北京外单位按照当地财政部门的要求，组织人员完成继续教育培训。（王旭琴）

【财会学会工作】 财会学会组织开展 2020 年度“品质铁建杯”财税知识竞赛，48 家会员单位、17489 人报名参赛。其中，100 人获奖；团体金奖 2 名、银奖 4 名、铜奖 6 名。全方位展示财会队伍在推进中国铁建高质量发展工作中涌现出的优秀人物和先进事迹，展示财会队伍的新形象、新风貌、新作为，塑造铁建财会队伍新形象。2020 年，积极组织开展课题研究和优秀论文评比活动，全年全系统征集课题 43 项，15 项参加铁道财会学会课题评审，获二等奖 3 项、三等奖 4 项；参加中国施工企业协会优秀论文评选和财务管理案例征集活动，论文获特等奖 4 项、一等奖 12 项、二等奖 20 项、三等奖 40 项，案例获最佳案例 3 项、优秀案例 18 项。（阎 宇）

【基建财务管理】 2020年,总部房地产管理中心按照会计准则要求,在做好日常账务处理的基础上,完成月度、季度和年度报表的编制上报,确保信息的完整性及可追溯性。 (王旭琴)

审计监事

【审计监事部】 负责中国铁建股份有限公司(以下简称公司)内部审计及监事会、董事会审计与风险管理委员会的工作机构。主要职责:贯彻落实党和国家内部审计的方针、政策、法律法规及规章制度,全面完成各项审计目标和任务;建立完善公司内部审计各项制度规定,研究制定公司内部审计发展规划、年度计划、工作重点;指导、监督和管理公司所属单位的内部审计工作;对公司及所属单位贯彻落实国家重大政策措施情况、企业发展规划情况、内部控制情况、企业领导人员履行经济责任情况、境外经济活动等进行审计;负责承办审计委员会办公室日常工作;督促落实审计发现问题的整改工作;负责公司审计信息化开发、建设、应用和维护等;负责与审计署、国资委等上级单位及中国内部审计协会等组织的沟通、协调与配合;负责公司审计队伍建设;组织内部审计新技术、新方法的推广应用;总结内部审计工作,交流、推广审计工作经验;组织公司及所属单位年度财务决算的审计工作,并监督审计质量。全面负责监事会日常工作及董事会审计与风险管理委员会的相关工作,组织开展公司违规经营投资责任追究工作;承办集团公司内部审计工作。定员11人,现员8人;下设长沙、西安2个审计中心,定员40人,现员37人。

2020年,审计监事部党总支召开支委会12次,党员大会6次,支部领导讲党课5次,组织生活会1次,严肃规范的党内生活成为常态和习惯。截至2020年底,审计监事部党员29人,其中审计监事部党支部7人、西安中心党支部12人、长沙中心党支部10人。

(刘正昶)

·审计工作·

【工作综述】 2020年,中国铁建系统完成审计项目3236项,完成计划2825项的114%;提交审计报告3288份,提出意见和建议14391条,采纳13675条,采纳率95%。其中,股份公司总部和所属二级集团公司审计发现问题和风险6733个,整改5585个,整改率82.95%;推动修订完善制度862项;追责问责892人次,促进增收节支和挽回各类损失14.5亿元。全年审计监事部完成审计项目65项,完成计划63项的103%。年内开展对所属13家单位的经济责任审计及绩效复核审计26项;开展国家重大政策跟踪审计8项,科技经费专项审计4项,固定资产结算审计23项;开展对中铁十七局集团一、二、四公司原执行董事任职期间经营绩效调查复核3项;牵头组织系统内单位开展军民融合项目审计1项。全年在经济责任审计和其他审计中审计二级单位21家,占43%;开展对中国铁建财务有限公司、中铁建金融租赁有限公司、中铁建资产管理有限公司、诚合保险经纪有限公司4家金融类单位的经济责任审计,占金融类企业的100%。审计工作逐步实现有步骤、有重点的审计全覆盖。 (贾必洪)

【审计机构和人员】 2020年,中国铁建坚持以系统思维谋划推动审计工作,构建总部(审计监事部+西安、长沙审计中心)、二级审计机构、三级审计机构的管理模式,实现审计工作由公司董事长分管,审计地位大幅提升,审计力量全面加强。依据先进先行、覆盖主业、聚焦风险、突出绩效的总体思路逐步推进总审计师建设,把总审计师纳入二级单位三总师副职管理,实现总审计师建设的重大突破。截至2020年底,系统内12家二级单位和55家三级单位建立总审计师制度,全系统设立审计机构241个,专职审计人员1007人,其中高级技术职务295人、中级技术职务456人、初级技术职务256人。年内,西安、长沙审计中心招聘人员12人,补充工程、计划和法律方面人才,中高级技术职务人员显著增多,人员结构进一步改善。 (沈晓霞)

【审计制度建设】 2020年,制定印发《审计监事部审计督导与审核管理办法》《审计整改工作管理办法》《专项审计调查实施办法》《违规经营投资责任追究工作操作规程(试行)》,修订完善《经济责任审计管理办法》《内部控制审计管理办法》《工程项目审计指导意见》。出版发行的《房地产企业内部审计指南》被审计署时代出版社推荐为"企业内部审计最佳实务丛书",既是铁建审计实践总结,也为推进内部审计事业发展作出积极贡献。

(沈晓霞)

【审计理论研究及培训】 2020年，中国铁建股份有限公司王秀明、刘正昶、贾必洪等撰写的《新时代内部审计职能定位研究——基于中国铁建的案例探讨》获得审计署组织的新时代内部审计职能定位研究课题优秀奖；中铁十一局集团有限公司宋连英撰写的《施工企业经济责任审计信息化的应用研究——以ZT集团公司为例》，中铁物资集团港澳公司唐永芳、邵继红撰写的《基于平衡计分卡的国有企业领导干部经济责任审计评价指标构建研究》，中国铁建昆仑投资集团有限公司向倩撰写的《基于层次分析法的国有企业经济责任审计评价体系分析》获得中国内部审计协会组织的新时代内部经济责任审计的思路与方法理论研讨三等奖，中国铁建股份有限公司获组织奖；陈培荣、苗学波、涂海波等撰写的《开发利用审计档案，助推审计价值提升——××公司××离任经济责任审计档案的开发利用》获中国铁建股份有限公司档案信息资源开发利用案例二等奖。年内，借助远程网络教室，开展结构化查询语言（SQL）及审计作业与管理系统操作信息化培训，推动全系统审计人员培训全覆盖，全年培训1428人次。

（沈晓霞）

【中国铁建获"双先"表彰】 2020年，中国铁建股份有限公司审计监事部西安中心、中国铁建大桥工程局集团有限公司审计部、中铁十七局集团有限公司审计部获评"全国内部审计先进集体"，刘正昶、陈培荣、宋连英获评"全国内部审计先进工作者"。 （沈晓霞）

【审计交流】 2020年1月8日，中国铁建总审计师、审计监事部总经理刘正昶参加国务院国资委中央企业总审计师工作情况汇报会，汇报中国铁建总审计师工作开展情况；11月9日，参加审计署关于执行总审计师制度课题评审；12月2日，审计署投资司在中国铁建召开川藏铁路建设相关工作调研会，调研川藏铁路建设情况，交流对完善川藏铁路审计监督工作机制及开展审计监督工作的意见建议。12月8日，中国铁建召开总审计师及审计负责人座谈会，研讨总审计师考核办法及审计两统筹经验做法。年内，中国国家铁路集团有限公司、中国航天科工集团有限公司等单位审计部门到中国铁建座谈交流，相互借鉴经验成果，共同提高审计层次和水平。 （沈晓霞）

【审计信息化建设】 2020年，中国铁建继续开发和完善审计管理系统与OA接口、在线编辑等功能，统筹推进审计信息化工作。组织编写《审计信息化建设手册》，坚持应上尽上、应核尽核，股份公司审计监事部率先实现审计信息化上线率100%。 （刘飞羽）

【违规经营投资责任追究工作】 2020年，中国铁建持续推进违规经营投资责任追究工作体系建设。9月，出台《违规经营投资责任追究工作操作规程（试行）》，明确责任追究工作的责任分工和工作内容，细化工作流程及审批权限，规范文书模板格式。全面梳理近年来内外部监督机构反映的各单位境外违规经营投资问题线索，开展对所属涉及违规经营投资资产损失事项9名责任人的责任追究。 （刘召金）

【审计监事部长沙中心】 2020年，中国铁建股份有限公司审计监事部长沙中心完成审计项目22项。其中，开展对中铁十六局集团有限公司、中铁二十二局集团有限公司、中国铁建投资集团有限公司、中铁物资集团有限公司离任经济责任审计4项；中铁十一局集团有限公司、中国铁建港航局集团有限公司、中国铁建重工集团股份有限公司任中经济责任审计3项，绩效复核审计7项；中铁建锦鲤资产管理有限公司重大政策执行审计5项、专项审计3项。全年出具审计报告22份，提出审计建议60条、采纳60条。在完成审计工作的同时，长沙中心加强党建工作和内部管理工作，首次在中铁二十二局、铁建投资、中铁物资审计现场成立审计组临时党小组，为推进现场审计工作保驾护航，做到党建工作与业务工作同计划、同部署、同开展。 （赵 鹏）

【审计监事部西安中心】 2020年，中国铁建股份有限公司审计监事部西安中心完成审计项目12项。其中，开展对中铁二十五局集团有限公司、中铁十二局集团有限公司、中铁海峡建设集团有限公司、中国铁建昆仑投资集团有限公司离任经济责任审计及绩效复核审计各5项；中铁建锦鲤资产管理有限公司离任经济责任审计及绩效复核审计各5项、资产审计2项。全年出具审计报告10份，提出审计建议29条、采纳29条。在完成审计项目的同时，西安中心积极配合工作，加强政治理论及业务知识学习，理顺党组织关系管理，优化内部处室责任分工，强化审计中心队伍建设，为审计工作高质量发展提供有力保障。 （刘 飞）

·监事会工作·

【中国铁建股份有限公司监事会】 由3名监事组成。其中，股东代表监事2名、职工代表监事1名，股东代表担任的监事由股东大会选举和罢免，职工代表担任的监事由公司职工代表大会民主选举和罢免。第四届监事会股东代表监事曹锡锐、刘正昶，职工代表监事康福祥；曹锡锐担任监事会主席。2020年召开会议5次，审议表决通过14项议案。 （邹　兵）

【中国铁建股份有限公司第四届监事会第14次会议】 2020年1月14日在中国铁建大厦14层第2会议室以现场会议方式召开。会议审议通过《关于修订〈中国铁建股份有限公司章程〉》《关于修订〈中国铁建股份有限公司股东大会议事规则〉》议案。 （陈　秋）

【中国铁建股份有限公司第四届监事会第15次会议】 2020年3月30日在中国铁建大厦14层第2会议室以现场会议及通讯表决方式召开。会议审议通过《关于公司2019年度财务决算报告》《关于公司2019年年报及其摘要》《关于公司2019年度利润分配方案》《关于公司2019年度内部控制评价报告》《关于支付2019年度审计费用和聘请2020年度外部审计机构》《中国铁建股份有限公司2019年度监事会工作报告》《关于〈中国铁建股份有限公司监事会2020年工作要点〉》议案。 （陈　秋）

【中国铁建股份有限公司第四届监事会第16次会议】 2020年4月29日在中国铁建大厦14层第2会议室以现场会议及通讯表决方式召开。会议审议通过《关于公司2020年第一季度报告》《关于〈2019年度中央企业内控体系工作报告〉》议案。 （陈　秋）

【中国铁建股份有限公司第四届监事会第17次会议】 2020年8月28日在中国铁建大厦14层第2会议室以现场会议及通讯表决方式召开。会议审议通过《关于公司2020年半年报及其摘要》议案。 （陈　秋）

【中国铁建股份有限公司第四届监事会第18次会议】 2020年10月30日在中国铁建大厦14层第2会议室以现场会议及通讯表决方式召开。会议审议通过《关于公司2020年第三季度报告》《关于公司2020年度内部控制评价及考核工作实施方案》议案。 （陈　秋）

【监事会程序监督】 2020年，监事会成员积极出席或列席公司股东大会、董事会、总裁办公会等会议，监督“三重一大”决策程序科学性、合规性、有效性。按时参加公司年度（中）工作会议、职工代表大会及财务、审计、经营、投资等重要经济管理专题会议，及时掌握公司主要经济指标的完成情况和重大经营管理事项，依法监督公司董事、高级管理人员履职情况。 （陈　秋）

【监事会财务监督】 2020年，监事会定期听取公司财务专项汇报，审核公司年度、半年度及季度财务报告，抽查和监督公司财务运作情况和报告编制审核披露程序，有效保证会计信息真实、准确和完整。同时按照上市公司监管要求，发表对公司财务报告、利润分配方案、股东回报等财务事项的独立客观意见。 （陈　秋）

【监事会整改监督】 2020年，监事会会同公司各职能部门组织开展问题整改督导工作，要求在审计署、国务院国资委、中介机构等各项审计巡视检查的基础上，结合股份公司监事会、内部审计、内控检查、财务检查发现的问题，开展对整改落实工作再审视、再梳理，深挖问题根源，举一反三，标本兼治，认真检验整改效果，严格追责处理落实。 （陈　秋）

【融入大监督体系】 2020年，监事会自觉接受国资委、证监会(局)、交易所的监督和指导，注重与外聘律师、审计师沟通，有效实现监督协同、资源共享。始终坚持以防范和化解重大风险为导向，与公司内部审计、法律合规、纪检执纪、巡视巡察等监督部门协同，不断推动建设完善事前预警、事中控制、事后追责的大风控、大监督体系。 （陈　秋）

【监事培训交流】 2020年，监事会成员及工作人员均按规定参加中国证监会、中国上市公司协会、北京证监局等组织的各类专题专项培训活动，认真学习新《证券法》，加强上市公司监事会工作交流，不断提高履职能力，更加规范工作流程。 （陈　秋）

·审计与风险管理·

【中国铁建股份有限公司审计与风险管理委员会】 由4名独立董事组成，主要负责提议公司外部审计机构的聘请、更换；负责公司内部审计制度的监督；负责公司内外部审计的沟通、监督和核查；负责财务信息及其披露的审阅、内控制度的审查、公司风险管理策略和解决方案的制定，以及重大决策、重大事件与重要业务流程的风险控制、管理、监督和评估工作。 （张 波）

【中国铁建股份有限公司第四届董事会第15次审计与风险管理委员会会议】 2020年3月29日召开。会议听取德勤华永会计师事务所《关于公司2019年度年报审计情况》汇报，审议通过《公司2019年度财务决算报告》《关于公司2019年年报及其摘要》《关于支付2019年审计费用和聘请2020年度外部审计机构》《关于公司2019年度内部控制评价报告》议案。 （张 波）

【中国铁建股份有限公司第四届董事会第16次审计与风险管理委员会会议】 2020年4月28日召开。会议听取《关于公司2020年第一季度财务决算情况》汇报，审议通过《关于公司2020年第一季度报告》《2019年度中央企业内控体系工作报告》议案。 （张 波）

【中国铁建股份有限公司第四届董事会第17次审计与风险管理委员会会议】 2020年8月27日召开。会议听取《关于公司2020年上半年财务决算》汇报，审议通过《关于公司2020年半年报及其摘要》议案；与德勤事务所沟通《公司2020年上半年财务报告审阅》情况。

（张 波）

【中国铁建股份有限公司第四届董事会第18次审计与风险管理委员会会议】 2020年10月29日召开。会议听取《关于公司2020年第三季度财务决算情况》汇报，审议通过《关于公司2020年第三季度报告》《中国铁建股份有限公司内部控制与风险管理办法》《关于公司2020年度内部控制评价及考核工作实施方案》议案。

（张 波）

【中国铁建股份有限公司第四届董事会第19次审计与风险管理委员会会议】 2020年12月25日召开。会议听取德勤华永会计师事务所《关于公司2020年财务年报审计情况》汇报，审议《关于中铁第一勘察设计院集团有限公司收购新疆铁道勘察设计院有限公司等12家公司国有股权暨关联交易》议案，会议建议该议案完善资料后再行提交董事会审议；审议通过《关于公司2021年度审计工作思路及审计工作计划》议案。

（张 波）

2020年12月16日，中铁十四局、中铁十八局、中铁二十一局集团有限公司参建的陕西省重点交通扶贫项目——西（乡）镇（巴）高速公路全线通车。（冯玉平 摄）

综合管理

总部政务　行政事务

【行政办公室（保卫部）】　主要职责：负责中国铁建股份有限公司（以下简称公司）领导日常工作的统筹服务，当好领导的参谋助手，制定有关工作制度；负责相关对内对外沟通协调与服务，传达公司领导的有关决定、指示，编制公司行政部门月度重点工作计划，督查督办经理层重点工作；负责组织起草综合性文件、报告，撰写行政综合性会议领导讲话材料，组织筹备公司综合性会议，承办总裁办公会议；负责统筹公司领导高端对接，组织开展调查研究，参与政策研究与制定；负责经理层领导人员的秘书服务工作和总裁、副总裁专职工作协助人员的管理；负责公司公文处理、OA 管理和文件核稿排版印刷；负责公司印信管理、机要文件管理；负责公司政务信息收集、编发、上报与国资委网站信息的报送；负责公司门户网站和网站群管理；负责公司总部行政事务与后勤保障服务；负责公司总部安全保卫工作，指导所属单位开展内保工作；负责公司北京地区机动车辆交通安全工作；负责公司信访管理；负责援疆援藏及扶贫开发相关工作；负责公司档案管理；负责《中国铁建年鉴》和各类史、志的编写；指导总部房地产管理中心工作；承办总部集团办公室相关工作。定员 26 人，设主任 1 人、副主任 3 人；下设秘书处、文书处、信息调研处、行政保卫处、信访处、档案馆。

（冯　伟）

【中国铁建三届一次职工代表大会暨 2021 年工作会议】　2021 年 1 月 19—20 日在中国铁建大厦以视频方式召开。中国铁建党委书记、董事长汪建平作题为《实事求是、守正创新、行稳致远，奋力开启高质量发展新征程》的讲话，总裁、党委副书记、执行董事庄尚标作题为《凝心聚力、乘势而上，确保“十四五”高质量发展首战必胜，为全面建设世界一流企业接续奋斗》的行政工作报告。会议进行中国铁建领导班子和领导人员 2020 年度综合考核评价及选人用人“一报告两评议”，并以书面形式向大会作《关于财务收支及经济运行情况的报告》《关于业务招待费使用情况的报告》《关于提案工作的报告》《关于企业年金实施情况的报告》。20 日上午，按照法定程序，与会代表全票通过职代会专门委员会建议名单、《行政工作报告》《关于财务收支及经济运行情况的报告》《关于业务招待费使用情况的报告》《提案工作报告》决议草案。全系统设 608 个分会场，6112 人参加会议。（冯　伟）

【秘书工作】　2020 年，完成公司领导讲话、汇报、报告等文字材料 311 篇 130 余万字，开展基层调研 44 场 77 家单位，开展新兴产业、二次经营、智慧业务、三级公司建设等 6 项专题调研，以领导讲话材料、调研报告、研究报告形式形成研究成果。全面加强公司高端对接统筹工作，细致做好对接协调、会务组织、资料整理，全年组织高端对接活动 79 次 128 场。认真抓好公司领导指示批示和重要会议部署的督促落实工作，全年印发专项督办通知 3 次、督查督办情况通报 3 期，督办 144 项重点工作。完善总部行政部门月度工作计划管理机制，促进有关部门提高工作效率，全年印发总部行政部门月度重点工作计划 11 期、通报计划执行情况 3 次。全年承办总裁办公会议 21 次、总经理办公会议 14 次，研究议题 258 项，同步做好会议议题收集、记录和会议纪要撰写、印发工作，并按照国资委要求，完成党的十九大以来需党委常委会、总裁办公会决议的“三重一大”数据采集、审核、上报工作。持续加强秘书管理与业务培训，增强专职秘书综合能力，全年协调安排公司领导出席会议、活动 938 场，陪同领导出差 360 天。

（雷　勇）

【公文管理】　2020 年，股份公司总部行政处理上级和外部来文 4183 份，下级来文 4884 份。通过网络平台、网络通知及公司领导讲话全部移至《铁建信息》下发方式，压减本级发文数量，全年发文 1131 件，OA 排版文件 935 份、方正排版 880 份，复印、胶印文件 300 余份，制版 1080 张，扫描文件 773 份；销毁普通文件 141 袋，杂志书籍 17 袋。（郝慧晶）

【用印管理】　2020 年，成功运行中国铁建印章物联网管理平台，依托 OA 系统与印章物联网系统，结合用印宝、印控台、盖章机等终端设备，实现印章使用全过程线上留痕备查，切实解决用印材料手工查找、手工比对、手工统计、效率低下问题，全年接待用印 2373 人次，用印 103652 次；外出投标用印 23 次。（郝慧晶）

【OA 系统优化】　2020 年，提出优化需求 2 项，包括新增用印台账功能和行政印章使用统计查询功能。全年记录并解决 OA 使用问题 39 条，新增 OA 账号 22 个，删除 OA 账户 23 个，账户权限变更 5 个。（郝慧晶）

【文书培训】　2020年11月，为切实提升所属各单位文书业务能力，提高全系统整体公文质量，举办北京内部分二级单位公文处理业务座谈会。会后通过核查参会单位上报文件，点对点进行纠错指导，培训达到预期效果。（郝慧晶）

【政务信息】　2020年，中国铁建编发《铁建信息》56期，刊发各类信息689条；上报国务院国资委信息260条（篇），采用87条（篇），其中21条（篇）信息被中办、国办刊物采用，位列中央企业信息工作第19名。中国铁建获评中共中央办公厅先进央企通联部荣誉，获2020年《中办通讯》央企通联工作第2名，被国务院国资委办公厅评为2020年度信息工作成绩优异单位；系统内3人获评2020年度信息工作先进个人，上报的“中国铁建反映物业企业参与城镇老旧小区改造存在的主要困难、问题及相关建议”获评2020年度国资委优秀信息。（杜　鹃）

【网站管理】　2020年，在国务院国资委网站加大疫情期间对中央企业参建方舱、维稳生产、快速复工等方面报道的环境下，中国铁建及时推送优质信息，展示企业实力、提升企业形象、体现社会责任。全年向国务院国资委网站上报信息1344条，采用777条，位列国务院国资委网站中央企业信息报送第1名，同时提高中国铁建在扶贫、抗疫复工、新基建、重点工程等方面的约稿工作及出镜率。全年中国铁建中、英文官方网站编辑、审核、发布动态信息11928条、图片16920幅，静态信息修改运维10余个栏目20余次，网站年度访问量8589241次。（杜　鹃）

【疫情防控】　2020年新冠肺炎疫情暴发后，中国铁建按照国务院国资委、北京市相关要求及部署，第一时间成立由主管领导任组长、其他班子成员任副组长、总部部门负责人任成员的中国铁建新型冠状病毒肺炎疫情防控工作领导小组（简称领导小组），统筹领导全系统疫情防控工作，领导小组办公室设在行政办公室。在领导小组的正确领导下，行政办公室认真履行领导小组办公室职责，统筹做好总部及所属单位疫情防控工作，及时摸排滞留疫区人员情况，制定各项防控措施，严格执行24小时值班值守和疫情日报、零报告制度。严格落实地方政府各项防控措施，督导各级各单位加强办公区域管控和施工现场封闭管理，设立因公出差返（北）京人员定点居所，做好突发事件应急处置，及时向有关方面报告情况。按照“分区域、全覆盖”原则，公司领导带队开展为期3天的北京地区项目疫情防控大督查大检查，及时排查漏洞、消除隐患、降低影响。年内完成抗击新冠肺炎疫情先进评选材料申报工作，经推荐，中铁第四勘察设计院集团有限公司副院长张浩获评全国抗击新冠肺炎疫情先进个人；中铁十一局集团城轨公司获评中央企业抗击新冠肺炎疫情先进集体，中国土木工程集团有限公司孙湘春、中铁十七局集团有限公司白小芳、中铁建山东京沪高速公路济乐有限公司杨庆广获评中央企业抗击新冠肺炎疫情先进个人。（冯　伟）

【会议接待服务】　收集汇总2020年召开大型综合会议和业务专题会议29个，报批2021年计划召开会议34个。全年完成年初系列会议、年中工作会等大型会议的会务工作，做好国内政府机构、业主单位的来访接待工作，接待国资委领导在内的来宾来访46次816人，协调会议室、接待室80余次，完成会议室、接待室服务2025次31453人。全面完成国资委党委第二巡视组、企干二局等上级单位进驻总部办公的办公用房、车辆保障及后勤服务保障等工作。（冯　伟）

【办公保障】　2020年，根据总部机构调整及上级专项巡视工作需要，购置办公家具2批次13套。为落实疫情期间减少人员聚集和非必要不召开现场会议的要求，为总部购置配发平板电脑100台。结合总部接待工作实际，按规定购置2台7座商务车。完成办公类固定资产的审核报批及清查盘点工作，盘点总部办公类固定资产994台（套），其中申请报废资产114台（套）。（冯　伟）

【基本建设】　2020年，督促完成铁建大厦A座15层办公室、会议室的装修改造工程，以及A座庭院的破损地砖修补与绿化工程、A座会议室及安防系统改造工程，总部信访接待室改造工程。协调推进总部电梯改造及A座一层东侧闲置空间的装修事宜，协助完成三层涉密视频会议室的验收及使用管理工作，配合完成工程调度指挥中心的建设工程。（冯　伟）

【总部服务】　2020年，完成与中铁建商务管理有限公司等服务总部的单位签订《房屋租赁合同》《物业服务合同》《总部工作餐服务合同》《总部公务用车服务合同》，督导总部有关服务单位落实疫情防控各项措施，严格总部办公区域出入管理，加强会服、保安、保洁、司机、餐厨及工程维修人员排查与管控，强化餐厅管理、办公楼通风及公共区域消毒清洁等工作。适时发放一次性口罩、一次性手套、酒精等防疫物资,组织第三方核酸检测机构对总部人员进行核酸检测680余人次。更新编印总部办公电话号码表3次,审核办理电话新装业务27部,移机业务77部。结合总部机构调整,更换办公室门牌57块,审核发放临时接待用餐券12734张。根据国务院办公厅《关于2020年部分节假日安排的通知》及疫情防控工作需要,统筹安排节假日值班7次;完成报纸杂志订阅、门禁卡及车证审核办理等行政事务。（冯　伟）

【安全保卫】 2020年,安全保卫工作结合疫情防控措施和实际工作需要,前移访客接待窗口,东侧岗亭访客登记与西侧岗亭安保人员做到来访人员登记与引导相互衔接,保证院门口及大厦的安全有序,全年外部来访登记10297人次。继续深入推进落实大厦安全管理和消防工作主体责任,督促大厦物业及安保部门强化楼内电梯、消防联动系统等重要设施的维修保养及电力机井、地下空间、总部餐厅等重要部位的巡查巡检和消杀工作,严格执行治安保卫24小时值班和来客来访登记,以及消防管理、安全保卫定时巡查制度。年内定期组织安保应急培训和演练,增设院门外快递区域高清摄像设备2台,组织消防演练2次、防汛演练1次,消防月检及消电检13次,灭火器年检1428具。加强与有关部门和驻地公安机关的协调联动,全年协调配合地方公安机关案件调查取证5件,配合处置信访事件239起,并邀请北京市公安局公共交通安全保卫总队开展在京单位预防电信诈骗专题培训会1次。及时完成北京市公安局公共交通安全保卫总队轨道建设保卫支队备案材料的更新工作;根据《北京市公安局消防局关于推进消防安全重点单位微型消防站建设实施意见的通知》要求,在铁建大厦A座一层大厅建设微型消防站,提升总部火灾事故应急处置能力,确保总部消防安全。（冯　伟）

【受理来信来访】 2020年,中国铁建系统受理来信来访1536件次。其中,各类申诉65件次、集体经济76件次、揭发检举43件次、工资福利121件次、劳动就业42件次、医改医疗25件次、伤病残亡待遇63件次、工程款拖欠658件次、征地拆迁33件次、职工生活92件次、工程质量11件次、精简下发52件次、遗留问题127件次、各类建议12件次、环境保护15件次,其他101件次。（辛　宇）

【信访立案】 2020年,中国铁建系统信访立案264件次。其中,上级交办51件次、本级立案213件次。结案264件次,结案率100%。（辛　宇）

【领导重视信访工作情况】 2020年,中国铁建系统各级领导接待职工群众来信244件次,接待职工群众来访1386人次,占来访总数的18%。全年各级领导接待群体性上访145批次、1377人次。（辛　宇）

【做好“两会”期间的信访工作】 中华人民共和国第十三届全国人民代表大会第三次会议和中国人民政治协商会议第十三届全国委员会第三次会议(以下简称“两会”)分别于2020年5月22日和5月21日在北京开幕。为做好“两会”期间的信访工作,中国铁建印发通知要求所属各单位:一要提高政治站位,强化责任意识,深刻认识信访工作的重要性;二要认真排查,主动介入,做好矛盾化解工作;三要及时响应,加强处置,维护正常工作秩序;四要协同联动,综合施策,确保各项举措落到实处。强调“两会”期间,各单位要加强组织领导,明确责任分工,结合单位实际,作出安排部署,为全国“两会”顺利召开营造良好的企业环境。（辛　宇）

【信访专项工作】 2020年,按照国务院国资委《关于开展集中治理重复信访,化解信访积案专项工作的通知》要求,中国铁建对涉及的51件信访积案,明确专班,明确专人,要求所属各二级单位积极核实,认真采取措施,妥善处置化解,并按要求每季度上报报表。截至2020年底,办结19件。对涉及农民工工资拖欠、中小企业欠款等矛盾纠纷,中国铁建要求所属各单位认真做好摸底排查工作,完成国务院国资委部署的治理、化解任务。（辛　宇）

【信访管理】 2020年,中国铁建不断加强信访工作体系建设,凡是与职工群众切身利益相关、涉及面广、容易引发不稳定因素的信访事项,开展“合法性、合理性、可行性、可控性”稳定风险评估;深入开展矛盾纠纷排查化解,建立台账、制定清单,通过定期不定期检查,建立预警机制。不断完善信访情况通报督查机制,实行信访工作“日报送、周报告、季通报”制度;完善领导接待包案机制,实行首接负责制,谁接待的案件、谁负责包案,一包到底;完善考核责任机制,把信访工作纳入中国铁建考核体系,每年组织开展专项考核,并通报考核情况。落实信访工作责任制,成立中国铁建信访工作领导小组，明确小组成员职责，所属各二级单位均设立信访接待室，确保上访人员到指定场所反映问题；坚持“分级负责，归口办理”的原则，协调督促各单位信访部门依法、及时、就地解决问题，要求信访工作人员在接访时向职工群众讲清其遇到的问题该由哪一级、哪个部门解决，实行首问责任制、责任追究制，促进问题归口处理。　（辛　宇）

【通报接待职工群众来访情况】　2020 年，中国铁建信访工作呈现“一降两增”态势，即信访总量下降，重复访、信访立案增长，全年信访形势平稳可控。开展每季度来访情况通报并提出要求：一要高度重视并切实推进集中治理重复信访、化解信访积案专项工作；二要把信访法治化建设摆在突出位置，有效推进诉访分离；三要在信访事项源头治理上下功夫；四要服务企业发展大局，发挥好信访保障作用。　（辛　宇）

【新冠肺炎疫情期间的档案工作】　2020 年，认真贯彻落实国家档案局有关新冠肺炎疫情防控档案的工作部署，4 月印发《关于做好新冠肺炎疫情防控工作文件材料收集归档工作的通知》，要求所属各单位全面收集疫情防控有关文件材料，并明确各载体档案材料收集要求和归档范围，确保中国铁建疫情防控档案应收尽收、齐全完整。　（杨启燕）

【健全档案管理体系】　2020 年，根据中国铁建调整区域经营管理机构和部分单位管理关系变化情况，进一步健全档案管理体系。4 月 16 日，依据各区域总部、新二级单位的成立及部分单位隶属关系的变化，修订印发《中国铁建系统档案全宗编号及档案单位名称代号表》（中国铁建行办〔2020〕65 号），新增全宗编号 16 个，停止使用全宗编号 8 个。　（杨启燕）

【档案业务监督指导】　2020 年，继续认真贯彻落实国家档案局第 10 号令，开展对中铁建国际投资有限公司、中铁建发展集团有限公司、工程总承包部等新成立单位业务指导，促进新成立单位档案工作机构与企业机构同步建设。继续以档案工作评价作为提升企业档案工作质量与水平的重要手段，年内到中铁十五局集团有限公司、中铁上海设计院集团有限公司等单位，实地开展组织管理、设施设备、档案基础业务建设、档案信息化建设、档案信息资源开发利用等方面的监督指导，了解各单位在开展档案评价工作中遇到的困难和问题，现场指出档案库房建设、档案整理归档、档案数字化、档案编研存在的问题和不足，并提出针对性整改意见和建议。　（杨启燕）

【做好汛期档案安全】　2020 年 6 月，按照国家档案局工作部署，及时印发做好汛期档案安全工作的紧急通知，要求系统内各单位认真贯彻《关于进一步加强档案安全工作的意见》精神，严格落实防汛安全责任，狠抓安全隐患排查，完善防汛应急预案，加强督促检查，确保档案安全度汛。　（杨启燕）

【档案宣传学习活动】　2020 年，积极开展中国铁建系统档案宣传学习活动。一是以纪念“6·9”国际档案日为契机，按照国家档案局第 13 个国际档案日“档案见证小康路、聚焦扶贫决胜期”为主题开展系列宣传活动。全系统通过举办档案馆开放日、展览、门户网站、公众平台、电子显示屏等方式，广泛宣传档案的重要价值和独特作用。二是在全系统开展《习近平关于档案工作、历史学习与研究、文化遗产保护重要论述摘编》学习活动，系统内各单位通过召开专题座谈会、集中学习及网站、公众平台、展板等形式深入学习贯彻，进一步强化“为党管档、为国留史、为民服务”政治意识，充分把握“党管档案工作”体制优势，不断提升档案管理、开发利用工作水平。三是在全系统广泛宣传贯彻新档案法，做好档案法宣传和解读工作，夯实依法治档制度基础，强化依法管档能力，增强全员档案意识。　（杨启燕）

【开展建党 100 周年档案系统微视频征集展播活动】　2020年，为迎接中国共产党成立 100 周年，生动讲述党的伟大奋斗历程和取得的辉煌成就，充分展现百年来档案事业在党的领导下取得的突出成绩和长足发展，集中展示新时代档案工作新使命、新作为和档案人新担当、新风采，提升档案部门和档案工作影响力。9 月，国家档案局下发《关于开展建党 100 周年档案系统微视频征集展播活动的通知》（档办函〔2020〕133 号），面向全国档案系统举办“凝百年之辉，筑兰台之梦”主题微视频征集展播活动，内容包括档案故事类、档案工作类、建设项目类、脱贫攻坚类、防疫抗疫类。中国铁建系统报送微视频 24 部。　（杨启燕）

【开展“追寻先烈足迹”短视频网上征集展示活动】　2020年，为营造纪念抗日战争胜利 75 周年、抗美援朝出国作战 70 周年良好舆论氛围，进一步加强党史国史军史领域正面宣传引导，5 月，国家档案局和中央宣传部宣教局、中央网信办网评局、退役军人事务部褒扬纪念司、国家文物局革命文物司联合指导环球网策划开展“追寻先烈足迹”短视频网上征集展示活动。中国铁建系统报送短视频31部。（杨启燕）

【中国铁建档案信息资源开发利用案例评选】 2020年10月，中国铁建系统征集到的191篇档案信息资源开发利用案例经评选，中国土木工程集团有限公司《开发档案价值，弘扬企业文化，创造经济效益》等10篇案例获一等奖，中铁十一局集团城市轨道工程有限公司《“档”记工程，“案”录国优——档案助武汉轨道交通机场线综合工程科技创新》等20篇案例获二等奖，中铁十一局集团第一工程有限公司《让“无从下手”变“有例可循”，档案助力破解世界性工程技术难题》等30篇案例获三等奖，中铁十四局集团第五工程有限公司《为企业立传，为时代存真》等40篇案例获优秀奖；中铁十二局集团第一工程有限公司《合理管理档案为企业投标工作保驾护航》等55篇案例获入围奖；中国铁建西南区域总部等7家单位获优秀组织奖。为进一步广泛宣传、推广经验，评选出的100篇优秀案例汇集成《中国铁建档案信息资源开发利用优秀案例选编》编印出版，内容包括企业管理、科技咨询、资质申报、设计施工、企业文化、主题展览、编研利用、档案信息化、法律诉讼、权益维护、信访审计等，部分案例开发利用方式方法新颖，经济效益和社会影响显著。（杨启燕）

【档案馆基本情况调查】 2020年，国家档案局为全面掌握全国档案馆基本情况，统筹规划各类档案馆设置，进一步优化和完善全国档案馆馆网布局，9月印发《关于调查各级各类档案馆基本情况的通知》（档办函〔2020〕145号），调查内容包括档案馆建立时间、建立依据、隶属部门、业务范围、人员编制、库房面积、馆藏档案数量等。经统计，中国铁建系统带有“馆”字样名称的各级档案馆23家，即中国铁建股份有限公司档案馆、中铁十一局集团有限公司档案馆、中铁十一局集团电务工程有限公司档案馆、中国铁建大桥工程局集团有限公司档案馆、中铁十四局集团有限公司档案馆、中铁十五局集团有限公司史志档案馆、中铁十六局集团有限公司档案馆、中铁十六局集团第一工程有限公司档案馆、中铁十六局集团第二工程有限公司档案馆、中铁十六局集团第三工程有限公司档案馆、中铁十六局集团第四工程有限公司档案馆、中铁十六局集团第五工程有限公司档案馆、中铁十六局集团置业投资有限公司档案馆、中铁十七局集团有限公司史志档案馆、中铁十八局集团有限公司档案馆、中铁二十一局集团有限公司档案馆、中铁二十二局集团有限公司档案馆、中铁二十五局集团有限公司档案馆、中铁第一勘察设计院集团有限公司档案馆、中铁第四勘察设计院集团有限公司档案馆、中铁第五勘察设计院集团有限公司档案馆、中铁上海设计院集团有限公司档案馆、中国铁建重工集团股份有限公司档案馆。（杨启燕）

【档案统计】 2020年，中国铁建系统接收管理类档案35万件、科技档案40.38万卷、会计档案36.07万卷、专门档案5457卷、照片档案2.6万张、实物档案1.23万件、电子档案5001GB、档案资料1.82万册，全年利用档案35.58万卷（件）次、11.94万人次。截至2020年底，全系统立档单位377家，其中二级单位39家、三级单位337家；专职档案人员537人，其中二级单位90人、三级单位442人，正高级专业职务4人、高级专业职务62人；兼职档案人员10865人。全系统馆存档案879.17万卷、379.69万件，其中馆存管理类档案351.52万件、科技档案596.93万卷、会计档案267.61万卷、专门档案14.58万卷、照片档案36.63万张；底图812.28万张，电子档案26.3TB，档案资料53.27万册；档案编目机读案卷级目录17241.584万条，文件级目录1762.97万条。（杨启燕）

【总部印章档案管理】 2020年，按照中国铁建印章档案管理办法有关规定，接收总部行政办公室印章档案922枚，装盒上架81盒；清理馆存印章845枚，装盒上架76盒。归档印章涵盖铁道兵、铁道部工程指挥部、中国铁道建筑总公司、中国铁建股份有限公司等不同历史时期。（杨启燕）

【总部文件材料归档】 2020年，接收总部24个部门2019年度管理类档案293卷3123件，其中10年34卷399件、30年99卷1020件、永久143卷1495件；电子文件5.72GB。接收中国铁建昆明新机场快速公交工程指挥部2011年至2020年会计档案162卷，昆明轨道交通3号线工程指挥部2011年至2020年会计档案221卷；整理照片754张。（杨启燕）

【档案资源数据库建设】 截至2020年底，档案资源数据库补录文书档案案卷级目录377条，文件级目录5645条。其中，1987年短期卷10卷297件，1988年永久卷28卷271件、长期卷78卷1319件、短期卷12卷

202 件,1989 年长期卷 15 卷 169 件、短期卷 101 卷 1868 件,1991 年永久卷 33 卷 195 件、长期卷 100 卷 1324 件。 (杨启燕)

【档案利用服务】 2020 年,集团总部提供档案利用 66 人次,调阅档案 446 卷 1594 件,复制档案 3266 张。其中,管理类档案 34 人次 79 卷 803 件,复制档案 1932 张;科技档案 6 人次 31 卷 762 件,复印档案 407 张;会计档案 23 人次 336 卷,复制档案 927 张;电子照片档案 1 人次 29 幅;印章档案 2 人次。 (杨启燕)

·史志鉴工作·

【2019 年卷《中国铁建年鉴》出版】 2020 年 12 月,2019 年卷《中国铁建年鉴》由中国经济出版社出版发行,全书设类目 17 个、分目 93 个、次分目 45 个和条目 1647 条、表格 99 份、文章 9 篇。 (杨启燕 刘爱民)

【2020 年卷《中国铁建年鉴》编辑方案印发】 2020 年 4 月,印发 2020 年卷《中国铁建年鉴》供稿编辑方案通知,包括框架设计与编写分工内容及人物、图片等资料征集。 (杨启燕 刘爱民)

【向国家有关部委提供年鉴资料】 2020 年 7 月,向《中国国有资产监督管理年鉴》《中国建筑业年鉴》提供中国铁建 2019 年度企业发展概况、主要经济指标完成情况、公司治理、发展质量、改革发展、市场经营、施工生产、安全生产、质量控制、科技创新、工程创优、海外优先、党建工作、环境保护、精准扶贫、履行社会责任 16 个条目 1.2 万余字的内容。 (杨启燕 刘爱民)

【《国资年鉴》征订】 根据国务院国资委办公厅《关于协助做好〈中国国有资产监督管理年鉴(2019)编纂出版工作的通知〉》要求,2020 年在中国铁建系统 42 家单位征订《中国国有资产监督管理年鉴》174 册。 (杨启燕 刘爱民)

·扶贫工作·

【精准扶贫】 2020 年,中国铁建系统派出定点扶贫干部 42 人,投入帮扶资金 8303 万元、物资折款 219.6 万元。其中,在 3 个定点扶贫区县直接投入帮扶资金 2475 万元,引进帮扶资金 207.2 万元,培训基层干部 495 人、技术人员 332 人。2 月,中国铁建总部对口定点帮扶的河北省张家口市尚义县脱贫“摘帽”;4 月,青海省果洛州甘德县脱贫“摘帽”。 (王 震)

【强化扶贫组织保证】 中国铁建党委充分发挥“把方向、管大局、保落实”的作用,公司及所属各级单位均成立扶贫工作领导机构,单位主要负责人担任领导小组组长,把脱贫攻坚作为“一把手”工程,亲自推动工作落实。2020 年,召开党委常委会及脱贫攻坚视频会,细化扶贫投入指标,总结分析全系统扶贫工作,部署重点扶贫任务;召开总裁办公会,充分讨论研究年度内重点扶贫项目。印发《中国铁建扶贫资金使用和监督管理办法》,从资金使用管理、监督管理等方面健全扶贫资金常态化监管制度体系。年内,中国铁建领导亲自带队到扶贫一线走访调研,监督检查脱贫攻坚工作落实情况,确保扶贫工作有序推进。 (王 震)

【坚持主业优势扶贫】 2020 年,中国铁建充分发挥基础设施建设优势,在促进乡村振兴、建设社会主义新农村方面持续发力,帮助穷困百姓安居乐业。其中,参建的贵南高速铁路穿过全国唯一的毛南族自治县环江县,并在环江设有车站,发挥铁路建设在毛南族脱贫攻坚、走向致富生活的重要作用,助力毛南族走出大山。免费帮助陕西省陇县北关村设计关山牧场旅游轨道交通勘察方案;助力山东省梁山县琉璃井村新农村建设,修建村内道路及扶贫车间;帮助湖南省麻阳县岩落寨村完善公共服务设施,维修改造村民文化广场;助力云南省兰坪凤塔村实施人居环境提升工程;帮助天津市良三村内进行主干道路彩砖硬化美化。同时,充分发挥企业产业链长、用工量大的优势,坚持优先招用、尽量多用贫困地区劳务人员,加强贫困人口劳动技能培训,全面提高贫困人口转移就业专业化程度,全年招录国资委和中央企业定点扶贫县各类人员 33562 人,其中“三区三州”深度贫困地区人员 16946 人。 (王 震)

【因地制宜扶贫】 2020 年,中国铁建在脱贫攻坚战中坚持结合贫困地区资源禀赋,深挖地区优势,打造特色项目,引进扶贫企业,加大消费支持力度,真正做到在产业扶贫上解贫困地区所需,在消费扶贫上解贫困群众所急,把扶贫精准扶到点上、扶到根上。年内在青海省甘德县实施饲料厂牦牛全日量标准化养殖补饲试验示范项目,帮助建档立卡贫困养殖户提高养殖收益、舍饲养殖技术；在河北省张家口市尚义县、万全区分别实施兔肉循环项目、安全帽厂项目，帮助贫困户及村民实现就近就业增收；在山西省汾西县勍香村种植芦笋63.33万平方米，打造集种植、加工、销售于一体的完整芦笋产业链，夯实村民脱贫致富根基；在湖南省怀化市麻阳县推进岩落寨村白鹅养殖产业园建设，加强园内道路设施维护，解决产业园养殖污染问题。聘请甘肃农业大学教授在甘肃省定西市岷县闾井镇进行主要种植作物栽培技术及蔬菜育苗知识讲座，帮助提升贫困村大棚种植技术。全年全系统着力加大消费扶贫支持力度，在贫困区县购买农产品、轻工业品4993.4万元，通过直播带货等方式帮助销售各类产品900余万元，有效帮助当地企业发展壮大，促进贫困群众增收，带动社会经济发展。（王　震）

【强化扶贫有效措施】 中国铁建瞄准“两不愁三保障”，从贫困群众最关心、最急需的医疗、教育等问题入手，对症下药、综合施策，强化扶贫有效措施。2020年，在尚义县实施县医院120调度指挥中心建设与基层医疗机构建设项目，助力贫困县补齐医疗卫生短板；在甘德县、万全区、甘洛县实施“同舟共济”救急难工程，持续开展大病患者救助活动，防止脱贫群众因病返贫和非贫群众因病致贫。新冠肺炎疫情期间，中国铁建捐赠220万元助力万全区、尚义县、甘德县等贫困区县防疫抗疫。同时，在张家口市的组织下，万全区有关部门和企业向中铁十一局集团有限公司和武汉捐赠口罩2000个、土豆30吨、玉米5000箱、矿泉水4000箱等抗疫物资，体现深厚情谊和光荣传统。年内，中国铁建在万全区着力打造“铁建阳光”系列教育品牌，在原开办“铁建阳光”家长讲堂、筹建“铁建阳光”教育基金基础上，援建“铁建阳光”幼儿园，开展“心系扶贫，情暖六一”关爱少年儿童主题活动。（王　震）

【加大扶贫工作力度】 2020年，中国铁建坚持把贫困地区人民生命安全放在首位，大力推进住房安全、饮水安全巩固提升工程，居住质量和水利设施得到明显改善。开展对甘肃省岷县清水镇13个村1073个建档立卡贫困家庭易地扶贫搬迁、危房改造等方面的深入排查，帮助修缮房屋，改善人居环境。帮助四川省甘洛县特克村完成20户易地移民搬迁旧房拆旧复垦工作，20户“低保、五保、残疾”家庭的危房改造任务，推动实现“人不住危房、危房不住人”基本目标。助力陕西省吴起县吴起镇“美丽乡村”建设，协调多台机械设备协助当地贫困居民完成房屋修缮。引进帮扶资金建立2座饮水大口井，为尚义县南朝碾村民农耕提供配套灌溉水井、饮用水井支持。帮助甘肃省会宁县自来水入户管道、阀门、防冻设施和井底硬化补强，改善当地群众的饮水条件。（王　震）

【精准扶贫成效】 截至2020年底，中国铁建系统定点扶贫区县、乡村均实现脱贫“摘帽”，各项扶贫项目均按照既定程序履行和推进。中国铁建获“最具社会责任公益先锋”称号，中铁第一勘察设计院集团有限公司获“2020年度甘肃省脱贫攻坚先进集体”称号；中铁十七局集团有限公司驻村第一书记刘印洲获“全国脱贫攻坚先进个人”称号，系统内多人获省部（市）级荣誉。（王　震）

·总部房地产管理·

【总部房地产管理中心】 负责总部建设和总部房地产管理的机构。主要职责：负责总部房屋、基础设施建设和房地产管理工作，代表总部行使业主权利；负责总部新增、更新改造基建项目的申报、审批手续办理、建设管理、竣工决算工作。受中铁建锦鲤资产管理有限公司委托，管理中国铁道建筑集团有限公司（以下简称总部集团）总部纳入锦鲤资产中心的资产；负责总部集团及所属驻北京单位的人民防空工程管理、地下空间安全、防汛等工作。传达学习国管局有关职工住房管理工作的相关文件精神，及时了解和掌握相关政策规定。协调所属在北京单位依据相关规定向国管局申报建设职工住房相关事宜，并对所属在北京单位职工住宅档案信息系统的管理和信息的共享，协调办理职工住房上市交易相关业务工作。组织所属在北京单位职工住房管理人员参加国管局召集的相关会议及业务培训，协调处理并完成国管局不定期下达的其他各项工作。负责总部集团及所属驻北京单位的自用土地计划和使用情况核查，统计、上报京外所属单位自用土地年度现状数据。负责总部集团总部联系地方政府、交通安全、消防安全、爱国卫生、绿化美化、防疫防治、防洪防汛、门前三包、避雷针检测、集体户口管理等社会事务；负责委托中铁建商务管理有限公司管理总部集团总部部分公共用房、租赁用房、地下车库、社会事务工作；负责总部集团本级“三供一业”移交工作。定员7人，现员7人，设主任1人（兼任总部集团总部人防委副主任）、副主任1人；内设基建处（人防办公室）、房地产管理处。（白立国）

【总部住宅建设】 2020年4月8日，向北京市规委提交《关于申请办理北京市海淀区复兴路40号院26号楼、30号楼、32号楼、36号楼及配套设施(26号住宅楼等11项)建设项目纳入多规合一协同平台办理建设工程规划许可证延期的函》，5月25日，北京市规委函达同意2018年5月25日取得的《建设工程规划许可证》(规土建字0018号)有效期延期两年。5月26日，根据总部住宅建设领导小组会议精神，成立由总部相关部门组成的总部住宅建设协调工作组，在总部住宅建设领导小组的领导下开展工作。总部住宅建设协调工作组由总部建设指挥部牵头，负责总部住宅建设协调工作组的日常工作。6月5日，股份公司组织召开2020年总部第二次职工代表会议，会议审议通过关于复兴路40号院24号楼腾退安置原则，以及《中国铁道建筑总公司机关大院拆迁补偿办法》部分条款的修改调整方案。12月，制定印发《中国铁道建筑集团有限公司机关建设指挥部项目管理暂行规定》，包含各部门岗位职责、规定、制度、办法20余项。 (白立国)

【西院搬迁】 2020年1月13日，复兴路40号院西区1号、2号、5号、6号楼224名回迁户选房工作全部完成。3月，总部建设指挥部重点对西区业主委员会的投票、选举、成立、行使权利等全过程资料和相关证据进行梳理，在律所提供咨询服务保障下，建立健全业委会组织机构，完善相关备案资料、职权职能手续，顺利完成西区拆迁协议签署工作，签约率100%。4月9日，制定《西院旧楼拆迁安置协议》，并经西区业委会全体代表审议通过；5月21日，经公司法律合规部审核，并出具法律意见书；5月27日，总部住宅建设协调工作组审核通过；6月6日，总部建设指挥部和业委会向居民发布通知；6月10日，启动组织西区全体居民签署《西院旧楼拆迁安置协议》工作，西区住户腾退搬家工作同步进行。截至2020年12月底，西区224户拆迁户拆迁协议签约率100%。其中，202名住户签署回迁安置协议并腾退旧房，签约率90.1%；22户未签署搬迁协议。 (白立国)

【24号楼腾退】 2020年，通过沟通交流、讲解政策、面谈、走访、函询、调查等多种方式，准确掌握各种信息，逐一登记造册，并分别取得专业机构法律意见书，为腾退工作提供基础保障。先后起诉6名住户，成功助推24号楼腾退工作。引入“海淀区腾退清退解危排险统筹协调领导小组”政府平台公司，协调各相关单位支持帮助强制清退工作，起草《委托清退帮拆协议》。8月5日，完成与政府平台公司北京鼎盛拆迁工程有限责任公司、北京军福保安服务有限公司的协议签署。9月11日，在区平台、攻坚公司联合相关政府部门合力推动下，腾退工作全面实现预期目标。9月22日，24号楼内人员全部腾退完毕，9月24日，旧楼体拆除；10月15日，新建东区住宅项目全面开工建设。 (白立国)

【住宅建设实施】 2020年9月11日，拆除24号楼剩余楼座，完成东区住宅场地平整和施工前期准备工作。10月19日，东院建筑工程由北京市海淀区复兴路40号院36号住宅楼变更为北京市海淀区复兴路40号院30号住宅楼，32号楼社区卫生服务站，36号住宅楼，2—5号地下车库，5号、6号、7号人防出入口。年内，中铁第五勘察设计院集团有限公司开始勘察西院地质情况，完成西院项目大部分地质钻探取样工作，并完成《北京市海淀区复兴路40号院26号楼及1—2号地下车库岩土工程勘察报告》。12月8—12日，总部建设指挥部组织协调北京天彩燃气工程有限责任公司负责完成东院污水管线改移工作。截至2020年12月31日，新建东区住宅项目开工累计完成挖孔桩施工4123米，冠梁116立方米，坡面喷护840平方米，挡土墙396平方米，土石方开挖11400立方米。 (白立国)

【2020年小型项目和更新改造项目】 根据《关于下达2020年总部本级基本建设项目投资计划的通知》要求，总部集团2020年小型建设项目和更新改造项目20项。其中，合同签订未施工12项，施工完毕结算在审7项，招标完毕未签订合同1项。(1)锅炉房内燃气报警系统检测大修施工项目，合同投资184082元。(2)75号楼南外墙瓷砖空鼓脱落大修施工项目，合同投资64964元。(3)地下车库及人防层防洪泵更换大修施工项目，合同投资481799元。(4)前圆恩寺门楼及屋面大修施工项目，合同投资47454元。(5)院区北大门岗亭供电供水改造施工项目，合同投资251662元。(6)中国铁建大厦A座隔油池更新改造施工项目，合同投资352878元。(7)大厦A座9号污水井大修改造施工项目，9月29日签订合同，合同投资108846元。(8)铁建大厦A、B座配电室低压柜维修项目，10月23日签订合同，合同投资83253元。(9)铁建大厦A座1—16层消防前室更换防火门项目，12月23日签订合同，合同投资206163元。(10)铁建大厦B座多媒体发布系统项目，合同投资231620元。(11)铁建大厦B座制冷站冷却水路旁通

改造项目,合同投资136160元。(12)总部餐厅厨房墙面地面大修项目,12月30日签订合同,合同投资1183878.52元。(13)铁建大厦B座特灵冷水机组配电柜维修项目,合同投资68992元,完工结算在审。(14)铁建大厦B座3台冷水机组更换冷冻油、油过滤器及维修漏点项目,合同投资84345元,完工结算在审。(15)铁建大厦B座门禁系统设备更新项目,合同投资54234元,完工结算在审。(16)铁建大厦A座大堂旋转门大修项目,合同投资44500元,完工结算在审。(17)铁建大厦A座15层电动天窗更换电机和控制器项目,合同投资35200元,完工结算在审。(18)铁建大厦A座B3层污水泵更换控制箱、导轨项目,合同投资38316元,完工结算在审。(19)铁建大厦A座制冷站更换分、集水器蝶阀项目,合同投资42671元,完工结算在审。(20)12月17日,完成铁建大厦A、B座车库坡道地面及墙面维修工程的招评标工作。

(白立国)

【计划外大修施工项目】 截至2020年底,除计划内小型项目外,计划外大修施工项目7项。(1)铁建大厦A座办公楼安防及会议系统改造工程,8月8日签订施工合同,合同投资20169755.15元,中铁建设集团设备安装有限公司承担施工任务。(2)铁建大厦A座电梯改造工程,完成立项、方案设计、选牌专家论证、预算编制工作,10月23日签订设备采购、安装和改造合同,合同投资2457807.74元,北京中铁电梯工程有限公司承担施工任务。(3)铁建大厦A座东侧1层餐厅改造装修工程,完成拆除加固、基层处理工作,北京中铁装饰工程有限公司承担施工任务。(4)铁建大厦A座13层指挥中心改造工程,合同投资1800万元。其中,总部房地产管理中心协调北京中铁装饰工程有限公司实施土建改造和装饰装修工作,完成房间有关拆除及地面、墙面、吊顶、电气管线、风机盘管等部分施工,拟配合中铁建发展集团有限公司设备安装工作。(5)铁建大厦A座15层办公室改造工程,其中,A座15层1508办公室、会议室等项目改造由行政办公室牵头,总部房地产管理中心协调北京中铁装饰工程有限公司组织实施,完成所有施工内容和整体保洁工作。(6)铁建大厦B座消防防火墙施工工程,位于负一层"快乐娃"南侧,工程投资28万元,已完工,处于竣工审计阶段。(7)铁建大厦A座部分办公用房改造工程,位于A座6—7层,工程投资98万元,已完工,处于竣工审计阶段。 (白立国)

【总部集团人民防空委员会及办公室】 中国铁道建筑集团有限公司人民防空委员会由集团公司在北京的11个单位组成,分管总部领导任委员会主任,在京单位分管所属总部领导、总部房地产管理中心主任组成委员。总部集团人民防空委员会下设总部集团人民防空委员会办公室(下称人防办公室),人防办公室设在总部房地产管理中心基建处。截至2020年底,在京人防单位11个,地下空间94处239025平方米。其中,人防工程总面积91895平方米,普通地下室面积144130平方米。

2020年,与在京11家人防单位签订年度安全管理责任书,签约率100%。在元旦、春节前,全面检查11家在京单位地下空间及人防工程使用情况,其中2家单位检查不合格,下发整改通知书,并于1月至2月进行第二次检查。新冠肺炎疫情发生后,总部集团立即下发《关于加强地下空间管理的紧急通知》,全面加强地下空间管理,取得抗疫斗争胜利。年内办理取得铁建大厦A、B座,40号院18号、28号、29号、58号、68号、78号楼,中铁第五勘察设计院集团有限公司1号地下车库和7号、9号住宅楼,中铁建设集团有限公司大厦办公楼,张仪村综合楼,石景山八宝山路29号院2号、5号楼《普通地下室安全使用备案登记表》及《人防平时使用证》。围绕"平战结合",加强地下空间综合管理,严格执行地下空间使用管理标准和安全检查制度,及时发现和排除隐患,督促落实整改措施。下发《关于进一步做好地下空间安全管理工作的通知》《关于做好国庆期间地下空间安全管理工作的通知》,现场检查在京11家单位地下空间和人防工程,发现问题、排查隐患,合理合法安全使用普通地下室,消除思想盲区、管理盲区和执行盲区,并对部分隐患问题要求立即整改,对不能当场整改的进行约谈,限期整改。全年在京9家人防单位参加中央国家机关人防办公室地下空间安全使用网上培训,60人学习完毕通过考试,取得地下空间安全管理资质。年内启用在京单位普通地下室信息管理和使用登记备案系统,按照国管局人防办公室《关于开展中央国家机关地下空间普查工作的通知》要求,清查在京人防单位11家,上报国管局人防办公室相关资料94件。6月10日,下发《2020年在京单位地下空间防汛工作的通知》,全面安排部署在京单位防汛工作,开展防汛安全检查及重点部位、设施设备的检修维护,储备抢险救灾物资、器材,落实防汛值班责任制和领导带班责任制。 (李忠林)

【房地产管理】 2020年,做好北京市朝阳区新源里东5号楼、西城区鼓楼西大街146号院、东城区前园恩寺

12 号院、东城区石雀胡同 33 号院、石景山区玉泉路 65 号院 5 号楼和 6 号楼、丰台区小屯路小屯东里 2 号楼和 3 号楼土地及总部大院土地、房产权属及使用情况的现场尽调摸底，为管理和维护好总部集团资产做好基础工作。积极推进海淀区五棵松路 91 号院等 13 套住宅的房产证办理历史遗留问题，年内办结取得 5 户人员房屋产权证，办理住户过户信息、住宅上市交易 18 户。全年完成 15 项人才公共租赁住房申请资料的填报，筹划、推动房地产管理信息系统建设，编制《总部房地产管理系统可行性研究报告》，并经专家评审会审议通过，履行房地产信息管理系统立项审批程序。指导、帮助中铁第五勘察设计院集团有限公司完成国管局对其总部住宅新建项目的申报工作，以及市住建委新建项目备案报批工作。积极协助中铁物资集团有限公司旧楼改造鉴定工作，提供资料，授权五棵松饭店有限公司，针对权属为总部集团的五棵松饭店原 91 号院 9 号、10 号、25 号楼开展危楼鉴定工作，推进危楼改造。组织相关人员积极参加国管局土地规划专题培训。（朱光耀）

【物业管理】 2020 年，核查支付 75 号楼及大院物业费 253915.66 元、供暖费 287668.80 元、水费 14919.00 元、电费 292444.17 元。核查支付中国铁建大厦 B 座铁道兵纪念馆水费 940 元、电费 96075.60 元；物业费 1410286.09 元、制冷费 216028.80 元、供暖费 243032.40 元。（朱光耀）

【“三供一业”移交】 截至 2020 年底，总部集团职工家属区全部完成“供水、供电、供热、物业”移交与相关接收单位的框架协议及正式移交协议的签订，并拨付“三供一业”移交改造费用 5491.50 万元，获得国有资本金补贴 818.13 万元。（1）供水分离移交。涉及海淀区复兴路 40 号院全部家属区 14 栋楼、1586 户，建筑面积 231557 平方米；签订完成分离移交（维修改造）正式协议，全部支付移交改造费用 174.80 万元，收到国拨资本补贴 78 万元；实现由自来水集团直接向住户供水、收费。（2）供电分离移交。涉及海淀区复兴路 40 号院全部家属区 14 栋楼、1552 户，建筑面积 231557 平方米；签订完成分离移交（维修改造）实施协议，全部支付分离移交改造费用 1427.80 万元，收到国拨资本补贴 637.14 万元；实现由电力公司直接向住户服务、收费。（3）供热分离移交。涉及海淀区复兴路 40 号院 13 栋楼（不含 83 号楼）、1529 户，建筑面积 222619 平方米；签订完成分离移交（维修改造）实施协议，分离移交协议总价款 230.80 万元，拨付协议金额 219.50 万元，收到国拨资本补贴 102.99 万元。所有维修改造实体工作完成。（4）物业分离移交。涉及海淀区复兴路 40 号院 14 栋楼及小瓦窑 2 号、3 号楼，1647 户；签订完成分离移交（维修改造）实施协议，分离移交协议费用 3658 万元；完成除电梯、消防改造收尾阶段外的实体改造施工，拟进行清算审计。（白立国）

法 律 事 务

【法律合规部】 主要职责：负责中国铁建股份有限公司（以下简称公司）法律事务工作；负责公司规章制度、经济合同、重要决策、授权委托书的法律合规审核；负责项目运作（资本运营、房地产开发、工程承包、金融、设备物资采购等经济活动）的法律服务和监管；负责公司法律纠纷案件管理及内部法律纠纷协调处理；负责商业秘密、知识产权的法律保护工作；负责公司外聘法律服务机构的选择、联络、监督和评价管理工作；负责外部单位和个人侵犯本企业涉嫌经侦犯罪行为的报案和调查工作；负责公司合规管理，组织拟定合规政策；负责公司规章制度体系建设，定期对本级规章制度进行梳理；负责合规风险评估处置工作；负责合规审查、考核、评价工作；协助首席合规官组织应对外部合规质询、检查、调查，督促指导整改工作；负责合规咨询、举报与投诉的受理与调查工作；负责公司普法宣传工作、内外部诚信体系建设，制定并颁布公司合作方警示名录；负责指导、监督所属单位法律合规工作。承办中国铁道建筑集团有限公司相关法律合规事务。定员 11 人，现员 6 人，设总经理、副总经理各 1 人；内设法律处、合规处。（孙逸文）

【法治铁建】 2020 年，中国铁建法治建设第一责任人职责充分落实，公司主要负责人切实发挥“关键少数”作用，认真履行推进法治建设第一责任人职责，组织专门会议听取法治建设和合规工作情况汇报，审议法律合规工作计划和实施方案，安排重大法律纠纷案件相关工作，增设部门编制 2 人。明确把设立合规委员会、聘任或解聘首席合规官等内容写入公司章程，统筹推动法治建设。具体措施务实有效，强化工作部署推动，印发 2020 年度法治工作要点，明确工作目标和重点任务；印发《总法律顾问述职管理办法》，明确总法律顾问工作职责和述职要求。组织案件降控工作会议和述职会议,推动工作落实。严格实施法治工作考评,纳入子公司负责人绩效考核。制定《法治铁建总结验收实施方案》,组织开展对所属45家单位总结验收,并从区域总部、工程局、设计院各选择部分单位进行现场调研督导,形成中国铁建总结验收报告和相关数据表格,向国资委书面和在线填报,顺利完成法治铁建总结验收各项工作,考评结果位居中央企业前列。 (王裕溪)

【法律风险防控机制】 2020年2月4日,印发《关于疫情影响合同履约的对策提示函》,在中央企业率先迅速部署疫情法律合规风险防控工作;2月17日,印发《关于依法防控新冠肺炎疫情法律合规风险的指导意见》,编印《新冠肺炎疫情防控相关法律法规和政策汇编》《防控新冠肺炎疫情已采取严格临时管制措施国家列表》,具体指导各级切实防范新冠肺炎疫情法律合规风险。巩固各类决策会议议题法律合规前置审核机制,总法律顾问(法律合规部)是董事会、党委常委会、总裁办公会、投资项目评审会、房地产项目评审会、机构设立评审会等常设决策会议的当然成员,并在会前审核所有涉法议案、会中在业务部门汇报和分管领导发言后第一个发表意见,依法决策机制进一步完善。全年全系统规章制度、经济合同、重要决策、授权委托书法律合规审核率实现100%,并大力推动100%送审率。其中,本级法律合规审核率100%,审核规章制度101件、重要决策560项、经济合同1142份、授权委托书366份。"四项审核制度"严格执行,股份公司法律合规部承担区域总部、工程总承包部法律合规工作职能,全年参与5个总承包项目、40个境外项目、51个新设机构、55个地产开发项目、113个资本运营项目、483个工程总承包项目合同评审,坚持做到重大项目法律全程参与服务。年内深入开展法律实务理论研究,组织"推进依法治企、服务品质铁建"法治论文评比活动,开展重点领域法律风险课题研究,设立对外承包工程项目合同法律风险、基础设施项目法律风险、建设工程优先受偿权3个课题研究组,形成专题成果,推动出版发行。 (王裕溪)

【法律纠纷案件降控】 2020年,中国铁建法律纠纷案件降控工作取得重大突破,实现案件数量和金额连续三年下降。持续强化案件管理,迅速启动开展案件专项行动,实施10项任务;有序推进本级办案,有效发挥合作方管理作用,更新发布2020年合作方警示名录,持续发挥风险警示和惩戒威慑作用;内部纠纷协调稳步开展。 (王裕溪)

【知识产权法律保护】 2020年,积极参与企业品牌商标注册,应对字体、软件等权利人提出的侵权指控,处理名称权益保护相关事件,积极维护中国铁建知识产权权益。连续就"中铁国建"及其所属企业、"中铁华鑫"侵犯中国铁建商标、不正当竞争行为分别向法院提起诉讼、向商标局提起异议,检索商标侵权并发出律师函,积极应对"中铁国建"先发报警中国铁建侵犯其商业信誉经侦刑事案件相关事宜,取得系列案件胜诉和认驰成功,拆除侵权标识、标牌,有效维护企业知识产权权益。 (王裕溪)

【法治队伍建设】 (1)人员配备到位。截至2020年底,中国铁建及所属38家二级单位、295家三级单位设立总法律顾问。(2)职责落实到位。年内,组织总法律顾问述职会议,要求一律脱稿,未设总法律顾问单位由其主要领导述职,并现场发问和考评打分,全年推动38家二级子企业开展总法律顾问述职,层层推动总法律顾问尽职履责。(3)作用发挥到位。中国铁建及所属38家二级子企业总法律顾问由董事会聘任,4家二级子企业把三级企业专职总法律顾问纳入领导班子副职或相当职级待遇管理,全年股份公司及38家二级子企业总法律顾问、法律合规部门负责人均参加(列席)重要决策会议并提出法律意见。(4)机构人员"局六处四"目标不断落实。2020年,法制人员稳步增长,以应对繁重的法律合规工作量和不断新发的各种风险。(5)项目法律联络员制度全面实施。中国铁建全面推行设置法律联络员制度,固化职责、提高待遇、强化指导,把法治工作延伸至基层现场。 (王裕溪)

【合规管理】 2020年,中国铁建发挥组织领导推进合规体系建设,成立以党委书记、董事长担任主任,总裁、分管相关工作的副总裁担任副主任,各部门负责人为成员的合规委员会,明确合规委员会负责推进合规管理体系建设的具体职能。任命首席合规官,强化合规工作的组织领导,并把有关核心内容纳入公司章程。发挥重要会议决策推动合规管理工作,1月14日召开公司董事会,听取《关于中国铁建2019年法治铁建建设工作进展情况的汇报》;1月、4月、9月召开合规工作推进会,首席合规官、分管相关工作副总裁等领导协调解决合规执行层面难题,全力支持合规工作。发挥"关键少数",引领示范提升合规意识,公司主要领导多次在董事会、党委常委会、年中工作会、区域总部座谈会等会议讲话中强调合规工作的重要性，要求严格执行合规制度，培育合规文化，提升员工合规意识，依法合规开展经营管理活动，防范化解合规风险。

（孙逸文）

【**防范化解合规风险**】 2020年3月4日，中国铁建系统各单位平稳恢复贷款项目参与资格，被制裁单位名称全部从《制裁和交叉制裁的中国铁建和个人》名单中移除，顺利进入"24个月免予取消资格期"（简称观察期）。配合监管人完成首份定期报告，从全系统42家单位报送的5948份文件中挑选、归纳出703份4000余页的合规资料，经审核、翻译、审批后提交监管人并受到肯定。根据监管人和世行要求，中国铁建总部、中铁二十三局集团有限公司总部、中国铁建国际集团有限公司总部及其东南亚公司、加勒比公司、香港公司、西非公司，中国土木工程集团纳米比亚公司作为考察备选地点已向世行报告，配合监管人对中国铁建总部进行首次线上实地考察。后因疫情影响，监管人调整实地考察方式，并与中国铁建协商制定《线上实地考察方案》，确定工作流程。合规办公室按监管人《初始资料需求单》《补充资料需求单》要求提供十大类29项279份合规资料，并与监管人协商把其提议的21位被访谈人员调整减少至18位，组织开展模拟访谈，审核、翻译合规访谈内容。严抓落实"1+9"合规制度，定期下发报送合规工作季报通知，翔实报告合规工作开展情况，列明54项需报送数据，涵盖七大业务领域全过程。年内，首席合规官主持召开合规工作推进会，研究制定合规风险评估工作方案，专题部署开展中国铁建总部合规风险评估工作；组织召开专题答疑会，印发专门通知，在全系统开展合规风险评估工作。开展对中国铁建本级合规风险自评工作，编写完成《合规风险评估报告》，并对评估识别的各类合规风险采取恰当的控制和处置措施。强化境外依法合规管理，防范境外合规风险，下发通知要求所属境外机构加强法律合规管理机构和人员队伍建设，合规制度翻译成6种通用语言；下发《关于进一步规范涉外授权委托书法律合规审核的通知》，确保中国铁建涉外业务经营管理过程中的授权依法合规。组织开展境外投资项目课题研究，组织专家深入梳理分析全流程风险，并提出应对建议和举措，不断增强防范化解合规风险能力。

（孙逸文）

【**合规建设**】 2020年，中国铁建高度重视总部合规机构和队伍建设，任命合规办公室主任1人、副主任3人，任命专职合规官5人、兼职合规官5人，增加法律合规部合规处编制人数。截至2020年底，所属45家二级单位中42家设立合规委员会，任命首席合规官；所属各单位已任命合规官8795人，其中专职合规官801人、兼职合规官7994人。同时，合规培训形成制度化、常态化机制，全年组织线上线下合规培训462104人次，不断提高全系统全员合规意识，保障公司依法合规经营管理健康发展。规章制度"立改废"专项清理工作形成长效机制，实现对规章制度的动态管理，促进内部管理制度化、规范化、科学化。合规咨询与举报渠道畅通，建立合规季报、年报、重大合规风险报告等制度并有效实施，提供基础数据，提高合规管理的针对性、有效性，切实提高中国铁建合规管理水平。

（孙逸文）

【**普法宣传教育**】 2020年，中国铁建领导高度重视学习宣传习近平总书记全面依法治国新理念新思想新战略，把其列入党委常委会定期重点学习内容，并作为推动法治建设的根本遵循。积极组织以"宣传宪法法律、维护宪法法律权威"等为主题的宪法宣传活动，营造"领导干部带头学、管理人员经常学、项目员工积极学、法务人员全面学"的良好宪法学习氛围，不断提升宪法在全员中的知晓度、影响力和敬畏感，提升全员法治素养。年内，民法典颁布后，在办公楼电梯间多媒体电视滚动播放民法典小常识，向公司本级430余名员工发放民法典印刷本，接受中国铁道建筑报专访，掀起民法典讨论学习热潮。邀请全国人大法工委民法典起草专班领导和其他部委领导专家录制40节100小时课程，举办在线法律合规专题培训。印发《"七五"普法总结验收工作方案》，全面总结"七五"普法主要做法、成效和经验，形成《"七五"普法总结验收工作报告》。同时组织所属二级单位通过各种形式，借助传统和新兴媒体工具，开展普法活动。

（孙逸文）

信息化管理

【**信息化管理部**】 主要职责：贯彻落实国家和有关部委信息化战略、方针和政策及工作要求，研究制定中国铁建股份有限公司（以下简称公司）信息化战略，组织建立和完善信息化组织管理、架构管理、标准体系、制度办法等在内的互联网治理体系；组织建设核心业务信息系统与集成共享；承担中国铁建网络安全和信息化领导小组办公室工作职能，负责信息化工作考核；制定和滚动修订公司信息化发展规划，审核所属单位信息化规划和年度建设计划并监督实施；负责组织全系统统建信息化项目建设和管理，支持和指导各业务部门和所属单位的信息化建设工作；负责股份公司总部信息技术支持和保障管理，建立和维护信息系统运维管理体系；负责全系统软件资产管理、信息系统风险管理和内控工作；负责推动、改进与完善信息技术应用与管理；负责全系统信息化业务培训。承担国家有关部委、股份公司下达的信息系统科技攻关任务。定员 12 人，设总经理 1 人、副总经理 1 人；内设设计规划处、项目管理处、基础平台处、安全运维处。（张一鸣）

【信息化助力抗疫】 2020 年，新冠肺炎疫情发生后，国务院国资委、中国铁建陆续通过视频会议部署防疫抗疫工作，信息化助力各类、各级视频会议的顺利召开。截至 11 月 30 日，保障召开国务院国资委视频会议 67 次，中国铁建系统视频会议 60 次。疫情中，为保障总部正常业务的开展，迅速搭建起企业微信系统，保障董事会、董事会各专门委员会、总裁办公会议和各业务部门会议的正常召开，累计召开中国铁建领导参加的各类决策性软件视频会议 21 次。为应对境外疫情防控，协同开展“国资委—股份公司—集团公司—境外机构”视频会议系统建设，顺利接入中国铁建 11 个国别市场、70 余个境外会场，保障召开国务院国资委境外疫情防控巡检、海外工作会议等各类云视频会议 13 次。同时在移动办公系统的开发维护、运行保障、网络维护等方面满足居家办公、远程办公需要，保证公司业务正常开展。（张一鸣）

【信息化考核和专项预算管理】 2020 年，加强信息化考核和专项预算管理，组织开展并完成 2019 年度中国铁建信息化工作考核，协同财务资金部完成 2019 年度子公司负责人绩效考核工作。组织编制 2020 年度中国铁建信息化投入预算和投资计划，配合财务资金部完成 2020 年度全面预算数据的编制和审批。

（张一鸣）

【一体化技术平台建设和实施】 2020 年，在全面建设和实施一体化技术平台的基础上，推进各核心组件的迭代升级，实现 SSO 的集群化部署，并使用大数据技术实现用户认证信息的审计。推进集成各统建系统的统一企业门户建设，已实现应用聚合、待办聚合，并逐步分批聚合各主要系统。年内，加快启动手机移动端门户“铁建通”信息平台项目实施工作，截至 2020 年 12 月底，具备上线条件并为全体铁建员工提供移动平台服务。（张一鸣）

【核心业务系统建设】 2020 年，加快人力资源管理信息系统、财务管理系统、经济管理信息化系统建设。其中，协同党委组织部（人力资源部），积极推进中国铁建系统薪酬、社保、培训、职称评审等人力资源管理业务的项目建设，积极推进人力资源管理信息系统群各核心专业子系统实现自主可控。截至 2020 年底，职称评审系统上线投用。协同财务资金部，加快推进银行账户管理信息系统和财资业务系统二期建设工作，实现全系统银行账户备案率 100%。协同运营管理部（总部集团战备部）基于统一的一体化技术平台，以各试点单位公共数据管理系统为基础，开展全系统统一的物资采购管理系统和统一的设备管理信息系统的建设工作，均完成项目可行性研究报告编制，并进入立项阶段。（张一鸣）

【信息系统建设与运维】 2020 年，完成 12 项 OA 协同办公系统的功能优化和新增功能开发，主要包括工会工作部困难职工管理、行政办公室印章及用印管理、党委宣传部新闻评分模块、党委组织部职工请休假模块。年内协同行政办公室和审计监事部启动审计档案管理模块的开发；协同科技创新部完成专利信息管理系统的实施与应用，全面启动专利信息管理系统 V2.0 的立项、需求编制及系统建设；协同审计监事部完成审计管理系统二期、审计数据管理系统的开发推广；协同经营计划部开展经营数据管理平台项目的立项、需求编制、系统设计，完成部分功能模块的用户测试；协同投资开发部开展房地产管理信息系统、固定资产管理系统等项目的系统建设、用户测试及正式投产上线；协同海外业务部开展海外业务信息服务系统建设和测试工作；协同党委组织部开展党务管理信息系统建设，已实现全系统全级次党组织管理。完成邮箱云平台的建设上线和验收，已在中国铁建系统推广使用；协同党委办公室、行政办公室完成国务院国资委保密视频会议室的建设和验收工作。（张一鸣）

【推进国资监管信息化建设】 2020 年，根据国务院国资委国资监管信息化建设“三年行动计划”工作安排，推进中国铁建“三重一大”系统建设和全层级实施应用。截至 2020 年 11 月底，覆盖二级单位 47 家、三级及以下单位 437 家。股份公司及各集团公司总部，报送“三重一大”决策事项 4190 条，其中制度 1865 套、会议记录 3901 条、议题 26265 个。集团公司所属各级单位通过系统累计报送“三重一大”决策事项 31660 条，其中制度 10187 套、会议记录 16235 条、议题 78572

个。年内积极筹备中国铁建集团级数据共享采集平台建设,启动国资委国有资产监督追责工作系统、第三方服务机构管理系统建设,并按照国务院国资委工作安排,中国铁建作为"数据标准"部分的工作牵头单位和"应用技术"部分的工作协同单位,联合海外业务部参与"中央企业海外信息化建设重难点问题研究"课题研究。牵头并联合发展规划部、投资开发部就中国铁建出资参股中资建筑信息平台科技有限公司事宜进行研究,进一步明确出资、参股及公司治理相关事宜;积极参加"国资国企网络信息安全在线监管平台"建设,在中国铁建总部节点完成设备部署,在各中央企业中第一批完成国资委布置的建设工作。12 月 11 日,国务院国资委专家组对中国铁建开展国资监管信息化建设"三年行动计划"实施情况检查验收,通过对中国铁建"十三五"阶段信息化建设成果审查,最终考核得分 92 分,位居此次检查验收中央企业成绩优秀区间。

(张一鸣)

【信息化基础设施建设】 2020 年,根据中国铁建"十三五"信息化总体规划,开展对重要基础设施云数据中心和灾备中心建设的前期调研咨询,以及对一体化平台硬件设备、中国铁建大厦 A 座办公楼老旧设备、视频会议系统 MCU 与录播服务器进行招标采购及实施。年内完成境外项目视频监控和视频会议系统的应用,组织日常运行维护和故障排查工作,完成视频数据与商务部视频监控平台的推送工作。 (张一鸣)

【网络安全管理】 2020 年,全面提升中国铁建网络安全管理工作水平,圆满完成公安部"2020 网络攻防"演习任务及全国"两会"、特殊敏感时期网络安保,开展疫情相关网络安全检查。作为第一次参加国家级网络安全演习单位,中国铁建党委常委会听取参加演习准备情况和方案汇报,并成立网络攻防演习领导小组和演习总指挥部,中国铁建主管领导任领导小组组长、分管副总裁任指挥长。同时召开全系统动员大会,组织总部防守队伍 36 人,所属各二级单位成立演习分指挥部,全系统组织防守队伍 800 余人,在为期 14 天激烈的攻防实战对抗中,累计抵御攻击 1760 万次,平均每天 126 万次。通过主动防御系统防护攻击 1560 万次,人工手动处置 200 万次。添加 IP 黑名单 4.2 万条、白名单 1226 条;收集并向公安部通报高危漏洞、0Day 漏洞 57 个,成功溯源 5 起,发现"搭车攻击"黑客行为 1 起。年内中国铁建总部 31 个信息系统均未被攻破,所属各单位未发生重要系统被攻破事件,有效防护网络和信息系统安全,并在 53 家参演中央企业综合排名中位列第 25 名。 (张一鸣)

【软件资产管理与培训】 2020 年,在使用正版软件长效机制的推动下,软件资产管理与培训重点开展服务提升、国产软件替代推广工作,软资管理保持常态化,全年全系统未出现因使用非授权软件引发的纠纷或诉讼。克服疫情不利影响,通过远程视频,组织集采谈判、软资管理与软件应用培训,确保相关工作按期正常开展,全年组织系统内二、三级单位 361 家,集采软件 15949 套 3244 万元;按期开展软资管理、软件应用培训,首次把软件资产管理培训覆盖至三级单位,37 家单位 415 人次参加三款新软件的应用培训;按期开展国产软件推广活动,30 家单位 13059 人次参与国产浩辰 CAD、福昕 PDF 软件推广应用活动,国产软件替代取得平稳进展。 (张一鸣)

【扶持信息化专业公司】 2020 年,加大对中铁建网络信息科技有限公司(以下简称网信科技)的扶持力度,支撑中国铁建信息系统开发项目建设和运维。认真贯彻落实《关于加快推进"十三五"信息化建设工作的决定》要求,指导网信科技组建开发、运维队伍和提高能力水平,逐步承担股份公司部分核心、重要信息系统开发任务。并与所属各单位完善沟通机制、实现有效对接,承担相关信息系统项目开发,逐步形成以国内互联网行业为依托的中国铁建信息系统开发生态。

(张一鸣)

【信息化预算投资】 2020 年,中国铁建系统实际完成信息化投入 71511 万元,完成年度投入计划 88712 万元的 80.6%。其中,信息化投资 45070 万元、信息化费用 26441 万元。从投入方向分析,系统建设投资 24556 万元、基础设施投资 10642 万元、软件资产投资 9872 万元、系统运维费 4411 万元、基础设施运维费 4471 万元、网络通信费 12279 万元、咨询费 1643 万元、其他费用 3637 万元,全年全系统在"十三五"信息化规划和年度重点工作任务的指引下,高质量完成信息化预算投资工作。 (张一鸣)

公安移交善后工作

【铁道建筑公安局移交善后工作组】 2020 年,铁道建筑公安局移交善后工作组(以下简称移交善后工作组)面对新冠肺炎疫情,认真贯彻落实党中央关于疫情防控的决策部署,围绕上级指示精神、中国铁建工作要求,做到听党指挥、自觉隔离、思想不乱、工作不断,自觉学习落实习近平新时代中国特色社会主义思想，认真贯彻落实党中央、国务院关于公安机构移交善后工作文件精神，提高政治站位，认真履行职责，积极协调、化解矛盾，妥善处置来信来访等移交善后遗留问题，努力推进公安机构移交，切实维护企业合法权益。

（常金光）

【公安机构移交情况】 2020年，移交善后工作组继续认真落实有关“积极协调、维护稳定、保障权益、抓紧移交”的批示精神，总结借鉴成功经验，积极推进公安机构移交。截至2020年底，中国铁建系统中铁十二局、十四局、十五局、十七局集团有限公司4个局公安机构未全面完成移交，涉及民警402人。其中，中铁十四局集团有限公司公安处33人，中铁十五局集团有限公司公安处86人，中铁十二局集团有限公司公安处137人及其代管的中铁十五局公安处四分处13人，中铁十七局集团有限公司公安处133人。（常金光）

【信访接待工作】 移交善后工作组始终把化解矛盾、维护稳定、妥善处置上访作为重要工作任务，主动把问题解决在基层、解决在萌芽状态。2020年，接待处理来访信件20件，电子邮件30份，来访人员10人次，接待处理10件次，接收和处理信访电话100余次，调解各类纠纷3起，处置群体性上访事件2起。（常金光）

【协助办理事宜】 2020年11月，河北省唐山市公安局光华公安分局来电，查阅该局民警金文峰等人（原十六局公安处五分处管辖）个人档案。接到来电请求后，移交善后工作组按照有关规定，要求唐山市公安局开具介绍信派员到北京，并积极协助办理及出具相关证明，协助办理工作受到肯定。（常金光）

2020 年 10 月 10 日，北斗三号全球卫星导航系统首次应用于京沈高速铁路轨道精测作业。图为中铁第五勘察设计院集团有限公司工程师们正在认真检查北斗惯导小车设备安装情况。（刘 皓 摄）

科技创新

附录	文献辑要	统计资料	人物	所属单位	区域总部	工会工作	党的工作	科技创新	综合管理	经营管理	海外业务	工程施工	董事会工作	概况	大事记	特载

【科技创新部(技术中心办公室)】 主要职责:负责贯彻国家及有关部委科技创新工作方针、政策、法律法规;负责中国铁建股份有限公司(以下简称公司)科技创新体系建设和管理,包括创新平台、组织体系、制度体系、考核及保障体系等;负责技术中心办公室日常工作;负责公司"双创"管理工作;负责研究制定公司科技创新发展战略,提出前瞻性和全局性科技研发规划,开展前沿技术和新技术的信息追踪及前期培育;负责编制公司年度科技研发项目(含企业技术标准)计划、资助经费计划并组织实施;负责科研项目立项、过程管理和结题验收工作,归口对国家级、省部级项目(课题)协同管理;负责科技成果评审(评价)及转化工作;负责公司技术管理工作,包括技术推广、技术交流、技术培训,对特殊工程项目技术方案进行业务指导和管理;负责公司技术标准管理工作,组织企业技术标准体系建设,指导全系统参加国家、行业和社团标准建设工作;负责工程建设工法管理工作,组织公司优秀工法评审,推荐(申报)国家和省部级工法;负责专利管理工作,指导公司知识产权中心建设;负责科技奖励工作,组织中铁建科学技术奖评审,组织国家科学技术奖、省级(行业)科学技术奖及其他科技奖励的提名、推荐和申报工作;负责中国铁道学会轨道交通工程分会、北京轨道建筑学会及其他有关科技社团的管理工作。下设创新建设处、科研处、技术处、学会处、专利管理处。定员18人,现员18人,其中总经理(技术中心办公室主任)1人,副总经理(技术中心办公室副主任)2人;正高级工程师11人,高级工程师5人,高级会计师1人。

(许和平)

【科技创新工作综述】 2020年是"十三五"规划的收官之年,科技创新部(技术中心办公室)深入学习贯彻党的十九大和十九届二中、三中、四中、五中全会精神,坚决落实国务院、国务院国资委关于科技创新工作的决策部署,认真贯彻中国铁建工作会精神,按照制定的科技创新工作要点,狠抓科技重大专项、创新平台建设、技术标准、专利和学会等方面工作,扎实推进科技创新基础工作,科技创新能力进一步增强,为中国铁建高质量发展发挥强有力的支撑引领作用。全年通过国家科学技术进步二等奖初评6项,获省部级科学技术奖107项;新增省部级工法310项;获第17届中国土木工程詹天佑奖11项;主持和参与当年颁布的国际标准4项、国家标准8项、行业标准15项、地方标准32项、团体标准36项,年度授权专利5099件。

(许和平　徐惠纯)

【科技制度体系建设】 2020年,根据国务院国资委对中央企业科技创新成果考核的新要求,结合企业科技创新实际情况,中国铁建调整科技创新考核管理办法中分项指标的分值。为加快关键核心技术攻关工作,根据国务院国资委相关管理办法,制定《中国铁道建筑集团有限公司攻关任务管理实施细则》。根据国务院国资委、国家知识产权局文件要求,制定《中国铁建股份有限公司知识产权工作高质量发展行动方案(2020—2025年)》。 (徐惠纯　丁正全　孙嘉良)

【科技创新平台建设】 2020年,中国铁建电气化局集团有限公司通过国家企业技术中心认定。截至2020年底,中国铁建拥有国家级科技创新平台23个。其中,国家重点实验室1个、国家工程技术研究中心1个、国家地方联合工程研究中心1个、国家企业技术中心20个。省部级科技创新平台122个,其中省级企业技术中心96个。中铁第一勘察设计院集团有限公司的"特殊复杂环境下长大隧道建造技术铁路行业工程研究中心"、中铁第五勘察设计院集团有限公司的"北斗导航装备与时空信息技术铁路行业工程研究中心"通过国家铁路局首批铁路行业工程研究中心认定;中铁第五勘察设计院集团有限公司和中国铁建电气化局集团有限公司参与的"四电BIM工程与智能应用铁路行业重点实验室"成功认定为铁路行业重点实验室,积极抢占铁路行业科技创新基地新高地,进一步提升获得铁路行业科研项目能力,发挥高端科技创新平台作用。

(徐惠纯)

【中国铁建专家委员会成立】 根据中国铁建专家委员会管理办法,为充分发挥专家团队的技术咨询和辅助决策作用,2020年11月,中国铁建股份有限公司专家委员会成立,12位院士担任高级顾问,63位委员和16个专业组的258位技术和管理专家组成专家委员会。 (徐惠纯)

【中国铁建工程实验室(研发中心)】 2020年,为加强中国铁建工程实验室(研发中心)筹建工作,确保建设水平,组织召开中国铁建工程实验室(研发中心)筹建认定会、工作座谈会和验收评审会,并联合总部财务资金部、党委组织部(人力资源部)、审计监事部等有关部门对工程实验室(研发中心)的筹建工作进行过程检查,纠正存在的问题,提出有关意见和建议。

(丁正全　马金伟)

【参加中央企业熠星创新创意大赛】 2020年，积极组织推荐所属单位参加国资委组织的中央企业熠星创新创意大赛，中铁二十二局集团有限公司、中铁第一勘察设计院集团有限公司、中铁第四勘察设计院集团有限公司、中铁第五勘察设计院集团有限公司等单位的14个项目通过申报审核，12个项目初选入围，5个项目通过复选进入导师辅导阶段。 （徐惠纯 彭京瑜）

【专利数量】 2020年，授权专利5099件，其中涉外专利13件、发明专利481件。截至2020年底，中国铁建累计拥有有效专利19072件，其中涉外专利27件、发明专利3044件。 （孙嘉良）

【国资委专利质量评价】 中国铁建在国务院国资委2020年中央企业专利质量评价中居建筑类中央企业首位。 （张育红）

【42件专利获中国铁建专利奖】 2020年，评选出中国铁建专利奖42项，其中发明专利金奖2项，实用新型专利金奖1项，发明专利优秀奖15项、实用新型专利优秀奖24项。 （孙嘉良 余 博）

【专利布局】 2020年，围绕中国铁建科技重大专项，在高速铁路40米梁运架装备、装配式建造、北斗导航应用等领域规划布局国内外专利300余件。组织全系统地下空间领域135件发明专利进行国家知识产权局集中审查，加快专利确权和布局，为打造中国铁建地下空间应用优势品牌提供支撑。 （张育红 孙嘉良）

【专利对外许可】 2020年，中铁第一勘察设计院集团有限公司的"一种桥梁球型钢支座"、中铁第四勘察设计院集团有限公司的"一种自粘式止水带"、中铁第五勘察设计院集团有限公司的"三角形支架"等94件专利实现对外许可，新签合同额1.02亿元，收入6806万元。 （张育红 孙嘉良）

【知识产权课题】 2020年，中国铁建承担并完成知识产权研究课题3项，均顺利通过验收。分别是国家铁路局"北斗导航系统在铁路行业的应用专利预警与布局研究"、国家知识产权局"中央企业知识产权转化收益分配工作指引研究"、国家知识产权局专利局"基于地下空间领域的专利信息利用能力提升研究"，其中"基于地下空间领域的专利信息利用能力提升研究"获评优秀课题。 （张育红 余 博）

【国家知识产权优势（示范）企业】 2020年，在国家知识产权局优势（示范）企业考核中，中国铁建股份有限公司、中铁十一局集团有限公司、中铁十二局集团二公司、中铁十二局集团三公司、中铁二十三局集团有限公司、中铁第五勘察设计院集团有限公司、中国铁建重工集团股份有限公司和中国铁建高新装备股份有限公司均顺利通过考核。 （张育红）

【中国铁建技术中心网站】 2020年，中国铁建技术中心网站外网发布科技动态、行业资讯等信息785篇，内网共享科技政策、科技成果信息、科技重大专项情况、技术交流材料、统计数据等信息14560项。订阅万方数据期刊2700种，其中新增学术期刊财经类500种。截至2020年底，数据库拥有科技资料1452万篇，其中学术期刊1049万篇（含新增财经类62万篇）、学位论文96万篇（含新增财经类20万篇）、会议论文92万篇、科技成果92万篇、政策法规124万篇。年度数据检索及下载量40.5万篇，更好地为广大技术人员提供有力的技术信息服务。 （彭京渝）

【国家级科研项目】 2020年，中国铁建新增牵头组织国家重点研发计划项目4项，获国家财政资助2253万元。新增参与国家级项目7项，获国家财政资助1275.5万元。 （丁正全 郑筱彦）

【省部级科研项目】 2020年，中国铁建新增主持省部级课题27项，参与省部级课题13项。

（丁正全 郑筱彦）

【中国铁建科研项目】 2020年，中国铁建科研项目新立项107项，资助5709万元。其中，确立A类课题（重大专项）3项、B类课题24项、C类课题69项、管理类课题11项。完成2020年应付科研经费拨付6169.47万元，其中2019年科技重大专项合同首款1109.32万元，B类课题合同首款1281万元，管理类课题合同款220万元；2019年以前科技重大专项中期款1029.55万元，B类课题中期款360万元；2020年结题尾款592万元；国家科研课题配套资助457.6万元。

（丁正全 郑筱彦）

【科技成果评价与评审】 2020年，中国铁建组织科技成果评审243项。其中,达到国际领先水平48项,达到国际先进水平100项,达到国内领先水平77项,达到国内先进水平16项;未给出评价1项,行业先进1项。 (丁正全　郑筱彦)

【6项技术通过国家科学技术奖初评】 2020年,中铁十六局集团有限公司主持,中铁十一局、十二局、十九局集团有限公司,中铁第一、第四勘察设计院集团有限公司参与的“高压富水长大铁路隧道修建关键技术及工程应用”;中铁十七局集团有限公司参与的“重大工程黄土灾害机理、感知识别及防控关键技术”;中铁第四勘察设计院集团有限公司参与的“深水大断面盾构隧道结构关键建筑材料技术与工程应用”;中国铁建大桥工程局集团有限公司参与的“轨道交通大型工程机械施工安全关键技术及应用”;中铁第四勘察设计院集团有限公司、中铁二十三局集团有限公司参与的“高速铁路Ⅲ型板式无砟轨道系统技术及应用”;中铁十一局集团有限公司参与的“深部复杂地层隧(巷)道TBM安全高效掘进控制关键技术”6项技术通过国家科学技术进步二等奖初评。 (李小和　程博华)

【107项技术获省部级科学技术奖】 2020年,中国铁建系统获得省部级科学技术奖107项,其中特等奖3项、一等奖21项、二等奖41项、三等奖42项。获得各省(自治区、直辖市)科学技术奖52项,其中特等奖1项、一等奖12项、二等奖20项、三等奖19项;获得中国铁道学会科学技术奖40项,其中特等奖1项、一等奖6项、二等奖13项、三等奖20项;获得中国公路学会科学技术奖15项,其中特等奖1项、一等奖3项、二等奖8项、三等奖3项。 (程博华)

【44项技术获工程建设科学技术奖】 2020年,中国铁建系统获得中国施工企业管理协会工程建设科学技术奖44项,其中最高奖1项、科技进步奖42项、技术发明二等奖1项。 (程博华)

【72项技术获中铁建科学技术奖】 2020年,根据《中铁建科学技术奖奖励办法》的规定和要求,评选出中铁建科学技术奖72项,其中特等奖2项、一等奖23项、二等奖47项。 (程博华　李小和)

【国家级科研项目管理】 2020年9月18日,国家重点研发计划“城市地下大空间安全施工关键技术研究”项目顺利通过中期检查验收。基本完成项目试验测试工作,全面推进示范工程实施和装备研制,进一步完善和深化科研报告内容;先后完成2台装备研制、5项示范工程和1项规划示范验收,累计完成装备研制4台、示范工程8项和规划示范验收1项。完成7部团体标准初稿评审、函审并形成送审稿,其中完成6部送审稿专家评审。组织11项中国铁建工法审查、6部专著编写,其中专著《未来城市地下空间开发与利用》由人民交通出版社正式出版,交稿专著3部;发表论文32篇,申请专利51件、软件著作权6项,累计发表论文60篇、申请专利146件,其中发明专利88件;培养人才21人,累计培养人才22人;印发项目简报4期。项目形成“一体化”组织管理、“三专员”专项管理、“五支撑”资源协调保障、“八统一”协同管理、“十举措”管理措施的国家科研项目管理经验。

(丁正全　邹春华)

【关键核心技术攻关】 2020年,中国铁建承担国务院国资委关键核心技术攻关项目“大型盾构机控制系统开发”,中国铁建重工集团股份有限公司负责实施,项目周期截至2021年底。项目实施以来,为加强领导、规范管理、明确责任,中国铁建成立以公司主管领导挂帅的攻关领导小组,制定攻关实施细则,签订责任状和保密协议书。根据国务院国资委要求,年内完成攻关月报7期,如期完成全年各项攻关目标,通过国务院国资委2020年度自评估考核,完成率100%。

(丁正全　马金伟)

【铁路重大科技创新成果库入库成果】 2020年,在国家铁路局开展的铁路重大科技创新成果库年度入库成果评选中,中国铁建系统入库铁路科技项目10项,铁路专利17件,铁路技术标准15项,铁路科技论文24篇,入库专利数量连续3年排在首位。

(程博华　张立青　余　博)

【施工技术方案管理】 2020年,工程项目技术方案管理及科技创新方案策划书在中国铁建本级技术重难工程项目全面落地,公司对以汕头湾海底隧道等为代表的27项本级技术重难工程项目技术方案和项目技术创新进行过程管控;驻现场指导阿联酋铁路二期等项目技术方案编制;推动、指导中铁十六局集团有限公司等集团公司技术重难工程项目立项、技术方案管理和技术创新。在各级技术重难工程项目管控过程中,注重可复制技术的应用、专有技术的培育、专项技术的开发和成套技术的形成，扩大项目示范效应，提升技术创新对现场和市场的支撑力。

（许和平　贾志武　李庆民）

【技术重难工程项目示范】　2020 年，确立中国铁建技术重难工程项目 27 项，其中新立“阿联酋铁路二期项目（B、C、D 标段）”等 12 个项目，延续“京雄城际雄安站房 1 标段”等 15 个项目。继续以芜湖城南过江隧道为中国铁建企业技术标准应用为试点，强化技术方案、技术标准相互转化应用示范。加强技术重难工程项目的信息掌握，全年编制技术重难工程项目定期报 4 期。

（李庆民　张立青　李凤伟）

【《地铁施工手册》出版】　2020 年，出版发行中国铁建《地铁施工手册》，该书是国内首部全面、系统地介绍地铁施工的技术性工具书，由 300 位资深工程师和专家历时 3 年完成，共计 13 篇 89 章 700 余万字。《地铁施工手册》总结地铁工程中的重难点、技术与工艺及经验教训，支持工程项目工厂化、机械化、专业化管理，为中国铁建参与全国各城市轨道交通建设，推进行业高质量发展发挥积极作用。　（李庆民　张立青）

【企业技术标准体系建设】　2020 年，中国铁建积极参加国际、国家、行业、地方和团体工程建设标准的制修订工作，联合主导的 4 项国际标准年内发布。以服务新兴产业为主要目标，按照填补国家和行业标准空白的要求，在水保、新型轨道交通等领域新立企业标准 15 项（含重大专项类 7 项），2020 度发布标准 6 项，为企业高质量发展提供标准支撑。

（许和平　李庆民　张立青）

【技术标准申报和编制】　2020 年，中国铁建积极参加国际、国家、行业、地方和团体标准的制定和修订工作，先后组织对国家铁路局、中国国家铁路集团有限公司、中国铁道学会、中国建筑业协会、中国公路学会等高层次技术标准的立项申报。全年发布国际标准 4 项、国家标准 8 项、行业标准 16 项、地方标准 32 项、团体标准 36 项。　（贾志武　张立青）

【技术标准管理】　2020 年，中国铁建进一步加强技术标准的发布、应用力度，保持与技术标准管理部门的沟通力度，转发 30 项标准发布公告，对数十项（次）行业标准组织开展意见征求工作，并汇总反馈给相关单位。组织开展对 2019 年度内发布的中国铁建系统内单位主持研制的《竹缠绕复合管》（GB/T 37805—2019）等 14 项技术标准给予资金奖励，其中主编国家标准 5 项、行业标准 6 项、地方标准 2 项、一级团体和国铁集团标准 1 项。　（张立青　黄　宁）

【技术标准培训】　2020 年，针对国家标准化改革发展，中国铁建采用网络培训的形式，举办标准体系建设培训班，系统讲解标准化改革、标准国际化、国家标准、行业标准、地方标准、团体标准和企业标准的申报和编制，并针对中国铁建企业技术标准体系和工程建设标准编制开展培训，全系统 400 余人参加，为项目管理和标准体系建设提供标准领域内的知识支持。

（张立青）

【绿色技术申报与推广】　2020 年，组织完成申报国家发展改革委、科技部、工业和信息化部、自然资源部绿色技术申报，其中“集成吸声、隔声、抗压功能的珍珠岩尖劈吸声砖制造技术”被纳入国家《绿色技术推广目录（2020 年）》（全国计 116 项绿色技术）予以推广，《国务院关于加快建立健全绿色低碳循环发展经济体系的指导意见》进一步明确要求推广应用该技术。

（李庆民　张立青）

【省部级行业工法开发】　中国铁建积极支持各单位开发企业工法，把成熟先进的企业工法升级成为省部级行业工法，特别加强公路、水运、水利水电等新开发领域、优势行业工法的开发和申报。2020 年，中国铁建系统获省部级工法 310 项。　（李庆民　李凤伟）

【专有施工技术研发和激励】　2020 年，中国铁建始终秉持建筑为本理念，继续组织系统内各单位依托在手施工项目，保持施工基础技术研发热度，积极开发企业专有技术，强化企业成套技术形成。年内完成工法关键技术评审和中国铁建优秀工法评选，评选出“城市浅埋地下空间装配式网架支护结构施工工法”等中国铁建优秀工法 10 项。　（李庆民　张立青）

【11 项工程获中国土木工程詹天佑奖】　2020 年，中国铁建重点对技术重难工程项目为代表的工程进行培育，注重强化依托项目技术创新和支撑材料的过程建设。年内组织召开第 17 届中国土木工程詹天佑奖推

荐项目材料审查会，修改完善拟推荐项目材料，有效提高材料质量，为推荐项目获奖打好基础。中国铁建参建的重庆西站、南盘江特大桥、郑徐铁路客运专线、拉日铁路、瘦西湖隧道和雅泸高速等 11 项工程获第 17 届中国土木工程詹天佑奖。（李庆民　张立青）

【34 项成果获第 5 届中国工程建设 BIM 大赛奖】 2020 年，中国铁建为加大 BIM 技术在全行业的推广应用力度，培养高水平 BIM 技术应用人才，积极组织系统内各单位参与第 5 届中国工程建设 BIM 大赛，注重发挥铁路行业和城市轨道交通行业优势，34 项成果获奖，进一步推进 BIM 技术在系统内的应用，提升工程管理信息化和技术信息化水平。（李庆民　张立青）

【承办第二届中国铁路发展论坛及轨道交通工程智能建造技术与装备分论坛】 2020 年 10 月 23 日，由中国铁道学会主办，中国铁道学会轨道交通工程分会等单位承办的第二届中国铁路发展论坛在北京开幕，论坛聚焦“轨道交通智能化发展”主题进行研讨交流。10 月 24 日，中国铁道学会轨道交通工程分会和轨道交通工程信息化国家重点实验室共同承办轨道交通工程智能建造技术与装备分论坛，中国铁建及国内轨道交通领域知名专家，轨道交通行业相关企业和高校等单位代表 120 余人参加。论坛邀请 12 位专家学者围绕轨道交通工程智能建造技术与装备发展主题进行经验交流和分享，助力轨道交通自主创新能力提升，促进智能轨道交通产业发展。（许和平　李小和）

【承办第三届工程建设行业科技创新大会】 2020 年 11 月 3—4 日，中国施工企业协会主办，中国铁建、中铁十四局集团有限公司承办的第三届工程建设行业科技创新大会在江苏南京召开。中国铁建总工程师雷升祥出席会议致辞并作题为《建设美好的城市地下空间》的学术报告。会议特邀中国工程院院士缪昌文、王复明作学术报告，中国施工企业管理协会科技专家，各行业工程建设协会、地方建筑业协会及工程建设企业代表 1000 余人参加。中铁十四局集团有限公司“新管幕法超浅埋隧道下穿特级火车站施工关键技术研究与应用”作为 10 项新技术之首在大会的科技成果展区展示；大盾构主题展览区展示一批具有重大影响力的工程，展示企业的核心竞争优势。（许和平　李小和）

【筹备地铁建造技术交流会】 2020 年，为研讨地铁建造技术，共享创新发展成果，更好服务轨道交通工程建设，中国铁建和中国铁道学会轨道交通工程分会原定于 12 月 17—18 日在四川成都举办地铁建造技术交流会，并举行中国铁建《地铁施工手册》发布仪式。会议征集论文 104 篇，经筛选、审查，纳入会议论文集 37 篇。后因成都市发现新冠肺炎本土病例，会议延期召开。（许和平　李小和）

【中国铁道学会轨道交通工程分会一届三次委员会】 2020年 3 月 11—31 日以通信方式召开。会议研究审议年度工作报告、委员调整等事项，审议通过《中国铁道学会轨道交通工程分会管理办法》、分会施工装备学组和新型轨道交通学组的组建方案。

（许和平　李小和）

【2 人获评“最美铁道科技工作者”】 2020 年，中铁第四勘察设计院集团有限公司总工程师朱丹，中铁第五勘察设计院集团有限公司党委书记、董事长汤友富获评 2020 年度“最美铁道科技工作者”。（李小和）

【北京轨道建筑学会注销】 北京轨道建筑学会（2012 年成立）根据有关规定和要求于 2020 年 12 月 7 日注销。（许和平　李小和）

【《铁道建筑技术》编辑出版】 2020 年，《铁道建筑技术》杂志社主要管理人员调整之后，组织召开常务理事（扩大）会议，增补 3 位中国铁建首席专家为理事会副理事长，增补 10 家单位为理事单位，选举新一任理事会秘书长。该期刊是中国铁道建筑集团有限公司主管并主办的科技学术期刊，也是中国铁建科技创新工作的一部分，7 月，被中国科教评价网推出的《中国学术期刊评价报告》（第六版）评为“RCCSE 中国核心学术期刊（A－）”，期刊编辑出版工作迈上新台阶。

（李小和）

【《轨道建筑》编辑出版】 2020 年，编辑印发《轨道建筑》第 8 卷共 6 期，刊发论文 132 篇，继续保持较高质量。北京轨道建筑学会决定注销后，办理中国铁道学会作为唯一主办单位的变更手续，并调整期刊编委会。

（李小和）

中国铁建获第 17 届中国土木工程詹天佑奖情况

序号	工程名称	获奖单位
1	重庆西站(重庆至贵阳铁路扩能改造工程重庆西站站房及相关工程)	中铁十二局集团有限公司及其建安公司
2	云桂铁路南盘江特大桥	中铁十八局集团有限公司
3	郑州至徐州铁路客运专线	中铁第四勘察设计院集团有限公司、中铁十二局集团有限公司、中铁十七局集团有限公司、中铁二十局集团有限公司
4	云桂铁路	中铁十八局集团有限公司、中铁十九局集团有限公司、中铁十四局集团有限公司、中铁二十五局集团有限公司
5	新建拉萨至日喀则铁路	中铁十二局集团有限公司、中铁第一勘察设计院集团有限公司、中铁二十一局集团有限公司、中铁十九局集团有限公司
6	杭州市紫之隧道(紫金港路至之江路)工程	中铁十四局集团有限公司、中铁十六局集团有限公司
7	扬州市瘦西湖隧道工程	中铁十四局集团有限公司、中铁第四勘察设计院集团有限公司
8	雅安至泸沽高速公路工程	中铁二十三局集团有限公司、中铁十二局集团有限公司
9	成都地铁 2 号线工程	中国铁建大桥工程局集团有限公司、中铁二十局集团有限公司、中铁二十三局集团有限公司、中铁十四局集团有限公司
10	广州市轨道交通 2 号、8 号线延长线工程	中国铁建大桥工程局集团有限公司
11	上海长江路越江通道工程	中铁二十四局集团有限公司

(制表:李庆民　张立青)

中国铁建获第 5 届中国建设工程 BIM 大赛奖情况

序号	成果名称	申报单位	获奖等级
1	新建北京至雄安新区城际铁路雄安站站房及相关工程施工 BIM 一体化应用	中铁十二局集团有限公司及其建安公司、中铁建工集团有限公司	一类成果
2	BIM 仿真验标技术在宁波至奉化城际铁路设计施工运维一体化管理中的研究与应用	中国铁建电气化局集团南方公司、宁波市轨道交通集团有限公司、中铁第四勘察设计院集团有限公司	一类成果
3	大断面城市海域隧道 BIM 技术应用	中铁十八局集团有限公司及其一公司	一类成果
4	数字建造助力隧道机械化施工技术升级——郑万高速铁路苏家岩隧道 BIM 应用	中铁十八局集团有限公司及其三公司	一类成果
5	新疆大学新校区建筑工程(核心区)施工项目 BIM 技术应用	中铁十五局集团有限公司及其电气化公司、上海必优项目管理咨询有限公司	二类成果
6	雄安新区孝义河新区段河道综合治理 EPC 项目设计施工一体化 BIM 应用	中铁十二局集团有限公司及其电气化公司	二类成果
7	BIM 技术在大横琴山隧道工程设计施工中的应用	中铁第一勘察设计院集团有限公司、珠海大横琴股份有限公司	二类成果

续表

序号	成果名称	申报单位	获奖等级
8	深茂铁路谭江特大桥 BIM 技术应用	中铁第四勘察设计院集团有限公司、中国铁路广州局集团有限公司江门工程建设指挥部、中铁广州工程局集团有限公司	二类成果
9	北京新机场南航基地 4 标段工程 BIM 综合应用	中铁建设集团有限公司	二类成果
10	西安国际科创超高层商业办公楼项目 BIM 技术综合应用	中铁十四局集团有限公司	二类成果
11	BIM 技术在城市轨道交通工程中的应用	中铁十八局集团有限公司及其市政公司	二类成果
12	山东省会文化艺术中心三馆二期项目施工管理中的 BIM 应用成果	济南城市建设集团有限公司、中铁城建集团有限公司及其一公司	三类成果
13	新建北京至沈阳铁路客运专线星火站站房工程 BIM 及信息化技术综合应用	中铁建设集团有限公司	三类成果
14	铁四院(光谷)高科创新基地项目施工管理中 BIM 技术的应用与实践	中铁城建集团一公司	三类成果
15	BIM 技术在成都地铁 6 号线一、二期工程张家寺站施工管理应用	中铁城建集团一公司	三类成果
16	BIM 技术在甘肃省妇女儿童医疗综合体项目中的应用	中国建筑第三工程局有限公司、中国建筑第八工程局有限公司、中铁第一勘察设计院集团兰州铁道设计院有限公司	三类成果
17	南沙港铁路特大钢混斜拉桥施工阶段的 BIM 技术应用	中铁十一局集团有限公司及其一公司	三类成果
18	BIM 技术助力粤港澳大湾区广州地铁 18 号线万顷沙交通枢纽信息化管理	中铁十九局集团有限公司、中铁建华南建设有限公司、广州地铁集团有限公司	三类成果
19	京雄城际铁路四电工程 BIM 综合应用	中国铁建电气化局集团有限公司及其北京中铁建电气化设计研究院有限公司	三类成果
20	高速铁路隧道工程 BIM 协同设计与建造	中铁第四勘察设计院集团有限公司	三类成果
21	深圳前海——基于 BIM + GIS 技术的前湾片区工程集群管理模式探索和应用	中铁建南方建设投资有限公司、深圳市前海数字城市科技有限公司	三类成果
22	广州地铁 18 号线万顷沙车辆段及横沥站机电安装项目基于 BIM 的智慧建造	中铁建华南建设有限公司、中国铁建电气化局集团四公司、广州地铁集团有限公司	三类成果
23	中国铁建海语熙岸商业综合体 BIM 施工技术应用	中铁建设集团南方公司	三类成果
24	基于广州北站首期安置区工程 BIM 技术的综合应用	中铁二十二局集团市政公司	三类成果
25	BIM 技术在成都地铁 6 号线 05 标段施工中的应用	中铁十五局集团有限公司及其城建公司	三类成果
26	BIM 技术在铁路连续梁施工中的应用	中铁十八局集团有限公司及其一公司	三类成果
27	BIM 技术在山西省档案馆新馆建设项目中的全专业应用	中铁十二局集团有限公司及其建安公司	三类成果
28	“BIM + ”智慧工地技术在衡阳国家级高新技术产业开发区总部基地项目中的应用	中铁城建集团有限公司及其总承包分公司	三类成果

续表

序号	成果名称	申报单位	获奖等级
29	中国铁建·湖苑项目(二期)在施工过程中“BIM+”现场管理	中铁城建集团有限公司及其总承包分公司	三类成果
30	墨临高速公路施工BIM技术综合应用探索	中铁二十三局集团有限公司	三类成果
31	“BIM+”信息化在广州地铁18号线沙溪站项目的协同管理	中国铁建大桥工程局集团二公司、陕西铁路工程职业技术学院	三类成果
32	基于云计算的新建京雄城际铁路通信及信号工程BIM+GIS应用	中铁二十一局集团电务电化公司	三类成果
33	广州地铁18号和22号线EPC总承包项目沙溪站“一站三区间”BIM应用	中铁建华南建设有限公司、中国铁建大桥工程局集团二公司、广州地铁集团有限公司	三类成果
34	雄安站枢纽片区市政道路、综合管廊、排水管网系统(一期)工程BIM技术综合应用	中铁十二局集团有限公司及其建安公司	三类成果

(制表:李庆民　张立青)

中国铁建获2020年度省部级科学技术奖情况

序号	项目名称	奖励等级	授奖机关	获奖单位
1	深部复杂地层TBM安全高效掘进控制关键技术及应用	特等奖	湖北省	中铁十一局
2	智能化装配式建筑预制混凝土构件制造技术与装备	一等奖	河北省	中铁十一局
3	岩体脆性破坏前兆信息识别与灾害控制关键技术	一等奖	湖北省	中铁十二局
4	城区超大跨度小净距隧道群建设关键技术及工程应用	一等奖	山东省	中铁十二局
5	地质灾害风险识别和调控的理论与应用	发明一等奖	陕西省	中铁十七局
6	港珠澳大桥拱北隧道超大断面曲线管幕冻结法关键技术	一等奖	天津市	中铁十八局
7	水泥路面、机场道面与高速铁路无砟轨道隐蔽病害快速诊治成套技术	一等奖	河南省	中铁十八局
8	边坡滑坡泥石流防治结构关键技术与应用研究	一等奖	甘肃省	中铁二十一局
9	大跨度空间新型管桁架及复杂节点设计理论与应用	一等奖	福建省	中铁二十四局
10	高效节能卷铁心牵引变压器关键技术研究及产业化	一等奖	新疆维吾尔自治区	铁一院
11	中低速磁浮道岔关键技术研究及工程应用	发明一等奖	湖北省	铁四院、铁建重工
12	高速铁路动车组运维仿真培训系统关键技术及工程应用	一等奖	湖北省	铁四院
13	敞开式全断面岩石隧道掘进装备(TBM)研制及产业化	一等奖	湖南省	铁建重工、中铁十八局
14	复杂结构桥梁模块化预制组拼成套建造技术	二等奖	湖北省	中铁十一局

续表

序号	项目名称	奖励等级	授奖机关	获奖单位
15	城区富水砂层城际铁路四线大断面隧道综合修建技术	二等奖	山西省	中铁十二局
16	深埋地下工程岩爆灾害试验装备与动态调控关键技术	二等奖	广西壮族自治区	中铁十二局
17	钻爆法富水隧道施工数字化预警及控制关键技术	二等奖	吉林省	中国铁建大桥局
18	南方残积土路基智能建养技术	二等奖	江西省	中国铁建大桥局
19	中巴公路奥布段泥石流成灾机制与防治关键技术研究及应用	二等奖	新疆维吾尔自治区	中铁十五局
20	复杂环境砂卵石地层单层导洞大直径中桩暗挖车站关键技术及应用	二等奖	北京市	中铁十六局
21	“鱼”状流线弧形双塔混凝土边主梁钢横梁组合结构斜拉桥综合施工技术	二等奖	山西省	中铁十七局
22	长大深埋软岩隧洞开敞式 TBM 快速施工综合技术研究	二等奖	天津市	中铁十八局
23	巨型岩堆和永冻层赋存条件下生态脆弱区铁路建设环保施工关键技术	二等奖	辽宁省	中铁十八局
24	复杂地层条件下地铁车站建造及站—桥同位合建关键技术	二等奖	福建省	中铁十八局、上海院
25	豫西黄土地区公路路基修筑关键技术	二等奖	河南省	中铁十八局
26	东北地区典型固体废弃物土木工程应用的关键技术	二等奖	辽宁省	中铁十九局
27	大跨度空间结构全过程建造与安全性评估关键技术研究与应用	二等奖	青海省	中铁二十一局
28	高速铁路 CRTSⅢ型轨道板流水机组法生产工艺与成套设备研发	二等奖	山东省	中铁二十三局
29	复杂地质大型地下水封能源洞库修建关键技术	二等奖	江西省	中铁二十四局
30	电气化铁路接触网预配技术	二等奖	陕西省	铁一院
31	桩—土—植物复合增强结构变形控制与裂缝智能检测关键技术及应用	二等奖	湖北省	铁四院
32	高速铁路轨道与桥梁形变调节核心装备及监控技术	发明二等奖	湖北省	铁四院
33	轨道结构形变状态评估及改进技术	二等奖	江西省	铁五院
34	单主梁地位平衡悬臂拼装架桥机	三等奖	湖北省	中铁十一局
35	SPZ2700B 型节段拼装造桥机研究与应用	三等奖	湖北省	中铁十一局
36	华岩隧道综合施工技术研究	三等奖	重庆市	中铁十一局
37	基于 BIM 地铁车站智能建造技术的研发与应用	三等奖	重庆市	中铁十一局
38	软弱地层浅埋暗挖大跨度隧道近接施工	三等奖	福建省	中铁十一局

续表

序号	项目名称	奖励等级	授奖机关	获奖单位
39	大粒径漂卵石地层盾构多区间连续快速施工关键技术	三等奖	山西省	中铁十二局
40	雅康路二郎山隧道施工关键技术研究	三等奖	山西省	中铁十二局
41	BIM 在地铁机电安装中的应用技术研究	三等奖	山西省	中铁十二局
42	太焦铁路黄土地区路基施工成套关键技术研究	三等奖	山西省	中铁十二局
43	高海拔季节性冻土区公路隧道安全施工关键技术研究	三等奖	山西省	中铁十二局
44	穿越秦岭天华山国家自然保护区高地应力富水特长隧道施工综合技术研究	三等奖	山西省	中铁十七局
45	跨京包铁路连续梁墩顶牵引转体综合施工技术研究	三等奖	山西省	中铁十七局
46	地铁盾构隧道端头加固及联络通道冻结法施工关键技术研究	三等奖	天津市	中铁十八局
47	高原地区大跨度薄壁箱型拱一次性成型技术研究	三等奖	青海省	中铁二十一局
48	大断面管廊长距离过海顶管技术	三等奖	福建省	中铁二十二局
49	含高浓度重金属有机废水处理的关键技术与应用研究	三等奖	湖北省	中铁建设
50	复杂条件下高速铁路绿色路基边坡关键技术及应用	三等奖	湖北省	铁四院
51	城市隧道及地铁通风排烟与人员疏散关键技术研究	三等奖	湖北省	铁四院
52	双线省水船闸相互灌泄水特性及省水效益研究	三等奖	中国航海学会	中国铁建港航局
53	以简统化为核心的高服役性能新型接触网关键技术与装备	特等奖	中国铁道学会	中铁建电气化局
54	厚层湿陷性黄土隧道地基变形评价及处理新技术	一等奖	中国铁道学会	中铁十四局、中铁二十局、中铁二十一局、中铁十二局、铁一院
55	弹性支承块式无砟轨道技术与应用	一等奖	中国铁道学会	铁一院、铁四院
56	高速铁路路基微膨胀岩土变形机制及控制关键技术	一等奖	中国铁道学会	铁一院
57	高速铁路 200 米—400 米级超大跨度混凝土桥关键技术及应用	一等奖	中国铁道学会	铁四院、中铁十八局
58	环境敏感区软硬不均地层隧道建造关键技术及应用	一等奖	中国铁道学会	上海院、铁四院
59	大直径铁路隧道盾构机关键技术研究及工程应用	一等奖	中国铁道学会	铁建重工、中铁十四局、中铁十六局

续表

序号	项目名称	奖励等级	授奖机关	获奖单位
60	特长铁路单线隧道工程综合修建关键技术研究	二等奖	中国铁道学会	中铁十二局
61	上跨既有高速铁路混凝土连续箱梁顶推施工关键技术	二等奖	中国铁道学会	中铁十四局
62	新建有砟铁路铺轨关键施工工艺优化研究及应用	二等奖	中国铁道学会	中铁十四局
63	基于 BIM 的京张高速铁路站隧建造管理关键技术及应用	二等奖	中国铁道学会	中铁十四局
64	煤系地层长大铁路隧道稳定性控制及瓦斯防渗技术	二等奖	中国铁道学会	中铁十六局
65	特殊体系拱桥建造关键技术与可视化 BIM 技术应用研究	二等奖	中国铁道学会	中铁二十五局
66	车网耦合下的高次谐波综合治理技术与关键装备	二等奖	中国铁道学会	中铁建电气化局
67	减隔震技术在大跨简支梁桥中的应用研究	二等奖	中国铁道学会	铁一院
68	《铁路防雷及接地工程技术规范》成套技术创新及应用	二等奖	中国铁道学会	铁一院、铁四院
69	铁路隧道施工废水治理综合技术	二等奖	中国铁道学会	铁一院
70	中国铁路标准接触网设计创新及其工程应用	二等奖	中国铁道学会	铁四院、铁一院、铁五院、
71	高速铁路节段预制胶接拼装连续梁施工和装备技术研究	二等奖	中国铁道学会	铁五院
72	铁路路基特殊部位轻型压实方法及检测技术研究	二等奖	中国铁道学会	铁五院、中铁十二局
73	系列复杂条件下隧道施工关键技术	三等奖	中国铁道学会	中铁十二局、铁四院
74	跨铁路大型货运站场转体连续梁施工智能控制关键技术	三等奖	中国铁道学会	中铁十二局
75	特殊复合地层土压平衡盾构高效掘进控制技术	三等奖	中国铁道学会	中国铁建大桥局、中铁二十二局
76	重载铁路小断面特长隧道快速施工关键技术	三等奖	中国铁道学会	中铁十六局
77	隧道底部结构设计和施工综合配套技术研究	三等奖	中国铁道学会	中铁十六局
78	高速铁路扁平大跨变截面燕尾式特长隧道施工技术	三等奖	中国铁道学会	中铁十七局
79	穿越秦岭天华山国家自然保护区高地应力富水特长隧道施工综合技术研究	三等奖	中国铁道学会	中铁十七局
80	复杂城市环境下多层次地下空间结构施工关键技术	三等奖	中国铁道学会	中铁十七局
81	吉水赣江特大桥深水基础施工综合技术研究	三等奖	中国铁道学会	中铁十七局

续表

序号	项目名称	奖励等级	授奖机关	获奖单位
82	京张高速铁路强富水长大明挖隧道关键施工技术	三等奖	中国铁道学会	中铁十八局
83	TLJ900 架桥机考虑抗震构造措施影响的大坡度架梁施工技术	三等奖	中国铁道学会	中铁十八局
84	重载铁路站场盐渍土路基病害机理及防治与加固技术	三等奖	中国铁道学会	中铁十八局
85	跨越多股道高墩空间刚架桥的关键建造技术研究	三等奖	中国铁道学会	中铁二十一局
86	高速铁路隧道长距离穿越软塑性黄土地层施工技术	三等奖	中国铁道学会	中铁二十二局
87	开敞式盾构设施下穿铁路工程关键技术研究及应用	三等奖	中国铁道学会	中铁二十四局、上海院、中铁十五局
88	时速 350 千米高速铁路接触网吊弦自动化预配生产线研发	三等奖	中国铁道学会	中铁建电气化局
89	济青高速铁路 42 号道岔转辙设备安装调试技术研究	三等奖	中国铁道学会	中铁建电气化局
90	高速铁路无砟轨道大跨度再分式简支钢桁梁建造技术研究	三等奖	中国铁道学会	铁一院
91	养路机械标准研究及应用	三等奖	中国铁道学会	铁建重工
92	京沪高速铁路济南西站综合施工关键技术研究与应用	三等奖	中国铁道学会	中铁城建
93	长寿命高性能钢桥结构体系、设计理论与建造关键技术	特等奖	中国公路学会	铁一院
94	超大吨位转体桥建造关键技术及应用	一等奖	中国公路学会	中铁十八局、铁五院
95	综合客运枢纽协同设计及智慧运营关键技术	一等奖	中国公路学会	铁四院
96	强/台风环境大跨桥梁抗风关键技术及应用	一等奖	中国公路学会	铁四院
97	生态保护区隧道地下水环境效应评价及保护关键技术	二等奖	中国公路学会	中铁十一局
98	岭南山区公路隧道高品质建设与运营关键技术	二等奖	中国公路学会	中铁十二局
99	亚热带山区高速公路绿色建造支撑技术研究与示范	二等奖	中国公路学会	中铁十二局
100	复杂海洋环境公铁两用特大桥建造关键技术	二等奖	中国公路学会	中国铁建大桥局
101	富水砂卵石地层城市地铁建造关键技术与风险控制研究	二等奖	中国公路学会	中铁十四局、昆仑集团
102	超长海底公路隧道环保安全沥青铺装成套技术研究	二等奖	中国公路学会	中铁十九局

续表

序号	项目名称	奖励等级	授奖机关	获奖单位
103	长江干线过江通道布局规划研究(2020—2035 年)	二等奖	中国公路学会	铁四院
104	在役公路隧道衬砌结构健康评价理论与成套加固技术及其应用	二等奖	中国公路学会	华北区域总部
105	以色列粉砂及富水库卡弱胶结砂岩地层盾构施工关键技术研究	三等奖	中国公路学会	中铁十二局
106	盾构切群桩下穿施工扰动机理、风险防控关键技术研究与工程应用	三等奖	中国公路学会	中铁十八局
107	深水超厚淤泥层埋入式承台无封底混凝土钢混组合吊箱围堰施工技术	三等奖	中国公路学会	中国铁建港航局

(制表:程博华)

中国铁建获 2020 年度省部级工法目录

序号	工法名称	编写单位	认定机构
1	外置冷冻站联络通道冻结加固施工工法	中铁十一局	河南省建筑业协会
2	临近接收端盾构机近距离下穿市政排水管道施工工法	中铁十一局	河南省建筑业协会
3	地铁车站出入口暗挖段下穿城市主干道路施工工法	中铁十一局	河南省建筑业协会
4	城市地下轨道预制板式道床铺设施工工法	中铁十一局	湖北省住房和城乡建设厅
5	隧道二衬混凝土智能化浇筑施工工法	中铁十一局	湖北省住房和城乡建设厅
6	铁路大跨度斜拉桥大型双壁钢围堰施工工法	中铁十一局	湖北省住房和城乡建设厅
7	高速铁路接触网腕臂智能化预配施工工法	中铁十一局	湖北省住房和城乡建设厅
8	基于自动化检测的接触网参数调整施工工法	中铁十一局	湖北省住房和城乡建设厅
9	高速铁路软弱围岩隧道机械化全断面(带仰拱)快速成环施工工法	中铁十一局	湖北省住房和城乡建设厅
10	气动式潜孔锤引孔回填铣槽工法	中铁十一局	湖北省住房和城乡建设厅
11	CFT 轨枕高等减振整体道床施工工法	中铁十一局	湖北省住房和城乡建设厅
12	有轨电车槽型轨焊接施工工法	中铁十一局	湖北省住房和城乡建设厅
13	城市轨道预制道岔板整体道床施工工法	中铁十一局	湖北省住房和城乡建设厅
14	小净空砂箱底模现浇箱梁施工工法	中铁十一局	湖北省住房和城乡建设厅
15	不对称桥梁多支点转体施工工法	中铁十一局	湖北省住房和城乡建设厅
16	大型综合体多层深基坑分期分区施工工法	中铁十一局	湖北省住房和城乡建设厅
17	高速铁路 40.6 米移动模架现浇梁施工工法	中铁十一局	湖北省住房和城乡建设厅
18	明挖基坑装配式轴向拉压双向受力支撑施工工法	中铁十一局	湖北省住房和城乡建设厅
19	城市浅埋地下空间装配式网架支护结构施工工法	中铁十一局	湖北省住房和城乡建设厅

续表

序号	工法名称	编写单位	认定机构
20	特殊造型柱钢结构及铝板无缝饰面施工工法	中铁十一局	湖北省住房和城乡建设厅
21	CRTSⅢ型板式无砟轨道先张法预应力混凝土轨道板预制质量控制施工工法	中铁十一局	湖北省住房和城乡建设厅
22	大跨度混合梁斜拉桥钢箱梁施工工法	中铁十一局	湖北省住房和城乡建设厅
23	富水地层盾构到达洞门密封接收施工工法	中铁十一局	云南省住房和城乡建设厅
24	地铁隧道渗漏水组合治理施工工法	中铁十一局	云南省住房和城乡建设厅
25	陡坡河床条件下超高栈桥钢管桩施工工法	中铁十一局	重庆市住房和城乡建设委员会
26	水位大幅涨落条件下大型钢吊箱围堰施工工法	中铁十一局	重庆市住房和城乡建设委员会
27	智慧物联真空预压地基加固施工工法	中铁十二局	江苏省住房和城乡建设厅
28	原位浅层固化结合轻质土回填处治桥涵台背软基施工工法	中铁十二局	江苏省住房和城乡建设厅
29	城市内河狭窄河段U型倒门架挡墙加固施工工法	中铁十二局	江苏省住房和城乡建设厅
30	过渡井联合超短程顶管接驳原状井施工工法	中铁十二局	江苏省住房和城乡建设厅
31	超长大体积混凝土跳仓浇筑与动态温控协同施工工法	中铁十二局	河北省住房和城乡建设厅
32	分层多次浇筑基础承台竖向缓粘结预应力施工工法	中铁十二局	河北省住房和城乡建设厅
33	绿色装配式可回收边坡支护施工工法	中铁十二局	河北省住房和城乡建设厅
34	地铁综合监控整合线槽施工工法	中铁十二局	天津市住房和城乡建设委员会
35	大跨度混凝土箱梁双层加强型贝雷梁支架现浇施工工法	中国铁建大桥局	黑龙江省住房和城乡建设厅
36	岩溶地质大直径钻孔灌注桩快速施工工法	中国铁建大桥局	黑龙江省住房和城乡建设厅
37	填造覆盖层、注浆固结处理钻孔漏浆施工工法	中国铁建大桥局	黑龙江省住房和城乡建设厅
38	拼装式新型水下无封底钢砼组合钢吊箱施工工法	中国铁建大桥局	黑龙江省住房和城乡建设厅
39	高寒地区市政高架M80伸缩缝冬季施工工法	中国铁建大桥局	黑龙江省住房和城乡建设厅
40	城市高架体系旧桥拆除金刚石系列钻孔和切割施工工法	中国铁建大桥局	黑龙江省住房和城乡建设厅
41	台风区超厚淤泥层大直径钻孔桩施工工法	中国铁建大桥局	黑龙江省住房和城乡建设厅
42	复杂地质软基处理螺杆桩施工工法	中国铁建大桥局	黑龙江省住房和城乡建设厅
43	台风区复杂地质环境下跨航道大跨度栈桥施工工法	中国铁建大桥局	黑龙江省住房和城乡建设厅
44	复杂地质条件高水压浅埋暗挖隧道施工工法	中国铁建大桥局	黑龙江省住房和城乡建设厅
45	严寒地区钢桁梁桥四线套轨板式无砟轨道板铺装施工工法	中国铁建大桥局	黑龙江省住房和城乡建设厅
46	城市高架桥钢桥面智能压实施工工法	中国铁建大桥局	黑龙江省住房和城乡建设厅

续表

序号	工法名称	编写单位	认定机构
47	长大客运专线隧道智能铺挂台车防水施工工法	中国铁建大桥局	黑龙江省住房和城乡建设厅
48	30 米超大跨贝雷梁组合支架体系高空箱梁现浇施工工法	中国铁建大桥局	黑龙江省住房和城乡建设厅
49	高边坡路基智能化工艺工装施工工法	中国铁建大桥局	黑龙江省住房和城乡建设厅
50	台风区圆端形实体墩墩身自动喷淋养护施工工法	中国铁建大桥局	黑龙江省住房和城乡建设厅
51	多年冻土地区热棒施工工法	中国铁建大桥局	黑龙江省住房和城乡建设厅
52	高墩连续刚构梁 0 号块托架反力架同步预压施工工法	中国铁建大桥局	辽宁省住房和城乡建设厅
53	长江岸边陡坡松散堆积体大倾斜岩面基础施工工法	中国铁建大桥局	辽宁省住房和城乡建设厅
54	双块式无砟轨道水硬性支承层滑模摊铺施工工法	中国铁建大桥局	辽宁省住房和城乡建设厅
55	复杂地质条件下多边形超深地下连续墙施工工法	中国铁建大桥局	辽宁省住房和城乡建设厅
56	PLC 多点自动顶升桥涵梁板施工工法	中国铁建大桥局	辽宁省住房和城乡建设厅
57	大吨位 PK 断面混凝土箱梁桥位短线法节段预制胶拼施工工法	中国铁建大桥局	辽宁省住房和城乡建设厅
58	大型主索鞍翻越主梁吊装施工工法	中国铁建大桥局	辽宁省住房和城乡建设厅
59	富水冲洪积地层双线双洞大跨断面小净距隧道施工工法	中国铁建大桥局	辽宁省住房和城乡建设厅
60	钢便桥桥面铺装施加减摩剂施工工法	中国铁建大桥局	辽宁省住房和城乡建设厅
61	高频低幅震动混凝土道路施工工法	中国铁建大桥局	辽宁省住房和城乡建设厅
62	紧邻既有河道软弱地层盾构钢套筒辅助接收施工工法	中国铁建大桥局	辽宁省住房和城乡建设厅
63	一种基于抗剪工字钢 0 号块标准托架施工工法	中国铁建大桥局	辽宁省住房和城乡建设厅
64	无封底混凝土钢混组合吊箱施工工法	中国铁建大桥局	天津市住房和城乡建设委员会
65	“桩网结构”结合反滤混凝土处理临河软土路基施工工法	中国铁建大桥局	天津市住房和城乡建设委员会
66	一种铰座为 PBL 剪力键的 0 号块标准托架施工工法	中国铁建大桥局	天津市住房和城乡建设委员会
67	移动模架施工工法	中国铁建大桥局	天津市住房和城乡建设委员会
68	陡坡松散堆积体大倾斜岩面桥梁基础施工工法	中国铁建大桥局	天津市住房和城乡建设委员会
69	大断面宽幅现浇砼 PK 箱梁防裂控制施工工法	中国铁建大桥局	天津市住房和城乡建设委员会
70	大断面混凝土 PK 箱梁节段吊装施工工法	中国铁建大桥局	天津市住房和城乡建设委员会
71	大型主索鞍翻越主梁吊装施工工法	中国铁建大桥局	天津市住房和城乡建设委员会
72	大尺寸矩形顶管长距离顶进减摩降阻施工工法	中国铁建大桥局	云南省住房和城乡建设厅

续表

序号	工法名称	编写单位	认定机构
73	大跨度地锚式悬索桥锚碇施工工法	中国铁建大桥局	中国公路建设行业协会
74	大断面宽幅现浇混凝土 PK 箱梁防裂控制施工工法	中国铁建大桥局	中国公路建设行业协会
75	大跨度斜拉桥 A 型无下横梁索塔施工工法	中国铁建大桥局	辽宁省住房和城乡建设厅
76	现代大跨度悬索桥猫道架设施工工法	中国铁建大桥局	辽宁省住房和城乡建设厅
77	大跨度悬索桥猫道架设牵引系统施工工法	中国铁建大桥局	辽宁省住房和城乡建设厅
78	大跨度整节段全焊接协作体系钢混叠合梁施工工法	中国铁建大桥局	辽宁省住房和城乡建设厅
79	无封底混凝土钢—混组合吊箱施工工法	中国铁建大桥局	辽宁省住房和城乡建设厅
80	无背索斜拉桥双向斜塔合拢区牛腿悬浇支架施工工法	中国铁建大桥局	辽宁省住房和城乡建设厅
81	沿海冲淤回填区超深软基加固处理施工工法	中国铁建大桥局	辽宁省住房和城乡建设厅
82	市政下穿通道与地铁车站邻接段 TRD 型钢水泥土连续搅拌墙深基坑围护施工工法	中国铁建大桥局	辽宁省住房和城乡建设厅
83	地铁车站侧墙可移动式钢模板支撑施工工法	中国铁建大桥局	辽宁省住房和城乡建设厅
84	凝灰岩长大隧道下穿水库径向注浆施工工法	中国铁建大桥局	辽宁省住房和城乡建设厅
85	高速铁路大跨径曲弦钢桁加劲连续梁可调型预埋件支架施工工法	中国铁建大桥局	辽宁省住房和城乡建设厅
86	大跨径多节段钢筋混凝土箱型拱桥施工工法	中国铁建大桥局	辽宁省住房和城乡建设厅
87	钢箱梁上跨既有高速无支架悬拼吊装施工工法	中国铁建大桥局	辽宁省住房和城乡建设厅
88	狭小地形钢梁拼装施工工法	中国铁建大桥局	辽宁省住房和城乡建设厅
89	大跨双肢薄壁空心高墩 0 号块托架预压施工工法	中国铁建大桥局	辽宁省住房和城乡建设厅
90	一种超大菱形挂篮预压施工工法	中国铁建大桥局	辽宁省住房和城乡建设厅
91	一种铰座为 PBL 剪力键的 0 号块标准托架施工工法	中国铁建大桥局	辽宁省住房和城乡建设厅
92	城市地铁车站装配施工工法	中铁十四局	山东省住房和城乡建设厅
93	土压平衡盾构小净距叠落下穿高架桥施工工法	中铁十四局	山东省住房和城乡建设厅
94	波形钢腹板 PC 箱梁悬浇施工工法	中铁十四局	中国公路建设行业协会
95	既有线简支 T 梁整孔更换施工工法	中铁十四局	山东省住房和城乡建设厅
96	铁路繁忙干线多孔小跨度病害桥梁更换施工工法	中铁十四局	山东省住房和城乡建设厅
97	散热孔法大体积混凝土施工工法	中铁十四局	陕西省住房和城乡建设厅
98	铁路隧道高位穿越巨型溶洞回填处治施工工法	中铁十四局	山东省住房和城乡建设厅
99	复合外模板现浇混凝土保温系统施工工法	中铁十四局	山东省住房和城乡建设厅
100	冬期低温环境下装配式剪力墙结构灌浆施工工法	中铁十四局	山东省住房和城乡建设厅

续表

序号	工法名称	编写单位	认定机构
101	地铁盾构区间冷冻暗挖法联络通道施工工法	中铁十四局	江苏省住房和城乡建设厅
102	地下管线保留条件下地连墙雌雄槽施工工法	中铁十四局	江苏省住房和城乡建设厅
103	复杂地层地下连续墙与SMW工法桩接缝施工工法	中铁十四局	江苏省住房和城乡建设厅
104	盾构隧道海底孤石及破碎带处理施工工法	中铁十四局	山东省住房和城乡建设厅
105	大直径盾构隧道全预制轨下结构施工工法	中铁十四局	山东省住房和城乡建设厅
106	大直径泥水盾构强透水卵石地层液氮垂直冷冻加固带压进仓施工工法	中铁十四局	山东省住房和城乡建设厅
107	高速铁路大跨拱桥大体积连续梁钢绞线反支点预压工法	中铁十五局	河南省建筑业协会
108	高速铁路大跨拱桥钢管混凝土拱肋快速施工工法	中铁十五局	河南省建筑业协会
109	大渗水隧道清污分流与泥浆抽排施工工法	中铁十六局	浙江省住房和城乡建设厅
110	上跨铁路营业线移动悬挂式防护棚架施工工法	中铁十六局	浙江省住房和城乡建设厅
111	斜拉桥索塔钢锚梁制作与安装施工工法	中铁十六局	浙江省住房和城乡建设厅
112	高寒高海拔黄土隧道三台阶临时仰拱七步开挖工法	中铁十六局	青海省住房和城乡建设厅
113	长距离高瓦斯铁路隧道综合防渗施工工法	中铁十六局	四川省住房和城乡建设厅
114	静态爆破和控制爆破联合开挖岩质边坡施工工法	中铁十六局	贵州省住房和城乡建设厅
115	带孔钢管组合骨架注浆溶洞填充施工工法	中铁十六局	贵州省住房和城乡建设厅
116	喀斯特地质下溶岩钻孔灌注桩成孔施工工法	中铁十六局	贵州省住房和城乡建设厅
117	贝雷梁满堂支架施工工法	中铁十六局	贵州省住房和城乡建设厅
118	泥水平衡盾构机辅助气压掘进施工工法	中铁十六局	中国公路建设行业协会
119	盾构近距离穿越密集管线风险控制施工工法	中铁十六局	中国公路建设行业协会
120	带孔钢管组合骨架注浆溶洞填充施工工法	中铁十六局	中国公路建设行业协会
121	静态爆破和控制爆破联合开挖岩质边坡施工工法	中铁十六局	中国公路建设行业协会
122	深埋高压燃气管线探测施工工法	中铁十六局	中国公路建设行业协会
123	盾构隧道废弃渣土回收利用施工工法	中铁十六局	中国公路建设行业协会
124	复杂环境区域路堑石方绳锯切割施工工法	中铁十六局	中国公路建设行业协会
125	门式刚架柱脚节点CGM340A灌浆施工工法	中铁十七局	贵州省住房和城乡建设厅
126	H型钢焊接施工工法	中铁十七局	贵州省住房和城乡建设厅
127	H型钢混凝土主梁与横梁连接施工工法	中铁十七局	贵州省住房和城乡建设厅
128	大型预制钢结构旋转楼梯安装施工工法	中铁十七局	贵州省住房和城乡建设厅

续表

序号	工法名称	编写单位	认定机构
129	高陡边坡复绿V型槽大倾斜面混凝土浇筑工法	中铁十七局	贵州省住房和城乡建设厅
130	高液限红粘土路基土石互层填筑施工工法	中铁十七局	贵州省住房和城乡建设厅
131	老旧人防洞室改建等高交叉口施工工法	中铁十七局	贵州省住房和城乡建设厅
132	菱形挂篮后退拆除横向加长加固施工工法	中铁十七局	贵州省住房和城乡建设厅
133	短天窗点间隔临近既有营运隧道先行导洞微振爆破施工工法	中铁十八局	天津市住房和城乡建设委员会
134	盾构机过站下高台阶施工工法	中铁十八局	天津市住房和城乡建设委员会
135	城市地下空间零距离近接既有地铁站拓建施工工法	中铁十八局	天津市住房和城乡建设委员会
136	基坑降水自动控制施工工法	中铁十八局	天津市住房和城乡建设委员会
137	地铁盾构密封柔性钢套筒接收施工工法	中铁十八局	天津市住房和城乡建设委员会
138	超长距离小断面水工隧洞硬岩顶管施工工法	中铁十八局	天津市住房和城乡建设委员会
139	小半径大箱梁下行式移动模架施工工法	中铁十八局	天津市住房和城乡建设委员会
140	复杂环境下长距离大口径管道单基坑双向依次顶进施工工法	中铁十八局	天津市住房和城乡建设委员会
141	TLJ900型架桥机在城际铁路小曲线半径工况下架梁施工工法	中铁十八局	天津市住房和城乡建设委员会
142	全预制装配式桥梁墩柱及盖梁预制施工工法	中铁十八局	天津市住房和城乡建设委员会
143	城市道路Ⅱ级岩体二氧化碳致裂施工工法	中铁十八局	天津市住房和城乡建设委员会
144	CIPP紫外光固化管道修复施工工法	中铁十八局	天津市住房和城乡建设委员会
145	钢管拱桥过顶回落法竖向转体施工工法	中铁十八局	中国公路建设行业协会
146	临海复杂环境条件下城市海底隧道多类型地层注浆综合施工工法	中铁十八局	中国公路建设行业协会
147	DSUC型双护盾TBM施工工法	中铁十八局	中国公路建设行业协会
148	双肋四桁提篮式钢桁拱散件吊装施工工法	中铁十八局	中国公路建设行业协会
149	城市道路Ⅱ级岩体二氧化碳致裂施工工法	中铁十八局	中国公路建设行业协会
150	CIPP紫外光固化管道修复施工工法	中铁十八局	中国公路建设行业协会
151	一洞双机皮带出渣施工工法	中铁十九局	中国水利工程协会
152	深埋隧洞河床水源突涌水地表帷幕处理施工工法	中铁十九局	中国水利工程协会
153	适用于120米水头条件下的混凝土管片渗透性测试方法与生产成套技术施工工法	中铁十九局	中国公路建设行业协会
154	复杂地质条件下钻孔灌注桩钢筋笼外套钢丝网施工工法	中铁十九局	中国公路建设行业协会
155	双高压搅喷桩止水帷幕施工工法	中铁十九局	中国公路建设行业协会
156	深埋隧洞河床水源突涌水地表帷幕处理施工工法	中铁十九局	中国公路建设行业协会

续表

序号	工法名称	编写单位	认定机构
157	一洞双机皮带机出渣施工工法	中铁十九局	中国公路建设行业协会
158	高地应力软岩大变形两台阶(带仰拱)快速成环法施工工法	中铁十九局	中国公路建设行业协会
159	大跨度连续梁下滑道墩顶转体施工工法	中铁十九局	中国公路建设行业协会
160	智能轨道板流水机组预制施工工法	中铁十九局	中国公路建设行业协会
161	大直径超长桩锚桩—钢绞线斜拉反力法静荷载检测施工工法	中铁十九局	中国公路建设行业协会
162	SXJ900 架桥机 25‰下坡架梁施工工法	中铁十九局	中国公路建设行业协会
163	深埋隧洞河床水源突涌水地表帷幕处理施工工法	中铁十九局	辽宁省住房和城乡建设厅
164	一洞双机皮带机出渣施工工法	中铁十九局	辽宁省住房和城乡建设厅
165	高速铁路隧道二衬端头采用高分子橡胶模板施工工法	中铁十九局	辽宁省住房和城乡建设厅
166	高速铁路混凝土结构变形缝嵌填封堵施工工法	中铁十九局	辽宁省住房和城乡建设厅
167	高地应力软岩大变形两台阶(带仰拱)快速成环法施工工法	中铁十九局	辽宁省住房和城乡建设厅
168	高原风积砂地层隧道洞口段水平旋喷咬合桩预支护加固施工工法	中铁十九局	辽宁省住房和城乡建设厅
169	SXJ900 架桥机 25‰下坡架梁施工工法	中铁十九局	辽宁省住房和城乡建设厅
170	水平岩层隧道变形控制开挖工法	中铁十九局	辽宁省住房和城乡建设厅
171	近水平岩层隧道下穿既有铁路隧道爆破开挖施工工法	中铁十九局	辽宁省住房和城乡建设厅
172	岩溶发育区明挖隧道不良地质综合处理施工工法	中铁十九局	辽宁省住房和城乡建设厅
173	滨海复杂地层超长挖孔灌注桩施工工法	中铁十九局	辽宁省住房和城乡建设厅
174	超大型轨道交通车辆段桩基工程信息化施工工法	中铁十九局	辽宁省住房和城乡建设厅
175	深淤临海水域超宽膜袋砂围堰施工工法	中铁十九局	辽宁省住房和城乡建设厅
176	适用于 120 米水头条件下的混凝土管片渗透性测试方法与生产成套技术施工工法	中铁十九局	辽宁省住房和城乡建设厅
177	露天矿复杂采空区顶板崩落爆破精准评价的施工工法	中铁十九局	辽宁省住房和城乡建设厅
178	还原生态拱涵采用钢波纹板施工工法	中铁十九局	辽宁省住房和城乡建设厅
179	第三系富水砂泥岩地层隧道施工工法	中铁十九局	辽宁省住房和城乡建设厅
180	一种超深露天矿坑循环直排回填施工工法	中铁十九局	辽宁省住房和城乡建设厅
181	暗挖车站风道开挖蘑菇式支撑施工工法	中铁十九局	辽宁省住房和城乡建设厅
182	城市地铁暗挖车站平拱结合中板结构施工工法	中铁十九局	辽宁省住房和城乡建设厅

续表

序号	工法名称	编写单位	认定机构
183	双高压搅喷桩止水帷幕施工工法	中铁十九局	辽宁省住房和城乡建设厅
184	长距离盾构隧道连续皮带机与复合式垂直提升皮带机出渣施工工法	中铁十九局	辽宁省住房和城乡建设厅
185	盾构小半径割线始发工法	中铁十九局	辽宁省住房和城乡建设厅
186	复杂地质条件下钻孔灌注桩钢筋笼外套钢丝网施工工法	中铁十九局	辽宁省住房和城乡建设厅
187	铁路双线路接触网拨接施工工法	中铁十九局	辽宁省住房和城乡建设厅
188	送排风及空调系统共板法兰风管制作工法	中铁十九局	辽宁省住房和城乡建设厅
189	高速铁路隧道二衬采用智能防脱空装置施工工法	中铁十九局	辽宁省住房和城乡建设厅
190	新型地下停车场防水防渗施工工法	中铁二十局	贵州省住房和城乡建设厅
191	龙门吊安装大跨径钢箱梁系杆拱施工工法	中铁二十局	贵州省住房和城乡建设厅
192	水利特小断面改扩建隧洞分段爆破洞挖施工工法	中铁二十局	贵州省住房和城乡建设厅
193	复杂山区峡谷地貌长距离大管径 PCCP 管安装施工工法	中铁二十局	贵州省住房和城乡建设厅
194	悬拼可调曲率钢支架现浇拱桥施工工法	中铁二十局	中国公路建设行业协会
195	特殊地层复杂环境下地铁复合式盾构长区间单向掘进施工工法	中铁二十局	中国公路建设行业协会
196	使用特制架桥机架设小半径曲线桥梁预制梁施工工法	中铁二十局	中国公路建设行业协会
197	连续梁 0 号块对拉铰接托架施工工法	中铁二十局	中国公路建设行业协会
198	大跨度弧形闸门精确安装施工工法	中铁二十局	中国水利工程协会
199	深水土石围堰双向进占填筑施工工法	中铁二十局	中国水利工程协会
200	基于可调节补偿转角大直径顶管大曲率顶进施工工法	中铁二十局	广东省住房和城乡建设厅
201	大断面矩形管廊顶管穿越运营地铁施工工法	中铁二十局	陕西省住房和城乡建设厅
202	采用装配式托架进行大跨度刚构连续梁刚壁墩超高大体积 0 号段施工工法	中铁二十局	陕西省住房和城乡建设厅
203	盾构穿越富水漂卵石地层快速施工工法	中铁二十局	陕西省住房和城乡建设厅
204	黄土隧道穿越滑坡体进洞施工工法	中铁二十局	陕西省住房和城乡建设厅
205	黄土隧道洞内高压旋喷桩软基加固施工工法	中铁二十局	陕西省住房和城乡建设厅
206	长距离土石界面隧道快速开挖施工工法	中铁二十局	陕西省住房和城乡建设厅
207	黄土隧道微台阶快速成环施工工法	中铁二十局	陕西省住房和城乡建设厅
208	黄土隧道浅埋淤积土暗挖施工工法	中铁二十局	陕西省住房和城乡建设厅
209	基于 BIM 与仿真技术的转体桥结构构件标准化施工工法	中铁二十局	陕西省住房和城乡建设厅

续表

序号	工法名称	编写单位	认定机构
210	临近既有线铁路桥梁施工工法	中铁二十局	陕西省住房和城乡建设厅
211	盾构过浅埋暗挖隧道施工工法	中铁二十局	陕西省住房和城乡建设厅
212	地裂缝处小断面暗挖隧道盾构始发施工工法	中铁二十局	陕西省住房和城乡建设厅
213	临海近桥墩基坑抗变形围护体系施工工法	中铁二十局	陕西省住房和城乡建设厅
214	使用特制架桥机架设小半径曲线桥梁预制梁施工工法	中铁二十局	陕西省住房和城乡建设厅
215	连续梁 0 号块对拉铰接托架施工工法	中铁二十局	陕西省住房和城乡建设厅
216	基于可调节补偿转角大直径顶管大曲率顶进施工工法	中铁二十局	陕西省住房和城乡建设厅
217	铁路既有线交叉渡线整体插铺施工工法	中铁二十一局	青海省住房和城乡建设厅
218	高原环境大型房建曲面形构件工程建筑施工工法	中铁二十一局	甘肃省住房和城乡建设厅
219	西部高速铁路特大桥跨城市主干道大跨度连续梁悬臂浇筑施工工法	中铁二十一局	甘肃省住房和城乡建设厅
220	膨胀土地区明挖隧道高边坡施工工法	中铁二十一局	甘肃省住房和城乡建设厅
221	西北地区超宽超重高架桥转体施工工法	中铁二十一局	中国公路建设行业协会
222	高温差大风区高墩 50 米曲线型钢—混组合梁架设施工工法	中铁二十一局	中国公路建设行业协会
223	高温差大风区高墩 50 米钢—混组合梁横梁安装移动吊篮提升装置施工工法	中铁二十一局	中国公路建设行业协会
224	穿越倾斜基岩上第四系沉积地层隧道洞口段施工工法	中铁二十二局	黑龙江省住房和城乡建设厅
225	受限空间高大挡墙贝雷片拼装单侧支模施工工法	中铁二十二局	黑龙江省住房和城乡建设厅
226	铁路枢纽工程咽喉区复杂道岔组织施工工法	中铁二十二局	黑龙江省住房和城乡建设厅
227	复杂条件下轨道交通枢纽站新型盖挖施工工法	中铁二十二局	重庆市住房和城乡建设委员会
228	基于视频监测的冲孔灌注桩斜岩判别及处理施工工法	中铁二十二局	广东省住房和城乡建设厅
229	“义”字形斜拉桥索塔液压爬模施工工法	中铁二十三局	四川省住房和城乡建设厅
230	装配式箱涵预制安装施工工法	中铁二十三局	四川省住房和城乡建设厅
231	西北地区超高墩连续刚构混凝土浇筑施工工法	中铁二十三局	四川省住房和城乡建设厅
232	“义”字形斜拉桥首节钢锚箱安装施工工法	中铁二十三局	四川省住房和城乡建设厅
233	全自动数控滑模机路缘石施工工法	中铁二十三局	四川省住房和城乡建设厅
234	跨河桥梁底部贝雷梁临时支架整体顶升浮运拆除施工工法	中铁二十四局	安徽省住房和城乡建设厅
235	城市地下岩溶水处治施工工法	中铁二十四局	江西省住房和城乡建设厅
236	高速公路软岩大断面隧道钢拱架精确安装工法	中铁二十四局	浙江省住房和城乡建设厅

续表

序号	工法名称	编写单位	认定机构
237	高速公路软岩大断面隧道防水板快速安装工法	中铁二十四局	浙江省住房和城乡建设厅
238	装配式桥梁预制立柱快速安装施工工法	中铁二十四局	江苏省住房和城乡建设厅
239	装配式桥梁大悬臂盖梁安装施工工法	中铁二十四局	江苏省住房和城乡建设厅
240	既有线铁路隧道衬砌裂纹病害整治施工工法	中铁二十五局	广西壮族自治区建筑业联合会
241	双线隧道新型仰拱台车施工工法	中铁二十五局	广西壮族自治区建筑业联合会
242	强侵蚀环境中水下混凝土灌注桩施工工法	中铁二十五局	广西壮族自治区建筑业联合会
243	砖烟囱定向窗＋中间窗控制爆破定向拆除施工工法	中铁二十五局	广西壮族自治区建筑业联合会
244	引孔高压旋喷桩止水帷幕施工工法	中铁二十五局	广西壮族自治区建筑业联合会
245	强风化岩中长螺旋钻机引孔钢板桩施工工法	中铁二十五局	广西壮族自治区建筑业联合会
246	贝雷梁高空悬挑载人吊篮施工工法	中铁二十五局	广西壮族自治区建筑业联合会
247	跨既有铁路钢管贝雷梁门洞支架导梁拆除施工工法	中铁二十五局	广西壮族自治区建筑业联合会
248	高墩液压爬模施工工法	中铁二十五局	广东省住房和城乡建设厅
249	隧道衬砌拱墙环向施工缝处合页式卡模安装止水带施工工法	中铁二十五局	广东省住房和城乡建设厅
250	隧道穿越岷江活动断裂带履带式液压单头岩石破碎锤开挖施工工法	中铁二十五局	广东省住房和城乡建设厅
251	大型空间网架健康监测及结构评损设备安装施工工法	中铁建设	广西壮族自治区建筑业联合会
252	彩钢板 360 直立锁边件＋太阳能光伏板直立无损夹扣施工工法	中铁建设	广西壮族自治区建筑业联合会
253	沉箱卫生间降板预制盖板施工工法	中铁建设	广西壮族自治区建筑业联合会
254	钢网架无机械高空散装施工工法	中铁建设	广西壮族自治区建筑业联合会
255	室外大型单元预拼装机翼板反吊施工工法	中铁建设	广西壮族自治区建筑业联合会
256	室外大型单元预拼装机翼板反吊施工工法	中铁建设	北京市住房和城乡建设委员会
257	大型锅炉房设备安装及检修一体化提升架施工工法	中铁建设	北京市住房和城乡建设委员会
258	城市桥梁独柱盖梁双抱箍法施工工法	中铁建设	北京市住房和城乡建设委员会
259	利用临水管道的深基坑降水再利用施工工法	中铁建设	江西省住房和城乡建设厅
260	预埋活动式套筒定位整体道床弹条Ⅰ型预留孔施工工法	中铁建设	江西省住房和城乡建设厅
261	预留模板槽口的后浇带施工工法	中铁建设	江西省住房和城乡建设厅
262	倒锥壳水箱液压提升施工工法	中铁建设	江西省住房和城乡建设厅
263	金属屋面上层压型钢板原位制作施工工法	中铁建设	江西省住房和城乡建设厅

续表

序号	工法名称	编写单位	认定机构
264	节水型重力控制一体化车辆冲洗平台施工工法	中铁建设	湖南省住房和城乡建设厅
265	外墙全铝合金模板和集成式爬架交错提升施工工法	中铁建设	湖南省住房和城乡建设厅
266	外曲面收缩工程可伸缩调节式爬架施工工法	中铁建设	湖南省住房和城乡建设厅
267	铝模体系一体式周转套管施工工法	中铁建设	河南省建筑业协会
268	蒸压轻质砂加气混凝土板材上下角钢加固构造施工工法	中铁建设	河南省建筑业协会
269	正置屋面排气管与预制混凝土六棱台底座施工工法	中铁建设	河南省建筑业协会
270	彩钢板360直立锁边件+太阳能光伏板直立无损夹扣施工工法	中铁建设	广西壮族自治区建筑业联合会
271	沉箱卫生间降板预制盖板施工工法	中铁建设	广西壮族自治区建筑业联合会
272	钢网架无机械高空散装施工工法	中铁建设	广西壮族自治区建筑业联合会
273	室外大型单元预拼装机翼板反吊施工工法	中铁建设	广西壮族自治区建筑业联合会
274	超高室内裸眼3D速降机预埋件高精度安装施工工法	中铁建设	海南省住房和城乡建设厅
275	超高双塔斜面上大尺寸GRC干挂幕墙施工工法	中铁建设	海南省住房和城乡建设厅
276	复杂仿古船建筑造型GFRP装饰板施工工法	中铁建设	海南省住房和城乡建设厅
277	地源热泵系统管道同程式施工工法	中铁建设	北京市住房和城乡建设委员会
278	金属吊顶板辐射供冷供暖系统施工工法	中铁建设	北京市住房和城乡建设委员会
279	卫生间模块化户内中水集成系统施工工法	中铁建设	北京市住房和城乡建设委员会
280	高大隔墙钢立柱安装逆作施工工法	中铁建设	北京市住房和城乡建设委员会
281	免装饰设备基础定型钢框架施工工法	中铁建设	北京市住房和城乡建设委员会
282	异型穿孔铝板组合吊顶施工工法	中铁建设	北京市住房和城乡建设委员会
283	大空间波浪形GRG吊顶施工工法	中铁建设	北京市住房和城乡建设委员会
284	可回收式混合钢结构护坡桩施工工法	中铁建设	北京市住房和城乡建设委员会
285	大体积混凝土钢筋支架兼做循环水冷却管施工工法	中铁建设	江苏省住房和城乡建设厅
286	可拆卸式地下室底板后浇带支模施工工法	中铁建设	江苏省住房和城乡建设厅
287	牵引变电所低压模拟送电试验工法	中铁建电气化局	河北省土木建筑学会
288	高架桥外侧单芯电力电缆入槽敷设工法	中铁建电气化局	河北省土木建筑学会
289	铁路信号新型膨胀式塞钉施工工法	中铁建电气化局	河北省土木建筑学会
290	自制轨道数据模拟装置接触网测量工法	中铁建电气化局	河北省土木建筑学会
291	低净空隧道整体箱变自制平衡梁吊装工法	中铁建电气化局	河北省土木建筑学会

续表

序号	工法名称	编写单位	认定机构
292	铁路隧道内接触网 27.5 千伏供电电缆夹挂敷设工法	中铁建电气化局	四川省住房和城乡建设厅
293	贵阳枢纽高速铁路信号列控数据全站仪测量计算工法	中铁建电气化局	四川省住房和城乡建设厅
294	高速铁路维管横联线电流比法供电故障测距工法	中铁建电气化局	四川省住房和城乡建设厅
295	成都有轨蓉 2 号线雁型支撑分段绝缘器安装施工工法	中铁建电气化局	四川省住房和城乡建设厅
296	深水超厚淤泥层埋入式承台无封底混凝土钢混组合吊箱围堰施工工法	中国铁建港航局	中国公路建设行业协会
297	恶劣海况浅覆盖层条件下大直径嵌岩斜桩施工工法	中国铁建港航局	中国公路建设行业协会
298	同部位异结构多标号大体积混凝土同步施工工法	中国铁建港航局	中国公路建设行业协会
299	大水位差水域分流式漫水钢栈桥施工工法	中国铁建港航局	中国公路建设行业协会
300	深水超厚淤泥层埋入式承台无封底混凝土钢混组合吊箱围堰施工工法	中国铁建港航局	广东省住房和城乡建设厅
301	超长超大面积工业厂房渗透固化型耐磨地面综合施工工法	中铁城建	湖南省住房和城乡建设厅
302	地铁车辆段整体道床狭窄空间密集钢筋原位架空绑扎施工工法	中铁城建	湖南省住房和城乡建设厅
303	超长空桩水下混凝土旋挖灌注桩施工工法	中铁城建	湖南省住房和城乡建设厅
304	预应力装配式塔吊基础施工工法	中铁城建	湖南省住房和城乡建设厅
305	紧临高层建筑的超期服役深基坑再开挖施工工法	中铁城建	湖南省住房和城乡建设厅
306	盾构隧道与车站接口洞口环梁施工工法	中铁城建	湖南省住房和城乡建设厅
307	整体一次性现浇植草地坪施工工法	中铁城建	湖南省住房和城乡建设厅
308	超高层钢结构伸臂桁架超厚钢板焊接施工工法	中铁城建	湖南省住房和城乡建设厅
309	大跨度弧形混凝土连续斜梁施工工法	中铁城建	湖南省住房和城乡建设厅
310	超大型轨道交通车辆段桩基工程信息化施工工法	华南建设	广东省住房和城乡建设厅

（制表：李庆民　李凤伟）

中国铁建获2020年度发明专利授权目录

序号	专利名称	专利号	权属单位
1	一种确定大桥建设方案合理性的方法及计算机装置	ZL201810375739.9	中铁十一局
2	一种确定大桥建设方案的方法	ZL201810382264.6	中铁十一局
3	腐蚀性地层中隧道仰拱全断面防水板铺挂结构	ZL201811275670.9	中铁十一局
4	一种高海拔寒冷地区抗冻融灾害的隧道衬砌结构	ZL201811387155.X	中铁十一局
5	高寒地区隧道抗冻融灾害的处理方法	ZL201811387172.3	中铁十一局
6	仰拱双通道物流施工方法	ZL201811420970.1	中铁十一局
7	隧道仰拱双栈桥对向物流方法	ZL201811420982.4	中铁十一局
8	隧道拱顶混凝土防脱空全程可视化正向冲顶施工方法	ZL201910785317.3	中铁十一局
9	隧道仰拱分区分工序流水化施工方法	ZL201910786343.8	中铁十一局
10	隧道衬砌台架联合移动仰拱栈桥的施工方法	ZL201910787485.6	中铁十一局
11	大体积混凝土内部温度测量系统及方法	ZL201811416814.8	中铁十一局
12	一种地下防水施工方法	ZL201810269762.X	中铁十一局
13	带房心土地下室基础面渗漏检测方法及系统	ZL201810388314.1	中铁十一局
14	前支撑结构安装方法和桥梁转体系统	ZL201810409608.8	中铁十一局
15	河道岸坡防护结构及河道岸坡防护方法	ZL201810929725.7	中铁十一局
16	一种连续梁—拱组合梁体的施工方法及连续梁—拱组合梁体	ZL201811113117.5	中铁十一局
17	隧道二衬混凝土浇筑系统施工方法	ZL201910028461.2	中铁十一局
18	一种隧道二衬混凝土振捣系统施工方法	ZL201910028465.0	中铁十一局
19	隧道二衬混凝土浇筑控制系统及控制方法	ZL201910028850.5	中铁十一局
20	滨海吹填地层盾构机超浅覆土、大纵坡始发施工方法	ZL201910427958.1	中铁十一局
21	一种隧道超前支护式锁脚锚杆结构及其施工方法	ZL201910735814.2	中铁十一局
22	横穿深基坑的压力管线原位保护及围护挡土结构及施工方法	ZL201810181717.9	中铁十一局
23	一种半盖挖地铁车站基坑钢支撑并撑架设方法及结构	ZL201811388832.X	中铁十一局
24	一种盾构过侵限箱涵的施工方法	ZL201910075014.2	中铁十一局
25	一种基坑内钢筋混凝土支撑梁的机械化破碎拆除方法	ZL201910449722.8	中铁十一局
26	一种盾构掘进过程中突遇未处理溶洞或裂隙的施工方法	ZL201910489570.4	中铁十一局
27	基于静动力交替耦合的高强度岩石分裂方法和分裂装置	ZL201811289861.0	中铁十二局
28	移动模架浇筑宽窄箱梁施工方法	ZL201811401701.0	中铁十二局
29	CRTSⅢ型轨道板智能化粗铺施工工艺	ZL201910339280.1	中铁十二局
30	适用于软弱围岩隧道两台阶一次快速封闭成环的开挖方法	ZL201810015452.5	中铁十二局
31	一种砂卵石地质隧道两次模筑施工工法	ZL201810103087.3	中铁十二局

续表

序号	专利名称	专利号	权属单位
32	一种全封闭移动式喷雾养护台架	ZL201810103131.0	中铁十二局
33	盾构始发基座和盾构始发方法	ZL201810174295.2	中铁十二局
34	高水头地质条件下的套管咬合桩的施工方法	ZL201810218282.0	中铁十二局
35	适用于隧道盾构弧形管片的水密性检验装置及试验方法	ZL201810264368.7	中铁十二局
36	一种建筑用钢筋折弯机及其折弯方法	ZL201810271113.3	中铁十二局
37	水利陡坡小断面施工运输系统及运输方法	ZL201810311092.3	中铁十二局
38	水工隧洞下穿居住区的预防恢复方法	ZL201810393313.6	中铁十二局
39	小断面陡坡水工隧洞掘进施工方法	ZL201810395497.X	中铁十二局
40	地连墙施工区域杂填土换填方法	ZL201810436248.0	中铁十二局
41	一种煤矿开采和隧道工程用可控注浆液及其制备方法	ZL201810481435.0	中铁十二局
42	一种利用短套筒进行盾构始发的施工方法	ZL201810617528.1	中铁十二局
43	一种盾构密闭始发接收新型钢套筒	ZL201810617529.6	中铁十二局
44	模拟隧道开挖对上覆建筑物影响的试验装置及方法	ZL201810781093.4	中铁十二局
45	加工厂内的安全管理系统及安全管理方法	ZL201810781095.3	中铁十二局
46	超大管棚在富水砂层超前支护的施工方法	ZL201810791015.2	中铁十二局
47	截面为直线与圆曲线结合的墩柱外包耐候钢板的施工方法	ZL201810905232.X	中铁十二局
48	自适应的内模支撑系统以及自适应的内模支撑方法	ZL201810923026.1	中铁十二局
49	盾构区间施工穿越防渗板墙施工方法	ZL201810923312.8	中铁十二局
50	一种超前小导管注浆结构及其施工方法	ZL201811024456.6	中铁十二局
51	衬砌台车弧形模板的线形测量方法	ZL201811045049.3	中铁十二局
52	盾构机盾尾应急冻结系统及方法	ZL201811046147.9	中铁十二局
53	下穿既有管廊的大断面多线多连拱暗挖隧道群的施工方法	ZL201811046151.5	中铁十二局
54	地铁止水带防水施工方法	ZL201811267255.9	中铁十二局
55	盾构穿越活塞风道与活塞风道上部结构同步施工的方法	ZL201811267361.7	中铁十二局
56	一种无柱直墙拱顶地铁车站模板台车的施工方法	ZL201811472908.7	中铁十二局
57	一种盾构区间活塞风道回填过站的施工方法	ZL201811472909.1	中铁十二局
58	一种土压平衡盾构纯水中接收方法	ZL201811571545.2	中铁十二局
59	一种地连墙成槽施工方法	ZL201811621065.2	中铁十二局
60	富水液化砂层盾构始发和盾构接收的施工方法	ZL201910174808.4	中铁十二局
61	加固暗挖法施作的盾构接收空间周边土体的施工方法	ZL201910174809.9	中铁十二局
62	一种盾构隧道防上浮的管片结构及其施工方法	ZL201910181742.1	中铁十二局
63	盾构接收端加固施工方法	ZL201910285416.5	中铁十二局

续表

序号	专利名称	专利号	权属单位
64	控制盾构机掘进过程中喷涌的方法	ZL201910286708.0	中铁十二局
65	超高钢箱梁运输装置及超高钢箱梁装至运输装置的方法	ZL201910549174.6	中铁十二局
66	处理深埋跨基坑废弃管道的施工方法	ZL201911121084.3	中铁十二局
67	一种利用悬吊式底模托架浇筑悬空承台的施工方法	ZL201811465434.3	中铁十二局
68	一种用于漂卵石地层盾构穿越河流的加固结构及加固方法	ZL201810949407.7	中铁十二局
69	一种隧道中导洞双侧扩挖施工方法	ZL201811382767.X	中铁十二局
70	砂层地质土钉成孔用吹孔装置及土钉墙支护施工方法	ZL201810079701.7	中铁十二局
71	一种基于 BIM 技术的矿物质绝缘电缆工厂化预配加工方法	ZL201710396744.3	中铁十二局
72	一种大容量电力设备交流耐压试验方法	ZL201810984760.9	中铁十二局
73	一种轨道交通直流供电系统全回路直流电阻测试方法	ZL201810984843.8	中铁十二局
74	一种地铁接触网无轨测量施工方法	ZL201811380012.6	中铁十二局
75	一种时速 160 千米快速轨道交通架空刚性接触网刚柔过渡施工方法	ZL201910568571.8	中铁十二局
76	悬灌连续梁托架悬吊施工装置及施工方法	ZL201810570368.X	中铁十二局
77	用于平转法施工的转体连续梁自动称重方法及系统	ZL201810580873.2	中铁十二局
78	连续梁预埋钢壳分区加工及分体安装方法	ZL201810678895.2	中铁十二局
79	一种宽幅混凝土 PK 箱梁支架体系施工方法	ZL201811436101.8	中国铁建大桥局
80	全同光纤光栅数字化解调及区域温度监测方法及其系统	ZL201711481445.6	中国铁建大桥局
81	一种桥梁施工用上行式移动模架的拆除施工方法	ZL201910368682.4	中国铁建大桥局
82	一种市政用地铁建设钢板快速切割设备	ZL201910424782.4	中国铁建大桥局
83	一种陡坡松散堆积体大倾斜岩面基础施工方法	ZL201810518715.4	中国铁建大桥局
84	一种钢箱拱肋扣挂法安装施工方法	ZL201811145531.4	中国铁建大桥局
85	一种洞室内盾构机快速接收平移施工方法	ZL201910614654.6	中国铁建大桥局
86	一种简便钢管桩支架堆载预压结构及方法	ZL201910799088.0	中国铁建大桥局
87	地铁基坑开挖控制既有临近管线扰动的施工方法	ZL201910318383.X	中国铁建大桥局
88	多渡多交道岔铺设施工方法	ZL201810637187.4	中国铁建大桥局
89	一种钢套箱对拉施工管沟方法	ZL201810651790.8	中国铁建大桥局
90	一种强震后瓦斯隧道塌方段重建施工方法	ZL201810667775.2	中国铁建大桥局
91	长距离阵列式光纤光栅传感解调方法及装置	ZL201711481513.9	中国铁建大桥局
92	通风装置	ZL201710142020.6	中铁十四局
93	一种盾构始发素墙封闭止水加固结构及施工工艺	ZL201710166430.4	中铁十四局
94	岩溶区地铁隧道灰岩段注浆堵水钻孔纠偏装置及方法	ZL201711160081.1	中铁十四局
95	一种结构可调整的盾构刀具磨损试验模型刀盘	ZL201711408265.5	中铁十四局

续表

序号	专利名称	专利号	权属单位
96	一种强透水土岩复合地层大直径泥水盾构综合掘进方法	ZL201810348840.5	中铁十四局
97	一种大直径泥水盾构机搅拌器性能模拟实验装置	ZL201810379144.0	中铁十四局
98	一种盾构隧道地层稳定与隧道结构长期健康监测系统	ZL201810629860.X	中铁十四局
99	一种用于地铁盾构隧道围岩扰动应力监测方法	ZL201810775359.4	中铁十四局
100	一种用于钢桁梁顶推的步履式施工装置及其施工方法	ZL201811356456.6	中铁十四局
101	一种装配式施工便道的施工方法	ZL201811609872.2	中铁十四局
102	隧道的仰拱结构验证方法、装置、存储器及处理器	ZL201811644910.8	中铁十四局
103	一种自行式多功能隧道施工车体、台车及施工方法	ZL201910150988.2	中铁十四局
104	一种隧道联络通道的土体转运方法	ZL201910156606.7	中铁十四局
105	泥水盾构海底破碎地层超前注浆保压施工方法	ZL201910711943.8	中铁十四局
106	一种大跨度简支钢混结合梁拼装架设方法	ZL201910758564.4	中铁十四局
107	用于隧道病害检测的地质雷达自动化精确定位装置及方法	ZL201611243700.9	中铁十四局
108	预制装配式混凝土结构钢筋连接方法	ZL201610692734.X	中铁十四局
109	一种建筑用剪力墙浇筑模板固定装置	ZL201711096510.3	中铁十四局
110	一种脚手架搭建用连墙结构及安装方法	ZL201810208749.3	中铁十四局
111	一种临时防护滑动系统及其施工方法	ZL201910098579.2	中铁十四局
112	一种适用于巨型溶洞防护的框架结构及其施工方法	ZL201910099284.7	中铁十四局
113	一种满堂支架防护系统及其支护方法	ZL201910099296.X	中铁十四局
114	一种隧道工程盾构管片智能制造平台	ZL201811562440.0	中铁十四局
115	小半径铁路曲线单元的箱桥架空结构及现浇施工方法	ZL201810677613.7	中铁十五局
116	一种桥梁施工支撑托架及其使用方法	ZL201810993600.0	中铁十五局
117	大跨度自锚式钢箱梁悬索桥轨道放样与测量方法	ZL202010004135.0	中铁十五局
118	一种单侧卸载下模型隧道管片变形测量装置	ZL201910894783.5	中铁十五局
119	一种信号调度车站的通信工程施工方法	ZL201810570941.7	中铁十五局
120	一种铁路路基填料振动压实试验方法	ZL202010210445.8	中铁十六局
121	一种基坑开挖混合支撑预应力自适应自动补偿方法	ZL201810997658.2	中铁十六局
122	一种近接大荷载偏压基坑开挖横支撑预应力动态调整方法	ZL201810997659.7	中铁十六局
123	一种大断面隧道超前大管棚多作业面施工方法	ZL201811457428.3	中铁十六局
124	一种捆垛生态护坡结构及其施工方法	ZL201811512754.X	中铁十六局
125	一种隧道二次衬砌零缺陷施工方法	ZL201810828552.X	中铁十六局
126	一种正洞掌子面风管管口瓦斯涌出量检测瓦斯浓度的方法	ZL201811104718.X	中铁十六局
127	一种高瓦斯隧道穿越煤层的揭煤防突施工方法	ZL201811104721.1	中铁十六局

续表

序号	专利名称	专利号	权属单位
128	一种节段梁专用多功能旋转调节吊具	ZL201910708410.4	中铁十六局
129	一种用于节段梁滚装上船的运梁车	ZL201910708421.2	中铁十六局
130	一种节段梁提升装置	ZL201910709105.7	中铁十六局
131	一种可移动拓展式可开启雨棚的施工装置和施工方法	ZL201810924745.5	中铁十六局
132	一种盾构掘进上软下硬地层预裂爆破施工方法	ZL201810930383.0	中铁十六局
133	用于矿山法隧道初支后净空检测的设备及施工方法	ZL201910181927.2	中铁十六局
134	预制装配式车站底板两侧预制构件快速张拉装置及方法	ZL201710214580.8	中铁十六局
135	一种急倾斜特厚煤层老采空区残余变形预计方法	ZL201710236805.X	中铁十六局
136	一种空间受限环境下城市综合管廊分支施工方法	ZL201810799720.7	中铁十六局
137	一种地连墙预埋件保护结构	ZL201910853382.5	中铁十六局
138	一种高边坡石料运输装置及方法	ZL201811146492.X	中铁十六局
139	一种清洁环保的高栈桥施工平台反循环成桩系统	ZL201811554753.1	中铁十六局
140	一种钢套筒的组装施工方法	ZL201811455149.3	中铁十六局
141	一种可适用高瓦斯隧道不间断自启稳压供电通风控制系统	ZL201811349507.2	中铁十七局
142	基于 SXJ550 架桥机出小曲线系杆拱架首梁施工方法	ZL201910173670.6	中铁十七局
143	一种隧道弧形侧顶板铺设装置及方法	ZL201910933611.4	中铁十七局
144	土地吸湿含水率测试方法	ZL201710455214.1	中铁十七局
145	预防地下管廊产生差异沉降的施工方法	ZL201810426801.2	中铁十七局
146	隧道拱顶及边墙防水板挂设装置及其方法	ZL201810813643.6	中铁十七局
147	半明半暗隧道进洞施工方法	ZL201810937726.6	中铁十七局
148	隧道前承后继注浆方法	ZL201810747673.1	中铁十七局
149	可调 T 梁翼缘板宽度的模板组件及其使用方法	ZL201910270362.5	中铁十七局
150	一种大跨度浅埋暗挖隧道施工设备	ZL201810363895.3	中铁十七局
151	一种桥梁建造钢结构加固施工一体机	ZL201810437263.7	中铁十七局
152	一种建筑墙面无损伤自动处理设备	ZL201810457386.7	中铁十七局
153	一种衬砌台车的柔性搭接模板组件及其柔性搭接施工方法	ZL201810859398.2	中铁十七局
154	一种隧道弹性体改性沥青防水卷材防鼓起铺设装置	ZL201910275620.9	中铁十七局
155	一种结合拱上立柱的斜拉扣挂施工系统	ZL201611211319.4	中铁十八局
156	一种巨型松散岩堆隧道进口地表水截排系统	ZL201710594946.9	中铁十八局
157	一种巨型松散岩堆隧道进口堆载反压加固结构	ZL201710595018.4	中铁十八局
158	一种顶管施工中始发密封更换方法	ZL201711307205.4	中铁十八局
159	胶粉改性沥青路面的施工工艺	ZL201711498592.4	中铁十八局

续表

序号	专利名称	专利号	权属单位
160	一种应用于防堵导排防治大型地下室渗漏水施工方法	ZL201810144112.2	中铁十八局
161	一种长钢轨一次推送入槽的铺设方法	ZL201810787193.8	中铁十八局
162	一种基于 BIM 的钢桁架杆件的精准定位系统	ZL201810807629.5	中铁十八局
163	一种基于 BIM 的泥水平衡盾构浆液参数管理系统	ZL201810807650.5	中铁十八局
164	一种基于 BIM 隧道超欠挖控制的方法	ZL201810868924.1	中铁十八局
165	一种便于混凝土卸料的分层式中转设备	ZL201810977929.8	中铁十八局
166	一种工程施工现场智能洗车平台及其工作方法	ZL201811037213.6	中铁十八局
167	基于海洋环境下的超大围堰的结构及其施工工艺	ZL201811290080.3	中铁十八局
168	一种洞内机械成孔咬合桩施工工艺	ZL201811538313.7	中铁十八局
169	一种高落差垂直悬岩隧道主动防护双层管棚安全出洞方法	ZL201910150150.3	中铁十八局
170	过河隧道拱盖盖挖施工方法	ZL201910192530.3	中铁十八局
171	一种滚石高陡坡隧道安全进洞的施工方法	ZL201910201648.8	中铁十八局
172	用于控制隧道小里程挤压变形段初支大变形的方法	ZL201910264313.0	中铁十八局
173	一种增加新种树木成活率复合生物菌剂及制备方法	ZL201910366038.3	中铁十八局
174	一种高速铁路无砟过渡板支撑体系的更换方法	ZL201910439479.1	中铁十八局
175	一种近邻未封闭建筑物的重型设备吊装方法	ZL201910585294.1	中铁十八局
176	一种伸缩回转机构及水平旋喷钻机	ZL201710012815.5	中铁十八局
177	一种全孔一次快速注浆施工方法	ZL201710973943.6	中铁十八局
178	沉管法修建海底隧道合理埋深计算方法	ZL201810110913.7	中铁十八局
179	一种隧道接缝处渗漏水长期实时监测装置及方法	ZL201810603263.X	中铁十八局
180	一种适用于炮孔充填的便携壶式注水封堵装置及方法	ZL201810779012.7	中铁十八局
181	一种施工隧道内降温系统及方法	ZL201811019680.6	中铁十八局
182	一种复合式的解冻方法	ZL201811129502.9	中铁十八局
183	一种海水环境中桥墩多重防腐施工方法	ZL201811129553.1	中铁十八局
184	一种顶管管幕端头封堵方法	ZL201811294650.6	中铁十八局
185	一种铁路隧道风动凿岩机分流器及其制作方法	ZL201811298344.X	中铁十八局
186	一种利用原有临时支撑进行的中板施工方法	ZL201811582394.0	中铁十八局
187	一种基于超前支护的重型钢与管幕快速连接的方法	ZL201811583916.9	中铁十八局
188	山区高墩大跨连续刚构桥 T 构合龙浇筑方法	ZL201710327304.2	中铁十八局
189	上承式拱桥钢砼结合梁跨拱圈长距离顶推施工方法	ZL201810247672.0	中铁十八局
190	双肋四桁提篮式钢桁拱合龙施工方法	ZL201910281902.X	中铁十八局
191	利用高低扁担梁通过狭窄合龙口吊装钢桁拱杆件的施工方法	ZL201910281906.8	中铁十八局

续表

序号	专利名称	专利号	权属单位
192	近接未封闭建筑物的重型设备吊装的地基加固结构及方法	ZL201910584848.6	中铁十八局
193	基于数据驱动支持向量回归机的 TBM 刀具寿命预测方法	ZL201611240128.0	中铁十八局
194	一种建筑钢筋表面除锈装置	ZL201710798521.X	中铁十八局
195	一种建筑施工塑管弯曲装置	ZL201711146763.7	中铁十八局
196	一种道路施工用振平装置	ZL201711387715.7	中铁十八局
197	一种建筑施工用墙皮清除装置	ZL201711409869.1	中铁十八局
198	一种建筑用石块破碎分拣装置	ZL201810169231.3	中铁十八局
199	一种建筑用钢筋除锈装置的工作方法	ZL201810274333.1	中铁十八局
200	一种建筑施工用便于卸料的运料车	ZL201810577970.6	中铁十八局
201	一种建筑楼房建设用墙体粉刷材料回收装置	ZL201811031579.2	中铁十八局
202	一种适用建筑多角度墙面精确环保的钻孔装置	ZL201910194373.X	中铁十八局
203	隧道仰拱模板及隧道仰拱填充快速施工方法	ZL201710108955.2	中铁十九局
204	盾构管片封顶块拼装装置及施作方法	ZL201710419129.X	中铁十九局
205	一种电铲斗杆的焊接方法	ZL201810300942.X	中铁十九局
206	一种隧道破碎围岩的锚杆施工方法	ZL201810507047.5	中铁十九局
207	地下连续墙钢筋笼自动化焊接方法	ZL201810758359.3	中铁十九局
208	三臂凿岩台车隧道全断面钻孔操作方法	ZL201810811673.3	中铁十九局
209	隧道布孔爆破方法	ZL201810812208.1	中铁十九局
210	用于盾构机始发的加压平衡装置	ZL201810976311.X	中铁十九局
211	铁路桥梁风屏障吊装装置	ZL201811580581.5	中铁十九局
212	一种金属矿山减少超挖欠挖的光面爆破设备	ZL201910154726.3	中铁十九局
213	一种露天采坑回填治理方法	ZL201910827811.1	中铁十九局
214	路基荷载下地基侧向挤出变形的测算方法	ZL201810392251.7	中铁十九局
215	一种带边跨地滑道的连续梁转体系统	ZL201910135096.5	中铁十九局
216	砂层或卵石层中预应力管桩的施作方法	ZL201910175192.2	中铁十九局
217	一种富水地段公路隧道排水沟结构体系	ZL201910175460.0	中铁十九局
218	一种公路隧道排水沟槽的施作方法	ZL201910175461.5	中铁十九局
219	隧道明洞段拼装式衬砌施工方法	ZL201910175476.1	中铁十九局
220	一种深基坑的施工方法	ZL201810037576.3	中铁十九局
221	一种单侧高边坡浅挖弱防护动态施工方法	ZL201810409233.5	中铁十九局
222	一种岩石河床钢围堰封底堵漏及防排水施工方法	ZL201710891394.8	中铁二十局
223	一种综合管廊大断面矩形顶管施工管土接触压力测试方法	ZL201810931707.2	中铁二十局

续表

序号	专利名称	专利号	权属单位
224	一种非明挖装配式管沟开挖支护加固方法	ZL201910598098.8	中铁二十局
225	一种穿越碎屑岩陡倾逆冲富水断层隧道排水施工方法	ZL201811366831.5	中铁二十局
226	穿越碎屑岩陡倾逆冲富水断层隧道施工方法	ZL201811368616.9	中铁二十局
227	一种借助隧道盾构施工的联络通道施工方法	ZL201910655321.8	中铁二十局
228	一种用于调蓄池的清淤装置	ZL201811042923.8	中铁二十局
229	一种大断面黄土隧道初期支护侵限换拱施工方法	ZL201911055340.3	中铁二十局
230	一种黄土冲沟内浅埋隧道施工方法	ZL201911074180.7	中铁二十局
231	穿越土石分界地层的大断面隧道稳定性控制施工方法	ZL201911118119.8	中铁二十局
232	基于分区爆破的隧道洞口段预加固及开挖施工方法	ZL201911138644.6	中铁二十局
233	一种穿越黄土沟谷的土石分界隧道施工方法	ZL201911138662.4	中铁二十局
234	紧临既有线大跨度连续梁深水基础施工方法	ZL201610754290.8	中铁二十局
235	无砟轨道底座板限位凹槽弹性垫板顶紧装置及方法	ZL201810794804.1	中铁二十一局
236	无砟轨道底座板顶面混凝土养护装置及方法	ZL201810794831.9	中铁二十一局
237	预铺道砟道床压实度检测方法	ZL201811250015.8	中铁二十一局
238	有砟轨道轨枕间距卡具及抬摆枕木施工设备	ZL201811250466.1	中铁二十一局
239	一种 25 米标准轨的连续拖拽式铺轨施工工艺	ZL201710593608.3	中铁二十一局
240	一种吹填软土地基真空动力固结复合排水系统	ZL201810218482.6	中铁二十一局
241	一种圆形小断面隧道内盾构接收方法	ZL201810600751.5	中铁二十一局
242	一种隧道横洞与正洞交叉口段施工方法及台阶爆破方法	ZL201910822156.0	中铁二十一局
243	一种并列式双工位 CRTSⅢ型先张法轨道板制造车间	ZL201610647646.8	中铁二十二局
244	一种测量数据采集与处理方法	ZL201810078436.0	中铁二十二局
245	一种隧道爆破和开挖的实施方法	ZL201810093058.3	中铁二十二局
246	一种富水砂卵石地层浅埋段盾构施工工艺	ZL201811260476.3	中铁二十二局
247	钢箱梁安装固结墩施工精确对位施工工艺	ZL201910192390.X	中铁二十二局
248	一种新型隧道施工通风系统	ZL201710899541.6	中铁二十二局
249	一种中继井更换顶管机快速拼装顶管机机头的导轨	ZL201910580990.3	中铁二十二局
250	一种 5G 信号铁塔维护设备及其方法	ZL201910185989.0	中铁二十二局
251	一种 5G 通讯电缆故障监控系统	ZL202010358749.9	中铁二十二局
252	一种桥梁伸缩缝的废旧止水带拆卸设备	ZL201910590800.6	中铁二十二局
253	一种桥梁模板快速分离装置的工作方法	ZL201811110394.0	中铁二十三局
254	一种桥梁施工用强吸力稳固警示设备工作控制方法	ZL201811255497.6	中铁二十三局
255	一种主动式引流泄压桥梁施工水上平台	ZL201811547111.9	中铁二十三局

续表

序号	专利名称	专利号	权属单位
256	一种桥梁工程领域的桥梁施工用支撑设备	ZL201910348164.6	中铁二十三局
257	一种适用于桥墩不均匀沉降的桥梁结构	ZL201910723310.9	中铁二十三局
258	隧道施工涌出瓦斯截流方法	ZL201711262349.2	中铁二十三局
259	一种使用小型机械架设 T 型梁的方法	ZL201910562981.1	中铁二十三局
260	一种浅埋隧道下穿既有铁路施工控制方法	ZL201910563774.8	中铁二十三局
261	一种混凝土墙体及底板渗水裂缝的修复方法	ZL201811366567.5	中铁二十三局
262	地面变形缝修补的施工方法	ZL201811372381.0	中铁二十三局
263	一种地下工程垂直电梯井修复加固方法	ZL201910262022.8	中铁二十三局
264	M 级支撑锚管	ZL201810704332.6	中铁二十三局
265	一种洞穴型岩溶岩体数值模型构建方法	ZL201710378892.2	中铁二十四局
266	一种涂料涂抹装置	ZL201810130173.3	中铁二十四局
267	一种深基坑溶槽的处理方法	ZL201710968067.8	中铁二十四局
268	一种面向地下结构施工的土体性能监测装置及其工作方法	ZL201611023915.X	中铁二十四局
269	穿越采空及塌陷区的隧道施工工艺	ZL201811574889.9	中铁二十五局
270	一种微风化花岗岩地层旋挖钻孔灌注桩成孔施工工艺	ZL201811601410.6	中铁二十五局
271	一种路堑开挖施工方法	ZL201910596495.1	中铁二十五局
272	一种地铁车站富水砂层大断面盾构施工工艺	ZL201910606986.X	中铁二十五局
273	锚桩在隧道洞身段控制变形施工工法	ZL201610339167.X	中铁二十五局
274	一种隧道施工仰拱矮边墙缝接茬钢筋固定装置	ZL201810499530.3	中铁二十五局
275	一种隧道建设用环向筋的定位设备	ZL201810988397.8	中铁二十五局
276	一种富水流塑地层盾构隧道下穿铁路框架桥施工方法	ZL201810300331.5	中铁二十五局
277	基于 GIS 的山地建筑综合体雨水防控与利用系统及方法	ZL201810839178.3	中铁建设
278	一种 T 形矩形钢管预应力自复位摩擦耗能支撑	ZL201810146053.2	中铁建设
279	一种可调节高度的装配式混凝土叠合楼板	ZL201810499338.4	中铁建设
280	一种可调节高度的装配式预制混凝土叠合楼板	ZL201810499340.1	中铁建设
281	一种附着纳米海绵吸附材料的滤膜材料及其制备方法	ZL201810084815.0	中铁建设
282	一种钢筋桁架施工方法	ZL201910042128.7	中铁建设
283	一种建筑工程用方形钢管打磨除锈装置	ZL201810521820.3	中铁建设
284	一种建筑隔音板	ZL201910232512.3	中铁建设
285	一种建筑结构材料吊顶龙骨架及其施工方法	ZL201910434190.0	中铁建设
286	一种大型枢纽站房建设成套设备	ZL201911309228.8	中铁建设
287	一种高效污水处理剂及其制备方法和应用	ZL201610163434.2	中铁建设

续表

序号	专利名称	专利号	权属单位
288	电梯安全系统	ZL201810315542.6	中铁建设
289	一种电梯实时运行维保检修系统	ZL201910594018.1	中铁建设
290	基于物联网的电梯信息服务系统	ZL201910594286.3	中铁建设
291	多功能作业平台车	ZL201810725990.3	中铁建电气化局
292	避让斜拉索的桥梁作业平台车	ZL201810726587.2	中铁建电气化局
293	桥梁作业平台车	ZL201810726618.4	中铁建电气化局
294	一种具有闭式解的高精度北斗卫星系统单点定位方法	ZL201710254061.4	中铁建电气化局
295	高速铁路隧道锚栓植入用自动打孔装置及方法	ZL201611133462.6	中铁建电气化局
296	一种客运专线接触网支柱侧面限界的测定方法	ZL201810235378.8	中铁建电气化局
297	一种电力贯通线电缆整理、收拢及绑扎装置	ZL201811515426.5	中铁建电气化局
298	一种基于生物碳固载化复合微生物处理的黑臭水体治理方法及其曝气复氧系统	ZL201910531344.8	中铁建电气化局
299	三轨式刚性接触网分并线装置及其控制方法	ZL202010061731.2	中铁建电气化局
300	基于机器学习和射线跟踪的高速铁路网络覆盖预测方法及装置	ZL202010072957.2	中铁建电气化局
301	应用于无线通信网络的射线跟踪技术方法和装置	ZL202010226247.0	中铁建电气化局
302	高速铁路网络定向天线的对准方法、装置和电子设备	ZL202010252694.3	中铁建电气化局
303	一种高速铁路接触线用铜基非晶合金及其制备工艺	ZL201711371865.9	中铁建电气化局
304	高速铁路用铜碲合金接触线生产工艺	ZL201810319648.3	中铁建电气化局
305	一种大长度熔融渗透式铜钢复合线材的制备方法	ZL201910954067.1	中铁建电气化局
306	一种狭隘地区复合式牵索挂篮分节安装方法	ZL201810186978.X	中国铁建港航局
307	码头堆场道路混凝土面层施工方法	ZL201910173944.1	中国铁建港航局
308	大坡度刚架柱顶支座刚度和刚架柱计算长度的计算方法	ZL201710571093.7	铁一院
309	高分辨地电阻率快速成像方法	ZL201810038410.3	铁一院
310	多井多参数约束下隧道波速反演成像及围岩分级的方法	ZL201810312189.6	铁一院
311	一种纤维增强阻沙板的制造方法	ZL201810354854.8	铁一院
312	湿陷性黄土隧道基底液压高频挤密处理方法	ZL201810705955.5	铁一院
313	基于隧道施工用拱架安装机的拱架定位系统及方法	ZL201810925807.4	铁一院
314	超强化学反应型高分子自粘橡胶止水带及其制备方法	ZL201810949216.0	铁一院
315	用于寒冷及严寒地区隧道防寒排水措施的判定方法	ZL201811107555.0	铁一院
316	兼顾牵引电压补偿与铁路电力供电的铁路贯通线供电电源	ZL201811127259.7	铁一院
317	构网形式隧道平面联系测量的方法	ZL201811158767.1	铁一院
318	地铁列车车门、站台门故障自动预报警系统	ZL201811202976.1	铁一院
319	基于桥梁阻尼器减震数据采集的车辆通行导航系统和方法	ZL201811339167.5	铁一院

续表

序号	专利名称	专利号	权属单位
320	铁路站场改扩建中在运营道路上接建箱形桥的方法	ZL201811422958.4	铁一院
321	接触网非接触式监测缺陷识别方法	ZL201910318028.2	铁一院
322	接触网视频图像云端智能监测与故障识别方法	ZL201910318564.2	铁一院
323	基于卫星导航定位基准站网的铁路既有线控制测量系统	ZL201910381384.9	铁一院
324	电气化铁路沿线电力贯通线感应电综合测试系统及方法	ZL201910536215.8	铁一院
325	基于接触线静态空间位置的接触网悬挂三维快速找形方法	ZL201910722075.3	铁一院
326	一种监测元件3D可视化方法及系统	ZL202010666614.9	铁一院
327	桥梁基础设计中快速识别地质信息的方法	ZL201710176332.9	铁一院
328	一种交点文件的呈现方法	ZL201610008049.0	铁四院
329	一种环形组网的数字直放站时延调整值确定方法	ZL201611035303.2	铁四院
330	一种高强高韧性低粘度改性ECC混凝土声屏障板及其制备方法	ZL201710160780.X	铁四院
331	一种锁角钢管与钢架的连接装置	ZL201710366617.9	铁四院
332	利用扁铲侧胀C值消散试验测定饱和软黏土水平固结系数的方法	ZL201710487874.8	铁四院
333	铁路有砟轨道桥梁混凝土桥面用甲基丙烯酸树脂改性聚氨酯防水涂料及其制备方法	ZL201710729122.8	铁四院
334	铁路有砟轨道混凝土桥面用封闭底漆及其制备方法与应用	ZL201710729136.X	铁四院
335	一种铁路列车运行指示方法、系统和设备	ZL201710841737.X	铁四院
336	一种铁路结构混凝土防护涂层及其制备方法和使用方法	ZL201710851947.7	铁四院
337	一种斜拉桥上轨道控制网CPⅢ点实时高程计算方法	ZL201910593443.9	铁四院
338	一种厂房横向通风窗结构	ZL201910903879.3	铁四院
339	全控交直交变流系统直流双支撑电容剩余寿命监测方法	ZL201911050955.7	铁四院
340	三相全控整流系统直流电容剩余寿命监测方法	ZL201911051654.6	铁四院
341	一种大吨位支座定位灌浆方法	ZL201711046846.9	铁四院
342	一种适用于CRTSⅡ型板式无砟轨道的沉降调整方法	ZL201910310397.7	铁四院
343	一种高地下水位低填浅挖膨胀土路基施工方法	ZL201811376694.3	铁四院
344	一种基于能量特征的结构面缺陷评价方法	ZL201811455438.3	铁四院
345	一种基于零偏移距法的桩长检测方法	ZL201811455468.4	铁四院
346	一种基于反射波能量特征的介质密实度评价方法	ZL201811457512.5	铁四院
347	一种浅层介质结构面松散程度评价方法	ZL201811458091.8	铁四院
348	一种基于安全系数法的隧道系统锚杆设计方法	ZL201711472381.3	铁四院
349	一种隧道防排水病害处理方法及系统	ZL201810898667.6	铁四院
350	一种基于总安全系数法的隧道复合式衬砌设计方法	ZL201811496389.8	铁四院

续表

序号	专利名称	专利号	权属单位
351	一种矿山法隧道二次衬砌力学状态的评估方法	ZL201910888842.8	铁四院
352	一种盾构隧道速溶快凝型同步注浆方法	ZL201910924389.1	铁四院
353	一种动车段所控制集中系统与信号系统的接口方法	ZL201810046152.3	铁四院
354	一种铁路客站宽窄带融合通信信息系统	ZL201910559896.X	铁四院
355	一种电气化铁路地面柔性自动过分相系统	ZL201711489222.4	铁四院
356	一种电气化铁路地面电分相连续供电系统	ZL201711492572.6	铁四院
357	一种电气化铁路地面自动过分相系统的变流装置	ZL201711492584.9	铁四院
358	一种列车行车区间在线监测方法及系统	ZL201810235572.6	铁四院
359	第三轨与受流器之间接触力的确定方法及装置	ZL201810320818.X	铁四院
360	一种预埋槽道的定位方法	ZL201811209651.6	铁四院
361	地铁风机现场控制箱	ZL201811246005.7	铁四院
362	直流电压的谐波抑制装置及车辆牵引供电装置	ZL201811352775.X	铁四院
363	一种纯电池车辆能量管理系统	ZL201910012880.7	铁四院
364	一种应用于有轨电车储能装置的高压隔离系统	ZL201910045739.7	铁四院
365	牵引变电所互联综合接地系统后工频短路安全性评价方法	ZL201910084693.X	铁四院
366	一种基于 VR 技术的地铁车钩故障状态模拟系统	ZL201810028095.6	铁四院
367	一种温度分区的冷链仓库及货物存储方法	ZL201810277967.2	铁四院
368	一种用于城市值机系统的行李处理系统	ZL201810574854.9	铁四院
369	一种轨道交通自动扶梯数据挖掘方法与系统	ZL201810645758.9	铁四院
370	一种立体货架偏移检测方法及装置	ZL201810942587.6	铁四院
371	一种市域铁路车辆的制造工艺	ZL201811075422.X	铁四院
372	一种市域车辆车体的检修方法	ZL201811076533.2	铁四院
373	一种市域铁路车辆五级检修的分级方法	ZL201811107289.1	铁四院
374	一种市域铁路车辆四级修工艺	ZL201811216804.X	铁四院
375	一种市域铁路车辆五级修工艺	ZL201811216805.4	铁四院
376	一种市域铁路车辆一级修工艺	ZL201811287307.9	铁四院
377	一种数字化城市轨道交通车辆基地建造方法及系统	ZL201910016714.4	铁四院
378	一种冷链集装器标准件及模块化冷链集装器	ZL201910054764.1	铁四院
379	一种动车组正线检测方法	ZL201910888824.X	铁四院
380	一种水泥改良砂砾压动荷载作用下的室内损伤评价方法	ZL201711091028.0	铁四院
381	电絮凝—沉淀—高级氧化—体化造纸废水处理装置	ZL201710914013.3	铁四院
382	一种列车上水机器人多级定位上水方法	ZL201811360365.X	铁四院

续表

序号	专利名称	专利号	权属单位
383	一种列车上水机器人容错控制系统及方法	ZL201811361204.2	铁四院
384	列车全自动上水控制方法	ZL201811361262.5	铁四院
385	一种列车上水机器人多级定位上水系统	ZL201811361310.0	铁四院
386	用于轨道自动测量车的轨道数据采集系统方法及系统	ZL201711420938.9	铁四院
387	去除 GPS 坐标时间序列中有色噪声的方法	ZL201811475804.1	铁四院
388	基于奇异值分解的 GPS 基准站网坐标时间序列三维噪声模型的建立方法及使用方法	ZL201811554352.6	铁四院
389	一种大跨度连拱隧道半明半暗的施工方法	ZL201810774699.5	铁四院
390	一种无砟线路线上箱体设备的安装方法	ZL201711167401.6	铁四院
391	沉降偏移无砟轨道的纠偏方法	ZL201711405245.2	铁四院
392	一种拆除爆破试爆方法	ZL201810381013.6	铁四院
393	有轨电车与共享单车一体化换乘系统	ZL201710848032.0	铁四院
394	一种原位测定地下结构所受水浮力的方法	ZL201810343071.X	铁四院
395	一种综合客运枢纽站前广场联运设施规模计算方法	ZL201710364054.X	铁五院
396	土工布测厚设备	ZL201910186297.8	铁五院
397	一种建立隧道工程地质纵断面图的方法	ZL201710326259.9	铁五院
398	一种生态净水坝	ZL201910845496.5	铁五院
399	铁路桥梁大直径 PHC 管桩桩基设计方法	ZL201610328704.0	上海院
400	一种基于工程边界条件的膨胀土计算模型及其应用方法	ZL201611113821.1	上海院
401	一种高速铁路隧道无线通信信道建模方法	ZL201710631739.6	上海院
402	岩溶隧道排水系统结晶堵塞的化学溶解与清洗疏通方法	ZL201810189811.9	上海院
403	一种锚杆系统	ZL201810738674.X	铁建重工
404	一种全自动锚杆台车	ZL201810738675.4	铁建重工
405	一种隧道救援钻机	ZL201810738693.2	铁建重工
406	一种用于衬砌台车的门架系统和衬砌台车	ZL201810738695.1	铁建重工
407	一种采棉机控制方法、系统、装置及可读存储介质	ZL201810784869.8	铁建重工
408	一种无管片拼装装置及盾构机	ZL201810796688.7	铁建重工
409	行走机械及其液压转向系统	ZL201810812920.1	铁建重工
410	一种隧道拱架安装机械手及隧道拱架安装台车	ZL201811050943.X	铁建重工
411	用于铺设防水层的装置以及台车	ZL201811056335.X	铁建重工
412	直臂式重载隧道多功能作业平台	ZL201811062255.5	铁建重工
413	一种基于电液控制的智能控制系统	ZL201811137483.4	铁建重工
414	一种车辆导航方法以及系统	ZL201811147791.5	铁建重工

续表

序号	专利名称	专利号	权属单位
415	一种用于隧道掘进机的全站仪减振支架	ZL201811148769.2	铁建重工
416	一种工程机械定位系统	ZL201811166709.3	铁建重工
417	敞开式岩石掘进机及掘进机撑靴打滑检测装置	ZL201811332480.6	铁建重工
418	清渣装置和掘进机	ZL201811446294.5	铁建重工
419	一种钢轨焊复工程用钢轨拨弯小车	ZL201811550714.4	铁建重工
420	一种地下连续墙切削设备的冷却控制系统及切削设备	ZL201811554557.4	铁建重工
421	一种工程机械臂的在线标定方法	ZL201811560944.9	铁建重工
422	一种用于测量工程机械臂的位姿的方法和系统	ZL201811566919.1	铁建重工
423	一种凿岩台车定位装置	ZL201811636069.8	铁建重工
424	一种变量泵双模控制液压系统及隧道作业车	ZL201910042529.2	铁建重工
425	一种隧道施工设备及其伸缩臂架液压控制系统	ZL201910067562.0	铁建重工
426	一种拼装机机械臂控制方法、装置及设备	ZL201910119745.2	铁建重工
427	一种隧道掘进装置	ZL201910122192.6	铁建重工
428	用于测试磁悬浮组件的试验台	ZL201910133542.9	铁建重工
429	凿岩台车	ZL201910228129.0	铁建重工
430	一种隧道支护拱架制作系统及制作方法	ZL201910249876.2	铁建重工
431	底盘结构和磁悬浮轨道作业车	ZL201910267273.5	铁建重工
432	一种管片拼装机的自动抓取系统及自动抓取方法	ZL201910271271.3	铁建重工
433	一种数控机床上在线检测臂架空间尺寸的测量方法	ZL201910406137.X	铁建重工
434	一种拼接装置、钢拱架节及钢拱架	ZL201910469548.3	铁建重工
435	螺栓状态的检测方法、螺栓状态的检测系统和检测设备	ZL201910544990.8	铁建重工
436	掘进机主驱动 HBW 密封油脂注入系统	ZL201910548979.9	铁建重工
437	盾构机及其盾构机刀盘	ZL201910561854.X	铁建重工
438	盾构机刀盘、盾构机以及用于隧道掘进的过桩盾构工法	ZL201910563085.7	铁建重工
439	一种棉箱翻转支架镗铣床加工工艺	ZL201910695860.4	铁建重工
440	一种高速打磨车专用被动打磨砂轮成型工艺	ZL201910698935.4	铁建重工
441	轨道检测组件	ZL201910720635.1	铁建重工
442	一种大断面竖井掘进机及其施工方法	ZL201911163689.9	铁建重工
443	导向组件和轨道检测组件	ZL201911278031.2	铁建重工
444	一种全断面大直径竖井掘进机及其掘进装置	ZL201911358308.2	铁建重工
445	一种竖井掘进机及其推进系统	ZL201911362517.4	铁建重工
446	竖井刀盘系统及具有该系统的竖井掘进机	ZL202010012106.9	铁建重工
447	一种竖井用回转接头装置	ZL202010118327.4	铁建重工
448	一种掘进机及其渣土运输装置	ZL202010137862.4	铁建重工

续表

序号	专利名称	专利号	权属单位
449	一种竖井辅助开挖设备	ZL202010138055.4	铁建重工
450	掘进机的控制方法、掘进机与计算机可读存储介质	ZL202010144282.8	铁建重工
451	一种水平钻机调向控制方法及系统	ZL202010155050.2	铁建重工
452	一种竖井开挖系统及竖井掘进机	ZL202010248313.4	铁建重工
453	一种竖井掘进机的出渣控制方法、出渣系统、出渣设备	ZL202010265409.1	铁建重工
454	刀盘驱动装置和掘进设备	ZL202010283811.2	铁建重工
455	一种悬臂竖井掘进机的使用方法	ZL202010310084.4	铁建重工
456	用于确定竖井掘进机姿态的自动测量设备、方法、系统	ZL202010376983.4	铁建重工
457	管廊施工出渣及装配支护一体机	ZL202010404800.5	铁建重工
458	一种管片拼装机及其易拆装平移机构	ZL202010417644.6	铁建重工
459	一种多模式掘进机开挖路径的规划执行控制方法	ZL202010512359.2	铁建重工
460	一种竖井掘进机及其刀盘	ZL202010580360.9	铁建重工
461	一种管幕机位姿测量方法及系统	ZL202010596791.4	铁建重工
462	一种掘进机车体及其截割滚筒的定位方法及定位系统	ZL202010596808.6	铁建重工
463	一种隧道掘进机转弯半径控制方法及控制系统	ZL202010645836.2	铁建重工
464	一种全断面竖井掘进机	ZL202010645876.7	铁建重工
465	针对戈壁地质环境的竖井掘进施工方法及竖井结构	ZL202010699223.7	铁建重工
466	传送带上的物料体积流量测量方法及系统	ZL201710227428.3	铁建重工
467	一种内置式吊耳、盾构机及掘进机	ZL201710680299.3	铁建重工
468	一种用于泥水平衡盾构机的破碎装置及盾构机	ZL201810026626.8	铁建重工
469	一种岩石掘进机用喷混系统	ZL201810438272.8	铁建重工
470	一种混凝土布料机及圆形布料方法	ZL201710740726.2	铁建重工
471	一种用于锚杆台车的注浆管架	ZL201810738712.1	铁建重工
472	一种磁浮道岔梁间支撑装置	ZL201710754543.6	铁建重工
473	一种建筑基柱及其防护结构	ZL201810327053.2	中铁城建
474	一种具有挤压喷射功能的建筑施工用墙体粉刷设备	ZL201810471411.7	中铁城建
475	预制混凝土 U 型槽模具及其使用方法	ZL201710896778.9	中铁城建
476	一种拱形桥修建机械的修建施工方法	ZL201810638453.5	铁建投资
477	一种建筑桥墩切除设备及其切除施工工艺	ZL201810638462.4	铁建投资
478	一种隧道安全施工方法	ZL201910588195.9	铁建投资
479	一种中低速磁浮轨道传感器探测面无缝伸缩装置	ZL201910995008.9	中铁磁浮
480	中低速磁浮轨道梁大位移模块化伸缩装置的施工方法	ZL201910181026.3	中铁磁浮
481	一种 TBM 装置过竖井的施工实现方法及建筑装置	ZL201811456880.8	铁建南方

（制表：孙嘉良）

2020 年度中国铁建优秀专利奖项目目录

序号	专利名称	专利号	权属单位	专利类型
1	一种针对凿岩台车的控制方法及凿岩台车	ZL201811375228.3	铁建重工	发明专利
2	敞开式掘进机	ZL201610784961.5	铁建重工	发明专利
3	一种架桥机桥上整体旋转调头施工方法	ZL201810522739.7	中铁十二局	发明专利
4	一种运梁车纠偏监控系统	ZL201711201497.3	中铁十二局	发明专利
5	混凝土主梁钢横梁组合结构梁挂篮施工方法	ZL201710514245.X	中铁十七局	发明专利
6	一种支架法与斜拉扣挂法组合的施工系统及方法	ZL201710381939.0	中铁十八局	发明专利
7	一种岩石河床水中承台施工方法	ZL201710892851.5	中铁二十局、中铁二十一局	发明专利
8	大跨度偏心斜靠式钢箱系杆拱桥浮拖架设施工工艺	ZL201610681068.X	中铁二十局	发明专利
9	一种动态密封压浆罩及其使用方法	ZL201510575977.0	中铁二十三局	发明专利
10	一种系杆拱桥拱肋拼装施工方法	ZL201611259736.6	中铁二十三局	发明专利
11	铁路多类型接触网吊弦的精确预配方法	ZL201610062533.1	铁一院	发明专利
12	一种盾构法隧道管片螺栓孔防水构造及施工方法	ZL201610708866.7	铁四院	发明专利
13	包芯法改良加固的膨胀土路堤结构及施工方法	ZL201710058989.5	铁四院	发明专利
14	铁路单连杆梁端伸缩装置的变形监测装置及方法	ZL201610011582.2	铁四院	发明专利
15	一种城市轨道交通 U 型梁整体道床的施工设备及方法	ZL201611176643.7	铁五院	发明专利
16	一种履带与步履混用式水泥土墙施工设备	ZL201510627339.9	铁建重工	发明专利
17	一种铁路钢轨廓形铣磨设备	ZL201410600178.X	铁建高新装备	发明专利
18	既有线快速复测测量车	ZL201721832082.1	铁四院	实用新型
19	压浆系统及压浆车	ZL201721609657.3	中铁十一局	实用新型
20	用于腕臂预配系统的三轴伺服变位专机及腕臂预配系统	ZL201820996992.1	中铁十一局	实用新型
21	一种钢混装配式钢吊箱结构	ZL201821197819.1	中国铁建大桥局	实用新型
22	一种基于海绵生态体系的山体修复系统	ZL201820645083.3	中铁十五局	实用新型
23	一种配合隧道软弱围岩地段超前支护用钢支撑加强装置	ZL201820419650.3	中铁十六局	实用新型
24	桩基成孔直径可调式钻头装置	ZL201821783661.6	中铁十七局	实用新型

续表

序号	专利名称	专利号	权属单位	专利类型
25	一种CRTSⅢ型轨道板加工偏差自动化检测系统	ZL201820183007.5	中铁二十二局	实用新型
26	一种混凝土浇筑自动分流装置	ZL201821385944.5	中铁二十三局	实用新型
27	一种钢筋模板一体化安装的混凝土剪力墙	ZL201821051016.5	中铁建设	实用新型
28	高速铁路智能化接触网腕臂预配中心	ZL201821520673.X	中铁建电气化局	实用新型
29	一种桥梁排水系统	ZL201822139215.8	中国铁建港航局	实用新型
30	一种通过双动梁连续升降的装置	ZL201721701545.0	中国铁建港航局	实用新型
31	一种L形立柱加斜撑加挡板桥梁挡风结构	ZL201821368829.7	铁一院	实用新型
32	一种铁路箱型梁伸缩缝可调节式电缆保护槽装置	ZL201821862575.4	铁一院	实用新型
33	一种用于安装轨道的预制混凝土柱	ZL201721837772.6	铁四院	实用新型
34	铁路全封闭声屏障	ZL201821611604.X	铁四院	实用新型
35	三角形支架	ZL201721600049.6	铁五院	实用新型
36	路基监测装置	ZL201921023208.X	铁五院	实用新型
37	轨道用扣件	ZL201821009279.X	铁五院	实用新型
38	一种用于承台预制拼装的连接结构	ZL201720877979.X	上海院	实用新型
39	一种磁悬浮轨排曲直两用组装设备	ZL201720996251.9	铁建重工	实用新型
40	一种铁路吸污车侧吸工作装置	ZL201821649752.0	铁建高新装备	实用新型
41	隧道钢拱架安装机械手和机械手工作平台	ZL201821259127.5	铁建重工	实用新型
42	一种磁浮轨道交通砌块式承轨梁	ZL201920175628.3	中铁磁浮	实用新型

（制表：孙嘉良　余　博）

2020年度中国铁建科技成果评审项目目录

序号	项目名称	完成单位	成果评价
1	武汉光谷综合体地下大空间建造关键技术	中铁十一局	国际领先
2	跨高速双线铁路整体桥面112.5米钢箱拱综合施工技术研究	中铁十二局	国际领先
3	大临铁路炭质板岩隧道大变形机理及施工控制技术	中铁十二局	国际领先
4	黄土塬区古土壤地层特长大断面隧道修建技术	中铁十二局	国际领先
5	复杂条件引水隧洞长距离施工关键技术	中铁十二局	国际领先
6	高原高地应力隧道岩爆施工关键技术研究	中铁十二局	国际领先
7	大跨度自锚式悬索桥先斜拉后悬索施工关键技术	中国铁建大桥局	国际领先
8	大跨度PK宽箱混合梁斜拉桥建造关键技术	中国铁建大桥局	国际领先

续表

序号	项目名称	完成单位	成果评价
9	大跨度自锚式悬索桥无砟轨道施工关键技术研究	中铁十五局	国际领先
10	城市综合管廊明挖法施工技术及配套工装研究	中铁十七局	国际领先
11	复杂城市环境下多层次地下空间结构施工关键技术研究	中铁十七局	国际领先
12	河漫滩可液化地层盾构施工关键技术研究	中铁十七局	国际领先
13	大跨度转体连续梁贴近繁忙既有铁路线施工关键技术	中铁十七局	国际领先
14	高速铁路高低腿提梁机研制及施工技术	中铁十七局	国际领先
15	高速铁路大跨度极不对称转体钢管混凝土拱桥关键技术研究	中铁十八局	国际领先
16	主城山区高速铁路大型枢纽改造工程设备配套与施工综合技术研究	中铁十八局	国际领先
17	复杂环境下富水砂卵石含大漂石地层盾构施工关键技术研究	中铁十八局	国际领先
18	大跨连续梁不平衡长力臂下滑道墩顶转体施工技术	中铁十九局	国际领先
19	复杂地质特长深埋大跨铁路隧道安全快速修建关键技术研究	中铁十九局	国际领先
20	秦岭滑坡群高地应力破碎围岩及富水地层隧道建造关键技术	中铁十九局	国际领先
21	高速铁路隧道长距离穿越软塑性黄土地层施工技术研究	中铁二十二局	国际领先
22	TBM 双导洞先行大断面隧道下穿复杂敏感建筑群综合施工关键技术	中铁二十二局	国际领先
23	基于工业摄影和机器视觉的高速 CRTS ⅡI 型板几何状态检测技术应用研究	中铁二十二局	国际领先
24	大跨度钢桁梁桥多点浮托顶推技术研究	中铁二十四局	国际领先
25	智慧大脑—智慧工地物联网融合终端	中铁建设	国际领先
26	基于 GIS 和光纤传感监测的海绵城市智慧雨水系统研究	中铁建设	国际领先
27	连续复合曲线高速铁路接触网精确测量计算及施工关键技术研究和应用	中铁建电气化局	国际领先
28	鄂尔多斯牵引变电所无人值守技术研究及应用	中铁建电气化局	国际领先
29	铁路桥梁弹塑性限位减隔震装置研究	铁一院	国际领先
30	桥梁转体施工 RPC 球铰试验研究	铁一院	国际领先
31	高速铁路路基防风工程过渡段技术深化研究	铁一院	国际领先
32	西安至成都高速铁路(陕西省境内)建设关键技术与应用	铁一院	国际领先
33	动车综合落成系统设备研究	铁一院	国际领先
34	黄土隧道地下水渗流分析研究	铁一院	国际领先
35	大风条件下弓网动态技术研究及软件开发	铁一院	国际领先
36	川藏铁路牵引供电系统总体技术方案研究	铁一院	国际领先
37	铁路隧道照明控制技术及配电系统研究	铁一院	国际领先
38	敦格铁路风沙防治关键技术及应用	铁一院	国际领先

续表

序号	项目名称	完成单位	成果评价
39	基于北斗短报文的地温监测系统在高海拔地区的设计与实现	铁一院	国际领先
40	昌赣高速铁路赣州赣江特大桥铺设无砟轨道技术研究与应用	铁四院	国际领先
41	复杂环境条件下覆盖型岩溶综合勘察技术、致灾机理与工程对策研究	铁四院	国际领先
42	高速铁路陡坡路基新型支挡结构关键技术及应用研究	铁四院	国际领先
43	LTE－M 综合承载服务质量关键技术研究及仿真	铁四院	国际领先
44	高速铁路动车组智能化检测技术研究及应用	铁四院	国际领先
45	高速铁路接触网振动疲劳特征及关键技术研究与应用	铁四院	国际领先
46	高速铁路大跨长大连续梁桥上轨道控制网实时三维坐标预测技术及应用研究	铁四院	国际领先
47	徐盐铁路旋喷搅拌桩复合地基加固试验研究	铁五院	国际领先
48	铁路桥梁大直径管桩应用关键技术研究	上海院	国际领先
49	富水岩溶复合地层盾构设备研发及施工关键技术研究	中铁十一局	国际先进
50	小角度上跨既有线铁路桥梁高墩墩中转体施工技术	中铁十一局	国际先进
51	跨繁忙铁路干线 64 米钢桁梁拖拉施工关键技术研究	中铁十二局	国际先进
52	富水液化地层盾构施工关键技术研究	中铁十二局	国际先进
53	敏感环境下岩溶地层地铁车站及区间隧道钻爆施工综合控制技术	中铁十二局	国际先进
54	京雄城际铁路 CRTSⅢ型板式无砟轨道综合施工关键技术	中铁十二局	国际先进
55	SPMT 快速拆、建上跨运营高速公路立交桥施工技术研究	中铁十二局	国际先进
56	大纵坡小半径弯桥环氧沥青钢桥面铺装关键技术	中铁十二局	国际先进
57	复杂地质环境下单线铁路隧道快速施工技术研究	中铁十二局	国际先进
58	时速 350 千米高速铁路深水粉砂岩嵌岩基础施工关键技术研究	中国铁建大桥局	国际先进
59	不良地质条件下大跨矮塔斜拉桥基础及桥塔施工关键技术	中国铁建大桥局	国际先进
60	饱水黄土地区浅埋大跨度小间距隧道建设关键技术	中国铁建大桥局	国际先进
61	软岩偏压富煤地层大断面隧道建设关键技术及应对措施研究	中国铁建大桥局	国际先进
62	柔性高墩钢桁—混凝土组合梁关键施工技术	中铁十四局	国际先进
63	多孔长联钢板梁纵向顶推设计与施工技术研究	中铁十五局	国际先进
64	穿越高速公路、居民聚居区及大型溶洞隧道综合施工技术研究	中铁十五局	国际先进
65	广深港铁路客运专线深港超大直径盾构穿越复杂地质条件施工技术研究	中铁十五局	国际先进
66	汉江 260 米跨双索面钢混梁半漂浮体系铁路独塔斜拉桥施工技术研究	中铁十五局	国际先进
67	铁路站房大跨度连续拱形钢框架结构施工关键技术研究	中铁十六局	国际先进

续表

序号	项目名称	完成单位	成果评价
68	吴忠至中卫城际铁路接触网施工信息化管理及高效施工关键技术研究	中铁十六局	国际先进
69	毗海复合地层城际铁路大断面隧道盾构施工技术研究	中铁十六局	国际先进
70	大直径泥水平衡盾构装备研制与应用技术研究	中铁十六局	国际先进
71	极寒富水圆砾区小断面长隧道冬季快速施工关键技术	中铁十六局	国际先进
72	滨海地区软硬复合地质条件下地下车站综合施工技术	中铁十六局	国际先进
73	高地震烈度区活动断层及大变形隧道施工技术研究	中铁十六局	国际先进
74	城市地铁暗挖施工机械化施工技术研究	中铁十六局	国际先进
75	湿陷性黄土地区浅埋盾构下穿机场跑道变形监测及施工控制综合技术	中铁十七局	国际先进
76	山区河流厚卵石层桥梁深水基础施工技术	中铁十七局	国际先进
77	吉水赣江特大桥深水基础施工综合技术研究	中铁十七局	国际先进
78	基于机器视觉的预制梁精准施工关键技术研究与应用	中铁十七局	国际先进
79	繁忙通航河道预应力混凝土连续梁桥非对称快速拆除技术研究	中铁十七局	国际先进
80	茂汶活动断裂带高地应力软质围岩隧道施工关键技术研究	中铁十七局	国际先进
81	砂性地层盾构隧道邻近桥桩下穿河道施工关键技术	中铁十七局	国际先进
82	盾构切群桩下穿施工扰动机理、风险防控关键技术研究与工程应用	中铁十八局	国际先进
83	机制砂配制钢纤维高强高性能混凝土的试验研究	中铁十八局	国际先进
84	富水软弱围岩隧道设计与施工关键技术及其应用	中铁十八局	国际先进
85	临海深厚软土中超深地连墙防水及盾构施工安全控制新技术研究	中铁十八局	国际先进
86	重载铁路大断面隧道穿越风积沙及黄土混合地层施工关键技术研究	中铁十八局	国际先进
87	大直径盾构上软下硬地层中下穿密集城市建筑群施工技术	中铁十八局	国际先进
88	复杂地层条件下城市排水管网非开挖修复关键技术研究	中铁十八局	国际先进
89	赤道热带雨林地区大型山坡露天矿边坡稳定控制关键技术研究	中铁十九局	国际先进
90	BIM 在高速铁路桥梁施工中的应用技术	中铁十九局	国际先进
91	全风化粉砂岩蠕变及卸荷效应下地铁车站施工及风控研究	中铁十九局	国际先进
92	邕宁水利枢纽溢流闸坝工程施工关键技术研究	中铁二十局	国际先进
93	特殊环境超深地下连续墙成槽施工关键技术研究	中铁二十局	国际先进
94	富水砂砾石地层分幅盖挖逆作安全控制关键技术研究	中铁二十局	国际先进
95	新型小半径曲线梁桥架桥机研发及应用示范	中铁二十局	国际先进

续表

序号	项目名称	完成单位	成果评价
96	高速铁路大跨度连续钢构—钢管拱组合桥梁建造关键技术	中铁二十一局	国际先进
97	紧邻城市复杂建构筑物无柱地铁车站施工关键技术研究	中铁二十一局	国际先进
98	公路隧道穿越含瓦斯煤系地层复杂采空区施工技术研究	中铁二十二局	国际先进
99	富水砂卵石复合地层盾构临江掘进综合施工技术研究	中铁二十三局	国际先进
100	高墩大跨连续刚构桥施工关键技术研究	中铁二十三局	国际先进
101	跨铁路连续钢箱梁纵拖横移施工技术研究	中铁二十四局	国际先进
102	软土沉积岩复合地层小净距暗挖隧道施工技术研究	中铁二十四局	国际先进
103	基于不等高同步攀升施工的超高层混凝土结构关键连接技术研究	中铁建设	国际先进
104	基于 BIM 对异形复杂建筑的形态及表皮研究	中铁建设	国际先进
105	SCW 薄型钢板剪力墙施工技术研究与应用	中铁建设	国际先进
106	混凝土新型内养生材料研发与施工控制方法研究	中铁建设	国际先进
107	超高层建筑幕墙设计施工技术改进研究	中铁建设	国际先进
108	地铁工程综合监控系统施工技术研究	中铁建设	国际先进
109	建筑机电装配式技术及其产业化	中铁建电气化局	国际先进
110	信号机房室内施工关键技术研究	中铁建电气化局	国际先进
111	盾构隧道长距离平行下穿建筑物技术研究	铁一院	国际先进
112	银西铁路黄河桥连续钢桁柔性拱结构关键技术研究	铁一院	国际先进
113	高速铁路大跨度混凝土连续刚构组合结构桥梁关键技术研究	铁一院	国际先进
114	铁路 PC 部分斜拉桥温度效应关键技术研究	铁一院	国际先进
115	劲性骨架混凝土拱桥关键技术研究	铁一院	国际先进
116	临海湖高风险环境地铁工程安全控制综合技术研究	铁一院	国际先进
117	膨胀岩微观胀缩机理及宏观力学效应研究	铁一院	国际先进
118	西安站改东配楼结构跨越地裂缝关键技术研究	铁一院	国际先进
119	黄土地区地铁车站换乘改造及对既有线保护关键技术研究	铁一院	国际先进
120	无柱大跨地铁车站优化设计及抗震性能研究	铁一院	国际先进
121	机器人技术在地铁车辆检修中的应用研究	铁一院	国际先进
122	高精度移动三维激光集成技术及装备研究	铁一院	国际先进
123	工程三维模型与真实感场景结合技术研究	铁一院	国际先进
124	地下轨道交通工程设计信息化关键技术研究及应用示范	铁一院	国际先进
125	极复杂高原艰险山区天空地综合勘察关键技术及应用	铁一院	国际先进
126	湿热地区深埋地铁工程环控系统节能措施与运行策略研究	铁一院	国际先进

续表

序号	项目名称	完成单位	成果评价
127	拱盖法大跨度暗挖车站在复杂地层环境中开挖支护设计关键技术	铁一院	国际先进
128	基于5G多网融合的BIM－VR技术在智能变电站远程巡检适应性研究	铁一院	国际先进
129	牵引供电系统接地回流特性及所亭地网回流比例影响因素研究	铁一院	国际先进
130	西宁至成都铁路长隧道、大坡度区段牵引供电适应性研究	铁一院	国际先进
131	岩溶区深埋式桩—复合梁板结构研究	铁一院	国际先进
132	铁路槽型梁—钢桁组合结构关键技术研究	铁一院	国际先进
133	城市轨道交通穿越活动断裂带减振轨道结构研究	铁一院	国际先进
134	都市圈多层级轨道交通线网规划研究	铁一院	国际先进
135	高速铁路轨道动静结合快速检测技术及装备研究	铁一院	国际先进
136	基于云GIS的长大铁路BIM模型云端集成方法研究	铁一院	国际先进
137	特殊铁路地段异物侵限监测系统设置方案研究	铁四院	国际先进
138	受限条件下几种复杂土体注浆加固技术及应用	铁四院	国际先进
139	高速铁路CRTSⅢ型板式无砟轨道BIM关键技术及应用	铁四院	国际先进
140	市域铁路轨道系统关键技术研究与应用	铁四院	国际先进
141	铁路无缝线路智能设计软件	铁四院	国际先进
142	北斗精密数据处理技术及其在铁路变形监测中的示范应用	铁四院	国际先进
143	连盐铁路灌河特大桥(120＋228＋120)米连续钢桁—柔性拱关键技术	铁五院	国际先进
144	铁路桥梁预制拼装法建造技术及施工装备应用	铁五院	国际先进
145	浮式旅游码头系统性研究及应用	铁五院	国际先进
146	跨越郯庐断裂带高速铁路勘察设计关键技术研究及应用	铁五院	国际先进
147	成都轨道交通10号线二期工程高架区间岛式车站运梁车过站关键技术研究	上海院	国际先进
148	隧道近距离下穿快速路普铁高铁等多风险环境的工法及措施研究	上海院	国际先进
149	既有线无缝线路大号码道岔有限空间下快速插铺工艺研究	中铁十五局	国内领先
150	营业线长大区间提速改造连续换铺无缝线路综合施工技术研究	中铁十五局	国内领先
151	矿山法隧道密贴下穿铁路站场微扰动施工关键技术研究	中铁十五局	国内领先
152	西北地区超高层建筑施工关键技术及应用	中铁十六局	国内领先
153	滨海回填淤泥地层中异形深基坑高效施工与周边基坑群共建关键技术研究	中铁十六局	国内领先
154	西南地区穿越煤层高瓦斯地区隧道综合施工关键技术	中铁十七局	国内领先

续表

序号	项目名称	完成单位	成果评价
155	先盾后井法施工工艺井围护结构技术研究	中铁十七局	国内领先
156	梁式 U 形薄壁渡槽 DZ30/320 型造槽机研制及施工技术	中铁十七局	国内领先
157	工程测量总控系统的开发与应用	中铁十七局	国内领先
158	V 型槽及垂直绿化生态修复施工技术	中铁十七局	国内领先
159	铁路预应力混凝土预制梁自动张拉控制及管理集成系统技术	中铁十八局	国内领先
160	高台阶条件下盾构机长距离过站施工技术	中铁十八局	国内领先
161	地铁明挖岩质基坑精细控制爆破施工技术	中铁十八局	国内领先
162	亚热带荒漠气候下露天煤矿高含水率黏土特性及排土场边坡稳定性控制研究	中铁十九局	国内领先
163	基于 BIM 信息化的高寒地区高速铁路项目综合管理技术	中铁十九局	国内领先
164	深埋隧洞河床水源突涌水地表帷幕处理施工技术	中铁十九局	国内领先
165	CRTSⅢ型板式无砟轨道结构施工关键技术深化研究	中铁十九局	国内领先
166	复杂环境城市地铁二氧化碳破岩非爆开挖技术研究	中铁二十局	国内领先
167	临近既有线铁路隧道穿越典型喀斯特地貌溶腔处理关键技术研究	中铁二十局	国内领先
168	大型建筑施工企业科技创新体系建设	中铁二十局	国内领先
169	工程调度指挥中心项目建设研究	中铁二十局	国内领先
170	九圩港大桥主桥钢箱梁整体顶升施工技术研究	中铁二十局	国内领先
171	铁路大跨度连续梁拱组合桥施工技术研究	中铁二十局	国内领先
172	陶鄂沙漠地区铁路路基施工关键技术	中铁二十一局	国内领先
173	高速铁路车站预留城市轨道交通工程施工关键技术	中铁二十一局	国内领先
174	大跨度钢桁梁桥 BIM 技术应用研究	中铁二十一局	国内领先
175	轨道检测与捣固车信息交互协同作业技术研究	中铁二十一局	国内领先
176	大跨度拱形网架综合施工技术	中铁二十二局	国内领先
177	再生机拌和水泥改良土在新建高速公路上路床应用的施工技术	中铁二十三局	国内领先
178	跨海大桥水中承台钢围堰(钢套箱)施工技术研究	中铁二十三局	国内领先
179	智慧管理平台在高速铁路桥梁中应用技术研究	中铁二十四局	国内领先
180	增湿条件下膨胀土地层矿山法隧道下穿既有地铁车站施工技术研究	中铁二十四局	国内领先
181	建筑装饰装修装配化技术研究	中铁建设	国内领先
182	基于 BIM 技术的施工进度管理研究	中铁建设	国内领先
183	铝合金模板加工工艺改进及生产线自动化研究	中铁建设	国内领先
184	铝合金模板高压液流清洗系统开发	中铁建设	国内领先

续表

序号	项目名称	完成单位	成果评价
185	铝合金模板体系优化改进研究	中铁建设	国内领先
186	海绵城市渗透调蓄排放一体化雨水系统优化研究	中铁建设	国内领先
187	客运专线成网后西北地区货运通道及编组站分工研究	铁一院	国内领先
188	铁路现代物流中心设计关键技术研究	铁一院	国内领先
189	杭州地铁 5 号线盾构隧道穿越敏感点影响分析及控制技术研究	铁一院	国内领先
190	严寒、寒冷地区高大厂房采暖系统节能研究	铁一院	国内领先
191	“海绵城市型”地铁的技术措施研究	铁一院	国内领先
192	无人机航测技术在铁路勘察中的应用研究	铁一院	国内领先
193	倾斜摄影在铁路工程中的应用研究	铁一院	国内领先
194	多源高分辨率卫星影像在铁路勘测制图中的应用研究	铁一院	国内领先
195	铁路通信信号信息化技术应用研究	铁一院	国内领先
196	铁路机房机器人智能在线监测巡检系统	铁一院	国内领先
197	银西铁路四电专业 BIM 试点应用	铁一院	国内领先
198	地质雷达三维勘探研究	铁一院	国内领先
199	地铁车辆基地底框平台转换结构抗震性能试验研究	铁一院	国内领先
200	多种复杂边界条件下大跨度三孔箱涵研究和设计优化	铁一院	国内领先
201	大风条件下接触网关键零部件性能劣化规律及改进措施研究	铁一院	国内领先
202	电务应急维护及查询装置(V2.0)	铁一院	国内领先
203	道岔外锁闭器自动润滑装置	铁一院	国内领先
204	城市轨道交通无感乘车技术方案研究	铁一院	国内领先
205	城市轨道交通智慧车站框架研究	铁一院	国内领先
206	铁路物流基地冷链物流设施布局运用研究	铁一院	国内领先
207	内陆铁路口岸设计关键技术研究	铁一院	国内领先
208	勘测现场拆迁视频、航拍资料验收标准研究	铁一院	国内领先
209	专用线无线通信系统方案研究	铁四院	国内领先
210	高速铁路无砟轨道插入道岔关键技术研究与应用	铁四院	国内领先
211	冷链物流园区设计技术研究	铁四院	国内领先
212	城市河道生态整治与水质修复关键技术研究	铁四院	国内领先
213	基于 GIS 的环境敏感区数据库建设与应用技术研究	铁四院	国内领先
214	线路专业勘测数据和工程数量管理及标准化软件	铁四院	国内领先
215	高烈度地区大跨度梁拱组合结构设计关键技术	铁五院	国内领先

续表

序号	项目名称	完成单位	成果评价
216	现代有轨电车弱电系统集成方案研究	铁五院	国内领先
217	轨面涂镀防锈导电技术及设备的研究	铁五院	国内领先
218	铁路高浓度集便污水处理及资源利用工艺研究	铁五院	国内领先
219	铁路隧道 24 米大区段仰拱施工配套设备	铁五院	国内领先
220	空间钢架关键技术研究	上海院	国内领先
221	市域铁路调度指挥系统管控一体化研究	上海院	国内领先
222	上海轨道交通新一代网络化无线系统规划应用研究	上海院	国内领先
223	城市轨道交通连续长大单坡地段轨道结构综合技术措施研究	上海院	国内领先
224	大梁缝处轨道结构设计及无缝线路研究	上海院	国内领先
225	上海地铁 5 号线信号改造关键技术研究	上海院	国内领先
226	下穿复杂构筑物的地铁换乘通道暗挖隧道施工技术	中铁十五局	国内先进
227	地铁隧道微扰动注浆控制变形技术研究	中铁二十一局	国内先进
228	盾构隧道下穿高架桥桩基及河道变形控制与施工技术研究	中铁二十一局	国内先进
229	基于“BIM +”的高速公路枢纽互通钢箱梁施工及应用技术研究	中铁二十二局	国内先进
230	基于热舒适理论和高精度仿真的机电优化技术研究	中铁建设	国内先进
231	高速铁路有砟轨道设计技术研究	铁一院	国内先进
232	无砟轨道几何形位超标条件下动车组运行速度限制研究	铁一院	国内先进
233	旅客列车卸污污水处理技术研究	铁一院	国内先进
234	全自动驾驶系统关键技术研究	铁一院	国内先进
235	铁路电源直流远供环形接入技术方案研究	铁一院	国内先进
236	时速 160 千米动力集中动车组动拖车检修运用一体化技术	铁一院	国内先进
237	城市轨道交通智慧场段设计技术及发展方向	铁一院	国内先进
238	全自动驾驶模式下地铁车辆段工艺设计关键技术	铁一院	国内先进
239	基于全自动运行模式的行车综合自动化系统技术研究	铁四院	国内先进
240	盾构下穿既有桥梁微扰动下托换技术研究	上海院	国内先进
241	既有线下新建型钢混凝土桩板结构关键技术研究	上海院	国内先进
242	工程深孔勘探孔内事故预防与处理	铁一院	行业先进
243	国产化增强型列车运行控制系统（ITCS）研究	铁一院	

（制表：丁正全　郑筱彦）

2020年度中铁建科学技术奖项目目录

序号	项目名称	完成单位	获奖等级
1	超高水压沼气地层盾构法特高压GIL越江隧道修建技术	中铁十四局集团有限公司及其大盾构公司、中铁第四勘察设计院集团有限公司、西南交通大学、同济大学、中南大学、武汉大学	特等奖
2	昌赣高速铁路赣州赣江特大桥铺设无砟轨道关键技术研究及应用	中铁第四勘察设计院集团有限公司、中南大学、中铁十六局集团有限公司	特等奖
3	高压富水破碎带隧道损伤灾变机理与全断面智能安全施工关键技术	中铁十一局集团有限公司及其四公司、武广铁路客运专线有限责任公司、山东大学、中国矿业大学(北京)	一等奖
4	黄土塬区古土壤地层特长大断面隧道修建技术	中铁十二局集团有限公司及其四公司、西安科技大学、中铁第一勘察设计院集团有限公司、西南交通大学	一等奖
5	重载铁路公铁两用三主桁钢桁梁长联顶推技术	中国铁建大桥工程局集团有限公司及其四公司	一等奖
6	大跨度自锚式悬索桥先斜拉后悬索施工关键技术	中国铁建大桥工程局集团有限公司及其一公司、中国铁建投资集团有限公司、武汉工程大学	一等奖
7	铁道工程施工安全风险云网端协同感知创新与实践	中铁十四局集团有限公司、武汉理工大学、铁正检测科技有限公司	一等奖
8	大直径泥水平衡盾构装备研制与应用技术	中铁十六局集团有限公司及其北京轨道交通公司	一等奖
9	大断面管廊长距离过海顶管技术研究	中铁二十二局集团有限公司及其三公司	一等奖
10	高墩大跨连续刚构桥施工关键技术研究	中铁二十三局集团有限公司及其一公司	一等奖
11	基于不等高同步攀升施工的超高层混凝土结构关键连接技术研究	中铁建设集团有限公司、北京工业大学	一等奖
12	深水超厚淤泥层埋入式承台无封底混凝土钢混组合吊箱围堰施工技术研究	中国铁建港航局集团有限公司、中铁建珠海西部投资开发有限公司	一等奖
13	广佛环城际铁路东平水道特大桥设计与施工关键技术研究	中铁第一勘察设计院集团有限公司、中铁十二局集团有限公司及其一公司、西南交通大学	一等奖
14	厚层湿陷性黄土隧道地基变形评价及处理新技术	中铁第一勘察设计院集团有限公司、兰新铁路甘青有限公司、西安理工大学、中铁西北科学研究院有限公司、中铁十四局集团三公司	一等奖
15	极复杂高原艰险山区天空地综合勘察关键技术及应用	中铁第一勘察设计院集团有限公司及其陕西铁道工程勘察公司、甘肃铁道综合工程勘察公司,西南交通大学、成都理工大学	一等奖
16	艰险山区高速铁路建设关键技术与应用	中铁第一勘察设计院集团有限公司、中铁十一局集团有限公司、中铁十二局集团有限公司、中铁十七局集团有限公司、中铁二十局集团有限公司	一等奖
17	工程三维模型与真实感场景结合技术研究	中铁第一勘察设计院集团有限公司	一等奖
18	重载铁路长联大跨部分斜拉桥关键技术研究	中铁第四勘察设计院集团有限公司、中铁十一局集团有限公司	一等奖

续表

序号	项目名称	完成单位	获奖等级
19	重载铁路大跨度上承式钢管混凝土拱桥关键技术研究	中铁第四勘察设计院集团有限公司、中铁五局集团机械化工程公司	一等奖
20	城市中心特大型地下交通枢纽设计建造关键技术	中铁第四勘察设计院集团有限公司、中铁十一局集团有限公司、西安建筑科技大学	一等奖
21	特大型综合交通枢纽复杂结构及大开洞瀑布型屋盖设计关键技术研究	中铁第四勘察设计院集团有限公司	一等奖
22	高速铁路接触网振动疲劳特征及关键技术研究与应用	中铁第四勘察设计院集团有限公司、中铁十一局集团电务公司、中国铁建电气化局集团有限公司及其轨道交通器材公司	一等奖
23	铁路牵引供电智能调度系统关键技术研究及应用	中铁第四勘察设计院集团有限公司、北京南凯自动化系统工程有限公司	一等奖
24	高速铁路动车组智能化检测技术研究及应用	中铁第四勘察设计院集团有限公司、北京主导时代科技有限公司、中国铁路武汉局集团有限公司、成都铁安科技有限责任公司	一等奖
25	新型高速铁路牵引供电附加线悬挂系统研究	中铁第五勘察设计院集团有限公司、沧州华菱电器有限公司	一等奖
26	富水岩溶复合地层盾构设备研发及施工关键技术研究	中铁十一局集团城轨公司、中国铁建重工集团股份有限公司	二等奖
27	跨高速双线铁路整体桥面 112.5 米钢箱拱综合施工技术研究	中铁十二局集团有限公司及其一公司、石家庄铁道大学	二等奖
28	砂卵石地层大直径盾构隧道安全快速建造关键技术及应用	中铁十二局集团有限公司及其二公司	二等奖
29	岩溶地区特长圆形小断面引水隧洞施工关键技术	中铁十二局集团有限公司及其二公司、山东大学	二等奖
30	大临铁路炭质板岩地层隧道大变形机理及施工控制技术	中铁十二局集团有限公司及其三公司、西南交通大学	二等奖
31	京雄城际铁路 CRTSⅢ型板式无砟轨道综合施工关键技术	中铁十二局集团有限公司及其一公司、石家庄铁道大学	二等奖
32	石太铁路既有线改造综合施工技术研究	中铁十二局集团有限公司及其三公司、西南交通大学	二等奖
33	高密度城区海绵城市建设运维关键技术研究与示范	中国铁建大桥工程局集团有限公司及其三公司、中国水利水电科学研究院	二等奖
34	城际铁路 180 米连续梁钢管拱桥深水基础及钢管拱原位拼装施工技术	中铁十四局集团有限公司及其一公司	二等奖
35	400 米跨双塔双索面叠合梁斜拉桥施工技术	中铁十五局集团有限公司及其五公司、石家庄铁道大学	二等奖
36	高地震烈度区活动断层及大变形隧道施工技术研究	中铁十六局集团有限公司及其二公司	二等奖
37	城际铁路盾构隧道长距离下穿机场施工技术	中铁十六局集团有限公司及其北京轨道交通工程公司	二等奖
38	铁路站房大跨度连续拱形钢框架结构施工关键技术研究	中铁十六局集团有限公司及其电气化公司	二等奖

续表

序号	项目名称	完成单位	获奖等级
39	吉水赣江特大桥深水基础施工综合技术研究	中铁十七局集团有限公司及其六公司	二等奖
40	高速铁路高低腿超高提梁机研制及施工技术	中铁十七局集团有限公司及其三公司	二等奖
41	城市综合管廊明挖法施工技术及配套工装研究	中铁十七局集团有限公司及其三公司	二等奖
42	京张高速铁路强富水长大明挖隧道关键施工技术	中铁十八局集团有限公司、北京交通大学	二等奖
43	改良型双护盾 TBM 在城市地铁浅埋石质隧道快速施工综合技术研究	中铁十八局集团有限公司及其隧道公司	二等奖
44	主城山区高速铁路大型枢纽改造工程设备配套与施工综合技术研究	中铁十八局集团有限公司、西南交通大学	二等奖
45	大跨径钢管砼系杆拱桥及组合箱梁整体顶升工程关键技术研究	中铁二十局集团有限公司及其一公司	二等奖
46	高角度逆冲富水富砂断层带长大隧道施工关键技术研究	中铁二十局集团有限公司及其六公司	二等奖
47	高速铁路大跨度连续刚构—钢管拱组合桥梁建造关键技术	中铁二十一局集团有限公司及其五公司、重庆大学	二等奖
48	浅埋冲沟环境下湿陷性黄土地质及软弱围岩隧道施工关键技术	中铁二十一局集团有限公司及其二、三公司	二等奖
49	高速铁路隧道长距离穿越软塑性黄土地层施工技术研究	中铁二十二局集团有限公司及其五公司、长安大学	二等奖
50	黄土高原深陡沟壑地区高墩大跨连续刚构桥关键技术研究	中铁二十三局集团有限公司及其三公司	二等奖
51	大型铁路站房结构全生命周期健康监测新技术	中铁建设集团有限公司及其基础设施建设公司、西南科技大学	二等奖
52	超高层建筑幕墙设计施工技术改进研究	中铁建设集团有限公司及其北京中铁装饰公司	二等奖
53	建筑机电装配式技术及其产业化	中国铁建电气化局集团有限公司及其一公司、南方公司	二等奖
54	鄂尔多斯牵引变电所无人值守技术研究及应用	中国铁建电气化局集团有限公司及其二公司、西南交通大学	二等奖
55	连续复合曲线高速铁路接触网精确测量计算及施工关键技术研究和应用	中国铁建电气化局集团有限公司及其南方公司、中铁第一勘察设计院集团有限公司	二等奖
56	时速 350 千米高速铁路接触网吊弦新型预配技术研发和应用	中国铁建电气化局集团有限公司及其南方公司	二等奖
57	高烈度地震区大跨桥梁抗震关键技术研究	中铁第一勘察设计院集团有限公司	二等奖
58	富水卵石土地层盾构法隧道关键技术与环境影响体系研究	中铁第一勘察设计院集团有限公司	二等奖
59	基于浆液性能控制的黔张常铁路岩溶地基强化注浆关键技术研究	中铁第一勘察设计院集团有限公司	二等奖

续表

序号	项目名称	完成单位	获奖等级
60	铁路机房机器人智能在线监测巡检系统	中铁第一勘察设计院集团有限公司	二等奖
61	电气化铁路对机场地面航空无线电台(站)电磁干扰技术研究	中铁第一勘察设计院集团有限公司	二等奖
62	桥涵全数字化测量技术研究及综合应用开发	中铁第四勘察设计院集团有限公司、广州南方测绘科技股份有限公司、广州吉欧电子科技有限公司	二等奖
63	城市桥梁超大行程竖转顶升关键技术研究	中铁第四勘察设计院集团有限公司、上海天演建筑物移位工程股份有限公司	二等奖
64	高速铁路 CRTSⅢ型板式无砟轨道 BIM 关键技术及应用	中铁第四勘察设计院集团有限公司	二等奖
65	高速铁路陡坡路基新型支挡结构关键技术及应用	中铁第四勘察设计院集团有限公司、西南交通大学、杭黄铁路有限公司	二等奖
66	跨越地铁高层建筑桩筏基础设计与研究	中铁第四勘察设计院集团有限公司	二等奖
67	LTE－M 综合承载服务质量关键技术研究及仿真	中铁第四勘察设计院集团有限公司	二等奖
68	基于全自动运行模式的行车综合自动化系统技术研究	中铁第四勘察设计院集团有限公司	二等奖
69	连盐铁路灌河特大桥(120＋228＋120)米连续钢桁—柔性拱关键技术	中铁第五勘察设计院集团有限公司	二等奖
70	徐盐铁路旋喷搅拌桩复合地基加固试验研究	中铁第五勘察设计院集团有限公司	二等奖
71	浮式旅游码头系统性研究及应用	中铁第五勘察设计院集团有限公司	二等奖
72	铁路道床吸污车研制	中国铁建高新装备股份有限公司	二等奖

(制表:程博华　李小和)

2020年12月8—10日，中国铁建党委理论学习中心组举办学习贯彻党的十九届五中全会精神读书班并召开党委常委（扩大）会专题研讨。（车 凯 摄）

党的工作

附录 | 文献辑要 | 统计资料 | 人物 | 所属单位 | 区域总部 | 工会工作 | 党的工作 | 科技创新 | 综合管理 | 经营管理 | 海外业务 | 工程施工 | 董事会工作 | 概况 | 大事记 | 特载

综合工作

【中国铁道建筑集团有限公司党委】 中国共产党中国铁道建筑集团有限公司委员会(以下简称集团公司党委)是国务院国有资产监督管理委员会党委领导的对下属单位党组织实行统一领导的党组织。集团公司党委在企业中发挥领导作用,主要负责统一领导并组织实施集团公司党的建设和思想政治工作,担负党风廉政建设主体责任。集团公司党委常委由汪建平(8月任)、庄尚标、陈大洋、刘汝臣、王秀明、李春德、李宁、汪文忠8人组成,汪建平任党委书记(8月任)。集团公司党委职能机构设党委办公室(党委统战部、团委)、党委组织部(人力资源部)、党委宣传部(企业文化部)、党委巡视办。集团公司纪委是集团公司党委和国务院国有资产监督管理委员会纪委领导下的纪检监察机关,履行党的纪律检查和行政监察职能,担负党风廉政建设监督责任,李春德任纪委书记。集团公司工会接受集团公司党委和中华全国铁路总工会的领导,史道泉任工会主席。 (沈玉泉)

【中国铁建股份有限公司党委】 中国共产党中国铁建股份有限公司委员会(以下简称股份公司党委)是中国铁道建筑集团有限公司党委领导下的对下属单位党组织实行统一领导的党组织。股份公司党委在企业中发挥领导作用,主要负责统一领导并组织实施股份公司党的建设和思想政治工作,担负党风廉政建设主体责任。股份公司党委常委由汪建平(9月任)、庄尚标、陈大洋、刘汝臣、王秀明、李春德、李宁、汪文忠8人组成,汪建平任党委书记(9月任),庄尚标、陈大洋任党委副书记。股份公司党委职能机构设党委办公室(党委统战部、团委)、党委组织部(人力资源部)、党委宣传部(企业文化部)、党委巡视办。李春德任纪委书记,史道泉任工会主席。集团公司党委委员、纪委委员、工会委员、团委委员同为股份公司党委委员、纪委委员、工会委员、团委委员。

根据中央组织部和原中央企业工委及国务院国资委党委批复和指示精神,基于集团公司主营业务整体上市和局集团公司均为股份公司全资控股子公司,股份公司分布在全国各地的下属单位,党的领导关系由股份公司党委和所在省、自治区、直辖市党委双重领导,以股份公司党委垂直领导为主。截至2020年底,所属二级单位中19家与地方党委建立双重领导关系。 (沈玉泉)

【工作综述】 2020年,股份公司党委以习近平新时代中国特色社会主义思想为指导,认真贯彻党的十九大和十九届二中、三中、四中、五中全会精神,围绕新时代党的建设总要求,坚持稳中求进工作总基调,全面坚持党的领导,加强党的领导,统筹推进疫情防控和企业改革发展,在危机中育先机、于变局中开新局,各项工作取得新的成效。

政治建设得到全面加强。一是强化理论武装把方向。股份公司党委引导广大党员干部职工深入学习领会习近平新时代中国特色社会主义思想,增强"四个意识"、坚定"四个自信"、做到"两个维护"。印发党委中心组专题学习重点内容安排,组织开展"党课开讲啦"活动,推动各级党员领导干部用新思想新理论武装头脑、指导实践。中国铁建作为6家典型单位之一,在中央企业党的十九届五中全会学习宣传暨党委(党组)理论学习中心组学习交流会上发言。二是强化党的领导管大局。健全党委会把关定向、董事会科学决策、经理层高效执行的决策运行机制,印发《贯彻落实"三重一大"决策制度实施办法(试行)》《"三重一大"决策事项清单(试行)》,明确国有企业党组织在公司法人治理结构中的法定地位。三是强化履职担当保落实。股份公司党委对全系统疫情防控统一部署,年内7次下发新冠肺炎疫情防控专题通知,制定应急措施,组织捐钱捐物,组织人员参与"方舱医院""两山医院"建设,充分展示党和人民"信得过、靠得住、拉得上、打得赢"的央企形象与国企担当。

组织提升工程持续夯实。一是在组织建设上用实功。召开二级单位党委书记抓党建述职评议会议,组织签订2020年度党建工作责任书,持续优化和改进党建工作责任制工作。落实"四同步、四对接"原则,及时成立新组建单位党委、纪委,加强对所属单位的检查、指导、帮扶,确保基层党组织应建必建、应换尽换。二是在管理培训上见实效。组织召开领导班子专题民主生活会,深刻反思突出问题和薄弱环节,制定整改措施。抓好"三支队伍"建设,举办组工干部培训班、三级单位党委书记培训班,组织党支部书记在线网络培训。选树第二批中国铁建示范党支部,推进党建信息化建设,指导各单位完成发展党员计划,开展走访慰问生活困难党员和老党员活动。三是在制度建设上出实招。不断健全完善党建工作制度体系,印发《党员领导干部民主生活会实施细则》。强化干部管理制度建设,印发《领导人员管理规定》,加强对领导干部的日常管理监督。

干部人才队伍不断优化。一是选优配强建好领导班子。全方位、多角度、近距离识别优秀干部,做好二级单位和直属项目领导人员管理,打造高素质、专业化领导人员队伍，推动形成能者上、庸者下、劣者汰的用人导向。二是管育结合培养领导干部。做好领导干部管理专项工作，开展优秀年轻干部调研，建立年轻干部数据库，总结公司优秀年轻领导人员培养选拔工作。做好领导干部培训和理论学习工作。三是多措并举厚植人才队伍。加强人才及专家队伍建设，持续开展职称评审，组织享受国务院政府特贴人员、百千万人才工程国家级人选等专家、团队的选拔推荐，开办国际工程人才班选录优秀人才，充实人才队伍。加强技能人才队伍建设与职业技能等级认定，筹备职业技能竞赛，完善职业技能等级认定相关制度。多措并举大力吸纳优秀人才，积极参与国务院国资委相关活动，推出“铁建雄鹰”线上招聘平台。

宣传思想工作迸发活力。一是新闻报道工作集中发力。2020 年在中央及地方媒体刊稿超过 500 篇，企业新闻连续 8 天登上《新闻联播》。仅用 15 天就完成抗美援朝主旋律电影《金刚川》的协助拍摄任务，受到肯定和表扬。新媒体平台建设亮点频现，舆情管控工作机制持续创新，融媒体建设向纵深发展；新闻宣传成果在国资委宣传思想培训班上做经验交流。二是企业文化建设全面强化。持续深化精神文明建设，开展“国企开放日”“道德讲堂”实践活动，加强文明单位创建。启动企业文化与品牌提升，完善企业文化体系和品牌管理体系。坚持开展各类文化活动，持续打造特色文化产品，系统内 18 件作品在第三届中央企业故事大赛中获奖。三是形势任务教育深入人心。修订印发《意识形态工作责任制实施办法》，扎实推进意识形态工作责任制落实。围绕企业发展大局，结合疫情防控要求，持续深化形势任务教育。《中国铁道建筑报》发挥新闻报道主平台、主阵地、主引擎作用。

党风廉政建设成效明显。一是全面加强监督执纪工作。制定《加强政治监督的指导意见》，推动政治监督具体化、常态化。做实日常监督，开展对所属二级单位班子成员约谈提醒，加强“四风”问题监督检查，在全系统开展“四个”专项整治。深化职能部门监管，推动构建“大监督”格局。坚持惩前毖后、治病救人方针，精准运用监督执纪“四种形态”，加大执纪审查力度，保持反腐高压态势。二是全面开展廉洁教育工作。教育引导进一步深入，反腐倡廉宣传教育月活动扎实开展。加大以案示警力度，重点对巡视发现的突出问题和执纪审查典型案件进行点名道姓、通报曝光，用身边事教育身边人。三是全面做好巡视及整改工作。认真配合国资委党委，全力做好巡视反馈意见整改。股份公司党委开展对 47 个二级单位财务资金管理专项巡视。加强对巡视整改的监督检查，把系统完善企业治理机制、解决巡视发现共性问题纳入巡视整改范畴，优化企业治理体系，提升治理能力。

和谐发展局面巩固深化。一是履行工会职能。规范召开各级职工代表大会，落实民主管理制度。弘扬劳模精神、劳动精神和工匠精神，发挥典型示范引领作用。打造职工创新创造平台，创新工作室数量不断攀升。做好职工工资、社保问题专项检查，加强劳动关系协调，助力困难职工解困脱困，建家建线常抓不懈，多措并举保障职工权益。二是增添团青活力。组织铁建青年投身各地抗疫一线，展现铁建青年良好形象。作为 12 家试点中央企业之一，启动中国铁建“青马工程”。组织开展系列活动，带动广大团员青年投身企业急难险重任务，增强服务大局的凝聚力和战斗力。三是助力扶贫攻坚。稳步推进扶贫工作，帮助贫困地区解决农副产品、轻工业品销售难题，股份公司 3 个对口扶贫区县全部脱贫“摘帽”。四是维护和谐稳定。多措并举全力做好统战、维稳、保密工作，强化国家安全意识，中国铁建获国务院国资委“中央企业维稳工作先进集体”称号，为企业和谐稳定提供坚强保障。

（耿仁胜）

【党委办公室（党委统战部、团委）】 集团公司党委和股份公司党委的综合职能部门，协助党委领导处理日常工作的机构。主要职责：负责党委的日常工作，当好党委领导的参谋；对接上级党组织，及时传达、学习、贯彻上级党组织指示精神；部署、督促下属各单位党委贯彻落实好股份公司党委各种决定和决议；深入调查研究，及时了解掌握下属单位党委工作开展情况；负责起草党委文件决定、工作计划、工作总结、重大会议材料和党委领导讲话；筹备党委召开的各种会议；协调党委各工作部门的工作关系；负责股份公司国家安全人民防线建设领导小组、维护稳定工作领导小组、保密委员会的日常工作；负责股份公司“三重一大”系统建设、运维及日常管理工作；负责党委统战工作，团结各民主党派和社会团体，充分调动和发挥其积极性；负责总部机关党委的日常工作。加强党委对共青团工作的领导，负责开展好青年工作；负责党委和党委领导的文电收发运转、党委印鉴和信件管理等工作。定员 12 人，设主任 1 人、副主任 2 人（其中 1 人兼任保密办公室专职主任，1 人兼任团委书记）；下设秘书处、党务处和青年处。

2020 年，党委办公室（党委统战部、团委）认真学习贯彻习近平新时代中国特色社会主义思想，党的十九大和十九届二中、三中、四中、五中全会精神，牢牢把握党委中心工作，积极参与疫情防控和复产复工、国资委党建工作责任制考核，做好保密管理、安全维稳、统战工作、文件起草、公文处理、总部党建、团青等重点工作,加强自身队伍建设,较好地完成全年各项工作任务。

深入学思践悟,提升思想认识和履职能力。及时召开部门会议,传达学习习近平总书记系列重要讲话、指示批示精神,把重要讲话、指示批示精神纳入部门工作指导和具体行动中,增强部门人员履职尽责能力和业务水平,推动习近平新时代中国特色社会主义思想往深里走、往心里走、往实里走。

落实防疫要求,助力疫情防控和复产复工。新冠肺炎疫情暴发以来,积极贯彻落实股份公司党委疫情防控和复产复工要求,加强部门人员管理,部署安排疫情防控和复工复产工作,做到通知在线上发布、工作在线上部署、落实在线上反馈,有效实现疫情防控和复产复工的无缝对接、高效运转。

坚持突出重点,配合抓好党委中心工作。印发《中国铁建股份有限公司党委 2020 年党建工作要点》,提出全年党建工作总要求。按时完成股份公司本级党委常委会会议资料的录入上传,高效审核下级单位报送的"三重一大"系统相关数据,日均审核报送数据上百条;协同中铁建网络信息科技有限公司,完善升级系统功能和后台管理,提升系统安全性、保密性、流畅度。修订完善《贯彻落实"三重一大"决策制度实施办法(试行)》《"三重一大"决策事项清单(试行)》,强化对"三重一大"决策的制度约束。

配合巡视工作,以查促改规范管理。根据国资委党委安排,国资委党委第二巡视组对公司党委开展为期两个月的巡视。作为负责对接联络部门,党委办公室积极配合做好巡视相关工作,按照党委要求制定巡视反馈问题整改实施总体方案和 2 个专项整改方案,梳理出具体问题 77 个,制定整改措施 215 项。

履行牵头部门责任,推进"四个"专项整治工作。按照国资委党委党风廉政建设和反腐败工作统一部署,7—11 月,股份公司党委开展"四个"专项整治工作。党委办公室牵头负责专项整治总体工作的统筹协调,全过程与利益输送、设租寻租和化公为私专项整治牵头部门保持密切沟通协调,跟踪督导时间节点、重点内容、工作举措等关键环节,及时汇报推进情况,确保各项整治举措得到有效贯彻落实。截至 2020 年 11 月底,股份公司利益输送、设租寻租、化公为私专项整治阶段性工作,均按照国资委党委工作部署按时完成。

增强政治敏锐,筑构坚固人民防线。围绕"坚持总体国家安全观,统筹传统安全和非传统安全,为决胜全面建成小康社会提供坚强保障"主题,部署开展 2020 年全民国家安全教育日普法宣传活动,多部门统筹推进,整理播放学习视频 8 个、宣传海报 30 张、宣传标语 20 条。利用传统线下阵地,悬挂条幅、张贴海报、陈列展台展板、滚动播放警示教育片等传统方式,强化国家安全意识。开辟线上网络平台,在门户网站、微信、抖音、快手公众号推进宣传专题,确保活动效果。开展国家安全知识抢答、道德讲堂、职工民主管理活动,进一步拓宽宣传教育的有效途径。

加强维稳工作,保障大局和谐稳定。认真学习贯彻习近平总书记关于加强和改进人民信访维稳工作的重要思想,稳步推进维稳工作,全年未发生产生恶劣社会影响的群体性事件,维稳工作取得良好实效,中国铁建获国资委中央企业维稳工作先进集体称号。

厚植党建根基,强化总部党建工作。强化思想理论武装,印发《"党课开讲啦"活动实施方案》,增强党员教育的针对性有效性。加强基层党组织建设,下发直属机关党委党建工作要点,指导党支部换届选举或增补委员。抓好教育培训工作,提升党支部书记和组工干部的履职能力和业务水平。开展爱国爱企主题教育,观看《金刚川》电影,参观纪念中国人民志愿军抗美援朝出国作战 70 周年主题展览。加强总部作风建设,组织各党支部观看警示宣传片《双面人生》,筑牢反腐倡廉思想防线。配合新冠肺炎疫情防控工作,落实疫情防控要求,组织总部广大党员开展自愿捐款累计 20 万元。加强党费管理工作,规范党费日常管理,并不定期开展党费自查。积极做好国资委党委巡视配合工作,参与永定路地区党建工作,构建有利于总部大院发展的内外部环境。参与总部大院改造建设工作,维护职工切身利益,确保和谐稳定。

汇集青年力量,做好企业团青工作。一是直面战疫,主动作为,展现铁建青年的良好形象。二是强化引领,扎实服务,开展"奋进新时代、逐梦新征程"主题演讲比赛,启动中国铁建青年马克思主义者培养工程。三是融入中心,服务大局,组织开展"共创青安岗"网络知识竞答、海外青年视频交流会、"青创杯"青年创新成果大赛、"号、手、岗、队"活动,全年获全国青安岗 9 个、全路青安岗 1 个。四是关爱服务,提升质量,开展"团组织就在我身边"帮扶行动,服务单身青年婚恋需求,大力推优评先,9 个青年集体、9 名青年获共青团中央表彰,19 个青年集体、51 名青年获省部级共青团荣誉。五是重心前移,夯实基础,按照应建必建、应换必换要求,指导基层单位完成团组织建立和换届工作,团的组织建设规范化水平不断加强。

(胡　勇　张亚伦)

【保密工作】 2020 年,按照党委工作要求,在各级总部机构改革和调整中,加快推进企业保密工作体系建设,建立规范、有序、合理、协调的保密工作运行机制。特别是在军民融合项目中,保密管理体系日渐完备。

加强保密工作协同，编印发放《保密工作法律文件汇编》《企业员工信息安全手册》。结合全面开展保密工作自查自评工作，持续推动保密工作对标管理。年内在股份公司总部组织保密全覆盖检查，有序推进涉密视频会议室建设。加大监督管理培训力度，做到监督管理全覆盖；加大投入，保密工作经费纳入企业经常性预算科目。加强涉密人员管理，针对涉密复转军人、出入境涉外事务等，重点开展脱密管理；结合生产经营需要，开具各类证明书证。推进总部全员及所属企业签订《保密责任书》《保密承诺书》，股份公司商业秘密保护及其信息系统安全防护体系建设进一步加快，中国铁建连续7年被评为“保密工作标杆单位”。

（梁树枫）

【统战工作】 2020年，始终坚持以习近平新时代中国特色社会主义思想统揽统战工作，引导广大党外知识分子牢固树立“四个意识”、坚定“四个自信”，做到“两个维护”，为企业发展献计献策。根据总部部门编制调整实际情况，股份公司党委及时调整统战工作领导小组组成人员，加强党委对统战工作的领导。按照国资委要求，摸排全系统国有控股混合所有制企业统战对象和工作情况，摸排党外代表人士建言献策工作室创建及成果情况，为做好统战工作掌握第一手资料。

（耿仁胜）

【文印管理】 2020年，审核集团公司党委、股份公司党委、直属机关党委公文、公函124件。其中，集团公司党委公文55件、公函31件；股份公司党委公文28件、公函4件；直属机关党委公文6件。全年收发上级来文405件，传递各类文件225件；加盖集团公司党委、股份公司党委印章1623枚次。（胡　勇）

·总部党务·

【制定下发《2020年党建工作要点》】 2020年3月30日，为贯彻落实股份公司党委工作部署，直属机关党委下发《中国铁建股份有限公司直属机关党委2020年党建工作要点》，从加强党的政治建设、强化思想理论武装、开展对党忠诚教育、加强支部组织建设、强化党员发展管理和监督、抓好党风廉政建设和反腐败工作、开展激励关怀慰问工作、协助做好住房分配工作等方面，安排部署总部机关党委全年党建工作，推动党建工作全面进步、全面过硬、全面提升，为打造“五型”总部机关提供坚强保证。

（耿仁胜）

【学习贯彻党的十九届五中全会精神推进会暨宣讲会】 2020年12月11日，为深入学习贯彻党的十九届五中全会精神，直属机关党委召开学习贯彻党的十九届五中全会精神推进会暨宣讲会。会议强调，要全力抓好党的十九届五中全会精神的学习宣传贯彻落实，各党支部要按照总部机关党委统一部署，抓好党员领导干部和全体党员的学习，把学习党的十九届五中全会精神与学习党的十九大和十九届二中、三中、四中全会精神结合起来，坚持领导带头学，采取多种方式深入学习研讨，力求融会贯通。各党支部要精心组织、周密部署，认真执行学习宣贯方案，把全会精神作为重点列入支委会专题学习内容，把全会精神纳入“三会一课”重要内容，党支部书记要在所在支部讲专题党课，迅速兴起学习宣传贯彻热潮。会议要求，各党支部要坚决把学习贯彻落实十九届五中全会精神转化为指导实践、推动工作的具体行动，要以学习宣传贯彻党的十九届五中全会精神为动力，统筹抓好疫情防控和生产经营工作，完成好全年各项任务，凝心聚力投入“三大攻坚战”，扎实做好“六稳”工作，落实“六保”任务，确保“十三五”圆满收官，为“十四五”开好局、起好步奠定坚实基础。各党支部要以全会精神为指导，结合部门职责，厘清“十四五”时期企业发展的总体思路，科学合理设定目标指标，统筹谋划好下个五年企业改革发展的重大战略、重点任务、重要工作，推动企业高质量发展再上新台阶。

（耿仁胜）

【总部机关党委、纪委委员座谈会】 2020年10月10日召开，会议学习传达中国铁建党委书记、董事长汪建平在第76次党委常委会上的讲话精神。领导讲话既指出企业存在的短板问题，也提出“实事求是、守正创新、行稳致远”12字工作原则和要求，阐述做强做优做大的关系，具有指导性、针对性和可操作性，为中国铁建改革发展指明方向、提供遵循。参会人员表示要站在新时代的新起点上，尽职履责，保持清醒头脑和战略定力，围绕全年目标任务，把思想统一到党中央、国资委要求及领导讲话精神上来，在各自岗位上奋发有为，把各项工作落到实处，把学习成果体现在推动企业高质量发展的成效上。

（耿仁胜）

【总部党支部书记在线培训】 2020年8月12日至9月15日，直属机关党委组织总部全体党支部书记参加在线培训。培训课程开设习近平新时代中国特色社会主义思想解读、党章党规和党的基本知识、党支部工作实务和工作方法、基层党支部先进典型与工作案例4个模块，内容涵盖政治理论的深度阐释和创新研究、党支部书记日常工作的详细讲解和基层党支部先进典型的现身说法。通过在线培训，进一步提高总部党支部

书记的思想政治素质和业务技能，以及服务生产经营管理和推动企业科学发展的能力。（耿仁胜）

【组织自愿捐款】 2020年，为积极响应中央组织部、国务院国资委党委和股份公司党委关于打赢疫情防控阻击战的号召，直属机关党委组织总部广大党员坚持自觉自愿、量力而行的原则，自愿捐款累计20万元，支持新冠肺炎疫情防控工作。（耿仁胜）

【中国人民志愿军抗美援朝出国作战70周年纪念章颁发】 2020年，为弘扬抗美援朝精神，加强爱国主义教育，树立铭记历史、崇尚英雄、珍爱和平、关爱功臣的良好风尚，彰显中国不畏强敌、维护世界和平、构建人类命运共同体的坚定决心和信心，增骤中国特色社会主义伟大事业凝聚力和感召力，总部机关党委认真贯彻落实党中央部署要求，严格规范颁发范围，采用组织统计和个人申报相结合的方式，以组织统计为主，个人申报为补充，精心做好纪念章统计和颁发工作，把党中央的关心厚爱送到每位纪念章获得者。（耿仁胜）

【与人民网举行联合党日活动】 2020年10月27日，总部机关党委与人民网联合举行党日活动，组织部分党员代表观看电影《金刚川》，并举行观影交流会。影片《金刚川》以抗美援朝战争为背景，以铁道兵在朝鲜战场上浴血奋战、舍生忘死筑起“打不断、炸不烂的钢铁运输线”的英勇事迹为重要原型，围绕主力部队增援前线必经之地——金刚川上一座木桥的破坏与抢修展开，歌颂中国人民志愿军气壮山河的英雄气概。在中国人民志愿军抗美援朝出国作战70周年之际，与人民网联合举行党建活动具有特别的教育意义，为双方进一步开展党建和业务合作开拓新路径、探索新思路。（耿仁胜）

【参与永定路地区区域化党建工作】 2020年，为进一步加强地区区域化党建工作，努力形成党建共商、事务共管、资源共享、文明共创、难题共解、活动共办、服务共推的区域化党建工作良好局面，总部机关党委积极参与永定路地区党建工作，认真落实党建工作协调委员会会议精神，共同参与地区议事和治理，形成不断推动地区建设发展的工作合力。（耿仁胜）

【指导党支部增选委员或换届】 2020年，根据《中国共产党章程》《中国共产党支部工作条例（试行）》要求，结合总部机构编制及职能调整情况，指导离退休职工管理中心、发展规划部等党支部选好支部委员，配好支部班子，做好支部工作，为加强总部党的建设工作，打造“五型”公司总部奠定坚实的组织基础。（耿仁胜）

【组织参观纪念中国人民志愿军抗美援朝出国作战70周年主题展览】 2020年10月25日，总部机关党委组织总部党员参观“铭记伟大胜利、捍卫和平正义——纪念中国人民志愿军抗美援朝出国作战70周年主题展览”。展览充分展示中国人民志愿军将士的英雄气概和不畏强敌、制胜强敌的精神力量，展现出全国各族人民同仇敌忾、万众一心的爱国情怀，彰显全体中国人民不畏强暴、维护和平的坚定决心。观展活动是对广大党员干部职工一次深刻而生动的党性教育，进一步激发广大干部职工干事创业的激情和热情。（耿仁胜）

【组织观看《双面人生》】 2020年5月，为进一步加大反腐倡廉宣传教育力度，切实增强总部党员干部纪律规矩意识，推动党风廉政建设和反腐败工作向纵深发展，总部机关党委、纪委在反腐倡廉宣传教育月期间组织集体观看警示教育片《双面人生》，开展对总部党员领导干部深刻的警示教育。（耿仁胜）

【走访慰问老党员和生活困难党员】 2020年，按照股份公司党委做好春节前慰问老党员和生活困难党员的通知精神，总部机关党委对离退休老党员和总部各党支部生活困难党员进行走访慰问。其中，股份公司党委划拨34000元全部用于慰问离退休老党员和困难党员。（耿仁胜）

·共青团工作·

【股份公司团委】 中国铁建股份有限公司2007年11月成立后，成立共青团中国铁建股份有限公司委员会（以下简称股份公司团委），同时行使中国铁道建筑集团有限公司团委职能。2019年11月召开共青团中国铁道建筑集团有限公司第一次（中国铁建股份有限公司第三次）代表大会，选举产生共青团中国铁道建筑集团有限公司第一届（中国铁建股份有限公司第三届）委员会。股份公司团委在股份公司党委和中央企业团工委的领导下开展共青团和青年工作，对下实施垂直管理，主要负责中国铁建系统团组织建设、干部队伍建设、团的生产活动及团员青年的思想政治工作。股份公司团委下辖42个集团公司级团委（团工委），全系统基层团委576个，团总支58个，团支部4451个；专职团干部242人，兼职团干部8394人，团员

61610 人,35 周岁以下青年职工 154243 人。

2020 年,股份公司团委坚持以习近平新时代中国特色社会主义思想为指导,深入贯彻落实党的十九大和十九届二中、三中、四中、五中全会精神和团的十八大精神,按照股份公司党委要求和中央企业团工委部署,坚持党建带团建,围绕疫情防控和复产复工任务、加强青年思想引导、融入企业改革发展、服务青年成长成才、推进全面从严治团,增强政治性、先进性、群众性,团结带领广大团员青年不忘初心跟党走,砥砺奋进建新功,为打赢疫情防控阻击战和攻坚战,推进中国铁建高质量发展贡献青春力量。 (李长城)

【基层团组织建设】 2020 年,根据国资委党建考核团组织建设"应建必建,应换必换"要求,指导中国铁建西北区域总部、华北区域总部,中铁建资本控股集团有限公司成立团组织;督促中国铁建国际集团有限公司、中铁物资集团有限公司完成换届工作;调整中国土木工程集团有限公司、中铁二十四局集团有限公司、中铁二十五局集团有限公司、中国铁建投资集团有限公司、中国铁建昆仑投资集团有限公司团组织负责人,提高团的组织建设规范化水平。 (李长城)

【共青团中国铁建三届三次全委(扩大)视频会议】 2020 年 3 月 13 日在北京召开。会议集中学习习近平总书记赴湖北武汉考察新冠肺炎疫情防控工作时的重要讲话,传达国务院国资委党委、共青团中央领导对中央企业青年进一步做好疫情防控和复工复产工作的批示要求。会议号召全系统团员青年保持定力、慎终如始,再接再厉,全力以赴投身疫情防控和复工复产一线,发挥好青年生力军和突击队作用;会议同时对 2020 年度共青团工作进行安排部署。 (李长城)

【推优入党】 2020 年,中国铁建系统 707 名团员在团组织推荐下光荣加入中国共产党。 (李长城)

【学习贯彻习近平总书记关于青年工作讲话精神】 2020 年,股份公司团委印发《关于学习贯彻习近平总书记寄语精神的通知》,要求各级团组织迅速传达、学习总书记寄语。组织广大青年深入学习贯彻习近平总书记给复旦大学青年师生党员回信精神和习近平总书记在 2020 年中央党校(国家行政学院)中青年干部培训班开班式上的讲话精神,组织在(北)京部分单位团干部、青年代表进行学习心得研讨交流,提升七种能力,投身强国伟业。各级团组织通过线上线下多种形式广泛开展青年大学习、青年宣讲会、青年大讲堂、青年夜校、人人上讲台活动 5957 场次,有效拓展团员青年的学习覆盖,提升团组织的思想引领作用,凝聚团员青年青春心向党的奋斗热情。 (李长城)

【组织企业青年投身抗疫复工】 2020 年 1 月 26 日,股份公司团委第一时间向全体团员青年发出"立即行动起来"倡议,按照团中央具体要求,在股份公司党委统一领导下,组建疫情防控青年志愿者服务队开展各类志愿活动。3 月 2 日下发《关于号召全体团员青年进一步积极投身疫情防控和复工复产工作的通知》,号召各级团组织和广大团员、团干部要立即行动起来。共青团微信平台坚持每天更新发布,及时有效传达公司党委工作部署和上级抗疫复工要求、青年志愿突击动态和科学防护知识等信息,共同发挥作用助力疫情防控和复产复工。在股份公司党委发出党员倡议后,各级团组织迅速行动,组建疫情防控、物资采购、复工复产青年突击队,面对抗疫复工任务主动出列。新冠肺炎疫情期间,中国铁建系统 500 支青年突击队和青年文明号 2 万青年投入到抗击疫情战斗中,展现铁建青年的青春担当和力量,涌现出一大批先进青年集体。 (李长城)

【"学雷锋、抗疫情"志愿服务活动】 2020 年,新冠肺炎疫情期间,中国铁建系统 300 余支青年志愿者服务队、3 万余名青年志愿者投身各地抗疫工作,立足驻地、走上街头、走进社区,用实际行动彰显雷锋精神,为坚决打赢疫情防控阻击战贡献青春力量。在共青团中央发出爱心帮扶受新冠肺炎疫情影响青少年的行动倡议后,股份公司团委号召全系统团员青年开展自愿奉献爱心活动,累计捐款 217 万元。 (李长城)

【启动中国铁建青年马克思主义者培养工程】 2020 年,根据共青团中央五部委联合印发的《关于深入实施青年马克思主义者培养工程的意见》要求,中国铁建作为团中央组织部、国资委党建局和中央企业团工委选定的 12 家试点中央企业之一,经推荐筛选 36 名青年骨干参加首期"青马班"培训。 (李长城)

【"奋进新时代、逐梦新征程"演讲比赛】 2020 年,为深入学习宣传贯彻党的十九届五中全会精神,引导全系统青年进一步坚定理想信念,增强责任感和使命感,努力为中国铁建高质量发展增添强大的青春正能量,根据股份公司党委《学习宣传贯彻党的十九届五中全会精神工作方案》部署,股份公司团委在全系统开展"奋进新时代、逐梦新征程"主题演讲比赛,持续引导团员青年听党话、跟党走的思想自觉和行动自觉。

(李长城)

【基层团组织工作建设】 2020年，股份公司团委深入贯彻上级团委和中国铁建年初工作会议精神，召开三届三次全委（扩大）视频会议，进行上级党委和团组织文件精神的集体学习，部署年度团青重点工作。落实共青团中央关于加强国有企业基层团组织建设要求，结合《中国共产主义青年团国有企业基层组织工作条例（试行）》组织开展调研工作，结合公司团青工作实际起草编制《党建带团建指导意见》，同时在全系统开展加强基层团组织规范化建设工作，开展基层标准化团支部创建工作，持续强化团的基础工作。（李长城）

【主题实践活动】 2020年，中国铁建各级团组织以“稳增长、高质量，铁建青年献力量”为主题，通过“号、手、岗、队”活动带动广大团员青年积极投身抗疫复工一线、企业急难险重任务，引导团员青年在创新上下功夫、做文章，有效服务生产经营工作。全年全系统开展各类主题实践活动2800场次，组建青年突击队2260支，覆盖团员青年68000人。（李长城）

【中国铁建海外青年视频交流会议】 2020年8月3日采用主会场+视频分会场的形式召开，来自全球20个国家和地区的海外参建项目或驻外机构的团员青年相聚云端，共话战“疫”青春，织梦成长未来。会议邀请赴尼日利亚防疫工作组代表做客云端，为海外青年进行防疫知识讲座，参会团干部与海外青年进行云端交流互动，帮助海外青年疏解焦虑情绪，保持积极乐观心态，以更好状态融入海外建设生产生活一线。中国铁建系统国内单位、海外项目38个分会场300名团员青年参加会议。（李长城）

【中国铁建“青创杯”青年创新成果大赛】 2020年9月，中国铁建“青创杯”青年创新成果大赛在中铁建华南建设有限公司广州地铁项目举办。通过评选，6项创新成果获得表彰，活动为青年们搭建展示自我与团队的平台，提升企业创誉创效能力，营造创新氛围。

中国铁建“青创杯”青年创新成果大赛获奖单位

一等奖

《大直径盾构机自进式整体过站施工方法》 中铁十一局集团有限公司

二等奖

《装配式“万能角钢”吊顶转换层安装体系》 中铁建设集团有限公司

《智能化无砟道床打孔设备》 中国铁建电气化局集团有限公司

三等奖

《耐高水压盾尾密封油脂的研制与应用》 中铁建华南建设有限公司

《地下连续墙水下混凝土浇筑导管提升机》 中铁十四局集团有限公司

《BIM技术在广州地铁18号线和22号线一分部超大型工程应用与探索》 中铁十九局集团有限公司

优秀组织奖

中铁建华南建设有限公司团委

（李长城）

【中国铁建职业技能竞赛】 11月24—27日，2020年中国技能大赛——中国铁建职业技能竞赛在湖南长沙举办。股份公司团委作为组委会成员，现场授予15名青年“青年岗位能手”称号，进一步调动青年工作热情，坚定其提升技能水平、服务企业发展的信心与决心。（李长城）

【“导师带徒”活动】 2020年，中国铁建各级团组织持续深化导师带徒活动，逐步形成“一带一、一带多、多带一”“思想+业务”双导师带徒培养模式，不断提升培养品质，确保导师带徒活动的完整性。全年全系统新签订师徒合同18300对，加快青年成长成才步伐。

（李长城）

【青年联谊活动】 2020年，中国铁建各级团组织举办线上线下交友联谊活动400场次，为8300名单身青年搭建交友联谊平台。（李长城）

【青年志愿服务活动】 2020年，股份公司团委印发《中国铁建股份有限公司青年志愿服务管理办法（试行）》，同时在中国铁建微信公众号开通实名注册平台，推动志愿服务制度化、品牌化、项目化开展。全年各级团组织动员开展各类志愿服务活动2200场次，35000名青年参加，彰显铁建青年的公益形象和社会担当。股份公司团委积极参与第五届全国志愿服务交流会，在移动端和PC端“全国志愿服务云展馆”积极展现铁建青年志愿服务形象。（李长城）

【对外交流合作】 2020年，股份公司团委积极参加团中央、全国铁道团委、北京市团市委等组织开展的主题活动，加强与团中央相关部门沟通联系，积极参加“中国华服日”“五四精神，传承有我”“青春绽放网络团日”“新时代·新西藏·新青年”主题活动，展示铁建青年青春向上的良好形象。加强区域团建的交流协作，拓宽团青工作互助范围，提升团青工作质量。年内

先后接待中央团校基层团干部培训班、团中央组织部等多个团体的参观交流。 （李长城）

【“团组织就在我身边”帮扶行动】 2020年初，股份公司团委从“中国铁建青年爱心金”中划拨4.8万元关爱16名身患重病的困难青年员工，为团员青年办实事、解难事，把团组织的关爱和祝福送到他们手中。 （李长城）

【宣传工作】 2020年，中国铁建青年的抗疫先进事迹和团组织亮点工作等在学习强国、团中央微信微博、中青报、共青团杂志、青春央企等多个平台转载发布。《团旗闪耀抗“疫”路》论文被中国知识资源总库收录。全年“团聚铁建”微信公众号发布信息335条，抖音公众号发布信息475条，中国铁建青年网审核发布信息310条，在《中国青年报》、“青春央企”微信、团中央微博、共青团新闻联播刊、“学习强国”学习平台等刊发多篇报道。主题云队课“世界最强‘穿山甲’”在共青团中央微信、微博、哔哩哔哩、快手等多个平台进行直播，获得广泛关注好评。供稿参与的《国家相册—他从未远去—抗美援朝篇》在新华社客户端播出，用传统媒体和新媒体融合发展来讲好青年故事，展示青年风貌，营造青年奋发向上的青春氛围，提高中国铁建共青团的影响力和知名度。 （李长城）

【团中央表彰全国“两红两优”】

全国五四红旗团委（团工委）

中国铁道建筑集团有限公司团委

全国优秀共青团员

丁庆滨　中铁十一局集团三公司拉林铁路项目经理部业务员

（李长城）

【全国向上向善好青年】 2020年，中国铁建所属中铁十一局集团二公司徐浩然获评“全国向上向善好青年”。 （李长城）

【中国铁建团委表彰“两优两红”】 2020年五四期间，中国铁建团委表彰五四红旗团委56个、五四红旗团支部49个，优秀团干部68人、优秀共青团员65人。

中国铁建五四红旗团委

中国土木工程集团南方建设公司团委
中铁十一局集团四公司团委
中铁十一局集团桥梁（物贸）公司团委
中铁十一局集团房地产公司团委
中铁十二局集团三公司团委
中铁十二局集团四公司团委
中国铁建大桥工程局集团一公司团委
中国铁建大桥工程局集团五公司团委
中铁十四局集团二公司团委
中铁十四局集团四公司团委
中铁十五局集团二公司团委
中铁十五局集团城建公司团委
中铁十六局集团一公司团委
中铁十六局集团四公司团委
中铁十七局集团四公司团委
中铁十七局集团电气化公司团委
中铁十七局集团铺架分公司团委
中铁十八局集团建安公司团委
中铁十八局集团三公司团委
中铁十八局集团市政公司团委
中铁十八局集团隧道公司团委
中铁十九局集团三公司公路路面第三项管部团委
中铁十九局集团五公司团委
中铁二十局集团四公司团委
中铁二十局集团六公司团委
中铁二十一局集团一公司团委
中铁二十一局集团轨道公司团委
中铁二十二局集团一公司团委
中铁二十二局集团三公司团委
中铁二十二局集团房地产公司团委
中铁二十三局集团一公司团委
中铁二十三局集团四公司团委
中铁二十四局集团桥梁建设公司团委
中铁二十四局集团浙江公司团委
中铁二十五局集团一公司团委
中铁二十五局集团四公司团委
中铁建设集团华中分公司团委
中铁建设集团华北分公司团委
中国铁建电气化局集团一公司团委
中国铁建电气化局集团二公司团委
中国铁建港航局集团总承包分公司团委
中国铁建房地产集团物业管理公司团委
中铁第一勘察设计院集团新疆院团委
中铁第四勘察设计院集团建筑院团委
中铁第四勘察设计院集团国际事业部团委
中铁第五勘察设计院集团有限公司团委
中铁物资集团港澳公司团委
中国铁建重工集团股份有限公司高新装备公司团委
中国铁建重工集团股份有限公司隆昌公司团委
中国铁建国际集团北非区域公司团委
中铁城建集团一公司团委

中铁城建集团北京公司团委

中国铁建投资集团山东济徐高速公路济鱼公司团委

中铁建资本控股集团资产管理公司团委

西南区域总部中铁建昆仑路桥建设公司团工委

重庆区域总部重庆铁发遂渝高速公路公司团委

中国铁建五四红旗团支部

中国土木工程集团(肯尼亚)公司团支部

中铁十一局集团三公司拉林铁路项目部团支部

中铁十一局集团五公司涪秀二线铁路项目部二分部团支部

中铁十二局集团一公司福州地铁 5 号线项目部团支部

中铁十二局集团二公司苏州地铁 S1 – TS – 06 标段项目部团支部

中铁十二局集团建安公司第十六项目部团支部

中国铁建大桥工程局集团二公司成都地铁 6 号线 8 标段项目部团支部

中国铁建大桥工程局集团建筑公司静海大邱庄示范镇项目部团支部

中铁十四局集团三公司合铜高速公路项目部团支部

中铁十四局集团房桥公司济南黄河隧道项目部团支部

中铁十四局集团市政分公司老城区第三项目部团支部

中铁十五局集团四公司济宁项目部团支部

中铁十五局集团五公司合安高速公路项目部团支部

中铁十六局集团五公司漳武公路项目部团支部

中铁十六局集团轨道公司杭州地铁 8 号线 SG8 – 2 标段项目部团支部

中铁十七局集团五公司郑州管廊项目部团支部

中铁十七局集团上海轨道公司苏州市轨道交通 V – TS – 07 标段项目部团支部

中铁十八局集团二公司杭绍台铁路项目部团支部

中铁十八局集团一公司黑白面将军山隧道工程项目部团支部

中铁十九局集团二公司通张铁路项目部团支部

中铁十九局集团矿业公司乌山项目部团支部

中铁二十局集团一公司陇漳高速公路项目部团支部

中铁二十局集团有限公司财务共享服务中心团支部

中铁二十一局集团有限公司贵南高速铁路项目部团支部

中铁二十一局集团铁建中原公司中牟县潍区居民迁建工程项目部团支部

中铁二十二局集团五公司新白广城际项目部团支部

中铁二十二局集团雄安公司重庆中梁山项目部团支部

中铁二十三局集团三公司寻味贵州项目部团支部

中铁二十三局集团六公司重庆地铁 9 号线项目部团支部

中铁二十四局集团福建公司福州地铁 5 号线项目部团支部

中铁二十四局集团江苏公司连徐铁路项目部团支部

中铁二十五局集团三公司永州扩能项目部团支部

中铁二十五局集团房地产公司广西铁龙置业有限公司团支部

中铁建设集团北京公司第 9(青龙湖)项目部团支部

中铁建设集团设备安装公司华中区域公司长沙地铁 5 号线团支部

中国铁建电气化局集团三公司通信分公司团支部

中国铁建电气化局集团北方公司银西铁路项目部团支部

中国铁建港航局集团二分公司鱼山液化码头团支部

中国铁建房地产集团(贵安)公司团支部

中铁第一勘察设计院集团线路运输处站二所团支部

中铁第四勘察设计院集团设备处机辆所团支部

中铁第五勘察设计院集团电化通号设计处团总支

中铁上海设计院集团南昌院团总支

中铁物资集团东北公司经营团支部

中国铁建重工集团高新装备公司制造总厂机加工分厂团支部

中国铁建重工集团电气与智能研究设计院团支部

中铁城建集团二公司第三项目部团支部

中铁城建集团房地产公司团总支

中国铁建投资集团重庆轨道公司团支部

中国铁建优秀共青团干部

刘吉海　苗少杰　刘敏之　李功义　肖双清
李昊一　赵　巍　马红兵　邓宝财　王丽霞
徐汝燕　张　喆　贾琴雨　洪士浩　王　玺
张家琪　赵　悦　石会婷　高　飞　蓝曙文
孟旭鹏　张　祺　王正国　高小伟　张　杰
蒲川阳　贾珺涵　张禄洲　范建瑞　宿艳鹏
孙　影　邢耀安　陈　灏　石文静　冯　璇

宫　明　张　乔　袁　佳　蒋　庆　张满红
胡可心　龙　倩　李春艳　刘　卓　郭忠峰
宋　进　陈艳伶　刘晓燕　时海洋　翟利云
汪珈冰　汝　捷　高　军　李　伟　陈　萍
张安慧　吴焕庆　荆　铭　赵智圆　廖紫芸
佟士伦　郑　维　郑俊霞　张一同　刘　旭
陈世昌　王星晨　王　磊

中国铁建优秀共青团员

刘晨超　刘嘉华　朴　飞　翁学群　王俊凯
汤志强　谭　盼　黄驿博　段洪柱　王照辉
徐荣剑　李灿杰　朱　鹏　仇如浩　李牧林
花凯凯　赵　林　李　彤　冯胜楠　左岳坤
马　科　李炜晓　王成林　张家硕　高　萌
王秋舒　吴　丹　张德富　张　莹　鲁　宽
阎　鑫　王静楠　周泽庭　熊　琪　鲜欣颖
徐　帅　郑　重　魏一灵　吴文达　宋　健
牛文凯　严家玮　杨大辉　刘　铭　刘怡凡
荀婧芸　潘勇旭　邓甘泉　夏　爽　王　静
钟　慧　杨奇越　蒋国恒　徐　峥　刘来斌
益西群培　李新颖　李　嵩　韩子晨　王汉强
王登学　杨浩东　陈　涵　朱文涛　李路晨

（李长城）

【争创“青年文明号”、争当“青年岗位能手”活动】 2020年，股份公司团委在全系统广泛开展争创“青年文明号”、争当“青年岗位能手”活动，团结带领团员青年奋战施工一线，发挥生力军和突击队作用，评选中国铁建“青年文明号”92个、中国铁建“青年岗位能手”97人。

中国铁建“青年文明号”

中国土木工程集团尼日利亚公司卡杜纳项目部

中国土木工程集团南方建设公司南沙项目部

中国土木工程集团埃塞俄比亚公司亚吉铁路运维项目吉布提分公司

中铁十一局集团三公司新疆5号公路项目部

中铁十一局集团五公司郑万铁路项目部

中铁十一局集团建安公司武汉秦园路风塔工程项目部

中铁十一局集团房地产公司中国铁建·御湖项目部

中铁十一局集团海外工程事业部商务投标中心

中铁十二局集团一公司徐州东站东广场上盖工程项目部

中铁十二局集团有限公司川藏铁路2标段一工区项目部

中铁十二局集团三公司仁沐新高速公路LJ14标段项目部

中铁十二局集团建安公司第三十四项目部

中国铁建大桥工程局集团二公司天津地铁6号线三工区项目部

中国铁建大桥工程局集团三公司杭绍台铁路项目青年创新工作室

中国铁建大桥工程局集团五公司科学技术青年创新工作室

中国铁建大桥工程局集团六公司长春轨道交通6号线1标段项目部

中铁十四局集团二公司总部

中铁十四局集团三公司昆楚高速公路项目部工程技术部

中铁十四局集团五公司兖州国际陆港物流园建设项目部

中铁十四局集团大盾构公司北京东六环改造工程项目部

中铁十四局集团房桥公司曹妃甸分公司

中铁十五局集团四公司京新高速公路项目部

中铁十五局集团五公司兰张三四线铁路兰武段XQ1标段项目经理部

中铁十五局集团路桥公司金义东项目部

中铁十五局集团城建公司宿州项目部

中铁十六局集团一公司曼大公路1标段项目部

中铁十六局集团四公司新建九江市城西港区铁路专用线工程项目部

中铁十六局集团五公司滇中引水工程楚雄段3标段项目部

中铁十六局集团轨道公司深圳市轨道交通16号线二工区项目部

中铁十七局集团四公司弥蒙铁路项目部

中铁十七局集团五公司运三高速连接线YS－01标段项目经理部

中铁十七局集团电气化公司拉林铁路项目部

中铁十七局集团铺架分公司孙成伟创新工作室

中铁十八局集团一公司厦门地铁6号线漳州角美延长段项目部

中铁十八局集团二公司汉巴南铁路南充至巴中段HBNZQSG－4标段项目部

中铁十八局集团三公司华东工程项目管理部

中铁十八局集团市政公司盾构管理中心

中铁十九局集团三公司第九项管部兰原项目部团支部

中铁十九局集团五公司市政第八项目管理部

中铁十九局集团矿业公司玉龙铜矿项目部团支部

中铁十九局集团轨道公司北京地铁3号线项目部团支部

中铁二十局集团五公司三清高速TJ2标段项目经

理部

中铁二十局集团六公司陇漳高速公路第一项目经理部

中铁二十局集团电气化公司世纪大道西段改造工程项目部

中铁二十一局集团一公司和若铁路 S5 标段项目经理部

中铁二十一局集团四公司临夏市伊和名苑棚户区改造 A 区项目部

中铁二十一局集团西部铁建工程材料公司生产车间

中铁二十二局集团三公司绍兴 308 省道智慧快速路改造工程总承包项目部

中铁二十二局集团五公司北碚项目群

中铁二十二局集团市政公司(二期)安置区项目部

中铁二十三局集团四公司栾卢高速公路 LLTJ－4 标段项目部

中铁二十三局集团六公司渝黔高速公路扩能项目部

中铁二十三局集团建筑设计研究院有限公司建筑设计六所

中铁二十四局集团福建公司滨海快线项目部

中铁二十四局集团南昌公司云南墨临公路土建 9 标段项目部

中铁二十四局集团路桥公司苏州南湖路快速路东延工程 2 标段项目部

中铁二十五局集团三公司梅龙铁路项目部

中铁二十五局集团五公司青岛装配式预制构件厂

中铁二十五局集团房地产公司中国铁建·国际城(柳州)项目公司

中铁建设集团南方公司赣深铁路 GSSG－15 标段工程项目部

中铁建设集团物资公司北京区域公司

中铁建设集团北京公司第 48 项目中直安惠住宅(小关北里 43 号)工程

中铁建设集团西北投资指挥部

中国铁建电气化局集团一公司城市轨道交通分公司

中国铁建电气化局集团西安电气化制品公司区域经营团队

中国铁建电气化局集团轨道交通器材公司装配车间

中国铁建港航局集团一分公司莞番 11 标段项目部

中国铁建港航局集团二分公司鱼山(二期)液化码头项目部

中国铁建房地产集团西南公司成都事业部

中国铁建房地产集团南沙公司海语熙岸项目部

中铁第一勘察设计院集团城建院机场工程设计所

中铁第一勘察设计院集团兰州院桥梁隧道设计所

中铁第四勘察设计院集团建筑院暖通所

中铁第四勘察设计院集团有限公司常德高铁枢纽站站前南北广场工程总承包项目部

中铁第五勘察设计院集团环境与航务工程设计研究院给排水所

中铁第五勘察设计院集团有限公司北斗铁路行业综合应用示范工程项目攻关组

中铁上海设计院集团线站院软件研发小组

中铁上海设计院集团南昌院市政设计所

中铁物资集团东北公司黑龙江分公司

中铁物资集团港澳公司地铁机电项目部

中国铁建重工集团高新装备公司人力资源部

中国铁建重工集团股份有限公司研发经营系统掘进机研发运营中心

中国铁建重工集团股份有限公司生产保障系统制造总厂数镗二班

中国铁建国际集团北非区域公司贝佳亚连接线项目部

中铁城建集团有限公司张家港高铁新城工程指挥部

中铁城建集团北京公司第五项目部聊城市政项目经理部

中铁城建集团房地产开发公司团工委

中国铁建投资集团贵州安紫高速公路公司杨武收费站

中国铁建投资集团德商高速公路公司夏津西收费站

中铁建资本控股集团资产管理公司银信事业部

中国铁建昆仑投资集团有限公司蒲都高速公路总承包指挥部

中铁建重庆投资集团遂渝公司监控中心

中国铁建“青年岗位能手”

张文斌　周　维　杨周进　朱志文　陈　科
漆玉祥　林　毅　王仲达　李　科　张　强
王　森　许宪贺　王恩双　尤　浩　姜　凯
贾晴晴　王传旺　周　秋　李燕语　田书广
徐诗凯　杨胜鹤　王　宇　张纪龙　胡　春
刘立岩　王　鹏　韩　磊　鲁　露　牛公却尚
靳传林　胡　超　刘　杰　李　覃　彭冠润
王云亮　袁普勇　安　仓　郑博文　刘晓东
李　祥　郭蕊民　李金宝　郭　岩　樊恒东

刘 朋 高 伦 刘旭杰 宋 健 张永贵
颉文博 李 鹏 罗 程 姚 魁 刘唐山
糜晶龙 唐 闪 郑锦珉 朱 义 付舒奎
刘玉国 敖韦华 张翠甫 龙 森 葛洪发
卢明明 杨佳霖 姜志浩 冷家君 丁红辉
吴尚雪松 赵 科 哈斯达 李 伟 许双安
李 斌 舒 冬 宋 波 陈 清 雷 文
刘晓东 蒋 柯 张君平 顾钊军 高继民
陈向阳 万超杰 黄和涛 曾 乐 刘海洋
尹 宏 和立飞 彭章祥 侯泰成 王博成
薛艳龙 李明杰

（李长城）

【"青年安全生产示范岗"创建活动】 2020年，股份公司团委动员团员青年参加全国安全知识竞赛，积极创建青年安全生产岗，各级团组织开展青年安全生产活动2500场次，51000名青年参加，助力企业安全生产形势稳定，系统内9个项目被评为全国"青年安全生产示范岗"。安全月期间，自行开发安全知识小程序，组织开展全系统"共创青安岗"网络知识竞答活动，参与青年2万人次。

全国"青年安全生产示范岗"

中铁十一局集团有限公司拉林铁路铺架二队

中铁十二局集团有限公司京雄城际铁路雄安站房项目部

中国铁建大桥工程局集团有限公司棋盘洲长江大桥项目部

中铁十四局集团四公司济南大东环项目部

中铁十四局集团有限公司新建京张高速铁路1标段项目部

中铁十九局集团有限公司京雄城际铁路项目部

中铁建设集团有限公司基础设施事业部第二十三项目部

中铁建设集团有限公司京沈铁路客运专线星火站项目部

中铁城建集团有限公司长沙洋湖苑二期项目经理部 （李长城）

【1个项目获中国青年志愿服务项目大赛金奖】 2020年，中铁十一局集团有限公司"未来工程师"项目获第五届中国青年志愿服务项目大赛金奖。 （李长城）

【1个品牌获评"全国交通运输行业十佳企业文化品牌"】 2020年，中铁二十四局集团有限公司"红铁连"文化品牌获评全国交通运输行业十佳企业文化品牌。 （李长城）

组织 人力

【党委组织部（人力资源部）】 主要职责：负责中国铁建股份有限公司（以下简称公司）党建、干部人才和人力资源相关工作；负责贯彻执行上级关于党建、干部人才和人力资源方面的政策规定，并制定公司相关的制度、办法，根据公司发展战略研究制定相关战略规划；负责所属单位领导班子思想政治建设、"四好"领导班子创建、党建责任制考评、年度综合考核评价及党内其他"创先争优"和主题教育工作；负责公司各级党组织建设和总部党的机构设置及相关工作；负责党员发展、党费、党内评先表彰工作；协助国资委对股份公司领导班子和领导人员管理，负责公司党委管理人员、总部员工的任免、调配、考核、晋升、招聘、劳动合同签订与解除工作；负责干部监督、重大事项请示报告、领导干部个人有关事项报告及相关干部备案管理工作；负责公司专业人才队伍建设，专家选聘、职称评审、高校毕业生接收、进京人员备案工作；负责公司员工总量、劳动用工、劳动合同、工资总额及收入分配管理工作；负责公司高级管理人员、所属单位领导班子成员、总部及派出机构员工薪酬管理；负责干部人事档案管理、备案人员出国（境）审批工作；负责公司员工教育培训、职业技能鉴定考核工作；负责公司社会保险、企业年金管理、医疗卫生管理、职业病防治工作；负责公司总部"五险两金"及健康体检工作；负责党建、人力资源信息化工作。指导离退休职工管理中心工作。设部长（总经理）1人，副部长（副总经理）3人；下设组织处、党员处、干部处、干部监督处、人才处、激励与薪酬处、社会职能处、培训处（技能鉴定中心）。 （康福祥）

【党组织和党员队伍状况】 截至2020年12月31日，中国铁建系统有党委890个，党总支136个，党支部8423个。党员124842人。其中，在岗职工党员105944人，预备党员3684人，女性党员21341人。全年按照社会化改革要求，移交地方退休党员22167人。党员队伍专业结构：在岗职工党员中，企业管理人员和专业技术人员党员97269人，工人党员8675人。党员队伍年龄结构：35岁以下42507人，占党员总数的34.1%；36～45岁35839人，占党员总数的28.7%；46～55岁20779人，占党员总数的16.6%；56～60岁10052人，占党员总数的8.1%；61岁以上15665人，占党员总数的12.5%。党员队伍文化程度结构：研究生及以上学历8840人，大学本科学历65008人，大学专科学历24141人，中专学历5986人，高中、中技学历11919人，初中

及以下 8948 人。（邹光剑）

【助力疫情防控和复工复产】 新冠肺炎疫情暴发后，股份公司党委从留存党费中划拨 596 万元用于所属各单位慰问战斗在疫情防控斗争一线的党员干部，支持基层党组织开展防疫工作，补助因感染新冠肺炎而遇到生活困难的党员群众。2020 年，中国铁建系统党员捐款 1628 万元，上交中央组织部，统筹用于全国疫情防控。全系统组建临时党组织 20 个，144 个党员突击队、攻坚组，全力投入疫情防控和复工复产中。全年指导 6 个二级单位 34 名在疫情防控一线表现优异的职工火线入党；挖掘在疫情防控和复工复产中的先进组织和个人，收集整理 12 个党组织、29 名党员的先进事迹，在《中国铁道建筑报》第三版开辟“党旗飘扬在抗疫和复工复产一线”专栏，大力宣传报道，营造同舟共济、一手抓防疫一手抓复工复产的良好氛围。

（邹光剑）

【成立党组织】 2020 年，为坚持党的领导，加强公司党的建设，根据党章和上级有关规定，股份公司党委成立中铁建发展集团有限公司、中铁建资本控股集团有限公司、中铁建城市开发运营有限公司党委、纪委。

（刘 留 张桉楠）

【党委书记抓党建工作述职评议】 根据党中央和国务院国资委党委部署要求，2020 年 1 月 15 日，股份公司党委组织召开中国铁建 2019 年度二级单位党委书记抓党建述职评议会议。会上，所属 10 家二级单位党委书记现场述职，其余单位党委书记书面述职。同时，为进一步压实党建工作责任，股份公司党委与所属二级单位党委书记签订党建工作责任书，以任务清单的方式列出 2020 年度履行党建工作第一责任人职责所必须完成的党建重点工作和目标要求。

（刘 留 张桉楠）

【党建工作责任制考评】 2020 年，为进一步压实所属单位党建工作责任，推动基层党建工作水平不断提升，股份公司党委开展对所属单位 2019 年度落实党建工作责任制考核评价。其中，中国铁建股份有限公司中原区域总部、华东区域总部、重庆区域总部、西南区域总部党委，中国土木工程集团有限公司、中铁十一局集团有限公司、中铁十四局集团有限公司、中铁十八局集团有限公司、中铁二十四局集团有限公司、中铁建设集团有限公司、中国铁建房地产集团有限公司、中铁第四勘察设计院集团有限公司、中国铁建重工集团股份有限公司、中国铁建国际集团有限公司党委考核结果为“优秀”；中国铁建股份有限公司东北区域总部、华北区域总部、华中区域总部、华南区域总部、西北区域总部党委，中铁十二局集团有限公司、中国铁建大桥工程局集团有限公司、中铁十五局集团有限公司、中铁十六局集团有限公司、中铁十七局集团有限公司、中铁十九局集团有限公司、中铁二十局集团有限公司、中铁二十一局集团有限公司、中铁二十二局集团有限公司、中铁二十三局集团有限公司、中铁二十五局集团有限公司、中国铁建电气化局集团有限公司、中铁第一勘察设计院集团有限公司、中铁第五勘察设计院集团有限公司、中铁上海设计院集团有限公司、中铁物资集团有限公司、中铁城建集团有限公司、中国铁建投资集团有限公司、中铁建华南建设有限公司、北京培训中心（党校）党委考核结果为“良好”；中国铁建港航局集团有限公司、中国铁建财务有限公司、诚合保险经纪有限公司、中铁建金融租赁有限公司、中铁建资产管理有限公司、中铁建商务管理有限公司、中铁磁浮交通投资建设有限公司、中铁建网络信息科技有限公司、中铁建锦鲤资产管理有限公司党委考核结果为“一般”。

（刘 留 张桉楠）

【召开区域总部党建工作座谈会】 2020 年 7 月 28 日，股份公司党委组织召开区域总部党建工作座谈会暨党委选举工作培训会，交流工作经验，查找存在问题，提出解决思路，促进区域总部党的建设进一步加强。（刘 留 张桉楠）

【表彰“四好”领导班子】 2020 年 9 月 30 日，股份公司党委、股份公司作出决定，批准中国土木工程集团有限公司、中铁十一局集团有限公司、中铁建设集团有限公司、中国铁建电气化局集团有限公司、中国铁建房地产集团有限公司、中铁第一勘察设计院集团有限公司、中铁第四勘察设计院集团有限公司、中铁物资集团有限公司、中国铁建重工集团股份有限公司、中国铁建投资集团有限公司 10 家单位领导班子为 2019 年度“四好”领导班子。（刘 留 张桉楠）

【领导班子成员联系点工作】 2020 年，股份公司每位领导班子成员确定 1 个二级或三级单位作为工作联系点暨党建联系点，带头深入基层，指导和帮助基层单位解决生产经营、改革发展和党建工作等方面存在的突出问题，促进党建任务在基层得到有效落实。

（刘 留 张桉楠）

【召开专题民主生活会】 2020 年 5 月 9 日，股份公司党委召开领导班子专题民主生活会，围绕中铁十二局集团有限公司资金调度中心华东分中心员工携款潜逃、涉嫌挪用公款案件进行深刻反思，重点从“两个责任”落实等4个方面查摆突出问题。12月14日，召开巡视整改专题民主生活会，领导班子围绕国资委党委第二巡视组巡视中国铁建党委反馈意见，结合年度民主生活会有关文件精神，重点从贯彻落实习近平新时代中国特色社会主义思想等5个方面查摆突出问题。（刘 留 张桉楠）

【发展党员】 2020年，中国铁建各级党组织严格按照“控制总量、优化结构、提高质量、发挥作用”总要求，坚持把政治标准放在首位，通过加强培养教育，严格党员发展程序，有计划有步骤地完成年度发展党员工作，为党的肌体注入新鲜血液，为企业的发展壮大充实党员骨干队伍，党员发展质量进一步提升，党员年龄、知识等结构更趋合理。截至2020年12月31日，全年全系统发展党员3400人。（王重琦）

【党建工作制度建设】 2020年，修订《中国铁建股份有限公司领导班子成员建立工作联系点办法》，明确联系点工作的组织实施、督查检查工作；制定《中国铁建党员领导干部民主生活会细则》，规范党员领导干部民主生活会工作流程；下发《关于稳妥做好境外单位党建工作有关事项通知》，对新形势下做好境外党建工作作出具体安排。（刘 留 张桉楠）

【组织开展党务培训班】 2020年11月10—13日，股份公司党委举办三级单位党委书记培训班，开展对54名两年内新任职三级单位党委书记如何履行好抓党建第一责任人职责培训。11月25—27日，举办中国铁建2020年组工干部培训班，所属二、三级单位95名组工干部参加现场培训。（刘 留 张桉楠）

【党员发展对象培训班】 2020年8月起，股份公司党委为加强入党积极分子、发展对象的教育培养工作，严把党员发展“入口关”，提高党员发展质量，分别在北京、山东济南、陕西西安、上海依托相关二级单位举办区域内党员发展对象培训示范班，全系统780余名党员发展对象参加培训。（王重琦）

【基层党支部书记培训班】 8月12日，中国铁建2020年党支部书记网络培训课程在中国铁建在线培训中心正式上线，全系统8000余名党支部书记参加培训学习。培训分在线课程学习和在线考试，其中在线课程开设“习近平新时代中国特色社会主义思想解读”“党章党规和党的基本知识”“党支部工作实务和工作方法”“先进典型与工作案例”4个模块。形式上，既有专家、专业人士的专题讲授，也有简短活泼的动漫学堂、党建实务模拟；内容上，既有对政治理论的深度阐释，又有对党支部书记日常工作的详细讲解，也有优秀党支部书记的现身说法，为全系统党支部书记提供内容丰富、形式多样的“营养大餐”。参训学员在完成全部课程学习后，通过在线考试检验学习成效，成绩合格者在线打印结业证书。（王重琦）

【党内统计和党费收缴专题培训班】 12月17—18日，中国铁建2020年党内统计工作培训班在中央国家机关事务管理局东坝服务中心举办，负责党内统计和党费收缴与管理的63名工作人员参加集中培训。培训重点传达2020年全国党内统计有关工作要求，紧密结合党内统计和党费工作实际，深入讲解2020年中国铁建党内统计年报及党费管理使用、发展党员等相关内容，并对中国铁建党建信息系统进行重点介绍与实操演练。培训采取业务授课与实际操作相结合、逐项解读与现场答疑相结合、分组讨论与互动交流相结合的方式进行，取得较好效果。（王重琦）

【生活困难党员和老党员慰问】 2020年，中国铁建党委传递组织温暖和增强党组织凝聚力，走访慰问生活困难党员和老党员活动，慰问新中国成立前老党员32人，生活困难党员1302人，累计使用慰问资金406.6万元。（王重琦）

【《中国铁建党支部建设指导手册》出版发行】 根据党中央、国务院国资委相关制度办法，在总结归纳中国铁建党支部建设经验做法的基础上，策划、编写《中国铁建党支部建设指导手册》，并于2020年9月由党建读物出版社正式出版发行。全书8章近18万字，从党支部性质作用、任务职责、组织设置、发展党员、组织生活、党员教育管理、监督与执纪、领导群团工作、基础保障等方面，对相关政策制度、实务操作和注意事项进行详细阐述和说明，展示近年来中国铁建党支部建设的最新成果。该书配发至每一个党支部，为中国铁建系统广大党建工作者和党支部书记提供一本简明直观、务实管用的工具书。（邹光剑）

【选树中国铁建第二批示范党支部】 2020年5月起，中国铁建采取自下而上、上下结合的方式，按党支部自评、所属单位逐级推荐、股份公司考评组现场考核、公示和股份公司党委常委会研究确定的程序，从33家单位、59个党支部中遴选出第二批中国铁建示范党支部15个。同时，向国务院国资委推荐1个中央企业示范党支部并命名。

中央企业示范党支部

中铁十一局集团四公司贵南高速铁路项目经理部党支部

中国铁建第二批示范党支部

中铁建重庆投资集团重庆铁发遂渝高速公路公司G93沙坪坝党支部

中铁十一局集团四公司贵南高速铁路项目经理部党支部

中国铁建大桥工程局集团建筑装配科技公司大邱庄示范镇安置区祥瑞园项目党支部

中铁十四局集团有限公司东六环(京哈高速至潞苑北大街)改造工程第5项目经理部党支部

中铁十五局集团五公司兰张三四线铁路兰武段XQ1标段项目经理部党支部

中铁十六局集团四公司郑许市域铁路项目党支部

中铁十七局集团物资公司石油公司党支部

中铁十八局集团二公司大瑞铁路项目经理部党支部

中铁十九局集团矿业投资公司乌山项目部修理厂党支部

中铁二十局集团五公司驻马店市宿鸭湖水库清淤扩容工程项目党支部

中铁二十三局集团三公司第八党支部

中铁建设集团基础设施事业部第24项目党支部

中国铁建房地产集团华东有限公司杭州事业部党支部

中铁第一勘察设计院集团线路运输设计院线路设计二所党支部

中国铁建投资集团中铁建置业有限公司第一党支部

(邹光剑)

【组织“党课开讲啦”活动】 2020年,按照党中央和国务院国资委党委要求,中国铁建党委在全系统组织开展“党课开讲啦”活动。通过比选,评选出十佳精品党课、十大优质党课,并在中国铁建官网开辟专栏,供全系统党员学习。按要求向中央组织部推荐优秀党课,其中《传承铁兵精魂,争做青年先锋》通过评选,在共产党员网展播。

中国铁建十佳精品党课

《跟随先辈足迹,涵养新时代共产党人》 西南区域总部中国铁建昆仑投资集团云南投资公司

《传承红色基因,弘扬登高精神》 中铁十一局集团一公司

《用匠心丈量生命的尺度》 中铁十二局集团三公司

《九十九年的奋斗历程》 中国铁建大桥工程局集团二公司

《抚今追昔思奋进》 中铁十四局集团铁正检测科技公司

《半条被子·跨越时空的温暖》 中铁十五局集团城轨公司

《传承铁兵精魂,争做青年先锋》 中铁十六局集团中国友发国际工程设计咨询公司

《品质铁建,党员先行》 中铁十九局集团轨道公司

《一个铁建人的二十六年:践行初心勇担当》 中铁二十四局集团福建公司

《不忘初心,砥砺奋进——坚决打赢品质提升攻坚战》 中铁二十五局集团五公司

中国铁建十大优质党课

《铁兵精神永传承,牢记使命扬新帆》 西南区域总部中国铁建昆仑投资集团云南交建公司

《勇于担当,实干达标,开创东北分公司高质量发展新篇章》 中铁十七局集团物资公司

《铁建逆行者,抗疫勇担当》 中铁二十四局集团有限公司

《手稿里的忠诚——杨开慧的忠诚品质和启示》 中铁二十五局集团实业公司

《锤炼政治品格,勇做新时代忠诚干净担当的好干部》 中铁建设集团北京中铁建工物资公司

《党旗引领战旗,践行铁建人的使命担当》 中国铁建电气化局集团南方公司

《学习先进典型,感悟最美初心,做“四有”共产党员》 中国铁建房地产集团投资管理公司

《坚定理想信念,传承劳模精神》 中铁第四勘察设计院集团有限公司

《勇于担当,甘于奉献,聚涓滴之力,助铁五院发展》 中铁第五勘察设计院集团城轨院

《如何做一名新时代合格的共产党员》 中铁物资集团东北公司

(邹光剑)

【集团公司暨股份公司领导班子建设】 2020年8月26日,国务院国资委党委研究,任命汪建平为中国铁道建筑集团有限公司党委书记(国资党任字〔2020〕40号)、董事长(国资任字〔2020〕85号);9月7日,国资委党委研究,同意提名汪建平为中国铁建股份有限公司党委书记、董事长人选(国资党委干二〔2020〕113号)。年内协助国务院国资委企干二局组织公司领导班子和领导人员年度综合考核评价、董事会及董事年度考核评价、选人用人工作“一报告两评议”;完成公司高级管理人员绩效合约签订及年度考核工作。

(徐博华)

【领导人员任免】 2020年,股份公司党委书记碰头会专题研究班子建设和领导人员配备事项6次,党委常委会研究、审议干部选拔任用相关议题8次。补充调

整总部部门副职及以上干部7人，调整补充领导班子67人次，提拔、调整领导人员107人次；提拔和进一步使用35人，其中正职10人、副职25人。按照规定，全年20人退出领导班子改任非领导职务，24人退休。

（徐博华）

【配合完成国务院国资委党委巡视、选人用人专项检查】 2020年，为配合完成国务院国资委党委巡视、选人用人专项检查，做好反馈问题整改，起草公司党委选人用人工作专题报告，整理要求提供的相关材料。做好巡视和检查配合，积极主动配合巡视组及选人用人专项检查组的各项工作，并做好办公、生活等保障，根据要求组织安排有关人员谈话，及时提供各类佐证材料和说明材料，保证巡视和选人用人工作顺利开展。在立行立改的基础上，认真梳理公司党委在选人用人方面存在的4个方面17个问题，研究提出选人用人专项检查反馈问题整改措施，建立台账，逐项整改落实。

（高　鹏）

【配合完成集团暨股份公司领导班子建设业务工作】 2020年，协助国务院国资委组织集团公司暨股份公司领导班子和领导人员2019年度综合考核评价、董事会及董事年度考核评价、2019年度选人用人工作“一报告两评议”；配合国务院国资委完成股份公司领导2019年度考评结果反馈。完成2019年度股份公司高级管理人员绩效考核组织和统计，完成2020年度股份公司高级管理人员绩效合约签订。配合国务院国资委企干二局组织公司党委书记、董事长的任职程序，协助董事会办公室履行股份公司董事长在董事会、提名委员会、股东大会的任职程序。推荐1名股份公司领导参加国务院国资委组织的培训班，完成6名股份公司领导兼职报备。按照国务院国资委要求，对公司优秀年轻领导人员培养选拔工作进行总结并推荐4名“70后”有关人选。（高　鹏）

【二级单位和直属项目领导人员管理】 2020年，补充调整总部部门副职以上领导4人；调整补充领导班子57人次，提拔、调整领导人员91人次，其中调整正职39人次。提拔和进一步使用32人，其中正职9人、副职23人。平级交流领导干部29人次，其中正职13人次、副职16人次。截至11月底，按照规定19人退出领导职位改任非领导职务，20人退休。承办二级单位法人治理结构事宜，换届10家，补充、调整17家；呈报批复二级单位领导班子成员分工24家，完成直属机构领导班子配备或调整35个。（高　鹏）

【组织二级单位领导班子和领导人员综合考评】 2020年，开展对所属35家二级单位领导班子和426名领导人员的综合考核评价，32家单位组织选人用人工作“一报告两评议”，开展对2091名新选拔调整人员满意度测评。

（高　鹏）

【干部管理专项工作】 2020年，开展优秀年轻干部调研，建立年轻干部数据库；开展对中国铁建股份有限公司西北区域总部、中铁十七局集团有限公司班子专门调研。完成审计监事部西安、长沙中心人员招聘考察、聘任；完成总部员工2019年度绩效综合考核评价及2020年度绩效合约签订。（高　鹏）

【领导干部培训】 2020年，推荐1名二级单位主要负责人参加国务院国资委组织的中青班培训。组织领导人员参加学习贯彻党的十九届四中全会精神在线培训，股份公司领导及股份公司党委管理干部614人、总部部门处室负责人和所属单位中层管理人员8993人参加学习。组织领导干部参加推进国有企业高质量发展网上专题班和党史、新中国史“每周一课”栏目学习。（高　鹏）

【干部管理制度建设】 2020年，印发《中国铁建股份有限公司领导人员管理规定》《中国铁建股份有限公司总部员工综合考核测评办法》等干部管理制度。

（高　鹏）

【干部管理基础工作】 2020年，开展对股份公司党委管理的600余名领导人员相关信息及干部名册维护，整理2019年文件归档工作、年鉴资料收集汇总提供，撰写有关领导讲话材料。配合股份公司纪委对19名二级单位纪委书记后备人选考察。（高　鹏）

【组织领导干部报告个人有关事项】 2020年，开展领导干部个人有关事项集中填报，完成股份公司党委管理的601名领导干部个人有关事项报告的审核和数据录入、汇总、上报。随机抽查60人，重点抽查13批次82人次。根据《领导干部个人有关事项报告查核结果处理办法》，对漏报情节较轻的21人进行批评教育处理，对漏报情节较重、瞒报的8人进行诫勉。开展对年度资产变化较大的39人个人有关事项进行重点抽查核实，按规定报国务院国资委审核。根据中央组织部、国务院国资委工作安排，开展领导人员个人有关事项报告专项整治，开展对2019年以来查核的四类人员（重点查核、随机抽查、巡视查核、查核验证）重新梳理，对处理不妥的进行纠正，梳理全系统“裸官”新增2人。（高　鹏）

【领导干部日常管理监督】 2020年，加强制度建设，修订印发《领导人员因私出国(境)管理办法》《领导人员报告个人有关事项工作规程》《组织人事部门对领导人员进行提醒、函询和诫勉的实施细则》《干部人事档案管理规定》;审核备案所属二级单位报告的6批次7人次破格提拔人员,审核23批次34人次总经理助理人员;备案考察7家单位党委干部部长(党委工作部部长),所属单位选人用人业务得到进一步规范。按照有关规定做好领导人员兼职备案工作,承办63人次领导人员内外部兼职审批,接处本级干部考察举报信和国务院国资委转中央组织部12380平台转处举报信5件。 (高 鹏)

【领导人员因私出国(境)管理】 2020年,及时对提拔调动干部及没有备案的应备人员进行备案,做到应备尽备,对退休和调离人员及时撤备,做到应撤尽撤。及时审批办理出国证件、出国手续,全年办理出国证件审批手续2件,办理出国审批5人次。 (高 鹏)

【人事档案管理】 2020年,制定下发干部档案管理业务知识培训课件,完成2000余份归档文件的编目、扫描及入档,完成总部74名处级干部档案的整理和编目。审核新转入的30卷干部档案;按照国务院国资委要求,完成委管干部档案材料的补充完善工作;完成干部档案数字化扫描93卷,股份公司管理中层及以上干部档案数字化扫描工作进入常态化增量扫描。督促所属单位做好档案专审全覆盖工作,按季度汇总各单位进度完成情况,全系统档案专审工作达到"时间过半,完成过半"。 (高 鹏)

【人力资源信息系统管理】 2020年,下发人力资源信息系统人事子系统操作指南培训课件,并对各单位系统数据不定期检查,对发现问题及时反馈并要求整改,不断推进人力资源信息系统的深入应用。年内配合本级信息化管理部、中铁建网络信息科技有限公司做好人力资源信息系统第二阶段建设开发,及时反馈发现的问题。 (高 鹏)

【总部部门副职及以上人员调整】 1月10日,免去王共明执纪审查室纪检专员职务,退休。3月20日,免去杜经红发展规划部副总经理职务,退休。4月20日,免去覃为刚副总工程师职务,退休。5月21日,免去由建纪委副书记职务,另有任用;免去郝趁义副总经济师职务,退休。8月5日,免去乔国英财务资金部总经理职务。8月20日,免去乔志东经营计划部总经理、军民融合办公室主任职务,退休。10月21日,王云飞任纪委副书记;楼翱任发展规划部总经理,免去投资开发部执行总经理职务;李吉锋任发展规划部执行总经理,免去总经理职务;免去张捷董事会办公室副主任职务,另有任用。12月22日,曹保刚任总部集团外事办公室主任;免去廖军总部集团外事办公室主任、海外业务部执行总经理职务,另有任用;赵伟任铁建总部大院建设领导小组常务副组长。12月23日,梅梓祥免职退休。 (王 炽)

【所属单位领导人员调整】 东北区域总部:10月21日,勾文青任党委委员、执行总经理;田大鹏任党委委员、纪委书记。11月19日,陈宝军、刘卫民试用期满,继续任职。

中原区域总部:5月21日,王国堂任党委委员、副总经理、总会计师;免去马晓辉党委委员、副总经理、总会计师职务,另有任用;免去金守华党委委员、执行总经理职务,另有任用。11月19日,党海军、闫宇、张深斌试用期满,继续任职。12月22日,史道泉任党委书记。

中铁建黄河投资建设有限公司:3月10日,杨祥为副总经理人选。3月20日,冯复兴为总经理人选;金守华不再担任总经理职务。5月21日,免去金守华董事职务。6月24日,杨祥不再担任副总经理职务。10月12日,王国堂任董事。

中铁建中原投资建设有限公司:5月11日,焦钢为副总经理人选。5月21日,免去金守华董事职务。10月12日,王国堂任董事。

中铁建康养投资发展有限公司:12月8日,党海军任董事长;王国堂、张深斌、代春利、张捷、许嘉任董事;张正雪为职工董事人选,黄新民为职工监事人选,李化双为监事人选,赵广正任监事会主席;代春利为总经理人选,王国堂、张深斌、刘厂为副总经理人选。

华中区域总部;2月27日,刘青林任党委委员、执行总经理。5月21日,刘方治任党委委员、副总经理。

中铁建城市建设投资有限公司:3月17日,刘青林任党委副书记、董事,为总经理人选;免去李卫华党委副书记、委员、董事职务,不再担任总经理职务。

中铁建长江投资有限公司:7月13日,刘青林任董事,为总经理人选;免去李卫华董事职务,不再担任总经理职务。

中铁建华中投资建设有限公司:12月8日,张挺军任董事长,刘青林、郭信君任董事;胡晓兵任监事会主席,詹满源为监事人选;刘青林为总经理人选,郭信君、李小林、刘方治为副总经理人选,罗道永为副总经理、总会计师人选。

中铁海峡建设集团有限公司:3月31日,赵晋华任董事长,尹华、雷军、孙桐林、李光任董事,耿庆宇任监事;孙桐林为总经理人选,李光为副总经理、总会计师人选。

中铁建东方投资建设有限公司:3月31日,赵晋华任董事长,尹华、雷军、孙桐林、李光任董事,耿庆宇任监事;雷军为总经理人选,孙桐林为副总经理人选,李光为副总经理、总会计师人选。

中铁建华东投资发展有限公司:3月31日,赵晋华任董事长,尹华、雷军、孙桐林、李光任董事,耿庆宇任监事;尹华为总经理人选,雷军、孙桐林为副总经理人选,李光为副总经理、总会计师人选。

中铁建东南投资建设有限公司:3月31日,赵晋华任董事长,尹华、雷军、孙桐林、李光任董事,耿庆宇任监事;李光为总经理、总会计师人选,雷军、孙桐林为副总经理人选。

中铁建城市开发运营有限公司:3月31日,赵晋华任董事长,尹华、雷军、马建军、李育红、金涛任董事,耿庆宇为职工董事人选,李珺任监事;马建军为总经理人选,李光为副总经理、总会计师人选,金涛为副总经理人选。5月9日,赵晋华任党委书记;耿庆宇任党委委员、纪委书记,为工会主席人选;李光、金涛任党委委员。

华南区域总部:5月21日,李健任党委委员、副总经理、总会计师;免去杨萍党委委员、副总经理、总会计师职务,另有任用。12月22日,邓勇任党委书记、总经理。

中铁建南方建设投资有限公司:1月10日,蒋汉祥任董事长,柴春明、杨萍任董事,周光成为监事人选;柴春明为总经理人选。

中铁建华南投资有限公司:10月9日,苏建斌任董事长,胥永清、赵守宪任董事,王卫华为监事人选;苏建斌为总经理人选,杨群为财务负责人。

重庆区域总部:11月19日,雷位冰试用期满,继续任职。12月22日,免去雷位冰党委委员、执行总经理职务,另有任用。

西南区域总部:5月21日,孙公新任总经理,由建任党委书记;免去金跃良党委书记、委员、总经理职务。11月9日,周庆国试用期满,继续任职。

中国铁建昆仑投资集团有限公司:5月21日,免去金跃良党委书记、委员,董事长、董事职务。7月8日,孙公新任董事长,由建任副董事长。

西北区域总部:5月21日,免去刘虎军党委委员、执行总经理职务,另有任用。6月24日,姜永军免职退休。7月29日,朱仰存任二级咨询,免去党委委员、纪委书记职务,不再担任工会主席职务。10月21日,张超民任党委委员、纪委书记,为工会主席人选。

中铁建西北投资建设有限公司:5月21日,免去刘虎军党委副书记、委员、董事职务,不再担任总经理职务。

工程总承包部:10月21日,王庆、杨国强、陈浩任副指挥长。12月9日,孙公新任总经理,雷升祥任党委书记;崔跃华、王庆、杨国强、陈浩任党委委员、副总经理。

中国土木工程集团有限公司:12月1日,王文举任二级咨询。

中铁十一局集团有限公司:1月10日,龙信桥任董事;张平为职工监事人选;李俊不再担任职工监事人选。6月24日,张丕界任二级咨询,免去党委常委、委员、董事职务,不再担任副总经理、总工程师职务。

中铁十二局集团有限公司:4月3日,李天胜任党委书记、董事长;蒋盛煌任党委委员、董事,为副总经理、总会计师人选;免去宋津喜党委书记、常委、委员,董事长、董事职务;免去宋志宏党委委员职务,不再担任副总经理、总会计师职务。4月20日,祁玺剑任二级咨询,免去党委常委、委员职务,不再担任副总经理职务。7月29日,辛聪生免职退休。10月21日,宋津喜任二级咨询。11月19日,薛如明免职退休。

中国铁建大桥工程局集团有限公司:1月10日,井耀明免职退休。5月21日,免去刘永宏党委委员、董事职务,不再担任副总经理、总会计师职务,另有任用。11月10日,韩再明任董事。

中铁十四局集团有限公司:5月21日,石宗涛、张立丰任党委委员,为副总经理人选;赵海涛为副总经理人选;王焕任二级咨询,免去党委常委、委员、董事职务,不再担任副总经理、总工程师职务。12月22日,王子贵免职退休。

中铁十五局集团有限公司:7月29日,陈戈任二级咨询,免去党委副书记、常委、委员职务,不再担任工会主席、职工董事职务;王文举任二级咨询,免去党委常委、委员职务,不再担任副总经理职务。10月21日,吴兰青任党委常委、纪委书记、监事会主席,免去林征球监事会主席职务,为副总经理人选。12月1日,免去王文举二级咨询职务,另有任用。

中铁十六局集团有限公司:8月21日,免去缪江梅党委常委、委员,纪委书记、监事会主席职务,退休。10月21日,公相鹏任党委常委、纪委书记、监事会主席;免去勾文青党委副书记、常委、委员职务,另有任用。11月19日,向大强试用期满,继续任职。

中铁十七局集团有限公司:12月22日,免去王应权、张耀军、毕永清党委委员职务,不再担任副总经理职务。

中铁十八局集团有限公司:1月10日,赵心昭免职退休。2月20日,李兰勤免职退休。

中铁十九局集团有限公司:2月25日,朱元生任二级咨询,免去党委委员职务,不再担任副总经理职务。3月19日,李华伟为总经理人选;宫建岗任二级咨询。5月21日,赵琦为副总经理人选;陈友建、李长城任党委委员，为副总经理人选；张文忠任党委委员，为副总经理、总会计师人选；解方亮任二级咨询，免去党委委员职务，不再担任副总经理职务；免去马秀芝党委委员职务，不再担任副总经理、总会计师职务，另有任用。8月5日，张文忠任董事。10月21日，金学锋任二级咨询，免去党委副书记、常委、委员职务，不再担任工会主席、职工董事职务。

中铁二十局集团有限公司：2月20日，赵斌免职退休。4月3日，免去蒋盛煌党委常委、委员、董事职务，不再担任副总经理、总会计师职务，另有任用。5月21日，马晓辉任党委委员，为副总经理、总会计师人选。9月21日，赵崇科任二级咨询，免去党委常委、委员职务，不再担任副总经理职务。10月21日，崔友峰任党委常委、纪委书记、监事会主席；免去张超民党委常委、委员、纪委书记、监事会主席职务，另有任用。12月22日，雷位冰任党委书记、董事长；免去邓勇党委书记、常委、委员、董事长、董事职务，另有任用。

中铁二十一局集团有限公司：1月10日，朱建任二级咨询，免去党委委员、董事职务，不再担任副总经理、总会计师职务。5月21日，刘永宏任党委委员，为副总经理、总会计师人选。10月21日，关维东任党委常委、纪委书记、监事会主席。

中铁二十二局集团有限公司：2月20日，王怀尧免职退休。

中铁二十三局集团有限公司：5月21日，喻丕金任党委副书记，为工会主席人选，不再担任副总经理职务。7月29日，张庆军免职退休。

中铁二十四局集团有限公司：8月20日，韩文忠任二级咨询，免去党委常委、委员、董事职务，不再担任副总经理职务。10月21日，江如辉免职退休。

中铁二十五局集团有限公司：5月21日，余跃任党委委员，为副总经理、总会计师人选；免去王国堂党委常委、委员、董事职务，不再担任副总经理、总会计师职务，另有任用。10月21日，张军权任党委常委、纪委书记、监事会主席。12月23日，余跃任董事。

中铁建设集团有限公司：12月22日，梅洪亮主持党委、董事会工作；免去赵伟党委书记、常委、委员、董事长、董事职务，另有任用。

中国铁建电气化局集团有限公司：5月21日，寇宗乾任董事。8月21日，王志国免职退休。

中国铁建房地产集团有限公司：10月21日，免去吴仕岩党委书记、委员、董事长、董事职务，退休。11月19日，李兴龙任党委书记、董事长，不再担任总经理职务，主持经理层工作。7月29日，杨德昭免职退休。

中铁第一勘察设计院集团有限公司：3月20日，彭文盛任二级咨询，免去党委常委、委员职务，不再担任副院长职务。

中铁第四勘察设计院集团有限公司：5月21日，免去雷佳民党委副书记、常委、委员、副董事长、董事职务，退休；免去王玉泽党委常委、委员职务，不再担任副院长职务，退休。9月21日，免去蒋再秋党委书记、常委、委员、董事长、董事职务，退休。10月21日，凌汉东任党委书记、董事长；田要成任二级咨询，免去党委常委、委员职务，不再担任职工董事、副院长职务。12月22日，张浩任党委副书记、董事；刘斌任二级咨询。

中铁第五勘察设计院集团有限公司：3月20日，王鉴免职退休。5月21日，马秀芝任党委委员，为副院长、总会计师人选；免去刘宇栋党委委员职务，不再担任副院长、总会计师职务，另有任用。6月22日，杨岳勤任二级咨询，免去党委常委、委员职务，不再担任副院长、总工程师职务。10月21日，谌启发为总工程师人选。12月22日，庞建文为工会主席、职工董事人选，免去董事职务。

中铁上海设计院集团有限公司：8月21日，喻伟巍免职退休。10月21日，免去凌汉东党委书记、常委、委员、董事长、董事职务，另有任用。

中铁物资集团有限公司：2月26日，唐建勇任党委副书记，为总经理人选；王辉不再担任总经理职务。3月17日，吴福存任董事。5月21日，王成伟任党委委员，为副总经理人选。12月22日，吴建顺任一级咨询；李锦云免职退休。

中国铁建重工集团股份有限公司：5月21日，免去李健党委委员职务，不再担任副总经理、总会计师职务，另有任用。6月24日，孙国庆免职退休。9月21日，刘海华任二级咨询，免去党委委员职务，不再担任副总经理职务。10月21日，唐翔为副总经理、总会计师人选。

中国铁建国际集团有限公司：10月21日，陆建忠任副董事长（正职待遇）。

中铁城建集团有限公司：2月26日，罗海滨负责经理层工作；免去贾洪党委副书记、常委、委员、董事职务，不再担任总经理职务，另有任用。5月21日，杨萍任党委委员，为副总经理、总会计师人选；免去余跃党委委员职务，不再担任副总经理、总会计师职务，另有任用。10月21日，申景涛任党委副书记、董事，为总经理人选；张绪和任党委委员，为副总经理人选；罗海滨不再负责经理层工作。12月23日，郑军任董事。

中国铁建投资集团有限公司：2月25日，杨晓华任董事；宋旭东任监事会主席。2月27日，免去刘青林党委委员职务，不再担任副总经理职务，另有任用。4月20日，亓超任二级咨询，免去党委副书记、常委、委员职务，不再担任工会主席、职工董事职务。5月21日，刘虎军任党委常委，为执行总经理人选；刘宇栋任党委委员，为副总经理、总会计师人选；免去周京波党委委员职务,不再担任副总经理、总会计师职务,另有任用。10 月 21 日,张捷任党委常委、董事,为副总经理人选。

中铁建商务管理有限公司:2 月 20 日,唐国荣免职退休。10 月 21 日,倪训付免职退休。

中铁建锦鲤资产管理有限公司:5 月 21 日,金守华任党委书记、执行董事;李学福不再兼任党委书记、委员、执行董事职务。

中铁建国际投资有限公司:5 月 21 日,免去唐刚党委委员职务,不再担任副总经理职务,调出。11 月 19 日,范永芳、王玉龙试用期满,继续任职。12 月 22 日,廖军任党委书记、副董事长。

中铁建发展集团有限公司:2 月 27 日,倪真兼任董事长;贾洪任党委副书记、董事,为总经理人选;王中岐任党委委员、董事,为执行总经理人选;戴建国任党委委员、董事,为副总经理、总会计师人选。5 月 21 日,于程水任党委委员,为副总经理人选。10 月 21 日,刘璇任党委委员、纪委书记、监事会主席。

中铁磁浮交通投资建设有限公司:5 月 21 日,周京波任党委委员,为副总经理、总会计师人选。7 月 29 日,周京波任董事。10 月 21 日,免去吴兰青党委委员、纪委书记、监事会主席职务,不再担任工会主席职务,另有任用。

中铁建资本控股集团有限公司:3 月 26 日,王秀明兼任董事长;王闯任党委副书记、董事,为总经理人选;张建国、王磊任党委委员、董事,为执行总经理人选;冀涛、周仲华任党委委员、董事;张国俊任党委副书记、董事,正职待遇;吴婧萍任党委委员、纪委书记、监事会主席,为工会主席人选。12 月 22 日,免去张国俊党委副书记、委员、董事职务,退休。

中国铁建财务有限公司:2 月 27 日,免去吴婧萍党委委员、纪委书记、监事长、监事职务,不再担任工会主席职务,另有任用。5 月 21 日,王秀明不再兼任董事长、董事职务。8 月 5 日,周仲华任董事长,不再担任总经理职务;黄建民任董事,为副总经理人选;免去乔国英外部董事职务;王道平不再担任副总经理职务。

诚合保险经纪有限公司:4 月 20 日,张德清免职退休。

中铁建金融租赁有限公司:2 月 27 日,免去张国俊党委书记、委员、副董事长、董事职务,另有任用。7 月 29 日,免去尹金丹党委委员职务,不再担任执行总经理职务,退休。8 月 5 日,冀涛任董事长,不再担任总经理职务;王道平任董事,为副总经理人选,主持经理层工作;李彤为副总经理人选。

中铁建资产管理有限公司:2 月 27 日,免去易善健党委书记、委员、董事职务,退休。3 月 19 日,王磊任董事,为总经理人选;免去王闯党委副书记、委员、董事职务,不再担任总经理职务。5 月 21 日,王秀明不再兼任董事长、董事职务。

川藏铁路工程指挥部:4 月 3 日,孔令键任常务副指挥长;免去李天胜常务副指挥长职务,另有任用。12 月 22 日,刘晖任常务副指挥长;免去孔令键常务副指挥长职务。（王 炽）

【人才成长机制】 2020 年,落实《特级、一级项目经理管理办法》,开展股份公司一级项目经理评选。经过所属单位推荐、资格初审、会议评审等环节,评选工作进入考察阶段。截至 2020 年底,股份公司“五支”人才队伍均建立相应的职业发展成长通道,各类人才在各自专业序列立足本职、钻研业务,坚持岗位成才的机制得以建立健全。（张瑞全 尉松恺）

【专家和人才队伍建设】 根据国务院国资委、人力资源社会保障部、中国铁道学会等统一部署,积极组织 2020 年享受国务院政府特殊津贴人员、百千万人才工程国家级人选、第二届全国创新争先奖、2020 年创新人才推进计划、第十五届詹天佑铁道科学奖等专家、团队的选拔推荐工作。通过推荐评审,17 人享受政府特殊津贴;27 人获詹天佑铁道科学技术奖和詹天佑铁道建筑专项奖。

国务院政府特殊津贴获得者

赵晋华 中国铁建股份有限公司总经济师

高 嵩 中国土木工程集团有限公司总经理助理

王更峰 中铁十一局集团四公司总工程师

李建军 中铁十二局集团有限公司科技部部长

王华伟 中铁十四局集团有限公司大盾构事业部部长

刘海荣 中铁十六局集团一公司常务副总经理

张 馨 中铁十八局集团有限公司郑万铁路(湖北段)项目部项目经理

曲桂有 中铁十九局集团有限公司副总经理

邓启华 中铁二十二局集团五公司总工程师

方宏伟 中铁建设集团有限公司副总工程师

程庆海 中国铁建电气化局集团有限公司总经理

李 谈 中铁第一勘察设计院集团有限公司副总工程师

李 雷 中铁第一勘察设计院集团有限公司副总工程师

文望青 中铁第四勘察设计院集团有限公司副总工程师

郑 洪 中铁第四勘察设计院集团有限公司副总工程师

黄 超 中铁第五勘察设计院集团有限公司院长

刘在政 中国铁建重工集团股份有限公司副总

经理

詹天佑铁道科学技术奖和建筑专项奖获得者

詹天佑铁道科学技术奖

成就奖

盛　晖　中铁第四勘察设计院集团有限公司副总建筑师

贡献奖

张学伏　中铁第一勘察设计院集团有限公司副院长、总工程师

青年奖

陈　鹏　中铁十四局集团大盾构公司副总经理、总工程师

王立新　中铁第一勘察设计院集团城建院副院长

詹天佑铁道建筑专项奖

成就奖

唐达昆　中铁十一局集团有限公司科技部(技术中心)部长

常帅斌　中铁十二局集团四公司副总经理

杨彦岭　中铁十六局集团四公司副总经理、总工程师

宫衍圣　中铁第一勘察设计院集团电化处副处长、总工程师

徐　川　中铁第四勘察设计院集团有限公司副总工程师

人才(管理)奖

李五红　中铁十二局集团二公司副总经理、总工程师

李志辉　中国铁建大桥工程局集团有限公司安全总监兼工程部部长

郑春海　中铁十七局集团三公司技术中心主任

齐梦学　中铁十八局集团隧道工程公司副总经理

曹树强　中铁十九局集团七公司执行董事、总经理

段　锋　中铁二十局集团六公司总工程师

杜以军　中铁二十二局集团二公司董事长、总经理

王　硕　中铁建设集团有限公司基础设施事业部项目经理

严爱国　中铁第四勘察设计院集团桥梁院总工程师

涂　强　中铁第五勘察设计院集团建筑院院长

青年奖

牛增祥　中国土木工程集团中土埃塞公司总经理助理兼中土吉布提有限公司副总经理

陈　龙　中铁十一局集团有限公司技术中心二级专家

吴　遁　中铁十四局集团隧道工程公司项目经理

李　刚　中铁十八局集团一公司海沧隧道项目总工程师

王胜国　中铁十九局集团有限公司项目副总工程师兼工程部部长

陆　佳　中国铁建电气化局集团轨道交通器材公司城轨事业部副部长

张学武　中铁第一勘察设计院集团电化处副总工程师

王法武　中铁上海设计院集团桥隧处副总工程师

（张瑞全　尉松恺）

【大学毕业生接收培养和人才引进】　2020年，高校毕业生接收工作克服疫情不利影响，充分利用信息化手段，采取线上线下同步进行方式，开通中国铁建招聘平台。通过在中国铁建抖音、快手和微博公众号推出的空中宣讲和组织所属各单位到西南交通大学、中南大学在内的6所高校开展集中宣讲相结合，为所属各单位招聘工作创造条件，各单位在中国铁建招聘平台上提供300余个工作岗位。截至2020年11月底，收到简历11.7万份，经过筛选、线上面试、线下考试、综合测评等环节，全年招聘高校毕业生超过1万人。同时，扩大国际工程人才联合培养范围，增加兰州交通大学、华东交通大学等3所高校。7月10日，通过中国铁建3个社交公众号开展线上空中宣讲直播，吸引近1万人观看，完成第三届国际工程后备人才班招聘。截至2020年底，中国铁建在6所高校的国际工程后备人才班顺利开班，共计231人，各项教学培养活动按计划推进。

（张瑞全　尉松恺）

【在京单位从京外调配人员和高校毕业生接收】　2020年，组织所属在北京单位就人力资源社会保障部最新修订公布的京外调干和毕业生接收工作办法进行宣传贯彻学习，利用人力资源社会保障部下达的年度计划和重大专项支持计划，以及高校毕业生接收计划，解决夫妻两地分居等渠道，为股份公司总部和所属在京单位的人才队伍结构调整、优化和稳定提供坚强支持。全年人力资源社会保障部批复股份公司年度计划32个，重大专项支持计划20个，高层次人才引进计划6个，备案材料报人力资源流动管理司待审批备案。在人力资源社会保障部人力资源流动管理司批复的计划内，为所属在京单位接收的448名应届高校毕业生(其中研究生153人、本科生295人)办理进京备案手续。

（张瑞全　尉松恺）

【专业技术职务任职资格评审】　组织完成2020年度职称评审工作，全系统2788人申报股份公司组织评审的专业技术职务任职资格，其中正高级工程师1492人

(评审290人、认定1202人),高级工程师189人;正高级经济师24人,高级经济师286人,二级法律顾问9人;正高级会计师61人,高级会计师301人;教授级高级政工师2人,高级政工师293人。2020年评审工作首次把工程系列分为副高级和正高级两次评审,工程系列副高级评审中增加答辩环节,股份公司总部及不具备工程系列副高级评审权限单位申报参加正高级工程师、高级工程师174人参加答辩。

(张瑞全　尉松恺)

【稳岗就业】 2020年,根据国务院国资委党委《关于新冠肺炎疫情防控期间扎实做好稳岗扩就业工作的紧急通知》精神,中国铁建发挥央企责任担当,通过各种措施做好"国资央企稳岗扩就业"工作,积极参与国资委启动的"春暖花开、国聘行动"和"抗疫稳岗扩就业,国资央企在行动"的活动。股份公司推出"铁建雄鹰"线上招聘平台,主动调整特殊形势下的招聘工作方式,采取"股份公司搭台、所属单位唱戏"的模式,推出"铁建雄英"2020年高校毕业生线上招聘平台,并通过各种渠道向多所高校进行推送,取得理想招聘效果。加大空中"云宣讲"力度,所属各单位开展500余场针对高校毕业生的空中"云宣讲"招聘推介会,保证特殊时期校园招聘的顺利进行。扩大贫困地区农民工就业范围,结合行业特点和自身用工安排,以对口帮扶的河北省万全县、尚义县和青海省果洛县为发力点,向其他企业定点扶贫县进行岗位辐射。同时,发挥贫困县挂职干部优势,宣传招聘政策,对接农民工,实现"就业一人、脱贫一家"的帮扶目标,在落实"六稳""六保"工作中发挥顶梁柱作用。(张瑞全　尉松恺)

【军转干部和符合政府安排工作条件退役士兵接收安置】 按照退役军人事务部的工作安排,完成2020年度军转干部接收安置工作。按照退役军人事务部《关于做好2020年度中央企业接收安置由政府安排工作退役士兵工作的通知》(退役军人部函〔2020〕36号)文件精神,下发《关于做好接收安置2020年度由政府安排工作退役士兵工作的通知》,中国铁建及所属各单位积极与驻地民政部门或退役士兵接收安置工作主管部门进行沟通协调,确定退役士兵接收安置岗位,并按照各地退役士兵接收安置主管部门的工作要求开展工作。截至2020年底,中国铁建系统完成接收安置36人。

(张瑞全　尉松恺)

【人力资源信息统计】 截至2020年底,中国铁建系统在职在岗正式员工284809人(不含锦鲤公司31人)。其中,管理和专业技术人员(干部人数)215557人,占总人数的75.68%;管理人员74153人,专业技术人员201244人(在管理岗位59840人);技能人员69252人,占总人数的24.32%。

2020年中国铁建系统人员按年龄分布

年龄	人数(人)	占比(%)
35岁以下	158378	55.61
35~40岁	42274	14.84
41~45岁	28554	10.03
46~50岁	27089	9.51
51~55岁	12015	4.22
50~60岁	16356	5.74
60岁以上	143	0.05

2020年中国铁建系统专业技术职务人员分布

专业技术层级	人数(人)	占比(%)
正高级专业技术职务	2871	1.01
高级专业技术职务	37877	13.30
中级专业技术职务	59190	20.78
初级专业技术职务	83945	29.47

2020年中国铁建系统人员学历分布

学历	人数(人)	占比(%)
博士研究生	347	0.12
硕士研究生	13184	4.63
大学本科	163953	57.57
大专	54588	19.17
中专及以下	52737	18.52

2020年中国铁建系统专业技术员分类

专业技术层级	人数(人)	占比(%)
工程技术人员	152543	75.80
经济人员	15645	7.77
会计人员	20509	10.19
政工人员	10277	5.11
其他类别人员	2270	1.13
总　计	201244	100.00

2020年中国铁建系统人员业务板块分布

主营业务板块	人数(人)	占比(%)
工程承包人员	170372	84.66
勘察设计咨询人员	16631	8.26
装备制造人员	3745	1.86
物资流通人员	1198	0.60
房地产开发人员	2401	1.20
投资服务人员	3411	1.69
金融服务人员	465	0.23
海外业务人员	2592	1.29
其他板块人员	429	0.21
总　计	201244	100.00

(制表:张瑞全　尉松恺)

【三项制度改革】 2020年,按照《中国铁建股份有限公司深化三项制度改革2019—2020年重点工作方案》明确的2019—2020年阶段性工作目标及深化干部管理改革、严格控制员工总量等9项重点任务和实施步骤、时间安排,全面推进三项制度改革。结合“双百企业”改革推进计划,开展对中铁第四勘察设计院集团有限公司、中铁第五勘察设计院集团有限公司、中铁二十三局集团有限公司三项制度改革试评估,把三项制度改革重点任务纳入《中国铁建改革三年行动方案(2020—2022年)》。(岳向文)

【工资总额预算管理】 2020年,按照国务院国资委要求,在严格履行内部决策程序基础上,完成2019年度中国铁道建筑集团有限公司工资总额预算执行情况报告和2020年度工资总额预算编制和申报工作。完成对所属单位2019年度工资总额预算执行情况预清算和清算评价工作,依规对违规单位采取相应处罚措施,组织开展所属单位2020年度工资总额预算编制工作。(邹　磊)

【强化二级单位负责人激励约束机制】 2020年,按照《关于进一步加强二级单位负责人薪酬管理有关事项的通知》要求,按规定兑现2019年度二级单位负责人薪酬,强化激励约束机制,合理拉开负责人薪酬差距。为在管理基础薄弱、历史负担重、市场竞争力弱,相对困难的二级单位任职的主要负责人建立薪酬调节机制,激励困难企业负责人履职尽责。(岳向文)

【本部职工工资管理】 2020年,严格执行《关于规范所属单位本部收入分配管理严肃收入分配纪律有关事项的通知》管控要求,分板块下发所属二级单位本部平均工资对标数据,为加强本部工资管理提供对标依据。核定中铁建发展集团有限公司、中铁建国际投资有限公司、中铁建资本控股集团有限公司部门正职负责人及以上人员(不含单位负责人)平均工资水平。组织所属单位本部2019年度工资总额预算执行情况的清算评价工作,依规对违规单位采取相应处罚措施。(岳向文)

【一线职工薪酬管理】 2020年,制定《中国铁建股份有限公司直管项目部薪酬管理办法》,明确薪酬结构,项目部负责人实行年薪制,并规定除按规定取得的基本年薪、绩效年薪、项目终期考核收入和经股份公司批准的特别奖励外,不得在所在项目部或其他项目部取得任何其他收入。项目部其他人员实行岗位绩效工资制,其薪酬由岗位工资、工龄工资、绩效工资、津补贴4部分组成,并明确各部分的上限标准和津补贴项目范围,统一薪酬体系;适当提高基层一线项目部人员工资水平,加大项目部主要负责人、副职负责人、部门负责人、一般人员之间薪酬分配系数差距,提高薪酬水平与承担责任、工作量匹配度,强化对项目部人员的激励和约束机制,促进项目部各项管理工作提升。(岳向文)

【治欠保支】 2020年,结合领导分工和部门职责调查,相应调整中国铁建保障农民工工资支付领导小组成员。下发《关于认真学习贯彻〈保障农民工工资支付条例〉的通知》(以下简称《条例》),开展对全系统学习贯彻《条例》进行部署,确保与保障农民工工资支付工作相关的业务人员知《条例》、守《条例》,并在全系统开展《条例》学习情况线上测试活动,通报所属各单位学习《条例》和参加测试情况及好经验、做法。下发通知,组织开展岁末年初及元旦春节期间保障职工工资和农民工工资支付工作。(岳向文)

【推进超额利润分享激励】 2020年,在总结近五年来所属各单位实施超额利润分享激励成功经验和做法基础上,制定《超额利润分享激励操作指引》和《操作案例》。为适度解决可能出现的超额利润分享激励奖励集中兑现与年度工资总额核定不匹配的问题,把超额利润分享激励奖金在与效益、效率联动的工资总额之外单列,为促进超额利润分享激励有效推进提供政策支持和政策保障。 （岳向文）

【规范表彰奖励】 组织编制和下发2020年表彰奖励计划,表彰奖励项目由2018年的37项和2019年的15项压缩为2020年的11项。在压缩整体表彰奖励项目数量的同时,重点加强安全生产、经营承揽、海外工作奖励力度,支持和保证重点工作有效开展。

（岳向文）

【规范履职待遇、业务支出管理】 2020年,向国务院国资委申报2019年度公司负责人履职待遇、业务支出预算执行情况和2020年度公司负责人预算方案,审核所属二级单位负责人2019年度公司负责人履职待遇、业务支出预算执行情况和2020年度公司负责人预算方案。 （岳向文）

【提升薪酬管理和报表信息化水平】 2020年,结合薪酬信息化系统开发进度,组织专家组深化需求、对阶段性成果进行验证3次。制定下发《中国铁建股份有限公司从业人员和劳动报酬统计报表编制指引2020版》,明确指标解释、统一报表口径。通过信息化手段加强从业人员和劳动报酬统计报表、人工成本报表与财务报表、人才资源统计报表数据的核对工作,确保工资和人员范围一致、口径匹配、数据准确。 （岳向文）

【“五险一金”及统筹外费用缴纳】 2020年,中国铁建系统五项社会保险上缴地方社保94.6亿元,住房公积金上缴65.93亿元,企业年金缴费24.37亿元,补充医疗保险计提资金5.58亿元。其中,基本养老保险参保300980人,参保率100%;失业保险参保292571人,参保率97.21%;基本医疗保险参保315794人,参保率100%;工伤保险参保298738人,参保率99.26%;生育保险参保292571人,参保率97.21%;住房公积金参保266026人,参保率88.38%;补充养老保险(企业年金)参保242000人,参保率80%。企业支付各项费用11.49亿元。其中,统筹外费用3.08亿元,补充医疗保险3.15亿元,补充养老保险(企业年金)5.26亿元。全系统工伤人员5151人,其中一级伤残40人、二级伤残80人、三级伤残97人、四级伤残334人、五级伤残199人、六级伤残376人、七级伤残381人、八级伤残544人、九级伤残1059人、十级伤残1055人、十级以下伤残976人。 （李　倩）

【保险缴费基数核定及最低工资】 北京市2020年1—6月社会保险缴费基数上限23565元、下限3613元,7—12月养老、失业、工伤保险缴费基数上限26541元、下限3613元,医疗、生育保险缴费基数上限29732元、下限5360元,住房公积金缴费基数上限27786元、下限2200元。农民工社会保缴费基数按照本人上一年月平均工资确定,上限按照本市上年职工月平均工资300%确定,下限按照本市上年职工月平均工资40%确定。 （程相辉）

【补充医疗保险报销】 2020年,审议通过修订后的《总部补充医疗保险实施办法》于年初正式实施。通过公开比选确定泰康养老保险公司为第三方委托管理机构,完成重疾保险参保、服务手册制作、宣导材料准备等工作。《总部补充医疗保险实施办法》实施后,所有总部在职和退休人员850余人受益。补充医疗保险报销取消1300元起付线,提高报销比例(“自付一”报销比例由95%提高到100%),提供新的就医服务通道,重疾自付药费报销改成参加重疾保险,重疾保额和轻症保额分别为40万元,保障延续终身。补充医疗保险修订并实施,提高医疗保障水平,减轻职工和退休人员医疗费用负担,妥善解决退休人员社会化管理移交后退休人员补充医疗保障问题,确保顺利衔接且医疗保障待遇不降低,一定程度上解决总部员工就医困难问题。 （李　倩）

【企业年金实施】 根据股份公司2020年初制定的企业年金投资策略计划,召开企业年金各管理人投资分析会议,督促投资管理人根据市场变化及时调整投资运营策略,保持与受托管理人顺畅沟通,及时处理股份公司年金运行过程中的问题。通过面对面交流、电话沟通等形式对所属单位企业年金方案实施细则修订工作进行指导,并对10家所属单位修订的企业年金方案实施细则进行审核和批复。关于所属单位在企业年金实施过程中遇到的问题及时进行沟通和政策解答,提高年金业务人员的业务水平;每月及时通报股份公司企业年金投资组合收益情况,给所属单位企业年金计划在投管合同到期后重新遴选投资管理人提供业绩参考,并指导其进行投资管理人遴选变更工作。10月,根据前三季度股份公司企业年金运营情况，为实现整体运营目标，联合受托人中国人寿养老公司对投管人泰康资产公司进行会议约谈，对其更换投资经理和账户经理及投资运作情况进行详细、深入了解，并对下一步投资运营提出要求。截至2020年底，股份公司总部和46家所属单位建立企业年金制度，正式投资运营，覆盖总人数24.2万人，覆盖率80%；企业年金基金投资运营资金93.7亿元，2020年度股份公司总部企业年金计划投资收益率10.38%，全系统企业年金累计投资收益13.23亿元。（程相辉）

【疫情期间社会保险费用】 2020年，根据国家、地方政府针对新冠肺炎疫情相关社会保险减免政策精神，降低社保成本、加大稳岗返还、减轻残保金、住房公积金负担等，股份公司及时下发文件，部署社会保险费用申请减免工作，要求加强与地方相关部门沟通，积极配合地方部门做好相关工作，把减免社会保险费政策用足，减轻企业负担，确保职工个人权益不受影响。全年全系统全部申领社会保险减免费用，少缴各项社会保险费用14亿元，其中总部减免430余万元，积极帮助企业渡难关、稳定就业岗位。（李　倩）

【社会保险信息化管理系统建设】 2020年，组织召开社会保险信息系统专家组会议，确定完成全系统社会保险系统开发需求文件。系统开发过程中及时解答开发人员提出的问题，组织8家试点单位社保业务专家对全系统社保信息系统进行验证，并提出32项修改意见，确保下年初完成系统初步建设进入试运行，并达到正式上线运行阶段性目标。（程相辉）

【员工教育培训】 2020年，中国铁建教育培训工作按照“十三五”人力资源规划，根据年度培训工作计划，坚持“分类分级、应训尽训、精准调训”原则，采取线上线下相结合方式，加大员工培训力度，提升员工受训率，其中高级管理层、中级管理层人员受训率100%，一般员工受训率95%以上，平均学时90学时以上。全年参加线下培训139103人、线上培训190650人，培训员工1059931人次，其中企业领导人员25595人次、经营管理人员188578人次、专业技术人员655719人次、党群人员33015人次，技能人员157024人次。

（周东旺）

【各级领导人员培训】 2020年，中国铁建领导人员培训坚持应训尽训、精准调训。针对部分领导人员未参加培训实际，区分二级单位总部部门正职、三级单位主管、工程类副处级人员举办线上培训班，全系统571人参加为期2个月的在线培训。按照应训尽训要求，点名调训提职以来未参加培训的51名二级单位班子副职参加中国井冈山干部学院党性教育培训班；继续在中国大连高级经理学院举办青年干部战略思维与领导能力培训班，专门抽调51名三级单位行政负责人参加为期5天的培训班。年内按照应训尽训、全覆盖要求，利用在线平台组织各级领导人员学习党的十九届四中全会精神培训，培训人员9600余人；组织各单位副处级以上组工干部参加新时代党的组织路线培训。

（周东旺）

【海外人员培训】 2020年，针对新冠肺炎疫情防控实际，分类分级组织外语在线培训。外语培训区分语种、人员类别、外语基础等，英语分为出国“精英班”、“外派集训班”和“蓄水池班”，小语种（俄语、法语、西班牙语、葡萄牙语）分为“基础班”和“提高班”，通过在线培训，大幅度提高培训人数，全年培训外语人数560人次。（周东旺）

【新员工入职培训】 7月，组织全系统2020年新入职大学毕业生培训，合理设计培训方案，精心遴选授课老师，通过在线平台，首次组织对全系统2020年15000名新入职大学毕业生进行统一培训。（周东旺）

【施工现场管理岗位取证培训】 2020年，中国铁建作为住房城乡建设部培训试点单位，为满足企业生产经营需要，受新冠肺炎疫情防控影响，充分利用住建部职业培训在线平台组织施工现场专业人员进行线上培训，全年组织28711人报名在线参加学习，线上学时完成人数15893人，完成率55%。10月起，分期分批在湘潭铁路工程学校组织、中铁二十局集团培训中心开展线下培训和测试工作，完成9期施工现场专业培训，包括施工员、质量员、材料员、机械员、劳务员、资料员、标准员等13个岗位，培训人数1445人，考试通过1429人，考试平均合格率98.9%。（周东旺）

【在线培训】 2020年，受新冠肺炎疫情防控影响，中国铁建通过一体化技术平台与中国大学MOOC课网链接，全面启动线上培训，积极探索线上培训管理方式，取得较好培训效果，降低培训成本。总部各部门利用在线平台举办学习贯彻党的十九届四中全会精神、新入职员工、外语、法律合规、工会干部、投融资、信息化、BIM应用技术等培训班；部分二级单位利用股份公司在线培训平台，组织本单位员工参加专题培训。年内，根据国务院国资委要求，利用中国干部网络学院先后组织高级管理人员参加国有企业高质量发展、十九届四中全会、国有企业简史等专栏在线培训，组织全系统组工中级管理人员参加新时代党的组织路线专栏在线培训。 （周东旺）

【职业技能等级认定】 2020年上半年受新冠肺炎疫情影响，未开展职业技能等级认定工作，下半年部分评价中心开展认定工作。其中，中铁十二局集团有限公司、中国铁建大桥工程局集团有限公司、中铁十五局集团有限公司、中铁十六局集团有限公司、中铁十八局集团有限公司、中铁十九局集团有限公司、中铁二十局集团有限公司、中铁建设集团有限公司、中国铁建重工集团股份有限公司评价中心开展认定工作，参加认定1348人，取得职业技能等级认定证书1156人，其中初级工25人、中级工186人、高级工445人、技师342人、高级技师158人。职业技能等级直接认定事项，根据《中国铁道建筑集团有限公司暨中国铁建股份有限公司职业技能等级认定试点工作实施办法（试行）》文件，印发中国铁建人函〔2020〕20号文对直接认定三级、二级事项进行明确。 （苗振林）

【职业技能等级认定工作关系对接】 2020年，根据国家人力资源和社会保障部《关于开展职业技能等级认定试点工作的通知》（人社厅发〔2018〕148号）有关要求，中国铁建及所属21个集团公司设立的职业技能等级评价中心均在国家人社部和所在地方省级人社部门取得备案并正式开展认定工作。为做好与国家人社部和地方省级人社部门职业技能等级认定工作对接与协调，妥善处理职业技能等级认定工作过程中可能存在的有关问题和障碍，印发中国铁建人函〔2020〕236号文部署对接工作。 （苗振林）

【考评员和督导员岗位培训】 2020年10月、11月，根据工作需要和年度计划，中国铁建在中铁十二局集团有限公司、中铁二十局集团有限公司培训中心举办两期技能人才评价考评人员培训班和一期质量督导员培训班。经考核，帅静等56人取得质量督导员任职资格，朱建敏等147人取得考评员任职资格、凌俊东等111人取得高级考评员任职资格。 （苗振林）

【高级技师职业技能等级认定】 2020年10月，根据国家人力资源和社会保障部职业技能等级认定试点工作有关规定、备案地人社部门要求及年度工作计划，中国铁建结合企业实际开展工程测量员、物理性能检验员、电工和混凝土工4个职业试验性高级技师职业技能等级认定工作。全系统报名234人，初审资格通过210人，实际参加考核177人，参考率84.3%，其中通过考核158人，通过率89.3%。11月28日，中国铁建在湖南长沙召开2020年度高级技师评审会，评审委员会对通过高级技师职业技能等级认定考核的158人进行综合评审，经投票表决，批准任勇等151人获高级技师任职资格。 （苗振林）

【启动职业技能等级认定规范和命题编制工作】 2020年8月27—28日，为贯彻落实国家人力资源和社会保障部职业技能等级认定相关要求，进一步做好中国铁建职业技能等级认定试点工作，中国铁建在中铁二十局集团眉县培训有限公司举办职业技能等级认定规范和命题编制研讨班，研究中国铁建职业技能等级认定规范、命题编制方法、内容，确定编制分工等事项。人社部职业技能鉴定中心有关方面领导到会指导，会后就有关规范和命题编制开展统筹安排。 （苗振林）

【2017—2019年职业技能鉴定后续工作】 2017年以来，中国铁建所属职业技能鉴定考核站坚持开展技能人才评价工作，因受政策影响，7000余人通过职业技能鉴定但没有颁发职业资格证书或职业技能等级证书，其中初级工99人、中级工1583人、高级工4896人、技师466人。 （苗振林）

【职业技能竞赛】 11月25—27日，中国铁建在湖南长沙举办2020年全国行业职业技能竞赛——中国铁建职业技能竞赛（国家二类竞赛），职业工种为盾构机操作工，中国铁建重工集团股份有限公司承办，全系统15家单位60名选手参赛。中铁十四局集团有限公司获团队总成绩第一名，中铁十八局集团有限公司获团队总成绩第二名，中铁十六局集团有限公司获团队总成绩第三名；个人总成绩第一名魏哲、第二名张彪、第三名贾栋晴、第四名张会宾、第五名郭寅圣、第六名张天天、第七名吴跃民、第八名张文振、第九名蔡文辉、第十名蔡明聪、第十一名方基飞、第十二名张文桂、第十三名王端发、第十四名刘治文、第十五名张培佳。中国铁建对获得竞赛决赛总成绩第一名选手奖励5万元、第二名选手奖励4万元、第三名选手奖励3万元，并报请国家人力资源和社会保障部授予“全国技术能手”称号，经选手所在单位推荐，中国铁建核准，晋升技师职业技能等级，已具有技师职业资格或职业技能等级的，破格晋升高级技师职业技能等级评审。对获得竞赛决赛总成绩第四至第七名的选手，各奖励2万元，并报请国务院国资委授予“中央企业技术能手”称号，经选手所在单位推荐，中国铁建核准，破格参加技师职业技能等级评审，具有技师职业资格或职业技能等级的，可破格参加高级技师职业技能等级考核。对获得竞赛决赛总成绩第八至第十五名的选手，各奖励1万元。对以上获得竞赛团队总成绩前三名、个人总成绩前十五名的选手进行表彰，并授予获奖选手和各单位技能竞赛总成绩第一名选手“中国铁建技术能手”称号；授予中国铁建重工集团股份有限公司优秀组织奖。（苗振林）

【盾构机操作工国家二类竞赛裁判员培训】 2020年，为确保全国行业职业技能竞赛——中国铁建职业技能竞赛公开、公平、公正进行，进一步提高候选裁判员专业素质和现场执裁能力，经所在单位推荐，中国铁建核准，中铁十一局集团有限公司张昆峰等53人参加9月23—25日举办的盾构机操作工国家级二类职业技能竞赛裁判员资格认证培训。根据《中国铁建股份有限公司职业技能竞赛技术规程（试行）》等有关规定，经考核，张昆峰等51人取得中国铁建盾构机操作工国家级二类职业技能竞赛裁判员资格。执裁有效期2020年10月至2023年9月，执裁范围为中国铁建主办或承办的盾构机操作工国家级二类职业技能竞赛或中央企业集团职业技能竞赛。（苗振林）

【2020年中国铁建技术能手】 2020年，为全面贯彻落实习近平总书记对技能人才工作的重要指示精神，加快学习型、技能型、创新型技能人才培养，营造重视技能、学习技能的敬业风气，所属集团公司报备并举办职业竞赛，涉及盾构机操作工、安全员、BIM操作员、电工、焊工等8个专业，近1000人参加决赛。股份公司对所属各集团公司职业技能竞赛决赛第一名——中铁十一局集团有限公司盾构机操作工刘振东、安全员朱志宇、BIM操作员龚峰，中铁十五局集团有限公司盾构机操作工胡涛，中铁十六局集团有限公司盾构机操作工解泓立，中铁十七局集团有限公司盾构机操作工吴健，中铁二十三局集团有限公司无人机航测代玉耿，中铁二十五局集团有限公司盾构机操作工胡进，中国铁建重工集团股份有限公司镗铣工王柏松、电工李钱炜、焊工周安邦、钳工赵彬彬12人给予表彰，授予其“中国铁建技术能手 ”称号，并颁发证书。（苗振林）

【物理性能检验员国家职业技能标准】 2020年7月30日，中铁十二局集团有限公司组织编写的《物理性能检验员国家职业技能标准》在山西太原通过终审并由国家人力资源和社会保障部发布。（苗振林）

【第十五届技能人才评选表彰】 2020年，按照人力资源社会保障部《关于开展第十五届高技能人才评选表彰活动的通知》（人社部函〔2020〕41号）及国务院国资委通知要求，中国铁道建筑集团有限公司推荐中铁十一局集团有限公司陈永胜为中华技能大奖候选人，中铁第一勘察设计院集团有限公司张斌、中铁十一局集团有限公司张威、中铁十二局集团有限公司肖双清、中国铁建大桥工程局集团有限公司温晓辉为全国技术能手候选人，中铁十八局集团有限公司技工学校校长张永远为国家技能人才培育突出贡献候选个人，中铁十三局技师学院为国家技能人才培育突出贡献候选单位。经最终评选，中国铁道建筑集团有限公司2004年第七届徐春光（退休）、2012年第十一届刘军华、2014年第十二届田国锐3人获中华技能奖，30人获“全国技术能手”称号。（苗振林）

【干部监督】 2020年，按照上级单位要求，中国铁建系统601人上报个人有关事项。全年全系统随机抽查60人，重点抽查105人，并对漏报或填报不规范的10人进行批评教育处理，对瞒报或漏报情节较重的9人进行诫勉处理。通过排查确定39名查核验证对象，截至2020年底，未发现问题。全年审核备案二级单位总经理助理人员36人次、破格提拔人员7人次，承办72人次领导人员内外部兼职审批，开展对8家单位党委干部部部长（党委工作部部长）进行备案考察，进一步规范所属单位选人用人业务。全年完成因私出国

（境）审批5人次，须股份公司备案人员全部及时向出入境管理部门进行登记备案。加强对股份公司系统干部人事档案工作的科学化、制度化、规范化管理，制定印发《中国铁建股份有限公司干部人事档案管理规定》。全年完成2000余份新文件材料的编目、扫描及归档，完成总部74卷干部档案的整理和编目，审核二级单位移交干部档案30卷，办理档案转出35卷；完成干部档案数字化扫描93卷。按季度汇总各单位档案专审全覆盖工作进度完成情况，截至2020年12月底，全系统完成签字认定干部档案15.6万人，占所有干部总数的83%。制定人力资源信息系统V1.1版开发需求，推进系统迭代更新建设。（张瑞全　范爱颖）

·离退休职工管理·

【离退休职工管理中心】　负责中国铁道建筑集团有限公司退休职工社会化推进工作及中国铁建系统离休职工统计工作；负责总部离退休职工、内部退养职工的日常管理和服务工作。定员11人，现员5人，设主任1人、副主任1人；下设事务管理处、生活服务处、健康服务处。截至2020年12月31日，离退休职工管理中心管理离退休、内部退养职工641人，其中离休干部11人、退休职工602人、内部退养职工28人，党员543人；参加活动人数1001人（含直属单位360人）。

（刘　凯）

【退休人员社会化管理推进工作】　截至2020年底，全系统退休人员分布在全国31个省（自治区、直辖市）、98个地级市135809人，党员47219人。企业已与地方政府完成移交签约的退休人员130392人，已移交人事档案121395份，党组织关系移交完成35450人，管理服务职能移交118430人。全系统退休人员社会化管理移交主体工作基本完成，剩余工作逐步有序推进。

（刘　凯）

【离退休职工管理与服务】　2020年，离退休职工管理与服务工作坚持以18个离退休党支部为载体，各支部每月组织党员学习活动一次，增强离退休人员讲政治、顾大局意识，促进企业稳定发展。积极开展“不忘初心、牢记使命，传承兵魂、继续前进”为主题的学习征文活动，组织相关学习活动21次，征集优秀作品60篇。组织200名离退休人员观摩国资委举办的《新时代、新征程》文艺演出，组织各支部召开《我看改革开放新成就》专题座谈会，配合直属机关党委选出12名离退休党员代表参加股份公司直属机关第一次代表大会。在新中国成立70周年之际，为17名中国铁建总部有特殊贡献的离休人员、全国劳模等领发建国70周年纪念章。同时关心和把握离退休人员思想动态，做好思想政治工作，加强党员队伍建设，以评选“先进党支部、优秀共产党员”为内容开展创先争优活动，年内评出优秀党支部19个，优秀共产党员287人，并张榜表彰。开展谈心活动，努力为离退休人员排忧解难，并做好《中国老年报》的征订和发放工作，每年为600余名离退休人员每人征订1份《中国老年报》；开放阅览室，提供各类报纸、杂志130余种；编发《离退休人员服务手册》并人手1册；累计发放各类报纸、杂志、信件41万份。

落实离退休职工生活待遇，走访慰问原铁道兵首长、工程指挥部原领导、原集团有限公司领导151人次及老领导遗孀37人次，走访慰问困难和病重离退休人员714户，看望住院老职工273人，并为全体离退休人员发放节日补助金、申领年终生活补贴及发放慰问品等。组织全体离退休职工体检，及时发放体检报告。随访30名原总公司领导及12名离休干部健康状况；协助变更定点合同医院463人次；为120人次离休干部借住院支票，583人次离休及伤残人员报销医疗费；办理街道急诊、异地、大病及补办社保卡1650人次；累计完成2470人次75398张医疗报销单据的收集、初审、粘贴。制定《年度退休职工休养方案》《休养工作安全预案》《休养期间突发事件紧急处理预案》等相关文件并上报北京市。积极组织开展各类文体活动，丰富离退休人员晚年生活。（刘　凯）

宣　传

【党委宣传部（企业文化部）】　股份公司党委宣传部，又称企业文化部，既属公司党委工作部门，又属行政工作部门。主要职责：负责中国铁建股份有限公司（以下简称公司）意识形态工作；负责公司总部党委理论学习中心组学习，指导检查所属单位党委理论学习中心组学习；负责公司员工思想政治工作和思想教育、时事政策教育工作；负责精神文明建设、企业文化建设、品牌建设管理、对外新闻报道工作；负责突发事件新闻处置及负面舆情处置工作；负责中国铁建官方微博微信等新媒体的运营管理工作，指导所属单位的新媒体运营管理工作；负责党建思想政治工作研究；负责反邪教工作；负责中国铁建书法家协会管理工作；负责铁道兵纪念馆暨中国铁建展览馆管理工作；指导《中国铁道建筑报》工作。定员13人，设部长（总经理）兼新闻发言人1人、副部长（副总经理）兼铁道兵纪念馆馆长1人、党建政研会副秘书长1人，现员7人；下设宣传教育处、企业文化处、新闻舆情处、铁道兵纪念馆。

2020年，党委宣传部（企业文化部）认真学习贯彻习近平新时代中国特色社会主义思想，党的十九大和十九届二中、三中、四中、五中全会精神，落实国资委党委、股份公司党委系列战略部署和工作要求，围绕企业改革发展和党建工作中心任务，创新工作方式方法，扎实推进宣传思想文化工作，在防疫抗疫、复工复产中深化铁道兵精神的传承与发展，为企业高品质发展凝聚强大精神动力，营造浓厚的文化氛围，提供良好的舆论环境。（刘树山）

【党委理论学习中心组学习】 2020年3月2日，印发《2020年党委理论学习中心组专题学习重点内容安排》，坚持在第一时间学习党中央和上级精神，把中心组学习作为理论武装的龙头工程，深入学习领会习近平新时代中国特色社会主义思想、党的十九大和十九届二中、三中、四中、五中全会精神，深入学习贯彻习近平总书记关于国有企业改革发展和党建工作的重要论述，全年公司总部组织集中学习14次。认真执行督查通报和对上报告制度，及时向国务院国资委报送专题报告；督促所属3家单位做好巡视发现问题整改工作。根据新冠肺炎疫情实际情况，利用视频例会、QQ工作群等方式，督促各单位通过线上线下相结合的方式开展学习。（刘志强）

【学习贯彻党的十九届五中全会精神】 2020年11月3日，印发《关于深入学习贯彻党的十九届五中全会精神的通知》；11月12日，印发《学习宣传贯彻党的十九届五中全会精神工作方案》的通知。印发全会精神宣讲纲要，组织集中宣讲，加强宣传引导，部署开展“五大主题活动”，推动全会精神在中国铁建落地。12月9日，邀请中央宣讲团成员施芝鸿解读党的十九届五中全会精神。12月30日，中国铁建作为6家央企之一，在中央企业党的十九届五中全会精神学习宣传暨党委（党组）理论学习中心组学习交流会上作经验交流。（刘志强）

【抓实意识形态工作】 2020年，全力推进中国铁建系统意识形态工作向纵深发展，突出抓好重大节点、敏感时期的意识形态工作和反邪教维稳工作。落实各级党委主体责任，定期审议研究意识形态工作。年内利用宣传工作例会对意识形态工作安排部署和情况通报5次，开展舆论阵地专项梳理。所属各单位坚持谁主管谁负责原则，落实属地管理、分级负责，加强阵地管控，整体形势平稳。10月22日，修订印发《中国铁建党委意识形态工作责任制实施办法》。12月25日，在国务院国资委专题会议上就“学习强国”学习平台运维工作作经验交流。（刘志强）

【推进精神文明创建】 2020年，持续加大对全系统培育和践行社会主义核心价值观人和事的宣传报道力度，遴选推荐16家单位获评首都文明单位（标兵），7家单位新增为第六届全国文明单位。推进全系统国企开放日、道德讲堂、学雷锋志愿服务等实践活动，年内在京沈高速铁路北京朝阳站举办“决胜小康、奋斗有我”国企开放日活动；2家单位成为首都学雷锋志愿服务站。6月5日，印发《中国铁建党委关于深化新时代文明单位创建工作的指导意见》。（刘志强）

【重大主题宣传和形势任务教育】 坚持在第一时间部署党中央和国资委党委重大会议、重要讲话及公司有关会议精神的学习宣传工作。2020年1月21日，印发《关于认真学习宣传贯彻股份公司年度工作会议精神的通知》，部署学习宣传贯彻工作。利用自有平台，宣传中央重大决策部署和全系统开展防控、助力战疫、复工复产的特色做法及感人事迹，印发《告中国铁建全体党员书》《致中国铁建医务工作者的慰问信》。中国铁建参与脱贫攻坚战经验材料《铁肩担福祉，妙手助扶贫》在《学习时报》11月2日四版头条刊发；联合红旗出版社编辑出版《镜头里的中国铁建》。积极开展纪念抗美援朝出国作战70周年主题教育活动，11月26日在国资委宣传思想工作培训班上作《早筹谋，广借力，浓墨重彩宣传抗美援朝伟大精神和铁道兵丰功伟绩》经验交流。（刘志强）

【选树宣传重大典型】 2020年，积极挖掘推选各条战线上的先进人物和典型事迹，推出“武汉大桥守灯人、温暖妻子回家路、26岁女工程师获颁劳动奖章”等典型人物，在全国产生重大影响，让企业形象更加丰满立体，充满人情味，提升品牌美誉度。刊发“战疫先锋”“2020怎么干”等专题和系列评论文章，在不同层面有针对性地组织开展多种宣传和学习活动，发挥典型示范引领和辐射带动效应。（刘志强　关　翔）

【党建思想政治工作研究】 2020年,中国铁建党建政研会第一次作为中国政研会会员单位,参加中国政研会2019年度优秀研究成果评审。系统内“中央建筑企业品牌文化塑造的实践与探索——以中国铁建‘大盾构’品牌文化塑造为例”获评一类优秀研究成果;“中央企业海外形象建设研究”“善用移动新媒体,引领掌上舆论场——中国铁建运用新媒体加强声誉管理的实践与探索”获评二类优秀研究成果。课题“国家外宣大格局下的建筑央企海外传播能力建设研究”获央企党建政研会2020年度优秀研究成果一等奖。完成中国铁建2019—2020年度政研课题推进及评审工作,评出优秀政研成果一等奖6项、二等奖14项、三等奖18项,优秀组织单位5个。 (王 洋)

【编辑《铁建政工》】 2020年,编辑出版《铁建政工》4期。刊物以学习贯彻习近平新时代中国特色社会主义思想为首要政治任务,牢牢把握正确政治方向,及时反映中国铁建党委重大活动和全系统政工动态,推进党建思想政治工作研究,交流先进经验,推广典型做法。 (王 洋)

【反邪教维稳工作】 2020年,中国铁建认真贯彻落实中央企业防范和处理邪教工作有关会议和通知精神,着重抓好敏感时期的防范工作,全年未发生邪教组织在系统内企业活动的情况。 (王 洋)

【启动文化与品牌提升工作】 2020年5月12日,召开中国铁建企业文化与品牌提升工作启动会,全面启动新时代中国铁建文化与品牌提升工作。年内完成公司总部及所属47家单位、13个项目、1063人的调研访谈,形成120万字的访谈记录,收集系统内外调研问卷14万份,撰写《企业文化调研诊断报告》。结合调研报告和企业发展目标,构建以文化理念体系、行为体系、文化管理体系、文化建设发展规划、文化落地实施方案为主的企业文化体系和以品牌理念体系、品牌管理体系、品牌架构体系为主的品牌体系。 (毕中喜)

【支持摄制《无限深度》】 迎接中国共产党成立100周年重点献礼影片《无限深度》,反映铁道兵和中国铁建两代人的家国情怀,展示中国铁建先进的技术水平。2020年,党委宣传部(企业文化部)加强与创作团队沟通,全过程深度参与影片投资、剧本修改、采风勘景、演员体验生活、现场拍摄等工作,推动影片创作,为更好通过影片展现中国铁建形象奠定基础。 (毕中喜)

【参与中央企业故事大赛征集活动】 2020年6月22日,中国铁建组织各单位参加国务院国资委和人民网联合举办的第三届中央企业故事大赛,收集短视频、文字作品175条(篇),上报65条(篇),获奖作品18个。其中,中铁十四局集团有限公司《最美逆行“突击队”》、中铁二十四局集团有限公司《门》获一等奖;中铁二十局集团有限公司《李增良:倾我所有,助鄂战“疫”》、中铁二十四局集团有限公司《和若画路人》《简阳有个幸福里》、中铁第一勘察设计院集团有限公司《一个突击队员的日记》获二等奖;中铁十一局集团有限公司《敢于亮剑的“平凡英雄”》、中铁十四局集团有限公司《真情洒满脱贫路》、中铁十六局集团有限公司《疫情中的中国工匠》、中铁二十四局集团有限公司《大城小路》、中国铁建重工集团股份有限公司《匠心铸重器》《玳瑁坡村的“幸福密码”》获三等奖;中铁十二局集团有限公司《白衣战士的“分内事”》《无量山上的逐梦人》、中铁十九局集团有限公司《李景安:以笔为援,丹青“战疫”助力复工生产》《吕帅:扎根一线,奔跑在致富路上》、中铁二十一局集团有限公司《奔跑在通往小康的大路上》、中国铁建电气化局集团有限公司《“暴风眼”中涌春潮》获优秀奖。 (毕中喜)

【梳理品牌建设典型案例】 2020年12月9日,中国铁建为进一步增强各单位品牌创建意识,组织开展品牌建设典型案例与品牌故事征集活动,从组织保障、品牌创建路径、品牌国际化、社会责任等角度遴选成熟案例和优秀作品,推荐参加中央企业品牌传播和品牌运营典型案例评选。中铁十六局集团有限公司《培育一流价值创造力,传播地铁品牌好声音》、中铁二十局集团有限公司《聚焦国际化运营,着力打造“CR20”品牌》获评中央企业品牌传播和品牌运营典型案例。 (毕中喜)

【梳理企业文化建设成果】 2020年,中国铁建指导所属各单位梳理企业文化建设成果,形成一批较为成熟的文化建设成果。其中,中铁二十局集团有限公司“以‘家文化’凝聚企业强大合力”等7个文化成果,在中国铁道企业管理协会主办的铁道企业文化成果征集活动中获奖。 (毕中喜)

【协助拍摄《金刚川》】 2020年8月2日,中国铁建与纪念抗美援朝出国作战70周年献礼影片《金刚川》剧组座谈,为剧本创作提供素材、资料,并指导中国铁建大桥工程局集团有限公司配合剧组做好电影场景搭建等配合工作。电影《金刚川》融入诸多铁道兵元素,在社会上传播中国铁建良好形象。 (毕中喜)

【铁道兵纪念馆参观接待】 2020年，因新冠肺炎疫情影响，铁道兵纪念馆1—7月闭馆，8月重新开馆，接待参观人数呈现线下骤减、线上猛增趋势，全年接待线上参观者超过50万人、线下参观者5000余人。年内完成接待国务院国资委党委书记、主任郝鹏一行，中国乒乓球协会主席刘国梁一行，以及交通运输部、中央组织部、中央党校等重要团体的参观任务。（田晓晨）

【开发线上参观新模式】 2020年，在疫情防控常态化形势下，铁道兵纪念馆在“北京市博物馆大数据平台”公共服务客户端建立网上预约参观平台，展览内容在北京市文物局官网《每周一馆》栏目中进行展示。五四青年节举办“薪火相传话青年，开拓创新促品质”网络直播讲解活动，拍摄制作“云游铁道兵纪念馆”线上参观课程，让新入职员工更直观、全面地了解铁道兵历史和中国铁建发展成就。举办“第三届国际工程后备人才班校园招聘会”线上直播活动，拍摄制作铁道兵纪念馆线上场馆讲解专题片、珍贵藏品讲解专题片、英雄人物讲解专题片，开发形式多样的线上课程。

（田晓晨）

【开展纪念抗美援朝出国作战70周年网络直播活动】 2020年，为纪念中国人民志愿军抗美援朝出国作战70周年，切实发挥爱国主义教育示范基地作用，激发观众特别是中小学生的爱国主义热情和民族自豪感，铁道兵纪念馆依托馆内抗美援朝展厅，举办一期“抗美援朝”专题网络直播活动，累计观看人数14.2万次。其中，北京市海淀区永定路学区8000名中小学生观看直播。（田晓晨）

【举办讲解员培训班】 2020年7月22日，铁道兵纪念馆举办为期一天的讲解员培训班，并邀请中国国家博物馆第一代讲解员、终身研究馆员授课。全程采用线上形式，来自全系统各单位的100余名讲解员及相关工作人员参加培训。培训后，分批组织轮训，培养一批优秀讲解员。（田晓晨）

【场馆展陈更新升级】 2020年，铁道兵纪念馆完成100处展板内容的设计、制作及安装，更新展品及展陈方式，完成部分多媒体设备的更新升级。场馆展陈增加习近平新时代中国特色社会主义思想、伟大的抗美援朝精神等内容，并举办“弘扬伟大抗疫精神，凝聚民族复兴力量”专题展览。（田晓晨）

【制作出版读物及文创产品】 2020年，铁道兵纪念馆联合连环画出版社，整理出版《登高英雄》《激战无名川》连环画，出版书籍《铁道兵纪念馆藏品背后的故事》，制作全国中小学生研学实践科普画册《机械装备》《铁路站房》《铁路桥梁》，编纂书籍《行业展风采，文博展作为——行业博物馆精品课程集锦》和《中央企业爱国主义教育基地和研学基地》铁道兵纪念馆篇章内容；制作铁道兵纪念馆文具套装礼盒等系列文创产品。（田晓晨）

【制作系列媒体作品】 2020年，铁道兵纪念馆配合《金刚川》电影、央视6集大型电视纪录片《为了和平》的拍摄统筹、资料征集和抗美援朝参战老兵采访等工作；协助国务院国资委拍摄《百年央企党旗红》纪录短片、天津电视台拍摄《奠基岁月——天津1949—1956》纪录片及相关人员采访、北京市委宣传部和北京电视台建党100周年献礼百集纪录片栏目组制作《铁道兵纪录片》，配合海淀区电视台拍摄“海淀区风物志”《逢山凿路遇水架桥，永远的铁道兵》电视节目。走进北京人民广播电台“北京体育广播双奥之声界内界外直播间”，介绍铁道兵的历史渊源和发展现状。

（田晓晨）

【加强场馆交流】 2020年，在全国科普日北京主场活动暨第十届北京科学嘉年华活动中，铁道兵纪念馆获评2020年首都科普联合行动优秀组织单位。年内为北京科学教育馆协会、北京科普发展中心举办的“科普讲解员，青春最强音”活动、“人类与传染病的博弈”——2020年首都科技创新成果展的100余名讲解员讲解接待礼仪和技巧培训。铁道兵纪念馆获评2020年走进文博会看北京资源单位。（田晓晨）

【宣传报道工作】 2020年，围绕防疫抗疫、复工复产、纪念中国人民志愿军抗美援朝出国作战70周年等重大主题，全年全系统在中央主流媒体刊发稿件2654篇。其中，中央电视台1328篇，新闻联播158条，连续8天登上《新闻联播》，多次实现1天播出4条中国铁建新闻。（关 翔）

【纪念抗美援朝出国作战70周年主题宣传】 2020年，制定中国人民志愿军抗美援朝出国作战70周年宣传计划，主动对接媒体提供事迹相关资料，联系采访人物，配合节目制作和宣传，先后在央视《新闻联播》、国防军事频道，新华社《国家相册》等名牌栏目推出内容，反映铁道兵不朽事迹和感人精神，相关做法在国务院国资委进行现场交流。（关 翔）

【创新融媒体工作机制】 2020年11月25日，印发

《关于建立"五客"融媒体工作机制(试行)的通知》,在中国铁建系统试行云上融媒体控客、谋客、创客、播客、监客工作机制,实现"新旧融合、一次采集、分头编辑、多极分发"工作目标。同时,开展对前期试行项目的评估和反馈,继续努力提升企业新媒体矩阵的能力建设。11 月 13—16 日,在苏州地铁项目举办培训班,加强新媒体编辑和网评员队伍建设。 (刘志强)

【抓好海外平台运营】 截至 2020 年底,中国铁建系统官方海外社交平台账号增至 10 个,其中在尼日利亚、埃塞俄比亚 3 个账号粉丝超过 13 万人,拉伊铁路主线铺通等帖文名列实时热门推特前列,抢建"方舱医院"帖文被尼日利亚政府官方推特及各界知名账号转发互动,提升企业在当地的社会形象。 (关 翔)

【组织云开放日活动】 2020 年 7 月 24 日,中国铁建在尼日利亚拉伊铁路项目开展首场"一带一路"中央企业云开放日活动,采用 vlog、云直播等形式,多角度立体化呈现铁路建设情况、疫情防控情况和中外员工的工作状态。中国国内 9 家主流媒体 16 个平台同步报道,国外 100 余家媒体转发跟踪,受众人数超过 900 万人。 (关 翔)

【官方微信公众号管理】 2020 年上半年,中国铁建官方新媒体在建筑中央企业中第一个启动应急工作机制,最快发出安全预警,并连续 99 天不断更新,发布 200 条内容,成为疫情初期企业舆论引导的主阵地。数部反映防疫抗疫的策划内容、MV 视频,在关键时刻有效引导舆论,维护员工稳定,向外界传递中国铁建声音和举措。 (关 翔)

【官方微博管理】 2020 年,中国铁建官方微博 8 次登上新浪微博热搜前十名,其中 3 次登顶并保持较长时间。策划的"一夜之间家门口大桥被调包"冲上热搜榜,高速公路收费员为火神山医院物资司机加油打气视频播放量超过 1 亿次,点赞超过 1000 万次。短视频《朝鲜战地日记》被各主流媒体转推,获得"学习强国"学习平台首页推荐,播放量超过 110 万次。全年在"学习强国"学习平台首页推荐稿件 12 篇。 (关 翔)

【创新脱贫攻坚方式】 2020 年 7 月 11 日,"百县百品央字号"暨"小新带货"第九场直播走进中国铁建定点扶贫县河北省尚义县,带货燕麦养生健康食品。中国铁建利用 2 小时扶贫带货,销售额突破 280 万元,库存产品全部售罄。利用电子商务的便捷,借助"直播带货"潮流,宣传助力各个贫困地区的土特产走进千家万户。 (关 翔)

·新闻工作·

【中国铁道建筑报社】 《中国铁道建筑报》于 1948 年 10 月 15 日创刊,是中国铁道建筑集团有限公司主管主办的行业性报纸。报社定员 18 人,现员 11 人;下设办公室、新闻部、政文部、美术摄影部、记者评论部。

2020 年,中国铁道建筑报社坚持以习近平新时代中国特色社会主义思想为指导,全面贯彻党的十九大和十九届历次全会精神,以及党中央、国务院国资委和中国铁建党委的决策部署,增强"四个意识",坚定"四个自信",做到"两个维护"。报社始终坚持党管媒体,牢牢掌握意识形态工作领导权,坚持正确舆论导向,唱响主旋律,弘扬正能量;不断推动媒体融合发展,充分发挥铁路建设企业新闻舆论工作主力军、主渠道、主阵地作用,大力弘扬新时代铁建精神,讲述央企发展故事,为推动国有企业深化改革、高质量发展,加快培育具有全球竞争力的世界一流企业凝聚共识,汇聚力量。全年出版报纸 143 期。 (何大成)

【重要工作宣传】 2020 年,中国铁道建筑报社坚持围绕中心,服务大局,强化议程设置,精准选择切入点,准确把握时、度、效,主动聚焦全国两会、党的十九届五中全会、年度工作会议相关精神宣传报道,有序组织策划防疫抗疫、复工复产、抗洪抢险、企业改革、高质量发展、党建融合发展等重大主题、活动、节点等方面的报道,发挥舆论引导作用。采取三个层次组织报道全国两会和十九届五中全会精神,包括转载开、闭幕式消息、公报,策划推出学习贯彻五中全会精神、话题解读、知识问答、笔谈栏目,组织刊发基层反响、热议,以不同形式报道开展学习贯彻会议精神的消息,以系列评论加强舆论引导等全方位报道,累计刊发稿件 30 余篇。结合企业年度工作会等专题会议精神,组织专刊、专题等 50 篇报道。通过中央精神和上级要求的及时宣传,以及知识解读、体会认识、经验交流、舆论引导,促进相关精神的贯彻执行和"六稳六保"工作的全面推进。及时加强中国铁建驰援、防控、抗击疫情,复工达产及抗洪抢险的宣传报道,以消息、评论、现场特写、深度报道、美术摄影等形式组织《抢建生命驿站》《他们与死神赛跑》《战地黄花分外香》《战"疫"一线当先锋》《正是共担风雨时》《中流砥柱挺脊梁》等 212 篇(幅)报道,相关报道被《人民日报》、新华社、中央电视台、《经济日报》等 10 余家中央主流媒体广泛转载。聚焦企业高质量发展,推出宣贯"品质铁建"的系列专题报道,并邀请所属二级单位主管领导结合各单位实际展开大讨论,畅谈发展路径和实际举措,推出《汇聚高品质发展磅礴动力》《实干成就铁建梦想》《御风逐梦成大道，鹏程海外踏浪行》等40余篇访谈文章。加强全面从严治党和党建融合发展方面的报道，在《中国铁道建筑报》一、三版组织20余篇论文、言论和评论员文章，加强各级党组织、全体党员领导干部强化理论武装的舆论引导；在三版组织30余个版面，加强各级党组织创新党建工作、把党建工作转化为企业发展动力的创新经验等方面的宣传报道；在三版开辟“品质党建”笔谈，以笔谈形式组织30篇各级党委书记结合企业发展实际，促进党建工作与生产经营融合发展的报道，营造全面从严治党的舆论环境。（何大成）

【重大主题宣传】 2020年，中国铁道建筑报社高度重视、精心组织、主动创新主题宣传报道，用50余个版面以专题和系列报道形式，重点组织策划中国铁建抗击疫情、抗洪抢险、复工复产的主题报道。组织12个版做企业改革发展成就重大主题报道专刊；在二版组织32篇企业高质量发展，打造“品质铁建”高端访谈；在三版组织30篇党委书记话“品质党建”建设笔谈；组织8个版做纪念中国人民志愿军抗美援朝出国作战70周年重大主题宣传报道特刊和20余篇系列报道。开辟“共筑复兴之路”栏目，推出16篇中国铁建融入地方发展，用铁建方案、铁建智慧、铁建力量助力全国各地经济社会发展的重大主题系列报道。重要时间节点、重大主题宣传报道制作精良，先后在“学习强国”学习平台、人民网、新华网“新华号”上转载，点击量超过10万次，传播广泛、反响良好。（何大成）

【社会责任及公益行为宣传】 2020年，《中国铁道建筑报》围绕企业勇担社会责任、积极投身扶贫攻坚这一重大主题，在一版显著位置开辟“走向我们的小康生活”专栏，在三版开辟“脱贫攻坚领路人”栏目，组织刊发《播撒无疆大爱，传递暖心能量》《无疆大爱培沃土》等10余篇报道，全方位多角度再现18年来中国铁建在打赢脱贫攻坚战中履行央企责任，促进精准脱贫的创新举措和无私奉献精神，助力对口扶贫的河北省万全区、尚义县和青海省甘德县全面脱贫。积极组织刊发公益报道和公益广告，刊发中央企业公告、脱贫攻坚、企业承担社会责任的新闻报道超过30个版，并积极参与武汉抗击疫情公益捐赠活动，对企业积极组织参与捐资助校、敬老孝亲，为贫困山村搭便桥、修村道等相关社会公益活动进行全方位宣传报道，累计刊发稿件30余篇。全年免费刊发扶贫公益广告、上市央企公信力和社会责任公告信息6个版。（何大成）

【核心产品和新市场开拓】 2020年，中国铁道建筑报社在主动应对传播环境变化，重点加强《中国铁道建筑报》这一核心产品的专业性打造，提升报纸品质的同时，强化报纸的舆论引导和传播力度，纸媒核心受众稳定，全年出版报纸143期、版面664个，组织刊发图文3500篇（幅），共计640万字，年内未出现任何失实和内容低俗、虚假违法广告、侵权盗版等报道情况，发行量保持在7.4万份。同时积极推动传统媒体和新兴媒体融合发展，改造升级新闻网站，推出手机报，入驻中宣部“学习强国”学习平台、人民网“人民号”、新华网“新华号”，形成“1+6”融媒体矩阵，转载量达到报刊发稿件的70%，点击量超过2900万次，构建新型内容产品体系，不断提升舆论传播力、引导力、影响力、公信力。（何大成）

【国际传播力】 2020年，中国铁道建筑报社与系统内两大外经单位海外社交媒体结成融媒体矩阵，并发挥驻站记者作用，大力推进海外社交媒体建设，积极探索海外报道和属地宣传途径，全年在中国土木工程集团有限公司海外社交媒体账号Facebook：（@CCECCNG）刊稿229篇；Twitter：（@CCECC8）刊稿248篇；Instagram：（@ccecc_ins）刊稿140篇；YouTube：CCECC刊稿55篇。在中国铁建国际集团有限公司海外Twitter新媒体账号CRCC－INTERNATIONAL社交媒体刊发稿件75篇，媒体覆盖138个国家和地区，有效扩大中央企业在国际市场的影响力。（何大成）

【编校及印刷质量管理】 2020年，建立严格的编校流程和编校差错奖罚办法，要求编校印刷管理人员严格做到精编、精校、精印，版面编校、印刷质量符合相关管理规定和行业标准。报纸版面严格按“三审三校”编校流程，印制精美，差错率确保低于万分之三，版面质量不断提升。全年未出现任何重大差错，报纸印刷精美，质量始终保持较高水平。（何大成）

【新闻报道队伍建设】 2020年，不定期开展员工和新闻报道队伍培训，常抓不懈新闻报道队伍建设，基本实现“十百千”人才培养目标，加强评论员队伍、记者队伍和通讯员队伍的培训和建设。全年在全系统开展各类新闻报道业务培训12次，参与培训人员900余人次，确保每年为新闻报道队伍输入新鲜血液，并形成良好的团队文化。（何大成）

【获国家和省部级荣誉情况】 2020年，中国铁道建筑报社获“2020中国经济媒体版权保护奖先进集体”称号。《中国铁道建筑报》记者游凯、徐云华获“行业媒体走基层活动先进个人”称号，新闻部主任何大成获

"中国经济传媒十佳策划"称号。《世界首条智能化高铁建成通车,京张高铁跨越百年驶向复兴时代》《正是共担风雨时》《中国铁路客站步入"4.0"时代》《北京大兴国际机场线跑出中国地铁新速度》《以"四力"提升国企新闻舆论的品质》《让基层减负前行》等19篇优秀新闻作品分别获中国行业媒体协会、中国经济报刊协会、中国交通报业协会等省部级一、二、三等奖。

(何大成)

【表彰2020年度中国铁建新闻报道先进】 2020年,中国铁建表彰新闻报道十佳、十优记者各10人,先进单位40家,优秀通讯员100人。

中国铁建新闻报道十佳记者

刘新红　徐云华　李美华　王飞辉　张振宇
周　鹏　赵渊青　游　凯　邓昆伦　苏　莉

中国铁建新闻报道十优记者

邓联旭　王秉良　刘英才　庞曙光　付晶晶
胡　清　陈桂芳　肖　斌　付涧梅　金　伟

中国铁建新闻报道先进单位

中铁十一局集团有限公司
中铁十二局集团有限公司
中国铁建大桥工程局集团有限公司
中铁十四局集团有限公司
中铁十五局集团有限公司
中铁十六局集团有限公司
中铁十七局集团有限公司
中铁十八局集团有限公司
中铁十九局集团有限公司
中铁二十局集团有限公司
中铁二十五局集团有限公司
中铁建设集团有限公司
中国铁建电气化局集团有限公司
中铁第四勘察设计院集团有限公司
中国铁建投资集团有限公司
中铁十一局集团一公司
中铁十一局集团城轨公司
中铁十二局集团二公司
中铁十二局集团三公司
中铁十二局集团四公司
中铁十四局集团二公司
中铁十四局集团三公司
中铁十四局集团四公司
中铁十四局集团房桥公司
中铁十四局集团隧道公司
中铁十四局集团大盾构公司
中铁十五局集团四公司
中铁十五局集团五公司
中铁十六局集团一公司
中铁十六局集团三公司
中铁十六局集团四公司
中铁十六局集团路桥公司
中铁十七局集团二公司
中铁十七局集团五公司
中铁十七局集团建筑公司
中铁十八局集团四公司
中铁二十局集团三公司
中铁二十五局集团五公司
中铁建设集团基础事业部
中国铁建港航局集团三公司

中国铁建新闻报道优秀通讯员

张　晶　郭俊江　许　良　王秀秀　周　娟
丁明明　何　杰　周广宽　刘福昌　赵晓博
李炜强　刘建军　张国庆　何　赟　侯佳冰
陈福得　齐晓景　胡　琦　曹建强　赵利强
王凤杰　许月霞　林　凤　范成涛　冯　磊
张　铮　李佳佳　胡珊珞　赵纯杰　车　凯
张　鹏　丁清友　单锡海　王慧春　武　慧
董慧慧　石亚强　范松阳　刘　静　李国卿
陈　骞　黄继娟　刘长彬　许家安　葛大勇
朱国庆　方洪祥　张淑彬　南　洋　孙　超
张　雷　赵志强　肖永顺　刘　婧　石玉珠
刘德联　陈　辉　许　岗　肖　帆　叶丽娅
于　游　张英智　杨虎生　黄艳艳　顾旭章
李华一　许鹏翔　熊　琦　丁习文　赵明徽
曹政萍　陈沿宇　李祯林　冯宏超　韩展展
马　勇　王登学　王　舒　殷　鸣　王博成
王务本　王雪婷　杜进才　李正东　袁　鹏
裴一凡　齐绍安　赫芳娟　金玉琴　王伟林
范文博　黄诗伟　李小香　李　子　刘晋文
李景安　李　静　刘　军　宋永钊　曾圣杰

(何大成)

纪检工作

【中国铁建股份有限公司纪委】 是中国铁建股份有限公司监督、执纪、问责组织,履行党的纪律检查职能。中国铁建股份有限公司(以下简称公司)纪委,在公司党委和中央纪委国家监委驻国资委纪检监察组的双重领导下开展工作,纪检业务以上级纪委领导为主。主要职责和任务：维护党的章程和党内其他法规，检查党的路线、方针、政策、决议和国家法律法规，以及企业规章制度的执行情况，协助党委加强党风廉政建设和组织协调反腐败工作；监督党员领导人员行使权力，检查和处理管理权限内的领导人员违纪案件；受理党员的控告申诉，保障党员的权利，为公司的改革发展和稳定提供纪律保证。

2020 年，公司纪委领导任职及组织机构设置情况：纪委书记李春德，纪委副书记钱桂林、由建（5 月免）、王云飞（10 月任）。内设纪委办公室、信访审理室、执纪审查室，等级同公司其他部门。定员 16 人。

（张　毅）

【政治监督】 政治建设坚定自觉。持续强化理论武装，各级党委以政治建设为统领，坚持抓好“第一议题”制度，通过党委（常委）会、中心组学习会、专题研讨等方式，深入学习贯彻习近平新时代中国特色社会主义思想，认真贯彻落实习近平总书记重要指示批示精神和党中央重大决策部署，增强“四个意识”、坚定“四个自信”、做到“两个维护”。压紧压实“两个责任”，各级党委、纪委认真履职尽责、担当作为，全年开展落实“两个责任”监督检查 203 次，查处履职不力问题 31 件，给予党政纪处分 17 人，压紧压实管党治党政治责任。针对系统内某单位财务资金调度中心案件，公司党委、纪委分别召开专题民主生活会和专题组织生活会，深刻剖析检讨，认真总结反思，抓好整改落实，构建长效机制，切实防范化解财务资金领域重大风险。政治监督持续加强。公司纪委加强对疫情防控和复工复产的监督，督促本级和指导下级单位抓好监督检查，坚持落实疫情防控“日报告”“零报告”制度，全年全系统开展疫情防控监督检查 4762 次，发现问题 653 个，处理 117 人。加强对全年生产经营目标任务完成情况的监督，紧紧围绕企业中心工作，主动监督、靠前监督，督促各单位努力完成全年目标任务，切实做好“六稳”工作、落实“六保”任务。加强对扶贫领域腐败和作风的监督，公司主要领导亲自带队深入扶贫点现场调研指导，公司纪委开展对 6 家单位扶贫领域工作情况监督检查，全年全系统开展扶贫领域监督检查 185 次。加强对驻（北）京办事机构清理的监督，公司纪委开展对 6 家二级单位驻京办事机构清理工作“回头看”，巩固治理成效。加强对选人用人的监督，各级纪委全程参与提名酝酿、考察监督等环节，严把选人用人政治关、廉洁关、形象关。公司纪委全年参与干部考察监督 35 人次，回复党风廉政意见 171 人次，对有问题的及时叫停、暂缓提拔。

（张　毅）

【正风肃纪】 作风建设向善向好。持之以恒贯彻落实中央八项规定及其实施细则精神，各级纪委紧盯元旦、国庆等重要节点，发送廉洁短信，印发提醒通知，采取明察暗访、突击检查等方式对存在的“四风”问题，坚决发现一起、查处一起，全年全系统派出监督检查组 1031 个，抽查单位 3091 家。坚决把制止餐饮浪费、铺张浪费作为监督检查重点，各级纪委不折不扣落实习近平总书记重要批示精神，着力发现和纠治在商务接待、食堂用餐等方面的铺张浪费问题，重点查处公款购买、使用茅台等高档酒水、超标准接待问题，有效遏制“舌尖上的浪费”和奢靡之风。执纪审查坚定有力。坚决查处违规违纪违法案件，各级纪委始终坚持严的主基调，保持“零容忍”态度，持续加大执纪审查力度，对内外勾结、损公肥私、贪污腐败涉嫌犯罪的，坚决移送、严厉打击。全年全系统受理来信来访 1222 件次，处置问题线索 2225 件次，初核 1838 件次，立案 1053 件，结案 1001 件，给予党政纪处分 1731 人，刑事处理 68 人。公司纪委全年处置问题线索 143 件，初核 31 件，立案 8 件，结案 6 件，给予党政纪处分 17 人。加强与驻委纪检监察组、地方纪委监委沟通协调，移送涉嫌职务犯罪案件 10 余起，涉案人员 20 余人，给予开除党籍、开除（解除劳动合同）处分 5 人。加强对追逃追赃工作的领导，成立公司领导小组，积极做好中央纪委国家监委国际合作局挂牌督办案件的协调和配合工作，通过案件查办挽回经济损失 2770 元。加大对项目亏损追责问责力度，全年全系统处理亏损项目责任人 738 人，党政纪处分 389 人，移送司法机关 9 人，经济赔偿 1451.9 万元。“四种形态”精准运用。全年各级纪委运用监督执纪“四种形态”处理 3208 人次。其中，充分运用第一种形态，约谈函询、批评教育 1469 人次，占 45.8%；妥善运用第二种形态，纪律轻处分、组织调整 1524 人次，占 47.5%；准确运用第三种形态，重处分、重大职务调整 195 人次，占 6.1%；果断运用第四种形态，惩处严重违纪违法涉嫌犯罪 20 人，占 0.6%。各级党委、纪委对苗头性倾向性问题及时谈话提醒，公司主要领导及时约谈二级单位主管领导，强调部署全面从严治党、党风廉政建设和反腐败工作。年内公司纪委专项约谈 3 家二级单位主管领导，开展对 6 家二级单位领导班子成员集体谈话，开展任前廉洁谈话 24 人。全年所属二级单位党委、纪委分别就落实全面从严治党“两个责任”约谈下属单位主管领导 1064 人次、986 人次，传导压实管党治党政治责任。（张　毅）

【纪律教育】 警示教育走深走实。公司党委、纪委在党风廉政建设和反腐败工作会议、全面从严治党“两个责任”促进会暨警示教育大会上，对巡视发现的突出问题和执纪审查典型案件，在全系统点名道姓、通报曝光，以案示警、形成震慑。5 月，公司纪委在全系统组织开展以“知敬畏守底线、严监管强执行”为主题的反腐倡廉宣传教育月活动。各级纪委克服疫情影响，因地制宜开展廉洁党课、参观警示教育基地、举办演讲比赛、拍摄廉洁微视频、家庭助廉等宣教活动，累计组织参观警示教育基地1300场次，观看警示教育片、微视频8200场次，开展专题党课、讲座7700场次。共建联控形成合力。各级纪委以“廉洁共建”为载体，组织开展内容丰富的共建活动。公司纪委加强与工程总承包部业主单位纪委沟通交流，签署《重大工程建设廉政监督共建协议》，参加对工程总承包部项目的联合巡查；部分区域总部与施工单位签订《共建廉洁工程协议书》、建立监督检查协调联动工作机制；所属二级单位纪委通过开展廉洁体系建设观摩推进会、与驻地监委签订“监企共建”协议等方式，深化共建成果，筑牢廉洁防线。 （张　毅）

【监督实效】 职能监管不断强化。各级纪委以强化职能监管为抓手，加大沟通协调力度，畅通问题线索移交机制，推动问题整改落实，督促职能部门履职尽责。2020年，公司纪委两次召开总部党风廉政建设和反腐败工作协调小组会暨职能部门监管会议，深刻剖析存在的问题，研究部署重点工作，跟踪督办推进整改。自2018年公司纪委大力推动职能监管工作以来，所属各二级单位通过建立党风廉政建设和反腐败工作协调小组等机制，加强督促检查，完善制度体系，长效机制逐步形成；各级职能部门思想认识、责任意识明显提高，积极、主动履行监管职责，监管力度不断加大。年内，总部相关部门先后开展财务资金管理专项整治、科技研发经费使用情况检查等，发现问题、推动整改、完善制度，有力提升企业管理水平。专项整治监督有力。按照国资委党委统一部署，公司党委在全系统开展境外腐败、利益输送、设租寻租和化公为私问题专项整治工作，总部牵头部门认真制定整治方案，积极指导自查自纠，扎实开展监督检查，全面督促整改落实。公司纪委认真督促总部牵头部门和所属二级单位抓好贯彻落实，组织召开“四个”专项整治工作督导推进会，听取牵头部门和部分二级单位党委工作汇报，协调组织职能部门开展现场监督检查，推动专项整治工作有效落实。 （张　毅）

【巡视利剑作用】 深入开展专项巡视。2020年，根据驻委纪检监察组有关要求，公司党委围绕中铁十二局财务资金管理暴露出的问题，上下联动，在全系统部署开展财务资金管理专项巡视巡察。公司党委成立巡视组5个，开展对47家二级单位专项巡视；所属各二、三级单位派出巡察组506个，开展对3536个单位（项目）专项巡察。全年全系统发现各类问题和线索22621个，涉及违纪违规金额1.19亿元，避免和挽回经济损失1834万元，建立完善制度977项。巡视整改成效明显。6—8月，国资委党委第二巡视组对中国铁道建筑集团有限公司党委进行常规巡视。各级党委、纪委高度重视，主动把国资委党委巡视作为重要政治体检和组织考验，积极配合，全力协作，有力保障巡视工作顺利完成。公司党委统筹谋划，坚决扛起巡视整改政治责任，坚持立行立改、全面整改，及时研究制定整改方案，明确责任分工和整改时限。公司主要领导亲自部署、亲自督导，主持召开巡视整改专题会议，推动解决问题。公司纪委积极协助并督促整改，及时处置巡视移交问题线索，开展以案促建、以案促改，健全完善规章制度，推动落实巡视整改工作。扎实开展内部巡视整改，被巡视单位党委切实担负起巡视整改主体责任，制定整改措施2920项，纪律处分111人次，退回各类违规费用1494万元，完善制度787项。加强对巡视巡察整改落实情况的督查，公司纪委会同党委组织部组成督查组，开展对8家二级单位巡视整改监督，所属各二级单位开展对279家三级单位（工程项目部）巡察整改监督，指出存在问题，提出整改要求，扎实做好“后半篇文章”。 （张　毅）

【自身建设】 2020年，各级纪委组织广大纪检干部认真学习贯彻习近平新时代中国特色社会主义思想和党中央有关精神，强化理论武装，提高政治素质。各级纪委通过“集中＋自学”“线上＋线下”等方式，组织开展纪检干部业务培训，选派业务骨干参加上级培训，提升综合素质。公司纪委通过举办业务培训班，抽调人员到中央纪委国家监委、驻委纪检监察组帮助工作，派员到地方监委参与办案等方式，以干代训、以学促干，加强与兄弟单位纪委沟通交流，互学互鉴，增强监督执纪本领。年内，公司纪委会同党委组织部开展对34名二级单位纪委书记后备人选考察，调整提拔纪委书记9人。认真开展所属二级单位纪委书记履职考核，有效激励鞭策，激发担当作为。全年全系统查处违纪违规纪检干部13人，严防“灯下黑”，努力打造忠诚干净担当的纪检队伍。 （张　毅）

【党风廉政建设和反腐败工作会议】 2020年1月17日，中国铁建党风廉政建设和反腐败工作会议在中国铁建大厦三层报告厅召开。中国铁建党委副书记、总裁、执行董事庄尚标主持会议，党委常委、纪委书记李春德作题为《强监督严执纪，深化标本兼治，为打造“品质铁建”提供坚强纪律保障》的工作报告，党委常委、副总裁李宁通报2019年第二轮巡视情况，党委常委、副总裁汪文忠通报2019年执纪审查情况。中国铁建党委副书记、执行董事陈大洋，党委常委、执行董事刘汝臣，党委常委、总会计师兼总法律顾问、首席合规官王秀明,副总裁刘成军、王立新、倪真出席会议;各区域总部、重大工程总承包部、所属各二级单位、川藏指挥部等单位主管领导、纪委书记和股份公司纪委委员及总部部门副职及以上人员参加会议。　（张　毅）

【全面从严治党“两个责任”促进会暨警示教育大会】

2020 年 9 月 9 日,中国铁建 2020 年全面从严治党“两个责任”促进会暨警示教育大会在中国铁建大厦三层报告厅召开。中国铁道建筑集团有限公司党委书记、董事长汪建平出席会议并讲话;中国铁建党委副书记、总裁庄尚标主持会议,党委常委、纪委书记李春德通报典型案件。中国铁建党委副书记陈大洋,党委常委刘汝臣,党委常委、总会计师王秀明,党委常委、副总裁李宁、汪文忠,副总裁刘成军、王立新、倪真出席会议;总部部门副职以上人员在主会场参加会议,所属各二、三级单位部门副职以上人员等在分会场参加视频会议。　（张　毅）

2020 年 9 月 9 日,中国铁建 2020 年全面从严治党“两个责任”促进会暨警示教育大会在北京召开。

（张　毅 提供）

2020 年 11 月 25 日，2020 年中国铁建先进集体和劳动模范表彰暨事迹报告会在北京举行。　（李锦龙 摄）

工会工作

特载 | 大事记 | 概况 | 董事会工作 | 工程施工 | 海外业务 | 经营管理 | 综合管理 | 科技创新 | 党的工作 | 工会工作 | 区域总部 | 所属单位 | 人物 | 统计资料 | 文献辑要 | 附录

【股份公司工会】 股份公司工会同时履行公司总部机关工会职能,在股份公司党委领导下,依据《工会法》《中国工会章程》《中国铁建股份有限公司章程》独立自主地开展工作。动员和组织职工参加企业的改革和生产经营管理活动,代表和组织职工参与企业民主管理;民主监督企业领导人员和经营管理人员履行职责情况;教育职工不断提高道德修养和科学文化素质,建设"四有"职工队伍;维护职工合法权益;负责全国和省(部、市)劳动模范和各类先进的评选、推荐、审核和公司劳动模范的评比、表彰工作;负责公司总部机关工会日常工作。下辖中国土木工程集团有限公司工会,中铁十一局集团有限公司工会,中铁十二局集团有限公司工会,中国铁建大桥工程局集团有限公司工会,中铁十四至二十五局集团有限公司工会,中铁建设集团有限公司工会,中国铁建电气化局集团有限公司工会,中国铁建港航局集团有限公司工会,中国铁建房地产集团有限公司工会,中铁第一、第四、第五勘察设计院集团有限公司工会,中铁上海设计院集团有限公司工会,中铁物资集团有限公司工会,中国铁建重工集团股份有限公司工会,中国铁建国际集团有限公司工会,中铁城建集团有限公司工会,中国铁建投资集团有限公司工会,中铁建资本控股集团有限公司工会,中铁建商务管理有限公司工会,中铁磁浮交通投资建设有限公司工会,中铁建华南建设有限公司工会,中铁建国际投资有限公司工会,中铁建发展集团有限公司工会,中国铁建股份有限公司北京培训中心(中国铁建股份有限公司党校)工会及直属机关工会。工会主席史道泉,工会副主席白晶。下设工会工作部。股份公司工会另设体协理事会、工会经费审查委员会、女职工委员会。 (于 斌)

【工会工作部】 主要职责:贯彻执行全国总工会、铁路总工会、股份公司党委重要会议精神和重要工作部署,协调和督促股份公司工会重要工作部署与要求的落实;推进平等协商和集体合同制度落实,依法维护职工劳动经济权益,构建和谐劳动关系;推进职工代表大会制度、企务公开和职工董事、职工监事制度等企业民主管理制度的落实,保障职工民主权利;组织和动员职工积极参与企业改革和建设,组织开展劳动竞赛、合理化建议、技能培训、技术革新等活动,培育工匠人才,总结推广先进经验,组织好劳动模范和先进集体的评选、表彰、推荐、管理和服务工作;加强对职工的政治引领和思想教育,教育职工践行社会主义核心价值观,提高思想道德素质、科学文化技能素质;负责工会劳动保护管理,组织开展群众性劳动保护监督检查活动;负责指导各级工会开展劳动争议调处和劳动法律监督执行工作;负责指导各级工会开展建家建线活动,不断改善职工工作生活条件;负责建设和完善职工服务保障体系,组织开展帮扶救助等工作;负责工会组织建设,加强工会干部教育管理和培训,建立和发展工会工作积极分子队伍,指导各级工会做好会员的发展、接收、教育和会籍管理工作;负责指导各级工会收好、管好、用好工会经费,管理好工会资产;负责指导各级工会经费审查委员会对同级工会及所属单位工会的经费收支、资产管理等全部经济活动进行审计审查监督;负责全系统女职工工作,维护女职工的合法权益和特殊权益;加强工会自身建设,积极建设智慧工会,构建网上工会工作平台,推进学习型、服务型、创新型工会建设步伐;负责机关工会工作;负责火车头体协相关工作。定员11人;下设综合处、生产宣教处、组织和女工处、保障财务处。 (李智伟 于 斌)

【中国铁建工会一届十二次全委(扩大)会议】 2020年4月24—26日以通信会议方式召开。股份公司工会工作部以电子邮件方式把全委会、经审会工作报告和审议审查意见表发送给全委会委员、经审会委员及相关列席人员,各委员的审议审查意见以电子邮件方式反馈。会议传达学习全国总工会十七届三次、铁路总工会十四届八次执委会议精神(书面);审议中国铁建工会主席史道泉代表中国铁建工会第一届委员会所作的工作报告(书面);审议中国铁建工会第一届经费审查委员会工作报告(书面)。 (李 红)

【智慧工会建设】 2020年,中国铁建工会依托"中国铁建职工e家"微信公众号、抖音号及职工电子书屋平台,组织各类线上活动。组织线上疫情防控、复工复产专项知识答题,吸引10万名职工参加;组织"弘扬劳模精神,争做时代楷模"朗读活动,吸引4万人参加;组织"最美项目部·最暖一家人"职工抖音作品征集和点赞活动,收集作品4535件,活动访问量累计284万人次;组织"弘扬法治精神,服务高质量发展"职工专项线上答题,参与答题人数超8万人。截至2020年底,职工电子书屋访问量2.04亿人次，微信公众号关注人数超过29万人。各级工会发挥互联网优势，借助各类网上平台，打通相互沟通、相互交流、服务职工的“最后一公里”。股份公司工会整合最强师资力量，开展对全系统工会干部线上培训，参培范围首次涵盖最基层项目部工会干部，人数超过1万人。中国铁建工会“爱在铁建”、中铁十七局集团有限公司“我们17约会吧”、中铁十八局集团有限公司“见证你们的幸福，我是如此满足”婚恋视频成功入围全国总工会婚恋服务展示活动，通过“央视频”App在全国范围内展播。中铁十一局集团有限公司以职工云讲堂为平台，让一线职工走进直播间，在停工时间“加好油充上电”；中铁十六局、中铁十八局、中铁十九局集团有限公司，中国铁建国际集团有限公司搭建线上青年联谊交友平台，打破地域阻隔，约会网上见面、环球热恋，美好姻缘线上牵；中国铁建房地产集团华东公司工会组织开展的“云上茶水间”系列活动，就地取材，活动“云端化”，助力职工精神层面全面“解封”。（于　斌）

【体协工作】 2020年，面对新冠肺炎疫情，中国铁建体协依托工会区域联动总体部署，配合铁路总工会年度体育工作部署，充分利用互联网优势，组织职工“线上线下”同步开展丰富多彩的体育健身活动，全力维护广大职工健身权益和健康权益，努力提高广大职工身体素质。一是居家健身同心战“疫”。通过“中国铁建职工e家”微信平台，普及体育健身知识，并引导职工在家适当做体育运动。中铁十五局集团有限公司通过“微心愿”活动为职工子女送去篮球、足球、滑板等体育用品。二是增强体魄支持复工。各级体协把提高职工身体素质、增强自身抵抗能力作为常态化疫情防控和支持企业复工达产的重要任务。中国土木工程集团有限公司成立篮球、羽毛球、乒乓球、足球、台球、太极拳、游泳7个健身俱乐部；中铁十一局、中铁十九局集团有限公司在集团总部率先推广“八段锦”来增强体魄；中铁十二局、中铁十七局、中铁二十局集团有限公司为基层项目部购置更新一批体育器材，并在项目部广泛张贴体育抗疫知识海报。三是全民体育促进发展。所属各单位结合实际，克服疫情影响，以竞赛为牵引，带动全员健身活动广泛开展。中铁十四局、中铁十九局集团有限公司分别举办篮球比赛；中国铁建大桥工程局集团有限公司有序组织乒乓球、羽毛球、篮球、台球天津片区职工球类比赛；中铁二十局集团有限公司、中铁第一勘察设计院集团有限公司分别举办乒乓球比赛；中国铁建电气化局集团有限公司在湖南长沙举办职工羽毛球赛；中铁物资集团有限公司在中秋国庆期间举办乒乓球、羽毛球、篮球、趣味运动会等系列体育活动；中铁建资本控股集团有限公司在北京石景山体育场举办首届职工趣味运动会；中铁二十四局集团有限公司、中铁磁浮交通投资建设有限公司分别举办职工运动会。（于　斌　邓洪生）

【“赋能品质铁建，筑梦全面小康”系列读书活动】 2020年4月23日，在“世界读书日”来临之际，中国铁建工会组织全系统开展“赋能品质铁建，筑梦全面小康”系列读书活动。活动以线上线下阅读、朗读的方式大力弘扬铁道兵精神，全面推动全员阅读，大力宣传以企为荣、以企为家、以人为本关怀员工的优秀企业文化。活动得到各单位广大员工的高度重视和积极参与，其中“科学防控疫情、有序复工复产”专项答题活动参与人数96213人，“弘扬劳模精神、争做时代楷模”线上朗读活动参与人数40240人。根据线上阅读活动积分榜和朗读活动排名，结合线下活动开展情况及专业评委评审意见，评选出一等奖30人、二等奖50人、三等奖80人，优秀奖230人。（霍蓓蓓）

【工会组织建设】 截至2020年12月31日，中国铁建系统职工会员308527人，其中女职工会员66786人。全系统建立工会组织5691个。其中，股份公司工会1个；集团公司（公司）工会45个；子公司、分公司工会586个；项目部、工程队、车间工会5059个。（李　红）

【工会干部队伍状况与培训】 截至2020年12月31日，中国铁建系统专职工会干部1183人，其中女干部547人；兼职工会干部10445人。2020年培训工会干部14880人次，其中培训专职工会干部1214人次、兼职工会干部13666人次。9月21日至11月30日，中国铁建工会整合最强师资力量，组织为期71天的全系统专兼职工会干部线上培训，参培范围首次涵盖最基层项目部工会干部，参训学员10604人，其中10459人完成全部课程学习，并按照要求提交学习心得体会，获中国铁建党校颁发的电子结业证书。11月，组织系统内10名工会干部参加铁路总工会在铁道党校举办的

2020年度全国铁路工会基层工会主席任职培训班。

（李 红）

【指导基层工会组织建设】 2020年，指导中国铁建东北区域总部、华北区域总部、中原区域总部、华中区域总部、华东区域总部、华南区域总部、西南区域总部、西北区域总部、重庆区域总部，中铁建资本控股集团有限公司、中铁建发展集团有限公司11家单位召开工会第一次会员（代表）大会，正式成立工会组织；指导中铁十一局集团有限公司、中铁十九局集团有限公司、中铁二十四局集团有限公司、中国铁建重工集团股份有限公司4家单位按规定召开工会会员代表大会，完成工会换届工作。（李 红）

【“两模三优”评选表彰】 2020年，中国铁建系统2个单位获评“全国模范职工之家”，4个单位获评“全国模范职工小家”，3人获“全国优秀工会工作者”称号；4个单位获评“全路模范职工之家”，7个单位获评“全路模范职工小家”，8人获“全路优秀工会工作者”称号。

全国模范职工之家

中铁建设集团有限公司工会

中铁二十一局集团电务电化公司工会

全国模范职工小家

中铁二十三局集团轨道公司成都分公司工会

中铁第一勘察设计院集团桥隧院桥二所工会小组

中铁十一局集团电务公司上海项目部工会

中铁二十一局集团二公司工程机械基础公司工会

全国优秀工会工作者

郑 力 中铁十七局集团有限公司党委副书记、工会主席

金学锋 中铁十九局集团有限公司党委副书记、工会主席

马景波 中国铁建华南区域总部党群工作部部长

全路模范职工之家

中国土木工程集团北方建设公司工会

中铁二十一局集团一公司工会

中铁二十四局集团新余公司工会

中国铁建电气化局集团四公司工会

全路模范职工小家

中铁十二局集团建筑安装公司雄安站房项目部工会

中国铁建大桥工程局集团五公司中兰客运专线甘肃段4标段项目部一工区工会

中铁十四局集团五公司和若铁路PJS2标段项目部工会

中铁二十局集团一公司春申湖路快速化改造工程CSH－TJ05标段项目经理部工会

中铁二十二局集团市政公司南大干线1.2标段工程项目经理部工会

中铁二十三局集团一公司混凝土分公司工会

中国铁建国际集团中东区域公司工会

全路优秀工会工作者

汪 波 中铁十一局集团四公司工会主席

王宜柱 中铁十六局集团有限公司党委副书记、工会主席

郑 力 中铁十七局集团有限公司党委副书记、工会主席

孙淑静 中铁十八局集团五公司工会女工委主任、组宣部部长

金学锋 中铁十九局集团有限公司党委副书记、工会主席

林春梅 中铁二十五局集团有限公司党委副书记、工会主席

王 静 中铁第四勘察设计院集团有限公司工会女工委主任

邱 卫 中铁城建集团有限公司党委副书记、工会主席

（李 红）

【劳动和技能竞赛】 2020年，中国铁建工会在疫情形势最为严峻时期，发出《关于坚决打赢疫情防控阻击战的倡议书》；6月，组织动员全面开展“抗疫保增长，夺取双胜利”劳动竞赛和技能竞赛。中铁第一勘察设计院集团有限公司克服疫情影响，包机进藏，保证川藏铁路勘察设计项目快速全面复工；中铁十一局、中铁十二局、中铁十四局集团有限公司，中铁建设集团有限公司着眼于助力疫后复工、推动项目稳产高产，组织开展各类劳动和技能竞赛，助推完成产值位列中国铁建2020年“龙虎榜”前列。各级工会全面实施职工技能素质提升工程，中铁二十三局、中铁二十四局、中铁二十五局集团有限公司，中国铁建电气化局集团有限公司积极争取承办或组队参加省级职业技能竞赛，其中

中铁二十五局已连续5年承办省级职业技能竞赛，为广大技能人才提供技能展示、技术比武的平台和机会，也为全面复工复产加油鼓劲。在各级工会认真组织、积极调动下，各级职工在抗击疫情、复工达产中建功立业，助推中国铁建全年新签合同额和营业收入等各主要指标稳步提升。（于 斌）

【9人获"全国劳动模范"称号】

张丕界 中铁十一局集团有限公司副总经理、总工程师

刘军华 中铁十二局集团三公司测量大队队长

郑卫红 中铁十八局集团五公司天津地铁项目部党支部书记兼总工程师

李绍杰 中铁十九局集团三公司兰渝铁路项目部1标段三工区总工程师

刘正林 中铁二十局集团四公司铁路电力运输分公司司机长

孟祥连 中铁第一勘察设计院集团有限公司副总工程师

净文常 中铁第一勘察设计院集团有限公司副总工程师

肖明清 中铁第四勘察设计院集团有限公司副总工程师

刘飞香 中国铁建重工集团股份有限公司党委书记、董事长

（于 斌）

【7个集体获得火车头奖杯】

中铁建设集团基础设施事业部拉林铁路站房工程项目经理部

中国铁建电气化局集团康远新材料有限公司熔炼车间

中铁第一勘察设计院集团有限公司呼和浩特地铁项目部

中铁第四勘察设计院集团隧道院水下隧道所

中铁物资集团东北有限公司铁路事业部业务二科

中国土木工程集团孟加拉有限公司

中国铁建西南区域总部中铁建昆仑路桥建设有限公司

（于 斌）

【33人获得火车头奖章】

姜义高 崔 欣 李军保 林再志 张 刚
韩元都 李鸿恩 魏成策 李明耿 房 浩
王宏选 王学军 陈传忠 李 松 张春龙
尹德华 荀少谦 贾树鹏 秦 旗 马建文
韩冰营 郭也清 罗亚兵 陆淑泓 刘大伟
段艳刚 高继民 肖希新 秦兆强 曾福星
马建伟 王 庆 王朝晖

（于 斌）

【中国铁建先进集体和劳动模范表彰】 2020年，中国铁建工会选树表彰先进集体60个，综合表彰劳动模范108人、疫情防控专项表彰劳动模范2人、农民工专项表彰劳动模范10人。

中国铁建先进集体

中国铁建股份有限公司天津地铁6号线指挥部

中国铁建中原区域总部洛阳地铁指挥部

中国铁建华中区域总部南京地铁7号线指挥部

中国铁建华东区域浙江总部

中国铁建华南区域总部深圳地铁16号线项目部

中国铁建重庆区域总部遂渝公司

中国铁建西南区域总部昆仑路桥公司

中国铁建西北区域总部西北投资公司银川市中北部片区项目施工总承包部

中国铁建军民融合指挥部

中国土木工程集团港澳分公司

中国土木工程集团尼日利亚公司拉伊铁路项目部

中铁十一局集团四公司宝坪高速公路项目部

中铁十一局集团建安公司青岛平度中心医院项目部

中铁十二局集团四公司

中铁十二局集团有限公司雄安站房项目部

中国铁建大桥工程局集团有限公司喀叶墨高速公路项目部

中国铁建大桥工程局集团有限公司滇中新区机场北项目部

中铁十四局集团四公司文莱高速项目部

中铁十四局集团大盾构公司

中铁十五局集团五公司敦当高速公路项目部

中铁十五局集团城建公司新疆大学新校区项目部

中铁十六局集团有限公司郑许市域铁路工程指挥部

中铁十六局集团铁运公司朔黄铁路运营指挥部

中铁十七局集团市政公司房建分公司

中铁十七局集团有限公司中心医院

中铁十八局集团一公司郑济铁路项目部

中铁十八局集团房地产公司

中铁十九局集团一公司新疆YE供水KS4标段项目部

中铁十九局集团矿业公司

中铁二十局集团一公司春申湖路改造工程5标段项目部

中铁二十局集团五公司

中铁二十一局集团二公司

中铁二十一局集团有限公司南宁地铁5号线项目部

中铁二十二局集团三公司祥平保障房项目部

中铁二十二局集团四公司京安项目部

中铁二十三局集团三公司乐百高速公路项目部

中铁二十三局集团轨道公司

中铁二十四局集团路桥公司无锡凤翔路快速化改造项目部

中铁二十四局集团福建公司衢宁铁路站前1标段项目部

中铁二十五局集团二公司重庆合安高速公路项目部

中铁二十五局集团有限公司中白商贸物流园首发区项目部

中铁建设集团设备安装公司

中铁建设集团北京公司第七项目部

中国铁建电气化局集团二公司

中国铁建电气化局集团轨道公司铸造车间二班

中国铁建港航局集团有限公司技术中心

中国铁建房地产集团华东公司

中铁第一勘察设计院集团有限公司川藏铁路指挥部

中铁第四勘察设计院集团投资公司

中铁第五勘察设计院集团建筑处

中铁上海设计院集团南京院

中铁物资集团港澳公司

中国铁建重工集团股份有限公司研发战部系统军民融合战部

中国铁建国际集团北非区域公司阿尔及利亚贝佳亚连接线项目部

中国铁建国际集团中东区域公司卡塔尔卢赛尔体育场项目部

中铁城建集团一公司

中国铁建投资集团珠海投资公司

中国铁建财务有限公司信贷部

中铁建商务管理有限公司物业公司

中铁建华南建设有限公司广州地铁18号线和22号线总承包项目部

中国铁建劳动模范(综合表彰)

王　磊　张敏强　张志臣　彭　浩　刘铁柱
刘　俊　张成平　张　健　王　婷　牛慧敏
赵福明　胥宝华　帅建兵　王晋生　缪嘉杰
陈世伟　董庆波　张绍辉　闫庆生　姜信贺
谢　芳　杜以苓　徐　盟　郭福建　李庆收
吴云杰　王西忠　兰东升　王均博　赵　琳
王　芳　张玉龙　高德全　边林琳　罗旭光
刘晓岩　郝德亮　陈雪峰　王亚军　李　伟
张　龙　杨剑波　丁小强　马洪龙　王瑞敏
高金平　田　波　权宗国　曾绍毅　霍艳华
张春瑜　王　平　刘广超　程　喜　房　浩
张运航　洪　梅　刘鹏翔　朱坤林　肖明清
徐　浩　孙　静　宋成年　黄徐军　李官政
陈向军　李春磊　陈金志　袁　毅　郭晓斌
王连华　张守福　冯文波　郭庭强　熊　军
林高山　宋　君　李　飞　杨再清　于占福
孟军伟　王　伟　杨志良　张　平　张　鹏
杨　帆　饶　伟　包海利　阮　兴　张学武
王杜江　滕　飞　雷　崇　李子然　杨彦生
林　斌　刘　伟　马乐东　李军强　张绪和
王　军　牛之印　贺春雷　邓长斌　胡晓悦
马　媛　张　鑫　冯　伟

中国铁建劳动模范(疫情防控专项表彰)

李永刚　任志强

中国铁建劳动模范(农民工专项表彰)

张小斌　郝二小　徐志新　高泽敏　张炳堂
赵建涛　杨秋盈　王　飞　赵亚全　彭桂梁

(于　斌)

【劳模和工匠人才工作室创建】 2020年,中国铁建系统创建省部级及以上劳模创新工作室9个,累计创建省部级及以上劳模创新工作室69个。其中,中铁十一局集团有限公司新增2个,中铁十二局集团有限公司、中铁十四局集团有限公司、中铁二十一局集团有限公司、中国铁建电气化局集团有限公司、中铁第四勘察设计院集团有限公司各新增1个，中铁十六局集团有限公司新增3个。年内，股份公司新命名50个中国铁建劳模和工匠人才创新工作室，累计111个。股份公司工会整合全系统人才、专业、技术、产业链四大资源，着力推进大盾构、城市轨道交通、TBM、材料试验、电气化、BIM技术6个试点专业“中国铁建劳模和工匠人才创新工作室联盟”建设。11月，中铁二十五局集团有限公司牵头成立系统内第一个“材料试验专业创新联盟”。中铁十六局集团有限公司胡锦华创新工作室申报的自主创新项目“大直径泥水平衡盾构装备研制与应用技术研究”获全总最高职工创新补助40万元。

（于　斌）

【弘扬劳模、劳动和工匠精神】 2020年，中国铁建工会充分利用中国铁建官微、《中国铁道建筑报》、“中国铁建职工e家”等媒体平台，开辟专栏广泛宣传劳模事迹，在铁建大厦1楼大厅设置展板展示9名全国劳模风采。组织召开中国铁建先进集体和劳动模范表彰暨事迹报告会，表彰120名劳动模范和60个先进集体，3名全国劳模作事迹报告。其中，刘争平、刘军华、李军3位劳模代表陪同中国铁建党委书记、董事长汪建平出席川藏铁路开工动员大会，共同见证“世纪工程”的启动，充分彰显劳模的特殊影响和荣耀。各级工会通过多种形式开展劳模精神宣传，中铁十二局集团有限公司、中国铁建大桥工程局集团有限公司、中铁十八局集团有限公司、中铁第一勘察设计院集团有限公司、中铁第四勘察设计院集团有限公司等通过召开劳模代表座谈会，宣扬劳模精神；中铁十九局集团有限公司、中铁城建集团有限公司克服疫情影响组织劳模疗休养，落实劳模待遇，营造尊重劳模、崇尚先进的浓厚氛围。

（于　斌）

【合理化建议和技术改进项目评奖】 2020年，中国铁建合理化建议和技术改进评审委员会对118项合理化建议和技术改进项目进行评审，评选出一等奖1项、二等奖1项、三等奖37项。

2020年度中国铁建合理化建议和技术改进获奖项目

序号	项目名称	单　位	主要作者	获奖等级
1	移动防尘棚施工工艺	中铁二十五局集团五公司	鲍汝苍	一等奖
2	旋转类设备尾部安全预警装置	中铁十二局集团二公司	李宏飞　刘晓辉	二等奖
3	复杂地段磁浮轨排铺设方法及系统	中铁十一局集团三公司	郑　武	三等奖
4	隧道“光伟”二衬智能信息化浇筑系统	中铁十一局集团四公司	李　俊	三等奖
5	降低二衬拱顶脱空率工装、工艺应用	中铁十一局集团五公司	刘健利	三等奖
6	路缘石及混凝土护栏调平层滑模施工工艺	中铁十二局集团一公司	丁瑞哲　赵怀飞	三等奖
7	衬砌浇筑防脱空装置在隧道施工中的应用	中铁十二局集团二公司	唐春宇　孙建祥	三等奖
8	大断面陡坡通风斜井防滑溜衬砌台车改进方法	中铁十二局集团三公司	张　斌	三等奖
9	架桥机一号柱加装电动葫芦及其集中控制	中铁十二局集团四公司	葛　雷	三等奖
10	折叠式塔吊人行安全通道	中铁十二局集团建安公司	贾磊峰	三等奖
11	泥水盾构刀盘开口冲洗机构	中铁十五局集团城轨公司	张玉龙	三等奖
12	HXD1型交流电力机车牵车电源的改造	中铁十五局集团运营公司	范荣华	三等奖
13	改进地下线轨道散铺轨施工工艺	中铁十六局集团铁运公司	李　杰	三等奖

续表

序号	项目名称	单　位	主要作者	获奖等级
14	450 吨提梁机高低腿运用改进	中铁十七局集团三公司	乐　锋	三等奖
15	钢管桩连续墙防水装置	中铁十七局集团四公司	羿士龙	三等奖
16	三焊缝爬焊—电磁焊焊接隧道防水板施工	中铁十七局集团五公司	冯　爱	三等奖
17	创新型跨既有线钢桁架顶推施工	中铁十七局集团建筑公司	张晋凯	三等奖
18	道砟皮带传送机出料口改造	中铁十七局集团铺架分公司	王鹏程　庞明星	三等奖
19	墩顶检修吊篮安装辅助工具优化	中铁十九局集团七公司	张旭东　朱红斌	三等奖
20	一种道路施工用整平铺膜一体设备	中铁十九局集团七公司	蔡天成　刘　鑫　郭景茹	三等奖
21	一种隧道初支钢拱架间连接板施工装置	中铁十九局集团七公司	蔡天成　魏恒相　刘　鑫　郭景茹	三等奖
22	低高度架桥机下穿城际铁路架 34 米箱梁关键技术研究	中铁二十局集团一公司武汉南四环 NSHSG – 1 标段项目部	冯贺杰　马智勇　宋红红　杜　越　严朝锋　张许贝	三等奖
23	房地产开发项目设计阶段成本管控措施应用	中铁二十局集团房地产公司	贾　勇	三等奖
24	上跨铁路营业线构筑物施工技术	中铁二十三局集团二公司	赵海涛	三等奖
25	关于钢板桩引孔经济效益的合理化建议	中铁二十五局集团二公司南京管廊项目部	郭　鹏	三等奖
26	关于锥套锁紧套筒的合理化建议	中铁二十五局集团二公司郑州航空港项目部	丁　健　郭军荣	三等奖
27	可拆卸式地下室底板后浇带支模施工	中铁建设集团华东公司	曹正勇	三等奖
28	水管井密集套管洞口精准预留施工	中铁建设集团北京公司	杜　翰	三等奖
29	整体道床弹条 I 型预留孔活动式套筒定位埋孔施工	中铁建设集团中南公司	左一郎	三等奖
30	电气线管预留 PVC 引上管防护施工	中铁建设集团华东公司	许喜阳	三等奖
31	采用塑钢模板浇筑防撞护栏施工技术改进	中国铁建港航局集团四分公司	肖希新　李旭东　温　伟　吕治兵　吕旭辉	三等奖
32	前卡式千斤顶的 T 梁张拉施工技术改进	中国铁建港航局集团四分公司	肖希新　李旭东　温　伟　王春周　赵晨晨	三等奖
33	城市复杂环境下液态二氧化碳相变致裂施工技术改进	中国铁建港航局集团武汉分公司综合管廊项目部	许小泉　成诗冰　李　维	三等奖
34	一种隧道内不扩挖不侵限接触网下锚坠砣补偿限制装置	中铁第一勘察设计院集团电化处	王玉环	三等奖
35	利用三维真实场景平台提高架空电力线路勘测效率	中铁第一勘察设计院集团电化处	靳忠福	三等奖
36	泡沫混凝土抗冲击性能评估	中铁第四勘察设计院集团建筑院	王玉涛　蒋淳玥	三等奖
37	列控系统低频码序表优化软件	中铁第四勘察设计院集团通号处	达兴亮	三等奖
38	纳米涂料保温层的设计及施工技术建议方案	中国铁建国际集团中东区域公司	康清明　马高峰	三等奖
39	关于组合式降水井井盖技术革新的合理化建议	中铁城建集团一公司	秦春清	三等奖

（制表：于　斌）

【劳动保护】 2020年,中国铁建各级工会高度重视职工劳动保护,通过建立工会安全监督检查员队伍、大力开展"安康杯"系列活动等多种方式保护职工群众的生命权和健康权。中铁十九局集团有限公司在工会安监员队伍中创新开展"设岗建区"活动,倡导设立"工人安全先锋岗",为群防体系再筑一道安全屏障;中铁二十三局集团有限公司通过开展安全防护检查、安全演练及安全知识讲座、劳动保护用品大检查、"我身边的安全小故事"征文等活动,营造"安康杯"竞赛氛围。在全国"安康杯"竞赛中,系统内6个单位"获优胜单位"称号,17个单位获"优胜班组"称号,4人获"优秀个人"称号;35个优胜集体、4个优胜班组继续保持称号。 (于 斌)

【职工文化活动】 2020年,中国铁建各级工会广泛开展职工文化体育活动,为抗击疫情、复工达产增添精神动力。股份公司工会组织"赋能品质铁建,筑梦全面小康"系列读书活动、"中国梦·铁路情·劳动美"和"晒家风家训,讲抗疫故事"系列职工文化活动,在职工群众中反响热烈。中国铁建职工书屋建设获全国总工会定向支持,新建25个便利型职工阅读站点、30个劳模书架。中国铁建工会在全国第八届"书香三八"读书活动中获特别组织奖,8家单位获优秀组织奖。中铁十六局集团有限公司举办第六届"央企脊梁·员工榜样"颁奖晚会,中国铁建港航局集团有限公司举办"传承经典、文化强企——2020文化作品巡展活动",中铁建资本控股集团有限公司举办首届职工趣味运动会,中国土木工程集团有限公司举办第四届"我形我秀"职工礼仪和着装风采视频展示赛,各类文化活动起到凝聚人心、鼓舞士气的作用。 (于 斌)

【职代会制度建设】 2020年,中国铁建系统632个集团公司、子分公司建立职工(代表)大会制度,619个单位召开职代会,603个单位评议领导干部。全年民主测评局级领导干部367人。其中,优良率100%的108人,占评议总数的29.92%;优良率90%~100%(不含100%)的227人,占评议总数的62.88%;优良率80%~90%(不含90%)的18人,占评议总数的4.99%;优良率70%~80%(不含80%)的5人,占评议总数的1.38%;优良率70%以下的3人,占评议总数的0.83%。 (李 红)

【中国铁建二届五次职工代表大会】 2020年1月15—16日在北京总部召开。出席会议职工代表267人,其中女职工代表40人,占代表总数的14.98%;代表平均年龄48.72岁。企业领导人员81人,占代表总数的30.34%;技术管理人员143人,占代表总数的53.56%;生产一线人员43人,占代表总数的16.10%;青年职工26人,占代表总数的9.74%;先进模范12人,占代表总数的4.49%。职工代表组成20个代表团。会议主要听取、审议公司年度《行政工作报告》《关于财务收支及经济运行情况的报告》《关于业务招待费使用情况的报告》《提案工作报告》,听取关于企业年金实施情况的报告,通过有关大会决议;征集并立案职工提案182件。 (李 红)

【4家单位获评民主管理示范(先进)单位】 2020年,中铁二十一局集团有限公司、中铁第四勘察设计院集团有限公司被评为"全国厂务公开民主管理示范单位",中铁十一局集团二公司、中国铁建电气化局集团一公司被评为"全国厂务公开民主管理先进单位"。 (李 红)

【集体合同工资集体协商】 2020年,中国铁建各级工会继续推进落实平等协商制度,结合企业实际和职工诉求,坚持把事关职工切身利益和职工反映强烈的难点、敏感事项作为平等协商重点并写入集体合同,确保职工工资协商共决、正常增长和支付保障机制不打折扣,集体合同签订率100%。上级工会做好新签集体合同宣贯和交流研讨,并组织集体合同履约情况督导检查。 (张晓川 刘永胜)

【1家单位工会获最佳"三有"创新成果】 2020年12月28日,在2020年全国铁路工会组织民管工作"三有"创新成果发布会上,中铁十七局集团有限公司工会"民主管理'两书'制度"创新成果获评最佳"三有"创新成果。 (李 红)

【偏远艰苦项目建家建线帮扶】 2020年,中国铁建各级工会继续加大建家建线投入,特别是加大向医疗卫生领域资金倾斜力度,加强工地卫生所建设,强化防疫物资器械配备,提高卫生防疫设施配备标准。全年股份公司工会重点帮扶项目部70个,下拨帮扶资金760

余万元;各二级单位工会累计帮扶项目部229个,累计资金1540万元;各三级单位工会累计帮扶项目部433个,累计资金1734万元。（李　红）

【困难职工解困脱困】 2020年4月,中国铁建工会下发《关于进一步做好困难职工帮扶救助工作的通知》,部署安排本年底前实现建档困难职工全面解困脱困。所属各级工会围绕解困脱困目标任务,强化工作落实,着眼治本,精准施策,困难职工的多样化需求与各类帮扶救助资源分别精准对接,各项精准帮扶措施落地见效。（张晓川　刘永胜）

【服务保障体系建设】 2020年,中国铁建各级工会积极推进普惠性、常态化服务,聚焦重点区域、重点项目、重点人群,开展两节送温暖、暑期送清凉、金秋送助学、全年送关爱等特色品牌活动,并根据职工向往需求注重人文关怀,拓展丰富活动内容,提供心理关爱、健康关怀和青年职工婚恋交友、一线职工家属"反探亲"和子女夏令营等多元化服务,推动服务职工工作向改善职工生活品质升级。（张晓川　刘永胜）

【疫情防控帮扶慰问】 2020年,中国铁建各级工会设立疫情防控专项资金,开展抗疫一线和疫区职工帮扶慰问。全年股份公司工会本级下拨4批次851万元防控专项资金,慰问湖北省武汉市、上海市、黑龙江省、河北省及海外等疫情防控一线人员和重点疫区职工。所属各级工会累计投入防控专项资金6869万元,救助感染员工,帮扶困难群众及送医、送药、送防护等后勤保障和贴心服务。（张晓川　刘永胜）

【疫情期间劳动关系协调】 2020年3月,中国铁建工会下发《关于做好新冠肺炎疫情防控期间支持企业安全有序复工复产和劳动关系协调工作的通知》,各级工会积极应对常态化疫情防控形势下劳动关系领域新情况,妥善处理好疫情期间职工劳动报酬、工作时间、休息休假、劳动保护和女职工生育保护等问题。对因疫情影响短暂息工的项目,保障职工基本生活费的发放;对企业安排以灵活方式居家办公的职工,保障职工工资正常发放。全年全系统未出现因疫情导致的职工队伍不稳定现象。（张晓川　刘永胜）

【"送温暖"活动】 2020年元旦、春节期间,中国铁建各级工会开展"两节""送温暖"活动,重点慰问因病、因灾和意外等致困,以及因新冠肺炎疫情影响致困的职工家庭,重点工程项目、关键岗位值守、海外和偏远艰苦地区及抗疫一线职工,对企业发展做出重要贡献的专家、院士、科技领军人物和劳动模范、工匠人才代表,困难离退休老干部等。全年全系统筹集"两节""送温暖"资金8545万元,慰问困难职工家庭9443户,慰问劳模先进、生产一线员工、离退休人员和农民工等95730人次。（张晓川　刘永胜）

【"送清凉"活动】 2020年,中国铁建各级工会组织做好夏季职工防暑降温和劳动保护工作,投入资金6231万元,开展暑期"送清凉"活动和"健康工地"建设,保障职工清凉度夏、健康度夏、平安度夏。主动摸底排查极端天气造成的受灾情况,投入资金142万元,看望慰问抗洪抢险救灾一线人员和受灾职工家庭。（张晓川　刘永胜）

【助学活动】 2020年,中国铁建各级工会组织开展金秋助学活动,明确重点、拓展形式,确保助学活动全覆盖、不遗漏,困难职工子女顺利就学就业。全年全系统投入资金386万元,资助1682人,其中困难职工子女1551人、受灾职工子女30人、困难农民工子女101人。（张晓川　刘永胜）

【法律专项答题活动】 2020年12月,中国铁建股份有限公司工会会同法律合规部,依托"中国铁建职工e家"平台,联合开展"弘扬法治精神,服务高质量发展"职工专项答题活动。活动参与人数80526人,答题次数131273次,涵盖所属二级单位49家、三级及以下单位603家。按照答题得分、用时长短及完成先后排名,表彰职工200人,其中一等奖40人、二等奖60人、三等奖100人,并从满分榜中再抽选优胜奖100人;根据参与人数、职工参与率及平均得分等活动组织综合排名,表彰答题优胜单位18个。各二、三级单位根据本单位参与职工答题排行榜,另行分设奖项进行适当表彰。（张晓川　刘永胜）

【工会财务规范化建设】 2020年,中国铁建各级工会持续推进工会财务管理机制创新,推广中铁建设集团有限公司工会财务集中管理、中国铁建投资集团有限公司工会财务按业务板块集中管理、中铁二十一局集团有限公司工会统一收缴经费等管理模式。强化工会资金集中管理，中国铁建财务有限公司资金归集率87.82%，实现互利共赢。提升经费使用效能，持续加大对基层一线和工会重点工作资金投入力度。规范管理工会专用收据，及时完成新收据领取下发、已用收据数据统计上报和实物收集核销等工作。

（张晓川　刘永胜）

【工会财务工作竞赛评比】 2020年，中国铁建工会对所属单位工会2019年度财务工作竞赛评比，通报表彰特等奖单位6个、一等奖单位19个。

特等奖

中铁十四局集团有限公司工会
中铁十九局集团有限公司工会
中铁二十三局集团有限公司工会
中铁建设集团有限公司工会
中国铁建重工集团股份有限公司工会
中铁城建集团有限公司工会

一等奖

中国土木工程集团有限公司工会
中铁十一局集团有限公司工会
中铁十二局集团有限公司工会
中国铁建大桥工程局集团有限公司工会
中铁十五局集团有限公司工会
中铁十六局集团有限公司工会
中铁十八局集团有限公司工会
中铁二十局集团有限公司工会
中铁二十一局集团有限公司工会
中铁二十二局集团有限公司工会
中铁二十四局集团有限公司工会
中铁二十五局集团有限公司工会
中国铁建电气化局集团有限公司工会
中国铁建房地产集团有限公司工会
中国铁建港航局集团有限公司工会
中铁第四勘察设计院集团有限公司工会
中铁第五勘察设计院集团有限公司工会
中铁上海设计院集团有限公司工会
中国铁建国际集团有限公司工会

（张晓川　刘永胜）

【工会经费年度预决算】 2020年，根据上级工会要求部署，中国铁建各级工会按时完成全级次2019年度经费收支决算、2020年度经费收支预算编制上报工作，同时完成中华全国总工会2019年度决算报告编报、2019年度全国工会行政性资产统计上报等工作。

（张晓川　刘永胜）

【工会资金安全管理】 2020年，中国铁建工会开展工会资金安全专项检查，采用全面自查和上级工会重点抽查方式，检查银行账户、银行存款余额、资金安全管控措施落实等。各级工会对照问题清单，边查边改、立查立改，同时加强整章建制，完善资金管理机制，工会资金风险得到有效防控。强化工会专项资金管理，把“三不让”帮扶资金及疫情防控、建家建线、创新工作室、偏远艰苦项目帮扶等专项资金作为监督检查重点，确保工会专项资金管理使用依法合规。

（张晓川　刘永胜）

【经费审查审计监督】 2020年，中国铁建工会经费审计委员会以通讯会方式，审查全系统工会及股份公司工会本级2019年度经费收支决算、2020年度经费收支预算。根据经审会年度工作计划，年内完成对重庆区域总部、西南区域总部、中国土木工程集团有限公司、中铁十一局集团有限公司、中铁二十一局集团有限公司、中铁二十二局集团有限公司、中铁二十三局集团有限公司、中铁建设集团有限公司、中国铁建房地产集团有限公司、中铁第四勘察设计院集团有限公司、中铁第五勘察设计院集团有限公司、中铁物资集团有限公司、中国铁建国际集团有限公司、中铁磁浮交通投资建设有限公司工会经费预算执行情况审计，并延伸审查部分单位机关工会，提交审计报告14份，被审计单位工会按审计意见认真整改落实。（张晓川　刘永胜）

【创新审查审计工作方式】 2020年，中国铁建工会经费审计委员会进一步完善区域集中、交叉审计工作模式，在四川成都、湖北武汉等区域推行集团工会带队、其所属工会特约审计人员参与的“组团”审计方式。审计过程中两级工会审计人员与被审计单位工会沟通交流，共享知识理念和经验，实现审计监督与“帮促”工作并重，促进工会整体业务水平和履职能力提升。

（张晓川　刘永胜）

【引入社会审计监督力量】 2020 年，中国铁建工会首次引入社会专业审计力量，推进构建工会立体经审监督体系，聘请北京中永信会计师事务所，开展对中国土木工程集团有限公司、中铁二十二局集团有限公司、中铁建设集团有限公司、中国铁建房地产集团有限公司、中铁第五勘察设计院集团有限公司、中铁物资集团有限公司、中国铁建国际集团有限公司 7 家单位工会实施委托审计。 （张晓川　刘永胜）

【工会经审工作考评】 2020 年，中国铁建工会对集团公司级工会 2019 年度经费审计工作规范化建设考核和优秀审计项目评选，通报表彰一等奖单位 10 个、二等奖单位 6 个，工会优秀审计项目 7 个。

一等奖

中铁十一局集团有限公司工会

中铁十四局集团有限公司工会

中铁十五局集团有限公司工会

中铁二十局集团有限公司工会

中铁二十二局集团有限公司工会

中铁二十四局集团有限公司工会

中铁二十五局集团有限公司工会

中铁建设集团有限公司工会

中国铁建房地产集团有限公司工会

中铁第四勘察设计院集团有限公司工会

二等奖

中国铁建大桥工程局集团有限公司工会

中铁十二局集团有限公司工会

中铁十六局集团有限公司工会

中铁十九局集团有限公司工会

中铁第一勘察设计院集团有限公司工会

中国铁建重工集团股份有限公司工会

工会优秀审计项目

中铁十一局集团建安公司工会 2015—2018 年度经费预算执行情况审计

中铁十二局集团建安公司工会 2016—2018 年度经费预算执行情况审计

中铁十五局集团五公司原工会主席杨世杰任期经济责任审计

中铁十八局集团房地产公司原工会主席肖波任期经济责任审计

中铁二十二局集团北京中铁天瑞公司工会 2015—2018 年度经费预算执行情况审计

中铁二十四局集团房产公司工会 2016—2018 年度经费预算执行情况审计

中铁二十五局集团二公司原工会主席聂海云任期经济责任审计

（张晓川　刘永胜）

【工会财务、经审工作先进单位】 2020 年，中铁十四局集团有限公司、中铁二十局集团有限公司、中铁二十三局集团有限公司、中铁二十四局集团有限公司、中铁城建集团有限公司工会被中华全国总工会授予“工会财务工作先进单位”；中铁十七局集团有限公司、中铁十八局集团有限公司、中铁建设集团有限公司、中国铁建房地产集团有限公司、中国铁建投资集团有限公司、中国铁建财务有限公司工会被中华全国铁路总工会授予“工会财务工作先进单位”。中国铁建股份有限公司工会（本级）在中华全国铁路总工会财务工作竞赛评比和经费审计工作规范化建设考核中均获特等奖。

（张晓川　刘永胜）

【代管党委组织部党费财务】 按照中国铁建股份有限公司党委要求，自 2020 年 1 月 1 日起，股份公司工会本级财务代行股份公司党委组织部党费财务职能。起拟《中国铁道建筑集团有限公司党费工作管理办法》，规范党费收缴及财务管理工作，按要求完成党费上缴下拨和会计业务核算。积极参与党员管理信息系统建设，推进利用信息化手段提升党费财务管理水平。

（张晓川　刘永胜）

【幸福家庭评选活动】 2020 年，中国铁建工会在全系统开展年度“幸福家庭”评选活动，评选出 100 户中国铁建“幸福家庭”。其中，中铁十八局集团物资贸易有限公司杜百艳家庭被评为“全国最美家庭”；中国铁建国际集团有限公司尤丁剑家庭被评为“全国文明家庭”。

中国铁建“幸福家庭”

刘　建　杜　瑛　闫帅帅　耿会勇　余　骥

宋　军　杨兰璐婷　刘海辉　温建伟　赵　伟

陈晓聪　向星翰　霍　强　周树清　王　强

王亚鹏　郭钰鋺　王　威　高兴良　杜　敏

潘　馥　周云娥　张　亮　常艳花　庞曰国

左　彬　沈业伍　王丽娜　李　永　刘美丽

陈敏强　李　明　顾　娜　聂艳蕊　赵万里
刘玉莲　吴　博　温爱明　潘　芮　孙春丽
梁素琴　武君丽　董瑞桥　王振艳　包广昌
杨　军　李孝峰　徐　威　般灿骞　吴晓伟
郑萍娟　马孝兰　杨　飞　刘志贵　何晓东
吴京京　窦　曼　孟盈杉　刘　跃　冯文文
梁斌乾　徐文军　刘宇峰　王　浩　罗　青
张　靖　曹艳梅　荀少谦　胡俊丽　杨巾人
崔晓晓　余炳华　邵国华　朱建华　周　宇
马春红　滕小芳　闫俊哲　邓晓琼　马彦祥
杨　青　李　蕘　李嘉毅　何湘仁　李文皓
宋　赟　吴　浩　程建军　赵改云　张　嫄
解　丽　张　闯　杨　戈　吴勇进　吕良和
王燕飞　戴建国　王宗刚　马占国　张晓明

（李　红）

【“书香三八”和“书香铁路”女职工读书活动】　2020年，中国铁建工会积极组织全系统女职工参加第八届全国“书香三八”和第六届“书香铁路”女职工读书系列活动。其中，中国铁建股份有限公司工会女职工委员会获第八届全国“书香三八”读书活动特别组织奖，中铁十一局集团有限公司工会、中铁十一局集团三公司工会、中铁十五局集团有限公司工会、中铁十八局集团有限公司工会、中铁二十四局集团有限公司工会、中铁二十五局集团有限公司工会、中国铁建港航局集团有限公司工会、中铁第四勘察设计院集团有限公司工会获第八届全国“书香三八”读书活动优秀组织奖；系统内64件作品在全国获奖，40件作品在全路获奖。

（李　红）

【“书香铁路·爱上阅读”线上共读活动】　2020年9月1—26日，中国铁建工会组织全系统女职工参加中华全国铁路总工会女职工委员会与全国“书香三八”读书活动组委会联合举办的金秋九月“书香铁路·爱上阅读”线上共读活动。通过专家领读、文本精讲、家风访谈、心得感悟、作品分享、诵读指导、书香铁路优秀文章点评、打卡分享等形式，共同品读《爱上阅读》，中国铁建工会获特别组织奖。（李　红）

【铁路爱心屋建设】　中国铁建工会积极推进“铁路爱心屋”建设，2020年申报并挂牌“铁路爱心屋”12个，为女职工提供温馨、细致的关怀和服务。（李　红）

【婚恋服务展示活动】　2020年“七夕节”期间，中国铁建各级工会积极响应全国总工会组织的全国工会婚恋服务展示活动。中国铁建工会制作的“爱在铁建”、中铁十七局集团有限公司制作的“我们17约会吧”、中铁十八局集团有限公司制作的“见证你们的幸福，我是如此满足”婚恋视频作品入围全国工会婚恋服务展示活动，通过“央视频”App在全国范围内专题展示。全年全系统各级工会组织青年联谊活动9场，参与人数1009人，其中92人参加地方工会组织的青年联谊活动，成功牵手76对，架起单身职工通向幸福的桥梁。中铁十八局集团有限公司工会、团委共同举办的“我在西湖，等风也等你”单身青年联谊会，连线央视演播室网上直播七夕特别节目精彩展示。

（李　红）

【专题调研】　2020年7—8月，中华全国总工会女职工委员会为深入贯彻男女平等基本国策，促进就业性别平等，开展帮助支持职工平衡工作和家庭责任专题调研。中国铁建工会按照要求组织系统内职工参加网络问卷调查，认真总结企业在帮助支持职工平衡工作和家庭责任的好做法好经验。（李　红）

【“三八”国际妇女节庆祝活动】　2020年“三八”国际妇女节期间，中国铁建工会各级女职工组织带领广大女职工坚守岗位、努力工作，在打赢疫情防控阻击战和有序做好企业复工复产中做出应有的贡献。3月7日《中国铁建建筑报》专版宣传3个女职工集体和4位女职工在战疫一线的巾帼风采，“中国铁建职工e家”集中推出27篇女职工抗击疫情、积极复工复产和开展丰富多彩的线上庆祝活动的报道。（李　红）

【“六一”儿童节关爱活动】　2020年，中国铁建工会在统筹推进疫情防控和施工生产的同时，持续推进对女职工关爱行动，加大对职工子女特别是留守儿童和困难儿童的帮扶力度。“六一”儿童节期间，中国铁建各级工会组织通过走访帮扶慰问，举办丰富多彩的线上线下活动，把工会组织的温暖和关怀送到广大女职工及其子女身边。（李　红）

·机关工会·

【职工新春游艺活动】 2020年1月21日在中国铁建大厦报告厅举办，活动设置猜谜语、夹玻璃球、飞镖打靶、蒙面敲锣、摸彩球等9个项目，200余人参加。

（吕向东　霍蓓蓓）

【女职工“三八”节活动】 2020年3月7日，为庆祝“三八”国际劳动妇女节，股份公司机关工会组织女职工以“书香铁建·共克时艰”为主题开展读书系列活动，并向女职工赠送慰问品；针对疫情防控，为女职工购买防护用品和卫生用品。

（吕向东　霍蓓蓓）

【金秋助学活动】 2020年8月，股份公司机关工会开展职工子女金秋助学赠送活动，向41名小学、初中、高中和大学一年级的机关职工子女赠送新学年学习礼物。

（吕向东　霍蓓蓓）

2020年8月7日，广东省总工会和中国铁建工会、中铁建华南建设有限公司工会等联合举办的“关爱农民工健康、助力广东‘双胜利’”主题“送健康”活动在广州地铁18号线项目举行。

（李远雷　提供）

2020 年 10 月 14 日，中国铁建在北京召开区域总部座谈会。（马　勇　摄）

区域总部

附录	文献辑要	统计资料	人物	所属单位	区域总部	工会工作	党的工作	科技创新	综合管理	经营管理	海外业务	工程施工	董事会工作	概况	大事记	特载

中国铁建股份有限公司东北区域总部

【简况】 2019年1月成立，代表中国铁建在辽宁、吉林、黑龙江和内蒙古四省区履行统筹、协调、监管、服务和高端经营职能。驻辽宁省沈阳市。下辖中铁建北方投资建设有限公司1个平台公司，中铁建长春投资建设有限公司、中铁建黑龙江投资建设有限公司2个项目公司，代管中国铁建股份有限公司长春市城市轨道交通7号线一期工程总包部。职工29人，其中领导班子成员7人、总经理助理3人、综合部（党群工作部）5人（兼职1人）、市场开发部10人、工程管理部（运营部）2人、财务部3人。资产总额37379万元。其中，固定资产原值232万元、净值217万元，流动资产36478万元，其他资产684万元。

2020年，完成企业总产值及施工产值77809万元，实现利润751万元，应上缴款完成率100%。

（姜　坤　田志秋）

【领导人员】

经理层

总经理	王学忠
执行总经理	吴　笛
	勾文青
副总经理	边元双
	陈宝军
	刘卫民
总会计师	边元双

党群领导

党委书记	王学忠
党委副书记	吴　笛
纪委书记	田大鹏
工会主席	田大鹏

（姜　坤　张　旭）

【区域指挥机构】

辽宁总部　驻辽宁省沈阳市。总经理陈宝军（兼）。

吉林总部　驻吉林省长春市。总经理李士坦。

黑龙江总部　驻黑龙江省哈尔滨市。总经理王长宏。

内蒙古总部　驻内蒙古自治区呼和浩特市。总经理陈祥龙。

（姜　坤　张　旭）

【工程项目】 长春市城市轨道交通7号线一期工程（受托管理）　施工线路长23.164千米。合同投资1085426万元。合同工期2020年5月1日至2025年4月30日。主要工程量：地下车站251534平方米，地下区间盾构、暗挖单线总长40757米，房屋总建筑面积86707平方米。2020年完成产值81268万元。

（刘　建）

【经营管理】 2020年，中国铁建股份有限公司东北区域总部新签合同额首次突破1000亿元，达到1113.8亿元，完成确保指标800亿元的139.2%，完成力争指标1100亿元的101.3%，同比增长66.9%。其中，辽宁省新签合同额353.212亿元，同比增长71.7%；吉林省新签合同额303.008亿元，同比增长179.5%；黑龙江省新签合同额244.374亿元，同比增长60.0%；内蒙古自治区新签合同额213.208亿元，同比增长6.4%。在区域总部协同下，属地有三级公司的中国铁建大桥局和中铁十九局在东北区域新签合同额首次突破100亿元，分别为176.5亿元和111.2亿元。

2020年，东北区域总部注重统筹协调，省域总部加强指挥作战，各集团公司积极配合，区域整体经营能力不断提升。一是高端对接服务大局，创造市场推动项目。全年组织经营活动214次，签署战略合作框架协议10份，其中股份公司名义3份；组织区域经营会议36次；协同各集团公司开展经营活动22次；高端经营146次，其中协助股份公司领导高端对接11次，会见省部级领导30人次，厅局级领导97人次，为各集团公司开拓区域市场、履行经营主体责任搭好台、服好务。二是密切联系核心客户，抱团作战连中大单。精耕细作东北区域市场，全面开展与政府主管部门、当地建设单位、行业核心客户的深度合作，持续加大市场开发力度，通过合力经营、协同作战，中标大型系列项目，有力推动各参建单位的战略发展。三是经营工作大纲系统领先，经营管理系统创新提效。2020年8月，编制出台《东北区域总部经营工作大纲（2020年）》，该大纲是中国铁建系统内首个操作“模板”，从市场开发、协同经营、高端经营、市场环境、核心客户、增量目标6个方面优化区域经营架构体系，解决经营活动从何处下手、如何开展等核心问题，成为指导经营工作的“行动指南”。《经营管理系统》作为大纲的重要执行工具，解决信息收集、资源共享等痛点，保障大纲落地，成为调度、协同和统筹经营工作的重要手段。

（申香梅）

【项目管理】 长春市城市轨道交通7号线一期工程总包部严格落实安全生产责任制和质量责任制，严格执行股份公司、长春市建委及地铁公司各项制度和工作要求，从机构设立、人员配备、制度办法建立以及完善应急预案、专项方案的编制、审核、评审入手筑牢安全管理基础。完善安全管理组织机构并配置专兼职管理人员，制定《综合考核管理办法》《安全隐患、环保问题整改制度》《质量问题整改制度》等管理制度，及时对各类人员进行培训教育，同时组织开展应急预案的编制评审，提升应急管理水平。疫情防控方面，现场防疫工作严格执行返长人员报备，高中风险隔离程序，实现零感染、零密接。安全生产方面，未发生安全事故，全市建筑行业安全生产大检查、冬季施工检查等各类检查发现隐患问题均按时整改，施工生产有序进行。文明施工方面，现场文明施工按建设单位标准化要求组织施工，严格落实环境保护措施，环境保护、文明施工可控。

（刘 建）

【党群工作】 党的工作。党支部3个，党员37人，较上年增加21人，其中转入组织关系20人，新发展党员1人。10月，区域总部领导班子成员增配2人，达到7人。12月，召开中国共产党中国铁建股份有限公司东北区域总部党员大会，选举产生中国共产党中国铁建股份有限公司东北区域总部委员会和纪律检查委员会。严格执行党委议事规则和“三重一大”决策制度实施细则，不断完善党委决策顶层设计，认真落实民主集中制原则，充分发挥领导班子整体合力，全年召开党委会议11次。党委理论学习中心组通过网络或者现场会议等方式每月进行一次集中学习，全年完成学习12次。严格用人标准，遵循用人程序，完成对4名中层干部的考察工作。总部纪委5月组织开展“反腐倡廉宣传教育月”活动；严格落实中央八项规定及其实施细则精神，紧盯重要节点、紧盯关键少数纠治“四风”，严查享乐、奢靡问题。

工会工作。12月，中国铁路工会中国铁建股份有限公司东北区域总部工会正式成立。总部工会立足区域总部人员相对分散的实际情况和疫情防控工作的要求，创新集体福利发放形式，与沈阳京东世纪贸易有限公司签订协议，通过实名认证、搭建平台、限定额度、线上购物的方式较好地解决集体福利发放问题。

（赵玉卓）

【中铁建北方投资建设有限公司】 2019年9月在辽宁省沈阳市浑南区注册成立，注册资本金20亿元。党委书记、董事长王学忠，总经理、党委副书记吴笛，执行总经理勾文青。

（姜 坤 张 旭）

【中铁建长春投资建设有限公司】 2020年5月在吉林省长春市汽车经济技术开发区注册成立，注册资本金10亿元。执行董事李庆民，总经理李士坦。

（姜 坤 张 旭）

【中铁建黑龙江投资建设有限公司】 2020年9月在黑龙江省哈尔滨市高新技术产业开发区注册成立，注册资本金20亿元。执行董事李庆民，总经理王长宏。

（姜 坤 张 旭）

【重要记载】

▲2月27日 东北区域总部与黑龙江省建设投资集团有限公司签署战略合作框架协议。

▲5月7日 东北区域总部与大庆高新技术产业开发区签署全面合作战略框架协议。

▲6月29日 中铁建北方投资建设有限公司与中韩（长春）国际合作示范区签署战略合作框架协议。

▲7月6日 中铁建北方投资建设有限公司与哈尔滨新区管理委员会签署战略合作框架协议。

▲7月28日 中铁建北方投资建设有限公司与中国第一汽车集团有限公司签署红旗小镇产业基金合作框架协议。

▲8月31日 中铁建北方投资建设有限公司与哈尔滨市松北区人民政府签署哈尔滨松北区招商项目（建设类）入驻协议书。

▲11月27日 中铁建北方投资建设有限公司与中国银行股份有限公司吉林省分行签署战略合作协议。

（赵玉卓 申香梅）

中国铁建股份有限公司华北区域总部

【简况】 中国铁建股份有限公司在华北区域经营职能的延伸，代表中国铁建在华北区域内履行统筹、协调、监管、服务和高端经营“十二字”职能，负责组织系统内相关单位有效开展华北区域经营工作，做大做优做强区域市场。监管华北区域内各单位实施的项目，负责自身以中国铁建名义承揽项目的管理工作，并负主体责任。总部驻河北省石家庄市裕华区槐北路27号。受托管理单位12家，分别是中铁建华北投资发展有限公司、中铁建雄安投资发展有限公司、石家庄嘉盛管廊工程有限公司、石家庄嘉泰管廊运营有限公司、石家庄润石生态保护管理服务有限公司、北京华北投新机场北线高速公路有限公司、中国铁建股份有限公司北京分公司、中铁建（天津）轨道交通投资发展有限公司、青岛指挥部、石家庄地铁工程指挥部、天津地铁6号线工程指挥部、中铁建华北投资发展有限公司天津地铁8号线一期工程施工总承包部。职工144人。资产总额104.77亿元，其中固定资产原值505.33万元、净值291.75万元，流动资产390.75亿元。

2020年，新签合同额2199亿元；建安产值86.77亿元；营业收入21.19亿元；净利润1.79亿元，同比增长9.82%。职工年人均创利138.76万元，全员劳动生产率212.04万元/（人·年）。（杜晓燕）

【领导人员】

经理层

总经理	杜水波
执行总经理	刘明杰
副总经理	王祖春
	鞠小华
	王均山
总会计师	王祖春（兼）

党群领导

党委书记	杜水波
纪委书记	李少亮
工会主席	李少亮（兼）

（焦　绪）

【职工队伍】 职工144人。其中，女职工19人；30岁以下28人、30～40岁62人、40～50岁43人、50岁以上11人，平均年龄38岁；博士研究生学历2人、硕士研究生学历27人、本科学历94人、大专学历20人，本科及以上学历占员工总数的85.42%；高级职称59人、中级职称32人、初级职称40人，高级职称占员工总数的40.97%。（焦　绪）

【工程项目指挥机构】 石家庄地铁工程指挥部　驻河北省石家庄市。党工委书记马顺利，指挥长贾建平。

青岛指挥部　驻山东省青岛市。党工委书记、指挥长宿春亮。

天津地铁6号线工程指挥部　驻天津市河西区。党工委书记、指挥长王均山。

天津地铁6号线梅林路至咸水沽西站调整工程指挥部　驻天津市河西区。党工委书记、总经理王均山。

中铁建华北投资发展有限公司天津地铁8号线一期工程施工总承包部　驻天津市南开区。总经理周明军。（张健铭）

【工程项目】 新机场北线高速公路（北京段）PPP项目　新机场北线高速中段（京开高速—京台高速）工程分两期施工，分别为中段工程、西延及东延工程段。中段工程实施长度13.51千米，2019年7月1日开通运营。西延及东延工程全长11.02千米。其中，东延段长2.86千米；西延段长8.16千米，设置管理中心1处。受土地手续批复影响，西延及东延工程2020年7月取得开工批复，2020年12月东延段完工并通过交工验收。西延段主要工程量：桥梁10座，路基4.68千米。2020年完成投资711093万元，完成产值411137万元。

石家庄地铁3号线一期两边段和正定预留剩余段工程　合同投资44.53亿元。工程由两部分组成，其中3号线一期两边段工程全长12.91千米，11站11区间（其中北段4站4区间，南段7站7区间）。正定新区市政预留（剩余段）土建工程设2站2区间。采用“投融资＋建设”模式，合同工期52个月。正定新区市政预留（剩余段）为1号线二期组成部分，2019年6月26日开通运营。3号线一期工程北段计划2020年1月20日开通试运营，3号线一期工程东段计划2021年2月开通试运营。主要工程量：车站全长2960米、区间单线全长19979米，车站、区间等相关站后专业。2020年完成投资408366万元，完成产值408366万元。

石家庄地铁1号、3号线二期工程　合同投资65亿元。工程由两部分组成，1号线二期工程线路全长9.71千米，设4站5区间1停车场；3号线二期工程线路全长8.1千米，设5站5区间1车辆段。采用“投融资＋建设”的模式，合同工期43个月。1号线二期工程于2019年6月26日开通试运营，3号线二期暂定2021年2月与3号线一期东段工程同时开通试运营。主要工程量：车站全长2960米、区间单线全长19979米，车站、区间等相关站后专业。2020年完成投资428956万元，完成产值428956万元。

天津地铁6号线工程　施工总承包项目，合同投资49.26亿元。天津地铁6号线工程（梅林路站—咸水沽西站）招标线路全长14.17千米，包括9站9区间、出入段线、泗水道主变电站及其电缆隧道。主要工程内容：车站及区间土建工程、二次砌筑及设备区装修工程、人防工程;泗水道主变电站及电缆隧道土建工程。主要工程量:车站总面积15.62万平方米,正线隧道区间长11千米;出入段线长1.56千米。2020年完成产值347800万元。

天津地铁6号线调整工程　施工总承包项目,合同投资11.38亿元,建设规模14.39千米。为天津地铁6号线(梅林路站—咸水沽西站)范围设备采购、安装及装饰装修的配套工程。主要工程内容:范围内供电系统的设备及材料的采购、安装、调试及相关服务;通信、安防、综合监控、自动售检票、站台门等系统的安装、调试及相关服务;动力照明、供暖、通风、空调、给排水及消防、气体灭火等专业的设备及材料的采购、安装、调试及相关服务;控制中心安装及接入;给排水市政外网配套;装饰装修;公共艺术品;地面附属建筑装修;车站附属设施;标识导向及路引系统;及有关部分改造工程。2020年10月组织进场,主要施工通风、空调、给排水及消防、供电系统工程。

天津地铁8号线一期工程PPP项目　合同投资123.63亿元,包括两个部分,第一部分为估算工程费用105.46亿元,第二部分为估算前期工程费18.17亿元。天津地铁8号线一期工程[绿水公园站—泳水道站(不含)]正线长18.6千米,建设范围包括17站17区间、绿水园主变电所及其电缆隧道。项目划分7个施工标段,系统内7家施工单位参与工程施工建设。2020年完成投资99234万元,完成产值7213万元。

石家庄市地下综合管廊(塔北路段)工程PPP项目　合同投资7.54亿元。沿石家庄市轨道交通3号线一期工程,长5.85千米,设节点井19座,变电所4处,综合管理中心1处。主要工程内容:综合管廊工程主体,附属工程设施包括监控中心、与管廊配套的消防系统、通风系统、供电与照明系统、监控与报警系统、排水、标识等。2017年开工,2020年主要完成土建附属结构及设备安全,2020年5月完成竣工验收,2020年6月18日取得运营批复,进入运营阶段,合同运营期29年。2020年完成投资74072万元,完成产值60732万元。

石家庄市滹沱河生态修复工程(中华大街至藁城城东区)PPP项目　合同投资52.82亿元,采用“设计优化—建造—融资—运营—移交”(DBFOT)的PPP运作方式。主要工程量:新建右堤6.314千米,主河槽工程治理工程2.56千米,生态修复工程13.05千米。包括4个子项。子项一因地方征拆问题制约施工,作为甩项验收项目,逐步完成解决。子项二、三、四2019年9月完工。2020年进行验收及相关问题克缺,2020年5月30日项目取得批复,6月1日正式运营,合同运营期13年。2020年完成投资385115万元,完成产值286164万元。

南车小镇项目　南车小镇二期先开段7—19号住宅楼项目建筑面积15.6万平方米,包含住宅楼13栋及地下车库,2017年12月开工,2020年9月完成竣工备案并实现交付;二期后开段20—30号住宅楼项目12.6万平方米,2018年9月开工(实际开工7栋为22—25号、28—30号),2020年12完成开工部分主体工程验收,进行水电安装及室外装修工程施工。

中铁建华北建筑科技有限公司装配产业园项目　华北投资公司与石家庄住建集团合作出资项目,2018年注册中铁建华北建筑科技有限公司。2019年中铁十四局集团参股建筑科技公司,持股45%;2020年,华北投资公司与中铁十四局完成股权转让相关工作,石家庄住建集团持股40%,华北投资公司持股由60%减至15%。2020年7月,华北建筑科技公司正式生产。

(张健铭　张红霞)

【经营管理】　2020年,新签合同额2199亿元,完成投资476471万元,资金回购249598万元。华北区域总部深入领会贯彻股份公司系列改革举措。一是落实“高端经营”职能,发挥中国铁建品牌效应,整合系统资源,同步集团公司与地方政府、高端业主的经营资源,以重大项目运作为抓手,培养核心客户,逐步建立并维护好区域经营网络,统筹华北区域铁建系统“同一个声音”。牵头组织并成功中标天津地铁6号线四电总承包项目(15亿元),天津地铁1号线存量PPP项目(389亿元);组织投资集团成功中标保定高铁片区开发项目(103亿元)和主城区城中村连片开发ABO项目(237亿元);统筹系统内各单位在雄安新区承揽近300亿元;实现总部经营的职能效果落地。二是坚持“城市经营”理念,与域内各级政府高层、重要业主的合作逐渐深化,与各行业外部优势企业的联合愈加紧密,整合全系统各产业集团的能力进一步提升,对接区域内政府领导、核心客户、行业主管单位等200余次,与北京市、天津市重点行政区,河北省多个市区以及优势外部企业签订战略合作协议20余项。为各产业集团在华北区域的经营工作营造良好条件,为系统内各单位持续获取订单提供“管家式”服务。三是不断增强承担和运作高端策划项目、重大总承包项目、重大投融资项目的意识和主导承揽能力。通过围绕政府、城市和人做文章,积极运作大项目、维护大客户、培育大市场,不断深化区域经营朝着“创造市场、创造项目”推进。

财务管理。按照区域总部整体布局,紧扣公司“高质量高品质发展”主题,以提质增效、优化资本结构、拓展融资渠道、降负债防风险、纳税筹划、资金管理等为重点，各项财务工作都有序推进。2020 年，华北区域总部营业收入 38.47 亿元，较上年同期增长 4.72 亿元，增长率 15.27%；净利润 2.05 亿元，同比增长 0.27亿元，增长率 15.17%；年末资产总额 113.34 亿元，较年初增加 35.86 亿元，增长 46.29%，其中“两金”净额 7.46 亿元，较年初下降 0.16 亿元，下降 2.10%；年末负债总额 93.24 亿元，较年初增加 32.35 亿元，增长53.12%，其中有息负债33.54 亿元，占年度预算指标53.40 亿元的 62.82%；2020 年经营性现金净流量 16.11 亿元，高出利润总额 13.70 亿元，较上年同期增加 11.37 亿元，增长 239.73%。

资金管理。一是响应股份公司号召，积极应对疫情影响，夯实资金管理基础工作，确保企业资金、银行账户安全。按照股份公司要求，积极参加股份公司关于银行账户管理系统的业务培训，完成中国铁建银行账户管理系统的测试系统验收工作，公司所属各单位银行账户 100% 上线。对公司本级及所属各单位进行彻底、全面的银行账户清理排查工作，公司资金管理工作、银行账户管理工作运行平稳，通过一系列的自查整改工作，公司资金管理水平得到进一步的提升。二是进一步提升资金保障能力，建立全生命周期资金预算体系，有效提升资金风险管理水平。加强资金收支计划管理，对于 PPP 项目建立全生命周期资金收支预算体系，并实行月度资金滚动预算，年度预算总额控制，资金开支坚持“无预算不开支，凭据要素不齐全不开支，付款审批手续不齐全不开支”原则。以预算指标为“红线”，严格控制有息负债融资规模，并根据实际投资需要，合理规划有息债务资金的提取、使用，严禁贷款资金账户长期滞留资金，对于 PPP 项目等投资类项目公司，站在项目全生命周期的角度，合理筹划自有资金、债务资金的使用，做好资金统筹安排，严防资金断链，严控资金成本。三是提高资金使用效率，降低资金使用成本。加强资金集中管理，利用股份公司资金集中归集系统，提升公司资金上存度和集中度，保证资金的快速有效控制，对于公司投资的 PPP 项目公司，要求必须全部在财务公司开立账户，并且项目公司资本金(含政府方出资额)全部存入财务公司账户，并最终统一归集至华北区域总部资金池账户，发挥并充分利用资本金的杠杆作用，逐渐形成投资项目越多，资本金比例越大，区域总部资金池越大的良性循环。截至 2020 年第四季度，华北区域总部在财务公司资金池日均余额 12.09 亿元，资金上存度 94%。

“两金”压控管理。为进一步做好“两金”压控工作，促进企业高质量发展，华北区域总部制定下发《中国铁建股份有限公司华北区域总部 2020 年“两金”压控工作方案》《中国铁建股份有限公司华北区域总部“两金”管控实施办法》，总部严格按照股份公司“在建项目抓清收确权、收尾项目清收清欠双管齐下、并账项目聚焦清欠回款销号”的指导思想，秉承“清收清欠就是创效”的理念，明确责任，加强管控，积极落实“两金”压控工作。组织成立以主管领导牵头的“两金”压控领导小组，对各下属单位制定详细的“两金”压控目标，并对机关各部门职责进行详细划分，要求机关各部门加强协作，所属单位领导带头，逐级落实分解责任，加强清收清欠，全力压降“两金”规模，石家庄地铁项目采用保函置换形式提前收回 BT 项目 15% 审计预留金 3.47 亿元。石家庄滹沱河 PPP 项目和石家庄汇明路管廊 PPP 项目、新机场北线高速公路 PPP 项目均按期足额收回政府可行性缺口补助 7.65 亿元。

全面预算管理。一是在预算编制过程中，抓好预算预报编制质量，结合“十三五”规划及三年滚动发展战略规划，全面梳理各单位 2020 年产值计划、资金需求、营收利润等指标，各业务部门严格把关，由财务融资部汇总后提交全面预算领导小组会议审议，确保预算预报指标符合总部发展战略。二是在预算编报过程中，严格按照股份公司全面预算管理要求执行，按照股份公司下发的全面预算指导数据进行编报，各业务部门层层把关，财务部门逐项审核，形成全面预算报告提交各项会议审议。三是注重预算分解。结合各项目特点，对所属各单位 2020 年完成投资、人员薪酬、建设期运营期时点、运营收入及成本进行全面梳理，并形成预算报表，把全面预算指标层层分解至所属各单位。四是在执行管控过程中，把预算活动的编制、控制、贯彻执行、考核分析、绩效评价及奖励惩罚等过程贯穿华北区域总部经济运行活动的每个细节，并对项目生产管理，安全质量管理，再到费用开支管理实施全方位管控，确保每一个细节落实到位。五是在预算分析过程中，全面预算管理领导小组办公室每月对所属各单位预算执行情况进行通报，通过预算执行结果与预算指标的对比，确定差异及分析差异形成的原因，及时纠差，确保完成各项指标。华北区域总部经济运行管理领导小组对各项目全生命周期经济运行工作进行统筹、协调、督导和服务。每季度对在建项目经济运行情况进行督导、检查和分析，找问题、解难题、定措施、抓落实，对项目全生命周期实行动态管理，及时总结与纠偏。

税务管理。一是加强业务培训。组织举办个人所得税汇算清缴及投资项目涉税管理视频讲座。聘请华政税务师事务所针对 2019 年度个人所得税汇算清缴工作和投资项目涉税管理、风险防范等方面进行全面讲解。二是加强财税筹划。对新上天津地铁 8 号线项目制定财税策划方案。从资金管理、会计核算模式、投资控制、纳税筹划等方面提出全生命周期的管理方案，为天津地铁 8 号线的投融资、建设、运营等各阶段提供财税决策依据。三是用足国家税收优惠政策。积极与税务局沟通，在未交增值税的情况下办理增值税留抵退税。2020 年 7 月，石家庄嘉泰管廊运营有限公司积极与石家庄市裕华区税务局沟通，合理利用国家增值税留抵退税政策，在未交增值税的情况下，办理留抵退税 1459 万元。之后，中车小镇项目实现留抵退税 3090 万元，新机场北线实现留抵退税 6886 万元。

安全质量。始终坚持“安全第一、预防为主、综合治理”方针，牢固树立“红线意识”，认真贯彻落实股份公司各项工作部署要求，一手抓疫情防控，一手抓安全生产，围绕“从根本上消除事故隐患”核心工作，着力抓好在建项目重大安全风险管控，积极开展安全生产监督检查，扎实开展安全生产三年专项整治行动，进一步完善安全生产规章制度，提高风险隐患双预控和应急管理水平，安全生产保障能力稳步提升，安全生产形势平稳受控，企业保持和谐稳定。股份公司于 2020 年 12 月 23 日对华北区域总部的安全生产工作进行检查、考核和评价，评价结果为“优秀”。结合 2020 年度施工计划，华北区域总部对在建项目的安全风险工程进行辨识和评估，Ⅰ级重大安全风险工程 7 处，Ⅱ级重大安全风险工程 93 处。明确各层级的管控职责，有效控制重大安全风险，着力抓好现场危大工程、大型机械及起重设备吊装、人员密集场所和季节性风险管控，落实专项施工方案的编制、评审、审批、执行等制度，实现重大安全风险可防可控。组织所属各单位开展以“消除事故隐患，筑牢安全防线”为主题的“安全生产月”活动，指导各单位开展“排查整治进行时”“安全宣传咨询日”“应急预案演练”等一系列形式多样的活动，营造人人关心安全生产的氛围，普及应急知识和应急技能，提高应对突发事件的风险预控、“应急救命”和先期处置能力。按照“党政同责、一岗双责、齐抓共管、失职追责”的要求，与所属各单位签订 2020 年度安全包保责任书，结合在建项目产值完成情况和运营项目年度营业收入情况，对所属各单位安全包保考核，兑现 2020 年度安全包保奖励 84.67 万元，其中对单位奖励 50 万元，对单位主要负责人奖励 34.67 万元。重点奖励对安全生产工作作出突出贡献的人员。持续做好本级项目监管工作，确保在建项目质量管理过程可控、竣工项目创优目标落实有效。公司质量管理严格落实定期检查制度，查阅项目公司（指挥部）质量管理行为资料，检验施工单位体系落实及规范标准执行，形成记录，督促整改。按期组织开展“质量月”活动，一方面强化一线落实，督促各单位在疫情防控前提下，开展各种形式新颖、切实有效的质量活动，通过学、比、查等方式方法促进一线员工质量管理水平提升，推进项目质量持续向好发展，另一方面组织全体员工参加质量管理全国网络竞赛，促进公司形成质量管理全员有责的氛围，提升全体职工质量管理意识，在本年度质量管理全国网络答题活动中，华北公司员工参与率位于股份公司各区域总部（平台公司）前列。积极推动工程质量创优工作，2020 年，天津地铁 6 号线开展市级文明工地、“海河杯”优质结构工程过程申报，石家庄地铁 1 号线二期获河北省“安济杯”优质工程奖。实行安全质量检查与内部信用评价挂钩机制，促进在建项目各管理层级提高质量管理意识。上半年完成对石家庄地铁、天津地铁 6 号线 2 个在建项目 12 家参建单位 14 个标段的考核评价，下半年完成对天津地铁 6 号线、北京大兴国际机场北线、石家庄地铁 3 个在建项目 11 家参建单位的考核评价。（唐轩仕　张景权　韩金欣）

【党群工作】 2020 年，华北区域总部党委深入学习贯彻习近平新时代中国特色社会主义思想和党的十九大精神，不断强化党建引领，坚持把强化党的建设作为引领企业改革发展的重要保证，确保中央部署和上级党委要求不折不扣得到贯彻落实。面对突如其来的新冠肺炎疫情，各级党组织响应指令、迅速行动，逐级落实责任、推动复工复产，在重大考验面前展现党组织战斗力。深入贯彻区域总部党建工作座谈会精神，巩固拓展“不忘初心、牢记使命”主题教育成果，按照“四同步、四对接”要求，抓好新上项目党组织建设工作；组织开展“弘扬赶考精神，走好新时代赶考路”“红色读书月”等系列特色主题活动；结合华北区域总部实际，组织、指导各单位以开展党建共建活动为契机，深化与地方政府、业主单位的沟通联系，助力生产经营。深入开展以中心组学习为主要形式的理论武装工作，不断提升各级党员干部思想政治素质；利用微信公众号和门户网站等平台强化典型宣传，深化各层次的形势任务教育，引导和促进党组织和党员更好发挥作用。成功处置 1 起损害中国铁建名誉的负面舆情，使不良影响降至最低。针对区域经营特点，不断规范干部管理，提升党员干部干事创业能力。深入开展反腐倡廉宣传教育，大力推进“四个专项整治”，特别是持续集中整治形式主义、官僚主义，促进工作作风得到进一步转变；深入开展财务资金管理专项巡视巡察，对股份公司党委巡视组现场反馈的问题做到立行立改；抽调党群、财务人员组成巡察组，组织完成对所属单位的财务资金管理专项巡察，促进管理提升。坚持党建引领群团共建，保障职工合法权益，凝聚干事创业的强大合力。

（焦　绪）

【中铁建华北投资发展有限公司】 华北区域总部的投资平台公司，协助华北区域总部管理直接出资、控股或代管项目公司的法人治理、投融资业务、工程监管及运维等相关工作。以自有资本对国家非限制或禁止的项目进行投资；工程建设项目设计、施工。2013 年 1 月在石家庄注册成立。注册资本金 10 亿元。驻河北省石家庄市裕华区槐北路 27 号。党委书记、董事长杜水波，党委副书记、总经理刘明杰。资产总额 1047732 万元。其中，固定资产 505 万元、流动资产 390794 万元。

2020 年，承揽工程 2 项，新签合同额 404 亿元。完成建安产值 86.77 亿元，职工年人均收入 28.39 万元，资产负债率 80.82%。（杜晓燕）

【中铁建雄安投资发展有限公司】 以公司自有资金对外投资，依托中国铁建全产业链优势，全面参与雄安新区各类基础设施项目投资；拓展产业板块，开展多元投资；整合内部资源，助力中国铁建做强做大。中国铁建股份有限公司出资设立，注册资本金 300000 万元。驻河北省保定市容城县。董事长杜水波，总经理刘明杰。（卢江宁）

【石家庄嘉盛管廊工程有限公司】 主营城市地下综合管廊项目建设、投资、维护、运行管理业务。经石家庄市人民政府批准，市住房和城乡建设局授予公司融资、投资和建设石家庄市汇明路地下综合管廊及其配套和附属设施的特许经营权。2017 年 6 月成立，注册资本金 259918000 元。2019 年 8 月 8 日正式获取石家庄市住建局批复运营。驻河北省石家庄市桥西区友谊南大街。董事长、党工委书记李长捷。职工 37 人。资产总额 136322 万元。其中，流动资产 23744 万元，非流动资产 112578 万元。

2020 年，职工年人均收入 23.94 万元，资产负债率 78.83%。（韩　熠）

【石家庄嘉泰管廊工程有限公司】 主营城市地下综合管廊项目开发、建设管理、维护、运行管理；数据通信系统安装维修（无线电发射装置、卫星地面接收设施除外）；设计、制作、代理国内广告业务；发布国内户外广告业务。董事长贾建平，总经理、党委书记马顺利。驻河北省石家庄市裕华区槐北路 27 号。注册资本金 500 万元。2020 年 6 月 18 日正式获取石家庄市轨道办运营批复，石家庄塔北路地下综合管廊正式运营。职工 35 人。资产总额 81684 万元。其中，流动资产 20665 万元，非流动资产 61019 万元。

2020 年，职工年人均收入 27.03 万元。资产负债率 82.99%。（韩　熠）

【北京华北投新机场北线高速公路有限公司】 主要负责北京大兴国际机场北线高速公路（北京段）的前期筹备、投融资、建设及运营管理工作。注册资本金 56 亿元，注册地北京市大兴区礼贤镇。董事长娄德兰，总经理李永珑，党委书记宗长春。职工 25 人。资产总额 717197 万元。其中，流动资产 201946 万元，非流动资产 515252 万元。

2020 年，项目建设完成投资 688613 万元，其中建安产值 389644 万元。职工年人均收入 26.31 万元。（段之雯）

【中铁建华北建筑科技有限公司】 负责建筑科技公司装配产业园项目建设及筹划运作装配式装修等装配式建筑相关配套产业。2018 年 4 月 19 日成立，注册资本金 20000 万元，驻河北省石家庄市行唐县。董事长杨永宏，总经理、党委书记张慧忠。职工 40 人。

2020 年，完成投资 33500 万元，其中土建工程费 21221 万元、公用配套 710 万元、燃气施工费 87 万元、设备购置及安装 6782 万元、工程建设其他费 4615 万元、贷款利息 85 万元。职工年人均收入 16.5 万元。（王梅梅）

【石家庄润石生态保护管理服务有限公司】 拥有自然生态系统保护和管理，公园管理，发布国内户外广告业务，会议服务，餐饮服务（仅限分支机构），餐饮企业管理，住宿服务（仅限分支机构），停车场管理服务，文化艺术交流活动策划，组织文化艺术交流活动，承办展览展示等资质。2018 年 11 月 27 日注册成立。党委书记、董事长杨永宏，总经理邓意军（11 月任）。职工 17 人。资产总额 475539 万元。其中，长期应收款 370145 万元，固定资产 162 万元，流动资产 105232 万元。

2020 年 6 月 1 日起部分工程正式进入运营期。2020 年，营业收入 2002 万元，营业成本 612 万元，净利润 6471 万元。完成建安产值 1630 万元。职工年人均收入 29.6 万元，资产负债率 76.42%。（赵　欣）

【中国铁建股份有限公司北京分公司】 中国铁建股份有限公司在北京城市副中心设立的高端经营的副总部，建立维护与当地政府和业主的高端沟通联系，力争在办公用地、税收、人才引进、项目承揽等方面获得更多的优惠政策。负责各区域总部（工程局集团）转注到股份公司的一级建造师等持证人员的工资发放及社保的代扣代缴工作和股份公司本级派出到股份公司项目部任职人员的工资管理。配合股份公司经营计划部完成一级建造师等持证人员的动态监控以及继续教育的组织与管理。由华北区域总部负责维护和管理,不设立职能部门、不增加编制定员,人员由华北区域总部人员兼任,业务管理由股份公司经营计划部负责。

（杜晓燕）

【中铁建(天津)轨道交通投资发展有限公司】 主要负责天津地铁8号线一期工程的投资建设。注册资本金500000万元。注册地天津市南开区南马路北侧铭隆大厦1号楼。资产总额99257万元。其中,流动资产86436万元,非流动资产12820万元。

2020年,建设完成投资126990万元,其中建安产值19660万元。职工年收入总额375万元,资产负债率49.1%。

（王世正）

【重要记载】

▲4月10日　股份公司批复同意成立中铁建(天津)轨道交通投资发展有限公司。

▲4月13日　中铁建华北投资发展有限公司取得安全生产许可证。

▲4月17日　中铁建华北投资发展有限公司取得三体系认证证书,分别为GB/T 19001—2016/ISO 9001:2015 GB/T 50430—2017质量管理体系认证证书,ISO45001:2018职业健康安全管理体系认证证书,GB/T24001—2016/ISO14001:2015环境管理体系认证证书。

▲9月28日　华北区域总部党委与雄安新区安新县基层党支部共建启动仪式在雄安新区安新县邵庄子村举行,并为中国铁建革命传统教育基地(王小燕故居)揭牌。

（杜晓燕）

中国铁建股份有限公司中原区域总部

【简况】 代表中国铁建股份有限公司负责山西、山东、河南三省的市场经营和开发,履行“统筹、协调、监管、服务和高端经营”职能。2019年1月成立,驻山东省济南市,分别在山东济南成立中铁建黄河投资建设有限公司、河南郑州成立中铁建中原投资建设有限公司。全面对接国家区域发展战略,积极投身山西、山东、河南经济社会发展,主动参与一系列重点工程、新兴产业项目建设,重点参与区域范围内城际铁路、城市轨道交通、港口码头运、公路、市政、机场、片区开发、产业园区、老旧小区改造、混合所有制改造等传统及新兴领域的投资、建设、开发与合作项目。职工35人。设综合管理部(党群工作部)、投资经营部、工程管理部、财务融资部4个部门,实行“3+1”经营架构,设山西总部、山东总部、河南总部、青岛总部4个省(市)总部,同时设各地市、区县指挥部。受股份公司委托,管理中铁建黄河投资建设有限公司、中铁建中原投资建设有限公司,并负责以中国铁建股份有限公司名义中标的青岛地铁1号线、洛阳地铁1号线和2号线、郑州地铁12号线工程指挥部的施工监管工作。（付积川）

【领导人员】

经理层

总经理	史道泉
执行总经理	党海军
副总经理	王国堂
	闫　宇
	张深斌
总会计师	王国堂

党群领导

党委书记	史道泉
党委副书记	崔连友
纪委书记	崔连友
工会主席	崔连友

（付积川）

【工程项目】 洛阳地铁1号线项目　全长22.97千米。车站19座,其中高架站1座,地下站18座,换乘站3座,地铁出入口103个。2017年开工建设,计划2021年建成通车。6站6区间,工程投资22.38亿元。中铁十一局、中铁十六局、中铁十九局负责施工。

洛阳地铁2号线项目　5站5区间,工程投资12.27亿元。中铁十一局、中铁十六局负责施工。

洛阳地铁2号线一期工程刘富村车辆段项目　占地面积29.8万平方米,总建筑面积27万平方米(含上盖)。合同投资12.31亿元。中铁十一局、中铁十五局、中铁十九局参建。

青岛地铁1号线项目　由土建2标段和瓦贵区间2标段两个标段组成,合同投资54.47亿元。土建2标段全长29.072千米,合同投资50.69亿元。19站19区间,其中新建车站17座,既有车站改造2座。中铁十二局、中铁十四局、中铁十六局、中铁十七局、中铁十八局、中铁十九局、中铁二十局、中铁二十二局、中铁二十五局负责施工建设。瓦贵区间2标段为先期招标试验段全长3.33千米,合同投资3.78亿元。中铁十八局负责施工建设。

郑州地铁12号线一期土建工程项目　全长17.034千米，11站11区间，其中换乘车站7座。中铁十一局、中铁十二局、中铁十四局、中铁十五局、中铁十六局、中铁十七局负责施工建设。（刘　辉　周宝军）

【经营管理】 中原区域总部认真贯彻股份公司区域经营战略“十二字”方针，围绕“强党建、建文化，搭架子、建机制，抓项目、保目标，抓在建、保平安”的工作思路，立足“三者定位”，在谋篇布局、高端对接、机制搭建、深耕区域等方面作出卓有成效的工作。经营架构方面，构建3+1省（市）总部+N地市区县指挥部，和“2+N”平台公司。实行一体化管理机制，总部、省（市）总部、平台公司及项目部以总部运作为主，总部领导统筹、把关一切。总部实行全员经营，6名班子成员全部参与经营，4人直接兼任省（市）总部总经理，总部32名员工中26人直接在一线从事经营工作。总部主要任务是建立全方位的高层关系，整合铁建内外资源，实施高端经营、立体经营，营造开放统一的市场环境。牢牢把握总部站位，主动担当作为，按照“三不做”要求为产业集团赋能，注重牵头搭台、提供服务，让各产业集团登台唱戏；只做增量、只做加法，谋各产业集团不能独立承接的大项目、特殊项目，市场发育呈现良性发展态势。2020年，中原区域总部实现承揽额3644亿元，其中山西644亿元、山东1951亿元、河南1049亿元，占股份公司下达承揽计划2120亿元的172%。（周宝军）

【党群工作】 深入学习贯彻习近平新时代中国特色社会主义思想，巩固“不忘初心、牢记使命”主题教育成果，落实全面从严治党责任，认真履行“两个责任”，围绕“统筹、协调、监管、服务、高端经营”十二字方针，坚持“把方向、管大局、保落实”，按照“强党建、建文化，搭架子、建机制，抓项目、保目标，抓在建、保平安”的工作思路，提升党组织的凝聚力、战斗力和向心力，为推进中原区域总部高质量发展提供坚强的政治保证。

坚持以政治建设为统领。始终保持政治定力，站稳政治立场，严守政治纪律和政治规矩，坚决落实党中央大政方针政策和上级各项决策部署，树牢“四个意识”，坚定“四个自信”，做到“两个维护”。建立“不忘初心、牢记使命”主题教育长效机制，坚持把学习贯彻习近平总书记最新重要讲话和指示批示精神作为中心组学习的“第一议题”、第一课程，主动履行新冠肺炎疫情防控职责，全面有序推进复工复产工作，落实常态化疫情防控各项举措。

坚定“根”和“魂”意识。坚持“两个一以贯之”，把党的领导有机融入总部治理，健全党委会、总经理办公会议事规则，按照规范程序决策“三重一大”事项。深入贯彻党的十九届四中、五中全会精神，认真落实全国“两会”、股份公司党委全会、工作会、党风廉政建设及反腐败工作会议、股份公司区域总部党建工作座谈会等会议精神，提出一系列贯彻举措。树立正确的选人用人导向，坚持政治标准，严格依据工作需要与能力水平匹配的原则引进和使用干部，注重加强干部的党性、品行、修养和业务能力的提升。

统筹推进“三基”建设。落实“四同步、四对接”要求，实现党的组织和党的工作全面有效覆盖。制定落实党建工作责任制实施办法，明确党建责任清单，建立以责任清单为核心的考核监督机制。健全党日活动、党课学习、教育管理等一系列党建工作制度，组织全体党员倾情奉献，踊跃缴纳抗疫特殊党费。班子成员带头讲专题党课，各级党组织开展丰富多彩的党日主题活动，发挥先锋模范作用和战斗堡垒作用。

深入开展思想政治教育。坚持用实干和谐理念凝聚职工队伍，开展灵活多样的思想政治教育，组织新冠肺炎疫情防控教育、民法典宣贯教育，旗帜鲜明弘扬正能量、传播主旋律。认真履行意识形态工作主体责任，确保意识形态工作责任落实落地。开展丰富多彩的精神文明创建活动，组织志愿者服务、参观红色教育基地、观看革命影片等活动。大力弘扬传承铁道兵精神，推进新时代中国铁建企业文化落地见效，打造实干和谐中原特色文化。

落实党风廉政建设责任制。积极配合国务院国资委党委巡视和股份公司党委财务资金管理专项巡视，对巡视问题照单全收，不折不扣落实到位。加强决策过程监督和选人用人监督，制定廉洁风险防控手册，完善廉洁防控档案，全员签订廉洁自律承诺书。扎实开展反腐倡廉教育月活动，组织廉洁从业宣誓、签字仪式、发布廉洁警句等活动，为党员干部发放《中国家风》，组织党员干部撰写读后感，增强廉洁家风意识。

坚持以党建引领群团工作。指导召开第一届工会会员大会，召开职工大会民主决策涉及职工利益事项，民主测评领导干部。加强群团基层组织建设，扩大基层群团组织覆盖面，坚持重心下移，指导服务一线，做好制度保障、活动引领。针对职工关心的热点问题，深入职工群众和基层一线调查研究，提出针对性的改进措施，切实维护职工权益。真心关爱职工生产生活，组织职工年体检，走访慰问困难职工。结合经营生产工作实际，组织劳动竞赛、合理化建议、读书活动、送温暖等特色活动。（解　冰）

【中铁建黄河投资建设有限公司】 拥有市政公用、建筑工程施工总承包一级资质。经营范围包括以自有资金对铁路、公路、市政、城市轨道交通、机场、码头等项目投资及运营管理；土地开发；房地产开发、建设等。2019年7月19日在山东省济南市注册成立，注册资本金20亿元。2020年4月办理完成安全生产许可证。法定代表人、董事长史道泉。 （付积川）

【中铁建中原投资建设有限公司】 拥有市政公用、建筑工程施工总承包一级资质。经营范围包括铁路、公路、市政、城市轨道交通、机场、码头、环保、水环境治理、水利水电、能源BOT、PPP建设项目投资及管理运营；土地一级开发；新能源项目、互联网产业投资；地产开发与建设；非证券股权投资。2019年7月19日在河南省郑州市注册成立，注册资本金20亿元。2020年7月办理完成安全生产许可证。法定代表人、董事长史道泉。 （付积川）

【重要记载】

▲3月4日 中原区域总部获股份公司“经营先进单位”称号，崔连友、张深斌获股份公司“经营先进个人”称号。 （付积川）

中国铁建股份有限公司华中区域总部

【简况】 原系2015年11月成立的华中指挥部。根据《关于调整中国铁建股份有限公司区域经营机构的通知》（中国铁建发展〔2019〕4号），调整为华中区域总部，是股份公司总部经营和监管职能的延伸机构，负责江苏省、安徽省、湖北省、湖南省市场。驻江苏省南京市。代表股份公司履行“统筹、协调、监管、服务、高端经营”的职能，负责组织系统内相关单位有效开展区域经营工作，做大区域市场；对区域内各单位实施的项目进行监管，负责自身以中国铁建名义承揽项目的管理工作，并负主体责任。 （廖　爽）

【领导人员】

经理层

总经理	张挺军
执行总经理	刘青林（2月任）
副总经理	郭信君
	李小林
	罗道永
	刘方治（5月任）
总会计师	罗道永

党群领导

党委书记	张挺军
党委副书记	刘青林（11月任）
纪委书记	胡晓兵
工会主席	胡晓兵

（廖　爽）

【区域经营机构】 南京区域指挥部 驻江苏省南京市。指挥长陈中锋。

苏南区域指挥部 驻江苏省苏州市。指挥长田怀念。

苏北区域指挥部 驻江苏省徐州市。指挥长张晓鹏。

安徽区域指挥部 驻安徽省合肥市。指挥长任启良。

湖北区域指挥部 驻湖北省武汉市。指挥长邓祖龙。

湖南区域指挥部 驻湖南省长沙市。指挥长金艳林。 （孙俊鑫）

【工程项目】 武汉轨道交通12号线PPP项目 总投资318亿元，铁建方承揽159亿元。

盐城先锋岛生态组团（基础设施）二期工程项目 总投资161.39亿元。

南京江北新区中心区地下空间二期工程PPP项目 总投资130.3亿元。

安庆高铁新区一期项目 总投资40.83亿元。

德州路西延暨东津黄河大桥工程特许经营项目 总投资13.158亿元，铁建方承揽7.89亿元。

南京地铁9号线一期工程施工总承包D.009.X－TA02标段 中标金额43.32亿元。

长株潭城际轨道交通西环线一期工程总承包第2标段 中标金额33.54亿元，铁建方承揽29.08亿元。 （孙俊鑫）

【经营管理】 坚持目标导向，抢抓“后疫情时代”基建市场迅速增长的重大机遇，紧跟国家战略调整经营布局，坚持战区主战，突出高端经营，发挥协同优势，高端对接更加广泛深入。年内股份公司领导与区域内各省市高层领导以及核心客户会见 20 次。

区域总部领导冲锋在前、以上率下,带领各级经营主体开展高端对接 90 余次,与南通市政府、芜湖市政府、镇江润州区、常州新北区、盐城市城投、引江济淮集团、湖南省委军民融合办公室等签订合作协议 8 项,长江投资在武汉长江新城顺利落地。

克服疫情影响,先后在南京、合肥、长沙召开四省“两季”经营动员会,组织各集团公司召开标前专题会;建立大客户、大项目库,定期编制报告,提供及时准确全面的经营信息,为集团公司有序开展竞争提供支持。通过统筹协调,发挥铁建一盘棋优势,成功扭转一直以来在合肥市场低价中标的不利局面,相继竞得合肥市轨道交通 4 号线南延及 6 号线一期土建施工总承包等 5 个项目,承揽额 45 亿元。2020 年,区域总部紧盯年度经营目标,巩固传统优势、开拓专业领域、补齐新兴短板,在铁路、公路、城市轨道交通等传统板块,地下空间、大直径盾构等专项领域以及投融资市场均有收获,辖区四省总承揽突破 2800 亿元,其中独揽江苏省 1225 亿元,区域总部首次成功打造千亿级省级市场。牵头承揽多个意义重大项目:武汉城市轨道交通 12 号线是武汉市第一次采用 PPP 模式实施的城市轨道交通项目,是国内最长的环线;南京江北新区中心区地下空间二期工程是在激烈的市场竞争中成功博得,是落实股份公司“打造地下大空间开发利用中国第一品牌”的具体实践,开创城市地下空间投资运营产业新局面;盐城先锋岛生态组团(基础设施)二期是城市投资公司投资建设的第一个百亿级投融资项目,为城市投资公司能力提升和未来发展奠定基础。

构建“四省 + 重点城市”驻点经营和围绕重点城市、重大项目设立投资平台或项目公司的经营模式,协同各设计院、工程局,优化经营布局,完善经营网络,延伸经营触角,持续加大“城市、政府、人”的经营力度。探索建立以项目专题推进会、各省经营座谈会、区域经营季度会为主和座谈交流、信息共享、经营工作组等为辅的区域经营统筹协调机制,形成步调一致、统筹合作的经营网络。（孙俊鑫）

【党群工作】 党的工作。区域总部党委认真落实“党建巩固深化年”要求,以“三基”建设为抓手,不断提升基层党建工作质量。一是夯实基层组织凝聚发展力量。强化政治引领。坚持民主集中制原则,充分发挥党委在统筹领导区域总部改革发展中的作用,全年召开党委会 22 次,围绕企业在不同时期、不同阶段的发展特点和发展战略,把关定向、科学决策,确保党中央决策部署和股份公司党委工作要求不折不扣贯彻落实。建强基层组织。10 月,召开区域总部党员大会,选举产生党的委员会和纪律检查委员会;同日,在党委、纪委第一次全会上分别选举产生党委书记、副书记和纪委书记。全面理顺和规范设立区域总部、平台公司、所属单位三级组织架构,优化调整基层党支部设置,配备党组织书记,建设上下贯通、执行有力的组织体系。强化基础保障。定期梳理分析基层党组织工作薄弱环节,着力在强化政治功能、提升组织力等方面上下功夫,制定出台各类党建管理制度 11 项,有力促进标准化、规范化建设。二是强化基础工作推动改革发展。深度融合治理。把坚持党的领导作为重大政治原则,融入区域总部治理各环节。印发区域总部贯彻落实“三重一大”决策制度实施办法,党委会、经理层议事规则,修订城投公司党委会、董事会议事规则和总经理工作细则,进一步明确各治理主体的权责边界、决策程序,确保发挥党的领导作用与尊重维护其他治理主体的合法职权有机统一。压实主体责任。坚持党建工作目标管理,落实《党建工作责任制考核评价暂行办法》,签订《党建工作责任书》,量化考核,从严督导。开展党委巡察工作暨财务资金管理专项巡察,对所属 6 个党组织进行全覆盖巡察监督。强化责任考核。建立党员向党支部述职、党支部书记向党(工)委述职、党(工)委书记向区域总部党委述职三级述职评议考核机制。召开党组织书记抓基层党建述职评议考核会议,所属单位 4 名党组织书记向区域总部党委现场述职考核。三是增强基本能力提升履职水平。强化思想理论武装。严格党委理论中心组学习,以习近平新时代中国特色社会主义思想为引领,以学习贯彻党的十九大及十九届历次全会精神、跟进学习习近平总书记最新重要讲话为主要内容,组织集体学习 10 次。党委班子成员分别到联系点开展党的十九届五中全会精神宣讲会,为广大党员干部讲授专题党课,党员干部职工“四个意识”更加牢固,“四个自信”更加坚定,“两个维护”更加坚决。提升干部队伍素质。制定《员工教育培训管理办法》《党员教育培训工作清单》;组织 16 名党组织书记和党务干部参加股份公司党支部书记培训班,不定时对学习培训情况进行督导,确保学习质量;通过“城投讲堂”,举办专家辅导讲座 3 期,选派干部职工参加各层级线上线下培训,培训 1029 人次。打造高素质人才队伍。出台《领导人员管理办法》《员工招聘录用管理办法》等制度,完善干部人才培养、选拔、任用和考核评价体系。坚持德才兼备、以德为先的标准，注重通过重点工程、关键岗位锻炼选拔优秀年轻干部。

纪委工作。坚持和完善监督体系，不断强化对权力运行的制约和监督，一以贯之推进全面从严治党。一是构筑预防体系。突出执纪监督“四种形态”的运用，把思想教育作为基础性工作，把签字背书、廉洁谈话、诫勉谈话、约谈函询等作为防微杜渐、警醒干部的有效形式，堵住廉洁风险“危险源”。二是完善责任体系。出台《关于分解落实全面从严治党主体责任和监督责任的意见》，分解细化各方责任，促进党组织及书记、班子成员认真履行集体责任、第一责任、“一岗双责”。注重发挥职能部门监管作用，督促财务融资部、工程管理部开展财务大检查、财务资金管理专项整治和安全大检查，分兵把守、各负其责，筑牢“首道防线”。三是健全监督体系。把政治监督放在首位，以政治监督统领日常监督，紧盯重点领域、重要环节和“关键少数”，强化经常性监督检查，提升监督效能。加强对党内政治生活的监督，深化党的十九大及十九届历次全会精神的学习领悟；加强对民主集中制、选人用人等情况的监督检查，严明政治纪律和政治规矩；针对消费扶贫工作，督促按时采购，及时结算，确保全面完成扶贫任务。针对财务资金管理专项整治中的关键环节，就加强因私护照管理、领导干部亲属在本单位工作情况以及“小金库”、账外账进行排查，并要求所属党组织、书记、财务人员作出书面承诺79份。

群团工作。围绕重点工程，广泛开展“当好主人翁，建功新时代”为主题的劳动和技能竞赛。承办2020年度南京市职工职业（行业）技能大赛城市轨道交通盾构机司机技能竞赛，助力培养高水平盾构人才，为南京地铁建设高质量发展贡献铁建力量。此次竞赛，中国铁建获优秀组织奖，铁建代表队获团体第一名，4人分别获南京市五一劳动奖章和“南京市技术能手”“南京市五一创新能手”“南京市青年岗位能手”称号。工会拨付资金53.2万元开展春节慰问、夏送清凉、关爱儿童等活动，及时把组织温暖送到职工家庭。

积极履行社会责任，服务地方经济社会发展，展现央企责任担当。在全国疫情防控形势最为严峻的时刻，向湖北省捐赠抗疫资金500万元，广大党员职工向武汉长江新城康复医院捐款10.71万元，所属单位积极向驻地政府及相关机构捐赠各类防疫物资。湖北省授予区域总部“新冠肺炎疫情防控捐赠突出贡献单位”称号。在安徽、湖北遭遇历史罕见特大洪涝灾害的危急时刻，区域总部主动请战，组织17个集团公司参与抗洪抢险，为政府分忧，为群众解难。安徽省专门发来感谢信，感谢中国铁建在抗洪救灾中提供的巨大支持和帮助。（段伟伟）

【直管单位】 中国铁建股份有限公司南京地铁7号线工程施工总承包D7－TA03标段项目部　指挥长郭信君。

中国铁建股份有限公司南通市城市轨道交通1号线一期工程土建施工04标段项目经理部　指挥长罗俊国。

中国铁建股份有限公司南京南部新城指挥部　指挥长耿会勇。

中国铁建股份有限公司南京地铁9号线一期工程施工总承包D.009.X－TA02标段项目部　指挥长郭信君。

中铁建竹埠港新区建设开发有限公司　董事长尹传金。

安庆市高铁新区建设投资有限公司　董事长杨明伟。

中铁东津利津大桥管理有限公司　董事长徐磊。

（唐卓华）

【中铁建城市建设投资有限公司】 以促进地方经济社会与企业发展共赢为宗旨，以提升管辖区域中国铁建整体市场优势为目标、以高端经营为核心、以为中国铁建各集团公司提供支持服务为主责的总部管理服务型公司，是中国铁建面向江苏省、安徽省、湖南省、湖北省等区域的战略支点机构。注册资本金30亿元，经营范围包括建设项目投资、投资管理、房地产开发与经营、股权投资、铁路工程、公路工程、市政工程、城市轨道交通工程、房屋建筑工程、特色小镇工程、海绵城市工程、磁浮轨道交通工程、水利工程、水电工程、环保工程的勘察、设计、技术咨询及工程总承包。（廖　爽）

【中铁建长江投资有限公司】 注册资本金30亿元，经营范围包括建设项目投资及管理运营；房地产开发与建设；股权投资；新能源项目、互联网平台等产业投资；铁路、公路、市政、城市轨道交通、房屋建筑、机场、码头、环保、环境治理、水利水电、能源特色小镇、海绵城市、磁悬浮轨道交通工程的勘察、设计、技术咨询及工程总承包。（廖　爽）

【重要记载】

▲3月24日　华中区域总部与常州市新北区签订战略合作框架协议。

▲5月1日　中铁建城市投资建设有限公司在2019年南京市重点劳动竞赛中获“重点工程劳动竞赛先进单位”称号，同时被授予南京市五一劳动奖状。

▲8月19日　中铁建长江投资有限公司在湖北省武汉市注册成立。

▲11月18日　华中区域总部与安徽省引江济淮集团签订战略合作框架协议。

（何　康　李宝辉　廖　爽）

中国铁建股份有限公司华东区域总部

【简况】 2019年初，中国铁建在原上海代表处和东南指挥部（海峡公司）基础上，优化调整上海、浙江、福建和江西经营布局，重组成立华东区域总部。在浙江、上海、江西、福建市场代表中国铁建履行统筹、协调、监管、服务和高端经营职能：统筹区域市场的整体开发工作和区域内资源、协调系统内部关系、监管区域内工程项目的进度、安全、质量、环保、信誉等工作、建立各产业单位的沟通联络平台，为系统内各单位市场开发提供项目信息、经营资源和对外服务、整合区域内经营资源，积极组织开展高端经营。下设综合管理部、党群工作部、市场开发部、投资策划部、运营管理部和财务资金部6个职能部门，上海总部、浙江总部、福建总部和江西总部4个省域总部，福州地铁总包部、厦门地铁总包部、杭州地铁8号线总包部3个总包管理部，市政工程事业部1个专业事业部，慈溪新城河项目公司、上海临港项目公司、厦门市政公司、丰城市政管廊公司、福州分公司、温州京瓯公司和丽水京城公司7个项目公司；管理中铁建东方投资建设有限公司、中铁建华东建设发展有限公司、中铁海峡建设集团有限公司和中铁建东南投资建设有限公司4个投资平台公司；受股份公司委托代管中铁建城市开发有限公司。职工68人，其中区域总部31人、投资平台公司15人、总包管理部9人、市政工程事业部13人，城发公司79人。　（刘文功）

【领导人员】

经理层

总经理	赵晋华
执行总经理	尹　华
副总经理	雷　军
	孙桐林
	李　光
总会计师	李　光

党群领导

党委书记	赵晋华
纪委书记	耿庆宇
工会主席	耿庆宇

（曹国英）

【区域指挥机构】 浙江区域总部　驻浙江省杭州市。总经理雷军，经营负责人赵方刚。

上海区域总部　驻上海市静安区。总经理尹华，经营负责人岳耀明。

福建区域总部　驻福建省福州市。总经理孙桐林，经营负责人张会东。

江西区域总部　驻江西省南昌市。总经理李光，经营负责人李波。　（许文宇）

【工程项目】 杭州地铁8号线工程　一期工程全长17.1千米，全部为地下线路。车站9座、盾构转换井1座，其中换乘站2座。其中文桥区间风井—桥头堡站区间隧道下穿钱塘江，总长3466米，是在建线路中穿越钱塘江里程最长的一条。2020年11月全线洞通，2020年12月全线轨通。铁四院设计，中铁十六局、中铁十九局、中国铁建大桥局、中铁建电气化局、中铁十一局参加工程建设。

福州地铁6号线1标段工程　全长9.25千米，3站5区间。合同投资43.69亿元。合同工期2016年12月31日至2022年10月1日。主要工程内容：土建工程、风水电安装工程、人防工程、全线铺轨及与6号线同步实施的配套工程等。中铁十一局、中铁十二局、中铁十五局、中铁十七局、中铁十八局、中铁十九局、中铁二十四局参加工程建设。

福州地铁5号线3标段工程　全长7.0429千米，5站4区间1车辆段及出入段线。轨道工程正线长13.496千米，联络线0.352千米（单线），出入段线1.290千米。合同投资51.86亿元。合同工期2017年9月30日至2021年12月31日。主要工程内容：前期工程、土建工程、轨道工程和疏散平台、风水电安装工程、装修工程、人防工程、樟岚车辆段工程等。中铁十二局、中国铁建大桥局、中铁十八局、中铁十九局、中铁二十一局、中铁二十四局参加工程建设。

福州滨海快线（福州至长乐机场城际铁路工程）

土建施工2标段　全长29.15千米,4站5区间。合同投资50.49亿元。合同工期2019年12月31日至2024年6月30日。主要工程内容:前期工程、土建工程、车站设备安装工程、人防工程等。中铁十一局、中铁十二局、中铁十七局、中铁二十一局、中铁二十四局参加工程建设。

厦门市轨道交通6号线工程土建2标段　位于厦门市海沧区、集美区,全部为地下线,9站10区间。主要工程内容:地下明挖车站5座,地下明挖+局部盖挖车站2座,半盖车站2座,盾构隧道区间9段及矿山法联络线区间1段,及其他附属工程。2019年12月31日开工,计划完工2023年8月31日。中铁十二局、中铁十六局、中铁十四局参加工程建设。

临港铁建大厦、科研大厦工程　K04-01、K07-01两个地块为商办用地,占地面积1.9万平方米。K04-01地块总建筑面积5.3万平方米,K07-01地块总建筑面积4.7万平方米。计划2022年12月竣工。K08-01地块用地性质为科研设计用地,占地面积1.5万平方米,总建筑面积6.6万平方米。计划2022年8月竣工。铁建嘉苑上海总部员工生活基地租赁地块项目占地4.58万平方米,总建筑面积15.3万平方米,停车位891个,总户数1440户。计划2022年12月竣工。中铁建设、中铁二十三局参加工程建设。

（刘文功）

【经营管理】　2020年,新签合同额2829.67亿元,完成股份公司下达年度指标2200亿元的128.6%。坚持“自强自立、协同诚信、重点突破”的工作方针,着力提升重大项目前期策划和主导突破能力,对核心城市、重大项目、对接成果、合作模式、落地周期等事关全年任务指标完成的关键性因素,及时应对调整。针对重大项目建立“专班”和“负责人”制度,给予全方位把控指导,从前期规划、投资模式设定等方面提供专业技术支撑。面对政府业主不同需求,以优势平台资源为投资项目赋能,在优质产业资源嫁接、优质公共服务资源导入等方面广泛开展对外合作;在项目实际运作中,把铁建的城市片区综合开发方案由“一级做地”升级到深度参与城市功能建设和产业融合发展层面。年内顺利中标慈溪新城河区块二、三期片区综合开发项目,成功确保项目关键性指标;城市开发公司在丽水灯塔社区项目中,突破传统固定回报思路,成功促成“投资回报率+托底奖励”模式落地,在未来社区、城市更新领域实现方案、投资、设计、施工和运营一体化综合价值新突破。

围绕重大项目落地和区域市场可持续发展目标,重点加强项目的概念策划、统筹引领和品牌塑造,深度对接政府基础设施、城市片区综合开发、城市更新、文旅品牌打造需求,创新土地、矿山等补偿性资源捆绑合作模式,积极抢抓生态环保、水域治理等新兴领域发展机遇,在多个重点领域实现突破。5月,城市开发公司以55.28亿元底价竞得浙江省温州市鹿城区集新未来社区一期地块,中国铁建携手浙江省政府共建未来社区缔结首枚硕果;9月,华东建设发展公司顺利竞得上海临港大厦和自持性租赁住房项目4个地块;11月,区域总部正式启动上海临港中国铁建第二总部及科创中心项目建设;绍兴嵊州、杭州富阳、宁波奉化、宁波慈溪、浙江丽水、南昌九望新城、古田梅花山文旅康养等大型片区综合开发项目相继落地,中标金额累计超过1100亿元。在区域总部创新引领和核心带动下,各集团公司市场承揽额大幅提升。

不断加强与前端规划设计、工程咨询、产业招商运营等多方外部资源合作,建立与AECOM公司、仲量联行等19家头部设计咨询机构稳固的合作关系。始终秉持“服务好集团公司,就是成就区域总部自身”的核心服务理念,以“功成不必在我,功成必定有我”的气度胸怀,主动拓宽对外合作高端资源受众面,带领各集团公司深入协同重大重点项目,有效发挥集团公司市场经营主体作用,各集团公司市场发展空间大幅拓宽,区域总部高端资源转化率显著提升。健全完善经营协同和资源共享机制,不断挖掘和提炼各集团公司和系统内产业板块优势,作为策划方案的关键性内容,向政府和业主重点推介。2020年区域总部跟踪的重点项目中,参与协同经营的集团公司18家,平均每个项目都有3~4家参与,经营协同参与面进一步拓展。

（许文宇）

【党的工作】　2020年,认真学习贯彻习近平新时代中国特色社会主义思想,党的十九大和十九届二中、三中、四中、五中全会精神,增强“四个意识”,坚定“四个自信”,做到“两个维护”,力戒形式主义、官僚主义,在新形势下不断加强区域总部党建工作。加强领导班子建设。坚持以党的政治建设为统领,全面加强领导班子政治、思想、组织、作风、能力、纪律建设,不断增强领导班子的凝聚力战斗力,充分发挥班子整体功能;贯彻落实民主集中制,严格落实“三重一大”集体决策制度,全年召开党委会13次,审议关于党建工作、组织机构、人员任免等重大事项议题51项,充分发挥党委把方向、管大局、保落实作用。自觉强化理论武装。全年组织党委理论中心组集体学习12次,开展专题研讨4次,编印学习资料13册,强化理论武装,抓好意识形态管理。优化调整基层党组织。全面落实区域总部“1+N”管理架构,提高党建工作质量,对总部所属基层党组织进行调整、优化,总部机关、各省域总部(平台公司)、总包部、市政事业部党组织由总部党委直接管理,构建扁平化的党组织管理架构,及时选任党组织负责人,配齐配强领导班子,进一步夯实基层党建基础。 (曹国英)

【铁建东方投资建设有限公司】 拥有市政公用工程施工总承包一级资质。经营范围包括铁路、公路、市政、城市轨道交通、机场、码头、环保、水环境治理、水利水电、矿产、能源、智慧城市、文化旅游、养老健康等建设项目投资、施工及管理运营;房地产及土地开发;新能源项目、互联网产业项目、海洋经济项目投资;新兴产业投资、股权投资。2019年8月在浙江省杭州市拱墅区注册成立,注册资本金20亿元。法定代表人、董事长赵晋华,总经理雷军。 (刘文功)

【中铁建华东建设发展有限公司】 拥有建筑工程施工总承包一级资质。经营范围包括各类工程建设活动、房地产开发经营、工程管理服务、园区管理服务、创业空间服务、物业管理、投资管理、资产管理、股权投资、创业投资。2020年4月在上海市中国(上海)自由贸易试验区临港新片区注册成立,注册资本金20亿元。法定代表人、董事长赵晋华,总经理尹华。 (刘文功)

【中铁海峡建设集团有限公司】 拥有市政公用总承包一级,城市及道路照明、环保工程专业承包一级资质。经营范围包括铁路、公路、市政、房屋建筑业、钢结构工程施工;建筑装饰业;未列明的其他建筑业。太阳能光伏系统施工;其他未列明自然保护;水污染治理;大气污染治理;固体废物治理;室内环境治理。其他未列明专业技术服务业;工程管理服务。房地产开发与经营;物业管理;房地产中介服务;自有房地产经营情况;停车场管理。2015年9月在福建省厦门市集美区注册成立,注册资本金13亿元。法定代表人、董事长赵晋华,总经理孙桐林。 (刘文功)

【中铁建东南投资建设有限公司】 拥有市政公用工程施工总承包一级资质。经营范围包括各类工程建设活动、房地产开发经营,建筑业拆除作业(爆破作业除外),对建筑业投资,商业综合体管理服务,园区管理服务,信息咨询服务,物业管理,建筑材料销售,土地整治服务,国内贸易代理。2020年10月在江西省南昌市新建区注册成立,注册资本金10亿元。法定代表人、董事长赵晋华,总经理李光。 (刘文功)

【中铁建城市开发有限公司】 经营范围包括房地产开发经营;房屋建筑和市政基础设施项目工程总承包;建设工程设计;施工专业作业;旅游业务;互联网信息服务;房地产经纪;房地产咨询;房地产评估;住房租赁;非居住房地产租赁;土地整治服务;土地储备管理服务;土地调查评估服务;规划设计管理;工程管理服务;园林绿化工程施工;住宅室内装饰装修;建筑材料销售;园区管理服务;创业空间服务;商业综合体管理服务;酒店管理;游览景区管理;休闲观光活动;组织体育表演活动;组织文化艺术交流活动;城市公园管理;养老服务;医院管理;公共事业管理服务;企业总部管理;市政设施管理;物业管理;停车场服务;水族馆管理服务;企业管理;会议及展览服务;餐饮管理;家政服务;物联网应用服务;贸易经纪;集贸市场管理服务;农副产品销售;工艺美术品及收藏品零售(象牙及其制品除外);服装服饰零售;礼品花卉销售;新兴能源技术研发;广告设计、代理;教育咨询服务(不含教育培训活动);数字文化创意内容应用服务(除依法须经批准的项目外,凭营业执照依法自主开展经营活动)。2020年4月在浙江省宁波市鄞州区注册成立,注册资本金20亿元。法定代表人、董事长赵晋华,总经理马建军。 (刘文功)

【中铁市政(厦门)投资管理有限公司】 经营范围包括市政设施管理;管道工程建筑。2016年6月在福建省厦门市注册成立,注册资本金3亿元。法定代表人、董事长、总经理陈吉林。 (刘文功)

【中铁(丰城)市政建设管理有限公司】 经营范围包括市政设施管理;绿化管理;水污染治理;固体废物治理(不含须经许可审批的项目);其他未列明污染治理;防洪除涝设施管理;水资源管理;其他水利管理;管道运输;其他未列明运输代理业务(不含须经许可审批的事项);管理和设备安装;管道工程建筑;架线及设备工程建筑;市政道路工程建筑;其他道路、隧道和桥梁工程建筑;其他未列明建筑安装(依法须经批准的项目,经相关部门批准后方可开展经营活动)。2020年2月在江西省宜春市丰城市注册成立,注册资

本金 5000 万元。法定代表人、董事长徐文清,总经理陈吉林。 (刘文功)

【中铁建(福州)工程建设有限公司】 经营范围包括公路工程建筑;市政道路工程建筑;其他道路、隧道和桥梁工程建筑;房屋建筑业;其他未列明土木工程建筑(不含须经许可审批的事项);钢结构工程施工;其他未列明建筑安装业;建筑装饰业;提供施工设备服务;建筑物拆除活动(不含爆破);太阳能光伏系统工程施工;水污染治理;大气污染治理;固体废物治理(不含须经许可审批的事项);市内环境治理;其他未列明污染治理;其他未列明专业技术服务业;工程管理服务;房地产开发经营;物业管理;房地产中介服务(不含评估);停车场管理;其他未列明房地产业。2017 年 11 月在福建省福州市晋安区注册成立,注册资本金 5000 万元。法定代表人张会东。 (刘文功)

【中铁建东方投资建设(慈溪)有限公司】 业务涵盖工程建设、项目投资、物业管理、园区服务、土地整治等领域,负责慈溪市新城河区块二、三期片区综合开发项目的建设。2020 年 11 月在浙江省慈溪市成立,注册资本金 5 亿元。法定代表人、董事长杨海红,总经理卢杰。 (刘文功)

【上海铁建城市建设发展有限公司】 拥有房地产开发暂定资质。经营范围包括房地产开发经营;本市范围内公共租赁住房的建设、租赁经营管理;市场营销策划;会议及展览服务;园林绿化工程施工;规划设计管理;建筑装饰材料销售;金属门窗工程施工;五金产品批发;电子专用设备销售;通信设备销售。2020 年 10 月 22 日在上海自由贸易试验区临港新片区注册成立,注册资本金 2000 万元。法定代表人岳耀明,总经理耿旭。 (刘文功)

【温州京瓯城市开发有限公司】 经营范围包括房地产开发经营;住宅室内装饰装修;建设工程设计;施工专业作业;旅游业务;互联网信息服务;房屋建筑和市政基础设施项目工程总承包;园区管理服务;创业空间服务;商业综合体管理服务;酒店管理;游览景区管理;休闲观光活动;房地产经纪;房地产咨询;房地产评估;住房租赁;非居住房地产租赁;土地整治服务;土地调查评估服务;规划设计管理;工程管理服务;园林绿化工程施工;建筑材料销售;组织文化艺术交流活动;城市公园管理;医院管理;公共事业管理服务;企业总部管理;市政设施管理;物业管理;停车场服务;水族馆管理服务;企业管理;会议及展览服务;餐饮管理;家政服务;物联网应用服务;贸易经纪;农副产品销售;工艺美术品及收藏品零售(象牙及其制品除外);服装服饰零售;礼品花卉销售;新兴能源技术研发;广告设计、代理;教育咨询服务(不含涉许可审批的教育培训活动);养老服务;数字文化创意内容应用服务;组织体育表演活动;集贸市场管理服务;城镇化建设项目开发及管理。2020 年 5 月 25 日在浙江省温州市鹿城区注册成立,注册资本金 4900 万元。法定代表人、总经理倪志宇。 (刘文功)

【丽水京城开发建设有限公司】 经营范围包括建设工程设计;各类工程建设活动;房屋建筑和市政基础设施项目工程总承包(依法须经批准的项目,经相关部门批准后方可开展经营活动,具体经营项目以审批结果为准)。一般项目:土地整治服务;市政设施管理;规划设计管理;工程管理服务;物业管理;园区管理服务;住房租赁;非居住房地产租赁;园林绿化工程施工;商业综合体管理服务;城市公园管理;停车场服务;社会经济咨询服务;广告发布(非广播电台、电视台、报刊出版单位)。2020 年 10 月 16 日在浙江省丽水市莲都区注册成立,注册资本金 1 亿元。法定代表人罗敏,总经理王辉。 (刘文功)

【重要记载】

▲1 月 17 日　华东区域总部设立中铁建福州地铁总承包管理部,成立中铁建市政(丰城)投资管理有限公司。

▲3 月 9 日　华东区域总部设立中铁建华东市政工程事业部。

▲4 月 16 日　中铁建城市开发有限公司注册成立。

▲4 月 24 日　华东区域总部与上海临港经济发展集团在上海签署战略合作协议。

▲5 月 23 日　华东区域总部与浙江省金华经济技术开发区管委会签署合作框架协议。

▲5 月 25 日　温州京瓯城市开发有限公司注册成立。

▲6 月 18 日　华东区域总部和浦发银行上海分行在上海签订党建共建协议和战略合作协议。

▲7 月 3 日　中铁建华东建设发展有限公司与上海湘江实业有限公司在上海签署战略合作协议。

▲10 月 16 日　丽水京城开发建设有限公司注册成立。

▲10 月 22 日　上海铁建城市建设发展有限公司注册成立。

▲10 月 27 日　华东区域总部平台公司中铁建东南投资建设有限公司注册成立。

▲11 月 18 日　中铁建东方投资建设(慈溪)有限公司注册成立。　(刘文功)

中国铁建股份有限公司华南区域总部

【简况】　代表中国铁建负责广东、广西区域内工程总承包、项目投资和项目管理,履行统筹、协调、监管、服务和高端经营职能,主要经营业务工程项目总承包、勘察设计咨询、工业制造、物资物流、房地产开发、资本运营和金融保险,可提供全产业链一站式综合服务,年承揽任务 2000 亿元以上。主要目标是实现对接高层关系、做大区域市场、提升竞争能力、打造高端项目和属地持续发展。总部驻广东省广州市。设综合管理部、市场开发部、工程管理部、财务部、党群部和人力资源部(党委干部部)6 个部门;下设中铁建南方建设投资有限公司、中铁建北部湾建设投资有限公司、中铁建(东莞)建设投资有限公司、深圳市深汕特别合作区中铁建建设投资有限公司 4 个平台公司和珠三角工程指挥部;直管大标段项目 24 个,合同总额 1155 亿元。

(李　宁)

【领导人员】

经理层

总经理	蒋汉祥(12 月免,退休)
	邓　勇(12 月任)
执行总经理	柴春明
	苏建斌
副总经理	李飞前
	杨　萍(5 月免)
	李　健(5 月任)
	谢晋水
	朱　玉
总会计师	杨　萍(5 月免)
	李　健(5 月任)
总法律顾问	李　健(5 月任)

党群领导

党委书记	蒋汉祥(12 月免,退休)
	邓　勇(12 月任)
纪委书记	周光成
工会主席	周光成

(陈　松)

【职工队伍】　职工 167 人。其中,高级职称 87 人、中级职称 45 人、初级职称 27 人,工程系列 115 人、经济系列 14 人、会计系列 22 人、政工系列 10 人,博士研究生学历 2 人、硕士研究生学历 20 人、本科学历 136 人、大专学历 9 人。　(陈　松)

【工程项目】　深圳地铁 3 号线东延项目　全长 9.28 千米,其中高架段长 1.56 千米、过渡段长 0.31 千米、地下段长 7.43 千米。6 站 7 区间 1 场 1 线。合同投资 69 亿元。合同工期 2020 年 8 月 1 日至 2025 年 7 月 28 日。

深圳地铁 5 号线西延 5131 标段工程　全长 2.88 千米,3 站 3 区间,车站采用盖挖逆作法施工,区间采用盾构法施工。合同工期 2019 年 12 月 20 日至 2025 年 8 月 31 日。2020 年项目进入全面进入主体工程施工,完成合同投资的 8.6%。中铁十四局负责施工任务。

深圳地铁 6 号线 6101 标段工程　全长 24 千米,10 站 9 区间,其中高架桥占 79%,暗挖隧道占 21%。合同投资 32.4 亿元。中铁十一局、中国铁建大桥局、中铁二十三局、中铁城建参建。2020 年 8 月 18 日开通运营。

深圳地铁 8 号线 8133 标段工程　总建筑面积 8.4 万平方米,包括运用库、咽喉区、综合楼、出入线隧道、试车线及牵出线、生产和办公房屋建筑装修、机电设备安装、轨道工程等。合同投资 14.5 亿元。中铁十四局参建。2020 年 10 月 28 日开通运营。

深圳地铁 10 号线 1012 标段工程　全长 15 千米,12 站 11 区间,全部采用地下敷设。合同投资 42.9 亿元。中铁十一局、中铁十二局、中国铁建大桥局、中铁十五局、中铁十六局、中铁十八局、中铁十九局、中铁二十二局参建。2020 年 8 月 18 日开通运营。

深圳地铁 16 号线工程　正线长 29 千米。车站 23 座,区间 25 段,车辆段 1 处,停车场 1 处。合同投资 184 亿元。合同工期 2017 年 12 月至 2023 年 7 月。中铁十一局、中铁十二局、中国铁建大桥局、中铁十四局、中铁十五局、中铁十六局、中铁十九局、中铁二十二局、中铁二十四局、中铁二十五局、中铁建电气化局参建。

深圳地铁16号线共建管廊项目　位于深圳市龙岗区，全长9.24千米。盾构区间4个，包含综合井及两座出线井9座，入廊管线包括电力、通信、给水、再生水。合同投资26.02亿元。计划工期2019年10月30日至2023年10月30日。2020年5月15日正式开工。中国铁建大桥局、中铁十六局、中铁二十五局参建。

深圳地铁16号线二期工程　全长9.46千米，车站8座，其中换乘站2座，均为地下站。全线平均区间长度0.88千米，西坑停车场1座。合同投资71.45亿元。计划开工日期2020年12月30日，竣工日期2025年11月28日，开通试运营2025年12月28日。中铁十四局、中铁十七局、中铁十八局、中铁二十四局、中铁二十五局参建。

深圳地铁20号线项目一期工程　正线长8.43千米，5站4区间及1车辆段，其中换乘站3座，均为地下车站。合同投资59.18亿元。2016年9月开工，2018年1月车站主体、区间、车辆段站前土建工程全部完工，2020年5月1日站后工程复工生产。

前海市政工程VI标段　位于前海深港合作区前湾片区，占地面积2平方千米。负责该区域内的市政道路改造、隧道、景观桥及城市配套工程施工，是市政综合打包工程。合同投资22.8亿元。工期暂定2016年11月1日至2020年12月31日。中铁十六局、中铁二十局参建。

皇岗路快速路改造项目　位于深圳市福田区，采用城市快速路标准。地下快速路全长11.58千米，采用单洞双层盾构隧道结构，盾构直径15.8米，主线为双向四车道断面，设计时速60千米；地面道路改造全长10.15千米，主要分为路面拓宽及立交节点功能提升，设计时速主线80千米、辅路50千米。合同投资100.9亿元。计划工期2019年12月30日至2023年9月30日。中铁十四局、中铁十五局、中铁十六局参建。

穗莞深城际轨道交通深圳机场至前海段工程I标段　负责机场站至西乡站区间、西乡站，全线轨道及四电工程施工。合同投资35.2亿元。合同工期2020年6月30日至2024年12月31日，2020年6月29日开工建设。中铁十四局、中铁十六局参建。

珠三角城际新白广XBZH-1标段工程　正线长57.442千米。合同投资83亿元。合同工期2015年12月26日至2019年10月31日。主要工程量：路基土石方116万立方米，桥梁28座，车站10座，机场地下隧道5609.5延长米，山岭隧道2座。中铁十一局、中铁十二局、中铁十八局、中铁二十二局、中铁十九局参建。

珠三角城际新白广站后工程XBZH-3标段　新白广1标段的装修及四电工程等站后工程。合同投资27.82亿元。合同工期2019年4月1日至2020年12月31日。中铁十二局、中铁二十二局、中铁十四局、中铁建设、中铁建电气化局参建。

珠三角城际广佛环线GFHD-2标段土建工程　正线长26.591千米，4站5区间，同时承担全线46.6千米铺轨及四电工程施工任务。合同投资63.17亿元。合同工期2017年1月1日至2021年8月31日。开工累计完成投资28.2亿元。中铁二十五局、中铁二十二局、中铁十九局、中铁十四局、中铁十六局、中铁建电气化局参建。

珠三角城际琶洲支线PZH-2标段工程　正线长9.028千米。合同投资20.8亿元。合同工期2018年12月26日至2022年12月26日。开工累计完成投资5.9亿元。中铁十六局、中铁二十二局参建。

珠机城际HJZQ-2标段工程　包含城际铁路和金海公路大桥代建两部分。城际铁路部分全长11.2千米，其中隧道4148延长米，桥梁6905延长米。合同投资22.792亿元。合同工期2018年4月1日至2023年3月31日。开工累计完成投资14.6亿元。中国铁建大桥局、中铁十六局参建。

广清城际北延线工程　全长19.7千米，其中高架段18.1千米、地下区间1150米、路基693米。铁路等级为城际铁路，设计时速200千米。合同投资35.72亿元。合同工期2020年8月18日至2024年8月18日。主要工程量：车站4座，特大桥5座，刚构中桥2座，明挖隧道2座，路基4段。中铁二十二局参建。

佛山地铁3号线3206标段工程　全长12.8千米，5站6区间，其中盾构隧道单线长13380米。合同投资25.2亿元。合同工期2016年11月18日至2021年12月31日。开工累计完成投资13.26亿元。中铁十九局、中铁十四局、中铁十一局参建。

科教大道（南山路至望鹏大道）建设工程　位于深汕特别合作区赤石镇，是城市主干道，全长6千米。合同投资28.7亿元，合同工期1384天。主要工程量：机动车隧道1座460延长米，非机动车隧道1座480延长米；桥梁6座1740延长米；新建综合管廊2.5千米。开工累计完成投资2.97亿元。

东莞地铁1号线项目　PPP合作项目，全长23.1千米，全部采用地下敷设，8站8区间。合同投资45.6亿元。合同工期2019年8月16日至2024年8月16日。中国铁建大桥局、中铁十四局、中铁十五局、中铁十九局参建。

南宁地铁2号线东延线　全长6.255千米，车站4座，停车场1座。合同投资31.55亿元。合同工期2017年4月1日至2020年6月25日。中铁十一局、中铁十二局、中国铁建大桥局、中铁十六局、中铁十八局、中铁十九局、中铁二十局、中铁二十四局、中铁二十五局、中铁建电气化局、中铁城建参建。2020年11月23日开通试运营。

南宁地铁5号线01标段工程　施工总承包项目，4站6区间，车辆基地1处，主变电站1座，地下区间均采用盾构法施工。合同投资29.51亿元。合同工期2017年8月15日至2020年12月25日。开工累计完成投资25.9亿元。中铁十一局、中国铁建大桥局、中铁十六局、中铁十八局、中铁二十局、中铁二十一局、中铁二十四局、中铁建电气化局、中铁建设参建。

南宁六宾高速公路工程　设计标准双向四车道，建设总里程45.6千米。其中主线43千米、连接线2.6千米，路基宽度25.5米。特大桥1座，隧道2座。合同投资73.6亿元，建安费55亿元。合同工期2019年9月至2022年8月30日。开工累计完成产值投资13.95亿元。铁一院设计，中国铁建大桥局、中铁十四局、中铁十八局、中铁二十一局参建。　（陶　威）

【经营管理】　积极履行“统筹、协调、监管、服务和高端经营”十二字方针，按照新发展理念，加快转变方式，创新经营模式，通过围绕政府、城市和人来开展经营工作，做国家战略的卓越践行者，做政府购买公共服务的优质提供者，做区域经营发展的深度参与者，做政府与经济社会发展急所的责任担当者。坚持跟着政府走、跟着政策走、跟着市场走、跟着资金走，紧盯“大市场、大项目、大业主”。2020年新签合同额2748亿元，完成年度计划的137.4%。主导承揽大项目5项，合同总额525亿元，其中广东省3项，合同总额180亿元；广西壮族自治区2项，合同总额345亿元。分别为广州至清远城际轨道交通项目清远站（不含）至省职教城站（含）段站前工程施工总价承包合同段，合同额35.7亿元；深圳市城市轨道交通16号线二期工程，合同额75.6亿元；深圳市城市轨道交通3号线四期工程施工总承包工程，合同额69亿元；南宁至玉林铁路，合同额92.8亿元；岑溪（粤桂界）至大新公路（玉林至横县段）、岑溪（粤桂界）至大新公路珠海至玉林（广西段），合同额252.5亿元。　（魏向明　付祖钧）

【党群工作】　2020年，华南区域总部党委坚持以习近平新时代中国特色社会主义思想为指导，深入学习贯彻党的十九大和十九届二中、三中、四中、五中全会精神，按照新时代党的建设总要求，坚持党要管党、全面从严治党，紧紧围绕区域总部中心工作，结合新冠肺炎疫情防控，加强党建引领，落实区域经营战略，各项工作迈上新台阶。

综合工作。一是突出思想政治引领，政治定力不断增强。重视加强政治学习，用政治理论武装思想，指导实践。年初下发《关于印发2020年党委理论中心组专题学习重点内容安排的通知》，坚持党委中心组学习，落实“第一议题”制度，区域总部党委全年组织5次中心组学习，在深入学习习近平新时代中国特色社会主义思想、党的十九届五中全会精神的同时，把学习习近平在深圳经济特区建立40周年庆祝大会上的讲话、建设深圳社会主义先行示范区、建设粤港澳大湾区等国家战略作为中心组学习重要内容，通过领导干部带头学、各所属单位广泛要求学，并及时通过答题活动等方式检验学习成果，有效推动十九届五中全会精神在区域总部党员干部群众中入脑入心并转化为自觉行动。二是坚持党的领导，工作成效显著提升。认真落实全国国有企业党的建设工作会议精神，坚持民主集中制原则，制定下发《党委会议事规则》《贯彻落实“三重一大”决策制度实施办法》，不断优化区域总部决策机制和流程，全面落实党组织研究讨论前置程序要求。召开年度党建工作暨党风廉政建设会议，签订党建、党风廉政建设责任书各5份，层层压实党建责任。开展基层党组织书记抓党建工作述职评议工作。2020年，因疫情防控工作需要，华南区域总部党委采取书面述职和分别考核评议打分的方式，对12个基层单位党组织书记抓党建工作情况进行考核评议，下发《2019年党组织书记抓紧基层党建述职评议考核工作情况通报》，对4位党组织书记抓基层党建工作整体情况评为“好”等次，8位党组织书记抓基层党建工作整体情况评为“较好”等次。坚持党管干部原则，树立正确的选人用人导向。2020年提拔任用18名副处以上干部，均遵守干部选拔任用的动议、民主推荐、考察、讨论决定等程序。同时规范干部管理制度，重新修订员工绩效考核办法，进一步完善、规范干部、人才队伍管理。三是增强服务意识，进一步改进工作作风。华南区域总部党委认真落实股份公司区域总部座谈会精神，下发《加强华南区域总部作风建设暂行规定》，树立服务至上的工作理念，严格遵循“统筹、协调、监管、服务、高端经营”十二字方针，始终牢记区域总部的责任使命和功能定位，聚焦高端经营和项目监管两个重点，抢抓粤港澳大湾区大建设和深圳建设先行示范区的历史性机遇,依托大市场,对接大业主,开发大项目,增强做强做大中国铁建的服务意识,激发区域市场的竞争能力和发展活力,全年完成经营承揽2678亿元,比计划超额完成26%。四是加强"三基"建设,深化党建融合发展。加强基层党组织建设。年初进行管理架构调整,把华南区域总部与南方公司分离,独立成为二级单位,成立珠三角工程指挥部,统一管理新白广、广佛环、琶洲支线、佛山地铁、珠机城际等项目。华南区域总部党委及时对所属的五个二级单位:南方公司、北部湾公司、珠三角工程指挥部、东莞公司、深汕公司的党组织设置进行调整,同步设立党委(党工委)、纪委(纪工委),对所属16个基层党支部全部完成选举或改选,确保项目党支部班子配备齐全。"三会一课"制度得到坚持和完善,所属党支部认真组织开展《国有企业基层组织工作条例》的学习宣贯和开展"党课开讲啦"活动,主题党日活动形式丰富,党员学习教育抓在经常、融入日常,进一步促进党员作用发挥,党支部战斗堡垒作用不断增强。制定下发《党建工作责任制实施办法》《党委理论中心组学习制度》《发展党员工作程序》等基本制度、办法,规范党建业务制度流程,构建完备的党建工作制度体系。创新党建工作模式,推进党建工作与生产经营深度融合。前海项目把党建、廉建深度融入质量、安全的管理,形成人人管安全,安全人人管,管生产必须管安全的文化氛围,获得各方借鉴和认可。年初,前海市政项目入选深圳市首批开展"党建廉建共建、质量安全共管"提质增效活动10个试点项目,工作成果被省住建厅、深圳市住建局表彰推广,12月,收到深圳市住建局感谢信,对项目在活动中所做出的贡献给予表扬和肯定。

宣传工作。年初下发《2020年宣传思想文化工作要点》,对大力弘扬企业优秀文化、加强疫情防控宣传教育、强化正面新闻宣传,讲述总部好故事,塑造总部好形象,加大舆情控制力度,消除负面影响等方面工作进行全面布置。全年在"铁建南方"官方微信号、"华南区域总部"官方微信号刊发新闻450余条,积极联合地方媒体如深圳广电对深圳地铁5号线西延复工实况进行直播,吸引4.5万人在线收看;广东广电对珠三角城际项目进行直播,参与互动超过68.6万次。

纪检监察工作。一是印发区域总部《2020年党风廉政建设工作要点》,充分落实中央、上级党委、纪委关于国有企业改革三年攻坚战一系列新要求,把握区域总部功能定位,进一步协调各方力量,整合监督资源,规避风险,为华南区域总部开拓更大的市场空间,助推品质铁建高质量发展保驾护航。二是开展财务资金专项巡察全覆盖。根据国务院国资委、股份公司的相关要求,在6—10月派出2个巡察组开展财务资金管理专项巡察,对所属5单位的财务资金领域的重大风险和贯彻全面从严治党的政治责任情况进行巡察督导,发现相关问题34个,整改意见15项,截至2020年底,各单位基本整改完毕。三是持续深化党风廉政教育。以"知敬畏守底线、严监管强执行"为主题积极开展党风廉政建设月活动,给全体职工赠送《跟古代名人学家风家教》,学习中华传统优良家风故事。开展党组织书记讲廉洁专题党课67场次,受众1160人,举办廉洁讲座44场,受众人数1177人。另外积极组织举办廉洁讲座、发布廉洁警句、推送主题微信、观看教育片、微视频、开展知识竞赛、参观教育基地等活动,极大丰富党风廉政教育形式。四是严格日常监督。配合党委抓好"四个"专项整治,重点对利益输送、涉租寻租、化公为私三项重点问题进行检查整治,华南区域总部及所属各单位的领导班子成员、关键岗位人员149人,按要求填写《企业领导人员亲属和其他特定关系人所办企业与本企业业务往来情况登记表及承诺书》。同时加强违反中央八项规定精神以及整治"四风"的监督。持之以恒地做好重要时间节点的盯控。坚持节假日期间紧盯"四风"问题值班、报告和督办制度,在"五一"、国庆等重大节假日下发通知,并在微信群进行提醒。重要节日期间,安排对所属平台公司、大标段项目部进行突击检查。

工会工作。一是组建华南区域总部工会,健全工会组织机构。2020年10月19日召开华南区域总部第一次会员代表大会,选举产生中国铁路工会中国铁建华南区域总部第一届委员会、经费审查委员会,协商产生女职工委员会。确定工会工作的主要目标和任务,切实推进工会工作全面、深入开展,为履行维护职工合法权益、竭诚服务职工群众的基本职责奠定基础。二是融入中心服务大局,开展粤港澳大湾区劳动竞赛活动,促进一线施工生产。为抢抓粤港澳大湾区建设发展机遇,华南区域总部工会组织广州、深圳、东莞、珠海、佛山等地18个重点工程项目,在建项目990亿元,开展"建功大湾区,铁建争一流"重点工程劳动竞赛,积极融入广东省总工会开展的"粤港澳大湾区建设劳动和技能竞赛"活动。为确保深圳地铁6号线、10号线按期开通,中铁建南方公司召开保开通推进会,开展"破'疫'前行,奋战百日"劳动竞赛,掀起会战高潮,确保6号线、10号线8月按期开通。9月,在广东省工业系统2020年粤港澳大湾区建设工程劳动竞赛现场推进会上，华南区域总部工会与各参建单位交流劳动竞赛经验，新白广、广佛环项目和深圳地铁16号线等7个集体和6名个人分别被广东省工业工会授予“劳动竞赛创新先进团队”“劳动竞赛服务职工优秀团队”“劳动竞赛优秀组织团队”和“劳动竞赛先进个人”称号，劳动竞赛成效显著。三是关心关爱员工，在抗击疫情和推动复工复产中发挥作用。区域总部工会积极配合党组织开展疫情防控和复工复产工作，筹集26万元为每个职工家庭配置医疗和急救应急物品，做好疫情防控工作，为职工解决后顾之忧。坚持开展夏送清凉、冬送温暖工作。区域总部工会为炎炎夏日奋战在施工一线的300多名职工发放防暑降温物品，确保一线生产安全和员工健康，保障一线职工的身体健康。全年筹集近60万元，在重大节日为职工发放节日慰问品，及时把组织的关心关怀送到每户职工家中。“三八”节日期间为关心关爱女职工身心健康，帮助女职工调节疫情期间的负面情绪，舒缓压力，增强战胜疫情的信心，顺利投入复工复产工作中。华南区域总部工会女工委聘请国家注册二级心理咨询师，为女职工开设提升“提升免疫、心灵舞动”线上心理辅导课，让全体女职工度过一个难忘的、别有意义的“三八”国际劳动妇女节。（李胜佳）

【中铁建南方建设投资有限公司】 中国铁建股份有限公司全资子公司，中国铁建华南区域总部平台公司。经营范围包括铁路、公路、市政、轨道交通、机场、码头、港口、房建、环保、设备安装等工程总承包；建设项目投资；房地产开发等。2016年5月在深圳注册成立，注册资本金10亿元。驻广东省深圳市福田区福田街道滨河大道南京基滨河时代广场A座49楼。董事长、总经理谢晋水，党委书记、董事李飞前。（李　宁）

【中铁建北部湾建设投资有限公司】 中国铁建股份有限公司全资子公司，隶属于中国铁建华南区域总部管理。经营范围包括铁路、公路、市政、城轨、房建、水利、环水保等项目的投资与施工总承包，房地产开发与经营。2017年12月29日在南宁注册成立，注册资本金10亿元。驻广西壮族自治区南宁市青秀区佛子岭路33号凤岭佳园29栋。董事长、党委书记朱玉，总经理、党委副书记郑长伟。（李　宁）

【中铁建（东莞）建设投资有限公司】 中铁建南方建设投资有限公司全资子公司。经营范围包括建设项目投资、管理，建筑工程施工，房地产开发，机械设备销售与租赁；铁路、公路、市政、城市轨道交通、机场码头、港口工程施工与设备安装；金属材料、非金属材料、建筑材料、钢轨、道岔、铁路器材及扣配件、机电设备、五金交电、装修装饰材料的销售。2018年6月15日在东莞成立，注册资本金4亿元。驻广东省东莞市大岭山镇科技工业园。执行董事、总经理何翔，党工委书记庄泽。（李　宁）

【深圳市深汕特别合作区中铁建建设投资有限公司】

中铁建南方建设投资有限公司100%控股。主要经营范围包括建设项目投资、管理；铁路、公路、市政、城市轨道交通、机场码头、港口工程施工与设备安装；机械设备销售与租赁；建筑材料销售。2019年10月31日在深圳市深汕特别合作区注册成立，注册资本金40000万元。驻广东省深汕特别合作区赤石镇新联工业区行政楼。党工委书记胥永清，党工委副书记、执行董事、总经理李建良。（李　宁）

【珠三角工程指挥部】 负责珠江西片区在建项目监管，主要包括广东珠三角城际轨道项目、佛山地铁项目等。驻广东省广州市白云区钟落潭镇马洞村湖景山邨。指挥长、党工委副书记赵守宪，党工委书记宋军。（李　宁）

【重要记载】

▲6月17日　中国铁建华南区域总部南沙指挥部（TOD事业部）揭牌成立。

▲7月16日　华南区域总部与珠海市人民政府签订战略合作框架协议。

▲8月20日　华南区域总部与广东省建筑设计研究院签署战略合作框架协议。

▲10月10日　华南区域总部与揭阳市人民政府签署项目合作协议。（李　宁）

中国铁建股份有限公司重庆区域总部

【简况】 拥有公路、市政公用工程施工总承包一级，公路交通工程专业承包一级，地质灾害治理勘察设计施工三项甲级资质。2019年2月26日挂牌运行。按照股份公司对区域总部“十二字”职能定位，主要负责重庆市场统筹、协调、监管、服务和高端经营。成立以来，以项目投资、建设、运营为依托，深耕重庆、立足交通、多元发展，投资总额超过2000亿元。下辖全资、控股、参股、实际控制等各类型三级公司25个，四级公司13个，直管指挥部6个。

2020年，新签合同额782亿元，完成计划指标的87%。营业收入1300411.61万元，同比增长31.58%，完成年度预算的110%；净利润58790.86万元，同比增长17.62%，完成年度预算的102%。资产总额1657033.89万元，负债总额1124573.31万元，所有者权益总额532460.58万元，资产负债率67.87%。

（陈丽玉　谭家东）

【领导人员】

经理层

总经理	孙公新
执行总经理	雷位冰（12月免）
副总经理	王必军
	秦学合
	彭兴国
	唐跃兰
总会计师	秦学合

党群领导

党委书记	孙公新
纪委书记	明思义
工会主席	明思义

（罗　婧）

【职工队伍】　职工1029人。干部659人，其中在编干部633人、聘用干部26人；工人370人，其中在编工人3人、聘用工人367人。重庆区域总部（集团总部）职工69人，其中区域总部24人（含领导班子7人）、集团公司总部42人、中心3人。（罗　婧）

【项目指挥机构】　中铁建重庆投资集团有限公司璧山农村联网公路工程（一期）工程指挥部　驻重庆市璧山区。

中铁建重庆投资集团有限公司潼南城市提升交通项目（一期）工程工程指挥部　驻重庆市潼南区。

中铁建重庆投资集团有限公司北碚指挥部　驻重庆市北碚区。

中铁建重庆投资集团有限公司南岸片区指挥部　驻重庆市南岸区。

中铁建重庆投资集团有限公司渝湘复线总承包指挥部　驻重庆市彭水县。

中国铁建股份有限公司重庆轨道18号线项目总承包指挥部　驻重庆市九龙坡区。（方胜军）

【经营管理】　企业管理。夯实发展基础，开展“立改废”工作，修订补充财务、建设、投资等管理制度38项，健全和完善制度体系。以落实“总部机关化”专项整治为抓手，对管理流程进行梳理再造，完善管理权限审批事项及流程清单，规范各级权力界限，有效提高管理效率。做好风险防范，坚持党委会前置，严格决策程序，对258项重大事项进行把关，防范决策风险。

安全质量管理。抓好安全管控，增强安全发展的红线意识，围绕《安全生产专项整治三年行动实施方案》，突出重点，完善安全生产绩效考核评分细则；制定《安全生产事故处罚管理规定》；修订《安全风险抵押金管理办法》。狠抓各级安全责任包保，层层签订安全包保责任状；开展安全生产集中整治专项检查及安全质量综合大检查，确保安全可控。认真贯彻“投—建—运”一体化理念，从企业长远发展出发，抓好工程质量管控，减少特许经营权期限内缺陷，降低养护费用；做好“首件验收，样板引路”，督促各项目建立首件工程台账，落实首件验收制度，推行首件质量管控标准；严格把关，全面落实质量终身责任制，重点把好源头关、作业关、监督关、整改关和追责关。加强环水保管理体系建设，完善生态环境重点防治工程措施动态管理台账，督促在建项目重点做好扬尘、噪声控制，按规定做好废水处理及排放。

运营管理。大运营体系初步搭建。提出机构扁平化、队伍专业化、流程标准化、管理一体化、运维智慧化、产业链条化、战略品牌化“七化”目标；搭建1个运营管理中心＋运营管理、资产经营、养护工程3个专业化管理公司运营架构；确定运营、监控、路域资源经营开发“一体化”管理模式；形成“铁建高速”三维立体品牌。顶层设计，谋划长远。探索多种养护模式，以养护产业发展为导向，探索“专项工程总承包”，解决长期养护市场难题；推行“日常、小修包干”＋“专项工程总承包”模式，进一步延展养护管理模式，为多种模式比较、优化打下基础。

经济管理。完成公开招标项目16项，合同标的金额3.14亿元，同比招标限价降低4.6%。所属12家单位集采钢筋30.93万吨、水泥199.58万吨、钢绞线2.5万吨、沥青3.48万吨，物资集采30亿元，实际采购价同比市场网价节约1.71亿元，综合节资率5.7%。

财务管理。深入推进财务资金管理专项整治行动，成立3个抽查验收组，现场抽查验收25家单位。全面排查资金业务，已上共享单位制单盾上交共享中心，进一步规范资金支付流程，确保资金安全；强化资金集中，加大资金调剂力度。将表内外公司均纳入资金集中管理范畴，以考核奖惩提高资金集中积极性，资金上存度保持在86%以上。加强税务管理，狠抓减税降费优惠政策落实，争取到继续享受西部大开发所得税15%的优惠税率，节约企业所得税5623.94万元。以业务预算为基础，以资金预算为主线，重点突出集团公司降本增效、"两金"压控等任务目标，从严控制"两费"预算，压缩非生产性费用支出。

法律合规。落实"一没四不"法治理念，抓好四项审核制度落地，审核规章制度22部、重要决策101项、经济合同110份、授权委托书15份。落实案件降控部署，全部案件22件，涉案金额1.89亿元，同比，案件数量下降23.53%，涉案金额减少43.41%。成立合规管理委员会，全员签署合规申明，对项目及招标人进行合规资格审查4次，对采购相对方开展合规尽职调查20次，对第三方开展合规尽职调查60次，对110余份合同进行合规审核，捐赠赞助合规审核1次，业务招待审核200余次。

审计监督。完成审计项目11个，披露问题和风险217个，提出67条审计建议，向集团纪委移交审计线索2起。建立和完善问题整改台账管理及"销号"制度，由内部审计机构制定统一标准并对已整改问题进行审核认定、验收销号。

科技成果。科技研究开发计划项目13个，A类课题3个，B类课题7个，C类课题3个。其中"基于云服务的铁建高速监控管理平台研究"和"轨道交通PPP项目智能管理平台架构体系及应用研究"申报股份公司立项。取得专利2件。开展国家重点研发计划"城市地下空间精细探测技术与开发利用研究示范"课题的启动会。完成生态公司橡胶坝、气盾坝科研课题结题评审，通过结题验收。 （陈丽玉）

【运营项目】 渝遂高速公路于2007年12月29日建成通车。秀松高速公路于2016年12月23日建成通车。潼荣高速公路于2019年12月29日建成通车。永泸高速公路全长20.905千米，于2020年12月30日建成通车。石黔高速公路全长83千米，马武坝至册山段48千米，于2020年12月30日建成通车；三店至马武坝段计划2021年7月底建成通车。接管成都天府机场高速公路（天府机场至成都市区59千米），全长88.255千米，于2020年12月31日通车；蒲都高速公路（成都经济区环线高速公路蒲江至都江堰段），全长101.417千米，于2020年12月31日通车。

（陈丽玉　陈　岩）

【在建项目】 渝黔高速公路扩能项目　全长99.948千米。概算总投资179.6亿元。2018年7月5日开工，开工累计完成投资128.4亿元，预计2021年12月底建成通车。

合安高速公路项目　全长94.975千米。概算总投资95.31亿元，桥隧占比21.99%。2018年6月11日开工，开工累计完成投资78.1亿元，预计2021年底建成通车。

大内高速公路项目　全长31.124千米。概算总投资32.97亿元。2018年12月25日开工，开工累计完成投资18.6亿元，预计2021年底建成通车。

合璧津高速公路项目　全长94.857千米。概算总投资117.64亿元，桥隧占比21.82%。建设工期4年，2018年8月25日开工，开工累计完成投资54亿元。

黔江区过境高速公路项目　全长20.384千米。概算总投资28.95亿元。建设工期4年，2018年4月3日开工，开工累计完成投资11.8亿元。

巫镇高速公路项目　全长48.691千米。概算总投资99.1亿元。建设工期4年，2019年9月1日开工，开工累计完成投资34.4亿元。

渝遂复线高速公路项目　全长27.238千米。概算总投资61.45亿元。建设工期3年，计划2021年初开工。

渝湘复线高速公路项目　全长285.03千米。重庆投资集团渝湘总包合同段总里程116.24千米，合同投资172.51亿元，计划2021年初开工。

梁开高速公路项目　全长46.29千米。概算总投资42.39亿元。建设工期3年，计划2021年开工。

重庆轨道交通18号线项目　全长29.068千米，车站19座。概算总投资217亿元。建设工期4年，2019年6月18日开工，开工累计完成投资53.1亿元。

轨道江跳线项目　市郊铁路（轨道交通延长线）跳磴至江津段全长28.22千米，车站6座。主要工程内容：机电工程施工及运营管理。概算总投资36.1亿元，计划2022年1月31日正式运营，运营期28年。

生态环境项目　项目承揽145.68亿元，完成年度目标的145.68%。完成施工产值25亿元，完成年度指标的181%，其中，重庆工程指挥部2.76亿元，沣河项目4.07亿元，莱西项目1.73亿元，徐州项目4.68亿

元，平度项目5.87亿元。（陈丽玉　陈　岩）

【党群工作】 党的工作。党委19个，其中党工委10个，党支部36个，党员435人。坚持以高质量党建引领企业高质量发展，以“一二三四五”发展思路为指引，统筹推进党的建设和各项生产经营工作，充分发挥各级党委“把方向、管大局、保落实”的领导作用。严格落实股份公司、重庆市委疫情防控各项工作部署，为23个党支部划拨疫情防控专项资金4.6万元，捐款筹集善款29.5万元，全款用于爱心物资采购。落实党员领导干部讲党课、“三会一课”、主题党日等制度，组织讲党课、上党课40余次。召开党委会13次，审议议题258项，党委领导作用进一步发挥。加强一刊、一网、两微平台建设和外部媒体的沟通联系，提高在渝影响力。出刊《重投视线》6期，微信343期，微博108条。策划媒体开放日12次，发布通稿37篇，《中国铁道建筑报》46篇，股份公司网站62篇，新媒体29篇。中央电视台播报10次，重庆卫视新闻播报19次，重庆之声专访2次，重庆交通广播专题栏目14期。

纪检工作。抓好常规廉洁教育，各级开展党章党规党纪教育40场，警示教育77场，教育人数达4135人次。强化选人用人监督，做好提级提拔和新入职干部的任前廉洁谈话，对廉洁从业、规范履职提出具体要求，任前廉洁谈话55人次。开展内部巡察，党委成立3个专项巡察组，对所属17家单位（含生态公司代管5个项目公司）开展财务资金管理专项巡察工作。受理和规范处置收到的5件信访举报和问题线索，提醒谈话12人次、组织处理1人次、诫勉谈话1人次、党政纪处分2人次。

工会工作。下设工会7个，工委9个，会员989人。积极响应集团党委号召，组织职工开展“抗击疫情、共克时艰”捐款活动，累计筹措50余万元防疫物资驰援武汉。开展“遂渝杯”职工篮球赛、“美好生态、我是记录者”职工摄影大赛、“爱企如家”职工亲子活动、“建功轨道，筑梦山城”趣味运动会等活动。获“重庆市重点建设工程劳动竞赛先进团队”“重庆市重点建设工程劳动竞赛先进个人”等荣誉。

共青团工作。下设团（工）委2个，团支部6个。开展“青春心向党、建功新时代”青年突击队立功竞赛、“雷锋日记、我的战‘疫’日记”、“品质铁建，青年先行”主题团日等活动。以“智慧团建”系统建设为核心，聚焦基础团务管理，推动各级团组织和团员基本信息、基础团务、组织生活管理数字化、信息化、网络化。获全国交通运输行业十大“创新力文化品牌”和“全国文明示范窗口”。（林　毅　王亚云）

【中铁建重庆投资集团有限公司】 利用自有资金进行项目投资、旅游项目开发，工程项目管理，物业管理，土地整治。2016年11月16日在重庆市南岸区注册成立，注册资本金30亿元。（陈丽玉）

【重庆铁发遂渝高速公路有限公司】 主要负责渝遂高速公路的投资、建设和运营管理。2004年9月在重庆市北碚区注册成立，注册资本金19亿元。

（陈丽玉）

【重庆铁发建新高速公路有限公司】 主要负责潼荣高速公路、石黔高速公路、渝黔扩能高速公路三个项目的投资、建设和运营管理。2016年4月在重庆市北部新区注册成立，注册资本金8亿元。（陈丽玉）

【重庆铁发双合高速公路有限公司】 主要负责安合高速公路、合璧津高速公路两个项目的投资、建设和运营管理。2017年4月在重庆市璧山区注册成立，注册资本金4.2735亿元。（陈丽玉）

【中铁建生态环境有限公司】 拥有市政公用工程施工总承包一级，地质灾害治理工程勘查、设计、施工三项甲级和环保工程专业承包三级资质。2013年1月在北京市海淀区注册成立，注册资本金1亿元。

（陈丽玉）

【重庆铁建置业有限公司】 拥有房地产开发二级资质。业务涵盖房地产开发、经营、景区开发建设、经营管理等。2012年10月在重庆市北碚区注册成立，注册资本金2亿元。（陈丽玉）

【重庆金路交通工程有限责任公司】 拥有公路交通工程（公路安全设施）专业承包一级；重庆市特种专业承包不分等级（结构补强）资质；重庆市安防工程从业资质证书（一级）。1998年1月在重庆市南岸区注册成立，注册资本金1500万元。2017年12月通过股权合作方式成为控股子公司。（陈丽玉）

【重庆轨道交通18号线建设运营有限公司】 主要负责重庆市轨道交通工程18号线项目投资、建设和运营管理。2019年7月在重庆市九龙坡区注册成立，注册资本金1亿元。（陈丽玉）

【重庆江跳线运营管理有限公司】 负责重庆市市郊铁路(轨道交通延长线)跳蹬至江津线B包PPP项目投资、建设、运营。2019年11月在重庆市江津区注册成立。2020年6月重庆投资、中铁十一局电务公司、中铁十六局签订代持股协议,由重庆投资代持80%的股权。 (陈丽玉)

【中铁建重庆投资集团实业发展有限公司】 主要负责加油服务、油品销售、燃气销售;高速公路服务区经营管理;广告传媒;企业管理咨询;机电设备类租赁、生产或销售;线下及利用互联网销售产品等。2020年10月在重庆市九龙坡区注册成立。 (陈丽玉)

中国铁建股份有限公司西南区域总部

【简况】 负责中国铁建昆仑投资集团有限公司(以下简称昆仑集团)、中铁建海南建设发展有限公司、中铁建融城发展有限公司3家单位的管理。与昆仑集团合署办公,主要负责四川、云南、贵州、海南及西藏等区域的市场开发、经营承揽和协调管理等工作。前身系中国铁建股份有限公司西南指挥部,2019年1月2日更名为中国铁建股份有限公司西南区域总部。驻中国(四川)自由贸易试验区成都高新区益州大道中段1999号4栋21—22层。设综合管理部、市场开发部、工程管理部和党群工作部4个部门,另设中国铁建四川总部、云南总部、贵州总部、西藏总部和海南总部5个省级总部负责相应省(区)工作,人员均由昆仑集团相关部门及所属单位人员兼任。

2020年,新签合同额3905.23亿元,完成年度计划的114.19%。 (董军薇)

【总部领导人员】

经理层

总经理	金跃良(5月免)
	孙公新(5月任)
执行总经理	徐明新
	周庆国
副总经理	吴利红(12月免)
	黎锡龙
	陆　强
	杨继全
	施振东
总会计师	黎锡龙
总经济师	陆　强
总工程师	施振东

党群领导

党委书记	金跃良(5月免)
	由　建(5月任)
纪委书记	申继辉
工会主席	申继辉

(贺　扬)

【昆仑集团领导人员】

董事会

董事长	金跃良(5月免)
	孙公新(7月任)
副董事长	由　建(7月任)
董事	徐明新
	周庆国
	吴利红(12月免)
	黎锡龙
	魏志良(委派董事)

监事会

监事会主席	申继辉
职工监事	朱继前
监事	陈殿军

经理层

总经理	徐明新
执行总经理	周庆国
副总经理	吴利红(12月免)
	黎锡龙
	陆　强
	杨继全
	施振东
总会计师	黎锡龙
总经济师	陆　强
总工程师	施振东

党群领导

党委书记	金跃良(5月免)
	由　建(7月任)
党委副书记	徐明新
	周庆国
纪委书记	申继辉

工会主席　　　　申继辉

（贺　扬）

【区域指挥机构】 中国铁建四川总部　驻中国（四川）自由贸易试验区成都高新区。总经理杨继全，执行总经理尤康、陈明荣、张新柳。

中国铁建云南总部　驻云南省昆明市。总经理陆强，执行总经理李华。

中国铁建贵州总部　驻贵州省贵阳市。总经理周庆国，执行总经理姜子良、张学坡。

中国铁建海南总部　驻海南省三亚市。执行总经理周庆国、杨俊峰。

中国铁建西藏总部　驻西藏自治区拉萨市。总经理黎锡龙，执行总经理王健。（刘航宇）

【职工队伍】 西南区域总部领导人员13人（含一级咨询1人、二级咨询3人），部门正职3人，部门副职2人。

昆仑集团正式在编在岗650人。其中，集团公司领导人员13人（含一级咨询1人、二级咨询3人），部门以上领导6人，总部部门正职10人（含相当职级2人）、副职17人（含相当职级8人）；所属单位正职领导16人（不含兼职，含相当职级5人），副职领导56人（不含兼职，含相当职级22人）。本科及以上学历621人，占比95%；中级及以上职称484人，占比74%。

（贺　扬）

【工程项目】 成都地铁6号线一、二期工程投融资建设项目　全长47.7千米。合同投资176亿元，合同工期48个月。2020年12月18日开通试运营。

成都轨道交通17号线二期施工总承包项目　全长24.8千米。合同投资135.78亿元，合同工期58个月，计划2024年8月10日投入运营。开工累计完成投资146182万元。

成都轨道交通18号线三期施工总承包项目　北延段线路长9.931千米，临江段线路长4.373千米。合同投资86.42亿元，合同工期53.6个月，计划2024年3月31投入运营。开工累计完成投资62750万元。

成都经济区外环线蒲江—都江堰段项目　合同投资357.61亿元。开工累计完成投资1540674万元。

成都市环城生态区生态修复综合项目（东、西片区）一期、（南片区）二期成金青快速路至成洛大道标段项目　一级绿道长10.27千米。合同投资14.75亿元。开工累计完成投资45152万元。

成都市IT大道地下综合管廊项目　全长5700米。静态投资159510.78万元，建设期2年，运营期23年。开工累计完成投资117056万元。

德阳中江至遂宁高速公路项目　全长82.64千米。概算投资954701万元。开工累计完成投资359240万元。

成都天府国际机场高速公路（机场南线）项目　全长18.559千米。批复概算投资29.08亿元。开工累计完成投资120453万元。

海南国际旅游岛先行试验区项目　合同投资暂估200亿元。开工累计完成投资317592万元。

海口绕城公路美兰机场至演丰段公路代建项目　主线全长15.07千米。概算投资33.04亿元。开工累计完成投资129370万元。

国道G360文昌至定安段公路（代建）项目　全长40.44千米。合同投资37.63亿元。开工累计完成投资65932万元。

昆明巫家坝土地一级开发工程项目　预计总投资12.73亿元。开工累计完成投资5033万元。

云南省墨江至临沧公路项目　全长235.966千米。投资总额327.65亿元。2020年12月31日完工。

昆明（岷山）至楚雄（广通）高速公路项目　全长106.904千米。概算总投资2077910万元。开工累计完成投资983715万元。

楚大高速公路项目　全长38.14千米。合同投资88.03亿元。开工累计完成投资296152万元。

昆明（福德立交）至宜良高速公路项目　全长53.27千米。合同投资250.29亿元。开工累计完成投资177630万元。

曲靖三宝至昆明清水高速公路（昆明段）项目　全长59.53千米。送审概算146.3亿元。开工累计完成投资185052万元。

昆明轨道交通6号线二期土建项目　合同投资18.37亿元。2020年9月23日通车运营。

昆明轨道交通6号线二期机电项目　合同投资5.49亿元。2020年9月23日通车运营。

昆明绕城高速公路A标段工程项目　全长5.856千米。合同投资43.71亿元。2020年10月1日通车运营。

昆明市飞虎大道北段市政配套及花渔沟停车场征地拆迁工程项目（8号线试验段）　总合投资99889万元。开工累计完成投资70347万元。

丽江城市综合轨道交通项目一期工程（1号线）　全长20.41千米。合同投资30.75亿元。开工累计完成投资 22929 万元。

江阴高铁站交通综合枢纽项目　合同投资 69.29 亿元。开工累计完成投资 42000 万元。

剑河至黎平高速公路项目　全长 74.754 千米。估算总投资 129.68 亿元，建设期 3 年，运营收费期暂定 30 年。开工累计完成投资 159826 万元。

乌当（羊昌）至长顺高速公路项目　全长 127.81 千米。估算总投资 200.1 亿元，建设期 3 年，运营期 30 年。开工累计完成投资 79677 万元。

桐梓至新蒲高速公路项目　全长 73.141 千米。估算总投资 124.49 亿元，建设期 3 年，运营期 30 年。开工累计完成投资 52900 万元。（黄　敏）

【经营管理】　对标“最佳区域总部”创建，认真落实股份公司区域经营战略，紧紧围绕“统筹、协调、监管、服务、高端经营”十二字职能，克服疫情影响，坚决做大区域市场，实现目标不动摇、指标不改变、工作不松懈。经营承揽。2020 年总部新签合同总额 3905.23 亿元。昆仑集团新签项目 14 个，新签合同额 1892.83 亿元；与贵阳市、达州市、攀枝花市以及中国电子、西藏开投等地方政府和合作伙伴签署战略合作协议。企业管理。昆仑集团职能部室由 10 个调整为 11 个，增设运营事业部；完成海南双子星发展有限公司压减工作；批复成立 11 个项目公司；代表中国铁建在成都与成都轨道集团合资设立中铁建融城发展有限公司，进一步探索新兴产业领域；新设 12 个指挥部（项目部）。印发《管理体系运行工作实施细则》，修订《管理手册》，获华夏认证中心颁发的三标管理体系保持认证注册资格通知书。建设管理。落实疫情防控相关要求，3 月实现 23 个项目全部顺利复工复产。申报实验题目 3 个，其中成都地铁 18 号线三期“工程施工总承包项目成本控制自动化”完成系统开发。施工、监理单位信用评价检查项目 9 个，首次评选出 AA 级施工单位 2 家。2 项科研课题成功在股份公司立项，1 项课题成功在四川省交通运输厅立项；1 个科研项目成功申报股份公司科技进步二等奖。推进智慧工地建设，劳务人员管理模块 PC 端的开发及配套手机考勤小程序已上线，建设管理等模块形成初步开发需求。飞虎大道项目获评昆明市 2019 年度房屋市政工程质量标准化工地和安全生产标准化工地，成都地铁 10 号线二期供电工程获四川省安装工程优质奖（蜀安杯），成都元华路神仙树项目获国家优质工程奖，成都地铁 5 号线指挥部获评股份公司项目管理先进单位，昆明地铁 6 号线指挥部先后获评“云南省工人先锋号”“昆明市建筑企业安全生产先进单位”，成都地铁 6 号线指挥部先后获评省市级结构优质工程、优质示范工程、安全文明施工工地、绿色施工工地、安全质量标准工地等。安全监督。发布《2020 年Ⅰ级安全风险清单》，明确 2020 年 50 项Ⅰ级安全风险与各层级包保责任人；编写《高速公路工程施工质量缺陷和质量通病防治手册》；开展安全质量检查 4 次、专项活动 8 次；完成应急演练 120 次、新增演练 27 次。昆楚项目总承包指挥部参与昆明市五家箐突发森林山火抢险救灾；中国铁建海南总部与海南省应急管理厅签订抢险救灾合作框架协议，成为首批纳入海南省应急救援的骨干力量。财务融资。归集资金 565.28 亿元，资金上存度 1.99%；开工累计调剂资金185.04亿元（62 笔），累计节约资金 10.02 亿元；表内贷款年平均利率压减至 3.46%，较上年减少 11.73个百分点；全面实现股份公司下达的“两金”管控目标。通过银行落地类永续债 8 亿元；保函费率降至全铁建系统较低水平（0.08%/次），每年预计节约费用 700 余万元；与各类金融机构沟通对接 70 余次，形成各类资本金融资交易方案 10 余个，其中南充高速项目资本金融资方案成功落地，实现保险资金投资高速公路项目的第一单。总部获“品质铁建杯”2020 年财税知识竞赛团体铜奖，1 人获个人金奖。法律合规。审核重大经济合同 390 余份、经济合规近 1000 份，开展专项尽职调查 3 项、商务谈判 60 余次、重大项目投资评审 10 次。编发疫情防控法律合规专刊 1 期、西南区域各地疫情防控政策汇编 4 期，组建新冠肺炎疫情防控工作专项法律服务团；完成《基础设施建设项目之投融资业务风险梳理及操作指引》《岗位风险防控手册》研究；撰写的《培育国有企业合规文化的路径研究》获评中国铁建 2019—2020 年度优秀政研成果。人力资源。制定《领导人员公开招聘、竞争上岗管理办法》《员工招聘录用管理办法》，完成 44 人定职定级和任职事宜。调整岗位 587 人次。新增出国（境）证件 57 本、出入境备案 49 人，重点对财务人员出入境备案及相关证件收缴实现全覆盖。组织招聘会 20 场，录取应届毕业生 34 人、引进社会人才 14 人。开展干部培训 2623 人次，干部调训 8 人。个人企业补充医疗建户 686 人。审计监事。项目审计 5 项，上线率 100%；审计创效1383.47万元。2 人被借调参加国家审计署审计项目，建立良好的审企关系，成功加入四川省内审协会。从事后审计向过程监督转型，全程参与项目；建立定期不定期抽检机制，多方面实施过程监控。疫情防控。两级党委上下联动，多渠道筹集防疫物资，累计支出 2142655.78 元；采购各类口罩 46 万只，消毒液、酒精1万千克,防护手套5万余副,护目镜5000副,红外测温仪500余个及其他各类防疫物资若干。实现“无疑似”和“零确诊”。捐赠价值1738875元的防疫物资,履行央企社会责任。扶贫工作。成立扶贫开发工作领导小组。累计购买河北省张家口市万全区、尚义县以及青海省果洛州甘德县扶贫产品74.5万元,落地项目花卉苗木订单;向兰坪县营盘镇凤塔村捐赠资金20万元,专项用于兰坪县营盘镇凤塔村人居环境提升工程;多项措施并举,助力精准扶贫。

(黄　敏　姚　佩　于东旭)

【党群工作】 党的工作。党委10个、党工委16个、党支部30个,发展党员19人。成立中铁建海南建设发展有限公司党委、纪委,撤销中铁建海南投资有限公司党工委、纪工委并成立党总支;通过党建“微沙龙”宣传贯彻理论知识和工作实务,提升基层党务干部实战能力;编印领导班子《党建工作责任制工作手册》;获股份公司党建工作责任制考评“优秀”等级。两级党委中心组共开展集中学习研讨81次,两级班子成员讲授党课60余次;突出工作导向和实干标准,提出“一切为了工作、一切从工作出发、一切用工作检验”,激发全员干事创业的激情,生产经营和党建工作成效显著;围绕“十二字”定位,提出“人往一线走、劲往一处使、事往一流做”的经营理念,引领班子成员和各级领导干部深入一线实干,创造一流业绩;召开区域总部第一次党代会;集中开展“冲刺70天,确保完成年度任务目标”工作会战。企业文化建设。推进企媒融合,持续加强协同作战,提升企业凝聚力、社会影响力和美誉度。大力传承红色基因,宣传和弘扬“逢山凿路、遇水架桥”的铁道兵精神,深刻挖掘铁道兵与“成昆精神”的历史渊源,以文化传承为纽带,与攀枝花市签订战略合作协议;邀请《人民日报》、新华社、《光明日报》资深记者走进工地“看铁建”,成都地铁6号线、墨临高速项目建成通车,登上央视《新闻联播》,全年在省部级以上媒体平台刊稿(播)316篇;用典型讲述奋斗故事,开展“创业西南、奋斗以成”昆仑讲述者主题活动,用榜样的力量引领接续奋斗;开展青年干部座谈会、“书香铁建·共克时艰”线上朗读等主题活动,帮助干部成长成才,提升企业整体凝聚力。纪委工作。开展疫情防控监督检查59次;组织签订《共建廉洁工程协议书》;与中国政法大学合作完成“投融资领域廉洁风险防控体系构建”课题成果,推动廉洁风险防控体系落地转化。动态更新廉政档案120份,对106名干部进行任前廉洁谈话、34名新入职大学生进行廉洁提醒。受理信访举报11件次;处置问题线索12件,追回经济损失15.18万元。为200余名党员干部送去“教育套餐”,编印《廉政口袋书》,两级讲授廉政专题党课26场次,举办廉洁讲座14场次,推送主题微信42条,组织60余名党员干部参观清风堂;承办股份公司成都片区纪委书记座谈会。巡视巡察。修订《巡察工作实施细则》;对地铁公司进行巡察“回头看”,对7家所属单位进行财务资金管理专项巡察,发现各类问题112项;建立共性问题清单,组织各部门、各单位对照历年巡视巡察发现问题“回头看”;积极配合股份公司党委财务资金管理专项巡视,研究制定整改方案、组织召开专题部署会,坚持治标和治本相统一,推动巡视整改有序推进、持续深化。

工会工作。会员650人。下设工会8个,配备专兼职工会干部53人。围绕成都地铁6号线、蒲都高速、墨临高速开通等目标开展“抗疫保增长,夺取双胜利”劳动竞赛;成都地铁“五线齐发”,蒲都高速和墨临高速竣工通车,助力疫情防控和生产经营双胜利双丰收。所属单位获“火车头奖杯”和“中国铁建先进集体”各1项,四川省劳动模范1项,省级“五一劳动奖章”3项,市级“五一劳动奖状”2项、“五一劳动奖章”19项;1人获“四川省抗击新冠肺炎疫情先进个人”称号。注重发挥协同引领作用,全年牵头为中国铁建所有在蓉单位申报四川省和成都市“五一”表彰108项。组织500余名职工参与“全国职工健步走”线上公开赛。

团委工作。团员61人,保留团籍的党员10人。团(工)委7个(团委2个、团工委5个),团支部13个。配备专兼职共青团干部55人。2020年,获中国铁建“青年岗位能手”1人次,“五四红旗团委”1项;表彰“青年文明号”5个、“青年岗位能手”8人,“五四红旗团(工)委”3个、“五四红旗团支部”5个,“优秀共青团员”4人、“优秀共青团干部”3人。

(于东旭　高岩柏　黎　坪)

【中国铁建昆仑投资集团有限公司】 主要负责海南、四川、贵州、云南、西藏“四省一区”投融资项目的投资、建设和运营管理,以及江苏江阴等部分具有经营优势地区的市场开发,是中国铁建深耕西南、海南区域投融资市场,打造全产业链一体化经营优势的有机载体。经营范围包括项目投资、投资咨询、资产管理、房地产开发经营;工程项目管理;物业管理;市政工程及公路工程设计施工;建筑工程设计与施工。2016年5月20日注册成立,注册资本金由30亿元增加至50.87亿元;2016 年 9 月 21 日,由中铁建昆仑投资有限公司更名为中铁建昆仑投资集团有限公司;2019 年 5 月 8 日更名为现名。驻中国(四川)自由贸易试验区成都高新区益州大道中段 1999 号 4 栋 21—22 层。党委书记由建,董事长孙公新,总经理徐明新,执行总经理周庆国。职工 650 人。资产总额 359.83 亿元。

2020 年,新签合同额 1892.83 亿元,营业收入 286 亿元,净利润 17.41 亿元。 (刘航宇 姚 佩)

【中铁建海南建设发展有限公司】 经营范围包括项目投资、项目管理、工程承包,工程咨询服务,房地产开发,物业管理。2019 年 11 月 15 日注册成立,注册资本金 30 亿元。驻海南省三亚市崖州区崖州湾科技城标准厂房二期三楼 C288 区。董事长周庆国,党委书记朱继前,总经理杨俊峰。职工 53 人,均由昆仑集团及所属单位人员兼任。资产总额 15.35 亿元。

2020 年,投资总额 76814 万元,资产负债率 36.82%。 (金 丽)

【中铁建融城发展有限公司】 经营范围包括城市轨道交通项目、城市基础设施、城市建设项目的投资、建设、运营管理;城市轨道交通系统站点及沿线土地空间的资源开发、管理;房地产开发与经营;物业管理服务。2020 年 11 月 13 日注册成立,注册资本金 30 亿元。驻中国(四川)自由贸易试验区成都市天府新区正兴街道蜀州路 2828 号。董事长孙公新,总经理金跃良。

(吴佳霓)

【重要记载】

▲4 月 29 日 昆仑集团与金堂县人民政府签订战略合作协议。

▲7 月 13 日 昆仑集团与中国电子系统技术有限公司签订战略合作协议。

▲8 月 21 日 中国铁建海南总部与海南省应急管理厅签订抢险救灾合作框架协议,成为首批纳入海南省应急救援骨干力量的四家央企之一。

▲9 月 7—8 日 昆仑集团与达州市人民政府、成都市东部新区管委会签订合作协议。

▲9 月 8 日 安顺·成都旅居招商推介会在蓉举行,昆仑集团与贵州省安顺市人民政府签订《北部新城片区综合开发项目投资合作框架协议》。

▲9 月 15 日 昆仑集团与攀枝花市人民政府签署战略合作协议。

▲11 月 10 日 西南区域总部与西藏开发投资集团签署“十四五”清洁能源领域战略合作框架协议。

▲11 月 17 日 西南区域总部与四川天府新区成都管理委员会、四川省交通投资集团有限责任公司签订合作协议。

▲12 月 8 日 西南区域总部与云南省交通投资建设集团签署战略合作框架协议。

▲12 月 24 日 昆仑集团与成都市成华区人民政府签署战略合作框架协议。 (刘建伟)

中国铁建股份有限公司西北区域总部

【简况】 股份公司经营和监管职能的延伸,负责陕西、甘肃、宁夏、青海、新疆区域的市场开发、经营承揽和协调管理工作。前身系中国铁建股份有限公司西北指挥部,根据《关于调整中国铁建股份有限公司区域经营机构的通知》(中国铁建发展〔2019〕4 号),调整为西北区域总部。驻陕西省西安市曲江万众国际 A 座 19 层。下辖中铁建西北投资建设有限公司 1 家投资平台公司,西安地铁 5 号线一期站后工程施工总承包项目经理部、西安地铁 8 号线工程施工总承包项目经理部、西安地铁 15 号线一期工程施工总承包 2 标段项目经理部 3 家受托管理单位。资产总额 294035 万元。其中,流动资产 182441 万元;非流动资产 111594 万元,非流动资产中固定资产原值 473 万元、净值 334 万元。

2020 年,新签合同额 2121.116 亿元,完成股份公司下达年度计划 2000 亿元的 106.06%,较上年同比增长 15.76%。利润总额 10733 万元,人均创利 90.96 万元,全员劳动生产率 108.61 万元/(人·年),职工年人均营业收入 2374.95 万元,国有资产保值增值率 105.57%,净资产收益率 7.03%,净利润率 3.42%,投资回报率 9.59%,资产负债率 51.46%。

(李军红 赵丛聪 孟 颖)

【领导人员】

经理层

总经理	卢永堂
执行总经理	刘虎军(5 月免)
	陆晓辉

副总经理　　李景超
　　　　　　裴璐辉
总会计师　　裴璐辉

党群领导

党委书记　　卢永堂
纪委书记　　朱仰存(7月免)
　　　　　　张超民(10月任)
工会主席　　朱仰存(7月免)
　　　　　　张超民(10月任)

(赵　芮)

【职工队伍】 职工103人。其中,女职工18人;硕士研究生及以上学历26人、本科学历69人;高级职称52人、中级职称29人、初级职称14人;工程序列63人、经济序列11人、会计序列13人、政工序列13人,技术干部在干部中占比71.84%。 (赵　芮)

【区域指挥机构】 西安指挥部　驻陕西省西安市。指挥长刘友平。

陕西指挥部　驻陕西省西安市。指挥长李景超。

甘肃指挥部　驻甘肃省兰州市。指挥长李景超。

宁夏指挥部　驻宁夏回族自治区银川市。指挥长朱仰存。

青海指挥部　驻青海省西宁市。指挥长张超民。

新疆指挥部　驻新疆维吾尔自治区乌鲁木齐市。指挥长陆晓辉。 (赵丛聪)

【工程项目】 关中环线眉县经岐山至凤翔公路和麟游至法门寺高速公路PPP项目　2020年7月2日中标,合同投资124.6亿元,其中铁建方占股45%、投资额62.3亿元。关中环线眉县经岐山至凤翔公路全长73.75千米,麟游至法门寺高速公路全长45.5千米。特许经营期运营期30年。

西安临潼区片区开发项目　2020年12月31日中标,位于临潼现代工业组团南部核心区域,总面积5.69平方千米,合同投资65.1亿元,合作期限暂定6年。

陕西省级高速澄商线澄城至韦庄公路项目　位于陕西省渭南市,施工线路长37.11千米,合同投资30.93亿元,合同工期2020年6月1日至2020年9月30日。主要工程量:路基土石方791万立方米、桥梁10座2087延长米、涵洞137座、制架梁490片、房屋建筑面积7933.06平方米。开工累计完成投资14.64亿元。

银川市中北部城区综合改造项目　位于银川市中心城区北侧,规划范围35平方千米,投资概算150亿元。首开区投资42.29亿元。开工累计完成投资19.8亿元。

西安市地铁5号线一期工程车站设备安装及装修、轨道、系统设备安装施工总承包项目　位于陕西省西安市,全长25.366千米。合同投资22.24亿元,合同工期2019年10月8日至2020年12月15日。主要工程量:19座车站及相邻区间设备安装及装修、轨道施工工程,全线系统设备安装及和平车辆段、雁鸣湖停车场FAS、BAS、门禁。开工累计完成投资20.03亿元。

西安地铁8号线工程施工总承包2标段项目　位于陕西省西安市,线路长16.321千米。合同投资62.4787亿元,合同工期2019年10月30日至2023年12月30日。主要工程量:车站8座、区间8个、换乘大厅1座、停车场1座及出入场线。开工累计完成投资8.16亿元。

西安地铁15号线2标段项目　位于陕西省西安市,线路长3.961千米。合同投资17.21亿元,合同工期2020年9月30日至2024年6月30日。主要工程量:车辆段咽喉区及其上盖开发平台建筑面积76584.76平方米,综合楼工程建筑面积31965.01平方米、场区路基土石方40057.16立方米,出入段线。开工累计完成投资0.5亿元。 (柳　青　赵丛聪)

【经营管理】 2020年,西北区域总部开展高端对接活动175次。其中,对接省级地方政府70次,对接市级地方政府、所属部门正副职领导60次,对接铁路局集团公司、地方企业、建设单位正副职领导45次。先后与西安市高新区管委会、青海省人民政府、陕西省人民政府、吴忠市人民政府、宁夏国有资本运营集团有限责任公司、汉中兴汉新区管理委员会、汉中文化旅游投资集团有限公司、临潼区人民政府、中国铁路西安局集团有限公司、中国铁路投资有限公司、陕西省交通投资集团有限公司签署7份战略合作协议,积极开展战略合作,优势互补,不断提升市场知名度和企业竞争力。

财务管理。一是开展专项整治,防范财务风险。年内开展财务大检查、财务资金专项整治和股份公司党委财务资金专项巡视迎检等工作。针对反馈的问题,及时整改,已初步建立财务管控长效机制。二是强化资金管控,拓展融资渠道。年平均上存度保持在75%以上,高于股份公司下达55%考核指标20个百分点。积极推动与中国PPP基金、银行、保险、证券等金融机构和股份公司系统内金融板块单位的合作,年内取得银行综合授信额度24.4亿元,优化澄韦、眉太项目融资方案，完成澄韦项目融资方案审批及铁建澄韦投资私募基金组建，到位1200万元出资款，有效匹配项目需求。三是用足税务政策，助推财务创效。合理利用西部大开发税收优惠政策，节税1092万元；申请增值税留抵退税571万元；利用疫情期间优惠政策，减免各项社保缴纳200余万元；以委托研发方式在地铁项目推进研发费用计价扣除工作，预计可加计扣除研发费用261万元。

企业管理。一是开展并完成公司内部控制自我评价缺陷自查、内控体系自查和优化、年度风险评估、内控自评价及考核工作；二是针对“总部机关化”问题开展专项自查与整改工作，进一步提高区域总部的工作效能与服务能力；三是根据工作需要，成立中铁建西北投资建设有限公司深化改革领导小组、对标世界一流“管理提升”领导小组以及西安地铁15号线项目经理部。

审计工作。2020年开展两项审计及一项整改复核审计。开展兰州轨道交通1号线指挥部的收尾并账审计、澄韦项目原法定代表人赵新华离任经济责任审计，完成对澄韦项目原法定代表人王亮离任审计报告整改情况的复查。（王哲龙　陈映伟　赵丛聪）

【党群工作】 党组织建设。一是注重“三基建设”，注重夯实基本组织。下设基层党委4个、党工委3个、党支部10个，党员91人，占职工总数的90%。二是培育基本队伍。加强党务干部队伍建设。先后组织20人次赴铁建党校参加组工干部和基层党支部书记培训，全年接收党员组织关系36人，培养入党积极分子3名。三是健全基本制度。逐步健全完善基层党建工作体制机制，制定和完善《党委会议事规则》《党委中心组理论学习规则》《党建工作责任制实施办法》等党建工作制度。四是开展主题党日活动，“七一”组织全体党员前往富平接受红色革命教育，集体重温入党誓词，讲授党课，观看红色影片《八佰》，制定印发《党课开讲啦实施方案》，并组织各支部进行视频录制，择优报送股份公司，引领企业健康发展。五是建立和落实“不忘初心、牢记使命”主题教育的长效机制，推动所属单位把“第一议题”制度、查摆问题清单制度、党章学习教育制度等有效做法固定下来，形成长效机制。六是服务生产经营。与西安地铁公司、曲江管委会沟通建立党建共建联盟，组织做好疫情防控和复工复产工作。组建党员突击队，驰援西安“小汤山医院”建设，组织党员为武汉疫情一线捐款17150元。

宣传思想文化工作。一是强化正面引导，提升意识形态主动性。出台《意识形态工作责任制实施办法》，明确要求党委书记履行第一责任，带头抓意识形态工作，班子成员要履行“一岗双责”，抓好分管部门的意识形态工作。二是认真组织学习，深化理论武装。印发《2020年党委理论学习中心组专题学习重点内容安排》，全年开展党委中心组学习12次，学习内容50项，并开展党的十九届五中全会知识答题、经典语录书法比赛、撰写心得体会、向企业“十四五”规划建言等6项活动。三是培育构建良好企业文化。以内外结合形式，在继承弘扬铁道兵精神和现有文化基础上，大力倡导实干文化。组织干部职工参与股份公司企业文化与品牌提升个人访谈、群体访谈、问卷调研、现场走访等调研活动，参与调研人员300人，为进一步开展中国铁建企业文化与品牌建设体系建设提供可靠支撑。四是强化策划，加大宣传力度。围绕公司中心工作，把企业发展、高端经营、党建成效、项目建设等作为宣传的重中之重，全方位、立体式、多角度进行宣传，形成声势。全年在社会平台网站发布新闻35篇，《中国铁道建筑报》、股份公司官微刊登新闻20篇，公司门户网站、官方微信、微博和抖音发布新闻300多篇。

党风廉政建设。一是日常监督多措并举。坚持以重要节庆假日廉洁提醒为抓手，在春节、“五一”、端午节等重要节日前早通知、勤提醒，发送廉洁信息30余条，监督领导干部严格执行中央八项规定精神。二是巡视巡察利剑高悬。区域总部党委、纪委积极配合股份公司党委对区域总部开展财务资金专项巡视工作，过程中提供资料17次400余份，对反馈的问题能及时整改的立行立改，对需要在体制机制上调整解决的，立刻着手研究完善。三是主体责任监督到位。区域总部纪委书记通过各种方式就落实全面从严治党主体责任约谈下属单位负责人。四是“一岗双责”扎实开展。区域总部纪委每半年向区域总部党委做汇报；区域总部党委、纪委就“一岗双责”工作履行情况，深入到区域总部本部、所属项目公司、总包部、区域市场部和指挥部，通过资料抽查、召开座谈会、工作会及面对面谈话等形式，推动压力层层传导、责任逐级压实，督促各单位党组织书记切实担负起“第一责任人”职责，加强对纪检工作的领导，坚持做到“四个亲自”，既挂帅也出征。五是警示教育开展出新出彩。区域总部纪委5月开展反腐倡廉宣传教育月系列活动，组织40余名员工观看警示教育片、参加专题党课和系列讲座；受疫情影响，创新学习方式，组织员工通过线上VR参观反腐倡廉基地；组织广大职工学习党章党规，并开展网上答题活动，均收到良好效果，营造强化纪律规矩意识的浓厚氛围。

工会工作。一是加强自身建设，健全组织机构。2020年1月，召开第一次工会会员大会，通过选举产生第一届工会委员会，正式成立西北区域总部工会组织；5家所属单位成立工会组织机构。西北投资公司在陕西省总工会完成工会法人注册，办理工会法人资格证书。二是丰富职工文化生活，在中国传统节日春节、端午节、中秋节等，及时为职工送去节日祝福及慰问品。“三八”妇女节组织女职工召开座谈会，认真听取女职工对公司改革发展的建议和意见。大力推进职工书屋建设，工会努力为职工搭建学习平台，完善“职工书屋”建设，制定相关管理制度，加强管理。多家单位和个人获评陕西省建设工会先进职工之家和先进职工小家及先进工会工作者。三是切实维护职工权益，构建和谐劳动关系。制定并完善工资集体协商协议、公司集体合同、企业年金方案和女职工保护方案的草案，并经职工大会通过后实施。积极开展劳动竞赛活动，为全年生产任务的完成奠定坚实基础。四是开展关爱员工活动，关注员工身心健康。做好重大节日职工慰问和“送清凉”活动，及时组织职工体检，极大地增强企业的凝聚力和向心力。（白涓迪　柴晓飞）

【中铁建西北投资建设有限公司】 拥有公路、市政公用工程施工总承包一级资质。经营范围包括铁路、公路、市政、城轨、房建、水利水电、磁悬浮、环保、城市综合体等项目的总承包与投资、地产开发与建设、股权投资等。2018年4月在陕西西安注册成立，注册资本金30亿元，法定代表人卢永堂。2020年10月，成为中国地方铁路协会专用线分会会员单位。（孟　颖）

【重要记载】

▲5月22日　西北区域总部与西安市高新区管委会签署战略合作框架协议。

▲9月27日　中铁建西北投资建设有限公司与吴忠市人民政府、宁夏国有资本运营集团有限责任公司签署投资合作协议书。

▲11月15日　西北区域总部与汉中兴汉新区管理委员会、汉中文化旅游投资集团有限公司签署《汉中兴汉生态旅游示范区汉文化建设项目合作框架协议》。

▲12月15日　西北区域总部与西安市临潼区人民政府签署合作框架协议书。

▲12月24日　中铁建西北投资建设有限公司与中国铁路西安局集团有限公司、中国铁路投资有限公司、陕西省交通投资集团有限公司签署《铁路专用线合作共建投资平台合作协议》。（赵丛聪　孟　颖）

中国铁建股份有限公司工程总承包部

【简况】 中国铁建股份有限公司JM融合指挥部于2019年7月1日成立，2020年12月17日更名为中国铁建股份有限公司工程总承包部。是股份公司的专业总部，主要负责JM融合项目的高端经营、编标投标、资源统筹、项目监管等。驻北京市海淀区复兴路40号中国铁建大厦A座4层。（王　俭）

【领导人员】

经理层

总经理	孙公新
副总经理	崔跃华
	王　庆
	杨国强
	陈　浩

党群领导

党委书记	雷升祥

（赵　伟）

【职工队伍】 职工18人。其中，领导班子成员6人、员工12人，高级职称8人、中级职称4人，博士研究生学历2人、在职研究生1人、大学本科学历12人、专科学历2人。平均年龄43岁。（赵　伟）

【区域指挥部】 2020年，中国铁建工程总承包部先后成立区域指挥机构7个，分别是中国铁建股份有限公司东部指挥部（2020年4月1日成立）、中国铁建股份有限公司中部指挥部（2020年4月1日成立）、中国铁建股份有限公司北方指挥部（2020年4月1日成立）、中国铁建股份有限公司沈阳指挥部（2020年4月22日成立）、中国铁建股份有限公司新疆项目区域指挥部（2020年6月3日成立）、中国铁建股份有限公司中部区域指挥部（2020年8月4日成立）、中国铁建股份有限公司LJ工程大学基础设施建设项目指挥部（2020

年 8 月 14 日成立）。（赵　伟）

【经营管理】 2020 年，新签合同额 583.99 亿元，完成年度计划 300 亿元的 194.66%。其中以股份公司名义批量发包项目中标 11 个、合同额 407.43 亿元，各集团单独招标中标 176.56 亿元。工程承包板块 534.12 亿元，占比 91.5%；勘察设计业务板块 12.77 亿元，占比 2.1%。（冷思远）

【工程施工】 所属区域工程指挥部 10 个，包含项目 702 个，合同额 615.15 亿元。2020 年，完成产值 287.2 亿元，占年度计划的 105.4%；实际完工项目 235 个，占年度计划的 109.8%；各区域指挥部开工项目 517 个，总开工率 81%。（于玺濛）

【党群工作】 2020 年，工程总承包部党委坚决贯彻落实习近平总书记关于统筹推进疫情防控和经济社会发展的系列重要讲话、重要批示精神，紧跟中央部署、国家战略，紧随股份公司转型发展的战略步伐，紧绕党的组织建设、工会建设、党风廉政建设、保密等工作，围绕打赢“双六双八”大会战，持续深化“诚信、融合、实干、担当”文化和“八个融合”理念，主动担当作为，聚力攻坚克难，以保打赢、能打赢、一定赢的会战姿态超额完成年度经营承揽指标和大会战目标任务。工程总承包部被授予“中国铁建先进集体”称号，10 个区域指挥部主动作为、攻坚克难、对标作战、成绩斐然，得到业主方各级领导、机关的充分肯定和好评，树立良好铁建形象，为工程总承包部深度融合发展和推动中国铁建“稳增长、高质量”发展作出积极贡献。（赵　伟）

【荣誉奖励】 2020 年，中国铁建获“攻坚铁军”奖，北方指挥部、中部指挥部获“攻坚组织”奖，中铁十四局、中铁十六局、中铁二十四局获“攻坚先锋”奖，芜湖项目部等 11 个项目部获“攻坚标兵”奖。全年获表扬信、锦旗等各类荣誉 759 个。（赵　伟）

2020 年 9 月 14 日，中国铁建港航局集团有限公司建设运营码头重载联动试车成功。图为泰州港泰兴港区七圩作业区公用码头。（张士健 摄）

所属单位

特载 | 大事记 | 概况 | 董事会工作 | 工程施工 | 海外业务 | 经营管理 | 综合管理 | 科技创新 | 党的工作 | 工会工作 | 区域总部 | 所属单位 | 人物 | 统计资料 | 文献辑要 | 附录

中国土木工程集团有限公司

【简况】 拥有铁路工程施工总承包特级，铁道行业设计甲（Ⅱ）级，建筑、市政公用工程施工总承包一级，建筑装修装饰工程专业承包一级，公路工程施工总承包三级，桥梁工程专业承包三级等资质。积极申请办理铁路运输企业准入许可，向国家铁路总局递交申报材料。拥有多个国家和地区的工程承包资质，在坦桑尼亚市场拥有电气工程、水工专业、土木工程、机械工程和建筑工程承包最高级别资质；在卢旺达拥有建筑工程、路桥工程和供水工程承包最高资质；在白俄罗斯拥有工程总承包最高资质；在哈萨克斯坦拥有建筑安装工程一级资质。尼日利亚有限公司拥有当地机场工程、桥梁工程、大坝工程、疏浚工程、填海工程等多项资质；埃塞工程有限公司拥有当地施工和水利工程总承包一级资质；埃塞分公司拥有埃塞公路施工总承包一级资质和厄立特里亚建筑业总承包一级资质；赞比亚有限公司拥有当地建筑和房建、土木工程、道路和土方工程、矿区土木工程承包最高级别资质；马拉维有限公司拥有当地土木工程和房建施工承包最高资质；刚果（金）分公司拥有当地施工最高资质；肯尼亚有限公司拥有当地水利工程施工承包最高资质；博茨瓦纳有限公司拥有当地房屋建筑与维修、土木工程和水处理工程最高级资质；塞拉利昂有限公司拥有当地工程部承包商和公路局最高级注册证；塔吉克分公司拥有当地道路、桥梁与隧道、房建施工一级资质；以色列分公司拥有当地房建工程总承包最高资质；新加坡分公司拥有当地建筑、桩基础和钢结构的资质；在阿联酋市场拥有桥梁和立交桥特级及房建、钢结构承包一级资质。总部驻北京市海淀区北蜂窝4号。前身系铁道部援外办公室；1979年6月，在铁道部援外办公室的基础上成立中国土木工程公司；1996年12月，更名为中国土木工程集团公司；2000年9月，与铁道部脱钩，先后划归中央企业工委、国务院国资委管理；2003年9月，并入中国铁道建筑总公司；2007年12月，改制改称中国土木工程集团有限公司。下辖二级子公司和非法人单位（分公司、代表处、办事处）101家，其中子公司40家、非法人单位61家。三级子公司和非法人单位22家，其中子公司2家、非法人单位20家。下辖中铁建中非建设有限公司、中土集团北方建设有限公司、北京中土大厦有限公司、中土集团福州勘察设计研究院有限公司、中土国际贸易有限公司、中土凯明工程咨询有限公司、中土国际旅行社有限公司、中土海外（北京）人力资源管理有限公司、中土集团南方建设发展有限公司、海南基冠房地产开发（香港）有限公司、中土埃塞俄比亚工程有限公司、中国土木工程集团埃塞俄比亚工业园开发有限公司、中国土木工程集团吉布提有限公司、中土尼日利亚有限公司、中土尼铁有限公司、中土尼日利亚莱基自贸区有限公司、中铁建石油天然气有限公司、中国土木工程博茨瓦纳有限公司、中土东非有限公司、中国土木工程集团（肯尼亚）有限公司、中国土木工程集团（纳米比亚）有限公司、中国土木工程（赞比亚）有限公司、中国土木工程集团（莫桑比克）有限公司、中国土木工程集团（马拉维）有限公司、中国土木工程集团（布隆迪）有限公司、中国土木阿尔及利亚有限公司、中国土木工程集团塞拉利昂有限公司、中国土木工程集团（科特迪瓦）有限公司、中国土木工程集团乍得有限公司、中国土木工程集团刚果（布）有限公司、中国土木（南洋）有限公司、中土工程（香港）有限公司、中国土木工程（澳门）有限公司、中铁（澳门）有限公司、中国土木工程集团（波兰）有限公司、中国土木工程集团（黑山）有限公司、中国土木工程集团罗马尼亚有限公司、中国土木工程集团（俄罗斯）有限责任公司、中国土木工程集团南太平洋（斐济）有限公司、中国土木工程集团南太平洋有限公司、中国土木工程集团（巴布亚新几内亚）有限公司、中国土木工程集团南太平洋（瓦努阿图）有限公司、中土海外（北京）人力资源管理有限公司昆明分公司、中国土木工程集团有限公司天津分公司、中国土木工程集团有限公司深圳分公司、中国土木工程集团有限公司珠海分公司、中国土木工程集团有限公司广州分公司、北京中土大厦歌厅、中国土木工程集团有限公司资产分公司、中国土木工程集团有限公司埃塞俄比亚分公司、中国土木工程集团有限公司厄立特里亚分公司、中国土木工程集团有限公司驻南苏丹办事处、中国土木工程集团有限公司索马里分公司、中国土木工程集团有限公司驻坦桑尼亚办事处、中国土木工程集团有限公司驻卢旺达办事处、中国土木工程集团有限公司驻乌干达办事处、中国土木工程集团有限公司桑给巴尔分公司、中国土木工程集团有限公司马达加斯加办事处、中国土木工程集团有限公司刚果（金）分公司、中国土木工程集团有限公司南非分公司、中铁建中非建设有限公司津巴布韦代表处、中国土木工程集团有限公司埃及分公司、中国土木工程集团有限公司驻利比亚办事处、中国土木工程集团有限公司苏丹分公司、中国土木工程集团有限公司阿联酋分公司、中国土木工程集团有限公司沙特分公司、中国土木工程集团有限公司伊拉克分公司、中国土木工程集团有限公司驻科威特办事处、中国土木工程集团有限公司驻黎巴嫩办事处、中国土木工程集团有限公司驻也门办事处、中国土木工程集团有限公司驻卡塔尔办事处、中国土木工程集团有限公司突尼斯分公司、中铁建中非建设几内亚办事处、中国土木工程集团有限公司几内亚分公司、中国土木工程集团有限公司冈比亚分公司、中国土木工程集团有限公司布基纳法索分公司、中国土木工程集团有限公司新加坡分公司、中国土木工程集团有限公司巴基斯坦分公司、中国土木工程集团有限公司驻越南办事处、中国土木工程集团有限公司驻柬埔寨办事处、中国土木工程集团有限公司柬埔寨分公司、中国土木工程集团有限公司驻尼泊尔办事处、中国土木工程集团有限公司驻泰国办事处、中国土木工程集团有限公司驻马来西亚办事处 、中国土木工程集团有限公司驻印度尼西亚代表处、中国土木工程集团有限公司驻日本代表处、中国土木工程集团有限公司孟加拉办事处、中国铁建股份有限公司菲律宾分公司中国土木工程集团有限公司菲律宾分公司、中国土木工程集团有限公司缅甸分公司、中国土木工程集团有限公司印度代表处、中国土木工程集团有限公司驻德国代表处、中国土木工程集团有限公司驻塞尔维亚代表处、中国土木工程集团有限公司巴尔干分公司、中国土木工程集团有限公司厄瓜多尔分公司、中国土木工程集团有限公司玻利维亚分公司、中国土木工程集团有限公司智利分公司、中国土木工程集团有限公司驻巴西办事处、中国土木工程集团有限公司秘鲁分公司、中国土木工程集团有限公司哥斯达黎加分公司、中国土木工程集团有限公司巴拿马分公司、中国土木工程集团有限公司塔吉克斯坦分公司、中国土木工程集团有限公司以色列分公司、中国土木工程集团有限公司哈萨克斯坦分公司、中国土木工程集团有限公司吉尔吉斯斯坦分公司、中国土木工程集团有限公司乌兹别克斯坦代表处、中国土木工程集团有限公司驻白俄罗斯代表处、中国土木工程集团有限公司多米尼加分公司、中国土木工程集团有限公司蒙古分公司、中国土木工程集团有限公司萨尔瓦多分公司、中国土木工程集团有限公司驻尼日利亚办事处、中国土木工程集团有限公司驻吉布提办事处、中国土木工程集团有限公司驻波兰代表处、中国土木工程集团有限公司驻阿尔及利亚办事处、中国土木工程集团有限公司驻沙特代表处、中国土木工程集团有限公司迪拜分公司、中铁建中非建设南非办事处、中国土木工程集团有限公司驻俄罗斯联邦代表处。中国土木是中国对外承包工程商会、中国机电产品进出口商会、中国施工企业管理协会、中国—阿拉伯友好协会、中国产业海外发展协会、轨道交通产业国际合作联盟等组织的理事单位;是中国国际商会、北京轨道建筑学会等组织的常务理事单位;是中国国际工程咨询协会等组织的副会长单位。

2020 年,新签合同额 161.47 亿美元,营业收入 180.71 亿元,净利润 7.12 亿元。资产总额 283.4 亿元,负债总额 205.12 亿元,所有者权益 78.28 亿元,资产负债率 72.38%,净资产收益率 9.11%。获承包商会 2020 年度承包工程行业信用等级评价初评,以及机电商会成套工程领域信用等级评价复审 AAA 级;获“2020 年度工程建设诚信典型企业”称号;获评 2020 金蜜蜂企业社会责任·中国榜“金蜜蜂”企业;中国土木马拉维布兰太尔环城路项目营地、尼日利亚巴达格瑞高速公路项目营地获“中国海外工程优秀营地”称号。 (成喜庆　李　想　孙慧娟)

【领导人员】

董事会

董事长	赵佃龙
董事	赵佃龙
	陈思昌
	王　伟
职工董事	初厚才

监事会

监事会主席	王国栋
监事	彭根方
职工监事	王庆忠

经理层

总经理	陈思昌
执行总经理	孙　勇
副总经理	丁维利
	胡社忠
	严学斌
	张文锦
	池长贵
	吕　晶
	王　伟
	王劲松
	王向东
	朱小刚
	刘　东
总工程师	胡社忠(兼)
总会计师	王　伟(兼)
总法律顾问	张文锦(兼)

党群领导

党委书记	赵佃龙
党委副书记	陈思昌

	初厚才
纪委书记	王国栋
工会主席	初厚才
团委书记	晏　勇

（冯含笑）

【**职工队伍**】　中国土木及所属各单位中方员工4971人（含聘用员工）。其中，高级职称691人，中级职称730人，初级职称478人。干部中，35岁及以下1807人，36～40岁542人，41～50岁593人，51～59岁271人。各类注册人员233人。　（张维玮　赵伟元）

【**海外工程施工**】　阿尔及利亚55千米铁路新线工程　位于阿尔及利亚北部布利达省、提帕萨省和艾因迪夫拉省。采用欧洲标准，轨距1435毫米，设计时速客车160千米、货车100千米。2009年7月18日开工，变更后合同投资8.9亿欧元，合同工期122个月。主要工程量：土石方663万立方米，隧道2座10210延长米，铁路桥梁13座1545.3延长米，公路桥梁3座146.9延长米，框架通道22座552.2延长米，其他小型结构物177座；站场6处（站房5座）；有砟道床56.7千米；轨道工程128千米。开工累计完成投资49.4亿元。

阿尔及利亚175千米铁路电气化新线工程　位于布迈戴斯、布依哈、贝贾亚和布拉里季堡。采用欧洲标准，轨距1435毫米，设计时速客车160千米、货车100千米。合同投资17.28亿欧元，合同工期48个月。主要工程量：土石方3280万立方米，铁路高架桥76座2.28万延长米，单洞双线隧道22座16540延长米，改建和新建车站9座2.2万平方米，电气化轨道351千米。

阿尔及利亚西部区域2900套房建工程　位于阿尔及利亚西迪贝拉贝斯省。由2000套住房和奥兰省900套房建项目组成。900套房建项目2015年3月16日重新开工，合同投资17489.6万元，合同工期30个月。2000套住宅项目2015年7月5日开工，合同投资44218.29万元，合同工期30个月。开工累计完成投资3.92亿元。

埃塞俄比亚阿瓦萨工业园区工程　位于埃塞俄比亚阿瓦萨市。合同工期9个月加3个月宽限期，合同投资19.99亿元。主要工程量：项目占地130万平方米，建设钢结构厂房37栋29万平方米、建筑单体及公辅设施19栋3.1万平方米、外线综合管网110千米、道路18千米、停车场27万平方米、景观绿化47万平方米。开工累计完成投资25.68亿元。

埃塞俄比亚孔博查工业园工程　合同投资63872.4万元，合同工期9个月。主要工程量：项目占地75万平方米，建设钢结构厂房9栋，建筑单体及水处理厂7栋、外线、道路附属工程。2020年7月9日举行竣工仪式。开工累计完成投资6.45亿元。

埃塞俄比亚阿达玛工业园区工程　位于埃塞俄比亚中部高原奥罗米亚州ADAMA市郊区。合同工期9个月，合同投资10.2亿元。主要工程量：厂房20栋，单体房建6栋，园区外线综合管网、道路和停车场。开工累计完成投资9.7亿元。

埃塞俄比亚德雷达瓦工业园区工程　位于埃塞俄比亚东部Dire Dawa市。合同工期9个月，合同投资10.32亿元。主要工程量：厂房15栋，单体房建16栋，大门3个，园区外线综合管网，道路和停车场。开工累计完成投资10.63亿元。

埃塞俄比亚西门子换流站工程　总合同投资30.6亿元，土建工程合同投资43841.57万元。主要工程量：换流站设备基础、钢构架、阀厅、站内消防暖通空调系统、防雷接地系统、业主生活区以及接地极站等。开工累计完成投资4.98亿元。

尼日利亚铁路现代化工程阿布贾至卡杜纳段　正线1315千米，设计时速150千米。合同工期4年。单线铁路总长186.5千米，变更后合同投资71.92亿元。主要工程量：土石方1400万立方米，车站9座，铁路桥梁30座，公路桥29座，涵洞204座。开工累计完成投资65.69亿元。

尼日利亚铁路现代化工程拉各斯至伊巴丹段　位于尼日利亚西南部。正线156.8千米（双线），阿帕帕港口支线工程6.513千米（单线）。合同投资107.51亿元。合同工期36个月，2017年5月5日开工。采用中国一级铁路标准，设计时速150千米。主要工程量：路基土石方2206万立方米，基床表层改良B料104.78万立方米；铁路大中桥21座6080延长米，框架桥10座，涵洞208座，公跨铁桥梁39座；车站11座；铺轨工程378.92千米，道砟130万立方米。开工累计完成投资113.23亿元。

尼日利亚拉各斯蓝线轻轨工程　位于尼日利亚拉各斯州，全长28千米，设计时速100千米。合同投资73.08亿元，合同工期36个月。主要工程量：落地站10座、高架站2座、高架桥8千米（含跨海桥640延长米）、路基工程20千米。开工累计完成投资53.46亿元。

尼日利亚中线铁路修复改造项目　全长323千米。合同投资8.51亿元，合同工期15个月，设计时速120千米，单线铁路。主要工程量：Ajaokuta－Warri段全长271千米，Itakpe－Ajaokuta段全长52千米。包括全线12座车站的新建工程；Itakpe－Ajaokuta段和Ajaokuta－Warri段铁路沿线修复改造工程，Itakpe机务段木枕更换混凝土枕，Agbor 车辆段内的轨道工程，铁路沿线新建12座车站内部分轨道铺设。2020年10月13日整体移交。开工累计完成投资12.23亿元。

尼日利亚拉各斯巴达格瑞高速公路工程2标段A段（Lot 2A） 全长14.8千米，为既有线改扩建工程。合同投资58.6亿元，双向10车道，中间为15米轻轨通道，标准断面宽100米。开工累计完成投资25.62亿元。

尼日利亚达迈高速公路工程 位于尼日利亚东北部，全长145.8千米。合同投资15亿元。2007年2月1日开工，双车道普通公路升级为双向4车道高速公路。开工累计完成投资13.58亿元。

尼日利亚阿彪库塔43千米立交桥工程 全长43千米，合同投资23.69亿元，合同工期36个月。设计时速80千米，双向6车道。主要工程量：立交桥3座，NNPC桥长332延长米，桥面行车道宽10.5米。开工累计完成投资1.11亿元。

尼日利亚联邦工程部阿巴41千米公路维修工程 全长41.4千米。合同投资14.96亿元。2016年12月开工，合同工期30个月。主要工程量：土石方198万立方米，各类水沟涵洞100千米，既有桥梁修复改造3座，双线沥青结合层、面层摊铺。开工累计完成投资3.19亿元。

尼日利亚阿夸依博州埃科特23.3千米路桥工程 位于阿夸依博州埃科特市。合同投资14.21亿元，合同工期36个月。双向6车道。主要工程量：路基填挖93.3万立方米，红土底基层14.2万立方米，级配碎石10万立方米，MC1透层43.9万平方米；沥青结合层42.7万平方米，沥青磨耗层41.6万平方米；桥梁3座，涵洞11座，水沟13.6千米。开工累计完成投资4.07亿元。

尼日利亚四航站楼项目 位于阿布贾、拉各斯、哈尔科特、卡诺，总建筑面积15.9万平方米。一期合同投资6亿美元，附属配套工程合同投资2.16亿美元；二期工程合同投资2.45亿美元。2012年12月3日签约，业主为尼日利亚航空部。项目一期全部竣工并收款且获竣工证书，二期阿布贾、哈尔科特、卡诺获竣工证书，附属配套工程施工进行中。开工累计完成投资67.04亿元。

坦桑尼亚乌本戈立交桥工程 位于坦桑尼亚达累斯萨拉姆市，全长5千米。变更后合同投资10487.9万美元，合同工期38个月。2020年12月30日取得完工移交证书。开工累计完成投资6.03亿元。

坦桑尼亚中央线修复改造工程（一期、二期） 项目资金来源世行贷款，业主为坦桑铁路局。一期合同投资11.36亿元，2018年6月18日开工，合同工期24个月；二期合同投资9117万美元，2018年7月18日开工，合同18个月。二期两个标段和一期2标段分别于2020年9月20日和10月31日取得完工移交证书，进入维护期；一期1标段于2020年11月16日完工移交验收，进入维护期。开工累计完成投资13.9亿元。

坦桑尼亚维多利亚湖大桥工程 位于坦桑尼亚姆万扎省。合同投资3.04亿美元，合同工期48个月。开工累计完成投资1.93亿元。

坦桑尼亚桑岛51.78千米公路项目 位于坦桑尼亚桑给巴尔温古贾岛，全长54.6千米。2017年11月8日签约。合同投资719.42亿坦先令。2018年3月1日开工，合同工期32个月。2020年11月9日竣工移交。开工累计完成投资1.75亿元。

纳米比亚内政与移民部总部大楼工程 合同投资3.97亿元。2015年4月1日开工，合同工期3年。开工累计完成投资4.06亿元。

纳米比亚哈达普地区政府新办公园区工程 位于纳米比亚哈达普省省会马林塔尔市。合同投资0.59亿元。2015年10月8日开工，合同工期769天。开工累计完成投资7324万元。

赞比亚东线铁路工程 位于赞比亚东部省和中央省，全长388.8千米。合同投资150.98亿元。合同工期48个月。

津巴布韦2015英雄住房工程 位于津巴布韦哈拉雷、奎鲁、切古图、奎奎、穆托科、普拉姆特里、万盖、布拉瓦约、穆塔雷、鲁萨佩、奇平吉、马斯温戈。业主津巴布韦地方政府、公共工程与国家住房部。合同投资131.24亿元。合同工期5年。主要工程量：结构物4584栋，住户容量22652户，建筑面积183万平方米。

科特迪瓦西部602千米公路改造和49千米沥青铺设升级工程 合同投资29.94亿元。合同工期48个月，分两期实施。开工累计完成投资1.4亿元。

科特迪瓦圣佩德罗体育场项目 位于科特迪瓦圣佩德罗市。合同投资417.17亿西非法郎。合同工期24个月。主要工程量：新建2万人体育场1座，总建筑面积2.03万平方米，总座位数2万个，停车2000辆；修复改造训练场4座；新建运动员居住别墅32栋，总建筑面积9349平方米。开工累计完成投资2.97亿元。

几内亚68千米公路修复改造项目 位于几内亚达博拉省。合同投资4107万欧元。合同工期30个月。主要工程量：一跨14米小桥2座，五跨70米大桥1座，涵洞96座，4层路面结构层。开工累计完成投资1.05亿元。

阿联酋铁路项目二期B、C、D标段工程 横跨阿布扎比，经迪拜、沙迦、拉斯海玛、富吉拉5个酋长国。

正线长 397.6 千米,支线长 67.6 千米。合同投资 171.601亿元。合同工期 B、C 标段 1400 天,D 标段 1379 天。B、C 标段 2019 年 6 月 30 日开工,D 标段 2019 年 12 月 12 日开工。主要工程量:路基施工 401 千米,土石方 7938.7 万立方米;公路桥 33 座,铁路桥 48 座,框架桥 60 座,管线桥 34 座,涵洞 266 座;隧道 9 座,掘进长度 6640.6 延长米,二衬长度 6832 延长米;交通导改 53 处,设施迁改 1451 处,高压线 162 处,NOC7663 个;正线(双线)646 千米,站线(单线)8 千米,道岔 107 组,道砟 135 万立方米。开工累计完成投资 35.24 亿元。

沙特吉达阿齐兹地下道工程　位于吉达市,全长 1.4 千米。合同投资 6.16 亿元。合同工期 3 年。开工累计完成投资 6.21 亿元。

沙特利雅得阿哈立交桥工程　全长 1.2 千米。合同投资 3.16 亿元。合同工期 18 个月。开工累计完成投资 3.88 亿元。

沙特纳吉兰两桥工程　位于沙特阿拉伯纳吉兰。合同投资 2.1 亿元。合同工期 24 个月。阿布巴克尔地下道全长 474 米,主要工程量:混凝土 1.2 万立方米,钢筋 2000 吨,钢绞线 47 吨。穆特阿布王子地下道全长 490 米,主要工程量:混凝土 1.3 万立方米,钢筋 2150 吨,钢绞线 81 吨。阿布巴克尔地下道(1 号)2020 年 2 月 6 日通车,12 月 13 日完成初步移交。穆特布王子地下道(3 号)2020 年 10 月 21 日开始初步移交工作,12 月 31 日通车。

以色列红线轻轨东标段项目　位于以色列特拉维夫市。全长 23.5 千米。合同投资 26.99 亿元。合同工期 69 个月, 2016 年 1 月 15 日开工。主要工程量:地下车站 3 座,隧道 5646 延长米,交叉段 2 个。开工累计完成投资 26.6 亿元。

以色列特拉维夫红线轻轨卡利巴车站工程　位于以色列特拉维夫市。合同投资 9.2 亿元,合同工期 64 个月。主要工程量:连接红线和绿线的三层地下车站主体、汽车地下通道 1 个和行人地下通道 1 个。开工累计完成投资 9.1 亿元。

巴基斯坦达苏水电站喀喇昆仑公路改线工程　位于巴基斯坦西北边境省。合同投资 11.86 亿元,KKH-01项目合同工期 18 个月,RAR-01 项目合同工期 12 个月。KKH-01 项目主线长 24.71 千米,连接线长 1.78 千米;RAR-01 项目主线长 12.07 千米。开工累计完成投资 3.24 亿元。

巴基斯坦白沙瓦—卡拉奇高速公路项目苏库尔—木尔坦段工程　位于巴基斯坦旁遮普省。合同投资 25.1 亿元,合同工期 36 个月,2016 年 8 月 5 日开工。开工累计完成投资 24.25 亿元。

孟加拉多哈扎里—科考斯巴扎铁路工程第 2 标段　位于孟加拉国东南部,全长 51.077 千米。合同投资 30.6 亿元,合同工期 36 个月。主要工程量:路基清表 162 万平方米,水沟开挖 90.13 万立方米,土方挖方 3.33万立方米;道砟 16.9 万立方米,轨枕 11.5 万根,钢轨(60 千克/米)1.34 万吨,道岔 48 副;砼结构物拆除 1.34 万立方米,钢结构拆除 3 吨;桥梁 20 座。开工累计完成投资 12.69 亿元。

印度古吉拉特邦阿默达巴德市东西走廊轻轨工程 R2 标段　位于印度阿默达巴德市,全长 8.24 千米。合同投资 7.34 亿元,合同工期 32 个月。主要工程量:高架桥 7.2 千米,萨巴尔马蒂河横跨大桥,新建高架车站 7 座。开工累计完成投资 3.94 亿元。

斯里兰卡港口高架桥项目　位于斯里兰卡首都科伦坡市。合同投资 1.988 亿美元,合同工期 1095 天,合同模式是设计施工合同。主要工程量:设计并施工 5.27 千米双向四车道高架桥和部分既有进港公路拓宽工程;高架桥采用双向 4 车道,共 115 跨。开工累计完成投资 1.17 亿元。

新加坡南北通道 N112 项目　位于新加坡城市中北部区域。合同投资 3.65 亿新元,合同工期 83 个月。主要工程量:新建 3.1 千米高架桥 1 座以及与主线相连的匝道 3 条;新建国防部进出口;升级既有水沟;临时天桥的拆除和新建;项目施工场地范围内的市政道路改扩建工程。开工累计完成投资 4518 万元。

缅甸仰光—达拉大桥项目　位于缅甸仰光市。达拉大桥全长 1867 延长米。主要工程量:双塔双索面预应力混凝土斜拉桥 690 延长米,主桥两个边墩墩柱和盖梁及附属工程。合同投资 6300 万美元,合同工期 39 个月,开工日期 2019 年 5 月。开工累计完成投资 9576 万元。

厄瓜多尔奥冬内斯拉索等三条公路工程　位于厄瓜多尔中部安第斯山区。合同投资 6.87 亿元,合同工期 24 个月,2015 年 6 月 19 日开工。第一标段奥冬内斯—拉索大街扩建,全长 6.46 千米,合同投资 1.36 亿元。第二标段格乔斯—楚格奇兰公路更新改造,全长 22.47 千米,合同投资 1.34 亿元。第三标段布埃纳毕斯达—呗噶里维拉—帕克查—萨卢马公路更新改造,全长 80.4 千米,合同投资 4.15 亿元。开工累计完成投资 7.63 亿元。　　（张　澎　乔卓贤）

【优惠贷款和援外工程】　安提瓜和巴布达圣约翰港现代化工程　合同投资 15.9 亿元,合同工期 36 个月。主要工程量:港口航道维护性疏浚、1 万总载重吨多用途泊位 2 个、15 万总载重吨邮轮泊位 1 个、1000 总载重吨客货滚装泊位 1 个。开工累计完成投资 2.77

亿元。

瓦努阿图公路升级改造项目　位于瓦努阿图塔纳岛和马勒库拉岛。合同投资3.5亿元,合同工期5年。瓦努阿图塔纳岛和马勒库拉岛公路二期项目是公路一期项目路网的扩展和延续。开工累计完成投资3.99亿元。

所罗门大学Panatina校区工程　位于所罗门首都霍尼亚拉市。合同投资9570万元,合同工期28个月。总建筑面积4700平方米。开工累计完成投资7330万元。（张　澎　乔卓贤　郑　浩）

【港澳工程施工】　澳氹第四条跨海大桥设计连建造工程　合同投资52.7亿澳门元,合同工期1119天,2020年3月26日开工。主线长3085千米,主桥标准路幅宽度45.15米,引桥标准路幅宽度34.2米,双向八车道,中间两车道为电单车专用道,设计时速80千米。匝道总长2349.75米,设计时速40千米,其中B、C、F、G匝道为单向单车道,A匝道为单向双车道。全桥地质详勘、临时道路、办公区建设完成。开工累计完成投资2.38亿元。

澳门南湾湖一号名胜世界酒店（金银岛酒店）建造工程　位于澳门南湾湖海湾。合同投资43289万美元,合同工期435天。主要工程量:A地块占地面积8100平方米,拟兴建一栋五星级酒店,主要包括地下3层停车场、地上4层裙楼、14层酒店塔楼,总建筑面积8.79万平方米;B地块占地面积9638平方米,主要包括卫生网、公共照明、公共行人道、公共街道及公共升降机,并进行与亚马喇前地道路连接的工程。开工累计完成投资5.81亿元。（张　澎　乔卓贤）

【境内工程施工】　珠海西部中心城区首期开发区域（A、B片区）基础设施工程　总面积342平方千米。合同投资8.3亿元,合同工期84个月,2013年9月30日开工。珠海西部中心城区（A片区）基础设施主要工程量:改造既有排洪渠1条,新建排洪渠2条,新建跨渠桥1座,新建闸站3座及道路2条。开工累计完成投资11.64亿元。

江门人才岛全岛开发建设工程一期　位于江门市。合同投资16.06亿元。总用地面积12.68平方千米,江岸线长17千米。主要工程量:岛屿路网及管网等市政工程,大型公用工程,广场、绿地及公园等基础配套工程,建筑工程。开工累计完成投资16.87亿元。潮头中央公园、F片区振兴大道、综合展览馆、高速立交花园等25个单位工程已完成并投入使用。

（杨小锋　李　航）

【生产经营】　2020年,新签合同额161.47亿美元,完成营业额198.7亿元,营业收入180.71亿元,净利润7.12亿元。在42个市场新签项目272个,其中1亿美元以上项目20个,新签合同当年落地率53%。进入布基纳法索、安哥拉、中非共和国3个新市场,经营范围拓展至全球105个国家和地区。

（冯　涛　陈璐阳）

【同心战“疫”】　2020年,研究出台防疫举措20余项。建立央企首个数字化境外疫情防控指挥中心,年内连线272次,实现全球市场“零距离”调度指挥。向尼日利亚派遣防疫工作组,建立央企海外首个核酸检测实验室,出台疫情期间境外员工延期休假待遇办法,创造条件安排员工轮休,向境外员工家属发放抗疫“八宝箱”。与当地社会携手抗疫,向北京铁建医院、湖北红安县革命老区捐赠防疫物资,抢建尼日利亚最大方舱医院,通过包机向瓦努阿图运送防疫物资,捐建瓦努阿图维拉中心医院隔离院区,累计对外捐赠医疗物资、器械2151万元。（冯　涛　国　测）

【重点在建项目推进情况】　尼日利亚拉伊铁路主线铺通,中线铁路成功投运,阿布贾城铁内燃动车组正式上线;阿联酋铁路项目开局顺利,各个施工节点相继实现,形成“大干快上”的有利局面;澳门第四跨海大桥8月首桩开钻,浮吊建造按计划顺利推进;坦桑尼亚中央线改造项目全线铺通,乌本戈立交桥主桥全部开通;巴基斯坦达苏进站路项目首段通车,达苏改线项目首条隧道顺利贯通,“七隧三桥”变更工程稳步推进。坦桑中央线米轨修复、孟加拉蒙格拉港疏浚、米尔莎莱工业园吹填、澳门检察院、安巴圣约翰港改扩建、巴布亚新几内亚塔里机场、瓦努阿图塔纳飓风学校、塞拉利昂弗里敦行政综合大楼、淮安空港产业园安置小区等多个项目陆续竣工移交;澳门金银岛酒店、马来西亚新山市加冕广场办公楼、援突尼斯外交培训学院等多个房建项目主体结构顺利封顶;埃塞巴赫达尔、德雷达瓦两个工业园正式开园,埃塞总理两赴开园仪式;援非盟非洲疾控中心总部项目年内提前开工,兑现党和国家领导人在中非合作论坛上作出的庄严承诺。中国土木获各类优质工程奖项3项,澳门离岛护理学院工程获ENR全球优质工程奖。（冯　涛　国　测）

【多元化发展】　设计咨询板块中铁建国际工程咨询公司正式成立。投资并购板块签约哥伦比亚波哥大有轨电车项目并迅速组建团队。投资拉动效应显著,累计通过投资拉动海外工程承包业务4.8亿美元、国内工程承包业务22.5亿元,带动海外运营业务17.68亿美元，入股中咨海外。运营板块亚吉铁路运量逆势上扬，在非洲大陆率先开启铁路冷链运输。园区板块莱基自贸区累计落户企业86家，埃塞德雷达瓦工业园一期20万平方米土地征地启动。（冯　涛　国　测）

【基础管理】 深化改革。推进总部“去机关化”改革，实现总部部门分批整合。组建美洲区域经营中心，成立中土研究院。合规经营。初步形成公司涉外专项律师库；组建招标办公室，财务信息化平台升级和海外报账中心试点上线，牵头组织编制《股份公司境外税务管理指导意见》。强化队伍。全年开展各类培训班68次、培训4925人次，持续推进“彩虹计划”和“U28计划”，授权境内外二级单位独立进行校园招聘。

（冯　涛　国　测）

【品牌建设】 打造品牌形象，参加第3届中国国际进口博览会、第17届中国—东盟博览会、第11届国际基础设施投资建设高峰论坛。讲好中土故事，中国土木微信公众号粉丝超过1.7万人，脸书、推特等海外社交媒体账号总粉丝量58万人。尼日利亚拉伊铁路“云开放日”、尼日利亚“鲁班工坊”开工建设，引起国内外媒体广泛关注。聚焦暖心工程，与北京世纪坛医院签署战略合作框架协议。（冯　涛　国　测）

【党建工作】 2020年，召开党委常委会13次，研究议题141项，研究重大生产经营工作59项。全年调整党组织16个，与54家基层党组织签订《党建工作责任书》。举办组工干部、入党积极分子和发展对象培训班，培训221人次。举办各类培训班58次，培训1674人次。全年干部岗位调整229人次，提拔35岁以下干部43人。进一步完善《相关人员履职待遇、业务支出管理办法》。《新时代国有企业海外党建工作的有效探索》入选社科院2020国有企业党建蓝皮书。

（王　斐）

【企业文化建设】 2020年，在国内外主流媒体宣传企业抗疫复工、社会履责、重点工程、共建“一带一路”等成果1000余次，其中央视报道20余次，3次亮相《新闻联播》；构建30个公众号和5个海外社交媒体账号的传播矩阵，海报《逆行者》获首届工程建设行业传媒作品大赛一等奖，短视频《改变》获第二届“一带一路”百国印记短视频大赛“人气短片奖”。通过国务院国资委文明办2018—2020年度首都文明单位公示，《国家外宣大格局下的央企海外传播能力建设研究》获央企优秀政研课题成果一等奖，《立体浸入式体验打造“中国标准”海外传播新形象》在中国企业海外形象高峰论坛获评“海外传播创新优秀案例”。（王　斐）

【纪检监察】 2020年，组织召开2020年党风廉政建设和反腐败工作会议，分类签订《党风廉政建设责任书》51份。制定《2020年纪检监察工作要点》。9月22日，组织召开2020年纪检工作推进会。全年起草、制定、修订和完善相关制度18项，牵头研究撰写的“建筑央企境外廉洁风险风控研究”课题获中国铁建2019—2020年度优秀政研成果二等奖。全年受理问题线索25件（含重复件10件）。按照“四类方式”处置问题线索23件（含重复9件），其中，谈话函询5件，初步核实7件，转立案审查5件，因海外疫情原因暂存待查2件次。予以结15件次（含重复9件）。5月25日正式上线中国土木纪委“清廉中土”官方微信公众号，全年发稿88篇。（赵辰天　蒋俊杰　陈宪佳）

【常规巡察】 2020年，巡察办配合股份公司党委第一巡视组对集团公司党委开展财务资金管理专项巡视工作。通过线上线下两种工作模式，完成对所属29家经营单位和5家三级单位所属的22个基层党组织的专项巡察工作，发现财务资金领域防范重大风险相关问题214个，发现贯彻落实全面从严治党政治责任相关问题167个，发现开展财务资金管理专项整治相关问题115个，发现巡视、审计整改相关问题49个。5月对资产分公司党工委开展常规巡察工作，发现企业管党治党和高质量发展方面问题29项。（陈宪佳）

【工会工作】 下辖国内基层工会组织4个，境外职工之家18家，会员1221人。修订《境外职工之家实施细则》，并在塞拉利昂、阿联酋和秘鲁新成立职工之家。全年处理提案111条。帮助解决职工子女入园入学21人。2家单位获火车头奖杯，2人获火车头奖章，1个集体获评省部级“模范职工小家”；20个集体获中国铁建级集体荣誉，24人获中国铁建级个人荣誉。开展以“传承·坚守”为主题的“我形我秀”职工礼仪和着装风采展示赛。（陈莉莉）

【共青团工作】 下辖团委6个，团总支3个，团支部34个。直属员工中35岁以下701人，占职工总数的54%。2020年，开展“守护中土、战疫有我”团员先锋志愿服务岗工作，志愿岗人员60余人。策划并承办中国铁建海外青年视频交流会，全球20个国家和地区38个分会场的300余名团员青年参与活动。

（刘吉海）

【北京中土大厦有限公司】 涉外四星级酒店，地上25

层、地下3层，由主楼、裙楼和多功能厅组成，建筑面积4万余平方米，各类客房183间，会议室11个，特色餐厅、风味小吃6家，茶艺、棋牌、康乐中心、商品部等配套设施。连续13年作为中央国家机关和北京市政府采购中心北京地区党政机关会议定点饭店。驻北京市海淀区北蜂窝6号。党支部书记、执行董事、总经理冯东。资产总额5079.3万元。

2020年，营业总收入5407.04万元，利润103.12万元。客房平均出租率44.77%，平均房价445.4元。（周　红）

【中土集团北方建设有限公司】 2011年成立，2016年合并重组。党委书记、执行董事房炳杰，党委副书记、总经理张家宏。职工735人。

2020年，经营承揽合同12个，国外新签合同额5.28亿元，国内新签合同额6191.52万元。国外营业额9.76亿元，国内营业额1.5亿元。（郝　毅）

【中土集团南方建设有限公司】 拥有市政公用工程施工总承包一级资质。主营房屋建设工程施工、市政公用建设工程施工、土石方建设工程施工等业务。前身系珠海铁城实业有限公司，2004年划归中国土木管辖，2011年更名为中土集团南方建设有限公司。党委书记、执行董事李继江，总经理、党委副书记王尧浩。职工338人。

2020年，新签合同额37.82亿元，营业收入22.33亿元，净利润8051万元，国有资产保值增值率110.83%、净资产收益率12.31%、产值利润率3.69%、资产负债率67.17%。（方梦婷）

【中土集团福州勘察设计研究院有限公司】 拥有铁道行业甲（Ⅱ）级，建筑行业（建筑工程）甲级，市政行业（轨道交通工程）专业甲级，公路行业（公路）专业乙级、市政行业（道路、桥梁专业）乙级工程设计资质；工程勘察专业类（岩土工程，工程测量）甲级资质；铁路工程监理甲级，房屋建筑工程监理乙级，市政公用工程监理乙级资质；地质灾害防治勘察乙级，地质灾害防治设计乙级，地质灾害防治施工丙级，地质灾害防治危险性评估丙级资质；对外承包工程资格；铁路、城市轨道交通、建筑甲级资信。原系1959年1月在福州成立的上海铁路局福州勘测设计院，2010年6月22日更名为中土集团福州勘察设计研究院有限公司。驻福建省福州市晋安区沁园支路41号。执行董事、党委书记高嵩，总经理、党委副书记刘勇。职工360人。

2020年，新签合同额34874.5万元。其中，国内项目新签合同额29500.01万元，中国土木内部合同额5374.49万元。营业收入65787.51万元。（饶宝文）

【中国土木工程集团有限公司资产分公司】 中国土木全球投资开发管理平台，通过基础设施和房地产投资、股权投资和企业并购，实现中国土木的经营业务转型升级。2017年5月18日成立。党工委书记、总经理何锦洲，党工委委员、执行总经理王会。资产总额51499.75万元。其中，固定资产原值7万元、净值5.14万元，流动资产21531.89万元。

2020年，营业收入278.86万元。国内项目累计投资总额408.98亿元，国外项目累计投资总额9.49亿美元。（肖若海　付诗茜）

【中铁建轨道运营有限公司】 主要从事系统筹划运营项目，设计构建运营组织，监督督导项目实施，培养培育专业运营团队。2017年12月21日成立。驻北京市海淀区北蜂窝6号中土大厦17层。执行董事、总经理刘东，党工委书记、副总经理杨健。职工59人。

2020年，持续追踪各类轨道交通项目超过17个，其中新增项目7个。（杨　琛）

【援外部】 由中国土木职能部门改为独立经营核算的业务部门。负责援外项目、驻外馆舍、总承包三大板块以及南太平洋及加勒比两大区域市场的经营和生产管理工作。总经理阳松，党总支书记林猛。职工37人。

2020年，新签合同36个，合同总额3.99亿美元，营业额9719万美元，营业收入80796万元，利润3533万元。（郑　浩）

【中土埃塞俄比亚工程有限公司】 经营领域包括铁路、公路、港口、机场、工业园、房建、换流站等。承担埃塞俄比亚、吉布提、索马里、南苏丹、厄尔特里亚5个国别市场的经营开发和项目管理。是埃塞俄比亚中国商会副会长单位。2012年6月19日注册设立埃塞俄比亚工程有限公司，2018年8月30日注册设立中国土木工程集团有限公司埃塞俄比亚分公司。驻埃塞俄比亚首都亚的斯亚贝巴市。执行董事、总经理、党委副书记郭重风，党委书记、副总经理张振海。职工3360人。资产总额40.78亿元。其中，固定资产原值3.95亿元、净值0.24亿元，流动资产31.01亿元。机械设备1284台（套）。其中，生产施工设备707台（套），其他机械设备577台（套）。机械运输设备总值3.38亿元、净值0.19亿元。

2020年，新签合同额2.13亿美元，营业额1.66亿美元，营业收入1.4亿美元，净利润0.24亿美元。年人均创利46.18万元。国有资产保值增值率87.34%、净资产收益率15.41%、投资回报率15.41%、资产负债率75.52%。（郭　志　陈　冲　李浩乾）

【中土尼日利亚有限公司】 尼日利亚工程管理委员会（COREN）及尼日利亚国家采购局（BPP）注册承包商，经营范围涵盖铁路、公路、桥梁、市政、房建、机场航站楼、水工、铁路运营、设备维修、物流贸易、实业投资、房地产开发等多个领域，业务覆盖尼日利亚36个州中的29个州。1981年进入尼日利亚市场，1996年注册成立。驻尼日利亚首都阿布贾。执行董事、党委书记姜义高，总经理、党委副书记张志臣（12月任）。中方人员887人，当地雇员13466人。各类施工设备、运输设备、生产设备、测量实验设备和其他固定资产6857台（套），总功率965325千瓦，动力装备率1079.78千瓦/人，技术装备率20.12万元/人，设备完好率60.49%、利用率52.18%。其中主要施工设备、运输设备、生产设备（含新入账设备）4548台（套），设备完好率78.08%、利用率70.18%。流动资产82.32亿元（含水工事业部和中非建设尼日利亚），非流动资产中固定资产原值18.82亿元，累计折旧16.52亿元，净值2.3亿元。其他非流动资产包括长期应收款1.94亿元、投资性房地产1073.78万元、在建工程1049.44万元、无形资产1198.24万元。

2020年，尼新授标项目31个，新签合同额46.4亿美元，营业额8.59亿美元，营业收入57.9亿万元，实现净利润10.38亿元。（柳一鸣）

【中土东非有限公司】 拥有坦桑尼亚房建、土木、设备安装、电气安装工程一级承包资质。经营范围辐射坦桑尼亚、卢旺达、乌干达、布隆迪四国。1981年3月成立；2007年1月1日，整合坦桑尼亚、卢旺达、乌干达东非三个市场资源成立中土东非有限公司。驻坦桑尼亚首都达累斯萨拉姆市。总经理、党总支副书记张军乐，党总支书记、副经理吴蔚。中方员工530人，市场雇佣当地高级雇员及工人3054人。施工设备1435台，固定资产原值49962.5万元、净值14317.7万元。

2020年，新签合同额10289万美元，营业额13亿元，实现营业收入158288万元，利润总额5081万元。（石　磊　赵　叶　陈思旭）

【中国土木工程博茨瓦纳有限公司】 拥有博茨瓦纳房建E级资质、大规模基建E级资质、乡村供水和给排水E级资质和公路、桥梁、铁路E级资质，可承揽博茨瓦纳建筑承包工程市场上的各类最高级别的工程项目。管辖博茨瓦纳、纳米比亚、津巴布韦市场。1991年7月成立，驻博茨瓦纳哈博罗内市特鲁昆。总经理、党支部书记朱庆连。工程机械设备118台，原值4111.72万元、净值731.33万元；设备资产利润率229.59%，资产增长率2.57%；设备总功率13476.95千瓦，技术装备率2.29万元/人，动力装备率42.12千瓦/人。

2020年，新签合同额4561万美元，其中博茨瓦纳市场4561万美元；营业额1388.98万美元，其中博茨瓦纳市场958.4万美元、纳米比亚市场430.58万美元。（柳丰华）

【中国土木工程集团（肯尼亚）有限公司】 拥有肯尼亚道路工程、建筑施工、水利建设、电力工程和设备安装的一级资质，可承揽肯尼亚建筑承包工程市场上的各类最高级别的工程项目。管辖市场包含肯尼亚、马达加斯加、科特迪瓦、毛里求斯、留尼汪、塞舌尔。2012年4月注册成立，2016年8月独立经营。驻肯尼亚首都内罗毕。总经理、党支部副书记陈增才，副总经理、党支部书记张磊（5月任）。正式职工32人，中方社聘员工50人，当地员工803人。固定资产原值19657.63万元、净值5024.31万元，流动资产52000.01万元，其他资产9840.12万元。

2020年，新签合同额4340.86万美元，营业额4006.79万美元。（李　楠）

【中国土木工程（赞比亚）有限公司】 2009年7月3日注册成立。驻赞比亚首都卢萨卡。管辖赞比亚、马拉维、刚果（金）、莫桑比克和安哥拉5个市场。总经理、党总支副书记丁建伟，党总支书记、副总经理顾拥武。中方员工251人，雇佣属地员工2500人。资产总额5.59亿元。其中，固定资产原值1.52亿元、净值0.54亿元，流动资产4.73亿元，

2020年，新签合同额108138.58万美元，主营业务收入6.01亿元，在建项目营业额5.35亿元，利润总额0.42亿元，人均创利16.73万元，二次经营完成利息索赔及合同变更2573.85万元，变更索赔392万美元。净资产收益率202.39%，产值利润率7.63%，资产负债率96.22%，总资产报销率8%，净资产收益率202.39%。（宋　冰　罗自兵　胡子耀）

【中国土木工程集团塞拉利昂有限公司】 拥有塞拉利昂工程部签发的工程建筑行业最高资质。业务涉及铁路、公路、房建及房地产开发等。2011年4月11日成立。驻塞拉利昂弗里敦市蓝茉莉海滩“西非阳光”小区。副总经理李健（主持行政工作）。正式员工7人，社会招聘员工65人，当地员工449人。拥有大型

机械设备32种、92台(套),资产设备8台(套)(含房产和办公设备)。固定资产原值1725.28万元、净值76.90万元。

2020年,新签合同额2766.54万元,营业收入7669.267万元,利润总额235.29万元。（靳鑫雅）

【中国土木工程集团有限公司几内亚分公司】 主要业务范围包括铁路、公路、市政、桥梁、房建等基础设施建设。2012年5月28日,在几内亚首都科纳克里设立办事处;2014年9月17日,正式注册中铁建几内亚有限公司;2018年7月12日,在当地注册成立中国土木工程集团有限公司几内亚分公司。总经理刘长松。职工9人。（肖以理）

【中国土木塞内加尔有限公司】 2019年9月20日注册成立,前身系2015年6月17日注册成立的中铁建塞内加尔有限公司和2017年7月13日注册成立的中土塞内加尔分公司。党支部书记、总经理王世恒。中方员工27人,当地员工25人。固定资产原值991.98万元、净值377.39万元。拥有各类机械设备43台(套),其中测量实验设备2台(套)、生产设备4台(套)、施工机械13台(套)、运输设备14台(套)、其他固定资产10台(套)。机械设备总功率3718.25千瓦,动力装备率7.26万元/人,技术装备率71.50千瓦/人,设备完好率97.67%、使用率95.35%。

2020年,营业额6946万元。（吕东鑫）

【中国土木工程科特迪瓦有限公司】 主要负责科特迪瓦、贝宁、多哥三个国家的市场经营和开拓。2019年1月当选为科特迪瓦中资企业商会副会长单位,负责商会司库工作。驻科特迪瓦阿比让市。2013年3月21日注册成立。总经理耿道锦。职工761人。

（张成亭）

【中非莱基投资有限公司】 由中国铁建股份有限公司(持股57.29%)、中国土木工程集团有限公司(持股17.18%)、中非发展基金有限公司和南京江宁经济技术开发总公司共同合资组建。2006年3月在北京注册成立。驻北京市海淀区复兴路40号中国铁建大厦A座6层。职工9人。总经理池长贵(7月免)、黄习工(7月任)。莱基自贸区位于尼日利亚拉各斯州伊柏九莱基区莱基沿海路。中非莱基资产总额117424万元。其中,固定资产原值137万元、净值8万元,流动资产20763万元,其他资产96661万元。净利润540万元。莱基开发资产总额18335万美元。其中,固定资产净值13416万美元,流动资产2599万美元,其他资产2320万美元。净利润-355万美元。

截至2020年底,莱基自贸区累计投资24223.5万美元,其中基础设施投资17301.34万美元。2020年,新签入驻企业9家,累计签订投资协议企业86家。

（高 巍 孙明宇 杜达宁）

【中国土木阿尔及利亚有限公司】 经营范围包括铁路、水利、房建、大型公共工程及土木工程的承包、实施及设计;公共工程、房建工程及其他设备及机器的租赁;相关领域的技术监理及咨询。当地注册公司EURL CCECC获专业资格六级高等级资质证书,可承揽实施除机场、个别桥梁工程以外的所有工程类型。2007年9月1日由原中土阿尔及利亚办事处改制成立。驻阿尔及利亚首都阿尔及尔。总经理、党总支书记钟本峰。职工528人。资产总额41128.4万元。其中,固定资产原值10591.53万元、净值20.07万元,流动资产41108.33万元。设备237台,净值16.26万元,总功率35823.8千瓦,动力装备率74.17千瓦/人,技术装备率0.03万元/人,设备完好率27.5%。

2020年,新签合同额10284.03万元,营业额14760.73万元。（韩 信）

【中国土木工程集团有限公司阿联酋分公司】 拥有铁路、道路、桥梁、隧道、房建、钢结构特级资质。主要负责阿联酋及其有关周边国家市场的经营开发和项目管理。1987年7月31日注册成立。驻阿联酋阿布扎比。党工委书记、总经理王磊。职工3167人。资产总额13.34亿元。拥有各类机械设备820台(套),原值3.58亿元、净值2.97亿元。施工、运输及生产设备总功率9.3万千瓦。资产增长率99.5%,设备成新率82.96%,技术装备率9.38万元/人,设备完好率99.15%、利用率91.93%。

2020年,营业收入9.94亿元。

（廖 理 李王娅 郑嘉伟）

【中国土木工程集团有限公司沙特阿拉伯分公司】 主要从事工程承包、设计咨询、劳务合作、进出口贸易、实业投资等业务,是《中沙工程项目合作谅解备忘录》项下第一批被推荐的企业之一,沙特中资企业协会秘书长单位。1999年2月设立代表,2008年8月16日注册成立。驻利雅得萨哈发区伊玛目路。总经理刘炤炤(8月任),党支部书记、副总经理、总会计师李殷程(5月任)。职工101人。资产总额20397.48万元。其中,固定资产原值4346.7万元、净值32.53万元,流动资产17503.64万元,长期应收款2861.3万元。拥有设备179台(套),设备原值4322.33万元、净值

27.95万元,总功率16320.4千瓦,动力装备率157千瓦/人,技术装备率8000元/人,设备完好率95.5%、利用率33.52%。

2020年,营业额10346.77万元,全员劳动生产率344.89万元/(人·年)。

(宁 波 王晓斌 于 群)

【中国土木工程集团有限公司埃及分公司】 2016年设立。经理申占虎。 (申占虎)

【中国土木工程集团有限公司港澳分公司(筹)】 拥有澳门建筑牌、中铁(澳门)有限公司持有澳门建筑牌照、中土物业管理有限公司持有分层建筑物管理商业业务临时准照、中国土木工程集团有限公司在香港持有公共工程土地平整丙组(试用期)牌照、中铁(澳门)职业介绍所有限公司持有澳门劳工事务局颁发劳务中介行政执照。2018年11月22日成立。党总支书记、执行董事总经理郁葱。职工125人。资产总额133415.92万元。其中,固定资产原值17826.12万元、净值13235万元,投资性房地产净值5220.15万元,流动资产112293.48万元,其他资产2667.29万元。拥有小型客运运输车辆23台,原值692万元、净值178万元,技术装备率1.4万元/人,设备利用率100%。

2020年,新签合同额4.83亿美元,中标项目5个,净利润6023万元。 (黄杉杉)

【中国土木工程集团有限公司巴基斯坦分公司】 驻巴基斯坦伊斯兰堡公园路28号。2015年注册成立。党支部书记贾慧琴,执行总经理王超柱(7月任)。中方员工18人,当地雇员16人。资产总额24332万元,负债总额22833万元,资产负债率94%。固定资产原值1055万元、净值464万元。

2020年,新签合同额1954万美元,营业额1862万美元,营业收入9128万元,利润1675万元。

(古 晓 徐卓然)

【中土孟加拉有限公司】 以孟加拉国为中心,形成辐射印度、斯里兰卡、马尔代夫、尼泊尔的南亚中心市场。2015年3月成立孟加拉办事处,2019年12月1日办事处正式更名为中土孟加拉有限公司。党支部副书记、总经理柯昌良,党支部书记、副总经理杨之骏。中方员工61人,当地高级雇员1307人。

2020年,新签合同额354002.1万元,营业收入90411.46万元,净利润5919.09万元。 (张力夫)

【中国土木(新加坡)有限公司】 拥有新加坡建设局颁发的CW02 A1 Limited和CW02 B1总包执照,可参与新加坡陆交局招标的所有项目及其他政府部门发包的4000万新元以内项目投标。员工59人。总经理李兵。

2020年,完成产值5800万元,营业额5796.49万元,全员劳动生产率103.26万元/(人·年)。

(张 瑜 李慧颖)

【中国土木工程集团有限公司菲律宾分公司】 2017年9月注册。驻菲律宾大马尼拉地区马卡蒂市。总经理卢勇。中方职工2人,当地员工2人。 (罗 阳)

【中国土木工程集团缅甸有限公司】 2019年6月6日设立。股东代表、执行董事、总经理白杨。职工19人。

2020年,新签合同额4.03亿美元,实现收入9976.57万元。 (张恩鸿)

【中国土木工程集团有限公司柬埔寨分公司】 拥有柬埔寨建筑施工一级证书。2019年8月16日注册成立。负责人周天敏。 (孙同贺)

【中国铁道建筑总公司土耳其安卡拉分公司】 驻土耳其安卡拉市。2006年6月注册成立。总经理吴暑林。正式员工2人,当地员工3人。 (冯 磊)

【中国土木工程集团(波兰)有限公司】 主要从事房屋出租、物业管理、铁路修复改造项目的追踪及市场开拓等业务。1993年6月注册代表处,2007年9月3日更名为中国土木工程集团(波兰)有限公司。中方员工1人,当地员工5人。负责人贾钰仁。

2020年,营业额516.7万元。 (贾钰仁)

【中国土木工程集团有限公司巴尔干分公司】 负责除波兰、罗马尼亚、保加利亚、摩尔多瓦、土耳其等国家以外的其他欧洲区域市场的经营开发与管理工作。2017年1月,成立中国土木工程集团有限公司贝尔格莱德分公司;2019年4月,更名为中国土木工程集团有限公司巴尔干分公司。法定代表人孙熳。职工13人。

2020年,新签合同额2797万欧元,营业额20.5万欧元。 (崔刘笛)

【中国土木工程集团罗马尼亚有限公司】 驻罗马尼亚伊尔佛夫县沃伦达瑞市扬古尼古拉英雄大街83号。2014年6月4日成立。总经理斯海洋。职工5人。

2020 年,产值 869.14 万元,利润 101.66 万元。

(斯海洋)

【中国土木工程集团有限公司哥伦比亚分公司】 主要负责中国土木在哥伦比亚市场的经营开拓业务和波哥大西部有轨电车特许经营项目的实施。2020 年 1 月 8 日成立。驻哥伦比亚首都波哥大。职工 55 人。总经理姜爱民。

2020 年,新签合同额 861134.12 万元,全员劳动生产率 62.63 万元/(人·年),国有资产保值增值率 100%,资产负债率 100%,应上缴款完成率 100%。

(郝瑞辉)

【中国土木工程集团有限公司厄瓜多尔分公司】 2016 年 5 月注册。职工 18 人。

2020 年,新签项目 2 个,新签合同额 1743 万美元。营业额 823.9 万美元,营业收入 504.5 万美元。

(何　鑫　闵　伟　褚　天)

【中国土木工程集团有限公司巴拿马分公司】 拥有参与当地招投标项目资格。主要负责巴拿马及中美洲区域市场经营开发工作。2018 年 5 月注册成立。总经理刘学兵、郭超(10 月任)。中方人员 1 人。

(郭　超)

【中国土木工程集团有限公司哥斯达黎加分公司】 拥有负责哥斯达黎加及协助巴拿马经营中心在中美洲区域市场经营开发工作。2018 年 5 月派员常驻。经理代表郭超。(刘立明)

【中国土木工程集团有限公司秘鲁分公司】 拥有秘鲁国家工程服务供应商,秘鲁国家工程施工供应商资质。主要负责中国土木在秘鲁市场的经营开拓业务以及所属项目的实施管理。2019 年 2 月完成注册。驻秘鲁首都利马。2020 年 10 月 22 日,美洲区域事业部整体前移并设立美洲区域经营中心,总部设在利马,与秘鲁分公司合并办公。总经理李庆勇。中方员工 18 人,当地雇员 128 人。

2020 年,新签合同额 2.62 亿美元,营业额 798 万美元。承揽公路项目 7 个。(张恒业)

【中国土木工程集团有限公司以色列分公司】 中国最早开拓以色列工程承包市场的企业之一,唯一成功实施以色列大型基础设施项目的中国企业。负责以色列市场开发、项目经营管理、物资设备进口的具有总承包实力的综合性分公司。2007 年 1 月 29 日成立。驻以色列特拉维夫市。党支部书记、执行董事、总经理管嘉欣。中方员工 20 人,当地员工 20 人。

2020 年,新签合同额 57530 万元,营业额 62425 万元。(徐　阳　张海彦　王　乐)

【中国土木工程集团(俄罗斯)有限责任公司】 拥有在俄罗斯联邦境内进行工程承包的资质,加入俄罗斯行业自律协会——施工总承包商联合会,可签约单个合同额在 100 亿卢布以内的所有竞标类工程承包合同以及任何合同额的所有议标类工程承包合同。驻俄罗斯莫斯科市。总经理李敏。派员 2 人,俄罗斯籍员工 3 人。(李　敏)

【中国土木工程集团有限公司塔吉克斯坦分公司】 拥有塔吉克斯坦房建一级资质与公路建设一级资质。2015 年 7 月 3 日注册成立。驻塔吉克斯坦首都杜尚别。总经理王一。(王　一　李　祥)

【中国土木工程集团有限公司哈萨克斯坦分公司】 拥有哈萨克斯坦国家一级建筑施工安装资质证书。驻哈萨克斯坦阿拉木图市。2017 年 2 月 13 日成立。总经理房连军。中方员工 3 人,当地雇员 13 人。

2020 年,新签合同额 10311 万元。(王　鑫)

【中国土木工程集团有限公司吉尔吉斯斯坦分公司】 拥有吉尔吉斯斯坦二级施工资质。驻吉尔吉斯斯坦比什凯克市。2016 年 12 月 25 日成立。总经理房连军。中方员工 1 人,当地员工 1 人。(王龙龙)

【中国土木工程集团有限公司驻加纳办事处】 经营范围包括铁路、公路、市政、桥梁、房建等基础设施项目承包等。2013 年注册成立子公司;2018 年 3 月 28 日重新注册办事处。驻加纳首都阿克拉市。正式员工 1 人,当地员工 2 人。

2020 年,新签合同额 2.98 亿美元。(黄海峰)

【中国土木工程集团有限公司驻欧洲代表处】 1984 年 11 月成立。驻于德国法兰克福市。职工 1 人。法定代表人孙熳。(崔刘笛)

【中国土木工程集团有限公司驻印度尼西亚代表处】 2012 年 5 月完成注册。驻印度尼西亚雅加达。代表刘博。正式员工 2 人,当地雇员 3 人。

2020 年,新签合同额 47322.63 万美元。

(刘　博)

【中国土木工程集团有限公司驻乌兹别克斯坦代表处】 2017 年 10 月成立。驻乌兹别克首都塔什干。总代表王一。中方员工 2 人,当地员工 4 人。

(刘文浩　李　祥)

【中国土木工程集团有限公司驻日本代表处】 主要业务是促进公司在第三国与日本企业开展合作,管理派到日本的中国和柬埔寨技能实行生。1984 年 10 月成立。驻日本东京市。负责人蔡宇。职工 2 人。

(蔡　宇)

【中国土木工程集团有限公司津巴布韦办事处】 2015 年 8 月 14 日完成注册;2015 年 12 月,更名为中国土木工程集团有限公司。(谢文龙)

【重要记载】

▲1 月 3 日　中国土木与秘鲁交通部分散道路管理局在利马正式签订通贝斯公路改造维护项目。项目的成功签约标志着中国土木正式进入秘鲁施工承包市场。

▲1 月 7 日　中国土木与哥伦比亚昆迪纳马卡省政府区域铁路公司正式签署哥伦比亚波哥大西部有轨电车项目特许经营合同。该项目是连接哥伦比亚首都波哥大市与昆省各个城市的通勤通道,是中国土木签订的首个海外 PPP 特许经营项目,也是在哥伦比亚市场承揽的首个项目。

▲4 月 7 日　中国铁建赴尼日利亚防疫工作组出发仪式在北京中土大厦举行。中国铁建赴尼日利亚防疫工作组由中国土木牵头,协同中铁十七局中心医院组成,工作组成员 15 人。

▲5 月 30 日　中土研究院揭牌仪式在北京中土大厦举行。

▲8 月 31 日　中国铁建员工健康中心在尼日利亚首都阿布贾挂牌成立。这是中国铁建在海外建立的首个功能完备的员工健康中心。

▲8 月　中国土木签署安哥拉马兰热锰矿电力项目合同。该项目是中国土木自 2019 年进入安哥拉市场以来签约的首个项目,建成后,对缓解当地用电压力,推动该地区矿业发展具有重要意义。

▲10 月 1 日　马来西亚新山市加冕广场 5 号塔办公楼项目顺利完成主体结构封顶,该项目是中国土木海外承建的最高层建筑,此次顺利封顶标志着中国土木在房建领域实现新高度,取得新突破。

▲10 月 18 日　中铁建国际工程咨询有限公司揭牌仪式在北京中土大厦举行。

▲10 月 23 日　中国土木美洲区域经营中心正式成立。

▲11 月 3 日　2020 · 中国企业海外形象高峰论坛在北京举办。中国土木选送的案例《立体浸入式体验打造“中国标准”海外传播新形象》获评“海外传播创新类优秀案例”。

▲11 月 3 日　中国土木—中铁十一局联合体签署中非共和国 PK0 至班吉—姆波科国际机场路段改造和班吉—姆波科国际机场跑道升级项目,标志着中国土木成功进入中非共和国市场。

(齐晗毓　国　测)

中铁十一局集团有限公司

【简况】 拥有 59 类 272 项资质:铁路、公路、建筑、市政公用等施工总承包特级资质 7 项及行业甲级设计资质 7 项;测绘甲级资质 1 项;测量工程乙级资质 1 项;岩土工程勘察乙级资质 1 项;水利水电、通信、机电等总承包及公路路基、公路路面、桥梁、隧道等专业承包一级资质 129 项;电力、矿山、冶金等总承包和钢结构、输变电、交通等专业承包二级及二级以下资质 89 项;军工涉密许可、检验检测认证、营业性爆破许可、房地产开发、物业管理、信息通信网络系统、特种设备制造许可、特种设备安装改造维修许可、对外援助成套项目总承包资格、土木工程(CW02)A1 资质等其他类资质 37 项。是集施工、设计、科研、装备制造、资本运营、房地产开发、物资贸易于一体,拥有对外经营权的特大型企业集团。前身系诞生于 1948 年的中国人民解放军铁道兵第一师;1984 年,兵改工后改编为铁道部第十一工程局;1999 年 12 月,更名为中铁第十一工程局;2001 年 8 月,改制改称中铁十一局集团有限公司。2008 年 3 月随中国铁建整体上市。注册资本金 61.62 亿元。总部驻湖北省武汉市武昌区中山路 277 号。下辖第一工程有限公司、第二工程有限公司、第三工程有限公司、第四工程有限公司、第五工程有限公司、第六工程有限公司、电务工程有限公司、建筑安装工程有限公司、桥梁有限公司、城市轨道工程有限公司、建设发展有限公司、西安建设有限公司、华东建设有限公司、房地产开发有限公司、铁恒实业有限公司、武汉物业管理有限公司、汉江重工有限公司等三级全资子公司 17 家,一分公司、二分公司、三分公司、四分公司、五分公司、六分公司、电务分公司、建安分公司、桥梁分公司、城市建设分公司、勘察设计院等三级分公司 11 家,海外工程事业部、产业拓展事业部、投资公司等三级事业部3家,财务共享中心、襄阳管理部等三级直属机构2家,京津冀指挥部、东北指挥部、华东指挥部、东南指挥部、华南指挥部、西北指挥部、新疆指挥部、内蒙古指挥部、中原指挥部、川渝藏指挥部、云贵指挥部、中南指挥部等三级区域经营机构12家;四级全资子公司16家,四级控股子公司1家,四级分公司29家。职工18582人。资产总额548.65亿元。其中,固定资产34.14亿元,流动资产434.42亿元。机械运输设备10351台(套),原值52.64亿元、净值17.48亿元;总功率1166111.26千瓦,动力装备率62.65千瓦/人,技术装备率9.39万元/人,设备完好率94%、利用率92%。年施工能力800亿元以上。

2020年,承揽任务567项,新签合同投资1547.69亿元,总产值777亿元,其中施工产值752亿元。主要实物工程量:土石方10401万立方米,桥梁163000延长米,隧道134000延长米,铁路制梁6509片,铁路架梁4350孔,铁路铺轨798千米,铺设道岔268组,公路架梁9149片,房屋建筑面积45万平方米,路面1324万平方米,地铁43千米,供电线路130千米,接触网146千米。年内获中国建设工程鲁班奖2项、国家优质工程奖13项,国家科技进步奖2项、中国土木工程詹天佑奖4项、省部级科技进步奖6项、专利授权279件,获评"国家知识产权优势企业"。 (郭　琳)

【领导人员】

董事会

董事长	何义斌
董事	陈志明
	方永利(8月免)
	张丕界(6月免)
	谢敬平
	龙信桥(1月任)
职工董事	谢敬平
董事会秘书	管琼铸

监事会

监事会主席	李洪安
监事	宋连英
	李　俊(1月免)
	张　平(1月任)
职工监事	李　俊(1月免)
	张　平(1月任)

经理层

总经理	陈志明
副总经理	张丕界(6月免)
	龙信桥
	李小红
	方永利(8月免)
	吴　刚
	王卓华
	魏加志
总工程师	张丕界(兼,6月免)
总会计师	方永利(兼,8月免)
总法律顾问	方永利(兼,8月免)

党群领导

党委书记	何义斌
党委副书记	陈志明
	谢敬平
纪委书记	李洪安
工会主席	谢敬平

(张红月)

【职工队伍】 职工18582人。其中,干部14440人,工人4142人;正高级工程师98人,高级职称2019人,中级职称5052人,初级职称5772人;专业技术干部12941人,占干部总数的90%;技术工人1062人,占工人总数的26%。 (周小琪)

【工程项目指挥机构】 拉林铁路指挥部　驻西藏自治区拉萨市。指挥长李岳峰。

湖北城际指挥部　驻湖北省武汉市。指挥长彭齐瑞,党工委书记李伙明。

遵义高铁新城项目部　驻贵州省遵义市。项目经理刘华荣。

仙桃大福支线项目部　驻湖北省仙桃市。项目经理彭齐瑞,党工委书记段邦顺。

福厦铁路项目部　驻福建省莆田市。项目经理刘守成,党工委书记孙昱。

广州地铁18号和22号线项目部　驻广东省广州市。项目经理李兵,党工委书记王荃荃。

广州地铁10号线项目部　驻广东省广州市。项目经理李兵,党工委书记王荃荃。

长沙地铁6号线项目部　驻湖南省长沙市。项目经理刘云龙,党工委书记吴红宇。

常益长铁路项目部　驻湖南省长沙市。常务副经理张忠义,党工委副书记刘尔民。

长株潭城际轨道交通西环线项目部　驻湖南省长沙市。项目经理田红星,党工委副书记刘佳。

杭温铁路1标段项目部　驻浙江省金华市。项目经理封明君,党工委书记肖海涛。 (何　超)

【铁路工程施工】 玉磨铁路YMZQ-9标段工程　位

于云南省普洱市，全长20.5千米。合同投资19.56亿元，合同工期2016年4月15日至2019年12月31日（后调整为2021年12月底开通）。主要工程量：隧道20375延长米，中桥94.25延长米，路基土石方13.16万立方米，无砟轨道20.482千米。2020年完成投资2.52亿元，开工累计完成投资19.29亿元。

拉林铁路LLZQ－1A标段工程　位于西藏自治区拉萨市，全长10.222千米。合同投资15.37亿元，合同工期2015年7月1日至2021年11月30日。主要工程量：路基土石方13.55万立方米，桥梁3座5143.88延长米，T梁预制架设1819单线孔，隧道1座4373延长米，铺轨正线399.61千米、站线62.06千米，铺新岔180组。2020年完成投资3.087亿元，开工累计完成投资14.63亿元。

郑万铁路重庆段ZWCQZQ－9标段工程　位于重庆市云阳区，全长27.4千米。合同投资25.12亿元，合同工期2016年12月1日至2021年12月7日。主要工程量：桥梁4474.692延长米，隧道22160.92延长米，路基768.368延长米，无砟轨道54.81千米。2020年完成投资7.77亿元，开工累计完成投资23.76亿元。

郑万铁路湖北段ZWZQ－5标段工程　位于湖北省襄阳市，全长35.11千米。合同投资27.58亿元，合同工期2016年12月1日至2022年5月31日。主要工程量：路基2.902千米，区间路基挖方51万立方米，填方10.6万立方米，车站路基挖方156.9万立方米，填方11.3万立方米，桥梁18062.14延长米，隧道14085延长米，箱梁预制架设433孔。2020年完成投资2.09亿元，开工累计完成投资26.83亿元。

成昆铁路峨米段EMZQ－15标段工程　位于四川省德昌县、米易县，全长25.705千米。合同投资12.86亿元，合同工期2016年4月1日至2021年4月30日。主要工程量：路基土石方86.1万立方米，桥梁7座2687延长米，涵洞12座415.2横延米，隧道3座20042延长米，无砟轨道28.46千米。2020年完成投资2.06亿元，开工累计完成投资13.78亿元。

福厦铁路FX－4标段工程　位于福建省莆田市，全长21.516千米。合同投资23.93亿元，合同工期2017年9月30日至2022年9月30日。主要工程量：路基土石方6.28万立方米，站场土石方251.04万立方米；双线特大桥2座18475.02延长米，双线中桥1座103.73延长米，制架箱梁628孔，移动模架现浇箱梁29孔，连续梁6联，斜拉桥3孔，系杆拱1孔；正线铺新轨299.06千米，站线铺新轨72.19千米，铺粒料道床19.74万立方米，铺新岔155组。2020年完成投资8.45亿元，开工累计完成投资17.62亿元。

贵南铁路广西段GNZQ－6标段工程　位于广西壮族自治区河池市，全长32.82千米。合同投资20.14亿元，合同工期2017年12月20日至2023年12月19日。主要工程量：区间路基土石方7.34万立方米，站场土石方95.97万立方米；桥梁4座2084.732延长米，隧道5座29502延长米，正线无砟道床66.596千米，站线无砟道床0.27千米。2020年完成投资4.77亿元，开工累计完成投资13.14亿元。

贵南铁路贵州段GNZQ－4标段工程　位于贵州省独山县，全长30.624千米。合同投资25.62亿元，合同工期2017年12月28日至2023年12月27日。主要工程量：区间路基土石方46.14万立方米，站场土石方120.9万立方米；桥梁8座5443.027延长米，箱梁制架143孔，隧道6座21137延长米，正线无砟道床62.196千米，双块式轨枕预制393.416千米，双块式轨枕装车331.22千米。2020年完成投资7.4亿元，开工累计完成投资16.3亿元。

渝黔铁路CQQJZQ－4标段工程　位于重庆市巴南区，全长24.73千米。合同投资23.48亿元，合同工期2020年2月1日至2025年7月31日。主要工程量：路基1.76千米，区间路基土石方68.65万立方米，站场土石方35.38万立方米；桥梁17座8301.64延长米，框架桥1座15.1延长米，涵洞2座37.12横延米，制架简支箱梁194孔，支架现浇箱梁8孔，移动模架现浇简支箱梁26孔，连续梁9联；隧道9座14671延长米；正线铺轨333.24千米，正线铺粒料道床53298立方米；无砟道床50.57千米，双块式轨枕预制40.36万根。2020年完成投资2.3亿元，开工累计完成投资2.3亿元。

杭绍台铁路HSTZQ－5标段工程　位于浙江省临海市，全长28.025千米。合同投资19.8亿元，合同工期2018年4月1日至2021年5月31日。主要工程量：路基2.651千米；桥梁11230延长米；双线隧道14140延长米；正线铺新轨393.9千米，铺道床54.9千米；站线铺新轨45.8千米，铺新岔57组，铺道床3.2千米；预制架设箱梁289孔；轨枕预制366586根。2020年完成投资7.16亿元，开工累计完成投资17.84亿元。

南崇铁路NCZQ－5标段工程　位于广西壮族自治区崇左市扶绥县，全长24.5千米。合同投资15.31亿元，合同工期2018年10月1日至2021年9月30日。主要工程量：桥梁17座6370延长米，桩基1411根，承台209个，墩台209个，预制架设箱梁472孔；路基土石方挖方248.56万立方米，填方149.68万立方米；涵洞881横延米；隧道6座6132延长米。2020年完成产值6.8亿元，开工累计完成投资13.87亿元。

南崇铁路 NCZQ－6 标段工程　位于广西壮族自治区崇左市扶绥县，全长 20.032 千米，合同投资 7.49 亿元，合同工期 2017 年 12 月 28 日至 2019 年 10 月 27 日（计划 2021 年开通）。主要工程量：桥梁 15 座 9574 延长米，框架桥 3 座 2027 顶平方米，涵洞 15 座 373 横延米，隧道 2 座 680 延长米，路基 8.3 千米，路基土石方 376.86 万立方米。2020 年完成投资 0.31 亿元，开工累计完成投资 7.43 亿元。

银西客专陕西段 YXZQ－6 标段工程　位于陕西省郴州市，全长 27.91 千米，合同投资 27.31 亿元，合同工期 2016 年 8 月 1 日至 2020 年 6 月 30 日。主要工程量：桥梁 3 座 640.25 延长米，移动模架现浇 12 孔，支架现浇 5 孔，隧道 3 座 27269.72 延长米，轨枕预制 20.61 万根；正线无砟道床 56.7 千米。2020 年 12 月 26 日开通。（何　超）

【铁路外工程施工】　广州地铁 18 号线和 22 号线五工区工程　位于广东省广州市。合同投资 70.64 亿元，合同工期 2017 年 11 月 30 日至 2021 年 6 月 28 日。主要工程量：中间风井 1 个、LP1 始发井 1 个、盾构井 4 个、暗挖竖井 1 个、明挖段 1 段、盾构区间 4 段、暗挖区间 3 段、番禺广场地铁站 1 座、陇枕停车场 1 座。2020 年完成投资 22.13 亿元，开工累计完成投资 54.04 亿元。

深圳地铁 16 号线四工区工程　位于广东省深圳市，全长 5.93 千米。合同投资 19.15 亿元，合同工期 2017 年 12 月 30 日至 2023 年 7 月 28 日。主要工程量：龙南站 202.3 米、龙东村站 615.4 米、同乐村站 229 米，双龙站—龙南站区间 871.44 米、龙南站—龙东村站区间 943.54 米、龙东村站—同乐村站区间 1596.8 米、同乐村站—坪山站区间 1473.89 米。2020 年完成投资 4.3 亿元，开工累计完成投资 5.9 亿元。

杭州地铁 8 号线 GD 工区工程　位于浙江省杭州市，全长 39.44 千米。合同投资 2.53 亿元，合同工期 2018 年 6 月 10 日至 2021 年 5 月 30 日。主要工程量：正线铺轨 39.44 千米，P60－9 号单开道岔 21 组，P60－9 号－5米间距交叉渡线道岔 3 组。2020 年完成投资2.34亿元，开工累计完成投资 2.34 亿元。

杭州地铁 8 号线 JD5 工区工程　位于浙江省杭州市。合同投资 1.34 亿元，合同工期 2018 年 6 月 10 日至 2021 年 5 月 30 日。主要工程量：通信线路 31 千米，通信设备 10 站，联锁道岔 88 组，自动闭塞 31 千米。2020 年完成投资 0.94 亿元，开工累计完成投资 0.94 亿元。

成都地铁 6 号线 9 标段工程　位于四川省成都市，全长 3.82 千米。合同投资 6.4 亿元。主要工程量：石羊立交站 347 米、市一医院站 264 米、交子大道站 271 米，神仙树站—石羊立交站区间 1529 米、石羊立交站—市一医院站区间 318 米、市一医院站—交子大道站区间 643 米、交子大道站—锦城大道站区间 455 米。2020 年 12 月 18 日开通。

徐州轨道交通 2 号线 4 标段工程　位于江苏省徐州市，全长 2.6 千米。合同投资 5.93 亿元，合同工期 2016 年 5 月 1 日至 2018 年 8 月 31 日。主要工程量：二环北路站 469 米、物资市场站 215 米，二环北路—物资市场站区间 1064 米、物资市场站—彭城广场站区间 849 米。2020 年 11 月 28 日正式开通运营。

徐州轨道交通 2 号线 15 标段工程　位于江苏省徐州市，全长 28.98 千米。合同投资 1.93 亿元，合同工期 2018 年 4 月 1 日至 2019 年 7 月 31 日。主要工程量：正线及配线铺轨 27.619 千米，9 号普通单开道岔 10 组，隔离式减振垫单开道岔 4 组，9 号 5 米间距交叉渡线 2 组；出入段一般道床 1.558 千米；车辆段库内整体道床 5.534 千米，库外碎石道床 6.609 千米，9 号单开道岔 3 组，7 号单开道岔 33 组，7 号 5 米间距交叉渡线 1 组。2020 年 11 月 28 日正式开通运营。

天津地铁 8 号线 2 标段工程　位于天津市南开区，全长 2 千米。合同投资 8.46 亿元，合同工期 2020 年 1 月 20 日至 2024 年 12 月 31 日。主要工程量：兰坪路站 201.6 米，鞍山西道站 213.654 米，绿水公园站—兰坪路站区间 598.463 米，兰坪路站—鞍山西道站区间 623.586 米。2020 年完成投资 0.13 亿元，开工累计完成投资 0.13 亿元。

新疆引额供水二期工程　位于新疆维吾尔自治区阿勒泰地区富蕴县，全长 19.87 千米。合同投资 5.37 亿元，合同工期 2017 年 8 月 30 日至 2022 年 12 月 31 日。主要工程量：石方洞挖 78.79 万立方米，混凝土 7.11 万立方米。2020 年完成投资 2.01 亿元，开工累计完成投资 3.96 亿元。

墨临高速公路土建 3 标段工程　位于云南省普洱市，全长 17.235 千米。合同投资 14.92 亿元，合同工期 2018 年 9 月 1 日至 2020 年 8 月 31 日。主要工程量：路基 7.152 千米，桥梁 19 座 6096 延长米，隧道 4 座 4259 延长米。2020 年完成投资 3.9 亿元，开工累计完成投资 14.84 亿元。（何　超）

【海外项目】　新加坡裕廊区 J101 登加车辆段与综合基地项目　设计施工总承包项目，位于新加坡城市西部登加镇原始森林区域。合同投资 5.69 亿美元，包含各类功能建筑物 33 座，总建筑面积 48.6 万平方米，合同工期 2019 年 11 月 20 日至 2026 年 3 月 30 日。采用欧洲标准建设。主要工程量：土方开挖 28.8 万立方米，混凝土 62 万立方米，钢筋 5.57 万吨。2020 年完成投资 5167.28 万美元。

新加坡裕廊区地铁线 J105 高架桥及车站工程项目　设计施工总承包项目，位于新加坡城市西部区域。合同投资 1.54 亿美元，合同工期 2019 年 12 月 6 日至 2026 年 3 月 30 日。采用欧洲标准建设。主要工程量：地上车站 2 座、高架桥 1150 延长米、管线改迁等附属工程；土方 3.1 万立方米，混凝土 7.2 万立方米，桥梁圆桩 480 根、墩柱 216 个、节段梁 659 片。2020 年完成投资 726.48 万美元。

新加坡南北通道 N112 项目　设计施工总承包项目。位于新加坡城市中北部区域（圣港实里达至义顺 5 街之间）。合同投资 27012.48 万美元（集团公司份额 8103.74 万元美元），合同工期 2019 年 12 月 16 日至 2026 年 11 月 30 日。采用欧洲标准建设。主要工程量：公路高架桥 3300 延长米及与之相连的匝道桥 3 条。2020 年完成投资 304.82 万美元。

泰国巴蜀至春蓬复线铁路项目　泰国国家铁路局实施的巴蜀—春蓬线巴蜀—邦沙潘河内段新建米轨有砟复线铁路建设项目，合同投资 1.98 亿美元，其中中铁十一局占 40%，合同工期 2018 年 2 月 1 日至 2022 年 1 月 31 日。项目模式为紧密型联合体，采用欧洲及泰国标准建设。全长 88.3 千米，工作范围主要以路基和桥梁为主，并伴有多处跨线公路桥和下穿通道。开工累计完成投资 6144.3 万美元。

马来西亚古晋综合办公楼项目　位于东马砂拉越州首府古晋，为综合性办公大楼。采用英国标准建设。合同投资 6495 万美元，合同工期 2018 年 6 月 4 日至 2021 年 6 月 15 日。主要工程量：主体塔楼 2 座（地上 23 层 + 地下 1 层），商业台地建筑 1 座（地上 4 层 + 地下 1 层），总建筑面积 117897 平方米。开工累计完成投资 4778.67 万美元。（周　燕）

【经营管理】　工程承揽。2020 年，新签合同投资 1547.69 亿元。其中，国内 1520.39 亿元，自揽投资 1308.2 亿元，完成股份公司年度自揽计划 1070 亿元的 122.26%，位列股份公司综合工程局第 3 位。铁路工程 221.66 亿元、公路工程 244.83 亿元、城市轨道工程 300.01 亿元、房屋建筑工程 397.54 亿元、市政工程 248.73 亿元、水利水电工程 60.62 亿元、工业制造 12.77亿元、物资贸易 27.21 亿元、房地产销售 15.84 亿元，其他 17.7 亿元。7 个子公司新签合同投资突破 150 亿元，其中一、二、四、五公司突破 200 亿元；3 个区域指挥部承揽超过 200 亿元，其中华东指挥部突破 300 亿元。

资本运营。2020 年，投资项目自揽和系统内分包 471.17 亿元。在建项目管理。集团公司在建投资项目 64 个，其中 BT 项目 7 个、类 BT 项目 12 个、股权投资项目 5 个、PPP 项目 32 个、片区开发项目 8 个，年度完成产值 67.49 亿元。运营项目管理。集团公司纳入投资项目运营管理项目 16 个，其中 PPP 项目 4 个（含 BOT 项目 1 个）、长期股权投资项目 12 个，并定期对合资/项目公司运营效果梳理分析。严把投资风险。每季度发布一次《投资风险监控报告》，通报资本运营项目投资、产值、利润、回购、运营等情况，及时制定风险处置措施。基本完成“三供一业”分离移交。集团公司职工家属区“三供一业”分离移交涉及的管理职能、维修改造、资产移交等相关工作全部完成，并按照国务院国资委、财政部要求的时间节点完成“三供一业”分离移交中央财政补助资金清算鉴证工作。

安全质量。全年未发生重大设备损坏和重大经济损失事故；未发生火工品爆炸、丢失事故；员工因工责任伤亡事故指标控制在年度安全生产目标之内，实现年度安全工作目标。在建工程分项工程、单位工程检查评定合格率 100%，未发生质量等级事故。

项目管理。2020 年，扎实开展项目管理升级，全力推动项目复工复产，多措并举确保产值完成，推进经营生产一体化，强化策划和施组管控，组织开展督导和巡查，项目管理水平和施工生产能力取得提升，施工生产形势总体有序可控，超额完成下达的产值任务计划。重难点工程取得重大突破，成昆 K310、集通、广清城际顺利开通，西安站改浐灞站、浩吉铁路部营站开站，宜毕高速公路、深圳地铁 10 号线等项目通车运营；广州南沙港铁路跨西江特大桥 600 米主跨斜拉桥、郑万铁路重庆段（96 + 200 + 96）米连续刚构合龙，福厦高铁湄洲湾跨海大桥首个 1000 吨箱梁成功架设，邢台绕城跨京广铁路 T 构、安九铁路跨京九铁路转体桥成功转体；玉磨新华隧道、石头寨隧道、常益长铁路安岭隧道、城开高速公路双河口隧道右线顺利贯通，新疆额河引水 TBM 掘进突破万米大关；汕汕、湖杭铁路箱梁制运架顺利开展；天津地铁 10 号线、郑州地铁 10 号线、武汉地铁 16 号线等项目盾构区间贯通，广州地铁 18 号线和 22 号线、北京地铁 19 号线、清远磁浮开始铺轨，上海地铁 15 号线、重庆地铁 6 号线完成全线热滑试验；青岛登瀛车辆段地下车库、江西万年科技文化中心以及东津保障房、察哈尔银座超高层、高层完成主体结构封顶。

企业管理。开展资质申报工作，组织完成特级资质申报，一公司、四公司相继获批公路特级及行业甲级资质申报。组织完成省级资质申报，相继获批一级资质 46 项、二级及以下资质 41 项、工程勘察测量工程专业乙级资质 1 项。组织完成资质资源整合工作，四公司市政公用工程施工总承包一级资质变更平移至中铁建东方投资公司，三公司公路工程施工总承包、市政公用工程施工总承包、桥梁工程专业承包、路基工程专业承包等4项一级资质变更平移至华东公司。对集团公司2017—2019年战略规划执行情况进行总结、评估，编制发布《中铁十一局集团有限公司2019年度战略规划执行情况评估报告》。编制发布《集团公司2020—2022年度滚动规划》，结合内外部发展环境和企业现状，调整部分发展目标和指标。启动集团公司“十四五”战略规划的研究编制工作，开展前期调研、访谈等；对各子分公司的战略规划执行情况进行跟踪，审核各子分公司2019年度的战略规划执行情况评估报告和2020—2022年滚动规划。适应国家总分包政策变化，调整集团组织架构，对应10家工程公司注册设立10家工程分公司；研究设立滁州分公司、上海分公司7个境内经营性、项目性分公司，中非、几内亚2个境外分公司，以及民丰制梁场、德清制梁场等6个制梁场；研究设立信弘（武汉）投资有限公司和铁金（武汉）投资发展合伙企业。积极推进“压减”工作，完成中铁信恒（武汉）投资发展合伙企业及铁建昌吉（武汉）投资发展合伙企业的注销压减。结合集团公司监管事项清单和授权放权清单编制情况，修订集团公司《机构编制管理办法》。组织开展“总部机关化”问题专项整改，切实解决总部存在的机关化问题，促进公司总部转职能、转方式、转作风。集团公司持续推进工程公司建设，完善工程公司建设顶层设计，制定《工程公司建设工作方案》，确定工程公司建设的“765”目标：利用3～5年时间，培育7家营收“百亿级”工程公司，其中营收超过200亿元的要实现突破；培育6家利润总额“3亿级”的公司，其中3家利润总额要达到“4亿级”；培育5家在股份公司专业领域达到“冠军级”的工程公司。方案细化市场定位、五化建设、转型发展、治理体系、改革创新和提质增效等实施路径，明确两级具体措施、时间表和路线图。2020年11月9日，集团公司召开工程公司建设专题会议。在“中国铁建三级工程公司20强”评选中，一公司、二公司、三公司、四公司、五公司、城轨公司6家公司入选年度“营业收入20强”，一公司、二公司、三公司、五公司、电务公司、城轨公司6家公司入选“经济效益20强”，三公司、电务公司、城轨公司3家公司入选“专业化10强”，五公司入选“属地化10强”。集团公司梳理两级法人之间的权责事项368项，其中放权11项，授权19项，优化比例占审批备案事项的20%。助力项目管理升级活动，积极督导各工程公司制度体系建设、执行力建设和案例库建设，牵头制定《项目管理升级活动评比和考核办法》。建立和完善信息共享机制，在OA系统设置“案例库”和“企业管理创新成果”专栏，累计上传各类案例42个，企业管理创新成果38个，鼓励各级将企业管理实践中的宝贵经验进行总结、提炼与推广。自2020年2月起，分类统计疫情优惠政策及落实情况，定期在OA平台发布政策简报，实现信息共享。推进制度和流程建设，定期发布集团公司制度清单，完成制度汇编，截至2020年底，梳理制度454项，其中新立27项，修订62项，拟废止27项，现行有效制度426项，比上年增加23项，同步指导工程公司开展制度评估工作，协助海外工程事业部完善制度体系。完成总部各部门流程自评，确定修改流程4项，废止流程6项。获评全国AAA级信用企业、全国诚信典型企业、全国建筑业抗役先进集体、湖北省建筑业抗疫先进集体；贯标工作顺利通过认证机构监督审核，继续保持“三标”认证资格。

财务工作。2020年，集团公司完成营业收入706.86亿元，同比增长9.30%；实现净利润13.69亿元，净利润率1.94%；“两金”余额321.88亿元，“两金”增幅低于营业收入增幅6.9个百分点；资产负债率76.62%，较年初增加1.86个百分点。2020年底，资金集中度72.53%，高于股份公司下达指标2.53个百分点；上存股份及财务公司资金64.06亿元，年均上存度40%，完成股份公司考核指标；资金集中降低资金成本2.58亿元。加强供应链平台建设，健全“两个集中，两个统一”管理模式，统筹票据业务办理，减少银行承兑保证金占用3.47亿元，节约物资成本和资金成本5141万元。科学合理享受税收优惠2.04亿元，增值税增量留抵退税2.46亿元。印发《中铁十一局集团有限公司备用金管理办法》，强化重点风险管控。《中铁十一局集团有限公司总部差旅费管理办法》，规范差旅费管理。印发《中铁十一局集团有限公司境外财务管理办法》，规范境外财务管理。印发《中铁十一局集团有限公司“两金”管控工作指导意见》《中铁十一局集团有限公司2020—2022年“两金”压控三年工作方案》《中铁十一局集团有限公司2020年“两金”压降工作方案》，提升“两金”压控效果，优化资产结构和创效能力。印发《中铁十一局集团有限公司2020年度子、分公司全面管理财务结果考核实施方案》，发挥绩效考核的引导和激励作用。印发《中铁十一局集团有限公司会计核算主体清理撤并工作实施方案》，提升管控效率，堵住管理漏洞。会计中高级职称考试通过118人，取得正高级会计师任职资格3人。参与铁道财会学会优秀课题评选活动，获优秀课题1篇，获中国铁建第四届企业管理创新组织奖1项，获中国铁建第四届企业管理创新成果三等奖2篇，获得重庆市企业管理现代化创新成果二等奖1篇；组织参与股份公司2020年“品质铁建杯”财税知识竞赛，获得个人赛1金

2银3铜、团体赛银奖的成绩。

审计工作。开展“助力项目管理升级、彰显审计价值创造”主题活动，全年开展各类审计281项，促进增收节支9686万元。全面梳理账面资产，深入开展清收清欠、“两金”压降和收尾项目管理专项督导帮扶，着力化解风险资产。（隋英姿　黎　敏　任　超）

【科研成果】 2020年，获国家科技进步奖二等奖2项，分别是“高压富水长大铁路隧道修建关键技术及工程应用”和“深部复合地层隧(巷)道TBM安全高效掘进控制关键技术”。获省部级科技进步奖5项，工程建设科学技术奖6项，BIM奖项10项。获股份公司工法2项；获湖北省工法19项，铁路部级工法7项。组织集团公司工法评审工作，通过45项。课题立项情况：参与住房城乡建设部和中国工程院的联合课题“中国建造高质量发展战略研究”；主持重庆市级课题“三峡库区钢吊箱围堰封底混凝土施工关键技术研究”；参与股份公司重大专项“运营条件下铁路简支T梁更换装备研制及示范应用”；主持股份公司B类课题“3万吨级齿轮齿轨式不平衡转体斜拉桥施工关键技术研究”“贝氏体重型轨道高精度施工综合技术研究”，参与股份公司B类课题“高速铁路轨道智能建造成套技术研究”；主持股份公司管理类课题“基于物联网技术的大型起重设备风险预警系统信息技术研究”；主持股份公司C类课题“大跨度钢桁梁结构铺轨施工技术研究”“新一代高铁智能化梁场建造关键技术与配套设备研制”“铁路隧道衬砌智能化施工关键技术研究及应用”。

教育培训。招聘接收2020届高校毕业生1000人。接收符合资格条件各类社会人才70人，依托股份公司平台，储备海外工程人才班学员51人，员工总量基本保持稳定。2020年，集团公司组织参加股份公司领导干部培训28人次，集团公司年度培训47122人次，中层及以上领导人均参训130学时。一级造价工程师通过69人，通过率34.7%，一级建造师通过385人，通过率29.1%。举办学习地图及课程大纲开发培训班3期，完成集团公司重要岗位学习地图开发任务118个，梳理各岗位应学内容，为建立分类分层分级的培训课程体系打下基础。开发的在线教学一体化平台登高学院具备在线学习、在线教学、在线考试、学习引导、培训管理、统计等功能，支持电脑PC端、企业微信和手机App三种登录模式，5月起进入试运行，12月正式上线投入使用，取得国家版权局授予的“计算机软件著作权”。（汪　婧　胡小银　张　航）

【党群工作】 党的工作。党委委员18人，党委常委4人。下辖二级党委28个，党总支2个，党支部551个，党员6973人。党的政治建设。坚持以习近平新时代中国特色社会主义思想为指导，增强“四个意识”，坚定“四个自信”，做到“两个维护”。深入学习贯彻党的十九届五中全会精神，党委班子积极参加党委中心组学习、集中研讨和读书班，带头到基层宣讲全会精神，提高党员干部指导实践、推动工作的能力，巩固深化“不忘初心、牢记使命”主题教育成果。面对疫情肆虐，第一时间捐款1000万元，组织30多支党员突击队积极援建“两山”医院、10余座方舱医院，按时交付床位1万余张，助力实现“床等人”的目标，捐赠党费111.69万元。城轨公司获评“中央企业抗疫先进集体”，梧桐苑项目获评“湖北省抗疫先进集体”，李永刚获评“湖北省抗疫先进个人”。面对严重汛情，各单位闻“汛”而动，多个公司及项目投入人员、车辆和救灾物资，开展堤坝加固、河道疏通、水位巡察等工作，彰显社会责任。落实脱贫攻坚“四个不摘”要求，投入资金190万元，采购扶贫产品513.17万元，巩固河北万全、湖北恩施油竹坪村、武汉蔡甸周门村3个扶贫点脱贫“摘帽”成效。积极融入国家发展战略，加快推进新兴产业和资本运营业务，丰富产业形态。服务国家区域经济发展，拓展属地经营，参建一大批国家重点项目。坚持创新驱动，深化“放管服”改革，推广“四新”技术，推动数字企业、智慧工地和智能工装取得新进展，企业治理能力在实践中得到提升。党的“三基建设”。坚持“一切工作到支部”原则，压实党建责任，确保各项决策部署得到有效落实。集团领导班子获股份公司“四好”领导班子，集团党委连续4年获党建责任制考核“优秀”等次。党风廉政建设。深化政治监督，加强对贯彻习近平新时代中国特色社会主义思想、党内政治生活、疫情防控、选人用人等情况的监督检查。紧盯关键少数监督，在两级班子中强力推行“一岗双责”纪实卡，对所属单位纪委书记开展履职考核。落实监督的再监督，赴万全区开展脱贫攻坚专项监督检查，对5家单位巡察整改情况进行再督查，提升监督能力，促进监督合力，保障监督水平；迎接国务院国资委党委巡视和中国铁建党委第三巡视组财务资金管理专项巡视，开展本级财务资金专项巡察，实现所属32个子(分)公司、区域指挥部、直管项目部党组织全覆盖，同时与财务、审计、纪委统筹并进、协作配合，推动巡察工作向纵深发展，常委会2次听取并点评巡察工作，履行管党治党的主体责任。宣传思想建设。组织开展党委中心组学习19次，专题研讨4次，系统学习党的十九届五中全会、中央经济工作会议等重要会议精神，提高领导班子理论水平与研判能力。结合企业发展形势，开展“只争朝夕不负韶华、守正创新实干笃行”形势任务教育，凝聚发展共识。聚焦抗疫援建、复工复产、项目管理升级等专题开展宣传工作。围绕纪念抗美援朝出国作战70周年的主题，做好杨连第专题宣传，先后在央视《新闻联播》《为了和平》《国家记忆》等栏目刊播。武汉地铁5号线工人村车辆段防疫复工现场直播，网友观看超过1.2亿人次，展现企业良好形象。全年在中央媒体刊稿1440篇，其中央视刊稿193篇，新媒体和宣传报道考核分别位居股份公司第一名和第二名。高质量打造企业新版宣传片和宣传画册，展览馆实现改造升级并投入使用，成为展示企业形象的重要窗口。集团本级和所属3家单位通过第六届“全国文明单位”复查验收，集团本级及驻鄂8家单位通过“省级文明单位”考核验收，三公司获评第六届“全国文明单位”，房地产公司获评“省级文明单位”。积极培育和深化企业特色文化，“铁道兵文化”“登高文化”“铺架劲旅”“盾构精神”等文化品牌特色鲜明、交相辉映，文化软实力有力提升。

工会工作。下设二级单位工会17个。专职工会干部62人，兼职工会干部746人，工会会员18440人（其中女职工会员3338人），项目工会730个。集团两级工会投入疫情防控专项资金579.59万元，其中精准慰问疫情防控人员、坚守岗位人员及其他人员1621人次，金额126.93万元，购买疫情防护物资、设备452.66万元，落实一次性医疗口罩采购配额19万只；组织开展线上“疫情心理防护”直播讲座、“心灵护航，娘家人与您同在”等心理健康知识课，4500多名职工参与，帮助职工调整心态、维护心理健康。5月1日至6月30日，着眼于助力疫后复工、推动项目稳产高产，开展“奋战60天，完成施工产值160亿元”劳动竞赛，完成施工产值162亿元。7月，开展“大干180天，完成施工产值420亿元”劳动竞赛，掀起冲刺全年施工目标的竞赛高潮。集团更名省级工作室3个，新增省级工作室1个，新培育子公司创新工作室2个，6个工作室被中国铁建选中加入创新工作室联盟。6—8月，开展工程项目层面集体合同履行情况调研，对集体合同中职工休息休假、薪酬待遇条款进行修改并宣贯落实，切实维护职工权益。6—7月，全集团9008名一线职工、安全管理人员参加安全知识网络竞赛，101名选手参与“消除事故隐患，筑牢安全防线”主题演讲和“安全健康伴我行”安全知识竞赛的角逐，13个单位74名选手参加集团公司首届安全员职业技能竞赛比拼。2020年，全集团获省部级及以上重要奖项95项，其中全国劳模等国家级荣誉26项、省级劳模等省部级荣誉69项，获股份公司劳模等荣誉140项。年内，全集团工会组织慰问劳模先进、离退休职工、劳务工5324人次，慰问救助困难职工家庭1041户，慰问生产一线项目114个，支付“送温暖”资金342.81万元，支付“送清凉”资金108.45万元；通过“金秋助学”活动，资助困难职工子女265人，发放助学款77.2万元；落实湖北省总工会、中国铁建工会和集团公司党委关于扶贫帮扶的工作部署，购买土特产154.26万元。组织职工文艺汇演、迎春团拜会、职工书画影展、文化大篷车下基层等活动，参与中国铁建“赋能品质铁建，筑梦全面小康”在线朗诵、“最美项目部·最暖一家人”抖音作品征集、“科学防控疫情·有序复工复产”答题活动，均获优秀组织单位奖。财务工作规范运作。集团公司工会获得中国铁建2019年度工会财务工作竞赛一等奖、经审工作规范化建设一等奖，1个项目被评为年度优秀审计项目。

共青团工作。下辖二级团委12个，团总支2个，团支部336个。35周岁以下青年11176人，团员4109人。2020年，一批“85后”“90后”在疫情中接受淬炼，多支青年突击队活跃在抗疫一线，抗疫援建人员中，青年超过总人数的70%，650多名团员青年主动到社区、村镇参与志愿服务，彰显青春的蓬勃力量。五公司青年刘超凡事迹被《中国青年报》报道、勘察设计院青年杨宁事迹被《新闻联播》报道；号召团员青年捐款，3874名团员青年通过党员捐款、湖北省青少年发展基金会等捐款平台为疫情防控捐款。青年思想政治引导。选树青年典型，二公司徐浩然获“全国向上向善好青年”称号、城轨公司李永刚获“湖北省向上向善好青年”称号、桥梁公司崔欣获湖北五四青年奖章和江西五四青年奖章；集团公司各级团组织积极开展“学习贯彻习近平总书记给北京大学援鄂医疗队全体‘90后’党员回信”主题团日活动。深入开展“青”字号品牌创建活动，年内，获评股份公司“青年文明号”集体4个、获评股份公司“青年岗位能手”称号4人，三公司拉林铺架二队获“全国青年安全生产示范岗”称号；举办青年“五小”成果评比表彰暨发布会，全年局处两级组织开展“五小”成果评审发布会16场，先后评审成果237项，600多名青年参与其中；开展“青春好YOUNG·安全DOU友”抖音大赛，增强青年安全意识，提升青年安全素质。服务青年成长。编制《入职宝典》，以电子版的形式发到新员工手中；与人力资源部共同修订完善《“导师带徒”活动实施办法》，进一步明确团委、人力资源部、各业务序列、项目部的职责与分工，并把“导师带徒”考核与新员工试用期和转正考核挂钩。加强团的自身建设。召开团委四届三次、四次全委（扩大）会，举办2020年度基层团干部培训班，修订并印发《团支部工作手册》500册，开展“十大活力”团支部创建活动，对参与创建活动的团支部进行考核验收。“未来工程师”青年志愿服务项目获第五届中国青年志愿服务项目大赛金奖。

（刘升琛　董世峙　王伟红）

【第一工程有限公司】　拥有公路工程施工总承包特级，市政公用工程施工总承包一级，铁路、矿山工程施工总承包二级，桥梁、隧道、公路路面、公路路基、地基基础、起重设备安装、消防设施、防水防腐保温、建筑机电安装、建筑装修装饰、建筑幕墙、城市及道路照明、古建筑、环保工程专业承包一级，钢结构专业承包二级，公路行业甲级工程设计，四级爆破，乙级测绘资质。驻湖北省襄阳市航空路73号。前身系铁道兵第一师第一团；1984年1月，集体转业并入铁道部，改制为铁道部第十一工程局第一工程处；1999年12月，更名为中铁第十一工程局第一工程处；2001年9月，改制注册为中铁十一局集团第一工程有限公司。执行董事、总经理周宏，党委书记王传斌。职工2314人。资产总额63.94亿元。其中，固定资产原值8.30亿元、净值2.9亿元，流动资产58.1亿元，其他资产5.85亿元。自有设备1512台（套），设备原值3.51元、净值1.33亿元，成新率37.89%，总功率103287千瓦，动力装备率44.64千瓦/人，技术装备率5.74万元/人。年施工能力100亿元以上。

2020年，新签合同额200.65亿元，产值103.8亿元，净利润2.21亿元。全员劳动生产率43.05万元/（人·年），人均创利12.08万元，职工年人均收入13.65万元。国有资产保值增值率100.47%，净资产收益率113.57%，产值利润率0.9%，资产负债率79.89%。

（刘　斌）

【第二工程有限公司】　拥有公路工程、市政公用工程施工总承包一级，铁路工程、水利水电工程、建筑工程施工总承包二级，公路路基工程、公路路面工程、桥梁工程、隧道工程、地基基础工程、起重设备安装工程、防水防腐保温工程、建筑装修装饰工程、建筑幕墙工程、古建筑工程、城市及道路照明工程、环保工程专业承包一级，钢结构工程专业承包二级，爆破作业单位许可证四级，试验检测机构公路工程综合乙级资质。注册资本金10.01亿元，驻湖北省十堰市白浪中路99号。前身系中国人民解放军铁道兵第一师第二团；1984年1月，集体转业并入铁道部，改称铁道部第十一工程局第二工程处；2001年9月，改制更名为中铁十一局集团第二工程有限公司。执行董事、总经理杨兵，党委书记万子兵。职工2127人。资产总额64.62亿元。其中，负债总额52.37亿元，所有者权益总额12.25亿元，固定资产原值6.61亿元、净值1.76亿元；流动资产57.05亿元，非流动资产7.57亿元。设备489台（套）。设备原值28567万元、净值7693万元，总功率66412.6千瓦，动力装备率25.78千瓦/人，技术装备率3.18万元/人，设备成新率26.54%。

2020年，新签合同额203.31亿元，施工产值105亿元。职工年人均收入13.42万元，人均创利8.2万元。国有资产保值增值率113.80%，净资产收益率14.29%，产值收益率1.9%，资产负债率81.05%，应上缴款完成率85.05%。

（崔照霞）

【第三工程有限公司】　拥有铁路工程施工总承包一级，建筑、矿山、机电工程施工总承包二级，隧道工程专业承包一级，环保、铁路铺轨架梁工程专业承包二级，爆破作业单位许可证四级，公路工程试验检测综合类乙级资质。注册资本金10.01亿元，驻湖北省十堰市武当路15号。前身系中国人民解放军铁道兵第一师第三团；1984年1月，集体转业，改称为铁道部第十一工程局第三工程处；2001年9月，改制改称现名。执行董事、总经理任继红，党委书记刘碧萍。职工2609人。资产总额51.23亿元。其中，固定资产原值13.45亿元、净值3.06亿元。设备1483台（套），动力装备率67.9千瓦/人，技术装备率7.7万元/人，设备完好率95.1%、新度系数19.9%、利用率87.3%。年施工能力100亿元。

2020年，新签合同额150.29亿元，总产值88.15亿元，施工产值87.51亿元，净利润2.1亿元。资产负债率76.24%。

（史　娟）

【第四工程有限公司】　拥有公路工程施工总承包特级，建筑、矿山、铁路、电力、石油化工、市政公用、机电总承包二级，桥梁、公路路面、环保、隧道工程专业承包一级，钢结构工程专业承包二级，消防设施、地基基础、起重设备安装、防水防腐保温、建筑装修装饰、建筑幕墙、城市及道路照明、古建筑、电子与智能化、建筑机电安装工程专业承包一级，预拌混凝土专业承包不分等级，营业性爆破作业许可四级，测绘乙级，检验检测资质。注册资本金10.1亿元，驻湖北省武汉市东湖高新技术开发区佳园路21号。前身系组建于1945年8月的冀鲁豫军区一分区基干五团；1981年3月整编为中国人民解放军铁道兵第一师四团；1984年1月集体转业，改称铁道部第十一工程局第四工程处；2001年9月改制改称现名。执行董事、总经理谭发刚，党委书记李俊。职工2581人。资产总额67.27亿元。其中，固定资产净值3亿元，流动资产55.15亿元。自有设备801台（套），设备原值33746.19万元、净值15832.01万元，设备成新率46.92%，总功率108934千瓦。

2020年,新签合同额219.18亿元。施工产值110.1亿元,营业收入100.41亿元,净利润1.05亿元。国有资产保值增值率108.8%,净资产收益率9.34%,资产负债率82.88%。 (肖林伟)

【第五工程有限公司】 拥有市政公用工程施工总承包特级,工程设计市政行业甲级,建筑、公路工程施工总承包一级,铁路工程、水利水电工程施工总承包二级,桥梁、隧道、公路路基工程专业承包一级,钢结构工程专业承包三级,环保工程专业承包三级资质。注册资本金10.01亿元,驻重庆市沙坪坝区新桥新村71号。前身系中国人民解放军铁道兵第二十九团;1984年1月,集体转业,改称铁道部第十一工程局第五工程处;2001年9月,改制改称现名。执行董事、总经理陈永平,党委书记连永章。职工2149人。资产总额59.1亿元。其中,固定资产原值96517.6万元、净值40884.7万元,流动资产49.63亿元。自有设备1723台(套),设备原值82073.48万元、净值35133.73万元,成新率42.81%,总功率381000千瓦,动力装备率176.88千瓦/人,技术装备率16.31万元/人。

2020年,经营承揽任务201.79亿元。总产值111.38亿元,施工产值110.9亿元,净利润2.14亿元。职工人均年收入138734元。国有资产保值增值率115.72%,利润总额增长率41.90%,权益净利率17.42%,资产负债率79.05%,营业收入增长率-11.86%。 (徐 锋)

【第六工程有限公司】 拥有建筑、机电安装工程施工总承包一级,市政公用、矿山工程施工总承包二级,铁路、石油化工工程施工总承包三级,建筑装修装饰、消防设施、环保工程专业承包一级,起重设备安装工程专业承包二级,地基基础工程专业承包三级资质。以地铁场段、运架梁、风水电安装三个专业为主,逐渐开拓市政、房建、智慧停车、生态治理等业务。注册资本金2亿元,驻湖北省襄阳市高新区七里河路2号。前身系组建于1959年的中国人民解放军铁道兵第一师修理营;1984年1月,集体转业,改编为铁道部第十一工程局修理厂;1999年10月,更名为基建安装工程处;2001年8月,更名为基建安装工程分公司;2007年2月,改制改称中铁十一局集团第六工程有限公司。执行董事、总经理孔凡华,党委书记王文胜。机械设备203台(套)。设备原值34675.64万元、净值6985.69万元,成新率20.16%,总功率26536.6千瓦,动力装备率32.32千瓦/人,技术装备率8.51万元/人。

2020年,承揽任务74.05亿元,产值34.79亿元。职工年人均收入13.28万元。 (毛雪婷)

【电务工程有限公司】 拥有通信、机电施工总承包一级,建筑、市政、电力施工总承包二级,铁路电务、铁路电气化、输变电、电子与智能化、建筑装修装饰工程专业承包一级等各类资质19项。驻湖北省武汉市东湖新技术开发区佳园路19号。前身系组建于1969年的中国人民解放军铁道兵直属通信信号第三工程营;1984年1月,集体转业,改编为铁道部第十一工程局电务工程段;1986年4月,改为铁道部第十一工程局电务工程处;2001年9月,改制改称现名;2009年7月重组,主体划转到中国铁建电气化局集团南方工程有限公司,保留资质。执行董事、总经理李承连,党委书记全国军。职工878人。资产总额23.17亿元。其中,固定资产原值1.68亿元、净值9012.3万元,流动资产20.83亿元,其他资产2.34亿元。主要设备133台,设备原值5651.21万元、净值1104.29万元,总功率16000千瓦,动力装备率18.41千瓦/人,技术装备率1.27万元/人,设备完好率88.3%、利用率92.6%。机械化施工程度一级,年施工能力25亿元以上。

2020年,新签合同额65.34亿元,总产值23.68亿元,营业收入21.8亿元,施工产值23.68亿元,利润总额1.91亿元。年人均创效11.05万元,全员劳动生产率52.81万元/(人·年),职工年人均收入14.4万元。国有资产保值增值率117.59%,净资产收益率22.07%,产值利润率6.88%,资产负债率72.44%,应上缴款完成率100%。 (易 婷)

【建筑安装工程有限公司】 拥有建筑、市政公用工程施工总承包一级,铁路、机电工程施工总承包二级,地基基础、起重设备安装、电子与智能化、消防设施、防水防腐保温、建筑装修装饰、建筑机电安装、建筑幕墙、古建筑、城市及道路照明、环保工程专业承包一级,桥梁、隧道、钢结构工程专业承包二级,特种工程(建筑物纠偏和平移)、特种工程(结构补强)、特种工程(特殊设备起重吊装)、特种工程(特种防雷)专业承包不分等级,建筑幕墙工程、消防设施工程设计二级,工程测绘乙级资质。注册资本金10.01亿元,驻湖北省武汉市武昌区丁字桥路47号。前身系中国人民解放军铁道兵第一师设计科;1984年1月,集体转业并入铁道部;1986年3月,在铁道部第十一工程局基建办设计室的基础上组建,称为勘测设计处;1989年8月,改称勘测设计研究处;1993年3月,更名为勘测设计研究院暨建筑安装工程公司;1996年6月,更名为铁道部第十一工程局建筑安装工程处(对外保留勘测设计研究院);2001年9月,改制为现名。执行董事、党委书记唐清明(8月免),执行董事陈起建(8月任,9月任总经理),党委书记王采成(8月任)。职工1256人。固定资产原值1.85亿元、净值0.49亿元。机械运输设备246台(套),设备总功率23181.2千瓦,动力装备率19.29千瓦/人,技术装备率1.68万元/人。

2020年,新签合同额162.93亿元,施工产值67.17亿元。 (梁义才)

【桥梁有限公司】 拥有桥梁工程专业承包一级,钢结构专业承包三级,市政工程三级,检验检测机构资质。是集高速铁路箱梁、T梁、U型梁、轨道板、轨枕、城市轻轨PC梁、铁路公路节段梁、地铁管片等混凝土预制品及其配套产品生产、物资贸易、物流仓储、资本运营、工业产品制造、钢材加工配送、战备器材管理于一体的大型建筑施工企业。注册资本金10.01亿元,驻江西省鹰潭市月湖区南站路24号。1954年,为修建鹰厦铁路组建;1955年,称八〇部鹰潭材料总厂;1959年,改称铁道兵后勤部第二基地;1965年,改称解放军第152仓库(代号总字525部队);1977年,改称铁道兵鹰潭仓库(代号89152部队);1984年1月,集体转业并入铁道部为铁道部工程指挥部鹰潭材料总厂;1989年,更名为铁道部工程指挥部鹰潭战备材料总厂;1990年10月,更名为中国铁道建筑总公司鹰潭战备材料总厂,隶属于总公司物资局;2001年11月,划转中铁十一局集团有限公司所属;2003年,总厂将经营性资产进行改制,于7月1日注册成立中铁十一局集团鹰潭战备材料总厂有限公司,剥离的非经营性资产(战备)仍属鹰潭战备材料总厂管理使用,以保战时之需,并把"中国铁道建筑总公司鹰潭战备材料总厂"更名为"中国铁道建筑总公司鹰潭战备材料基地",改制后一个单位两块牌子,一个名称是"中铁十一局集团鹰潭战备材料总厂有限公司",另一个名称是"中国铁道建筑总公司鹰潭战备材料基地";2003年12月,"中铁十一局集团鹰潭战备材料总厂有限公司"更名为"中国铁道建筑总公司鹰潭战备材料总厂有限公司";2007年8月,正式更名为"中铁十一局集团桥梁有限公司",并保留中国铁道建筑总公司鹰潭战备材料基地名称;2018年7月,撤销"中国铁道建筑总公司鹰潭战备材料基地"。执行董事、总经理李剑峰,党委书记杨建华。职工556人。资产总额21.32亿元。其中,流动资产14.42亿元,固定资产原值9.33亿元、净值3.56亿元。施工运输生产设备1896台(套),设备原值4.48亿元、净值1.78亿元,完好率74.42%、利用率81.91%。

2020年,新签合同额24.02亿元。营业收入26.11亿元,利润0.55亿元,税后净利润0.47亿元。净资产收益率10.99%,资产负债率82.81%,投资收益上缴率100%。 (韩玉璐 李志强 吴 丽)

【城市轨道工程有限公司】 拥有市政公用工程总承包一级,建筑、机电、石油化工、电力工程总承包二级,环保、消防设施、电子与智能化、建筑装修装饰、地基基础、防水防腐保温、城市及道路照明、起重设备安装、建筑幕墙、古建筑工程专业承包一级,隧道、桥梁、钢结构工程专业承包二级,特种工程(建筑物纠偏和平移、结构补强、特殊设备起重吊装、特种防雷)专业承包(不分等级)等资质。注册资本金10.1亿元,驻湖北省武汉市东湖开发区佳园路23号。前身系中铁十一局集团广州地铁工程指挥部、广州分公司;2007年8月,改制为中铁十一局集团城市轨道工程有限公司。执行董事、总经理周晗,党委书记彭刚。职工1749人。资产总额53.65亿元,其中固定资产原值18.05亿元、净值4.98亿元,流动资产43.48亿元,净资产92794万元。机械运输设备1286台(套),总功率15.93万千瓦,动力装备率91.12千瓦/人,技术装备率33.78万元/人。

2020年,新签合同额162.3亿元,产值71.8亿元,利润总额1.91亿元。全员劳动生产率42.96万元/(人·年),年人均创利11.36万元。职工年人均收入12.91万元。国有资产保值增值率119.5%,净资产收益率20.48%,产值利润率2.66%,资产负债率82.7%。 (张天堡)

【汉江重工有限公司】 拥有公用管道安装GB2级,A级桥式、门式起重机制造许可(含安装、改造、修理),B级门座式起重机制造许可(含安装、改造、修理),建筑工程施工总承包二级,起重设备安装、防水防腐保温、钢结构工程专业承包一级,施工劳务资质(不分等级),中国钢结构协会一级钢结构制造,货物、技术进出口资质。业务范围包括矿山机械、环保设备制造、销售;非标设备、模具设计、制造;钢结构制造、安装;桥式起重机、门式起重机制造、安装、改造、维修;货物、技术进出口;普通机械设备租赁等;建筑劳务分包。2013年9月4日在湖北省襄阳市注册成立,是施工机械装备研发、设计、制造、服务于一体的专业化企业,与第六工程有限公司实行"一套机构,两块牌子"的管理模式,注册资本金2亿元。通过长城(天津)质保中心质量、安全、环境"三标"工业体系认证,是湖北省高新技术企业和两化融合示范企业。执行董事、总经理孔凡华,党委书记王文胜。职工240人。

2020年,新签合同额9.63亿元,产值5.87亿元,利润总额0.12亿元,国有资产保护增值率98%,净资产收益率5.56%,产值利润率2.01%,资产负债率

75.68%，投资收益上缴率100%。（黄远丽　周　雪）

【勘察设计院】 拥有铁路行业甲（Ⅱ）级，公路、市政、建筑行业（建筑工程、人防工程）甲级，工程勘察专业类[岩土工程（勘察）、工程测量]乙级，工程测绘甲级资质。驻湖北省武汉市洪山区民族大道324号。前身系始建于1954年7月的铁道兵第一师工程设计科；1986年1月，更名为铁道部第十一工程局勘测设计处；1993年3月，更名为铁道部第十一工程局勘测设计研究院；2012年4月，更名为中铁十一局集团有限公司勘测设计研究院；2015年5月，重组扩建并更名为中铁十一局集团有限公司勘察设计院。院长聂桂良，党委书记李永峰。职工142人。

2020年，新签合同额1.58亿元，总产值8377万元，施工产值2824万元，利润总额2913万元。国有资产保值增值率1339.2%，产值利润率34.77%，资产负债率103.93%。（张　玄）

【房地产开发有限公司】 2010年3月，由中铁十一局集团有限公司注册成立，主要经营范围包括房地产开发销售（凭有效资质从事经营），出租和管理自建商品房及配套设施。注册资本金1亿元，驻湖北省武汉市汉阳区四新北路100号。执行董事、党委书记、总经理代峪。职工87人。

2020年，销售收入15.84亿元，累计回款14.48亿元。（左　超）

【铁恒实业有限公司】 主营工业与民用建筑、商业设施及公共基础设施建设的物资综合配套供应，是集现货贸易、招标代理、仓储物流、进出口贸易等于一体的综合性建筑建材贸易、工程建设企业。前身系2012年7月注册成立的中铁十一局集团物资贸易有限公司；2020年更名为中铁十一局集团铁恒实业有限公司。执行董事、总经理李剑峰，党委书记杨建华。职工86人。资产总额6.84亿元。其中，流动资产6.57亿元，非流动资产0.27亿元；固定资产原值0.26亿元、净值0.22亿元。指挥车辆10台（套），设备原值214.12万元、净值19.13万元，完好率95%，利用率90%。

2020年，新签合同额27.21亿元，产值12.71亿元。利润总额0.14亿元，净利润0.1亿元。净资产收益率4.57%，产值收益率0.8%，资产负债率67.57%，投资收益上缴率100%。（徐鲁慧）

【武汉物业管理有限公司】 拥有二级物业管理资质。主营物业管理，停车服务，会议及展览服务，保洁服务，家政服务，绿化养护工程、园林绿化工程、市政工程施工，房屋维修，水电安装，建筑装潢材料、五金交电、日用百货、电线电缆批零兼营等。2012年9月，由中铁十一局集团有限公司出资成立，注册资本金500万元。驻湖北省武汉市武昌区中山路277号中铁大厦。资产总额3187.47万元。其中，净资产534.66万元。

2020年，主营业务收入2251.66万元。（左　超）

【建设发展有限公司】 拥有防水防腐保温专业承包一级，特种工程（限结构补强、特殊设备起重吊装、建筑物纠偏和平移、特种防雷）专业承包不分等级资质。2019年9月30日成立。注册地湖北省武汉市汉阳区芳草路99号纽宾凯国际社区锦城5号楼307号，注册资本金3亿元。执行董事、总经理陈起建（11月任）、党委书记王采成（11月任）。（谢　博）

【西安建设有限公司】 拥有市政公用工程施工总承包二级资质。2019年10月8日注册。注册资本金3亿元，驻陕西省西咸新区秦汉新城窑店街道办兰池大厦19楼。执行董事、总经理杨兵，党委书记万子兵。职工553人。资产总额4.72亿元，负债总额4.52亿元，所有者权益0.2亿元。固定资产原值2445.36万元、净值2185.39万元；流动资产4.5亿元，非流动资产0.22亿元。自有设备1台。设备原值32.8万元、净值30.72万元，总功率169千瓦。

2020年，营业收入4.37亿元，净利润2071.4万元。职工年人均收入13.42万元，人均创利8.2万元。净资产收益率210.85%，资产负债率95.84%。

（崔照霞）

【华东建设有限公司】 拥有市政公用、公路工程施工总承包一级，桥梁、公路路基工程专业承包一级资质。2019年12月2日注册成立，注册资本金3亿元。驻江苏省南京市溧水区经济开发区柘塘街道柘宁东路3号。执行董事、总经理任继红，党委书记刘碧萍。职工498人。资产总额674万元。机械设备（车辆）11台，设备原值317.9万元、净值284.4万元，总功率1920千瓦，动力装备率3.6千瓦/人，技术装备率0.5万元/人，设备完好率98.3%、新度系数89.5%、利用率98.6%。

2020年，营业收入31万元，施工产值220万元，利润总额5.27万元，应缴所得税费1.31万元，净利润3.96万元。（王　雁）

【重要记载】

▲1月10日　铁一院主持，中铁十一局和中铁十二局参加的“长大深埋挤压性围岩铁路隧道设计施工

关键技术及应用”项目获国家科学技术进步奖二等奖。

▲1 月 30 日至 2 月 17 日　中铁十一局接到武汉市防控疫情建设指挥部紧急援建火神山医院的指令后迅速投入援建一线，先后组织 18000 余人次，累计投入资金 7000 余万元，紧急驰援火神山医院建设，参与 10 个方舱医院的建设与改造工程，按时保质交付床位 1 万余个，为新冠肺炎患者搭建“生命线”。

▲5 月 9 日　中铁十一局参与的“高速铁路隧道动水破碎带精准预报与全断面智能施工关键技术”顺利完成科技成果评价，被评价委员会一致评定为“国际领先水平”。

▲5 月　中铁十一局城轨公司参建的成都地铁 2 号线获中国土木工程詹天佑奖。

▲9 月 21 日　湖北省抗击新冠肺炎疫情表彰大会在武汉召开。中铁十一局城轨公司李永刚获“湖北省击新冠肺疫情先进个人”称号，中铁十一局建安公司中国铁建梧桐苑三期项目部获“湖北省抗击新冠肺炎疫情先进集体”称号。

▲10 月 22 日　国务院国资委主办的中央企业抗击新冠肺炎疫情表彰大会在北京举行。中铁十一局城轨公司被评为“中央企业抗击新冠肺炎疫情先进集体”和“中央企业先进基层党组织”。

▲10 月 28 日　湖北交投高质量发展推进会暨重大项目签约活动在武汉国际博览会议中心举行。中铁十一局与湖北交投签署重大项目投资协议。

▲11 月 20 日　中铁十一局三公司获评第六届“全国文明单位”，中铁十一局及其一公司、五公司、桥梁公司复查通过继续保持“全国文明单位”称号。

▲12 月 4 日　中国施工企业管理协会公布 2020—2021年度第一批国家优质工程名单，中铁十一局获国家优质工程奖 13 项。其中，500 米口径球面射电望远镜（FAST）项目主体工程、新建云桂铁路引入昆明枢纽昆明南站站房工程、武汉轨道交通 6 号线一期工程获国家优质工程金奖；京港澳高速公路驻马店至信阳（豫鄂界）段改扩建工程、广东省龙川至怀集公路（龙川至连平段）、重庆市华岩（石板）隧道工程、黄陵至铜川高速公路、常青路（三环线—青年路改造工程）、郑州市轨道交通 1 号线二期工程、新建济南至青岛高速铁路淄博特大桥、西安市地铁 4 号线工程、新建兰州至重庆铁路毛羽山隧道、厦门市轨道交通 1 号线一期工程获国家优质工程奖。

▲12 月 22 日　中铁十一局与铁建高新装备股份有限公司在武汉中铁大厦签署战略合作框架协议。

（郭　琳）

中铁十二局集团有限公司

【简况】　拥有铁路、公路、建筑、市政公用工程总承包特级，铁道行业、公路行业、建筑行业和市政行业设计甲级资质，同时具备公路、水利水电、通信工程等施工总承包一级，隧道、桥梁、路基、路面、地基与基础、机场场道、铺轨架梁、轨道交通、机电设备安装、地质灾害治理等专业承包一级等各类资质 100 余项，拥有对外承包工程资格和对外劳务合作经营资格。总部驻山西省太原市万柏林区西矿街 130 号。下辖第一、第二、第三、第四工程有限公司，建筑安装工程有限公司、电气化工程有限公司、第七工程有限公司、海南工程有限公司、市政工程有限公司、铁路养护工程有限公司、国际工程有限公司、物资有限公司、房地产开发有限公司、投资管理有限公司、山西铁道大厦有限公司，华南、华东、西北、川渝、云贵、北京、东北、华中、闽赣、海外工程指挥部，湘潭铁路工程学校、中心医院、兴城疗养院、物业管理中心、资金管理中心、财务共享服务中心、勘测设计院等单位。职工 21772 人。资产总额 511.45 亿元，资产负债率 77.14%。各类施工机械、运输设备、生产设备 10070 台（套），总功率 1326550 千瓦。固定资产原值 615061.55 万元、净值 238728.11 万元。技术装备率 13.04 万元/人，动力装备率 72.49 千瓦/人。年内新增设备固定资产 1120 台（套），大型设备完好率 92.2%、利用率 70.4%。年施工能力 900 亿元以上。

2020 年，承揽任务合同总额 1539 亿元；企业总产值 990.4 亿元，占股份公司年度计划 700 亿元的 141.5%，比上年增长 22.6%；施工产值 953.4 亿元，比上年增长 20.9%；净利润 10.39 亿元；在岗职工年平均工资 108871 元，较上年增长 3.5%。主要实物工程量：土石方 11906 万立方米，隧道 149262 延长米，桥梁 185067 延长米，房屋建筑面积折合 7964511 平方米，公路路面 996 万平方米，铺轨 977 千米，城市轨道 20606 延长米，供电线路 116 千米，通信线路 110 千米。

（唐晓明）

【领导人员】

董事会

董事长	宋津喜（4 月免）
	李天胜（4 月任）
董事	宋津喜（4 月免）
	李天胜（4 月任）

	支卫清
	谭雷平
	蒋盛煌(4 月任)
职工董事	张凤华

监事会

监事会主席	黄卫远
监事	张全才(12 月退休)
	解国强

经理层

总经理	支卫清
副总经理	祁玺剑(4 月免)
	向远华
	宋志宏(4 月免)
	谭雷平
	蒋盛煌(4 月任)
	何国民
	梁彬彬
	胡建国
	王红伟
总工程师	胡建国
总会计师	宋志宏(4 月免)
	蒋盛煌(4 月任)

党群领导

党委书记	宋津喜(4 月免)
	李天胜(4 月任)
党委副书记	支卫清
	张凤华
纪委书记	黄卫远
工会主席	张凤华

(赵宏旺)

【工程项目指挥机构】 大临铁路项目经理部　驻云南省大理州。项目经理、党工委书记张变西。

郑万高铁项目经理部　驻湖北省襄阳市。项目经理、党工委书记王立军。

渝怀铁路项目经理部　驻贵州省铜仁市。项目经理赖立新,党工委书记于长明。

京唐铁路4标段项目经理部　驻天津市宝坻区。项目经理兼党工委书记胡建国。

张吉怀铁路项目经理部　驻湖南省张家界市。项目经理原军。

湖杭高铁项目经理部　驻浙江省杭州市。项目经理向远华,党工委书记王春景。

南沿江城际铁路项目经理部　驻江苏省无锡市。项目经理、党工委书记李跃林。

川藏铁路项目经理部　驻四川省甘孜藏族自治州康定市。项目经理、党工委书记谭雷平。　(唐晓明)

【职工队伍】 职工 21772 人。在编职工 15324 人,其他在岗职工(合同工)6448 人。硕士研究生及以上学历 257 人,大学本科学历 9846 人,大学专科学历 654 人,中专学历 208 人,高中以下学历 91 人。专业技术职称 9608 人,其中高级及以上技术职称 1965 人、中级职称 3150 人、初级职称 4493 人。工程专业职称 6888 人,其中正高级工程师 98 人、高级工程师 1520 人、工程师 2564 人、初级职称 2706 人。24 岁及以下 2925 人,25~29 岁 5531 人,30~34 岁 4707 人,35~39 岁 2859 人,40~44 岁 1422 人,45~49 岁 1754 人,50~54 岁 794 人,55 岁及以上 1780 人。39 岁以下职工 16022 人,占职工总数的 73%。　(刘　健)

【工程施工】 新建川藏铁路雅安至林芝段 CZSCZQ-2 标段工程　位于四川省甘孜藏族自治州康定市,线路长 11.779 千米。合同投资 286940 万元,合同工期 2020 年 11 月 10 日至 2028 年 5 月 25 日。主要工程量:正线路基 0.92 千米;框架桥 2 座,框架涵 2 座,盖板涵 1 座;隧道 1 座 10859 延长米,贯通平导 1 座 10396 米,横洞 1 座 1855 米,斜井 1 座 3905 米,救援疏散平导 1 座 600 米。

新建北京至雄安新区城际铁路雄安站站房及相关工程(JXZF-1 标段)　位于河北省雄县城区东北部,站场规模 7 台 12 线。合同投资 188196.3878 万元,合同工期 2018 年 12 月 1 日至 2020 年 1 月 31 日。主要工程量:房建 45.29 万平方米,雨棚 10.97 万平方米。

新建铁路宜昌至郑万高铁联络线站前工程 YXZQ-1标段工程　位于湖北省宜昌市伍家岗区、高新区、夷陵区,线路长 41.453 千米。合同投资 404988.1 万元,合同工期 2020 年 8 月 21 日至 2025 年 8 月 14 日。主要工程量:桥梁 40 座 21220 延长米,隧道 13 座 20390 延长米,路基 7.09 千米;无砟道床 55.25 千米;梁场 1 座,箱梁 424 片。

沈白高铁吉林段 TJ-1 标段工程　位于吉林省白山市江源区,线路长 23.987 千米。合同投资 203800 万元,合同工期 2020 年 10 月 20 日至 2025 年 4 月 20 日。主要工程量:桥梁 1.5 座 399 延长米;隧道 2 座 23305 延长米;路基 0.283 千米;Ⅲ型板式无砟轨道 47.974 千米。

新建深圳至深汕合作区铁路工程先开段工程　位于广东省深圳市南山区、罗湖区,线路长 13.783 千米。合同投资 94264 万元,合同工期 2020 年 12 月 31 日至 2024 年 12 月 30 日。主要工程量:隧道 1 座 13783 延长米,辅助坑道 2 座 1710 延长米。

新建金甬铁路站前工程 JYZQSG－1 标段工程　位于浙江省宁波市，上行动走线 5.777 千米，下行动走线 1.174 千米，动车所基线 2.7 千米，金甬线 16.047 千米及云龙右线绕行 6.816 千米。合同投资 245320.5 万元，合同工期 2020 年 1 月 1 日至 2023 年 9 月 30 日。主要工程量：区间及站场路基土石方 206.99 万立方米，路基 7.662 千米；站场 1 座；桥梁 7 座 21607.04 延长米；梁场 2 座，箱梁 552 片；隧道 3 座 3260.94 延长米；双块式无砟道床 5.5 千米；宁波枢纽地区既有线站场改造和全部铺轨工程。

广湛高速铁路站前工程 GZZQ－4 标段工程　合同投资 213732.58 万元，合同工期 2020 年 11 月 10 日至 2024 年 10 月 31 日。主要工程量：隧道 9 座 20300 延长米；双线桥梁 16 座 6886 延长米；梁场 2 座，箱梁 493 片；路基 3700 米；涵洞 13 座；无砟轨道 60 千米；铺轨工程 197 千米。

渝昆高速铁路川渝段 YKCYZQ－3 标段工程　线路长 38.916 千米。合同投资 293699 万元，合同工期 2020 年 12 月 21 日至 2025 年 6 月 20 日。主要工程量：路基 12.664 千米；桥梁 43 座 25531 延长米；框架桥 3 座 729.68 顶平方米；预制梁运架 959 片；连续梁 11 联 1660 延长米；涵洞 28 座 656.2 横延米；隧道 2 座 720 延长米；正线无砟道床 77195.47 米，轨道精调正线 77.28 千米、站线 1.46 千米；站线路基段无砟道床 1456 米。

新建梅州至龙川铁路站前工程 MLSG－2 标段工程　位于广东省梅州市梅县区、兴宁市，线路长21.18 千米。合同投资 211800 万元，合同工期 2020 年 6 月 30 日至 2024 年 6 月 29 日。主要工程量：路基 3.09 千米，桥梁 20 座 5992.65 延长米，制架双线箱梁 161 片，隧道 15 座 12099.6 延长米，涵洞 12 座 290.18 横延米，车站 1 座，无砟道床 47.52 千米。

新建杭州至衢州铁路建德至衢州段站前及相关工程 HQZQ－3 标段工程　位于福建省衢州市衢江区、柯城区，线路长 28.821 千米。合同投资 156515 万元，合同工期 2020 年 1 月 15 日至 2023 年 7 月 14 日。主要工程量：桥梁 11 座 20085 延长米，区间路基 10 段 6.055千米，新建车站 1 座，路基 2.681 千米，无砟道床 58.3 千米，梁场 1 座、箱梁 469 片。

新建重庆至黔江铁路站前工程 CQQJZQ－10 标段工程　线路长 20.258 千米。合同投资 90513.98 万元，合同工期 2020 年 5 月 1 日至 2025 年 10 月 31 日。主要工程量：路基 4 处 70 米，隧道 2 座 20185 延长米。

三亚至乐东铁路改造工程 SLZQ－3 标段工程　线路长 41.68 千米。合同投资 61181.291 万元，合同工期 2020 年 11 月 13 日至 2022 年 11 月 12 日。主要工程量：路基 13 段 21.51 千米，铁路桥梁 12 座 6489 延长米，公路桥梁改建 11 座 421955 延长米，涵洞 108 座 1084 横延米。

新建安庆至九江铁路湖北段黄梅东站房及相关工程 AJHBZF 标段　合同投资 16910 万元，合同工期 2020 年 7 月 10 日至 2021 年 9 月 30 日。主要工程量：客运站房 1 座 9998 平方米，站台雨棚 2 个 9661 平方米，生产生活房屋 5629 平方米，铁路停车场 5040 平方米。

天津地铁 6 号线工程（梅林路站—咸水沽西站）海河教育园车辆段及全线铺轨工程　合同投资 102406.82 万元，合同工期 2019 年 9 月 3 日至 2023 年 1 月 31 日。主要工程量：建筑单体 16 座总面积 10.6 万平方米；铺轨 52.3 千米，其中车辆段内铺轨 18.7 千米，正线铺轨 32.9 千米。

合肥市轨道交通 6 号线一期土建施工总承包 1 标段工程　合同投资 124890 万元，合同工期 2020 年 11 月 30 日至 2025 年 11 月 30 日。主要工程量：地下二层岛式站台车站蜀山南站，总长 507.4 米，设风亭 2 组，出入口 4 个以及安全出口 2 个，中间风井采用 3 层 3 跨框架形式，宽 23 米，长 43.7 米；区间左线3055.252 米，右线 3058.785 米，盾构法施工。

G3511 菏宝线临猗黄河大桥及引线工程 LYTJ－01 标段工程　线路长度 15.83 千米。合同投资 71853 万元，合同工期 2020 年 10 月 20 日至 2024 年 6 月 30 日。主要工程量：黄河特大桥引桥，临猗服务区 1 处，主线治超站 1 处，孙吉互通匝道收费站 1 处。

贵阳经金沙至古蔺高速公路 GJTJ－18 标段工程　线路长度 13.974 千米。合同投资 219377.04 万元，合同工期 2021 年 1 月 1 日至 2022 年 12 月 31 日。主要工程量：路基挖方 433 万立方米，填方 372 万立方米；互通 1 处，服务区 1 处；桥梁 10 座 6010.45 延长米，匝道桥 3 座 381.24 延长米；桩基 928 根 21908 延长米；预制梁板 2161 片；涵洞 17 座；隧道 3 座 2864 延长米。

贵阳经金沙至古蔺高速公路 GJTJ－15 标段工程　线路长度 3762 米。合同投资 114671.91 万元，合同工期 2021 年 1 月 1 日至 2022 年 12 月 31 日。主要工程量：填方 58.65 万立方米、挖方 241.08 万立方米；涵洞 3 座 106.707 横延米；主线桥 4 座 4273.3 延长米，拼宽桥 2 座 1380 延长米，匝道桥 11 座 2879.7 延长米；分离式隧道 1 座左 689 延长米、右 644 延长米。

四川省向家坝灌区北总干渠一期一步工程北总干渠 1 标段工程　位于四川省宜宾市叙州区、翠屏区，全长 17.71 千米。合同投资 147098 万元，合同工期 2020 年 12 月 1 日至 2024 年 8 月 31 日。主要工程量：暗挖隧洞13座12867延长米;渡槽6座1719延长米;猫儿沱倒虹吸1座1823延长米;暗渠5座355延长米;明渠及渐变段等11处951延长米;泄水、分水渠系5处,闸室9座。（吕 路）

【经营管理】 经营承揽。承揽任务1539亿元。其中,铁路工程256.21亿元、公路工程155.36亿元、房屋建筑工程481.75亿元、市政工程316.8亿元、轨道交通工程129.75亿元、水利水电工程53.9亿元,机场工程11.71亿元、其他工程50.66亿元、海外工程0.9亿元。结构调整成效显著,“两路”市场承揽452亿元,城市经营任务总额956亿元,其他市场承揽171亿元。区域经营取得突破,培育6个百亿级区域,2个区域突破200亿元,路外承揽超过30亿元的省市11个。新兴市场大力拓展,融合市场承揽97亿元,生态环保和水生态治理市场承揽45亿元,运营维管市场承揽6亿元;设计市场承揽首次突破1亿元。

项目管理。雄安站房、大临铁路、渝怀铁路、武仙城际、深圳华为通道等项目按期交付。19个铁路项目,109个路外项目按期交付运营。成昆老鼻山、玉磨万和、牡佳麻山、郑万罗家山、秦岭天台山等长大复杂隧道顺利贯通。深圳华为通道创造国内同类型超大断面浅埋矩形顶管一次性顶进最长距离纪录。牡佳、兴泉、福厦、贵南广西、郑万、湖杭、弥蒙、常益长、南沿江等项目进展顺利。

安全质量。开展全国“安全生产月”、“质量月”、“安全来自哪里”、安全风险分级管控及隐患排查治理、“全国安全生产专项整治三年行动”、铁路工程建设领域“惩戒失信行为”等专题活动。开展春季复工复产、铁路运营线隧道安全风险排查整治、铁路隧道衬砌质量全面提升、安全生产承诺公告、铁路隧道安全风险排查整治专项督查、冬季施工质量安全等专项工作。铁路信用评价上下半年均保持A类,铁路红线检查顺利通过。杜绝较大及以上生产安全事故。获中国建设工程鲁班奖2项,国家优质工程金奖2项,国家优质工程银奖7项,创省部级优质工程15项。

财务管理。坚持稳健理财、稳中求进的总基调,以“规范管理、压实责任、创造价值”为目标,保持经济稳健运转。全年营业收入810亿元,在股份公司工程板块排名第一位;净利润10.4亿元;资产负债率77.14%;留抵退税2.74亿元;完成变更索赔批复126亿元,变更索赔率12.77%。加大“两金”清收督导,两金占比由60.91%下降至53.41%。完成清收清欠833亿元,集中资金159亿元,集中度74.57%,调剂资金60亿元以上。

成本管理。以“抓两头、促中间”为整体部署,重点筛选205个监督管理项目签订经济责任书,对第一批10个与预期收益偏差较大项目的项目经理和工程公司主管进行约谈。深化经济管控,开展地材生产和劳务队班组建设专项提升活动,经济管理系统全面上线,深入分析和抓住制约铁路项目创效的关键经济指标。

审计工作。制定、修订、完善《集团公司所属单位主要负责人绩效考核结果复核审计暂行办法》等5项制度办法。开展“瘦身健体”、“处僵治困”、压控“两金”、“减负债”、“清理拖欠民营企业账款和农民工工资工作”、“三供一业”分离移交、“精准扶贫”等7个国家重大政策落实情况专项审计。（唐晓明）

【科技成果】 科技研发项目立项249项,计划投入研发资金31.12亿元,其中各子公司研发立项193项,投入研发资金28.37亿元。参与研发的“高速铁路高性能混凝土成套技术与工程应用”“长大深埋挤压性围岩铁路隧道设计施工关键技术及应用”两项成果获国家科技进步二等奖。参与施工的重庆西站、新建拉萨至日喀则铁路、郑州至徐州铁路客运专线、雅安至泸沽高速公路4项工程获第17届中国土木工程詹天佑奖。获省部级科技进步奖一等奖2项、二等奖6项、三等奖8项。7项工法被评为省部级工法。获国家知识产权局授权专利532件,其中发明专利52件。（唐晓明）

【党群工作】 党的工作。各类基层组织607个。其中党委39个(含各级党工委),党总支3个,党支部565个;党员6176人,其中正式党员5999人,预备党员177人。组织工作。集团公司党委收集汇总11家单位立足党建工作创造的25个特色做法,编印《企业党建工作特色做法》(第三册)。与38家单位党(工)委签订《2020年度党建工作责任书》,对党建工作责任内容、期限、考核方式及考核结果运用等予以明确和细化。召开2019年度党(工)委书记抓基层党建述职评议考核现场会,采用“述、问、评、测”的方式,对12家单位的党(工)委书记2019年度抓基层党建工作情况进行现场考评。命名一公司惠清高速公路一项目部党支部等9个党支部为中铁十二局“示范党支部”。宣传工作。组织所属单位7300余人次参加党的十九届五中全会精神相关学习。组织2次意识形态专题研究,向党委领导班子成员传达上级党委意识形态工作文件精神和工作要求。编印《匠之道》企业宣传画册及宣传折页,制作《集团公司重点工程建设巡礼》,策划2部“建党99周年,基层党组织书记有话说”专题视频。在中央级媒体刊发稿件210篇,其中央视刊播124条,登上《新闻联播》15次,省部级媒体160篇。党风廉政建设。紧扣“知敬畏守底线、严监管强执行”主题，讲授廉洁党课52场，全集团组织廉洁讲座460场，受教育15600人。做好警示教育，通报违反生产经营管理、项目管理、财务资金管理规定等典型案例96件，开展警示教育565场。加大述职述廉、谈话提醒工作力度，发出履责清单147份、函告提醒单42份，谈话提醒11人次。强化“监督的再监督”，提出《纪律审查建议书》36份，督促开展业务监督检查104次。受理处置问题线索168件，谈话提醒37人，诫勉谈话49人，立案55件，结案52件，处分91人。

工会工作。工会组织20个，其中集团公司工会1个，子公司工会15个，区域指挥部及事业单位工会4个，工会会员16545人。开展“守牢底线、抗疫达产、创誉创效、品质发展”专题劳动竞赛。制定《集团公司劳模(先进职工)创新工作室管理办法》，李宏飞职工创新工作室获山西省总工会挂牌命名。新增中国铁建工作室2个，地市级工作室2个，本级工作室12个。开展集体合同专项巡视、调研、集体合同履行和互助金使用情况进行，征求新一轮集体合同意见建议。征集职工代表提案117条，整理立案落实34件，获全国优秀职工代表提案1件，山西省优秀职工代表提案2件。刘军华获评“全国劳动模范”，获省部级五一劳动奖章4人，获火车头奖章5人，获评省部级“工匠人才”1人，获省部级“五一劳动奖状”单位3个，获省部级“工人先锋号”单位4个。

共青团工作。下辖团委16个、团支部354个，团员3105人。在各重难点项目中开展争创青年文明号、争当青年岗位能手、青年突击队竞赛、青年安全生产示范岗等活动。开展青年“五小”竞赛活动，收到各类“五小”成果182项，表彰优秀成果65项。开展“奋进新时代，逐梦新征程”主题演讲比赛。举办“安全生产青年当先”主题摄影、短视频比赛，收集摄影作品128幅，短视频作品35个，表彰作品53件。编制《入职宝典》，就企业概况、青年发展渠道及关注关心的问题进行阐释解答。建安公司雄安站房项目部被评为全国青年安全生产示范岗。集团公司团委书记王喜波被评为“全国优秀共青团干部”，二公司魏洪猛被评为“全国青年岗位能手”；6个青年集体被评为“山西省青年文明号”，5个青年集体被继续认定为“山西省青年文明号”。

（唐晓明）

【第一工程有限公司】 拥有公路总承包特级，公路设计行业甲级，铁路工程施工总承包一级，桥梁、隧道、公路路面、公路路基、水工隧洞、环保、电子与智能化、地基基础专业承包一级资质。驻陕西省西安市灞桥区柳雪路368号。党委书记、董事长刘运泽，总经理裴树林。职工3824人。资产总额81.81亿元。机械设备1047台(套)，设备成新率38.04%，动力装备率84.35千瓦/人，技术装备率10.29万元/人。年施工能力100亿元以上。

2020年，承揽任务总额247.45亿元，施工产值145.04亿元，净利润1.6亿元，在岗职工年人均收入77955元。

（李润沛）

【第二工程有限公司】 拥有铁路、公路、市政公用工程总承包一级，隧道、桥梁、公路路基、铁路铺轨架梁、电子与智能化工程专业承包一级，建筑、矿山、水利水电工程总承包二级，钢结构、环保工程专业承包二级资质。驻山西省太原市小店区人民南路19号。党委书记、董事长张隽，总经理白国峰。职工2604人。资产总额102.5亿元。施工机械及车辆1962台(套)，动力装备率77.75千瓦/人，技术装备率23.43万元/人。年施工能力100亿元以上。

2020年，承揽任务总额199.1亿元，产值110.9亿元，在岗职工年人均收入84709元。

（张　鑫）

【第三工程有限公司】 拥有公路、市政公用工程施工总承包一级，铁路、建筑工程施工总承包二级，桥梁、隧道、公路路基、铁路铺轨架梁工程专业承包一级，地基基础、环保、钢结构专业承包二级资质。驻山西省太原市万柏林区西线街39号。党委书记、董事长张建斌，总经理王晋生。职工2378人。各类机械设备2646台(套)，设备总功率228141千瓦，技术装备率15.55万元/人，动力装备率94.2千瓦/人。年施工能力100亿元以上。

2020年，承揽任务总额154.88亿元，施工产值143.14亿元，净利润3173万元，在岗职工年人均收入88361元。

（贾梦莎）

【第四工程有限公司】 拥有公路、市政公用工程施工总承包一级，铁路、建筑、矿山、港口与航道工程施工总承包二级，隧道、桥梁、公路路基、电子与智能化、环保工程专业承包一级，钢结构、公路路面工程专业承包二级资质。驻陕西省西安市浐灞生态区欧亚一路336号。董事长、总经理董化瑞，党委书记邵宝泉。职工2401人。机械设备1929台(套)，设备总功率313519千瓦，技术装备率21.03万元/人，动力装备率94.86千瓦/人。年施工能力100亿元以上。

2020年，承揽任务总额115.9亿元，施工产值145.1亿元，利润512万元，在岗职工年人均收入99384元。

（肖帮伟）

【建筑安装工程有限公司】 拥有建筑工程施工总承包特级，市政公用工程施工总承包一级，铁路工程、石油化工、机电工程施工总承包二级，钢结构、建筑装修装饰、地基基础、建筑机电安装、电子与智能化、防水防腐保温、建筑幕墙、消防设施工程专业承包一级，起重设备安装、环保工程专业承包二级，特种工程（结构补强）专业承包不分等级，工程设计建筑行业甲级，工程设计建筑幕墙工程专项乙级资质。驻山西省太原市西矿街130－1号。董事长、总经理蔡英康，党委书记姜振生。职工1908人。资产总额102.86亿元。其中，流动资产80.61亿元，固定资产净值6726.76万元。机械设备669台（套），设备总功率29052千瓦，技术装备率3.97万元/人，动力装备率9.45千瓦/人。年施工能力200亿元以上。

2020年，承揽任务总额500.62亿元，施工产值243.2亿元，净利润5.04亿元，在岗职工年人均收入171063元。（毛经纬）

【电气化工程有限公司】 拥有通信、机电、建筑工程施工总承包一级，公路交通（公路机电）、铁路电务、铁路电气化、输变电、建筑装修装饰、电子与智能化工程专业承包一级，消防设施工程专业承包二级，城市及道路照明、环保、电力工程施工总承包三级资质，以及承装（修）一级及承试三级电力许可证，电力系统设备试验测试资格。驻天津市空港经济区环河北路与中心大道交口空港商务园西区12号楼。党委书记、董事长辛东红，总经理马勇军。职工1349人。资产总额63.29亿元。其中，货币资金19.59亿元，固定资产净值3.13亿元。机械设备376台（套），设备总功率44793千瓦，技术装备率1.7万元/人，动力装备率33.3千瓦/人。年施工能力50亿元以上。

2020年，承揽任务总额82.29亿元，施工产值58.84亿元，利润1.2亿元，在岗职工年人均收入148547元。（张丹妮）

【第七工程有限公司】 拥有市政公用、公路工程施工总承包一级，桥梁、隧道工程专业承包一级，建筑工程施工总承包二级，铁路工程施工总承包三级，公路路基、路面工程专业承包三级，湖南省公路养护作业单位一类乙级、二类乙级，桥梁乙级，隧道乙级资质。驻湖南省长沙市天心区友谊路202号。党委书记、董事长杜湘豪，总经理陈谦。职工1386人。资产总额46.71亿元。其中，流动资产40.13亿元，固定资产净值1.31亿元。机械设备375台（套），设备总功率44500千瓦，技术装备率3.88万元/人，动力装备率32.01千瓦/人。年施工能力70亿元以上。

2020年，承揽任务总额78.95亿元，施工产值70.65亿元，净利润1.61亿元，在岗职工年人均收入94461元。（卢大伟）

【海南工程有限公司】 拥有房屋建筑、市政公用、铁路、公路工程施工总承包二级，公路路面、公路路基、港口与海岸工程专业承包三级资质。驻海南省海口市面前坡东村1号。党委书记、董事长张建军，总经理陶义兵。职工386人。资产总额13.76亿元。其中，流动资产10.47亿元，固定资产净值0.32亿元。机械设备162台（套），设备总功率10219千瓦，技术装备率3.94万元/人，动力装备率27.84千瓦/人。年施工能力10亿元以上。

2020年，承揽任务总额21.66亿元，施工产值15.2亿元，净利润244万元，在岗职工年人均收入67551元。（王 薇）

【市政工程有限公司】 拥有市政公用工程施工总承包一级，建筑、公路工程施工总承包三级，桥梁工程专业承包二级，公路路基、公路路面工程专业承包三级资质。驻广东省广州市南沙区海滨路169号成卓大厦。董事长、总经理徐峰。职工329人。资产总额14.9亿元。其中，流动资产12.35亿元，固定资产净值0.69亿元。年施工能力20亿元以上。

2020年，承揽任务总额26.02亿元，施工产值20.08亿元，在岗职工年人均收入96068元。（李 莹）

【铁路养护工程有限公司】 拥有市政公用、建筑、铁路工程施工总承包三级资质。驻西藏自治区国家级拉萨经济技术开发区。党委书记、董事长陈卫雄，总经理郭继林。职工1046人。资产总额3.57亿元。机械设备409台（套），设备总功率11190千瓦，技术装备率3.23万元/人，动力装备率13.53千瓦/人。

2020年，营业收入30391万元，净利润3896万元，在岗职工年人均收入91684元。（彭建萍）

【国际工程有限公司】 拥有铁路工程施工总承包三级资质。驻天津市空港经济区中环西路86号中科天保智谷6号楼。党委书记、董事长李吉根，总经理宋宇新。职工359人。机械设备825台（套），设备总功率143602千瓦，技术装备率28.01万元/人，动力装备率329.36千瓦/人。

2020年，承揽任务总额28.57亿元，施工产值9.6亿元，净利润291万元，在岗职工年人均收入74011元。（马 坤）

【重要记载】

▲1月10日　中铁十二局参与完成的“高速铁路高性能混凝土成套技术与工程应用”和“长大深埋挤压性围岩铁路隧道设计施工关键技术及应用”两项技术获国家科技进步奖二等奖。

▲3月13日　中铁十二局独立担负施工的中老昆(明)万(象)铁路玉溪至磨憨段(中国段)万和隧道提前10天贯通,成为全线首座贯通的万米长隧。

▲4月20日　青海省人民政府批准甘德等17个县(区)退出贫困县序列,中铁十二局对口扶贫5年的甘德县正式脱贫“摘帽”。

▲9月3日　中铁十二局承建的郑万高铁罗家山隧道提前5个月贯通,成为郑万高铁湖北段第一条贯通的10千米以上长隧。

▲9月22日　中铁十二局参建的重庆西站、新建拉萨至日喀则铁路、郑州至徐州铁路客运专线、雅安至泸沽高速公路获第17届中国土木工程詹天佑奖。

▲11月24日　中铁十二局员工刘军华获评“全国劳动模范”。　(唐晓明)

中国铁建大桥工程局集团有限公司

【简况】　拥有48个类别150项资质。其中,施工资质30个类别103项,铁路、公路、市政、建筑施工总承包资质特级(含设计甲级)5项(含所属四公司公路工程施工总承包特级资质),水利水电、机电、矿山、通信等工程施工总承包一级资质20项,桥梁、隧道、公路路基、公路路面工程专业承包一级资质32项;勘察、设计、测绘、检测、计量认证共8个类别33项资质;房地产、爆破、军工、交通运输及其他行业管理类6个类别9项资质;同时拥有对外工程行业管理资质及地质灾害防治工程甲级资质、援外工程A级资质。总部驻天津市自贸试验区(空港经济区)中环西路32号。前身系中国人民解放军铁道兵第三师;1984年1月,集体转业并入铁道部,改编为铁道部第十三工程局;1999年12月,更名为中铁第十三工程局;2001年6月,企业改制改称中铁十三局集团有限公司;2013年12月,更名为中国铁建十三局集团有限公司;2014年3月,更名为中国铁建大桥工程局集团有限公司,注册资本金32亿元。下辖第一、二、三、四、五、六公司,电气化、西北、南方工程有限公司,中铁株洲桥梁、建筑、建筑装配科技、海外、物资贸易、靖江桥梁科技产业园、靖江市金桥港务公司,设计研究院(津桥工程检测、中铁现代勘察设计院)、技师学院(培训中心)、资本运营事业部,东北、华北、天津、中原、华东、华中、华南、川渝藏、云贵、西北、新疆区域指挥部。职工12350人。资产总额490.09亿元。其中,固定资产原值84.52亿元、净值34.97亿元,流动资产351.44亿元,无形资产5.35亿元。大中型机械车辆3631台(套),原值47.46亿元、净值23.4亿元,总功率57.34万千瓦,动力装备率43.09千瓦/人,技术装备率17.58万元/人,设备完好率90%、利用率75%,综合机械化施工程度85%以上。

2020年,新签合同额748.6亿元,完成总产值410.1亿元,其中施工产值401.84亿元。实现利润2.29亿元,人均创利16269.14元。全员劳动生产率29.08万元/(人·年),职工年人均收入114948元。国有资产保值增值率103.33%,净资产收益率3.11%,产值利润率0.6%,资产负债率84.03%。完成主要实物工程量:土石方9050.8万立方米,桥梁109805.8延长米,隧道75836.7延长米,涵渠16201.4横延米,铁路制梁1371片、架梁1382片,地铁47318.1延长米,公路352.3千米,公路制梁13214片、架梁14044片,房屋建筑面积164.4万平方米。取得爆破作业单位许可二级资质证书,获中国建设工程鲁班奖1项、国家优质工程奖2项,省部级优质工程奖19项,省部级科技进步奖4项、省部级工法35项,获评全国内部审计先进集体、天津市建设行业优秀诚信施工企业、2018—2020年度天津市文明单位、全国“安康杯”竞赛安全文化宣传工作先进单位、全国青年安全生产示范岗等荣誉。　(柴雪洁)

【领导人员】

董事会

董事长	张树海
董事	纪尊众
	刘永宏(5月免)
	韩再明(11月任)

监事会

监事会主席	李庚许
监事	王家福(3月调出)
	谢小成

经理层

总经理	纪尊众
副总经理	李素清
	韩再明
	宋伟俊
	周明星

	刘永宏(5 月免)
	李国强
	王保国
	郭宏伟
	徐青旺
总工程师	宋伟俊
总会计师	刘永宏(5 月免)

党群领导

党委书记	张树海
党委副书记	纪尊众
纪委书记	李庚许

(张富强)

【工程项目指挥机构】 东北区域指挥部　驻吉林省长春市。指挥长刘永宏。

华北区域指挥部　驻北京市丰台区。指挥长徐青旺。

天津区域指挥部　驻天津自贸试验区(空港经济区)。指挥长李国强。

中原区域指挥部　驻山东省济南市。指挥长郭宏伟。

华东区域指挥部　驻浙江省杭州市。指挥长郭宏伟。

华中区域指挥部　驻湖北省武汉市。指挥长迟荣益。

华南区域指挥部　驻广东省广州市。指挥长周明星。

川渝藏区域指挥部　驻四川省成都市。指挥长韩再明。

云贵区域指挥部　驻云南省昆明市。指挥长韩再明。

西北区域指挥部　驻陕西省西安市。指挥长李素清。

新疆区域指挥部　驻新疆维吾尔自治区乌鲁木齐市。总经理陈伟。

云南工程指挥部　驻云南省昆明市。指挥长徐恩科,党工委书记刘永。

昌景黄铁路项目经理部　驻江西省鄱阳县。项目经理李庆丰,党工委书记程和平。

荆荆铁路项目经理部　驻湖北省荆门市。项目经理綦彦波。

池黄铁路项目部　驻安徽省黄山市。项目经理王涛,党工委书记赵楠。

福平铁路项目经理部　驻福建省平潭县。项目经理、党工委书记纪尊众。

鲁南铁路项目经理部　驻山东省济宁市。项目经理张德伟,党工委书记张爱民。

福厦铁路项目经理部　驻福建省泉州市。项目经理崔淑斌,党工委书记郭崇强。

张吉怀铁路项目经理部　驻湖南省怀化市。项目经理张明刚,党工委书记王宝明。

赣深客专项目经理部　驻江西省赣州市。项目经理董兴国,党工委书记包涵。

黎霍高速项目经理部　驻山西省长治市。项目经理李富强,党工委书记兼总工孟庆信。

长太高速项目经理部　驻吉林省松原市。项目经理张文军,党工委书记李敬。

长春地铁 6 号线项目经理部　驻吉林省长春市。项目经理王忠良,党工委书记莫春义。

凉山州大桥水库灌区二期工程项目经理部　驻四川省西昌市。项目经理赵国祝,党工委书记刘新峰。

(柴雪洁)

【职工队伍】 职工 12332 人。其中,专业技术人员 7542 人,占员工总数的 61.16%;高级职务 1803 人(含正高级 139 人)、中级职务 2279 人、初级职务 3419 人、未聘任 41 人。工程系列 5366 人、会计系列 926 人、经济系列 631 人、政工系列 504 人、卫生系列 50 人、科研系列 1 人、统计系列 2 人、教育系列 37 人、档案系列 8 人、翻译系列 1 人。全日制博士研究生学历 7 人、硕士研究生学历 154 人、党校研究生学历 7 人、本科(含第二学士学位)学历 7342 人、大专学历 1427 人、中专学历 867 人、高中及以下学历 2089 人。　(张富强)

【铁路工程施工】 新建福州至厦门铁路站前 7 标段工程　位于福建省泉州市、厦门市,全长 32.21 千米。合同投资 219169 万元,合同工期 2017 年 9 月 30 日至 2022 年 9 月 30 日。主要工程量:路基土石方 72.8 万立方米,站场土石方 200.5 万立方米;桥梁 9 座 20409.3延长米,其中特大桥 3 座 19586.1 延长米;涵洞 15 座 6637.9 横延米;隧道 2 座 5997.2 延长米;站场 1 个; 667 孔箱梁预制和架设。2020 年完成投资 100269 万元,开工累计完成投资 219269 万元。

新建赣州至深圳铁路 GSJXZQ－2 标段工程　位于江西省赣州市信丰县,全长 37.384 千米。合同投资 271613 万元,合同工期 2017 年 11 月 1 日至 2021 年 12 月 31 日。主要工程量:路基土石方 247.6 万立方米,站场土石方 88.8 万立方米;桥梁 25 座 19016.6 延长米,其中特大桥 6 座 14415.3 延长米;涵洞 11 座 308.8 横延米;隧道 7 座 10156.4 延长米;站场 1 个;全线 134 千米 CRTSⅢ轨道板预制和本标段 37.4 千米无砟道床铺设。2020 年完成投资 96787 万元,开工累计完成投资 254732 万元。

新建张家界经吉首至怀化铁路站前工程 10 标段工程　位于湖南省怀化市，全长 24.21 千米。合同投资 266809 万元，合同工期 2017 年 10 月 1 日至 2021 年 5 月 5 日。主要工程量：路基土石方 67.2 万立方米，站场土石方 228.3 万立方米；桥梁 31 座 18721 延长米，其中特大桥 15 座 15279.5 延长米；涵洞 8 座 552.8 横延米；隧道 10 座 10670 延长米；站场 1 个。2020 年完成投资 94463 万元，开工累计完成投资 258480 万元。

杭州经绍兴至台州铁路 2 标段工程　位于浙江省绍兴市上虞区、嵊州市，全长 38.3 千米。合同投资 244461 万元，合同工期 2018 年 4 月 1 日至 2021 年 1 月 31 日，实际开工日期 2018 年 7 月 1 日。主要工程量：路基土石方 107.5 万立方米，站场土石方 167.3 万立方米；桥梁 15 座 12813.8 延长米，其中特大桥 8 座 11186.3 延长米；涵洞 24 座 819.6 横延米；隧道 8 座 18025.4 延长米；站场 2 个。2020 年完成投资 75843 万元，开工累计完成投资 218182 万元。　（宋　凯）

【铁路外工程施工】　明珠湾大桥工程（不含先行段）　位于广东省广州市，全长 10.4 千米，主线 9.1 千米。合同投资 308562 万元，合同工期 2018 年 3 月 3 日至 2021 年 8 月 10 日。主要工程量：路基 8 段 4248 米，路基挖土方 39.4 万立方米，挖石方 20.1 万立方米，填土 62 万立方米，堆载预压 34 万立方米，软基处理 25.1 万立方米；桥梁 5 座 4920.5 延长米，其中明珠湾大桥全长 2640 延长米，1 号、3 号中桥均为 60 延长米，环市大道立交桥 1476 延长米；箱涵 7 处 892.5 横延米；棚洞及隧道 355 延长米；超级堤 1320 米。2020 年完成投资 89548 万元，开工累计完成投资 207807 万元。

北京地铁 17 号线工程土建施工 09 合同段　位于北京市朝阳区，全长 2.3 千米。合同投资 53001 万元，合同工期 2016 年 9 月 1 日至 2020 年 12 月 20 日，实际开工日期 2017 年 8 月 17 日。主要工程量：地铁车站 1 座 20384 平方米，地铁盾构区间 1 个 3907 米。2020 年完成投资 12394 万元，开工累计完成投资 39885 万元。

广州轨道交通 18 号线及同步实施场站综合体设计施工总承包项目六分部　位于广东省广州市，全长 9.8 千米。合同投资 271492 万元，合同工期 2017 年 10 月 28 日至 2020 年 6 月 30 日，实际开工日期 2018 年 3 月 13 日。主要工程量：地铁车站 1 座 55607 平方米，地铁盾构区间 3 个 18491 米。2020 年完成投资 111340 万元，开工累计完成投资 254758 万元。

深圳市城市轨道交通 16 号线工程施工总承包三工区　位于广东省深圳市，全长 2.6 千米。合同投资 206058 万元，合同工期 2017 年 12 月 30 日至 2021 年 12 月 30 日，实际开工日期 2018 年 8 月 24 日。主要工程量：地铁车站 5 座 102420 平方米，地铁盾构区间 4 个 6750 米。2020 年完成投资 55455 万元，开工累计完成投资 114220 万元。

杭州地铁 8 号线工程　位于浙江省杭州市，全长 4.4 千米，2 站 2 区间。合同投资 98625 万元，合同工期 2018 年 6 月 10 日至 2021 年 5 月 30 日，实际开工日期 2018 年 8 月 15 日。主要工程量：土石方 69 万立方米，钻孔桩 130 根，地连墙 374 幅，地基加固 25475 立方米，盾构区间 6648 米，管片 5543 环。2020 年完成投资 30000 万元，开工累计完成投资 95151 万元。

成都地铁 6 号线一、二期工程土建施工 08 合同段　位于四川省成都市，全长 0.6 千米。合同投资 44187 万元，合同工期 2016 年 10 月 31 日至 2020 年 9 月 30 日。主要工程量：沙湾站围护桩 408 根，临时立柱 78 根，冠梁 1476.6 米，土石方开挖 178000 立方米，土石方回填 36354.8 立方米，主体结构 13 段；人民北路站围护桩 270 根，格构柱 35 根，桩顶冠梁及挡土墙 528.5 米，土石方挖方 149551 立方米，土石方填方 22258 立方米，主体结构 36 块。2020 年完成投资 11145 万元，开工累计完成投资 44174 万元。2020 年 12 月 18 日开通。

徐州城市轨道交通 2 号线一期 22 标段工程　位于江苏省徐州市，全长 24.3 千米。合同投资 3793 万元，合同工期 2019 年 7 月 1 日至 2020 年 12 月 31 日，实际开工日期 2018 年 10 月 15 日。主要工程量：设备 13495 台，金属线槽 60418 米，钢管 147948 米，线缆 1630845 米。2020 年完成投资 2513 万元，开工累计完成投资 5144 万元。

天津地铁 8 号线一期工程　位于天津市河西区，正线全长 5.3 千米。合同投资 270121 万元，合同工期 2020 年 1 月 20 日至 2023 年 7 月 24 日。主要工程量：地铁车站 5 座 77303 平方米，地铁盾构区间 5 个 7970 米。2020 年完成投资 2020 万元，开工累计完成投资 2026 万元。

新疆西水东引二期输水工程 2 标段工程　位于新疆维吾尔自治区阿勒泰地区，全长 26.8 千米。合同投资 85089 万元，合同工期 2017 年 3 月 30 日至 2022 年 12 月 31 日。主要工程量：隧道 26100 延长米，其中 TBM 施工段 23737 延长米、主洞钻爆段 2355 延长米、2 号支洞钻爆段 1729 延长米，R1－1 进场施工道路 18430 延长米；供水管线系统 3 条 22097 米，环水保及施工临时设施等。2020 年完成投资 8538 万元，开工累计完成投资 38840 万元。

小清河复航工程　位于山东省滨州市和淄博市，

全长30.8千米。合同投资153031万元,合同工期2020年6月30日至2022年12月31日。主要工程量:陆上挖方423万立方米,水下挖方138万立方米,护岸混凝土41.8万立方米;桥梁7座4312延长米;船闸1座4700米。2020年完成投资39036万元,开工累计完成投资39036万元。

云南省墨江至临沧公路土建10标段工程　位于云南省普洱市,全长4.5千米。合同投资77127万元,合同工期2018年9月1日至2020年8月31日,实际开工日期2019年4月1日。主要工程量:路基土石方238.7万立方米;桥梁22座9108.18延长米,其中主线桥梁4座、互通式立交1座;涵洞3座164.1横延米。2020年完成投资40177万元,开工累计完成投资68852万元。

云南省滇中引水工程昆明段施工5标段工程　位于云南省昆明市,全长26.1千米(含支洞)。合同投资136357万元,合同工期2019年9月30日至2026年8月30日。主要工程量:隧道(含支洞)8座26094延长米。2020年完成投资16809万元,开工累计完成投资20020万元。

(宋　凯)

【海外工程施工】　尼日利亚拉伊铁路三电工程　线路长105千米。合同投资1733.3万美元,合同工期12个月。主要工程量:车站4座;通信专业采用GSM－R方式,区间设通信基站;信号专业采用自动闭塞方式,区间设中继站。2020年完成投资876万美元,开工累计完成投资876万美元。

亚吉铁路中土吉布提管段电务维护管理服务项目　全长87.9千米。合同投资325.6万美元,合同工期2018年1月1日至2020年12月31日。主要工程量:车站4座,调度中心1个,通信、信号、牵引供电、电力设备的巡视、养护、维修、故障抢修等电务部分维保。2020年完成投资3.81万美元,开工累计完成投资325.61万美元。

马来西亚沙巴州KK市道路升级工程(三期)桥梁项目　位于马来西亚沙巴州首府KK(Kota Kinabalu)市。合同投资5674万元。合同工期18个月。主要工程量:桥梁8座,其中大桥3座、小桥5座。2020年完成投资188.58万美元,开工累计完成投资392.75万美元。

澳氹第四条跨海大桥设计连建造工程　主线3.085千米,其中跨海段2.86千米。投标阶段合同投资13053.48万美元。主要工程量:通航孔桥2座,枢纽互通1座,高架桥1座。2020年完成投资1107万美元,开工累计完成投资1107万美元。

阿联酋铁路B标段、D标段工程项目　合同投资6.2亿元。B标段位于阿布扎比市,主要工程量:桥梁800延长米,其中公路桥5座、设备保护桥12座,地下道9座,排水箱涵40座。D标段主要工程量:三跨现浇连续梁桥1座137.8延长米,现浇简支梁桥1座512.5延长米,框架涵1座。2020年完成投资738.67万美元,开工累计完成投资738.67万美元。

(董　晴)

【经营管理】　经营承揽。持续推进经营体系建设,集团公司两级五层的经营架构成形、运转。修订完善《国内经营工作管理办法》《国内区域指挥部全面管理考核办法》《子分公司经营工作考核办法》《国内工程经营基础工作实施细则》《经营风险管控实施办法》《企业生产经营计划统计管理办法》等制度办法。大力推进创新经营,通过与宁国运集团组建合资公司,进一步开展股权合作,延伸产业链条;在天津静海投资建设的装配式建筑生产基地首批产品投产使用。明确区域经营目标,制定《2020年生产经营计划》,制定“311”目标。加强业务基础建设,组织重大项目投标、参与复核评审78个项目126个标段,以提升编标水平为重点,以优化经营队伍素质建设为落脚点,分层次、分片区开展经营业务培训。生产经营一体化再强化,对10亿元以上的重大项目严格执行“一标一策划、一标一方案”,增加中标概率及一次经营创效水平。加强经营风险管控,对投资低于2亿元的工程投标项目原则上禁用集团公司资质,规避挂靠、出借资质等风险,对于潜在风险较大的项目禁止投标,防范项目上场后的资金、履约等风险。加快企业适应性改造,下发JMRH系列文件,召开专门工作会议进行业务指导与培训,对在建项目开展专项检查,市场有拓展,份额有增加,疫情期间抢修抢建医院获得表扬,多个项目获使用单位表扬。全年自主承揽项目10个,累计中标17亿元,中标项目372个,新签合同额748.6亿元,其中自揽601.22亿元、系统内分包147.38亿元。新签工程板块任务中,铁路工程69.03亿元,占9.22%;公路工程187.92亿元,占25.1%;市政工程142.07亿元,占18.98%;城市轨道103.17亿元,占13.78%;房建工程169.32亿元,占22.62%;水利电力28.37亿元,占3.79%;其他工程13.39亿元,占1.79%。

企业管理。取得爆破作业单位许可二级资质证书,所属建筑装配科技公司取得预拌混凝土专业承包资质。三项建设扎实开展,下发《2020—2022年“三项建设”推进方案》。组织召开集团公司“十四五”规划编制工作启动会。集团公司全年新立、修订制度102项,废止制度38项,评估保持制度195项。所属株桥公司完成厂办大集体改革任务,并获得股份公司补助经费3000万元。注销法人单位2家、非法人单位11家;成立子公司5家、分公司14家。发布《质量、环境、职业健康安全管理手册(2020版)》。获评中国施工企业协会AAA级信用等级及天津市建设行业优秀诚信企业。

修订《中层领导人员管理规定》,制定《因私出国(境)管理办法》,组织开展领导干部个人事项申报、亲属关系排查等工作。按照"优秀的提拔重用、良好的调整交流、一般的提醒诫勉、较差的归位免职"原则,完成集团公司所属子分公司领导班子及成员、区域指挥部和直属项目部全员的综合考核评价工作。全面盘点"80后"干部,择优入库。修订《工程技术专家管理办法》,评选首席专家、一级专家24人。大力引进高端人才,引进博士研究生1人,招聘675人;清理闲散人员600余人。开展总部和所属单位的编制定员工作,推行满足企业实际发展需求的用工制度,出台《集团公司用工管理规定》《劳务用工管理暂行办法》。推行薪酬分配市场化改革,制定《薪酬管理指导意见》《岗位工资管理办法》《绩效工资管理办法》《津贴补贴管理办法》《表彰奖励管理办法》《工资支付管理条例》,完成"1+N"制度体系建设。创新工资总额管控体系,制定下发《工资总额管理办法》和年度工资总额分配实施方案。明确考核激励原则,在总部绩效考核制度中引入强制分布规则,拉开不同考核等级人员收入差距。切实发挥社会保险的保障作用,落实国家和地方惠企政策,全集团阶段性减免社保单位缴费10310.03万元。积极争取国家人才补贴政策,做好落户工作保障职工权益;全面提高公司信息化管理水平,加快推进人力资源管理信息系统上线;配合空港人社局完成第七次人口普查工作。

诉讼案件处理方面取得突破性进展,处理案件132起,涉案金额52941万元,未出现企业进入失信被执行人名单和限制企业法定代表人高消费案件。对分包类、物资设备类、服务类等8个合同范本重新进行修订,合同范本基本覆盖项目工作中的主要合同管理方面。完成对公司及所属单位日常经营活动发生腐败、欺诈、胁迫、串通或妨碍等不当行为的可能性的评估,对已存在或潜在的合规风险进行排查,形成《中国铁建大桥工程局集团有限公司2020年合规风险评估报告》。开展普法宣传,总结各项普法工作,顺利通过股份公司及地方主管部门"七五普法"验收。

持续抓好网络信息安全管理,圆满完成2020年网络安全演练,通过股份公司网络及信息系统安全检查。完成信息系统应用场景方案研究16项,信息新技术落地应用研究16项,系统设计说明书9项,标准规范九大类18项。完成可实施的"十四五"信息化规划编制,编写《智慧工地建设技术方案》《门户及BPM平台建设方案》《数据中台建设方案》《视频会议改造方案》《桌面云试点建设方案》。8人参加央企联盟举办的安全运维工程师岗位能力专业培训并取得CIISP证书;申报债权及收尾项目管理系统参与试点并取得Demo合格证;参加股份公司2020年浩辰CAD和福昕PDF国产软件推广活动,获一等奖1项、二等奖1项。

经济管理。强化在建项目亏损整治,30个在建重点亏损项目实际完成减亏9.4亿元,完成率119.3%;加强收尾清概项目减亏治理,12个重点亏损铁路项目完成批复变更索赔16.6亿元,完成率127.4%;狠抓产值计价率,实现开工累计产值计价率93.87%。综合收益率持续向好,较上年末提高0.18个百分点;二次经营收益率稳步提升,全年实现二次经营收益率11.5%,较年初提高1.5个百分点。聚焦项目前期策划,编制铁路及路外项目经济策划模板,全面开展项目经济策划工作,全年集团本级完成9个直(托)管项目、子分公司完成72个代管项目的经济策划;建立项目评估及"一挂"合同台账,全年各公司完成评估项目143个,具备评估条件的项目评估率和经济责任承包合同签订率100%;编制《项目责任成本管理操作指南》,对11个公司的16个试点项目进行培训、宣传贯彻和工作布置,各试点项目按要求编制责任预算模板、构建"八大"责任中心,落实"价量分控、成本分块",按"利益均衡"要求编制"两合同、一责任书"范本,推行项目全员责任成本与绩效考核挂钩;牵头提质增效工作,推进各项工作全面开展。

2020年确权销号项目163个、清欠销号168个,收尾专项清理完成率103%,对历史遗留的9个完工项目彻底解决长期内部结算争议。清理解决内部债权债务近5亿元,协调系统内兄弟单位债权转为集团内部债权114万元。项目收尾管理提升到以经济收尾落脚上,目标与落脚点在"3销号1回款",制定运行3个管理办法,建立目标管理、日常督导、绩效考核等管理机制。

安全监督。编制下发集团公司《安全生产监督管理办法》和《生产安全事故调查处理制度》。逐级签订2020年度安全包保责任书,并对2019年的安全包保责任目标完成情况进行考核兑现。邀请股份公司安全总监和安全监督部总经理到集团授课,举办3期安全管理人员业务轮训班,504人参加。采用多种形式开展安全隐患排查治理8次,发现隐患4016条,整改隐患4016条,整改率100%。对新上A类项目进行风险策划12个,参与施组评审7个。推动项目制定符合工程实际的安全隐患排查岗位清单,分11个专业、13个业务板块梳理完善安全隐患基础库。开展安全综合检查3次、专项检查7次、季节性检查3次。组织开展

"安全生产月"、应急管理普法知识竞赛等专项活动。全面部署安全专项整治三年行动，编制下发《集团公司安全生产专项整治三年行动实施方案》《安全生产专项整治三年行动学习手册》。组织制作典型事故案例视频动画3个，编制下发《事故警示》期刊2期。编制下发《终端安全管理一体化工作指南》，在2个项目进行试点。获评股份公司安全包保考核优秀单位，获省级及以上安全奖励21项。

财务管理。组织开展中级会计职称考前辅导和财务骨干培训，会计职称通过高级考试3人、中级考试67人。着力构建"3+1"职能体系，推动财务管理工作转型升级，聘任集团公司第一批内部财务专家20人，并制定工作机制。从不同层级和维度重新搭建财务制度体系，明确财务管理整体框架，对"3+1"财务管理体系建设及职责进行明确规定，对会计岗位、会计人员管理以及企业财务管理的主要内容做原则规定。先后制(修)定《全面预算管理办法》《"两会一盘点"财务状况分析制度》《税务管理办法》《资金管理办法》等制度办法19项。对现行财务类常用工作流程进行梳理完善，从不同维度分别梳理业务流程46项。完善预算管理机制，修订预算管理办法，建立预算管理体系，夯实预算编制基础，编制2020年度预算，签订责任书。积极拓展融资渠道，优化资本结构，保障企业资金安全，办理低成本融资37.2亿元，节约财务费用6116万元。强化资金集中管理，五大资金池日均吸收存款32.24亿元，日均内部调剂资金20.07亿元，节约财务费用约7727万元。节约票据开立成本，票据存量50.13亿元，通过免交保证金方式节约财务成本3192万元。税务管理扎实有序，高新技术企业所得税综合税负率6.88%；集团内15家法人单位被评为A级纳税人，再次获得增值税进项留抵退税1.45亿元，近两年累计退税3.37亿元；充分运用疫情优惠政策，享受减免个人所得税72万元，减免企业所得税4万元，低税率发票节约现金流1392万元，增加利润142万元。制定2020年度子分公司绩效考核实施方案，对2019年度子分公司负责人绩效考核时实现奖优罚劣。开展2016—2018年度任期考核工作以及部分单位2013—2015年考核历史遗留问题的清理工作。持续推进共享中心建设，完善预警通报制度，建立整改反馈机制，开展资本运营项目资金监控，全面推广费用预算模块，引进智能分单机器人，完善业务指导书，参与共享3.0升级优化工作。加强财会课题研究，获股份公司三等奖课题1项，获中国施工企业管理协会2020年优秀财税论文二等奖2篇、获优秀案例奖1篇，获天津市会计学会2020年优秀学术论文一等奖1篇，入选天津市会计学会2020年度优秀会计案例库1篇。组织集团财务人员完成"品质铁建杯"2020年财税知识竞赛，获个人赛银奖和铜奖各1人。

审计监事。2020年，集团董事会批准审计计划131个，实际完成180个，占全年计划的134.32%，其中经济责任审计41个，工程项目审计32个，专项审计调查53个，其他审计54个。实现"均衡布局、突出重点、深化质量、整改追损、科技强审、加强建设"的工作思路。根据审计实施方案延伸覆盖项目或单位320个，累计投入11287个审计工天，提交审计报告和分析报告193篇。审计涉及资产448亿元，提出审计建议1680条。累计发现问题2500个，预计可追损挽损5.57亿元，占问题总金额的6.2%，其中实现追损挽损3.84亿元、后期尚可追损挽损1.73亿元；移交问题线索485条、待移交问题线索207条，两级纪委追责处理205人(含处级领导13人)，经济赔偿225万元，扣减30名责任人5%~30%不等的绩效薪金。

项目管理。张吉怀铁路、安六铁路2标段、商合杭铁路14标段、赣深铁路、墨临公路10标段等重难点工程项目相继攻克，安六铁路2标段、商合杭铁路14标段、阳大铁路5标段、棋盘洲大桥、保神高速2标段、墨临公路10标段、十巫高速、莆炎高速15标段、翻坝江北高速3标段、武穴大桥2标段、昆明宜石高速、巢湖大桥、北京新机场北、南昌地铁3号线4标段、4号线1标段、北京地铁7号线16标段等项目年内相继通车。策划预控更务实，两级机关狠抓新上项目上场动员会及前期策划工作；过程管控更严格，采取日周月报、巡查、督导、驻场帮扶等多种形式，加大对项目的监控力度。依托滇中引水项目组织召开集团公司2020年度项目精益化管理暨品牌诚信现场推进会，收到良好效果。以项目为终端，以问题为导向，按照项目管理"4个阶段，22个环节"梳理管控要点和制度办法。组织项目经理培训班4期，设备物资管理制度办法网络培训、工程量管理台账编制和"算量"培训、设备、物资、周转材料管理系统试点项目视频培训等专项培训3期，培训2546人次。

通过大施组调配、框架采购、量化租赁等手段，全面降低资产闲置率，提升资产管控水平，挖掘降本增效潜能。通过盘资产、抓调配等，大型设备闲置率(按原值计算)由年初的53%下降至35.6%，下降17.4个百分点；框架采购设备85台(套)，合同额7237万元，降本1024.48万元；量租率由年初的33%上升至96.7%，上升63.7个百分点。通过推集采、控限额、落实自加工等，实现过程降本创效58855万元。量大直供落地项目23个，新签物资合同总额23.11亿元，地材加工年产量628万吨，电商采购合同总额51576.43万元，开工累计定轧数量5.6万吨。

在持续推行“20有8标准1流程”的基础上，进一步完善风险管控和隐患排查双预控体系，全年持续组织开展铁路项目质量安全红线检查、集团公司贯标内审检查、安全质量过程检查等28次，检查项目69个，发现隐患和问题468条，对发现问题的整改情况持续跟踪。

2020年，获中国建设工程鲁班奖1项、国家优质工程奖2项、其他省级优质工程奖19项。26个QC小组获35项省部级及以上奖励，其中国家级5项、股份公司级5项、省部级25项。2020年上半年在国铁集团铁路信用评价排名B级第3位，下半年在国铁集团铁路信用评价排名B级第23位。

（胡德杰　卢　静　张泽辉）

【科技教育】 科技工作。深化“技术线”建设，以项目管控为重点，进一步完善科研技术管理工作。制（修）定并发布“1+9”共10项集团公司技术管理制度。举办“BIM技术应用”“桥梁工程临时结构设计”培训班和2020年集团公司施工技术交流会，召开集团公司2020年度科研技术、优质工程暨五小成果评审会。获第18届中国土木工程詹天佑奖1项，省部级科技进步奖一等奖1项、二等奖3项，中施企协科技进步奖二等奖3项，股份公司科技进步奖一等奖2项，二等奖1项；完成科技成果鉴定8项，获国际领先水平和国际先进水平各4项；获天津市、中施企协、股份公司优秀专利奖各1项；获省部级工法35项；新增省部级课题1项，股份公司A类课题1项；完成专利申请199件（其中发明专利60件），授权专利161件（其中发明专利11件）；入选2020年天津市创新人才推进计划重点领域创新团队；天津市技术中心考评顺利通过复评。

教育培训。推进培训中心的职能转型，与中智咨询机构合作形成《中国铁建大桥工程局集团有限公司人才培养管理制度》初稿，为集团公司建设成终身学习、终身培训的学习型组织打好软硬件基础。全年举办培训班（含线上）45期，累计培训8900余人次。完成集团施工现场管理人员网络培训1132人次。选送参培股份公司组织的中层及以上领导人员培训（含线上）380余人次。研究通过《员工职业发展管理暂行办法》，构建完成7条通道、25个层级的职级体系与任职资格体系并在试点推进。职称评审推陈出新，打破工人与劳务派遣身份界限，组织召开工程、经济、会计和政工4个系列中高级专业技术职务评审会议，通过中级专业技术职务评审516人，高级专业技术职务评审337人（含正高级75人）。（常　洁　张富强）

【资本运营】 完善制度办法体系，协助项目公司进行制度建设，初步形成独立运营体系。2020年，召开事业部总经理办公会议11次，集体研究讨论决策重大事项58项。投资项目承揽超额完成，全年指导、编制投资项目初步调查报告27个，可研报告25个，参与项目商务洽谈30次，中标投资项目10项，按可研预计集团可获取施工份额148.11亿元，出资5.24亿元，出资撬动产值比例1:28。有效维护股东权益，全年审核参股、控股项目公司股东会、董事会议案120个，形成审核意见36份，参加各项目公司股东会、董事会17次；及时预警项目风险，现场督导项目16次，形成专题汇报12份，形成全面系统的风险监控报告4份，指出风险项24个，提出风险防控措施22个。房地产项目建设稳步推进，空港梧桐苑项目地下车库和主体工程封顶，完成311套房屋的合同签订、贷款及房屋备案工作；解决铁建大厦二期重大缺陷和部分消防验收；积极开展中铁滨海欣城二期项目售后维修，完成交房398户。盘活资产初见成效，铁建大厦二期通过各种途径发布对外招租广告，与意向单位进行多轮洽谈；翰佳商务酒店对接酒店管理公司；自有土地对政策及市场深入调研，保证土地安全，适时开发。固定资产建设项目稳步推进，靖江桥梁产业园钢结构加工、港口物流两个板块可研初步形成，建筑产业化研发生产基地二期搅拌站及盾构管片厂完成可研并向股份公司报备；永定机制砂厂项目和兰州智慧商砼中心项目完成可研报批，进入项目实施阶段。全年上报实物资产处置144项，企业产权登记新设4个、注销1个、增资1个，上报审批评估报告9份，组织召开项目评审会43次、评审项目36个、出具评审意见41份。（田博琳）

【党群工作】 党的工作。组织工作。召开集团党委一届四次全委扩大会，制定下发2020年组织工作要点。制定下发《2020年党建融合举措》，对15个基层单位开展党建融合调研，选取16个项目融合试点。开展基层党组织书记述职评议和党建工作考核，督导整改落实。组织召开2020年度党建工作促进会，制作先进事迹宣传片2部，表彰第二批示范党支部、十佳项目书记和项目党员示范岗。完成4家二级单位党组织成立、撤销工作，指导7家单位完成党委换届工作。完成制度梳理，修订制定制度9项，废止制度5项。牵头制定《庄总裁2020年联系大桥局十大重点工作落实举措》，组织召开专题部署会。落实股份公司“境外腐败、设租寻租、利益输送、化公为私”四个专项整治工作，完成股份公司年度党建考核并被评价为“良好”，建筑公司大邱庄项目获评股份公司第二批示范党支部。开展“讲诚信、树品牌，负责任、争一流”主题活动，“党课开讲啦”活动中《九十九年奋斗历程》获评股份公司“十佳精品党课”。制定《2020—2023年党员教育培训清单》和《2020年党员教育培训计划》，推进党员轮训全覆盖，完成离退休党员社会化移交2533人。落实静海区良三村帮扶任务，投入资金47.2万元，通过天津市验收。

宣传文化工作。紧紧围绕集团公司党委统一部署和安排，树典型、推亮点，紧抓党群融合关键环节，引导企业主流舆论、营造实干文化氛围、鼓舞干事创业热情、塑造企业品牌形象。两级中心组全年组织集体学习167次，开展学习调研120余次，完成调研报告75篇。组织开展“自强、实干”主题教育活动，“讲诚信、树品牌，负责任、争一流”主题活动，大力倡导“以效益论业绩、以业绩论英雄”的实干担当文化和“凭业绩坐位置、论贡献得酬劳”的价值创造理念。全年在微信公众平台、《铁道前锋》报等内部媒体平台宣传各类先进典型40余人，对各单位和总部业务部门推荐的典型人物进行重点采访45人。制作企业宣传片、纪委警示教育片及其他视频短片12部，企业宣传画册改版印刷1次，并配合设计制作画册2套。荣史馆接待访客41次、525人次，组织意识形态线上培训1次，舆情管控集中培训1次，组织策划重点工程媒体开放日活动14次。在中央主流媒体、省部级及以上主流媒体刊播消息近200篇(条)，其中在央视播放48条(《新闻联播》播放12条、专题纪录片播放5集)。编发《铁道前锋》报35期，微信公众平台推送消息185条，在央视新闻、“国资小新”等省部级及以上平台刊发专题消息18条。积极组织开展党建思想政治工作研究，立项课题获评股份公司优秀成果一等奖1项，二等奖1项，三等奖2项；集团获评2018—2020年度天津市文明单位。

纪检工作。开展亏损项目专项巡察，完成6个亏损项目问题线索移交，初核涉嫌违规违纪问题76条，追责问责77人。两级开展亏损项目专项巡察39个，提出具体问题748项，完善制度19项，移交问题线索171个，追责问责167人。启动两级财务资金管理专项巡察，成立巡察组27个，完成对124个会计核算单位的专项巡察，发现各类问题线索626条，反馈和移交问题线索65个，建立完善制度37项。启动系统内首家“三重一大”决策制度执行专项巡察，成立巡察组2个，完成对一、四、六公司的专项巡察，对不按制度决策、违规决策的党组织严肃问责。开展化公为私问题专项整治，324个单位8074人纳入专项整治范围，占集团职工总人数的63%，追究问责当事人和相关责任人40人。构建两级联动巡察立体监督网络，12个子分公司党委启动常规和专项巡察，巡察项目140个，发现各类问题1424个，移交问题线索74个，制定整改措施1008条，完善制度8个。夯实巡察制度机制建设，完成4项巡察办法的修订工作。通过审计、巡察、职能监督、专职监督、监企共建及群众监督六大监督利器“一体化监督”受理问题线索441件，初核401件，立案结案213件，党政纪处分211人，组织处理282人，经济赔偿277.53万元，挽回经济损失22491.53万元。首创与地方监委监企共建、联合办案机制体制，精准打击化公为私、以权谋私贪污腐败问题，确保警示震慑及追损挽损成效最大化；创新执纪审查审理新举措，把整改挽损成效作为定性量纪新标准落实违规违纪和涉法案件组长负责制，压实责任，减少环节，提高效率。

工会工作。召开集团公司职代会，坚持集体协商、集体合同签订、领导干部述职评议、职代会提案、企务公开、职工董事监事制度的落实。指导子分公司按法定程序规范召开职代会，加强“三级”职代会建设，全面落实职代会各项职权。结合集团公司“党群融合调研”活动，开展职工代表巡视质询活动，收集职工诉求8个种类30余条，现场督办落实问题36个、意见和建议24个。对项目进行建家建线帮扶和指导，投入经费907万元。组织开展施工现场“送清凉”“送温暖”等专项慰问和职工普惠性慰问活动，累计慰问正式退休职工1452人。围绕“党政所需”，开展“帮骨干排忧解难·暖人心服务大局”骨干人才和天津市劳模体检专项服务活动，投入经费287万元。深入开展困难职工精准帮扶工作，走访慰问困难职工78户、救助覆盖945人(户)。参与新冠病毒疫情防控工作，投入工会经费370万元。开展劳动竞赛、技能大赛、“安康杯”竞赛，获2020年全国“安康杯”竞赛安全文化宣传工作先进单位。劳模创新工作室33个，创新攻关课题、成果、专利、荣誉90多项。组织、参与读书、朗读、专项答题等各类线上活动12项，开展篮球、台球、乒乓球、羽毛球比赛等线下职工文体活动5项。加强工会宣传和信息工作，在集团公司微信公众号、抖音平台发布信息99次，在上级微信平台发布信息21次。增设基层工会组织7个，督促履行工会主席选举程序，建立健全工会工作月报制度，对4家基层单位工会经费使用管理情况进行专项检查及离任审计。

共青团工作。推进“青年大学习”行动，参与团中央“青年大学习”网上主题团课20期5万余人次；承办天津市滨海新区团委“学习寄语精神，展现青春担当”事迹宣讲会；开展“青春心向党·建功新时代”纪念五四运动101周年、“我与国旗合个影”纪念新中国成立71周年、清明节“网上祭英烈”和“自强、实干”“讲诚信、树品牌，负责任、争一流”等系列活动。围绕企业中心工作积极开展“号手岗队”活动，其中一公司棋盘洲长江大桥项目获评“全国青年安全生产示范岗”，技师学院孙鹏获评“全国青年岗位能手”，获评省级“青年技术能手”16人,获评中国铁建“青年文明号”4个、“青年岗位能手”4人;开展青年安全生产活动112场次,2289人参加,创建“青年安全生产示范岗”56个,参与中国铁建“同创青安岗”网络知识竞赛;全年组建“青年突击队”133支,1421人参与。积极开展创新创效活动,启动集团公司“青年创新工作室”首批示范点创建活动,打造青年成长成才综合体;开展“五小”成果征选205项,评奖91项;技师学院2名青年参加全国扶贫职业技能大赛并获优胜奖。广泛开展“龙均爵志愿服务”活动,积极组织抗疫抗洪、精准扶贫、公益献血、慰问老兵、植树绿化等系列志愿服务活动;开展“同舟共济、青春偕进——希望工程抗击疫情特别关爱行动”,捐款5.9万元,3人获评天津市住建系统“优秀平安志愿者”。服务青年成长成才和优秀典型选树宣传,持续开展“导师带徒”活动,保持新学员参与全覆盖,推进活动量化可视化考核,表彰2019届“优秀师徒”20对;建成省级“青年之家”1个,获评省级优秀团干部1人,中国铁建“五四红旗团委”2个、“五四红旗团支部”2个、优秀团员3人、优秀团干部3人;积极开展团员青年“推优入党”,全年向党组织推优24人。持续打造“‘桥’首以盼·缘来是你”青年婚恋交友主题活动,举办青年联谊20场次,参与青年437人次;继续开展“团组织就在我身边”困难青年关爱活动,发放慰问资金1.8万元。持续发力全面从严治团,实现团组织设立全覆盖、团组织负责人全配备、团员教育管理全纳入;召开集团公司团委一届三次全委扩大会,指导8家二级单位完成团组织换届选举;举办“团青工作实务和融合中心举措”网络培训班,积极推行“智慧团建”系统应用,加大建筑公司大邱庄项目团支部作为股份公司“示范团支部”规范化建设力度,参与对15个基层单位的党建群团融合工作调研,同驻地企事业单位广泛开展“共青团工作共建交流活动”。

（郭冬雪　李熙隆　陈晓莉）

【第一工程有限公司】 拥有公路、房屋建筑、市政公用工程施工总承包一级,港口与航道工程施工总承包二级,铁路、水利水电、机电工程施工总承包三级,钢结构、桥梁、隧道、公路路面、公路路基、建筑装修修饰工程专业承包一级,公路交通工程专业承包二级,环保工程专业承包三级资质。驻辽宁省大连市沙河口区沙跃街9号。执行董事、党委书记王学民,总经理李春江。职工1870人。资产总额90.85亿元。其中,固定资产原值12.57亿元、净值4.09亿元,流动资产79.74亿元,其他资产11.11亿元。机械设备397台(套),原值3.3亿元、净值1.1亿元,总功率60655.4千瓦,动力装备率30千瓦/人,技术装备率5.29万元/人,设备完好率90%、利用率75%,综合机械化施工程度85%。

2020年,新签合同额187亿元,总产值96.12亿元,其中施工产值95.96亿元。利润7223.12万元,人均创利42400元。全员劳动生产率38.73万元/(人·年),职工年人均收入133241元。国有资产保值增值率119.41%,净资产收益率8.35%,产值利润率0.85%,资产负债率90.48%。

（王玉荣）

【第二工程有限公司】 拥有市政公用、建筑工程施工总承包二级,桥梁、隧道、公路路基工程专业承包一级资质。驻广东省深圳市盐田区九号小区中铁大厦。执行董事、党委书记宋云财,总经理赵何明。职工1659人。资产总额81.25亿元。其中,固定资产原值15.29亿元、净值5.43亿元,流动资产63.78亿元,非流动资产17.47亿元,无形资产683万元。大中型机械设备546台(套),原值26.17亿元、净值15.25亿元,总功率155453.8千瓦,动力装备率84.07千瓦/人,技术装备率82.50万元/人,设备新度系数58.28%、完好率90%、利用率86%,综合机械化施工程度89%。

2020年,新签合同额130.71亿元,总产值53.02亿元(全部为施工产值)。利润501万元,人均创利3500元。全员劳动生产率78.97万元/(人·年),职工年人均收入100448元。国有资产保值增值率100.2%,净资产收益率0.95%,产值利润率0.11%,投资回报率1%,资产负债率92.68%。

（韩大永）

【第三工程有限公司】 拥有铁路、公路、矿山工程施工总承包一级,建筑、市政公用工程施工总承包二级,桥梁、隧道、公路路基工程专业承包一级,公路交通工程专业承包二级,钢结构工程专业承包三级资质。驻辽宁省沈阳市沈河区方家栏路60号。执行董事、党委书记刘长海,总经理刘彦涛。职工2284。资产总额85.75亿元。其中,固定资产原值10.09亿元、净值2.35亿元,流动资产78.46亿元,其他资产4.94亿元。机械设备490台(套),其中大型特种设备19台(套),设备原值5.44亿元、净值2.78亿元,总功率68966千瓦,动力装备率28.99千瓦/人,技术装备率11.7万元/人,设备完好率92%、利用率85%,综合机械化施工程度92%。

2020年,新签合同额93.61亿元,总产值75.02亿元(全部为施工产值)。利润366万元,人均创利2047元。全员劳动生产率65.38万元/(人·年),职工年人均收入106667元。国有资产保值增值率101.36%,净资产收益率0.04%,产值利润率0.05%,资产负债率85.27%。

（赵梓淇）

【**第四工程有限公司**】 拥有公路工程施工总承包特级,公路行业设计甲级,市政、水利水电工程施工总承包一级,公路路基、公路路面、桥梁、隧道工程专业施工承包一级,公路交通工程(公路安全设施分项)专业承包二级,铁路、建筑工程施工总承包三级,公路工程综合乙级试验检测机构资质。驻黑龙江省哈尔滨市南岗区先锋路459号。执行董事、党委书记牛洪刚,总经理王保良。职工1354人。资产总额71.24亿元。其中,固定资产原值9.23亿元、净值2.02亿元,流动资产65.16亿元,其他资产4.06亿元。机械设备464台(套),设备原值3.77亿元、净值1.11亿元,总功率76739千瓦,动力装备率56.72千瓦/人,技术装备率8.18万元/人,设备完好率92%、利用率79%,综合机械化施工程度87%。

2020年,新签合同额67.83亿元,总产值40.58亿元,其中施工产值40.46亿元。利润763万元,人均创利5100元。全员劳动生产率19.62万元/(人·年),职工年人均收入94700元。国有资产保值增值率100.27%,净资产收益率0.66%,产值利润率0.19%,资产负债率84.01%。 (马冬雪)

【**第五工程有限公司**】 拥有市政公用、公路工程施工总承包一级,铁路、水利水电工程施工总承包二级,建筑工程施工总承包三级,桥梁、隧道、公路路基、建筑机电安装专业承包一级,公路交安专业承包二级、环保专业承包三级资质。驻四川省成都市新都区蜀龙大道中段1000号。执行董事、党委书记徐少平,总经理马天昌。职工1418人。资产总额56.15亿元。其中,固定资产原值6.3亿元、净值2.76亿元,流动资产47.56亿元,其他资产8.59亿元。机械设备1002台(套),原值2.24亿元、净值0.8亿元,总功率85765.5千瓦,动力装备率50.69千瓦/人,技术装备率4.49万元/人,设备完好率93.5%、利用率92.4%,综合机械化施工程度92%。

2020年,新签合同额67.59亿元,总产值68.33亿元(全部为施工产值)。利润2300万元,人均创利16962元。全员劳动生产率446.28万元/(人·年),职工年人均收入134445元。国有资产保值增值率101%,净资产收益率4.09%,产值利润率0.34%,资产负债率90%。 (赵华玮)

【**第六工程有限公司**】 拥有市政公用、建筑工程施工总承包一级,公路、水利水电工程施工总承包二级,桥梁、隧道、公路路基、钢结构、建筑装修装饰、公路交通(公路安全设施)工程专业承包二级,施工劳务资质。驻吉林省长春市二道区岭东路2138号。执行董事、党委书记佟显涛,总经理顾金权。职工981人。资产总额30亿元。其中,固定资产原值5.3亿元、净值1.74亿元,流动资产25.55亿元,无形资产9万元。大中型机械设备306台(套),原值2.72亿元、净值0.47亿元,总功率46679千瓦,动力装备率57.7千瓦/人,技术装备率7.24万元/人,设备完好率90%、利用率80%,综合机械化施工程度85%。

2020年,新签合同额60.72亿元,总产值13.18亿元(全部为施工产值)。利润5523万元,人均创利7327元。全员劳动生产率20.37万元/(人·年),职工年人均收入83944元。国有资产保值增值率100.53%,净资产收益率16.39%,产值利润率4.94%,资产负债率88.8%。 (宁纪娅)

【**电气化工程有限公司**】 拥有通信、机电安装工程施工总承包一级,市政公用、建筑工程施工总承包二级,电力工程施工总承包三级,铁路电务、电气化、公路交通工程(公路机电工程)、输变电、建筑装修装饰、电子与智能化工程专业承包一级,公路交通工程(公路安全设施分项)、消防设施、隧道工程专业承包二级,城市及道路照明工程专业承包三级,承装(修、试)电力设施许可承装类和承修类三级、承试类四级资质。驻天津市自贸区(空港经济区)中环西路32号。执行董事、党委书记刘铁兵,总经理曲正。职工555人。资产总额16.12亿元。其中,固定资产原值3372万元、净值1367万元,流动资产14.42亿元。机械设备70台(套),原值1501.52万元、净值279.12万元,总功率7619.1千瓦,动力装备率13.72千瓦/人,技术装备率0.5万元/人,设备完好率18.59%,综合机械化施工程度77.44%。

2020年,新签合同额31.54亿元,总产值11.81亿元。利润4407万元,人均创利86242.66元。全员劳动生产率25.31万元/(人·年),职工年人均收入140000元。国有资产保值增值率99.98%,净资产收益率12.02%,资产负债率77.27%。 (李 敏)

【**中铁株洲桥梁有限公司**】 拥有桥梁工程专业承包二级,建筑、市政公用工程施工总承包三级,钢结构、环保工程专业承包三级,施工劳务资质。驻湖南省株洲市建设北路487号。执行董事、总经理俞军,党委书记李明秋。职工1274人。资产总额8.64亿元。其中,固定资产原值2.89亿元、净值1.03万元,流动资产6.31亿元,其他资产1.3亿元。机械设备1506台(套),原值1.63亿元、净值0.53亿元,总功率14046千瓦,动力装备率11.35千瓦/人,技术装备率4.3万元/人,设备完好率82%,综合机械化施工程度88%。

2020年,新签合同额4.05亿元,总产值5.37亿元。利润400万元,人均创利5532元。全员劳动生产率38.44万元/(人·年),职工年人均收入51544元。国有资产保值增值率101.83%,净资产收益率1.83%,产值利润率0.92%,资产负债率75.71%。

(张　虹)

【西北工程有限公司】　拥有市政公用工程施工总承包二级,房屋建筑工程施工总承包三级,园林古建筑、环保工程专业承包二级资质。驻宁夏回族自治区银川市中山北街571号。总经理赫宏伟,党委书记韩福堂。职工491人。资产总额28.8亿元。其中,固定资产原值4.24亿元、净值1.61亿元,流动资产22.7亿元,其他非流动资产3.99亿元。大中型机械车辆393台(套),原值1.36亿元、净值6456万元,总功率45967.1千瓦,动力装备率93.81千瓦/人,技术装备率13.18万元/人,设备完好率87.5%、利用率82.4%,综合机械化施工程度85%以上。

2020年,新签合同额55.51亿元,总产值25.5亿元(全部为施工产值)。利润4345万元,人均创利88500元。全员劳动生产率530万元/(人·年),职工年人均收入166900元。国有资产保值增值率100%、净资产收益率21.72%,产值利润率1.7%,资产负债率93.06%。

(赵　培)

【建筑工程公司、建筑装配科技有限公司】　建筑工程公司是中国铁建大桥局所辖的分公司;建筑装配科技有限公司是中国铁建大桥局控股的合资公司,其中中国铁建大桥局持股90%,天津静泓投资发展集团持股10%,按照“两个公司、一套人员、双向进人、交叉任职”的原则进行统筹管理。建筑工程公司是以房建为专业特色的专业化工程公司,驻天津自贸区(空港经济区)中环西路32号,党委书记王全良,总经理王庆玺;建筑装配科技有限公司是以工业制造(装配式建筑生产及销售、商品砼生产及销售)和施工总承包为主营业务的合资公司,注册地址天津子牙循环经济产业区北京道9号,董事长王全良、总经理王庆玺。职工422人。资产总额25.64亿元。其中,固定资产原值2.72亿元、净值2.42亿元,流动资产19.58亿元,其他资产3.64亿元。建筑工程公司机械设备138台(套),原值4527.57万元、净值3492.41万元,总功率7565.3千瓦,动力装备率18.91千瓦/人,技术装备率8.73万元/人,设备完好率100%、利用率88.99%,综合机械化施工程度2%;建筑装配科技有限公司机械设备74台(套),原值4988.82万元、净值4319.17万元,总功率15334.82千瓦,动力装备率393.2千瓦/人,技术装备率110.75万元/人,设备完好率100%、利用率100%,综合机械化施工程度95%。

2020年,新签合同额62.13亿元,总产值21.63亿元。利润6189万元,人均创利15.78万元。全员劳动生产率29.38万元/(人·年),职工年人均收入142700元。产值利润率3.57%,资产负债率95.06%。

(李海燕)

【南方工程有限公司】　拥有市政公用工程施工总承包一级,建筑工程施工总承包二级,桥梁工程专业承包二级资质。驻广东省广州市南沙区黄阁镇中国铁建环球中心六栋A座。执行董事、总经理蔡维栋,党委书记刘海国。职工193人。资产总额10.49亿元。其中,固定资产原值1.37亿元,净资产2.22亿元,流动资产7.27亿元,无形资产13万元。机械设备50台(套),原值2927万元、净值2528万元,总功率1462.4千瓦,动力装备率4.25千瓦/人,技术装备率7.41万元/人,设备完好率90%、利用率90%,综合机械化施工程度82%。

2020年,新签合同额4.7亿元,总产值15.13亿元(全部为施工产值)。利润1616万元,人均创利47400元。全员劳动生产率318.68万元/(人·年),职工年人均收入146500元。国有资产保值增值率91%,净资产收益率7.99%,产值利润率1.49%,资产负债率78.81%。

(李　维)

【海外公司】　中国铁建大桥局下属分公司,同时履行集团公司海外事业部职能。驻天津自贸试验区(空港经济区)中环西路32号。总经理梁斌,党委书记吴科峰。职工55人。

2020年,新签合同额20.5亿元,职工年人均收入177000元。

(李姝征)

【设计研究院】　中国铁建大桥局技术中心的技术开发载体、博士后工作站驻站人员的科研载体,保持中铁现代勘察设计院有限公司和中铁津桥工程检测有限公司经营业务,作为中国铁建桥梁工程实验室的创新载体履行桥梁科技创新研发职能,履行集团公司测试中心工程测量试验的监督和服务职能。职工393人。

中铁现代勘察设计院有限公司　拥有市政行业(轨道交通工程)、建筑行业(建筑工程)设计甲级,工程勘察(岩土工程、水文地质)甲级,市政行业设计乙级,风景园林工程设计专项乙级,工程测量乙级资质,是国家高新技术企业。资产总额11228万元。其中,固定资产原值374万元、净值77万元,流动资产1.1亿元,无形资产11万元。2020年,新签合同额9917万元,总产值4411万元,利润22万元。全员劳动生产率18万元/(人·年),人均创利0.0098万元。职工年人均收入106396.69元。国有资产保值增值率100.42%,净资产收益率0.42%,产值利润率0.5%,资产负债率54.14%。

中铁津桥工程检测有限公司　拥有国家级测绘工程甲级,吉林省公路水运工程试验检测机构综合乙级、吉林省工程勘察专业类(岩土工程)乙级、吉林省水利工程(混凝土工程、岩土工程和量测类)检测乙级,吉林省摄影测量与遥感专业丙级,吉林省建设工程质量检测机构综合检测、吉林省雷电防护装置检测资质,取得长春市房屋安全鉴定机构备案证书,是国家高新技术企业。资产总额9497.27万元。其中,固定资产原值2720.74万元、净值507.7万元,流动资产8739.27万元,无形资产2.49万元。2020年,新签合同额6456万元,总产值5358.11万元,利润817.46万元。全员劳动生产率26.79万元/(人·年),人均创利4.09万元。职工年人均收入104100.85元。国有资产保值增值率107.47%,净资产收益率13.98%,产值利润率15.26%,资产负债率38.43%。　(李慧章)

【物资贸易有限公司】　驻天津自贸区(空港经济区)中环西路32号。执行董事、总经理赵国营,党委书记孙伟。职工48人。资产总额10.35亿元。其中,固定资产原值1226万元、净值624万元,流动资产10.19亿元,无形资产916万元。

2020年,新签合同额25.29亿元,总产值10.21亿元。利润605万元,人均创利123500元。全员劳动生产率2084万元/(人·年),职工年人均收入132707元。国有资产保值增值率99.72%,净资产收益率4.83%,产值利润率0.59%,资产负债率90.95%。

(王　欣)

【靖江桥梁科技产业园有限公司】　拥有钢结构专业工程承包二级资质,港口码头经营许可。驻江苏省靖江市新港城新港区货站路88号。执行董事、总经理战丽娜,党委书记甘荣军。职工47人。资产总额8.92亿元。其中,固定资产8482万元,流动资产10681万元,无形资产2.51亿元。机械设备12台(套),设备完好率100%、利用率100%。

2020年,新签合同额2.64亿元,产值5101万元。利润5.4万元,职工年人均收入136300元。

(鲍　磊)

【技师学院】　国家中等职业教育改革发展示范学校、国家级高技能人才培训基地、中国中职百强校、全国职工教育培训示范点、第45届世界技能大赛管道与制暖项目中国集训基地、吉林省现代职业教育改革发展示范校、吉林省第二届黄炎培奖优秀学校。坚持学智教育与职业培训并重并举,开设建筑测量、建筑测量(无人机方向)、汽车维修、新能源汽车检测与维修、汽车装配与制造、机电一体化技术、机电一体化技术(工业机器人方向)、工程机械运用与维修(盾构机方向)、电子商务(客户信息服务)、幼儿教育等10个专业。建有实训基地13个、实训室54个,兼具教学和生产服务功能的校办企业1家。驻吉林省长春经济技术开发区兴隆山新兴路707号。党委书记杨立新,院长张松宁。职工180人,专任教师149人,在校学生4858人。

2020年,招生1707人,安置就业1158人,培训1200余人次。　(张　影)

【重要记载】

▲1月　中国铁建大桥局顺利通过天津市高新技术企业复审。

▲3月6日　中国铁建大桥局成立中国铁建大桥工程局集团有限公司设计研究院。

▲4月　中国铁建大桥局参建的成都地铁2号线工程,广州市轨道交通2号、8号线延长线工程获第十七届中国土木工程詹天佑奖。

▲4月　中国铁建大桥局获评2019年度天津市建设行业优秀诚信企业,这是中国铁建大桥局连续八年获此荣誉。

▲9月2日　中国铁建大桥局2200吨起重船建造、监理合同签约暨中国铁建大桥工程局集团有限公司江苏船舶分公司揭牌成立仪式在天津举行。

▲12月　五公司参建的西安地铁4号线工程获国家优质工程奖。　(姜　楠)

中铁十四局集团有限公司

【简况】　拥有铁路、建筑、市政、公路工程施工总承包特级,铁道行业甲(Ⅱ)级、建筑行业、市政行业、公路行业甲级工程设计,建筑幕墙、建筑装饰工程设计专项乙级,水利水电工程施工总承包一级,桥梁、隧道、公路路基、公路路面、铁路铺轨架梁、钢结构、机场场道、地基基础、建筑装修装饰、建筑幕墙、防水防腐保温、环保工程专业承包一级,机电安装、矿山工程施工总承包二级,消防设施工程专业承包二级,石油化工施工总承包三级,河湖整治、建筑机电安装、起重设备安装工程专业承包三级,特种工程(结构补强、特种设备起重吊装、建筑物纠偏和平移)、预拌混凝土、施工劳务资质、模板脚手架专业资质;自然资源部核准的地质灾害防治工程施工甲级资质和测绘甲级资质;公安部核准的爆破作业单位许可证(营业性)一级资质;国家国防科工局颁发的军工涉密业务咨询服务安全保密条件备案证书;经国家商务部批准享有的对外经营权。2020年通过划转方式取得铁路铺轨架梁专业承包一级资质。总部驻山东省济南市奥体西路2666号铁建大厦A座。下辖一至五、大盾构、隧道、建筑、房桥、电气化、房地产、铁正检测、西北、海外、市政15个子分公司及人防设计院,设置山东、华中、华东、华南、东北、西南、西北、新疆、京津冀、中原、重庆11个区域经营总部以及工程总承包部、房建事业部。职工14425人,其中专业技术人才10677人。机械动力设备6799台(套),固定资产原值86.18亿元、净值53.26亿元。设备成新率61.81%,总功率705430.34千瓦,动力装备率51.76千瓦/人,技术装备率39.08万元/人。

2020年,新签合同824项,新签合同额1627.2亿元,施工产值719.2亿元。营业收入692.33亿元,净利润9.12亿元,经营性净现金流30.59亿元。新增设备787台。资产增长率11.43%,设备资产利润率12.73%。在建项目615个,合同总额3941亿元,剩余合同额2624亿元。 (苏 莉 李 艳 宗树红)

【领导人员】

董事会

董事长	吴言坤
董事	吴言坤
	周长进
	熊 晖

监事会

监事会主席	陈 明
监事	孙霄霞
职工监事	赵海涛

经理层

总经理	周长进
副总经理	王红卫
	姜 伟
	王 焕(5月免)
	薛 峰
	熊 晖
	马 军
	王维民
	石宗涛(5月任)
	张立丰(5月任)
	赵海涛(5月任)
总工程师	王 焕(5月免)
总会计师	熊 晖

党群领导

党委书记	吴言坤
党委副书记	周长进
	刘庆民
纪委书记	陈 明(7月任)

(陈 静)

【职工队伍】 职工14425人。其中,男性10736人、女性3689人;研究生及以上学历366人,本科学历9131人,大专(高职)2611人,中专1076人,中专以下1241人;25岁以下1921人,26~30岁2165人,31~35岁3313人,36~40岁2057人,41~45岁2075人,46~50岁1767人,51~55岁497人,55岁及以上630人。专业技术人员10677人,其中高级职称2410人、中级职称3402人、初级职称4865人,工程系列8154人、政工系列707人、经济系列480人、财会系列1215、其他系列121人。高技能人才1069人,其中高级技师114人、技师176人、高级工484人、中级工283人、初级工12人。 (陈 静)

【工程项目指挥机构】 成绵乐铁路工程指挥部 驻四川省成都市。指挥长李双军。

沪昆客专贵州段工程指挥部 驻贵州省贵阳市。指挥长马天明

芜湖长江隧道建设指挥部 驻安徽省芜湖市。指挥长王承震,党工委书记于俊。

长株潭城际铁路项目经理部 驻湖南省长沙市。项目经理戴尊勇。

济莱高铁JLZQTJ-6标段项目经理部 驻山东省莱芜市。项目经理郑云亭。

郑济铁路站前ZPZQ-Ⅲ标段项目部 驻河南省郑州市。项目经理赵光强,党工委书记刘宇。

宁启复线电化工程项目部 驻江苏省南京市。项目经理于自清。

鲁南高铁LQTJ-1标段项目经理部 驻山东省临沂市。项目经理郑云亭。

青连铁路项目部 驻山东省青岛市。项目经理张兆忠,党工委书记程应涛。

云桂铁路(广西段)YGZQ-3标段项目部 驻云南省昆明市。项目经理孟凡辉。

石济铁路客运专线项目经理部 驻河北省衡水市。项目经理刘全青,党工委书记景少卿。

黔张常铁路项目部 驻湖北省恩施州来凤县,项

目经理王献伟，党工委书记史佩光。

津保铁路项目经理部　驻天津市和平区。项目经理、党工委书记岳耀群。

张吉怀铁路项目经理部　驻湖南省怀化市。项目经理王晓勇，党工委书记孙洪刚。

张唐铁路项目经理部　驻河北省唐山市。项目经理张广宪。

日照岚山疏港铁路工程项目经理部　一公司代局指。驻山东省日照市。项目经理徐荣山。

汕汕铁路站前6标段项目经理部　一公司代局指。驻广东省汕头市。项目经理秦松。

广湛铁路站前9标段项目经理部　一公司代局指。驻广东省湛江市。项目经理姜磊。

沪苏湖铁路工程站前Ⅳ标段项目部　二公司代局指。驻上海市。项目经理孙焕重。

昌景黄铁路CJHZQJX－6标段项目部　二公司代局指。驻江西省南昌市。项目经理袁树成。

洋吕铁路2标项段目经理部　二公司代局指。驻江苏省南通市。项目经理霍光明。

成昆铁路峨米16标段项目经理部　二公司代局指。驻四川省攀枝花市。项目党支部副书记冯加勇。

成兰铁路11标段项目经理部　二公司代局指。驻四川省阿坝州。施工生产负责人赵付升。

郑济铁路Ⅲ标段项目经理部　二公司代局指。驻河南省安阳市。项目副经理（主持工作）于江永。

济莱高铁JLZQTJ－6标段项目经理部　二公司代局指。驻山东省莱芜市。项目经理秦绪彬。

京唐铁路6标段项目经理部　二公司代局指。驻河北省唐山市。项目经理王亚辉。

新建南玉铁路站前工程No.2项目经理部　三公司代局指。驻广西壮族自治区南宁市。项目经理吕超。

阳安二线工程指挥部　三公司代局指。驻陕西省汉中市。项目经理王桂杰。

贝佳亚连接线工程指挥部　四公司代局指。驻阿尔及利亚贝佳亚。项目经理李合理。

龙烟铁路站前Ⅰ标段项目经理部　四公司代局指。驻山东省龙口市。项目经理贾明伦。

穗莞深城际SZH－8标段项目经理部　四公司代局指。驻广东省深圳市。项目经理窦和潮。

连镇铁路项目经理部　四公司代局指。驻江苏省扬州市。项目经理张凤勇。

通让铁路电气化改造工程TRSG－3标段项目经理部　四公司代局指。驻吉林省大安市。项目经理马林。

济青高速公路改扩建工程项目经理部　四公司代局指。驻山东省胶州市。项目经理张万国。

牡佳客专6标段项目经理部　四公司代局指。驻黑龙江省佳木斯市。项目经理亓守臣。

阿尔及利亚东西高速东标段项目经理部　四公司代局指。驻阿尔及利亚阿尔及尔。项目经理赵宗奎。

成都至自贡高速铁路项目经理部　四公司代局指。驻四川省成都市。项目经理许召军。

重庆至黔江铁路站前2标段项目经理部　四公司代局指。驻重庆市。项目经理王子龙。

宣绩铁路站前3标段项目经理部　四公司代局指。驻安徽省宁国市。项目经理赫德亮。

新建和田至若羌铁路（不含先期开工段站前工程）PJS2标段项目部　五公司代局指。驻新疆维吾尔自治区巴音郭楞蒙古自治州。项目经理张刚。

新建贵阳至南宁铁路广西段站前工程GNZQ－4标段项目部　五公司代局指。驻广西壮族自治区河池市。项目负责人王保军。

渝黔高速公路扩能（重庆境）项目部　五公司代局指。驻重庆市巴南区。项目经理刘玉柱。

新疆引额供水二期输水工程双三段Ⅳ标段项目部　隧道公司代局指。驻新疆维吾尔自治区昌吉回族自治州。项目经理吴遁。

广州市轨道交通18号和22号线项目部　隧道公司代局指。驻广东省广州市。项目经理陈阵。

京沈客专京冀段12标段项目部　大盾构公司代局指。驻北京市朝阳区。项目经理杨圣建。

济南市济泺路穿黄隧道工程EPC项目经理部　大盾构公司代局指。驻山东省济南市。项目经理历朋林。

长沙市湘雅路过江通道工程项目经理部　大盾构公司代局指。驻湖南省长沙市。项目经理张亚洲。

武汉和平大道南延工程项目经理部　大盾构公司代局指。驻湖北省武汉市。项目经理张建勇。

杭州经济技术开发区下沙路与12号路提升改造及附属配套工程PPP项目部　大盾构公司代局指。驻浙江省杭州市。项目经理屈克军。

新建南宁至崇左铁路NCZQ2标段项目经理部　大盾构公司代局指。驻广西壮族自治区南宁市。项目经理陈建福。

杭州市艮山东路过江隧道项目部　大盾构公司代局指。驻浙江省杭州市。项目经理赵合全。

新建京张铁路1标段项目部　大盾构公司代局指。驻北京市海淀区。项目经理陈爽。

东六环（京哈高速—潞苑北大街）改造工程第五项目经理部　大盾构公司代局指。驻北京市通州区。项目经理孙旭涛。

杭州市富阳区秦望通道工程项目经理部　大盾构公司代局指。驻浙江省杭州市。项目经理房中玉。

皇岗路快速化改造工程项目部　大盾构公司代局指。驻广东省深圳市。项目经理路开道。

深江铁路 SJSG－1 标段项目经理部　大盾构公司代局指。驻广东省东莞市。项目经理李兵。

广湛铁路站前 1 标段项目经理部　大盾构公司代局指。驻广东省湛江市。项目经理常勇。

江阴靖江长江隧道工程主体施工项目 JJSD－A1 标段项目经理部　大盾构公司代局指。驻江苏省靖江市。项目经理王晓琼。

海珠湾隧道施工总承包项目经理部　大盾构公司代局指。驻广东省广州市。指挥长王德福，项目经理王磊。

芜湖长江隧道项目经理部　大盾构公司代局指。驻安徽省芜湖市。项目经理徐恒吉。

济泺路穿黄北延隧道工程项目经理部　大盾构公司代局指。驻山东省济南市。指挥长历朋林，项目经理杜昌言。

（朱绍东）

【工程施工】　2020 年，在建工程 421 项，合同投资 2385 亿元。其中，铁路工程 40 项，合同金额 528.7 亿元；公路工程 75 项，合同金额 380.4 亿元；市政工程 101 项，合同金额 453.6 亿元；城市轨道工程 75 项，合同金额 395.9 亿元；水利水电工程 13 项，合同金额 88.9亿元；房屋建筑工程 86 项，合同金额 473.8 亿元；电力工程 5 项，合同金额 6.2 亿元；机场工程 1 项，合同金额 0.06 亿元；地质灾害治理工程 1 项，合同金额 0.21亿元；其他工程 24 项，合同金额 57.4 亿元。完成主要实物工程量：路基土石方 4055730.55 万立方米，隧道 121855.9 延长米，桥梁 69492.5 延长米，正线铺轨 817.14 千米，站线铺轨 39.55 千米，铺设有砟轨道 402.04 千米、无砟轨道 127.62 千米。全年完成产值 756.36 亿元，完成年度计划 600 亿元的 126.06%，同比增长 33.18%。

张吉怀铁路 9 标段工程　全长 32.202 千米。合同投资 24.33 亿元，合同工期 43 个月。主要工程量：桥梁 27 座 7536.6 延长米，隧道 18.5 座 21383 延长米，路基 29 处 3.485 千米，涵洞 9 座；新建麻阳西站车站 1 座、无砟轨道 63.85 千米及相关大临工程；制架箱梁 324 孔。

贵南铁路 4 标段工程　正线 481.118 千米。主要工程量：桥梁 7 座 3889 延长米，现浇连续箱梁 72 孔，现浇简支梁 60 孔，预制简支 T 梁 33 孔；隧道 2 座 10464 延长米；正线铺轨 542.691 千米，站线铺轨 20.678千米，铺砟 53751 立方米，无砟道床 28.174 千米，双块式轨枕预制 320.161 千米，双块式轨枕预制运输 53 万块、铺道岔 104 组。

重庆至黔江铁路站前 2 标段工程　位于重庆市渝中区、南岸区，全长 19.155 千米。合同投资 23.94 亿元，合同工期 66 个月。主要工程量：路基 5 处 1932.36 米，桥梁 2 座 3156.63 延长米，隧道 3 座 14066 延长米。

新建南宁至崇左铁路 NCZQ2 标段工程　全长 5725 米。主要工程量：留村隧道 1 座，无砟轨道 11.45 千米。

渝黔高速公路 1 标段工程　主要工程量：路基 7.812千米，挖方 608.7 立方米、填方 672.1 立方米，隧道弃渣 226 万立方米，路基防护 14.2 万立方米，路基排水 8.1 万立方米，大桥 13 座 3528.95 延长米，中桥 4 座 189.24 延长米，小桥 1 座 11.9 延长米，隧道 3 座 6557 延长米，互通式立交 3 处，分离式立交 1 处，天桥 7 处，通道 26 处，路线交叉隧道 1 座 373 延长米，收费站 2 处，声屏障 1482 米，改移道路 4 处 1.965 千米，改沟 3 处。

芜湖城南过江隧道工程　双向 6 车道城市快速通道，全长 5.96 千米，隧道段 4.94 千米，其中盾构段 3.95 千米，盾构外径 14.5 米。主要工程内容：政府批复初步设计文件范围内的隧道、接线、附属等全部土建工程和机电设备安装工程，以及长江大堤加固工程和场地准备及临时设施工程。

北京地铁 17 号线工程土建施工 12 合同段　主要工程量：1 站 1 区间，广渠门外站长 279 米，其中三层段 117 米，双层段 162 米，设置风井、风道 2 组，出入口 3 个、疏散口 2 个和换乘通道 1 个；广渠门外站—永安里站区间 1747.688 米，其中暗挖标段 191.132 米，盾构段 1524.549 米。

广州市轨道交通 18 号线和 22 号线及同步实施场站综合体设计施工总承包项目七分部　一工区主要工程量：2 站 2 区间，中间风井 1 座，琶洲西区站长 439 米，石榴岗站长 546.75 米；石琶区间 3524 米，琶冼区间 5904 米。二工区主要工程量：陈头岗停车场含处综合楼、盖板工程、U 型槽工程。

成都地铁 6 号线一、二期土建工程 10 标段　主要工程量：3 站 4 区间。

徐州城市轨道交通 2 号线一期工程 05 标段　主要工程内容：部分施工前期准备工程、车站及区间（含附属结构、出入线、联络线）的土建工程、人防工程（含土建预埋等）、与土建相关的其他工程、白蚁防治工程、管线悬吊保护工程、与 2 号线同步建设的其他线路相关工程等。

新疆引额供水二期输水工程双三段Ⅳ标段　位于

北塔山南部，邻近木垒胡杨林保护区，隧洞穿越奇台、木垒、巴里坤三县。主要工程量：主洞全长37.355千米，其中盾构段18.97千米，钻爆段17.885千米，隧洞出口埋涵段500米；5号永久道路全长39.152千米，1号临时供水管线长12.19千米，2号临时供水管线长15.855千米。

小清河复航工程2标段　位于山东省滨州市、淄博市，全长26.7千米。主要工程内容：航道工程、船闸工程、公路工程、航标工程。（苗孔杰）

【境外工程施工】　尼日尔贝拉—伽亚边境公路项目　全长73.5千米。合同投资9699万元。合同工期2019年10月13日至2021年3月12日。主要工程量：7千米路基及全线沥青面层摊铺、钢筋混凝土水沟，土质边沟以及砌石边坡、桥面附属。2020年完成投资6330.9万元，开工累计完成投资9576.7万元。

援马拉维社区技术学院项目　合同投资6738.71万元。合同工期2018年10月25日至2021年8月26日。主要工程量：5所社区技术学院的建设，采用同模块化设计，每个社区技术学院拟建建筑面积1484平方米，总建筑面积7420平方米。2020年完成投资2010万元，开工累计完成投资6093.52万元。

援马拉维姆祖祖中心医院CT机房项目　合同投资354.85万元。合同工期2019年10月19日至2020年4月15日。主要工程量：CT机房建设，CT机房与医院“一站式服务中心”间连廊、CT机房与现有道路之间连接路建设。开工累计完成投资246万元。

援赤道几内亚毕科莫水电站技术改造第一期技术援助项目　合同投资1111.89万元。服务期2018年12月20日至2021年12月19日。主要对毕科莫水电站的设备运行和维护进行技术指导，并对赤几方人员进行培训。2020年完成投资367.04万元，开工累计完成投资727.04万元。

多哥ZEBE项目　合同投资1729.82万元。合同工期2019年6月1日至2021年4月13日。主要工程量：ZEBE桥及桥梁两侧616米主道路及附属工程施工。2020年完成投资1681.86万元，开工累计完成投资1987.81万元。

埃塞俄比亚楚勒斯至索亚马公路项目　合同投资4.54亿元。合同工期2020年5月29日至2023年5月28日。EPC项目，主线长79.5千米，支线长8.1千米。开工累计完成投资7117.7万元。

援密克罗尼西亚波纳佩州二级公路项目　全长8708米。合同投资8215.74万元。合同工期2019年6月16日至2021年9月9日。主要工程量：公路改建6条，桥梁2座35.08延长米，圆管涵33道，平面交叉15处。2020年完成投资4253.52万元，开工累计完成投资7171.6万元。

援密克罗尼西亚波纳佩州kahmar危桥改造项目　合同投资1768.3万元。合同工期2019年6月26日至2020年4月25日。主要工程量：改造Kahmar桥，新建桥梁56.04延长米，两侧接线93.96米。2020年完成投资650.42万元，开工累计完成投资1768.3万元。2020年8月18日通过竣工验收，被中国商务部国际经济合作事务局评定为优良工程。

哈萨克斯坦卡麦公路项目　合同投资3.98亿元。合同工期2019年6月1日至2022年6月30日。主要工程量：公路全长55.26千米，其中改扩段40.06千米、设计更改后大修3.9千米、新建11.3千米。2020年完成投资7457.1万元，开工累计完成投资31359.4万元。

哈萨克斯坦KB公路改造项目　合同投资7.9亿元。合同工期2019年5月23日至2022年10月24日。主要工程量：全长74千米，大桥2座，涵洞67道以及水沟、防雪墙等附属结构施工。2020年完成投资20362.17万元，开工累计完成投资47857.17万元。

阿富汗A工程　合同投资11311.4万元。合同工期2018年10月7日至2020年5月16日。2020年完成投资458.76万元，开工累计完成投资11311.36万元。2020年10月25日通过竣工验收。

厄瓜多尔矿山清污分流隧洞项目　合同投资18643.82万元。合同工期2017年9月17日至2021年4月30日。主要工程量：隧洞主洞2843.89米、支洞274.17米。2020年完成投资14462.72万元，开工累计完成投资24438.22万元。

厄瓜多尔矿山混凝土拌和站项目　主要为厄瓜多尔矿山项目供应混凝土。2015年8月开始运营，2020年完成投资9604.06万元，开工累计完成投资31427.06万元。

厄瓜多尔瓜兰达公路项目　全长13.29千米。合同投资2.98亿元。合同工期2020年9月26日至2023年3月27日。主要工程量：路基、路面及桥梁工程施工，其中瓜兰达大桥长164延长米，萨利纳斯大桥长255.6延长米。开工累计完成投资3400万元。

厄瓜多尔萨莫拉大桥修复项目　合同投资2058万元。2020年12月1日开工，计划2021年6月30日完工。主要工程量：修复萨莫拉大桥震后损坏部分，并更换大桥支座。开工累计完成投资1700万元。

几内亚达比隆港至圣图矿区运矿专用铁路线项目　全长113千米。合同投资1.2446亿美元。2019年

9 月开工。主要工程量:DSTL－3 标段 36.3 千米的施工任务,包括路基、桥梁、隧道、车站工程等,其中隧道 2 座 4700 延长米。2020 年完成投资 7167 万美元,开工累计完成投资 8258 万美元。

阿联酋铁路二期 B 标段桥涵项目　全长 100 千米。合同投资 6050 万美元。2020 年 7 月开工。主要工程量:大型结构物 89 座,其中桥梁 31 座,涵洞 58 座。开工累计完成投资 835.32 万美元。

阿联酋铁路二期 D 标段隧道和桥梁项目　合同投资 4200 万美元。2020 年 7 月开工。主要工程量:隧道 1 座 980 延长米,桥梁 5 座,涵洞 6 座。开工累计完成投资 170.96 万美元。

阿尔及利亚东西高速东标段项目　主线 40.68 千米。合同投资 120128 万元。2018 年 1 月开工。主要工程量:路基挖方、路基填方,洪泛区和潮湿区填石,涵洞、互通 7 座,防撞护栏、附属排水、路面工程、标线及标志标牌等交安工程。开工累计完成投资 85936.01 万元。

阿尔及利亚布哈尼菲亚温泉疗养中心项目　合同投资 25209.8 万元。开工日期 2019 年 12 月 31 日。主要工程量:三星级宾馆、温泉疗养中心、行政用房、小型度假房、附属设施及 VRD(室外管井和道路等工程)等,总建筑面积 20319 平方米,VRD 面积 52836 平方米。开工累计完成投资 3926.11 万元。

阿尔及利亚大型项目管理学院项目　位于阿尔及尔省阿尔及尔。合同投资 9511.94 万元。2018 年 6 月 1 日开工。主要工程量:建筑面积 20000 平方米,包括综合楼、连廊展厅、图书馆、餐厅、体育馆和 6 栋公寓楼,以及大门、围墙及场区 VRD 施工。开工累计完成投资 10304.77 万元。

安哥拉 K.K. 二期第一阶段大市政项目(1 标段)　位于安哥拉首都罗安达的凯兰巴凯亚西市(Kilamba Kiaxi)。合同投资 34804 万元。2018 年 9 月 1 日开工。主要工程量:市政道路,包括道路、雨水、污水、给水、中水工程,道路长 7 千米。开工累计完成投资 9914.35 万元。　(孟　芮　李　萍)

【经营管理】　2020 年,新签合同 824 项,新签合同额 1627.2 亿元,完成股份公司下达计划 1070 亿元的 152.07%。其中国内新签 1568.8 亿元、海外新签 58.4 亿元。完成企业总产值 759.8 亿元,完成股份公司企业总产值计划 600 亿元的 126.64%。其中,施工产值 719.2 亿元、工业产值 27.9 亿元、物资物流 0.1 亿元、房地产 8.5 亿元、运营维管 0.3 亿元、其他营业收入 3.9亿元。在建项目 615 个,合同总额 3941 亿元,剩余合同额 2624 亿元,其中合同额 5000 万元以上的在建项目 425 个。全年举办安全管理人员培训班 15 期,累计培训 2764 人次。集团公司及一公司、二公司、三公司、四公司、五公司、隧道公司、电气化公司在交通运输部安全生产标准化一级达标年度核查中被评为合格。获中国建设工程鲁班奖 1 项,国家优质工程奖 7 项。获中国钢结构金奖 3 项、铁路优质工程奖 6 项、李春奖 1 项、北京市竣工长城杯 4 项、山东省泰山杯 1 项、上海市白玉兰奖 1 项、重庆市巴渝杯 1 项、重庆市政金杯 1 项、江苏省扬子杯 3 项、辽宁省世纪杯 1 项、湖南省芙蓉奖 1 项、湖南省优质工程 1 项、河南省中州杯 1 项、湖北省楚天杯 1 项、陕西省长安杯 1 项、河南省工程建设优质工程 1 项;北京市结构长城杯 2 项、山西省优质结构工程 2 项、陕西省建筑优质结构工程 1 项,北京市优质安装工程 2 项、山东省优质安装工程鲁安杯 1 项、上海市优质安装工程申安杯 1 项、重庆市优质安装工程山城杯 1 项,中国铁建杯 12 项以及市级优质工程 8 项等。获全国优秀 QC 小组 10 项、省部级优秀 QC 小组 30 项、中国铁建优秀 QC 小组 5 项、市级优秀 QC 小组 10 项。　(黄军清　段　浩)

【科技成果】　主持国家重点研发计划子课题 1 项,参与国家重点研发计划课题 2 项,其中子课题 1 项。集团公司主持的国家级课题子课题“城市地下大空间支护结构一体化安全建造技术”完成结题审计材料上报。参与研发的国家课题子课题“城市地下大空间结构安全设计技术研究”完成课题研究内容,并通过示范工程验收。参与研发的国家重点研发计划“高速铁路系统综合综合安全保障平台与示范应用”完成项目审计财务资料报送。主持和参与山东省重点研发计划各 1 项。获批股份公司重点研发项目“复杂海域条件下超大断面高风险海底隧道综合建造关键技术研究”“复杂环境地铁车站多维拓建安全施工关键技术研究”,完成合同签订和开题工作。在山东省工信厅立项“山东省技术创新项目”41 项,立项研发费 6.6 亿元。组织集团公司科技成果评价 8 项,其中国际领先水平 2 项、国际先进水平 3 项、国内领先水平 2 项。济南地铁 1 号线项目获中国土木工程詹天佑奖。获铁道学会科学技术二等奖 2 项,中国岩石力学与工程学会科技进步特等奖 1 项,中施企协科技进步奖一等奖 1 项、二等奖 4 项、十项新技术 1 项,中国公路建设行业协会科学技术进步二等奖 1 项,中国测绘学会科学技术二等奖 1 项,国家铁路局成果入库专利 1 项、论文 2 项,股份公司科技进步特等奖 1 项、一等奖 1 项、二等奖 1 项,山东土木建筑学会科学技术奖一等奖 1 项。获中国公路学会交通 BIM 工程创新特等奖 1 项,中国市政工程协会第二届“市政杯”BIM 应用技能大赛中获得二等奖1项、三等奖1项。全年研究与开发费投入159280万元。列入总公司科技发展B类项目2项，资助金额200万元；列入总公司科技研发C类项目3项。列入山东省重点研发项目主持1项，参与1项，资助金额588万元。列入集团公司新立课题98项，其中资助项目14项，工程公司自筹课题84项，资助金额1000万元。承担山东省技术创新项目41项。

（安芳慧）

【党群工作】 党的工作。基层党组织586个，其中党（工）委42个；党总支2个，党支部542个。党员8025人。持续巩固深化“不忘初心、牢记使命”主题教育成果，两级班子成员讲专题党课137次，专家辅导19场，形成调研报告13篇。集团本级开展集中学习9次，专题研讨5次。组织召开党委常委（扩大）会12次，研究重大议题62项，提出意见建议议题119项。面对疫情突袭，先后9次驰援火神山医院及方舱医院建设，搭建床位1600余张；捐款、捐物超过600万元。面对石家庄地区的突发疫情，组织1000余人、近200台（套）设备，连续奋战10多个昼夜，建成隔离板房1159间，硬化道路17663平方米。围绕争创“铁建一流”，部署实施7个新兴业态，组建五大联盟，打造转型发展3.0版。加强模拟股份制、管理层持股等模式探索，整合优化机构设置。深化“项目管理年”活动，实施“大成本”管理，开展“工作落实年”活动。制定主体责任和“一岗双责”两个责任清单，制定党建工作责任制分季度实施评价工作方案，加强过程考核和日常考核。321个党支部完成换届选举。北京东六环项目部党支部获评股份公司第二批示范党支部，集团公司党委命名表彰第一批示范党支部。制定《区域经营总部党组织建设指导意见》《基层项目联合党支部建设暂行办法》，进一步规范区域经营总部党组织建设和分散党员教育管理。推动党建和中心工作深度融合，细化创建“党员安全先锋岗”方案。大盾构公司党建共建联建经验被评为全国基层党建创新最佳案例。制定《2019—2023年党员教育培训工作清单》，组织开展“党课开讲啦”活动，铁正公司智隧事业部党支部党课课件获中国铁建“十大精品课件”。举办集团公司第18期组工干部培训班，组织全集团542名党支部书记参加股份公司支部书记线上培训。举办“中国人民志愿军抗美援朝出国作战70周年”座谈会，为19名参加抗美援朝的志愿军老战士转交纪念章，并进行慰问。表彰优秀共产党员和优秀党务工作者106人、先进基层党组织37个。分两期举办党员发展对象培训班，集中培训189名党员发展对象；新发展党员187人，其中疫情防控一线发展8人。严格落实《规范组织关系管理指导意见》，严格公司内部党员组织关系转接，动态掌握党员流动情况，使每一个党员都及时编入党的支部，置于党组织的监督管理之下。严格落实《中共中央组织部办公厅进一步规范党费工作的通知》，对党费收缴基数、收缴方式、使用项目、党费管理进行明确，各级党组织推行《党员党费证》的使用，确保党员缴纳的党费有据可查。在中央级媒体和省部级媒体发稿5000余篇，在中央电视台播发新闻42条，多个频道累计播出82次，其中新闻联播5条。央视专题纪录片《百年京张升级路》获第七届“国企好新闻”三等奖。新媒体话题4次登上微博热搜，最高冲到热搜第1名。精简完成集团公司宣传片和大盾构宣传片，修改完成集团公司宣传画册。集团所属13家文明省级文明单位、2家省直文明单位通过复查，房桥公司被评为“全国文明单位”，隧道公司成功通过“全国文明单位”复查。累计发放《习近平谈治国理政（第三卷）》《党的十九届五中全会〈建议〉学习辅导百问》《中共中央关于加强党的政治建设的意见》等重要文献教材200余册。围绕党的创新理论、政策理论等方面收集学习资料，党委理论中心组开展学习8次，4个季度各专题研讨1次，对7家单位完成列席巡听，编印学习辅导材料19期。下发《关于深入开展调查研究和研讨的通知》，成立以中心组成员为组长的13个调查研究小组。宣扬“实・干・家”文化干事创业。开展铁建一流巡回宣讲4场，解读实干家文化的深刻内涵，向基层一线员工宣贯。深入分析企业发展状态和所处的历史阶段，提出建设“实・干・家”特色企业文化。开设“实干家的风采”“寻找实干家”“致敬身边的实干家”等专栏，全方位、多角度报道崇尚实干、践行实干的典型人物、先进事迹，使企业在高质量发展的进程中深深印上“实”的烙印，时时展现“干”的风采，处处体现“家”的情怀。微信公众号推送“实・干・家”文化精神。设立专栏“平凡不平凡”，宣传一线员工的实干故事。集团公司获评2020年度“全国企业文化建设示范单位”；房桥公司获2020年度全国“百佳职工文化品牌”称号。中铁十四局博物馆和中铁十四局大盾构博物馆顺利开馆。博物馆成为充分展示公司历史、业绩和弘扬铁道兵精神、打造“实・干・家”特色企业文化的窗口，博物馆被评为“山东省科普教育基地”“济南市科普教育基地”。

纪检监察工作。全年党委常委会专题研究党风廉政建设和反腐败工作5次，中心组学习反腐倡廉有关文件精神4次，与两级领导班子成员谈心谈话186人次。开展对各子分公司年度民主生活会监督，全覆盖实施疫情防控精准监督，警示谈话16人。修订《廉洁谈话实施办法》，随机抽取各级关键岗位人员开展任期中履责谈话，对新提拔的57名领导干部进行任前廉洁谈话并签订廉洁从业承诺书。督促业务部门筑牢“首道防线”,全年召开联席会5次,业务职能部门移交问题线索45项,初步构建起业务部门“首次监督”与纪委“监督的再监督”协同机制。全年受理问题线索202件,初核162件、立案99件、结案99件,给予纪律处分175人,挽回经济损失400余万元。出台《管理责任追究实施办法》,全年处置“十二项管理责任”类问题线索153件。深化监督执纪“四种形态”,运用第一种形态批评教育、谈话函询160人次,第二种形态纪律轻处分、组织调整165人次,第三种形态纪律重处分10人次。开展以“知敬畏守底线,严监管强执行”为主题的反腐倡廉宣传教育月活动,组织制度宣讲395场次,专题研讨272场次,专题党课395场次,廉洁讲座173场,参观教育基地102场,开展知识竞赛84场,推送廉洁主题微信253期,发布廉洁警句1597条。组织全员观看《叩问初心》警示教育片,在年中两个责任促进会上对典型案例通报曝光,开展基层廉洁警示教育宣讲82场次。制定出台《廉洁文化示范项目部创建实施方案》,扎实推进廉洁文化示范项目建设。围绕“八项权力管理模型”,厘清和公开权力清单,排查出各类风险点2440条,其中集团总部排查出风险点487条,制作个人岗位风险提示卡176份,发放廉洁书签1953份。落实股份公司党委财务资金管理专项巡视要求,督促有关部门对本轮巡视指出的10项问题立行立改,对巡视反馈的4个方面31项具体问题,逐项分析研究,制定整改措施,落实整改责任。组织开展两级专项巡察,推动子分公司、工程项目解决财务资金领域突出问题1431项,处置相关问题线索61项,转立案29件,结案26件,党政纪处分32人,挽回经济损失319.36万元,建立完善制度办法48项。一以贯之落实中央八项规定精神,两级纪委全年派出检查组36个,开展对45个单位“四不两直”监督检查,发现问题87项。开展“四个专项整治”,制定工作方案,对照四个方面13项整治内容全面自查。组织10163名领导人员和关键岗位管理人员对亲属及特定关系人所办企业与本企业发生业务往来情况进行自查自纠,指导7人主动报告相关问题,涉及金额79.28万元。制定出台集团公司本级及所属子分公司《纪检监察体制改革实施方案》,组织对《公职人员政务处分法》《检举控告工作规则》等新政新规的学习宣贯。开展对130余名专职纪检干部和巡察干部的业务培训,选派2人参加省纪委监委专业培训班、3人参加股份公司纪检干部培训班、3人参加股份公司党委巡视组。

工会工作。集团公司工会下辖15个子公司工会、2个专业分公司工会、5个直属单位工会;专职工会干部98人,工会会员15180人。2020年,全力参与防疫抗洪,彰显央企社会责任。集团公司工会及时向全体职工下发防疫抗疫《倡议书》,内外联动,海外分公司等单位分别从境外五个国家和境内各省份筹集口罩、防护服、护目镜、额温枪等260余万元防疫物资,同时向股份公司总部提供91650只医用防护口罩,向乌克兰、阿根廷、厄瓜多尔、尼泊尔等国家捐赠价值60万元的防疫物资。大盾构公司武汉项目部先后7次出动350人次援建武汉方舱医院,累计搭设床位1600余张,完成多条道路、多个小区的围挡封闭工作。全年各单位工会走访慰问一线职工家庭2340余户,开展一线员工疫情防控心理疏导专题讲座200余场次。7月中旬,集团公司芜湖项目遭受洪灾,工会为坚守抗洪一线的职工送上30万元的慰问品。抗疫期间,大盾构公司沈业伍父子齐抗疫,获股份公司“幸福家庭”称号,朱蓉荣获股份公司“防疫工作先进女职工”称号。年内重点组织济南黄河隧道、张吉怀铁路、昌景黄铁路、牡佳客专等多项重点工程的复工复产工作,其他所有项目陆续复工复产。1家单位、1名个人获中央企业先进集体和劳动模范称号,2家单位申报股份公司劳动竞赛工人先锋号,2人申报股份公司劳动竞赛工人先锋奖章;2家单位和8名个人获股份公司先进集体和劳动模范称号。集团公司工会对2019年度劳动竞赛、安康杯竞赛先进单位、工人先锋号68个项目部及106名先进个人表彰,建立集团公司“劳模创新工作室”39个,2个劳模创新工作室获省级总工会、3个劳模创新工作室获中国铁建命名表彰。集团公司、五公司继续保持全国安康杯竞赛优秀组织单位称号。年内,集团公司工会拨款30万元重点对6个偏远艰苦项目进行帮扶;股份公司工会拨款30万元重点对3个项目进行帮扶。全年表彰建家建线模范项目部24个,两级工会安排送清凉资金270万元;全年集团公司职工互助保险合作基金支出65.5万元,救助420人次,安排金秋助学资金56万元;在退休人员社会化管理移交工作过程中,救助慰问困难家庭601个、支出资金230万元。组织策划集团公司第110个“三八”国际妇女节系列活动,持续推进“女职工关爱行动”,走访慰问疫情防控关键岗位女职工78名、职工家属657名,发放慰问金45万元。隧道公司女职工曹睿《我的世界》摄影作品获全国第八届“书香三八”读书活动摄影阅读类三等奖。11月26日,“爱在铁建、情定海南”集体婚礼活动在海南举行,参加青年职工38对。工会财务工作规范有序,工会经费收缴及时,使用合规合法,完成2019年集团公司工会财务决算与2020年工会财务预算工作,继续保持股份公司工会财务工作竞赛先进单位荣誉。

共青团工作。下辖二级团委15个、团工委1个、团支部282个。共青团员3486人,专兼职团干部415人。2020年新成立基层团组织84个。落实基层团组织规范化建设工作,在前期试点的基础上全面铺开,逐步实现所有基层团支部规范化运作;利用“智慧团建”系统进行团组织关系结转及基层团组织信息数据统计分析工作,融入集团公司大数据平台,实现团建工作实时化、可视化;深化“推优入党”工作,推荐38名优秀团员青年加入党组织。开展团干部直接联系青年活动,开展“团干部—走进青年”恳谈日及团干部直接联系青年活动417次。2个集体获“全国青年安全生产示范岗”称号,1人获评“全国优秀共青团员”,4名个人和3个集体受团省委表彰,2个集体受地市级表彰,12名个人和9个集体受股份公司表彰。“五四”期间,集团公司表彰58个先进集体和100名先进个人,积极参加第三届共青团中央宣传部举办的“五四精神、传承有我”网络主题互动活动,推出主题短片《五四精神、传承有我》并在“学习强国”学习平台发布;各级团组织集中开展“五四”主题团日及座谈会278场次;组织召开“学习寄语精神、展现青春担当”交流座谈会,255个基层团支部在分会场通过视频参会,覆盖团员青年3500余人;在抗日战争胜利75周年之际,组织一线项目团员青年在铁道游击队烈士陵园及纪念馆开展主题团日活动;在中国人民志愿军抗美援朝出国作战70周年之际,组织观看红色影片《金刚川》;开展“奋进新时代、逐梦新征程”主题演讲比赛,推选优秀选手参加股份公司演讲比赛决赛。新成立青年突击队167支,创建青安岗223个,开展青年安全生产活动323次,开展“青年安全生产文化作品”征集活动,评选“最美青安岗员”优秀征文5篇,“我是工地安全明白人”优秀故事短视频7个。各单位上报“五小”成果441项,参评成果的攻关人员960人次,评选表彰优秀成果223项。春节前夕,摸排困难团员青年信息,为33名困难团员发放补助金23400元;联合山东省血液中心在集团公司总部开展爱心志愿献血活动,捐献血液23200毫升;积极参与团山东省委“希望小屋”捐建活动,通过线上、线下方式组织集团广大团员青年捐款14.8万余元,在兖州、枣庄、莱芜等地实地建设小屋3个;积极与对口扶贫尚义县团委沟通,购买当地返乡创业青年开发的农产品,助力实现脱贫致富梦。

（李燕语　李衍超　梁栋方）

【第一工程发展有限公司】 拥有公路、市政公用工程施工总承包一级,公路路面、桥梁工程专业承包一级资质。2005年7月28日组建,注册资本金3亿元。职工1400人。资产总额23亿元。机械设备335台(套)。年施工能力50亿元以上。

2020年,新签合同额51.67亿元,产值36.33亿元,营业收入32亿元,净利润4480万元。（张英杰）

【第二工程有限公司】 拥有公路、市政公用工程施工总承包一级,铁路工程施工总承包二级,公路路基、路面、桥梁、隧道工程施工专业承包一级资质。注册资本金10.1亿元。驻山东省泰安市岱岳区樱桃园西路71号。党委书记、执行董事姚洪瑞,总经理刘时光。职工1615人。固资原值29912万元、净值16756万元。大中型设备784台(套)。机械设备总功率75957千瓦,技术装备率10.25万元/人,动力装备率46.46千瓦/人。

2020年,新增任务储备136.79亿元,其中自主承揽任务合同额136.79亿元。产品合格率100%,优良率98%以上。

（袁　博）

【第三工程有限公司】 拥有公路工程施工总承包特级,公路工程行业设计甲级,铁路、市政公用工程施工总承包一级,水利水电、房屋建筑工程施工总承包二级,公路路基、公路路面、桥梁、隧道、机场场道专业承包一级,国家公路乙级试验资质,测试水平达到省部级标准。注册资本金15.74亿元。驻山东省济南市长清区大学城科技园紫薇路2687号数娱广场B座。党委书记、董事长刘美良,党委副书记、总经理徐淑亮。职工1382人。资产总额72.34亿元,负债总额49.21亿元,股东权益23.13亿元,资产负债率68.02%。机械设备、车辆原值1729万元。动力装备率76.3千瓦/人,技术装备率7.65万元/人。主要机械设备、车辆完好率100%、利用率95%。

2020年,新签合同额133.9亿元,产值101.5亿元,营业收入86.27亿元。（宗恩懿）

【第四工程有限公司】 拥有公路、市政、矿山工程施工总承包一级,铁路工程施工总承包二级,建筑工程施工总承包三级,桥梁、隧道、公路路基、公路路面、地基基础工程专业承包一级,爆破作业单位许可证(营业性)二级资质。注册资本金8.1亿元。驻山东省济南市市中区英雄山路267号。执行董事、总经理王剑,党委书记徐宝廷。职工1571人。自有机械设备484台(套)。设备原值2.1亿元、净值0.86亿元,总功率45013千瓦,动力装备率28.58千瓦/人,技术装备率5.5万元/人,设备完好率96%、利用率82%。

2020年,承揽任务459.4亿元,产值101.12亿元,利润1060.78万元,人均创利0.67万元,职工年人均收入9.17万元。国有资产保值增值率102.7%,净资产收益率2.25%,产值利润率0.13%,资产负债率93.3%。

（李　杰）

【第五工程有限公司】 拥有公路、市政公用工程施工总承包一级，铁路、水利水电、建筑工程施工总承包二级，矿山工程总承包三级，环保工程、桥梁、隧道、公路路基、铁路铺轨架梁专业承包一级，营业性爆破作业三级，预拌混凝土等资质。驻山东省济宁市兖州区金谷路80号。注册资本金2.6亿元。执行董事、党委书记李方东，副总经理刘勇。职工1442人。资产总额38.74亿元。净资产3.8亿元。机械设备固定资产原值10.42亿元、净值2.4亿元。年施工生产能力150亿元以上。

2020年，承揽合同额145.5亿元。 （杨建鹏）

【隧道工程有限公司】 拥有隧道、地基与基础工程专业承包一级，装修装饰工程专业承包二级资质。驻山东省济南市历下区和平路1号。执行董事、党委书记周庆合，总经理、党委副书记朱统步。资产总额61.6亿元。其中，固定资产原值15.7亿元、净值5.42亿元，流动资产47.16亿元，长期资产14.44亿元。机械设备1278台（套）。设备原值12.51亿元、净值5.18亿元，总功率102445.8千瓦，动力装备率66.83千瓦/人，技术装备率33.79万元/人。机械化施工程度100%。

2020年，经营承揽124.94亿元，营业收入67.9亿元，净利润2251万元。 （张　霞）

【大盾构工程有限公司】 拥有市政公用总承包一级，地基基础专业承包一级资质。施工项目涉及入城通道、江河湖海水下盾构、轨道交通、综合管廊、海绵城市等工程领域。2016年8月组建。注册资本金5.1亿元。职工2105人。资产总额71亿元。施工机械设备资产657台。设备原值51.93亿元、净值40.3亿元，其中盾构机原值48.86亿元、净值38.57亿元。

2020年，承揽项目14个，承揽总额207.36亿元，施工产值80.23亿元，营业收入83.88亿元，净利润20734万元。 （张耀文）

【建筑工程有限公司】 拥有房屋建筑工程施工总承包一级，建筑幕墙、防水防腐保温专业二级，地基基础工程专业三级资质。驻山东省济南市历下区奥体西路2666号铁建大厦A座8—10层。党委书记、执行董事代显奇，总经理冯国森。职工1070人。大中型施工生产机械设备、测试设备84台（套）。固定资产原值2410.01万元、净值801.75万元。技术装备率0.85万元/人，动力装备率3.68千瓦/人，机械设备成新率33.26%，总功率3952.6千瓦。

2020年，经营承揽206.69亿元。其中，承揽房建项目35项、201.27亿元，其他项目6项、5.42亿元；承揽施工总承包项目26项、101.86亿元，承揽EPC项目15项、104.83亿元。 （丁　雪）

【房桥有限公司】 拥有桥梁工程专业承包一级，钢结构工程专业承包二级，起重设备安装工程专业承包三级，特种工程（结构补强）专业承包不分等级资质。产品涉及铁路、公路、城市轨道交通、住宅产业化等领域。驻北京市房山区阎村镇房山科技工业园区燕房园8号。董事长、总经理赵誉，党委书记王光祥。职工878人。资产总额38.83亿元。其中，固定资产原值7.09亿元、净值3.96亿元，流动资产26.56亿元。机械设备972台（套）。设备总功率27593.83千瓦，技术装备率6.62万元/人，动力装备率26.74千瓦/人，设备完好率90%、利用率85%。

2020年，新签合同额45.7亿元，产值24.06亿元，利润13960万元。国有资产保值增值率118%、净资产收益率8.8%。 （谷月东）

【电气化工程有限公司】 拥有机电安装、通信工程施工总承包一级，建筑、电力、市政公用工程施工总承包三级，铁路电气化、铁路电务、公路交通工程（公路机电工程）、消防设施、建筑装修装饰、建筑机电、电子与智能化工程专业承包一级，输变电工程专业承包二级，城市及道路照明、环保工程专业承包三级资质。驻山东省济南市和平路1号。执行董事、党委书记于长水，党委副书记、副总经理（主持经理层工作）杨洪建。职工776人。资产总额16.86亿元。其中，固定资产原值6941万元、净值1089万元。机械设备55台（套）。设备原值3262.04万元、净值292.79万元，总功率2756千瓦，动力装备率3.55千瓦/人，技术装备率0.38万元/人，机械化程度70%以上。

2020年，施工产值25.58亿元，净利润7811万元。 （刘红梅）

【房地产开发有限公司】 主要从事房地产开发和经营。驻山东省济南市历下区奥体西路2666号铁建大厦A座。党委书记、执行董事李晓峰，总经理李海东。

2020年，销售签约21亿元，营业收入8.7亿元，净利润0.8亿元。 （柳桂荣）

【山东铁正工程试验检测中心有限公司】 拥有国家资质认定检测资质、国家实验室认可检测资质、公路工程综合甲级试验检测资质、公路工程桥梁隧道工程专项试验检测资质、公路水运工程结构乙级试验检测资质、公路水运工程材料乙级试验检测资质、水利工程质量检测乙级检测资质、建设工程质量检测资质、测绘甲级资质、工程勘察乙级资质、质量管理体系认证、职业健康安全体系认证、环境管理体系认证。驻山东省济南市和平路1号。执行董事、党委书记刘全青,党委副书记、总经理苏磊。职工660人。资产总额42422万元。主要仪器设备4300台(套),资产原值9963万元。

2020年,产值42422万元,净利润4848万元。

(李晓亮)

【市政工程分公司】 驻山东省青岛市崂山区香港东路254号。总经理吴云杰,党委书记陈明贵。职工367人。资产总额19.23亿元。其中,流动资产10.3亿元,固定资产原值0.71亿元、净值0.38亿元。

2020年,承揽项目5个,承揽金额51.4亿元。施工产值291804万元,主营业务收入207468万元,净利润17354万元。(周庆龄)

【海外工程分公司】 经营范围包括工程总承包、专业承包,房地产开发,工程勘察设计,货物进出口、技术进出口、代理进出口;技术开发、技术转让、技术服务,机械设备租赁,销售机械设备、建筑材料,资产管理、进出口国际贸易、对外派遣本单位实施工程所需的劳务人员。驻山东省济南市奥体西路2666号铁建大厦A座。党委书记、执行董事李军强,党委副书记、总经理董光贤。职工293人。机械设备199台(套)。设备原值10385.15万元、净值2424.6万元。

2020年,自主承揽任务7项,合同额78.29亿元。

(李　霖)

【西北工程有限公司】 拥有市政公用工程施工总承包一级资质。主营项目资质证书许可范围内的工程施工、工程勘察设计业务;工程项目的投资、设计、建设、维护、运营与管理。驻陕西省西安市沣东新城三桥街办启航时代广场A座。党委书记、执行董事、法定代表人周洪顺,党委副书记、总经理吴绪海。职工83人。

2020年,产值7.8亿元,利润2244万元。

(沈利军)

【重要记载】

▲1月21日　中铁十四局5项工程获山东省“泰山杯”优质工程奖。

▲4月26日　中国岩石力学与工程学会组织,邀请钱七虎院士等九位专家采用线上视频会的方式,对集团公司科技成果进行评价。在“城市复杂环境下大直径盾构隧道穿越京广线敏感区施工控制关键技术”“复杂山区铁路隧道高位穿越巨型溶洞综合处置与安全控制关键技术”“水下岩溶越江盾构隧道施工综合技术研究”“基于‘云网端一体化’的工程施工安全风险智能感知技术”4项科研成果评价中,技术水平达到国际领先1项,国际先进部分国际领先1项,国际先进2项。

▲7月31日　交通运输部公示2019年公路施工企业信用评价结果,中铁十四局信用等级为AA,一公司为AA,二、三、四、电气化公司为A。

▲9月26—28日　在2020山东省土木建筑工程建造技术交流会上,中铁十四局围绕铁路隧道穿越巨型溶洞综合处置、超大直径盾构穿越黄河、高速公路改扩建及大跨径钢箱梁转体等关键技术作4项专题报告,其中3项报告获十佳成果奖,1项报告获创新成果奖。

▲11月11日　中铁十四局晋升8个位次,连续13年进入山东省百强企业榜单。(曹　茜)

中铁十五局集团有限公司

【简况】 拥有铁路工程施工总承包特级,铁道行业设计甲(Ⅱ)级,公路工程施工总承包特级,公路行业设计甲级;市政公用工程施工总承包特级,市政行业甲级;建筑工程施工总承包特级、建筑行业设计甲级;水利水电工程施工总承包一级;桥梁工程、隧道工程、公路路面工程、公路路基工程专业承包一级;铁路铺轨架梁工程专业承包一级和地质灾害治理工程甲级资质;具有开展对外承包工程资格证书。总部驻上海市静安区共和新路666号。前身系中国人民解放军铁道兵第五师;1984年1月1日集体转业并入铁道部,改编为铁道部第十五工程局;1999年12月更名为中铁第十五工程局,2001年10月12日企业改制改称现名。下辖第一至第五工程有限公司、路桥建设有限公司、城市建设工程有限公司、城市轨道交通工程有限公司、电气化工程有限公司、物资有限公司、四川建筑勘察设计有限公司、东来地产投资开发有限公司、铁建浙江投资开发有限公司、华东中铁工程检测技术有限公司、济阳迎宾黄河大桥有限公司等15个子公司和轨道交通运营公司1个分公司;东北、华北、华中、华东、华南、西北、西南7个区域总部;1个海外事业总部;京津冀、晋豫鲁、湘鄂、苏皖、沪浙、闽赣、粤桂琼、陕甘宁、新青藏、川渝、云贵、辽吉黑蒙12个区域指挥部;沪苏湖铁路站前Ⅱ标段项目部、320国道桐乡凤鸣至大麻段改建工程指挥部、格库铁路(新疆段)项目部、成都至自贡高速铁路工程指挥部、格库铁路(青海段)项目部、苍巴高速公路项目工程总承包部、玉磨铁路项目部、广州地铁18号和22号线项目部、福州投资开发有限公司9个直管项目部(含项目公司),8个境外分支机构,8个其他机构等。职工15071人。资产总额3331691.7万元。其中,固定资产原值274083.9万元、净值127249.8万元,流动资产2199823万元,其他资产1004318.9万元。机械设备、车辆5706台,设备原值453291万元、净值182484万元,总功率947151千瓦,技术装备率11.98万元/人,动力装备率62.16千瓦/人,新度系数40.26%,设备完好率90%、利用率54.06%。年施工能力400亿元以上。

2020年,承揽工程任务926.17亿元,总产值340.24亿元,其中施工产值317.82亿元。净利润1.66亿元,职工年人均收入101275.72元,全员劳动生产率20.32万元/(人·年)。国有资产保值增值率100.56%,产值利润率0.29%,投资回报率3.37%,资产负债率76.97%,净资产收益率0.56%。完成主要实物工程量:路基861.57千米,路基土石方54840万立方米,涵洞544座20615横延米,桥梁139座43100延长米,隧道38.44座70584延长米,铁路有砟道床铺道岔260.74千米,铺道岔184组,正线铺轨42.38千米,房屋建筑1279908平方米。

企业改制以来,先后获中国建设工程鲁班奖10项,中国土木工程詹天佑奖9项,国家优质工程奖41项,省部级优质工程奖151项,股份公司优质工程奖191项。相继创造铁路日铺轨10.688千米和公路隧道掘进318.33米等全国纪录7项。先后获国家AAA级信用企业、全国重合同守信用企业、全国优秀施工企业、全国质量效益型先进企业、全国精神文明建设先进单位、全国五一劳动奖状等,连续19年蝉联全国“安康杯”竞赛优胜企业,并获“全国工程建设质量管理优秀企业”“全国水利建设市场主体信用评价AAA级”“河南省建筑业技术创新先进企业”“河南省优秀施工企业”“上海市文明单位”等称号。 (郑凤华)

【领导人员】

董事会

董事长　张喜胜
董事　黄昌富
　金国海
　王文举(7月免)
　陈　戈(7月免)

监事会

监事会主席　林征球(10月免)
　吴兰青(10月任)
监事　范　浩

经理层

总经理　黄昌富
副总经理　许建付
　金国海
　刘俊民
　王文举(7月免)
　王小川
　董向阳
　王占军
　贺修军
　王学杰
总工程师　许建付
总会计师　王学杰

党群领导

党委书记　张喜胜
党委副书记　黄昌富
　陈　戈(7月免)
纪委书记　林征球(10月免)
　吴兰青(10月任)
工会主席　陈　戈(7月免)

(祝新芝)

【职工队伍】 职工15071人。其中,在职员工14849人,内退222人。在职员工中,干部10002人、工人4847人。各类专业技术人才9042人,占在职干部总数的90.40%。其中,工程专业6905人、经济专业544人、会计专业990人、政工专业553人、其他专业50人。高级专业技术职务任职资格1267人、中级职称2633人、初级职称5142人。技术工人2605人。其中,高级技师112人、技师350人、高级工891人、中级工859人、初级工393人、其他2242人。 (程　炜)

【工程项目指挥机构】 京津冀指挥部　驻北京市石景山区。党工委书记彭程。

晋豫鲁指挥部　驻河南省郑州市。指挥长、党工委副书记贾会刚。

湘鄂指挥部　驻湖北省武汉市。指挥长、党工委副书记杨锋。

苏皖指挥部　驻江苏省南京市。指挥长、党工委副书记李飞,党工委书记王辉。

沪浙指挥部　驻上海市闵行区。指挥长马磊,党工委书记王恒军。

闽赣指挥部　驻江西省南昌市。指挥长罗斌,党工委副书记曹小光(主持工作)。

粤桂琼指挥部　驻广东省广州市。指挥长张晓宏，党工委书记黄艳阳。

陕甘宁指挥部　驻陕西省西安市。指挥长高德全，党工委书记田胜利。

新青藏指挥部　驻新疆维吾尔自治区乌鲁木齐市。指挥长、党工委副书记王波，党工委书记、副指挥长韩亚军。

川渝指挥部　驻四川省成都市。指挥长、党工委副书记谢磊，党工委书记彭跃立。

云贵指挥部　驻云南省昆明市。指挥长赵海标，党工委书记王勇。

辽吉黑蒙指挥部　驻辽宁省沈阳市。指挥长谷双。

320国道桐乡至凤鸣至大麻段改建工程指挥部　驻浙江省嘉兴市。指挥长胡志广。

格库铁路（青海段）指挥部　驻青海省海西蒙古族藏族自治州。指挥长、党工委书记潘峰。

苍巴高速公路项目工程总承包部　驻四川省巴中市。指挥长、党工委副书记杨俊，党工委书记任贵成（主持工作）。

海外事业总部　驻北京市石景山区。总经理、党工委书记王文举。

沪苏湖铁路站前2标段项目部　驻浙江省湖州市。项目经理王海舰，党工委书记胡三青。

格库铁路（新疆段）项目部　驻新疆维吾尔自治区巴音郭楞蒙古自治州。项目经理陈占波，党工委书记张志刚。

玉磨铁路项目部　驻云南省西双版纳傣族自治州。项目经理李户民，党工委书记张国军。

广州地铁18号和22号线项目部　驻广东省广州市。项目经理、党工委副书记乔水旺，党工委书记、副经理朱留所。

成贵铁路项目部　驻贵州省毕节市。项目经理、党工委书记田兴柏。

蒙华铁路项目部　驻湖南省浏阳市。项目经理高明星，党工委书记任贵成。

澳门代表处　驻澳门特别行政区。主任李志辉。

（郑凤华）

【工程施工】　2020年，在建工程项目262个，合同额1403.65亿元。其中，铁路工程23个156.95亿元，公路工程81个564.8亿元，市政工程56个221.75亿元，城市轨道与交通工程24个185.82亿元，房建工程53个224.8亿元，水利水电工程9个8.29亿元，其他工程16个41.24亿元。完、竣工项目110个，合同额245.07亿元。（王赞霞）

【铁路工程施工】　新建玉溪至磨憨铁路站前工程YMZQ－20标段工程　全长36.96千米。合同投资172031万元，合同工期2016年7月至2021年3月。2020年完成投资39810.23万元，开工累计完成投资166147.23万元。

新建重庆铁路枢纽东环线DHZQ－1标段工程　站前土建工程全长19.43千米，线路及站场铺轨架梁工程正线长62.913千米。合同投资16.32亿元，合同工期2017年4月至2021年4月。2020年完成投资36386.68万元，开工累计完成投资157794.23万元。

新建成都至自贡高速铁路站前工程CZZQ－3标段工程　全长32.739千米。合同投资200031.19万元，合同工期2019年9月至2023年8月。2020年完成投资72991.1万元，开工累计完成投资75211万元。

新建兰州至张掖三四线铁路中川机场至武威段新乌鞘岭隧道站前工程LZX－ZW－XQ1标段工程　全长17125米。合同投资90963.77万元，合同工期2019年7月至2023年7月。2020年完成投资22548万元，开工累计完成投资35159万元。

新建吉林至珲春铁路吉林枢纽西环线及相关工程SNSG标段工程　全长40.88千米。合同投资147969万元，合同工期2016年3月至2022年6月。2020年完成投资3461.7万元，开工累计完成投资79836.2万元。

渝怀铁路梅江至怀化段增建第二线工程GTYHZQ－Ⅱ标段工程　全长8.18千米。合同投资33711.77万元，合同工期2016年12至2020年10月。2020年完成投资2652.28万元，开工累计完成投资32923.88万元。

渝怀铁路梅化段先行开工工程GTYHZQ－Ⅲ标段工程　全长20.649千米。合同投资53579万元，合同工期2016年8月至2020年12月。2020年完成投资7456万元，开工累计完成投资49923万元。（王赞霞）

【铁路外工程施工】　S25静宁至天水高速公路庄浪至天水段工程PPP项目　全长12.36千米。合同投资141250万元，合同工期46.5个月。2020年完成投资54211.78万元，开工累计完成投资56805.95万元。

京新高速BMTJ－1标段工程　全长68.7千米。合同投资76699万元，合同工期2017年7月至2021年6月。2020年完成投资11290万元，开工累计完成投资75790万元。

国道212线宝轮至卫子段公路改建工程（元坝过境段）和广元市摆宴坝嘉陵江大桥工程　全长10.116千米。合同投资81346.54万元，合同工期2019年9月至2022年9月。2020年完成投资24213万元，开工累计完成投资31661万元。

G228国道三门园里至宁海一市段公路工程　全长5.012千米。合同投资56984.61万元,合同工期2016年12月至2021年10月。2020年完成投资6954万元,开工累计完成投资52162万元。

乐山至西昌高速公路马边至昭觉段控制性工程大凉山隧道施工K3标段工程　大凉山2号隧道左幅隧道6584.541延长米,右幅隧道6600延长米。合同投资78772.7万元,合同工期2020年6月至2024年6月。2020年完成投资16222万元,开工累计完成投资16222万元。

S104线兰州(沈家坡)至东岗公路沈家坡至阿干镇段工程PPP项目　全长23.04千米。合同投资149143万元,合同工期2020年8至2022年8月。2020年完成投资42262.37万元,开工累计完成投资42262.37万元。

杭甬复线宁波一期S3合同段工程　主线长6.9千米。合同投资215470万元,合同工期2020年1月至2023年4月。2020年完成投资70628.56万元,开工累计完成投资79678.08万元。

国道G105线中山沙朗至古鹤段改建工程及市政配套工程　全长32.304千米。合同总投资128613.67万元,合同工期2019年12月至2022年6月。2020年完成投资35277.95万元,开工累计完成投资35277.95万元。

广中江高速公路土建10标段工程　全长5.331千米。合同投资57103.96万元,合同工期2013年11月至2016年2月,实际竣工时间2020年10月。2020年完成投资5166万元。8月31日实现控制性工程大魁河大桥连续梁合龙,项目已建成通车。

京新高速公路BMTJ－4标段工程　全长29.73千米。合同投资93271.46万元。合同工期2017年7月至2021年4月。2020年完成投资23293元,开工累计完成投资92172万元。主体已完工。

德阳中江至遂宁高速公路项目土建3标段工程　主线长10.742千米。合同投资74008万元,合同工期2019年11月至2021年11月。2020年完成投资34265.19万元,开工累计完成投资37178.77万元。

云县至临沧高速公路工程　全长14.17千米。合同投资163800万元,合同工期2019年11月至2021年11月。2020年完成投资41439.3万元,开工累计完成投资82883.08万元。

S208无为段一级公路改扩建工程　全长35.864千米。合同投资120883.4万元,合同工期2019年1月至2021年7月。2020年完成投资54722.3万元,开工累计完成投资102121.4万元。

张掖至扁都口(甘青界)段工程　全长89.4千米。合同投资47520.32万元,合同工期2010年8月至2020年8月。2020年完成投资17985.92万元,开工累计完成投资46853.656万元。年内建成通车。

永德(链子桥)至耿马(勐简)高速公路项目　全长6.37千米。合同投资63355.76万元,合同工期2018年5月至2021年1月。2020年完成投资29218万元,开工累计完成投资34480万元。

楚大高速公路TJ1标段工程　全长5.198千米。合同投资109888.6万元,合同工期2019年10月至2022年4月。2020年完成投资34616.6万元,开工累计完成投资39956.6万元。

重庆巫溪至陕西镇坪高速公路3标段工程　全长12.561千米。合同投资128449万元,合同工期2018年12月至2023年12月。2020年完成投资29439万元,开工累计完成投资45279万元。

重庆合川至四川安岳(重庆段)高速公路第四合同段工程　全长13.41千米。合同投资68757万元,合同工期2018年6月至2020年4月。2020年完成投资11437万元,开工累计完成投资68757万元。项目主体已完工。

成都经济区环线高速公路蒲江至都江堰段项目路面工程施工(第二次)LM－2合同段工程　全长35.55千米。合同投资39740万元,合同工期12个月。2020年完成投资18248万元,开工累计完成投资39740万元。项目已完工。

成都通用航空产业园(西区)基础设施二期项目部工程　全长16.8千米。合同投资109900万元,合同工期2020年1月至2021年12月。2020年完成投资41392万元,开工累计完成投资49304万元。

科教大道(望鹏大道至南山路)建设工程　全长3千米。合同投资116918.9万元,合同工期2019年10月至2023年8月。2020年完成投资26045万元,开工累计完成投资26755万元。

潼南区城市提升交通建设重点项目一期工程勘察设计施工总承包项目　全长71.091千米。合同投资73270万元,合同工期2019年4月至2021年12月。2020年完成投资10161万元,开工累计完成投资16690万元。

横江大道建设工程SG－1标段工程　全长3千米。合同投资88577万元,合同工期2019年4月至2021年12月。2020年完成投资53281.35万元,开工累计完成投资80175.35万元。

安阳市龙安区棚户区改造安置房建设项目(地块一)一期总承包项目　占地面积248000平方米,总建筑面积96万平方米。合同投资330000万元,合同工期2019年10月至2022年10月。2020年完成投资14300万元,开工累计完成投资14882万元。

宿州市高新区半导体产业园(深迪)产业园项目　总建筑面积146990.06平方米。合同投资4000万元,合同工期2019年11月至2021年6月。2020年完成投资3081万元,开工累计完成投资3081万元。

广州市轨道交通18号线工程　全长8.557千米。合同投资232118.57万元,合同工期2017年11月至2021年3月。2020年完成投资49221万元,开工累计完成投资232118.57万元。

合肥市轨道交通4号线工程　全长41.38千米。合同投资43201.99万元,合同工期2019年9月至2021年9月。2020年完成投资13738万元,开工累计完成投资17904万元。

南京地铁7号线D7－TA03标段土建4工区　合同投资61415万元,合同工期2018年1月至2021年6月。2020年完成投资10022万元,开工累计完成投资52399万元。

北京地铁12号线土建施工13合同段工程　合同投资45918万元,合同工期2016年12月至2021年12月。主要工程量:暗挖车站1座及附属结构工程。2020年完成投资9641.145万元,开工累计完成投资36024.3万元。

重庆轨道18号线土建1标段工程　合同投资104000万元,合同工期2019年8月至2022年3月。主要工程量:地下车站1座,地下区间1个,地下出入场线1个。2020年完成投资5254.15万元,开工累计完成投资7272.15万元。

温州市域铁路S2线一期SG2标段工程　全长6940米。合同投资96000万元,合同工期2019年10月至2022年2月。2020年完成投资37799万元,开工累计完成投资39219万元。

苏州市轨道交通VI－TS－05标段工程　合同投资96005.38万元,合同工期2019年6月至2023年6月。主要工程量:地下车站3座,地下区间3个。2020年完成投资21380万元,开工累计完成投资22310万元。

苏州市轨道交通8号线土建施工项目Ⅷ－TS－09标段工程　全长1472.698米。合同投资80650.08万元,合同工期2020年5月至2024年5月。2020年完成投资12649万元,开工累计完成投资12849万元。

成都轨道交通18号线三期施工总承包项目土建2工区　合同投资128091.74万元,合同工期2020年2月至2024年3月。主要工程量:1站3区间1风井。2020年完成投资6507.79万元,开工累计完成投资6507.79万元。

东莞市城市轨道交通1号线一期工程1302－2工区　全长5648米。合同投资62700万元,合同工期2019年12月至2024年8月。主要工程量:2站2区间。2020年完成投资17075.65万元,开工累计完成投资17670.65万元。

乌鲁木齐轨道交通2号线A－09区段工程　合同投资53200万元,合同工期2016年10月至2020年12月。主要工程量:地下车站2座,地下区间2个。2020年完成投资12610.74万元,开工累计完成投资33913.83万元。

山西小浪底引黄工程7标段工程　合同投资26199万元,合同工期2016年3月至2020年3月。2020年完成投资464万元,开工累计完成投资26199万元。

(王赞霞)

【经营管理】　工程经营。2020年,新签合同额926.17亿元。自揽合同额806.62亿元,完成股份公司下达自揽指标的103.41%。工程板块新签合同额882.45亿元;物流板块37.5亿元,房地产板块1.47亿元,勘察设计板块0.19亿元,工业制造板块4.57亿元。国内工程板块新签合同额864.29亿元,其中铁路工程33.48亿元、公路工程153.83亿元、房建工程305.5亿元、市政工程292.55亿元、轨道交通工程39.06亿元、水利水电工程12.83亿元。

企业管理。完成两级总部“去机关化”改革,对所属单位功能定位进行重新明确,对集团资质体系进行优化调整;对区域指挥部进一步简政放权,下放网点布局和职责分工权;对军民融合指挥部职责定位进行战略强化。在集团公司内部开展财务资金专项巡察工作,财务管理进一步规范,审批事项进一步精简,财务管控指标进一步提升。修订集团公司系列考核制度,绩效考核指挥棒作用进一步发挥。

安全质量。坚持“安全第一,预防为主,综合治理”的方针,全面落实安全质量生产责任制。集团各单位获省级安全文明工地、平安工地7项,获地市级安全文明工地、标准化示范工地5项。获国家优质工程3项、省部级优质工程7项、铁建杯优质工程4项。其中广州地铁14号线获国家优质工程金奖;5个小组获中国铁建优秀QC小组、18个小组获省部级工程建设优秀QC小组、5个小组获全国工程建设优秀QC小组、2个班组获中建协质量信得过班组。

财务管理。资产总额3331691.7万元,负债总额2953961.63万元,流动比率0.81、速动比率0.8,营业收入294.6亿元,利润总额1.66亿元。国有资产保值增值率100.56%,产值利润率0.29%,投资回报率3.37%,资产负债率76.97%,净资产收益率0.56%。

缴纳各项税款 50782.93 万元。

人才队伍建设。引进成熟人才 158 人,其中具有注册类证书 58 人、具中高级职称 80 人;引进大学毕业生 1153 人,其中博士研究生学历 4 人、硕士研究生学历 31 人。员工总量由上年底的 15088 人降至 15071 人。评审通过 555 人,其中工程系列 450 人、经济系列 19 人、会计系列 18 人、政工系列 68 人;高级及以上职称 179 人。

审计工作。完成审计项目 141 项,投入审计工作日 1771 天;发现问题金额 28599.34 万元,纠正违规违纪金额 28599.34 万元,避免或挽回损失 789.71 万元,促进增收节支 220.55 万元;提出审计建议 553 条,被采纳 553 条。通过内部审计平调 16 人,降职 1 人,免职 2 人。 (郑凤华)

【科技教育】 科技工作。2020 年,获股份公司及以上科研立项 6 项。其中,国家重点研发计划专项课题 2 项,国铁集团 2020 年第一批科技研究开发计划项目 1 项,中国城市轨道交通协会科研开发计划项目 1 项,股份公司重点科研项目 B 类 1 项、C 类 1 项。取得授权专利 104 件,其中发明专利 4 件,实用新型专利 100 件。获新疆科学技术进步二等奖 1 项、中国施工企业管理协会科学技术奖一等奖 1 项、中国铁建科学技术二等奖 1 项。参与编制上海市及行业协会团体标准 6 项。

教育培训。受新冠肺炎疫情影响,员工教育培训以线上为主,采取线上、线下相结合的方式进行。线上培训 9371 人次,线下培训 6152 人次。选送 2 名局级领导人员分别参加井冈山干部学院、浦东干部学院举办的局级领导干部培训班;选送 5 人参加股份公司处级领导人员线上调训班;2 人参加大连高级经理学院青年干部战略思维与领导能力培训班;2 人参加国资委秋季学期处级干部进修班;3 人参加中网院组织人事干部处级干部线上培训班。局级领导 14 人、处级领导 340 人全部参加股份公司学习党的十九届四中全会精神线上培训班,做到全覆盖。 (宋晓蓉 雷雪英)

【党群工作】 党的工作。基层党组织 407 个,其中所属单位党(工)委 47 个,党总支 5 个,基层党支部 355 个。党员 6080 人,其中在岗党员 4844 人,离退休党员 1236 人。

党委政治核心作用。以深入学习贯彻习近平新时代中国特色社会主义思想和党的十九届五中全会精神为指引,以"中央企业党建巩固深化年"专项行动为抓手,聚焦高品质发展要求。全年召开党委常委(扩大)会 17 次,研究讨论干部人事调整、生产经营等重要事项;召开党委全委(扩大)会 1 次,安排部署企业发展和党建思想政治工作等重要问题。

党的思想政治工作。班子建设。对集团公司领导班子联系点进行优化调整,班子成员分别通过以视频会议形式参加联系单位"四会",开展进点调研、讲授党课等方式,深入联系点把脉问诊,宣讲形势任务,围绕规模提升、亏损治理、风险资产化解、海外经营、基层党建等主题开展调研 30 余场次,以上率下破解发展难题 29 个。对上年度"四好"领导班子创建情况进行评选,表彰集团公司 2019 年度"四好"领导班子 6 个。疫情防控。印发《关于在抗击新型冠状病毒感染的肺炎疫情中发挥各级党组织和广大党员作用的通知》,号召基层党组织和广大党员积极投身到防疫政策宣传、网点执勤巡逻、关键场所消杀等工作中,4097 名党员为疫情防控捐款 40.9597 万元。向 334 个基层项目党支部下拨疫情防控党费 37.9 万元。主题活动。组织开展"战疫情、保生产,党员先锋行动"主题实践活动。充分激励党员干部发挥表率作用、基层党支部发挥战斗堡垒作用,助力形成保安全、抓产值、提规模的良好态势。干部队伍建设。全年提拔任用"80 后"年轻优秀处级干部 7 人,30 岁以下科级干部 35 人,外部引进成熟人才 160 人,引进二本以上毕业生 599 人;强化业绩导向,继续推行末位淘汰制,先后有 8 名处级干部因考核不合格被改非调降。

企业文化建设和对外宣传。创新中心组学习方式,采用视频会、云平台等形式组织集中学习 9 次,督导所属各单位党委中心组组织学习 200 余次,编辑中心组学习简报 32 期。在中央级媒体刊播 50 余篇,省市级报刊刊登 120 余篇,"今日头条"刊稿 152 条,"学习强国"学习平台刊稿 18 条,股份公司网站刊稿 1008 篇,《中国铁道建筑报》刊稿 160 余篇。

党风建设和反腐倡廉工作。受理问题线索 167 件,调查中 11 件,了结 84 件,立案 72 件,结案 64 件,给予党政纪处分 113 人次;其中,集团本级受理问题线索 29 件,调查中 8 件,了结 10 件,立案 11 件,结案 7 件,给予党政纪处分 20 人次,提醒谈话 80 人次,诫勉谈话 28 人次,谈话函询 3 人次。

工会工作。下辖二级工会组织 32 个,基层工会组织 183 个,专职工会干部 56 人、兼职工会干部 456 人。劳动竞赛、安康杯竞赛。连续第二年在全集团开展以"六比六创"为主要内容的劳动竞赛活动,指导 9 个子公司 31 个项目制定品牌项目培育方案和创建计划。4 个集体获省部级"五一劳动奖状""工人先锋号",5 名职民工获省部级劳动模范、五一劳动奖章和"技术标兵"称号;3 个集体、4 名职工获省部级劳动竞赛、安康杯竞赛先进集体和先进个人。民主管理。根据疫情防控要求,指导子(分)公司、区域指挥部和工程项目部采取视频、网络会议等远程方式灵活召开好职工代表大会,2 月底前集团公司及子公司职代会召开率 100%;修改《集团公司 2020 年集体合同》13 条 15 处,增加职工探亲休假、职工培训时间等内容。帮扶保障工作。建家建线帮扶项目部 132 个,累计投入资金 788.84 万元;结合疫情防控需要,投入专项资金 413.46万元。抓好星级职工食堂创建,评选命名“四星级职工食堂”15 个和“五星级职工食堂”3 个。做好困难职工的脱贫解困工作。筹集送温暖资金399.46 万元,慰问一线班组 279 个、困难职工 11676 人;“金秋助学”资助职工子女 195 人,发放助学金 22.54 万元。女职工工作。1 个集体获上海市“巾帼文明岗”称号,4 名女职工作品在全国第八届“书香三八”女职工读书征文活动中获奖,集团公司女工委获优秀组织奖;评选表彰 38 户集团公司“模范家庭”,4 户家庭获“中国铁建幸福家庭”称号。

共青团工作。下设基层团委 26 个,团支部 176 个。子公司团委 13 个。团员 3396 人,35 岁以下青年 8920 人,团干部总数 437 人,专职团干部 14 人。坚持围绕“服务企业、服务青年”两项职能,通过参加上海市“青春心向党、建功新时代”演讲比赛、组织开展青年志愿者、青年突击队等团内品牌活动,引导青年立足岗位、拼搏奉献、成长成才。7 个青年集体、10 名青年获股份公司及省部级以上表彰。

(包明明　刘军南　李建平)

【第一工程有限公司】 拥有公路工程施工总承包一级,铁路、市政公用工程施工总承包二级,桥梁、隧道、公路路面、公路路基工程施工专业承包一级资质。驻陕西省西安市凤城二路 13 号。执行董事、党委书记刘晓宝,总经理、党委副书记牛跃军。前身系中国人民解放军铁道兵第五师第二十一团,1984 年兵改工并入铁道部,2001 年改制改称现名。职工 1433 人。资产总额 31.1 亿元。其中,固定资产原值 20243.46 万元、净值 8111.17 万元。各类机械设备、车辆 704 台(套)。设备原值 16759.28 万元、净值 6393.08 万元,总功率 42111 千瓦,技术装备率 4.27 万元/人,动力装备率 28.53 千瓦/人,新度系数 38%,设备完好率 70%、利用率 70%。

2020 年,承揽工程任务 27.18 亿元。施工产值 353328 万元。营业收入 32.61 亿元,净利润 3962.99 万元。全员劳动生产率 131.14 万元/(人·年)。国有资产保值增值率 103.40%,资产负债率 84.17%,净资产收益率 2.26%,应上缴款完成率 37.57%。

(房雅妹)

【第二工程有限公司】 拥有公路、建筑桥梁工程施工总承包一级,市政、铁路、水利水电工程施工总承包二级,隧道、公路路面、公路路基、建筑幕墙工程专业承包一级,公路水运工程试验综合检测乙级资质。驻上海市青浦区朱家角镇沈巷路 246 号。执行董事、党委书记万雨晴,总经理兰旭珍。前身为组建于 1942 年 5 月的中国人民解放军铁道兵五师二十二团;1984 年 1 月,集体转业并入铁道部,定名为铁道部第十五工程局第二工程处;1999 年 12 月,与铁道部脱钩,归入中央企业工委,更名为中铁第十五工程局第二工程处;2001 年 7 月,改称现名。职工 1803 人。资产总额 35.68 亿元。其中,固定资产原值 3.82 亿元、净值 1.26 亿元,流动资产 32.26 亿元。机械设备、车辆 753 台,原值 2.38亿元、净值 1.1 亿元,技术装备率 6.26 万元/人,总功率 79234.千瓦,动力装备率 43.89 千瓦/人,设备成新率 47.59%。

2020 年,承揽工程任务 844993 万元,施工产值 555956 万元,营业收入 49.32 亿元(含局托管项目 37.94亿元),净利润 8189316.8 元,职工年人均收入 9.29万元。国有资产保值增值率 100.61%,资产负债率 77.49%,净资产收益率 1.02%,应上缴款完成率 73.3%。

(鲍　慧)

【第三工程有限公司】 拥有建筑、公路、水利水电、矿山工程施工总承包二级,桥梁、隧道、钢结构、公路路基、公路路面工程专业承包二级资质。注册资本金 5 亿元。驻四川省成都市郫都区犀浦镇珠江东街 16 号。执行董事、总经理张汉民,党委书记宋建坤。2013 年 12 月,由中铁十五局集团西北工程有限公司、中铁十五局集团成都建设工程有限公司、原中铁十五局集团第三工程有限公司施工板块合并重组而成。职工 1174 人。资产总额 19.28 亿元。其中,固定资产原值 27665.39 万元、净值 5490.28 万元。负债总额 18.35 亿元。设备 823 台,设备总功率 101777.6 千瓦,动力装备率 86.84 千瓦/人,技术装备率 4.68 万元/人,设备成新率 19.85%、利用率 1.21%。

2020 年,承揽工程项目 10 个,承揽总额 67.88 亿元。施工产值 25.71 亿元,验工计价 23.23 亿元。营业收入 25.22 亿元,净利润 519.78 万元,经营性净现金流 8784.37 万元,清收清欠完成 31.47 亿元,扭亏 5010 万元。二次经营完成产值 3.19 亿元。(袁　玫)

【第四工程有限公司】 拥有建筑、市政公用、水利水电工程施工总承包一级,铁路工程施工总承包二级,桥梁、隧道、公路路基工程专业承包一级资质。驻河南省新郑市新区华祥喜度大厦 B 座 8 楼。执行董事、党委书记周叶飞，总经理苏斌。前身系中国人民解放军铁道兵第五师二十四团；1984 年 1 月，集体转业并入铁道部，改编为铁道部第十五工程局第四工程处；2001 年 7 月改制改称现名；2007 年 1 月，与科技工贸公司合并重组。职工 1786 人。资产总额 38.87 亿元。其中，固定资产原值 2.87 亿元、净值 0.88 亿元，流动资产 36.96 亿元，非流动资产 1.91 亿元。各类施工机械、运输、生产设备 513 台(套)。设备原值 19358.41 万元、净值 6988.89 万元，设备总功率 60816.75 千瓦，技术装备率 3.81 万元/人，动力装备率 33.16 千瓦/人，设备资产利润率 2.12%、资产增长率 15.65%、成新率 36.1%。

2020 年承揽工程任务 178.17 亿元，施工产值 42 亿元。净利润 2385.55 万元。职工年人均收入 126990 元。国有资产保值增值率 106.43%，产值利润率 0.84%，资产负债率 89.87%，净资产收益率 6.25%。

（路翼西）

【第五工程有限公司】 拥有公路、市政公用施工总承包一级，铁路、建筑、水利水电施工总承包二级，公路路基、路面、桥梁、隧道专业承包一级资质。注册资本金 10 亿元。驻天津市红桥区湘潭道 1 号。执行董事、总经理李文兵，党委书记高晨辉。前身系铁道兵第六师二十八团，整编为铁道兵第五师二十五团，2001 年 11 月改制改称现名。职工 2436 人。资产总额 53.13 亿元。其中，固定资产原值 6.44 亿元、净值 2.3 亿元，流动资产 47.75 亿元。机械设备、车辆 600 台。设备原值 31262.52 万元、净值 12620.27 万元，总功率 82398.3千瓦，技术装备率 5.18 万元/人，动力装备率 33.8 千瓦/人，新度系数 40.37%，设备完好率 100%、利用率 100%。

2020 年，承揽工程项目 20 个，承揽总额 73.03 亿元。施工产值 404759 万元。营业收入 35.84 亿元(含局托管项目 19.22 亿元)，净利润 3392.02 万元。全员劳动生产率 16.61 万元/(人·年)，职工年人均收入 82013 元。国有资产保值增值率 103.44%，资产负债率 74.21%，净资产收益率 3.38%，应上缴款完成率 88.32%。

（琚　莹）

【路桥建设有限公司】 拥有市政公用工程施工总承包一级，建筑工程施工总承包二级，桥梁、隧道、公路路面专业承包一级，铁路铺轨架梁工程专业承包二级，施工劳务不分等级资质。注册资本金 6 亿元。驻江苏省南京市江北新区泰山街道三河 280 号。执行董事、党委书记任化庆，总经理、党委副书记段玉顺。2016 年 12 月，由中铁十五局集团第六工程有限公司铺架板块与中铁十五局集团都匀桥梁工程有限公司、中铁十五局集团南京混凝土制品有限公司整合重组而成。其中，原六公司前身是中国人民解放军铁道兵南疆铁路新线运输管理处，1984 年 1 月集体兵改工整编为铁道部第十五工程局新线铁路运输处；2001 年 12 月，正式改制为中铁十五局集团第六工程有限公司。原都匀桥梁公司前身是铁道部都匀桥梁工厂，成立于 1958 年 5 月；2001 年 12 月，资产重组划归中铁十五局集团有限公司。职工 1614 人。资产总额 29.75 亿元。其中，固定资产原值 90997 万元、净值 33526 万元。主要施工生产设备 907 台(套)。设备原值 75216.45 万元、净值 15776.54 万元，总功率 120294 千瓦，动力装备率73.48 千瓦/人，技术装备率 9.64 万元/人，设备完好率 93%，持证上岗率 100%。年完成施工能力 100 亿元以上。

2020 年，经营承揽 52.81 亿元，产值 226593 万元。营业收入 20.59 亿元，净利润 475 万元。全员劳动生产率 16.67 万元/(人·年)，职工年人均收入92530.77 元。国有资产保值增值率 100.52%，资产负债率 78.4%，净资产收益率 0.52%，应上缴款完成率79.4%。

（王雪薇）

【城市建设工程有限公司】 拥有建筑、市政公用工程施工总承包一级，桥梁、隧道、公路路基、公路路面、建筑装修装饰工程专业承包一级，铁路、港口与航道、水利水电、电力、矿山工程施工总承包二级资质。驻河南省洛阳市洛常路 6 号院。执行董事、党委书记尹陆海，总经理、党委副书记朱智宇。2001 年 8 月，由原中铁第十五工程局实业总公司、中铁第十五工程局机械化工程公司、中铁第十五工程局建筑工程公司改制重组为中铁十五局集团第七工程有限公司；2017 年 3 月，更名为中铁十五局集团城市建设工程有限公司。职工 1675 人。机械设备 877 台。设备原值 12151 万元、净值 2935 万元，总功率 43910 千瓦，动力装备率 23.73 千瓦/人，技术装备率 1.59 万元/人，设备完好率 70%、利用率 87%。

2020 年，承揽工程任务 258.95 亿元，施工产值 70.66 亿元，净利润 2533.61 万元，职工年均收入 115752.67 元。国有资产保值增值率 102.83%，资产负债率 81.64%，净资产收益率 2.79%。

（吕晓源　刘庆华）

【城市轨道交通工程有限公司】 从事城市地下工程的专业化工程公司。驻河南省洛阳市瀍河区四通路 2 号院。执行董事、党委书记刘中欣，总经理、党委副书记王东欣。前身系城市交通工程公司(分公司)；2014

年6月,在珠海市横琴区完成注册;2019年6月,注册地变更为广州市白云区,注册资本金2亿元。职工1046人。资产总额192325.68万元。其中,固定资产原值23315.26万元、净值19229.65万元,流动资产161001.34万元,其他资产12094.69万元。机械运输设备749台。设备原值139759.59万元、净值82685.72万元,总功率85949千瓦,动力装备率70.68千瓦/人,技术装备率68万元/人,设备完好率80%、利用率65%。

2020年,新签合同额50亿元,施工产值25.2458亿元,利润总额548万元。国有资产保值增值率101.63%,净资产收益率1.62%,产值利润率0.41%,投资回报率1.62%,资产负债率89.13%,应上缴款完成率100%。（李薇薇）

【电气化工程有限公司】 拥有铁路电务、公路交通工程(公路安全设施工程)专业承包一级,建筑工程施工总承包二级,建筑机电安装、公路交通工程(公路机电工程)专业承包二级,铁路电气化、输变电工程专业承包三级资质。驻上海市松江区九亭镇。执行董事、总经理温海军,党委书记吕洪伟。职工173人。资产总额59634.2万元。其中,固定资产原值759万元、净值406万元,流动资产5.78亿元。车辆24台。设备原值582万元、净值230万元,技术装备率1.34万元/人,动力装备率18千瓦/人,车辆完好率100%、利用率100%。年施工能力30亿元以上。

2020年,承揽工程任务24.28亿元,施工产值10.68亿元。营业收入8.64亿元,净利润1823.1万元。职工年人均收入105693.43元,人均创利10.5万元,全员劳动生产率617.34万元/(人·年)。国有资产保值增值率202.67%,产值利润率2.11%,资产负债率78.27%,净资产收益率14.07%。（戴雪琼）

【物资有限公司】 拥有钢结构专业承包一级,地基与基础专业承包二级,营业性爆破作业三级资质。驻河南省洛阳市西工工业园区汉宫路西段。执行董事、总经理、党委副书记茹念文,党委书记李章国。前身系中国人民解放军铁道兵第五师后勤部修理营;1984年1月,改编为铁道部第十五工程局机械厂;2001年12月,改为中铁十五局集团机械设备有限公司;2005年6月,更名为中铁十五局集团第三工程有限公司;2008年2月,与原十五局集团物资有限公司合并重组;2014年1月,整合重组为中铁十五局集团物资工程有限公司;2016年11月,物资工程公司合并重组到物资公司。职工382人。资产总额103132.35万元,负债总额84955.95万元,固定资产净值4130.25万元。生产机械设备364台(套)。设备总功率6596.33千瓦,动力装备率17.27千瓦/人,技术装备率3.57万元/人,新度系数25.89%。

2020年,经营承揽332970.38万元,营业收入131932.97万元,利润227.89万元。在岗职工人均月收入8205.57元。国有资产保值增值率101.23%,产值利润率0.17%,资产负债率82.38%,净资产收益率1.22%,应上缴款完成率100%。（刘宇帆）

【四川建筑勘察设计有限公司】 拥有建筑工程甲级、市政乙级、勘察乙级、测量乙级、工程咨询乙级、风景园林乙级、城市规划丙级等资质。执行董事、总经理蔡荣,党委书记杨世杰。驻四川省宜宾市翠屏区岳武里14号。2011年由宜宾市建筑勘察设计院改制完成后,由中铁十五局集团有限公司全资收购后成立。职工47人。资产总额3595.35万元。其中,固定资产原值420.18万元、净值62.12万元,流动资产1747.33万元,其他资产1848.02万元。

2020年,经营承揽1860万元,产值2073万元(不含税),收入2092万元(含税),利润6.238万元。人均创利0.13万元,职工年人均收入11.9万元。资产增长率2.24%,净资产收益0.28%,营业利润率0.29%,资产负债率33.97%。（郑小群）

【东来地产开发有限公司】 拥有房地产开发二级资质2个、四级资质1个,主营房地产开发、物业服务、资产盘活、协同经营、房地产管理咨询等业务。驻河南省郑州市二七区航海路197号索克世纪大厦。执行董事、党委书记毛学墙,总经理、党委副书记陈江。2017年5月由河南置业有限公司改称现名。职工137人。

2020年,经营承揽32.67亿元,销售6.61亿元,营业收入2.63亿元,利润1647万元,完成上缴款1900万元。资产负债率70.8%。（朱秀莲）

【铁建浙江投资开发有限公司】 2017年2月成立。经营范围包括投资开发建设与管理、PPP项目开发与运营等,负责浙江区域投资类和EPC项目跟踪、开发,以及湖州BT项目监管和回购等。驻浙江省宁波市江北区环城北路万星汇大厦8楼。执行董事、总经理刘士杰,党委书记吴向东。职工21人。

2020年,营业收入1524.43万元,累计回购5100万元,净利润13万元。（刘佳莉）

【济阳迎宾黄河大桥有限公司】 2006年1月19日成立,注册资本金2000万元。经营范围包括大桥的建设、管理、经营及维护。执行董事、党委副书记、总经理刘克明(4 月任执行董事),党委书记程金泉。职工 89 人。

2020 年,安全通行车辆 742.9 万辆,征收通行费 8284 万元。（陈　鹏）

【华东中铁工程检测技术有限公司】 拥有公路工程综合乙级、水利工程混凝土甲级、水利工程岩土甲级、工程测绘乙级等检测测量资质,国家和河南省双资质认定。驻河南省洛阳市瀍河区四通路 2 号院。党委书记、执行董事徐万鹏,总经理、党委副书记付雷锋。前身系组建于 1947 年的中国人民解放军铁道兵第五师司令部试验室。职工 45 人。资产总额 11392 万元。其中,固定资产原值 1223 万元、净值 502 万元,流动资产 10888 万元。主要检测设备 1258 台(套)。设备原值 957 万元,完好率 100%、利用率 100%、合格率 100%。

2020 年,经营承揽 5388 万元,施工产值 3614 万元,营业收入 2768 万元,净利润 767 万元,全员劳动生产率 156.2 万元/(人·年),职工年人均收入 124717 元。国有资产保值增值率 56.63%,产值利润率 35.87%,资产负债率 47.38%,净资产收益率10.72%。（徐龙午）

【轨道交通运营公司】 驻河南省洛阳市四通路 2 号院。经理、党委副书记汤军红,党委书记许献德。前身系 1975 年 3 月 26 日成立的铁道兵第二指挥部新线铁路管理科;2016 年 12 月 15 日改称现名。职工 643 人。资产总额 52038 万元。其中,固定资产原值 55964 万元、净值 38072 万元,流动资产 13788 万元,其他资产(在建工程)178 万元。机械设备、车辆 74 台。设备总功率 303942 千瓦,技术装备率 78.67 万元/人,动力装备率 452.97 千瓦/人,设备完好率 100%,机车利用率 89.18%。

2020 年,营业收入 3.65 亿元,承揽任务 5.06 亿元,上缴款 2219 万元,利润 2308 万元。职工人均年收入 108204 元。（茹　峭）

【重要记载】

▲3 月 18 日　中铁十五局与河南省周口市川汇区人民政府签订合作框架协议。

▲3 月 26 日　中铁十五局云南公路市场信用评价连续 6 年获评 AA 级。

▲3 月　中铁十五局荣史馆获评上海市建交委首批组织生活开放点。

▲3 月　中铁十五局连续两年获天津市公路工程信用评价 AA 级。

▲4 月 9 日　中铁十五局与山东省潍坊市临朐县人民政府签订战略合作协议。

▲5 月　中铁十五局玉磨项目部获评云南省“工人先锋号”、李户民获五一劳动奖章。

▲6 月 2 日　中铁十五局与中国航空规划设计研究总院在上海签订战略合作协议。

▲6 月 23 日　中铁十五局与浙江东方金融控股集团股份有限公司在杭州签订战略合作协议。

▲7 月 3 日　中铁十五局与中国铁建重工集团在长沙签订战略合作协议。

▲7 月 16 日　中铁十五局与河北省唐山市汉沽管理区人民政府签订战略合作框架协议。

▲7 月 22 日　中铁十五局与华东建筑集团股份有限公司签订战略合作协议。

▲8 月 10 日　中铁十五局与荷兰利天万世新能源集团、中机国际工程设计研究院在上海签订三方战略合作协议。

▲8 月 11 日　中铁十五局与航空工业宝胜集团公司签署战略合作协议。

▲10 月 28 日　中铁十五局工会女工委获全国第八届“书香三八”读书活动“优秀组织奖”。

▲11 月 19 日　中铁十五局获中国铁建“品质铁建杯”2020 年财税知识竞赛团体赛金奖。

▲11 月　中铁十五局连续 19 年获全国“‘安康杯’竞赛优胜单位”称号。

▲12 月 1 日　中铁十五局与河南省信阳市新县人民政府签订战略合作框架协议。

▲12 月 10 日　中铁十五局与浙江省东阳市人民政府签订合作框架协议。（郑凤华）

中铁十六局集团有限公司

【简况】 拥有铁路、公路、建筑工程施工总承包特级,铁路行业、公路行业、建筑行业甲级设计,市政公用、水利水电工程施工总承包一级,公路路面、隧道、桥梁、建筑装修装饰工程专业承包一级资质。可承接建筑、公路、铁路、市政公用、港口与航道、水利水电各类别工程的施工总承包、工程总承包和项目管理业务。总部驻北京市朝阳区红松园北里 2 号。前身系中国人民解放军铁道兵第十一、十三师合编后的铁道兵第十一师;1984 年 1 月集体转业并入铁道部,改编为铁道部第十六工程局;2000 年 1 月更名为中铁第十六工程局,2002 年 5 月 10 日改制改称现名。下辖子公司 15 个。

职工 18124 人。机械动力设备 5902 台(套)。设备原值 775900 万元、净值 324137 万元。技术装备率 16.31 万元/人,动力装备率 60.34 千瓦/人。

2020 年,新签合同额 1306.25 亿元,完成企业总产值 620.15 亿元,营业收入 575.2 亿元,同比增长 11.76%,报表净利润 2.5 亿元,全年经营性净现金流 0.35 亿元,年末资产负债率 89.38%,应上缴款完成率 100%。完成主要实物工程量:土石方 7416.8 万立方米;隧道 84457 延长米,桥梁 122903 延长米,涵洞 17194 横延米;铁路制梁 914 片,铁路架梁 863 孔,正线铺轨 28.4 千米;地铁(含轻轨)区间 57092 米;公路 178.5 千米,公路路面 513.3 万平方米,公路制梁 2658 片,公路架梁 3094 片;房屋建筑面积 1378817 平方米。参建的杭州紫之隧道获中国土木工程詹天佑奖,南宁地铁 3 号线获中国建设工程鲁班奖,北京通州运河核心区市政配套北环环隧工程、京港澳高速公路驻马店至信阳段改扩建工程、成都元华路神仙树节点工程、郑州轨道交通 1 号线二期工程和广州地铁 13 号线首期工程获国家优质工程奖,涞源国家跳台滑雪训练科研基地获全国体育事业突出贡献奖。 (冯 爽)

【领导人员】

董事会

董事长 程红彬

董事 向大强

马 栋

熊永军

职工董事 王宜柱

监事会

监事会主席 缪江梅(8 月免,退休)

公相鹏(10 月任)

监事 刘 云

职工监事 黄建光

经理层

总经理 向大强

副总经理 马 栋

罗生宏

董 梁

熊永军

高宪民

李春波

总工程师 马 栋

总会计师 熊永军

党群领导

党委书记 程红彬

党委副书记 向大强

勾文青(10 月任)

纪委书记 缪江梅(8 月免,退休)

公相鹏(10 月任)

工会主席 王宜柱

(闫雅哲)

【职工队伍】 职工 18124 人。干部 14878 人,其中技术干部 14739 人,占干部总数的 99.07%。女性 4206 人。干部中,硕士研究生及以上学历 391 人、大学本科学历 10430 人、大学专科学历 3377 人、中专学历 307 人、高中以下学历 373 人;35 岁及以下 9942 人、36 ~ 40 岁 2285 人、41 ~ 45 岁 1050 人、46 ~ 50 岁 711 人、51 ~ 54 岁 277 人、55 岁及以上 613 人。技术干部中,工程系列 10941 人、经济系列 1286 人、会计系列 1554 人、卫生系列 70 人、统计系列 20 人、政工系列 853 人、其他 15 人。工人 3246 人,其中技术工人 1535 人,占工人总数的 47.29%。女性工人 516 人。工人中,大学本科学历 197 人、大学专科学历 581 人、中专学历 776 人、高中及以下学历 1692 人; 35 岁及以下 1181 人、36 ~ 40 岁 287 人、41 ~ 45 岁 511 人、46 ~ 50 岁 292 人、51 ~ 54 岁 118 人、55 ~ 59 岁 857 人。技术工人中,高级技师 85 人、技师 260 人、高级工 752 人、中级工 320 人、初级工 118 人。 (闫雅哲)

【工程项目指挥机构】 郑许市域铁路工程指挥部 驻河南省许昌市。项目经理夏雷,党工委书记郝文朝。

赣深客运专线 GSSG - 6 标段工程指挥部 驻广东省惠州市。项目经理秦涛,党工委书记邵璞。

福厦铁路 FX - 3 标段项目部 驻福建省莆田市。项目经理王传宗,项目书记张黎。

防东铁路项目部 驻广西壮族自治区东兴市。项目经理王军,党工委书记卜凡龙。

赣深客运专线 GSJXZQ - 3 标段项目经理部 驻江西省赣州市。项目经理王振浩,党工委书记王延林。

石黔高速公路项目部 驻重庆市石柱县。项目经理张忠德,党工委书记姚远。 (孙桂军)

【机械设备及管理人员】 拥有机械动力设备 5902 台(套),设备原值 775900 万元、净值 324137 万元。2020 年,新购机械设备 499 台,原值 49640 万元;报废机械设备 314 台,原值 12601 万元;设备大修 15 台,支出大修费 480 万元。拥有大型施工机械设备 324 台(套)。主要设备:盾构机(TBM)65 台、1800T 运架一体机 1 台、900T 铁路箱梁提运架设备 10 套、500T 提运架 1 套、铁路 T 梁架桥机 3 台、公路架桥机 4 台、公路运架一体机 5 台、电力机车 46 台、内燃机车 33 台、接触网放线车2台、接触网作业车4台、轨道吊2台、恒张力放线车1台、两轴地铁作业车1台、三臂凿岩台车10台、C6钻机6台、锚杆台车5台、湿喷机械手47台、旋挖钻4台。设备成新率41.78%,技术装备率16.31万元/人,动力装备率60.34千瓦/人。设备专业人员3219人。管理人员1424人,其中高级工程师109人、工程师509人、助理工程师322人、技术员207人、其他管理人员277人;设备操作技工1795人;全年举办专业培训29期,培训2456人次。物资管理人员1377人,其中高级职称52人、中级职称249人、初级职称637人,其他管理人员439人;年内举办专业培训15期,培训1444人次。 (孙国辉)

【工程施工】 新建福厦铁路FX-3标段工程 正线35.083千米。合同投资215025万元。合同工期2017年9月30日至2022年9月30日。主要工程量:隧道3座9923延长米,桥梁5座23697延长米,路基1.463千米,箱梁预制架设424孔;SK-2双块式轨枕480298根。2020年完成投资94394万元,开工累计完成投资179911万元。

郑许市域铁路工程许昌段工程 全长33.693千米,其中高架线27.894千米、地面线1.801千米、地下线3.955千米。合同投资625688.85万元(土建部分)。合同工期2018年1月6日至2020年12月6日。主要工程量:车站11座,其中高架站9座、地下站2座,平均站间距3.6千米,停车场1段,主变2座。2020年完成投资133370万元,开工累计完成投资462819万元。

新建防东铁路项目 正线46.897千米,钦防线改线2.313千米,企沙支线改线0.836千米。合同投资324261.05万元。合同工期2018年12月30日至2021年12月30日。主要工程量:隧道8座9035延长米,桥梁31座22831延长米,路基15.031千米,框架桥6座,框架涵34个,车站2座;制架梁场2座,正线645孔箱梁预制及架设;铺轨基地1处,正线铺轨93.8千米,站线铺轨8.3千米,铺道岔27组,铺道砟26.95万立方米。2020年完成投资112131万元,开工累计完成投资197791万元。

赣深客运专线GSJXZQ-3标段工程 全长27.334千米。合同投资184368.0878万元。合同工期2017年1月1日至2020年12月31日。主要工程量:路基1.28186千米,正线桥梁11座2291.81延长米;涵洞8座164.98横延米;隧道7座23760延长米,现浇箱梁70孔;轨道道床板铺设54.6684千米。2020年完成投资39904万元,开工累计完成投资201083万元。

赣深客运专线GSSG-6标段工程 正线49.205千米。合同投资263067万元。合同工期2017年10月30日至2021年9月30日。主要工程量:路基28段5875.11米,桥梁28座39777.27延长米,隧道8座3552.43延长米,无砟轨道99.33千米,箱梁预制架设1287孔。2020年完成投资98611万元,开工累计完成投资270737万元。

新建铁路赣州至深圳客运专线GSSG-1标段工程 位于广东省河源市,全长15.773千米。合同投资99443.9766万元。合同工期2016年12月30日至2019年12月30日。设计时速350千米。主要工程量:隧道4座15113.31延长米,桥梁3座241.79延长米,路基5段432.84米。2020年完成投资10240万元,开工累计完成投资113428万元。

北黑铁路升级改造工程BHSG-1标段工程 位于黑龙江省黑河市,全长81.221千米。合同投资125609.0811万元。合同工期2020年9月15日至2023年9月14日。设计时速160千米。主要工程量:路基工程挖土方288.2万立方米,挖石方6万立方米,填方265.1万立方米;大中桥5座1897.94延长米,框架桥10座;新建涵洞43座,顶进涵21座,改建接长涵38座;新建房屋5299.77平方米;车站4座,其中改建既有站2座,新建站2座;正线新建线路80.73千米,铺设粒料道床30.5万立方米,改建拆除线路97.71千米;站线新建线路11.1千米,新单开道岔35组,铺设粒料道床2.98万立方米,改建拆除线路3.59千米,拆除道岔16组,拆除粒料道床7987米,无砟道床19.759千米,全线运架梁257孔。2020年完成投资4390万元,开工累计完成投资4390万元。

新建铁路成都至兰州线成都至川主寺段站前工程CLZQ-4标段工程 全长19.194千米。合同投资132738万元。合同工期2012年12月17日至2017年7月31日。设计时速200千米。主要工程量:桥梁2座481.03延长米,框架桥5座88.7延长米,涵洞34座1281.57横延米,隧道2座11879延长米,正线路基6834.28米,车站1座,双块式无砟轨道单侧24.14千米。2020年完成投资5105万元,开工累计完成投资128269万元。

新建成都至兰州铁路CLZQ-12-02标段工程 正线11.801千米。合同投资92135万元。合同工期2014年9月1日至2018年2月18日。设计时速200千米。主要工程量:隧道工程,包括5号、6号、7号横洞及出口,以及相应的隧道弃渣(场)工程。2020年完成投资10580万元,开工累计完成投资80332万元。

成昆铁路EMZQ-7标段工程 位于四川省凉山

彝族自治州,全长 21.328 千米。合同投资 173291 万元。合同工期 2016 年 4 月 1 日至 2022 年 6 月 30 日。设计时速 160 千米。主要工程量:大中桥 2 座 223.35 延长米,隧道 2 座 21105 延长米,无砟道床 39194 米。2020 年完成投资 44821 万元,开工累计完成投资 110047 万元。

新建丽江至香格里拉线站前 4 标段工程　位于云南省迪庆藏族自治州。合同投资 157376 万元。合同工期 2014 年 11 月 20 日至 2019 年 10 月 5 日。2020 完成投资 30695 万元,开工累计完成投资 168523 万元。

郑万铁路重庆段土建工程 ZQCQZQ－6 标段　位于重庆市奉节县。合同投资 107754 万元。合同工期 2016 年 12 月 1 日至 2021 年 7 月 31 日。单洞双线铁路,设计时速 350 千米。主要工程量:单洞双线隧道 1 座 13472.55 延长米,无砟道床 26.964 千米;隧道洞口桥隧过渡段路基工点 1 处 9.9 米。2020 年 11 月底隧道全部贯通。

新建铁路玉溪至磨憨线 YMZQ－8 标段工程　位于云南省普洱市,正线 20.893 千米。合同投资 155441.48 万元。合同工期 2016 年 5 月 20 日至 2020 年 10 月 29 日。主要工程量:王岗山隧道 3762 延长米,多吉隧道 14539 延长米,新华隧道 2461 延长米;他郎河四线中桥 109 延长米;弹性支撑块式无砟轨道 36.938 千米。2020 年完成投资 27583 万元,开工累计完成投资 183308 万元。

郑济铁路站前 ZPZQ－V 标段工程　位于河南省,正线 26.832 千米。合同投资 188591 万元。合同工期 2017 年 6 月 1 日至 2021 年 5 月 31 日,实际开工日期 2017 年 9 月 8 日。主要工程量:路基 2.492 千米;桥梁 2 座 24338 延长米;框架涵 5 座 214.29 横延米,框架小桥 3 座 519.7 顶平方米,框架中桥 1 座 595.7 顶平方米,市政通道 1 座 532.5 顶平方米,旅客地道 1 座 532.5顶平方米;预制和架设箱梁 721 孔;轨道板的铺设。2020 年完成投资 45440 万元,开工累计完成投资 177840 万元。

黄黄铁路 HHZQ－1 标段工程　位于湖北省黄冈市,全长 31.702 千米。合同投资 209311.1892 万元。合同工期 2018 年 12 月 16 日至 2022 年 6 月 15 日。设计时速 350 千米。主要工程量:路基 17 处 4.66 千米,双线桥梁 19 座 23921 延长米,单线桥梁 2 座 6564 延长米,隧道 1 座 295 延长米,无砟道床 62.34 千米,车站 1 座,接轨站、巴河线路所 1 处,制存梁场 2 个,预制架设箱梁 848 孔。2020 年完成投资 83262 万元,开工累计完成投资 173501 万元。

新建江苏南沿江城际铁路站前工程 NYJZQ－3 标段　合同投资 216358 万元。合同工期 2019 年 4 月 10 日至 2023 年 4 月 9 日。设计时速 350 千米。主要工程量:正线路基 6 处 2.279 千米,特大桥 5 座 21565.46 延长米,一般大桥 1 座 397.5 延长米,连续梁 10 联,箱梁制运架 631 孔,框架中桥 3 座,框架涵 7 座,无砟道床 48.671 铺轨千米,CRTSⅢ无砟轨道板预制场 1 处。2020 年完成投资 53855 万元,开工累计完成投资 95301 万元。

太子城至锡林郭勒标段工程　位于河北省张家口市,全长 15.864 千米。合同投资 139519.86 万元。合同工期 2020 年 1 月 20 日至 2021 年 12 月 30 日。主要工程量:隧道 2 座 14434 延长米,正线桥梁 1 座 241.5 延长米,涵洞 10 座 445.58 横延米,区间路基 78.5 米,站场路基 1.09 千米,正线铺轨 15.864 千米,崇礼站站场建筑及附属、电力及电力牵引供电、信号、房建等工程。2020 年完成投资 72000 万元,开工累计完成投资 72000 万元。

九江市城西港区铁路专用线工程　位于江西省九江市,全长 11.344 千米。工程投资 186619.94 万元。合同工期 2019 年 8 月 31 日至 2021 年 5 月 28 日。设计时速 60 千米。主要工程量:铁路专用线工程包括路基、桥涵、站场、通信电力、房屋、给排水、大临工程及附属工程;市政工程包括路基、桥涵、路面及其附属工程。2020 年完成投资 75243 万元,开工累计完成投资 80743 万元。

石黔高速公路项目　合同投资 492686 万元。合同工期 2016 年 8 月 1 日至 2021 年 7 月底。主要工程量:互通 4 个,桥梁 30 座 12290.4 延长米,隧道 23 座 59237.13 延长米。2020 年完成投资 70406 万元。

北京新机场北线高速公路(西延段)工程　位于北京市大兴区,全长 8.3 千米。合同投资 129615 万元。主要工程量:第一项目经理部主线 5.974 千米,特大桥 1 座 907.98 延长米,大桥 4 座 1196.16 延长米,通道桥 3 座 88.478 延长米,现浇箱梁 8 联,现浇空心板 6 跨,箱梁预制及架设 864 片及相关附属工程,路基 7 段 3782.324 米,涵管 11 处,道路改移 3 处,远引和连接道 2 处及路基附属工程;第二项目经理部主线2.216千米。主线桥 1 座 1287.08 延长米,主线路基 1 段 929.07 延长米,匝道桥 4 座 1698.72 延长米、匝道路基 4 条 1279.38 延长米。2020 年完成投资 38391 万元。

国道 569 曼德拉至大通公路宁缠垭口至克图段 NK－SG1 标段工程　位于青海省门源县。合同投资 4.5 亿元。合同工期 2015 年 8 月 15 日至 2021 年 12 月 31 日。主要工程量:大中桥 1 座 110 延长米,路基 765 米,分离式隧道 1 座,其中左线 3010 延长米、右线

2970延长米,涵洞通道2道,土石方挖方2.2立方米,填方21.9万立方米。

昆楚高速公路土建TJ-2标段工程　位于云南省昆明市,全长4.839千米。合同投资73545.13万元。合同工期2019年9月16日至2021年9月15日。设计时速100千米。主要工程量:大桥22座6685.5延长米,桩基827根,承台391个,桥台36个,墩柱465根,盖梁200个,现浇箱梁3联,钢箱梁1梁,T梁1281片。2020年完成投资32284万元,开工累计完成投资36560万元。

昆楚高速公路TJ-7标段工程　合同投资169257万元。合同工期2019年4月29日至2021年4月28日。主要工程量:隧道3座13765延长米,大桥6座、中桥2座、互通1处(舍资立交互通)、停车区1处、加水站1处、连接线2处,涵洞38座;主线路基4.4千米,主线桥梁1280.6延长米,匝道5145.6米,联络线3104.8米。2020年完成投资83950万元,开工累计完成投资141506万元。

翔安机场高速公路2标段工程　位于福建省厦门市,全长4.618千米。合同投资86130.3万元。合同工期2020年2月24日至2023年2月24日。主要工程量:路基挖土石方434.4万立方米,路基填筑219.1万立方米、含泡沫轻质土31829.5立方米,RC盖板涵14道846.34横延米,箱涵1道97.73横延米,箱型通道2道208.72横延米;大中桥10座2039.6延长米;隧道1座895延长米。2020年完成投资40806万元,开工累计完成投资46159万元。

濮阳至卫辉高速公路HWSG-1标段工程　全长27.174千米。合同投资123800万元。合同工期2019年9月30日至2022年3月30日。主要工程量:路基挖方17.5万立方米、填方545.1万立方米;大桥1座,中桥2座,分离式立交19座,互通内立交桥3座,匝道桥7座,天桥1座。2020年完成投资2.5亿元,开工累计完成投资2.5亿元。

漳武高速公路A4项目　位于福建省漳州市,全长11.553千米。合同投资102072万元。合同工期2019年6月18日至2021年6月17日。主要工程量:路基挖方359万立方米,路基填方331万立方米,预应力锚索21044米,预应力锚杆3044米,圬工砌体(排水/防护)86848.2立方米,涵洞通道24道,其中圆管涵1道、砼盖板涵18道、砼通道5道;桥梁9座6146.5延长米;桩基480根13508米;预制T梁721片、预制20米空心板梁60片;双向四车道隧道1.5座,其中天岭隧道0.5座1425延长米、鸡冠山隧道1座1671延长米。2020年完成投资55326万元,开工累计完成投资80651万元。

贵金高速公路第14标段项目　正线12.94千米。工程造价153186万元(未签合同)。实际进场时间2020年9月20日。设计时速100千米。主要工程量:桥梁5400延长米,主线桥9座,其中大桥8座、中桥1座;枢纽主线桥2座,其中大桥1座、特大桥1座(承建1~22跨);路基7.2千米,主线路基12段,互通1座,服务区1处;挖方512万立方米,填方436万立方米;桥梁工程0~35米柱形墩98座,35~55米矩形实心墩54座,55~80米空心墩85座,预制T梁1718片,(74+135+74)米连续梁1座。

贵金高速公路第13标段工程　位于贵州省毕节市金沙县,主线17.6885千米。合同投资168683.26万元。合同工期待定。设计时速100千米。主要工程量:路基10584米;主线桥梁14座7104.5延长米,匝道桥11座1649.48延长米(含拼宽桥2座223延长米)。2020年完成投资8265万元,开工累计完成投资8000万元。

余信贵大道(贵溪段)路网工程PPP项目　位于江西省贵溪市,全长16048.79米。合同投资148654.5891万元。合同工期2020年2月1日至2022年8月2日。主要工程量:挖方146.4万立方米、填方231.4万立方米,雨水管道40375米、污水管道22164米,路面63.5万平方米,特大桥1座1168延长米、大桥7座1831.2延长米、中桥4座349.84延长米,挡土墙6226.35米,圆管涵17座547横延米、箱涵16座1294.861横延米、框架桥2座100.304延长米。2020年完成投资52465万元,开工累计完成投资58200万元。

郑州南站配套立交工程　位于河南省郑州航空港经济综合实验区。合同投资84213万元。合同工期2019年4月1日至2022年1月1日。设计时速30~40千米。主要工程量:钻孔桩611根;承台147个;墩柱139个;预应力砼连续梁27联,钢箱梁17联,钢筋砼连续梁8联,跨铁路段悬浇箱梁3联;桥面17.21万平方米。2020年完成投资40255万元,开工累计完成投资69025万元。

贵港市苏湾大桥及接线工程主桥工程　合同投资27134.74万元。合同工期2020年12月1日至2023年7月18日。苏湾大桥主跨跨径为334米的双塔双索面斜拉桥,大桥680延长米,位于半径4500米的竖曲线上,两侧桥面纵坡1.2%,桥面宽34米,设2%双向横坡。大桥为5跨连续结构,跨径组成为(42+131+334+131+42)米。主梁采用预应力混凝土边主梁结构,桥梁中心线处梁高3米,全宽34米;斜拉索采用φ7高强镀锌钢丝束斜拉索,标准强度1860MPa;主塔为钢筋混凝土结构,自承台顶面以上塔高111米(含装饰区6

米),桥面以上塔高90.184米;基础采用钻孔灌注群桩基础。

北京城市副中心交通枢纽01标段工程　位于北京市通州区。合同投资238033万元。合同工期2020年8月1日至2014年10月31日。基坑面积32438+14646平方米。2020年完成投资15516万元,开工累计完成投资15516万元。

雄安新区启动区两横四纵NA9 NA11(EA1至EB4段)工程　合同投资60564万元。合同工期2020年4月10日至2021年6月30日。主要工程量:NA9(EA1~EB4段)长3153米、宽44米,绿道通道1座,各类交叉口18处,公交车站7对;NA11(EA1~EB4段)长2980米,各类交叉口14处,桥涵2座1764平方米。2020年完成投资22789.9万元,开工累计完成投资22789.9万元。

深圳市皇岗路快速化改造项目　合同投资286565万元。合同工期2020年8月4日至2024年5月5日。主要工程量:明挖段4个,泥水盾构区间1个,双模双支护TBM盾构区间1个,土压盾构区间2个。

长垣县黄河滩区居民迁建二期工程　位于河南省新乡市长垣县,用地面积113916.6平方米。合同投资113817万元。合同工期2019年3月15日至2020年3月15日。主要工程量:住宅楼55幢,其中7层7幢、9层8幢、10层18幢、11层3幢、13层10幢、15层9幢,总建筑面积275773.13平方米。

北京安贞东方医院项目　位于北京市朝阳区东坝乡,用地面积73663.63平方米。合同投资75660万元。合同工期2019年10月8日至2022年10月31日。由医疗综合楼、液氧站和污水处理站3个子项组成。主要工程量:医疗综合楼地下3层、地上7层,地上4栋主楼,总建筑面积210000平方米,其中地上建筑面积117723平方米、地下建筑面积92277平方米;建筑高度最高29.9米,最大基坑深度16.6米。

朝阳区东坝红松园职工住宅项目　位于北京市朝阳区东坝中街,用地面积35434.27平方米。合同投资58800万元。合同工期2020年7月30日至2022年7月31日。主要工程量:住宅楼10栋、地下车库、幼儿园及相关配套工程,总建筑面积148794.58平方米。2020年完成投资4962万元,开工累计完成投资4962万元。

天津地铁8号线一期工程土建施工03标段　合同投资104905.6万元。合同工期2020年9月1日至2024年12月31日。主要工程量:1站3区间,盾构隧道左线2794.38延长米、右线2696.516延长米。

昆明市轨道交通5号线土建施工03标段　合同投资91160万元。合同工期2016年8月10日至2021年6月30日。主要工程量:3站4区间,白云路站设置出入口4个、风亭2组。2020年完成投资30493万元,开工累计完成投资76679万元。

广州市轨道交通10号线1标段项目　合同投资14.86亿元。合同工期2018年12月1日至2023年12月30日。主要工程量:2站2区间,线路长2.66千米。2020年完成投资13096万元,开工累计完成投资15769万元。

广东珠三角城际广佛环线GFHD-2标段五工区　位于广东省广州市天河区。合同投资121448万元。合同工期2017年1月1日至2021年12月31日。设计时速160千米。主要工程量:地下明挖车站1座,隧道区段3个,竖井1个,明挖段1个及无砟道床施工。2020年完成投资25820万元,开工累计完成投资69861万元。

杭州地铁3号线一期工程土建施工SG3-5标段　合同投资94929万元。合同工期2018年3月25日至2021年1月31日。主要工程量:1站2区间,以及天目山提升改造工程。2020年完成投资34880万元,开工累计完成投资45730万元。

杭州机场轨道快线土建施工SGJC-1标段　合同投资122847.2427万元。合同工期2019年10月20日至2021年12月31日。主要工程量:1站2区间。2020年完成投资56135万元,开工累计完成投资56135万元。

苏州轨道交通6号线VI-TS-06标段工程　位于江苏省苏州市姑苏区。合同投资114064.01万元。合同工期2019年6月15日至2023年6月30日。主要工程内容:拙政园站—悬桥巷站盾构区间隧道右线770.55延长米、左线788.728延长米,悬桥巷站—临顿路站盾构区间隧道左线393.15延长米、右线393.25延长米,临顿路站—苏州大学站盾构区间右线865.383延长米、左线865.345延长米;悬桥巷站车站左线外包230.55米,右线外包287.2米,临顿路站车站外包197.7米,苏州大学站车站外包265.6米,悬临明挖通道386.15米。2020年完成投资19549.33万元,开工累计完成投资21465.33万元。

郑州航空港区冀州路道路施工1标段工程　合同投资71272.22万元。合同工期2020年12月1日至2021年9月26日。主要施工量:主线1条、辅路4条、匝道1条、非机动车道1条,道路总长5135.126米,土石方56万立方米;隧道1570延长米,其中U槽175延长米,封闭段隧道1395延长米,标准断面宽31.6米,U槽段面积5545平方米,闭合框架段面积44713平方米,隧道总面积50258平方米。

北京地铁17号线10标段工程　位于北京市朝阳

区,全长 1174.781 米。合同投资 82074 万元。合同工期 2016 年 9 月 1 日至 2023 年 12 月 10 日。主要工程量:1 站 1 区间,车站设置乘客出入口 4 个、安全出口 3 个、换乘通道 2 条、无障碍电梯 2 部、风亭 2 组、冷却塔 1 处,区间设施工竖井及横通道 2 处。2020 年完成投资 15016 万元,开工累计完成投资 47433 万元。

厦门轨道 6 号线土建施工总承包 2 标段工程　位于福建省厦门市集美区,合同投资 103307 万元。合同工期 2019 年 12 月 31 日至 2023 年 8 月 31 日。主要工程量:4 站 4 区间。2020 年完成投资 21635 万元,开工累计完成投资 21635 万元。

成都轨道交通 17 号线二期工程土建七工区　合同投资 135998 万元。合同工期 2019 年 10 月 10 日至 2024 年 8 月 10 日。主要工程量:2 站 3 区间。2020 年完成投资 25012 万元,开工累计完成投资 23875 万元。

重庆轨道 18 号线土建 7 标段工程　位于重庆市巴南区。合同投资 73154 万元。合同工期 2019 年 10 月 1 日至 2022 年 4 月 30 日。主要工程量:2 站 2 区间和 66.7 米区间高架段。2020 年完成投资 15270.54 万元,开工累计完成投资 19939.7 万元。

长春市城市轨道交通 7 号线一期工程 4 工区　位于吉林省长春市朝阳区,全长 2325.39 米。合同投资 126885.31 万元。合同工期 2020 年 5 月 1 日至 2025 年 4 月 30 日。2020 年完成投资 10988.45 万元,开工累计完成投资 10988.45 万元。

新疆西二输水工程 8 标段　合同投资 133216.6199 万元。合同工期 2017 年 2 月 15 日至 2022 年 12 月 31 日。主要工程量:隧洞进口明挖段 50 米、主洞段34.751 千米,施工支洞 5 条 2.283 千米,入库建筑物的土建及金结安装、检修泵站机电安装,永久施工道路 32.118 千米,供水管线系统。2020 年完成投资 23462 万元,开工累计完成投资 80705 万元。　(孙桂军)

【经营管理】　工程承揽。新签合同额 1306.25 亿元,占股份公司下达任务指标 930 亿元的 140.46%,占年初计划目标1200 亿元的 108.85%。其中,国内公招项目 738.67 亿元,占总规模的 56.55%,占计划目标 850 亿元的 86.9%;国内投资项目 442.38 亿元,占总规模的 33.87%,占计划目标 150 亿元的 294.67%;海外项目约合人民币 125.2 亿元,占总规模的 9.58%,占计划目标 200 亿元的 62.6%。

主要经济指标。2020 年,实现营业收入 575.2 亿元,同比增长 11.76%;净利润 2.5 万元,同比增长 14.16%;全年经营性净现金流 0.35 亿元,比上年的 33.65 亿元减少 33.3 亿元;年末资产负债率89.38%,比年初提高 0.77 个百分点;年末资产总额607.67亿元,负债总额 543.15 亿元,所有者权益 64.52 亿元;固定资产原值 88.68 亿元、净值 29.01 亿元,流动资产 411.41 亿元,在岗职工年人均工资 121228 元,国有资产保值增值率 100.23%、净资产收益率 3.87%、净利润率 0.43%。

安全监督。改革监督管理机构和职能,完善安全责任体系和监管体系。梳理安全生产责任和监管体系,年内发布实施新的《安全生产监督管理办法》《安全生产责任制规定》等 7 项制度,编制《岗位安全生产责任清单》;强化主体责任逐级落实到各级管理层、作业层,强化过程全员岗位责任落实考核。与各单位签订安全包保责任书 25 份,签订《爆炸物品安全管理包保责任状》15 份。6 月 1 日,所属各单位参加股份公司统一组织的"安全生产承诺宣誓"活动,各级企业法定代表人、项目经理通过企业官网、报刊、微信公众号等进行书面承诺公告,员工签订内部《安全生产承诺》;推行安全生产标准化管理,夯实基础工作,打造本质安全型项目。强化教育与培训工作,提升各级安全生产意识和能力,打造专职监管队伍。年内各单位使用"多媒体安全培训工具箱"180 台,累计培训 31154 人次,累计使用 19632 次,每台平均使用 110 次。各项目做实工前安全教育,开展工前教育 95196 人次,加强爆破作业专项教育培训,累计培训人员 256 人次。加强安全监管人员专业培训,打造专职队伍,利用网络视频系统,组织培训安全监督岗位 16543 人次。开展风险识别评价,实行分级监控、分级负责,落实安全条件确认(内部安全许可),发放内部安全许可证 9346 份,通过上场策划与评审、方案评审、风险提醒、管控措施落实等方式,加强风险预控、监控工作。加强过程隐患排查治理,落实超前预防机制。开展过程隐患排查治理,利用信息化手段进行监督和信息收集,采取专项检查、工程督察、联合检查、可视化管理平台监控等形式,采取直奔现场的"四步法"做好监督检查工作,定期分析通报监督检查情况,不断提升防控能力。应急管理工作。集团公司牵头、四公司主办在昆楚高速土建 2 标段项目开展以"消除事故隐患,筑牢安全防线"为主题的应急培训和坍塌、火灾、触电应急演练,参建单位一、三、四公司的应急小组成员和地方公安、消防、应急与 120 急救等专业部门、救援人员 80 余人参加。积极开展各种安全生产主题活动。安全生产专项整治三年行动:集团公司制定《安全生产专项整治三年行动实施方案》,开展安全生产承诺宣誓,同时各级企业法定代表人、项目经理履行书面承诺公告,各级员工签订内部《安全生产承诺》《安全生产责任书》,集团公司党委理论学习中心组专题学习习近平总书记安全生产重要论述。"安全生产月”活动:组织各子公司制作安全月展板15块，展示宣传活动主题、安全知识和管理举措等内容,收到网络投票2.4万份;通过工前教育、直播互动、网上展厅、线上安全体验等手段或方式,开设“安全生产大家谈”云课堂等活动。6月,组织114人参加北京市安全生产知识竞赛、62人参加北京市安全联合会安全生产知识竞赛、356人参加全国安全生产知识竞赛活动,8月,组织全员参加全国应急普法知识竞赛。加大安全生产标准化工地创建力度,树立企业形象。2020年,呼和浩特市轨道交通2号线一期10标段获评2020年全国建设工程项目施工安全生产标准化工地(原AAA级);曼大公路1标段、贵阳市轨道交通2号线一期15标段等项目获“平安工地”“安全生产文明施工示范工地”等称号13个,郑许市域铁路许昌段梅庄停车场及出入线工程、南沿江城际铁路站前3标段等5个项目获股份公司“2020年度安全标准工地”称号。

职工队伍建设。推动子公司“五化”建设,优化项目经理和子公司班子成员选用机制,开展管理制度深度梳理工作,对总部相关部门职能进行适应性调整,推进实用性专业队建设、劳务队伍选择实名推荐制度和现代化劳务队伍管理库建设,推动南方公司、江门公司、中原公司等工程公司“双总部”建设,铁运公司注册地迁到广州白云区,有力强化专业化、属地化经营,优化市场布局。曹妃甸重工装备基地建成投产,湖北浠水、广西防城港绿色矿山产业建设有力推进。员工总量同比减少629人,获教高和正高级职称任职资格75人、高级职称任职资格355人、中级职称任职资格664人,取得科技专家任职资格24人、财经专家任职资格6人。（杨振朝　冯　爽）

【科技管理】 2020年,针对EH引水工程特长隧道TBM掘进关键技术、丽香铁路4标段长坪隧道软岩大变形施工技术、石黔高速七曜山瓦斯隧道施工技术、黄黄铁路HHZQ-1标段斜拉桥梁体大节段(8米长)悬臂施工技术、杭甬高速复线宁波一期工程特大吨位预应力混凝土箱梁整体预制施工技术等,组织专家进行重点把控,并结合工程督查进行不定期的现场技术指导,技术重难工程项目如期突破,确保各项技术管理制度落实到位,技术上未发生等级事故。支出科技活动经费181802万元,获股份公司和社会科技资助25万元。对37个资助研发项目首次拨付科技资助资金784万元;科技奖励累计156.1万元;申请涉外专利1件,获得发明专利18件、实用新型专利152件,获中国铁建股份有限公司优秀实用新型专利1项。（闫　肃）

【党群工作】 党的工作。坚持把习近平新时代中国特色社会主义思想作为企业强大理论支撑和正确的方向指引,坚持全面从严管党治党,深化落实国企党建工作重点任务,各级中心组坚持问题导向,深度梳理学习制度,逐级制定学习计划,联动组织学习教育,班子成员深入基层一线调研督导,结合企业高质量发展实际精心制定研讨主题,取得基础扎实、特色鲜明、有指导借鉴意义的优秀政研成果、经验案例和心得体会文章1000余篇;同时克服新冠肺炎疫情影响,积极创新学习载体和形式,“全时空间”“轻学堂”“好视通”“学习强国”“钉钉”等一大批视频会议系统成为学习“云课堂”载体。持续压实“两个责任”,以双标共建、深度融合为抓手,以提升组织力为重点,扎实开展党建业务考核、党组织书记纪委书记述职评议,500个党支部晋位升级,开展创建示范党支部等活动,有力夯实企业党建基础,其中四公司郑许市域铁路项目党支部被评为股份公司第二批示范党支部,集团公司党支部建设案例入选全国党员教育培训教材,并作为国资委精选的14个典型案例之一被集中宣传。积极投身疫情防控工作,响应党中央号召,第一时间组织党员开展支持疫情防控自愿捐款活动,7950名党员捐款105万元。北京新发地关联新冠肺炎疫情暴发后,迅速抽调10名党员干部全脱产支援北京市丰台区抗疫,历时38天,圆满完成抗疫任务,受到丰台区政府的感谢。认真开展“党课开讲”活动,经过认真组织、系统指导、严格把关,从各单位上报的党课中评选出6堂“精品党课”,并向股份公司推荐上报两堂党课,其中1堂党课以在全系统77堂党课中排名第一的成绩获评股份公司“十佳党课”,被推荐至国务院国资委。编写《中国铁建党支部工作指导手册》,由党建出版社出版发行,对基层党支部的工作进行指导,持续提升基层党支部工作水平。组织集团公司党组织书记和党务干部参加股份公司党支部书记线上培训,书记参训率100%,合格率100%。积极开展精准扶贫工作,坚决履行好央企社会责任。全年采购消费扶贫产品1143262.58元,完成股份公司下达任务指标的112%,配合地方政府、业主扶贫开展扶贫慰问活动,采购扶贫及抗疫慰问产品308897.6元。

纪检监察工作。召开党风建设和反腐倡廉会议,集团公司党委、纪委与所属44个单位签订党风廉政建设责任书。年中召开全面从严治党推进会,年终对所属单位2020年落实党风廉政建设责任制情况进行量化考核,表彰先进单位和个人。5月,开展以“知敬畏守底线、严监管强执行”为主题的第20个反腐倡廉宣传教育月活动,累计组织举办专题党课354场、举办廉洁讲座231场、推送主题微信1404次、参观警示教育基地118次、开展知识竞赛55场、购买廉洁书籍10725册、观看教育片760余场。集团公司纪委督促两级党委把上级党委纪委重要会议精神和工作要求，通过党委常委会形式进行学习贯彻落实。协助党委书记落实好“第一责任人”职责，及时汇报关于选人用人、进京落户等方面存在的典型问题，提出党委监督工作建议，督促党委书记通过约谈提醒，推动上级一把手抓好下级一把手，履行全面从严治党政治责任。坚持“促廉谈心”全覆盖，推动班子成员履行“一岗双责”。两级班子成员开展“促廉谈心”1369次，其中210名班子成员利用主题教育、专题党课、基层调研等形式开展党风廉政教育，受众10767人次，落实“一岗双责”。坚持抓早抓小，持续在运用第一种形态上下功夫。全年谈话函询41人，对有苗头性和倾向性问题的提醒谈话106人，对有轻微违纪情形的诫勉谈话83人。加强对选人用人全过程的监督。集团公司纪委对41名处级干部提拔任用进行全过程监督，对1名干部提出暂缓提拔建议，对4名干部提出任职回避建议；同时对涉及提职提级、工作调动、评先评优的党员干部526人次出具党风廉政意见回复，对10人提出否决建议。充实、建立处级干部廉洁档案337人。抓实抓细疫情防控监督。新冠肺炎疫情发生后，纪委通过微信、电话等方式，向15个子公司迅速传达对疫情防控监督检查的工作部署，第一时间建立预警预案机制和每日疫情报告制度。7月初，对在京单位和项目进行全覆盖监督检查，以精准有效的监督措施强化各级责任落实，确保做好疫情防控常态化下的复工复产。两级纪委积极推动330余个在建项目精准防控、有序复工。继续把清理驻京驻外办事机构作为一项重要政治任务落实，集团两级纪委组织开展清理工作“回头看”，对清理关停的5个非法人机构的接待功能进行再监督，确保做到机构真关真撤、问题有效整改。持续加强对“四风”问题的监督检查。中秋、国庆期间，把坚决制止餐饮浪费作为一项重要政治任务，结合“四风”专项检查，狠刹奢侈浪费歪风。集团公司两级纪委全年未发现违反“四风”相关问题，未接到相关信访举报。跟进对“四个”专项整治工作的监督检查。持续强化对权力运行的制约和监督。纪委对境外腐败整治工作提出廉政分风险点5个，发现并督促对4名涉及化公为私人员进行纪律处分。监督开好民主生活会。集团纪委审查把关、全程监督开好民主生活会，严肃党内政治生活。派人全程参加34家所属各单位的领导班子民主生活会。对巡视巡察整改的监督。年初针对本级巡察发现的问题，在党风廉政工作会上进行公开通报，对涉及10个子公司的21类问题进行反馈，责令被巡察单位党组织针对指出的问题，落实责任、明确分工、制定措施。巡察发现的立行立改问题全部完成整改，其他问题通过完善制度、优化流程、加强监管等方式陆续整改。以“再监督”的职能定位，推动业务部门强化过程监管责任。针对在日常监督、执纪审查中发现的人才招聘引进、干部选用提拔、物资设备管理等方面存在的制度缺陷和管理漏洞，向总部职能部门发出纪律检查建议书5份，提出整改建议17条，并限期督促落实。各子公司纪委发出纪律检查建议书25份，提出整改建议75条，持续推进职能监管责任。坚守职能定位，强化监督执纪。信访举报受理高效处置。全年受理信访举报177件，处置问题线索194件(次)，谈话函询41件(次)，初步核实129件(次)，直接结案24件(次)。加大执纪审查力度。全年立案86件，结案83件，党政纪处分127人，党政纪双重处分45人，追缴经济赔偿及罚款59.22万元，挽回直接经济损失835.46万元。自身建设方面，根据“做强集团、做实基层，做到监督执纪全覆盖”总体要求，集团两级纪委顺利完成纪检监察机构设置调整，撤销内设监察机构，单独设立党委巡察部门。审核并批复全部15家子公司纪检监察机构改革方案，指导子公司全部完成机构改革。疫情期间，率先利用网络视频方式开展纪检干部“专题学习周”活动，组织全集团76名专职纪检干部深入学习领会上级会议文件精神，提高政治站位、强化思想认识。开展5天“全覆盖、全天候”纪检工作业务“云培训”，邀请股份公司纪委领导、集团公司总部各部门负责人等16人，深入领学解读党中央重大决策部署、股份集团两级“四会”精神以及财务、经管等方面专业知识。

工会工作。2020年，集团公司工会积极应对突发疫情的不利影响，紧紧围绕“降本、提质、创效”工作主题，全力推进集团公司“四会”精神落实，在常态抗疫和复工生产两大攻坚战役中立足党政所需、职工所盼、工会所能，认真履行维权和服务职责，稳妥有序推进各项工作。新冠肺炎疫情发生以来，集团公司工会坚决落实“疫情就是命令，防控就是责任”总要求，多方调集资源，直接参与疫情防控。各单位积极发挥工会宣传阵地的作用，利用宣传栏、公众号、工作群等多种途径，营造“全员战疫”的浓厚氛围。下发《关于加强工会防控专项资金使用管理的通知》，从工会经费中安排防控专项资金预算，做好疫情防控保障和慰问等专项工作。两级工会增加疫情防控专项预算637万元(其中集团本级150万元)，主要用于口罩、手套、护目镜、防护服、消毒液、体温计、洗手液等防疫物资支出。加大关爱力度，用好工会资源，送去“娘家人”的关怀。集团公司工会积极落实市总对重点群体的防控部署，疫情期间对直接服务于防疫前沿的一公司、置业公司、机关事务服务中心三家单位的物业管理一线职工发放慰问资金3万元。加大对海外项目、海外职工家属的关注关爱，支出20.86万元对400名海外职工家属进行慰问，并附集团公司工会慰问信。疫情期间，各级工会慰问一线职工19929人次，支出455.33万元用于在岗职工防控物资发放及抗疫一线人员、海外人员、医护人员家属慰问。加强协调疏导，积极维护企业稳定大局。3月21日，集团公司工会及时转发《关于做好新冠肺炎疫情防控期间支持企业安全有序复工复产和劳动关系协调工作的通知》，推动企业和职工一手抓防疫，一手抓复工。各级工会加强疫情期间职工食堂、宿舍、办公场所的防疫监督，增强职工安全感和坚决打赢疫情防控攻坚战的信心。服务中心大局，启动"奋进杯·六比六创"劳动竞赛，对在劳动竞赛中取得突出成绩的单位和个人进行表彰奖励。各单位通过开展启动仪式、授旗仪式、安全宣誓等活动，营造竞赛浓郁氛围，推进施工生产向年度目标迈进。开展"安康杯"竞赛，增强全员安全防范意识，维护职工生命健康权益，使职工职业健康状况持续改善。一公司新机场北线项目部获评全国安康杯竞赛优胜班组、北京市安康杯竞赛优胜班组；城发公司获评北京市安康杯竞赛优胜单位。推进劳模创新，最大程度激发劳模创新工作室团队的自主创新潜能。轨道公司胡锦华创新工作室申报的自主创新项目"大直径泥水平衡盾构装备研制与应用技术研究"获全总最高职工创新补助资金40万元；积极响应股份公司成立中国铁建劳模和工匠人才创新联盟的工作要求，牵头成立以胡锦华为带头人的"中国铁建城市轨道交通劳模和工匠人才创新工作室联盟"，并制定工作室联盟相关创新工作成果发布、交流、考核评比等制度。上报两家单位参评股份公司级第三批劳模创新工作室。地铁公司徐福田、城发公司孔德忠两家劳模创新工作室获评2019年度"北京市级劳模创新工作室"。弘扬劳模精神、劳动精神和工匠精神。春节期间，为28名省部级（含）以上劳模发放慰问金，组织7名劳模参加北京市总工会组织的劳模体检；"五一"期间，通过微信、报纸杂志对劳模先进事迹进行宣传，进一步激励和鼓舞广大职工以模范先进人物为榜样，为打造"品质铁建"十六局品牌做出积极贡献。组织职工技能展演小组参加北京市总工会主办的首都建筑业产业工人技能才艺展演活动，获优秀组织奖，地铁公司参演职工高泽敏、孙慧林获"技能展演先进个人"。2020年，获中华全国铁路总工会火车头奖章1人、获评北京市劳动模范3人、获中央企业劳动模范1人、获评中国铁建劳动模范8人，获省（直辖市、自治区）劳动奖状2个、获中央企业先进集体1个、获省（直辖市、自治区）工人先锋号2个、获评中国铁建先进集体2个。维护职工权益，深化企业民主管理，逐级签订2020年工资专项协议和集体合同，明确集团公司在岗职工人均工资收入分别比上年增长8%的目标，两级工会工资协商率100%，集体合同签订率100%、合规率100%。按照市总建筑工会要求，在广泛收集所属各单位建议的基础上，拟定《建筑企业劳动安全与卫生专项合同（草案）》。深化民主管理，召开集团公司四届三次职代会，对四届二次职代会17项提案进行督办落实和答复，征集新提案18项，畅通诉求渠道，推动完善工会、企业共同参与的协商协调机制，构建和谐劳动关系。针对疫情防控常态化的情况，加强心理疏导和人文关怀，广泛开展和谐企业创建活动，引导广大职工识大体、顾大局，以理性合法形式表达诉求，积极协助企业党政妥善处理群体突发事件，努力把劳动关系矛盾化解在基层、解决在萌芽状态。实施普惠关爱，扎实构建暖心服务。各级工会继续以"精准帮、有效帮"为工作原则，在困难职工解困脱困工作中勇于担当，在脱贫攻坚战役中攻坚克难，在擦亮职工互助品牌上创先争优，较好地发挥职工"娘家人"作用。下发《关于进一步做好困难职工帮扶救助工作的通知》，对困难职工群体实施动态管理、目标管理，有效确保各项措施落地见效。在全集团范围内广泛开展双节"送温暖"活动，走访慰问困难职工及一线职工1465人次，发放慰问金398万元；开展常态化日常慰问帮扶1206人次，发放慰问金297.28万元；全年为2142名职工办理北京市职工互助金、救助金35.17万元；为130名职工办理集团公司互助保险补助83.74万元。做实关爱普惠品牌，在全集团范围内适时启动"送清凉"活动，对受疫情、水灾影响及海外一线职工群体予以重点关注，投入资金445.1万元，慰问20775人次。开展"金秋助学"活动，各级工会救助困难职工子女32人，支出救助金额11.3万元。开展丰富多彩的职工文体活动和"抗击疫情、铁建同行""中国梦、铁路情、劳动美""赋能品质铁建·筑梦全面小康""网聚职工正能量·争做中国好网民""中国工人杯"等系列线上主题活动、读书活动，为打赢疫情攻坚和复工复产两大战役贡献群众智慧和力量。在中国铁建工会"最美项目部、最暖一家人"职工抖音作品征集和投票活动中，集团公司获一等奖3名，二等奖4名，三等奖6名，优秀奖14名，并获"优秀组织单位"奖。各单位工会自8月开始，历时三个月，奔赴重难点或条件艰苦项目84个，以"抗疫保生产、帮扶送温暖"为主题，开展"工会主席走基层"活动。继续升级建家建线帮扶手段，推广疫情期间"实物配送"帮扶方式，按照"四好"标准建好职工之家。不断完善"两房两室"（夫妻房、探亲房，文体活动室、工地图书室）建设，开展"职工过生日，工会送蛋糕"和集体生日宴活动。进一步加大对偏远艰苦项目建家建线帮扶力度，为19个国内外项目拨付建家帮扶资金97万元，改善偏远艰苦项目生产生活条件，提升职工幸福指数。地铁公司获北京市“示范职工之家”称号。引领巾帼建功，创新开展“三八”活动。“三八”期间，集团公司工会表彰先进女职工组织12个、先进女职工个人64人、女职工“幸福家庭”17个，典型宣传奋战在一线的“抗疫之花”女职工个人和团队。在女职工中广泛发起“书香三八·共克时艰”读书征文活动，征集阅读、家书、书画、摄影等作品397篇（幅），通过评选，对其中140篇（幅）作品进行表彰，上报72篇参评股份公司、全国书香活动评比，引导广大女职工在阅读中感悟力量，提升素质，凝聚打赢疫情防控战和奋斗立新功的精神动力。6篇作品在全国“书香三八”读书活动中获奖，三公司职工书屋获中华全国总工会“全国工会职工书屋示范点”称号。继续擦亮“微心愿”品牌，利用“母亲节”“儿童节”时机，集团公司工会女工委在全集团发起“奉献微爱心·圆梦微心愿”活动，对各级工会已建档的困难女职工群体、留守儿童女职工家庭展开关爱帮扶。结合抗疫情况，在微心愿征集中进一步向奋战在复工和防疫一线的女职工群体倾斜。全集团征集困难女职工“微心愿”64条，按照统一模板制作“微心愿卡”，通过组织帮扶的方式，支出微心愿金9.4万余元，共同助力困难女职工实现“小目标”。持续巩固“甜蜜事业”。10月17日，集团公司工会“云间邂逅·爱在金秋”大型线上联谊活动如期上线，为来自所属各单位的100名单身青年职工搭建“幸福鹊桥”，开启幸福通道。活动中12位男青年“爆灯”，表白心仪对象。11月22日，二公司主办的“聚缘蓉城·钟爱一生”四川片区集体婚礼在成都启幕，为疫情期间坚守一线、取消或者推迟原定婚期的8对新人筹办温馨而别致的集体婚礼。

共青团工作。2020年，集团团委坚持以习近平新时代中国特色社会主义思想为指导，牢记使命、践行宗旨，落实团委工作主线，扎实做好各项工作。抓牢理论学习，广泛持续掀起“青年大学习”热潮，带领各级团组织和广大团员青年广泛深入学习贯彻习近平总书记重要讲话和指示批示、给复旦大学青年师生党员回信精神，以及郝鹏、任洪斌对中央企业共青团工作批示情况的通报精神278场次，活动覆盖团员青年6897人。强化政治引领，激发干劲热情。开展缅怀先烈、重温入团誓词、支部书记讲团课、主题团日活动。各单位团组织通过宣讲报告、支部学习、团课教育等形式，开展线上线下活动297场次，活动覆盖团员青年7380人。凝聚思想共识，深化主题教育。开展“青年榜样面对面”交流座谈、主题演讲、知识竞赛、志愿服务、青春讲堂、硬笔书法、团建拓展以及各类团员青年喜闻乐见的文娱活动，凝聚青年共识，汇聚青年力量。紧扣企业发展主线，抓好“青”字号活动，助力复工复产，充分发挥青年生力军作用。依托自身“号、手、岗、队”等骨干，组建青年突击队，全力支援项目建设和疫情防控工作，组建疫情防控、复工达产青年突击队112支4362人。聚焦创新创效，助推高质量发展积极作为。组织在京单位创建申报北京青年创新工作站4个，为青年参与创新创效活动搭建平台。组织、参与创新创效学习实践活动177场次，活动覆盖团员青年3891人。围绕工作主线，开展青年突击队百日“六比六赛”“提质增效、铁建青年有力量”五四主题活动暨争创“青年安全生产示范岗”活动。践行雷锋精神，凝聚青年立足本职作表率。各级团组织带领团员青年积极参与医疗救护、便民服务、秩序维护、宣传引导、关爱帮扶等志愿服务活动172场，1547名团员青年参加活动。组织动员团员青年参与“同舟共济、青春偕进”——希望工程抗击疫情特别关爱行动，通过中国青少年发展基金会捐款59230元。开展2020年“好书伴成长”——为新疆和田地区中小学生捐赠国语图书活动，募捐图书2400余册。坚持凝聚服务青年，助力青年成长成才；助力青年技能提升，持续深入开展“导师带徒”活动。2020年新入职员工785人，结对子785对，带徒率100%。强化典型示范带动，开展评先树模活动。96个先进单位、集体、组织和202名个人获股份公司团委和集团公司团委表彰。结合实际主动靠前做好服务，在北京地铁17号线10标段项目部试点建设“青年之家”。开展“团组织就在我身边”关爱行动。春节前夕，筹措拨付困难团员关爱金4.06万元。夯实团建基础，提升基层团组织活力。把“智慧团建”建设和基层团组织整理整顿有效融合，做好各项信息的采集、审核、录入工作。开展优秀“主题团日”评选活动。加强基层组织建设，丰富基层团组织活动内容。

（吴　亦　万海峰　张继桂）

【第一工程有限公司】 拥有公路工程施工总承包一级，铁路、建筑、水利水电工程施工总承包二级，市政公用工程施工总承包三级，桥梁、隧道、公路路基工程专业承包一级资质。前身系组建于1952年的中国人民解放军铁道兵的一支团队；1984年并入铁道部，改称铁道部第十六工程局第一工程处；2001年进行股份制改建，改称中铁十六局集团第一工程有限公司。驻北京市顺义区南法信镇顺畅大道1号B－013室。董事长、总经理王红伟，党委书记高栋。职工1670人。资产总额545345万元。其中，固定资产原值86356万元、净值16784万元，流动资产433678万元，其他资产111667万元。机械运输设备990台。设备原值61746

万元、净值 12731.3 万元，总功率 138321.8 千瓦，动力装备率 77.45 千瓦/人，技术装备率 7.13 万元/人，设备完好率 97%、利用率 94%，机械化施工程度 96%。

2020 年，承揽工程项目 23 个，投资总额 84.23 亿元。利润 5709 万元。国有资产保值增长率 106.75%，净资产收益率 6.62%，产值利润率 0.8%，资产负债率 88.31%，应上缴款完成率 100.39%。（李红叶）

【第二工程有限公司】 拥有市政公用、铁路工程施工总承包一级，桥梁、隧道、公路路基工程专业承包一级资质。注册资本金 10.008 亿元。前身系组建于 1952 年的中国人民解放军铁道兵第十一师五十二团；1984 年 1 月，集体转业并入铁道部，改称铁道部第十六工程局第二工程处；2001 年 4 月，在天津登记注册为中铁十六局集团第二工程有限公司。董事长、党委书记缪为刚，总经理郭震。职工 2084 人。资产总额 693555 万元。其中，固定资产原值 88891 万元、净值 30091 万元，流动资产 589717 万元。机械设备 380 台（套）。设备原值 1.69 亿元、净值 5516 万元，总功率 88264.3 千瓦，动力装备率 42.21 千瓦/人，技术装备率 8.49 万元/人，设备完好率 98%、利用率 95%。

2020 年，自揽任务 20 项，新签合同额 208.43 亿元，施工产值 603012 万元。营业收入 61.89 亿元，利润总额 2579 万元，净利润 856 万元，职工年人均收入 116791.13 元。国有资产增值保值率 101.43%，净资产收益率 0.12%，营业利润率 0.05%，资产负债率 93.71%。（李清芳）

【第三工程有限公司】 拥有公路工程施工总承包特级，公路甲级设计，市政公用工程施工总承包一级，铁路、建筑工程施工总承包二级，桥梁、隧道、机场场道、公路路基工程施工专业承包一级，公路水运工程试验检测综合乙级，测绘乙级资质，持有营业性爆破作业单位许可证。前身系组建于 1952 年 2 月的中国人民解放军铁道兵第十一师五十三团；1984 年 1 月，并入铁道部，更名为铁道部第十六工程局第三工程处；1999 年 12 月，变更为中铁十六局第三工程处；2001 年 4 月，更名为浙江中铁十六局第三工程有限公司；2002 年 7 月变更为现名。注册资本金 10.008 亿元。是国家综合性一级企业、国家级高新技术企业、浙江省建筑业企业技术中心。驻浙江省湖州市湖东路 288 号。董事长邵成猛，党委书记李伟，总经理田伟权。职工 1454 人。资产总额 68.32 亿元。其中，固定资产净值 17608 万元。主要机械设备 892 台（套）。设备总功率 88897.5 千瓦，动力装备率 50.6 千瓦/人，技术装备率 12.42 万元/人。

2020 年，承揽任务 113.9 亿元，路外承揽 105.9 亿元，施工产值 57.5 亿元。（邱丽琴）

【第四工程有限公司】 拥有公路、市政工程施工总承包一级，隧道、建筑装饰装修、公路路基和钢结构工程专业承包一级，地基基础和公路路面专业承包三级以及施工劳务资质。是国家大型综合性一级施工企业，北京市高新技术企业并通过北京市企业技术中心认定。前身系始创于 1964 年 11 月的铁道兵第十三师六十三团，后为铁道兵十一师五十四团；1984 年由兵改工并入铁道部，编为铁道部第十六工程局第四工程处；2002 年 7 月，改制改称现名。注册资本金 105080 万元。驻北京市怀柔区迎宾中路 2 号。党委书记、董事长刘小刚，党委副书记、总经理常杰。职工 2068 人。资产总额 78.41 亿元。其中，固定资产净值 15330 万元，流动资产 59.82 亿元，其他资产 12.11 亿元。公司资产所属设备 511 台（套）。设备原值 31877.8 万元、净值 8665.32 万元，机械设备总功率 66270 千瓦，技术装备率 4.23 万元/人，动力装备率 32.33 千瓦/人。

2020 年，施工产值 1012986 万元。承揽项目 36 个，新签合同额 169.48 亿元，营业收入 87.8 亿元（含集中核算项目 20 亿元），净利润 8820 万元（含集中核算项目 4791 万元），人均创利 4.3 万元，职工年人均收入 14.85 万元。资产负债率 89.06%，应上缴款完成率 100%。（杜　亮）

【第五工程有限公司】 拥有铁路、公路、水利水电工程总承包一级，建筑工程施工总承包二级，桥梁、隧道、公路路基、铁路铺轨架梁工程专业承包一级资质。驻河北省唐山市丰润区光华道 2 号。董事长、党委书记杨晋文，总经理、党委副书记刘彬。职工 2824 人（含劳务派遣）。资产总额 588522 万元。其中，固定资产原值 102576 万元、净值 44018 万元，流动资产 439152 万元，其他资产 105352 万元。机械设备 1210 台（套）。设备原值 63379 万元、净值 29446 万元，总功率 109154 千瓦，动力装备率 38 千瓦/人，技术装备率 10 万元/人，设备完好率 90%、利用率 86%。

2020 年，承揽工程 34 个，投资总额 120.71 亿元，施工产值 642512 万元。营业收入 65.25 亿元，利润 9040 万元，净利润 8735 万元，人均创利 3.83 万元，全员劳动生产率 286.18 万元/（人·年），职工年人均收入 8.04 万元。国有资产增值保值率 102.68%，净资产收益率 12.49%，营业利润率 1.18%，资产负债率 88.12%，单位工程合格率 100%。（李　琳）

【轨道交通建设有限公司】 成立于 1989 年 7 月，是以城市轨道交通建设为主的大型综合施工企业。以从事城际铁路、城市地铁以及大直径盾构隧道等地下工程施工为专长，可承担地铁、铁路、公路、市政、水利水电等工程施工，延伸装配式建筑、机电装修、车辆段等产业链施工。注册资本金5.13223亿元。驻北京市通州区新华西街26号。董事长、党委书记周阳宗，总经理杨公正。职工2013人。资产总额50.96亿元。其中，固定资产原值20.63亿元、净值7.02亿元，流动资产39.45亿元，长期股权投资4105.6万元。自有盾构设备51台（套）、设备资产1354台。设备总功率194837.9千瓦，技术装备率68.19万元/人，动力装备率89.09千瓦/人，机械设备利用率80%、成新率48.88%。年施工能力90亿元。

2020年，新签合同额133.13亿元，营业收入45.89亿元，利润2750.71万元，净利润2267.13万元。国有资产保值增值率100%，净资产收益率3.28%，营业利润率0.47%，资产负债率86.37%。（陶晓红）

【地铁工程有限公司】 拥有建筑装修装饰工程专业承包二级，市政公用工程施工总承包三级，隧道、钢结构、地基基础工程专业承包三级资质。前身系1989年成立的北京地铁工程指挥部；2007年，与原北京铁路工程指挥部合并为北京工程指挥部；2009年7月，集团公司整合优质资源，把升级为“自主经营、独立核算、自负盈亏、自我发展”的非法人实体单位纳入工程公司管理序列；2011年4月，经中国铁建股份有限公司批准以北京工程指挥部为主体组建中铁十六局集团地铁工程有限公司；2011年9月，完成在北京市工商行政管理局的登记注册。驻北京市朝阳区通惠河南街1008-B四惠大厦南楼。董事长、党委书记丛恩伟，总经理、副董事长王炜。职工1382人。资产总额452108万元。其中，固定资产原值97202万元、净值27794万元，流动资产361283万元，其他资产63031万元。机械运输设备666台（套）。设备原值107963.97万元、净值35589.15万元，总功率70681千瓦，动力装备率51.14千瓦/人，技术装备率25.75万元/人，设备完好率90%、利用率92%，机械化施工程度93%，年施工生产能力40亿元。

2020年，承揽任务49.08亿元，施工产值39.04亿元，利润4186.7万元，人均创利3.03万元，职工年人均收入15.24万元。国有资产保值增值率99.01%，净资产收益率20.66%，产值利润率1.14%，资产负债率94.54%，应上缴款完成率100%。（路　燕）

【铁运工程有限公司】 拥有铁路工程施工总承包二级，桥梁、隧道工程专业承包二级资质以及铁路运输许可证（货运）。是中国铁建唯一车、机、工、电、辆门类齐全的综合型铁路运输单位，经营范围包括铁路运营、工程铺架，T梁和CRTS Ⅰ、Ⅱ、Ⅲ型板式无砟轨道预制。前身系组建于1954年12月的铁道兵第一新建铁路临管处；1984年1月，兵改工并入铁道部，成为具有法人资格的铁路运输企业；2001年11月，从中国铁道建筑总公司划转至中铁十六局集团；2003年7月，改制更名为中铁十六局集团铁运工程有限公司。驻河北省高碑店市兴华北路117号。董事长、总经理俞剑，党委书记夏吉胜。机械运输设备335台（套）。设备原值10.59亿元、净值5.92亿元，总功率406690.2千瓦，动力装备率162.68千瓦/人，技术装备率23.7万元/人，设备完好率92%、利用率90%。

2020年，经营承揽63.1亿元，产值13.53亿元，净利润3834万元。（葛　鑫）

【路桥工程有限公司】 拥有公路路面、桥梁、隧道工程专业承包一级，公路路基工程专业承包三级，公路、市政公用、建筑工程总承包三级资质。经营范围包括市政工程、公路工程、铁路工程、房建工程、机场施工领域，通过质量管理体系（ISO9001），环境管理体系（ISO14001）和职业健康安全管理体系（ISO45001）认证。注册资本金55080万元。驻北京市密云区新北路29号。党委书记、董事长褚英奎，总经理、党委副书记、副董事长史永亮。职工1096人。资产总额50.64亿元。其中，固定资产原值28731万元、净值7737万元，流动资产465260万元，所有者权益总额58784万元。主要机械运输设备121台（套）。设备原值13679.66万元、净值7919.83万元，总功率16609千瓦，动力装备率16.35千瓦/人、技术装备率6.89万元/人。综合机械化施工水平98%，年施工能力30亿元以上。

2020年，承揽项目21个，新签合同额74.3亿元。营业收入403814万元，利润4824万元，税后净利润4717万元。向集团公司上交4890万元。净利润率0.95%，国有资产保值增值率101.48%，资产负债率88.39%。（杨　颖）

【电气化工程有限公司】 拥有铁路电气化、铁路电务、建筑机电安装工程专业承包一级，公路交通工程（公路机电工程分项）、建筑装修装饰工程专业承包二级，钢结构、环保工程专业承包三级，机电、电力、通信、建筑工程施工总承包三级资质，以及电力设施承装类三级、承修类四级、电力设施承试类四级许可证。前身系铁道兵十一师、十三师的直属发电连及通信工程连；1984年1月，随铁道兵集体转业并入铁道部，改称铁道部第十六工程局电务工程处;1999 年 12 月,更名为中铁第十六工程局电务工程处;2002 年,改制更名为中铁十六局集团电务工程有限公司。注册资本金1.95亿元。驻北京市朝阳区金盏乡皮村北街十六号院 3 号楼。党委书记、董事长董艳斌,总经理王丽军。职工 819 人。资产总额 180899 万元。其中,流动资产 147147 万元,固定资产原值 7082 万元、净值 4002 万元。机械运输设备 119 台。设备原值 4527.6 万元、净值 1900.6 万元,总功率 14876 千瓦,技术装备率 2.31 万元/人,动力装备率 18.12 千瓦/人。年施工能力 17 亿元以上。

2020 年,中标项目 20 个,新签合同额 50.23 亿元,产值 20.58 亿元。营业收入 178414.49 万元,净利润 4611.5 万元。（刘　娜）

【物资贸易有限公司】 拥有质量、环境和安全管理体系认证证书。主要经营范围包括物资招标代理、物资贸易、工程物流、物资仓储租赁、物资加工生产、物资进出口等业务。前身系北京铁龙物资贸易有限公司,2014 年 4 月增资更现名。驻北京市。董事长、总经理刘进波,党委书记肖桂平。职工 113 人。资产总额 217818.87 万元。其中,流动性资产 217632.32 万元,固定资产 75.04 万元。

2020 年,承揽任务 45.04 亿元,净利润 1873.21 万元。资产负债率 87.37%。实际上交集团公司上缴款 1800 万元。（贺煜坤）

【置业投资有限公司】 拥有房地产开发二级资质。由原海南京博房地产有限公司、福建顺昌远宏地产有限公司、北京地产投资有限公司及所属单位资产、人员进行整合,于 2011 年 6 月 13 日在北京市工商局注册成立,注册资本金 30000 万元。董事长、党委书记刘瑞军,总经理、党委副书记刘一翔。职工 248 人。运输设备 27 台。设备原值 801.36 万元、净值 150.73 万元,总功率 3400 千瓦,动力装备率 13.71 千瓦/人,技术装备率 0.61 万元/人,设备完好率 92%、利用率 85%。（王孝颖）

【城市建设发展有限公司】 拥有建筑工程施工总承包一级,电子与智能化工程专业承包一级,建筑装饰装修工程专业承包二级,机电、市政公用、铁路工程施工总承包三级,地基基础、环保工程专业承包三级,施工劳务资质不分等级资质。拥有质量、环境、职业健康安全三个管理体系认证证书。前身系铁道部第十六工程局建筑装修工程处;2002 年 9 月,更名为中铁十六局集团北京建筑工程公司;2008 年 6 月,改制成立中铁十六局集团北京工程有限公司;2014 年 4 月,改制成立中铁十六局集团城市建设发展有限公司。注册资本金 3 亿元。驻北京市朝阳区红松园北里 2 号院 19 号楼(5—8 层)。董事长、党委书记刘峰,总经理、党委副书记张胜勇。职工 669 人。资产总额 246704.01 万元。其中,固定资产净值 4038.39 万元。

2020 年,在建项目 35 个,施工产值 193208 万元,新签合同额 70.07 亿元。（汤　媛）

【建功机械有限公司】 主要从事施工机械设备制造、维修与租赁、钢结构加工、安装、盾构机配套设备维修保养、租赁、废旧机械、机具、钢结构回收等业务。注册资本金 5000 万元。驻北京市密云区新北路 29 号西门。董事长、总经理吴庆红,党委书记刘骥锴。资产总额 47227 万元。其中,流动资产 22707 万元,固定资产 2987 万元,无形资产 4564 万元。职工 157 人。各类起重机械设备 149 台,其中 MESSER 数控切割机等金属切割设备 52 台,千吨压力机等液压冲剪设备 5 台,经纬仪、水准仪等检测器具齐全。

2020 年,承揽任务 88 个,承揽额 2.0598 亿元。（郭　蕊）

【中国友发国际工程设计咨询有限公司】 拥有甲级建筑工程设计、甲级房屋建筑工程监理、乙级工程咨询资质,具有对外承包工程经营资格。成立于 1993 年,成立时为中华人民共和国对外贸易经济合作部直属企业,现为中铁十六局集团有限公司控股企业。注册资本金 16000 万元。

2020 年,承揽海外项目 15 个,承揽合同额 18.9 亿美元,其中独立承揽 8.8 亿美元、系统内分包 10.1 亿美元。（李　丹）

【重要记载】

▲4 月 28 日　中铁十六局获云南省五一劳动奖状。

▲5 月 20 日　中铁十六局与宁夏建设投资集团有限公司在宁夏回族自治区银川市签署战略合作协议。

▲8 月 7 日　中铁十六局获中铁建重庆区域高速公路 2020 年上半年内部施工企业信用评价第一名。

▲9 月 16 日　中铁十六局与广东省广州市白云区人民政府签署战略合作框架协议。

▲12 月 6 日　中铁十六局参建的京港澳高速公路驻马店至信阳(豫鄂界)段改扩建工程、成都元华路神仙树节点项目、郑州市轨道交通 1 号线二期工程、广州市城市轨道交通 13 号线首期工程、北京市通州运河核心区市政配套工程北环环隧工程获国家优质工程奖。

▲12月20日　中铁十六局承建的北京安贞东方医院项目获第三届“优路杯”全国BIM技术大赛金奖。

（冯　爽）

中铁十七局集团有限公司

【简况】　拥有铁路、公路、建筑和市政公用工程施工总承包特级资质6项；相关行业甲级工程设计资质6项；施工总承包一级资质24项；专业承包一级资质60项；勘察资质2项，以及地质灾害治理甲级、军工涉密、营业性爆破作业、施工劳务企业等资质。拥有承包境外工程、设备物资进出口和对外派遣劳务等涉外经营权。总部驻山西省太原市。前身为中国人民解放军铁道兵第七师；1984年1月，集体转业，改编为铁道部第十七工程局；2001年，改制为中铁十七局集团有限公司至今。下辖第一至第六综合工程公司、建筑工程公司、电气化工程公司、上海轨道交通公司、城市建设公司、物资公司、房地产开发公司、铧兴工程检测公司、上海股权投资公司、西藏工程公司、铺架分公司、勘察设计院、中心医院、国际工程公司等单位。职工15438人。资产总额531.09亿元。A类机械动力设备7358台（套），设备原值38.4亿元、净值12.33亿元，动力装备率45.24千瓦/人，技术装备率7.62万元/人，设备成新率32.1%、完好率92.1%、利用率85.52%。

2020年，新签合同额973.5亿元，总产值553.4亿元，施工产值526亿元。营业收入442.74亿元，净利润2.89亿元。完成主要实物工程量：土石方7671万立方米，桥梁88775延长米，隧道93661延长米，铺轨折合103千米，房屋折合1510545平方米，公路折合161千米。获中国土木工程詹天佑奖1项、国家优质工程奖4项、省（部）级优质工程9项、山西省太行杯6项。获省部级工法8项。申报受理发明专利27件，受理实用新型专利115件；授权发明专利13件，授权实用新型专利105件，授权外观设计1件，授权软件著作权13件。获中国勘察设计协会第十一届“创新杯”BIM应用大赛三等奖1项。通过股份公司评审科技成果17项，其中达到国际领先水平3项、国际先进水平9项、国内领先水平5项。参编行业标准2项、地方标准6项。

（岳永秀）

【领导人员】

董事会

董事长　陈宏伟
董事　成志宏
　　王月幸
　　阮祥杰
职工董事　郑　力

监事会

监事会主席　朱龙江
监事　王正伟
职工监事　李建斌

经理层

总经理　成志宏
副总经理　王月幸
　　杜嘉俊
　　罗玉华
　　阮祥杰
　　张　轶
　　王应权（12月免）
　　张耀军（12月免）
　　毕永清（12月免）
总工程师　杜嘉俊
总会计师　阮祥杰

党群领导

党委书记　陈宏伟
党委副书记　成志宏
　　郑　力
纪委书记　朱龙江
工会主席　郑　力

（陈世玲）

【职工队伍】　职工15438人。其中，在岗职工13728人，非在岗职工1056人，内退及内退返聘654人。在岗干部11167人。其中，女干部2470人，少数民族干部248人。技术干部10155人，其中高级职称1698人、中级职称3029人、初级职称5428人。高级工程师1260人、工程师2075人、初级3029人；高级经济师103人、经济师210人、初级950人；高级会计师90人、会计师270人、初级848人；高级政工师132人、政工师294人、初级444人；正副主任医师113人、主治医师175人、初级147人；其他专业技术人员15人。研究生及以上学历234人、大学本科学历7820人、专科学历1597人、中专及以下504人。35岁及以下5944人，36～40岁2042人，41～45岁888人，46～50岁686人，51～54岁267人，55～59岁328人。技术工人3920人。其中，高级技师149人，技师700人，高级工1875人，中级工1060人，初级工136人。

（王均正　桑　雷）

【工程项目指挥机构】　新建弥勒至蒙自铁路站前2

标段项目部　驻云南省弥勒市。项目经理刘新福。

新建济南至莱芜高速铁路站前工程 JLZQTJ－3 标段项目部　驻山东省济南市。项目经理刘庆华。

新建重庆至黔江铁路 11 标段项目部　驻重庆市彭水县。项目经理郑海乐。

新建叙永至毕节铁路(川滇段)站前工程 XZZQSG－2 标段项目部　驻云南省昭通市。项目经理邓柏流。

成昆铁路峨眉至米易段站前工程 EMZQ－2 标段项目部　驻四川省乐山市。项目经理李熙颖。

新建玉溪至磨憨铁路站前工程 4 标段项目部　驻云南省玉溪市。项目经理张建峰。

新建郑州至万州铁路重庆段站前工程 ZWCQZQ－8 标段项目部　驻重庆市万州区。项目经理翟恒杰。

新建铁路太原至焦作铁路 TJZQ－7 标段项目部　驻山西省长治市。项目经理高晓雷。

新建大理至瑞丽铁路保山至瑞丽段站前工程 DRBRTJ－6 标段项目部　驻云南省德宏傣族景颇族自治州。项目经理卫青元。

新建福州至厦门铁路客运专线先行工程项目部　驻福建省漳州市。项目经理钟益雄。

贵州省金仁桐高速公路 PPP 项目部　驻贵州省遵义市。项目经理吴建荣。

宜春至遂川高速公路新建工程安福至遂川段主体土建工程 B4 标段项目部　驻江西省吉安市。项目经理王刚。

渝昆新复线昭通至泸州高速公路彝良至镇雄段项目土建工程 2 标段项目部　驻云南省昭通市。项目经理乔建永。

S25 静宁至天水高速公路庄浪至天水段项目 ZTZB5 合同段项目部　驻甘肃省天水市。项目经理刘军。

G56 楚雄(广通)至大理高速公路扩容项目部　驻云南省大理市。项目经理李海斌。　(万辉龙)

【工程施工】　2020 年,企业总产值 553.4 亿元。其中,铁路工程 102.4 亿元,公路工程 169.9 亿元,市政工程 94.9 亿元,城轨工程 33 亿元,房建工程 101.1 亿元,其他工程 24.8 亿元,物流贸易 20.5 亿元,勘察设计 4405 万元,房地产 4 亿元,其他 2.4 亿元。

(张　鹏)

【铁路工程施工】　重庆至黔江铁路站前工程 CQQJZQ－11 标段　位于重庆市,全长 32.463 千米。合同投资 251501 万元。合同工期 2020 年 2 月至 2025 年 7 月。主要工程量:路基土石方 50.89 万立方米,桥梁 12 座 3315.5 延长米,涵洞 66.74 横延米,隧道 9 座 28063 延长米,无砟道床铺轨 64.93 千米。开工累计完成投资 19745 万元。

济南至莱芜高速铁路土建工程 JLZQTJ－3 标段　位于山东省,全长 17.603 千米。合同投资 15.27 亿元。合同工期 2019 年 12 月 5 日至 2022 年 5 月 4 日。主要工程量:路基 13 段,长 5.231 千米(含章丘南站),挖土方 47.09 万立方米,挖石方 101.33 万立方米,填方 69.14 万立方米;桥梁 11 座 5521 延长米,其中特大桥 3 座、大桥 5 座、中桥 3 座;框架涵 14 座;隧道 6.5 座 6861 延长米;无砟道床 34.83 千米,Ⅲ型轨道板 5808 块,无砟道岔道床 8 组。开工累计完成投资 60548 万元。

新建成兰铁路成都至川主寺段站前工程 CLZQ－7 标段　位于四川省阿坝藏族羌族自治州,全长 7.317 千米。合同投资 108314 万元。合同工期 2012 年 12 月至 2017 年 8 月。主要工程量:路基土石方 105 万立方米,防护及支挡结构圬工 26718 立方米,桥梁 3 座 1213.8 延长米 ,双洞隧道 1 座 16185 延长米,双块式无砟轨道铺轨 129.8 千米,站场道路 7603 平方米,公路桥 1 座 134.4 延长米。开工累计完成投资 118323 万元。

新建连云港至镇江铁路站前工程 LZZQ－6 标段　位于江苏省扬州市,全长 23.744 千米。合同投资 243959 万元。合同工期 2015 年 9 月至 2019 年 3 月。主要工程量:桥梁 0.5 座 23743 延长米,路外框架中桥 2 座 245.7 顶平方米。开工累计完成投资 126185 万元。

新建商丘至合肥至杭州铁路站前工程 SHZQ－18 标段　位于浙江省湖州市,全长 40.287 千米。合同投资 264990 万元。合同工期 2015 年 11 月至 2020 年 10 月。主要工程量:路基 26.7 万立方米、长 3.807 千米;桥梁双线特大桥 3 座 36.344 延长米、单线特大桥 1 座 4074 延长米、双线大桥 1 座 136 延长米;涵洞 1 座 17 横延米,接长地道 2 道 1550 平方米;CRTSⅢ型板无砟道床铺设 74.574 千米;湖州站站改。开工累计完成投资 298814 万元。

成昆铁路峨眉至米易段扩能工程站前工程 EMZQ－2 标段　位于四川省乐山市,全长 21.676 千米。合同投资 124509 万元。合同工期 2016 年 4 月至 2020 年 9 月。主要工程量:车站 1 座,路基土石方 68 万立方米,桥梁 7 座 4731.5 延长米,涵洞 40.83 横延米,隧道 4 座 14487 延长米,无砟道床 20 千米,电力线路架设 124.21 千米。开工累计完成投资 135502 万元。

新建大理至临沧铁路站前工程 DLZQ－5 标段　位于云南省临沧市,全长 30.085 千米。合同投资 141134 万元。合同工期 2016 年 1 月至 2020 年 8 月。

主要工程量:区间路基土石方18.7万立方米,站场2座,站场土石方143.7万立方米;桥梁10座4114延长米,其中,特大桥3座2446.51延长米、大桥5座1458.45延长米、中桥2座208.76延长米、框架小桥572.05顶平方米,涵洞(倒虹吸)8座409.04横延米,隧道7.5座23469延长米。开工累计完成投资177410万元。

郑万铁路河南段ZWZQ－8标段工程　位于河南省南阳市,全长43.1千米。合同投资239467万元。合同工期2016年4月至2019年10月。主要工程量:正线路基3.643千米,特大桥39.366延长米,框架涵洞12座,车站1座;桩基9876根、承台1206个、墩1200个、桥台6个,站场及区间路基土石方109万立方米,混凝土133万立方米;无砟道床正线铺轨81.978千米、站线铺轨1.816千米。开工累计完成投资272508万元。

新建郑州至万州铁路重庆段先期开工站前工程　位于重庆市万州区,全长12.33千米。合同投资94418万元。合同工期2015年12月至2019年11月。主要工程量:路基土石方181.4万立方米、长12.3千米,桥梁1座257.62延长米,涵洞3座596.1横延米,隧道2座12.024延长米,轨道工程铺设CRTSⅠ型双块式无砟道床24.561千米。开工累计完成投资97716万元。

新建玉溪至磨憨铁路YMZQ－4标段工程　位于云南省玉溪市,全长47.4千米。合同投资184530万元。合同工期2016年4月至2020年2月。主要工程量:隧道3.5座24480延长米,桥梁3座712延长米,车站1座,框架桥6542.8顶平方米,涵洞7座684横延米,路基土石方277.1万立方米、长2.21千米,正线无砟道床33.45千米。开工累计完成投资242113万元。

新建大理至瑞丽铁路保山至瑞丽段站前工程土建6标段　位于云南省德宏傣族景颇族自治州,全长59.74千米。合同投资180235万元。合同工期2015年12月至2021年5月。主要工程量:路基35.617千米,路基(含站场)挖填方871万立方米,隧道5座10092延长米,桥梁14033.7延长米,涵洞99座2802.83横延米,车站6座,正线无砟道床7.59千米。开工累计完成投资171831万元。

新建太原至焦作铁路山西段站前TJZQ－7标段　位于山西省长治市,全长42.5千米。合同投资247600万元。合同工期2016年10月至2020年12月。主要工程量:路基17.191千米,特大桥3座11659.14延长米,大中桥11座2227.43延长米,隧道3座15377延长米,其中堡后隧道741延长米、安德隧道6328延长米、店上隧道8308延长米;襄垣东站站场建筑设备,襄垣2号制梁场103孔,无砟道床铺设15.042千米。开工累计完成投资198483万元。

新建叙永至毕节铁路(川滇段)站前工程XZZQSG－2标段　位于云南省昭通市,全长36.393千米。合同投资124512万元。合同工期2016年10月至2022年9月。主要工程量:路基2.543千米,土石方130万立方米,桥梁14座4149.8延长米,隧道8座29697延长米;无砟道床铺设25.53千米。开工累计完成投资122164万元。

兴泉铁路宁化至泉州段站前工程XQNQ－4标段　位于福建省三明市,全长36千米。合同投资124000万元。合同工期2017年4月至2021年9月。主要工程量:路基土石方214.6万立方米,桥梁27座6068.68延长米,隧道12座27726延长米,涵洞12座336.12横延米。开工累计完成投资133140万元。

新建中卫至兰州铁路(甘肃段)施工总价承包ZLKZ－ZQSG3标段　位于甘肃省白银市,全长33.31千米。合同投资175503万元。合同工期2018年9月1日至2022年8月31日。主要工程量:路基土石方326.5万立方米,隧道1座412延长米,桥梁25座15290延长米,站场1座,预留站场1座。开工累计完成投资176485万元。

新建安庆至九江铁路(安徽段)AJSG－1标段　位于安徽省安庆市,全长43.7千米。合同投资256031万元。合同工期2017年10月至2022年10月。主要工程量:土石方277.58万立方米;路基15段13.112千米(含站改2处、站场1处);隧道3座6546.92延长米;桥梁10座24064.24延长米,涵洞38座1205.67横延米,框架小桥4座1555.2顶平方米,框架中桥4座3647.78顶平方米;无砟道床38.34千米(CRTSⅠ型板式),无砟道床3.373千米(CRTSⅢ型板式),有砟道床23.303千米;正线铺轨262.42千米,站线铺轨23.24千米;双线箱梁制梁705榀,单线箱梁制梁331榀,箱梁架梁1036榀。开工累计完成投资256009万元。

新建合肥至安庆铁路站前工程HAZQ－3标段　位于安徽省合肥市,全长30.175千米。合同投资145129万元。合同工期2016年11月至2019年12月。主要工程量:路基5段8.462千米,土石方222万立方米;特大桥5座21.713延长米;涵洞46座1317.2横延米;车站1座;无砟道床正线铺轨60.816千米、站线道岔地段无砟道床13组。开工累计完成投资169719万元。

新建浦城至梅州铁路建宁至冠豸山段全线站前工程PM－3标段　位于福建省三明市,全长51.05千米。合同投资161548万元。合同工期2016年12月至2019年8月。主要工程量:土石方815万立方米,路基23.69千米,隧道19座18007延长米,桥梁13座9349延长米,涵洞128座,站场2处,无砟道床10.463千米。开工累计完成投资167098万元。

新建福州至厦门铁路客运专线先行工程　位于福建省厦门市,全长9.9千米。合同投资47231万元。合同工期2017年1月至2022年1月。主要工程量:土石方24.37万立方米,路基1020米,隧道4座2914.4延长米,桥梁6座5969延长米,涵洞2座,无砟道床5.829千米。开工累计完成投资50571万元。

京沈客专辽宁段ZF-1标段工程　位于辽宁省朝阳市。合同投资60629万元。合同工期2017年1月至2018年11月。主要工程量:站房5座。开工累计完成投资59368万元。

新建北京至沈阳铁路客运专线星火动车运用所及相关站前工程JSJJSG-14标段　位于北京市朝阳区。合同投资105973万元。合同工期2016年8月至2019年6月,2020年12月31日正线开通。主要工程量:区间土石方383772立方米,站场土石方2639771立方米;特大桥2座3152延长米,刚架小桥3座326.71顶平方米,刚架中桥2座1588.6顶平方米,框架式中桥9座11835.39顶平方米;涵洞18座1291.68横延米;装配式隧道85延长米,现浇隧道120延长米;正线铺新轨32.529千米,站线铺新轨48.946千米,铺新岔163组;新建车站1座。开工累计完成投资102722万元。

（张　鹏）

【铁路外工程施工】　闽台(福州)蓝色经济产业园道路(BT)工程　位于福建省福清市。暂定投资131337万元。合同工期2013年4月至2014年4月。开工累计完成投资135138万元。

临猗黄河大桥及引线和运三高速三门峡公铁黄河大桥连接线工程PPP项目　位于山西省临猗市,全长7.413千米。合同投资81979万元。合同工期2020年6月30日至2022年6月30日。主要工程量:隧道1座2830延长米,桥梁4座2515延长米,路基土石方498.96万立方米,涵洞26座879横延米。开工累计完成投资15335万元。

S35景泰至礼县高速公路陇南段工程(陇南境内)总承包7标段　位于甘肃省,全长6.988千米。合同投资99258万元。合同工期2021年2月28日至2024年6月28日。主要工程量:路基土石方100.8万立方米,桥梁11座3182.04延长米,隧道4座5163延长米,涵洞9座148.75横延米。开工累计完成投资6100万元。

新建天龙山路(西中环南延—滨河西路)2标段工程　位于山西省太原市,全长1.4千米。合同投资27497万元。合同工期2020年6月10日至2021年1月9日。主要工程量:路基土石方21.85万立方米,桥梁1座742.5延长米,涵洞2座116横延米。开工累计完成投资20172万元。

南京江北新区综合管廊二期工程PPP项目　位于江苏省南京市。合同投资43.19亿元,其中集团公司施工部分合同投资193016万元。合同工期2016年9月至2021年8月。主要工程量:江北新区核心区及其周边地区路段18条,地下综合管廊53千米。开工累计完成投资292473万元。

滨海快线项目　位于福建省福州市。合同投资144504万元。合同工期2019年12月31日至2024年6月30日。主要工程量:岱岭隧道1863延长米,莲花山隧道1903延长米,莲—滨盾构区间1178延长米,莲花山车站240平方米。开工累计完成投资12353万元。

南康扩容B6标段项目　位于江西省赣州市,全长5.803千米。合同投资51727万元。合同工期2019年10月1日至2021年11月30日。主要工程量:路基土石方挖方227.36万立方米,填方194万立方米;桥梁3座2153延长米。开工累计完成投资26924万元。

包头市综合交通枢纽工程　位于内蒙古自治区包头市。合同投资75000万元。合同工期2016年5月至2017年7月。开工累计完成投资84501万元。

晋城市文化艺术中心工程(不含基础工程)　位于山西省晋城市。合同投资35173万元。合同工期2019年7月18日至2021年6月17日。主要工程量:建筑面积45818平方米。开工累计完成投资37648万元。

南车小镇二期(7—30号楼)装饰装修工程　位于山东省青岛市。合同投资37132万元。合同工期2019年3月1日至2020年2月29日。主要工程量:建筑面积282625平方米,装修面积183456平方米。开工累计完成投资17193万元。

平凉至绵阳国家高速公路(G8513)平天高速公路PTKZ2标段工程　位于甘肃省平凉市,全长14.558千米。合同投资102252万元。合同工期2016年2月至2019年3月。开工累计完成投资119559万元。

青龙咀至水田新区一级公路工程　位于云南省昭通市,全长11.2千米。合同投资134839万元。合同工期2017年10月至2020年3月。开工累计完成投资102089万元。

怀集至阳江港高速公路怀集至郁南段一期工程TJ1标段　位于广东省肇庆市,全长14千米。合同投资66645万元。合同工期2017年7月至2019年11

月。开工累计完成投资77540万元。

渝昆新复线昭通至泸州高速公路彝良至镇雄段项目土建工程　位于云南省昭通市,左线23.788千米、右线23.836千米。合同投资343395万元。合同工期2017年11月至2020年11月。开工累计完成投资336145万元。

成都地铁6号线土建工程6标段　位于四川省成都市,全长1.982千米。合同投资56000万元。合同工期2017年1月至2020年10月。主要工程量:3站2区间。开工累计完成投资49751万元。

贵州夹岩水利枢纽及黔西北供水工程南干渠及织纳供水　位于贵州省毕节市,全长91千米。合同投资25720万元。合同工期2016年9月至2019年8月。开工累计完成投资13996万元。

福建省长乐塘至福清庄前高速公路路基土建工程A1标段　位于福建省福州市,全长7.57千米。合同投资60877万元。合同工期2016年11月至2019年5月。开工累计完成投资56708万元。

京新高速大乌项目第4合同段工程　位于新疆维吾尔自治区乌鲁木齐市,全长22.942千米。合同投资90875万元。合同工期2016年11月至2019年10月。开工累计完成投资97000万元。

福建省平潭及闽江口水资源配置工程第1标段(闽江竹岐—大樟溪引水线路)　位于福建省福州市,全长37.08千米。合同投资44320万元。合同工期2017年12月至2020年12月。开工累计完成投资18984万元。

河惠莞高速公路工程河源紫金至惠州惠阳段T6合同段　位于广东省惠州市,全长7.727千米。合同投资46490万元。合同工期2017年10月至2020年2月。开工累计完成投资45590万元。

翔安机场快速路(大嶝岛段)工程B1标段　位于福建省厦门市,全长2.43千米。合同投资86462万元。合同工期2017年1月至2019年11月。开工累计完成投资80551万元。

福州长乐前塘至福清庄前高速公路工程A3标段　位于福建省福州市,全长6.09千米。合同投资59375万元。合同工期2017年6月至2019年6月。开工累计完成投资55420万元。

厦门第二东通道工程　位于福建省厦门市,全长2.73千米。合同投资81134万元。合同工期2020年3月4日至2023年3月3日。主要工程量:拆除旧桥3座9联22孔;路基挖方31.14万立方米,路基填方23.24万立方米;主线桥梁2座2729.312延长米,匝道桥6座1217.718延长米。开工累计完成投资27501万元。

拉萨贡嘎机场航站区改扩建工程总图施工项目　位于西藏自治区拉萨市。合同投资45790万元。合同工期2019年3月15日至2021年8月16日。开工累计完成投资28136万元。

石家庄市滹沱河生态修复工程　位于河北省石家庄市,全长12.574千米。合同投资145000万元。合同工期2018年7月31日至2020年12月31日。主要工程量:新建右堤工程6.314千米,主河槽治理工程2.56千米,生态修复工程3.7千米,Ⅲ号溢流堰工程。开工累计完成投资145000万元。

山西大学电力学院项目　位于山西省太原市。合同投资29186万元。合同工期2018年1月10日至2019年5月24日。开工累计完成投资24372万元。

福州市城区新店外环东段项目　位于福建省福州市,主线3.73千米、支线1.15千米。合同投资122859万元。合同工期2018年10月1日至2021年3月18日。主要工程量:路基挖方118.8万立方米,填方62.2万立方米;桥梁29座5425.381延长米,隧道4686延长米。开工累计完成投资87307万元。

(张　鹏)

【境外工程施工】　巴基斯坦达苏水电站KKH-01标段工程　位于巴基斯坦DASU镇,全长25.2千米。合同投资80670万元。合同工期2015年8月至2018年12月。开工累计完成投资17803万元。

玻利维亚公路项目　位于玻利维亚贝尼省,全长43.03千米。合同投资139377万元。合同工期2016年6月至2020年8月。开工累计完成投资56074万元。

阿国特莱姆森公路工程　位于阿尔及利亚特莱姆森,全长8.58千米。合同投资77313万元。合同工期2015年1月至2017年12月。开工累计完成投资82558万元。

阿尔及利亚马斯卡拉3048套公租房工程　位于阿尔及利亚马斯卡拉省。合同投资59227万元。合同工期2015年9月至2017年3月。开工累计完成投资55614万元。

援孟加拉国孟中友谊八桥项目　位于孟加拉国南部皮斯布尔市(Pirojpur)。合同投资45834万元。合同工期2017年3月至2020年3月,实际开工日期延后15个月。开工累计完成投资33541万元。

阿尔及利亚东西高速公路东标段84千米项目　位于阿尔及利亚,全长44.05千米。合同投资121768万元。合同工期2018年1月至2019年5月。开工累计完成投资112415万元。(张　鹏)

【经营管理】 承揽工程。2020 年,新签合同额 973.5 亿元,完成股份公司下达年度计划 820 亿元的 118.7%。其中,铁路工程 55.7 亿元,公路工程 155.9 亿元,市政工程 123.2 亿元,城轨工程 67.3 亿元,房建工程 464 亿元,其他工程 67.3 亿元,物流贸易 37 亿元,勘察设计 2642 万元,房地产 2.8 亿元。各板块承揽情况:工程经营 750.3 亿元,占总额的 77.1%;资本经营 156 亿元,占总额的 16%;海外经营 67.2 亿元,占总额的 6.9%。

企业管理。研究制定《加强工程公司建设指导意见》,厘清集团公司、工程公司和工程项目层面的管理责任和工作重点;印发《工程项目集群化管理指导意见》,指导集群化管理的基本原则、核心要素和基本思路;组织集团公司及所属单位启动"十四五"发展规划的编制工作;印发《"总部机关化"问题专项整改实施方案》,调整具有行政色彩的机构名称和职务职级称谓,梳理确定集团公司总部权责事项清单 169 条、授权放权事项清单 22 条;制定《重大风险事件报告管理办法》,完善集团公司风险信息沟通传递机制。开展"瘦身健体"活动,全年压减各类公司 18 个,其中法人公司 2 个、经营性分公司 13 个、制梁场 3 个。及时印发编制定员文件。全年印发项目经理部(指挥部、总承包部)类编制定员文件 95 份。优化整合区域经营机构。组织开展驻京办(驻外办)清理工作回头看。

经济管理。围绕"工程公司建设年"主题,聚焦项目成本管理、变更索赔、分包治理、亏损整治、风险监控、信息化、队伍建设等重点工作,落实"实干达标",践行"价值创造",全面提高企业经济运行质量。印发《劳务实名制管理办法(试行)》,规范劳务分包管理;印发《工程项目施工合同管理办法》,防范合同风险;印发《中铁十七局集团公司亏损项目扭亏减亏实施方案》,全力夯实项目成本管控水平;制定《集团公司 2020 年度成本风险专项管控实施方案》,严防重大风险事件的发生。牵头组织 6 个亏损项目核查小组,深入列入集团整治范围的重点项目,指导项目落实具体减亏措施。与工程公司和 22 个单独考核项目签订《减亏扭亏目标责任书》,压实各级责任,严格考核兑现。抓好年内铁路销号项目清概工作,实行集团、工程公司及工程项目三级联动。

安全质量。获国家优质工程奖 4 项、省(部)级优质工程 9 项、中国铁建"铁建杯"优质工程奖 7 项。2020 年上半年铁路信用评价 B 级,下半年铁路信用评价 B 级。公路信用评价方面,一、二、四、六公司 4 个单位获全国公路信用评价最高等级 AA 级,集团本级获 A 级。省级评价中,集团各单位在 15 个省(自治区、直辖市)参加评价,在广东、云南、贵州、河南、重庆、福建、新疆、四川 8 个省(自治区、直辖市)获 AA 级。水利信用评价方面,集团公司获评施工类最高级别 AAA 级。1017 人参加施工安全管理"三类人员"培训并通过考核。获省部级安全标准工地 23 个,中铁建安全标准工地 5 个。获新版质量、环境和职业健康安全管理体系认证证书。

财务管理。2020 年,营业收入 442.74 亿元,完成预算指标的 92.62%,同比降低 5.78%;净利润 2.89 亿元,完成预算指标的 109.37%,同比增长 126.54%。年末企业资产总额 531.09 亿元,较年初减少 29.94 亿元。全集团带息融资总额 139.38 亿元(含永续债及保理融资),较年初减少 2.8 亿元。全年全口径融资费用支出 5.6 亿元,同比减少 0.9 亿元。截至 2020 年底,全集团"两金"总额 412.77 亿元,较年初减少 38.78 亿元,"两金"占资产总额比重 77.75%,较年初占比降低 2.73 个百分点。实施项目"ABC"账户管控方案,项目资金管理权限上移至法人单位层级。加强资金预算管理,盯控收支预算落地。出台《汇票业务管理暂行办法》,防范票据兑付风险。压减账户数量,提高资金上存度。全年集团公司本级注销账户 6 个,撤销系统外账户 6 个,归集资金 3547 万元。制定《"两金"压控三年工作方案》,构建长效工作机制。健全税收管理制度,把关键制度嵌入共享中心审核流程。享受国家减税降费政策,全年增值税留抵退税 7133 万元、企业所得税清缴退税 2814 万元;享受税收优惠政策节税2.12 亿元。

审计监督。计划完成审计项目 154 项,实际完成 300 项。其中经济责任审计 49 项、工程项目审计 65 项、财务收支审计 11 项、其他专项审计 175 项。提交审计报告 141 份,提出审计建议 1576 条,被审计单位采纳建议 1576 条,促进企业增收节支和挽回经济损失 13.13 亿元。 (侯洵炜　马海龙　田治勇)

【科技开发】 获中国土木工程詹天佑奖 1 项、山西省太行杯 6 项。获省级及以上科学技术奖 13 项。通过股份公司评审科技成果 17 项,其中达到国际领先水平 3 项、国际先进水平 9 项、国内领先水平 5 项。获省部级工法 8 项。申报受理发明专利 27 件,受理实用新型专利 115 件;授权发明专利 13 件,授权实用新型专利 105 件,授权外观设计 1 件,授权软件著作权 13 件。石家庄地铁 3 号线机电安装施工 BIM 技术应用获中国勘察设计协会第十一届"创新杯"BIM 应用大赛三等奖。成都地铁 6 号线机电安装 BIM 技术应用获第三届"建模大师"杯全国 BIM 建模大赛三等奖、第三届"优路杯"全国 BIM 技术大赛优秀奖。南京江北新区综合管廊二期工程 BIM 技术应用获第三届"优路杯"

全国BIM技术大赛优秀奖。参编行业标准2项、地方标准6项。参编的山西省地方标准《建筑工程施工质量验收》《建筑工程施工资料管理规程》、江苏省地方标准《城市轨道交通工程检测技术与管理指南》、河北省地方标准《城市轨道交通基坑内支撑支护技术标准》已发布。（韩三平　李浩宇）

【教育培训】 2020年，培训17730人（含劳务派遣），其中线下7192人、线上10538人。培训30648人次。其中线下13134人次、线上17514人次。领导人员1027人次、经营管理人员3228人次、专业技术人员21729人次、党群管理人员1382人次、技能人员1714人次、海外管理人员1568人次。培训的主要形式包括脱产培训、在职培训、现场培训、网络培训、导师带徒、党委中心组学习、组织讲座等。培训内容涵盖企业党建、人力资源管理、工程管理、安全管理、三类人员、财务审计、法律合规、经济管理、物资管理、科技创新、技能考评等。（马良合）

【党群工作】 下辖处级党委16个，基层党组织519个，中共党员7031人。坚持以习近平新时代中国特色社会主义思想为指导，全面贯彻党的十九大和十九届二中、三中、四中、五中全会精神，紧紧围绕企业高质量发展目标任务，推动党建工作与生产经营深度融合，引领全体干部职工攻坚克难、实干达标，为企业高质量发展之路指明方向、稳定大局、积聚力量。一是政治建设全面加强。坚持以习近平新时代中国特色社会主义思想为指导，着力推动“不忘初心、牢记使命”主题教育常态化制度化，通过党委中心组“党课开讲啦”、“17悦读”、演讲比赛等方式，引导全体党员干部增强“四个意识”，坚定“四个自信”，做到“两个维护”。本级召开党委常委会22次，审议议题185项，涉及经营管理和改革发展方面的议题116项，实现党的领导与公司治理的有机统一。落实领导班子交班会机制，每月定期研究部署、跟进推动重点工作，确保企业政令畅通、高效运转。积极应对疫情防控和生产经营双重压力，加强统一领导、落实防控举措，及时为基层拨付专项资金、集采防控物资，保障企业健康发展。二是组织建设基础夯实。以基层组织建设为重点，分层次组织发展党员培训班、基层党组织书记培训班、处级领导干部培训班，提升各级党组织干部的履职能力。调整成立14个区域指挥部党支部，压实区域党建工作责任。运用“党建联盟”平台，与大西客专、太原市住建委等单位开展共建活动，优化企业外部环境。深入开展“示范基层党支部”“样板组织生活会”创建工作，物资公司石油公司党支部被评为股份公司示范党支部，为基层党组织建设树立标杆。三是队伍结构更加优化。以实干达标为标尺，严格项目经理等关键岗位人员选用，形成杜绝“带亏提拔”的长效机制。对集团公司总部、财务共享中心等业务岗位进行公开招聘，优化人才资源配置。大力推进所属单位深化改革，精简组织机构，优化人员配置。深入践行“五型人才观”，全面开展工程技术、经济管理等领域的专家选拔工作，为各类人才的成长创造良好的政策环境。着力从急难险重任务中考察选用干部，32名业绩突出的干部受到提拔重用，树立重担当、重实干的干部选用“风向标”。四是“价值文化”形成共识。坚持党管宣传，牢牢掌握舆论宣传的主动权和话语权，创新成立“融媒体中心”，整合企业宣传资源，打造“报刊网微”宣传矩阵。加大对“以客户为中心、以价值创造者为本”中铁十七局价值文化的宣传力度，通过“精品工程展示”“我是审计人”“领军”等主题策划，营造实干达标的浓厚氛围。中兰铁路、连镇高铁、中老铁路甘庄隧道等重难点工程，以及抗疫复工、脱贫攻坚等事迹纷纷亮相中央主流媒体，塑造和展示“很能干、感动人、可信赖”的中铁十七局形象。4家单位通过第六届全国文明单位复评，1家进入第七届全国文明单位序列。五是“两个责任”落地见效。持续完善“党委主责、书记首责、纪委专责、党委成员和部门分工负责”的工作格局，将追责问责与治乱追损有机结合，重点查处项目管理粗放、严重亏损背后隐藏的腐败问题和不正之风，两级纪委对10个亏损项目41名责任人立案审查，挽回损失8258万元，有效整饬项目管理乱象，规范生产经营秩序。严格开展财务资金管理专项巡察，发现相关问题498个，立行立改174项，完善制度办法31项，及时填补监管漏洞、防控重大风险。加大违纪违规惩处力度，年内处置问题线索149件，给予党纪政纪处分130人，保持反腐倡廉的高压态势。六是工团工作保障有力。紧紧围绕企业高质量发展目标，组织开展“五比五杯”劳动竞赛、技能比武、导师带徒等活动，广泛评选“技术能手”“十七局工匠”“青年岗位能手”等技术骨干，充分激发职工创新创效活力。以33个劳模（职工）创新工作室为载体，孵化创新成果143个、实用新型专利138个，为企业高质量发展注入崭新动能。完善在岗困难职工帮扶体系，帮助164户困难职工脱困解困。积极与地方政府社保机构对接，累计减免职工社保各项费用7623万元。建立职工社保清缴约谈机制，累计清缴历史欠费12246万元，切实维护职工权益。七是社会责任有效彰显。坚决落实中央疫情防控重要部署，先后派出23名医护人员驰援武汉、远赴尼日利亚抗击疫情，白小芳等受国资委、山西省和中国铁建的表彰嘉奖。持续加大精准扶贫投入，对口帮扶的青海省甘德县、山西省汾西县3个贫困村按期摘帽脱贫,驻村干部刘印洲的先进事迹被中央电视台、"学习强国"学习平台等媒体宣传报道。积极组织昭泸、九绵、南京管廊等项目参与抗洪抢险,赢得驻地政府及业主单位的充分肯定,在关键时刻展现中铁十七局的央企担当。 (罗平政)

【第一工程有限公司】 拥有公路工程施工总承包特级,铁路、建筑工程施工总承包一级,桥梁、隧道、公路路基、消防设施、建筑幕墙工程专业承包一级,水利水电、电力、矿山、市政公用、港口与航道工程施工总承包二级,公路路面、建筑机电安装工程专业承包二级,工程测量甲级,公路行业甲级设计,检验检测机构资质认定,建设工程质量检测,公路工程综合乙级检测,特种工程(结构性补强)专业承包不分等级资质。前身系成立于1952年的中国人民解放军铁道兵第七师三十一团;1984年1月,集体转业并入铁道部,改称铁道部第十七工程局第一工程处;1999年12月,与铁道部脱钩,改称中铁第十七工程局第一工程处;2002年8月,改制更为现名。驻山东省青岛市黄岛区滨海大道8899号。执行董事、总经理秦志斌,党委书记乔海洪。职工2102人。资产总额1001488万元。其中,固定资产原值149255万元、净值33376万元,流动资产915463万元。机械动力设备1643台(套)。设备原值53700万元,总功率135046千瓦,成新率29.3%;动力装备率51.27千瓦/人,技术装备率5.97万元/人。

2020年,新签合同额571992万元。产值606577万元,利润346万元。职工年人均收入63547.26元。国有资产保值增值率93.72%,净资产收益率0.56%,产值利润率0.07%,资产负债率93.26%。 (胡巧芬)

【第二工程有限公司】 拥有建筑、公路、铁路、矿山、市政公用工程施工总承包一级,水利水电、电力工程施工总承包二级,桥梁、隧道、公路路基、公路路面、地基基础、建筑装修装饰、建筑幕墙、古建筑、消防设施工程专业承包一级,钢结构工程专业承包二级,工程测量专业甲级,工程试验检测公路工程综合乙级,地质灾害治理工程丙级,营业性爆破四级资质以及独立对外承包工程和派遣劳务资格。前身为成立于1952年的中国人民解放军铁道兵第七师三十二团;1984年1月,集体转业并入铁道部,改称铁道部第十七工程局第二工程处;1999年12月,与铁道部脱钩,改称为中铁第十七工程局第二工程处;2002年7月,更为现名。驻陕西省西安市未央区浐灞二路1217号。执行董事、总经理王林俊,党委书记洪锋。职工2350人。资产总额777807万元。其中,固定资产原值230445万元、净值35105万元,流动资产669308万元,非流动资产108499万元。机械运输设备1425台(套)。设备原值54571.5万元,动力装备率58.21千瓦/人,技术装备率6.72万元/人,机械化施工程度85%以上。

2020年,新签合同额133.19亿元。产值837815万元,其中施工产值832766万元、多经产值5049万元。利润332万元,净利润297万元。职工年人均收入92641元。资产负债率94.55%,应上缴款完成率37.77%。单位工程合格率100%。 (冯贝贝)

【第三工程有限公司】 拥有公路、市政工程施工总承包一级,建筑工程施工总承包二级,水利水电工程施工总承包三级,桥梁、隧道、公路路程、公路路面工程专业承包一级资质;工程测量、控制测量、地形测量、规划测量、建筑工程测量、变形形变与精密测量、市政工程测量、线路与桥隧测量、矿山测量等甲级测绘,不动产测绘、地籍测绘、房产测绘等乙级测绘资质;交通运输部公路水运工程试验检测机构公路工程综合丙级资质认定证书,检验检测机构资质认定证书。前身系中国人民解放军铁道兵第七师三十三团;1984年1月,集体转业并入铁道部,改称为铁道部第十七工程局第三工程处;1999年12月,归属中央企业工委,改称中铁第十七工程局第三工程处;2002年8月,改制更为现名。驻河北省石家庄市中山西路。执行董事、党委书记张耀军(兼,4月免)、贾培亮(4月任),总经理王泽(10月免)。职工2124人。资产总额770665万元。其中,固定资产原值139444万元、净值13580万元,流动资产726602万元。主要机械设备406台(套),设备价值28998万元,总功率47999千瓦,成新率22%;动力装备率18.9千瓦/人,技术装备率2.6万元/人;机械化施工程度80%。

2020年,新签合同额114.78亿元。产值540884万元,其中施工产值540884万元。利润-14486万元,职工年人均收入73293元。净资产收益率203%,产值利润率 -3.81%,资产负债率101.87%。工程质量合格率100%。 (岳 蕾)

【第四工程有限公司】 拥有公路、市政公用工程施工总承包一级,水利水电、房建工程施工总承包二级,铁路、矿山工程施工总承包三级,公路路基、桥梁、隧道工程专业承包一级,地质灾害治理工程施工乙级,测绘乙级资质,并具有对外承包工程经营资格。经营领域涉及国内外铁路、公路、市政、水利水电、房屋建筑、桥梁、隧道、城市轨道交通、地质灾害治理等工程项目。同时具有国内陆路货物运输代理,商品储存(不含危险品),房屋租赁及机械设备租赁,加工、销售建筑材料

(不含危险品)、金属材料(不含稀贵金属)资格。前身系成立于1952年的铁道兵第七师三十四团;1984年1月,集体转业并入铁道部,改编为铁道部第十七工程局第四工程处;1999年12月,改制为中铁第十七工程局第四工程处;2002年7月,成立中铁十七局集团公司第四工程分公司;2003年3月,划归国务院国有资产管理委员会管理;2005年5月,与集团公司下属远通工程有限公司进行内部资源重组,更名为中铁十七局集团第四工程有限公司。驻重庆市北部高新区洪湖西路18号上丁企业公园24—25栋。执行董事、总经理张涛,党委书记郑良虎。职工2721人。资产总额918482万元。其中,固定资产原值163786万元、净值16714万元,流动资产850012万元。A类机械动力设备607台(套)。设备原值29014.6万元、净值7148.74万元,总功率80486.4千瓦,成新率24.64%。

2020年,承揽工程15项,新签合同额919602万元。产值1031480万元,其中施工产值1029863万元、附营产值1617万元。利润2615万元,职工年人均收入75564.81元。国有资产保值增值率116.45%,净资产收益率29%,产值利润率0.31%,资产负债率99.02%,应上缴款完成率100%。　(苏志英)

【第五工程有限公司】　拥有公路工程施工总承包一级,铁路、水利水电、建筑、市政公用、矿山、电力、机电工程施工总承包二级,隧道、桥梁、公路路基、消防设施、防水防腐保温、建筑装修装饰、建筑幕墙工程专业承包一级,地基基础、建筑机电安装、钢结构、公路路面、环保工程、起重设备安装、古建筑工程专业承包二级,特种工程专业承包不分等级资质。前身系中国人民解放军铁道兵第七师机械营和修理营;1984年1月,集体转业并入铁道部,分别改称铁道部第十七工程局土方机械段和修理厂,同年11月两单位合并改称机械化工程公司;1987年12月,改称铁道部第十七工程局机械化工程处;1994年6月,改称铁道部第十七工程局第五工程处;1997年3月,与局机运工程处合并仍称铁道部第十七工程局第五工程处;1999年12月,与铁道部脱钩改称中铁第十七工程局第五工程处;2002年7月,改制更名为中铁十七局集团第五工程有限公司;2004年2月,划入中铁二十二局集团,同年11月划回中铁十七局集团,仍称第五工程有限公司。注册资本金10.1亿元。驻山西省太原市小店区人民北路20号。执行董事、党委书记温爱明,总经理徐彦军。职工2227人。资产总额459716万元。其中,固定资产原值76024万元、净值21020万元,流动资产418093万元。主要机械动力设备897台(套)。设备价值30928.44万元,总功率105797.5千瓦,成新率39.25%;动力装备率70.96千瓦/人,技术装备率81400元/人;机械化施工程度85%。

2020年,承揽工程任务37项,新签合同额953962万元。产值425964万元,利润537万元。职工年人均收入91860元。国有资产保值增值率101.26%,产值利润率0.27%,净资产收益率1.26%,资产负债率90.69%。　(赵毅敏)

【第六工程有限公司】　拥有公路、市政公用工程施工总承包一级,铁路工程施工总承包二级,桥梁、隧道、公路路基、城市及道路照明、环保工程专业承包一级,建筑工程施工总承包三级资质。前身系铁道部第十七工程局厦门工程处;2001年1月,改称为中铁第十七工程局第六工程处;2002年8月,改制更名为中铁十七局集团第六工程有限公司;2005年3月与远通工程公司进行资源整合,名称不变。驻福建省福州市连江中路181号。执行董事毕永清(4月免)、路明鉴(4月任,9月免)、廖日才(9月任),总经理罗海鹏(4月免),副总经理卢剑(4月主持经理层工作),党委书记毕永清(4月免)、路明鉴(4月任,9月免)、廖日才(9月任)。职工980人。资产总额56.72亿元。其中,固定资产原值105312万元、净值33910万元,流动资产462503万元。机械设备999台(套)。设备原值71979.4万元,总功率82215.05千瓦,成新率38.85%;动力装备率64.53千瓦/人,技术装备率21.95万元/人;机械化施工程度80%。

2020年,承揽工程任务9项,新签合同额454660万元。施工产值405179万元。职工年人均收入94621元。国有资产保值增值率103.52%,应上缴款完成率12.62%。工程质量合格率100%。　(傅　艳)

【建筑工程公司】　拥有建筑工程施工总承包特级,市政、机电工程施工总承包一级,钢结构、地基基础、电子与智能化、消防设施、防水防腐保温、建筑装修装饰、建筑幕墙专业、古建筑工程专业承包一级,建筑机电安装、城市及道路照明、环保工程专业承包二级,特种工程(结构补强)专业承包不分等级,工程设计建筑行业甲级,安防工程企业资质。前身系成立于1986年5月的铁道部第十七工程局建筑工程段;1988年3月,改称铁道部第十七工程局建筑工程公司;1991年11月,扩建更名为铁道部第十七工程局建筑工程处;1999年12月,与铁道部脱钩改称中铁第十七工程局建筑工程处;2002年7月,更为现名。驻山西省太原市小店区平阳南路34号中铁十七局集团建筑科技大厦。执行董事、党委书记冯清晋,总经理李宝忠(5月任)。职工

1477人。资产总额479733万元。其中,固定资产原值44669万元、净值11682万元,流动资产454219万元。机械动力设备681台(套)。设备原值22825万元、净值2776万元,总功率77449千瓦,技术装备率2.1万元/人,动力装备率59千瓦/人,设备成新率12%、完好率94%、利用率94%。

2020年,承揽工程48项,新签合同额1074431万元。产值5000907万元,其中施工产值500029万元、附营产值878万元。职工年人均收入6.65万元。国有资产保值增值率96.79%,净资产收益率9.33%,产值利润率1.5%,资产负债率88.77%,应上缴款完成率100.8%。 (韩风云)

【电气化工程有限公司】 拥有机电、通信、电力工程施工总承包一级,铁路电务、铁路电气化、输变电、建筑装修装饰、消防设施、电子与智能化、公路交通工程(公路机电)分项工程专业承包一级,市政、建筑工程施工总承包二级,城市及道路照明工程专业承包二级,电力设施许可承装二级、承修二级、承试三级等资质。2005年12月28日注册成立,2006年1月18日正式挂牌运行,注册资本金20000万元。驻山西省太原市小店区平阳南路34号中铁十七局集团建筑科技大厦。执行董事、总经理徐国辉,党委书记石建明。职工599人。资产总额168366万元。其中,固定资产原值7976.78万元、净值1835.06万元,流动资产157434万元。主要机械设备774台(套)。设备总功率15666千瓦,成新率23%;动力装备率26.15千瓦/人,技术装备率3.06万元/人;机械化施工程度89%。

2020年,承揽工程20项,新签合同额201873万元。施工产值158330万元。 (边利霞)

【上海轨道交通工程有限公司】 拥有市政公用工程施工总承包一级资质。前身系2003年11月成立的集团公司上海分公司;2005年1月,正式列入集团组织机构序列;2007年5月,改称上海轨道交通工程有限公司;2007年7月,正式成立;2007年10月,原集团第四、第六工程有限公司的上海地铁项目资源整合纳入上海轨道交通工程有限公司。驻上海市浦东新区张扬路1518号。执行董事、党委书记廖日才(3月免)、黄焯(3月任),总经理刘庆华(3月免)、王辉(3月任)。职工562人。资产总额189858万元。其中,固定资产原值68517.34万元、净值26862.27万元,流动资产100824万元。主要机械运输设备481台(套)。设备原值68517.34万元、净值26862.27万元,总功率38671.15千瓦,成新率39.21%;动力装备率68.32千瓦/人,技术装备率47.46万元/人;机械化施工程度94%。

2020年,承揽工程任务9项,新签合同额331945万元。施工产值224064万元,利润3829万元。职工年平均工资136170元。国有资产保值率108.6%,净资产收益率8.6%,产值利润率2%,资产负债率81.4%,投资收益上缴率100%,应上缴款完成率100%。工程质量合格率100%。 (梁 薇)

【城市建设有限公司】 拥有市政、建筑、公路工程施工总承包一级,钢结构、防水防腐保温、建筑装修装饰、建筑机电安装、建筑幕墙、城市及道路照明、地基基础工程专业承包一级,水利水电、电力、机电工程施工总承包二级,河湖整治、环保、桥梁、隧道、公路路面、公路路基、消防设施工程专业承包二级,模板脚手架、特种工程专业承包不分等级,地质灾害治理工程施工丙级资质。2015年11月10日在贵安新区成立,注册资本金10亿元;2017年8月4日,由集团公司进行管理关系变更,从中铁十七局集团第一工程有限公司分离;2020年10月16日,更名为中铁十七局集团城市建设有限公司。驻贵州省贵阳市贵安新区兴安大道中109号。执行董事、党委书记陈二平,总经理陈二平(3月免)、冀荣华(3月任)。职工758人。资产总额381071万元。其中,固定资产原值3541万元、净值2329万元,流动资产344082万元。机械设备159台(套)。设备原值2876.51万元、净值1971.26万元,总功率8258.50千瓦,成新率68.53%;技术装备率2.57万元/人,动力装备率10.77千瓦/人。

2020年,承揽工程46项,新签合同额1181339万元。产值404533万元,利润7691万元。职工年人均收入89555元。产值利润率2.1%,净资产收益率15.26%,资产负债率86.77%。 (梁 天)

【重要记载】

▲4月20日 中铁十七局与山西省朔州市人民政府签署战略合作框架协议。

▲5月22日 中铁十七局与万家寨水务控股集团在太原签署战略合作框架协议。

▲5月28日 中铁十七局与四川雅化集团在太原签署战略合作协议。

▲6月30日 中铁十七局参建的格(尔木)库(尔勒)铁路青海段正式通车运营。

▲8月5日 中国铁建赴尼日利亚防疫工作组载誉回国欢迎仪式在中铁十七局总部举行。 (任树杰)

中铁十八局集团有限公司

【简况】 全国首家"五特六甲"建筑法人企业，拥有铁路、建筑、水利水电、市政、公路工程5项施工总承包特级资质和铁道、公路、市政、建筑、水利、岩土工程6项勘察设计甲级资质，18项施工总承包一级资质，22项专业施工总承包一级资质，房地产开发一级、地质灾害治理工程施工甲级、爆破作业一级资质，51项其他资质，具有对外承包工程经营权。主营业务涵盖工程承包、投资、房地产、勘察设计、试验检测、物资贸易、工业制造、新型建材等领域。总部驻天津市河西区大沽南路1519号。原系组建于1958年10月的中国人民解放军铁道兵第八师；1981年3月，铁道兵第十四师所属部队并入；1984年1月，集体转业并入铁道部，改称铁道部第十八工程局；1999年12月，更名为中铁第十八工程局；2001年4月，改制称现名；2003年3月，归属国务院国资委管理；2008年3月，随中国铁建股份有限公司整体上市。下辖12个子公司、3个专业分公司、10个境外公司、10个区域指挥部及26个工程项目部。职工19187人。资产总额4398818万元。其中，固定资产原值1108696万元、净值439456万元，流动资产3174535万元。机械设备10446台(套)。设备原值630677.07万元、净值260348.57万元，总功率1264749.62千瓦，动力装备率82.11千瓦/人，技术装备率16.9万元/人，主要设备完好率96.55%、利用率84.44%。年施工生产能力800亿元以上。

2020年，新签合同额1519.2亿元，企业总产值660.6亿元，施工产值629.2亿元。利润总额93878万元，人均利润3.57万元，职工年人均收入11.28万元，国有资产保值增值率111.13%，净资产收益率11.08%，资产负债率81.63%，应上缴款完成率100%。完成主要工程量：土石方7384.3万立方米，隧道153418延长米，桥梁99667延长米，涵洞25197横延米，铁路正线铺轨22.4千米，站线铺轨9.3千米，铁路架梁1230孔，铁路制梁1438片，公路架梁2456片，地铁23843米，房建495万平方米，公路282.6千米。获中国建设工程鲁班奖1项，中国土木工程詹天佑奖1项，国家优质工程奖5项、省部市优质工程12项、地市级优质工程及优质结构工程10项、铁建杯优质工程10项，国家级优秀QC成果26项、省市级优秀QC小组和项目管理成果72项、股份公司优秀QC小组5项。获省部级科技奖8项、股份公司科技奖3项、其他建筑类各协会科技奖11项，优秀专利奖2项，省部级工法21项。累计4次取得水利AAA证书(最高级)，首次取得建筑业AAA级信用企业，保持全国公路系统信用等级A级，持续获评天津市优秀施工诚信企业和天津市百强企业。获评全国劳模1人、天津市劳模5人、天津市模范集体1个；中国铁建劳模7人，中国铁建先进集体2个；省部级五一劳动奖状1个，火车头奖章1个。四公司通过"全国文明单位"复审。

(李秀云)

【领导人员】

董事会

董事长	王兴周
董事	闫广天
	陈建民
	阮宏毅
职工董事	高福军

监事会

监事会主席	鲁小龙
监事	温新生
职工监事	陈玉平

经理层

总经理	闫广天
副总经理	韩利民
	李铁翔
	陈建民
	薛新广(1月免)
	余柏华
	童顺军
	阮宏毅
	程志强
	代敬辉
总工程师	代敬辉(兼)
总会计师	阮宏毅(兼)

党群领导

党委书记	王兴周
党委副书记	闫广天
纪委书记	鲁小龙
工会主席	高福军

(王兴科)

【职工队伍】 职工19187人。其中，正式编制15370人、聘用3817人。管理人员16215人，技能人才2972人。管理人员中，研究生及以上学历216人、本科学历11497人、专科学历3131人、中专及以下学历1371人；各类专业技术人员14593人、正高级专业技术人员120人、高级专业技术人员2292人、中级专业技术人员

3426人。技能人才中,高级技师116人、技师328人、高级工523人、中级工207人、初级工及普通工人1798人。 (李红燕 张俊超)

【工程项目指挥机构】 华中区域指挥部 驻湖北省武汉市。总经理、党工委书记李玉华。

西南区域指挥部 驻四川省成都市。总经理、党工委书记祝天祥。

华东区域指挥部 驻上海市静安区。总经理、党工委书记李英武。

东南区域指挥部 驻福建省福州市。党工委副书记吴晓鹏。

西北区域指挥部 驻陕西省西安市。党工委副书记江顺。

青藏区域指挥部 驻西藏自治区拉萨市。总经理、党工委书记白成彬。

华南区域指挥部 驻广东省深圳市。总经理、党工委书记李同安。

津冀区域指挥部 驻天津市河西区。总经理、党工委书记钟兴兵。

华北区域指挥部 驻北京市丰台区。副总经理(主持工作)张连武。

东北区域指挥部 驻辽宁省沈阳市。总经理、党工委书记周会军。

兰渝铁路工程指挥部 驻甘肃省陇南市。常务副指挥长苏睿。

拉林铁路工程指挥部(西藏公司) 驻西藏自治区林芝市。指挥长兼执行董事、总经理李正士,党工委书记宋祥武。

渝黔高速公路扩能总承包指挥部 驻重庆市万盛经济开发区。指挥长、党工委书记曹文权。

深圳外环高速公路工程指挥部 驻广东省深圳市。集团公司副巡视员、指挥长李兰勤(2月免)。

津嵊指挥部 驻浙江省绍兴市。总经理谢远堃。

云桂铁路云南段项目经理部 驻云南省昆明市。常务副经理杨继明。

田桓铁路TH-2标段项目经理部 驻辽宁省本溪市。经理、党工委书记宋宏坤。

渝黔铁路土建2标段项目经理部 驻重庆市九龙坡区。经理、党工委书记吴忠良。

福平铁路FPZQ-1标段项目经理部 驻福建省福州市。经理杜卫军,党工委书记成贵宾。

石济铁路客运专线项目部 驻天津市津南区。经理、党工委书记王志杰。

成贵铁路CGZQSG-14标段项目经理部 驻贵州省毕节市。常务副经理、党工委书记付彦生。

大瑞铁路怒江至龙陵段项目经理部 驻云南省保山市。常务副经理、党工委书记阎树欣。

黔张常铁路1标段项目经理部 驻湖南省张家界市。常务副经理、党工委书记周凯。

蒙华铁路MHTJ-5标段项目经理部 驻陕西省延安市。经理高双涛,党工委书记谷振伟。

商合杭铁路站前4标段项目经理部 驻安徽省阜阳市。经理、党工委书记彭亚飞。

成昆铁路峨眉至米易段项目经理部 驻四川省乐山市。经理张春瑜,党工委书记刘文友。

京张铁路4标段项目部 驻北京市延庆区。经理、党工委书记宋庚银。

郑阜铁路河南段项目部 驻河南省郑州市。项目经理周大勇,党工委书记刘映红。

郑万铁路重庆段土建2标段项目经理部 驻重庆市巫山县。经理卢庆练,党工委书记申兵。

郑万高铁湖北段ZWZQ-6标段项目经理部 驻湖北省襄阳市。经理张馨,党工委书记郎琨。

兴泉铁路宁泉段6标段项目部 驻福建省泉州市。经理杨廷玺,党工委书记于晓畏。

张吉怀铁路项目经理部 驻湖南省湘西自治州。常务副经理侯守江,党工委书记张峰。

广州市轨道交通18号和22号线项目部 驻广东省广州市。经理杨春明,党工委书记曹建忠。

杭绍台铁路项目经理部 驻浙江省绍兴市。经理侯峰,党工委书记包立军。

广州市轨道交通10号线项目部 驻广东省广州市。经理杨春明,党工委书记曹建忠。

新建川藏铁路雅安至林芝段CZSCZQ-3标段项目经理部 驻四川省甘孜州康定市。常务副指挥长郭志强,常务副书记陈仕奇。 (王兴科)

【工程施工】 新建川藏铁路拉萨至林芝段LLZQ-9标段工程 位于西藏自治区林芝市,全长39.26千米。合同投资219721万元。合同工期2015年7月1日至2021年11月30日。主要工程量:土石方132万立方米,路基0.445千米,隧道4座35813延长米,桥梁5座1258.45延长米,涵洞6座271.38横延米,站场3处,无砟道床33.194千米,有砟道床6.066千米。2020年完成投资27122万元,开工累计完成投资240016万元,占合同额的114%。

成昆铁路峨眉至米易段扩能改建工程 位于四川省乐山市,全长26.672千米。合同投资196315万元。合同工期2016年4月1日至2020年11月30日。主要工程量:桥梁3座537.9延长米,隧道4座26151.6延长米,无砟道床41.556千米。2020年完成投资

56642万元,开工累计完成投资188793万元。

郑万铁路重庆段土建工程2标段　位于重庆市巫山县。合同投资171628万元。合同工期2016年12月1日至2022年1月31日。主要工程量:巫山隧道正洞16570.5延长米,无砟轨道33.2千米。2020年完成投资59710万元,开工累计完成投资164889万元。

郑万高铁湖北段ZWZQ-6标段工程　位于湖北省襄阳市,全长35.634千米。合同投资290949万元。合同工期2016年12月1日至2022年6月1日。主要工程量:隧道11座29415.279延长米,斜井1102米,桥梁15座5892.75延长米,路基350.744米,土石方119455断面立方米,无砟道床铺轨71.27千米。2020年完成投资57033万元,开工累计完成投资290283万元。

厦门第二西通道(海沧海底隧道)工程A2标段　位于福建省厦门市,全长7.79千米(左线)。合同投资77481万元。合同工期2016年3月1日至2019年7月31日。主要工程量:隧道6335延长米,跨越海域宽2000延长米。2020年完成投资21063万元,开工累计完成投资85008万元。

新疆引额供水二期输水双三标段工程　位于新疆维吾尔自治区昌吉回族自治州。合同投资43597万元。合同工期2016年12月1日至2021年12月31日。主要工程量:1号支洞1059延长米。2020年完成投资4614万元,开工累计完成投资36260万元。

新建兴国至泉州铁路宁化至泉州段站前工程XQNQ-6标段　位于福建省三明市,全长49.9千米。合同投资198998万元。合同工期2017年4月4日至2021年9月30日。主要工程量:路基2.4千米,桥梁9座1720延长米,隧道9座45925延长米,涵洞9座,车站3座,无砟道床24.8千米。2020年完成投资28138万元,开工累计完成投资196405万元。

新建南昌经景德镇至黄山铁路站前工程CJHZQJX-1标段　位于江西省景德镇市,全长37.025千米。合同投资228862万元。合同工期2018年12月26日至2023年4月30日。主要工程量:车站1座,其中正线路基6.768千米;桥梁24座14578延长米;隧道9座15679延长米;箱梁预制场1个;无砟道床正线铺轨72.8千米,站线铺轨1.316千米;桥面系14508.12延长米。2020年完成投资73111万元,开工累计完成投资103514万元。

新建汉中至巴中至南充铁路南充至巴中段站前施工总价承包工程　位于四川省南充市至巴中市,正线27.893千米。合同投资199836万元。合同工期2019年12月20日至2023年1月20日。主要工程量:路基9.349千米,隧道9座9281.71延长米,桥梁27座9366.55延长米,涵洞30座836.1横延米,站场1处,制梁402孔/片(箱梁)、架梁402孔/片(箱梁),无砟道床13.18千米、有砟道床14.71千米。2020年完成投资64000万元,开工累计完成投资64000万元。

天津地铁6号线(梅林路站—咸水沽西站)工程　位于天津市津南区,全长4.45千米。合同投资147148万元。合同工期2019年2月12日至2022年12月31日。主要工程量:2站2区间,泗水道主变电站及其电缆隧道;车站建筑面积57019平方米,正线隧道区间长度3.87千米。2020年完成投资38832万元,开工累计完成投资94020万元。

引绰济辽工程输水隧洞段施工工程5标段　位于内蒙古自治区兴安盟,全长46.49千米。合同投资145343万元。合同工期2018年9月1日至2023年4月30日。主要工程量:钻爆法施工段9.553千米,TBM掘进段36.938米。2020年完成投资36050万元,开工累计完成投资52691万元。　(李立辉)

【境外工程施工】　沙特朱拜尔TS-8高速公路项目　位于沙特阿拉伯王国东部省朱拜尔市,全长16.835千米。合同投资1.07亿美元。2018年4月9日开工,合同工期182周。主要工程量:路基工程、桥梁工程、预制拱涵、涵洞、管道保护涵、排水渠、电力通信、交通标志和护栏等设施。2020年完成投资2511万美元,开工累计完成投资6152万美元。

赢联盟几内亚达比隆港至圣图矿区铁路工程项目　位于几内亚西北部博凯区和金迪亚区,标段长47.1千米。合同投资20097万美元。合同工期2019年5月16日至2021年5月15日。主要工程量:02标段内的迁改工程、路基工程、涵洞工程、桥梁工程、站场工程和房建工程;全线(112.3千米)的预应力T梁预制、架设、桥面系和轨道工程;达比隆港车站房建工程等。2020年完成投资7254万美元,开工累计完成投资12104万美元。

卡塔尔格湾岛第3标段房建及室外工程绿洲酒店项目　位于卡塔尔首都多哈以东珍珠岛以北,建筑面积227301平方米。合同投资30175.63万美元。合同工期2020年5月28日至2022年9月15日。主要工程量:独栋别墅20栋、公寓15栋,附属俱乐部、清真寺各1栋。2020年完成投资3834万美元,开工累计完成投资3834万美元。

迪拜蓝天大酒店项目　位于迪拜玛瑞纳地区,占地面积3662平方米,建筑面积101945平方米。合同投资6.39亿迪拉姆。合同工期2020年5月27日至2023年7月27日。主要工程量:地下室1层、地面层1层、裙楼停车场11层、塔楼70层。2020年完成投资

1445 万美元，开工累计完成投资 1445 万美元。

缅甸达拉大桥项目　位于缅甸仰光市。合同投资 5780 万美元。合同工期 39 个月，合同开工日期 2019 年 5 月 27 日。主要工程量：主桥基础钻孔桩 46 根、主桥塔柱高 139.08 米。2020 年完成投资 1595 万美元，开工累计完成投资 1595 万美元。（李志敏）

【经营管理】　工程承揽。2020 年，新签合同 385 项，合同额 1519.2 亿元，完成股份公司下达年度计划 1070 亿元的 142%，完成集团公司年度计划 1100 亿元的 138.1%，同比增加 463.3 亿元，增幅 43.9%。实现企业总产值 660.6 亿元，完成年度计划 600 亿元的 110.1%，同比增加 97.4 亿元，增幅 17.3%。其中，施工产值 629.2 亿元，物资贸易产值 7.3 亿元，房地产收入 21.4 亿元，工业产值 1.2 亿元，勘察设计产值 1.1 亿元，其他产值 0.4 亿元。

企业管理。开展并完成《“十四五”规划（征求意见稿）》编制工作，制定《集团公司 2020—2022 年滚动发展与规划》等文件；取得岩土工程（勘察）甲级、公路三类五级养护资质，升级为爆破作业一级许可单位，通过地质灾害防治甲级施工资质延续换证；确保昌景黄铁路浮梁北制梁场、京滨铁路北辰制梁场通过国家认证；完成股份公司对集团公司本级 2019 年度内控评价及考核工作；取得集团公司 2020 年度水利建设市场主体信用评价 AAA 级（最高级）、首次获得建筑业 AAA 级（最高级）信用企业、持续保持全国公路信用评价 A 级、天津市建筑市场和水利市场信用等级保持投标加分、天津市诚信企业和天津市百强企业荣誉。推动企业改革，规范总部机构名称及职级职务称谓，优化总部机构设置；推进集团多元发展，服务集团公司“3 + N”经济格局，设立武汉中铁凯博物业分公司；推动区域滚动属地化发展，设立嵊州、泾河新城、大理分公司和许昌房地产开发公司；筹划合资设立中铁建竹缠绕复合材料（重庆）有限公司；尝试参与天津市国有企业混改。开展注册人员专项整治，办理推进工商证照变更。出台工程公司建设保障制度，编制《中铁十八局集团有限公司 2020 年度社会责任报告》。

安全质量管理。获评股份公司年度安全包保考核优秀单位。依据《2020 年度安全生产包保责任书》，兑现加分奖励。开展安全质量隐患排查治理，实行工程项目内部安全许可制度，5 个标段获“中铁建安全质量标准工地（车间）”称号。组织参加各类安全质量培训 1102 人。开展铁路质量安全红线管理、优质工程申报、QC 小组、全国质量月等活动。5 名内审员组成宣贯内审组，对业务工作、内业资料及施工现场安全、质量、环境、物资等各项管理进行规范；外审顺利通过。全年获国家级优质工程奖 7 项，其中中国建设工程鲁班奖 1 项、中国土木工程詹天佑奖 1 项、国家优质工程奖 5 项；省部级优质工程 12 项；地市级优质工程及优质结构工程 10 项；铁建杯优质工程 10 项。获国家级优秀 QC 成果 26 项；省市级优秀 QC 小组和项目管理成果 72 项；股份公司优秀 QC 小组 5 项。

财务管理。制度建设。制定、修订《对外捐赠管理》等办法；下发《关于加强所属分公司财务管理的通知》等通知，完善管理体系。财经状况核查。建立财务大检查管理体系和组织体系，对 286 个单位进行现场抽查，超额完成股份公司要求的对下抽查比例；自查覆盖面 100%；抽查覆盖率超过 25%。资金管理。资金池吸收存款 65.94 亿元，调剂资金 53.87 亿元，约节约财务费用 2.07 亿元。金融机构综合授信总额突破 850 亿元，实现表外融资 18.5 亿元，实现延期支付 10.7亿元。产权管理。强调产权登记 9 项流程，明确管理范围，规定各种出资模式下的登记程序，细化产权登记管理。绩效考核。新增海外资产收益个性指标，加快海外资金回收；调增房地产板块、投资板块营业收入指标权重；新增顽固库存去化率管控指标。财务决算、预算。建立初审关，把好审计关、报送关。确保报表数据准确，为领导决策提供依据。建立健全“战略、预算、执行、分析”的全过程管控机制。科学分解主要预算指标，引导资源高效配置。清欠管理。成立“两金”压控工作领导小组，狠盯重点债权，加大督导帮扶，强化考核奖罚。2000 万元以上重点债权较期初减少9.95亿元，减幅22.38%。全年清回顽固性债权3.12 亿元。财税筹划。连续 8 年获评纳税信用等级 A 级。利用税收优惠政策减免企业所得税 5735 万元，2020 年获异地预缴所得税退税 3698 万元。利用疫情优惠政策节约现金流 4458 万元，增加利润 514 万元。收到留抵退税款 3.2 亿元。研究制定《研究开发活动及费用管理操作指南》，根治研发费用管理乱象。财务信息化建设。逐步推进银企直联工作，推广费用预算系统，开展单据优化试点工作。完成税务、薪酬、总账类等 35 个单据流程创建及测试工作。经费开支与管理。新增“经费开支审批单”及审批节点，明确差旅补助发放范围，严控经营费用开支。财会学会工作。组织财税知识竞赛，《建筑施工企业增值税合理规划》论文获 2020 年建筑财税优秀论文特等奖、建筑财税管理典型案例最佳案例。培训工作。通过中高级职称考试 83 人，财务人员按时完成继续教育，创新开展 6 期“财务空中视频课堂”活动。

经济管理。成本管理。基本形成内部承包、模拟股份制改革的态势，充分督导检查监管职能，落实成本分析通报制度，监督标前测算基础工作到位，持续强化项目成本预控,控制隧道成本下发指导性意见,确保经济活动分析工作有效开展,建立督导发现问题销号制度,加大对工程公司总部业务监管力度,督促大项目前期工作落实到位,初步确定经济管理研究课题,开展提质增效专项行动。定额管理。成为国家铁路局规标院和铁路总公司经规院的2020年铁路造价标准编制合作单位,参与"铁路隧道工程定额测定与研究"等课题顺利结题,配合国家铁路局和铁总经规院在综合工费、隧道造价指标等方面调研。参与的"铁路隧道工程定额测定与研究"等课题顺利结题。亏损治理。加强亏损治理分片区督导落实,定期召开亏损治理工作季度例会,亏损治理目标进行多维度分解,督促工程公司召开亏损治理专题会;加强风险项目预警监控。二次经营管理。超额完成年度计划,加强铁路销号及开通项目推进,开展重大事项督办,项目变更索赔督导帮扶,推进新冠疫情防控费用申报,推进在建项目业主合同违约商谈。分包管理。加强重难点项目劳务督导检查、分包商准入管理、工程项目施工分包管理、项目劳务用工实名制管理,监督指导项目加强分包商信用评价工作。

审计监督。建立健全现行规章制度,加强基础工作考评,选树典型,加强整改,消化问题,有效规避各类外部审计风险。2020年完成内部审计项目144个,其中经济责任审计22个、财务收支及经济效益审计39个、工程项目竣工审计34个、工程项目审计18个、财务决算审签5个、专项业务审计15个,专项审计调查4个、绩效考核复核审计7个,提交审计报告139份,审计发现问题741个,提出审计建议628条,被采纳628条,移交纪委线索29条,发现问题金额219437.05万元。 (李秀云)

【科技成果】 2020年,组织完成16项科技成果的评价,其中达到国际先进以上水平12项,获省部级科技奖8项、股份公司科技奖3项、其他建筑类各协会科技奖11项;获优秀专利奖2项;新增专利授权304件,其中发明专利48件,获软件著作权13项;获省部级工法21项;编制国家标准1项、行业标准2项、地方标准1项、发布团体标准2项,集团首次主持编制股份公司企业标准1项并颁布实施;参与住建部课题1项、国铁集团课题2项,获立股份公司B类课题1项、C类课题3项。获评陕西省建筑业创新技术示范工程1项、天津市建筑业新技术应用示范工程1项、山东省绿色智慧建造科技示范工程1项。 (刘玉飞)

【党群工作】 党的工作。各级党组织640个,其中党委26个、党总支22个、党支部592个。党员8154人。党建工作。巩固深化"不忘初心、牢记使命"主题教育成果,深入开展"强基础、强引领、促攻坚"活动。开展"三会一课",推进党支部建设。1个党支部被命名为第二批中国铁建"示范党支部"。多种形式宣贯党的十九届五中全会精神,不断增强"四个意识"、坚定"四个自信"、做到"两个维护"。印发《关于进一步做实集团公司领导班子成员党建联系点工作推进企业"三大改革"落实的通知》等文件,推动"三大改革"落实。组织召开领导班子民主生活会,开展"四好"领导班子创建评比表彰工作。起草制定《关于坚持党的领导巩固和发挥政治优势全面推进"三大改革"的决定》《关于印发中铁十八局集团工程项目部贯彻"十个坚持及坚定不移"全面推进"三大改革"落实实施细则的通知》等文件,开展"强基础、强引领、促攻坚"活动,交流学习二公司木绒大桥项目部党支部等6家单位优秀经验做法,开展浙江嵊州五里浦项目"党建联盟"活动。加强基层党支部建设,命名9个党支部为集团公司第三批示范党支部,551个支部召开专题组织生活会,所属单位73名党政主管领导、560名项目部党支部书记讲授专题党课。印发《关于全力做好新型冠状病毒感染的肺炎疫情防控工作的紧急通知》等专项通知,研究制定系列防控预案和复工复产等专项工作方案。累计投入防控资金2000余万元,物资100余万件。捐赠和支援物资50余万件,各类捐款捐物折合价值200余万元,为商户减免租金302万元;承担定点医院、留观点、隔离点改造任务10余项;为天津海河医院医护人员提供休整服务。两级党委拨出141.8万元专项党费加强疫情防控,6793名党员捐款90.52万元。召开党委常委(扩大)会议24次,前置研究企业经营管理议题128项。组织召开2020年组织(统战)工作及培训会议、党员发展对象培训班,组织578名基层党支部书记参加股份公司支部书记培训班。全年846名基层党组织书记、党务干部参加各级各类培训,发展党员229人。组织开展集团公司工程技术专家、第十一届技术带头人、青年科技拔尖人才、首届特级技师评选等系列选聘、评选活动,获茅以升工程师奖1人,获评天津市"131"创新型人才人选1人,1个团队获股份公司盾构机操作工技能竞赛团体第2名。表彰先进基层党组织39个,优秀党务工作者30人和优秀共产党员80人。集团公司党委划拨慰问金25.3万元,慰问党员81人。保密委员会办公室获天津市保密先进单位。编发《政工信息》65期,刊发稿件314篇。

宣传思想工作。集团本级组织党委理论学习中心组集体学习13次,其中专题研讨4次,意识形态工作重要性宣讲6场次。开展"反对四种主义、打造四种文化"主题教育活动,授予何俊贤"实干担当的党员楷模”、王会堂“敬业奉献的党员标兵”称号。推出系列评论员文章13篇、“以文化人促改革”系列专题10期；刊发“三大改革之领导抓”“三大改革之基层干”“三大改革之大家谈”专题12期、“内部承包和模拟股份制典型项目深度采访报道”9期。2个子公司成功申报“天津市文明单位”，四公司通过“全国文明单位”复审，2篇政研课题在股份公司立项。打造TBM品牌文化，主办第四届全国隧道掘进机工程技术研讨会暨TBM施工技术创新发展高峰论坛。《传承铁军精神，打造“四种文化”，以文化的力量推动企业高品质发展》文化成果获2020年度全国铁道企业文化优秀成果二等奖。省级以上媒体刊发（播）新闻916篇（条），其中中央电视台《新闻联播》36条，对外报道总篇数居股份公司系统第一位，1篇新闻获第七届国企好新闻奖。在“学习强国”学习平台刊发稿件220余篇，《中国铁道建筑报》刊稿240余篇。在《人民日报》、共青团中央、国资委新媒体平台及省部级地方政府官方新媒体平台刊发作品90余条，在股份公司“两微一抖”刊发130余条，新媒体运维在中国铁建系统排第三位。出版《中铁工人》报12期，《企业政工》4期。

党风廉政建设。以“稳严精”为主线，加大执纪问责力度，为“十三五”圆满收官提供纪律保障。组织开展以“强化内动力、强化自控力、强化执行力”为主要内容的主题反腐倡廉教育月活动660余场次，编发廉洁警句2060条。派出61个次督查组对285个单位疫情防控、复工复产情况，进行突击检查和明察暗访，成立集团公司党风廉政建设和反腐败工作协调小组，抓好股份公司党委巡视整改督查组反馈意见的整改工作，对所属8家单位党委巡察整改落实情况进行督查。全年处置问题线索161件；立、结案73件，给予党政纪处分98人；责令退赔金额183.06万元；通过执纪审查，向企业退缴违纪违法所得25.5万元。

工会工作。工会组织48个，其中子公司工会12个，分公司工会3个，总部工会1个，集团公司区域指挥部9个，工程指挥部工会（工委）23个。会员20747人。集团工会拨付建家建线专项资金273.63万元，各子分公司帮扶艰苦项目95个，拨付建家建线专项资金272.64万元，现场帮扶及慰问51个项目；划拨“送清凉”慰问金及重难点项目帮扶慰问金574.5万元，子分公司投入“送清凉”慰问金323万元；筹集发放“送温暖”资金197.85万元，走访慰问困难职工家庭134户；投入“三不让”资金日常帮扶74.08万元；累计拨付防疫专项资金770余万元；海外项目拨付防疫专项资金1050余万元。参加中国铁建工会干部在线培训549人。组织、联合铁路文工团“送文艺下基层”小分队走进多个项目；开展系列读书、征文活动，获全国第八届“书香三八”活动优秀组织奖；开展“微心愿”、青年职工集体婚礼、“幸福家庭”建设、“众志成城、抗击疫情”三八妇女节系列活动和“强身健体我快乐、齐心筑梦十八局”健步走等活动。推进劳模创新工作室创建，孔凡成劳模创新工作室通过全国总工会复审。组织开展“九比六创”“决战决胜百日攻坚”“安康杯”劳动竞赛，启动“巾帼心向党·建功新时代”暨反对“四种主义”打造“四种文化”道德讲堂主题巡回宣讲活动。刊发政工信息（工会专刊）24期，天津市总工会采用6篇，被定为天津大企业系统、中国铁建系统全国总工会信息唯一直报点。获全国劳模1人，天津市模范集体1个、劳模5人，股份公司先进集体2个、劳模7人；火车头奖杯1个、火车头奖章1人；省级五一劳动奖状和工人先锋号各1个；全国五一巾帼标兵岗1个、巾帼建功标兵1人、最美家庭1个；天津市巾帼标兵1人，全路工会先进工作者1人；股份公司三八红旗手4人、先进女职工工作者1人、先进女职工组织1个；天津市模范职工之家1个、优秀工会工作者和优秀工会积极分子各1人。集团公司获全国竞赛组织先进单位；全国“安康杯”优胜单位、优胜班组各1个；天津市“安康杯”竞赛优胜单位、优胜班组、先进个人各1个。

共青团工作。团员4431人，专兼职团干部901人。建立各级团组织433个，其中团委17个，团工委、团总支101个，团支部316个。通过各种形式组织学习习近平新时代中国特色社会主义思想、党的十九届五中全会精神等，开展“青春心向党·建功新时代”、“号、手、岗、队”青字号品牌创建、“投身改革青年行、勇担使命建新功”等主题活动，组织未婚青年职工联谊、导师带徒等活动。推进集团公司、工程公司、基层项目部团组织换届选举工作。开展“我的青春、我的奋斗故事”青年职工座谈会，“守护十八局、战疫我行动”、为老服务、助力高考、文化宣传、义务植树等志愿服务活动，组织和参加新冠肺炎疫情隔离点建设、属地政府微心愿服务、项目驻地抗震救灾、抢险救灾、捐资助学等社会公益活动。（李秀云）

【第一工程有限公司】 拥有铁路、水利水电工程施工总承包二级，隧道、桥梁、公路路基工程专业承包一级资质。前身系中国人民解放军铁道兵第八师第三十六团；1984年1月1日，集体转业，改编为铁道部第十八工程局第一工程处；1999年9月，改称中铁第十八工程局第一工程处；2001年8月，改制称现名；2011年3月，与中原公司整合重组。驻河北省涿州市冠云西路86号。党委书记、执行董事张有飞，总经理李世争。职工2766人。资产总额425117万元。其中，固定资产原值117795万元、净值29374万元，流动资产

348008 万元，其他资产 47735 万元。设备 1351 台（套）。设备原值 6.7 亿元、净值 1.87 亿元，总功率 145657.25 千瓦，技术装备率 9.1 万元/人，动力装备率 70.81 千瓦/人，设备完好率 81%、利用率 70%，机械化施工程度 90% 以上，年施工能力 60 亿元以上。

2020 年，新签合同额 190.9 亿元，总产值 63.03 亿元，利润 6719.84 万元，职工年人均收入 106831 元。资产负债率 84.67%，资产保值增值率 112.67%，净资产收益率 10.22%，产值利润率 1.07%，应上缴款完成率 100%。（房志勇）

【第二工程有限公司】 拥有铁路、市政公用、公路工程施工总承包一级，电力工程施工总承包二级，建筑工程施工总承包三级，桥梁、隧道、铁路铺轨架梁、地基与基础工程专业承包一级，钢结构工程专业承包三级，军工涉密，承装（修、试）电力设施（承装类四级、承修类四级），工程检验检测资质。驻河北省唐山市丰润区光华道 28 号。前身系组建于 1948 年 2 月的中国人民解放军铁道兵第八师第三十七团；1984 年集体转业，改称为铁道部第十八工程局第二工程处；2000 年，归并中央企业工委，更名为中铁十八工程局第二工程处；2001 年 10 月，改制称现名。执行董事、党委书记于长彬，总经理尹黔（9 月任）。职工 2280 人。资产总额 403060.22 万元。其中，固定资产原值 62377.7 万元、净值 21778.64 万元，流动资产 365347.64 万元，其他资产 37712.58 万元。机械设备 474 台（套）。设备原值 23694.9 万元、净值 11742.6 万元，总功率 67951 千瓦，技术装备率 5.13 万元/人，动力装备率 29.71 千瓦/人，设备完好率 84%、利用率 81%，机械化施工程度 91% 以上，年施工能力 80 亿元以上。

2020 年，新签合同额 138.3 亿元，营业收入 59.2 亿元，其中施工产值 59.2 亿元，利润 11239.2 万元，在岗职工年人均工资 9.73 万元。资产负债率 88.77%，资产保值增值率 112.09%，净资产收益率 11.45%，产值利润率 1.90%，应上缴款完成率 100%。（许燕宁）

【第三工程有限公司】 拥有公路、铁路、建筑、市政公用工程施工总承包一级，隧道、桥梁、公路路基专业承包一级，水利水电施工总承包二级，公路路面、输变电工程专业承包二级，国家计量认证，交通部综合乙级试验、测绘乙级、爆破作业单位许可（营业性）四级资质。前身系中国人民解放军铁道兵第八师第三十八团；1984 年 1 月，集体转业，改编为铁道部第十八工程局第三工程处；1999 年 9 月，改为中铁第十八工程局第三工程处；2001 年 10 月，改称现名。驻河北省涿州市冠云路。执行董事、党委书记刘术臣，总经理刘晏斌。职工 2757 人。资产总额 694799.17 万元。其中，固定资产原值 134101.08 万元、净值 59215.76 万元，流动资产 585015.75 万元，无形资产 2764.43 万元，其他资产 47803.23 万元。机械动力设备 990 台（套）。设备原值 48946.53 万元、净值 17577.28 万元，总功率 10.09万千瓦，技术装备率 6.18 万元/人，动力装备率 35.5 千瓦/人，设备完好率 82%、利用率 76%，年施工能力 62 亿元以上。

2020 年，承揽工程 56 项，新签合同额 179.5 亿元，总产值 86.4 亿元，占集团公司年度计划的 139.36%，其中施工产值 85.89 亿元，利润 6505.89 万元，职工年人均收入 12.96 万元。国有资产保值增值率 109.77%，净资产收益率 17.38%，资产负债率 94.36%，应上缴款完成率 100%。（梁淑芳）

【第四工程有限公司】 拥有市政公用、房屋建筑工程施工总承包一级，钢结构、建筑装饰装修工程专业承包一级，建筑机电安装、环保工程专业承包三级，施工劳务不分等级，房地产开发四级，测绘乙级资质。2005 年 3 月，由原集团公司津滨指挥部、技工学校、子弟学校、幼儿园合并成立，同年 4 月原集团建筑工程公司撤销其下属部分项目（单位）和人员划归四公司（包括蓟县机械厂）；2006 年 11 月，注册汉沽区新开中路；2013 年 10 月，由汉沽迁至现址；2015 年 11 月，六公司整体并入四公司。驻天津市双港高科技产业园丽港园 33 号。执行董事、总经理王志军，党委书记高纯根。职工 2897 人。资产总额 707704.55 万元。其中，固定资产原值 135587.62 万元、净值 59454.84 万元，流动资产 618663.02 万元，其他资产 13628.51 万元。机械运输设备 987 台（套）。设备原值 51331.71 万元、净值 22356.34 万元，总功率 108275.8 千瓦，动力装备率 51.27 千瓦/人，技术装备率 10.59 万元/人，年施工能力 92 亿元以上。

2020 年，新签合同额 259.43 亿元，总产值 92.6 亿元，其中施工产值 92.6 亿元，净利润 4052.08 万元，职工年人均收入 10.49 万元。国有资产增值保值率 119.14%，净资产收益率 17.47%，资产负债率 96.43%，应上缴款完成率 100%。（褚燕岚）

【第五工程有限公司】 拥有市政公用、建筑、公路工程施工总承包一级，铁路工程施工总承包二级，桥梁、隧道、公路路基、公路路面工程专业承包一级，预拌混凝土专业承包不分等级资质。前身系 1965 年、1970 年组建的铁道兵第十四师第六十八团、第七十团；1981 年 2 月，撤编为铁道兵第八师第四十团；1983 年 10 月，集体转业，改编为铁道部第十八工程局第五工程处；

2001年10月，改制称现名。驻天津市滨海高新区塘沽海洋科技园新北路3199号。董事长、总经理李文广，党委书记刘富华。职工3725人。资产总额100.92亿元。其中，固定资产原值14.57亿元、净值5.62亿元，流动资产88.32亿元，其他资产6.98亿元。机械运输设备1646台(套)。设备原值7.69亿元、净值2.76亿元，总功率142453千瓦，动力装备率55.28千瓦/人，技术装备率10.71万元/人，机械化施工程度95%，年施工生产能力100亿元以上。

2020年，新签合同额209.7亿元，完成集团公司年度计划的139.83%，施工产值110.9亿元，净利润20800万元，职工年人均收入11.09246万元。国有资产保值增值率106.97%，净资产收益率6.51%，资产负债率68.31%，应上缴款完成率100%。（潘桥敏）

【隧道工程有限公司】 拥有市政公用工程施工总承包一级，桥梁、隧道工程专业承包二级，建筑工程总承包三级资质。前身系西安南京铁路桃花铺隧道工程指挥部；2002年TBM工程公司与西北公司合并成立隧道工程公司；2011年与上海公司整合重组改为现名。驻重庆市北碚区蔡家岗镇凤栖路6号。执行董事、总经理胡恒千，党委书记秦跃新。职工1956人。资产总额606913万元。其中，固定资产原值225096万元、净值86406万元，流动资产488341万元，非流动资产118572万元。机械设备1473台(套)。设备原值22.11亿元、净值11.53亿元，总功率370252.8千瓦，技术装备率107.05万元/人，动力装备率343.78千瓦/人，设备完好率96%、利用率92%，机械化施工程度90%以上，年施工能力50亿元以上。

2020年，新签合同额97.63亿元，总产值53.24亿元，利润146万元，职工年人均收入8.76万元。国有资产保值增值率101.44%，净资产收益率1.45%，资产负债率93.65%，应上缴款完成率100%。

（杨正宏）

【市政工程有限公司】 拥有市政公用、建筑工程施工总承包二级，石油化工工程施工总承包三级资质。2011年6月，由原华南工程公司与福建工程公司整合成立原轨道交通工程有限公司；2015年11月，与集团公司原北京地铁指挥部整合重组为新的轨道交通工程有限公司；2018年10月，更名为现名。驻天津市津南区中铁十八局集团东区。执行董事、总经理陈典华，党委书记任彦武。职工1192人。资产总值346331万元。其中，固定资产原值92976万元、净值26299万元，流动资产267249万元，其他资产52783万元。机械设备835台(套)，设备总功率90019.17千瓦，技术装备率20.25万元/人，动力装备率91.39千瓦/人，设备完好率86%、利用率87%，机械化施工程度91%以上，年施工能力60.5亿元以上。

2020年，新签合同额50.1亿元，总产值60.51亿元，其中施工产值60.5亿元，利润5455万元，职工年人均收入11.7499万元。资产负债率81.71%，资产保值增值率196.34%，净资产收益8.36%，产值利润率1%，应上缴款完成率100%。（熊淑娥）

【建筑安装工程有限公司】 拥有市政公用、建筑、机电工程施工总承包一级，钢结构工程专业承包一级，电力、石油化工工程施工总承包二级，建筑幕墙、建筑装修装饰工程专业承包二级，铁路电务、铁路电气化、地基基础工程专业承包三级，锅炉安装维修1级、压力管道安装GA1乙级、GB1(含PE专项)级、GB2(2)级、GC1级特种设备施工许可资质。驻天津市空港经济区。前身系始建于1985年的中国人民解放军第八师后勤部所属专业建筑安装队伍，全称为铁道部第十八局高碑店建筑安装工程公司，隶属铁十八局河北办事处；1993年，并入铁道部第十八工程局第四工程处；1998年7月，从四处脱离，更名铁道部第十八工程局建筑安装工程处；1999年12月，更名为中铁第十八工程局建筑安装工程处；2001年4月，改制称现名。执行董事、总经理李景，党委书记张建友(6月任)。职工1361人。资产总额22.14亿元。其中，固定资产原值2.83亿元、净值1.53亿元，流动资产20.11亿元，其他资产2.03亿元。机械设备756台(套)。设备净值3654.07万元，总功率19562千瓦，动力装备率25千瓦/人，技术装备率5.1万元/人，设备完好率92%、利用率95%，年施工生产能力45亿元以上。

2020年，新签合同额142.8575亿元，总产值43.2162亿元，其中施工产值43.2162亿元，职工年人均收入11.3万元。国有资产保值增值率118.45%，净资产收益率14.50%，产值利润率1.22%，投资回报率3.68%，资产负债率86.82%，应上缴款完成率100.83%。（龚　丽）

【北京工程有限公司】 拥有建筑工程施工总承包一级，建筑装修装饰、建筑机电安装工程专业承包一级，市政公用工程施工总承包二级，公路路基工程专业承包二级资质。前身系由原铁道兵第八师在京担负建筑施工任务的骨干队伍组建而成的一支具有综合建筑作业能力的施工企业；2001年10月，改制为北京中铁大都工程有限公司；2019年10月，更名为现名。驻北京市大兴区西红门镇欣荣北大街31号。党委书记、执行董事李仆，总经理韩正伟。职工550人。固定资产原值1271.49万元、净值502.21万元。机械运输设备55台(套)。设备总功率6061千瓦,动力装备率13.09千瓦/人,技术装备率1.08万元/人,完好率100%,年施工能力45亿元。

2020年,承揽工程17项,承揽总额93.35亿元,营业收入31.8亿元,施工产值32.59亿元,净利润2610万元,职工年人均收入12.39万元。国有资产保值增值率278%,净资产收益率12.43%,资产负债率76.18%,应上缴款完成率100%。（贾　靖）

【房地产开发有限公司】 拥有房地产开发一级资质,获批中国铁建股份有限公司“房地产主业”资格,是集房地产开发、土地整理、施工管理、建筑用材、建筑设备经营、自有房屋租赁等业务的专业性房地产公司。2010年5月成立,前身系中铁十八局集团投资开发管理中心。注册地天津市津南区双港镇津沽路北海军仓库南。执行董事、总经理翟岩,党委书记金文红。职工175人。资产总额425186万元。其中,固定资产原值3623万元、净值1916万元,流动资产390273万元。

2020年,主营业务收入218695万元,净利润10930万元,职工年人均收入11.9万元。国有资产保值增值率193.7%,应上缴款完成率100%。

（韩　娟）

【物资贸易有限公司】 中铁十八局全资成立的集物资批发、零售、机械设备租赁、工业产品加工、招标服务于一体的专业化子公司,2015年成立。驻天津市空港经济区中环西路。执行董事、总经理张文选,党委书记王永福。职工120人。资产总额88894.25万元。其中,固定资产原值1076.93万元、净值540.31万元,流动资产88343.45万元,非流动资产550.81万元。

2020年,新签合同209项,合同总额157600万元,总产值76694.61万元,净利润521.67万元,职工年人均收入10.36万元。国有资本保值增值率108.85%,净资产收益率8.59%,资产负债率92.97%,应上缴款完成率100%。（王剑坤）

【环保科技工程公司】 拥有建筑工程施工总承包三级资质。主营竹基复合材料、纤维增强覆面木基复合板和宾馆产业。2019年1月成立,注册资本金2亿元。前身系中铁十八局集团竹缠绕产业指挥部。驻天津市蓟州区京津州河科技产业园仓桑公路北侧、富贵路西侧。执行董事、总经理王国友,党委书记李燕生。职工128人。资产总额14423万元。其中,固定资产原值2178万元、净值1050万元,流动资产10949万元,非流动资产3474万元。竹缠绕管道生产线4条,竹缠绕管廊生产线1条,年产值2.5亿元。

2020年,营业收入1953万元,净利润131万元。净资产收益率81.21%,产值利润率9%,投资回报率2.34%,资产负债率98.6%,应上缴款完成率100%。

（宋宗领　郭惊雷）

【重要记载】

▲1月14日　中铁十八局首次获股份公司科技重大专项“川藏铁路隧道智能施工关键技术研究及装备研制”立项,课题资助总额1204.4万元,实现中铁十八局首次主持股份公司科技重大专项的突破。

▲1月21日　中铁十八局取得岩土工程(勘察)甲级资质,成为全国唯一一家五特六甲法人企业。

▲7月6日　中铁十八局与湖南建工集团有限公司在长沙签署战略合作协议。

▲7月21日　中铁十八局、万家寨水务控股集团战略合作框架协议在山西太原举行。

▲10月20日　中铁十八局与北京洪泰产业投资有限公司在天津举行合作洽谈并签署战略合作框架协议。

▲11月14日　中铁十八局TBM创新团队入选第七批天津市创新人才推进计划重点领域创新团队,增强创新平台建设。

▲12月17日　中铁十八局一公司厦门海沧海底隧道项目、兴泉铁路项目获国家级BIM大赛奖项。

（李秀云）

中铁十九局集团有限公司

【简况】 拥有铁路、公路、建筑、市政公用工程4个专业5项施工总承包特级资质、5项工程设计行业甲级资质,爆破作业单位许可证(营业性)A级,同时拥有境外工程承包资质和对外经营权。涉及铁路、公路、轨道交通、矿山、房建、桥梁、隧道、市政、水利水电、机场、港口码头等诸多施工领域。前身系中国人民解放军铁道兵第九师;1984年1月,集体转业并入铁道部,改编为铁道部第十九工程局;1999年12月,改称中铁第十九工程局;2000年9月,划归中央企业工委管理;2001年12月,改制称现名,归属国务院国资委管理。总部驻北京市经济技术开发区荣华南路19号。下辖第一、第二、第三、第五、第六、第七工程有限公司、电务工程有限公司、轨道交通工程有限公司、矿业投资有限公司、西藏工程有限公司、广州工程有限公司、华东工程有限公司、房地产开发有限公司、物资有限公司、工程检测有限公司、国际建设分公司、勘察设计院分公司、职工中心医院，东北、华北、西北、中原、华东、华中、西南、华南 8 个区域指挥部。职工 16484 人，其中干部 11765 人、工人 4719 人。资产总额 518.4 亿元。其中，固定资产原值 89.4 亿元、净值 30.2 亿元，流动资产 388.9 亿元。单价 5 万元以上设备 9007 台。设备原值 62.99 亿元、净值 21.24 亿元，成新率 33.72%，动力装备率 77.08 千瓦/人，技术装备率 13.04 万元/人。

2020 年，新签合同 311 项，合同额 730.79 亿元，总产值 506.31 亿元。利润总额 1.83 亿元，净利润 0.95 亿元，资产负债率 84.59%。年初在建工程 324 项，年底完竣工 72 项。主要实物工程量：土石方 39375.23 万立方米，桥梁 101820 延长米，隧道（洞）142270 延长米，涵渠 27780.27 横延米，公路路面 2815.74 万平方米，房屋建筑面积 322.25 万平方米，制梁 13066 片，架梁 13577 孔，铁路铺轨 145.50（单线）千米，无砟轨道 215.51 千米。年内获国家优质工程奖、中国建设工程鲁班奖各 1 项，省部级优质工程 12 项；全国建设工程优秀 QC 成果 4 个，省部级优秀 QC 成果 34 个。获国家科技进步二等奖 1 项，国家专利授权 183 件，其中发明专利 20 件。

（方迎春）

【领导人员】

董事会

董事长　杨哲峰
董事　李华伟
　丰兴桥（8 月任）
　张文忠（8 月任）
职工董事　金学锋（10 月免）

监事会

监事会主席　任保义
职工监事　崔　军
　张　帆

经理层

总经理　李华伟（3 月任）
副总经理　解方亮（5 月免）
　丰兴桥
　尚尔海
　马秀之（5 月免）
　张文忠（5 月任）
　朱元生（2 月免）
　曲桂有
　余　霖
　陈友建（5 月任）
　赵　琦（5 月任）
　李长城（5 月任）
总工程师　尚尔海
总会计师　马秀之（5 月免）
　张文忠（5 月任）

党群领导

党委书记　杨哲峰
党委副书记　李华伟
　金学锋（10 月免）
纪委书记　任保义
工会主席　金学锋（10 月免）

（郭蕊民）

【职工队伍】　职工 16484 人。干部 11765 人，其中技术干部 11420 人，占干部总数的 97%。技术干部中硕士研究生及以上学历 130 人、本科学历 8287 人、大专学历 2558 人、中专学历 236 人、高中学历及以下学历 214 人，35 岁及以下 6883 人、36～40 岁 1782 人、41～45 岁 958 人。专业技术干部中高级职务 1690 人、中级职务 3337 人、初级职务 5498 人。工人 4719 人，其中技术工人 3736 人，占工人总数的 79.17%。本科及以上学历 458 人、大专学历 924 人、中专技校学历 888 人、高中学历 1466 人，35 岁及以下 426 人、36～40 岁 886 人、41～50 岁 1726 人。技术工人中高级技师 702 人、技师 1031 人、高级工 774 人、中级工 326 人。

（刘　剑）

【区域经营机构】　东北指挥部　驻辽宁省沈阳市。总经理李智。

华北指挥部　驻河北省石家庄市。总经理张中明。

西北指挥部　驻陕西省西安市。总经理孔凡友。

中原指挥部　驻河南省郑州市。总经理张明。

华东指挥部　驻浙江省杭州市。总经理席晓伟。

华中指挥部　驻江苏省南京市。总经理尚长虹。

西南指挥部　驻重庆市渝中区。总经理殷树华。

华南指挥部　驻广东省广州市。总经理姜长清。

（王卓茹　郭蕊民）

【工程管理】　2020 年，完成产值 506.31 亿元，较上年同期增加 46.2 亿元，同比增长 10%。年初在建项目 324 项，年底完竣工 72 项，年内保开通项目业全部开通交付。

广州市轨道交通 18 号和 22 号线项目　合同投资额 82.2 亿元。合同工期 2017 年 10 月 28 日至 2021 年 6 月 28 日。2020 年完成投资 321153 万元，开工累计完成投资 653939 万元。

新建叙毕铁路（贵州段）站前工程　位于贵州省

毕节市，全长36.62千米。合同投资129832万元。合同工期2016年5月23日至2022年6月30日。2020年完成投资25133万元，开工累计完成投资108581万元。

新建北京至雄安新区城际铁路JXSG－4标段　位于河北省廊坊市，正线13.837千米。合同投资241340万元。合同工期2018年5月1日至2020年11月30日。2020年完成投资66862万元，开工累计完成投资240070万元。

新疆引额供水二期输水工程喀双段4标段工程　位于新疆维吾尔自治区阿勒泰市。合同投资17.4669亿元。合同工期2017年2月15日至2024年6月30日。2020年完成投资17429万元，开工累计完成投资80505.9万元。

新建玉溪至磨憨铁路先期开工段站前工程7标段　位于云南省普洱市，全长19.393千米。合同投资196387万元。合同工期2016年1月1日至2021年1月31日。2020年完成投资53796万元，开工累计完成投资189323万元。

新建郑济铁路郑濮段站前（含部分站后）工程ZPZQ－4标段　位于河南省新乡市，正线长31.615千米。合同投资231223万元。合同工期2017年6月1日至2021年12月31日。2020年完成投资84236万元，开工累计完成投资184610万元。

新建牡佳铁路站前工程MJZQSG4标段　位于黑龙江省鸡西市，全长42.192千米。合同投资27.35亿元。合同工期2017年10月1日至2021年11月30日。2020年完成投资56084万元，开工累计完成投资263344万元。

宜滨至毕节高速公路威信至镇雄段工程　位于云南省昭通市，全长29.601千米。合同投资32亿元。合同工期2017年5月10日至2020年12月26日。2020年完成投资105636万元，开工累计完成投资339320万元。

新建衢宁铁路（福建段）站前工程QNFJZQ－4标段　位于福建省宁德市，全长39.222千米。合同投资147459万元。合同工期2015年9月25日至2019年6月20日。2020年完成投资4537.6万元，开工累计完成投资154125.98万元。

新建朝阳至秦沈高铁凌海南站铁路联络线TJ－1标段　位于辽宁省朝阳市，全长33.327千米。合同投资19.99亿元。合同工期2017年10月1日至2021年9月30日。2020年完成投资62191万元，开工累计完成投资215427万元。

大关至永善高速公路土建工程3标段　位于云南省昭通市。合同投资23.1538亿元。合同工期2019年4月15日至2022年4月14日。2020年完成投资58753万元，开工累计完成投资81212万元。

格巧高速公路项目第6合同段工程　位于云南省昭通市，全长24.871千米。合同投资400205万元。2020年完成投资77544万元，开工累计完成投资381544万元。

绥芬河至满洲里国家高速公路海拉尔至满洲里段公路项目　位于内蒙古自治区呼伦贝尔市，主线长188.68千米。合同投资42.18亿元。合同工期2017年12月1日至2021年11月30日。2020年完成投资122541万元，开工累计完成投资259341万元。

新建赣州至深圳铁路赣粤省界至塘厦段站前工程GSSG－8标段　位于广东省惠州市和东莞市，全长30.567千米。合同投资23.369亿元。合同工期2017年10月30日至2021年9月30日。2020年完成投资75325万元，开工累计完成投资240154万元。

新建川藏铁路拉萨至林芝段站前工程LLZQ－12标段　位于西藏自治区林芝市，全长53.015千米。合同投资272742万元。合同工期2015年7月1日至2021年6月30日。2020年完成投资37480万元，开工累计完成投资264846万元。

新建成都至兰州铁路成都至川主寺段（四川境内）站前工程CLZQ－5标段　位于四川省绵阳市，全长17.14千米。合同投资20.2亿元。合同工期2013年5月20日至2022年5月31日。2020年完成投资23000万元，开工累计完成投资193601万元。

新建叙永至毕节铁路（川滇段）站前工程施工总价承包XZZQSG－4标段　位于云南省昭通市。全长47.789千米。合同投资21.2亿元。合同工期2016年10月20日至2022年10月10日。2020年完成投资50054万元，开工累计完成投资154233万元。

新建南宁至崇左铁路项目NCZQ3标段　位于广西壮族自治区南宁市，正线18.75千米。合同投资157839万元。合同工期2018年10月30日至2022年1月29日。2020年完成投资52319万元，开工累计完成投资98382万元。

新建重庆铁路枢纽东环线站前工程DHZQ－6标段　位于重庆市渝北区，全长36.024千米。合同投资211185万元。合同工期2017年5月25日至2021年6月15日。2020年完成投资38841万元，开工累计完成投资203508万元。（陈天明）

【境外工程施工】　奥兰房建项目　截至2020年底，6300套项目中的4300套完工，其中2600套完成临验、700套解除施工合同、1000套进行临验整改中。

BARAKI县40000人座体育场项目　合同投资

968 万美元。开工累计完成投资 776 万美元。

贝佳亚—哈尼夫连接线工程 S-1 标段项目　全长 21.4 千米,合同投资 12086 万美元。

科特迪瓦非洲杯体育基础设施和住房项目　合同投资 1761 万美元。开工累计完成投资 913 万美元。

蒙巴萨旁城高速公路三期项目　主线长 6.864 千米,合同投资 2966 万美元。开工累计完成投资 1579 万美元。

肯尼亚 RWC497 公路项目　合同投资 1090 万美元。开工累计完成投资 530 万美元。

乌干达布色噶—姆皮吉(23.7 千米)高速公路工程　合同投资 4548 万美元。开工累计完成投资 115 万美元。

坦桑尼亚乌本戈立交桥项目　合同投资 2798 万美元。开工累计完成投资 2759 万美元。

巴基斯坦塔尔煤田Ⅱ区块年产 380 万吨褐煤露天矿采剥工程　合同投资 7282 万美元。开工累计完成投资 3466 万美元。

塔吉克斯坦库河东金矿氧化矿采场工程　合同投资 5070 万美元。开工累计完成投资 831 万美元。

塔本陶勒盖合资有限公司采矿服务合同　合同投资 73500 万美元。开工累计完成投资 6452 万美元。

秘鲁通贝斯公路改造维护服务项目　合同投资 985 万美元。开工累计完成投资 229 万美元。

厄瓜多尔米拉多铜矿 2000 万吨/年采选项目　合同投资 103623 万美元。开工累计完成投资 18429 万美元。

玻利维亚穆通综合钢厂项目　合同投资 1731 万美元。开工累计完成投资 181 万美元。　(张玉辉)

【经营管理】　行政办公。处理文件 3541 件,整理回收上级纸质来文 236 件,接收传真电报 198 份,挂号信 1462 份,机要件 7 件,分发报纸杂志 16332 份。起草行政报告、总经理讲话、工作汇报等各项材料 20 余份,编写总经理办公会议记录 13 份、会议纪要 18 份,向股份公司报送政务信息 59 篇,被采用 21 篇,刊发集团信息 7 期。全年主办及协办会议 155 次,参会人数 9500 余人次。办理信访事项 127 件,重大会议、重要节日期间未发生信访维稳不良事件,妥善处理一批棘手难办的信访事项。挂钩扶贫的国家级深度贫困村南朝碾村全面脱贫,扶贫工作领导小组组织召开 3 次专题会议研究扶贫工作相关事项,落实直接投入帮扶资金 300 万元,消费扶贫投入资金 102 万元。开展"档案见证小康路、聚焦扶贫决胜期"主题宣传活动。认真落实疫情防控措施,确保国内各单位各项目未发生确诊病例。

企业发展。2 月,海外事业部(外事办公室)与国际建设分公司相关职能整合,成立海外事业部(外事办公室、国际建设分公司)。3 月,明确机关(基地)服务管理中心机构设置及编制定员。4 月,总部部门数量调整为 22 个,定员 180 人,并明确总部部门职责。5 月,党委办公室(党委统战部、直属机关党委、团委)更名为党委办公室(党委统战部、总部直属党委、团委);工会生产宣教综合部(直属机关工会)更名为工会生产宣教综合部(总部直属工会);机关(基地)服务管理中心更名为总部(基地)服务管理中心。7 月,印发《中铁十九局集团有限公司子公司主业管理办法》,明确子公司主业范围。同月,编制印发《中铁十九局集团有限公司 2020—2022 年滚动规划》。8 月,办理完成中铁十九局集团无锡谈渡桥站商业配套工程项目管理有限公司注销登记。10 月,集团二公司机场场道工程专业承包一级资质平移到集团公司。经股份公司批复同意,集团公司设立中铁十九局集团华东工程有限公司,与二公司为"一套人马,两块牌子"。践行海外优先战略,进一步拓展海外市场,集团公司在哈萨克斯坦、哥伦比亚设立分支机构。制度管理工作。全面梳理、汇总集团公司规章制度,梳理确认集团公司有效运行制度 17 类 377 项,废止和拟废止制度 30 项,不同程度存在问题制度 19 项,编制《集团公司规章制度汇编》。

经营承揽。2020 年,新签合同额 730.79 亿元,系统内排名第 15 位。总产值 506.31 亿元,其中施工产值 493.33 亿元。剩余合同额 1702 亿元。修订完善经营考核办法,调动经营积极性,提高经营承揽质量。贯彻股份公司经营生产一体化要求,修订《中铁十九局集团有限公司国内经营绩效考核及费用管理办法》,对标前利润实行三方(项目经理、工程公司、区域指挥部)签认,并将标前利润作为中标奖励依据。给予工程公司奖励权限,自行制定奖励办法。做优做强传统优势板块,以专业化发展打造市场核心竞争力,核心客户滚动发展。房建板块创新经营模式,合作经营效果显著,承揽 181.64 亿元。顺应市场求发展,加大新兴产业拓展力度。新兴产业承揽 222.83 亿元,同比增加 146.1 亿元。以跟踪项目为抓手加强督导,确保重点项目落地。7—8 月,分别召开区域经营工作推进会,与区域面对面地梳理重点项目和核心客户,梳理重点项目 88 项。强化外部联合,拓展经营渠道。全面落实股份公司大项目、大客户、大市场经营战略,开发新客户、新市场,签订战略合作协议 11 份。

经济管理。2020 年,集团年度项目综合收益率 6.53%,责任预算成本节超率 2.47%,产值计价率 91.29%,间接费占营业收入比重 4.39%。工程项目完成施工产值 493.33 亿元,变更索赔额 65.35 亿元,变更索赔率13.25%。年末纳入监控范围的预警项目79个,其中铁路项目35个、公路项目19个、房建项目4个、水利电力项目8个、市政项目2个、城市轨道项目11个。按风险级别划分,黄色预警项目17个、橙色预警项目20个、红色预警项目42个。工程项目全年投保额2857万元。其中,通过诚合保险投保额2837万元,保险集中度99.3%。年末集团公司存在亏损风险项目81个,亏损项目个数较年初减少12个,亏损额较年初减少12.45亿元。

物资设备管理。2020年,集团所属各单位采购物资205.3亿元(含甲供物资),其中集采金额203.68元、非集采金额1.62亿元,集采率99.21%,节约资金6.62亿元。由集团公司组织项目联合集中(招标)采购6批次,涉及16个项目27类物资,集采金额3.72亿元,节约资金2826.31万元。单价5万元以上设备9007台,原值62.99亿元、净值21.24亿元,设备成新率33.72%,动力装备率77.08千瓦/人,技术装备率13.04万元/人。200万元以上大型设备398台,设备完好率83.00%、利用率80.34%。新购单价10万元以上设备670台,金额39725万元。其中由集团公司审批单价50万元以上机械设备、生产性车辆以及10万元以上乘座车387台,金额21881.4万元。集团所属各单位调剂周转材料92批次,原值19027.15万元,节约资金5714.5万元;调剂闲置设备1020台,原值58213.67万元。报废设备711台,原值39343万元、净值1921.97万元,其中,集团公司审核批准各单位单台价值50万元以上设备报废372台,原值28379.93万元,净值952.26万元。申请工程路用车N17平板车48辆、N70平板车72辆,用于铺轨架梁、基地倒料及铺架设备配属用车。

安全管理。4月,组织召开安全质量反思视频会,宣贯全国和股份公司"安全生产专项整治三年行动计划和方案"。与15个子分公司(直属单位)和2个局直属项目部签订安全包保责任状,逐级签订安全包保责任状。结合集团公司项目管理标准化指导手册编制工作,制定下发安全生产管理制度(汇编),修订安全生产应急预案,梳理完善手册中8项台账19项表单2项流程。提升风险预控能力,每季度召开安委会会议,同时采用日报日询的方式,通过电话询问、三方视频对话会等手段,提升安全生产"庙算"能力,确保风险受控。全面推进班组长预奖励约束、班前条件验收和班前安全讲话制度,激发现场工班长的安全责任意识,强化班组参与安全管理的能力,提升作业人员安全生产意识。夯实教育培训,利用集团公司4期项目经理培训班,安全管理培训项目经理300余人,及时传达股份公司安全培训班的指示精神。组织各级管理人员参加集团公司城市轨道冷冻法施工联络通道现场会和隧道混凝土超方研讨会。开展隐患排查治理工作,组织开展安全生产监督检查和"三标一体化"管理体系内审工作,排查整治安全隐患162条,内业问题106条。对9个子分公司29个项目开展项目管理评审。做好企业资质证件管理,保证至企业施工安全生产许可证、采掘安全生产许可证、爆破作业许可证的持续有效使用,顺利通过质量、环境和职业健康安全管理体系的年度监督审核,及时完成公路、水利行业安全生产标准化一级达标认证的延期工作和安全生产"三类人员"的证件延期、培训考核取证和证件调转工作。持续强化爆破管理,狠抓全集团400余名爆破作业人员动态管理和民爆物品流向、储存库治安防范、运输装卸、末端管控等环节,确保万无一失。获国家级安全文明标准化工地1项,省部级安全标准化工地13项。

投资开发。2020年,中标泛投资项目13个,承揽额1927458万元。其中民勤通用机场及配套工程PPP项目社会资本方采购项目是集团首次以PPP模式中标通用机场项目。股权投资1项,以集团二公司名义出资900万元合资成立襄阳汉江欣城工程材料有限公司。召开以房抵债工作动员专题会,正式启动以辽阳襄平华庭项目一期库存房产抵偿集团债务工作,截至2020年底,签约房源440套,货值3.06亿元,占总货值的77.66%。与余姚市人民政府签署合作框架协议,约定政府依法合规提供办公和住宅用地,每年将提供不少于30亿元施工份额,同时支持华东公司享受属地人才政策。

财务管理。2020年,营业收入455.97亿元,净利润0.95亿元;资产负债率84.59%,有息负债88.73亿元。经营性现金净流量7.42亿元,所有者权益金额79.9亿元,其中实收资本50.8亿元。收取上缴款30416万元。带息融资规模88.74亿元。全年平均资金上存度53.06%,资金集中度全年平均值74.81%。在紧抓"资金池"建设,努力实现资金池业务由商业银行向财务公司转移的同时继续加强银行账户管理,年末财务公司账户数量668户,全年注销外部银行账户145户,新增银行账户228户。年末归集资金101.16亿元,其中财务公司归集资金32.57亿元、商业银行归集资金3.94亿元,通过"资金池"调剂资金64.65亿元。集团公司全年节约融资成本1.04亿元。财务公司和西藏贴息贷款等节省融资成本0.34亿元,其中年末在财务公司借款余额25亿元,在西藏各商业银行贴息贷款余额4.49亿元;通过"资金池"调剂资金节省融资成本0.7亿元,其中年末集团公司本级通过"资金池"调剂资金余额18.12亿元。按照股份公司信息化建设统一安排,根据系统建设的计划节点,准时完成中国铁建银行账户管理信息系统 1.0 版的上线初始工作，7 月 1 日起系统进入日常使用状态。中国铁建资金管理系统 1.0 版上线运行，按照股份公司信息化建设统一安排，根据系统建设的计划节点，完成资金管理测试系统的学习与运行测试工作，并梳理完成资金管理系统中需启用的模块、结算方式、核算方式，完成资金管理正式系统的结算模块数据初始工作。印发《关于进一步规范资产处置进场交易的通知》，明确集团公司资产处置进场交易工作主要事项。不断优化子分公司绩效考核体系，完善指标体系设计和目标值设置，突出运营能力和发展能力指标，弱化偿债能力和获利能力指标，突出发展质量，引导所属单位发展由规模速度型转向质量效率型增长，切实夯实资产、做实企业，增强可持续发展能力，切实提升绩效考核的战略导向作用。编制下发《关于下达 2020 年度集团公司机关经费开支预算指标的通知》。依据《中铁十九局集团有限公司机关经费管理办法》对机关经费进行规范管理，确保经费开支会计核算正确、真实、全面。参加财务共享平台业务学习，借助财务共享平台预算模块，确实落实“先预算后开支、无预算不开支”的要求。2020 年度总部经费预算 2.32 亿元，实际开支 1.69 亿元。

审计工作。2020 年，审计项目 121 项，提出审计报告 106 份，涉及资产总额 455 亿元，投入审计 3685 工天。建立总审计师制度，提升内审独立性。制定完善制度办法 4 项。完成股份公司对原董事长赵国旗离任经济责任审计，云贵川、海外业务、物资贸易 3 项专项审计以及国资委巡视涉及审计方面问题的整改工作，上报的整改报告等资料顺利通过股份公司验收。完成军民融合专项审计、国家重大政策措施落实情况跟踪审计。两级审计机构移交问题线索 118 件，立案调查 31 件，结案 39 件。处分 54 人，党纪政纪双重处分 24 人，政纪处分 23 人，党纪处分 7 人。制定下发《中铁十九局集团有限公司审计信息化建设工作推进计划》。组织集团两级专职审计人员参加各类培训 4 次，实现内审人员全覆盖。

法律合规工作。首席合规官制度写入公司章程；在行政办公室等部门增设 9 名合规官并对集团公司及所属单位开展合规风险评估；修订印发《中铁十九局集团有限公司规章制度和重要决策法律审核办法》。法律合规人员参与重大决策法律审核 289 次，参与起草、审查合同 20493 份，参与规章制度审核 139 次，参与授权委托书法律审核 1341 次，出具法律意见书 22262 份。妥善处理各类法律纠纷案件，处理各类案件 136 起，涉案金额 65601.26 万元。未发生失信记录，未受到其他司法处罚。积极处理各类律师函 89 份，涉及金额 25747.4 万元，均达成诉前和解。建立案件台账月报机制，有效监控和掌控各单位新发案件的情况，及时给予监督和帮助。通过绩效考核等制度积极推动各单位对简单事实清楚案件的和解、撤诉处理。

信息化管理。综合协同办公系统全面梳理优化，下发《关于全面梳理优化综合协同办公平台的通知》，梳理优化系统应用及表单、流程存在的问题和建议。整理收集各业务部门表单 87 项，集团公司本级及下属单位通过系统办理公文收发、表单审批、信息发布等各类流程 162657 项，其中公文 83584 项、业务审批表单 79073 项。处理解决系统使用问题 343 项，优化流程及业务表单 33 项，处理人员使用问题 310 项。集中采购正版软件 465 套，金额 134 万元。为提高网络安全水平、控制网络被攻击风险、保护系统数据，增加并部署抗 DDOS 攻击设备 1 台、负载均衡网关设备 1 台、更新防火墙设备 1 台、数据备份设备 1 台，对总部电信 3 条、联通 1 条主干网络进行升速。电信互联网专线分别由 60MB 升级到 140MB，50MB 升级到 100MB，20MB 升级到 80MB，联通互联网专线由 70MB 升级到 100MB；硬件基础设施国产化率 91.46%。

海外经营。2020 年，海外新签合同 15 项，合同额 14.46 亿美元，其中集团自揽矿山板块 10 亿美元，产值 1.15 亿美元。紧跟国家“一带一路”倡议和“国际产能合作”计划，借助外经平台和系统外其他优势中资企业开展市场开发工作。跟踪海外项目 57 个，分布于亚洲、非洲、美洲、欧洲和大洋洲，涉及 34 个国别市场，成功进入秘鲁这一新国别市场。完成哥伦比亚分公司和乌干达分公司的商务部注册工作，肯尼亚分公司注册工作提交股份公司审核。持续深耕既有市场，在塔吉克斯坦、沙特阿拉伯、蒙古国、巴基斯坦和肯尼亚等既有市场实现滚动发展。海外协同不断强化，配合中土集团，中标秘鲁通贝斯公路改造维护项目。

人力资源。集团公司班子调整 9 人。中层领导干部调整、交流 73 人。集团人员调动 202 人次。其中调出集团公司 37 人，调入 16 人，内部调动 149 人次。年内通过评审取得正高级工程师 52 人、正高级经济师 2 人、正高级会计师 2 人，高级工程师 147 人、高级经济师 15 人、高级会计师 14 人、高级政工师 17 人，工程师 424 人、经济师 15 人、会计师 33 人、政工师 25 人。接收毕业生 701 人，其中硕士研究生毕业 22 人、本科毕业 679 人。拥有注册一级建造师 940 人，注册岩土工程师 2 人。

社保工作。2020 年，应收“五险二金”101271.62 万元，实收 101271.62 万元，其中养老保险 36101.17 万元、失业保险 1446.6 万元、工伤保险 1830.66 万元、基本医疗保险 15792.66 万元、生育保险 502.62 万元、企业年金4892.09万元、住房公积金40705.82万元。集团总部申报请领稳岗补贴86.84万元。新冠肺炎疫情期间，把控、用好疫情期间社保减免政策，节省社保资金7085万元。 （方迎春　王卓茹　林红彦）

【科技成果】 2020年，“高寒草原地区路基路面修筑关键技术研究”经中国公路学会达到国际先进水平。中国铁建科技成果评审10项，其中3项达到国际领先水平，分别是“大跨连续梁不平衡长力臂下滑道墩顶转体施工技术”“秦峪滑坡群高地应力破碎围岩及富水地层隧道建造关键技术”“复杂地质特长深埋大跨铁路隧道安全快速修建关键技术研究”；3项达到国际先进水平，分别是“BIM在高速铁路桥梁施工中的应用技术研究”“赤道热带雨林地区大型山坡露天矿边坡稳定控制关键技术研究”“全风化粉砂岩蠕变及卸荷效应下地铁车站施工及风控研究”；4项达到国内领先水平，分别是“基于BIM信息化的高寒地区高铁项目综合管理技术”“深埋隧洞河床水源突涌水地表帷幕处理施工技术”“CRTS Ⅲ型板式无砟轨道结构施工技术深化研究”“亚热带荒漠气候下露天煤矿高含水率黏土特性及排土场边坡稳定控制研究”。联合中国建筑材料科学研究总院有限公司编制国家标准《水泥胶砂氯离子扩散系数检测方法》。新申请国家专利293件，其中发明专利90件、PCT专利5件；授权专利183件，其中发明专利20件。获省部级科学技术二等奖1项，“超长海底公路隧道环保安全沥青铺装成套技术研究”获中国公路学会科学技术二等奖；获中国交通运输协会科学技术三等奖2项；集团公司科学技术奖18项。参加股份公司工法鉴定评审37项，其中国际领先1项、国内领先24项、国内先进12项。征集集团公司工法70项。获辽宁省工法26项，公路协会工法10项，水利协会工法2项，江苏省工法1项。收集论文201篇，其中一等奖22篇、二等奖57篇、三等奖74篇。 （宋立柱）

【党群工作】 党办工作。全年召开党委常委（扩大）会17次，决策事项49项，前置研究事项157项。扎实开展“三保一降”活动，筹备开好“三保一降”活动专题研讨会，编发《“三保一降”活动简报》4期。强化以文辅政，成立总部写作组，组建写作人才库，牵头举办近300名员工参加的公文写作培训班。切实规范总部党建工作，总部直属党委原有5个党支部调整为6个，推动6个支部按照组织程序召开党员大会，完成换届选举。严格抓好总部疫情防控工作，组织总部员工捐款抗击疫情。

组织工作。基层党组织430个，党员7391人，发展新党员195人。全面启动“品质铁建·党员先行”先锋行动，组织6236名党员支持新冠肺炎疫情防控工作自愿捐款649355元；征集党建创新案例28部，《品质铁建，党员先行》党课获评中国铁建十佳精品党课。举办新党员党性教育培训示范班2期、入党积极分子培训班4期，培训617人次。组织350余名基层党支部书记和党务工作人员参加上级党委组织的业务培训。追授因公殉职的苗博宇为“优秀共产党员”“抗疫复产工作先进个人”。推动三、五、六、轨道公司等4家单位召开项目党建现场推进会。命名表彰矿业公司乌山项目部修理厂党支部等6家单位为集团公司第二批示范党支部，矿业公司乌山项目部修理厂党支部被命名为股份公司示范党支部。

宣传工作。安排中心组学习12次，研讨7次。进一步用好“学习强国”学习平台，开展“奋进新时代，学习再出发”“学习强国”学习平台专题学习，举办学习活动15场。制定下发《中铁十九局集团有限公司党委理论学习中心组学习规则》《中铁十九局集团有限公司党委理论学习中心组学习巡听旁听办法》。从“四听”（听主题内容、听学习质量、听日常情况、听成果转化）、“四看”（看是否学原文、看是否结合实际进行交流研讨、看是否形成解决问题推进工作的办法举措、看是否存在形式主义问题）出发，对党委理论学习中心组集中学习研讨进行监督指导。把《习近平谈治国理政（第三卷）》、党的十九届五中全会精神以及党史、改革开放史的学习作为核心，引领广大党员学习。企业文化工作蓬勃发展，下发《关于规范使用标语口号的通知》，全面收集摸底宣传标语口号，收集口号1000余条。举办集团公司历史文化展厅讲解员培训1期，集团公司历史文化展厅接待参观100余人次。系统梳理全集团音视频、照片资料，收集1990—2010年老式录像带近700本，并进行数码转换，拍摄《建功嫩林》纪录片。在股份公司以上新闻媒体刊稿1500余篇，《铁道工人》报刊发报纸21期，新媒体推送280期。

党委巡察。2020年4月23日，原党风政风监督室（党委巡视办公室）更名为党委巡察办。7月，按照股份公司党委巡视巡察工作统一部署，集团公司党委派出3个专项巡察组对所属29个单位开展财务资金管理专项巡察。巡察期间，听取被巡察单位党（工）委工作汇报，个别谈话236人，对30名财务人员进行禁止清单测试，开展区域经营风险调查问卷25份，召开座谈会3次，调阅有关文件资料。及时向被巡察单位反馈意见，移交信访举报等问题线索8件，限期落实巡察整改工作，及时督促跟踪整改落实情况。所属10个子分公司党委同步派出31个专项巡察组对所属184个项目开展专项巡察。

纪检监察。2020年,全集团设立纪检监察组织11个,配备专兼职纪检监察干部53人,在基层项管部增设兼职纪(工)委书记113人。年内开展纪委书记约谈27人次。纪委书记述职述廉22人次。集团组成检查组先后对12家单位进行至纪检监察业务综合检查。开展专题研讨14次。两级纪委书记深入工作联系点和基层单位上专题党课21课时。组织67名纪检干部到雷锋纪念馆和西柏坡纪念馆过“政治生日”。坚持重要节点发送廉洁提醒短信,全程参与选人用人监督,出具廉洁从业情况说明,开展新任(转任)干部任前廉洁谈话。列席监督10个子分公司领导班子民主生活会,参与集团公司招标监督,并受理解决物资招标采购投诉。开展落实中央八项规定精神专项行动,对两级单位驻京办事机构、驻外办事机构清理情况进行专项检查,对驻京沪穗非法人单位生产经营和业务用车专项检查。受理信访举报141件。两级纪委处置案件线索181件;立案调查41件,结案30件;移送司法机关2件。给予党纪政纪处分94人,实施组织处理68人,党纪政纪处分包括处级干部4人,组织处理包括处级干部19人。按照股份公司纪检监察体制改革要求,集团公司、工程公司两级纪委分别设置至纪委办公室、执纪审查室两个部门,并根据工作需要配齐配强至专职纪检干部。建立五公司赤喀客专项目进行廉洁风险防控工作试点,总结工作做法和经验并在全集团成功推广。印发《领导人员廉政档案管理暂行办法》,召开至全面从严治党“两个责任”促进会。为领导班子成员统一印制工作专用记录本,督促履行“一岗双责”。坚持重要时间节点廉洁短信提醒。组织处级以上领导干部签订《廉洁自律责任书》。加强对干部选任全程监督,集团公司纪委书记与46名新提拔干部进行至任前廉洁谈话,出具《廉洁从业情况说明》67份。开展至以“知敬畏守底线,严监管强执行”为主题的“反腐倡廉宣传教育月”活动,两次召开警示教育大会。组织所属单位领导和纪检干部参观集团无锡反腐倡廉教育基地。无锡反腐倡廉教育基地自开馆以来接待系统内外150批次,总参观人数近4000人次,12月被命名为“无锡市爱国主义教育基地”。全年,集团本级纪委处置信访举报60件,初核52件,至结55件,谈话函询7件,暂存1件,立案27件。全年两级纪委处置问题线索129件,立案53件,结案41件。集团公司本级处置问题线索44件,立案18件,结案12件。移送司法机关4件,给予纪律处分64人,实施组织处理80人,党政纪处分中集团公司管理干部17人,组织处理中集团公司管理干部12人。通过纪律审查工作,挽回经济损失2138.77万元,追缴违纪所得106.6万元。

工会工作。疫情防控。两级工会筹集110万元作为专项经费,购买防护物资和检测设备,做好防护和分餐工作。利用互联网、云平台广泛开展“抗击疫情、共克时艰”主题文化活动,征集散文和新闻作品77篇、摄影和书画作品34幅、音视频作品20部。华北指挥部、五公司、轨道公司145名职工驰援石家庄市黄庄隔离房建设,连续奋战96小时完成建设任务,两级工会拨付15万元专项慰问金;五公司捐赠湖北雷神山医院防护服1000套、护目镜1000个、医疗手套3000双,捐赠湖北广水市疾控中心防护服1000套,捐赠公司驻地拥政街道KF94口罩1000个、护目镜100个;六公司组织成立抗疫志愿者队,积极参与无锡市疫情防控工作;七公司珠海西区项目投入4辆设备积极参与地方医院隔离区建设;电务公司在武汉一线医护人员防护物资紧缺时,紧急调集1000套一次性生物防护服予以支援。安全监督员工作。520位工会安全监督检查员尽职尽责,发放津贴48.098万元。持续开展“金秋助学”“夏送清凉”“冬送温暖”“两节”送温暖等品牌活动,两级工会投入129.8万元,为17个项目1600余名职工送慰问;先后对18个偏远艰苦项目和高温地区项目进行建家建线重点帮扶,投入慰问金180万元。扶贫救助工作。修订《集团公司落实“三不让”承诺、互助补充保险救助办法(试行)》文件,增加救助项目,提高救助标准。对42户特重困职工家庭实施重点帮扶,全部脱贫解困;对青藏线职工身体状况进行回访调研,在相关政策方面给予倾斜。实施3批救助,发放救助金206.6万元,救助遇险会员304人次。开展金秋助学和关爱留守子女等活动,筹集资金10.7万元,27名困难家庭子女受到资助。

共青团工作。深入开展“青年大学习”行动,组织广大团员青年认真学习贯彻习近平总书记五四寄语、给复旦大学青年师生党员回信、在中央党校中青年干部培训班开班式上重要讲话精神等。开展“奋进新时代、逐梦新征程——三保一降、青年有方”主题演讲比赛,并组织青年参加股份公司演讲比赛。选树股份公司“青年文明号”3个、“青年岗位能手”3人,集团公司“青年文明号”16个、“青年岗位能手”19人,激励广大青年围绕企业中心工作奋发进取、创先争优。5月20日,以“520”为契机,集团公司团委开展第九季微信线上青年联谊活动。发掘树立青年榜样,“五四”期间集中表彰一批先进青年集体和个人;11月,开展第十六届集团公司“十大杰出青年”评选表彰活动。向全集团各级团组织和广大团员青年发出倡议书,有序参与疫情防控,向武汉捐款4万余元。

(刘　博　张学峰　彭春辉)

【第一工程有限公司】 拥有建筑、公路、铁路、市政公用、机电工程施工总承包一级,水利水电、矿山工程施工总承包二级,电力、冶金工程施工总承包三级,隧道、钢结构、地基基础、公路路基、建筑机电安装工程专业承包一级,电子与智能化、桥梁、建筑装修装饰、公路交通(公路安全设施分项)、环保工程专业承包二级,起重设备安装、公路路面、河湖整治工程专业承包三级资质。前身系铁道兵第九师第四十一团;1984 年 1 月,集体转业并入铁道部,更名为铁道部第十九工程局第一工程处;1999 年 12 月,与铁道部脱钩,更名为中铁第十九工程局第一工程处;2001 年 12 月,改制称现名。驻辽宁省辽阳市白塔区卫国路 138 号。执行董事、总经理赵琦,党委副书记付东。职工 2344 人。资产总额 580579 万元。其中,固定资产原值 111993 万元、净值 39383 万元,流动资产 492903 万元。单价 5 万元及以上设备 1354 台。设备原值 64531.9 万元、净值 29909.12 万元,成新率 46.35%,动力装备率78.62 千瓦/人,技术装备率 12.62 万元/人。

2020 年,新签合同额 90.56 亿元,施工产值 61.96 亿元。全员劳动生产率 21.683 万元/(人·年)。利润总额 2499 万元,净利润 2476 万元。产值利润率 0.46%,净资产收益率 3.97%,资产负债率 89.25%。

(李爱民)

【第二工程有限公司】 拥有公路、水利水电、建筑工程施工总承包一级,公路路面、公路路基、桥梁、隧道工程专业承包一级,铁路工程施工总承包二级,市政公用工程施工总承包三级资质。驻辽宁省辽阳市白塔区和平路 17 号。前身系铁道兵第九师第四十二团;1984 年 1 月,集体转业并入铁道部,改称铁道部第十九工程局第二工程处;1999 年 12 月,改称中铁第十九工程局第二工程处;2001 年 12 月,改制称现名。董事长、党委书记解佳飞,总经理李锐。职工 2220 人。资产总额 863240.08 万元。其中,固定资产原值 106269.95 万元、净值 16651.14 万元,流动资产 778113.59 万元。机械设备 1454 台。设备原值 36209.06 万元、净值 10931.77 万元,总功率 121612.55 千瓦,动力装备率 54.09 千瓦/人,技术装备率 4.87 万元/人,主要机械设备完好率 72%、利用率 100%、成新率 18.22%。

2020 年,施工产值 70.4011 亿元。全员劳动生产率 79.59 万元/(人·年)。 (殷　民)

【第三工程有限公司】 拥有公路工程施工总承包特级,市政公用工程施工总承包一级,建筑、铁路、水利水电工程施工总承包二级,矿山工程施工总承包三级,工程设计公路工程行业甲级,公路路面、公路路基、隧道、桥梁工程专业承包专业一级,公路交通(安全设施分项)、机场场道工程专业承包二级,环保工程专业承包三级,公路养护工程二类甲级资质。前身系 1949 年组建的中国人民解放军铁道兵第九师第四十三团;1984 年,兵改工并入铁道部,称铁道部第十九工程局第三工程处;1999 年 12 月,与铁道部脱钩,划归中央企业工作委员会管理,改称中铁十九局第三工程处;2001 年 12 月 26 日,正式改制为中铁十九局集团第三工程有限公司。驻辽宁省沈阳市沈北新区沈北路 36 号。执行董事、党委书记梅洪斌,总经理孔宪斌。职工 2238 人。资产总额 721002 万元。其中,固定资产原值 55882 万元、净值 22961 万元,流动资产 619487 万元。单价 5 万元及以上设备 1006 台。设备原值 43744.88 万元、净值 14200.19 万元,成新率 32.46%,动力装备率 47.54 千瓦/人,技术装备率 6.32 万元/人。

2020 年,新签合同额 70.4257 亿元,施工产值78.3 亿元。全员劳动生产率 61.45 万元/(人·年)。利润总额 341 万元,净利润 147 万元。产值利润率0.04%,净资产收益率 0.02%,资产负债率 85.37%。

(冯小宁)

【第五工程有限公司】 拥有建筑、公路、市政公用工程施工总承包一级,桥梁、隧道、公路路基、建筑装修装饰工程专业承包一级,铁路工程施工总承包二级,钢结构、环保工程专业承包二级,机电工程施工总承包三级,地基基础、起重设备安装、通航建筑物工程专业承包三级资质。前身系铁道兵第九师给水营与修理营;1984 年,集体转业并入铁道部;2000 年 8 月,资产重组,局直属工程处、局大连技工学校并入五处;2002 年 2 月,改制称现名。驻辽宁省大连市金州区拥政街道 586 号。执行董事、党委书记宋新海,总经理于建。职工 1832 人。资产总额 54.29 亿元。其中,固定资产原值 3.77 亿元、净值 1.06 亿元,流动资产 43.25 亿元。设备 934 台(套)。设备原值 32613.51 万元、净值 8780.72 万元。单价 5 万元以上设备 798 套,设备成新率 26.64%,动力装备率 33.08 千瓦/人,技术装备率 4.64 万元/人。

2020 年,新签合同 54 项,合同额 119.91 亿元,完成产值 61.89 亿元。在建项目 68 个,完成产值 68.47 亿元。年人均收入 12.43 万元,利润总额 -8134 万元,净利润 -8254 万元,产值利润率 -1.44%,净资产收益率 -16.61%,资产负债率 90.85%。 (赵艳萍)

【第六工程有限公司】 拥有铁路工程施工总承包一级,房建、水利水电工程施工总承包二级,桥梁、隧道、公路路基、铁路铺轨架梁、建筑装修装饰工程专业承包一级,环保工程专业承包三级资质。前身系中国人民解放军铁道兵第九师第四十四团;1984 年 1 月,集体转业并入铁道部;2001 年 12 月,改名为中铁十九局集团第四工程有限公司,驻内蒙古自治区通辽市;2010 年 9 月,迁址无锡,更名为中铁十九局集团第六工程有限公司。驻江苏省无锡市新吴区香山路 7 号。执行董事、总经理周宝春,党委书记郭晓曼。职工 1968 人。资产总额 420084 万元。其中,固定资产原值 108985 万元、净值 27403 万元,流动资产 486962 万元。固定资产 1375 台(套)。设备原值 8.16 亿元、净值 1.78 亿元。

2020 年,经营承揽 26 项,承揽额 750821.11 万元,其中自揽 11 项,承揽额 93470.42 万元。产值 505608 万元。职工年人均收入 153541.48 元。资产负债率 86.66%,净资产收益率 0.49%,上缴款 9595 万元,应上缴款完成率 63.1%。 (李小娟)

【第七工程有限公司】 拥有市政公用、建筑工程施工总承包一级,港口与航道、铁路工程施工总承包二级,建筑装修装饰、防水防腐保温、钢结构、地基基础、消防设施、公路路基、建筑幕墙工程专业承包二级,机电工程施工总承包三级资质。成立于 1985 年 6 月;1993 年 4 月,更名为铁道部第十九工程局珠海工程公司;1993 年 11 月,更名为铁道部第十九工程局珠海工程总公司;2000 年 1 月,更名为中铁第十九工程局珠海工程总公司;2010 年 12 月,更名为中铁十九局集团珠海工程有限公司;2011 年 1 月,更名为中铁十九局第七工程有限公司;2012 年 6 月,第七工程有限公司吸收合并华南工程有限公司;2018 年 2 月,在广州南沙注册成立广州公司,驻广东省珠海市;2019 年 11 月,迁址广州市。驻广东省广州市南沙区黄阁镇中国铁建环球中心 6 号楼。党委书记王书彬,执行董事、总经理曹树强。职工 1003 人。资产总额 363285 万元。其中,固定资产原值 33752 万元、净值 14545 万元,流动资产 323983 万元。单价 5 万元及以上设备 531 台。设备原值 12889.05 万元、净值 6771.97 万元,成新率52.54%,动力装备率 45.68 千瓦/人,技术装备率 6.8 万元/人。

2020 年,新签合同额 31.64 亿元,施工产值50.1319 亿元。职工年均收入 127225 元。利润总额 -11293万元,净利润 -11738 万元。产值利润率 -2.25%,净资产收益率 -56.75%,资产负债率94.31%。 (刘玉龙)

【矿业投资有限公司】 拥有矿山施工总承包一级,建筑、市政、机电工程总承包三级,钢结构专业承包三级资质,拥有爆破作业证许可(营业性)二级,取得高新技术企业证书、北京市企业技术中心认定、中华人民共和国海关报关单位注册登记证书,顺利通过 ISO 9001、ISO 14001、0HSAS 18001 三体系认证,是中国铁建旗下唯一从事矿山开采的专业化公司。前身系第六工程公司;2005 年 3 月,由机械化工程公司和建筑工程公司合并组建;2008 年 3 月,更名为矿业公司;2010 年 5 月,机关迁址到北京市丰台区,同年 7 月,注册为中国铁建十九局集团矿业投资有限公司。注册资本金 7.6 亿元。驻北京市丰台区莲怡园东路风荷曲苑 3 号楼。执行董事、总经理李长城,党委书记张德峰。职工 1129 人。资产总额 19.27 亿元。其中,固定资产原值 19.27 亿元、净值 7.67 亿元。单价 5 万元及以上设备 1153 台。设备原值 19.24 亿元、净值 7.66 亿元,成新率 39.8%,动力装备率 219.9 千瓦/人,技术装备率 120.29 万元/人。

2020 年,新签合同额 137.82 亿元,施工产值50.1 亿元。全员劳动生产率 97.92 万元/(人·年)。利润总额 5.33 亿元,净利润 4.72 亿元,净资产收益率 20.46%,资产负债率 46.18%。 (付立叶)

【轨道交通工程有限公司】 拥有市政公用工程施工总承包一级资质。先后通过华夏认证中心的质量管理体系、环境管理体系和职业健康安全管理体系认证。2008 年 2 月 22 日成立,2008 年 12 月 8 日在沈阳浑南经济技术开发区注册,2010 年 12 月 23 日在北京市顺义区林河经济技术开发区转注册。执行董事、总经理孟宪彪,党委书记韩士钊。职工 2001 人。资产总额 703434 万元。其中,固定资产原值 161307 万元、净值 68917 万元,流动资产 513484 万元。盾构机 26 台(套),专业化施工设备 640 台(套)。

2020 年,承揽 11 项,承揽额 612186.23 万元。职工年人均收入 123170 元。资产负债率 90.68%,净资产收益率 1.79%。 (王倩玉)

【电务工程有限公司】 拥有机电工程施工总承包一级,铁路电务、铁路电气化工程专业承包一级,输变电、消防设施、建筑装修装饰工程专业承包二级,建筑工程施工总承包三级,电力承装修试许可证四级资质。前身系始建于 1949 年的中国人民解放军铁道兵第九师通信科;1984 年 1 月,改编为铁道部第十九工程局通信机要处;1995 年,组建铁道部第十九工程局电务工程公司;1997 年,组建铁道部第十九工程局电务工程处;2002 年 2 月,改制为国资委管理的特级建筑企业中铁十九局集团有限公司的全资子公司;2012 年 10 月,从辽宁省辽阳市迁址北京市。驻北京市大兴区西红门新建开发区金服大街 13 号。执行董事、总经理孙延明,党委书记杜彬。职工 423 人。资产总额 81780 万元。其中,固定资产原值 3086 万元、净值 1608 万元,流动资产73619万元。机械运输设备数量102台。设备原值784.07万元、净值82.55万元,总功率2568千瓦,动力装备率6.46千瓦/人,技术装备率1900元/人,设备完好率90%、利用率95%、成新率10.78%。

2020年,承揽工程任务11项,承揽额24.11亿元,产值82372万元。资产负债率66.94%,净资产收益率5.07%,年度上缴款808万元,应上缴款完成率101%。（吴佳宁）

【国际建设分公司】 前身系集团公司海外工程指挥部;2012年3月,成立国际建设分公司;2020年,同集团海外事业部进行职能合并,统筹集团海外事业。驻北京市亦庄经济技术开发区路东区经海3路109号院天骥·智谷科技园区19号楼。总经理张永军。职工246人。资产总额49644万元。其中,固定资产原值38036万元、净值5892万元,流动资产43657万元。单价5万元及以上设备815台。设备原值30518.63万元、净值652.05万元,成新率2.14%,动力装备率689.35千瓦/人,技术装备率2.62万元/人。

2020年,新签合同额17.59亿元,施工产值4.6亿元。利润总额-6859万元,净利润-6859万元。产值利润率-9.79%,净资产收益率44.68%,资产负债率141.27%。（张玉辉）

【房地产开发有限公司】 拥有房地产开发三级资质。2008年5月19日挂牌成立,注册资本金2000万元。2013年4月17日正式成立组织机构。驻辽宁省辽阳市白塔区和平路17号。董事长李程,总经理丁礼建。职工31人。

2020年,完成投资7.11亿元,完成销售7.42亿元,实现回款8.1亿元。交还集团公司8.45亿元,有息负债余额0.94亿元。（许　静）

【物资有限公司】 前身系中铁十九局物资总公司,于1993年7月以局物资处为主组建,实行一个机构两块牌子,既承担全局物资供应与管理职能又对外开展经营业务;1999年5月,物资总公司与局物资处分离,正式成为局直属独立经营单位,实行独立核算、自主经营、自负盈亏;2001年底,根据企业资产结构重组调整,改为中铁十九局集团物资有限公司。原驻辽宁省辽阳市白塔区和平路17号;2017年3月,注册地迁移至天津自贸试验区(东疆保税港区),同时对物资公司职能、组织架构等进行调整,注册资本金从180万元调增至5000万元。职工23人。资产总额69312万元。其中,固定资产原值95万元、净值6万元,流动资产63395万元。

2020年,资产负债率91.46%,净资产收益率3.99%。（黄　莹）

【工程检测有限公司】 拥有国家级计量认证,公路工程综合乙级,建筑工程材料见证取样检测、市政工程材料见证取样检测,地基基础工程检测、主体结构工程现场检测、建筑节能检测、室内环境检测、水利工程混凝土类岩土类乙级检测资质。前身系始建于1956年的铁道兵第九师司令部试验室;2001年,改制更名为中铁十九局集团有限公司计量测试中心;2009年7月,在辽宁省注册"中铁十九局集团工程检测有限公司",一个机构两块牌子。驻辽宁省辽阳市太子河区南郊街137号。执行董事王俊杰、总经理李红泽。职工22人。资产总额1331万元。其中,流动资产1051万元,固定资产原值1422万元、净值208万元,使用权资产原值103万元、净值72万元,资产负债率37%。设备350台(套)。（郭艳辉）

【职工中心医院】 企业综合性职工医院,以治疗脑血管疾病为重点,集医疗、科研、教学、康复、预防为一体的国家二级甲等医院。辽阳市城镇职工医疗定点机构,新型农村合作医疗定点机构。党委书记、院长孙会成。医院占地面积2.63万平方米,开放床位350张,开设临床科室10个,辅诊科室13个,职能科室14个,后勤科室1个。正式职工246人,卫生技术人员201人。拥有核磁共振、CT、CR、彩超等先进医疗设备。

2020年,门诊量26237人次,住院患者8973人次,120接诊193人次,手术80人次。医疗业务收入8251万元。（刘　宇）

【重要记载】

▲1月18日　中铁十九局党委三届五次全委(扩大)会、党风廉政建设和反腐败工作会、第四次会员代表大会、四届一次职工代表大会暨2020年工作会"五会"在北京总部召开。同时举办"新时代最美追梦人"劳动模范颁奖盛典,表彰中铁十九局2017—2019年度十大劳动模范。

▲7月18日　中铁十九局主办、二公司承办的"通张铁路施工现场观摩暨48米简支箱梁节段预制胶接拼装施工技术交流会"在二公司通张项目部举行。该工艺克服高空、临江等不利条件,节段质轻体小、运输方便、拼装快、应用前景广阔,是上海铁路局、集团公司首例。

▲11月24日　中铁十九局三公司李绍杰获评全国劳动模范。

▲12月22日　中铁十九局华东工程有限公司揭牌仪式在浙江余姚举行。（方迎春）

中铁二十局集团有限公司

【简况】 拥有各类资质164项，其中总承包资质46项（含铁路、公路、市政、建筑等6项特级），专业承包资质82项，设计资质11项，以及地质灾害治理工程施工甲级资质、对外承包工程资格证等其他资质25项。经营范围涉及建筑工程施工、海外经营、投资运营、房地产开发、工业制造、物流贸易、铁路运输、酒店管理、设计咨询、工程检测、教育培训、城市驻车等多个领域和专业。前身系中国人民解放军华东警备第五旅；1984年集体转业并入铁道部，改称铁道部第二十工程局；1999年，更名为中铁第二十工程局；2002年，改制更名为中铁二十局集团有限公司。下辖第一、第二、第三、第四、第五、第六工程有限公司及市政工程有限公司、中铁贵州工程有限公司、电气化工程有限公司、房地产开发有限公司、中铁长安重工有限公司、中铁建科检测有限公司、物业管理有限公司、安哥拉国际有限责任公司、莫桑比克有限公司、塞拉利昂公司、蒙古国公司、巴基斯坦国际有限责任公司、巴西国际建筑有限公司等19个全资子公司，3个合资公司，1个分公司，2个直属单位。设东北、华北、中原、华中、华东、华南、重庆、西南、西北、陕西等10个区域指挥部和海外事业部，经营网络覆盖全国，辐射亚、非、拉美各洲，代表中国铁建主导安哥拉、莫桑比克、巴西、蒙古、乌兹别克斯坦5个国别市场的经营工作。注册资本金31.3亿元，职工15903人，资产总额446.36亿元，机械设备4800台（套），年施工能力610亿元以上。

2020年，新签合同额1617.56亿元，企业总产值610.27亿元，其中施工产值557.5亿元、附营产值52.7亿元。营业收入446.27亿元，利润总额7.91亿元。完成主要实物工程量：土石方20108.78万立方米；隧道55300.85延长米；桥梁103998.92延长米；正线铺轨49.5千米，站前铺轨33.29千米；铺道岔78组；铁路架梁617孔；公路架梁8232片；地铁17257.1米；公路175千米，其中高速公路96.91千米；路面225.18万平方米。承建工程获国家优质工程奖4项，获中国建设工程鲁班奖1项，获省部级、铁建杯优质工程奖26项。获国家级优秀质量管理小组10个、省部级优秀管理小组41个。获"全国劳动模范"称号1人，获"甘肃省劳动模范"称号1人，获"中国铁建劳动模范"称号6人。2个单位获评"中国铁建先进集体"。在中国铁建"品质铁建杯"财税知识竞赛中获团体金奖，13人分别获金、银、铜奖。 （黎青川）

【领导人员】

董事会

董事长	邓　勇（12月免）
	雷位冰（12月任）
董事	文　珂
	苗文怀
	蒋盛煌（4月免）
职工董事	李胜义

监事会

监事会主席	卢志成（11月免）
	崔友峰（11月任）
监事	房高琪
职工监事	李向阳

经理层

总经理	文　珂
副总经理	赵崇科（9月免）
	任少强
	张文峰
	苗文怀
	蒋盛煌（4月免）
	马晓辉（5月任）
	王作举
	刘文武
	陈　磊
	张建升
总工程师	任少强
总会计师	蒋盛煌（4月免）
	马晓辉（5月任）

党群领导

党委书记	邓　勇（12月免）
	雷位冰（12月任）
党委副书记	文　珂
	李胜义
纪委书记	卢志成（11月免）
	崔友峰（11月任）
工会主席	李胜义

（陈玉清）

【职工队伍】 职工15903人。硕士研究生及以上学历184人，其中博士研究生学历6人。本科学历7715人，专科学历3252人，中专及以下学历4752人。35岁及以下8155人、36～40岁2626人、41～45岁1657人、46～50岁1329人、51～54岁461人、55岁及以上1675人。在岗专业技术人员10057人，其中正高级职称64

人、高级职称1191人、中级职称3039人、初级职称4400人、未聘职称专业技术人员1363人(含当年新接收学员)。 (陈玉清 周荣庆)

【工程项目指挥机构】 黄蒲高速公路指挥部 驻陕西省渭南市。指挥长付西鹏,党工委书记曹永恒。

陇西至漳县高速公路PPP项目总承包指挥部 驻甘肃省定西市。指挥长吕鹏涛,党工委书记张敏。

重庆石柱至黔江高速项目部 驻重庆市。项目经理李福献,党工委书记赵小健。

新建重庆铁路枢纽东环线站前工程项目经理部 驻重庆市巴南区。项目经理赵登科,党工委书记李朝贵。

西咸新区世纪大道西段市政道路提升改造工程PPP项目总承包指挥部 驻陕西省西咸新区。项目经理钱鹏亮。

泰国大湄公河次区域公路扩建二期工程M标段—黎逸府—益梭通府23号公路第一段项目经理部 驻泰国黎逸府。项目经理李长效,党支部书记王甫哲。

秘鲁安第斯国家公路项目经理部 驻秘鲁瓦奴科省。项目经理陈深林,党工委书记张峰。

布斯坦水利灌溉渠1标段项目经理部 驻乌兹别克斯坦图尔特库尔区卡拉卡尔帕克斯坦州。项目经理冯利敏,党支部书记张俊康。

阿尔及利亚房建项目经理部 驻阿尔及利亚布里达省布衣南。项目经理、党工委书记张斌。(武艳霞)

【工程施工】 新建南宁至玉林铁路NoRZ1标段NYZQ-4标段项目 位于广西壮族自治区。合同投资19.6亿元。合同工期2019年12月10日至2023年12月10日。主要工程量:路基23段3.39千米;桥梁19座22784延长米,其中特大桥6座19244延长米、大桥12座3431延长米、中小桥1座109延长米;隧道7座3157.92延长米;涵洞12座264横延米;无砟道床铺设58.67千米。2020年完成投资85224万元,开工累计完成投资85596万元。

新建包头至银川铁路银川至惠农段工程BYZQ-2标段项目 位于宁夏回族自治区石嘴山市。合同投资22.64亿元。合同工期2019年10月1日至2023年9月30日。主要工程量:路基填方283.7万立方米;预应力简支箱梁制架578孔;特大桥2座16522.5延长米,大桥1座175.7延长米,中桥1座50.2延长米;框架桥2座2361.3顶平方米;箱形涵32座1226.3横延米,渡槽1座12横延米;房屋工程12106.1平方米。2020年完成投资65767万元,开工累计完成投资71267万元。

佳鹤铁路改造工程JHSGZQ标段项目 位于黑龙江省东北部。合同投资15.39亿元。合同工期2019年6月20日至2022年7月31日。主要工程量:佳木斯至莲江口(既有绥佳线)现状电化12.6千米;莲江口至鹤立既有线提速改造线路长21.1千米,改建桥梁1座,加固改造桥涵2座98.6平方米,改建涵洞1座11.6横延米;鹤立至大陆新建线路长31.1千米,其中新建桥梁5座16.2千米,框构桥12座2829.4平方米,涵洞19座424.2横延米;大陆至鹤岗既有线现状电化改造6.7千米,既有涵洞11座,新建旅客地道1座1014.8平方米;相关工程矿铁大陆干线段既有线改建线路长0.8千米,新建桥梁1座203.6延长米;峻德支线段既有线改建线路长0.6千米;平改立工程含8座上跨公路桥,桥梁全长1744延长米;新建鹤岗南站高站台及地道。鹤立站改建施工便线,线路长1.3千米。2020年完成投资81719万元,开工累计完成投资96338万元。

新建重庆铁路枢纽东环线站前工程DHZQ-2标段项目 位于重庆市。合同投资16.43亿元。合同工期2017年4月23日至2021年4月29日。主要工程量:车站1座,桥梁13座6482.87延长米,隧道4座16174延长米,涵洞7座552.51横延米,无砟道床27.49千米。2020年完成投资40566万元,开工累计完成投资170723万元。

新建城际铁路阎良至机场线控制性工程YJ-TJ01标段项目 位于陕西省咸阳市和西咸新区。合同投资28776万元。合同工期2017年10月25日至2020年5月15日。主要工程量:特大桥1座2258.94延长米。2020年完成投资5251万元,开工累计完成投资23287万元。

雄安新区建材运输通道安新至大册营公路(S326)建设工程主体施工2标段项目 位于河北省保定市,全长8千米。合同投资1.6306亿元。合同工期2020年3月9日至2021年6月30日。主要工程量:挖方30.26万立方米,填方29.88万立方米,填4%水泥土25.76万立方米,中桥梁1座25延长米,圆管涵3座160.2横延米,盖板涵1座6横延米,下穿京广高铁道路工程1处190.88米,水泥稳定碎石底基层26.65万平方米,级配碎石底基层3.54万平方米,水泥稳定碎石基层56.24万平方米,透层26.80万平方米,黏层26.85万平方米,封层27.15万平方米,沥青混凝土53.82万平方米。2020年完成投资14736万元,开工累计完成投资14736万元。

眉县至太白高速公路MTTJ2标段项目 位于陕西省宝鸡市眉县营头镇。合同投资8亿元。合同工期

2019年10月20日至2023年10月20日。主要工程量:太白山隧道为分离式结构,左线长2765延长米、右线长2713延长米;正线路基工程挖方210.34万立方米,填方42.96万立方米;大桥7座2826延长米,25米箱梁816片、40米箱梁32片,桩基6878延长米、470根;小型预制构件862394块。2020年完成投资4367万元,开工累计完成投资4500万元。

眉县至太白高速公路MTTJ6标段项目　位于陕西省宝鸡市。合同投资17亿元。合同工期2019年10月20日至2023年10月20日。主要工程量:隧道1.5座7000延长米、斜井1座1180米、竖井1座152米;主线桥梁11座2400延长米、匝道桥4座445延长米、预制箱梁695片;主线路基8千米,路基挖方375万立方米、填方256万立方米;涵洞39座1208横延米,地下通道12座431横延米;互通立交2座,服务区1座。2020年完成投资1000万元,开工累计完成投资1000万元。

重庆梁平至黔江高速公路石柱至黔江段工程项目　位于四川省、重庆市。合同投资44.84亿元,合同工期2017年4月30日至2021年4月29日。主要工程量:线路全长43.822千米,路基29段15380米,桥梁32座11634延长米,隧道6座13805延长米,互通4座。2020年完成投资75876万元,开工累计完成投资411637万元。2020年12月30日正式通车。

陇西至漳县高速公路项目　位于甘肃省定西市。合同投资54.23亿元,其中建安费45.19亿元。项目合作期33年,其中建设期3年、运营期(含收费期)30年。主要工程量:主线桥梁21座8495.62延长米,隧道2座4384.75延长米;互通式立交4座,服务区1处(与陇西南立交合建),养护工区1处,匝道收费站2处,高速公路管理所1处。连接线桥梁4座1542延长米,隧道3座5695.5延长米;互通式立交1座。2020年完成投资147661万元,开工累计完成投资388189万元。

国家高速公路榆蓝线(G65E)陕西境黄龙至蒲城段项目　位于陕西省渭南市和延安市。合同投资76.6亿元,其中建安费55.8亿元。招标文件中要求交工时间2020年10月底,建设期24个月,运营(收费)期30年。主要工程量:路基挖方1239.38万立方米,填方300.53万立方米;特大桥2座3076延长米,大、中桥44座10087.03延长米,小桥1座16.66延长米,隧道1座427.5延长米;互通立交7处(预留2处),分离式立交16处,天桥24处,通道138处;匝道收费站5处,服务区2处,停车区1处;连接线3处11.602千米,拆迁建筑物23371平方米,永久性用地5111288.885平方米。2020年完成投资219831万元,开工累计完成投资525921万元。2020年12月23日正式开通运营。

墨江至临沧高速公路TJ-6标段项目　位于云南省普洱市。合同投资8.45亿元。合同工期2017年7月3日至2020年7月1日。主要工程量:桥梁16座,优化3座为路基及涵洞,其中特大桥2座、大桥6座、中桥4座、车行天桥1座;主线路基13段、者东连接线3段,路基挖方467.6万立方米、填方218.3万立方米、弃方249.3万立方米,设弃土场10个;通道及涵洞59座,其中盖板涵49座、圆管涵10座;锚杆14.48万米,锚索10万米,框格梁混凝土2.02万立方米,主线及连接线、弃土场片石混凝土挡墙18.39万立方米。2020年12月主体完工。

省道217线卓克基至小金段公路改造工程ZX1标段项目　位于四川省阿坝州马尔康市。合同投资5.09亿元。合同工期2018年9月1日至2021年8月31日。主要工程量:拆除原路面5万平方米;路基挖土石方65.02万立方米,路基填筑40.56万立方米;路基防护挡墙16.9万立方米;隧道0.5座1544延长米;桥梁13座965.83延长米;涵洞76座697.1横延米;路面27.6千米;道班房1处。2020年完成投资19788万元,开工累计完成投资31900万元。

成都轨道交通17号线二期工程施工总承包项目土建六工区(市政)　位于四川省成都市,全长2.4千米。合同投资10.69亿元。合同工期2019年9月30日至2024年9月30日。主要工程量:厂北路口站主体砼70534立方米、二仙桥站主体砼35103立方米,钢筋约19427吨,桩间网喷砼47417平方米、防水82340平方米;区间盾构掘进3387米。2020年完成投资50176万元,开工累计完成投资50176万元。

北海西村港跨海大桥项目　位于广西壮族自治区北海市。合同投资94360万元。合同工期2019年5月26日至2021年5月25日。主要工程量:双塔双索面景观斜拉桥1座1775.8延长米。2020年完成投资45268.57万元,开工累计完成投资87568.79万元。

西安地铁8号线施工总承包2标段项目　位于陕西省西安市。合同投资85815万元。合同工期2019年10月30日至2023年12月30日。主要工程量:车站2座,杨家庄站8号线车站主体建筑面积27609平方米、10号线车站主体建筑面积22337平方米,余家寨站主体建筑面积16201平方米;区间2个,杨家庄站至余家寨站区间长721.428米,余家寨站至贞观路站区间左线长1006.98米、右线长1006.8米。2020年完成投资20040万元,开工累计完成投资20040万元。

北京地铁17号线项目　位于北京市朝阳区,全长

3.318 千米。合同投资 5.002 亿元。合同工期 2016 年 9 月 5 日至 2020 年 12 月 10 日。主要工程量:1 站 2 区间。2020 年完成投资 23940 万元,开工累计完成投资 44176 万元。

佛莞城际铁路项目　位于广东省广州市。合同投资 25.28 亿元。合同工期 2015 年 1 月 1 日至 2020 年 10 月 5 日。主要工程量:隧道 1 座 22060 延长米,地下车站 2 座 72263 平方米,长隆站建筑面积 37450 平方米,番禺大道站建筑面积 34813 平方米;正线铺设无砟轨道 22.06 千米,盾构区间 18.68 千米。2020 年完成投资 34061 万元,开工累计完成投资 261488 万元。2020 年 12 月完工。

西安地铁 14 号线 SGZCB－1 标段项目　位于陕西省西安市。合同投资 17.4356 亿元。合同工期 2018 年 4 月 30 日至 2021 年 6 月 1 日。主要工程量:车站 3 座,盾构区间 2 个,明挖区间 1 个;尚贤路站长 364.9 米,建筑面积 25601 平方米,学府路站长316.118米、建筑面积 28147 平方米,10 号线长 327.65 米、建筑面积 21302 平方米,总建筑面积 49449 平方米;区间 2 段 3811.9 米,起点至尚贤路站明挖区间左线长 540.479 米、右线长 543.101 米,尚贤路站至学府路站盾构区间长 3257 米。2020 年完成投资 24979 万元,开工累计完成投资 87381 万元。

天津地铁 8 号线一期工程 7 标段项目　位于天津市河西区。合同投资 7.85 亿元。合同工期 2020 年 1 月 9 日至 2024 年 12 月 31 日。主要工程量:长泰河东站长 407.978 米;沂山路站至长泰河东站盾构区间右线长 640.661 米,左线长 638.74 米;长泰河东站至渌水道站盾构区间左线长 1618.228 米(不含右线施工)。2020 年完成投资 10241 万元,开工累计完成投资 10241 万元。

春申湖路快速化改造工程项目　位于江苏省苏州市。合同投资 30.14 亿元。合同工期 2018 年 3 月 1 日至 2020 年 3 月 1 日。主要工程量:地下连续墙 555 幅,工法桩 2890 幅,三轴止水帷幕 2516 幅,围护钻孔桩 2151 根,工程桩 3261 根,水中围堰 2717 延长米,水泥 5.77 万吨,土方开挖 276.03 万立方米,混凝土 140 万立方米,钢筋 16.23 万吨。开工累计完成投资 301431 万元。

巷口祥和嘉园 EPC 总承包项目　位于江西省南昌市。合同工期 2018 年 3 月 1 日至 2020 年 4 月 2 日。主要工程量:总建筑面积 59.76 万平方米;挖方 65 万立方米、填方 40 万立方米,桩基 7000 根,钢筋 5.7 万吨,混凝土 46 万立方米,页岩多孔砖 2110 千块,加气混凝土砌块 1800 千块,自粘防水卷材 55 万平方米。2020 年完成投资 44695 万元,开工累计完成投资 160734 万元。

南昌市新建区省庄花园 EPC 总承包项目　位于江西省南昌市。合同投资 278500 万元。合同工期 2018 年 12 月至 2020 年 12 月。主要工程量:住宅楼 29 栋,总建筑面积 63.4 万平方米;创业大厦 1 栋,建筑面积 4.6 万平方米;商业建筑面积 5.33 万平方米;幼儿园 1 栋,建筑面积 0.48 万平方米;小学 1 栋,建筑面积 0.72 万平方米;道路长 1185.888 米,道路宽度标准段 20 米,展宽段 30 米。2020 年完成投资 116314 万元,开工累计完成投资 253498 万元。

新建区梦庐花园安置点(勘察、设计、采购、施工 EPC)总承包项目　位于江西省南昌市。合同投资 55 亿元。合同工期 2017 年 11 月 20 日至 2022 年 6 月 30 日。主要工程量:小区内房建、装饰装修、市政及配套工程,区间和周边道路工程。2020 年完成投资 92726.84 万元,开工累计完成投资 188518.83 万元。

潍坊市产城融合创新基地建设项目(一期)建设工程施工总承包项目　位于山东省潍坊市。合同投资 22 亿元。计划开工日期 2018 年 5 月 30 日,按开工时间不同分批次竣工。主要工程量:1 号地块 2 至 9 号、14 号厂房(厂房根据招商引资情况量身定做)、3 号地块 9 号、10 号楼;总建筑面积 18.8 万平方米,包括土建、水电安装、装饰装修、钢结构、室外配套及绿化工程等。2020 年完成投资 11139 万元,开工累计完成投资 45279 万元。

驻马店市宿鸭湖水库清淤扩容工程　位于河南省驻马店市。合同投资 224978.58 万元。合同工期 2019 年 1 月 22 日至 2021 年 12 月 31 日。主要工程量:开挖土方 9102 万立方米,其中清淤 3775 万立方米,扩容 5327 万立方米;利用开挖土方堆筑三座人工岛 1222 万立方米;堆筑库区湿地巡护及防汛道路工程 374 万立方米;坝后淤泥堆填围堰工程 372 万立方米;工程监测设施。2020 年完成投资 101710.12 万元,开工累计完成投资 167398.6 万元。　(孟祥瑞)

【经营管理】　工程承揽。2020 年,新签合同额 1617.56亿元,占年度计划 1070 亿元的 151.2%,同比增长 46.8%。其中,铁路工程 72.6 亿元、公路工程 198.9 亿元、市政工程 373.5 亿元、房建工程 741.5 亿元、城市轨道工程 27 亿元、水利工程 8.6 亿元、其他工程23.4亿元、非工程板块 172.1 亿元。海外工程合同额 206.16 亿元、投融资业务新签合同额 214.98 亿元。

企业管理。坚持以“保级升特、优化结构”为重点,抢抓政策窗口期,完善资质结构等级,指导帮扶一公司取得公路施工总承包特级和公路行业甲级设计资质;电气化公司取得通信工程施工总承包一级,建筑、电力工程施工总承包二级及建筑机电安装工程专业承包一级资质;长安重工取得钢结构专业承包一级资质。拥有一级注册建造师819人,专业1139个。完成苏州市吴中区南环路西延二期工程项目投资建设有限公司等5家企业注销工作。开展重大、重要风险评估工作,制定风险管控专项方案,加强风险过程管控。完成长春市政公司、菲律宾分公司、海南分公司、巴西跨海大桥项目公司等12家企业的新设、变更等工作。中铁二十局集团第四工程有限公司分别入围中国铁建2019年工程公司规模20强(第16位)、工程公司效益20强(第4位),中铁二十局集团第六工程有限公司入围工程公司规模20强(第20位),中铁二十局集团第五工程有限公司入围工程公司效益20强(第10位),中铁二十局集团市政工程有限公司入围工程公司效益20强(第19位),中铁二十局集团房地产开发有限公司(第8位)和中铁二十局集团安哥拉国际有限责任公司(第14位)分别入围其他业务三级公司效益20强。

经济管理。明确年度经济管理总体思路、规划工作目标、确定重点工作,编制《工程公司经济分析会议指引》,修订《变更索赔管理办法》,出台《总包及投融资项目变更索赔指导意见》,印发《工程项目间接费定额》,压降工程项目管理费用。按季度完成《工程项目经济管理分析报告》并发布《经管信息》,编制《工程项目价格信息》,完成在建项目经济运行监控预警分析并形成分析报告。完成2020年直管项目绩效考核及责任成本管理现场考核,考评各工程公司2020年度责任成本、变更索赔管理工作。组织召开2020年度变更索赔及铁路项目清概工作推进会。签订直管项目部2021年度目标合同。现场经济管理督导重点项目63个,及时解决反映的问题。完成铁路项目的标前测算评审7个、EPC项目合同评审2个、海外项目策划与评估6个。

安全质量。深入学习贯彻习近平总书记关于安全生产重要论述,召开安全生产委员会专题会议4次,传达学习行业主管部门及股份公司最新的规章制度和管理规定,对安全质量工作进行讨论部署。参加第19个全国“安全生产月”活动,以“消除事故隐患,筑牢安全防线”为主题,指导各单位树牢“管生产必须保安全”理念,紧扣活动主题,组织开展安全生产月动员、安全生产事故警示教育和“安全生产大家谈”、应急预案演练、安全生产咨询日和教育日、排查整治进行时等活动。成立“质量月”活动领导小组,利用网络、电视、刊物、宣传标语等多种形式进行宣传,活动期间培训教育17524人次,其中隧道施工专项教育培训1458人,开展样板引路、技术交流315次,隧道工装改进20台(套),开展“比、学、赶、帮、超”活动138次,表彰和奖励班组90个,242人,回访项目59个,落实质量实名制管理项目152个,签订质量责任书828个工班15315人。指导各项目对现场存在的质量安全问题自查自纠,发现问题768个,制定整改和防范措施。持续强化安全管理“三类”人员的培训,完成陕建安、交安、水安新取证、延期945人次,组织79名注册安全工程师参加继续教育。参加各级举办的质量管理业务培训68人次。每月坚持微信群值日,分享当月安全质量管理经验和做法,分享各类资料459份。组织开展“项目经理、书记、总工程师讲安全”活动。开展创优活动,树立企业品牌,全年获国家级优质工程奖5项,其中国家优质工程奖4项,中国建设工程鲁班奖1项;获省部级优质工程奖12项(含结构杯4项),铁建杯优质工程奖13项,国家级优秀质量管理小组(质量信得过班组)10个,全国工程项目施工安全生产标准化建设工地1项。

财务审计。开展财务资金专项整治工作,所属单位自查覆盖率100%,全集团41个检查组完成422个核算单位的抽查工作;“两金”压控效果显著,下发制度办法8项,召开清欠专题会3次,专项督导重点区域2个、工程公司9家,年末压降有息负债规模至81.05亿元,较年初降低11.88亿元;全年实现经营活动现金净流入24.86亿元。开展银行账户排查及资金安全检查,加强银行账户管控,提升资金内控管理水平,确保资金收支安全。清理低效、无效账户,集中资金至财务公司账户。“统收统支”模式归集资金7.6亿元、财务公司资金池模式归集资金14.6亿元。21家单位获评“纳税信用A级纳税人”,获“品质铁建杯”2020年财税知识竞赛团体金奖,发表财会类学术研究成果10余篇,通过中高级职称考试69人,注册会计师1人,税务师12人。两级实施经济责任审计31项,其中任中审计4项,离任审计27项,发现问题金额60968.14万元,纠正违规金额18159.4万元,挽回或避免损失141.46万元,促进增收节支1013.92万元。实施经济责任审计6项,其中子公司负责人离任经责审计3项,任中审计1项,工程项目经理离任提级经责审计2项,离任审计覆盖率100%。其中发现问题金额46969万元,纠正违规金额17914万元,挽回或避免损失53万元,促进增收节支850万元。开展工程项目审计117项,其中过程审计54项,竣工审计63项。发现问题金额78112.6万元,纠正违规金额17397.2万元,挽回或避免损失1601.55万元,促进增收节支4713.08万元。集团公司总部开展重点工程项目审计18项,其中过程审计12项，竣工审计6项。发现问题金额67561万元，纠正违规金额16114万元，挽回或避免损失926万元，促进增收节支2283万元。审计机构完成审计项目182个，录入审计系统工作底稿1735份，审计查询书257份，审计报告182份，审计系统录入率100%。利用PM系统、共享中心久其系统等开展网上经济责任审计4个，工程项目审计18个。

设备物资。完善物资管理体系，修订物资管理办法。搭建物资公示平台，实现资源共享。开展经济数据分析，推进物资管理量价双控。明确设备购置流程，规范设备购置审批。建立集团公司设备物资供应商管理平台，规范采购方案及招标文件评审制度，严格按照集团公司框架采购结果组织竞价采购，管控B类物资。组织开展物资设备人员和材料会计培训班2期，培训397人次，培训内容包括政策解读、流程解读、管理实施，物资信息管理系统使用、管理风险防范、法律法规等，全面覆盖物资、设备、采购、供应商管理等。组织设备物资业务人员每月通过网络培训交流，交流内容涵盖业务操作流程、信息化应用、支付措施、风险管理等，完成培训12期，培训交流7938人次。国内拥有机械设备3723台(套)，设备原值302837.7万元、净值96402.28万元；总功率710033.14千瓦，动力装备率44.65千瓦/人，技术装备率6.06万元/人。国内大型设备数量147台(套)，设备原值165790.19万元、净值56388.81亿元；大型设备完好率94.24%、利用率85.78%；机械化施工程度90%。其中国内100台(套)以上的设备：混凝土搅拌站275套，混凝土搅拌运输车126台，混凝土输送泵112台，发电机组233台，空压机216台(套)，装载机225台，履带式挖掘机123台，载货汽车153台，门式起重机200套，各类乘坐车辆813辆。境外项目大中小型设备实力1799台(套)，设备原值83307.67万元、净值13587.64万元。境外项目50台(套)以上的设备：重型自卸车323台，装载机80台，挖掘机95台，发电机组183台，压路机88台。年内设备资产购置支付金额40993.17万元，占年计划53390.18万元的76.78%。全集团进场物资1578360.33万元，两级集采物资1487719.39万元，集采率94.26%；集采物资市场总价1512389.27万元，节约资金24669.88万元，资金节约率1.63%。组织22个项目的钢材、水泥、外加剂、防水材料、商品混凝土等大宗物资的公开招标和竞争性谈判活动，招标采购(含竞争性谈判)总额7.88亿元；通过集中采购降低采购成本2821.2万元，实现集采降造率3.58%，其中境外项目完成莫桑比克公司设备物资国内采购发运，境外项目国内采购发运设备物资金额758.74万元，节约采购费用39.56万元，集采降造率5.52%。境内项目各类原材料及能源期初库存49592.64万元，收入1578360.33万元，消耗1583788.08万元，期末库存44164.89万元。主要材料消费量：钢材1315584.71吨，水泥3152619.95吨，炸药1352.47吨，油料82702.1吨，木材16348.89立方米。

(赵著平　曹玉有　宁艳丽)

【科技教育】 科技成果。获中国土木工程詹天佑奖1项；获省部级科技(进步)奖3项，行业级科技奖26项，股份公司科技奖3项；获省部级工法33项。以陕西省知识产权贯标成功为起点，逐步培养各子公司知识产权保护意识及管理水平，增强创新能力，获股份公司专利奖2项，授权专利167件，其中发明专利13件，申请并受理专利293件，其中PCT国际专利1件、发明专利72件、外观设计1件，获软件著作权8项；出版技术专著6部、技术专刊2期，在公开出版发行技术刊物上发表科技论文331篇；参与国家研究课题1项，主持中国博士后科研课题1项，主持重庆市科学技术局课题1项，主持陕西省住建厅、湖北省交通运输厅科研课题各1项，新立中国铁建课题4项，其中B类课题1项。主编或参编标准8部(已发布)，在编标准9部，其中主编国家标准1部、股份公司标准1部，新参编行业标准5部，参编国际工程标准2部。顺利通过省级企业技术中心两年一次的复审，科技管理系统建立并成功试用，科技知识库持续完善；研发费加计扣除政策利用管理体系有效执行，全年企业研发费加计扣除减税5167.25万元，首次申办并成功获批为“1+X”证书试点2020年度第四批职业教育培训评价组织。

教育培训。2020年，集团公司组织员工培训21862人次。组织集团公司领导班子成员及非领导职务人员参加中国网络干部学院开办的“党史”“新中国史”“推进国有企业高质量发展”“党的十九届四中全会精神”“国有企业简史”“十九届五中全会精神”等网上专题学习；组织392名处级干部及二级职业项目经理参加中国铁建开设的“党的十九届四中全会精神”学习；选派2名处级干部参加中央党校国资委分校学习，2名处级干部参加青年干部战略思维与领导能力培训，组织9名处级干部参加组工干部专业培训，组织8名集团总部部门负责人、7名子公司行政主要领导、15名分管生产副处领导参加线上岗位资格培训；组织基层员工参加住建部施工现场专业人员岗位资格线上培训1684人，参加住建部建设行业线上免费学习3960余人；组织116名施工现场专业技术人员参加住建部岗位资格培训考试。

(仲维玲　郭志宏)

【党群工作】 党的工作。基层党组织471个，其中党委22个、党工委27个、党总支4个、党支部418个。党员7034人,完成离退休人员社会化管理党员组织关系转移1952人。发展党员203人。领导班子建设。集团公司13名领导班子成员建立党建工作联系点13个,全面落实"七个一"工作任务,召开调研座谈会15次,组织调研活动21次,谈心谈话61人次,讲党课14次,指导联系点单位2020年度党员领导干部民主生活会12次。党建工作。研究重大问题257项(前置研究181项),"三重一大"决策资料全部上传,接受在线监督、动态监管。纠正在述职、考核、谈心谈话中越位、缺位和错位现象,帮助提升集体决策水平。组织党委理论学习中心组学习13次、集体研讨3次,下发《2020年党委理论学习中心组专题学习重点内容安排》《2020年党员教育培训计划》,配发《习近平谈治国理政(第三卷)》,指导各级党组织学习习近平总书记最新指示批示、党的十九届历次全会及中国铁建党委重大会议精神,参加"党史""新中国史""推进国有企业高质量发展"等网上专题学习。"不忘初心、牢记使命"主题教育制度化工作进入实施性阶段,整改完成两级班子及成员检视问题997个,形成"责任清单"1100余条,建立长效机制34项,237个调研课题转入成果运用。组织596名党组织书记、党员领导干部及普通党员在"党课开讲啦"活动中讲授专题党课,带动全体党员学习贯彻习近平新时代中国特色社会主义思想,增强经常性党性锻炼。协同解决困难问题33个,听取基层对提升治理效能和治理水平的意见建议。党组织建设。成立、调整、撤销党组织27个,换届选举党支部19个。五公司宿鸭湖项目部党支部被评为中国铁建第二批"示范党支部"。组织419名党支部书记、43名组工干部参加中国铁建党支部书记在线培训,在线考试成绩排名中国铁建工程局第1位。承办西北片区党员发展对象培训班,集中培训发展对象212人,合格率100%。党员队伍建设。采取个人自学、集中培训、观看教育片、理论考试、讨论交流、实地观摩党员教育示范基地等多种方式方法加强入党积极分子、发展对象思想政治教育。组织211名发展对象(含部分积极分子)进行脱产培训、考试,吸收预备党员218人,发展对象203人,入党积极分子626人,入党申请人1117人。"七一"表彰先进基层党委3个、先进基层党支部30个、优秀共产党员70人、优秀党务工作者20人。慰问困难党员、老党员193人,慰问参加抗美援朝的老战士9人。党风廉政建设。围绕党风廉政建设和反腐败工作52项要点开展具体工作。认真贯彻落实中纪委四次全会精神,全面启动"四个专项"整治工作。围绕中国铁建党委财务资金管理专项巡视反馈的立行立改13个问题,制定整改措施41条,17天整改到位。成立5个财务资金管理专项巡察组,探索"现场+网络"巡察途径,专项巡察所属29个党组织,取得阶段性成果。以专项监督检查、督办函和通知书形式,督办巡视巡察反馈53个问题的整改落实情况。召开全面从严治党"两个责任"促进会暨警示教育大会,总结2015年以来全面从严治党成效,通报16个典型案例和党政纪处分情况。集团纪委累计发送廉洁提醒短信3316条次、开展节前廉洁教育457场次、集体约谈77场次,组织45个检查组对249个单位进行监督检查。下发《关于强化执纪监督制止餐饮浪费行为的通知》,把餐饮浪费行为监督纳入重点检查内容,倡导"光盘行动"。集团纪委组织24名境外回国人员进行述职述廉和廉洁谈话,其中包括17名境外单位班子成员。与中土集团纪委合作撰写《建筑央企"走出去"廉洁风险防控研究》专题政研论文,获中国铁建2019—2020年度优秀政研成果二等奖。两级纪委全年受理问题线索159件,线索处置率100%,其中初核了结64件、立案58件、暂存2件、查办31件。党纪政纪处分102人次,经济赔偿58.19万元,挽回经济损失50.2万元。对2019年度受处分的12名集团公司管理干部和74名所属单位干部职工开展回访谈心,帮助受处分人员解开心结、卸下包袱,重拾干事创业热情。各单位党组织书记、纪委书记讲授廉洁专题党课247场次,举办廉洁专题讲座142场次,发布廉洁警句1645条次,推送主题微信79期,组织观看廉洁教育视频690场次,开展知识竞赛、廉洁演讲比赛18场次,参观警示教育基地98次,组织4793名员工参与写家书、廉洁寄语系列活动,微视频《迷途》《歧途》获"钱潮杯"清廉微作品大赛优秀奖,多部优秀微视频在光明网展播。

工会工作。工会组织959个,工会会员15903人。组建区域指挥部、海外事业部和集团总部工会工作委员会12个,对6个工会工作委员会主任或委员进行替补调整。录入所属19个单位的工会组织及会员信息,完成陕西省工会系统组织和会员信息采集工作。组织召开工会常委会4次、工会工作研讨会1次。制定下发《关于2020年开展"安康杯"竞赛暨落实"一法三卡"工作法的通知》,表彰2019年度集团"安康杯"竞赛暨"一法三卡"工作优胜单位3个、优胜项目13个。配合安质部门,在"安全生产月"期间开展《全国劳动安全健康与交通消防应急法律法规知识》普及教育及答题竞赛活动,为基层配发学习教材700余本,参与职工8000余名。聘任56名中铁二十局工会安全监督检查员并发放相关证书。联合集团公司报社举办"中铁二十局工会杯"征文比赛,收到征文125篇,评选出获奖作品42篇,其中一等奖2篇、二等奖6篇、三等奖10篇,优秀奖24篇。编印职工文学作品集《我和我的祖国》,并在集团公司“五会”期间向与会代表发放。集团公司党委副书记、工会主席李胜义带领铁道兵老战士和相关人员前往青海天峻、乌兰、甘肃酒泉卫星发射基地、陕西旬阳等地开展每年一度的“缅怀革命先烈,理想信念不灭”活动,传承铁道兵精神。走访慰问33名省部级以上劳动模范,发放慰问金9.9万元。申报高级别荣誉,1人获评全国劳动模范,1人获评甘肃省劳动模范,1人获火车头奖章,1人获评贵州省劳动模范,6人获评中国铁建劳动模范,推荐1名劳模参加陕西省总工会举办的劳模工匠学历提升班,推荐1名劳模和25名先进一线职工参加陕西省劳模疗休养活动。全国劳动模范刘正林在北京人民大会堂参加全国劳动模范和先进工作者表彰大会。组织职工收看“中国梦·劳动美——致敬劳动者”“五一”特别节目。

共青团工作。基层团委15个,团工委3个,团支部172个;共青团员2356人;兼职团干部388人,专职团干部10人。开展“自豪、自信、自觉”大家谈之青年谈体会活动以及“奋进新时代,逐梦新征程”主题演讲比赛。组织广大青年学习上级单位和集团公司下发的关于防疫复工文件精神。组织致敬抗疫英雄及逝世同胞哀悼活动和纪念抗美援朝70周年主题形势任务教育。应用“智慧团建”系统,开展团员日常管理、团干部管理、“学社衔接”、组织关系转接等业务。组织各单位团支部开展“对标定级”工作,对落后团支部予以整顿。(宿艳鹏 陈 辉 张 洋)

【第一工程有限公司】 拥有公路工程施工总承包特级,建筑、市政公用工程(限城市道路与桥梁工程)施工总承包一级,铁路工程施工总承包二级,桥梁、隧道、公路路面、公路路基、地基基础工程专业承包一级,建筑装修装饰专业承包二级,航道、钢结构专业承包三级,预拌商品混凝土专业承包,公路行业设计甲级资质。前身系中国人民解放军铁道兵第十师第四十六团;1984年,并入铁道部,整编为铁道部第二十工程局第一工程处;2000年12月,划归国家大型工业企业委员会;2002年7月,完成公司制度改革,改称现名。驻江苏省苏州市大同路10号。党委书记、董事长高永吉,总经理、党委副书记李战荣。职工2238人。资产总额474581万元。其中,固定资产原值49924万元、净值11427万元,流动资产438048万元。机械设备241台(套),原值25265.89万元、净值10696.74万元。其中,主要施工设备124台,原值21270.56万元、净值9708.84万元;总功率40727千瓦,技术装备率4.92万元/人,动力装备率18.05千瓦/人,设备成新率42%、完好率93%、利用率83%。年施工能力100亿元以上。

2020年,新签合同额199亿元,承揽工程15项。总产值75.98亿元,其中施工产值75.79亿元、附营产值0.19亿元。利润16931万元,上缴税金745万元,支付劳保统筹8442万元,职工年人均工资93281元。单位工程合格率100%。国有资产保值增值率105.79%,资产负债率91.06%,产值利润率0.21%,净资产收益率11.54%,应上缴款完成率100%。

(韩沛丞 王 婷)

【第二工程有限公司】 拥有公路工程施工总承包特级,铁路、市政公用、矿山工程施工总承包一级,建筑工程施工总承包二级,水利水电工程施工总承包三级,隧道、桥梁、公路路基、公路路面、地基基础工程专业承包一级、环保工程专业承包二级,工程设计公路行业甲级资质。前身系始建于1954年8月的中国人民解放军铁道兵第十师第四十七团;1984年1月,集体转业并入铁道部,改为铁道部第二十工程局第二工程处;1999年12月,与铁道部脱钩,改称中铁第二十工程局第二工程处;2002年,改制称现名。注册资本金10.1亿元。驻北京市海淀区西四环北路158号慧科大厦东区12层。党委书记、董事长陈耀华,总经理钟选良。职工2155人。资产总额50.63亿元。自有设备755台(套),原值46235.66万元、净值13808.27万元,其中大型设备27台(套),成新率60%。技术装备率10.5万元/人,动力装备率42千瓦/人。年综合施工能力80亿元以上。

2020年,承揽总额223.86亿元,在建项目45个,产值73.46亿元。单位工程合格率100%。全员劳动生产率144.02万元/(人·年)。国有资产保值增值率100.97%,资产负债率87.57%,产值利润率1.73%,净资产收益率5.87%。(马宏远)

【第三工程有限公司】 拥有市政公用工程施工总承包一级,公路工程施工总承包二级,机电工程施工总承包三级,桥梁、隧道工程专业承包二级,建筑、古建筑、地基与基础、城市及道路照明、环保工程专业承包三级资质。2006年2月成立;2007年5月,中铁二十局集团川渝分公司并入,同时房地产开发公司划归集团公司管理。驻重庆市南岸区黄桷垭镇崇文路28号附7号。党委书记、董事长吴青华,总经理屈家奎。职工1365人。资产总额357147万元。其中,固定资产原值39857万元、净值16128万元,流动资产313881万元。单台价值10万元及以上设备365台(套),原值35680万元,净值14082万元,总功率46398千瓦;设备成新率39.47%,技术装备率10.35万元/人,动力装备率34.12千瓦/人;设备完好率95%、利用率90%。

2020 年,新签合同额 185.67 亿元,产值 90.11 亿元。利润总额 1.26 亿元,职工年人均工资 10.1 万元,上缴税金 7191 万元。国有资产保值增值率 120.25%,资产负债率 89.47%,收入利润率 2.12%,净资产收益率 31.70%。（廖志刚 吕 娜）

【第四工程有限公司】 拥有铁路、公路施工总承包一级,建筑、矿业、市政施工总承包二级,桥梁、隧道、公路路基、铁路铺轨架梁、建筑装修装饰、环保、建筑幕墙、钢结构等 13 项资质及独立对外承包工程经营资格。前身系中国人民解放军铁道兵第十师第四十九团;1948 年 2 月,在胶东地方武装整合的东海集训团基础上组建,随后相继整编为中国人民解放军胶东警备团、华东军区警备第五旅第十五团、步兵一零一师三零三团、农业建设第三师第九团、志愿军铁道工程第十师第三十团,铁道兵第十师第四十九团;1984 年 1 月,整建制改编并入铁道部,更名为铁道部第二十工程局第四工程处;2002 年 6 月,建立现代企业制度,改称现名。注册资本金 10.1 亿元。驻山东省青岛市崂山区东海东路 89 号。党委书记吕传峰,董事长李瑛,总经理张林。职工 3210 人。资产总额 58.09 亿元。其中,固定资产原值 9.36 亿元、净值 2.14 亿元,流动资产 53.22 亿元。单台价值 5 万元以上设备 599 台(套),原值 59002.07 万元、净值 12004.32 万元,总功率 257354 千瓦。其中机械设备 460 台(套),原值 55462.24 万元、净值11254.55万元;车辆 139 辆,原值 3539.83 万元、净值 749.78 万元。设备资产成新率 20.35%,技术装备率 3.74 万元/人,动力装备率 80.17 千瓦/人。主要施工设备完好率 92%、利用率 87%。

2020 年,承揽工程 44 项,新签合同额 182.06 亿元。产值 92.2 亿元,其中施工产值 90.2 亿元、附营产值 2 亿元。职工年人均工资 82858.66 元。上缴增值税金 8121 万元,支付社保统筹 7261.41 万元,应上缴款完成率 100%。单位工程和房建工程合格率 100%,优良率 100%。国有资产保值增值率 94.72%,资产负债率 87.56%,产值利润率 1.73%,净资产收益率 16.79%。（梁 杰 董迎娟）

【第五工程有限公司】 拥有市政公用工程施工总承包一级,建筑、公路工程施工总承包三级,公路路基工程专业承包一级,桥梁、隧道工程专业承包二级,钢结构工程专业承包三级资质。2007 年 10 月,第五工程有限公司与电务公司合并成立电气化公司,并保留第五工程有限公司牌子,实行“一个单位,两块牌子”;2007 年 11 月,组建新的中铁二十局集团第二工程有限公司;2008 年 7 月,中铁二十局集团第二工程有限公司更名为中铁二十局集团第五工程有限公司,沿用原第五工程公司工商注册登记;2009 年 1 月,电气化公司机构、人员调整,电气化公司承建的土建工程项目、人员、设备、资产(第五工程有限公司管辖)等整体划归第五工程有限公司。驻云南省昆明市官渡区关上国贸路星河明居 A 幢。党委书记、董事长张云飞,总经理加武荣(12 月免)、段武全(12 月任)。职工 1337 人。资产总额 390726.2 万元。其中,固定资产原值 92022.8 万元、净值 29221.8 万元,流动资产 331519.8 万元。机械运输设备 125 台(套),原值 2764.87 万元、理论净值590.52万元,总功率 17073.7 千瓦;生产设备 86 台(套),原值 1188.82 万元、理论净值 214 万元,总功率 11617.8 千瓦;主要施工设备 226 台(套),原值 76652.17 万元、理论净值 23777.62 万元,总功率 49583 千瓦;技术装备率 17.6 万元/人,动力装备率 56.03 千瓦/人,设备成新率 30.5%,完好率 96.77%,利用率93.64%。年施工能力 40 亿元以上。

2020 年,承揽工程 17 项,合同总额 110 亿元。产值 83.27 亿元,其中施工产值 82.19 亿元、附营产值 1.08亿元(非工程板块)。职工年人均工资 9.69 万元。单位工程合格率 100%,房建工程合格率 100%。国有资产保值增值率 105.87%,资产负债率 87.23%,净资产收益率 27.42%。（杨晓娜）

【第六工程有限公司】 拥有建筑工程施工总承包特级,工程设计建筑行业甲级,市政公用工程施工总承包一级,铁路工程施工总承包二级,装修装饰、桥梁、隧道、钢结构、建筑幕墙、古建筑、环保、城市及道路照明工程专业承包一级资质。前身系中国人民解放军铁道兵第十师司令部新线管理科;1984 年 1 月,集体转业并入铁道部,先后改称为铁道部第二十工程局新建铁路运输处,建筑工程处;2001 年,改称中铁第二十局第六工程处;2002 年 7 月,改制称现名。驻陕西省西安市未央区广安路 3619 号。党委书记、董事长刘德兵,副总经理(主持经理层工作)吴红兵。职工 2277 人。资产总额 51.54 亿元。其中,固定资产原值 5.32 亿元、净值 1.19 亿元,流动资产 49.73 亿元。机械运输设备 1790 台(套),原值 3.25 亿元、净值 0.67 亿元;动力设备总功率 62639 千瓦,技术装备率 2.1 万元/人,动力装备率 26.98 千瓦/人,设备综合成新率18.75%、完好率 92%、利用率 82%。年施工能力 75 亿元以上。

2020 年,资产负债率 89.96%。（高 媛）

【市政工程有限公司】 拥有水利水电、市政公用、建筑工程施工总承包一级,地基基础、防水防腐保温、建筑装修装饰工程专业承包一级,钢结构、建筑幕墙工程专业承包二级，公路工程施工、石油化工、机电工程施工总承包三级，公路路面、公路路基、桥梁、隧道、建筑机电安装、环保工程专业承包三级，特种工程、模板脚手架专业承包不分等级资质，取得质量管理体系、环境管理体系、职业健康安全管理体系认证证书。前身系组建于1974年2月的铁道兵第十师兰州工作组；1985年4月，成立铁道部第二十工程公司兰州办事处；1999年12月，更名为中铁第二十工程局兰州办事处；2004年11月，成立中铁二十局集团有限公司兰州工程公司；2006年2月，兰州工程公司与海外工程公司合并组建中铁二十局集团有限公司海外工程公司；2006年3月，成立中铁二十局集团兰州商贸总公司；2012年12月，中铁二十局集团兰州商贸有限公司和中铁二十局集团有限公司路桥工程分公司合并组建成立中铁二十局集团第七工程有限公司；2015年10月，更名为中铁二十局集团市政工程有限公司。驻甘肃省兰州市城关区北龙口永新化工园区。党委书记、董事长万雪琳，总经理任东平。职工661人。资产总额36.99亿元。其中，固定资产原值2.59亿元、净值0.85亿元，流动资产34.27亿元，其他资产2.71亿元。大、中型机械运输设备140台（套），设备原值8234.21万元、净值3057.64万元，总功率24880.04千瓦，动力装备率37.64千瓦/人，人均技术装备率4.58万元/人，设备成新率37%、完好率79.56%、利用率83.21%，年施工能力40亿元以上。乘坐车辆144辆，原值2076.82万元、净值529.46万元，成新率25.49%。

2020年，承揽工程39项，新签合同总额85.08亿元，总产值35.75亿元，利润0.49亿元，人均创利7.45万元。全员劳动生产率371万元/（人·年），职工年人均收入157677元。国有资产保值增值率102.92%，净资产收益率4.84%，营业利润率2.01%，资产负债率80.43%，应上缴款完成率100%。（薛晓霞）

【中铁贵州工程有限公司】 拥有市政公用工程施工总承包一级，建筑、公路、水利水电工程施工总承包二级，建筑装修装饰、地基基础、环保工程专业承包一级，钢结构、隧道、桥梁、公路路面、公路路基、公路交通（公路安全设施分项）、河湖整治工程专业承包二级资质。2015年10月注册成立。驻贵州省贵安新区黔中大道沙坝路口。党委书记、董事长彭丁辉（12月免）、何国栋（12月任），总经理韩晓勇。资产总额233477万元，其中固定资产原值15350万元，净值11922万元，流动资产218169万元。

2020年，中标项目28个，新签合同额40.94亿元。总产值14.07亿元，其中施工产值14.07亿元。利润336万元，上缴款1182.42万元，社保上缴率100%。全员劳动生产率207.65万元/（人·年），职工人均年收入9.26万元。国有资产保值增值率100%、净资产收益率2.16%。（邓永琳）

【电气化工程有限公司】 拥有机电、通信工程施工总承包一级，铁路电务、铁路电气化、输变电、电子与智能化、建筑机电安装工程专业承包一级，电力工程施工总承包二级、电力设施许可证承装（修）一级和承试二级资质。前身系组建于1949年4月的警备五旅司令部侦通科及下辖通信队；1984年1月，撤编并部，通信科改为铁二十局通信处，通信连改通信队，工程通信连改通信工程队；2002年6月，改制为中铁二十局集团电务工程有限公司；2006年2月，和路桥工程公司重组合并，成立中铁二十局集团第五工程有限公司；2007年10月，第五工程有限公司和电务工程有限公司重组整合，成立中铁二十局集团电气化工程有限公司。驻陕西省西安市高新区新型工业园企业壹号公园6号。党委书记徐志，董事长、总经理王志义。职工553人。资产总额136187万元。其中，固定资产原值5679万元、净值1882万元，流动资产130279万元。机械运输设备72台（套），设备原值2065万元、净值388.77万元。其中，主要施工设备9台（套），原值731.28万元、净值85.14万元。自有设备总装机功率8335.6千瓦，技术装备率0.7万元/人，动力装备率15.07千瓦/人，设备成新率18.83%、完好率100%、利用率100%。年施工能力10亿元以上。

2020年，新签合同额257599万元，施工产值121022万元，营业收入87025万元，利润4141万元。发放职工工资5313万元，在岗职工年人均工资108062元，全员劳动生产率215.34万元/（人·年）。资产负债率59.57%，国有资产保值增值率99.83%，产值利润率4.77%，净资产收益率6.37%。

（王宏星　田　华）

【房地产开发有限公司】 拥有房地产开发一级资质。2002年1月在咸阳注册成立；2003年7月，由咸阳迁至西安；2007年迁至重庆。驻重庆市南岸区同景路8号22幢7－1。党委书记、董事长简军（12月免）、王双凯（12月任），总经理董增强（5月免）、崔野（5月任）。职工722人。资产总额76.34亿元。其中，固定资产原值2266.69万元、净值1276.08万元，流动资产75.5亿元。

2020年，增加固定资产46.78万元，上缴税金17061.65万元。职工年人均工资84135元。国有资本保值增值率137.22%，资产负债率88.9%，产值利润率 14.57%，净资产收益率 32.51%。

（彭 瑶 赵兰茨）

【中铁长安重工有限公司】 拥有“三标”管理体系认证证书（质量管理体系、环境管理体系、职业健康安全管理体系），桥、门式起重机制造 B 级许可（含安装、修理、改造），机械式停车设备制造许可（含安装、修理、改造），预应力混凝土枕（有砟轨道用混凝土枕）生产许可证。拥有钢结构工程专业承包一级，石油化工、建筑工程施工总承包三级，轻型钢结构工程专项设计乙级资质。2017 年 12 月，由中铁二十局集团西安工程机械有限公司与中铁二十局集团陕西物资有限公司合并重组；2018 年 3 月，正式挂牌成立。注册资本金 3 亿元。驻陕西省西安市未央区广安路 3619 号。董事长、党委书记郑宗君，总经理田殿军。职工 629 人。资产总额 25.2 亿元。其中，固定资产原值 39807.38 万元、净值 30349.84 万元，流动资产 207511.03 万元。单台价值 5 万元以上设备 173 台（套），原值 4659 万元、净值 2427 万元，总功率 8599 千瓦；其中机械设备 148 台（套），原值 4049 万元、净值 2300 万元；车辆 25 辆，原值 610 万元、净值 127 万元。年营业能力 26.58 亿元。

2020 年，新签合同额 101.31 亿元，营业收入23.67 亿元，利润 3058 万元，在岗职工人均年工资增长 16%，上缴税金 5598.93 万元，支付劳保统筹 1117.19 万元，应上缴款完成率 100%。 （张玉梅）

【中铁建科检测有限公司】 拥有铁路、公路及建筑行业原材料、成品及半成品的检测试验、精密控制网建网、变形测量、无砟轨道测量、隧道地质超前预报及桥梁隧道无损检测能力。前身系组建于 1955 年的中国人民解放军铁道兵第十师试验室；2002 年，改制为中铁二十局集团计量测试中心；2008 年，成立陕西中铁建设工程质量检测有限责任公司；2017 年 7 月，更名为中铁建科检测有限公司。驻陕西省西安市太华北路 89 号。党支部书记邵红军，总经理刘育贤。职工 48 人。资产总额 5807 万元。其中，固定资产原值 2309 万元、净值 514 万元，流动资产 4357 万元。

2020 年，承揽额 6000 万元，总产值 3378.59 万元，利润 178.5 万元。国有资产保值率 102.3%，净资产收益率 12.12%，产值利润率 5.28%，投资回报率 11.94%，资产负债率 74.26%，应上缴款完成率 123.1%。 （毛思翊 董雨轩 袁 彬）

【物业管理有限公司】 2014 年 8 月 29 日成立。负责康乐园小区、西安基地、乐山基地物业管理工作，同时负责中铁二十局机关后勤服务事务，基地庭院绿化养护管理、设施设备维修养护、基础建设管理（职工住房建设管理，小型基础建设管理）等后勤事务，计划生育，集体户籍管理工作以及原 165 医院、铁指卫校离退休人员管理工作等。行政负责人、法定代表人王汉军，党工委书记何学义。 （王艳敏 唐华蕊）

【安哥拉国际有限责任公司】 拥有安哥拉国家公共工程承包许可十级、公共工程设计十级两项最高级资质，具备安哥拉工程总承包、物流贸易、农业园林、地产开发、铁路维护、设备供应、石油工程建筑施工等建设投资与配套服务。2013 年 1 月成立。驻安哥拉共和国首都罗安达。党委书记、董事长朱启辉，总经理韩书臣。固定资产原值 13172.7 万元、净值 1456.1 万元。机械设备 326 台（套），总功率 27591 千瓦，技术装备率 24.2 万元/人。

2020 年，新签合同额 114.1 亿元，营业收入 42500 万元，人均营业收入 850 万元，利润 17600 万元，人均创利 352 万元，方案优化创效 6800 万元，全员劳动生产率 80.89 万元/（人·年），资产负债率83.66%、应上缴款完成率 100%。 （刘小国）

【莫桑比克有限公司】 拥有莫桑比克建筑行业最高等级七级资质。2013 年成立。驻莫桑比克首都马普托市。党委书记、董事长郭炜。职工 60 人。资产总额 7610 万美元。机械设备 400 余台（套），年施工能力 2 亿美元。

2020 年，新签项目 8 个，合同总额 17563.03 万元。施工产值 23972 万元，年人均产值 399.5 万元，营业收入 18489.81 万元，效益额 2524.26 万元，效益率 13.65%，变更索赔率 9.38%。 （宁关武 李京华）

【巴基斯坦国际有限责任公司】 拥有巴基斯坦建筑行业最高级无限级工程承包专业资质 21 项。2018 年 9 月成立，注册资本金 100 万美元。驻巴基斯坦伊斯兰堡市。职工 13 人。机械运输设备 645 台（套），设备原值 34523 万元、净值 1289 万元，总功率 94600 千瓦，设备完好率 95.97%。 （冯时松 高 博）

【巴西国际建筑有限公司】 前身系中铁二十局集团巴伊亚建筑有限公司；2020 年 6 月，公司名称变更为中铁二十局集团巴西国际建筑有限公司，注册地由原来的巴西巴伊亚州萨尔瓦多市变更至巴西圣保罗市。注册资本金 120 万美元。负责人佩得罗。

（刘天琮）

【中铁建安工程设计院有限公司】 拥有建筑行业（建筑工程）甲级，市政行业（桥梁工程）甲级，岩土工程勘察甲级，建筑、市政咨询乙级资质。同时拥有集团公司铁道行业甲Ⅱ级，市政行业甲级，公路行业甲级，岩土工程勘察测量乙级资质。前身系始建于1978年石家庄铁道学院建筑设计院；2013年1月，由中铁二十局集团有限公司控股与石家庄铁道大学联合重组；2015年7月，更名为中铁建安工程设计院有限公司。驻河北省石家庄市北二环东路17号。各类专业技术人员87人。 （张军昭）

【投资管理分公司】 2019年3月成立。驻陕西省西安市浐灞生态区。定员35人。 （刘荣珍）

【技工学校】 前身系中国人民解放军铁道兵第十师教导队；1984年1月，集体转业成为铁道部第二十工程局技工学校；1988年，正式招生；2002年，更名为中铁二十局集团有限公司技工学校。主校区驻陕西省渭南市向阳北街245号，主要职能为技工教育、退役士兵培训、函授学历教育、技能等级评价、工程测量咨询与服务；分校区驻陕西省宝鸡市眉县汤峪太白山旅游区，主要职能为职工岗位培训、安全生产应急救援演练培训、旅游接待。在校学生869人。资产总额9164.92万元。其中，固定资产原值7822.38万元、净值3527.51万元。 （鱼 娜 赵雪棋）

【咸阳基地管理处】 前身系警备五旅管理科；1984年1月，改为铁二十局管理处；2005年1月，更名为中铁二十局集团有限公司咸阳基地管理处；2007年8月，医疗教育产业总公司撤销，咸阳基地管理处由中铁二十局直管，原医疗教育产业总公司所管理的内部退养、离退休人员划归咸阳基地管理处管理。驻陕西省咸阳市渭城区新兴北路东侧。资产总额1198万元。其中，货币资金存量629万元，固定资产原值29万元、净值0.7万元。 （肖雁辉）

【重要记载】

▲1月10日 中铁二十局获安哥拉共和国比耶省政府授予的2019年度最佳业绩奖。

▲2月14日 中铁二十局响应陕西省抗疫号召，支援西安市公共卫生中心项目建设。

▲8月31日 中铁二十局与山东省聊城市冠县人民政府签订战略合作框架协议。

▲9月16日 中铁二十局与湖南省衡阳市蒸湘区人民政府签订战略合作框架协议。

▲9月22日 中铁二十局参建的郑（州）徐（州）铁路客运专线、成都地铁2号线工程获中国土木工程詹天佑奖。

▲9月24日 中铁二十局与四川省成都市郫都区人民政府签订战略合作框架协议。

▲10月16日 中铁二十局与徐州淮海国际港务区、中策北方工程咨询有限公司签订三方战略合作协议。

▲11月17日 中铁二十局与延安交通建设投资公司签订战略合作协议。

▲11月24日 中铁二十局四公司铁路电力运输分公司司机长刘正林获评全国劳动模范。

▲12月1日 中铁二十局承建的郑（州）徐（州）铁路客运专线民权特大桥、卡拉奇—拉合尔高速公路（KLM）Ⅲ标段、北京兴延高速公路石峡隧道，以及参建的西安地铁4号线工程获国家优质工程奖。

▲12月7日 中铁二十局与苏州高新区人民政府签订战略合作协议。

▲12月16日 中铁二十局参建的南宁轨道交通3号线获中国建设工程鲁班奖。

▲12月16日 安哥拉共和国比耶省授予中铁二十局诚信履约奖。

▲12月24日 中铁二十局获评对外承包工程信用等级评价AAA级企业。中铁二十局承建的巴基斯坦卡·拉高速公路被评为2020国际工程绿色供应链管理领先项目，安哥拉卡宾达供水工程被评为2020国际工程绿色供应链管理优秀项目。

（麻 炜 王 丽）

中铁二十一局集团有限公司

【简况】 拥有铁路、建筑、公路、市政公用工程施工总承包特级，铁道、建筑、公路、市政设计行业甲级，水利水电、矿山施工总承包一级和桥梁、隧道、公路路基、公路路面、铁路铺轨架梁、建筑机电安装、建筑装修装饰工程专业承包一级资质，并取得自然资源部地质灾害防治施工甲级资质和对外援助成套项目总承包企业资格认定。总部驻甘肃省兰州市安宁区北滨河西路921号。2004年3月，由兰州铁路局建设集团有限公司、乌鲁木齐铁路工程（集团）有限责任公司、中铁二十局集团第三工程有限公司整合重组而成。下辖第一、第二、第三、第四、第五、第六工程有限公司、电务电化工程有限公司、路桥工程有限公司、德盛和置业有限公司、国际工程有限公司、轨道交通工程有限公司、甘肃铁鹰建筑质量检测有限公司、西部铁建工程材料科技有限公司、铁路运营管理有限公司 14 个全资子公司,勘察设计院、市政工程分公司 2 个分公司,铁建中原工程有限公司 1 个合资控股子公司,10 个经营性区域指挥部。职工 12363 人。固定资产原值 49.17 亿元、净值 17.21 亿元,其他固定资产原值 17.63 亿元、净值 2.52 亿元。机械动力设备 5269 台,设备原值 186883 万元、净值 49658 万元,成新率 26.57%,总功率 203222 千瓦,技术装备率4.11 万元/人,动力装备率 16.84 千瓦/人。

2020 年,新签合同额 673.71 亿元。总产值335.18 亿元,其中施工产值 309.27 亿元。利润 4.1 亿元,净利润 2.05 亿元,人均创利3.31万元。全员劳动生产率 32.77 万元/(人·年),职工年平均工资 109392 元。国有资产保值增值率 107.27%,净资产收益率3.8%,产值利润率 1.12%,投资回报率 4.05%,资产负债率 84.52%,应上缴款完成率 100%。完成实物工程量:路基土石方 11965 万立方米,桥梁 59850 延长米,涵洞 31591 横延米,隧道 58461 延长米,房屋建筑 226 万平方米,无砟道床 31 千米,正线铺轨 59 千米,站线铺轨 14 千米,架梁 5351 孔,通信线路 356 千米,接触网 10 条千米,联锁道岔 195 组,自动闭塞 65 千米,电力线路 751 千米。新建铁路宝兰客运专线获第十八届中国土木工程詹天佑奖,集团公司获评 2020 年度中国工程建设诚信典型企业,同时连续 5 年保持工程建设企业社会信用评价 AAA 级信用企业。 (李　栋)

【领导人员】

董事会

董事长　庄纪栋
董事　赵彦旭
　凌洪涛
　赵春锋
　朱　建(5 月免)
　马建军
职工董事　田爱平

监事会

监事会主席　李金生(10 月免)
　关维东(10 月任)
监事　董文德
职工监事　石永仕

经理层

总经理　赵彦旭
副总经理　高玉峰
　张天舒
　凌洪涛
　赵春锋
　朱　建(5 月免)
　马建军
　冯建军
　石龙海
　刘永宏(5 月任)
总会计师　朱　建(5 月免)
　刘永宏(5 月任)
总工程师　冯建军

党群领导

党委书记　庄纪栋
党委副书记　赵彦旭
　田爱平
纪委书记　李金生(10 月免)
　关维东(10 月任)
工会主席　田爱平

(郑志民　吴飞飞)

【职工队伍】 职工 12363 人,干部 7718 人。干部中,35 岁及以下 4808 人、36~40 岁 1184 人、41~45 岁 546 人、46~50 岁 610 人、51 岁及以上 570 人;大学本科及以上学历 6521 人、大专学历 1040 人、中专学历 118 人、高中及以下学历 39 人。 (郑志民　吴飞飞)

【工程项目指挥机构】 兰张三四线铁路兰武段 ZQ2 标段项目经理部　驻甘肃省兰州市。项目经理陈向军。

宣绩铁路站前 4 标段项目经理部　驻安徽省宣城市。项目经理孔德荣。

兴泉铁路 XQXN-1 标段项目经理部　驻江西省赣州市。项目经理赵侃。

兴泉铁路 XQXN-4 标段项目经理部　驻江西省赣州市。项目经理刘宇旭。

济莱高铁 JLZQTJ-2 标段项目经理部　驻山东省济南市。项目经理杨金卫。

匈塞铁路塞尔维亚项目经理部　驻塞尔维亚首都贝尔格莱德。项目经理杨少林。

银吴项目经理部　驻宁夏回族自治区银川市。项目经理姚璐。

和政县棚户区改造南关片区 EPC 总承包项目经理部　驻甘肃省临夏回族自治州。项目经理景微萱。

东乡县沿洮河经济带开发建设第二批 EPC 总承包项目经理部　驻甘肃省临夏回族自治州。项目经理李文波。

和政县棚户区改造供销社片区城中村改造 EPC

总承包项目经理部　驻甘肃省临夏回族自治州。项目经理刘伟。

永川青秀湾项目部　驻重庆市永川区。项目经理张静妮。

泉城国际会议中心项目(施工)项目经理部　驻山东省济南市。项目经理郭海。

西藏藏医药大学新校区工程项目部　驻西藏自治区拉萨市。项目经理苗其瑾。

菏泽市市级机关防空防灾应急疏散基地项目经理部　驻山东省菏泽市。项目经理田文凯。

山东科技职业学院3号教学楼项目经理部　驻山东省潍坊市。项目经理张小卫。

喀什经开区公租房项目经理部　驻新疆维吾尔自治区喀什地区。项目经理陶谦。

潍坊站南广场片区工程2标段项目经理部　驻山东省潍坊市。项目经理张亮。

永靖县黄河刘家峡库区北岸综合治理和高质量发展EPC总承包项目经理部　驻甘肃省临夏回族自治州。项目经理史平。

沈阳中关村科技创新基地项目经理部　驻辽宁省沈阳市。项目经理夏志勇。

高邮市滨湖移步易景生态长廊PPP项目经理部　驻江苏省高邮市。项目经理蔡雷雷。

玉门经济开发区老市区化工工业园创业孵化基地建设EPC总承包项目经理部　驻甘肃省玉门市。项目经理刘训志。

玉门经济开发区基础设施循环化改造EPC总承包项目经理部　驻甘肃省玉门市。项目经理李世琴。

菏泽淮河路(广州路至台湾东路)提升改造工程项目经理部　驻山东省菏泽市。项目经理朱钰。

南陈路—南秀路(环镇北路—环镇南路)拓宽改建工程标段二项目部　驻上海市。项目经理康正安。

雅安至叶城国家高速公路拉萨至日喀则机场段工程施工第8标段项目经理部　驻西藏自治区拉萨市。项目经理张保军。

张南高速公路宣咸段ZNSG－1项目经理部　驻湖北省恩施土家族苗族自治州。项目经理黄君洲。

银昆高速公路LJ12－1标段项目经理部　驻宁夏回族自治区银川市。项目经理汤纯祥。

银昆高速公路LJ12－2标段项目经理部　驻宁夏回族自治区银川市。项目经理惠兵。

景礼高速公路陇南段项目总承包2标段项目经理部　驻甘肃省陇南市。项目经理刘广飞。

临夏州南阳渠提质增效及水系连通二期工程项目经理部　驻甘肃省临夏州。项目经理曾涛。

榆林黄河东线马镇引水工程主体施工06标段项目部　驻陕西省榆林市。项目经理蒲荣宇。

淮南市潘集区泥河流域水环境综合治理工程项目部　驻安徽省淮南市。项目经理谢旭斌。

滹沱河生态修复二期工程(晋州市)项目经理部　驻河北省晋州市。项目经理尹建勋。

临沂城第二水源项目输水工程隧洞施工项目经理部　驻山东省临沂市。项目经理韩政波。

西安地铁16号线一期工程土建施工项目标段二(D16－GC－TJ2)项目经理部　驻陕西省西安市。项目经理幸小兵。

西安地铁15号线一期工程施工总承包2标段项目一分部　驻陕西省西安市。项目经理王成。

金义东市域轨道交通工程塘雅车辆段01标段项目经理部　驻浙江省金华市。项目经理李钢。

神华宝日希勒能源有限公司露天煤矿2020年土方剥离工程项目部　驻内蒙古自治区呼伦贝尔市。项目经理韩政波。

赢联盟几内亚达圣铁路运营项目部　驻几内亚。项目经理陆建军。

巴基斯坦贾姆肖罗电厂铁路施工项目经理部　驻巴基斯坦卡拉奇。项目经理南艳涛。　（张　鹏）

【铁路工程施工】　新建银川至西安铁路甘宁段站前工程YX－SG－ZQ5标段　位于甘肃省庆阳市，全长43.049千米。合同投资244442万元。2016年10月5日开工。主要工程量：路基26段21764.19米，区间路基土石方342.37万立方米、站场土石方126.15万立方米；桥梁32座20961.75延长米，其中特大桥13座18425.43延长米、大桥7座1978.48延长米、中桥6座412.04延长米、箱形桥6座145.8延长米；制架预应力混凝土简支箱梁590孔，制架预应力混凝土简支T梁6孔，施作预应力混凝土连续梁7联，2联刚构连续梁；箱型涵86座；站场2个。2020年7月30日完工，2020年12月26日开通运营。开工累计完成投资244442万元。

新建格尔木至库尔勒铁路新疆段站前工程S3标段　全长100.85千米。合同投资164038万元。合同工期2016年1月1日至2021年5月31日。主要工程量：区间路基土方455万立方米，站场路基土方135万立方米，路基附属工程浆砌片石22.6万立方米，混凝土8.2万立方米，土工合成材料211万平方米，碎石桩32.8万米，重型碾压186万平方米，区间防护栅栏30.027千米；池塘处理抽水36万立方米、土围堰5万立方米，风沙路基防护芦苇方格2293万平方米，风沙路基防护沙障23.6万米；特大桥1座24558.02延长米、钻孔桩19.5万米，大桥1座142.02延长米，中桥2

座 112.08 延长米，小桥 3 座 76.28 延长米，连续梁 1 座 137.73 延长米，框架桥 6 座 760.5 顶平方米，涵洞 101 座；旅客站台墙 1813 米，货物站台墙 1340 米，站台墙加高 1650 米，综合管沟 1640 米，旅客地道 17702.7 顶平方米，站场排水沟 8087 米。新增区间防护栅栏 119.792单侧千米；新增救援通道 4 处；新增导流堤土方 37632 立方米，片石砌筑 8799 立方米；风沙防护正线 20 千米。开工累计完成投资 157364 万元。

新建潍坊至莱西铁路站前工程 WLTLZQSG－1 标段　位于山东省胶东半岛腹地，全长 7 千米。合同投资 49632 万元。2018 年 1 月 1 日开工。主要工程量：特大桥 5 座 10552.91 延长米；预制架设(钢筋)预应力混凝土箱梁 313 孔；正线无砟道床铺设 4.7945 千米；正线铺粒料道床 6893 立方米；改建正线拆除线路 0.652千米，重铺 0.2 铺轨千米，清筛道砟 1437 立方米；新建站线铺新轨 16.0215 铺轨千米，铺道岔 60 组，铺粒料道床 50796.7 立方米，改建线路拆除 0.723 千米，拆除道岔 2 组，清筛道砟 1070.14 立方米。2020 年 5 月 15 日完工，2020 年 11 月 26 日开通运营。开工累计完成投资 49632 万元。

新建北京至雄安新区铁路工程　全长 92.785 千米。合同投资 24234 万元。合同工期 2019 年 3 月 21 日至 2021 年 6 月 30 日。主要工程量：李营至新机场段线路长 33.97 千米，设李营线路所、黄村站、新机场站；新机场至雄安站段正线 58.81 千米，车站 3 座，分别是固安东、霸州北、雄安站；通信线路 53.91 千米，自动闭塞 53.91 千米，联锁道岔 86 组。2020 年 12 月 27 日正式通车。开工累计完成投资 23016 万元。

新建玉溪至磨憨铁路站前工程 YMZQ－10 标段　位于云南省墨江县与宁洱县，正线 22.405 千米。合同投资 162346 万元。合同工期 2016 年 7 月 30 日至 2021 年 2 月 22 日。主要工程量：土石方 31.93 万立方米；路基、站场 0.8145 千米；隧道 3.41 座 20747 延长米；桥梁 4 座 902.46 延长米，涵洞 3 座 124 横延米，倒虹吸 1 座 41 米；站场 1 处；无砟道床 30.65 千米。开工累计完成投资 161628 万元。

新建兴国至泉州铁路兴国至宁化段站前工程 XQXN－1 标段　位于江西省赣州市，正线 32.834 千米。合同投资 212863 万元。合同工期 2017 年 9 月 1 日至 2021 年 12 月 31 日。主要工程量：既有兴国车站改造及过渡工程；兴国疏解线 3.295 千米；兴国铺架基地铺架 163.767 千米，站线铺轨 35.31 千米；车站 4 座；线路所 1 个；隧道 5 座 6670 延长米；桥梁 48 座 14396 延长米，其中特大桥 8 座 7323 延长米；路基正线 14.068 千米，路基土石方 434.62 万立方米；制架梁 1669 孔；涵洞 50 座。开工累计完成投资 192851 万元。

新建铁路兴国至泉州线兴国至宁化段站前工程 XQXN－4 标段　位于江西省赣州市，全长 59.3 千米。合同投资 179424 万元。合同工期 2017 年 9 月 1 日至 2021 年 12 月 31 日。主要工程量：路基土石方 654.77 万立方米，混凝土方量 93.3 万立方米，浆砌圬工 21.48 万立方米；区间路基 52 段 15.717 千米；站场 4 处 4.985千米；桥梁 53 座 19252 延长米，其中特大桥 9 座 9766.3 延长米，大桥 31 座 8404.84 延长米，中桥 12 座 1050.17 延长米，小桥 1 座 31.3 延长米；涵洞 87 座 1953.32 横延米；隧道 14 座 19306 延长米。开工累计完成投资 177372 万元。

新建川藏铁路拉萨至林芝段拉萨地区相关代建工程 LLDJSGZQ 标段　合同投资 69788 万元。合同工期 2018 年 5 月 4 日至 2021 年 6 月 30 日。主要工程量：站场土石方 2886049 立方米，接长框架涵 30.9 横延米，新建生产及办公房屋 56874 平方米、地基处理碎石桩 96471 米，车辆整备基地整体道床 3655 米，运营维修段整体道床 1013 米，铺轨 9.013 千米，铺新岔 33 组。开工累计完成投资 66023 万元。

匈牙利—塞尔维亚铁路工程　全长 34.5 千米。合同投资 113057 万元。合同工期 2018 年 9 月 17 日至 2021 年 6 月 5 日。主要工程量：路基换填加固、轨道设备更新、平交改立交、车站改造、房建以及四电改造工程；贝尔格莱德至旧帕佐瓦正线升级改造线路长 34 千米，6 站 6 区间及 3 处乘降所；正线铺轨 76.82 千米，站线铺轨 34.63 千米，新建联络线铺轨 29.7 千米；路基开挖 33.6 万立方米、过渡层填筑 15.95 万立方米、保护层填筑 13.92 万立方米、路堤填筑 30.36 万立方米；空间刚架(铁－铁立交)1 座 717 平方米；涵洞 12 座 285.72 横延米；公路下穿框架桥 1 座 12 延长米；上跨铁路公路桥 3 座 839 延长米；改扩建车站 6 座、停靠点 3 个。开工累计完成投资 58501 万元。

新建和田至若羌铁路 S5 标段工程　位于新疆维吾尔自治区巴音郭楞蒙古自治州且末县，正线136.928 千米。合同投资 146056 万元。合同工期 2019 年 5 月 1 日至 2022 年 6 月 19 日。主要工程量：车站 4 座；区间土石方 819.78 万立方米，站场土石方 263.44 万立方米；特大桥 3 座 8977.69 延长米；涵洞 138 座 2359.31横延米；混凝土 4.11 万立方米。开工累计完成投资 133731 万元。

酒泉至额济纳铁路酒泉至东风段升级改造工程 DHGS－JEZQ1 标段　位于甘肃省和内蒙古自治区西部地区，全长 126.138 千米。合同投资 135991 万元。合同工期 2019 年 10 月 1 日至 2021 年 7 月 31 日。主要工程量：区间路基土石方 1008.43 万立方米，站场路基土石方 118.26 万立方米；特大桥 6 座 8096.09 延长米,大桥4座1416.14延长米,中桥3座348.22延长米,箱形桥31座4052.85顶平方米,涵洞365座6848.11横延米;站场4处。开工累计完成投资76873万元。

成昆铁路峨眉至米易段扩能工程站前工程EMZQ-10标段　位于四川省凉山彝族自治州,全长25.642千米。合同投资161727万元。合同工期2016年7月15日至2023年12月31日。主要工程量:站前工程路基土石方256.85万立方米,路基2.7千米,隧道4座13082延米,桥梁12座9855.44延长米,跨铁路、公路连续梁9处,涵洞10座282.69横延米,站场2处;轨道工程无砟道床18.03千米,电力线路迁改316处,通信线路迁改156处,管道迁改3000米。开工累计完成投资139020万元。

新建丽江至香格里拉铁路工程站前1标段　正线21.52千米。合同投资131955万元。合同工期2014年12月25日至2021年7月1日。主要工程量:路基土石方140.187万立方米,路基8.012千米;隧道6座12116延长米;桥梁12座1449.92延长米;涵洞39座812.58横延米;站场1处;制梁307孔/片(箱梁、T梁),架梁310孔/片(箱梁、T梁);无砟道床84千米,有砟道床53.6千米;正线铺轨137.6千米,站线铺轨25.3千米;道岔82组。开工累计完成投资109146万元。

新建武汉新港江北铁路林四房至黄州段站前工程XGSG-2标段　位于湖北省武汉市,正线40.065千米。合同投资136034万元。合同工期2014年11月18日至2021年12月31日。主要工程量:新建车站2座,改建既有车站1座;路基土石方270.9845万立方米,路基21.045千米;特大桥4座20951.3延长米,大桥2座645.35延长米,中桥2座107.45延长米,小桥7座1692.8顶平方米,跨线桥6座582.6延长米,涵洞101座2540.206横延米;站场3处;制梁647孔/片(T梁),架梁647孔/片(T梁)。开工累计完成投资111463万元。

新建贵阳至南宁铁路广西段站前工程GNZQ-8标段　位于广西壮族自治区南宁市,正线28.743千米。合同投资194342万元。合同工期2018年5月15日至2023年12月19日。主要工程量:特大桥7座17308.64延长米,大桥3座788.812延长米,梁体预制架设513孔,框架桥3座1058.6顶平方米,涵洞9座232.341横延米,隧道3座6843延长米,马山车站,区间路基土石方628116立方米,轨道、通信、信号及信息、其他运营生产设备及建筑物、大型临时设施和过渡工程;全标混凝土76.216万立方米,钢材8.125万吨。开工累计完成投资124681万元。

新建汉中至巴中至南充铁路南充至巴中段站前工程施工总价承包HBNZQSG-3标段　位于四川省东北部,全长26.03千米。合同投资185949万元。合同工期2019年12月20日至2023年1月20日。主要工程量:区间路基土石方2653393立方米;一般特大桥4座3391.05延长米,大桥9座2503.88延长米,中小桥4座340.35延长米,框架桥1座695.02顶平方米,涵洞43座1040.07横延米,双线箱梁制运架287孔;隧道15座9280.545延长米;无砟道床13.174千米;迁改及征地、综合接地、其他运营生产设备及建筑物、大型临时设施和过渡工程。开工累计完成投资57056万元。

新建济南至莱芜高速铁路工程(不含先期开工段)站前工程施工JLZQTJ-2标段　位于山东省济南市,全长18.461千米。合同投资128494万元。合同工期2019年12月5日至2022年5月19日。主要工程量:桥梁7座3502.66延长米,其中特大桥3座2680.46延长米,大桥3座712.86延长米,中桥1座109.431延长米,涵洞2座49.7横延米;隧道6座13707延长米;无砟道床36.92千米;迁改及征地、信号综合接地、其他运营生产设备及建筑物、大型临时设施。开工累计完成投资48037万元。

新建兰州至张掖三四线铁路中川机场至武威段(不含新乌鞘岭隧道)站前工程及中川地区站后工程LZX-ZW-ZQ2标段　位于甘肃省兰州市,正线33.74千米。合同投资253083万元。合同工期2020年3月10日至2023年12月31日。主要工程量:区间路基土石方2043789立方米,站场路基土石方917019立方米;特大桥5座16338.42延长米,大桥5座1505.9延长米,中小桥3座232延长米,框架桥2座1459.3顶平方米,涵洞46座1073.99横延米;预制架设预应力混凝土简支箱梁833孔;隧道4座5256.33延长米;正线铺设CRTSⅠ双块式无砟道床8.87铺轨千米;拆迁及征地、信号综合接地、其他运营生产设备及建筑物、大型临时设施。开工累计完成投资46518万元。

新建宣城至绩溪高速铁路站前工程XJZQ-4标段　位于安徽省宣城市,正线25.326千米。合同投资230530万元。合同工期2020年10月18日至2024年2月17日。主要工程量:隧道26座25008延长米,桥梁39座9800延长米,路基土石方239万立方米、6.492千米,无砟轨道47.77千米。开工累计完成投资2149万元。

(王　鹤)

【铁路外工程施工】　陕西省合阳至铜川高速公路TJ-3标段工程　位于陕西省渭南市,全长12.4千米。

合同投资 77149 万元。合同工期 2018 年 2 月 1 日至 2021 年 6 月 20 日。主要实物量:路基工程挖方157.99 万立方米、填方 102.93 万立方米,水泥土挤密桩 46.84 万平方米,强夯 43.14 万平方米,桥梁桩基设计 682 根,承台 56 个,系梁 208 个,墩台 369 个,盖梁 200 个,现浇梁 1292 米,悬灌梁 1460 米,预制梁 624 片,涵洞及通道 56 座 1408.96 横延米。开工累计完成投资 67006 万元。

京新高速(G7)梧桐大泉至木垒段公路项目路基土建工程施工 TJ-6 标段　位于新疆维吾尔自治区昌吉回族自治州和哈密市,全长 36.81 千米。合同投资 60480 万元。合同工期 2017 年 7 月 15 日至 2021 年 6 月 30 日。主要工程量:路基挖方 116.83 万立方米、填方 433.21 万立方米;路基附属防护现浇 C25 混凝土 15167 立方米,C30 混凝土 30541 立方米,C30 混凝土预制块 22632 立方米,浆砌片石 2755 立方米,挡土墙 C30 片石混凝土 12588 立方米;大桥 6 座 1624 延长米,中桥 3 座 154 延长米,小桥 5 座 115.54 延长米,支线上跨 2 座 215.8 延长米,通道桥 8 座 132.32 延长米;桩基 256 根 4720 米,混凝土 9971 立方米;墩、台 103 个,上部结构混凝土 23100 立方米,下部结构混凝土 59967 立方米;新建盖板涵 47 座 1937 横延米;隧道左线 757 延长米,右线 738 延长米;土石方开挖 15.5 万立方米,现浇混凝土 3 万立方米,喷射混凝土 0.5 万立方米。开工累计完成投资 55466 万元。

京新高速(G7)梧桐大泉至木垒段公路项目路面工程施工 BMLM-4 标段　位于新疆维吾尔自治区昌吉回族自治州和哈密市,全长 61.107 千米。合同投资 31561 万元。合同工期 2019 年 7 月 18 日至 2021 年 6 月 30 日。主要工程量:路面工程 5 厘米改性沥青混凝土 136 万平方米,7 厘米沥青混凝土 134 万平方米,4.5% 水稳砂砾基层 52 万立方米,天然砂砾 35 万立方米;中央分隔带 2 厘米砂粒式沥青混凝土 18.4 万平方米,天然砂砾垫层 1.8 万立方米,填土(砂砾土)5 万立方米;土路肩培土 11.2 万立方米;路面排水工程拦水带、急流槽 3.9 万米。开工累计完成投资 28694 万元。

G0511 线德阳至都江堰高速 DDTJ1 标段工程　位于四川省绵竹市,全长 17.013 千米。合同投资 63471 万元。合同工期 2018 年 4 月 28 日至 2021 年 6 月 30 日。主要工程量:互通 2 座、收费站 1 座;桥梁 29 座;路基挖方 9.1 万立方米、填方 453.43 万立方米;盖板涵 104 道 3109 横延米、圆管涵 5 道 164.5 横延米;混凝土 39.07 万立方米,桥梁桩基 616 根,墩柱 168 根;预制梁 644 片。开工累计完成投资 62882 万元。

湖南省安乡至慈利高速公路 2 标段工程　位于湖南省常德市,全长 11.778 千米。合同投资 49516 万元。合同工期 2019 年 2 月 28 日至 2021 年 6 月 10 日。主要工程量:路基工程填土方 167 万立方米;预应力混凝土管桩 391345 米,水泥搅拌桩 314239 米,塑料排水板 3191117 米,软基砂垫层填筑 194656 立方米,挖淤泥 191010 立方米,回填砂砾土 181271 立方米,超载预压填土方 180320 立方米;桥梁工程桩基 496 根,系梁 154 个,墩柱 308 个,承台 42 个,盖梁 206 个,肋板 84 个,25 米 T 梁预制架设 708 片,16 米及 20 米空心板预制架设 620 片;涵洞 43 座。开工累计完成投资 49192 万元。

重庆巴南至綦江(渝黔高速公路扩能)YQTJ2 标段工程　位于重庆市巴南区和綦江区,全长 9.32 千米。合同投资 65097 万元。合同工期 2017 年 10 月 1 日至 2021 年 12 月 31 日。主要工程量:桥涵 2 座,大桥 7 座 56 孔,预制 T 梁 896 片,通洞 28 座;隧道 1 座,左洞 1435 延长米、右洞 1504 延长米;路基填挖 5.5 千米;互通 1 座,服务区 1 座;路基填挖方 650 万立方米;混凝土 32 万立方米。开工累计完成投资 61905 万元。

重庆合川至璧山至江津高速公路第 HBJTJ03 段工程　全长 25.73 千米。合同投资 135935 万元。合同工期 2019 年 10 月 8 日至 2022 年 6 月 30 日。主要工程量:桥梁 52 座 16314 延长米,其中大桥 26 座 8201.62 延长米、中桥 26 座 1786.5 延长米,天桥 8 座 544.03 延长米、箱型桥 2 座 62 延长米、渡槽 3 座 287 延长米,现浇箱梁 59 孔,钢箱梁 8 孔,桩基 1037 根;涵洞 112 座 5182.26 横延米,路基挖土石方 525.49 万立方米、填土石方 498.55 万立方米。开工累计完成投资 65796 万元。

雅安至叶城国家高速公路拉萨至日喀则机场段工程施工第 8 标段　全长 10.055 千米。合同投资 203451 万元。合同工期 2020 年 6 月 1 日至 2023 年 12 月 31 日。主要工程量:路基挖方 6.0528 万立方米,隧道挖方 164.61 万立方米、填方 16.435 万立方米;大桥 3 座,中桥 2 座;分离式立交桥 43.4 延长米,30 米空心板 60 片;桩基 228 根;承台、系梁 130 道;盖梁 75 个,墩柱 120 根;30 米预制小箱梁 320 片;13 米空心板 60 片;涵洞 7 道 204.97 横延米;隧道 3 处;混凝土 121694 立方米。开工累计完成投资 29000 万元。

张家界至南充高速公路宣恩(李家河)至咸丰段一期土建工程施工 1 标段　右线 13.967 千米、左线 13.964 千米,互通连接线 1.376 千米。合同投资 120672 万元。合同工期 2020 年 9 月 30 日至 2023 年 7 月 31 日。主要工程量:路基挖土石方 234.49 万立方米、填方 301.08 万立方米;盖板涵 26 道 1772.96 横延米、圆管涵 1 道 15 横延米、通道 9 道 415.84 米;桥梁 15 座 5766.3 延长米;T 梁预制 1045 片;隧道工程 6 座双线 5047 延长米。开工累计完成投资 4700 万元。

S25 静宁至天水高速公路庄浪至天水段工程政府和社会资本合作(PPP)项目 TZZB6 标段　全长11.695千米。合同投资 141250 万元。合同工期 2019 年 12 月 1 日至 2023 年 12 月 1 日。主要工程量:隧道 2 座 5059 延长米;大桥 5 座 2147.66 延长米、中桥 4 座 354.5延长米,通道桥 1 座 16.77 延长米,预制箱梁 578 片,桥梁桩基 370 根;路基挖方 74 万立方米、路堤填方 90 万立方米;涵洞 22 道。2020 年完成投资 48707 万元,开工累计完成投资 50707 万元。

兰州至海口国家高速公路(G75)渭源至武都建设项目路基、桥涵及隧道工程 WW07 标段　位于甘肃省定西市,全长 6.07 千米。合同投资 112262 万元。合同工期 2016 年 3 月 1 日至 2020 年 11 月 19 日。主要工程量:路基 0.575 千米;路基土石方 43.325 万立方米;隧道 1 座 5527 延长米,3 号斜井 1265 米;桥梁 2 座 778.8 延长米;涵洞 3 座 65.9 横延米;制梁、架梁 152 片(箱梁)。开工累计完成投资 100039 万元。

北京地铁 17 号线土建施工 08 合同段工程　合同投资 52814 万元。合同工期 2017 年 8 月 31 日至 2021 年 12 月 10 日。主要工程量:1 站 1 区间;车站土方 20.6 万立方米,地连墙 138 幅,钢筋 14728.55 吨,混凝土 69891.27 立方米;区间风井土方 16178 立方米,风井围护桩 81 根,风井混凝土 7940 立方米;盾构区间管片 3395 环。开工累计完成投资 42909 万元。

成都地铁 6 号线一、二期工程土建施工 07 合同段工程　合同投资 86044 万元。2017 年 1 月 5 日开工。主要工程量:3 站 2 区间;西华大道站—金府站区间长 1441.396 米,星河站—金府站区间长 948.171 米;金府站长 311.3 米,标准宽度 20.4 米,基底埋深 20 米,设出入口通道 4 个,风亭 2 个;星河站长 613.1 米,标准宽度 21.3 米,设出入口通道 4 个,消防疏散口 2 个,风亭 4 个;西南交大站长 255.2 米,标准宽度 22.5 米,设出入口通道 4 个,风亭 2 个。2020 年 10 月 30 日完工,2020 年 12 月 18 日开通初期运营。开工累计完成投资 85855 万元。

呼和浩特市轨道交通 2 号线一期工程土建 02 标段　合同投资 40727 万元。2017 年 3 月 20 日开工。主要工程量:1 站 2 区间;车站长 201.3 米,标准段宽度 21.7 米;茂盛营站—炼油厂生活区站区间盾构段左线 1108.532 米、右线 1101.434 米,炼油厂生活区站—帅家营站区间盾构区间左线 1835.252 米、右线 1842.583米。2020 年 9 月 9 日完工,2020 年 10 月 1 日正式通车。开工累计完成投资 40284 万元。

西安地铁 6 号线二期(劳动南路站—纺织城站)土建工程施工项目 D6TJSG－21 标段　合同投资 33844 万元。合同工期 2017 年 4 月 1 日至 2022 年 2 月 22 日。主要工程量:1 站 2 区间;公园南路站建筑面积 14657.9 平方米;区间风井—咸宁路站暗挖区间初支 55.623 米,二次衬砌 55.623 米,盾构区间左线 510.92 米、右线 526.02 米;公万区间明挖段主体结构 4 板,盾构区间左线 547.692 米、右线 547.605 米。开工累计完成投资 10523 万元。

西安地铁 8 号线工程施工总承包 2 标段　合同投资 87439 万元。合同工期 2019 年 10 月 30 日至 2023 年 12 月 30 日。主要工程量:3 站 2 区间;贞观路站长 242 米,标准段宽度 22.1 米,建筑面积 13986.6 平方米;市图书馆站长 175 米,标准段宽度 24.5 米,建筑面积 14061.17 平方米;明光路站长 313 米,标准段宽度 23.1 米,建筑面积 19177 平方米;贞观路站—市图书馆站区间隧道 1067.6 延长米;市图书馆站—明光路站区间隧道 1175.7 延长米。开工累计完成投资 7100 万元。

广州市轨道交通 10 号线 5 标段及同步实施工程总承包项目　合同投资 70262 万元。合同工期 2019 年 12 月 20 日至 2023 年 12 月 31 日。位于广东省广州市。主要工程量:车站 2 座;五凤站长 510.2 米,标准段宽度 23.1 米;中大南门站长 177 米,基坑深度 27.17 米,标准段宽 23.1 米。开工累计完成投资 8897 万元。

郑州市四环线及大河路快速化工程 PPP 项目东四环标段　位于河南省郑州市,全长 11.248 千米。合同投资 190566 万元。合同工期 2018 年 1 月 12 日至 2021 年 6 月 30 日。主要工程量:东四环规划宽度 180 米,改造现状立交 1 座,上跨铁路 1 处、下穿铁路 1 处,跨河流桥(渠道)2 处,跨线桥 5 座。开工累计完成投资 176763 万元。

东乡县沿洮河经济带开发建设项目 EPC 总承包项目　位于甘肃省临夏州,总建筑面积 1020493.03 平方米。合同投资 623657 万元。合同工期 2019 年 6 月 30 日至 2022 年 9 月 30 日。主要工程量:医院 50978.72平方米;小学教学楼 4 栋 14838.28 平方米;中学教学楼 3 栋、综合楼 1 栋、实验楼 1 栋、宿舍楼 2 栋、食堂 1 栋、锅炉房 1 栋,总建筑面积 14838.38 平方米;住宅楼 47 栋,地下 2 层、地上 18 层,高 53.55 米;商业楼高 9 米和 13.5 米;幼儿园 4 座,建筑高 12.5 米;路网项目景观大道 3456 米、宽 30 米,地块中间主干道路长 5753 米、宽 14 米,靠山主干道路长 2267 米、宽 12 米。开工累计完成投资 302315 万元。

浙江缙云抽水蓄能电站筹建期洞室及道路工程　位于浙江省丽水市。合同投资 46892 万元。合同工期 2018 年 6 月 2 日至 2021 年 8 月 31 日。主要工程量:公路 7 条 16513.5 米,路基挖土方 28.19 万立方米,路基挖石方56.07万立方米,洞挖料55.67万立方米,路基填方28.1立方米,光面爆破18.5万立方米,锚杆1391吨,钢筋5750吨,混凝土25.65万立方米;桥梁6座460延长米,其中连续刚构桥1座(70+125+70)延长米、钢筋混凝土现浇桥4座、钢筋混凝土拱桥1座;涵洞65座999.6横延米,其中圆管涵44座、箱涵5座、盖板涵16座;隧道7座8551.483延长米。开工累计完成投资46576万元。

精奎输水管线工程施工3标段 位于新疆维吾尔自治区博尔塔拉蒙古自治州和乌苏市。合同投资33937万元。合同工期2017年4月9日至2021年12月31日。主要工程量:土方开挖2649818立方米,石方开挖17577立方米,土石方回填1925153立方米,伴行道路路基填筑82000立方米,PCCP管线安装28.725千米,钢管安装230米,混凝土工程38923立方米,钢筋制安613吨。开工累计完成投资27747万元。

(王 鹤)

【海外工程】 2020年,新签海外项目5个,合同额94974.25万元。其中与广西水电工程局签约的菲律宾卡利瓦大坝项目合同额7.04亿元,首次实现集团公司TBM施工技术应用新突破;肯尼亚和巴基斯坦实现滚动承揽,新增肯尼亚A109阿西河至马查科斯第一车道维护项目合同额432.86万元,茅茅高速公路项目穆拉雅2标段项目合同额8920.69万元,巴基斯坦贾姆肖罗发电厂Ⅰ期铁路工程施工项目合同额3239.84万元;在2019年签署几内亚达圣铁路车务、机务、电务专业运营维管合同的基础上,2020年拿下该项目工务运营维管项目,合同额1.2亿元。

海外在建项目16个,年产值7.89亿元。成立专项整治小组,现场督导东非4个在建项目。肯尼亚A109公路项目受业主征地拆迁、总统大选、计价款延期支付、新冠疫情等影响,业主两次延长合同工期,经过努力向业主移交13.2千米,并获批各类索赔700万美元。埃塞俄比亚3个项目通过调整路基纵坡、变更路基填料、优化结构物设计等措施,为加快施工进度创造条件,同时降低施工成本。匈塞铁路贝旧段工程是中国—中东欧"17+1"合作旗舰项目,也是国家"一带一路"建设重点工程,党中央和国家高度关注。2020年10月21日,完成贝泽段左线转线;11月25日,完成泽巴段左线转线;12月31日,完成巴塔吉尼卡站10-12道货运线转线。匈塞项目部多次受联营体表彰和奖励,各节点按期兑现,为实现2021年全线通车创造良好条件。

(王翔宇)

【企业管理】 制定印发《中铁二十一局集团有限公司"十四五"发展规划编制工作推进方案》,聘请慧朴企业管理咨询(上海)有限公司作为集团公司"十四五"编制的咨询机构,高品质、高质量编制"十四五"发展规划。推进风险评估、重大重要风险确定、重大重要风险管控方案制定落实、重大重要风险监测、缺陷自查整改、内控体系自查整改、监督评价等工作。对集团公司本级及所属各单位内控运行情况进行自我评价,集团公司各级内控体系运行有效,控制活动按流程运行,全年未发生重大风险事件。资质管理利用住建部和青海省扶贫共建政策,推动四公司优质高效申报建筑工程施工总承包特级资质;电务电化公司合并公路交通工程(安全设施)专业承包一级资质;集团公司申报取得建筑和市政专业领域工程咨询单位乙级资信证书和建筑工程施工图审查资格;开展资质整合重组,电务电化公司铁路"四电"资质重组至集团公司,一公司铁路电气化三级资质重组至铁路运营管理公司,六公司市政总承包一级资质重组至中铁建电气化局集团有限公司。制定《工程公司建设三年行动方案》,明确集团总部、工程公司和项目部层级定位,建立配套的年度考核奖惩办法,制定《困难企业专项治理工作方案》,逐步遏制和防止项目亏损,降债脱困,良性发展。落实全面深化中央企业集团总部机关化专项治理工作部署,对集团总部部门进行调整。

(李惠霞 李树虎 孙永廷)

【经营管理】 经营承揽。2020年,新签合同额673.71亿元,完成年初计划550亿元的122.49%,较2019年增长37.1%,其中自揽577.63亿元,完成股份公司自揽计划530亿元的108.98%,较2019年增长26.57%。按承揽板块划分,工程承包647.86亿元、房地产19.45亿元、工业制造3.62亿元、其他(包括物业管理、酒店收入、代维项目等)2.43亿元、勘察设计0.35亿元。工程承包板块中,房建工程242.32亿元、市政工程153.29亿元、公路工程111.68亿元、铁路工程91.71亿元、城市轨道交通工程16.77亿元、水利工程21.29亿元、港口及航道工程5.66亿元、矿山工程3.6亿元、电力工程1.55亿元。

安全质量。杜绝较大及以上生产安全事故,未发生政府部门认定的一般生产安全责任亡人事故和火灾、爆炸、机械设备等其他事故,安全生产形势保持稳定。工程质量总体可控,无政府及行业部门、建设单位认定的工程质量责任事故发生,在2020年两次国铁集团红线督导检查中,未发现任何违规情况,质量红线管理工作有成效。获省部级优质工程奖16项、市级优质工程奖5项,国家级QC成果奖5项、省部级QC成果奖11项、市级QC成果奖5项,国家级质量信得过班组奖6项、省部级质量信得过班组奖6项。集团公司2020年上半年铁路工程信用评价在国铁集团41家施工企业中排名第20位，在B级28家施工企业中排名第10位。2020年下半年铁路工程信用评价在国铁集团48家施工企业中排名第16位，在B级28家施工企业中排名第6位。

财务管理。集团公司全部896个独立核算单位纳入2020年度财务决算审计范围，外审会计师事务所抽取全集团95%以上的工程项目进行现场审计，核实资产质量、工程进度、内控管理等情况。2021年3月25日，事务所对集团公司出具管理建议书及标准无保留意见的审计报告。全面预算管控逐步深入，实行“三上三下”预算编制流程，逐级进行会审批复。逐级核减批复集团非生产性开支预算，管理费用管控得力。利用信息化手段加强预算执行的刚性约束，建立费用预算的过程控制分析和纠偏问责机制，对预算执行不理想的单位通过约谈纠偏问责。集团公司全年缴纳各类税款5.48亿元，其中增值税2.12亿元、附加税2657万元、土地增值税1125万元、房产税690万元、土地使用税799万元、企业所得税2.28亿元、个人所得税4401万元、印花税876万元、其他税费266万元。充分利用各项税收优惠政策减少税金支出6746万元，其中研发费用加计扣除减少2784万元、西部大开发及高新企业优惠政策减少1374万元、疫情税收优惠减少1118万、永续债所得税扣除减少312万元。减少资金占用1.85亿元，其中，增值税增量留抵退税1.4亿元，出口退税221万元，对业主不允许分包抵扣的项目，通过努力全部实现分包抵扣，减少税金支出600万元，减少资金占用2810万元。增值税期末留抵税额退税1.4亿元。加挂账户595户，归集资金42.67亿元，与18家银行签订486亿元的银行综合授信合同(其中流贷授信278亿元)，办理各类保函及信贷证明112.34亿元。签订清欠合同60份，督导合同8份，签订率100%，清欠197亿元，债务付款折扣3303万元，收回5至10年债权13笔7168万元，10年以上债权1笔3000万元。按照清理拖欠民营企业账款要求，处理工信部、证监会、国资委等部门和单位转来问题线索70宗，金额8278万元。纳入财务共享中心核算单位1029个，处理各类单据51.93万个，审核通过单据46.21万个，驳回不合规单据5.72万个，完成支付业务23.07万笔，提交管理建议书6份，发送预警风险通报958条。

资本运营。参与PPP模式、矿产开发等投资项目推进运作25个，参与投标18个，中标投资项目10个，拉动经营承揽122亿元；投资项目年施工产值35亿元；肇庆规划展览馆PPP项目、兰石CBD管廊PPP项目合规性整改工作完成并取得股份公司批复，庆阳海绵城市样板包项目、朱中铁路项目确定整改及股权置换方案，固原污水处理厂项目签署PPP项目终止协议；集团公司自主或牵头承揽的PPP等投资项目全部取得项目贷款审批及放款，实现放款17.98亿元；投资项目投资回收2亿元；房地产开发投资9.4亿元、销售面积16.57万平方米，销售额20.1亿元，营业收入21亿元，净利润2亿元；固定资产建设项目投资740万元；盘活长期闲置土地等资产，处置兰州市城关区红山根西路53号宗地、乌鲁木齐市头区北站西站2256号宗地，盘活银川2宗自有土地进行房地产开发，协调督促兰州铁建馨苑、铁建丽苑住户办理房产证工作加快推进，向兰州市房产局梳理提交53户办证资料。

成本管理。出台《项目责任成本管理工作机制》《项目成本管理十条红线》《施工分包商“短名单”管理办法》《收尾项目管理办法》《工程项目管理费收取办法》《责任成本管理实验室指导意见》《工程项目创效先进单位、先进个人评选办法》《2020年提质增效专项行动方案》《“项目管控创效年”活动实施方案》。现场核查贵南、峨米等12个项目实际成本、债权债务等情况，梳理项目关键性节点工程完工资金缺口和项目完工整体资金缺口。配合投资开发部梳理朱中项目已完工程成本、测算剩余工程成本。结合现场施工技术水平和实际管理情况，出台2020年分包指导价。完成2020年度两级分包商信用评价工作，评选优秀分包商70家，合格劳务分包商407家，合格专业分包商628家，不合格分包商31家。按地域划分不同片区，设置片区工作责任人及成员，片区内在建及新中标段项目责任预算编制及检查督导等各项工作落实到人，按照“谁编制责任预算，谁负责跟踪督导项目”原则，点对点跟踪项目预算执行情况。督导昌赣等13个2020年销号铁路项目变更索赔工作，把兴泉1标段、兴泉4标段、玉磨、丽香、黔张常、峨米等6个项目列入集团公司重点项目变更索赔包保责任清单，重点监控。梳理督导济莱等6个重点项目及昌赣等13个2020年销号项目确权清收工作。

审计监督。围绕年度工作目标和“项目管控创效”主题活动，通过审计纵深推进项目管控集约化、精细化，改善和提升企业经济运行质量。受新冠肺炎疫情影响，审计工作按照“低风险区域项目先行，省内项目先行，就近项目先行”原则进行。全年完成各类审计项目168项，出具审计报告162份，提出审计建议531条。发现问题金额25017.42万元，其中违纪违规11014.3万元，损失浪费13695.9万元，不良资产307.22万元。纠正违纪违规金额3992.37万元，促进增收节支2567.14万元，挽回或避免损失1021.68万元。审计移交线索组织处理和行政处理63人。

（陈丽杰　赵江英　刘荣良）

【科技成果】 2020年，新建铁路宝兰客运专线获第十八届中国土木工程詹天佑奖；四、五公司被认定为省级企业技术中心，材料公司通过高新企业认定。全年获省部级科技进步奖项目4项，其中一等奖2项，三等奖2项，获中国施工企业协会科技进步奖3项，股份公司科技进步奖2项；甘肃省职工优秀技术创新成果奖2项，“基于云计算的新建京雄城际铁路通信及信号工程BIM+GIS应用”获中国建筑业协会第五届中国建设BIM大赛三等奖；获省部级工法7项；授权专利46件，其中发明专利13件；现场科技攻关进展顺利，完成年度课题评审11项，结题5项，其中达到国际先进水平3项；发布并实施国家铁路局行业技术规程1项，主持编制中国铁建股份公司企业标准1项。

（李文波）

【党群工作】 党的工作。基层组织341个，其中党委19个、总支部13个、支部309个。党员5833人，新增364人，发展党员155人。基层党组织书记培训785人次，新党员培训251人次。民主评议党支部286个，评议党员5094人，表彰党员44人。各级党组织把深入学习贯彻习近平新时代中国特色社会主义思想和党的十九大，十九届四中、五中全会精神以及全国国有企业党的建设工作会议精神作为企业党建工作的一项重要任务来抓，全面落实从严治党，加强党的组织建设各项要求。进一步落实党委研究讨论作为企业决策重大事项前置程序，抓好各单位党建工作进企业章程，检查督促所属单位修订完善党委议事规则和“三重一大”集体决策制度，细化党委前置研究讨论和“三重一大”决策事项清单，明确党组织和其他治理主体的权责边界。进一步完善党建工作考核评价体系。突出考核重点，优化考核指标，改进考核方式，考核结果与所属单位“四好”领导班子评比、年度绩效兑现和领导人员任免挂钩。继续推进党委书记向股份公司党委作党建工作述职、基层党组织书记抓党建述职评议考核制度，不断压实压紧管党治党政治责任。深化“三基建设”，推进企业党建工作高质量发展。确保党的组织设置始终和企业发展改革相适应，和生产经营活动相适应，全面实施基层党支部建设三年计划。各级党组织抓好基层党组织书记、党务工作人员、党员“三支队伍”建设，编制下发党组织建设规范化手册，完善党内表彰规定、境外单位党建工作指导意见等制度。集团公司党委认真落实党中央、股份公司党委有关统战工作精神和部署，推动统战工作领导体制和工作机构建设。

巡察工作。对集团公司所属36家单位开展财务资金管理专项巡察，发现问题250个，督办被巡察单位制定整改措施306项，修订完善制度57项，挽回经济损失1153.43万元，组织处理124人次，诫勉谈话1人次，行政记过处分2人次。对所属6家工程公司总部、12个项目部开展成本管理专项巡察工作，发现问题217个。完成对股份公司巡视移交的问题线索函核查，立案5件，结案5件，给予政纪处分18人，党纪处分6人，诫勉谈话11人，通报批评13个单位（人），退回违规发放奖励和津补贴139.67万元。

宣传工作。深入学习贯彻落实党的十九届四中、五中全会精神，紧密围绕疫情防控与复工复产、生产经营与“六稳”“六保”等重点工作，精心组织党委中心组理论学习，组织党委中心组集中学习6次，扩大学习2次，集中研讨4次，确保年度学习计划和学习内容落实。制定《中铁二十一局对外宣传报道考核办法》《新媒体运维考核办法》《通讯员队伍管理办法》3项制度，修订《新里程》管理办法，下发《区域指挥部报送信息通知》，强化基层新闻宣传责任。严格遵照习近平总书记提出的“九个坚持”和“十五字”任务，始终掌握网站、“两微一抖”、报纸等阵地主动权，发挥党委宣传舆论引导、统一思想、振奋精神的积极作用。在中央媒体刊载、播报信息62篇（条）；《中国铁道建筑报》刊载稿件129篇，其中头条28篇；其他省级卫视与党报刊载、播报信息586篇（条）。编发《新里程》33期、刊稿815篇。注重新媒体建设，疫情期间编发防疫、抗疫、复工复产信息。编发微信274期、推文383条，其中中国铁建微信公众号推送涉及中铁二十一局的信息58条，外媒与省部级以上微信公众号推送中铁二十一局信息64条。加大“学习强国”学习平台宣传报道力度，在学习强国甘肃、中国铁建、国资委等平台上刊载稿件38篇。与甘肃省委宣传部、组织部等部门联合，成功举办“中铁二十一局杯”甘肃学习强国知识大赛，比赛直播当天主流媒体对报道的图文和视频浏览量超过1000万次。报送“大路画展”作品20幅，报送股份公司抗美援朝70周年纪念事迹材料，完成股份公司宣传部、报社征集十九届五中全会精神贯彻落实书画展作品的征集报送工作。继续与新华网合作，做好日常舆情信息监测、搜集和报送。

纪检监察工作。设执纪审查室、纪委办公室（信访审理室）2个部门，配备专职纪检干部7人，集团公司所属16个单位共建立纪检机构15个，配备专职纪检干部50人。集团公司两级纪检机构紧紧围绕企业改革发展大局，坚持抓疫情防控、抓教育引领、抓项目廉洁风险防控、抓正风肃纪，压实从严治党主体责任，强化监督执纪问责，扎实开展党风廉政建设和反腐败各项工作。开展“严明五责、强管提效”主题教育活动,更新相关制度200余项,监督开展高质量专业培训近1万人次,宣讲有责任有担当的先进典型事迹,受众6000余人。开展反腐倡廉宣传教育月活动,发布廉洁警句915条,受众6390人,观看警示教育片212场次,受众4990人,参观反腐倡廉警示教育基地26场次,受众522人。开展反腐倡廉知识竞赛31场次,受众1875人。召开全面从严治党“两个责任”促进会暨警示教育大会,通报执纪审查情况、巡察情况,加大亏损项目整治典型案例曝光力度。受理信访举报45件次,立案26件,结案21件,给予党政纪处分94人次,经济赔偿156.64万元。运用监督执纪“四种形态”处理131人次。立案审查黔张常项目系列问题线索,严肃问责涉及此案的51名相关人员,经济赔偿66万余元。深化“三转”,落实“三为主”,开展监督执纪问责、纪委书记履职专项考核,压实责任。通过外送培训、以会代训、实战演练,提高纪检干部政治素养和工作能力。

工会工作。工会委员会17个,工会工作委员会233个,工会小组437个;工会会员12215人,专职工会干部56人,兼职工会干部209人。抓好职工疫情防护、复工复产和生活保障工作,投入疫情防控专项资金500余万元,购买发放防护口罩10万个,购置护目镜、防护服、消毒液、测温枪等设备1万余套。走访慰问海外职工家属、一线职工、困难职工、农民工2000余人。深化民主管理工作,构建和谐劳动关系。组织开展“公开解难题、民主促发展”活动。集体合同、工资专项协议、女职工专项集体合同签订率100%,职工群众知晓率和满意率不断提高。坚持落实工代会、职代会制度。获评全国厂务公开民主管理示范单位。开展“赋能品质铁建、开启智慧人生”主题读书慰问活动,慰问酒额铁路、兰张三四线铁路、汉巴南铁路、东乡沿洮河经济带、西安地铁等30多个偏远艰苦项目和重大工程项目。集团公司两级工会投入250余万元。提升建家建线标准,营造温馨“职工之家”,改善一线职工、农民工的工作生活环境。深入开展劳动竞赛,紧扣施工生产任务目标,开展“创效杯”劳动竞赛、“百日大干”、“安康杯”竞赛等活动。集团公司获评2018—2019年度全国“安康杯”竞赛优胜单位,西宁枢纽配套工程项目部获评全国“安康杯”竞赛优胜班组,一公司获评2020年全国“安康杯”竞赛安全文化宣传工作先进单位,获十三届甘肃省职工优秀技术创新成果一等奖1个、三等奖1个、优秀奖1个,获甘肃省第六届职工先进技术操作法提名奖1个。集团公司获评甘肃劳动模范1人,获评中国铁建劳动模范3人,获评中国铁建先进集体2个。马小利劳模工作室获中华全国铁路总工会“火车头劳模和工匠人才创新工作室”称号,发挥劳模先进在技术创新、岗位奉献中的示范引领作用。开展群众活动。组织“特殊时期的一封家书”“书香三八”“赋能品质铁建、筑梦全面小康”系列主题读书活动,收集各类征文、视频、书画等作品230余幅,开展读书活动进工区、进班组50余场次,搭建学习共享平台,提高员工综合素质。开展“抗击疫情,铁建同行”、新入职员工特色活动、“幸福家庭”评选、“我是小小工程人”亲子夏令营等活动,丰富一线职工生活,激发职工工作热情。集团公司“智慧工会”系统正式上线运行,9373名会员绑定使用,13000余名职工及家属绑定关注,直播活动30场次,累计观看超过15000人次,职工发布微视频量超过500次,被腾讯评为优质小程序。强化工会经费预算决算编制,常态化推进内部审计、交叉审计,严格经费审批程序。

共青团工作。基层团委(团工委)15个,实行垂直、统一领导,团支部161个,专兼职团干部365人。团员1635人。各级团组织通过网络媒体、报纸专栏、组织青年座谈会、专题培训等,动员广大团员青年围绕大局创业创新创优。集团公司团委在“五四”期间组织开展“青年突击队”授旗活动。21个先进青年集体和15名先进青年获团中央、中央企业团工委、团甘肃省委、团青海省委和股份公司团委“五四红旗团委”“五四红旗团支部”“青年文明号”“青年安全示范岗”“优秀共青团干部”“优秀共青团员”“青年岗位能手”等称号。（华国栋　魏亚强　张兰忠）

【第一工程有限公司】 拥有铁路、建筑工程施工总承包一级,通信工程施工总承包二级,公路、水利水电工程施工总承包三级,建筑装修装饰工程专业承包一级,建筑幕墙、市政公用工程施工总承包二级,钢结构、机电、环保、建筑机电安装工程专业承包三级资质。前身系乌鲁木齐铁路工程(集团)有限责任公司;2004年3月16日,划归中铁二十一局集团有限公司,重组更名为中铁二十一局集团第一工程有限公司。驻新疆维吾尔自治区乌鲁木齐市经济技术开发区河南西路275号。董事长李启成,总经理杨红亮。职工1256人。资产总额342929.37万元。其中,固定资产原值34985.06万元、净值8038.64万元,无形资产50676.5万元。主要设备303台(套)。设备原值11996.82万元、净值4833.15万元,总功率14558千瓦,技术装备率3.85万元/人,动力装备率11.59千瓦/人。

2020年,新签合同额44.34亿元,产值20.005亿元。（王　娟）

【第二工程有限公司】 拥有建筑、市政公用、机电工程施工总承包一级，铁路、水利水电施工总承包二级，钢结构、建筑装修装饰、地基基础、消防设施专业承包一级，建筑幕墙、输变电专业、环保工程专业承包，建筑施工企业试验甲级和施工测量资质；具备锅炉安装工程、压力管道特种作业设备安装等施工能力。通过质量、环境、职业健康安全管理体系认证。前身系兰铁工程处第一工程段；2001 年 12 月，更名为兰州铁路建设集团第一工程公司；2004 年 3 月，由原兰州铁路建设集团所属第一工程公司、混凝土搅拌站、兰州金轮建材有限责任公司、实业有限公司 4 个单位整合重组为中铁二十一局集团第二工程有限公司。注册资本金 10.001亿元。驻甘肃省兰州市城关区和平路 63 号。董事长、党委书记张发祥，总经理、党委副书记陈兵章。职工 2000 余人。资产总额 59 亿元。各类大型施工机械、检测等设备 1210 台(套)，年市场承揽能力 110 亿元以上，年施工生产能力 80 亿元以上。

2020 年，经营承揽 88.02 亿元，产值 56.36 亿元，净利润 1.29 亿元。资产负债率 70.38%。 （马晓琴）

【**第三工程有限公司**】 拥有公路工程施工总承包特级，市政公用工程施工总承包一级，铁路工程施工总承包二级，建筑工程施工总承包三级，公路路基、公路路面、桥梁、隧道工程专业承包一级，公路交通工程(公路安全设施分项和公路机电工程分项)专业承包二级，公路养护工程施工一类、二类(甲级)、三类(甲级)，营业性爆破作业四级，工程设计公路行业甲级资质。前身系始建于 1947 年的中国人民解放军铁道兵第十师第四十八团；1984 年 1 月，并入铁道部，更名为铁道部第二十工程局第三工程处；1999 年 12 月，划归中央企业工委，更名为中铁第二十工程局第三工程处；2002 年 3 月，改制为中铁二十局集团第三工程有限公司；2004 年 3 月，整合重组为中铁二十一局集团第三工程有限公司。注册资本金 150100 万元。驻陕西省咸阳市迎宾大道。董事长庄乾理，总经理李光军。职工 2111 人。资产总额 61.29 亿元。其中，固定资产原值 11.87 亿元、净值 3.1 亿元，流动资产 54.17 亿元，其他资产 7.12 亿元。自有设备 1565 台(套)。设备原值 4.79 亿元、净值 1.27 亿元(不含海外设备转场评估值)，总功率 14965 千瓦，技术装备率 0.18 万元/人，动力装备率 7.05 千瓦/人，完好率 92%、利用率 92%、成新率 1.02%%，年施工能力54.12亿元。

2020 年，新签合同额 110.75 亿元，施工产值54.12 亿元。净利润 3151.83 万元，人均创利 2512.83 元。全员劳动生产率 14.365 万元/(人·年)，职工年人均收入 80808 元。国有资产保值增值率 100%，净资产收益率 1.11%，产值利润率 3.83%，投资回报率 -8.1%，资产负债率 91.77%，应上缴款完成率 13.87%。 （贾晓宇　王春燕）

【**第四工程有限公司**】 拥有建筑、市政公用工程施工总承包一级，铁路、公路、机电工程施工总承包二级，环保、城市及道路照明、防水防腐保温、电子与智能化、建筑机电安装、建筑装修装饰、消防设施工程专业承包一级，钢结构、桥梁、公路路面、公路路基、隧道、起重设备安装、建筑装修装饰、消防设施、公路交通工程(公路安全设施)专业承包二级，古建筑工程专业承包三级，建筑施工企业实验室一级资质。前身系兰州铁路第二、第四工程公司；2002 年 4 月，改制更名为兰州铁路建设集团第二、第四工程有限责任公司；2004 年 3 月，整合重组为中铁二十一局集团第四工程有限公司。驻陕西省西安市高新区唐延路 1855 号。董事长朱昌岳，总经理朱建军。职工 1418 人。资产总额 29.76 亿元。其中，固定资产原值 25483.91 万元、净值 6330.02 万元，流动资产 262580.71 万元，非流动资产 34983.63 万元，无形资产 3685.53 万元。自有设备 715 台(套)。设备原值 8204.2 万元、净值 4435.85 万元。

2020 年，新签合同额 675858.36 万元，总产值 403559 万元。利润总额 4235.13 万元，净利润4133.4 万元。 （时　维）

【**第五工程有限公司**】 拥有铁路、市政公用工程施工总承包一级，公路、水利水电、矿山、机电工程施工总承包二级，建筑工程施工总承包三级，桥梁、隧道工程专业承包一级，地基基础、电子与智能化、消防设施、钢结构、建筑装修装饰、建筑机电安装、建筑幕墙、古建筑、公路路面、公路路基、公路交通(公路安全设施分项)、环保工程专业承包二级，特种工程(结构补强)专业承包不分等级，实验检测建筑甲级、试验检测地基基础乙级，重庆市公路养护总承包甲级、路基路面甲级、桥梁甲级和隧道资质。前身系兰州铁路局第三工程段；1992 年，更名为兰州铁路第三工程公司；2001 年 11 月，改制为兰州铁路建设集团有限责任公司下属分公司，更名为兰州铁路建设集团第三工程公司；2004 年 3 月，与兰州铁路建设集团工程材料厂整合重组为中铁二十一局集团第五工程有限公司。驻重庆市永川区文昌路 877 号。董事长卢长德，总经理王富武。职工 1496 人。资产总额 379299.56 万元。其中，固定资产原值 53531.94 万元、净值 16619.51 万元。自有设备 372 台(套)。设备原值 12269.56 万元、净值 4438.42 万元，总功率 18655 千瓦，技术装备率 8.2 万元/人，动力装备率 12.47 千瓦/人。

2020年,新签合同额57.96亿元,产值42.02亿元。（王　英）

【第六工程有限公司】　拥有建筑工程施工总承包一级,建筑机电安装、环保、铁路、市政公用工程施工总承包三级,隧道、桥梁工程专业承包一级,钢结构、建筑装饰工程专业承包二级,劳务分包不分等级资质。2011年9月,在北京分公司基础上成立。驻北京市经济技术开发区科创十四街99号。党委副书记、副董事长柴生虎(主持党委、董事会全面工作),特级项目经理、副总经理于连山(主持经理层全面工作)。职工702人。资产总额23.48亿元。其中,净资产1.58亿元。自有设备202台(套)。设备原值6701.57万元,净值2576.54万元,总功率11379.75千瓦,动力装备率316.28千瓦/人,技术装备率3.81万元/人。

2020年,新签合同额50.58亿元,产值24.0035亿元。（温晓艳）

【电务电化工程有限公司】　拥有国家通信、电力、机电工程施工总承包一级,建筑工程施工总承包二级,铁路工程施工总承包三级,公路交通(公路安全设施)、建筑机电安装、电子与智能化工程专业承包一级,公路交通(公路安全设施分项)、公路交通(公路机电工程分项)、输变电、建筑装修装饰、地基基础工程专业承包二级,铁路电务、铁路电气化工程专业承包三级,建筑智能化系统设计专项乙级,甘肃省安全技术防范工程设计施工三级资质,以及承装(修、试)电力施工一级许可证,军工涉密业务咨询服务安全保密条件备案证书。2004年,由原兰州铁路局兰铁建设集团有限公司所属的兰铁电务工程公司和兰铁电气化工程公司重组整合为中铁二十一局电务电化工程公司;2008年,改制称现名。注册资本金5亿元。驻甘肃省兰州市城关区红山根西村148号。董事长、党委书记张才,总经理、党委副书记吴刚。职工1096人。固定资产原值7174.38万元、净值1117.62万元。机械动力运输设备248台(套)。设备原值5378.99万元、净值736.13万元,总功率11452千瓦,技术装备率0.67万元/人,动力装备率10.39千瓦/人,成新率13.69%。

2020年,新签合同总额13.0827亿元,产值12.0226亿元,毛利4700.34万元,利润总额4052.97万元,净利润4138.81万元。全员劳动生产率157410.59元/(人·年)。国有资本保值增值率126.73%,净资产收益率7%,资产负债率57.84%,应上缴款完成率100%。（万莎莎）

【路桥工程有限公司】　拥有市政公用工程施工总承包一级,公路、机电工程总承包二级资质,铁路、建筑工程施工总承包三级,桥梁工程专业承包一级,铁路铺轨架梁专业承包二级,钢结构、起重设备安装、环保工程专业承包三级,预拌混凝土专业承包资质不分等级资质。前身系中铁二十一局集团晋江制梁场;2009年8月,成立中铁二十一局集团铺架工程公司;2011年8月10日,在西安注册成为子公司,更名为中铁二十一局集团路桥工程有限公司。注册资本金100000万元。驻陕西省西安市高新区唐延路1855号洛克大厦。董事长尹建勋,总经理姚锁平。职工848人。资产总额29.14亿元。其中,固定资产原值5.53亿元、净值1亿元,流动资产27.12亿元,非流动资产2.03亿元。各类机械设备876台。设备总功率51768.7千瓦,成新率13.94%,技术装备率8.09万元/人,动力装备率61.34千瓦/人。

2020年,承揽额16.44亿元,产值28.42亿元。（张欣怡）

【德盛和置业有限公司】　集房地产开发、销售、土地开发、物业管理、房屋租赁、场地租赁等于一体的国有房地产企业。2008年成立。驻陕西省西安市曲江新区新开门南路1088号梧桐苑17号楼。董事长、党委书记张绍荣,总经理、党委副书记刘志军。职工131人。资产总额74.95亿元。固定资产设备560台(套),设备原值46703.16万元、净值38638.99万元。

2020年,完成投资118945.1万元,新签合同额198793万元,营业收入212699万元,净利润24139万元。（朱兴云　张秀玲）

【国际工程有限公司】　拥有建筑施工、市政公用工程施工总承包三级,钢结构、环保工程专业承包三级资质。2013年4月在北京注册成立。驻北京市海淀区万丰路18号院5号楼。董事长、总经理王显春。职工139人。资产总额2.45亿元。各类设备175台(套),设备原值1605.29万元、净值829.01万元。

2020年,新签合同额7.362亿元,完成产值22558万元。（贺之婧）

【轨道交通工程有限公司】　拥有市政公用工程施工总承包三级资质。2013年11月1日成立,注册资本金14600万元。驻山东省济南市槐荫区顺安路与烟台路交叉口西元大厦东楼18~21层。董事长公绪论,总经理薄志军。职工746人。资产总额18.58亿元。其中,固定资产原值2.58亿元、净值1.29亿元,流动资产13.01亿元,其他资产4.28亿元。自有设备499台(套)。设备原值38847.51万元、净值20577.64万元,总功率19692千瓦,技术装备率44.69万元/人,动力装备率25.87千瓦/人,完好率100%、利用率87%、成新率64%。企业年施工能力35亿元。

2020年,新签合同额56.17亿元,施工产值24.81亿元。净利润592.25万元,职工年人均收入89076元。国有资产保值增值率100.7%,净资产收益率3.63%,净利润率0.32%,资产负债率91.22%,应上缴款完成率29.77%。 (朱　飞)

【勘察设计院】 拥有铁道行业甲(Ⅱ)级、建筑行业甲级、公路行业甲级和市政行业甲级设计,测绘乙级,工程咨询乙级资信,甘肃省施工图审查机构建筑工程二类,地质灾害治理工程勘查和设计丙级资质。2013年成立。职工80人。

2020年,经营承揽15403万元,产值7065.65万元,营业收入6204.07万元。 (周海燕)

【甘肃铁鹰建筑质量检测有限公司】 又名中铁二十一局集团检测中心。拥有国家认证认可监督管理委员会颁发的检验检测机构资质认定证书,甘肃省住房和城乡建设厅颁发的建筑工程检测甲级、市政工程检测甲级、岩土工程检测甲级、地基基础和主体结构检测甲级、钢结构工程检测、建筑工程室内环境质量检测乙级资质,甘肃省交通工程质量安全监督管理局颁发的公路工程综合乙级资质,甘肃省质量技术监督局颁发的计量标准考核证书。2006年注册成立,注册资本金1220万元。驻甘肃省兰州市城关区牟家庄497号。执行董事、总经理张杰,党委书记张猛。职工17人。资产总额3577.94万元。检测设备962台(套),年检测能力2200万元以上。

2020年,新签合同额3008万元,营业收入2239万元,利润总额497万元,净利润469万元。 (王　路)

【西部铁建工程材料科技有限公司】 通过聚羧酸减水剂、防水板产品CRCC认证,三项体系认证。2016年2月成立。驻甘肃省兰州新区。董事长窦利军,总经理孙明海。职工33人。资产总额21819万元。其中,固定资产原值14710万元、净值13591万元。外加剂车间拥有聚羧酸减水剂生产线9条,年产能4万吨母液;无碱速凝剂生产线2条,年产能2万吨;防水材料车间拥有高分子防水板生产线1条,年产能700万平方米。

2020年,新签合同额2.38亿元,产值4580万元。 (陈海宁)

【铁路运营管理有限公司】 拥有铁路电务工程专业承包二级资质。2016年11月成立,注册资本金5000万元。驻新疆维吾尔自治区乌鲁木齐市头屯河区站前街303号。董事长赵永宏,总经理盖涛。职工155人。资产总额6318.02万元,负债总额4116.89万元,所有者权益2201.12万元。

2020年,新签合同额13767.93万元,产值1.14亿元。 (李林静)

【市政工程分公司】 2016年7月成立。驻湖北省武汉市青山区和平大道1276号锐创中心项目28层7号。总经理宋贵杰,党委书记张化民。职工25人。资产总额1925.29万元。其中,固定资产原值59.46万元、净值10.06万元。

2020年,新签合同额6.37亿元,产值0.02亿元。 (何晓鹏)

【铁建中原工程有限公司】 拥有建筑、公路、市政公用工程施工总承包一级,建筑装修装饰工程专业承包二级,钢结构工程专业承包三级资质。注册资本金10亿元。驻河南省郑州市二七区陇海路中70号。董事长、党委副书记马威,党委书记张宝铁,总经理、党委副书记门发忠。职工109人。资产总额220万元。其中,固定资产原值220万元、净值83万元。自有设备132台(套)。

2020年,新签合同额1.1059亿元,产值3.8573亿元。 (石　豆)

【重要记载】

▲3月3日　甘肃省人民政府宣布,会宁县脱贫,中铁二十一局收到会宁县脱贫攻坚领导小组发来的感谢信。中铁二十一局精准施策,连续5年投入资金和物资540余万元,先后助力会宁县5个深度贫困村脱贫。

▲7月1日　中铁二十一局与昆明农业发展投资公司签订战略合作框架协议。

▲7月9日　中铁二十一局与江苏中设集团签订战略合作框架协议。

▲9月17日　中铁二十一局杯·“学习强国”甘肃学习平台知识大赛在中铁二十一局成功举办。

▲12月4日　中铁二十一局获评2020年度中国工程建设诚信典型企业,连续5年保持工程建设企业社会信用评价AAA级。 (李　栋)

中铁二十二局集团有限公司

【简况】 拥有铁路、建筑、市政公用、公路工程施工总承包特级,铁道行业甲(Ⅱ)级工程设计、建筑行业甲级设计、市政行业甲级设计、公路行业甲级工程设计,水利水电施工总承包一级,矿山、机电工程施工总承包三级,公路路基、桥梁、隧道工程专业承包一级,铁路铺轨架梁、建筑幕墙、消防设施工程专业承包二级,公路水运工程试验检测机构等级证书公路工程综合乙级,水利工程质量检测单位资质等级证书混凝土工程类乙级资质;拥有军工涉密业务咨询服务安全保密条件备案证书,检验检测机构资质认证证书,对外工程承包资格证书,对外援助资格证书。总部驻北京市石景山区石景山路35号。下辖第一至第六工程有限公司、轨道工程有限公司、电气化工程有限公司、北京中铁天瑞机械设备有限公司、房地产开发有限公司、中铁雄安建设有限公司、市政工程有限公司、中铁京诚工程检测有限公司13个子公司、国际工程分公司1个分公司、10个区域经营指挥部。职工10874人。资产总额374.4亿元。其中,固定资产原值37.69亿元、净值15.38亿元,流动资产320.24亿元,其他资产38.78亿元。设备资产10573台(套)。设备原值24.39亿元、净值9.41亿元,成新率38.59%,总功率61.79万千瓦,动力装备率52.88千瓦/人,技术装备率8.05万元/人。

2020年,新签合同额525.54亿元,同比增长9.49%。其中,工程承包板块合同金额491.67亿元、房地产板块合同金额24.93亿元、物资贸易合同金额2.88亿元、勘察设计合同金额0.03亿元、工业制造合同金额3.66亿元、其他合同金额2.37亿元。全年企业总产值310.59亿元,同比增长19.5%;施工产值290.91亿元,同比增长17.4%。营业收入301.31亿元,利润总额3.68亿元。资产负债率85%,国有资产保值增值率100.63%,净资产收益率5.15%,应上缴款完成率101.01%。主要实物工程量:路基土石方3209万立方米,桥梁47310延长米,隧道28150延长米,地铁盾构区间21.26千米,房屋建筑面积261.02万平方米,铁路制梁841孔(T梁、箱梁),公路制梁2963片,铁路架梁730孔,公路架梁3028片,无砟轨道施工105千米,铺轨77.71千米(含正线、站线),通信线路101千米。昆玉铁路宝峰隧道工程获国家优质工程银奖,获省部级优质工程5项,“铁建杯”优质工程6项;获国家级优秀质量管理小组2个,省部级优秀质量管理小组14个,股份公司级优秀质量管理小组5个。获省部级工法5项,其中铁道工法2项、黑龙江省级工法3项。申请发明专利45件、实用新型专利65件,授权发明专利12件,实用新型专利47件。 (罗小慧)

【领导人员】

董事会

董事长	赵红鹰
董事	王广建
	王参军
	秦培文
	赵世友

监事会

监事会主席	安志军
监事	蔡晓斌
职工监事	太贞爱

经理层

总经理	王广建
副总经理	王在仁
	渠巨华
	秦培文
	王爱国
	徐冬青
	孙锡寿
	赵世友
总会计师	赵世友(兼)
总工程师	王爱国(兼)

党群领导

党委书记	赵红鹰
党委副书记	王广建
	王参军
纪委书记	安志军(兼)
工会主席	王参军(兼)

(赵忠航)

【职工队伍】 职工10874人。其中,干部9127人、工人1747人,研究生学历184人、本科学历6967人、专科学历2260人,高级职称及以上1138人、中级职称2884人、初级职称3981人,35岁及以下6184人、36~40岁1304人、41~50岁1222人、51~60岁417人。

(赵忠航)

【工程项目指挥机构】 新建江苏南沿江城际铁路站前工程项目部 驻江苏省张家港市。项目负责人卢胜坤。

新建中卫至兰州铁路(甘肃段)ZLKZ－ZQSG6 标段项目部　驻甘肃省兰州市。项目负责人邬梦宇。

新建中卫至兰州铁路(甘肃段)引入兰州枢纽配套工程 ZLKZ－SNSG 标段项目部　驻甘肃省兰州市。项目负责人胡明磊。

新建杭州至温州铁路义乌至温州段站前及相关工程 HWZQ－4 标段项目部　驻浙江省温州市。项目负责人王志广。

新建济南至莱芜高速铁路工程站前工程 JLZQTJ－5 标段项目部　驻山东省莱芜市。项目负责人丁立明。

新建南宁至崇左铁路项目 NCZQ1 标段项目部　驻广西壮族自治区南宁市。项目负责人孙俭峰。

京安线新建城际铁路联络线一期工程站前工程 CJLLXZQ－3 标段项目部　驻北京市大兴区。项目负责人冯建州。

昆明(岷山)至楚雄(广通)高速公路扩建工程土建 TJ－5 标段项目部　驻云南省楚雄彝族自治州。项目负责人刘祺。

浙江绍兴 S308 省道(二环西路智慧快速路)改造工程项目部　驻浙江省绍兴市。项目负责人万成福。

西安地铁 8 号线 2 标段工程项目部　驻陕西省西安市。项目负责人袁越。

深圳市城市轨道交通 16 号线工程施工总承包六工区项目部　驻广东省深圳市。项目负责人杨成宁。

南京地铁 7 号线工程施工总承包 D7－TA03 标段项目部　驻江苏省南京市。项目负责人张震。

茅台 3 万吨酱香系列酒技改工程及其配套设施项目部　驻贵州省遵义市。项目负责人袁毅。

(李　坛)

【工程施工】　新建江苏南沿江城际铁路站前工程　位于江苏省张家港市。合同投资 256946.79 万元。合同工期 2019 年 4 月 10 日至 2023 年 4 月 9 日。主要工程量:路基 0.106 千米,桥梁 2 座 34.134 延长米,制梁 751 孔/片(箱梁)、架梁 751 孔/片(箱梁),无砟道床 68.48 千米。开工累计完成投资 150065 万元。

新建中卫至兰州铁路(甘肃段)ZLKZ－ZQSG6 标段工程　位于甘肃省兰州市。合同投资 187812 万元。合同工期 2018 年 9 月 1 日至 2022 年 8 月 31 日。主要工程量:路基土石方 5820820 立方米、站场土石方 4907559 立方米,特大桥 6 座 8709 延长米、大桥 9 座 2951 延长米、中桥 2 座 137.44 延长米,涵洞 29 座 988 横延米,隧道 2 座 3218.75 延长米,无砟道床 5538 米。开工累计完成投资 169113 万元。

新建中卫至兰州铁路(甘肃段)引入兰州枢纽配套 ZLKZ－SNSG 标段工程　位于甘肃省兰州市。合同投资 176964.14 万元。合同工期 2018 年 9 月 15 日至 2022 年 9 月 15 日。主要工程量:区间土石方 184734 断面立方米,站场土石方 2712173 断面立方米;特大桥 1 座 795.76 延长米、大桥 10 座 2511.94 延长米、中桥 9 座 622.29 延长米、小桥 5 座 51 延长米,框架涵 23 座 532.48 横延米;L≤1 千米的隧道 2 座 1195.71 延长米;预制、架设 T 梁 125 孔,其中 16 米单线 T 梁 4 孔、24 米单线 T 梁 10 孔、32 米单线 T 梁 29 孔、24 米双线 T 梁 10 孔、32 米双线 T 梁 72 孔;正线铺轨 30.97 千米,站线铺轨 30.08 千米,通信线路 107.94 千米,地区及站场光电缆 57.29 千米;信号闭塞设备 12.38 千米;高压干线 19 千米,高压站线 18.32 千米;生产及办公类房屋 28543.94 平方米,居住及公共房屋 15786.68 平方米。开工累计完成投资 34586 万元。

新建杭州至温州铁路义乌至温州段站前及相关工程 HWZQ－4 标段　位于浙江省温州市。合同投资 260554 万元。合同工期 2020 年 6 月 30 日至 2024 年 6 月 30 日。主要工程量:路基土石方 318726 立方米,站场土石方 1090578 立方米,防护栅栏 20.054 单侧千米;隧道 18 座 35878.61 延长米;特大桥 4 座 2570.545 延长米、大桥 8 座 2174.03 延长米、中小桥 9 座 616.9 延长米、框架桥 28 延长米,涵洞 100.7 横延米,支架现浇简支箱梁 84 孔,移动模架现浇简支箱梁 55 孔,支架现浇(道岔)连续梁 5 联 27 孔,连续梁 4 联;现浇道床 85.854 千米,站线铺新岔 9 组,站台墙 720 米,新建楠溪江站线下工程。开工累计完成投资 21984 万元。

新建济南至莱芜高速铁路工程站前工程 JLZQTJ－5 标段　位于山东省莱芜市。合同投资 128921.13 万元。合同工期 2019 年 12 月 5 日至 2022 年 4 月 4 日。主要工程量:区间路基土石方 1156587 断面立方米、站场路基土石方 1834895 断面立方米;复杂特大桥(双线)3 座 6258.52 延长米,一般特大桥(双线)2 座 1741.25 延长米,一般梁式大桥(双线)5 座 1301.07 延长米,一般梁式大桥(六线)1 座 214.4 延长米,框架桥 1 座 39.06 延长米;框架涵 7 座 432.21 横延米;2 千米<L≤3 千米隧道 2 座 4745 延长米;站场 1 座;无砟道床铺设 40.33 千米,铺道岔无砟道床 14 组;汽车运输便道 43.02 千米,临时电力干线 20.83 千米,材料厂 1 处,填料集中加工站 2 处,混凝土集中拌和站 2 处、混凝土构配件预制场 1 处、轨道板存放场 1 处、隧道污水处理站 1 处。开工累计完成投资 66729 万元。

新建南宁至崇左铁路 NCZQ1 标段工程　位于广西壮族自治区南宁市。合同投资 108252 万元。合同工期 2018 年 10 月 8 日至 2021 年 9 月 30 日。主要工程量:正线路基土石方 81.36 万断面立方米;桥梁 10

座9940延长米，其中特大桥5座9098.9延长米、大桥2座658.245延长米、中桥1座109.602延长米、框架桥2座74.4延长米；涵洞10座242.11横延米；箱梁制架264孔，现浇箱梁8孔；特殊梁4联；隧道4座3123延长米；箱梁制存梁场1处，填料集中拌和站1处，混凝土拌和站3处，混凝土构配件预制场1处；通信线路交叉迁改247处，平移迁改17.4千米，电力线路交叉迁改53处，电力线路平移迁改19.5千米，给排水管道迁改8.5千米，燃气管道迁改3处。开工累计完成投资95136万元。

京安线新建城际铁路联络线一期工程站前工程CJLLXZQ－3标段　位于北京市大兴区。合同投资147287万元。合同工期2019年1月1日至2022年12月31日。主要工程量：榆安1号隧道1.48千米、榆安2号隧道1.95千米；新航城站地下结构1.1千米，空港新区动车所站场路基填筑及段落内框架中桥3座、框架涵4座；新航城站道岔铺设4组。开工累计完成投资97679万元。

昆明（岷山）至楚雄（广通）高速公路扩建工程土建TJ－5标段　位于云南省楚雄彝族自治州。合同投资122162万元。合同工期2019年5月1日至2021年5月1日。主要工程量：梁桥12座，其中大桥11座、中桥1座；预制及架设T梁190孔1330片，其中20米T梁224片、30米T梁812片、40米T梁294片，桩基512根11377米；涵洞4座225.15横延米；路基3687米，挖方1149512立方米、填方209557立方米；隧道2座8850延长米。开工累计完成投资117275万元。

浙江绍兴S308省道（二环西路智慧快速路）改造工程　位于浙江省绍兴市。合同投资296382万元。合同工期2019年8月23日至2022年5月31日。主要工程量：桩基1332根，C30水下混凝土量11.2万立方米，钢筋6913吨；承台452个，钢筋2154吨，C35混凝土27114立方米；立柱646根，C40混凝土27094立方米，钢筋4104.4吨；盖梁151榀，C60混凝土11486立方米，钢筋2074.7吨；小箱梁845片，C50混凝土40206.9立方米，钢箱梁及钢盖梁3.6万吨。开工累计完成投资67263万元。

西安地铁8号线2标段工程　位于陕西省西安市。合同投资228507.36万元。合同工期2019年10月30日至2023年10月30日。主要工程量：土建工程环园中路停车场围护结构、地基处理及结构施工非土建工程：环园中路停车场机电安装及装饰装修。开工累计完成投资2761万元。

深圳市城市轨道交通16号线工程施工总承包六工区　位于广东省深圳市。合同投资227650万元。合同工期2017年12月30日至2023年7月28日。主要工程量：坪山围站地连墙339幅，主体基坑土方37.86万立方米，主体结构钢筋23745.78吨；坪山中学站地连墙92幅，主体基坑土方8.5万立方米，主体结构钢筋5988.76吨；江岭站地连墙191幅，主体基坑土方21.17万立方米，主体结构钢筋13492.09吨；坪山围站—坪山中学站盾构区间598.115米，土方3.6万立方米；坪山中学站—江岭站盾构区间719.457米，土方4.34万立方米；江岭站—东纵站盾构区间457.657米，土方2.75万立方米。开工累计完成投资102559万元。

南京地铁7号线工程施工总承包D7－TA03标段工程　位于江苏省南京市。合同投资37400万元。合同工期2017年10月1日至2021年6月30日。主要工程量：车站主体围护桩基759根，附属围护桩基685根，车站开挖土方24.2万立方米，盾构区间左右线3113米。开工累计完成投资36041万元。

贵州茅台酒股份有限公司3万吨酱香系列酒技改工程及其配套设施项目　位于贵州省遵义市。合同投资501571万元。合同工期2019年4月24日至2022年4月24日。主要工程量：制酒生产房84栋、制曲厂房8栋、陶坛酒库62栋、4组不锈钢罐群及其配套设施，维护和改建大地片区存在安全隐患的9栋制酒生产厂房；场平土石方挖方669万立方米、填方327万立方米，窨石62160立方米，人工挖孔桩1816根，旋挖桩10170根，钢筋118646吨，混凝土200万立方米。开工累计完成投资224345万元。（李　坛）

【“五清”工作】　2020年，按照“一心两高三项四同五清五明六抓”发展战略路径，开展包括“清账户、清项目、清资产、清人员、清效益”在内的“五清”专项清查工作，通过完成专项清理、总结通报、问题整改三个阶段工作，对集团公司从建立至2019年末的主要经济运行、企业管控等情况进行全面摸排，发现十九大类问题，83项具体问题。通过清查更全面掌握企业的基本情况。有效运用“五清”成果，强化问题整改，建立长效机制，资源整合，进一步夯实企业资产质量，改进工作作风，防范管理风险，保障企业健康发展。

（罗小慧）

【经营管理】　2020年，新签合同340项，合同额525.54亿元。其中，铁路工程39.74亿元，公路工程50.36亿元，房建工程223.76亿元，城市轨道工程70.95亿元，市政工程96.6亿元，水利、电力工程7.68亿元，其他工程2.58亿元，勘察设计0.03亿元，物资贸易2.88亿元，房地产24.93亿元，工业制造3.66亿元，其他2.37亿元。

资本经营。房地产开发与主导决策资本运营项目23个,项目投资规模338亿元。房地产开发板块完成投资20.78亿元,销售金额24.93亿元,营业收入24.59亿元,净利润1.75亿元。资本运营板块完成投资13.93亿元,拉动施工产值10.59亿元。房地产板块新获取土地4宗,总建设用地面积33.81万平方米,规划总建筑面积87.22万平方米;总土地价款121732万元,其中权益土地价款94410万元;资本运营板块新获股份公司系统内跟投参股项目8个。

财务管理。在集团公司“五清”工作的基础上,针对所属单位风险资产金额大、内部债务交叉繁杂、企业管理内部关系不够顺畅的情况,制定下发“一企一策”实施方案。通过实施方案,缓解所属单位资金压力,优化资产结构,增强市场竞争力。共享中心建设方面,启动银行账户管理模块的设计和启用工作集团,集团公司所属各单位银行账户的开立、变更、展期、注销实现线上审批。通过分析财务大检查问题清单中的问题,设计“基础工作完成情况表”“线上收款”“财务人员岗位交接单”等与财务基础工作相关的管理类单据,加强内部管控;制度建设方面,以集团公司“立、改、废”工作为契机,对现有制度进行统一梳理,对原有财务制度进行全方位审查、编制和修订,涉及文件32个,其中原文件续存2份,新编制文件12份,修订文件18份;税务管理方面,全年节约税款2736.49万元,其中高新技术企业减免所得税1465.16万元、研发费用加计扣除减免所得税1074.15万元、享受西部大开发税收优惠政策减免所得税146.6万元、小型微利企业优惠政策减免所得税42.77万元、享受安置残疾人就业税收优惠政策减免所得税7.81万元;财务资金检查方面,成立10个检查组,对集团公司40%以上198个单位进行抽查,并出具工作底稿及抽查报告,完成率100%;降杠杆减负债方面,大力推进保函置换保证金工作,累计保函替换保证金4808.95万元,缓解部分项目资金压力。通过发函、拜访等手段,收回雄安公司支付给业主的7000万元大额保证金;资金管理方面,2020年资金上存度46.81%,资金集中度73.81%,有息负债预算完成率94.98%。

审计工作。全年完成审计任务17项,包括蒙华、沪昆、盾构3个专项审计,二公司、国际公司2个子公司经济责任审计,南沿江、中兰等3个项目过程审计,哈佳、铜玉2个项目竣工审计。组织完成公司“瘦身健体”、压减机构,“处僵治困”,压控“两金”,减负债,清理拖欠民营企业账款和农民工工资,“三供一业”分离移交,精准扶贫等7个方面的国家重大政策跟踪落实专项审计。首次开展盾构业务专项审计调查,首次引入外部审计单位,组织开展新型审计方式,提高审计综合效能,拓展业务视角。制定审计整改工作管理办法,建立健全两级审计发现问题的“三表一单”,并按照整改管理办法,严格压实整改责任,加强过程督促,定期更新整改进展,直至问题全部销号。首次在子公司绩效考核中增加审计发现问题及整改考评,促进审计整改质量提升。集团公司两级审计部门重点关注各单位存在的超合同计价、应扣未扣、超标采购、违规发放薪酬等相关问题,促进企业增收节支3000余万元。全年筹备召开监事会会议3次,审议通过议案7项,撰写专项调研报告2份,上报2020年监事会工作情况报告。

安全质量。独立设置两级安全监督管理部门,剥离非安全管理职能,专职负责安全监督与管理工作。明确子分公司安全总监进领导班子,明确安全管理人员配备任职条件、数量与职责。印发《关于开展2020年上半年项目综合大检查的通知》《关于开展2020年下半年项目综合大检查的通知》,对集团公司34个重难点项目进行综合大检查。分5个批次在天津、江苏江阴、重庆、兰州、广州组织全局项目负责人349人按片区就近参加安全培训。委派安全总监19人,A类安全人员(企业负责人)30人,B类安全人员(项目负责人)381人,C类安全人员(专职安全管理人员)612人,注册安全工程师183人。

(唐艳丽　许赛雪　陈祥杰)

【企业管理】 编制2020—2022年三年滚动规划,完成“十四五”规划调研工作。印发《关于调整机关机构编制及职能的通知》,完成集团公司总部机构改革,集团公司总部部门由22个压减至18个,直属机构3个(不占机关编制);印发《关于调整区域机构及管辖范围的通知》,原有10个国内经营区域指挥部调整为8个,同时在每个省(直辖市)设立省级经营部,并新设海外区域指挥部(海外事业部)和军民融合指挥部;印发《中铁二十二局集团有限公司机关部门工作职责汇编》,重新梳理总部各部门现行职责;印发《中铁二十二局集团有限公司机构编制管理办法》,规范机构设置审批流程,严肃机构编制工作纪律;印发《中铁二十二局集团有限公司项目部机构设置管理办法》,进一步完善项目管理体制,规范机构编制设置;印发《关于进一步规范以集团公司资质中标项目管理模式的通知》,进一步解决集团公司与工程公司在以集团公司资质中标项目管理中存在的问题和矛盾;梳理全局资质并拟定资质平移方案,完成资质平移申报材料的收集和整理工作;编制、修订《中铁二十二局集团有限公司内部控制评价及考核管理工作实施细则》《关于调整内部控制与风险管理工作领导小组》《中铁二十二局集团有限公司全面风险管理办法》,加强全面风险管理与内部控制体系建设，理顺风险内控管理组织体系。2020年，集团公司取得资质16项，其中一级资质1项、二级资质7项、三级资质8项。落实疫情防控期间优惠政策264项，优惠金额4714.98万元。轨道公司“互联网+安全质量隐患管理App软件在项目施工管理中的创新应用”获股份公司组织的第四届企业管理创新成果评选活动二等奖。开展“总部机关化”问题专项整改工作。推进所属13家子企业的总部机关化问题专项整改工作。足额拨付大集体主办企业申请的补助资金8408.66万元。安置厂办大集体改革1296人，安置率100%。（金　鑫）

【科技成果】 2020年，集团公司技术中心通过“国家企业技术中心”年度评价，所属一、二、三、四、五、轨道公司认定为省级企业技术中心，二、三、四、五、轨道、电气化公司为高新技术企业，新增一公司黑龙江省、四公司天津市“省级企业技术中心”认定。获省部级工法5项，其中铁道工法（部级）2项、黑龙江省级工法3项。申请发明专利45件、实用新型专利65件。授权发明专利12件，实用新型专利47件。（黄明琦）

【党群工作】 党的工作。深入学习宣传贯彻党的十九届五中全会精神，加强组织领导，及时组织传达关于疫情防控指示精神，组织召开疫情防控工作视频会，对疫情防控工作进行周密部署。集团公司党委支出党费30.8万元，党员捐款42.49万元，对疫情防控工作加强支持。做好疫情防控工作，建立日报告和零报告制度，每天排查人员流向和身体状况。坚持重大问题党委前置研究，完善“三重一大”事项清单，全年召开党委常委会37次，研究议题435项，其中前置研究322项，按期完成两级“三重一大”系统建设和数据上传。从严治党“两个责任”向纵深推进，制定集团公司党委落实全面从严治党主体责任清单。8—11月，组织开展境外腐败、利益输送、设租寻租和化公为私问题专项整治工作。统战工作持续加强，调整统战工作领导小组组成人员，梳理全集团处级以上党外人士台账，建立集团公司党外人士交流群，聚焦疫情防控和复工复产，通过电话、微信、在线交流等形式，广泛收集党外人士的意见和建议，并将意见和建议反馈到相关单位。保密工作不断规范，调整集团公司保密委员会组成人员，修订保密工作三项制度，重点宣传贯彻保密相关制度。现场检查军工项目保密工作，并在风险内控工作中，完成对下属各子公司保密相关制度、涉密台账的检查。先后下发《关于深入学习贯彻〈中国共产党国有企业基层组织工作条例（试行）〉的通知》《关于认真学习贯彻〈中国共产党基层组织选举工作条例〉的通知》《关于开展基层党组织按期换届专项排查的通知》等，督促指导所属各级党组织坚持问题导向，认真开展全面自查自纠活动，对标对表，梳理问题，逐一整改销号。针对所属各区域经营指挥部、工程项目部等机构党组织建立不及时、人员配备不到位等问题，在全方位“体检”排查、摸清底数前提下，按要求全部建立和配备到位，实现基层党组织全覆盖；深入开展党建责任制考核与评价工作，采取线上与线下相结合方式考核与评价所属各子分公司、直属单位党建工作责任制落实情况，同时通过视频方式召开书记述职会议。以“如何有效推进基层党建与生产经营工作深度融合，实现双促共赢”为主题，先后召开基层党建工作座谈会两次。深入开展领导人员党建联系点工作，按规定、按程序、按步骤督促领导人员深入联系点单位，以解决党建和生产经营重难点问题为着力点，广泛深入开展调查研究工作，把脉问诊，对症开方。

纪委工作。受理信访举报52件，处置各类问题线索128件，立案68件，给予党纪处分23人次，政务处分137人次，组织处理143人次。印发督导通知36份，出具廉洁意见书511份，为269名领导人员建立廉政档案，约谈提醒300余人次，组织4439名干部职工填报自查自纠情况表，2人主动报告问题，涉及金额1086万元，对2名当事人分别给予党政纪处分。对股份公司纪委巡视整改督查反馈的9个问题，制定整改措施28项，完善各项制度30项。成立巡察组3个，对所属36家党组织开展财务资金管理专项巡察，发现各类问题106项，立行立改20项，退回违规发放的各类奖金、津补贴75.72万元，建立完善相关制度9项，向两级纪委移交问题线索21条。重大节假日期间，累计抽查单位126个。举办廉洁讲座103场，推送主题微信120期，发布廉洁警句630条，观看教育片和微视频196次，开展知识竞赛49场，参观教育基地43次，书写廉洁家书815封，积极引导党员干部修身律己、廉洁齐家。先后3次组织150余名纪检干部集中培训。编制《“五明”廉政口袋书》、讲授“五明”党课、开辟“五明”专栏、开展“五明”研讨，加强“五明”核心价值理念的宣贯。

宣传工作。思想理论武装工作持续推进。制定《集团公司2020年党委理论学习中心组专题学习重点内容安排》，印发中心组学习参阅13期，安排集中学习研讨15次，组织专家辅导讲座3场，到基层单位旁听党委中心组学习2次，通报所属单位中心组学习情况2次。意识形态领域总体平稳。修订下发《中铁二十二局集团党委意识形态工作责任制实施办法》，全面梳理微信公众号、网站等主要意识形态阵地37个，整改关停以个人名义创办的公司官方微信公众号1个，关停收尾的集团公司直管项目部官方微信1个。精神文明建设取得重大突破。所属二公司获“国家文明单位”称号;所属房地产公司、检测公司均被推荐为首都文明单位;在北京市国资委首都职工宣讲比赛中,获北京市国资系统优秀宣讲员第一名;所属房地产公司在第十四届北京书香阅读季中,进入全市十大“书香企业”行列。新闻宣传工作卓有成效。全年在中央主流媒体刊稿400余篇,其中,中央电视台对相关工程报道70次,树立良好企业形象。新媒体建设形成新格局。制定下发《关于进一步规范集团公司舆论平台宣传工作的通知》,完善审核把关流程,全年推送文章700余篇,在股份公司微信、微博、“学习强国”学习平台中国铁建“强国号”和《中国铁道建筑报》等有关平台刊发相关报道150余篇。

工会工作。组织开展学习宣传贯彻党的十九届五中全会精神“四个一”活动,即组织群团干部培训班、党的十九届五中全会经典语录书法比赛、党的十九届五中全会知识竞赛和“我向企业十四五规划建言”活动。积极投身疫情防控,在保障发展秩序上彰显作为。组织所属各单位工会多渠道购置防疫物资,统一向湖北省荆门市红十字会捐赠一次性医用口罩12320个、进口乳胶手套1400只、84消毒液100箱、防护服150套、护目镜100副,为抗疫一线的医护人员送去支持与温暖。同时,面向广大职工征集抗疫书法、绘画、摄影、音乐、视频作品112个,并择优推荐到中国铁建工会。成立由15名志愿者组成的志愿团队,火线支援丰台区疫情防控工作,历时38天,协助街道、社区开展核酸检测、防疫宣传、测温值守、病毒消杀等工作,累计服务5个街道,14个社区,1万余人,累计工作4560小时。工会、共青团委联合制作原创战疫歌曲MV《太阳》,由职工作曲、作词并演唱,受到广泛好评。各级工会支出防疫经费237.24万元。筹得“金秋助学”活动资金6.7万元,“送清凉”活动资金260.69万元。开展“防控疫情,确保目标,安全发展,建功立业”劳动竞赛活动。各单位积极组织开展竞赛活动20余次。联合安全监督部,在全集团深入开展以“小革新、小创造、小发明、小设计、小建议”为主要内容的安全生产技术创新竞赛活动,为集团公司高质量品质发展提供坚强保障。在厦门举行集团公司“拼搏杯”第六届职工乒乓球、羽毛球比赛,135人参加比赛。举办“幸福家庭”评选活动,为17户家庭授予“中铁二十二局幸福家庭”称号,并颁发荣誉牌。开展“六一”儿童节关爱活动。工会和共青团委联合首都医科大学附属北京康复医院组织22小时约会“半山之恋”联谊活动,70人参加。举办2020年度集团公司群团干部培训班,61人参加培训。对各子公司工会资金进行为期一个月的安全专项检查,整体情况良好,会计科目规范,支出项目符合制度要求。选树集团公司模范职工之家11个,模范职工小家11个,北京市女工委“母婴关爱室”授牌单位1家,申报北京市示范职工书屋1个。集团公司2名职工被评为北京市劳动模范,3名职工被评为中国铁建劳动模范,1名职工被授予火车头奖章,1个集体被评为中国铁建先进集体。

共青团工作。完成所属各单位团组织的换届工作,开展青年员工思想状况调研,举办2020年“青年党员大学习”网络培训班。团委与工会联合在集团公司华南片区、房地产公司天津“花语印象”、保定“京南一品印象”、南沿江等项目组织开展劳动竞赛暨青年突击队竞赛,在五公司组织安全生产月启动仪式。坚持服务社会职责,加强自愿服务工作,开展“好书伴成长”为新疆地区中小学生捐书活动;积极投身石景山区创城工作,组织青年志愿者在玉泉路地铁站疏导交通。集团公司团委被评为全国铁路五四红旗团委,青年志愿服务队被评为首都学雷锋志愿服务站。

(王　艺　李晓晖　李便华)

【第一工程有限公司】 拥有市政公用工程施工总承包一级,建筑、公路工程施工总承包二级,水利水电、电力工程施工总承包三级,桥梁、钢结构、建筑装修装饰工程专业承包一级,铁路铺轨架梁、建筑机电安装工程专业承包二级,预拌混凝土专业承包资质。前身系应抗美援朝需要于1950年建立的中长铁路大修工程队;1953年,改称哈尔滨铁路局工程总队;2002年,改制为哈尔滨铁路建设集团有限责任公司;2004年3月,与原六公司、电务哈分公司分离分立,改制注册为中铁二十二局哈尔滨铁路建设集团有限责任公司;2020年1月,正式更名为中铁二十二局集团第一工程有限公司。驻黑龙江省哈尔滨市南岗区西大直街113号。董事长、党委书记熊钦武,总经理李贵山。职工2263人。资产总额396606.25万元。其中,固定资产原值43014.07万元、净值15670.18万元,流动资产371961.76万元。机械设备2089台(套)。设备原值23241.49万元、净值7304.4万元,总功率62527.36千瓦,动力装备率24.97千瓦/人,技术装备率2.92万元/人,设备成新率32%、完好率50%、利用率50%。

2020年,新签合同19项、合同额582400万元,净利润3783万元,施工产值401400万元,职工年人均收入10.3万元。国有资产保值增值率177.82%,净资产收益率9.34%,产值利润率1.15%,资产负债率88.77%。

(齐　锐)

【第二工程有限公司】 拥有铁路铺轨架梁工程专业

承包一级资质。2004年3月，由中铁工程集团有限公司线路工程处、中铁十八局集团第四工程有限公司铺架分公司整合重组而成。驻北京市石景山区实兴大街30号院6号楼。董事长、总经理杜以军，党委书记吴延江。职工1066人。资产总额257072.4万元。其中，固定资产原值48501.8万元、净值15955.9万元，流动资产216631.4万元，非流动资产40441万元。机械运输设备863台(套)。设备原值42928.43万元、净值13111.46万元，总功率78412.4千瓦，动力装备率72.67千瓦/人，技术装备率12.15万元/人，设备完好率85%、利用率95%，机械化施工程度95%。年施工生产能力300000万元以上。

2020年，新签合同额345500万元，施工产值306128万元，利润767.5万元，人均创利0.69万元，全员劳动生产率8.16万元/(人·年)，职工年人均收入9.9万元。国有资产保值增值率118.05%，净资产收益率4.21%，产值利润率0.32%，资产负债率92.51%，应上缴款完成率100%。（李　冰）

【第三工程有限公司】 拥有市政公用、房屋建筑施工总承包一级，公路、铁路、水利水电工程施工总承包二级，桥梁、隧道、地基与基础、电子与智能化、消防设施、建筑装修装饰、建筑机电安装、古建筑、城市及道路照明、环保工程专业承包一级，房地产开发司四级，福建省交通乙级检测，福建省测绘乙级，厦门市房建专业乙类代建资质。前身系1992年11月成立的中国铁道建筑总公司厦门办事处；2004年4月，并入中铁二十二局集团；2005年7月，由厦门中铁建设公司变更为厦门中铁建设有限公司；2008年7月，由厦门中铁建设有限公司变更为中铁二十二局集团第三工程有限公司；2015年10月，股份公司与中铁二十二局集团共同出资成立中铁海峡建设集团有限公司，中铁二十二局集团第三工程有限公司与中铁海峡建设集团有限公司，实行一套人马两块牌子；2017年3月，中铁二十二局集团第三工程有限公司与中铁海峡建设集团资产剥离，仍划归中铁二十二局集团有限公司管理。驻福建省厦门市集美区同集南路301号中铁海新大厦。董事长、党委书记邹德松，总经理吴建华。职工1568人。资产总额483985.63万元。其中，固定资产原值28880.04万元、净值15090.35万元，流动资产406380.61万元，其他资产62514.67万元。机械设备903台(套)。设备原值17627.18万元、净值8270.28万元，总功率49835.50千瓦，动力装备率31.78千瓦/人，技术装备率5.27万元/人，设备完好率95%。年施工生产能力800000万元。

2020年，新签合同额810100万元，产值700000万元，利润10157.37万元，年人均创利6.48万元，全员劳动生产率410万/(人·年)，职工年人均收入113826.09元。国有资产保值增值率121.62%，净资产收益率19.63%，产值利润率1.71%，资产负债率90.7%，应上缴款完成率100%。（周念念）

【第四工程有限公司】 拥有公路、房建、水利水电、市政公用工程施工总承包一级，铁路工程总承包二级，隧道、公路路基、桥梁、铁路铺轨架梁工程专业承包一级，爆破作业专项资质。前身系1958年组建的中国人民解放军铁道兵第三十九团；1984年集体转业并入铁道部，更名为铁道部第十八工程局第四工程处；1999年改为中铁第十八工程局第四工程处；2001年改制更名为中铁十八局集团第四工程有限公司；2004年整合重组并入中铁二十二局，改称现名。驻天津市武清开发区创业总部基地B16。党委书记、董事长曾伟峰(续任)，党委副书记、总经理孙鹤凌(2月免)，副总经理(主持工作)邓寿军(2月任)，总经理邓寿军(12月任)。职工2536人。资产总额608900万元。其中，固定资产原值79700万元、净值23300万元，流动资产508200万元，非流动资产100600万元。机械运输设备3371台(套)。设备原值53471万元、净值14305万元，总功率205881.49千瓦，动力装备率81.15千瓦/人，技术装备率4.22万元/人，设备完好率98.96%、利用率97.88%。年施工生产能力552000万元。

2020年，新签合同额677700万元，施工产值503299万元，利润5326.15万元，人均创利2.04万元，全员劳动生产率111.37万元/(人·年)，职工年人均收入7.7万元。国有资产保值增值率127.1%，净资产收益率9.4%，产值利润率1.02%，资产负债率93.44%，应上缴款完成率100%。（李　玲）

【第五工程有限公司】 拥有市政工程总承包一级，公路、房屋建筑工程总承包二级，水利水电、机电工程总承包三级，隧道工程专业承包一级，建筑幕墙工程专业承包二级，桥梁、公路路基、公路路面、地基与基础工程专业承包三级，营业性爆破四级资质。2006年3月，由中铁二十二局集团重庆分公司和中铁二十二局集团第四工程有限公司第三分公司重组而成。驻重庆市北碚区文长路2号。董事长、党委书记汪新立，总经理孙俭峰。职工836人。资产总额302823万元。其中，固定资产原值36710万元、净值15853万元，流动资产251964万元，其他资产35006万元。机械运输设备331台(套)。设备原值9105.62万元、净值3295.58万元，总功率42460.88千瓦，动力装备率50.79千瓦/人，技术装备率4.38万元/人，设备完好率81.51%、利用率 86.93%。年施工能力 350000 万元。

2020 年，新签合同额 739700 万元，施工产值 266235 万元，利润 174 万元，职工年人均创利 0.2 万元，全员劳动生产率 25 万元/（人·年），职工年人均收入 11.05 万元。国有资产保值增值率 100.47%，净资产收益率 0.64%，产值利润率 0.07%，资产负债率 89.74%，应上缴款完成率 100%。（陈灵玲）

【第六工程有限公司】 拥有建筑装修装饰工程专业承包一级，建筑、公路、机电、电力、隧道、桥梁、钢结构、水利水电、环保、古建筑、地基基础、市政、建筑机电安装、输变电工程、起重设备安装、消防设施、电子与智能化、防水防腐保温、建筑幕墙工程专业承包二级资质。2018 年 8 月注册成立。驻陕西省西咸新区沣东新城沣长路与金融二路西北角创新大厦 22 层 2206 号。董事长、党委书记于加顺，总经理、党委副书记陈福涛。职工 169 人。资产总额 31623.82 万元。其中，固定资产原值 1383.7 万元、净值 470.76 万元，流动资产 31141.77 万元。机械运输设备 9 台（套）。设备原值 334.4 万元、净值 275.8 万元，总功率 1333 千瓦，动力装备率 7.93 千瓦/人，技术装备率 1.64 万元/人，设备完好率 82.5%、利用率 50.3%。年施工能力48810.83 万元。

2020 年，新签合同额 392969.11 万元，总产值 48810.83 万元，利润 1924 万元，职工年人均收入14.11 万元。国有资产保值增值率 230.77%，净资产收益率 49.18%，产值利润率 3.94%，应上缴款完成率 100%。（苗　伟）

【轨道工程有限公司】 拥有隧道、桥梁工程专业承包一级资质。2004 年，重组成立集团公司第一分公司；2006 年 9 月，注册改制为全资子公司中铁二十二局集团第一工程有限公司，独立法人单位；2018 年 8 月，更名为中铁二十二局集团轨道工程有限公司。驻北京市石景山区鲁谷路 74 号南院 18 号楼 2—6 层。党委书记、董事长田作华，总经理、党委副书记王天武。职工 1329 人。资产总额 475777.35 万元，其中固定资产原值 76626.22 万元、净值 36499.98 万元，流动资产 423322.69 万元。机械运输设备 1488 台（套）。设备原值 86172.83 万元、净值 56067.37 万元，总功率 120288.57 千瓦，动力装备率 95 千瓦/人，技术装备率 44.25 万元/人，设备完好率 87%、利用率 84%，机械化施工程度 89%。年施工能力 500000 万元。

2020 年，产值 467744 万元，净利润 608.74 万元，人均创利 0.46 万元，全员劳动生产率 8.07 万元/（人·年），职工年收入 9.38 万元。产值利润率 0.13%，应上缴款完成率 3.47%，国有资产保值增值率138.65%，净资产收益率 19%，资产负债率93.18%。（杜　莉）

【电气化工程有限公司】 拥有铁路、建筑、矿山、机电、通信工程施工总承包三级，铁路电务、铁路电气化、电子与智能化、建筑机电安装工程专业承包一级，建筑装饰、公路交通工程（公路机电工程）专业承包二级，输变电工程专业承包三级，国家能源局承装（修、试）电力设施许可证二级承装、三级承试、四级承修类，电气试验国家级检验检测资质，以及第二类增值电信业务许可。前身系中铁工程集团有限公司电务工程处；2001 年 6 月，经工商注册为北京中铁电通电气化工程安装有限公司；2004 年 4 月，与哈尔滨铁路局电务工程段合并整合重组为中铁二十二局集团北京电气化工程有限公司；2005 年 11 月，改称现名。注册资本金 10000 万元。驻北京市门头沟区永定镇龙兴南二路中国铁建梧桐汇 S13 号楼 14—18 层。董事长、党委书记闫韡，总经理张乐彬。职工 601 人。资产总额 97484.89万元。其中，流动资产 82441.22 万元，固定资产净值 7476.44 万元，其他非流动资产 15043.66 万元。设备 221 台（套）。设备原值 3241.45 万元、净值 539.33 万元，总功率 9939.91 千瓦，动力装备率 16.13 千瓦/人，技术装备率 0.91 万元/人，设备完好率 83.64%、利用率 88.75%、成新率 18.46%。年施工能力 100000 万元。

2020 年，新签合同额 65751.8 万元，产值73246.82 万元，净利润 1443.06 万元，年人均创利 2.34 万元，全员劳动生产率 21.69 万元/（人·年）。国有资产保值增值率 114.17%，净资产收益率 12.56%，产值利润率 2.32%，投资回报率 3.08%，资产负债率86.89%。（韩　宇）

【北京中铁天瑞机械设备有限公司】 前身系 1996 年 7 月成立的北京英格索兰、北京力寰，1999 年 3 月成立的西安维尔特机械产品服务部和 1999 年 7 月成立的北京沃尔沃建筑设备产品服务部 4 个服务部；1999 年 11 月 12 日，统一变更为中铁工程有限公司进口机械服务中心；2003 年，在此基础上增加成立北京中铁天瑞机械设备有限公司；2004 年 3 月，更名为北京中铁天瑞机械设备有限公司。驻北京市石景山区银河大街 6 号院 1 号楼 A2 座 203 室。董事长、党委书记王广友，总经理、党委副书记高鑫。职工 127 人。

2020 年，新签合同额 52230 万元，营业收入 23900 万元，净利润 370.02 万元，投资收益 393 万元，完成清收清欠指标 28500 万元。（姜　艳）

【房地产开发有限公司】 拥有房地产开发二级资质，AAAr 信用评级。2011 年 2 月 22 日成立，注册资本金 106100 万元。驻北京市石景山区实兴大街 30 号院 6 号楼 11 层。党委书记、董事长熊乾，党委副书记、总经理李抒桥。职工 430 人。资产总额 554005 万元。其中，固定资产 1627 万元，流动资产 550885 万元。

2020 年，完成投资 147351 万元，营业收入 160114 万元，销售金额 208898 万元，销售回款 100145 万元，利润 17378 万元，产值 38794 万元，人均创利 71 万元，职工工资总额 6170 万元，职工年人均收入 25 万元。国有资产保值增值率 107.5%，净资产收益率8.42%，投资回报率 8.88%，资产负债率 71.44%，应上缴款完成率 100%。 （赵美然）

【中铁京诚工程检测有限公司】 拥有计量认证，公路工程试验综合乙级，水利工程质量检测乙级资质。2015 年 11 月成立。驻北京市房山区长阳镇天瑞嘉园 2 号楼北侧。董事长、党委书记马世雄，总经理艾军。职工 59 人。资产总额 3514.81 万元。其中，固定资产原值 1475.93 万元、净值 611.11 万元，流动资产 2817.8万元。

2020 年，新签合同额 7065.32 万元，产值 5212.92 万元，净利润 874.79 万元，人均创利 19.97 万元，职工年人均收入 20.81 万元。国有资产保值增值率 137%，净资产收益率 30.32%，产值利润率 22.60%，投资回报率 58.90%，资产负债率 17.92%，应上缴款完成率 108.47%。 （芦 珊）

【中铁雄安建设有限公司】 拥有钢结构工程专业承包一级，建筑装修装饰工程专业承包二级，环保工程专业承包三级资质。2017 年 6 月成立；2018 年 5 月，改制称现名。驻河北省雄安新区雄县高速引线东侧雄州路 695 -5 号。董事长、党委书记张春秋，总经理倪振利。职工 322 人。资产总额 110840.73 万元。其中，固定资产原值 2368.83 万元、净值 888.31 万元，流动资产 109952.42 万元。设备 59 台（套）。设备原值 1083.47 万元、净值 846.73 万元，总功率 4354.3 千瓦，动力装备率 13.36 千瓦/人，技术装备率 2.6 万元/人，设备完好率 100%、利用率 23.11%、成新率 78.15%。年施工能力 150600 万元。

2020 年，经营承揽 231600 万元，施工产值 150600 万元，净利润 221.2 万元，人均创利 0.6869 万元，职工年人均收入 12.9945 万元。国有资产保值增值率 169.59%，净资产收益率 2.19%，产值利润率 0.19%，资产负债率 90.89%，应上缴款完成率 8.91%。

（王 丹）

【市政工程有限公司】 拥有建筑、市政、水利水电、机电工程施工总承包三级，钢结构工程专业承包一级，建筑装修装饰工程专业承包二级，环保、隧道、桥梁工程专业承包三级资质。2019 年 2 月，由花都投资发展有限公司更名成立，并将原中铁二十二局集团有限公司市政工程公司资产和经营业务划转至市政公司。驻广东省广州市花都区新华镇。董事长、党委书记程勇军，总经理张金龙。职工 427 人。资产总额 132300 万元。其中，固定资产原值 5142.9 万元、净值 1334.3 万元，流动资产 119600 万元。

2020 年，新签合同额 602200 万元，产值 143900 万元，净利润 1258 万元，人均创利 2.95 万元，人均产值 337 万元，职工年人均收入 13.58 万元。产值利润率 0.95%，资产负债率 82.62%，应上缴款完成率 64.43%。 （赵晨羽）

【国际工程分公司】 2018 年 6 月 22 日成立。驻北京市石景山区古盛路 36 号院 1 号楼泰然大厦。党委书记、总经理高鑫。职工 44 人。资产总额 4645 万元。其中，固定资产原值 127 万元、净值 49 万元，流动资产 4066 万元，其他资产 530 万元。

2020 年，营业收入 3939 万元，利润总额 187 万元，净利润 187 万元，人均创利 4.56 万元，全员劳动生产率 25.41 万元/（人·年），职工年人均收入 20.46 万元。产值利润率 4.75%，应上缴款完成率 100%。

（高祎播）

【重要记载】

▲5 月 30 日 中铁二十二局承建的天津宝坻气象新苑住宅小区 D 区获 2019 年度天津市建设工程质量奖“单体楼结构质量大奖”。

▲5 月 30 日 中铁二十二局承建的北京清河交通枢纽主体工程完工。该项目是北京冬奥会配套工程，项目建成后成为公交、高铁、市郊铁路、地铁、公交五大公交体系的汇聚点，可承载日流量最大 64.8 万人次。

▲10 月 7 日 中铁二十二局承建的国家重点工程、甘肃省第一条控股建设的铁路客运专线——新建中（卫）兰（州）客专甘肃段最长的黄土隧道盘岘山隧道贯通。

▲11 月 20 日 中铁二十二局集团第二工程有限公司获评第六届“全国文明单位”。

▲12 月 28 日 中铁二十二局参建的国内技术最为成熟、性能最为可靠的超级电容有轨电车——广州黄埔区有轨电车 1 号线开通运营。 （罗小慧）

中铁二十三局集团有限公司

【简况】 拥有铁路、公路工程施工总承包特级，工程设计铁道行业甲（Ⅱ）级，工程设计公路行业甲级，建筑、水利水电、矿山、市政公用、机电工程施工总承包一级，桥梁、隧道、公路路面、公路路基工程专业承包一级资质，同时具有对外经营权。2004 年 3 月由原中铁路桥集团有限公司、齐齐哈尔铁路建设集团有限公司、中铁十四局集团第一工程有限公司、中铁十五局集团第三工程有限公司整合重组而成。总部驻中国（四川）自由贸易试验区成都高新区天府大道中段 530 号 1 栋 5 楼 508 号。总部设 17 个职能部门，5 个中心，2 个事业部；下设 14 个二级法人子公司、6 个二级项目法人公司；26 个二级分公司，8 个区域指挥部。职工 10703 人。资产总额 296.85 亿元。其中，固定资产原值 30.20亿元、净值 8.94 亿元，流动资产 242.65 亿元，非流动资产 54.20 亿元。施工生产运输设备 7523 套。设备原值 162304 万元、净值 43637 万元，总功率 467100 千瓦，动力装备率 41.78 千瓦/人，技术装备率 3.9 万元/人，大型设备完好率 92.14%、利用率 50.5%。年施工能力 300 亿元以上。

2020 年，经营承揽 683.89 亿元（不含二次经营），首破 600 亿元，占年度计划 500 亿元的 136.78%，同比增长 38.73%，其中海外项目 24.1 亿元。营业收入 240.38 亿元，为股份公司年度计划 220 亿元的 121.46%；净利润 2.66 亿元，完成股份公司考核目标值2.19亿元的 121.46%；有息负债总额 80.16 亿元，低于年度预算 0.04 亿元；完成企业总产值 251.36 亿元，同比增幅 15.9%，占股份公司年度计划 228 亿元的 110.2%，占集团公司年度计划 247 亿元的 101.8%。主要实物工程量：土石方 8913.19 万立方米，隧道 32568.67 延长米，桥梁 57645.26 延长米，涵洞 15388.88横延米，公路 227.29 千米，公路路面 592.82 万平方米，房建折合面积 71.77 万平方米。全年获省部级（含股份公司）及以上荣誉 99 项。其中，获国家级优质工程奖 2 项，获省部级优质工程奖 5 项，首次获中质协优秀 QC 成果 2 项。获国家级优秀成果 3 项，获省部级优秀成果 18 项。首次获水利协会优秀成果 3 项，其中一等奖 1 项、新增省级科研创新平台 2 个。获中国专利优秀奖 1 项，省级科学技术进步奖 2 项，行业协会和股份公司科学技术进步奖 3 项，股份公司专利奖 3 项，BIM 奖 1 项。新增授权专利 52 件，其中发明专利 12 件。获省级工法 7 项。水利信用评价 2016 年以来首次升至最高评级 AAA 级，公路信用评价 AA 级省份有所增加。 （邓东林）

【领导人员】

董事会

董事长	孙圣杰
董事	肖红武
	田宝华
	柴振泽
职工董事	喻丕金（9 月任）

监事会

监事会主席	李　强
监事	苏跃魁（9 月任）
职工监事	熊　伟

经理层

总经理	肖红武
副总经理	田宝华
	孙秀安
	王　武
	王明波
	喻丕金（5 月任）
	柴振泽
	曹鹏程
	王义春
	陈向鸿
	王政松
总工程师	田宝华（兼）
总会计师	柴振泽（兼）

党群领导

党委书记	孙圣杰
党委副书记	肖红武
纪委书记	李　强
工会主席	喻丕金（5 月任）

（徐哲博）

【职工队伍】 职工 10703 人。其中，管理人员 7911 人、技能人员 2792 人，高级职称 1310 人、中级职称 2123。高级职称中，正高级 33 人、高级 1280 人。

（徐哲博）

【区域经营指挥部】 华南区域指挥部 驻广东省广州市。指挥长孙秀安。

华东区域指挥部 驻浙江省杭州市。指挥长王农为。

西南区域指挥部　驻四川省成都市。指挥长喻丕金。

西北区域指挥部　驻陕西省西安市。指挥长曹鹏程。

东北区域指挥部　驻辽宁省沈阳市。指挥长王武。

华中区域指挥部　驻安徽省合肥市。指挥长袁勇。

华北区域指挥部　驻天津市河北区。指挥长陈向鸿。

中原区域指挥部　驻山东省济南市。指挥长王明波。 （徐哲博）

【工程项目指挥机构】 贵广铁路工程指挥部　驻广西壮族自治区桂林市。常务副指挥长袁勇。

南广铁路项目经理部　驻广东省肇庆市。项目经理潘小文。

沪昆铁路客运专线指挥部　驻贵州省贵阳市。指挥长赵永明。

哈齐铁路客运专线指挥部　驻黑龙江省齐齐哈尔市。

兰渝铁路工程指挥部　驻重庆市北培新区。指挥长王忠勋。

哈佳铁路协调指挥部　驻黑龙江省佳木斯市。指挥长袁正国(7月免)。

深茂铁路JMZQ－7标段工程指挥部　驻广东省阳江市。指挥长孙国臣。

涪秀二线铁路工程项目经理部　驻重庆市秀山土家族苗族自治县。项目经理刘顾集。

格鲁吉亚现代化铁路项目经理部　驻 Office in Vil. Tskhramukha, City Khashuri 5700, Georgia。项目经理羊有彬。

成绵苍巴高速公路项目经理部　驻四川省绵阳市。项目经理孙圣杰。

天府新区仁寿县交通基础设施PPP项目经理部　驻四川省眉山市。项目经理张德才(12月任)。 （徐哲博）

【铁路工程施工】 渝怀铁路涪陵至梅江段(成都局管内)增建二线站前工程7标段　位于重庆市酉阳县，全长67.918千米。合同投资140000万元。开工日期2015年11月，计划竣工日期2020年11月。主要工程量:路基土石方158万立方米，路基67.9千米，隧道14座15529延长米，桥梁21座5346.31延长米，涵洞256座2789.69横延米，站场5处;无砟道床10.423千米，有砟道床57.5千米;电力线路73.33千米，通信线路67千米。2020年完成投资8512万元，开工累计完成投资140564万元。2020年11月20日正式通车。

大瑞铁路大保段第2标段工程　位于云南省永平县，全长31.984千米。合同投资112359万元。开工日期2008年3月，计划竣工日期2021年12月。主要工程量:区间路基土石方39.2万立方米，站场土石方117.4万立方米;桥梁12座2889.3延长米，其中特大桥1座627.57延长米、大桥8座1929.6延长米、中桥3座230.5延长米。2020年完成投资16395万元，开工累计完成投资108111万元。

成昆铁路米易至攀枝花段扩能改造工程站前MPZQ－3标段　位于四川省攀枝花市，全长30.25千米。合同投资181960万元。实际工期2013年12月至2020年10月。主要工程量:路基土石方158.76万立方米，桥梁1346.95延长米，隧道27652延长米。2020年完成投资1668万元，开工累计完成投资181960万元。正线和联络线分别于2020年5月26日和10月28日开通运营。 （杨勇涛）

【铁路外工程施工】 成绵苍巴高速公路工程　位于四川省绵阳市、广元市，全长161.69千米。合同投资234.86亿元。合同工期2020年10月至2023年9月。主要工程量:新建正线隧道26座29348延长米;新建正线桥梁97座36939.5延长米，其中特大桥5座、中小桥19座;路基95527米，互通17座。2020年完成投资120187万元，开工累计完成投资120187万元。

厦蓉高速龙岩东联络线A2合同段工程　位于福建龙岩市，全长6.79千米。合同投资113279万元。合同工期2018年3月至2020年3月。主要工程量:特大、大桥6座2342.4延长米，涵洞5座，长、中隧道2座2446延长米。2020年完成投资28103万元，开工累计完成投资67769万元。

陕西省延长至黄龙高速公路TJ－8合同段工程　位于陕西省延安市，全长14.18千米。合同投资74859万元。合同工期2018年3月1日至2019年12月31日。主要工程量:隧道3座。2020年完成投资38606万元，开工累计完成投资76418万元。

厦门溪东路(翔安南路—机场快速路段)工程　位于福建省厦门市，主线长3.5千米。合同投资80739.9万元。2019年3月19日开工，合同工期至2022年7月18日。主要工程量:路基土方334742立方米;桥梁7座4762延长米，包括跨海大桥1座、互立交通1个;路面工程65356平方米。2020年完成投资20093万元，开工累计完成投资32480万元。

渑池至淅川高速公路西峡至淅川段主体工程XX-TJ－2标段　位于河南省南阳市，全长15.713千米。

合同投资 118376.04 万元。2019 年 7 月 1 日开工,合同工期至 2021 年 11 月 30 日。主要工程量:填方 116.47万立方米、挖方 397.13 万立方米;大桥 15 座 3950.5延长米,中桥 1 座 81 延长米;隧道 2 座 2357 延长米,其中长隧道 1 座 1910 延长米。2020 年完成投资 32860 万元,开工累计完成投资 39811 万元。

乌海至玛沁公路(宁夏境)青铜峡至中卫段 A1 标段工程　位于宁夏回族自治区吴忠市、中卫市,全长 20.2 千米。合同投资 53029 万元。合同工期 2019 年 3 月至 2021 年 10 月。主要工程量:路基土石方 204.655万立方米、路面 516106 平方米、特殊路基 390 米、排水及防护工程 48900 立方米;大中桥 8 座 736.5 延长米,涵洞 44 座 1457.19 横延米,汽车通道 10 座 388.16延长米,匝道桥 2 座 145 延长米、分离式立交 1 座 501 延长米。2020 年完成投资 20409 万元,开工累计完成投资 26689 万元。

高唐至东阿高速公路项目 GDLQ－3 标段　位于山东省聊城市,全长 30.054 千米。合同投资 90546 万元。合同工期 2018 年 8 月 31 日至 2020 年 6 月 21 日。主要工程量:路基土方 565.4 万立方米;主线大桥 2 座 310 延长米、中桥 4 座 206 延长米、小桥 38 座 951 延长米,互通主线桥 15 座 1082 延长米、互通匝道桥 18 座 2182.88 延长米,分离式立交 7 座 422 延长米,通道 19 座,箱涵 47 座,圆管涵 8 座,盖板涵 1 座。2020 年完成投资 29133 万元,开工累计完成投资 91063 万元。

漳武线永定至南靖高速公路南靖段 A2 合同段　位于福建省漳州市,全长 12.544 千米。合同投资 98258 万元。合同工期 2019 年 4 月 1 日至 2021 年 3 月 31 日。主要工程量:桥梁 20 座 6359.5 延长米,其中主线桥梁 16 座 5635 延长米,匝道桥 4 座 724.5 延长米,预制 T 梁 1684 片,悬臂梁(60m＋110m＋60m)两联 2 座,现浇箱梁 7 联 3 座;挖方 500.8 万立方米、填方 429.5 万立方米。2020 年完成投资 34345 万元,开工累计完成投资 49991 万元。

河惠莞高速公路河源紫金至惠州惠阳施工合同段 T8 标段工程　位于广东省惠州市,全长 9.106 千米。合同投资 27998 万元。2017 年 12 月 27 日开工,计划完成日期 2020 年 6 月 30 日。主要工程量:土石方 432 万立方米,互通 1 座,桥梁 13 座 3136.5 延长米,涵洞 21 座。2020 年完成投资 7220 万元,开工累计完成投资 27998 万元。

珠海市香海大桥 TJ2 施工标段　位于广东省中山市、珠海市,全长 2.365 千米。合同投资 37678 万元。2016 年 9 月 20 日开工,合同工期至 2021 年 3 月 20 日。主要工程量:新丰围互通式立交 1 座,主线桥 2 座,匝道桥 14 座 2364.877 延长米。2020 年完成投资 10287 万元,开工累计完成投资 29341 万元。

甘肃甜永高速公路庆和段第 13 标段工程　位于甘肃省庆阳市,全长 8.79 千米。合同投资 70317 万元。合同工期 2017 年 9 月 30 日至 2020 年 3 月 31 日。主要工程量:挖方 611.8 万立方米、填方 89.4 万立方米;大桥 3 座 1255 延长米,中桥 1 座 86 延长米,天桥 6 座 630 延长米,互通 1 座(高楼互通)1140 延长米,A 匝道桥 86 延长米,A 匝道通道桥 23.72 延长米,涵洞 834.9 横延米,高楼原隧道 1 座 1216.5 延长米。2020 年完成投资 17035 万元,开工累计完成投资 69254 万元。

云南墨临高速公路 TJ2 标段工程　位于云南省普洱市、临沧市。合同投资 185956 万元。合同工期 2017 年 10 月至 2020 年 12 月。主要工程量:桥梁 22 座 7800 延长米,隧道 4 座 9488 延长米。2020 年完成投资 41312 万元,开工累计完成投资 182776 万元。

昆楚高速公路土建 TJ－6 标段工程　位于云南省楚雄彝族自治州,主线路 11.925 千米。合同投资 156155.09 万元。合同工期 2019 年 4 月至 2021 年 4 月。主要工程量:路基挖方 297.7 万立方米、填方 106.6万立方米;桥梁工程 11 座 5068 延长米,其中主线桥梁 6 座 4173.66 延长米、禄丰互通立交主线 2 座、连接线大桥 2 座、中桥 1 座;隧道 3 座 11395 延长米。2020 年完成投资 88247 万元,开工累计完成投资 128922 万元。

成都天府机场高速公路(机场南线)工程　位于四川省成都市,全长 18.56 千米。合同投资 162126 万元。合同工期 2019 年 7 月至 2021 年 6 月。主要工程量:路基挖方 327.9 万立方米、填方 313.2 万立方米;桥梁 39 座 8728.75 延长米,其中主线桥 20 座 5188 延长米、匝道桥 19 座 3540.75 延长米;沥青路面 84.9 万平方米;交安 18.559 千米;收费站 2 座。2020 年完成投资 63143 万元,开工累计完成投资 88059 万元。

云南楚大高速公路扩容工程土建 3 标段　位于云南省大理州,全长 8.645 千米。合同投资 82741 万元。合同工期 2019 年 11 月至 2022 年 4 月。主要工程量:路基挖方 313.32 万立方米、填方 278.46 万立方米,地索坪服务区 1 处;桥梁 13 座 3692 延长米。2020 年完成投资 29565 万元,开工累计完成投资 34746 万元。

遂德高速公路 TJ－6 标段工程　位于四川省遂宁市,全长 16.917 千米。合同投资 66583 万元。合同工期 2020 年 2 月至 2021 年 12 月。主要工程量:路基挖方 448.7 万立方米、填方 454.5 万立方米;主线大桥 4 座 937 延长米,中桥 3 座 245 延长米,框架桥 1 座 68 延长米;全线预制梁 462 片,30 米 T 梁 145 片、20 米箱梁 317 片。2020 年完成投资 29846 万元,开工累计完成投资 31046 万元。

陕西合阳至铜川高速公路土建 HTTJ－01 标段　位于陕西省渭南市,主线 18.28 千米。合同投资 62356 万元,合同工期 2017 年 11 月至 2020 年 3 月。主要工程量:路基挖土方 642 万立方米、路基填方 120 万立方米;桥梁 13 座,其中主线桥梁 2 座、合阳东互通桥梁 10 座、同家庄互通桥梁 1 座;涵洞 26 座、通道 20 座,天桥 13 座、分离式立交 5 座;互通 2 处,主线收费站 1 处,匝道收费站 1 处。2020 年完成投资 9893 万元,开工累计完成投资 62356 万元。

重庆合川至安岳高速公路土建工程 3 标段　位于重庆市合川区、四川省资阳市,全长 13.41 千米。合同投资 54729 万元。合同工期 2018 年 6 月至 2020 年 6 月。主要工程量:桥梁 8 座 2536 延长米,互通 3 座,车行天桥 6 座,人行天桥 1 座,涵洞 44 座,路基挖方 367.3万立方米、填方 352.6 万立方米。2020 年完成投资 7974 万元,开工累计完成投资 54729 万元。

河南省栾川至卢氏高速公路主体工程 LLTJ－4 标段　位于河南省栾川县,全长 16.082 千米。合同投资 199000 万元。合同工期 2019 年 5 月至 2022 年 8 月。主要工程量:服务型互通立交 1 处;特大桥 1 座 1497 延长米,大中桥 9 座 3992 延长米;隧道 4 座 4859 延长米;路面基层、底基层以及其他构造物工程等。2020 年完成投资 77910 万元,开工累计完成投资 95003 万元。

兰考至原阳高速公路封丘至原阳段项目 TJLM－1 标段　位于河南省新乡市,全长 28.78 千米。合同投资 121678.8 万元,合同工期 2019 年 12 月至 2022 年 5 月。主要工程量:土石方 580 万立方米,桥梁 58 座 6100 延长米,涵洞 56 座 1850 横延米。2020 年完成投资 39837 万元,开工累计完成投资 47992 万元。

重庆渝黔高速公路扩能工程第 3 合同段　位于重庆至市黔江区,全长 22.682 千米。合同投资 377624 万元。合同工期 2017 年 10 月至 2021 年 12 月。2020 年完成投资 99749 万元,开工累计完成投资 331114 万元。

重庆巫溪至陕西镇坪高速公路(重庆段)WZTJ2 标段　位于重庆市巫溪县,全长 9.96 千米。合同投资 140781 万元。合同工期 2019 年 9 月至 2023 年 9 月。主要工程量:路基挖方 26.3 万立方米、填方 7.9 万立方米;特大桥 4 座 3280.5 延长米,大桥 6 座4207.5延长米;分离式隧道 4 座 12121.5 延长米。2020 年完成投资 41110 万元,开工累计完成投资 68187 万元。

青岛市地铁 4 号线工程　位于山东省青岛市。合同投资 29773 万元。合同工期 2016 年 11 月至 2020 年 12 月。主要施工内容:基坑围护支撑、土石方开挖、车站结构现浇、覆土回填。2020 年完成投资 7421 万元,开工累计完成投资 29997 万元。

广州市轨道 18 号和 22 号线管片生产工程　位于广东省广州市。合同投资 84539 万元。合同工期 2018 年 7 月至 2020 年 12 月。主要工程量:管片直径8.5 米,衬砌环为双面楔形通用环,楔形量 46 毫米,衬砌环由封顶块(F)、连接块 2 个(L1、L2)和标准块 4 个(B1、B2、B3、B4)组成。2002 年完成投资 12048 万元,开工累计完成投资 84539 万元。

羊西线(蜀西路、西芯大道一线)改造工程施工 2 标段　位于四川省成都市,全长 3.03 千米。合同投资 65150 万元。合同工期 2019 年 12 月至 2021 年 6 月。主要施工内容:道路工程、桥隧工程、排水工程、电气工程、交通工程、景观工程和临时交通工程。2020 年完成投资 50000 万元,开工累计完成投资 50000 万元。

重庆轨道交通 9 号线二期工程 2 标段　位于重庆市渝北区,全长 3897.761 米。合同投资 74754 万元。合同工期 2018 年 5 月至 2021 年 12 月。2 站 3 区间。2020 年完成投资 29417 万元,开工累计完成投资 62671 万元。

北京地铁 19 号线一期工程土建施工 07 合同段　位于北京市,全长 1217 米。合同投资 126493 万元。开工日期 2017 年 4 月,计划完工日期 2021 年 6 月。主要工程量:钻孔灌注桩 33658.4 米,土方开挖 907381.5 立方米,浇筑混凝土 227644 立方米。2020 年完成投资 12614 万元,开工累计完成投资 106595 万元。

(杨勇涛)

【境外工程施工】　格鲁吉亚第比利斯绕城铁路项目　全长 38.678 千米。合同投资 3.039 亿瑞士法郎。2010 年 7 月 8 日开工,合同工期 36 个月。主要工程量:新建双线轨道 28.718 千米,既有线改造 9.96 千米;新建车站 3 座,隧道 5 座 3591 延长米,桥梁 1712.51延长米,涵洞 46 座 3031.4 横延米,路基土石方 1340 万立方米,通信、信号、电力 94.46 千米。

格鲁吉亚现代化铁路项目　位于格鲁吉亚,全长 56.56 千米。合同投资 175632.6 万元。主要工程量:现代化铁路改造段 18.26 千米、新建铁路段 38.3 千米;路基土石方 501 万立方米;桥涵 26 座 3855 延长米;隧道 10 座 15145 延长米,其中单线最长 9 号隧道 8350 延长米;新建车站、变电站、房屋建筑。

E60 公路萨姆特雷迪亚至格里格勒提段第 4 标段工程　位于 Grigoleti,全长 9.57 千米。合同投资 29433.86 万元。2015 年 5 月 24 日开工。主要工程量:新建双向四车道高速公路,包括路基、涵洞、高架桥和路面,立交桥 2 座,涵洞 41 座 1719 横延米。

格鲁吉亚南北公路 Kvesheti - Kobi 段工程　位于格鲁吉亚 Gudauri。合同投资 8.12 亿元。主要工程量:隧道 4 座 2456 延长米;桥梁 5 座 1554.92 延长米;路基土石方挖方 172.5 万立方米,填方 242.5 万立方米,挡墙 1120 米;涵洞 5 座 113.63 横延米。

中泰高铁曼谷至呵叻段第 3—5 合同段土建工程项目　位于泰国呵叻府,全长 12.38 千米。合同投资 77.5 亿泰铢。合同工期 1080 天。　(刘勋春)

【经营管理】　2020 年,经营承揽 683.89 亿元(不含二次经营),首次突破 600 亿元,占年度计划 500 亿元的 136.78%,同比增长 38.73%;海外项目承揽 24.1 亿元。面对突如其来的疫情态势,在保证安全情况下积极拓展经营渠道,全力确保经营工作有序开展,提升经营品质。一是加大市场开发,效果显著。积极跟进重点区域、重点客户、重点项目,自主策划运作,凸显成效,同时积极跟进投融资市场。二是修订完善经营考核办法。充分调动经营人员的工作积极性,健全经营绩效考核机制,经过调研分析,修订完善经营绩效考核办法,及时落实经营绩效考核兑现。三是发现选拔优秀经营人员。为推进区域经营建设,在全局范围内进行公开竞聘区域指挥部经营人员工作,通过资格审查、笔试、面试等程序,在纪委全程监督下,发现选拔优秀人员,陆续充实到经营岗位。四是举办经营实战线上培训。为深入贯彻落实集团公司年初工作会和经营专题会议精神,加强经营队伍建设工作,以股份举办经营实战提高班和投资业务线上培训为契机,认真组织和督促全体经营人员参与培训。五是重视经营要素建设。针对集团公司投标所需注册人员紧张问题,协同有关部门,督促落实建造师转注工作。

工程项目管理。深入贯彻股份公司“1234 +”项目管理思路,全面提升项目管理水平,启动“子公司发展空间和质量提升年”活动,以“抗疫保增长,大干 120 天,确保全年任务目标”劳动竞赛为契机,掀起大干热潮,全年完成产值 251.36 亿元,同比增长 15.9%,占股份公司下达年度计划 228 亿元的 110.2%,占集团公司下达年度计划 247 亿元的 101.8%。积极应对新冠肺炎疫情,加强部署与防控,精准有序做好复工复产,企业经济运行呈恢复性增长和稳步复苏态势。在栾卢高速公路项目召开 2020 年项目管理现场会,学标杆、找差距、补短板,全面提升项目管控水平。

财务成本管理。一是积极应对新冠肺炎疫情,恢复财务正常工作。二是加强资金管控,控制有息负债。筹资模式进一步优化,资金创效明显。继续开展表外融资业务,盘活存量资产。多级搭建供应链金融平台,帮扶小微企业效果明显。三是控制“两金”,提高清收清欠完成率。四是加强预算决算管理和绩效考核,提高会计信息质量。强化引领和执行,深化细化预算指标管理。五是积极开展年度财务大检查与资金管理专项整治工作。2 月下发《关于认真做好 2020 年财务大检查工作的通知》,对财务大检查工作进行布置。六是推进业财融合,信息化助力财务工作。持续推行各管理系统建设。银行账户管理更加规范,保函办理更加快捷。七是加强税务管理。加强税收宣贯指导,推动全税种模块全面上线和完成税务课题,积极开展项目前期税务筹划。八是强基固本,扎实推进财会队伍建设。开展中国铁建“品质铁建杯”财税知识竞赛。以共享中心为平台,开展基层财务交流培训。积极落实集团财务队伍建设三年规划,做好 2020 年的中级职称考试培训工作。做好财务人员职业道德宣讲。

审计监事。两级审计机构全年计划完成审计任务 72 项,其中离任经济责任审计 2 项、任中经济责任审计 5 项、在建项目过程审计 27 项、竣工(完工)项目审计 38 项。截至 11 月底,两级审计机构完成审计项目 83 项,完成审计计划的 115.28%,其中经济责任审计 14 项、工程项目过程审计 15 项、工程项目竣工(完工)审计 44 项、其他审计 10 项。提交审计报告 83 份,提出审计问题与建议 384 条,建议采纳率 100%,发现问题金额 38527.98 万元。一是进行制度体系建设。先后修订下发集团公司内部审计管理规定、经济责任审计、亏损项跟踪审计、工程项目审计管理办法。二是完成企业年度报告编制。审计监事部严格按照编报通知要求,结合各部门职责分工,分解任务,落实责任,细化工作要求,加强过程指导,层层审核把关,并适时督促所属各子公司此项工作的开展。三是项目审计有序开展。梳理以往年度审计存在争议的一公司离任审计、厦深及南广项目竣工审计、设计院任期审计等报告,召开业务专题会研究,完成审计报告后期事宜。四是进行资金专项巡查及设租寻租专项整治。按照集团公司党委关于 2020 年财务资金管理专项巡察工作部署,完成 4 个子公司的专项巡查,并就资产管理、参股及控股公司权益、临时用工风险等问题在党委常委扩大会上进行汇报,及时反馈巡查发现问题及建议至被巡查单位并进行整改。五是加强审计整改落实。加强审计整改工作,强化与集团各职能部门的沟通协调,形成监督合力,审计监事部定期对各责任单位整改过程和结果进行督促检查,及时解决整改督查中发现的问题。

安全质量管理。各项安全形势稳定,连续 4 年获股份公司“安全生产先进单位”称号,连续 3 年获四川省“安全生产先进单位”称号;在建工程项目无较大及以上质量事故。齐富增建二线、雅海能源等项目市场口碑好、创效成果显著，北京地铁草桥站、延崇高速、天宁沟特大桥等项目创誉。强化风险防控管理，集团公司风控工作常年获评股份公司 A 级。开展“安全月”“质量月”活动，推进“安全生产专项整治三年行动”，坚守安全底线和质量红线，安全质量环保总体平稳可控。水利信用评价升至最高评级 AAA 级；公路信用评价 AA 级省份有所增加；铁路项目信用评价有所改观。

科技开发管理。坚持科技强企战略，大力开展科技研发工作，做好科技管理工作，培养基层专业技术人才创新能力，强化科技创新基础工作。取得众多创新成果。继续完善以国家企业技术中心为核心的创新平台建设。集团公司通过四川省轨道交通装配式建造技术工程研究中心认定，所属一公司通过山东省企业技术中心认定；集团公司通过国家知识产权管理体系认证，轨道公司通过国家知识产权管理体系认证年度监督审核。

2020 年，获得省部级(含股份公司)及以上荣誉 99 项。其中，获国家级优质工程奖 2 项；获省部级优质工程奖 5 项；首次获中质协优秀 QC 成果 2 项；获国家级优秀成果 3 项，获省部级优秀成果 18 项；首次获水利协会优秀成果 3 项，其中一等奖 1 项；新增省级科研创新平台 2 个；获中国专利优秀奖 1 项，省级科学技术进步奖 2 项，行业协会和股份公司科学技术进步奖 3 项，股份公司专利奖 3 项，BIM 奖 1 项；新增授权专利 52 件，其中发明专利 12 件；获省级工法 7 项。

(娄　华　杨勇涛　唐　佳)

【董事会工作】 坚持新发展理念，坚持稳中求进工作总基调，坚持“三步走”发展战略，推进“高质量发展三年行动计划”，深入开展“项目管理创效年”活动，推进“品质二十三局”建设，全年总体目标圆满实现，董事会运作进一步规范。一是进一步完善公司治理制度体系建设。根据股份公司新修订的《二级公司董事会规范运作指导意见》《二级公司董事会规范运作考核评价暂行办法》，及时修订集团公司《董事会议事规则》《总经理工作细则》，进一步完善法人治理议事制度，切实发挥董事会在企业战略引领、风险防控等方面的作用。二是切实理顺决策程序。坚持董事会行使职权与发挥党组织领导作用相结合，把党委研究作为董事会决策重大事项的前置程序，修订下发《关于规范集团公司党委常委会、董事会、总经理办公会议决定事项的通知》，进一步理顺党委会、董事会、总经理办公会在重大问题把关、研究、决策执行的程序和责任，提高决策与执行、决策与监督、监督与执行的协调性和有效性，切实推进依法决策、依法治企。全年召开董事会 15 次，对 187 项议案依法合规地进行决策，未出现漏议、迟议或程序违规事项。三是及时完善董事会工作机构。按照《公司法》及公司章程，董事会办公室与行政办公室分设，董秘兼董办主任，同时配备一名专职人员，负责组织实施董事会日常事务，进一步增强董事会工作机构力量。四是强化董事会基础工作和日常规范管理。建立董事会决策事项反馈制度，每季度对集团公司董事会决策的事项分部门进行督导，确保决议有效落实。建立董事会工作月报，内容涵盖董事会建设、每月工作动态、决议落实反馈、股份公司领导重要讲话、行业发展动态等，为各位董事规范履职、科学决策提供支持。

(秦　峰)

【党群工作】 党的工作。以习近平新时代中国特色社会主义思想为指导，深入贯彻落实党的十九大和十九届二中、三中、四中、五中全会及全国国有企业党的建设工作会议精神，坚决落实习近平总书记重要指示批示精神和党中央决策部署，准确把握新时代党的建设总要求，围绕“品质二十三局”发展战略，充分发挥党委“把方向、管大局、保落实”的作用，推动党建工作与经营工作深度融合。不断强化党委的领导核心作用。一是紧抓政治建设，组织基础稳步夯实坚持政治引领，强化思想根基。集团公司持续强化“第一议题”制度，跟进学习习近平总书记关于国资央企的重要论述和重要指示批示精神，把学习党的十九大、十九届五中全会精神和《习近平谈治国理政》落实到常态化学习中。二是增强发展后劲，组织力量有效壮大强化“三个注重”，打造强有力领导班子。注重抓根本。集团公司党委始终坚持正确的政治方向，把增强“四个意识”、坚定“四个自信”、做到“两个维护”作为加强领导班子思想政治建设的首要任务。三是深化责任落实，组织作用充分发挥。深入开展软弱涣散基层党组织集中整顿工作基础上，核查 9 个软弱涣散党组织整改落实工作，不断加强基层党组织建设。深入推进示范党支部建设，三公司第八党支部被股份公司获评中国铁建示范党支部，发挥示范作用，进一步提高基层党支部的凝聚力、战斗力和创造力，促使基层党支部学有榜样、干有目标。四是定点帮扶工作有序开展，扶贫成果成效显著。始终坚持把定点帮扶工作摆在重要位置，纳入议事日程，围绕贫困户“两不愁、三保障、四个好”脱贫目标，对定点帮扶单位特克村综合施策、精准发力，因地制宜推进种养产业、基础设施、医疗救助、教育扶志、文明新风、以购代捐、党建引领等 7 个扶贫项目建设，累计投入资金 212.076 万元，2020 年 8 月顺利通过国家脱贫攻坚普查验收。

纪检监察工作。按照“整风肃纪、追责立威”“立规明矩、衡权律己”“涤心正魂、正本清源”“三步走”战略规划，聚焦主业主责，创新工作思路，突出使命担当，强化监督、执纪、问责力度，加速构建“不敢腐、不能腐、不想腐”体制机制，完成各项计划任务。全年受理信访举报21件，处置问题线索50件。追责55人，其中党纪政务处分26人、组织处理29人次。一是认真学习贯彻习近平新时代中国特色社会主义思想，提高政治站位、严守政治纪律。深刻理解加强党的政治建设，推进国家治理体系和治理能力现代化的重大意义。二是持续深化“三转”，聚焦主责主业，切实做好监督、执纪、问责工作。继续坚持挺纪在前，深化运用监督执纪“四种形态”，加大执纪问责力度，持续强化惩治腐败高压态势。三是完善制度建设，加强制度保障。根据党的十九届四中全会精神和十九届中央纪委四次全会精神，结合股份公司、集团公司合规管理的要求，对纪检监督工作现行制度、办法进行全面的梳理和修订，找准履职切入点，切实发挥好内部监督、程序性监管作用。四是协助其他部门开展工作。在完成自身工作的同时，积极协助其他部门开展工作。五是加强执纪审查队伍自身建设。加大培训力度，通过集中培训和系统学习，使纪检干部夯实基础业务，及时掌握中央和上级的新政策、新要求，并在工作中落实。

工会工作。以促进企业和谐发展为己任，运用工会组织自身的优势，坚持融入中心不偏离，服务大局不移位，切实履行职责，积极发挥作用，进一步团结和凝聚职工队伍力量，为推进企业高质量发展做出积极贡献。一是积极服务生产经营，团结带领广大职工干事创业。广泛开展劳动竞赛和技能比武。围绕中心，持续开展“五比四创夺五杯”及争创“工人先锋号”等劳动竞赛活动。各单位围绕实际、结合工程项目自身要求和业主要求，因地制宜积极开展富有特色的劳动竞赛。二是不断深化企业民主管理，加强基层组织建设，切实维护职工权益。落实民主管理机制。切实维护职工民主权利，认真履行职代会程序，组织召开集团公司三届五次职代会，起草职代会相关报告。三是进一步改善职工工作生活条件，努力实现让职工体面工作、尊严生活的新要求。持续推进“建家建线”工作。不断深入开展“建家建线”活动，对表现突出的集体和个人进行评选表彰，评选出模范职工之家2个、模范职工小家12个、优秀工会工作者30人、优秀工会积极分子22人。四是努力加强自身建设，提升履职能力。工会干部队伍培养和建设不断加强。举办中铁二十三局工会学习贯彻中国工会十七大和妇女十二大精神暨工会宣教工作培训班，68名工会干部参加培训；选派13名工会干部参加四川省总工会和铁路总工会等上级工会组织的业务培训。五是坚持以人为本，认真开展老年体协工作。在上海召开老年体协理事会二届三次会议，集团公司领导及各子公司老年体协工作者43人参加会议。

共青团工作。用多种形式强化青年思想引领，践行责任担当。广泛开展“抗击疫情、奉献爱心”“青年大学习”“学习寄语精神·展现青春担当”等主题活动，坚定团员思想信念，800余名团员青年捐款4.9万余元用于抗击疫情，同时推进复工复产。“五四”期间，集团公司7个先进集体和7名个人获股份公司表彰，集团本级表彰先进集体26个、先进个人43人。联合科学技术中心开展首届青年“五小”创新创效成果评选活动，9家单位54项青年“五小”成果参加评审，评选出特等奖2项、一等奖6项、二等奖11项、三等奖11项，为企业高质量发展聚合强劲的青年科技力量。

（包小蓉　陈　颖　白传晓）

【第一工程有限公司】 拥有公路、市政工程施工总承包一级，铁路、水利水电、房屋建筑施工总承包二级，桥梁、隧道、机场场道、公路路基及路面专业承包一级，幕墙工程专业承包二级，地基基础、城市及道路照明工程专业承包三级，预拌混凝土专业承包不分等级，压力管道特种设备安装许可资质。前身系中国人民解放军铁道兵第四师第十六团；1984年1月，集体转业并入铁道部，更名为铁道部第十四工程局第一工程处；2001年11月，改为中铁十四局集团第一工程有限公司；2004年3月，重组为中铁二十三局集团第一工程有限公司。驻山东省日照市东港区黄海二路65号。执行董事、总经理安茂平，党委书记董煊。职工1730人。资产总额49.95亿元。其中，流动资产45.67亿元，非流动资产4.28亿元。各类设备1858台(套)。设备原值30116.99万元、净值8568.31万元，成新率28.45%，总功率96132千瓦。技术装备率6.83万元/人，动力装备率74.35千瓦/人。

2020年，新签合同额90.31亿元，营业收入49.28亿元，净利润8677.61万元，年度上缴款7023.15万元。国有资产保值增值率101.70%，净资产收益率1.64%。

（杨　珣）

【第二工程有限公司】 拥有铁路、建筑工程施工总承包一级，市政公用工程施工总承包三级，桥梁工程专业承包一级，铁路电务、建筑装修装饰、防水防腐保温工程专业承包二级，环保工程专业承包三级，劳务分包不分等级资质，以及压力管道安装二级施工许可证。前身系始建于1952年的齐齐哈尔铁路工程总公司；2004年3月，整合重组划归中铁二十三局。驻黑龙江省齐齐哈尔市铁锋区站前大街270号。董事、党委书记王利民,总经理、党委副书记刘德。职工 2346 人。资产总额 35.27 亿元。其中固定资产原值 3.58 亿元、净值 0.89 亿元,流动资产 33.11 亿元,其他资产 2.83 亿元。各类设备 1030 台(套)。设备原值 21768.34 万元、净值 3420.86 万元,总功率 35741 千瓦。动力装备率 17.64千瓦/人,技术装备率 1.69 万元/人。大型设备完好率 90.6%、利用率 70.2%。

2020 年,承揽任务 117.02 亿元,产值 30.13 亿元,净利润 5002 万元。净资产收益率 5.68%,产值利润率 0.78%,资产负债率 84.04%,应上缴款完成率 100%,国有资产保值增值率 105.77%。 (孔祥龙)

【第三工程有限公司】 拥有铁路、市政公用、公路工程施工总承包二级,建筑总承包三级,桥梁、隧道、公路路面工程专业承包一级,公路路基工程专业承包二级,房地产开发二级,测绘乙级资质。前身系铁道兵第五师第二十三团;1984 年 1 月,集体转业并入铁道部,改编为铁道部第十五工程局第三工程处;2001 年 5 月,改制为有限公司;2004 年 2 月,整合重组为中铁二十三局集团第三工程有限公司。驻四川省成都市温江区天府街中段 336 号。执行董事、党委书记尹智勇,总经理陈文萍。职工 1807 人。资产总额 66.59 亿元。其中,固定资产原值 4.93 亿元、净值 1.39 亿元,流动资产 60.16 亿元,其他资产 5.04 亿元。机械设备 819 台(套)。设备原值 18912.84 万元、净值 6653.94 万元,总功率 72611.9 千瓦,动力装备率 38.71 千瓦/人,设备完好率 14.18%、利用率 80%。

2020 年,承揽任务 131.21 亿元,产值 46.5014 亿元,净利润 8654 万元,人均创利 0.68 万元,全员劳动生产率 17.58 万元/(人·年),职工年人均收入 7.64 万元。国有资产保值增值率 99.08%,净资产收益率 0.77%,净利润率 0.17%,资产负债率 86.7%,国有资产保值增值率 99.08%,应上缴款完成率 100%。

(曹 禹)

【第四工程有限公司】 拥有建筑、公路、水利水电、市政公用工程施工总承包一级,桥梁、隧道、钢结构、公路路基、地基基础、建筑装修装饰工程专业承包一级等资质。原四公司的前身系中铁路桥集团建设工程有限公司;2004 年 3 月,改制重组为中铁二十三局集团第四工程有限公司。原八公司的前身系创建于 1969 年的中国人民解放军第六六二〇工厂;1984 年,随铁道兵部队一起并入铁道部,改称铁道部工程指挥部养马河桥梁厂; 2004 年 3 月,整合重组为中铁二十三局集团养马河工程有限公司;2009 年 10 月,移址成都,更名为中铁二十三局集团第八工程有限公司;2014 年 11 月,第四工程有限公司、第八工程有限公司整合重组为第四工程有限公司。驻四川省成都市青羊区广富路 218 号 8 栋。执行董事、总经理、党委副书记王连华,党委书记刘志军。职工 1873 人。资产总额 56.67 亿元。其中,固定资产原值 5 亿元、净值 0.96 亿元,流动资产 48.92 元,其他资产 7.75 亿元。设备 1301 台(套)。设备原值 31527.19 万元、净值 5769 万元,总功率 43016.07 千瓦,成新率 18.30%,动力装备率 27.97 千瓦/人,技术装备率 3.75 万元/人。大型设备完好率 71.43%、利用率 28.57%。

2020 年,承揽任务 114.37 亿元,产值 50.03 亿元,营业收入 49.18 亿元,分包差及经营费 12504.13 万元,净利润 868.68 万元,人均创利 7.64 万元,全员劳动生产率 24.04 万元/(人·年),职工年人均收入9.3 万元。净资产收益率 21.04%,产值利润率 2.54%,投资回报率 20.44%,资产负债率 88.46%,应上缴款完成率 100%,国有资产保值增值率 106.04%。

(李 辉)

【轨道交通工程公司】 拥有市政公用、房屋建筑工程施工总承包一级;建筑装修装饰、钢结构、环保、桥梁工程专业承包一级资质。前身系中铁路桥集团上海分公司;2004 年 3 月,整合重组为中铁二十三局集团第五工程有限公司;2010 年 9 月,更名为中铁二十三局集团轨道交通工程有限公司。驻上海市浦东新区惠南镇城南路 335 号。执行董事、党委书记张长春,总经理胡志勇。职工 799 人。资产总额 38.04 亿元。其中,固定资产原值 6.9 亿元、净值 2.36 亿元;流动资产26.32 亿元,非流动资产 11.72 亿元。各类机械设备 500 台(套)。设备原值 30518.8 万元、净值 10455.1 万元,总功率 28413.39 千瓦,成新率 34.26%,技术装备率 14.11万元/人,动力装备率 38.34 千瓦/人。大型设备完好率 100%、利用率 31.15%。

2020 年,新签合同额 92.23 亿元,总产值 275702 万元,其中施工产值 263653 万元,利润 12049 万元,年人均创利 15.08 万元,全员劳动生产率 345 万元/(人·年),职工年人均收入 13.55 万元。净资产收益率 21.64%,产值利润率 5.08%,资产负债率 85.67%,应上缴款完成率 100%,国有资产保值增值率 100%。

(李星德)

【第六工程有限公司】 拥有市政公用、建筑工程施工总承包一级,公路工程施工总承包二级,桥梁、隧道、土石方、建筑装饰装修专业承包一级,混凝土预制构件专业承包二级,公路养护工程施工总承包二类甲级,环境污染治理甲级,建筑材料及建筑工程质量检验检测资质。2004年7月19日在重庆市注册成立;2009年7月17日,与中铁二十三局集团原轨道技术分公司战略重组;2014年11月23日,与原中铁二十三局集团七公司战略重组。注册资本金6亿元。驻重庆市渝北区金开大道70号协信星光天地。执行董事、党委书记王峰,总经理肖毅。职工1041人。大中型设备198台(套)。设备原值12961.45万元、净值1407.29万元,总功率20290.59千瓦,动力装备率19.4千瓦/人,技术装备率1.94万元/人,设备完好率91.43%、利用率89.96%。年施工能力30亿元以上。

2020年,中标26项,承揽任务103.93亿元,产值40.12亿元,营业收入31.45亿元。净资产收益率0.39%,总资产报酬率0.9%,主营业务利润率3.22%,资产负债率85.63%,流动比率1.07,速动比率1.06,应上缴款完成率100%。 (左程荣)

【电务工程有限公司】 拥有机电安装工程施工总承包一级,建筑工程施工总承包二级,铁路电务、电气化、消防设施、电子与智能化专业承包一级,公路交通工程(公路机电工程分项)专业承包二级,输变电工程专业承包三级,施工劳务资质。前身系齐齐哈尔铁路管理局电务工程队;1983年,齐齐哈尔铁路局和哈尔滨铁路局两局合并,齐齐哈尔铁路局齐齐哈尔电务工程段改称为哈尔滨铁路局齐齐哈尔工程处电务工程段;2004年3月,组建成中铁二十三局集团电务工程有限公司。驻天津市南开区密云一支路燕宇小区45号楼。执行董事、党委书记魏新兴,总经理许生伟。职工463人。资产总额5.49亿元。其中,固定资产原值0.35万元、净值0.08万元;流动资产5.14亿元,非流动资产0.35万元。施工机械设备14台(套),原值72.39万元;运输设备53台(套),原值1769.29万元;生产设备10台(套),原值11.56万元;试验测量设备及其他固定资产129台(套),原值131.08万元。设备成新率12.05%,总功率7043.09千瓦。技术装备率0.45万元/人,动力装备率13.39千瓦/人。

2020年,中标24项,新签合同额10.47亿元。

(施嘉宁)

【建筑设计研究院有限公司】 拥有建筑行业(建筑工程)、工程勘察专业类(岩土工程)专业甲级,市政行业(给水工程、道路工程、排水工程、桥梁工程)、建筑行业(人防工程)、工程勘察专业类(工程测量)专业乙级,风景园林工程设计专项甲级,环境工程(水污染防治工程、固体废物及处理工程、大气污染防治工程)专项乙级,城乡规划编制乙级,公路行业(公路)、水利行业(河道整治、城市防洪、水土保持)专业丙级,劳务类(工程钻探、凿井),工程造价咨询乙级,施工劳务资质。前身系始建于1979年的达州市建筑设计研究院;2000年,由达州市四家国有企业、事业单位整合为达州市建筑设计研究院;2013年,完成改制后由中铁二十三局集团有限公司全资收购,更名为中铁二十三局集团建筑设计研究院有限公司。驻四川省达州市通川区张家湾路2号。院长、党委书记魏运鸿,总经理王涛。职工184人。固定资产原值1952.4万元、净值380.27万元,流动资产6812.59万元,其他资产1208.33万元。机械运输设备3台。设备原值99.76万元、净值5.94万元。

2020年,完成经营业务6.62亿元,营业收入8016.72万元,净利润520.07万元,人均创利2.63万元。国有资产保值增值率117.15%,净资产收益率16.53%,产值利润率7.57%,资产负债率59.37%,应上缴款完成率100%。 (孙翠英)

【重要记载】

▲3月17日　中铁二十三局参加编制的中国铁建股份有限公司15项中低速磁浮配套标准由人民交通出版社出版发行。

▲4月20日　中铁二十三局承建的雅安至泸沽高速公路、成都地铁2号线工程获第十七届中国土木工程詹天佑奖。

▲5月28日　中铁二十三局获成都市高新区2019年度高质量发展专项奖——知识创造和技术创新奖。

▲6月24日　中铁二十三局与天津房地产集团签订战略合作协议。

▲8月17日　中铁二十三局与中国建筑西北设计研究院签订战略合作框架协议。

▲8月18日　中铁二十三局与国家林业和草原局调查规划设计院签订战略合作框架协议。

▲8月25日　中铁二十三局“业财一体化”全面上线,成为系统内实现业财融合的首批单位。

▲9月29日　中铁二十三局获评四川省土木建筑学会创造学会同心力领军企业先进集体。

▲9月29日　中铁二十三局再次登上四川省企业创新活力百强榜。

▲11月16日　中铁二十三局3项QC成果获评中国水利工程协会优秀成果。

▲11月26日　水利部水利建设市场监管平台发布《关于2020年度水利建设市场主体(施工、监理、招标代理、质量检测单位)信用评价结果的公告(第一批)》,中铁二十三局获AAA最高等级评价。

▲11月27日　中铁二十三局与荆门市人民政府

签订战略合作框架协议。

▲12 月 1 日　中铁二十三局华岩隧道工程获2020—2021年度国家优质工程奖。（熊永健）

中铁二十四局集团有限公司

【简况】　拥有铁路、建筑、市政公用、公路工程施工总承包特级，机电工程施工总承包一级，电力、矿山工程施工总承包二级，水利水电、通信工程施工总承包三级；桥梁、公路路基、隧道、铁路铺轨架梁工程专业承包一级，防水防腐保温、建筑装修装饰、公路交通专业承包二级，公路路面工程专业承包三级资质。拥有军工涉密业务咨询服务安全保密条件备案证书，机电设备维护与保养工程建筑机电维保Ⅰ级、智能化维保Ⅰ级，对外援助成套项目总承包企业资格，测绘乙级资质。2004 年 3 月 16 日，由原上海铁路局上海铁路建设（集团）有限公司、福建铁路建设（集团）有限公司和原南昌铁路局南昌铁路工程集团有限责任公司整合重组而成。下辖安徽工程有限公司、江苏工程有限公司、上海铁建工程有限公司、浙江工程有限公司、福建铁路建设有限公司、南昌铁路工程有限公司、西南建设有限公司、上海电务电化有限公司、桥梁建设有限公司、上海房地产开发有限公司、路桥分公司、轨道交通分公司、北京公司；设立华东、华北、西北、西南、中南、华北、东南指挥部；设立海外事业部。总部驻上海市杨浦区邯郸路 8 号。职工 9557 人。资产总额 273.9 亿元。其中，固定资产原值 34.4 亿元、净值 11.22 亿元，流动资产 211.51 亿元。机械运输设备 5372 台（套），总功率 20.19 万千瓦，动力装备率 20.55 千瓦/人，技术装备率 3.91 万元/人。

2020 年，新签合同额 789.4 亿元，完成企业总产值 406.1 亿元，利润总额 5.48 亿元。全员劳动生产率 31.53 万元/（人·年），职工年人均收入 13.21 万元。更新各类设备 476 台（套），价值 6214.68 万元。主要实物工程量：路基土石方 6559 万立方米，隧道 50818 延长米，桥梁 108451 延长米，铁路正线铺轨 214 千米，铁路站线铺轨 29 千米，架梁 5937 孔（片），房屋建筑竣工面积 1359506 平方米，敷设通信线路 207 千米，供电线路 188.4 千米，接触网 203.8 千米。工程质量合格率 100%。获省部级科学技术奖 3 项。6 项工法被评为省部级工法。受理专利 84 件，授权专利 121 件，其中发明专利 5 件，实用新型专利 116 件。主持编制的《纤维增强复合材料工程应用技术标准》（GB 50608—2020）被住建部批准为国家标准。（孙华东）

【领导人员】

董事会

董事长	朱　赤
董事	周光民
	王建民
	叶建国

监事会

监事会主席	刘守峰
监事	俞正云
	陈江涛

经理层

总经理	周光民
副总经理	许伟书
	王建民
	李金亭
	吴为爱
	王肖文
	林志勇
	尹书军
	王勤荣
总工程师	许伟书
总会计师	尹书军

党群领导

党委书记	朱　赤
党委副书记	周光民
	叶建国
纪委书记	刘守峰
工会主席	叶建国

（顾金妍）

【职工队伍】　职工 9557 人。干部 6291 人，其中女干部 882 人、少数民族干部 163 人、专业技术干部 6201 人。专业技术干部中，正高级职务 37 人、高级职务 1091 人、中级职务 2109 人、初级及以下职务 2964 人。干部中，大学本科及以上学历 5352 人、大专学历 759 人、中专学历 134 人、高中及以下学历 46 人，35 岁及以下 4106 人、36～45 岁 1004 人、46 岁及以上 1181 人，工程系列 4818 人、经济系列 513 人、会计系列 669 人、政工系列 191 人、统计系列 4 人、其他系列 6 人。工人 3529 人。其中，初级工 97 人、中级工 763 人、高级工 605 人、技师 139 人、高级技师 99 人，大专以上学历 504 人、中专学历 208 人、高中学历及以下 2817 人，35

岁及以下349人、36～40岁126人、41～45岁394人、46～50岁1230人、51～54岁873人、55岁及以上557人。（顾金妍）

【工程项目指挥机构】 皖赣铁路1标段项目部 驻安徽省芜湖市。项目经理吕旭民。

杭黄铁路站前3标段项目部 驻浙江省杭州市。项目经理陈爱民。

连镇铁路8标段项目部 驻江苏省镇江市。项目经理汪天龙。

商合杭铁路17标段项目部 驻安徽省广德市。项目经理李益军。

合安铁路HAZQ－7标段项目部 驻安徽省合肥市。项目常务副经理许世旺。

连徐铁路站前工程3标段项目经理部 驻江苏省邳州市。项目经理吴根荣。

京唐铁路5标段项目经理部 驻天津市宝坻区。项目经理王谦。

福宜高速项目部 驻云南省昆明市。项目经理何卫东。

南沿江项目部 驻江苏省镇江市。项目经理储著友。

常益长铁路项目部 驻湖南省宁乡市。项目常务副经理肖方锦。

龙龙铁路项目部 驻福建省龙岩市。项目经理王平。

机场联络线项目部 驻上海市闵行区。项目经理赵喜科。

贵州房建与市政工程总承包部 驻贵州省贵阳市。总经理张年胜。（顾金妍）

【铁路工程施工】 上海轨道交通市域线机场联络线工程（西段）JCXSG－1标段 位于上海市闵行区。合同投资175025万元。合同工期2019年11月至2023年11月。主要工程量：桥梁3471延长米，双线路基0.9千米，站场1座。开工累计完成投资90168万元。

新建连云港至镇江铁路站前工程8标段 位于江苏省镇江市，全长33.99千米。合同投资322311万元。合同工期2015年9月至2018年7月。主要工程量：路基土石方85万立方米，桥梁38600延长米，路基21.1千米。开工累计完成投资322311万元。

新建铁路合肥（含）至安庆（含）线站前工程7标段 位于安徽省合肥市，正线45.35千米。合同投资143510万元。合同工期2016年12月至2020年11月。主要工程量：路基土石方8.6万立方米，桥梁30552延长米，涵洞2446横延米，路基18.27千米。开工累计完成投资141899万元。

新建连云港至徐州铁路工程LXZQ－3标段 位于江苏省徐州市，正线41.93千米。合同投资289278万元。合同工期2017年9月至2021年2月。主要工程量：路基土石方90.23万立方米，桥梁38138延长米，无砟轨道41.93千米。开工累计完成投资289278万元。

新建北京至唐山铁路宝坻至唐山段站前工程JTZQ－5标段 位于天津市宝坻区、河北省唐山市，正线26.91千米。合同投资209962万元。合同工期2017年9月至2022年9月。主要工程量：桥梁26910延长米，桩基7974根，墩（台）身795座，预制梁695孔，箱梁架设695孔，无砟轨道26.91千米。开工累计完成投资193699万元。

新建常德经益阳至长沙铁路工程CYCZQ－5标段 位于湖南省宁乡市，正线34.34千米。合同投资134949万元。合同工期2019年6月至2023年6月。主要工程量：桥梁10431延长米，制架梁799孔，无砟轨道板铺设34.34千米。开工累计完成投资77956万元。

新建江苏南沿江城际铁路站前工程NYJZQ－2标段 位于江苏省南京市、句容市、常州市，正线34.27千米。合同投资261901万元。合同工期2019年4月至2023年4月。主要工程量：桥梁29759延长米，架梁840孔，无砟道床68.53千米。开工累计完成投资125743万元。

新建福州至平潭铁路站前工程FPZQ－2标段 位于福建省福州市，全长33.94千米。合同投资256064万元。合同工期2013年11月至2020年11月。主要工程量：桥梁11265延长米，路基6.21千米，铺轨189.27千米。开工累计完成投资262209万元。

新建金华至台州铁路站前工程JTSG－1标段 位于浙江省金华市、永康市，全长36.19千米。合同投资130112万元。合同工期2016年6月至2021年6月。主要工程量：隧道6445延长米，桥梁17880延长米，无砟轨道3.3千米。开工累计完成投资126255万元。

新建大理至临沧铁路站前工程6标段（DLZQ－6） 位于云南省临沧市，全长33.99千米。合同投资172316万元。合同工期2015年12月至2020年8月。主要工程量：隧道28012延长米，桥梁2382延长米，路基3.62千米，无砟轨道7.21千米。开工累计完成投资208405万元。

新建兴国至泉州铁路工程宁化至泉州段XQNQ－9标段 位于福建省泉州市、南安市。合同投资2467127万元。合同工期2017年4月至2022年5月。主要工程量：路基土石方1010.43万立方米，隧道15641延长米，桥梁13625延长米，路基6.16千米，轨道205.54千米，制架梁 1030 孔。开工累计完成投资 217206 万元。

新建重庆铁路枢纽东环线站前工程 9 标段　位于重庆市江北区，全长 28.47 千米。合同投资 269621 万元。合同工期 2017 年 4 月至 2022 年 6 月。主要工程量：隧道 13729 延长米，桥梁 7882 延长米，路基 6.27 千米，无砟轨道 17.3 千米。开工累计完成投资 220374 万元。

新建敦化至白河铁路工程 DBSG－3 标段　位于吉林省延边朝鲜族自治州、敦化市，全长 42.3 千米。合同投资 201307 万元。合同工期 2017 年 8 月至 2021 年 8 月。主要工程量：隧道 11070 延长米，桥梁 7271 延长米，路基 24 千米，无砟轨道 17.37 千米。开工累计完成投资 200093 万元。

新建盐城至南通铁路站前工程 7 标段　位于江苏省南通市，全长 25.74 千米。合同投资 132310 万元。合同工期 2018 年 4 月至 2020 年 8 月。主要工程量：桥梁 15805 延长米，箱梁 350 孔，T 梁 81 孔，涵洞 663 横延米，路基 9.93 千米。开工累计完成投资 132310 万元。

新建盐城至南通铁路南通西至张家港站段站前工程 TZZQ－1 标段　位于江苏省南通市，正线 6.97 千米。合同投资 81876 万元。合同工期 2018 年 10 月至 2020 年 10 月。主要工程量：桥梁 7893 延长米，轨道铺砟 52150 立方米，铺轨 5.54 千米。开工累计完成投资 80615 万元。

新建和田至若羌铁路工程 S2 标段　位于新疆维吾尔自治区和田地区，正线 172.29 千米。合同投资 182553 万元。合同工期 2019 年 7 月至 2022 年 6 月。主要工程量：路基土石方 1597.7 万立方米，桥梁 19590 延长米，涵洞 9350 横延米。开工累计完成投资 147716 万元。

新建龙岩至龙川铁路工程龙岩至武平段 LLZQ－2 标段　位于福建省龙岩市，全长 33.58 千米。合同投资 222042 万元。合同工期 2019 年 9 月至 2023 年 9 月。主要工程量：隧道 16764 延长米，桥梁 8586 延长米，路基 8.23 千米，站场 2 座。开工累计完成投资 46495 万元。

新建广州铁路枢纽东北货车外绕线站后工程 5 标段（WRSG－5）　位于广东省广州市，全长 68.89 千米。合同投资 30654 万元。合同工期 2018 年 6 月至 2019 年 9 月。主要工程量：新建房屋 75 栋、总建筑面积 69164.61 平方米。开工累计完成投资 34745 万元。

（杨宗海）

【铁路外工程施工】　渝黔高速公路扩能工程 YQTJ6 标段　位于重庆市万盛经济开发区。合同投资 74554 万元。合同工期 2017 年 12 月至 2021 年 5 月。主要工程量：隧道 6258 延长米，桥梁 946 延长米，涵洞 748 横延米，路基 2.73 千米。开工累计完成投资 73589 万元。

云南省墨江至临沧公路土建 9 标段　位于云南省普洱市、临沧市，全长 9.76 千米。合同投资 75934 万元。合同工期 2018 年 9 月至 2020 年 8 月。主要工程量：路基土石方 234.3 万立方米，隧道 3390 延长米，桥梁 7660 延长米，路基 8.46 千米。开工累计完成投资 72507 万元。

泉东大道（杏秀路—南北大道）、滨湖东路（滨湖南路—杏秀路）、海城大道（海山大道—张纬四路）工程　位于福建省泉州台商投资区。合同投资 151179 万元。合同工期 2019 年 3 月至 2021 年 6 月。主要工程量：隧道 3916 延长米，桥梁 1279 延长米，路基 8.7 千米，水泥混凝土路面 385395 平方米，沥青混凝土路面 41850 平方米。开工累计完成投资 104114 万元。

莆炎高速公路尤溪中仙至三元莘口段路基土建施工 YA12 合同段工程　位于福建省三明市，全长 8.1 千米。合同投资 74850 万元。合同工期 2018 年 3 月至 2020 年 3 月。主要工程量：隧道 11624 延长米，桥梁 1316 延长米，路基 0.82 千米。开工累计完成投资 74850 万元。

广州市轨道交通 7 号线一期工程西延顺德段土建工程（第 01 合同段）　位于广东省佛山市。合同投资 86232 万元。主要工程量：建筑面积 110019.9 平方米，主要包含路基工程、站场工程、结构工程（含白蚁防治）、场外便道工程、电力迁改工程。开工累计完成投资 78640 万元。

成都地铁 6 号线一、二期工程土建 14 标段　位于四川省成都市，全长 2.8 千米。合同投资 50000 万元。合同工期 2016 年 10 月至 2020 年 9 月。主要工程量：盾构单边线路 2.15 千米，陆肖站 352 米，观东站 298 米。开工累计完成投资 50000 万元。

AH41（吉大港—柯克斯巴扎公路）4 座中小型桥梁重建及连接道路工程——标段 C　位于孟加拉国吉大港市。合同投资 61918 万元。合同工期 2018 年 11 月至 2021 年 11 月。主要工程量：桥梁 680 延长米，路基填方 38 万立方米，路基挖方 15 万立方米，软基处理 58 万延长米。开工累计完成投资 55972 万元。

中国驻安提瓜和巴布达使馆馆舍新建项目　位于加勒比地区安提瓜岛北部。合同投资 12518 万元。合同工期 2018 年 12 月至 2020 年 5 月。主要工程量：房建建筑面积 6655 平方米，包括新建办公楼、官邸、领事签证用房、多功能厅活动中心、馆员公寓、门卫传达等配套附属用房，以及场地范围内的道路、广场、景观园林、停车位、围墙等。开工累计完成投资 10039 万元。

多米尼克社区及医疗中心项目　位于多米尼克国。合同投资 4701 万元。合同工期 2019 年 8 月至

2021年9月。主要工程量:社区中心2栋,每个社区中心建筑面积570平方米;医疗中心10栋,每个医疗中心面积343平方米。开工累计完成投资3915万元。

驻迪拜总领馆馆舍新建工程　位于阿拉伯联合酋长国。合同投资16309万元。合同工期2019年12月至2021年12月。主要工程量:房屋建筑面积9156平方米,其中地下室3605平方米、地上结构5551平方米。开工累计完成投资7530万元。　（杨宗海）

【经营管理】　2020年,新签项目306项,合同总额789.4亿元,为股份公司下达经营指标530亿元的148.9%,集团公司内控指标740亿元的106.7%,较上年增长48.5%。其中,路内新签合同额44.3亿元,占新签合同总额的5.6%;路外新签合同额745.1亿元,占新签合同总额的94.4%。

企业管理。取得上海市交通设施行业养护维修企业安全诚信手册,完成水利水电工程三级、矿山工程二级、电力工程二级、通信工程三级、公路交通工程(公路安全设施工程)二级、公路交通工程(公路机电工程)二级、公路路面工程三级、建筑装修装饰工程二级、防水防腐保温工程二级9项施工资质延续。完成中铁二十四局集团西南建设有限公司、中铁二十四局集团桥梁建设有限公司、三峡日新(湖北)建设有限公司和上海铁建星东置地有限公司(项目公司)等子公司的报批工作。整合集团公司检测测绘资源,把上海铁建工程试验检测有限公司与中铁二十四局集团浙江工程检测有限公司整合重组成立上海经纬检测科技有限公司。印发《集团公司2020年重大、重要风险管控落实方案》,对集团公司2020年面临重大重要风险进行管理分工。获“上海市建筑业诚信企业”、“2020上海企业100强(第47名)”、公众企业在线“公众信任企业”称号以及中国建筑业协会AAA企业信用等级证书。

安全质量。坚持生命至上、安全第一,牢固树立安全发展理念。通过开展安全生产专项整治三年行动、“全国安全生产月”、“安全大排查、大整顿、暂守安全”等活动,不断压实安全生产责任,全面排查事故隐患,提升安全管理水平。广泛开展“质量月”活动,确保工程质量稳定可控,印发《集团公司2020年安全质量工作要点》,明确质量目标,落实质量责任。开展质量检查,提升管理水平。狠抓开工前图纸审查、施工过程检查、隐蔽工程检查、竣工检查及质量回访等工作,进一步强化对工程产品的质量控制、提高工程实体质量。获中国建设工程鲁班奖1项,国家优质工程奖3项,中国土木工程詹天佑奖1项,上海市建设工程白玉兰奖1项、上海市市政工程金奖2项,中国铁建杯优质工程奖4项。

财务管理。以提质增效为目标,推进降杠杆减负债工作,狠抓资金集中、清收清欠和“两金”压降,严控有息负债,促进财务状况优化。开展资金集中管理专项工作,提高资金管理效益,做好财务支持与财务保障工作。强化税务管理工作,加强项目税收筹划、退回增值税留抵,降低企业潜在税务风险,消除影响纳税等级的风险点。财务共享服务中心服务循序渐进,推进信息预警与通告。开展财务大检查,抽查下属相关单位2019年经济业务,对发现的问题,明确责任,严格整改落实,实现闭环管理。部署落实产权登记工作。“三供一业”分离移交维修改造工作有序推进,完成国资委合同审核27个并进入实质改造阶段。

经济管理。提质增效,以现金流为核心,压“两金”、控负债、降成本。成立集团公司提质增效工作领导小组和办公室,制定集团公司《2020年提质增效专项行动方案》,加强工作督导,对集团公司7家综合工程公司和轨道分公司进行督导。加强项目变更索赔策划工作,做好重大项目的变更沟通与汇报工作,全年变更索赔额50.5亿元,变更索赔率12.74%,较上年增加10.5亿元。完善制度体系建设,夯实项目管理基础,修订《责任成本管理办法》《二次经营管理办法》《项目收尾销号管理办法》,出台《分包商准入管理办法》《项目标前成本测算管理办法》。

审计监督。集团两级审计机构全年实施和完成审计项目79项,占年度计划的103.95%,形成书面审计报告79份。针对被审单位在内控制度的建立和执行、项目管理、财务管理、资金管理、物资设备管理、工资薪酬管理、配合外部审计检查等方面存在的问题,提出审计建议494条,被采纳494条,采纳率100%。发现违纪违规及损失浪费、不良资产金额41042.7万元,纠正违纪违规问题金额27034.8万元。

（魏　磊　邓珊珊　张　奇）

【科技教育】　科技开发。2020年,集团公司立科研课题18项,资助科研经费425万元。获省部级科学技术奖3项,获评省部级工法6项。受理专利84件,授权专利121件,其中发明专利5件、实用新型专利116件。

教育培训。制定《集团公司2020年教育培训计划》。选派员工参加股份公司处级干部培训班、中央党校国资委分校处级干部进修班、大连高级经理学院青年干部培训班、上海证券交易所网络课程学习班、北京外国语大学外语培训班;部分集团公司领导参加上海市建设交通系统中央在沪单位局级领导干部专题培训班、井冈山干部学院局级领导人员党性教育培训班,全体领导班子成员参加股份公司组织的学习贯彻党的十九届四中全会精神在线培训班;先后举办一级建造师、注册安全工程师、一级造价工程师、试验检测工程师、《保障农民工工资支付条例》学习培训班;全年自办培训班累计培训员工3450人次。

（王剑明　顾金妍）

【党群工作】 党的工作。下辖基层党委18个,党支部364个。党员4495人,其中在岗职工党员3590人。聚焦主责,强化引领,把关定向作用得到充分发挥。组织党委中心组集中学习12次,邀请专家授课4次,开展专题研讨4次。规范企业重大事项决策程序。修订集团公司“三重一大”决策制度和清单,制定项目“三重一大”集体决策指导意见。夺取防疫复工两手抓、两手赢。集团公司境内外员工无一感染新冠病毒,组织400余名志愿者参与属地疫情防控,向上海中山医院、云南省红十字会等单位捐赠近50万元防疫物资,组织党员捐款30.3万元。融入中心,创先争优,服务功能得到显著增强。组织开展“打造硬核堡垒、打赢两大战役”主题实践活动。推进党建工作与生产经营深度融合。深化党建联建。与建行上海市分行、中信银行杨浦支行、杨浦区五角场街道和金山区桑园村党组织共商党建、共谋发展。夯实基础、增强活力,基层党建和人才队伍得到加强。持续夯实党建基础。及时设立新组建单位和新上项目党组织6个,细化新上项目党建交底工作。开展以“学先进、找差距、抓整改、促提升”为主要内容的党支部对标提升工作。加强干部培养。对工程公司领导班子和总部职能部门进行充实,实施优秀年轻干部领导力提升计划,在上海交通大学举办年轻干部领导力提升专题班,利用集团公司网络学院对年轻干部进行线上培训。明德正心、聚力奋进,宣传文化工作成效得到拓展。深入开展“四史”学习教育,开设专栏,举办“四个一”活动。认真落实意识形态工作责任制,定期分析研判意识形态。加强企业文化建设,聚焦施工生产一线,制作、推出一系列有温度、有情怀,反映企业和员工精神风貌的专题宣传短片。落实责任、强化监督,党风廉政建设成果得到持续巩固。建立“四责协同”机制,制定集团公司及所属单位党纪组织落实全面从严治党责任清单。组织以“知敬畏守底线、严监管强执行”为主题的反腐倡廉宣传教育月活动。严格监督执纪问责,综合运用批评教育、组织处理、纪律处分等手段,重点查办违反八项规定精神、项目管理粗放、安全质量失控、项目责任性亏损等违规行为,分类处置451人次。约谈13家子分公司党委书记、纪委书记。以人为本、汇聚合力,党的群团工作不断深化。组织开展“抗疫保增长、夺取双胜利”劳动竞赛,在大临、敦白等重点项目开展“比学赶超”劳动竞赛,举办连续梁施工技术比武和财税知识技术比武,推进工地大学创建,促进职工素质提升。大力弘扬劳模精神、劳动精神,评选表彰集团公司技术能手6人、集团公司劳模10人、股份公司劳模3人,并制作视频短片,广泛宣传先进事迹。组织开展多种形式的服务职工行动,大力开展“两节”送温暖和困难职工慰问活动。

工会工作。工会会员9824人,工会组织285个,专职工会干部57人。召开集团公司三届五次职工代表大会,审议通过《中铁二十四局集团有限公司经营管理责任追究实施细则》、评议领导班子成员,签订2020年集体合同。坚持开展两节送温暖慰问,全年下拨用于“两节”送温暖资金150余万元,慰问困难职工家庭893人(户),慰问患重病职工20余人次,慰问职工12463人次,为59名困难职工子女送上助学金。面对突发新冠肺炎疫情,先后下拨防控专项资金74万元用于支持基层单位购买防疫物资、改善生活卫生环境、统筹安排核酸检测等工作。高度重视海外项目防疫工作,对分布在6个国家的44名职工及家属建立点对点联系帮扶制度。不断厚植工地大学、职工书屋等平台优势,下拨50万元支持工程公司总部图书室建设,为一线职工学习、培训提供有力支撑。组织开展第十一届“东方铁建杯”连续梁施工和财税知识两项技术比武活动、“劳动光影·最美‘疫线’”、“迎中秋·庆国庆”主题摄影比赛、“东方铁建杯”杭绍地区职工运动会暨团建拓展和“最美项目部·最暖一家人”职工抖音作品征集活动。积极深化创新工作室创建工作,首创以桥梁施工技术创新为课题的彩虹创新工作室联盟,构建全集团跨区域跨单位之间的技术交流和创新平台。

共青团工作。基层团(工)委19个,团支部187个。团员青年3037人。授旗成立青年突击队48支,在南沿江铁路、常益长等多个重难点项目开展红铁连青年突击队“六比两创”竞赛活动;深入开展“安全生产·青年先行”活动、“安全在我心中”主题团日活动;组织“红铁连”志愿者设置志愿者服务站,参与属地社区防疫志愿服务工作62场次;围绕“青春建功新时代志愿服务我先行”主题,先后开展志愿服务活动156次,组织“红铁连”青年突击队参与抗洪抢险救灾工作6次;持续深入开展“青锋行动”品牌志愿服务活动,重点针对边远地区项目、海外项目职工家庭和特殊困难职工家庭开展一对一结对帮扶。路桥公司青年科技创新团队获上海市五四青年奖章。

（华彩红　王祥标　胡慧航）

【安徽工程有限公司】 拥有市政公用工程施工总承包特级,建筑、铁路工程施工总承包一级,公路、机电安装、水利水电、矿山工程施工总承包二级;桥梁、钢结构、隧道、地基基础、建筑装修装饰、建筑机电安装、建筑幕墙、环保工程专业承包一级，公路路面、公路路基工程专业承包二级；市政行业设计甲级资质。前身系上海铁路局工程总公司第一工程公司；2002 年，改制改称上海铁路建设集团安徽第一工程有限公司；2005 年，更名为中铁二十四局集团安徽工程有限公司。驻安徽省合肥市瑶海工业园区新海大道 15 号。执行董事、党委书记侯卫超，总经理李士军。职工 1057 人。资产总额 370582 万元。其中，固定资产原值 37048 万元、净值 18060 万元，流动资产 333516 万元。机械运输设备 760 台(套)，总功率 20600 千瓦，动力装备率 19.49 千瓦/人，技术装备率 4.47 万元/人。

2020 年，新签合同额 875451 万元，产值 474582 万元，利润总额 4468 万元，职工年人均收入 10.71 万元。

（徐继成　胡　伟）

【江苏工程有限公司】 拥有市政公用、铁路工程施工总承包一级，公路工程施工总承包二级，房屋建筑工程施工总承包三级，桥梁工程专业承包一级，钢结构工程专业承包二级，港口与海岸工程专业承包三级资质。前身系上海铁路局工程总公司第二工程公司；2003 年 8 月，改制改称上海铁路建设集团江苏工程有限公司；2005 年 1 月，更名为中铁二十四局集团江苏工程有限公司。驻江苏省南京市栖霞区幕府东路 339 号。执行董事、党委书记王飞球，总经理金顺利。职工 577 人。资产总额 193114 万元。其中，固定资产原值 12425 万元、净值 3449 万元，流动资产 182220 万元，其他资产 7445 万元。机械设备 289 台(套)。设备原值 4049 万元、净值 1507 万元，总功率 7391 千瓦，动力装备率 12.81千瓦/人，技术装备率 2.61 万元/人。

2020 年，新签合同额 656744 万元，产值 181510 万元，其中施工产值 181280 万元，利润总额 2357 万元。全员劳动生产率 439 万元/(人・年)，职工年人均收入 12.99 万元。国有资产保值增值率 112.59%，净资产收益率 18.25%，毛利率 6.04%，资产负债率 93.23%。

（石佳琦）

【上海铁建工程有限公司】 拥有市政公用、建筑工程施工总承包一级，铁路、公路、机电工程施工总承包二级，水利水电工程施工总承包三级，桥梁工程专业承包一级，铁路铺轨架梁、地基基础、建筑装修装饰、建筑幕墙工程专业承包二级，钢结构、公路路面、公路路基工程专业承包三级资质。前身系上海铁路局工程总公司第三工程公司；2005 年 1 月，更名为中铁二十四局集团上海铁建工程有限公司。驻上海市静安区共和新路 911 号。党委书记、执行董事刘建东，总经理王海峰。职工 601 人。资产总额 165591 万元。其中，固定资产原值 30058 万元、净值 6381 万元，流动资产 110181 万元。设备总功率 19968 千瓦，技术装备率 5.68 万元/人，动力装备率 33.28 千瓦/人。

2020 年，新签合同额 289400 万元，总产值 235217 万元，其中施工产值 230545 万元、附营产值 4672 万元，利润 4023 万元。全员劳动生产率 31.66 万元/(人・年)，职工年人均收入 13.54 万元。国有资产保值增值率 118.03%，净资产收益率 20.93%，产值利润率1.61%，资产负债率 91.06%，投资收益上缴率 100%，应上缴款完成率 100%。

（陈　珊　江　健　王　亮）

【浙江工程有限公司】 拥有市政公用、建筑工程施工总承包一级，铁路工程施工总承包二级，公路工程施工总承包三级，桥梁工程专业承包一级，隧道、建筑装修装饰、钢结构工程专业承包二级资质。前身系上海铁路局工程总公司第四工程公司；2003 年 7 月，改制改称上海铁路建设集团浙江工程有限公司；2005 年 1 月，更名为中铁二十四局集团浙江工程有限公司。驻浙江省杭州市上城区江城路 692 号。执行董事、党委书记钱建忠，总经理柳明佳。职工 731 人。资产总额 128626 万元。其中，固定资产原值 7932 万元、净值 2196 万元，流动资产 121504 万元。机械运输设备总功率 12200 千瓦，动力装备率 16.7 千瓦/人，技术装备率 1.9 万元/人。

2020 年，新签合同额 702900 万元，产值 232919 万元，利润总额 2037 万元。全员劳动生产率 257 万元/(人・年)，职工年人均收入 13.2 万元。

（郑以华　陈厚良　沈旭东）

【福建铁路建设有限公司】 拥有市政公用、建筑、公路、铁路工程施工总承包一级，桥梁、隧道、地基基础、建筑装修装饰工程专业承包一级，铁路铺轨架梁工程专业承包二级资质。前身系福州铁路局基建处；2001 年 1 月，改制组建福建铁路建设(集团)有限公司；2005 年，更名为中铁二十四局集团福州铁路建设有限公司。驻福建省福州市晋安区沁园路 77 号。执行董事、党委书记温裕洪，总经理郑军锋。职工 1781 人。资产总额 39.84 亿元。其中，固定资产原值 52792.06 万元、净值 11250.42 万元，流动资产 351480.34 万元。机械运输设备总功率 25992 千瓦，动力装备率 15.05 千瓦/人，技术装备率 2.1 万元/人，大型设备完好率 96%、利用率 66%。

2020 年，新签合同额 110.5 亿元，施工产值 760397 万元，利润总额 8394 万元。全员劳动生产率

28.38 万元/(人·年),职工年人均收入 11.76 万元。

(郑耕心　谢聿兴　金　毅)

【南昌铁路工程有限公司】　拥有市政公用、铁路、公路工程施工总承包一级,水利水电、建筑工程施工总承包三级,桥梁、隧道工程专业承包一级,铁路铺轨架梁专业承包二级,公路路基、路面工程专业承包三级,模板脚手架专业承包(不分等级)资质。前身系南昌铁路工程总公司;2002 年 1 月,改制改称南昌铁路工程集团有限责任公司;2005 年 4 月,更名为中铁二十四局集团南昌铁路工程有限公司。驻江西省南昌市二七南路 109 号。执行董事、总经理李开明,党委书记吴明华。职工 1510 人。资产总额 321438 万元。其中,固定资产原值 35889 万元、净值 8831 万元,流动资产 287200 万元。机械运输设备总功率 23543 千瓦,动力装备率 15.59 千瓦/人,技术装备率 1.3 万元/人。

2020 年,新签合同额 121.03 亿元,产值 62.85 亿元,利润 5968 万元。全员劳动生产率 29.21 万元/(人·年),职工年人均收入 9.85 万元。　(王理国)

【西南建设有限公司】　拥有市政公用、建筑工程施工总承包一级,铁路、公路工程施工总承包二级,水利水电工程施工总承包三级,桥梁、隧道、建筑装修装饰工程专业承包一级,地基基础、钢结构工程专业承包三级、预拌混凝土专业承包资质。前身系南昌铁路局南昌工程处第三工程段;2005 年 2 月,与第一公司合并重组更名为南昌铁路新余工程有限责任公司;2007 年 1 月,更名为中铁二十四局集团新余工程有限公司;2020 年 12 月,更名为中铁二十四局集团西南建设有限公司。驻四川省成都市成华区华盛路 58 号 8 幢 1 号。执行董事、党委书记钟栋材,总经理喻文杰。职工 1274 人。资产总额 302910 万元。其中,固定资产原值 8256 万元、净值 2922 万元,流动资产 345926 万元。设备 593 台(套),成新率 44.5%,总功率 26073 千瓦,技术装备率 2.3 万元/人,动力装备率 21.52 千瓦/人。

2020 年,新签合同额 101.16 亿元,产值 52.23 亿元,利润 4408 万元。全员劳动生产率 410 万元/(人·年),职工年人均收入 11.19 万元。工程合格率 100%。　(王灵航)

【上海电务电化有限公司】　拥有铁路电务、电气化工程专业、电子与智能化承包一级,通信工程施工总承包二级,消防设施工程、建筑装修装饰工程专业承包二级,建筑、铁路、电力、机电工程施工总承包三级,输变电、建筑机电安装工程专业承包三级,承装(修、试)电力设施许可证承装类、承修类、承试类四级资质。2004 年 12 月,整合重组成立。驻上海市静安区王家宅路 40 号。执行董事、总经理黄仲戒,党委书记王炎。职工 687 人。资产总额 98798 万元。其中,固定资产原值 5211 万元、净值 2216 万元,流动资产 85441 万元。设备 153 台(套),成新率 19.98%,总功率 6190 千瓦,技术装备率 0.6 万元/人,动力装备率 9.01 千瓦/人。

2020 年,新签合同额 20.43 亿元,产值 12.1 亿元,利润 1343 万元。全员劳动生产率 185 万元/(人·年),职工年人均收入 9.11 万元。工程质量合格率 100%。　(张笑松　王育敏　张秀红)

【桥梁建设有限公司】　拥有机电安装工程施工总承包一级,钢结构、机电设备安装工程专业承包一级,起重设备安装工程专业承包二级,桥梁工程专业承包三级,施工劳务资质。2019 年 4 月,由中铁二十四局集团贵溪桥梁厂有限公司和中铁二十四局集团鹰潭设备安装工程有限公司重组合并而成。驻江西省南昌市新建区玉壶山大道 414 号。执行董事龚志辉,总经理文永兵,党委书记胡浩。职工 615 人。资产总额 185304 万元。其中,固定资产原值 76612 万元、净值 18603 万元。机械运输设备总功率 47274 千瓦,动力装备率 76.74千瓦/人,技术装备率 16.67 万元/人。

2020 年,新签合同额 20.57 亿元,产值 19.5 亿元,利润 2035 万元,职工年人均收入 11.53 万元。国有资产保值增值率 108.31%,净资产收益率 8.24%,资产负债率 90.01%,应上缴款完成率 100%。工程质量合格率 100%。　(周志琴)

【上海房地产开发有限公司】　拥有房地产开发三级,物业管理三级资质。前身系上海铁路局房地产开发经营公司;2004 年 7 月,整合重组成立。驻上海市静安区民德路 20 号。执行董事、党委书记、总经理白圻业。职工 54 人。资产总额 57281 万元。其中,固定资产原值 492 万元、净值 277 万元,流动资产 56986 万元。

2020 年,营业收入 11819 万元,利润 109 万元,职工年人均收入 19.36 万元。　(朱莲萍)

【路桥分公司】　驻上海市静安区秣陵路 80 号。总经理谢钦方,党委书记徐国栋。职工 160 人。资产总额 118968 万元。其中,固定资产原值 2095 万元、净值 997 万元,流动资产 113748 万元。

2020 年,新签合同额 297656 万元,施工产值 26 亿元。全员劳动生产率 1625 万元/(人·年),职工年人均收入 20 万元。工程质量合格率 100%。　(祁思颖)

【轨道交通分公司】　驻上海市静安区天目中路 585

号新梅大厦。总经理刘长春,党委书记朱亮来。职工342人。资产总额144957万元。其中,固定资产原值12987万元、净值6276万元,流动资产126839万元。机械运输设备50台(套),总功率3722千瓦。

2020年,新签合同额36.76亿元,施工产值23.14亿元。全员劳动生产率676.61万元/(人·年),职工年人均收入15.83万元。工程质量合格率100%。

(刘燕玲)

【北京公司】 驻北京市大兴区金服大街11号。执行董事万建华,党委书记龚宜浩,总经理康军利。职工70人。资产总额41732万元。其中,固定资产原值959万元、净值659万元,流动资产38266万元。

2020年,新签合同额33.62亿元,施工产值8.32亿元。全员劳动生产率1189万元/(人·年),职工年人均收入21.8万元。工程质量合格率100%。

(陈　军　邵同铭)

【重要记载】

▲1月　中铁二十四局通过"高新技术企业"认定。

▲4月　中铁二十四局获2019年度成铁建设杯建功立业劳动竞赛"筑路先锋"称号。

▲7月29日　上海市市政公路行业协会召开八届一次会员大会暨八届一次理事会会议。中铁二十四局获评"上海市政公路行业领军企业(大型施工)",中铁二十四局党委书记、董事长朱赤获评"上海市政公路行业领军人才(企业领头人)",中铁二十四局副总经理、总工程师许伟书获评"上海市政公路行业领军人才(科技精英)"。

▲8月18日　2020上海百强企业发布会召开,中铁二十四局位列2020上海企业100强第47位。

▲9月10日　中铁二十四局与甘肃省建设投资(控股)集团有限公司签订合作框架协议。

▲9月　中铁二十四局取得质量、环境和职业健康安全管理体系认证证书。(张欢欢)

中铁二十五局集团有限公司

【简况】 拥有铁路、建筑、公路工程施工总承包特级,铁道、建筑、公路行业工程设计甲级,市政公用工程施工总承包一级,桥梁、隧道、公路路基、铁路铺轨架梁工程专业承包一级,水利水电工程总承包二级,矿山工程施工总承包三级,对外承包工程,军工涉密业务,援外成套项目施工A级,地质灾害治理工程丙级资质。总部驻广东省广州市越秀区中山一路55号。下辖第一、第二、第三、第四、第五工程有限公司,电务工程有限公司,房地产开发有限公司,南方实业开发有限公司,中铁建大湾区建设有限公司,广州铁诚工程质量检测有限公司,设计研究院和西北分公司。职工8773人。资产总额196.25亿元。其中,流动资产165.05亿元,固定资产原值25.85亿元、净值7.19亿,负债总额164.63亿元。机械设备8476台(套),原值15.92亿元、净值6.66亿元,总功率25.5万千瓦,技术装备率7.69万元/人,动力装备率29.43千瓦/人,设备成新率41.85%,资产增长率8.53%;大型施工设备88台(套),原值7.93亿元,其中700-900T运架设备4套,100-200T运架设备6套,500米长轨焊机2台,大型养路机械4台,盾构机8台。年综合施工能力300亿元以上。

2020年,承揽项目280个,承揽总额514.05亿元,营业收入202.13亿元。产值245.46亿元,其中工程板块产值226.8亿元、非工程板块产值18.66亿元。利润总额2.16亿元,净利润1.84亿元。全员劳动生产率25.37万元/(人·年),职工年人均收入13.05万元。营业利润率1.07%,净资产收益率5.82%,资产负债率83.88%,国有资产保值增值率106.84%。

(林　林　刘东栋　叶青青)

【领导人员】

董事会

董事长	张　成
董事	李茂松
	王小青
	王国堂(5月免)
	余　跃(12月任)
职工董事	林春梅

监事会

监事会主席	张超民(10月免)
	张军权(10月任)
监事	田晓南(12月免)
	马四海(12月任)
职工监事	凌勋伟(12月免)
	曾雁辉(12月任)

经理层

总经理	李茂松
副总经理	王小青
	孙传福
	李志锋

余　跃(5月任)
李少先
王胜祖
王国堂(5月免)
张建慈
李红旗
武明静

总工程师　王小青
总会计师　余　跃

党群领导

党委书记　张　成
党委副书记　李茂松
林春梅
纪委书记　张超民(10月免)
张军权(10月任)
工会主席　林春梅

(张观成)

【职工队伍】 职工8773人。干部6565人、工人2208人。职工中,专业技术干部6533人、其中技术工人1443人,30岁及以下3314人、31~40岁2265人、41~50岁2020人、50岁以上1174人。专业技术干部中,工程技术人员4947人、经济人员494人、会计人员769人、政工人员314人,高级职称825人、中级职称1898人、初级职称2994人。技术工人中,高技技师23人、技师101人、高级工839人、中级工146人、初级工334人。职工中,硕士研究生及以上学历106人,本科学历5516人,大专、高技学历1253人,中专、技校、职高学历326人,高中学历635人,初中及以下学历937人。

(刘东栋)

【工程项目指挥机构】 新建赣州至深圳铁路赣粤省界至塘厦段站前工程GSSG-4标段工程指挥部　驻广东省河源市。指挥长武明静。

新建广州南沙港铁路NSGZQ-2标段工程指挥部　驻广东省江门。指挥长李映宣。

成兰铁路13标段指挥部　驻四川省阿坝藏族羌族自治州。指挥长庞尔林。

新建南昌经景德镇至黄山铁路江西段(不含先期开工段)站前工程CJHZQJX-5标段工程指挥部　驻江西省上饶市。指挥长张永恒。

新建广州至湛江高速铁路站前工程GZZQ-2标段工程指挥部　驻广东省佛山市。指挥长邓汉权。

广州铁路枢纽新建广州白云站(棠溪站)工程站前工程施工总价承包BYZSG2标段工程指挥部　驻广东省广州市。指挥长鲁智安。

黄埔区有轨电车2号线项目指挥部　驻广东省广州市。指挥长王海杰。

新建南宁至玉林铁路NYZQ-1标段指挥部　驻广西壮族自治区南宁市。指挥长林俊。　(朱必礼)

【铁路工程施工】 新建广州南沙港铁路工程NSGZQ-2标段　合同投资170446万元。2016年9月30日开工,计划竣工2019年9月30日。主要工程量:单线桥梁4座2280延长米,双线桥梁6座10850延长米,框架式立交中桥1座;涵洞单侧接长4处,新建涵洞5座;站场左、右单线路基2.2千米,区间双线路基0.82千米;路基土石方66万立方米,连续梁7处、钢桁梁1处、系杆拱1处;正线铺轨157.6千米,站线铺轨37.1千米,铺岔83组。开工累计完成投资160160万元。

新建成都至兰州铁路工程CLZQ-13标段　合同投资159685万元。2013年5月1日开工,计划竣工2018年12月31日。主要工程量:区间路基土石方19.03万立方米,站场路基土石方261.81万立方米,附属工程12.38万立方米;特大桥2座4118.909延长米,大桥9座2186.696延长米,中桥2座83.31延长米,小桥3座64.61延长米,涵洞9座678.15横延米;隧道2座11217.33延长米。开工累计完成投资155984万元。

渝怀铁路梅江至怀化段增建第二线引入怀化枢纽站前工程GTYHZQ-Ⅷ标段　合同投资140292万元。2017年8月1日开工,计划竣工2020年5月31日。主要工程量:特大桥、大桥12座8378延长米,框架桥7座462.77延长米,涵洞12座1344.76横延米;轨道工程正线铺轨59.15千米,站线铺轨109.66千米;区间挖土方15.8万立方米、石方21.9立方米,利用土填方0.16立方米、石填方3.1立方米,站场挖土方305.3立方米、石方61.7立方米,利用土填方401.5立方米、石填方194.4立方米。开工累计完成投资159398万元。

新建赣州至深圳铁路赣粤省界至塘厦段站前工程GSSG-4标段　合同投资284825万元。2017年10月30日开工,计划竣工2021年9月30日。主要工程量:路基39处6.71千米,桥梁44座17572延长米,涵洞7座203.75横延米,隧道11座14065延长米,车站2座,无砟道床正线73.21千米、站线3.55千米。开工累计完成投资162948万元。

新建南昌经景德镇至黄山铁路江西段站前工程CJHJX-5标段　合同投资234033万元。合同工期2019年9月10日至2023年4月30日,实际开工2019年11月25日。主要工程量:路基2.22千米;桥梁3座318770延长米,涵洞1座70横延米;站场1处;无砟道床67.198千米。开工累计完成投资39804万元。

新广州铁路枢纽新建广州白云站(棠溪站)站前工程施工总价承包 BYZSG2 标段　合同投资 204216 万元。合同工期 2019 年 9 月 1 日至 2022 年 6 月 30 日,实际开工 2020 年 3 月 1 日。主要工程量:站前工程路基 10.04 千米;桥梁 9 座 6638.06 延长米,框架桥 15733.58 顶平方米;涵洞 45 座 2363 横延米;大朗客整所 1 处;有砟道床 67.93 千米;正线铺轨 28.15 千米,站线铺轨 39.78 千米;新建房屋 39 栋 152636.6 平方米;检修地沟 11547 米;站场相关给排水及设备安装工程。开工累计完成投资 13026 万元。

新建南宁至玉林铁路工程 NYZQ－1 标段　合同投资 141800 万元。合同工期 2020 年 3 月 1 日至 2024 年 2 月 28 日,实际开工 2019 年 12 月 10 日。主要工程量:站前工程路基 7.78 千米;隧道 5 座 1305 延长米;桥梁 34 座 9370.3 延长米,涵洞 17 座 326 横延米;站场 1 处;无砟道床 26.9 千米,有砟道床 1.35 千米;正线铺轨 375.14 千米,站线铺轨 27.87 千米。开工累计完成投资 54041 万元。

新建广州至湛江高速铁路工程总承包 GZEPC－2 标段　合同投资 193884 万元。合同工期 2020 年 11 月 9 日至 2024 年 10 月 24 日,实际开工 2020 年 11 月 1 日。主要工程量:正线路基 2.435 千米,联络线路基 6.746 千米,桥梁 6 座 17076.43 延长米,无砟道床 16.392千米,有砟轨道 12.897 千米,箱梁制梁场 1 座,T 梁制梁场 1 座。开工累计完成投资 1000 万元。

新建梅州至龙川铁路站前工程施工总价承包 MLSG－4 标段　合同投资 221245 万元。合同工期 2020 年 6 月 30 日至 2024 年 6 月 30 日。主要工程量:站前工程路基 26 段 3.911 千米;隧道 19 座 15583 延长米;桥梁 25 座 9489 延长米,涵洞 9 座 227.34 横延米;无砟道床 57.51 千米。开工累计完成投资 13616 万元。

(朱必礼)

【铁路外工程施工】　广州市轨道交通 18 号和 22 号线及同步实施场站综合体设计施工总承包项目　合同投资 148477 万元。2017 年 10 月 31 日开工,计划竣工 2019 年 10 月 31 日。主要工程量:HP3 中间风井,围护结构 1.5 万平方米,土石方 13.7 万立方米,结构及防水 3.1 万立方米;HP4 盾构井,围护结构 0.5 万平方米,土石方 2.7 万立方米,结构及防水 0.3 万立方米;盾构区间 14954.13 单延米;联络通道 120.98 延长米;监测 7.696 千米。开工累计完成投资 156439 万元。

重庆合川至四川安岳(重庆段)高速公路 HATJ02 合同段工程　线路长 22.64 千米。合同投资 85645 万元。2018 年 6 月 11 日开工,计划竣工 2020 年 7 月 31 日。主要工程量:桥梁 13 座 2500 延长米,其中大桥 9 座、中桥 4 座,路基 20.14 千米,涵洞通道 83 座。开工累计完成投资 84797 万元。

深圳市城市轨道交通 16 号线工程一工区　合同投资 95291 万元。2017 年 12 月 30 日开工,计划竣工 2023 年 7 月 28 日。主要工程量:2 站 2 区间;大运北站车站 252.3 米,建筑面积 19130.48 平方米;龙城西站车站 258 米,建筑面积 15749.85 平方米;大运北站—龙城西站区间左线 772.9 米、右线 763.3 米;大运站—大运北站区间左线 1023.4 米、右线 1028.9 米。开工累计完成投资 48471 万元。

重庆轨道交通 9 号线二期春华大道站、兰桂大道站及区间土建工程　合同投资 82989 万元。2018 年 7 月 17 日开工,计划竣工 2020 年 10 月 13 日。主要工程量:2 站 2 区间;起点—春华大道站区间 1564.3 米;春华大道站—兰桂大道站区间 781.2 米;兰桂大道站 208 米;春华大道站 224.3 米。开工累计完成投资 47790 万元。

黄埔区有轨电车 2 号线(香雪—南岗)PPP 项目　全长 14.38 千米。合同投资 172512 万元。2019 年 11 月 30 日开工,计划竣工 2022 年 11 月 30 日。主要工程量:地面线 11.84 千米、新建高架线 1.63 千米、利用既有桥段 0.91 千米;设站 19 座,其中地面站 18 座、高架站 1 座;设元岗车辆段 1 座、刘村停车场 1 座;调度指挥中心与有轨电车 1 号线共享。开工累计完成投资 32799 万元。

西安高新区第十九小学、草堂基地新建中学项目 EPC 总承包　合同投资 89722 万元。2019 年 11 月 20 日开工,计划竣工 2020 年 6 月 30 日。主要工程量:总建筑面积 132694.41 平方米,西安高新区草堂基地中学包括单体楼栋 2 个及界限范围内的地下车库。开工累计完成投资 89722 万元。

西安高新区泰和社区小学项目 EPC 总承包　合同投资 36329 万元。2019 年 12 月 21 日开工,计划竣工 2020 年 7 月 20 日。主要工程量:总建筑面积 51551.01 平方米,行政教学楼地上 4 层,综合楼及车库、风雨操场地上 4 层、地下 1 层。开工累计完成投资 36329 万元。

(朱必礼)

【境外工程施工】　援斯里兰卡国家医院门诊楼项目　位于斯里兰卡首都科伦坡市,总用地面积 1.49 万平方米,总建筑面积 49150 平方米。合同投资 48916.77万元。合同工期 39 个月,2017 年 8 月 10 日开工。主要工程量:主门诊楼 1 座,传染门诊楼 1 座,门卫房 2 座,配电间 1 座及附属工程。开工累计完成投资 45665 万元。

斯里兰卡 Ambatale 水厂提效改造项目　位于斯

里兰卡首都科伦坡市。合同投资2828.68万元。合同工期12个月,2019年9月20日开工。主要工程量:全部临时设施、土建和相应的安装工程施工。开工累计完成投资1891万元。

斯里兰卡科伦坡 Apple Watta 地块700套住房设计和施工项目　位于斯里兰卡首都科伦坡市。是中国铁建系统内首次中标亚投行项目,合同投资1.41亿元。主要工程量:住房700套,楼高16层,单套使用面积47平方米。开工累计完成投资1523万元。

驻白俄罗斯使馆新建馆舍工程　位于明斯克市胜利者大街—奥尔洛夫斯卡亚路,总建筑面积15870平方米。合同投资20325.89万元。合同工期31个月。主要工程量:新建办公楼、综合楼及馆员公寓(不含馆员公寓装配式内装)、签证处、门卫处及室外小市政工程、园林绿化工程。开工累计完成投资15113万元。

巨石中白工业园园区一期M1(A-08-01)地块标准厂房二期建设项目　位于白俄罗斯明斯克州斯莫列维奇区中白巨石工业园。合同投资7897.35万元。合同工期5.7个月,2019年5月10日开工。主要工程量:厂房2个,锅炉房和室外绿化及工程管网。2020年8月28日完工移交。开工累计完成投资7897万元。

科特迪瓦电网发展和改造项目第3标段土建工程　位于科特迪瓦共和国西北部。合同投资8956万元。土建工程合同工期22个月,变电站土建工程合同工期21个月。主要工程量:90千伏输电线路332千米(5个段落,936基);新建90/30千伏变电站3座;现有变电站4座,其中90千伏3座、225千伏1座。2020年8月15日完工移交。开工累计完成投资10292万元。

中兴通讯菲律宾土建项目　位于菲律宾南甘马仁省。合同投资13958.82万元。合同工期3年。主要工程量:新建基站3000个,20000千米光缆外线工程,数据中心9个,室内分布工程。开工累计完成投资10420万元。

斯里兰卡中国使馆改造项目　位于斯里兰卡首都科伦坡市。合同投资250.17万元。合同工期2个月。主要工程量:斯里兰卡中国使馆宿舍楼、办公楼的改造。已完工移交。开工累计完成投资250万元。

(刘莉娜)

【企业管理】　建言献策,促进战略规划落地。6月,组织开展"我为集团'十四五'规划建言"活动,收回调查问卷2784份,梳理重要"十四五"规划意见30项,形成专项分析报告。调研分析,大力推进工程公司建设。6—9月,摸查收集各工程公司人才队伍状况、经营状况、技术储备情况、新兴业务发展意向,先后印发《集团公司工程公司建设行动方案》《集团公司加强工程公司建设实施性指导意见》,明确各工程公司的专业发展方向和属地区域划分,避免各公司之间无序竞争。成立调研组对6家子公司和7个项目部开展工程公司项目经理部组织模式实地调研,摸清在建项目的组织模式、人员配置、设备配备情况、施工组织形式等,重点分析、研究、探索、创新高质量运行的项目组织模式,实现工程公司项目精准管控。循序渐进,推进"总部机关化"整改工作。5月,集团公司本部调整完成具有行政色彩的机构名称和职务职级称谓;7月,制定集团公司"总部机关化"问题专项整改实施方案,整改工作细化分解为5个大项15个小项整改任务,明确整改措施、牵头部门和完成时限;9月,制定集团公司"权责事项清单、授权放权事项清单"152项,调整优化集团公司本部职能、机构、岗位。印发《关于三级单位开展"总部机关化"问题专项整改工作的通知》,全面推进子公司"总部机关化"问题专项整改工作。完善体系,推进绩效考核精细化管理。修订经营业绩考核办法,扩大考核覆盖面,调整考核指标体系及权重,加大对考核单位的奖罚力度,提高经营考核风险抵押金金额。加强预控,提高风险抵御能力。开展年度风险评估工作,识别重大重要风险,制定重大重要风险管控措施,实施重大、重要风险季度监测和重大风险事件工作报告机制,年内集团公司无重大风险事件发生。开展年度内控共性缺陷自查整改及内控体系自查优化工作,制定缺陷整改措施,落实整改责任,建立缺陷整改长效机制,以缺陷整改促进管理提升。开展年度内控自我评价工作,抽选部分单位开展内控监督评价,通过内控评价检验内控工作效果,查找内控管理薄弱环节,促进企业高质量发展。综合调配,加大资源整合力度。为增强公司盈利能力,补齐房地产开发产业短板,集团公司协调完成将广州物业管理有限公司划转至房地产公司管理相关工作。成立广州物业管理有限公司柳州分公司、青岛分公司和衡阳分公司等物业分公司,做实房地产物业板块,提高房地产项目品质。

领导干部管理。持续加强领导班子建设,优化所属单位班子结构。坚持党管干部原则,全年召开常委会研究干部问题11次。稳步推进集团本部改革,完成集团公司本部机构编制和职能调整,集团部门由27个调整为19个,总定员由153人调整为129人,领导人员定员由47人调整为41人,工程公司班子总定员由123人精简到105人。配齐配强所属单位班子成员,重点补充加强一公司等6家工程公司,华南区域、华中区域和西南区域经营属地的领导班子。注重本土干部的培养,全年为各工程公司补充本土班子成员16人。加大人力资源信息化工作力度,开展档案专审全覆盖专项行动,档案专审数据信息成果录入人力资源信息系统。充分保障职工合法权益,统筹做好“六险两金”工作。完成退休人员社会化移交工作,把退休人员从企业社会化职能中剥离,减轻企业负担。采取多项举措,推进人才开发培养。加强工程技术人才和职业项目经理队伍建设,制定下发《集团公司工程技术专家管理办法》《集团公司一、二级职业项目经理管理办法》,设置相当于集团公司部门正副职级的首席专家、专家,以及一级、二级职业项目经理岗位,并在集团公司首次开展项目经理和工程技术专家评选,畅通人才职业晋升通道。加强技能人才培养,承办股份公司2020年高级技师评审会;牵头组织参加股份公司2020年盾构机操作职业技能大赛,获团体第5名。加强见习生培养,组织600名高校毕业生参加“线上+线下”的岗前培训工作,举办首届集团公司见习生指导老师培训班,形成《见习生培养指南(试行)》,明确提出见习生培养方法和培养标准。规范开展职称评审工作,全年评审通过高级工程师119人,高级经济师7人,高级会计师6人,高级政工师1人,工程师252人。把好人才入口关,按计划接收2021届高校大学毕业生505人,一本率较上年提升5.6%。组织一级建造师考前培训班、安全生产“三类人员”考核(延期)教育培训班,组织2020年新员工参加股份公司举办的入职岗前网络教育。全年全集团培训员工13000余人次。

(林　林　张观成　赖跃璇)

【经营管理】 工程承揽。2020年,全集团新签合同280项,承揽总额514.05亿元。其中,工程板块承揽467.48亿元,占总承揽额的90.9%;物资贸易板块承揽33.14亿元,占总承揽额的6.5%;房地产板块承揽13.38亿元,占总承揽额的2.6%。

经营开发。修订出台《中铁二十五局集团有限公司经营承揽考核实施办法》《中铁二十五局集团有限公司国内施工承包项目管理办法》《中铁二十五局集团有限公司标前评审和标前测算及特殊情况审批实施细则》《关于规范投标前评审工作的有关通知》《关于进一步加强投标项目现场踏勘工作的通知》等管理办法,就经营各个环节提出要求,规范经营行为。除标前成本测算外,现场踏勘每个铁路项目,全面评估项目现场施工条件、技术难度、材料价格等。召开专题经营分析会10场,经营成本测算会28场,坚决果断放弃质量不佳、成本亏损重点项目15个。召开2020年经营工作专题会,重点梳理各区域指挥部存在的问题,认真分析原因,提出针对性措施。召开下半年经营工作专题会,明确下一步工作安排、实施措施、时间节点与责任人。配置4名市场管理人员分管各区域指挥部,将中南区域指挥部本部迁址武汉。全年参与项目投标495个,提交合同评审105个,撰写统计分析及信息类资料30余篇。

经济管理。2020年度项目综合收益率4.51%,较上年同期下降2.59个百分点,责任成本节超率2.51%;二次经营完成27.76亿元,完成年度计划的102.17%;亏损项目个数减少1个。成本管理方面,制定城轨、市政、房建、公路、铁路5个专业的标前测算成本数据库,组织并审核标前测算项目307个。修订汇编“责任成本管理细则”,调整工程公司收益分配政策,制定《工程项目规模收益分成管理办法》。规范劳务分包管理,发布合格分包商名册,修订劳务分包/专业分包合同范本,建立成本管理实验室9个;开展重难点项目成本督导,重点针对合同检查、劳务使用、风险问题处理、责任预算等方案方面提出整改建议。绩效管理方面,通过实施项目团队包保责任与绩效考核,集团所属单位对项目年度发放激励兑现2687万元,实施罚款金额132万元。二次经营方面,组织二次经营专家对20余个重难点项目进行常规督导帮扶,对清概项目和个别项目的重大方案进行专项指导,明确工作思路;制定重难点项目包保责任工作方案,明确两级包保项目,签订包保责任书;实行二次经营月度通报制度,促进内部信息的沟通交流。亏损整治方面,制定年度亏损整治工作方案,制定年度预警(亏损)项目督导工作方案,并对5个重点亏损项目进行督导帮扶;加强风险监控的动态管理,实行亏损及预警月度通报制度,使风险监控数据更加及时。确权清收方面,召开清收清欠分析会和收尾项目结算会议,明确工作方向和重点;及时办理内部工程承包合同44个,审批内部验工计价分劈30个;参与完成10个项目的内部单位计量分劈协调工作。提质增效方面,制定提质增效专项行动方案及考评办法,把提质增效工作成果纳入所属单位的绩效考核;集团两个督导小组对所属8家工程公司开展提质增效、亏损治理、“两金”压控及劳务管理的综合督导检查,并下发督导通报。业务培训方面,在衡阳党校召开127人参加的经济管理业务培训班。

安全管理。强推安全生产专项整治三年行动方案,压实全员安全管理责任,全面加强过程管控;做实做细安全生产培训教育、安全风险管理、隐患排查治理、事故(事件)应急处置等基础管理工作,全年安全生产平稳受控,没有发生安全生产失信惩戒,没有发生责任亡人事故,没有发生较大及以上铁路交通事故,遏制较大非亡人事故,实现2020年度安全生产目标。一公司G211赵家至长沙公路改造工程、四公司昆楚高速3标段工程、五公司G327国道改建工程、西北公司斯里兰卡国家医院项目获股份公司2020年“安全标准工地”称号;五公司青岛地铁1号线、青岛金色兰庭项目获青岛市“建筑施工标准化示范工地”称号。

质量管理。以扎实开展铁路建设源头质量整治、“质量月”和铁路工程质量安全红线问题专项整治、隧道衬砌质量全面提升专项行动和隧道安全风险排查整治等工作为抓手,不断强化安全生产和质量责任制的落实,持续加强对重点项目和关键环节的管控,全年安全生产形势保持整体稳定,在建项目未发生等级以上安全质量责任事故,实现单位工程竣工一次交验合格率100%。承建的南宁地铁3号线获中国建设工程鲁班奖,参建的龙怀高速公路获国家优质工程奖,中白工业园居民楼项目获白俄罗斯优质工程奖。项目履约能力不断提升促进信用评价上等级,中铁二十五局连续第5年被交通运输部评为公路施工信用评价A级企业,并在广东、云南、四川、安徽四省获得最高AA级评价,铁路信用评价保持B级。

投资管理。2020年,实际完成投融资项目施工产值(投资额)19.45亿元,完成经营承揽任务162.03亿元,运营期项目收回政府回购款8316万元。在建项目稳步推进,凤凰PPP项目、天津宝坻还迁房项目完成竣工验收。国有资产保值增值,完成白云区江高镇茅山基地征收工作,最终获征收补偿收益1.42亿元,在原值613万元基础上实现增值1.36亿元;完成白云区棠溪街棠溪地块资产征拆补偿及处置工作,该地块土地从首次谈判的预评估价值4000余万元争取至最终补偿价格1.86亿元,实现资产增值1.4亿元。“三供一业”有序移交,完成中央财政补助资金清算工作;开展“三供一业”分离移交维修改造项目竣工结算第三方审计工作,根据审计报告清退剩余维修改造资金;“三供一业”分离移交改造项目完成维修改造,总体完成率100%、完成管理职能移交、资产实质移交等工作。自有土地盘活开发,桂花岗地块《大院建设青年技术人才宿舍的报告》获市委会议审批通过;滑油塘地块成立现场联合工作组与政府对接各项工作;怀化迎丰公园地块明确各单位职责分工;龙屯路地块项目规划方案获柳州市规委会会议审议同意,同时《龙屯路及周边片区土地熟化项目熟化报告》报柳州市自然资源和规划局审批。

财务管理。强化财务队伍建设,提升综合素质能力。完成对各子公司总会计师等10余名副处级以上领导轮岗,进一步加强财务监管力。完成年度财务内部培训计划,培训内容涵盖职业道德教育、资金管理、税务管理、预算管理、项目管理等各个方面。提升学术研究氛围,加强财会理论研究,先后向中国施工企业管理协会推荐6篇财会论文。完善财务管理制度,提高财务管理水平。查漏补缺,先后修订下发《资金管理暂行办法》《银行票据、供应链金融管理暂行办法》《关于规范函证业务的通知》等6项管理办法;制定《关于加强财务基础管理规范财务行为的通知》。强化财务共享中心标准化建设,修订《二十五局预警实施细则》等制度12项,业务规范6份。强化资金集中管控,助力财务提质增效。进一步强化资金集中管理,年末资金集中度83.18%,资金上存度45.39%。严控融资成本,确保低息融资,年末基准利率下浮13%~20%的融资额度34.44亿元,占比87.5%。丰富支付手段,实现延期支付,全年办理各类电票及供应链金融产品94.7亿元,延期支付间接创效3.13亿元。以收定支、量入为出,确保资金使用计划性,最大限度实现效益留存。夯实预算基础管理,发挥考核引领作用。完善预算管控制度,下发《关于进一步加强全面预算执行分析的通知》,明确预算分析的具体要求。建立委派会计考核体系,成立委派会计考核小组,强化考核监督。细化全面预算指标,通过下达差异化考核指标、指标层层分解等方式,强化预算引领意识。立足规划深入研究,推进税务管理持续创效。深入研究税收政策,整编下发《新冠肺炎疫情防控税收优惠政策》《企业土地拆迁税收优惠政策》等,确保企业享受税收红利。持续推进税收规划,全年实现增值税留抵退税金额4905.14万元、企业所得税退税1628.57万元,出口退税253万元。强化清收清欠管理,全力压控“两金”规模。全力推进会计核算主体清理,清理完成率100%,建造合同销号112个。持续推进“两金”压控及清收清欠管理,通过进一步完善制度办法、加强源头管控等手段,实现“两金”压控目标。通过三方抵账、保函置换保证金、法律诉讼等创新手段回收5.63亿元,减少现金保证金支出4.24亿元。

审计监事。上下两级审计机构完成审计项目100个。其中,经济责任审计21个、工程项目审计61个、财务收支审计2个、绩效考核复核审计4个、专项审计调查12个。提出审计报告100份,挽回经济损失5575.93万元,给予党纪政纪处分3人次。开展对房地产公司、原高速公路事业部、投资事业部、铁诚公司、设计院及中原、中南、华东、华南区域指挥部的离任经济责任审计;开展对五公司的任中经济责任审计;开展对房地产公司、投资事业部、铁诚公司、华南区域指挥部的绩效考核结果复核审计;开展对白俄罗建设公司、孟加拉有限责任公司的财务收支审计;开展对财务资金管理专项整治行动、国家重大政策措施落实情况、军民融合项目的专项审计调查。监事会完善和配齐集团两级公司监事会人员和机构。通过组织职工就企业发展相关问题开展合理化建议活动,收集职工提交合理化议案87条,研究实施8条。开展创新工作室专题调研，收集有关创新工作室管理方面的建议和意见56条，吸收采纳建议和意见35条。

（贺海燕　吴　婧　康　毅）

【科技成果】 2020年，全面实施“科技兴企”和“人才强企”战略，不断加大科技投入，紧紧围绕年初制定的工作目标及施工生产的技术难题，紧密结合工程实际，以进一步提高科技创新能力为中心，以机制与管理创新为动力，加强科技创新管理，加强人才培养和创新队伍建设，把科技进步和科技创新作为企业持续发展的重要支撑。获国家级优秀QC小组4项、省部级优秀QC小组45项、股份公司优秀QC小组5项；获国家知识产权局授权专利68件，其中发明专利8件；软件著作权登记1项；获省部级工法11项；评选集团公司企业级工法30项；获省部级科学技术奖1项；参编国家标准2项、行业标准1项、地方标准1项。　（韦露明）

【党群工作】 党的工作。深入学习贯彻落实习近平新时代中国特色社会主义思想和党的十九大、十九届历次全会精神，坚决贯彻落实习近平总书记在各阶段的重要讲话重要指示批示精神，落实全面从严治党主体责任，以中央企业“党建巩固深化年”活动为载体，着力推进党建工作与生产经营深度融合，一手抓疫情防控，一手抓生产经营，夯基础，促改革，谋发展，保稳定，打赢“战疫情、保增长”两场硬仗，超额完成主要经济指标，为集团公司实现高质量发展提供坚强保证。下辖基层党委11个、直属机构党工委16个、党总支6个、基层党支部236个，在册党员3437人，其中在职党员3311人。全面落实从严治党主体责任，持续巩固深化“不忘初心、牢记使命”主题教育成果，充分发挥领导作用，把方向、管大局、保落实。全年新发展党员128人，表彰先进党委2个，先进基层党支部17个，优秀共产党员37人，优秀党务工作者20人。按照“四同步”原则，加强基层党组织建设，全年新开项目同步组建党组织58个，实现境内外项目党组织建设全覆盖。坚持用习近平新时代中国特色社会主义思想武装头脑，指导实践，举办2020年基层党支部书记和党务工作培训班，200余名学员深入学习党的十九届五中全会精神，进一步提升基层党支部书记解决基层党建实际问题的能力和素质。组织开展“总结今年、思考明年，规划‘十四五’”党建工作调研座谈会，不断提高基层党组织政治功能。在全集团组织开展“党课开讲啦”活动，推荐的2部视频党课分别获评中国铁建“精品党课”和“优质党课”。下发2020年党员教育培训计划，按照5年规划持续抓好全体党员的政治理论学习。坚持以服务生产经营中心任务开展党建工作，同频共振、相互促进。分4个片区召开“项目党建如何深度融入中心工作”调研座谈会，坚持开展党建工作责任制考核，明确任务，压实责任，坚持党组织书记抓基层党建述职考核评议制度，以生产经营结果检验党建工作成效，对抓党建工作的基层党组织和第一责任人进行“赛马亮相”，集团公司党委书记逐一点评，形成履职尽责比学赶超的良好氛围。

宣传工作。宣传思想文化工作始终坚持正确政治方向和宣传导向，以助力企业发展品质提升为目标，在统筹推进新冠疫情防控和企业改革发展中心工作中切实发挥舆论推动、正面激励和文化支撑作用，为企业改革发展稳定、实现高质量发展提供坚强思想保证和强大精神动力。集团公司党委针对疫情防控和企业改革发展复杂形势，两次召开意识形态专题会议，修订工作实施细则。密切关注企业舆情隐患，落实专人监控舆情制度，确保紧急负面信息及时报告、及时处置、及时消除。全年未发生大型舆情事件。组织和参与社会疫情防控等志愿服务、公益活动，号召全集团职工参与志愿捐赠，累计捐款45万元，医用物资5万余件；结合文化理念宣讲和专题党课，广泛宣传企业工匠、道德模范等典型事迹；各单位认真开展线上道德讲堂，大力弘扬社会公德、职业道德、家庭美德和个人品德；加强精神文明创建，积极对接属地文明委，做好文明单位申报、创建工作。所属五公司连续获评青岛市级文明单位标兵，并于2020年获评山东省级文明单位。党委结合实际制定周密学习计划，把习近平新时代中国特色社会主义思想作为核心课，党委理论中心组集体学习10场次，针对4个企业发展主题进行集中研讨3次。认真做好2019—2020年两级政研课题的撰写、答辩等工作。积极思考探索，把党的十九届四中、五中全会精神融入课题研究实践中，丰富完善政研成果。两篇理论文章《融入国家战略、提升发展品质》《让优秀文化为品质提升“塑形铸魂”》在《中国铁道建筑报》重点刊发。政研课题“项目党建深度融入中心工作的探索与研究”在中国铁建党建政研会2019—2020年度优秀政研成果评选中获评二等奖，中铁二十五局获评优秀组织单位。全年在中央级媒体刊稿1112篇，省部级媒体刊稿1538篇。央视报道52条，股份公司媒体刊稿832篇，斯里兰卡、白俄罗斯等国家级媒体频繁亮相，展示中企良好形象。“渝怀铁路舞水湾滩特大桥合龙”被央视《新闻联播》《新闻直播间》等节目报道11次。《人民日报》头版劳动者主题文章报道集团南沙港铁路施工情况。微信公众号推送专题216篇，策划“国庆施工大干”“深圳特区40年”“抗美援朝70周年”等专题，被“学习强国”学习平台、“中国铁建”强国号、微博等转载。抖音推送短视频23条，合计播放量50余万次。《华南铁道建筑》出版24期，总部LED宣传屏推出“全会精神应知应会”“企业文化理念解读”等专栏。

纪检监察工作。讲政治、履职责，政治监督常态化有效落实。出台《各级纪检组织加强政治监督的指导意见》，为推动政治监督落地见效提供制度遵循。把疫情防控工作的监督作为政治监督的重要内容，成功做到零报告、零感染、零病例；抓住关键岗位、关键对象、关键事项，密切关注违反中央八项规定精神和“四风”问题的新形势、新动向，发现问题快速叫停，查实的两起违反中央八项规定精神案件，责任人进行严肃问责，点名道姓通报曝光；认真开展扶贫领域作风监督，发现问题6个，及时督促整改落实；持续关注领导人员及其亲属违规经商办企业问题，督促4514人自查自纠、立行立改，2人主动申报问题，涉及金额428万元；对1名责任人进行纪律处分。定举措、抓落实，“两个责任”具体化有效落地。坚持签订党建工作责任书、党风廉政建设责任书，实行“目标、任务、措施、成效”清单化管理；认真落实“四个全覆盖”要求，两级党委书记、纪委书记开展约谈提醒187场次、1213人次，推动管党治党政治责任落实；加强对职能部门的“再监督”，全面推行“四凡四必”工作机制，约谈职能部门相关人员31人次，向职能部门提出工作建议22条，对18名相关人员进行提醒谈话；对“两个责任”落实不力的4名责任人问责追责、通报曝光。敢动真、勇碰硬，执纪问责力度持续加大。全年立案52件，结案49件，给予提醒谈话34人，诫勉谈话22人，党纪政纪处分92人。通过执纪审查工作挽回直接经济损失508.9万元，对相关责任人处经济赔偿28.1万元。全程参与企业党委会、总经理办公会，提出监督意见建议24条；参与重要人事初始酝酿83次，对304名拟提拔人选的选任进行监督，出具廉洁评价意见305人次，对7名干部提出暂缓提拔或不予提拔意见；通过开展“一案一建议”“一季一建议”等方式，完善制度办法77项，不断扎紧制度笼子，规范履职用权。强监督，悬利剑，巡视巡察成果更加凸显。集团公司党委成立7个巡察组对所属26家单位开展新一轮巡察，累计发现各类问题940个，移交立行立改问题76个，给予党政纪处分2人，组织处理63人；对股份公司党委2019年常规巡视反馈的56个问题，整改43个，对其他13个需要较长时间整改的问题制定并细化整改措施；移交的32条问题线索全部处置完毕；2020年股份公司党委财务资金管理专项巡视移交的18个立行立改问题全部整改到位，督促相关领导人员退回奖金31万余元；深化巡视巡察成果运用，建立完善各类制度45项。重教育、筑防线，廉洁从业氛围日趋浓厚。坚持利用重要会议、业务培训、讲廉洁党课等时机，专门安排作风建设内容，以典型案例为警示，强化警示提醒，提高思想认识；盯牢春节、端午、中秋等关键时间节点，通过召开节前教育会、编发廉洁提醒信息、发送廉洁过节提醒卡等形式，多念“紧箍咒”、及时“扯袖子”；在局报开设“以案明纪”专栏，刊发典型案例12篇，在《周观二十五局》清风廉语专栏推送廉洁小故事24篇。夯基础、促提升，自身建设进一步加强。完善组织机构，配齐配强纪检干部，两级纪委增加纪检干部6人；出台《集团公司纪委和所属各单位纪(工)委报告工作办法》《查办腐败案件向集团公司纪委报告的实施办法(试行)》，制定监督执纪审查保密、安全等相关制度4项，理顺机制、规范工作；通过内外培训、座谈交流、业务交底、跟班学习、实战锻炼等方式，提升纪检干部履职能力；通过岗位交流、述职评议、履职考核等方式，推动纪检干部聚焦主业、履职担当。

工会工作。工会组织覆盖率、工会干部配备率、两级工会会员大会召开率100%。集体合同、企务公开等制度基本落实，各单位集体合同签订率100%。深入开展“解决小诉求，凝聚大力量”活动，两级工会主席上岗接待来访员工185次，回访185次，为员工解决困难185件，帮助困难员工151人次。两级工会筹集“送温暖”资金235.6万元，慰问困难职工家庭1386人次，全年发放助学金21.1万元，资助106名困难职工子女，解决12名长期为企业服务的农民工子弟上学难问题，为31名患病职工发放大病救助款184.6万元；全年投入建家建线资金650余万元。集团公司获全国安康杯优胜单位奖，五公司获广东省优胜单位奖，一公司南沙港项目部获广东省优胜班组奖；全年受上级表彰集体20个、个人11人，3人被授予省级五一劳动奖章，3人被授予工人先锋号奖章。新挂牌创新工作室12个，其中4个工作室获省、市及股份公司挂牌。成功举办广东省盾构机操作职工职业技能大赛，5名选手获评广东省“技术能手”。

共青团工作。下辖子分公司团委10个，团支部135个，专兼职团干351人。35岁以下青年4520人，其中团员2631人。抓思想引领，有效凝聚青年之心，依托主题团课、青工夜校、青年微讲堂等载体，开展“青年大学习”224场次，“双百调研”行动全面了解青年所思所想，“奋进新时代、逐梦新征程”演讲比赛激励青年积极作为；抓建功立业，全面展现青年之力，开展“防疫稳产、确保目标、青年先行”主题活动，成立青年突击队26支，“青年安全质量杯”活动在55个项目落地，创建青年创新工作室3个；抓服务提升，积极回应青年所盼，“双导师带徒”品牌工作全面开展，“双推优”工作有序推进，开展青年联谊9场次、志愿者服务119场次；抓强基固本，不断夯实组织职能，启动示范团支部创建工作，实行子分公司团委负责人“轮值”和月度计划、总结和例会制度，培训团干210人次，2名团干参加中央团校进修班，团的基础工作得到加强。

（赵　洁　张　婷　付晶晶）

【西北分公司】 2010年8月21日成立。驻陕西省西安市未央区文景路15号。党委书记谌勍，总经理李新献。职工450人。资产总额18.04亿元。其中，固定资产原值1.31亿元、净值0.39亿元，流动资产17.01亿元，其他资产0.64亿元。设备349台。设备原值6341万元、净值3574.9万元，总功率3.1万千瓦，动力装备率69.54千瓦/人，技术装备率6.1万元/人，设备成新率51.67%、利用率86.87%，机械化施工程度87.7%。

2020年，承揽工程任务41.62亿元，施工产值19.6亿元。净利润5100万元。全员劳动生产率24.61万元/（人·年），职工年人均收入13.95万元。

（杨丹丹）

【第一工程有限公司】 拥有铁路工程施工总承包，建筑、公路工程施工总承包三级，桥梁、隧道工程专业承包一级，地基基础、公路路基工程专业承包三级资质。原名中铁二十五局集团广州铁路工程有限公司，2012年3月16日更名。驻广东省广州市越秀区桂花岗东2号。党委书记张建平，执行董事、总经理陈宗国。职工1219人。资产总额363907.22万元。其中，固定资产原值60631.45万元、净值10003.02万元，流动资产347525.07万元，其他资产16382.15万元。机械动力设备1380台（套）。设备原值38764万元、净值10049万元，总功率35500千瓦，动力装备率28.7千瓦/人，技术装备率8.12万元/人，设备完好率100%、利用率75.76%。

2020年，承揽工程任务75.62亿元，产值30.61亿元，净利润156.03万元，职工年人均收入10.33万元。

（曾馨平）

【第二工程有限公司】 拥有市政公用工程施工总承包一级，铁路工程施工总承包二级，建筑、公路工程施工总承包三级，桥梁工程专业承包一级，隧道工程专业承包二级，公路路基工程专业承包三级及军工涉密资质。前身系成立于1952年的广州铁路集团第二工程公司。驻江苏省南京市栖霞区仙林街道齐民路6号。党委书记、执行董事纪青春，总经理王发明。职工1116人。资产总额193813.65万元。其中，固定资产原值13656.08万元、净值3374.56万元，流动资产158888.39万元。机械动力设备814台（套）。设备原值7795.53万元、净值2282.91万元，总功率24409.05千瓦，动力装备率21.87千瓦/人，技术装备率2.05万元/人，设备完好率74.43%、利用率72.17%。

2020年，承揽工程任务62.26亿元，产值17.6亿元，净利润1005.01万元，职工年人均收入10.4万元。

（钟艳萍）

【第三工程有限公司】 拥有铁路、市政公用工程施工总承包一级，建筑工程施工总承包二级，公路工程施工总承包三级，桥梁、隧道工程专业承包一级资质。前身系成立于1952年的广州铁路局第三工程公司。驻湖南省长沙市雨花区雨花路88号裕华名苑4栋大鸿杰座。党委书记、执行董事王革新，总经理、党委副书记谌荣华。职工1378人。资产总额213826.65万元。其中，固定资产原值31893.02万元、净值9937.67万元，货币资金26798.66万元，流动资产197760万元。机械动力设备1494台（套）。设备原值23338万元、净值8862万元，总功率35600千瓦，动力装备率27.7千瓦/人，技术装备率6.9万元/人，设备成新率37.98%。

2020年，承揽77.54亿元，产值30.5亿元，利润2304.06万元，职工年人均收入13.23万元。

（李检妹）

【第四工程有限公司】 拥有铁路、公路、市政公用、建筑工程施工总承包一级，桥梁、隧道工程专业承包一级，地基基础、起重设备安装、电子与智能化、消防设施、防水防腐保温、建筑装修装饰、建筑机电安装、古建筑、城市及道路照明、环保工程专业承包一级，营业性爆破作业单位许可证二级，铁路电务工程专业承包三级，军工涉密业务咨询服务安全保密条件备案和各类检测资质。前身系成立于1953年的柳州铁路管理局基本建设施工总队；2001年11月，改制改称柳州铁路工程（集团）有限责任公司；2003年11月，划转中国铁道建筑总公司管理；2011年12月，更名为中铁二十五局集团第四工程有限公司。驻广西壮族自治区柳州市和平路138号。执行董事、党委书记张恩桥，总经理、党委副书记来荣国。职工1656人。资产总额499367万元。其中，固定资产原值33170万元、净值9285万元，流动资产451231万元，其他资产38851万元。设备352台（套）。设备原值9213.49万元、净值3703.81万元，总功率28667.7千瓦，动力装备率24.13千瓦/人，技术装备率3.13万元/人，设备完好率36%、利用率88.36%，机械化施工程度91.65%以上。

2020年，承揽104亿元，产值44.51亿元，利润4339万元，职工年人均收入13.85万元。（王若仙）

【第五工程有限公司】 拥有市政公用工程施工总承包一级，建筑工程施工总承包二级，桥梁、隧道工程专业承包一级，地基基础工程专业承包三级，预拌混凝土专业承包不分等级，军工涉密业务咨询服务安全保密条件备案等资质。前身系中铁二十五局集团有限公司北方分公司；2011年11月，注册成立中铁二十五局集团第五工程有限公司，由分公司变更为子公司管理；2014年9月，与轨道公司合并重组。驻山东省青岛市崂山区科苑纬三路25号青岛铁建大厦。执行董事、总经理、党委副书记张旭海，党委书记马国松。资产总额250881.41万元。其中，固定资产原值65124.76万元、净值24153.71万元，流动资产180066.71万元，其他资产46660.99万元。设备1397台（套）。设备原值60920.33万元、净值30719.66万元，总功率57800千瓦，动力装备率55.26千瓦/人，技术装备率29.37万元/人，设备完好率82.75%、利用率61.98%。

2020年，承揽72.3亿元，产值52.59亿元，利润15607万元。职工年人均收入12.33万元。（蔡璨）

【电务工程有限公司】 拥有铁路电务、铁路电气化工程专业承包一级，机电工程施工总承包二级，电子与智能化、输变电、公路交通工程（公路机电工程分项）专业承包二级，通信、铁路、电力、建筑工程施工总承包三级，建筑机电安装工程专业承包三级，承装（修、试）电力设施业务承装类四级，承修类四级许可资质。2004年8月由原广州铁路集团广州电务分公司和长沙电务分公司重组而成。驻广东省广州市黄埔区观虹路8号。执行董事、总经理、党委副书记张海军，党委书记王树峰。职工473人。资产总额13.89亿元。其中，固定资产306.19万元，流动资产132208.28万元，无形资产95.7万元。设备121台（套）。设备原值947.5万元、净值255.9万元，总功率4435.15千瓦，动力装备率8.8千瓦/人，技术装备率0.51万元/人，设备完好率93%、利用率98%，机械化施工程度74%。

2020年，承揽12.16亿元，产值16.01亿元，利润1041.4万元，职工年人均收入12.75万元。（刘露雪）

【房地产开发有限公司】 驻天津市东丽区先锋路61号汇城科技大厦。执行董事、总经理朱心站（12月免），党委书记周宏亮（12月免），执行董事、党委书记朱心站（12月任），总经理、党委副书记黄志强（12月任）。职工131人。资产总额271705.5万元。其中，非流动资产24537.34万元，流动资产247168.14万元。

2020年，营业收入4149.1万元，净利润936.2万元。（刘峰）

【南方实业开发有限公司】 2007年8月26日成立，在原中铁二十五局南方物业有限公司基础上，通过吸收原长沙南方置业有限公司、柳州南方贸易物业有限公司以及集团公司多元发展中心合并而成。驻广东省广州市越秀区福今路6号。执行董事、总经理刘建国，党委书记程升。职工326人。资产总额150546.34万元。其中，固定资产原值8523.98万元，流动资产129349.08万元，其他资产21197.26万元。

2020年，经营收入产值17.46亿元，净利润1968.87万元。（左馨茹）

【广州铁诚工程质量检测有限公司】 拥有交通运输公路工程综合乙级试验检测机构资质，广东省住房和城乡建设厅建设工程质量检测机构资质；通过国家认证认可监督管理委员会CMA计量认证，广东省高新技术企业、广州市企业研发机构认证；建设工程质量检测机构信用“AA”等级，公路交通工程综合乙级检测机构资质信用评价A等级。1954年1月成立。驻广东省广州市越秀区机务段大街303号首层。党工委书记、执行董事陈外联，总经理李骞。职工77人。

2020年，营业收入2660.05万元，净利润220.37万元。（伍振基）

【中铁建大湾区建设有限公司】 拥有市政公用工程施工总承包三级，消防设施、建筑装修装饰、建筑机电安装、起重设备安装、防水防腐保温、古建筑、城市及道路照明、环保、电子与智能化、地基基础专业承包资质。2018年10月30日成立。驻广东省广州市南沙区进港大道南1号中国铁建·环球中心。党委书记、执行董事高旭超，总经理谢碧辉。职工363人。资产总额13.77亿元。其中，固定资产原值2500万元、净值600万元，流动资产125900万元，其他资产8700万元。各类设备58台（套）。

2020年，新签合同额73.49亿元，产值17.48亿元，净利润2221万元，职工年人均收入13.501万元。（邓静）

【重要记载】

▲4月22日　中铁二十五局与山东省济南市济阳区人民政府签订战略合作协议。

▲6月11日　中铁二十五局与河南工业技术研究院签署战略合作协议。

▲8 月 11 日　中铁二十五局在广州举办首届盾构机操作技能大赛。

▲9 月 22 日　中铁二十五局参建的云桂铁路获中国土木工程詹天佑奖。

▲10 月 28—29 日　广东省(2020 年盾构机操作)职工职业技能大赛在中铁二十五局广州地铁 18 号和 22 号线项目举办。（李　婷）

中铁建设集团有限公司

【简况】　建筑工程施工总承包特级和市政公用工程施工总承包特级“双特级”企业；拥有机电、铁路工程施工总承包一级，水利水电工程施工总承包三级，机场场道、钢结构、建筑机电安装、地基基础、建筑装修装饰、电子与智能化工程专业承包一级，公路交通工程(公路安全设施)、公路交通工程(公路机电工程)、消防设施工程专业承包二级，预拌混凝土专业承包不分等级，工程设计市政行业甲级，工程设计建筑行业(建筑工程)甲级资质。前身系中国人民解放军铁道兵独立建筑团 89134 部队；1984 年 1 月，集体转业，先后称铁道部工程指挥部建筑工程处、中国铁道建筑总公司北京工程公司、北京中铁建筑工程公司；2001 年 8 月，改制为北京中铁建设有限公司；2003 年 12 月，更名为现名。注册资本金 350297.09 万元。总部驻北京市石景山区石景山路 20 号中铁建设大厦。下辖区域公司 8 个、事业部 3 个、专业分子公司 7 个，以及国内指挥部 11 个、国别(地区)指挥部(公司)6 个。职工 9862 人。资产总额 764.97 亿元，其中流动资产653.76亿元。机械设备 1905 台(套)。设备原值 38028 万元、净值 12614 万元，总功率 8.1 万千瓦，技术装备率 0.8 万元/人，动力装备率 8.35 千瓦/人，综合新度系数 33%。年施工生产能力超过 7000 万平方米。

2020 年，新签合同额 1667.36 亿元，营业收入 720.23 亿元，净利润 10.45 亿元。国有资本保值增值率 113.49%，净资产收益率 9.09%，资产负债率 84.98%。获各种工程质量奖项 162 项，其中国家级 45 项、省部级竣工 32 项、省部级结构 34 项、地市级竣工 20 项、地市级结构 31 项。获各等级科学技术奖 8 项，其中省部级科学技术奖 2 项、中国施工管理协会科学技术奖 3 项、中国铁建科学技术奖 3 项。获专利授权 343 项，其中发明专利授权 11 项。获各等级优秀 QC 小组(成果)236 项，其中国家级 24 项、省部级 165 项。获各类文明安全施工荣誉 119 项。董事会规范运作考评在中国铁建工程板块排名第一位，党建工作责任制考评首获“优秀”等级。获评全国模范之家、“十三五”中国企业文化建设典范组织、中国建筑钢结构行业诚信企业、2020 年度工程建设诚信典型企业、企业信用评价 AAA 级信用企业。（李　颖）

【领导人员】

董事会

董事长　赵　伟(12 月免)
副董事长(正职待遇)　王　涛
董事　梅洪亮(12 月主持董事会工作)
陈有忠
于久龙
王宏斌
周　蕾

监事会

监事会主席　束纯剑
监事　李宏伟
刘悦昕

经理层

总经理　梅洪亮
副总经理　陈有忠
于久龙
吴永红
沈天丽
赵向东
孙洪军
李　擘
钱增志
蔺文虎
总工程师　钱增志(兼)
总会计师　蔺文虎(兼)

党群领导

党委书记　赵　伟(12 月免)
党委副书记　梅洪亮(12 月主持党委工作)
王宏斌
纪委书记　束纯剑
工会主席　陈有忠

（申彦涛）

【职工队伍】　职工 9862 人，其中女职工 1660 人。博士研究生学历 12 人、硕士研究生学历 438 人、本科学历 6620 人、大专学历 1733 人。各类专业技术职务人员6073人。正高级职称71人、高级职称575人、中级职称2174人、初级职称2833人、员级职称374人、高级技师28人、技师18人。总包单位项目经理260人。2020年接收应届毕业生775人,社会招聘38人。

(王　超)

【工程施工】 人民日报社小红门职工住宅项目(1号住宅楼等12项)工程　位于北京市朝阳区,建筑面积113507平方米。合同投资57500万元。合同工期2020年6月30日至2022年12月2日。2020年完成施工产值2000万元。

中直安惠职工住宅(小关北里43号)工程　位于北京市朝阳区,建筑面积212304.51平方米。合同投资93400万元。合同工期2020年5月1日至2022年8月18日。2020年完成施工产值14073.47万元。

容东片区D1组团安置房及配套设施工程　位于河北省雄安新区,建筑面积1162400平方米。合同投资450000万元。合同工期2020年7月9日至2021年8月9日。2020年完成施工产值128142万元。

中国医学院肿瘤医院工程　位于北京市朝阳区,建筑面积68760平方米。合同投资43946万元。合同工期2018年2月24日至2020年6月12日。工程已竣工。2020年完成施工产值8814.2万元。

北京环球影城主题公园项目4标段工程　位于北京市通州区,建筑面积16378平方米。合同投资120131.77万元。合同工期2018年8月23日至2020年10月31日。2020年完成施工产值39914万元。

北京环球影城主题公园配套建设(一期)项目(诺金度假酒店等2项)　位于北京市通州区,建筑面积53444平方米。合同投资39036.42万元。合同工期2019年2月15日至2020年10月15日。2020年完成施工产值42244.54万元。

总公司住宅楼(东西区)工程　位于北京市海淀区,建筑面积103993.25平方米。合同投资49887.69万元。合同工期2019年1月12日至2022年1月22日。2020年完成施工产值625万元。

新建北京至沈阳铁路客运专线北京段顺义西站、怀柔南站、密云站站房工程　位于北京市顺义区,建筑面积31462.41平方米。合同投资53696.75万元。合同工期2019年4月1日至2020年9月30日。工程已竣工。2020年完成施工产值9012万元。

葛沽镇定向安置房2018-04工程　位于天津市津南区,建筑面积332786平方米。合同投资76874.57万元。合同工期2019年1月15日至2021年8月30日。工程已竣工验收。2020年完成施工产值53330万元。

青州博物馆工程　位于山东省青州市,建筑面积50934平方米。合同投资69149万元。合同工期2020年9月28日至2023年2月10日。2020年完成施工产值12933万元。

乌鲁木齐宝能城工程　位于新疆维吾尔自治区乌鲁木齐市,建筑面积106.47万平方米。合同投资22.11亿元。合同工期2016年6月1日至2024年12月1日。2020年完成施工产值17094万元。

杭州市富阳区春北安置小区A区块工程　位于浙江省杭州市,建筑面积21.47万平方米。合同投资83689万元。合同工期2020年5月20日至2022年12月19日。2020年完成施工产值12093万元。

杭州市富阳区春北安置小区B区块工程　位于浙江省杭州市,建筑面积42.24万平方米。合同投资161165万元。合同工期2020年5月20日至2022年12月24日。2020年完成施工产值27159万元。

瑞虹天悦项目7号地块工程　位于上海市虹口区,建筑面积23.68万平方米。合同投资117635万元。合同工期2019年11月30日至2022年4月9日。2020年完成施工产值19452万元。

新建赣深铁路广东段站房工程　位于广东省河源市,建筑面积156640.72平方米。合同投资87225万元。合同工期2020年4月10日至2021年7月11日。2020年完成施工产值16891万元。

珠海铁建广场工程　位于广东省珠海市横琴新区,建筑面积298075平方米。合同投资213111万元。合同工期2018年1月20日至2021年8月28日。2020年完成施工产值27944万元。

珠海铁建梧桐苑工程　位于广东省珠海市香洲区,建筑面积230077平方米。合同投资115890万元。合同工期2018年9月7日至2021年4月30日。2020年完成施工产值31936万元。

佛山苏宁广场项目一期总部办公楼、二期购物中心、A、B栋公寓、三期步行商业街及C、D栋公寓、四期地标塔楼及酒店主体及配套建设工程　城市综合体,位于广东省佛山市,建筑面积303217平方米。合同投资79000万元。合同工期2019年5月10日至2023年4月19日。2020年完成施工产值19440万元。

新建兴国至泉州铁路兴国至宁化段、宁化至泉州段房屋建筑及配套工程　位于福建省泉州市,建筑面积174198平方米。合同投资82081万元。合同工期2020年2月1日至2021年9月30日。2020年完成施工产值32559万元。

广州市妇女儿童医疗中心南沙院区工程　位于广东省广州市,建筑面积155923平方米。合同投资

99250 万元。合同工期 2020 年 2 月 10 日至 2021 年 12 月 30 日。2020 年完成施工产值 28799 万元。

川东北科技创新培训基地项目(一期)　位于四川省南充市,建筑面积 138181 平方米。合同投资 50000 万元。合同工期 2020 年 3 月 26 日至 2021 年 7 月 23 日。2020 年完成施工产值 27429 万元。

新建敦化至白河铁路长白山站、永庆站站房及客服信息系统集成工程　位于吉林省白河市,建筑面积 67904.63 平方米。合同投资 52479 万元。合同工期 2020 年 2 月 19 日至 2021 年 8 月 30 日。2020 年完成施工产值 30435 万元。

北京朝阳站站房及相关工程　位于北京市朝阳区,建筑面积 182627 平方米。合同投资 281161 万元。合同工期 2018 年 9 月 1 日至 2020 年 12 月 31 日。2020 年完成施工产值 93201 万元。

新建川藏铁路拉萨至林芝段站房及相关工程施工总价承包 LLZF1 标段　位于西藏自治区山南市,建筑面积 73580.49 平方米。合同投资 56981 万元。合同工期 2019 年 7 月 1 日至 2021 年 7 月 31 日。2020 年完成施工产值 36685 万元。

北京至雄安城际铁路雄安站、动车所工程　位于河北省保定市,建筑面积 78064.4 平方米。合同投资 53585 万元。合同工期 2019 年 10 月 30 日至 2020 年 12 月 25 日。2020 年完成施工产值 46583 万元。

北京城市副中心站综合交通枢纽 01 标段工程　位于北京市通州区,建筑面积 151999 平方米。合同投资 162643 万元。合同工期 2018 年 8 月 1 日至 2024 年 10 月 31 日。处于施工准备阶段。

合安铁路 HAZH－11 标段工程　位于安徽省合肥市,建筑面积 36987 平方米。合同投资 39583 万元。合同工期 2019 年 7 月 1 日至 2020 年 12 月 16 日。2020 年 12 月 22 日通车。2020 年完成施工产值 32063 万元。

新建盐城至南通铁路站房及相关工程　位于江苏省南通市,建筑面积 46979.65 平方米。合同投资 24340 万元。合同工期 2019 年 12 月 20 日至 2020 年 12 月 28 日。2020 年 12 月 30 日通车。2020 年完成施工产值 19481 万元。

新建太原至焦作铁路山西段站房、生产生活房屋及配套工程 TJZF－2 标段　位于山西省晋城市,建筑面积 60948 平方米。合同投资 63036 万元。合同工期 2019 年 10 月 15 日至 2021 年 5 月 31 日。2020 年 12 月 12 日通车。2020 年完成施工产值 55506 万元。

安庆至九江铁路江西段庐山站工程　位于江西省九江市,建筑面积 59482 平方米。合同投资 76863 万元。合同工期 2020 年 9 月 30 日至 2024 年 9 月 30 日。处于基础施工阶段。

新建鲁南高速铁路菏泽至曲阜段站房及相关工程 QHZF－2 标段　位于山东省菏泽市,建筑面积 59576 平方米。合同投资 121101 万元。合同工期 2020 年 6 月 22 日至 2021 年 11 月 22 日。2020 年完成施工产值 34392 万元。

新建玉溪至磨憨铁路站房及生产生活房屋等相关工程 YMZF2B 标段　位于云南省昆明市,建筑面积 154052 平方米。合同投资 87596 万元。合同工期 2020 年 5 月 1 日至 2021 年 10 月 31 日。2020 年完成施工产值 15032 万元。

太原至焦作铁路河南段站房及客服工程施工总价承包 TJZF－I 标段　位于河南省焦作市,建筑面积 24018.18 平方米。合同投资 13786 万元。合同工期 2020 年 1 月 1 日至 2020 年 12 月 31 日。2020 年 12 月 12 日通车。2020 年完成施工产值 13391 万元。

益州大道南延线工程　位于四川省成都市,全长 3.62 千米。合同投资 135062 万元。合同工期 2017 年 8 月 30 日至 2021 年 12 月 31 日。2020 年完成施工产值 35704 万元。

杭黄铁路富阳站站前广场 EPC 总承包工程　位于浙江省杭州市。合同投资 45555 万元,合同工期 2018 年 11 月 1 日至 2020 年 10 月 31 日。主要工程量:地下室 25100 平方米,亭山路下穿隧道、亭山路及公交场站、广场景观绿化 40696 平方米。2020 年 9 月 29 日竣工。2020 年完成施工产值 17330 万元。

北京新机场临空经济区市政交通配套工程大礼路(大广高速—京台高速)道路及综合管廊工程(4 标段)　位于北京市大兴区,全长 1.86 千米。合同投资 46396 万元。合同工期 2018 年 6 月 1 日至 2021 年 6 月 30 日。2020 年完成施工产值 7515 万元。

石家庄市城市轨道交通 3 号线二期装修、常规设备安装工程　位于河北省石家庄市,全长 4.6 千米,建筑面积 51656 平方米。合同投资 14551 万元。合同工期 2020 年 3 月 1 日至 2021 年 4 月 6 日。2020 年完成施工产值 9481.33 万元。(李　颖)

【境外工程施工】　新建铁路磨丁至万象线站房及相关工程 Laos－China FJSG 2 标段　位于老挝,建筑面积 69125 平方米。合同投资 39193.16 万元。合同工期 2020 年 4 月 1 日至 2021 年 9 月 30 日。主要工程量:站房 10 座。2020 年完成施工产值 12932.8 万元。

新建铁路磨丁至万象线站房及相关工程 Laos－China FJSG 3 标段　位于老挝,建筑面积 58384.6 平方米。合同投资 50724.57 万元。合同工期 2020 年 4 月 1 日至 2021 年 9 月 30 日。主要工程量:站房 5 座及总部基地。2020年完成施工产值20020.12万元。

援柬埔寨特本克蒙省医院项目　位于柬埔寨特本克蒙省新区，建筑面积24300平方米。合同投资27318.85万元。合同工期2019年2月28日至2021年10月27日。2020年完成施工产值12835万元。

新山加冕广场5号楼塔办公楼房建项目　位于马来西亚新山市，建筑面积89288平方米。合同投资32944.1万元。合同工期2019年2月18日至2021年6月30日。2020年完成施工产值6969.67万元。

巴新新爱尔兰卡维恩体育场项目　位于巴新新爱尔兰省卡维恩市。合同投资1907.57万元。合同工期2020年5月14日至2021年11月13日。2020年完成施工产值679.68万元。

巴新新爱尔兰省10栋议会厅项目　位于巴布亚新几内亚新爱尔兰省。合同投资930.33万元。合同工期2020年5月14日至2021年8月13日。2020年完成施工产值279.78万元。

巴新莱城面粉厂项目(一期)　位于巴布亚新几内亚莫罗贝莱城市机场高速，建筑面积23915平方米。合同投资14763.16万元。合同工期2019年10月9日至2021年7月3日。2020年完成施工产值7731.2万元。

巴新莱城面粉厂项目(二期)　位于巴布亚新几内亚莫罗贝莱城市机场高速，建筑面积25602平方米。合同投资19791.32万元。合同工期2020年7月7日至2021年12月31日。2020年完成施工产值1696.62万元。

新爱尔兰省议会大厦项目　位于巴布亚新几内亚新爱尔兰省，建筑面积1646平方米。合同投资2322.1万元。2020年9月16日竣工。合同工期2019年7月3日至2020年12月31日。（吴经纬）

【经营管理】　经营承揽。按照“高质量再发展”要求，践行“品质铁建”，以制度建设为主线，以绩效考核为抓手，持续加强区域经营体制建设，做强区域经营、做优专项经营、做实统筹经营；围绕“三热一重”(热点区域、热点行业、热点系统、重点客户)，深化铁路工程、军民融合等专项经营，强化“三大”(大市场、大客户、大项目)经营，发挥“四驱联动”，有效提升经营效能和效果。全年铁路工程中标15个标段31座站房，坐实铁路站房建设市场主力军地位。中老铁路站房项目取得境外铁路业务突破，同时带动开辟新的国别市场，成为中铁建设践行“海外优先”战略的代表之作。统一协调经营资源，建立高效的指挥作战系统，中标雄安容东片区安置房工程(中标金额82亿元)、北京城市副中心交通枢纽(中标金额72亿元)等重大项目，经营承揽平均合同额6.36亿元，超过10亿元的大项目达到22个，为提升履约管理水平提供良好条件。持续开展经营体系强基固本和经营工作管理提升，围绕土地、工程承包、资本运营三个方面的经营工作职能和履约监管要求，深化实施区域布局、集约管理、“揽干管”有效衔接的模式，完善总部统筹、区域指挥、省市作战的三级架构，完善指挥部职能平台的专业化建设。全年新签合同额1667.36亿元，获评中国铁建经营工作先进单位、新兴产业经营先进单位(建筑装饰装修)。

投资管理。认真履行资本运营管理、房地产管理两大方面主要管理职能，体系建设有序推进，立足实际，夯实投资管理基础工作，积极推动资本运营业务发展。全年中标新建鲁南高速铁路菏泽至曲阜段站房及相关工程和济南市钢城区文体中心PPP项目等12个项目，实现投资拉动154.68亿元；大项目承揽方面，中标总投资额300亿元的广东省揭阳市新河社区三旧改造项目，拉动值174亿元。全年实现投资拉动额328.68亿元。

工程管理。在施总承包工程454个，在施面积7013万平方米。新进场工程273个，竣工工程111个，竣工面积944万平方米。工程项目遍布全国32个省(自治区、直辖市)。坚持以履约为主线开展各项工作，确保集团公司生产任务的顺利完成。以提升企业经济效益为目的，狠抓项目策划成本、“一张表”动态核算管理、过程确权、竣工结算、合同评审，促进收支平衡，积极推进建立成本费用控制标准建设，全年完成竣工结算105项，结算金额242亿元，结算利润率6.17%。以服务生产、降本增效为目标，以信息化建设为手段，深入有序推进集团、二级单位两级集采，全年完成22个品类物资的战略采购。其中，完成“木胶合板、施工用配电箱”等8个集团本级战采品类，完成“钢材、水泥”等12个集团授权战采品类，完成2个区域公司“塔吊租赁”的联合集采品类。加强技术质量体系建设，强制推行161项实体质量标准化工艺的应用，逐步提升工程标准化程度，完善工程质量隐患治理体系，规范实体质量检查动作，全年总承包工程竣工验收合格率100%，专项承包工程相关分部竣工验收合格率100%，未发生五级及以上质量事故，无较大及以上负面社会影响事件。强化全员安全生产责任制落实，深入开展风险管控和隐患排查治理，扎实开展安全专项整治三年行动，持续推进安全标准化建设。全年安全生产形势稳定，无一般及以上生产安全事故发生。

房地产开发。全年跟踪有效土地信息150宗，形成可研报告54个，重点推进项目25个，完成土地储备59.12亿元，新获取项目8个。首次进入江西市场，以底价获取南昌师大团购房项目，一年内实现资金回正。

聚焦回购和销售项目同时发力，获取温州C30、D32、D11、白塘口、天津C10地块，在温州和天津市场竖起滚动发展大旗。合作开发三亚城投大厦和武汉华中总部项目，成功挺进三亚和武汉市场。

物流贸易。坚持“高产值、高利润”，盯紧热点区域、热点行业、热点系统和重点客户“三热一重”市场，全年累计销售钢材461万吨。针对核心客户开展全国性合作，中标中建股份华北、华南、西南等8个大区的钢材集采招标，中标中交股份2020年度钢材、型板材、水泥全国战略供应商。推动集采资源库的建立完善，形成以厂家为核心的采购模式，以量换价，以现议价，真正实现降本增效。新增集采单位207家，其中钢材类97家、水泥类17家、型板材类40家、二三类17家、防疫物资类10家、其他类(国际贸易)26家。

财务管理。围绕“品质提升年”目标定位，全力克服新冠肺炎疫情不利影响，持续推动财务管理转型升级和价值再造。以专项整治夯实内部管控，提升资金风险防控；以“三抓两防”压控“两金”，助力企业提质增效；推进金融创新，提升金融保障能力；强化税务策划，提升税务风险防控；依托共享中心推进业财融合，促进财务转型升级；优化顶层设计，筑牢风险防线；深挖财会学会职能，推进人才梯队建设；强化预算管理，发挥引领职能；优化财务绩效指标，发挥考评导向作用。搭建“一体两翼”和“纵向和横向相结合”的一体化财务综合管理体系，完善“财务监管和纪委监督相结合”财务内控风险防范体系，推行财务监察(监察)常态化监督体系，建立财务部门和财务人员岗位廉洁风险防控排查机制。获37家国内外银行超过700亿元的综合授信，同比增幅47.99%；新增表外融资174.02亿元，年平均融资成本同比下降1.15个百分点，财务成本降低2.18亿元；使用票据及供应链金融产品等非现金支付工具265亿元，为供应商让利1.48亿元；开立投标、预付款及履约保函620余笔，总金额75.32亿元，同比增长70.99%；保障投资支出60.12亿元；实现税务创效2.1亿元。获评纳税信用A级单位、石景山区纳税百强企业、AAA级银行信用等级，获AA+级市场融资主体资格。在“品质铁建杯”2020年财税知识竞赛中获得团体铜牌、优秀组织单位奖、个人赛1银3铜成绩。

审计管理。构建“一项基础制度，八个业务标准”的制度体系，审计基础制度进一步完善。全年完成审计项目77项，出具审计报告101份，包括年度绩效审计19项、离任经济责任审计11项、竣工工程审计21项、重点项目审计4项、任中经济责任审计1项、专项业务审计6项、跟踪审计9项、专项审计调查6项。投入审计总工天4629天，提出审计建议449条，被采纳434条。

(李　颖)

【企业管理】　战略管理。重点开展“十四五”规划研究和编制工作，发布《关于做好“十四五”发展战略与规划编制工作的通知》，成立“十四五”发展战略与规划领导小组，发布“十四五”规划编制实施方案，明确编制工作实施步骤、任务分工以及二级单位开展战略规划相关要求。组织召开“十四五”规划编制工作启动会。组织开展对集团领导、总部部门负责人、相关二级单位的调研访谈工作以及相关战略专题研究，完成“十三五”战略执行情况及问题诊断、外部市场环境分析、企业对标分析、“十四五”战略规划报告(初稿)等成果。

组织架构调整。撤销物资设备部，单独设立集采中心，负责履行集团公司物资设备、劳务分包、专业分包的战略集采职能和对二级单位集采工作的管理职能。工程部更名为运营管理部，原物资设备部的物资设备管理职能整体划转至运营管理部。成立老挝指挥部，并在当地注册设立老挝代表处。中铁建设集团天津工程有限公司更名为中铁建设集团华北工程有限公司。设立军民融合指挥部，并进一步明确军民融合业务相关管理机构与各区域投资建设指挥部、工程公司的职责划分。对财务共享中心、清收清欠办公室、南方审计中心、北方审计中心的定位和职能等重新进行明确，上述机构分别调整为集团公司下属机构，并升格为总部部门/二级单位级别，清收清欠办公室更名为债权管理中心。注册成立中铁建设集团长春建设有限公司、中铁建设集团(杭州)建设有限公司、中铁建设集团华中建设有限公司3家子公司，注册成立中铁建设集团有限公司河北雄安分公司、长春分公司、长沙岳麓区分公司、江西分公司、金华分公司、启东分公司、三亚分公司、海口分公司、成都高新分公司、通州分公司10家分公司，注销喀什分公司。

综合管理。以强化基础管理、健全机制体制为抓手，努力提高工作水平、扎实开展合规工作，完成集团公司律师库构建、法律纠纷案件奖罚落地、合规管理信息化等重点工作。吸纳入库律师事务所74家、律师团队97个，全年通过诉讼收款84407万元，通过诉讼仲裁诉讼确权220289万元。为提高全体员工的保密意识，在内网进行网络安全系列宣传教育；组织人员参加国防科工委组织的军工安全保密教育培训39人次，均取得保密资格证书，提升保密队伍的专业素质。承办中国铁建部分在京单位公文处理业务座谈会，中铁建设作为公文处理业务先进单位作经验交流汇报。对公务车使用建立台账登记制度，维修保养进行审批，加油卡实行“一车一卡”，国家法定节假日期间对公车封存,并拍照留存,对新购置公车不做豪华型装饰。规范二级单位会议室,从会议背景墙、摄像头、会议室布置等方面进行统一要求,限期整改,对每个单位视频会议室进行整改检查。调整所属单位档案管理权限,落实权限调整相关事项,组织相关二级单位签订档案互存协议、下发异地互存注意事项、组织分配创业大厦档案库房。完成新版一体化门户平台优化工作,并对页面、部件进行个性化配置,手机端同步上线。加大可视化监测平台的推广应用,视频监控接入可视化系统 315 个项目,整体接入率 96.92%。 (李　颖)

【科技教育】 科技创新。在研科研项目 150 余项,参与国家级课题 2 项、主持省部级课题 2 项、参与省部级课题 1 项,主持股份公司 A 类课题 2 项(其中 2020 年补充立项 1 项)、B 类课题 2 项,参与股份公司 B 类课题 1 项。获各等级科学技术奖 8 项。获专利授权 343 件,其中发明专利授权 11 件。获省部级工法 19 项。获股份公司及以上级别优秀 QC 小组(成果)236 项,其中国家级 24 项、省部级 165 项、股份公司级 6 项、地市级 41 项。

教育培训。结合自身“六种能力”建设,开展第一期领导人员管理能力提升培训,利用股份公司一体化技术平台,从政治领导能力与战略决策能力入手,组织集团公司总经理助理级别人员、总部部门正职、二级单位正职 76 人参与学习。重视“新铁兵”培养,上好入职的第一堂课,组织 856 名新员工参加入职培训,紧握“重点人、重点事”指导思想,加强项目经理教育培训,举办项目经理成本管理培训 3 期, EPC 工程项目经理专题培训 1 期,项目群负责人、P4 级及以上项目经理培训 1 期,培训采取“现场 + 视频”方式授课,包含“理论 + 实例”的丰富内容,参加培训 1184 人次。关注青年骨干人才,助力成长、成才。举办第 1 期青年骨干人才培训,组织由 18 个二级单位选派的 54 名优秀青年骨干人才参加培训,设置能力测评、能力提升和职业发展三大模块,课程形式多样,内容丰富,根据培训综合表现,评选出 1 个优秀团队和 6 位优秀学员。落实海外人才优先“黄金十条”原则,开展海外人才培训,138 名学员参加培训,使学员进一步认识到跨文化沟通内涵及海外成本管理的重要性和必要性。集团总部各业务部门全年举办各类业务培训 125 次,培训人员 48659 人次,完成计划的 120%。完成计划内培训 102 项,完成计划外培训 23 项。下属分子公司组织各类培训 1982 项,培训各类人员 115153 人次,组织考试 326 次。 (林巨鹏　王　超)

【党群工作】 党的工作。基层党组织 335 个,其中党委 21 个,党支部 314 个。党员 3791 人。深入学习贯彻习近平新时代中国特色社会主义思想,认真贯彻落实《中国共产党国有企业基层组织工作条例(试行)》《中国共产党基层组织选举工作条例》《中国铁建党支部建设指导手册》等规章制度,抓实主体责任,巩固“三基建设”,以创新精神、务实作风,推动全面从严治党不断向基层延伸,为统筹疫情防控和复工复产,践行“品质铁建”,推进集团公司高质量再发展提供坚强组织保障。坚持民主集中制原则,切实发挥“把方向、管大局、保落实”的领导作用,充分落实党组织研究讨论重大经营管理事项前置工作机制,全年组织召开党委全委会 1 次、常委会 16 次,讨论议题 88 项,其中前置研究讨论企业生产经营计划、财务预决算、投融资计划、组织架构调整等生产经营事项 17 项,确保党的各项路线、方针、政策全面贯彻执行。2 家二级单位党委完成组建选举工作,1 家二级子公司党委名称变更,2 家新成立指挥部及时建立党组织,确保党的基层组织应建必建、应换必换。

纪检监察工作。创新教育形式,打造立体宣教格局,开创“线上 + 线下”综合教育模式,全年两级纪委开展各类廉洁教育 991 场次,受教育 62776 人次,编发各类廉洁教育主题微信 275 期。在日常监督工作中坚持全面从严与激励担当并重,注重区分情形、把握政策,对违反党的纪律而知错、悔错、改错人员,合理定性量纪,做到宽严相济,充分运用批评教育、谈话函询、诫勉谈话等组织处理手段。全年运用“四种形态”处理 620 人次,其中第一种、第二种形态处理 613 人次,占比 98.87%,实现惩治极少数、教育大多数的综合效果。严厉查处违纪违规问题,持续强化“不敢腐”。全年立案 28 件,给予党纪处分 24 人次,政纪处分 24 人次,其中双重处分 16 人次。

工会工作。二级基层工会组织 21 个。召开集团公司四届五次职工代表大会,落实职工代表大会的职权,签订 2020 年集体合同、工资专项集体合同、劳动安全卫生专项集体合同、女职工权益保护专项集体合同。会议听取并审议通过《强履约、控成本、强经营、重创新,全面提升项目管控能力,推动企业高质量再发展》《财务收支及经济运行情况报告》《提案工作报告》等报告及 3 项直接涉及职工切身利益的规章制度。中铁建设工会获评全国模范职工之家,获中国铁建工会财务工作竞赛特等奖、中国铁建工会 2019 年度经审工作规范化建设考核一等奖。通过合理化建议活动、满意度调查、企务公开栏、职工座谈会、内部网络、监督电话等多种形式,充分征集职工的管理意见和建议,做好企业民主管理和民主监督。为统筹做好疫情防控和复工复产工作,广泛调动全体职工和外施队伍为全面完成

2020 年度目标任务奋发作为的积极性，参与开展“四比”（比防疫、比复工、比经营、比产值）劳动竞赛。以维护女职工权益为重点，卓有成效地展开与企业发展规划相关联的女职工系列活动，评选表彰 30 名集团“三八红旗手”。开展“我奋斗、我幸福，幸福家庭”寻找活动，遴选出幸福家庭 30 个，从中推选出的 3 个代表家庭参加中国铁建评比并获得表彰。开展以“书香铁建·共克时艰·巾帼建功”为主题的第六届书香铁建读书征文活动，引领女性阅读，传递阅读精神，在阅读中传承和发扬中华民族优良传统和铁道兵精神。做好送温暖、“三不让”帮扶、职工互助合作保险、金秋助学、关爱退休职工、艰苦项目建家建线重点帮扶等工作，累计帮扶救助 520 万元。

共青团工作。贯彻落实党的十九大、十九届历次全会，团的十八大精神，深入学习贯彻习近平总书记关于青年工作的重要思想，紧紧围绕集团党委年度工作部署，坚持党建带团建，全面推进从严治团，加强基层团组织建设，切实提升共青团组织引领凝聚、组织动员、联系服务青年能力。巩固“道德讲堂”思想文化品牌，进一步加强青年思想引导，紧紧围绕企业中心工作，深入开展青年创新创效。号召集团全体团员青年积极投身疫情防控和复工复产工作，以青年先行的行动自觉和奋进姿态，在战“疫”一线中充分展现青年担当，选优配齐团干部，明确团组织负责人职责、政治经济待遇，有效解决基层团组织建设问题。坚持以青年为本，广泛开展“导师带徒”、青年联谊、团组织关爱等活动并推广好的做法和经验，切实服务青年成长成才，团结带领广大团员青年为推动集团高质量发展贡献青春力量。（李铭忠　王　征　赵春雨）

【抗击疫情】 高度重视新冠肺炎疫情防控，1 月 20 日下发通知开展疫情防控，成立防控组织，制定下发防疫措施、制度办法，编印《新冠疫情防控指导手册》，严细管控、精准施策。开展比防疫、比复工、比产值、比经营“四比”活动，确保员工零感染的同时，紧抓复工复产，复工率长期位于中国铁建第一位，疫情期间保障近 15 万名农民工稳定就业。参与武汉方舱医院、广州传染病医院建设、石家庄隔离点等防疫应急保障工程建设，驰援北京新发地消杀任务，全力做好防疫物资保障，危难中彰显央企担当。北京朝阳站疫情防控和复工复产工作得到中央复工复产调研组肯定。疫情发生初期，工会工作部通过多种途径采购各类防疫物资，其中一次性医用外科口罩 5 万只，防护服 1000 余套。主动同专业检测机构联系，为京内单位及来京人员提供核酸检测服务，组织单位全体员工以及保安、保洁、餐饮、绿化、装修等外服人员集中进行全员核酸检测。在疫情防控的关键阶段，工会为下属工会拨付专项经费 500 万元用于购置防疫物资和帮扶慰问，鼓舞干部职工的信心和斗志，为打赢疫情防控阻击战提供有力保障，实现集团全员和外部劳务人员全员零感染。

（赵春雨　李　颖）

【区域经营机构】 为有效推行区域经营管理体制，集团公司于 2014 年 11 月成立区域经营指挥部，专职负责所在区域各类工程承揽和市场维护。2019 年 7 月，调整区域经营指挥部职能为从事土地、工程承包、资本运营三方面经营工作和项目履约监管。2020 年 9 月，为深入推进军民融合业务发展，优化军民融合经营组织架构，单独设立军民融合指挥部，并进一步明确军民融合业务相关管理机构与各区域投资建设指挥部、工程公司的职责划分。

2020 年新签合同额：北京指挥部 96.14 亿元，华北指挥部 125.54 亿元，华中指挥部 157.66 亿元，西北指挥部 129.65 亿元，中南指挥部 91.97 亿元，华东指挥部 144.01 亿元，华南指挥部 214.63 亿元，西南指挥部 106.56 亿元，铁路指挥部 85.29 亿元，雄安指挥部 82.82 亿元，军民融合指挥部 52.33 亿元。（李　颖）

【中铁建设集团北京工程有限公司】 拥有工程设计建筑行业（建筑工程、人防工程）甲级，建筑工程施工总承包特级，起重设备安装工程专业承包一级，建筑装修装饰工程专业承包二级，市政公用、机电工程施工总承包三级，钢结构、环保、建筑机电安装、地基基础工程专业承包三级资质。2013 年 3 月 25 日成立。注册资本金 6 亿元。与同级分公司中铁建设集团有限公司北京分公司合署运营。驻北京市丰台区张仪村路 16 号。职工 1706 人。资产总额 111.57 亿元。其中，流动资产 87.07 亿元，固定资产净值 19.93 亿元。

2020 年，营业收入 75.55 亿元，利润 1.34 亿元。

（宋昀霖）

【中铁建设集团华北工程有限公司】 拥有房屋建筑工程施工总承包一级，消防设施、防水防腐保温、建筑装修装饰、建筑幕墙工程专业承包二级，市政公用、机电工程总承包三级，地基基础、钢结构、环保工程专业承包三级资质。2011 年 10 月 26 日成立，原名中铁建设集团天津工程有限公司；2020 年 8 月 21 日更名为现名。注册资本金 12000 万元。与同级分公司中铁建设集团有限公司华北分公司合署运营。驻天津市空港经济区中环西路 62 号。职工 1603 人。资产总额 80.39 亿元。其中，流动资产 76.05 亿元，固定资产净值 3.27 亿元。

2020 年，营业收入 62.84 亿元，利润 2955.93 万

元。（张　萍）

【中铁建设集团有限公司华中分公司】 2016年4月由原济南分公司、郑州分公司整合而成。驻河南省郑州市郑东新区七里河南路75号。职工1477人。资产总额91.84亿元。其中，流动资产87.96亿元，固定资产净值7863万元，其他资产3.87亿元。

2020年，营业收入86.72亿元，利润1.08亿元。

（夏美雷）

【中铁建设集团有限公司西北分公司】 2016年4月27日由原西安分公司、新疆分公司整合而成。驻陕西省西安市莲湖区杏园路太奥国际13号楼16层。职工1130人。资产总额63.67亿元。其中，流动资产56.91亿元，固定资产净值11042.85万元。

2020年，营业收入49亿元，利润8435万元。

（牛　霖）

【中铁建设集团中南建设有限公司】 拥有房屋建筑工程施工总承包一级，市政公用、机电工程施工总承包三级，建筑装修装饰工程专业承包二级，环保、地基基础工程专业承包三级资质。2009年7月16日成立，原名中铁建设集团湖北建设有限公司；2019年10月更名为现名。注册资本金11500万元。与同级分公司中铁建设集团有限公司中南分公司合署运营。驻湖北省武汉市青山区友谊大道999号武汉钢铁集团办公大楼B座29层。职工1205人。资产总额65.56亿元。其中，流动资产61.46亿元，固定资产净值10970万元。

2020年，营业收入52.5亿元，利润1.1亿元

（殷　文）

【中铁建设集团华东工程有限公司】 拥有建筑工程施工总承包一级，电子与智能化、消防设施、建筑装修装饰工程专业承包二级资质。2011年9月28日成立。注册资本金2.5亿元。与同级分公司中铁建设集团有限公司华东分公司合署运营。驻江苏省昆山市花桥镇光明路88号1幢17层。职工1065人。资产总额60.87亿元。其中，流动资产49.4亿元，固定资产净值0.85亿元，其他资产10.62亿元。

2020年，营业收入48.97亿元，利润0.78亿元。

（王泊淇）

【中铁建设集团南方工程有限公司】 拥有建筑工程施工总承包一级，市政公用、机电工程施工总承包三级，建筑装修装饰工程专业承包二级，钢结构、建筑机电安装、环保工程专业承包三级资质。2016年8月成立。注册资本金6亿元。与同级分公司中铁建设集团有限公司华南分公司合署运营。驻广东省广州市南沙区丰泽东路106号。职工1286人。资产总额77.34亿元。其中，流动资产70.67亿元，固定资产净值0.79亿元。

2020年，营业收入68.01亿元，利润1.51亿元。

（刘书君）

【中铁建设集团有限公司西南分公司】 2016年4月27日由原昆明分公司、四川分公司整合而成。驻四川省成都市成华区东华一路47号1号楼6层。职工852人。资产总额45.76亿元。其中，流动资产40.27亿元，固定资产净值3616万元。

2020年，营业收入40.89亿元，利润1899万元。

（杨　萌）

【中铁建设集团有限公司基础设施事业部】 2016年4月由原铁总指、市政分公司整合而成。驻北京市石景山区苹果园南路28号中铁创业大厦A座20层。职工1022人。资产总额72.86亿元。其中，流动资产59.56亿元，固定资产净值8409万元。

2020年，营业收入81.64亿元，利润15246万元。

（陈　逸）

【中铁建设集团设备安装有限公司】 拥有机电工程施工总承包一级，石油化工、建筑工程施工总承包三级，建筑机电安装工程专业承包一级，电子与智能化、消防设施工程专业承包二级，环保、铁路电气化工程专业承包三级资质。2012年3月成立。注册资本金1亿元。与同级分公司中铁建设集团有限公司机电总承包事业部合署运营。驻北京市石景山区苹果园路28号。职工662人。资产总额20.41亿元。其中，流动资产17.4亿元，固定资产净值9043万元。

2020年，营业收入23.28亿元，利润7247万元。

（闫　芬）

【北京中铁装饰工程有限公司】 拥有建筑装修装饰、建筑幕墙工程专业承包一级，建筑幕墙工程设计专项甲级，建筑装饰工程设计专项甲级、施工总承包三级，钢结构、建筑机电安装工程专业承包三级，特种专业工程专业承包资质。1999年9月组建。注册资本金10500万元。与同级分公司中铁建设集团有限公司装饰装修事业部合署运营。驻北京市石景山区苹果园路28号。职工467人。资产总额16.57亿元。其中，流动资产15.28亿元，固定资产净值4439万元。

2020年,营业收入20.05亿元,利润8082万元。
(陈　盼)

【中铁建设集团房地产有限公司】 拥有房地产开发一级资质。2010年2月成立。注册资本金5亿元。驻北京市石景山区石景山路20号。职工186人。资产总额118.89亿元。其中,流动资产105.71亿元,固定资产净值0.03亿元,其他资产13.15亿元。

2020年,获取项目8个,土地储备59.12亿元。销售额60.45亿元,营业收入45.12亿元,利润8.15亿元。
(彭艳芬)

【中铁建设集团有限公司建筑设计院】 2010年3月成立;2010年9月20日由中铁建设集团有限公司设计中心更名为现名。驻北京市石景山区石景山路20号。职工115人。资产总额3809万元。其中,流动资产3732万元,非流动资产净值77万元。

2020年,营业收入5106万元,利润394万元。
(张　波)

【北京中铁建工物资有限公司】 1993年12月成立。注册资本金3亿元。驻北京市石景山区苹果园路中铁创业大厦17层。职工299人。资产总额42.8亿元。其中,流动资产42.58亿元。

2020年,营业收入157.52亿元,利润1.56亿元。
(郑王桢)

【中铁建设集团建筑发展有限公司】 2019年7月成立。注册资本金7000万元。设有同级分公司中铁建设集团混凝土分公司。驻北京市丰台区张仪村路16号。职工150人。资产总额99955.58万元。其中,流动资产94213.14万元,固定资产净值1383.9万元。

2020年,营业收入12.43亿元,利润880.68万元。
(田子豪)

【北京中铁建建筑科技有限公司】 拥有电子与智能化、防水防腐保温工程专业承包二级,环保、建筑机电安装工程专业承包三级,模板脚手架专业承包不分等级,劳务分包不分等级资质。1994年8月5日成立;2002年12月26日更名为北京中铁建安装工程有限公司;2017年9月1日更名为现名。注册资本金11000万元。与同级分公司中铁建设集团有限公司模板架构件租赁和加工中心合署运营。驻北京市丰台区张仪村路16号。职工192人。资产总额26亿元。其中,流动资产25.96亿元,固定资产净值417万元。

2020年,营业收入14.76亿元,利润0.23亿元。
(汪　玥)

【北京中铁电梯工程有限公司】 拥有电梯安装、改造、维修A级资质。1992年9月16日成立,原名北京中铁电梯专业技术公司;2002年12月更名为现名。注册资本金5000万元。驻北京市丰台区张仪村路16号办公楼5层。职工108人。资产总额16655万元。其中,流动资产16399万元,固定资产净值115万元。

2020年,营业收入26258万元,利润696万元。
(刘丽辉)

【中铁建设集团物业管理有限公司】 拥有物业管理服务二级资质。2009年1月成立。注册资本金300万元。与同级分公司中铁建设集团有限公司房产膳食管理服务中心合署运营。驻北京市石景山区石景山路20号。职工145人。资产总额17340.4万元。其中,流动资产17269.02万元,固定资产净值71.38万元。

2020年,营业收入11769.02万元,利润4468.67万元。
(马蜀英)

【重要记载】

▲1月21日　中铁建设集团有限公司注册资本金由300000万元增加至350297.09万元。

▲2月19日　中铁建设与北京国道通公路设计研究院股份有限公司签署战略合作框架协议。

▲2月20日　中铁建设中南公司历经48小时抢建的武汉洪山区白沙四路方舱医院完工并投入使用。

▲3月17日　中铁建设受邀参加天津市津南区重点区域开发项目推介会,并与津南区政府签订合作协议。

▲4月21日　中铁建设拉林铁路站房项目部获中华全国铁路总工会火车头奖杯,项目负责人荀少谦获火车头奖章。

▲4月23日　中铁建设与首长国际企业有限公司签署战略合作框架协议。

▲6月17日　中铁建设获评中国建筑金属结构协会2019年度中国建筑钢结构行业诚信企业。

▲7月31日　中铁建设通过北京市“高新技术企业”认定。

▲8月21日　中铁建设与北京石泰集团签署战略合作框架协议。

▲8月25日　中铁建设与古井集团签署合作意向协议。

▲9月11日　中铁建设与中原豫资控股集团签署战略合作协议。

▲10月　中铁建设《强基固本助力高质量发展

诚信创新彰显央企也新担当》获评中国施工企业管理协会2020年工程建设行业诚信建设十佳案例。

▲10月12日　中铁建设获评中国施工企业管理协会2020年度工程建设诚信典型企业、企业信用评价AAA级信用企业。

▲11月6日　中铁建设与中联重科股份有限公司在中联重科麓谷工业园签订战略合作框架协议。

▲11月27日　中铁建设北京公司环球影城诺金度假酒店工程获评2020年全国建设工程项目施工安全生产标准化工地。

▲11月　中铁建设获评中国企业文化研究协会“十三五”中国企业文化建设典范组织。

▲12月1日　中铁建设承建的昆明南站获2020—2021年度国家优质工程金奖；北京新机场东航基地项目(1号配餐楼等12项)、中节能(江西)总部基地工程、荣华国际商务中心及参建的厦门地铁1号线工程获2020—2021年度国家优质工程奖。

▲12月31日　中铁建设工会获中华全国总工会授予的“全国模范职工之家”称号。　　（李　颖）

中国铁建电气化局集团有限公司

【简况】　拥有建筑、通信、机电、市政工程施工总承包一级，公路交通(公路机电)、铁路电务、铁路电气化、输变电、建筑机电安装专业承包一级，铁路、电力工程施工总承包三级，承装(修、试)类一级资质，是国内高速铁路四电系统集成总承包企业。总部驻北京市石景山区石景山路29号。2005年7月，由中铁十五局集团电务工程有限公司、中铁十七局集团电务工程有限公司、中铁十八局集团电务工程有限公司、中铁二十五局集团电务工程有限公司的电气化分公司和柳州铁路工程有限公司电务分公司重组成立中铁建电气化局有限公司；2005年12月，更名为中铁建电气化局集团有限公司；2009年8月，中铁十一局集团电务工程有限公司和中铁十二局集团电气化工程有限公司主体划转并入；2011年6月，更名为中国铁建电气化局集团有限公司。主营业务包括工程承包、勘察设计、工业制造和新兴业务，主要从事高速铁路电气化、电力、通信、信号和城市轨道交通、公路交通、机电工程、输变电、新能源、智慧城市及信息技术等工程建设，在传统“两轨”市场、公路机电市场具有显著竞争优势，在智慧城市、新能源、城市综合管廊、运营维护、投融资等新兴市场初步形成产业布局，构建设计咨询、科技研发、工程施工、运营维护、产品制造、资本运营和新兴产业“6+1”产业体系。下辖控股子分公司16个。员工14387人。资产总额321.28亿元。其中，固定资产原值21.91亿元、净值11.06亿元，流动资产294.4亿元，其他资产15.82亿元。机械运输设备2420台(套)。设备原值6.26亿元、净值1.09亿元，总功率135001.5千瓦，动力装备率15.19千瓦/人，技术装备率1.23万元/人，设备完好率79.2%、利用率64.31%。

2020年，新签合同额400.36亿元，完成股份公司年度计划的129.15%。营业收入214.46亿元，利润总额17.13亿元。国有资产保值增值率116.5%，净资产收益率16.62%，营业利润率7.96%，资产负债率69.71%，应上缴款完成率100%。通过国家级企业技术中心认定。获省部级科学技术奖4项，中铁建科学技术奖5项。获省级工法9项。获2020年度国家铁路局重大科技创新成果入库4项，其中科技成果1项、铁路标准2项、铁路科技论文1篇。获中施企协工程建设优秀专利奖1项，股份公司优秀实用新型专利奖1项。授权知识产权193件，其中发明15件，实用新型177件，外观设计1件。软件著作权18项。获中国建设工程鲁班奖1项、国家优质工程奖5项、省部级优质工程奖14项、铁建杯优质工程奖8项。获全国级优秀QC成果7项、省部级69项、股份公司级6项。获评股份公司安全质量标准工地4个。集团公司获2020年四川省全国五一劳动奖状，2人获省级五一劳动奖章，1人获评省级劳动竞赛成绩突出个人，3人获中国铁建工人先锋奖章。　　（李　立　田　兴　陈思江）

【领导人员】

董事会

董事长	万传军
董事	程庆海
	寇宗乾
	杨现庆
职工董事	燕正安

监事会

监事会主席	王泽泉
监事	谷明科
职工监事	何明海

经理层

总经理	程庆海
副总经理	姜晋南
	郭志光
	寇宗乾

	孟宪浩
	宋景奇
	罗世昌
	杨现庆
	陈宝军
	万　靖
总工程师	寇宗乾
总会计师	杨现庆

党群领导

党委书记	万传军
党委副书记	程庆海
	燕正安
纪委书记	王泽泉
工会主席	燕正安

（李　立）

【职工队伍】 从业人员14387人。其中,在岗职工10246人、其他从业人员1063人、劳务派遣3606人。职工10455人,其中在岗职工10246人、非在岗职工209人。干部5296人,其中在岗干部5155人。在岗干部中,女干部1208人,少数民族208人,专业技术干部5113人;专业技术干部中,大学本科及以上学历4073人,大专学历802人,中专及以下学历238人;35岁及以下3143人,36~40岁757人,41~45岁478人,46~50岁401人,51~54岁152人,55~59岁182人;高级职称1014人,中级职称1357人,初级职称2216人;工程系列4004人,经济系列281人,会计系列551人,政工系列265人,其他系列12人。工人5159人。其中女工人1057人,中共党员402人,少数民族77人。初中及以下学历539人,高中学历735人,中专、技校、职高学历1675人,大专学历1493人,大学本科及以上学历717人。30岁及以下1802人,31~40岁1959人,41~50岁756人,51~55岁192人,56~60岁450人。获国家职业资格证书3058人,其中初级工260人、中级工860人、高级工1570人、技师242人、高级技师126人。（孙　平　王雅莉）

【工程项目指挥机构】 京雄城际铁路项目经理部　驻河北省保定市。项目经理西穷,党工委书记左三良。

商合杭铁路四电集成1标段项目经理部　驻安徽省合肥市。项目经理李爱忠,党工委书记董维锋。

太焦铁路TJSDJC标段项目经理部　驻山西省长治市。项目经理谈强,党工委书记田碧泉。

盐通铁路工程指挥部　驻江苏省南通市。项目经理李继亮,党工委书记刘先贵。

成渝客专提质改造工程项目经理部　驻四川省成都市。项目经理、党工委书记姜晋南。

联合体银西铁路陕西段YXSDJC标段项目部　驻陕西省西安市。项目经理付波,党工委书记白雄雄。

格库铁路(青海段)工程指挥部　驻青海省海西蒙古族藏族自治州。项目经理、党工委书记田振武。

格库铁路新疆QDS标段项目经理部　驻新疆维吾尔自治区库尔勒市。项目经理侯绪永,党工委书记张海军。

渝怀铁路增建二线站后2标段项目部　驻重庆市黔江区。项目经理、党工委书记赵贵能。

渝怀铁路增建二线Ⅺ标段联合体项目经理部　驻湖南省怀化市。项目经理喻文彬,党工委书记晏纲。

合安铁路HAZH－9标段项目经理部　驻安徽省合肥市肥西县。项目经理陈兆庆,党工委书记王立荣。

衢宁铁路浙江段四电系统集成项目经理部　驻浙江省衢州市。项目经理胡泽新,党工委书记李亮。

广州枢纽外绕线四电工程项目部　驻广东省广州市。项目经理袁玉红,党工委书记雷立。

浙江乐清湾铁路SG09标段项目经理部　驻浙江省温州市。项目经理金靖升,党工委书记冯永树。

阳大铁路项目经理部　驻山西省阳泉市。项目经理任锁会,党工委书记岳彩文。

京沈客专京冀段四电标段项目部　驻北京市密云区。项目经理刘永进,党工委书记王清波。

京沈客专星火枢纽四电项目经理部　驻北京市朝阳区。项目经理刘永进,党工委书记王清波。

铁科试车线工程项目经理部　驻北京市朝阳区。项目经理黄国胜。

郑万高铁湖北段ZWQD系统集成项目经理部　驻湖北省襄阳市。项目经理姜成师,党工委书记史维森。

郑万铁路重庆段四电1标段项目经理部　驻重庆市云阳县。项目经理徐元成,党工委书记兰晓东。

兴泉铁路宁泉段四电系统集成项目经理部　驻福建省泉州市。项目经理廖小平,党工委书记郭星。

新建北京至唐山铁路四电标段项目部　驻河北省唐山市。项目经理高宗文,党工委书记王杰。

新建敦化至白河铁路DBSG－5标段项目经理部　敦化分部驻吉林省敦化市,项目经理邢远强,党工委书记王月涛;白河分部驻吉林省安图县,项目经理张志红,党工委书记有传华。

丽香铁路站后工程项目经理部　驻云南省丽江市。项目经理郭文宇,党工委书记王典春。

广佛环站后工程(联合体)项目部　驻广东省佛山市。项目经理谢晖,党工委书记谢志平。

成都枢纽项目部　驻四川省成都市。项目经理李汉和。

磨万铁路 SDSG Ⅱ标段项目经理部　驻老挝万象市。项目经理李春盛，党工委书记李红英。

匈塞铁路贝旧段电力电气化项目部　驻贝尔格莱德市泽蒙区。项目经理徐光红，党工委书记侯稳兵。

杭州地铁 1 号线三期工程供电系统安装工程项目部　驻浙江省杭州市。项目经理石西全，党工委书记许斌。

杭州地铁 1 号线三期工程弱电系统安装工程项目部　驻浙江省杭州市。项目经理祝志明，党工委书记陈长青。

杭州地铁 6 号线一、二期及杭富线信号工程项目部　驻浙江省杭州市。项目经理刘谔，党工委书记彭国立。

杭州至富阳城际铁路工程供电系统安装工程项目部　驻浙江省杭州市。项目经理刘辉，党工委书记叶玉鹏。

呼和浩特市轨道交通 2 号线机电 2 标段项目部　驻内蒙古自治区呼和浩特市。项目经理李佳，党工委书记康燕仁。

西安地铁 5 号线一期站后工程施工总承包系统设备安装分部　驻陕西省西安市。项目经理温宇，党支部书记范维。

西安地铁 5 号线一期站后工程施工总承包安装装修四分部　驻陕西省西安市。项目经理徐锐，党工委书记徐罡。

成都地铁 6 号线一、二期系统 3 标段项目部　驻四川省成都市。项目经理刘成刚，党工委书记孙炳双。

成都地铁 6 号线一、二期系统 2 标段项目部　驻四川省成都市。项目经理苏猛，党工委书记孙炳双。

成都地铁 6 号线一、二、三期信号项目部　驻四川省成都市。项目经理李建军，党工委书记孙炳双。

成都轨道交通 18 号线工程接触网工程项目部　驻四川省成都市。项目经理罗李，党工委书记李祥。

南宁市轨道交通 2 号线东延线供电工程项目部　驻广西壮族自治区南宁市。项目经理周业宽，党工委书记韦青辉。

昆明地铁 6 号线二期机电项目部　驻云南省昆明市。项目经理杨军，党工委书记周杰。

石家庄地铁 3 号线 16 标段项目部、石家庄地铁 1、3 号线二期设备安装项目部　驻河北省石家庄市裕华区。项目经理聂元凯，党工委书记徐罡。

洛阳龙门站枢纽工程项目经理部　驻河南省洛阳市。项目经理李治国，党工委书记董艳萍。

洛阳轨道交通控制中心机电及装修工程项目经理部　驻河南省洛阳市。项目经理施贺齐，党工委书记裴红涛。

洛阳地铁 1 号线主变电所项目经理部　驻河南省洛阳市。项目经理王多良，党工委书记刘明政。

洛阳城轨 1 号线供电系统安装项目经理部　驻河南省洛阳市。项目经理王多良，党工委书记刘明政。

洛阳城轨 1 号线机电及装修 2 标段项目经理部　驻河南省洛阳市。项目经理李治国，党工委书记董艳萍。

云南墨江至临沧公路机电工程项目部　驻云南省普洱市。项目经理唐文杰，党工委书记卫学才。

永泸（重庆境）高速公路 YLJD 工程项目经理部　驻重庆市永川区。项目经理喻文彬。　（袁　莉）

【工程施工】　新建北京至雄安城际铁路“四电”系统集成及房屋、防灾安全监控等施工总价承包工程第 JXSD－1 标段　位于北京市与雄安新区，正线 92.785 千米。合同投资 88056 万元。合同工期 2018 年 9 月 15 日至 2020 年 11 月 30 日。主要工程量：接触网 340.838 条千米，既有牵引变电所改造 1 座，牵引变电所 2 座，分区所 2 座，AT 所 4 座，开闭所 1 座，接触网控制站 7 座；10 千伏电力贯通线路 684.85 条千米，变配电所 12 座；光电缆 380 条千米，设备安装 40 站；信号电缆 464 条千米，连锁道岔 125 组，车站信号 4 站，既有过渡改造 1 站；新建房屋 41 座 22428 平方米。2020 年 12 月 27 日全线开通。开工累计完成投资 87417.28 万元。

新建铁路商丘至合肥至杭州铁路（肥东至湖州段）四电集成及相关工程 SHSD－1 标段　位于安徽省合肥市，正线 239 千米。合同投资额 225021 万元。合同工期 2016 年 12 月 30 日至 2020 年 12 月 30 日。主要工程量：通信光缆 1564.68 条千米，设备安装 114 处；信号电缆敷设 1572.549 条千米，信号机安装 157 架，轨道电路 724 个区段，道岔安装 28 组；电力新建变配电所 25 座，高压贯通线电缆 1673 条千米；变电新建变电所 19 座；接触网新架设正线接触网 678.47 条千米；四电新建房屋面积 23457.28 平方米。2020 年 6 月 28 日全线开通运营。开工累计完成投资 249313 万元。

新建太原至焦作铁路（山西段）“四电”系统集成及相关工程 TJSDJC 标段　位于山西省，全长 327.203 千米。合同投资 173621 万元。合同工期 2019 年 11 月 15 日至 2020 年 11 月 15 日。主要工程量：接触网 909.6 条千米；牵引变电所、AT 所及分区所 23 处；电力高低压电缆线路 3534.774 条千米，箱式变电站 230 座，变配电所 9 所；通信光电缆 2013.3 条千米，设备安装 209 处；铁塔组立 89 座；信号电缆 2013.3 条千米，车站信号 11 站，联锁道岔 161 组；自然灾害监测敷设电缆101.383条千米，安装风速风向28套、雨量18套、雪深12套和地震采集12处及相关的室内设备安装；新建四电房屋82座15892平方米。2020年12月12日全线开通运营。开工累计完成投资173621万元。

新建盐城至南通铁路“四电”系统集成及动车所站后工程YTSD标段　位于江苏省盐城市、南通市，下行157.098千米，上行156.75千米。合同投资143783万元。合同工期2019年3月15日至2022年4月20日。主要工程量：通信光电缆577条千米，设备安装63站点；信号电缆1281.6条千米，车站信号9站，联锁道岔176组；高压电缆1076条千米，变配电所17座，箱变6座；接触网482条千米，电化牵引所亭13座；新建房屋11313平方米。2020年12月28日全线开通运营。开工累计完成投资136503万元。

成渝客专成都东至沙坪坝段提质改造工程CYTZ标段　位于四川省成都市、重庆市，全长299.805千米。合同投资20831万元。合同开工日期2020年9月15日，工期180天。主要工程量：通信综合视频补强1套，干线光缆365千米，数据网补强12处，G网网优309千米；信号列控数据修改325电务千米，列控系统增加站台信息提示功能72台，增设ZPW－2000区间轨道电路室外监测及诊断系统25站，配置调度集中系统CTC综合维护平台12站，方向电路优化设计29站，增设仿真培训系统15套；灾害监测将本线风雨雪及异物侵限监测系接入铁路局中心系统1套，新建地震监测路局中心系统1套，升级改造地震预警系统1套，电力配套工程1处，信号地震预警相关工程18站；接触网整体吊弦更换691.454条千米，接触网精调691.454条千米，增设所亭处贯通地线回流20处，电分相地面磁感应器调整（双线）10处，接触线张力调整691.454条千米，配合轨道超高调整29.89条千米；电力电缆7千米，变电所改造10座；信息增设成都调度所大屏显示系统（含暖通配套工程）1套，路基段周界入侵监测系统20千米，客运站人像识别系统5站，站台端部防入侵报警系统9站，车站验检合一改造10站，成都东站广播系统补强1套。2020年12月26日全线开通。开工累计完成投资23000万元。

新建银川至西安铁路（陕西段）“四电”系统集成工程YXSDJC－1标段　位于陕西省、甘肃省、宁夏回族自治区，全长165.21千米。合同投资113474万元。合同工期2018年3月30日至2020年12月26日。主要工程量：接触网522.69条千米；牵引变电所14处；10千伏高压线路283千米，变配电所19所；通信光电缆968.1条千米，设备安装65处；信号专业：电缆敷设1480.63条千米，信号自闭765个区段，联锁道岔154组，车站信号17个；新建房屋64座17321.14平方米，改造既有信号楼1座，既有信号楼改造115平方米。2020年12月26日全线开通。开工累计完成投资118673万元。

新建铁路格尔木至库尔勒线（青海段）格尔木地区枢纽及全线站后工程GKQHZHH2标段　位于青海省海西蒙古族藏族自治州，正线254.8千米。合同投资72520万元。合同工期2016年3月30日至2018年12月31日。主要工程量：接触网335条千米；牵引变电所4处；电力线路324千米，变配电所11所；通信光电缆573条千米，设备安装120处；信号电缆131条千米，车站信号7站，联锁道岔83组；新建房屋173座53078平方米。2020年6月30日开通。开工累计完成投资72520万元。

新建格尔木至库尔勒铁路新疆段站后强电弱电集成及相关工程（不含库尔勒站站房及相关工程）强电QDS标段　位于新疆维吾尔自治区，正线708.18千米。合同投资148413万元。合同工期2018年3月1日至2022年3月20日。主要工程量：接触网947.12条千米；牵引变电所51处；电力自闭线路891.4条千米，变配电所12所；新建房屋65座。2020年12月9日全线开通。开工累计完成投资148413万元。

渝怀铁路涪陵至梅江段增建第二线（成都局管内）站后“四电”集成及相关工程2标段　位于重庆市，全长136.1千米。合同投资86162万元。合同工期2017年6月1日至2020年11月1日。主要工程量：接触网243.2条千米；通信长途光缆300.7千米、站场光电缆30.91千米；信号车站8个，信号中继站3个，联锁道岔新建155组、改建30组；电力高压架空电源线路0.19条千米，高压电缆电源线路20.1千米，10千伏区间贯通线路238.53条千米，配电所3座，箱变72座；牵引所亭9座；房屋总建筑面积24343平方米。2020年11月30日标段开通，2020年12月26日全线开通。开工累计完成投资88454万元。

渝怀铁路梅江至怀化段增建第二线引入怀化枢纽站后四电集成及相关工程第GTYHZH－XI标段　合同投资3598.35万元。合同工期2019年4月22日至2020年10月31日。主要工程量：接触网168.712条千米；牵引变电所改造1座，开闭所1座；电力电缆敷设292.687千米，变配电所22座；给排水管道72.13千米。2020年12月26日全线开通。开工累计完成投资3444.04万元。

新建合肥至安庆铁路站后四电及相关工程施工总价承包HAZH－9标段　位于安徽省，正线157.56千米。合同投资77571万元。合同工期2019年3月1日至2020年11月30日。主要工程量:接触网425条千米;牵引变电所11处;电力线路371千米,变配电所64所;通信光电缆574条千米,设备安装193处;信号电缆974条千米,车站信号9站,联锁道岔94组;新建房屋71座20661平方米。2020年12月22日开通。开工累计完成投资77571万元。

新建衢州至宁德铁路浙江段站后四电集成及相关工程QNSDB标段 位于浙江省,正线219千米。合同投资67544万元。合同工期2018年6月1日至2020年9月30日。主要工程量:通信光缆862条千米,车站设备安装16处;信号电缆415条千米,转辙机98组,车站信号14站;电力电缆245千米,变配电所44座;牵引供电接触网302条千米,新建牵引变电所3座,改造牵引所1座;新建四电房屋16644平方米。2020年9月27日开通。开工累计完成投资67544万元。

广州铁路枢纽东北货车外绕线"四电"集成工程WRSG-4标段(广石铁路) 位于广东省广州市,正线68.893千米。合同投资57704.03万元。合同工期2017年9月30日至2018年12月30日。主要工程量:接触网导线架设280.86条千米;10千伏电源线路41条千米,10千伏贯通线路165.3条千米,低压电缆线路46.2条千米,高压站场电缆线路14.41条千米,新建10/0.4千伏低压变电所15座,新建10千伏配电所1座、改建1座,箱式变电站安装27座、箱式开关站安装4座,隧道照明20.56千米;通信光电缆敷设211条千米,漏缆架设23.76条千米,铁塔组立14座;信号电缆敷设870条千米,信号机安装改造523架,轨道区段安装改造644个,转辙设备安装改造234组;改扩建房屋7座,新建房屋33座,共13061.08平方米。2020年8月18日全线开通。开工累计完成投资59999.18万元。

新建乐清湾港区铁路支线SG09标段工程 位于浙江省温州市,正线76千米。合同投资51020万元。合同工期2017年3月1日至2018年12月30日。主要工程量:通信设备安装50处,光缆敷设212千米,铁塔22座;信号电缆131千米,道岔77组,车站信号6站;电力电缆线路245亘长千米,变配电所16座;新增房屋建筑面积41595平方米。2020年8月13日开通。开工累计完成投资51020万元。

新建阳泉北至大寨铁路项目第9标段 位于山西省阳泉市,全长49.01千米。合同投资26936.52万元。合同工期2017年8月1日至2018年12月26日。阳泉东线主要工程量:隧道照明12.35千米,高压电缆线路98千米,低压电缆线路67.31千米,10千伏配电所2座,10千伏变电所5座,箱变24座,投光灯塔12座;光(电)缆239.2条千米,新建站通信9站,通信站改1站,直放站14处,客运服务信息系统3站、货车装载视频监控系统3站、雨量监测系统5站、FSA系统5站、BAS系统2站;房屋工程11341.61平方米;敷设电缆351.69条千米,新建车站信号5站,改造车站信号2站,联锁道岔62组。2020年9月24日新建阳泉东线开通。开工累计完成投资25336万元。

新建北京至沈阳铁路客运专线京翼段"四电"系统集成及相关工程JSJJSD-1标段 位于北京市、辽宁省,全长218.85千米。合同投资200042万元。合同工期2017年3月10日至2019年12月31日。主要工程量:接触线架设652.711条千米;新建牵引变电所4座,分区所4座,AT所8座,开闭所1座;通信全线光缆敷设1045.19条千米,电缆敷设243.584条千米,铁塔安装92座,基站设备安装65处;信号敷设光电缆2458.388条千米,安装道岔转辙设备278组,信号机448架;新建6座10千伏配电所,敷设10千伏电缆969.154条千米,低压电缆252.99条千米,安装箱式变电站165座;房屋225座。开工累计完成投资200042万元。

新建北京至沈阳铁路客运专线京冀段"四电"系统集成、防灾安全监控、信息及相关工程 位于北京市朝阳区,全长24.36千米,正线3.587千米。合同投资57050万元。合同工期2017年3月10日至2019年12月31日。主要工程量:接触网133.171条千米;信号电缆线路697.315条千米,转辙设备安装246组;通信光缆线路100.7条千米,设备安装配线19处;电力高压电缆线路61.48千米,低压电缆线路19.5千米;四电房屋9座;牵引变电包括牵引所1座,开闭所1座。开工累计完成投资额57050万元。

新建北京至沈阳铁路客运专线星火站站区、动车运用所生产生活房屋及相关工程XHFJSG-2标段 位于北京市朝阳区,全长15.8千米。合同投资19048万元。合同工期2019年7月10日至2020年6月20日。主要工程量:接触网35.503条千米;信号电缆线路329条千米,转辙设备安装80组;通信光缆线路42条千米;电力高压电缆线路11千米,低压电缆线路11千米。开工累计完成投资16374万元。

新建郑州至万州铁路湖北段"强电"系统集成及相关工程ZWQD标段 正线287.187千米。合同投资104046万元。合同工期2018年8月1日至2022年12月31日。主要工程量:钢柱组立及安装7372根,隧道吊柱安装8263根,承力索架设848.6条千米,接触线架设848.6条千米;牵引变电所(含分区所、开闭所、自耦变压器所)21所;10千伏电缆线路敷设743.06千米，站场电力8座，区间送电214处，变配电所安装88所；四电用房91座，房屋主体23359平方米。先行开通段2019年12月1日开通运营。开工累计完成投资41931万元。

新建郑州至万州铁路重庆段“四电”系统集成及相关配套工程ZWCQSD－1标段　位于重庆市与湖北省界至万州北，正线183.865千米。合同投资108500万元。合同工期2018年12月30日至2022年11月30日。主要工程量：接触网472条千米；牵引变电所14处；新建房屋76座40952平方米；电力箱变104台，高压贯通电缆1452条千米。开工累计完成投资32967万元。

新建兴国至泉州铁路四电系统集成及相关工程宁泉段XQNQ－SD标段　位于闽西南地区，正线298.867千米。合同投资131597万元。合同工期2020年1月1日至2021年9月30日。主要工程量：通信长途干线光缆407千米，联络线、外绕线及站场光、电缆240千米，铁塔49座，漏缆244.76千米，信息客服9站；信号自动闭塞区间27正线千米，道岔344组，信号机439架，信号楼22座，防灾雨量24套；新建牵引变电所9座，分区所1座；接触网581.2条千米，接触网支柱5212根；电力高压电缆线路634千米，低压电缆线路379千米，10千伏配电所9座，10/0.4千伏变电所34座；站后四电房屋89座（含生产生活房屋），建筑面积38098平方米。开工累计完成投资79105万元。

新建北京至唐山铁路（不含北京城市副中心站段）四电系统集成及相关站后工程JTSD－1标段　位于河北省唐山市，正线144.349千米。合同投资187807万元。合同工期771天。主要工程量：通信长途干线光缆397千米，通信铁塔组立46座，车站、基站等站点通信设备安装100站；信号列车运行控制系统217.578正线千米，中继站6个，联锁道岔185组；10千伏电力高压电缆线路377.509条千米，低压电缆线路145.52条千米，电源线路71.35千米；接触网接触导线（新建）507.061条千米，接触导线（改建）22.761条千米；新建牵引变电所3座，分区所4座，AT所4座，直供开闭所1座，AT所兼开闭所1座，网开关控制站10座；生产及办公房屋175处，面积43076平方米。开工累计完成投资12505万元。

新建敦化至白河铁路站后工程（不含站房及配套）　全长113.467千米。合同投资108949.99万元。合同工期2019年5月20日至2021年12月31日。主要工程量：接触网308.94条千米；牵引变电所9处；电力线路711.9条千米，变配电所12所；通信光电缆521.8条千米，设备安装65处；信号电缆852条千米，车站信号8站，联锁道岔119组；新建房屋112座60321平方米。开工累计完成投资86512万元。

新建丽江至香格里拉铁路站后“四电”系统集成及站房工程　位于云南省丽江市、香格里拉市，正线139.686千米。合同投资62009万元。合同工期2019年8月1日至2020年12月30日。主要工程量：接触网架设182条千米；牵引变电所6处；电力专业10千伏配电所3座，变电所15座，贯通线高压电缆敷设160千米；通信专业敷设干线48芯光缆155.4千米；信息专业安装客运站3个；信号专业室外敷设车站电缆143.7千米，联锁试验站13个；专业房屋40座12507平方米。开工累计完成投资29232万元。

新建广佛城际环线（佛山西至广州南站段）GFH-FG－4标段工程　全长35.001千米。合同投资53803万元。开工日期2018年5月1日。主要工程量：接触网193.247条千米；新建110千伏变电所1座，新建分区所1座，新建电力调度所1处，网开关站1处；10千伏电缆敷设286.8条千米，箱式变电站6座，10千伏配电所2座，低压变电所17座；通信光电缆敷设318.72条千米，漏缆架设40.5条千米，铁塔组立8座，传输设备等各类设备安装238处；信号电缆456.094条千米，车站信号5站，联锁道岔42组；新建房屋3座3828.11平方米。开工累计完成投资49415万元。

新建成兰铁路引入成都枢纽站后工程　位于四川省成都市。合同投资13251万元。合同工期2015年4月25日至2016年9月30日。主要工程量：接触网87条千米；通信光电缆敷设20条千米、信息系统改造2站；信号车站升级改造8站、联锁道岔188组、电缆敷设500千米；电力电缆线路58.9千米、高压架空线路15.69千米、新建箱式变电站7座、10/0.4千伏变电所4所。开工累计完成投资12297万元。

新建铁路磨丁至万象线四电工程Laos－China SDSG Ⅱ标段　位于老挝万象至磨丁，正线409千米。合同投资56696万元。合同工期2020年3月1日至2021年12月30日。主要工程量：通信光电缆1362千米，设备安装79处；信号电缆562千米，车站信号19站，联锁道岔171组；房建新建房屋37座11032平方米；信息万象调度中心、磨丁口岸及办公系统设备安装及调试。开工累计完成投资14453万元。

匈塞铁路贝旧段电力电气化工程　位于塞尔维亚，正线34.5千米。合同投资2627万美元。合同工期2018年6月5日至2021年6月4日。主要工程量：接触网拆除承导线117.48千米，新建正线34.5千米，承导线架设155.72千米；改造并新建牵引变电所3座，接触网开关控制站6处；电力网上取电装置27处，箱式变电站4处，房屋建筑电气安装13处，车站照明安装18处，公共道路照明14处。开工累计完成投资

1118 万美元。

杭州地铁 1 号线三期工程(供电系统安装及既有线供电系统改造工程、弱电系统安装工程) 供电系统安装及既有线供电系统改造工程位于浙江省杭州市,正线 19 千米。合同投资 24793 万元。合同工期 2019 年 1 月 20 日至 2020 年 6 月 30 日。主要工程量:既有线变电改造 5 所,环网电缆改造 111 千米;新线牵引变电所 9 所,环网电缆 108 千米,接触网 27 千米,疏散平台 20 千米。开工累计完成投资 24793 万元。弱电系统安装工程正线 11.25 千米。合同投资 9102 万元。合同工期 2019 年 4 月 30 日至 2020 年 6 月 30 日,实际开工 2019 年 8 月 15 日。主要工程量:信号电缆 287 千米,转辙机 60 台,室内机柜 87 架;专用通信光电缆 314 千米,机柜安装 86 套;公安通信电缆 109 千米,机柜 21 套;综合监控设备 106 套;环境与设备监控电缆 241 千米;门禁电缆 46 千米;火灾自动报警电缆 377 千米;气体灭火设备 2618 套;自动售检票机 203 台;站台门 510 套。2020 年 12 月 30 日开通。开工累计完成投资 9102 万元。

杭州地铁 6 号线一期工程(含 6 号线二期工程、杭州至富阳城际铁路工程)信号系统安装工程 位于浙江省杭州市,正线 58 千米。合同投资 16008 万元。合同工期 2019 年 4 月 25 日至 2020 年 12 月 31 日。主要工程量:信号控制中心设备 14 台,光电缆 4246 千米,室内设备安装 39 站,室外设备安装 1764 套;站台门工程室内设备安装 36 站,站台门安装 76 侧。开工累计完成投资 9000 万元。

杭州地铁 8 号线一期工程施工总承包机电工区四项目 位于浙江省杭州市,正线 17 千米。合同投资 44624 万元。合同工期 2018 年 6 月 10 日至 2021 年 5 月 30 日。主要工程量:变电所 14 个,环网电缆 164 千米,刚性接触网 44.3 条千米,杂散电流电缆 26 千米;弱电系统设备安装 9 站。开工累计完成投资 11000 万元。

杭州至富阳城际铁路供电系统安装工程 位于浙江省杭州市,正线 23.51 千米。合同投资 32135 万元。合同工期 2019 年 8 月 10 日至 2020 年 12 月 31 日。主要工程量:牵引降压混合变电所 10 座,降压变电所 3 座,跟随式降压变电所 5 座;接触网 52 条千米,环网电缆 185 条千米,回流电缆 102 条千米,疏散平台 40 千米。开工累计完成投资 29994 万元。

呼和浩特市轨道交通 2 号线机电 2 标段工程 位于内蒙古自治区呼和浩特市,正线 27.273 千米。合同投资 61915 万元。合同工期 2019 年 12 月 1 日至 2020 年 8 月 29 日。主要工程量:10 站 11 区间的机电安装及相关工程。2020 年 9 月 20 日全线开通。开工累计完成投资 60915 万元。

西安地铁 5 号线一期站后工程施工总承包系统设备安装项目 位于陕西省西安市,全长 25.366 千米。合同投资 54452 万元。合同工期 2019 年 10 月 15 日至 2020 年 12 月 20 日。主要工程量:车站 21 座,车辆段、停车场各 1 处,全线车站和区间、车辆段及综合基地、停车场、控制中心的供电系统、接触网、通信系统、信号系统、综合监控系统等设备安装工程。开工累计完成投资 40067 万元。

西安地铁 5 号线一期站后工程施工总承包安装装修项目 位于陕西省西安市,总建筑面积 46178.22 平方米。合同投资 12524.5479 万元。合同工期 2019 年 10 月 8 日至 2020 年 12 月 15 日。主要工程量:低压配电与动力照明系统、通风空调与采暖系统、给排水与消防系统、气体灭火系统、FAS、BAS、门禁系统、车站公共区和设备区装修工程、车站和区间防火门、导向系统等工程的施工及调试工作。2020 年 12 月 28 日开通。开工累计完成投资 11824 万元。

成都地铁 6 号线工程 成都地铁 6 号线一、二期工程机电装修工程施工系统 3 标段正线 46.8 千米。合同投资 88679 万元。合同工期 2019 年 1 月 1 日至 2020 年 12 月 31 日。主要工程量:接触网 153.9 条千米;牵引降压混合变电所 24 座,降压变电所 15 座;环网电缆敷设 491.3 条千米;杂散电流 60.6 千米,车辆段、停车场 2 座;电力监控 40 所。开工累计完成投资 88679 万元。成都地铁 6 号线一、二期系统 2 标段通信工程,位于四川省成都市,正线 46.8 千米。合同投资 15509 万元。合同工期 2019 年 1 月 1 日至 2020 年 12 月 31 日。主要工程量:站内综合布线 3383.63 千米,各系统末端点 20617 个,设备 1658 台,区间光缆敷设 322.4 千米,区间市话电缆 138.8 千米,漏泄同轴电缆 133.58 千米。开工累计完成投资额 15509 万元。成都地铁 6 号线一、二、三期信号系统施工安装工程,正线 71.81 千米。合同投资 6953 万元。合同工期 2018 年 11 月 1 日至 2020 年 12 月 31 日。主要工程量:敷设电缆 1845.84 条千米,敷设光缆 397.9 条千米,敷设漏缆 283.8 条千米,道岔设备 347 组,信号机设备 569 架,计轴设备 811 个,动态信标 342 个,静态信标 1511 个,1 个车辆段、2 个停车场、16 车站信号设备联调联试。开工累计完成投资额 6953 万元。成都地铁 6 号线一、二、三期工程 2020 年 12 月 18 日全线开通。

成都轨道交通 18 号线接触网一、二期工程 位于四川省成都市,正线 69.51 千米。合同投资 23259 万元。合同工期 2018 年 12 月 19 日至 2020 年 12 月 27 日。主要工程量:接触网 200.9 条千米。2020 年 12 月 18 日全线开通。开工累计完成投资 23259 万元。

南宁市轨道交通2号线东延工程机电4、5工区供电工程　位于广西壮族自治区南宁市，正线6.3千米。合同投资19569万元。合同工期2017年4月1日至2020年6月25日。主要工程量：房屋建筑2727平方米；外电源电缆线路4.4千米，外电源架空线路7千米；牵引降压混合变电所5座，降压所2座，跟随所1座；环网电缆敷设74千米；接触网40.7条千米；杂散电流防护6.3千米；疏散平台10145单延米。2020年11月23日全线开通运营。开工累计完成投资18384万元。

昆明市轨道交通6号线二期机电设备采购、安装及装修工程　位于云南省昆明市，正线7.543千米。合同投资54866.89万元。合同工期2018年12月15日至2020年6月30日。主要工程量：供电系统、通信系统、综合监控系统、自动售检票系统、安全门工程、电梯、电扶梯工程、气体灭火系统、通风与空调工程、给排水及消防工程、动力照明工程和设备区装饰装修工程。2020年9月23日全线开通。开工累计完成投资47816.71万元。

石家庄地铁1号、3号线系统设备安装工程（含石家庄地铁3号线一期工程、石家庄地铁1、3号线二期设备安装工程）　位于河北省石家庄市。主要工程量：供电系统、电能质量管理、接触网、通信系统（含传输、广播、视频监控、专用电话、公务电话、专用无线、时钟、办公自动化、乘客信息等系统）、信号系统、安防及门禁系统、综合监控系统、火灾自动报警系统、环境与设备监控系统、气体灭火、电力监控、大屏幕、动力照明系统设备安装。1号线二期工程全长13.49千米，2019年6月26日开通运营。3号线一期工程全长19.166千米，首开段（市二中—石家庄段）合同投资16000万元，2017年6月26日开通运营；两边段合同投资33830万元，其中北段2020年1月20日开通运营，东段开工累计完成投资33807万元。3号线二期工程全长7.342千米，开工累计完成投资41690万元。

宁波市轨道交通4号线工程供电系统安装施工Ⅰ标段　位于浙江省宁波市，正线19.73千米。合同投资26186万元。合同工期2019年2月1日至2020年12月31日。主要工程量：变电所17座；环网电缆192千米；刚性接触网17千米，柔性接触网37千米；专用回流轨46千米；区间动力照明配电箱1234台，灯具3550盏；疏散平台侧向平台23千米；隧道温度探测光缆19千米。2020年12月23日开通。开工累计完成投资26186万元。

洛阳龙门站综合交通枢纽中心北广场机电系统工程、装修工程及其他工程　位于河南省洛阳市。合同投资43094万元。合同工期2019年4月1日至2019年12月31日。主要工程量：洛阳龙门站综合交通枢纽中心北广场机电系统工程、装修工程及其他工程。2020年1月21日启用。开工累计完成投资43094万元。

洛阳市轨道交通控制中心机电系统工程、装修工程及其他工程　位于河南省洛阳市。合同投资18446万元。合同工期2019年4月1日至2019年12月31日。主要工程量：洛阳市轨道交通控制中心机电系统工程、装修工程、室外工程（地面铺装工程施工、绿化、景观、综合管网、围墙等）、导向标识、亮化工程、人防防护设备的安装施工。2020年12月1日启用。开工累计完成投资43094万元。

洛阳市城市轨道交通1号线工程（含主变电所安装工程、供电系统安装施工、机电及装修工程2标段）　位于河南省洛阳市。洛阳市城市轨道交通1号线工程主变电所安装工程合同投资7792万元。合同工期2019年5月20日至2020年9月30日。主要工程量：新建两座110千伏主变电所建筑工程、设备安装工程和110千伏外电源电缆、光缆、设备安装工程。2020年6月30日牡丹广场主变电所顺利送电。开工累计完成投资7792万元。洛阳市城市轨道交通1号线工程供电系统安装施工全长22.35千米。合同投资39340万元。合同工期2019年9月9日至2020年12月31日。主要工程量：全线各变电所设备安装调试、环网电缆工程、电力监控工程、接触网、杂散电流防护及监测工程以及区间疏散平台的施工安装。开工累计完成投资39340万元。洛阳市轨道交通1号线机电及装修工程2标段，包括3站4区间。合同投资39340万元。合同工期2019年11月10日至2020年7月31日。主要工程量：智能化系统，通风空调系统、给排水及水消防系统、低压配电与照明系统和综合及抗震支吊架安装施工，以及车站设备区、地下停车场装修工程施工，市政管网接驳工程施工，防火封堵施工等。开工累计完成投资16653万元。

云南省墨江至临沧公路项目机电工程　位于云南省普洱市，正线138.24千米。合同投资48071万元。合同工期2020年8月10日至2020年12月31日。主要工程量：线路的机电三大系统工程（收费、通信、监控）和隧道机电工程等设备采购与安装调试、系统联合调试测试、培训及交竣工验收等。开工累计完成投资20089万元。

重庆永川至四川泸州高速公路（重庆段）机电工程YLJD合同段工程　位于重庆市永川区至四川省泸州市，全长21.723千米。合同投资9434万元。合同工期2020年5月20日至2020年12月20日。主要工程量：监控、收费系统、通信及通信管道系统、供电系统、隧道通风、隧道消防、隧道照明系统。2020年底全线开通。开工累计完成投资7801万元。

天润灵璧县平原风电场项目(50MW)　位于安徽省宿州市。合同投资28888万元。合同工期2020年4月5日至2021年6月30日。主要工程量:装机容量50MW,安装16台3MW和1台2MW风力发电机组。风电场内建设110kV升压站1座,各风机机组通过集电线路接入升压站,新建线路8千米。2020年11月30日送电成功,12月20日并网开始试运行。开工累计完成投资23058万元。（袁　莉）

【境外工程施工】　援吉布提城市综合监控项目　2018年3月签约。合同投资1.65亿元。合同工期2018年9月27日至2020年3月27日。

坦桑尼亚农村电网改造项目　2018年10月签约。合同投资1.31亿元。合同工期2019年3月1日至2021年2月8日。

塞尔维亚境内贝尔格莱德中心—旧帕佐瓦区段电气化工程　2018年11月签约。合同投资1.83亿元。合同工期2018年6月15日至2021年6月15日。

尼铁现代化项目拉各斯至伊巴丹段工程　2019年4月签约。合同投资2.6亿元。合同工期2019年4月1日至2020年4月15日。

新建铁路磨丁至万象线四电工程施工总价承包Laos－China SDSG Ⅱ工程　2019年12月签约。合同投资6.03亿元。合同工期2019年12月31日至2021年12月30日。（马吉鹏）

【企业管理】　全面开启“十四五”规划编制工作。制定“十四五”规划编制工作方案,组织召开“十四五”规划编制会,全面部署集团公司“十四五”规划编制;研究编制集团公司2020—2022年三年滚动规划;根据转型升级和新兴产业发展要求,4月,集团公司调整企业经营范围;7月,成功取得市政公用施工总承包一级资质;根据股份公司《关于加强工程公司建设指导意见》总要求,研究编制集团公司《加强工程公司建设三年行动(暂行)方案》,进一步强化工程公司基础管理工作,提升工程公司发展能力;为支持工业企业持续发展,对康远新材料有限公司和轨道交通器材有限公司增加注册资本金,两家工业企业注册资本金均为2.7亿元;7月,集团所属科技公司成功转让持有衡水中铁建工程橡胶有限责任公司0.8%的股权;组织编制2019年度风险内控工作报告,制定《2020年度内部控制评价及考核工作实施方案》,开展2020年度内控评价工作;组织开展2020年度重大、重要风险评估工作,制定重大、重要风险管控方案,在全集团组织开展“资产盘活和风险防控”专项行动;10月,集团公司被中国施工企业管理协会评为AAA级信用企业。

安全质量。安全管理工作坚持“生命至上,安全发展”理念,层层压实责任,强化管控措施,守住安全底线和生命红线,杜绝较大及以上生产安全责任事故的发生,实现集团公司安全生产工作目标,被评为2020年度股份公司安全保包良好单位,获50万元奖励。质量管理工作以打造精品工程为目标,全年无质量事故发生,在建工程质量检验合格率100%,集团公司5个项目获中国施工企业管理协会颁发的国家优质工程奖,1个项目获中国建筑业协会颁发的中国建设工程鲁班奖(国家优质工程)。信用评价工作再创佳绩,集团公司获2020年上半年股份公司内部施工企业信用评价A级,2020年下半年国铁集团铁路建设项目施工企业信用评价A级。

财务管理。2020年,营业收入214.46亿元,为年度目标的101.16%,同比增长3.23%;净利润15.03亿元,为年度目标的100.44%,同比增长9.47%;资产负债率67.80%,较年初下降2.09个百分点;净货币资金190.4亿元,较年初增长8.39亿元;经营性现金净流量11.86亿元。

资本运营。认真贯彻股份公司和集团公司工作会议精神,加强与系统内外单位合作,强化经营承揽,加快转型升级,规范业务流程,收集、跟踪资本运营项目信息40余条,确定重点跟踪资本运营项目20余个,先后中标关中环线高速公路PPP项目、云南省丘北至砚山高速公路PPP项目、云南省曲靖市陆良至寻甸高速公路建设项目、重庆梁平至四川开江高速公路(重庆段)PPP项目、太原市城市轨道交通1号线一期工程PPP项目、贵阳市轨道交通S1线一期工程PPP项目、保定市主城区城中村连片开发ABO项目、沈阳中关村科技创新基地北区配套工程项目、天津东丽区金钟示范小城镇项目、达州“双城一线”城市综合开发建设合作项目等投融资项目。出资864.85万元,投融资项目经营承揽105亿元,完成股份公司下达经营指标的350%,同比增长146%。

经济管理。工程承包板块产值211.7124亿元,变更索赔25.8433亿元,变更索赔率12.21%。其中铁路工程产值130.3081亿元,变更索赔额21.7994亿元,变更索赔率16.73%;公路工程产值11.4903亿元,变更索赔额0.8685亿元,变更索赔率7.56%;地铁及轻轨工程产值59.1923亿元,变更索赔额3.0304亿元,变更索赔率5.12%;水利水电工程产值0.3858亿元,变更索赔额0.1323亿元,变更索赔率34.29%;其他工程产值10.1424亿元,变更索赔额0.0127亿元,变更索赔率0.13%。

审计监督。全年完成审计项目5个,投入审计125天,审计涉及资产总额108亿元,发现问题75个,出具审计报告5份,提出审计建议29条,被采纳29条。完成2020年审计整改,16次投融资项目的评审,《2019年度企业工作报告》编制工作。配合股份公司完成设租寻租问题专项整治活动、境外违规经营投资问题专项工作、国家重大政策措施落实情况跟踪审计工作、财务资金专项整治行动和集团公司财务部财务资金专项检查抽查工作、对京燕商务区建设项目竣工审计工作。配合股份公司纪委完成资金专项巡视检查工作。配合完成军民融合保密资质申报工作、集团公司"十四五"规划编制工作、中铁建电气化局第六届监事会换届选举工作、2019年绩效考核复核工作。组织参加股份公司举办的三次审计方式方法创新与审计质量提升培训班,开展与石家庄铁道大学企业风险控制课题研究小组的调研和交流活动。

合规管理。合规管理机构不断完善,合规官队伍建设不断加强。任命专兼职合规官502人,其中专职合规官35人,兼职合规官467人,合规官背景调查率100%,实现合规管理向基层一线延伸。持续推动合规管理制度落实。完成新合同合规信息系统建设,将合规管理制度要求嵌入合同系统,实现合同合规审核信息化。编报合规工作季报年报4期、完成合规自查整改4期、处理合规举报2次、开展合规风险评估等工作。全年起草法治合规工作文件56份。持续推动法治合规培训,牵头组织合规培训40次,开展法治小课堂活动41次,依托股份公司在线培训平台,实现合规基础课程全员覆盖、高级课程覆盖高风险岗位人员的目标。率先在铁建系统设立公司律所,10人申报公司律师。持续加强"五项"法律审核,全年审核规章制度18件,审核合同1607份,合同专用章审核用印28080个,出具重大事项法律意见书45份,办理授权委托299个。开展规章制度"立改废",全年规章制度立项45项,梳理形成有效规章制度289件、废止规章制度65件,在OA平台搭建规章制度库。认真做好"疫情防控"法律指导、"七五"普法、"法治铁建"五年目标验收、海外项目风险防范和诉讼纠纷案件处理等工作,确保企业未出现重大法律风险,保障企业持续健康发展。

教育培训。全年培训7249人次,其中干部3613人次、工人3636人次。通过强化培训,改善职工队伍的知识结构,提升技术素质,增强施工能力。

(桂　磊　孟德智　张文峰)

【经营管理】 2020年,新签合同额400.36亿元,完成股份公司下达经营指标的129.15%,同比增长43.82%。其中,工程承包板块367亿元,占比91.67%,同比增长44.38%;非工程承包板块33.36亿元,占比8.33%,同比增长37.93%。铁路工程122.04亿元,占比30.48%;城市轨道工程118.62亿元,占比29.63%;其他路外工程126.34亿元,占比31.56%。工业制造23.33亿元,占比5.83%;设计咨询、物资贸易及其他10.03亿元,占比2.5%。全年海外新签合同额39.3亿元。

(陈思江　马吉鹏)

【科技成果】 2020年,集团公司科技研发立项356项。其中新立项目159项,续研项目197项。获批省部级课题2项。"基于BIM与人工智能技术的地铁四电系统集成工程建设及服务示范"获批四川省科技厅2020年度四川省科技服务业发展资金项目,获200万元资金支持。"基于BIM应用的装配式能源站低阻力节能降耗关键技术"获批住建部课题。主持股份公司B类科研课题计划2项,C类科研课题计划2项,参与股份公司B类科研课题计划1项,获股份公司资助200万元。参与上海市地方标准《城市轨道交通接触轨系统施工验收标准》(DG/TJ08-2306-2019)的编制,该标准于2020年5月1日起正式实施。参与内蒙古自治区工程建设地方标准《城市轨道交通信息模型应用标准》(DBJ/T03-114-2019)的编制,该标准于2020年4月1日起正式实施。参与浙江省工程建设标准《城市轨道交通信号工程施工质量验收标准》(DB33/T 1207-2020)的编制,该标准于2020年7月28日发布,2020年11月1日起正式实施。参与编制铁路BIM联盟《铁路基础设施元数据管理规范》《铁路基础设施元数据标准》,已正式发布。

(陈　洁)

【党群工作】 党的工作。党员3226人,基层党委18个、党总支1个、党支部176个。各级党组织广泛开展"防疫情、保增长"主题活动,在盐通项目召开"防疫情、保增长"现场推进会,集团3131名党员自愿为抗疫捐款49万余元。制定《中国铁建电气化局集团有限公司贯彻落实"三重一大"决策制度实施办法(试行)》和《中国铁建电气化局集团有限公司"三重一大"决策事项清单(试行)》,全年召开党委常委会议33次,研究议题158项,对涉及"三重一大"的93项议题进行前置研究。签订《2020年党建工作责任书》33份,以视频会议形式召开党委书记抓党建述职评议,6位党(工)委书记现场述职,成立2个考核组对所属15家下属单位进行现场考核。编制《集团公司工程项目党建融入中心工作的指导意见》,为所有基层党组织配发《中国铁建党支部建设指导手册》,命名集团公司第二批"示范党支部"9个。组织各级党组织书记及部门党务工作人员226人参加股份公司组织的党支部书记在线培训，全年发展党员123人。在全体党员中广泛开展“守纪律、讲规矩、顾大局”活动，“党课开讲啦”活动，1个党课被评为股份公司十大优质党课。制定《中国铁建电气化局党委关于加强领导班子建设的实施意见》，组织召开集团公司首次党建工作务虚会。集团公司领导班子被评为股份公司2019年度“四好领导班子”。

宣传工作。全年开展党委中心组集中学习14次，展开专题研讨12次。开展群众性主题教育21次。集团公司组建成立十五周年之际，授予36人“电气化局功臣”称号。集团公司成功申报北京市精神文明标兵单位，3家所属单位获评省级精神文明单位。2019—2020年度完成政研课题研究28项。中铁建电气化局展览馆2020年8月31日正式开馆。制作新版中铁建电气化局宣传画册和《15年征程》两个主题企业画册。在中央人民广播电台、中央电视台刊发新闻19条，在各类中央级报纸刊稿60篇；在新华社、中国新闻社发布稿件、视频27次；在各省广播电台、电视台报道144篇，在各省报刊稿126篇。有效化解1起舆情风险。全年集团微信平台推送文章280篇，微博100余篇，发布的《电气化局智能装备在京雄现场会公开亮相》阅读量11715次。疫情期间紧扣集团公司“复工复产”“防疫情保增长”等主题，推出微博微信60余篇。集团公司获股份公司2020年度对外宣传报道先进单位。

纪检监察工作。两级党委逐级签订党建责任书。集团纪委对中层干部集体谈话64人次，单独提醒谈话26人次。纪委全程参与33次党委常委会、20次总经理办公会等决策类会议。集团纪委全年对59名中层干部选任情况进行监督并进行任前廉洁谈话，对42个基层单位和60名个人评优评先资格进行审核，出具廉洁鉴定和廉洁意见63份。在全集团范围内组织2672人填报化公为私问题情况报告，未发现名下有与集团公司关联交易的企业。受理来信来访41件，处置问题线索48件，初核40件，谈话函询7件，业务范围外转职能部门处理3件，予以结35件，立案10件，结案10件，给予党政纪处分24人。集团公司党委派出巡察组9个，抽调138人次，与财务专项检查密切配合，对所属17个单位进行财务资金管理专项巡察，提出问题290个，整改意见74条，制定整改措施168项，完成156项。同时，所属单位对78个工程项目开展专项巡察，取得良好成效。完成第一阶段五个单位的巡察，并对2019年5家被巡察单位开展“回头看”工作。对股份公司党委2020年专项巡视反馈的11条意见、18个问题线索开展整改和核查处置。

工会工作。下辖处级工会15个，基层工会106个，工会会员9847人，专兼职工会干部126人。举办工会干部培训班，112名工会干部参加培训和业务交流。组织全集团296名工会干部参加股份公司网上工会干部培训。持续抓好“电化大学（党校）”建设工作。集团公司和15个子分公司均召开职工代表大会，签订集体合同，对各级领导班子成员进行民主测评，集团公司领导班子成员优良+称职率95.28%，各子分公司领导班子成员优良+称职率96.6%。在集团公司党委“防疫情、保增长”号召下，集团公司工会及时下发“防疫情、保增长”劳动竞赛通知，在76个项目上组织开展劳动竞赛258余次，228人次获得奖励，获建设单位奖励金769.57万元。指导协助60个项目开展建家建线工作。对12个艰苦项目及京燕饭店进行重点帮扶，累计下拨和支出建家建线专款352.35万元。2020年“双节”期间，全集团共筹集“送温暖”资金375.62万元，慰问困难职工家庭385户，慰问劳模先进、困难离退休干部及生产一线职工4743人。制定下发扶贫帮困实施意见，成立领导小组，落实目标责任，全力打好决战脱贫攻坚战，140户建档特重困职工全部实现脱贫目标。日常慰问生病住院职工、直系亲属去世等165人，发放慰问金或慰问品31.24万元；发放“金秋助学”款18.22万元，资助困难职工子女79人，疫情期间慰问职工31户，发放专项慰问金6.2万元。成功举办第九届“铁建电化杯”职工羽毛球比赛及庆祝集团公司成立十五周年专题书画摄影展。各单位工会组织开展“精益杯”球类比赛、“情暖冬至饺子香”、职工读书、厨艺比赛、游园踏青、体育竞技等活动65次，活动项目105个，9000余名职工参与，402名职工获各类文体类奖项，累计发放奖金33万余元。女工委员会在全体女职工中发出“防疫情、保增长，巾帼有力量”倡议，组织开展“巾帼建功”主题活动，对11个帼标兵岗、24名巾帼标兵进行表彰。举办第一期女干部综合能力提升专题培训暨基层女工干部培训班。持续开展书香读书活动，书香助力、共克时艰，依法维护女职工合法权益和特殊利益。调整提高全局女职工卫生费标准。

共青团工作。下辖基层团委19个、团支部144个，专兼职团干部205人，其中专职团干部32人，注册团员2521人，35岁以下青年职工6017人。创建青年突击队134支，青年安全生产示范岗112个。举办“奋进新时代　逐梦新征程”主题演讲比赛。轮值四期“团聚铁建”微信公众号出刊方案，上报官方抖音作品13个，“团聚铁建”微信刊稿3篇，团青动态月览新闻10条。举办集团公司基层团干部培训班，70余名基层团干参加培训。组织团员进行志愿者实名注册认证，注册人数1600人。疫情期间，592名集团公司团员青年通过青基会途径为支持新冠肺炎疫情防控工作自愿捐款43303.07元。获股份公司表彰2019—2020年度五四红旗团委2个，五四红旗团支部2个，青年文明号

3个;优秀共青团员3人,优秀共青团干部3人,青年岗位能手3人。 (张珺 项德葵 喻静)

【第一工程有限公司】 拥有铁路电务、铁路电气化、输变电、建筑机电安装、消防设施、城市及道路照明工程专业承包一级,通信、电子与智能化、公路交通工程(公路机电工程分项)、建筑幕墙工程、电力工程、市政公用工程施工总承包二级,机电、建筑工程施工总承包三级资质。驻河南省洛阳市白马寺镇18号。党委书记、董事长施亚辉,党委副书记、总经理董建林。职工1109人。注册资本金11000万元。资产总额215105万元。其中,固定资产原值13631万元、净值3230万元,流动资产205115万元。"四电"专业成套机械780台(套),总功率16113千瓦,机械运输设备130辆(台),检试验设备86台,仪器仪表242台,技术装备率0.88万元/人,动力装备率14.53千瓦/人,主要设备完好率88.43%、利用率54.27%。具有承担时速350千米以上电气化铁路的"四电"集成系统施工和运营维护能力。

2020年,承揽548587万元,投资37.76亿元,营业收入30.52亿元,净利润13,698万元,人均创利12.35万元,全员劳动生产率275.2万元/(人·年),职工年人均收入14.57万元。国有资产保值增值率140.97%,净资产收益率38.11%,营业利润率5.17%,资产负债率85.94%,应上缴款完成率100%。

(董特)

【第二工程有限公司】 拥有铁路电务、铁路电气化、输变电、建筑机电安装、消防设施、电子与智能化、建筑装修装饰、建筑幕墙、防水防腐保温工程专业承包一级,机电、电力、通信、市政公用、环保、建筑工程、钢结构工程、公路交通(公路机电工程分项)、城市及道路照明工程专业承包二级及劳务,铁路工程施工总承包三级资质,以及电力设施许可证(承装类二级、承修类三级、承试类四级)。驻山西省太原市尖草坪区昌盛西街18号。董事长、兼党委书记钟勇,总经理、党委副书记李利军。职工1383人。资产总额337304.74万元。其中,固定资产原值13576.45万元、净值3757.38万元,流动资产31899.1万元。施工机械设备89台。设备原值9260.2万元。净值1156.4万元,总功率14784千瓦,动力装备率11.14千瓦/人,技术装备率0.87万元/人,机械设备完好率98%、利用率55%。

2020年,新签合同额28.66亿元,产值28.25亿元,利润13503万元,人均创利11.32万元,全员劳动生产率16.98万元/(人·年),职工年人均收入10.24万元。资产报酬率5.28%,资产负债率92.74%,国有资产保值增值率100.9%,净资产收益率55.42%,产值利润率5.33%,应上缴款完成率101.02%。

(程鹏)

【第三工程有限公司】 拥有建筑工程施工总承包一级,铁路电务、铁路电气化、输变电工程专业承包一级,消防设施、电子与智能化工程专业承包二级,通信、机电、电力、市政公用工程施工总承包三级,建筑机电安装工程专业承包三级,施工劳务资质,承装(修、试)电力设施许可证二级施工资质。驻河北省高碑店市兴华北路57号。党委书记、董事长陈宪祖,总经理焦国栋。职工1246人。资产总额193500万元。其中,固定资产原值11731万元、净值2336万元,流动资产182587万元,非流动资产10913万元。机械运输设备244台(套)。设备原值7343万元、净值1128万元,总功率18114千瓦,动力装备率13.9千瓦/人,技术装备率11600元/人,设备完好率98%、利用率78%,机械化施工程度80%,年施工生产能力40亿元以上。

2020年,承揽552960万元,施工产值328489万元,利润总额9163万元,净利润8608万元,人均创利7.35万元,全员劳动生产率28万元/(人·年)。国有资产保值增值率125.88%,净资产收益率36.06%,产值利润率2.79%,投资回报率2.9%,资产负债率87.54%,应上缴款完成率100%。 (刘腾)

【第四工程有限公司】 拥有铁路电务、铁路电气化、电子与智能化、建筑机电工程专业承包一级,消防设施、公路交通工程(公路安全设施分项)专业承包二级,输变电、环保工程专业承包三级,电力设施承装、承修类三级及承试类四级资质。驻湖南省长沙市雨花区中意一路728号。董事长、党委书记谢文艺,总经理周治华。职工928人。资产总额295429.3万元。其中,流动资产269983.7万元,固定资产3069.6万元,其他资产22376万元。机械设备194台(套)。设备原值7318.23万元、净值1655.77万元,总功率16168千瓦,动力装备率17.59千瓦/人,技术装备率1.8万元/人,设备完好率96%、利用率95%。年施工能力30亿元以上。

2020年,承揽工程任务40.03亿元,产值157548.2万元,其中施工产值254772万元,利润8322万元,人均创利89484元,全员劳动生产率169.4万元/(人·年),职工年人均收入15.84万元。国有资产保值增值率133.15%,净资产收益率46.3%,产值利润率5.75%,投资回报率138.7%,资产负债率87.68%,应上缴款完成率100%。 (周莺莺)

【第五工程有限公司】 拥有通信工程施工总承包二级,建筑、机电工程施工总承包三级,铁路电务工程专业承包一级,铁路电气化、输变电、电子与智能化、公路交通工程公路机电工程专业承包二级,建筑机电安装工程专业承包三级,施工劳务,承装(修、试)电力设施许可证四级资质。驻四川省成都市青羊区成飞大道一号青羊工业园 N 区 12 栋。董事长、党委书记卫明博,总经理吕彦伟。职工 1066 人。资产总额 225018.12 万元。其中,固定资产原值 16950.66 万元、净值 7972.6万元,流动资产 206930.76 万元,其他资产 10114.76万元。机械运输设备 143 台(套),其他生产设备 135 台(套),仪器仪表和实验设备 172 台(套)。设备原值 7609.29 万元、现值 1492.86 万元,总功率 14419.5千瓦,动力装备率 13.53 千瓦/人,技术装备率 1.4 万元/人,设备完好率 100%、利用率 100%。具有承担时速 350 千米电气化铁路"四电"建设的能力。年综合施工能力 30 亿元以上。

2020 年,承揽工程任务 33.47 亿元,营业收入 22.61亿元,利润总额 6122 万元,人均创利 5.7 万元,全员劳动生产率 26.49 万元/(人·年),职工年人均收入 126070 元。国有资产保值增值率 148.23%,净资产收益率 48.33%,产值利润率 2.71%,投资回报率 30.38%,资产负债率 91.17%,投资收益上缴率 100%,应上缴款完成率 100%。 (叶卓鑫)

【南方工程有限公司】 拥有通信工程施工总承包一级,机电工程施工总承包二级,建筑、电力工程施工总承包三级,铁路电务、电气化、电子与智能化工程专业承包一级,建筑机电安装、城市及道路照明、建筑装修装饰工程专业承包二级,输变电工程专业承包三级,承装(修、试)电力设施施工许可证三级资质。驻湖北省武汉市东湖开发区佳园路 17 号。董事长、党委书记王培雄,总经理、党委副书记胡泽新。职工 1492 人。资产总额 270752.7 万元。其中,固定资产原值 19141.6 万元、净值 6705.4 万元,流动资产 256118 万元,其他资产 14634.7 万元。机械、运输、智能设备 119 台(套),设备原值 9642 万元、净值 1133 万元。机械设备 34 台,运输设备 82 辆,智能设备 3 台(套)。设备总功率 15975 千瓦,动力装备率 10.69 千瓦/人,技术装备率 0.7 万元/人,设备完好率 98%、利用率 98%。

2020 年,承揽 292880.86 万元,总产值 300963 万元,其中施工产值 290807 万元,利润 15800 万元,职工人均创利 105898 元,职工年人均收入 13.16 万元。国有资产保值增值率 132.48%,净资产收益率32.91%,产值利润率 5.52%,资产负债率 87.5%,应上缴款完成率 100%。 (吕姣姣)

【北方工程有限公司】 拥有铁路电气化、铁路电务、输变电、建筑机电安装、电子与智能化、消防设施、建筑装修装饰专业承包一级,通信、电力、市政公用、建筑工程施工总承包二级,城市及道路照明工程专业承包二级,机电工程施工总承包三级,承装(修、试)电力设施承装类、承试类二级和承修类三级施工资质。驻山西省太原市万柏林区迎泽西大街 369 号。总经理、党委副书记徐元成。职工 1460 人。资产总额 351006.72 万元。其中,固定资产原值 21343.75 万元、净值 10247.69 万元,流动资产 335158.61 万元,其他资产 5600.42 万元。机械运输设备 139 台(套)。设备原值 9563.67 万元、净值 2373.47 万元,总功率 17890 千瓦,动力装备率 12.25 千瓦/人,技术装备率 1.63 万元/人,设备完好率 95.1%、利用率 62.9%。机械化施工程度 80%以上,年施工生产能力 60 亿元以上。

2020 年,承揽 31.47 亿元,营业收入 29.01 亿元,利润 7768 万元,人均创利 5.23 万元,全员劳动生产率 29.9 万元/(人·年),在岗职工年人均收入 11.14 万元。国有资产保值增值率 112%,净资产收益率 12.80%,资产负债率 85.27%,应上缴款完成率 100%。 (史桓宇)

【北京中铁建电气化设计研究院有限公司】 拥有国家住房和城乡建设部颁发的铁道行业乙级工程设计资质证书和铁道行业电气化、通信、信号专业工程设计甲级资质证书,工程造价咨询企业乙级(暂定)资质证书,电力行业送电工程专业丙级资质证书。驻北京市石景山区石景山路 29 号京燕饭店 3 层。董事长、党委书记阚绍忠,院长、党委副书记黄国胜。职工 166 人。资产总额 18225 万元。其中,固定资产原值 444 万元、净值 134 万元,流动资产 17741 万元,其他资产 484 万元。

2020 年,新签合同额 11152 万元,产值 8822 万元,净利润 386 万元,人均创利 4.7 万元,全员劳动生产率 101.4 万元/(人·年),职工年人均收入 17.72 万元。产值利润率 5.17%,资产负债率 100%,应上缴款完成率 100%。 (刘芳兵)

【科技有限公司】 拥有房屋建筑工程施工总承包三级,装饰装修工程专业承包二级,钢结构专业承包三级资质,CRCC 以及质量、环境、职业健康安全管理体系认证证书。驻河北省高碑店市西大街建国胡同 9 号。董事长、党委书记白利军,总经理、党委副书记李毅军。职工 200 人。资产总额 30503 万元。其中,固定资产净值 1629 万元,流动资产 24299 万元,无形资产净值 577 万元。设备 209 台,设备原值 1700.88 万元、净值

621.84 万元，总功率 4961.56 千瓦。动力装备率26.97 千瓦/人，技术装备率 3.38 万元/人，设备完好率 97%、利用率 92%。

2020 年，承揽 35044 万元，营业收入 28053 万元，净利润 1439 万元。资产保值率 113.36%，净资产收益 13.49%，产值利润率 4.22%，资产负债率 75.54%，应上缴款完成率 100%。（黄婷婷）

【西安电气化制品有限公司】 驻陕西省西安市未央区文景路。党委书记、董事长戴丽军。职工 195 人。资产总额 40571 万元。机械设备 593 台（套），原值 2355 万元、净值 597 万元；实验设备 43 台（套），原值 60 万元、净值 10 万元。设备总功率 8000 千瓦，动力装备率 30 千瓦/人，设备完好率 100%、利用率 90%。

2020 年，新签合同额 4.11 亿元，营业收入 3.33 亿元，净利润 1109 万元，全员劳动生产率 170.77 万元/（人·年），人均创利 5.69 万元，职工年人均收入10.58 万元。净资产收益率 13.93%，总资产报酬率4.3%，营业利润率 3.69%，营业收入增长率 -5.83%，营业利润增长率 11.95%，资产增长率 -1.76%，应上缴款完成率 100%。（王　锋）

【康远新材料有限公司】 铁路运输设备生产企业，生产和销售 16 种铜及铜合金接触线、18 种铜及铜合金绞线；拥有欧洲 CE 认证，产品可在欧盟市场销售。驻江苏省江阴—靖江工业园区（靖江市人民南路 88 号）。董事长、党委书记赵德胜，总经理杨玉军。职工 173 人。资产总额 56952 万元。其中，固定资产净值 5811 万元，流动资产 50156 万元，其他资产 985 万元。机械运输设备原值 6255 万元、净值 1188 万元。机械运输总功率 7700 千瓦，其中机器设备 7300 千瓦，动力装备率 44.4 千瓦/人，技术装备率 37.5 万元/人，年生产能力 1.5 万吨，具备电气化铁路 5000 千米供货能力。

2020 年，承揽 7.22 亿元，产值 61056.5 万元，利润 2621.4 万元，全员劳动生产率41.4万元/（人·年），职工年人均收入 10 万元。资产负债率 46.19%，国有资产保值增值率 116.75%，净资产收益率 10.87%，产值利润率 4.29%。（张　可）

【轨道交通器材有限公司】 通过三大管理体系认证，具备对外开展试验检测业务的能力。驻江苏省常州市武进区高速铁路电气化产业园。党委书记、董事长冯晓河，总经理张静波。职工 405 人。资产总额 71678 万元。其中，固定资产原值 19321 万元、净值 8484 万元，流动资产 53925 万元，其他资产 9269 万元。

2020 年，新签合同额 78987 万元，营业收入 64636 万元，净利润 2498 万元。三项费用占营业收入比重 8.32%，净资产收益率 11.06%，产值利润率 3.86%，资产负债率 62.17%，应上缴款完成率 100%，国有资产保值增值率 586.90%。（沈刘琳）

【北京京燕饭店有限公司】 三星级涉外酒店，占地面积 1.17 万平方米，建筑面积 3.6 万平方米，拥有各类客房 300 余套，大小会议室 8 间，设有首层会议餐厅、商务餐厅和顶层阳光餐厅。驻北京市石景山区石景山路 29 号。党委书记、董事长孙建洁，总经理、党委副书记刘宇鹏。职工 128 人。资产总额 18597 万元。其中，固定资产净值 7888 万元，流动资产 3887 万元，无形资产净值 6565 万元。

2020 年，营业收入 3502 元，净利润 -1046 万元。人均创利 -6.91 万元，全员劳动生产率 10.04 万元/（人·年）。国有资产保值增值率 91.28%，净资产收益率 -9.14%，产值利润率 -29.81%，资产负债率 41.26%。（刘博宇）

【北京城市轨道工程公司】 驻北京市石景山区石景山路 29 号京燕大厦东配楼 4、5 两层。党委书记、总经理陈宪祖，执行总经理焦国栋。职工 81 人。资产总额 17384 万元。其中，固定资产原值 506 万元、净值 168 万元，流动资产 14962 万元，其他资产 2254 万元。机械运输设备 16 台（套），设备原值 352.8 万元，设备利用率 100%。

2020 年，承揽 43313.9 万元，产值 9342 万元，净利润 541 万元，职工年人均创利 6.76 万元。产值利润率 5.79%，资产负债率 100%。（刘国强）

【运营管理公司】 驻湖北省襄阳市襄州区航空路 75 号。党委书记、董事长张华峰，总经理夏文奕。职工 261 人。资产总额 14593 万元。其中，流动资产 14540 万元，非流动资产 53 万元；固定资产原值 332 万元、净值 53 万元。机械运输设备 6 台。设备原值 285.32 万元、净值 22.19 万元，总功率 822 千瓦，设备完好率 100%、利用率 100%。年施工生产能力 2 亿元以上。

2020 年，承揽 263170 万元，产值 14774 万元，利润 707 万元，人均创利 26984.29 元，全员劳动生产率 10288.26 元/（人·年），职工年人均收入 13.3 万元。净资产收益率 16.13%，产值利润率 4.8%，资产负债率 64.62%，应上缴款完成率 100%。（邢艳召）

【重要记载】

▲4 月 28 日　中铁建电气化局根据转型升级和

新兴产业发展要求，调整企业经营范围，并取得新营业执照。

▲5月11日　中铁建电气化局与铁五院签署战略合作协议。

▲7月30日　中铁建电气化局举办成立十五周年庆祝表彰大会。

▲8月31日　中国铁建电气化局展览馆开馆仪式在京举行，展览馆正式对外开放。

▲10月22日　中铁建电气化局与国家电投河南电力有限公司、启迪控股股份有限公司签订三方战略合作协议。

▲11月11日　中铁建电气化局与华东交通大学签订战略合作协议。

▲12月　中铁建电气化局被中国施工企业管理协会评为企业信用评价AAA级信用企业，并获颁企业信用等级证书和企业信用评价AAA级信用企业奖牌。

（曹丽莎）

中国铁建港航局集团有限公司

【简况】　拥有港口与航道、公路工程施工总承包特级，建筑、市政公用工程施工总承包一级，铁路、机电、水利水电工程施工总承包二级，电力工程施工总承包三级，桥梁、隧道、钢结构、公路路基、地基基础工程专业承包一级，公路路面、建筑装修装饰、公路交通工程（限公路安全设施分项）、公路交通工程（限公路机电工程分项）专业承包二级，环保工程专业承包三级，特种工程（限结构补强）专业承包不分等级资质。2011年7月11日成立。总部驻广东省珠海市前山翠峰街189号。注册资本金25亿元。下辖子公司8家、分公司8家、项目公司6家及控股项目公司1家，分别是：中铁建港航局集团长江工程有限公司、中铁建港航局集团路桥工程有限公司、中铁建港航局集团轨道交通工程有限公司、中铁建港航局集团置业有限公司、中铁建港航局集团勘察设计院有限公司、中铁建港航局集团第三工程有限公司、中铁建港航局集团工程检测有限公司、中铁建港航局集团泰兴港务有限公司、中铁建港航局集团黄冈基础设施投资有限公司、中铁建港航局集团江门基础设施投资有限公司、中铁建港航局集团达州基础设施投资有限公司、中铁建港航局集团山东海洋建设有限公司、中铁建港航局集团舟山基础设施工程有限公司、中铁建港航局集团重庆基础设施工程有限公司、南宁市中铁建邕宁水利枢纽投资建设有限公司、中国铁建港航局集团有限公司第一工程分公司、中国铁建港航局集团有限公司第二工程分公司、中国铁建港航局集团有限公司第三工程分公司、中国铁建港航局集团有限公司第四工程分公司、中国铁建港航局集团有限公司总承包分公司、中国铁建港航局集团有限公司船舶工程分公司、中国铁建港航局集团有限公司武汉分公司、中国铁建港航局集团有限公司海外分公司。职工3039人。资产总额139.82亿元。其中，流动资产57.62亿元，固定资产净值7.21亿元，其他资产74.99亿元。固定资产设备2885台（艘）。设备原值137702.97万元、净值103037.20万元，总功率137888.89千瓦，动力装备率45.37千瓦/人，技术装备率26.12万元/人，设备完好率91%、利用率86%，机械化施工率100%。

2020年，新签承揽319.89亿元，完成股份公司下达任务指标290亿元的110.31%。获国家科技进步奖特等奖1项，国家优质工程奖1项，中国铁建杯优质工程奖2项，武汉市市政金奖1项，连云港市“玉女峰杯”优质工程奖1项，2018—2019年度第四批湖北省建筑结构优质工程奖。被广东省委省政府授予“广东省文明单位”称号，被江苏省交通运输厅评为“江苏省2019年度平安工地建设省级示范工地”，获“2019年全国水运系统安全先进班组”称号。首次获“全国安康杯安全文化宣传工作示范单位”称号，连续三年保持“全国安康杯竞赛优胜单位”称号。1人获中华全国铁路总工会2019年火车头奖章。

（陈志逸　萧子锋　杨正帅）

【领导人员】

董事会

董事长	许四发
董事	许四发
	金国亮
	王永东
	刘齐辉
职工董事	谭世霖

监事会

监事会主席	杨复林
监事	杨复林
	吴航宇
职工监事	梁根林

经理层

总经理	金国亮
副总经理	王永东

刘齐辉
谭世霖
蹇　宏
李法胜
杨　勇

总会计师　杨　勇
总工程师　刘齐辉

党群领导

党委书记　许四发
党委副书记　金国亮
　李世春
纪委书记　杨复林
工会主席　李世春

（程国栋）

【职工队伍】 职工3039人。其中，干部2863人、工人176人。大学本科及以上学历2615人、专科学历257人、大专及以下学历167人。35岁及以下1983人、36~45岁583人、46~55岁433人、56岁以上40人。干部中，专业技术干部2536人，女干部443人。专业技术干部中，高级技术职务444人、中级专业技术职务854人、初级专业技术职务1106人。工人中，高级技师27人、技师29人。（程国栋）

【工程项目指挥机构】 横琴保税洪湾一体化项目指挥部　驻广东省珠海市。指挥长仲维华，党工委书记卢初升。

小清河复航工程4标段项目部　驻山东省东营市。项目经理吴兵，党工委副书记甄军。（顾世韧）

【工程施工】 广州新白云国际机场第二高速公路北段工程项目第二批土建工程施工SG08标段　位于广东省广州市，全长3.437千米。2020年完成投资25363万元。

珠海市鹤洲至高栏港高速公路一期工程HGTJ3标段　全长4.247千米。主要工程量：主线桥1座2487.948延长米，互通式立交1处。2020年完成投资9085万元。

珠海市鹤洲至高栏港高速公路二期工程HGTJ7标段　全长5.08千米。主要工程量：主线桥2座3232.71延长米，南水互通式立交1座，匝道大桥5座857.86延长米，匝道中桥2座103.46延长米，涵洞及通道18座；路基挖土1301立方米，借土填方35.43万立方米，沉降土方17.4万立方米；混凝土管桩11.5万米，塑料排水板318.5万米。2020年完成投资27506万元。

泰州港泰兴港区七圩作业区公用码头工程　位于长江下游。概算总投资12.49亿元。主要工程量：码头平台689米，7万吨级散货泊位及1号引桥1个、4万吨级件杂货泊位（兼顾重件运输）及2号引桥1个、1万吨级件杂泊位及3号引桥1个。2020年完成投资37274万元。

东营港东营港区进港航道及导堤工程SG－2合同段　主要工程量：航道两侧建设南、北防波挡沙堤。2020年完成投资27104万元。

重庆长寿长江二桥　全长3833米。主要工程量：主桥悬索桥宽34米；南北引桥混凝土连续梁桥宽31米，并配套建设道路、排水、照明、交通标识、绿化等附属工程。2020年完成投资38684万元。

双湖路跨鸡啼门特大桥　全长1210米。主要工程量：桥梁工程、管线工程、照明工程、绿化景观工程、交通设施、安监设施等。2020年完成投资9998万元。

洪湾物流园新建道路及既有道路景观提升工程（一期）施工总承包　位于洪湾保税区。主要工程量：道路5条4209.576米，道路工程、岩土工程、污水工程、雨水工程、给水工程、电力工程、电信工程、道路照明工程、景观绿化工程、交通设施、安监设施等。2020年完成投资12006万元。（顾世韧）

【境外工程施工】 孟加拉国艾萨拉姆永久码头工程B合同段项目　位于孟加拉国东南部吉大港地区Banshkhali。合同投资35490.88万元。2020年2月18日开工，合同工期18个月。主要工程量：2190米斜坡式的防波堤建设、111587立方米扭王字块的预制以及C30混凝土83296立方米。开工累计完成投资6364.77万元。

孟加拉库尔纳电力小镇项目　位于孟加拉国库尔纳市朗帕尔区。合同投资15478.5万元。2019年8月6日开工，合同工期24个月。主要工程量：电厂配套的员工宿舍、平房、宾馆、小型公寓、医院、旅馆、培训中心、门卫房、托儿所及学校、清真寺等，总建筑面积49050平方米。开工累计完成投资5496.68万元。

孟加拉米尔莎莱工业园吹填整治2A项目　位于孟加拉国吉大港米尔莎莱工业园。合同投资13241.37万元。2018年1月27日开工，合同工期32个月。主要工程量：陆域吹填3.56平方千米，路堤施工5.32千米，路堤防护和相应环保工程。2020年9月30日竣工。

贡布深水港15000吨码头港池与航道疏浚设计施工项目　合同投资18205万元，合同工期22个月。主要工程量：设计柬埔寨贡布港15000吨码头配套港池与航道；贡布港港池与航道疏浚作业，疏浚土吹填至雇主指定的后方陆域，疏浚工程1000万立方米。开工累计完成投资 16848.79 万元。

贡布深水港 30000DWT 集装箱码头、堆场及配套工程 EPC 项目　合同投资 73917.93 万元。合同工期 24 个月。主要工程量：拟建 30000DWT 集装箱泊位码头 1 个以及后方陆域堆场、港池、进港航道、港区等配套工程。

援加纳渔港综合设施项目　位于加纳共和国首都阿克拉市南部 Jamestown 渔港。合同投资 2.88 亿元。2020 年 8 月 20 日开工。主要工程量：疏浚工程 100485 立方米，包括水工结构基础开挖、港池疏浚；水工结构长 1251 米，包括码头泊位、护岸、防波堤（含新建和修复）；管理、生产和配套建筑，包括办公楼、幼儿园以及交易市场、加工区、商业区等有关生产和配套设施。开工累计完成投资 4665.29 万元。

孟加拉国帕亚拉码头堆场分包项目　合同投资 38156.51 万元。主要工程量：新建高桩码头平台及连接引桥 4 座，下部钢管桩基础。开工累计完成投资 4726.26 万元。

柬埔寨西哈努克港—香港海底光缆项目　合同投资 11.66 亿元，合同工期 36 个月。总路由长 2715 千米，其中中继器 29 个、分支器 4 个（含备件）。主要工程量：海底光缆通信系统、国家数据中心、登陆站及附属设施。（周　游）

【海上风电项目施工】　大连庄河风电项目　位于庄河市石城岛东侧约 11 千米。合同投资 49709.88 万元。主要工程量：风机基础 40 根。2020 年完成投资 27400 万元。

中船重工大连市庄河海域海上风电场址Ⅱ（300MW）项目风机安装施工工程　位于辽宁省大连市海域。合同投资 37282.4 万元。合同工期 425 天。主要工程量：60 台海装 5MW－171 机型的风电机组的安装，包括设备场内倒运、风电机组安装、电气安装及试验等。

华能大连庄河海上风电 IV1 场址项目 EPC 总承包　位于辽宁省大连市海域。合同投资 442265.74 万元。合同工期 365 天。主要工程量：海上风电场工程的勘测设计，51 个机位设备材料采购、土建施工及安装、调试、机组 240 小时试运行。

中广核海上风电风机安装集约化施工Ⅲ标段　位于广东省汕尾市、惠州市。合同投资 23800 万元。主要工程量：35 台风机安装施工。（贾舒涵）

【船舶制造运营】　为提高海上风电市场竞争力和履约能力，集团公司完成对中船集团（天津）海上风电公司投资建造的 1000T 自升式风电安装平台“中船海工 101”的光船租赁；成功锁定“宇航 32 号”3200T 全回转起重船（助推）两年长租；实施对“铁建风电 01”进行技改，在冲桩系统增加止回阀，拆除影响风机拼装的杂物吊，提高该船在覆盖层较厚海域施工的适用性；启动“铁建潜 01”改造为“坐底式风电安装船”的前期筹备工作。

2020 年，船舶板块营业收入 16084.5 万元。“铁建风电 01”出厂后正式投入使用以来，先后在中广核阳江南鹏岛海上风电项目、大连庄河海上风电项目、启东 H3 号海上风电项目施工，累计完成 25 台 5～5.5 MW 风机安装。“铁建绞 01”出厂以来承揽规模最大、吹填距离最远的疏浚项目“东营港十万吨级进港航道疏浚工程”施工，成功验证单船三泵 11 千米吹距的先进性。“铁建砼 01”“铁建潜 01”“铁建拖 01”“铁建桩 01”先后中标嘉兴、嵊泗、象山海上风电项目，揭阳、烟台码头等工程项目：“铁建砼 01”两次获得业主嘉奖；“铁建潜 01”圆满完成 5800 吨沉箱 200 多海里长途出运与 7750 吨超大超重沉箱出运任务，创造该船舶建成以来长、短途最大沉箱出运纪录。“铁建砼 01”“铁建拖 01”中标投入中土集团澳氹第四条跨海大桥设计连建造工程施工，首次涉足澳门水工市场。“铁建桩 01”选租 YC－60 型液压锤与增配 IHC－800 液压锤导向架相结合，双向储备资源，以满足海上风电群桩施工要求，提升其市场竞争力和创效能力。船舶安全航行总里程 13935 海里，并实现“零安全事故”总体目标。（钟碧云）

【经营管理】　战略管理。集团公司“十三五”企业发展战略与规划明确总的发展战略是立足水工、相关多元，坚持“大土木、大市场、大科研”发展理念，提升全方位服务能力，发展成为国内领先、具有国际竞争力的现代企业集团。实现业务布局进一步优化，企业知名度进一步提高，科技创新能力进一步增强，装备能力进一步提升，管理体系进一步升级，项目管控进一步改善，人才队伍进一步壮大，文化软实力进一步彰显。发展成为具有现代化企业管理模式与较成熟的国际化经营机制，商业模式多样化，高端业务占比明显提升，风险控制有效的国际化大型建筑企业。全面风险管理和内控工作。结合“十四五”规划需要，将重大风险评估管控与三年滚动规划结合开展，先行采取 KRI 指标监控跟踪相关风险变化及响应情况，并针对前期调研成果涉及 214 条涵盖经营和生产等风险组织总部各部门及所属单位开展 KRI 体系建设。信息化建设工作。完成集团公司智慧工地管理平台一期建设，以大项目为先导，推进智慧工地管理平台与项目管理深度融合，切实解决项目现场管控难题，正式开启“智慧港航”新征程；启动集团公司 EMIS 系统二期建设，逐步建立企业税务中心、资信中心、票据中心,完善业务中心、共享中心、资金中心的功能,实现“业财资税一体化”管理;完成集团公司核心系统公有云迁移工作,降低中心机房运维成本,提高系统的稳定性和安全性,正式开启集团公司企业信息化管理云应用时代。

经营承揽。2020 年,新签承揽额 319.89 亿元,完成股份公司下达任务指标 290 亿元的 110.31%。国内新签合同(不含投资)省份 15 个。新兴市场经营有序开展,品牌影响力逐步增强,海上风电经营成绩突出,全年实现海上风电业务经营承揽 72.52 亿元,累计承揽超过 100 亿元。发挥水工专业优势,积极参与股份区域投资和协同经营,推进“三优”服务,与昆仑投协同经营成功中标金堂县环保应急片区综合开发项目、达州“双城一线”城市综合开发建设项目,新增合同承揽 85.38 亿元。落实“水工为主”,主营业务实现突破。全年实现水工专业经营承揽 168.21 亿元,占比 52.58%,新增合同承揽额同比增长 59.23%。水工主业快速发展,专业占比大幅提升,基本实现“水工为主、相关多元”的战略定位。

财务管理。2020 年撤销外部银行账户 52 个,平均资金集中度 87.62%;平均资金上存度 60.27%。加强票据管控。对所属各单位的应付票据管理情况进行通报,确保实现票据总额“控制增量,压减存量”的目标。积极拓展金融机构合作范围,获各家银行及财务公司、铁建资产公司综合授信额 201.8 亿元,信贷资源充足。2020 年主要指标预算完成良好。新签合同额 319.89 亿元,营业收入 95.23 亿元,净利润 1.31 亿元,年度预算控制额度 35 亿元,控制在预算范围之内。“两金”总额在管控目标以内。从严趋紧强化产权管理各项工作,加大监督处罚和问责力度,推动优化产权配置。加强集中管控、统一筹划,确保税务管理成效。年度汇算清缴中享受研发费加计扣除金额 4351 万元,直接减免企业所得税 1087.75 万元;年度企业所得税汇算清缴取得境外缴纳企业所得税税额 545 万元。实现网上报账平台、综合项目管控平台、人力资源管理、财务共享中心的上线运行,通过信息化再造企业管理流程,提高企业标准化管理水平,加强经济管控与集中管理。

经济管理。与交通运输水运定额造价中心签订合作协议,建立合作关系。制定和修订制度办法 4 项、工作指南 1 项。开展疫情防控活动。组织开展疫情影响工程项目商务成本及应对策略培训。创新企业发展手段,依托先进装备,培育核心竞争力,积极发展优势产业,进一步提高资产质量,实现高质量快速发展。2020 年集团公司在建项目年综合收益率 7.25%,实现变更索赔额 12.53 亿元,变更索赔率 12.1%。完成结算项目 44 个;应结算金额 152938 万元,待结算金额下降 89831 万元,完成双降 20% 的年度目标。完成 53 个项目的分包策划,涉及合同金额 148.29 亿元。

审计管理。2020 年完成审计任务 64 项,建立健全审计发现问题整改长效机制,确保审计整改有效,积极开展“审计问题整改自查自纠”活动和相关审计专项调查活动任务,加大审计成果转化,加强审计线索移交工作力度;积极开展国家重大政策落实情况跟踪审计和军民融合项目专项审计;配合股份公司对集团公司的巡视、港航局集团董事长任中经济责任审计和绩效考核结果复核审计;不断推动审计工作开创新局面,助推企业高质量快速发展。

(陈志逸　王运芳　萧子锋)

【科技教育】 2020 年,获股份公司 A(参与)、B、C 类立项各 1 项,获资助资金 200 万元。获中国水运建设行业协会科学技术奖技术发明奖一等奖 1 项,中国公路学会科学技术奖三等奖 1 项,中国公路建设行业协会科学技术奖一等奖 1 项,中国施工企业管理协会工程建设科学技术奖二等奖 1 项,中铁建科学技术奖一等奖 1 项;获省部级工法 5 项;获水运交通优秀勘察奖三等奖 1 项,优秀设计奖三等奖 1 项,优秀咨询成果三等奖 2 项;获中国铁建实用新型专利优秀奖 2 项,获发明专利 2 件、实用新型专利 35 件。集团公司获国家优质工程奖 1 项,中国铁建杯优质工程奖 2 项,武汉市市政金奖 1 项,连云港市“玉女峰杯”优质工程奖 1 项;获中国建筑业协会优秀 QC 小组成果奖 2 项。组织各类培训 264 班次,参培员工 8608 人次,其中送外培训 91 次,1029 人次参加;集团组织内部培训 173 次,7579 人次参加。

(李　毅　程国栋)

【党群工作】 党的工作。党委 12 个(含局党委)、党工委 5 个、党支部 100 个。发展党员 51 人。下拨专项党费 11.3 万元,号召 917 名党员捐款 8.82 万元,支持疫情防控工作。印发《关于进一步加强党的领导和规范党委决策有关事项的通知》,贯彻民主集中制原则,落实党委前置研究和“三重一大”集体决策要求,推进“三重一大”决策和运行监管系统建设。全年召开党委会 18 次,研究议题 164 项,其中前置研究议题 36 项。出台《关于巩固深化“不忘初心、牢记使命”主题教育成果的实施方案》,建立起持续推动各级党组织和广大党员干部不忘初心、牢记使命的制度安排和长效机制。以创建“四好”领导班子活动为抓手,持续加强两级领导班子自身建设,评选表彰二级单位 2019 年度“四好”领导班子 1 个。严格党内政治生活,召开领导班子巡视整改专题民主生活会。成立督查组对新组建单位进行党建工作交底,召开党建工作现场交流会,帮助基层提升党建工作水平、压实党建工作责任。开展“中央企业党建巩固深化年”行动，落实“四同步、四对接”要求，持续深入整顿软弱涣散基层党组织，加强对基层党组织建设的监管督导。修订《关于进一步加强和改进基层党组织建设的指导意见》，购置发放《中国共产党国有企业基层组织工作条例（试行）》等党建制度类书籍3200余册，强化对党内规章和企业制度的学习宣贯。制定《2019—2023年党员教育培训工作清单》等，建立集团公司党员教育培训内部讲师库，组织参加股份公司三级单位党委书记培训班、组工干部培训班、党支部书记在线培训班等，加强党员教育管理。走访慰问困难党员和老党员28人次，发放慰问金8.4万元。表彰先进基层党委1个、先进基层党支部8个、优秀共产党员32人、优秀党务工作者17人。

宣传工作。2020年，集团本级党委理论学习中心组集中组织学习8次，其中专题研讨4次，撰写专题研讨文章23篇。围绕打赢疫情防控阻击战、加快复工复产进度各项工作，编写下发形势任务教育宣传提纲5期。拍摄制作集团公司企业宣传片，修订企业宣传画册及综合画册（折页），并创新采用方便传阅的H5模式汇编企业宣传画册电子版。创新开展文明创建活动，先后被评为广东省文明单位、珠海市文明单位中国企业文化峰会（广州）企业文化建设优秀企业、珠海市企业思想政治工作暨企业文化建设先进单位。1项政研课题获股份公司二等奖，2项获股份公司三等奖。策划推出“吹响集结号　踏上新征程”“创新强企　实干兴企”等系列宣传主题报道，针对小清河复航工程“6·30”节点、泰兴码头首船靠泊试机等重大节点在新华社、《工人日报》、《大众日报》、山东卫视等党中央、省部级主流媒体和《人民铁道》报、《中国交通报》等行业权威媒体报道。全年在中央主流媒体及省部级媒体发稿80余篇，在《中国铁道建筑报》发稿83篇，股份公司网站发稿186篇。集团公司官方微信公众平台编辑推送微信318篇，微信关注人数12802人，每篇推送平均阅读量稳定在1000人次以上，在中国铁建微信公众平台参与或专题推送文章28次，抖音、微博平台推送11次。单篇点击量超过6000次6篇，1篇点击量1万余次。压紧压实工作责任，切实做到意识形态工作与业务工作同部署、同落实、同检查、同考核。严格落实舆情报告制度，常态化进行舆情监控，形成常态舆情预防、监测和处置的三级联动的机制，舆情应对平稳可控，舆论环境健康向上、风清气正。全年未发生意识形态领域不良倾向和突出问题。

党风廉政建设和反腐败工作。出台“不忘初心、牢记使命”主题教育指导协调方案，到所属单位开展检查调研督导。驻京非法人机构接待功能全部整改完毕。对17人次的提拔任用、期满考察进行监督，客观公正出具廉洁回复意见。举办廉洁讲座57场次，推送主题微信22期，观看教育片70次，参观教育基地30场次，开展廉洁从业谈话18场次，对廉洁家书和摄影进行评奖。纪委领导日常约谈提醒所属单位领导39人次，对14名新任职领导人员开展廉洁谈话。协助党委成立党风廉政建设和反腐败工作协调小组，召开党风廉政建设和反腐败工作暨职能部门监管工作推进会，向14个部门抄送巡察发现问题。发现问题58个，向被巡察单位提出意见建议10条，移交问题线索9条。组织开展“四风”问题监督检查6次，通报3次。组织开展领导人员亲属和其他特定关系人所办企业与本企业业务往来专项整治，587名相关领导人员提交登记表及承诺书。深入推进整治形式主义、官僚主义，持续改进会风、文风、作风，对反映突出的10个问题进行集中整改。收到信访举报43件次，处置问题线索47件次（含2018年结转4件次）。初步核查38件次，立案7件次；给予党纪政纪处分6人次、诫勉谈话8人，提醒谈话15人，通报批评6人。编印下发《前事之鉴》1700册；完成总部廉洁风险防控手册编印工作。针对专项巡视要求立行立改的三个方面19个问题，提出整改措施33条并全部整改完成。开展化公为私专项治理工作，明确集团公司本级和所属各单位纳入整治单位17个，纳入整治范围2220人。针对自查自纠和监督检查发现的问题，对4人中尚未处理的2人及时进行处理。集团党委对下开展财务资金管理专项巡察实现全覆盖。

工会工作。召开第二届三次职工代表大会，全面履行职代会职责，审议各项报告及重要事项；职代会期间收集职工代表提案29件，立案3件并得到落实。统筹资金73.29万元，启动紧急物资采购内控机制，用于购买口罩、消毒液等防疫防护用品并分发到位；征集“战疫”相关摄影、诗歌、视频等作品342件；组织疫情防控知识应知应会有奖网络竞答，参与答题2065人次。工会筹集资金102.39万元，走访慰问困难职工117人，走访离退休老干部、职工38人，慰问一线职工1463人，为一线员工送温暖；筹集慰问资金121.38万元，深入一线为73个项目部、17个船队送清凉，慰问职工3475人次，慰问农民工1823人次；发放金秋助学资助金12.7元，为符合条件的44名学子送关爱；协助6名职工进行团体意外伤害、重大疾病保险理赔61.07万元，为员工“送保障”。首次获评“全国安康杯文化宣传示范工作”示范单位，连续三年获评“全国安康杯竞赛优胜单位”。开展主题为“实干创品牌、提质增效益”的重点项目劳动竞赛，完成劳动竞赛产值计划52.4亿元，下拨建家建线专项资金56万元。拥有劳模

(先进职工)创新工作室7个,多项研究课题获股份公司、港航局等多层级的专利、工法、QC等奖项。在重庆举办第二届职工合理化建议和技术改进成果展示交流会,为创新成果的推广及应用搭建交流平台,19个项目参加展演,9个优秀项目获得表彰。以"港航先锋"评选为主导的评选树模工作取得较好成绩。1人作为2020年"新时代·铁路榜样"重点宣传对象,1个集体获"市文明单位"称号。1个项目部工会获评广东省总工会"模范职工小家"称号。肖希新获火车头奖章。技术中心被评为"中国铁建先进集体",饶伟被授予"中国铁建劳动模范"称号。

共青团工作。着眼政治思想引领,深入开展"青年大学习"行动,以"团结奋进十四五·港航有我更青春"主题短视频创作大赛、"奋进新时代、逐梦新征程"主题演讲比赛、"学雷锋"主题月等活动,坚定青年理想信念;着手品牌创建活动,将青年突击队、青年安全生产示范岗、青年文明号、青年岗位能手等争创活动融入疫情防控和复工复产,激励广大青年围绕企业中心工作奋发进取、创先争优;着力凝聚服务青年,深入基层青年调研,开展"导师带徒""逐梦港航局·青年当自强"主题系列活动、"团组织就在我身边"关爱行动等,促进青年成长成才;着重推进从严治团,开展标准化团支部建设,做到"应建必建""应换必换",以年度共青团工作考核为抓手持续督导基层夯实团建基础。获评中国铁建"五四红旗团委"1个、"五四红旗团支部"1个、"青年文明号"2个、"优秀共青团员"2人、"优秀共青团干部"2人、"青年岗位能手"3人、"优秀通讯员"1人。

(杨雨萌　杨艾芹　李小乐)

【第一工程分公司】 驻广东省广州市番禺区兴南大道118号。总经理冯忠(9月免)、胡向东(9月任),党委书记蒙大改。职工971人。资产总额43.45亿元。其中,流动资产23.72亿元,非流动资产19.73亿元;固定资产原值19605万元、净值5354万元。

2020年,新签合同额43.42亿元,经营承揽38.78亿元,营业收入24.54亿元,利润-3501万元。产值利润率-1.18%,净资产收益率-17.98%,资产负债率95.62%。

(潘丽媛)

【第二工程分公司】 驻浙江省宁波市鄞州区泰康中路459号雷孟德旅游大厦29楼。2012年8月注册并营运。总经理熊卫根,党委书记于强(9月免)、陈立(9月任)。职工246人。

2020年,经营承揽12.9亿元,施工产值13.2亿元,营业收入11.5亿元,利润总额1090万元。资产报酬率2.36%,净资产收益率12.2%,营业利润率12.4%,资产负债率85.91%。

(刘欣欣)

【第三工程分公司】 驻山东省青岛市。总经理陈立(9月免)、高春生(9月任),党委书记董鹏(9月免)、于强(9月任)。职工326人。

2020年,新签合同额34.3亿元,施工产值11.7亿元,利润4632万元。

(郝永恒)

【第四工程分公司】 驻重庆市江北区港安二路28号冠陆两江汇谷D栋10-11楼。总经理雷明深,党委书记刘鹏(9月免)、唐大文(9月任)。职工355人。

2020年,新签合同额85.38亿元,施工产值15.8亿元,营业收入17.93亿元,利润2605万元。

(周　娇)

【总承包分公司】 驻广东省珠海市香洲区梅华西路2372号26栋。总经理仲维华,党委书记张长征。职工289人。资产总额218005.61万元。其中,流动资产174414.07万元,固定资产净值4942.44万元。

2020年,新签合同额16.09亿元,产值17.04亿元,利润6102万元,人均创利13.87万元,全员劳动生产率55.04万元/(人·年),职工年人均收入14.98万元。国有资产保值增值率128.86%,净资产收益率16.36%,产值利润率3.58%,资产负债率82.86%,应上缴款完成率100%。

(魏素芳)

【船舶工程分公司】 驻广东省珠海市香洲区梅华西路2372号26栋。党委书记金晔,总经理程旭东。职工233人。代管集团公司船舶16艘(不含尼日利亚水工事业部3艘)。资产总额27209.65万元。其中,流动资产23955.69万元,固定资产130.33万元。

2020年,对外承揽7177.56万元,营业收入16084.5万元,净利润241.63万元。

(钟碧云)

【勘察设计院】 拥有工程咨询资信甲级(水运工程)、工程设计水运行业甲级、工程勘察专业类(岩土工程、工程测量)甲级等11项行业资质;具备CMA认证、高新技术企业证书等6项认证类资格证书。前身系创建于1984年的广东省航道勘测科研所;2014年10月,成为中国铁建港航局集团的全资子公司。驻广东省广州市番禺区南村兴南大道118号2号楼5—8楼。执行董事、党委书记、院长董琴亮。资产总额16338.6万元。其中,固定资产原值2455.11万元、净值1122.29万元,流动资产14713.9万元。

2020年,新签合同额19893.63万元,产值16014万元,利润613.35万元。

(谢沐珍)

【武汉分公司】 驻湖北省武汉市江岸区金桥大道特115号新长江传媒大厦14楼。党委书记刘鹏，总经理夏凯峰。职工243人。

2020年，新签合同额29.45亿元，施工产值3.27亿元，营业收入3.13亿元，利润669.93万元，人均创利2.76万元，全员劳动生产率134.51万元/(人·年)，职工年人均收入10.75万元。净资产收益率9.56%，产值利润率2.05%，资产负债率75.22%，应上缴款完成率109.44%，国有资产保值增值率94.25%。 （段仁溢 杨钰冰 刘 明）

【海外分公司】 驻广东省珠海市香洲区前山翠峰街189号报业新媒体大厦3楼。2019年注册营运。总经理郭义平，党委书记甄义省。职工97人。

2020年，经营承揽37亿元，施工产值30082万元，营业收入23008万元，利润363万元。总资产报酬率3.54%，营业利润率1.59%。 （邵靓杰）

【重要记载】

▲1月10日 2019年度国家科学技术奖励大会在北京举行，中国铁建港航局"海上大型绞疏浚装备的自主研发与产业化"项目获国家科技进步奖特等奖。

▲3月27日 中国铁建港航局与珠海交通集团有限公司签订战略合作框架协议。

▲4月19日 中国铁建港航局1300吨自升自航式风电安装船"铁建风电01"在阳江南鹏岛成功实施首台5.5MW海上风电风机的安装。

▲7月9日 中国铁建港航局与庄河市人民政府在庄河签订战略合作协议。

▲9月14日 中国铁建港航局首个自主建设运营的泰州港泰兴港区七圩作业区公用码头载联动试车成功，具备"水水中转"的生产作业能力。这也是中国铁建首个该类型项目。

▲11月 中国铁建港航局与中国轻工集团有限公司签订战略合作框架协议。 （李育华）

中国铁建房地产集团有限公司

【简况】 拥有房地产开发一级资质、工程设计甲级资质和物业管理一级资质，是国资委批准的16家以房地产为主业的央企之一，为中房协常务理事单位，获中诚信3A级企业最高信用等级评定。2007年3月组建，注册资本金70亿元。总部驻北京市海淀区复兴路40号中国铁建大厦B座。形成"7+7+X"组织架构，将以住宅为主的房地产开发业务整合为北方、华东、华南、西南、华中、中南、东北七大区域公司；围绕专业能力提升和业务模式创新设立商业、公寓、物业、设计咨询、创新投资、投资管理、文旅发展七大专业公司；适应股份公司产业协同需要设立南沙、贵州、济南第六大洲、雄安4个大型项目公司。资产总额1757亿元。

2020年，新签合同额980.8亿元，产值395.81亿元，净利润29.25亿元。在北京、上海、广州、天津、成都、杭州、合肥、南宁、武汉、长沙、贵阳、南京、长春、大连、沈阳、宁波、徐州、佛山、太原、西安、重庆、嘉兴、苏州、福州、昆明、湖州、常州、唐山、毕节、绍兴、张家口、珠海、济南、达州、石家庄、遵义、三亚、江门、温州、保定等40个城市，南沙新区、贵安新区、雄安新区、西咸新区4个国家级新区，以及海外（莫斯科）布局项目186个。总建筑面积6100万平方米，已开发面积5300万平方米。 （李光夫 曾芳君 曹微微）

【领导人员】

董事会

董事长	李兴龙（11月任）
外部董事	张 杰
	严晓建
	楼 翔
职工董事	吴宏晋

监事会

监事会主席	石献友
监事	洪 梅
职工监事	乔国伟

经理层

主持经理层工作	李兴龙（11月任）
副总经理	陈国芳
	叶政语
	马建军
	代春利
	楼英瑞
	李育红
总会计师	李育红

党群领导

党委书记	李兴龙（11月任）
党委副书记	吴宏晋
纪委书记	石献友
工会主席	吴宏晋

（郑 恒）

【职工队伍】 职工 5307 人,其中物业公司 1792 人。女职工 2195 人。房地产开发公司本科及以上学历 3267 人,物业公司本科及以上学历 505 人。(刘通汇)

【董事会工作】 公司董事会设董事长 1 人,董事会下设战略与投资管理委员会、审计与风险管理委员会、提名委员会、薪酬与考核委员会 4 个专门委员会。现任董事会为第四届董事会,由 5 名董事组成。2020 年 4 月 28 日,陈方正董事逝世。2020 年 11 月 23 日,股份公司宣布吴仕岩卸任董事长、董事职务和党委书记职务,退休;宣布李兴龙任董事长和党委书记职务,不再担任总经理职务,主持经理层工作。2020 年,集团公司董事会召开会议 21 次,其中正式会议 2 次,临时会议 19 次(其中 5 次通讯表决)。审议议案 142 个,形成决议 142 项,其中 140 项决议审议通过,2 项决议审议未通过。142 项董事会决议中,土地经营方面 80 项、审议报告 10 项、人选聘任 5 项、机构设置 18 项、企业收并购及股权变更 4 项、融资担保 7 项、制度流程方面 12 项、绩效考核及奖金方面 3 项、项目投资预算调整和其他(捐赠)3 项。(沈晓敏)

【经营管理】 战略规划。编制集团三年滚动规划和"十三五"总结。总结回顾集团公司"十三五"经营发展情况、过去三年发展情况,编制完成《"十三五"发展规划实施情况自评估报告》和《2020—2022 年滚动规划》。启动"十四五"规划编制相关工作。成立集团公司"十四五"规划领导小组和编制小组,选聘咨询公司,通过在集团范围内开展近 100 人次战略访谈,组织战略研讨会、专题汇报会、工作推进会、专题研讨建议征集等形式,广泛开展"十四五"规划专题调研与系统分析,基本完成集团公司"十四五"战略规划的编制工作,确立企业公司"一体两翼、多点支撑"的业务进阶方向。在集团公司战略编制过程中,深度参与股份公司"十四五"战略的编制工作。

经济管理。积极推进单品类和销售中心年度三总包集采,2020 年度完成防水品类的战略采购工作,防水品类战采价格较近两年历史采购合同单价降幅比例约 16.9%。所属各单位电梯、木地板、入户门、防水 4 项品类累计签订落地执行合同额 5.39 亿元,按较近两年历史采购合同单价降幅比例计算,节约成本 0.93 亿元。

财务管理。紧紧围绕年度目标,持续加强资金管理,全力促回款、压"两金"、控负债,强力推进财务共享中心上线运营,深入开展财务资金专项整治,强化财务内控机制建设与执行,财务管理各项工作取得良好成绩。秉承"现金为王"理念,资金管控成效显著;持续优化债务结构,融资能力明显增强;着力强化预决算管理,经济运行体系日臻完善;全面开展专项整治行动,风险防控水平不断增强;依法合规开展税务筹划,精细管控水平不断提高;强化"两金"管控机制,推动企业资产质量改善;加速共享系统建设升级,全力助推财务管理转型;加强人才培养,财会队伍素质不断提高。

审计管理。2020 年,完成各类审计项目 115 个,其中集团本级完成 68 项、包括经济责任审计 11 项、过程管理审计 4 项、专项审计调查 18 项、财务收支审计 8 项、绩效复核审计 25 项、设租寻租专项整治 1 项、国家重大政策措施落实情况跟踪审计 1 项。发现问题 1086 个,其中由集团本级审计发现 546 个、所属各单位发现 540 个。提出审计意见和建议 405 条。按照"大监督"体系有关要求,审计监事部向相关业务部门共享审计结果,协同督促被审计单位整改落实,建立审计整改"三表一单"制度,动态跟踪审计整改落实实效。经统计,通过审计,清收清理应收款项或收回资金 3516 万元,终止不利合同金额 1506 万元,避免经济损失 30 万元,减少风险敞口 718 万元;累计调整账表金额 2920 万元,各单位新建营销管理、招投标、工程结算、商业运营等制度 32 项,修订营销、招投标、资产管理、资金管理等制度 32 项。

法律事务。2020 年,审核报送上级审议的重大事项,出具法律审核意见书 100 余份;通过电子邮件等审核集团公司各类规章制度 30 余份;审核本级及下属各级单位提交的各类合同 100 余份,授权委托书 10 余份;参与重大事项研讨 20 余次,各类招标、比选、监督活动累计 60 余次;此外,通过会前预审、线上提案、电子邮件等多种方式对各类生产经营事项开展法律审核,确保审核率 100%。全面配合推进创新经营项目,在中核收并购项目、成都市天府新区昌公堰 TOD 项目、东莞城市更新项目、山东淄博经开区产城融合项目、上海公建民营养老项目等一批创新经营项目,充分发挥服务生产、促进经营的法务价值,为创新项目推进提供有力支持。积极服务创新营销,在疫情新形势下,线上售房成为房地产企业争夺的新高地,法律合规部积极为阿里拍卖、明源云客 AI 云店(铁建好房)、京东 618 等系列线上售房活动提供法律支持。从前期商务谈判、合同起草/修订,到实施过程中网店开设、管理授权、优惠活动实施方案审核、广告文案发布审核,始终按照业务开展需要在第一时间提供全部法律服务,大力支持业务依法合规开展创新营销推广活动。

(余晓军　李立伟　古泽广)

【土地储备】 珠海市斗门区 A 片区 126 亩商住用地

2020 年 6 月 22 日，华南公司、中铁十二局集团房地产开发有限公司与南方投资签署合作协议，以增资扩股方式合作开发，股权比例南方投资 50%、华南公司 30%、中铁十二局 20%。宗地位于珠海市斗门区 A 片区。建设用地面积 8.15 万平方米，用地性质为二类居住、小学托幼、商业商服用地，计容建筑面积 12.6 万平方米，挂牌起始价 6 亿元。

西安市高新软件新城天谷二路地块　2020 年 1 月 8 日，集团公司以总价 14.4 亿元竞得该宗地。宗地位于西安市高新区软件新城板块。建设用地面积 5.82 万平方米，容积率 2.8，计容建筑面积 16.3 万平方米。

苏州市相城区高铁新城 WG－12 地块　2020 年 4 月 1 日，华东公司以楼面地价 17541 元/米^2（合总价 22 亿元）竞得该宗地。宗地位于苏州市相城区高铁新城板块。建设用地面积 5.7 万平方米，用地性质为住宅用地及配套，计容建筑面积 12.54 万平方米。

三亚市吉阳区东岸单元 DA2－52－03 人才公寓地块　2020 年 4 月 10 日，海南发展以总价 62010 万元（合经营性楼面地价 8249 元/米^2）竞得该宗地国有建设用地使用权。宗地位于三亚市吉阳区。用地面积 2.27 万平方米，用地性质为服务型公寓用地（B14），计容建筑面积 7.94 万平方米。

福州市滨海新城 163 亩商住用地　2020 年 4 月 10 日，大东海以总价 15.99 亿元（合经营性楼面价 7926 元/米^2）竞得该宗地国有建设用地使用权。华南公司与大东海合作开发该项目。宗地位于福州市滨海新城核心区。项目用地面积 10.9 万平方米，用地性质为商住用地，计容建筑面积 22.78 万平方米。

沈阳欧博城东居住用地　2020 年 3 月 24 日，龙湖以上限计容楼面价 6300 元/米^2、竞配 30500 平方米无偿移交租赁房（合总价 183628 万元、经营楼面价 8050 元/米^2）竞得该宗地。东北公司以龙湖成交地价参与合作开发，按照东北公司 30%、龙湖 70% 的持股比例共同设立项目公司。宗地位于沈阳市大东区。项目为居住用地，用地面积 14.57 万平方米，容积率2.0，计容建筑面积 29.15 万平方米，商业比例不大于 12%。地块内无偿配建 9 班幼儿园 1 所，异地无偿代建投资额不低于 1.58 亿元的学校。

温州市鹿城区集新未来社区地块　2020 年 5 月 12 日，城发公司总价 55.28 亿元竞得该宗地。宗地位于温州市鹿城区广化街道。建设用地面积 17.56 万平方米，出让面积 13.58 万平方米，划拨面积 3.97 万平方米，用地性质为城镇住宅用地、零售商业用地、餐饮用地、旅馆用地、商务金融用地，划拨部分土地用途为城镇村道路用地。计容建筑面积 45.47 万平方米。

长春市高新区吉大慧谷新校区北侧 178 号居住用地　2020 年 5 月 3 日，东北公司以总价 5.6 亿元竞得该宗地。宗地位于长春市高新区。建设用地面积4.34 万平方米，用地性质为二类居住用地，计容建筑面积 8.68 万平方米。

广州市白云区江夏村居住用地　2020 年 5 月 18 日，龙光地产以总价 29.76 亿元（合经营性楼面价 43235 元/米^2）竞得该宗地国有建设用地使用权。华南公司与龙光地产按照 49%∶51% 股权比例合作开发该项目。宗地位于广州市白云区黄石街江夏村。建设用地面积 1.77 万平方米，用地性质为二类居住地，计容建筑面积 6.9 万平方米。

武汉市 P(2020)022 号硚口区解放大道与建一路交叉口地块　2020 年 5 月 19 日，招商局地产（武汉）有限公司以土地成交总价 58.87 亿元（计容楼面价 15633 元/米^2、经营性楼面价 16921 元/米^2）竞得该宗地块国有建设用地使用权，并成立武汉招瑞置业有限公司责地块开发。中南公司收购武汉招瑞置业有限公司 49% 的股权。宗地位于武汉市硚口区宝丰板块。规划用地面积 10.21 万平方米，综合容积率 3.69，计容建筑面积 37.66 万平方米。

长春市高新区吉大慧谷新校区北侧 177 号居住用地　2020 年 5 月 13 日，龙湖以总价 55992 万元竞得该宗地。东北公司与龙湖按股权比例 49%∶51% 合作开发。宗地位于长春市高新区。建设用地面积 4.37 万平方米，用地性质为二类居住用地，计容建筑面积8.74 万平方米。

江门市蓬江区总部基地项目　中铁地产与铁建投资、中国土木按照 45%∶45%∶10% 股权比例成立中铁建江湾投资有限公司，并以江湾投资与南光横琴置业有限公司按照 50%∶50% 股权比例组成联合体参与两宗地块竞买。2020 年 6 月 22 日，江湾公司与南光横琴置业联合体以总价 9.97 亿元，并配建8.69亿元工程（合经营性楼面价 3527 元/米^2）竞得两宗地块。宗地位于江门市蓬江区。建设用地面积 16.89 万平方米，用地性质为二类居住、商业商服用地，计容建筑面积 53.39 万平方米，挂牌起始价 9.97 亿元，另需配建8.69 亿元工程。

南宁市青秀区凤岭南开泰路东侧 82 亩、26 亩两宗商住用地　2020 年 7 月 8 日，华南公司以总价 5.22 亿元（合经营性楼面价 15507 元/米^2）竞得 26 亩地块、以总价 14 亿元（合经营性楼面价 13176 元/米^2）竞得 82 亩地块。宗地位于南宁市青秀区凤岭南三岸。82 亩地块建设用地面积 5.49 万平方米，用地性质为城镇住宅用地、零售商业用地，计容建筑面积 10.98 万平方米（其中商业占比 5% ~10%）；26 亩地块建设用地面积 1.74 万平方米，用地性质为城镇住宅用地、零售商业用地,计容建筑面积3.47万平方米(其中商业占比3%～5%)。

贵阳修文县阳明文旅城首开区[XW(20)040－043号]四宗地块　2020年8月7日,文旅公司与北京汉元卓展旅游文化发展有限公司联合体以最低有效报价即合总价36151万元竞得该宗地。宗地位于贵州省贵阳市修文县。建设用地面积28.34万平方米,包含1幅居住、3幅商住用地,计容建筑面积31.3万平方米。

成都天投地产天府新区62亩、68亩合作项目　2020年7月24日,成都创城置业有限公司、成都鹿港置业有限公司在西南产权交易所发布公告(编号G62020SC1000008－2、G62020SC1000009－2),以增资方式寻求合作方共同开发天府新区62亩、68亩两宗地块。9月22日,西南公司以挂牌增资价款4713.18万元获取创城置业50%的股权,并承担该时点对应负债34366.64万元;以挂牌增资价款5354.57万元获取鹿港置业50%的股权,并承担该时点对应负债37579.47万元。项目位于成都市天府新区兴隆湖片区。建设用地面积8.73万平方米,用地性质为住宅用地,计容建筑面积21.34万平方米。

保定体育新城金茂悦项目　2020年9月16日,北京产权交易所发布公告(编号G6202BJ1000110),以增资扩股方式出让保定鸿茂房地产开发有限公司20%的股权,就保定体育新城金茂悦项目寻求合作开发。11月23日,北方公司以增资额0.23亿元受让保定鸿茂房地产开发有限公司20%的股权。项目位于保定市竞秀区东风西路北侧,体育场大街东侧。建设用地面积7.02万平方米,用地性质为住宅用地,计容建筑面积15.45万平方米。

南京市溧水区NO.溧水2019G09地块　2020年11月16日,华东公司与南京万科企业有限公司签署《南京源宸置业有限公司股权转让协议》,以股权对价775.64万元收购南京源宸置业有限公司40%的股权。项目位于南京市溧水区城北板块。建设用地面积16.28万平方米,用地性质为商住用地,计容建筑面积40.7万平方米。

南京市江宁区NO.2019G88地块　2020年11月16日,华东公司与南京万科企业有限公司签署《南京荟源置业有限公司股权转让协议》,以股权对价235.9万元,收购南京荟源置业有限公司10%的股权。项目位于南京市江宁区南京南站板块。建设用地面积3.77万平方米,用地性质为商住用地,计容建筑面积9.69万平方米。　(刘学军　魏爽　郝轩)

【项目建设】　正定·花语城　由北方公司下属河北兴铁房地产开发有限公司开发,规划总建筑面积583029平方米,产品形式为商品住宅。分4期开发。处于项目主体工程施工阶段。计划A地块2021年11月30日竣工,2021年12月25日交付;B地块2022年11月1日竣工备案,2022年12月25日交付。

天津·国印欣苑　由中国铁建房地产集团有限公司北方公司下属天津弘创置业有限公司开发,规划总建筑面积68800平方米,产品形式为商品住宅。分1期开发。处于项目主体施工阶段。计划2022年9月30日竣工备案,2022年10月31日交付。

梧桐港　由北方公司下属北京景盛诚泰置业有限公司开发,规划总建筑面积121971平方米,产品形式为共有产权房。分1期开发。处于项目主体结构施工阶段。计划2022年10月30日竣工备案,2022年12月20日交付。

南京·花语熙岸　由华东公司下属南京京盛房地产开发有限公司开发,规划总建筑面积222805.38平方米,产品形式为商品住宅。分1期开发。处于项目主体结构施工阶段。计划2022年6月30日竣工备案,2022年8月30日交付。

苏州·花语天境　由华东公司下属苏州京万房地产开发有限公司开发,规划总建筑面积174647.36平方米,产品形式为商品住宅。分2期建设,一期处于主体结构阶段,二期处于主体结构阶段。计划一期2022年11月30日竣工备案,2022年12月30日交付。二期2023年4月30日竣工备案,2023年5月30日交付。

三亚海语东岸(北区)　用地面积22665.79平方米,为服务型公寓用地,容积率3.5,建筑高度79米,总建筑面积108414.25平方米。主要由2栋24层公寓+2栋25层公寓组成;公寓836户,沿街商业921.21平方米,为公寓底商,以1层为主;地下室2层,车位818个。2020年11月20日获证开工建设,处于基础施工阶段。计划2022年12月15日竣工备案,2022年12月25日交付。

江门总部基地　总占地面积16.87万平方米,总建筑面积70.26万平方米,投资金额570000万元,业态涵盖住宅、商业、公寓、写字楼等。2020年8月开工建设,处于主体结构阶段。计划2021年4月初开盘销售。计划住宅一期2022年11月28日竣工备案,2022年12月28日交付;商业B1地块计划2022年12月30日竣工备案,2023年12月28日交付;住宅二期计划2024年11月20日竣工备案,2024年12月28日交付;商业B2地块计划2025年11月15日竣工备案,2026年9月30日交付。

成都·天投62亩　由成都天投地产开发有限公司50%、中铁房地产集团西南有限公司50%成立成都创城置业有限公司共同操盘,一期规划总建筑面积

147612平方米，产品形式为住宅、商业。处于主体结构施工阶段。2020年11月16日取得施工许可证，2020年12月25日首次开盘。计划2022年5月30日一期地块竣工备案，2022年6月30日上房交付。

武汉·江语城　由中南公司下属武汉京铁房地产开发有限公司开发，规划总建筑面积218102.94平方米，产品形式为商品住宅。分1期开发。处于项目基础、主体、装饰、园林施工阶段。计划1标段2021年9月30日竣工备案，2021年10月30日交付；计划2标段2022年11月30日竣工备案，2022年12月15日交付。

武汉·国著上宸　由中南公司下属合资公司武汉招瑞置业有限公司开发，位于武汉市解放大道与建一路交汇处，规划总建筑面积522231平方米，产品形式以商品住宅、商业为主。处于基础、主体结构施工阶段。计划A1地块2024年6月30日竣工备案。

长沙·湘语梅溪　由中南公司下属长沙京信房地产开发有限公司开发，位于长沙市岳麓区赏月路与雪松路交口，规划总建筑面积17.8万平方米，产品形式为商品住宅+公寓+商业+配套用房。处于主体结构及二次结构施工阶段。2020年6月18日首次开盘，计划2022年10月30日竣工备案。

武汉·知语1901　由中南公司下属武汉蔡甸有限公司开发，位于武汉市西南部，规划总建筑面积86464平方米，产品形式为商品住宅。分3期开发，一期处于主体结构及二次结构施工阶段，二期处于垫层阶段。2020年12月14日取得施工许可证，2020年12月27日首次开盘。

长春·云璟　由东北公司下属长春京新房地产开发有限公司开发，位于长春市高新区超强西街与规划二路交会，规划总建筑面积118040.29平方米，产品形式为商品住宅。分1期开发。处于主体结构施工阶段。2020年9月10日取得施工许可证。计划2022年10月30日竣工备案，2022年10月30日交付多层部分、2023年6月30日交付高层部分。

西安·西派国樾　由西安公司下属西安铁弘房地产开发有限公司开发，位于西安市高新区云水一路与天谷二路十字西南角，规划总建筑面积230766.61平方米，产品形式为商品住宅。处于主体结构、土方开挖施工阶段。2020年9月11日取得首张施工许可证。计划2023年6月30日地块竣工备案。

西安·西派时代DK2（西派宸）　由西安公司下属西咸新区兴城人居置业有限公司开发，位于西安市西咸新区，规划总建筑面积165075平方米，产品形式为商品住宅。处于主体结构、土方开挖施工阶段。2020年11月6日取得首张施工许可证，2020年12月23日取得预售许可证。计划2023年12月1日竣工备案。

贵阳铁建城·兰草坝2号地　由贵州公司下属中铁房地产集团（贵阳）有限公司开发，规划总建筑面积43.31万平方米，产品形式为商品住宅。分1期开发。处于项目主体施工阶段。2020年10月29日取得施工许可证，2020年11月21日首次开盘。计划2023年4月30日竣工备案，2023年6月25日交付。

贵阳花语墅　由贵州公司下属贵州中广文创城置业有限公司开发，规划总建筑面积131.33万平方米，产品形式为商品住宅、公寓、写字楼。分3期开发。开发一期中，处于项目主体施工阶段。2020年11月20日取得施工许可证，2020年12月5日首次开盘。计划2022年11月15日竣工备案，2022年12月15日交付。

遵义国际公馆　由贵州公司下属遵义中铁京筑置业有限公司开发，规划总建筑面积43.67万平方米，产品形式为商品住宅、公寓、写字楼、商业综合体。分2期3个批次开发。一期一批次开发中，处于项目基础施工阶段。2020年9月1日取得施工许可证，2020年11月15日首次开盘。计划2022年11月8日竣工备案，2022年12月25日交付。

张家口林语上苑　由中铁房地产集团文旅发展有限公司开发，规划总建筑面积9.12万平方米，产品形式为商品住宅。分1期开发。开发1期中，处于主体施工阶段。2020年4月29日取得施工许可证，2020年7月1日首次开盘。计划2021年11月25日竣工备案，2021年12月20日交付。

庆盛枢纽综合开发项目庆盛人工智能产业园及安置配套工程　由中铁建南沙投资发展有限公司以中国铁建股份有限公司名义牵头系统内部单位组成联合体，以EPC+PPP开发建设模式承建的庆盛枢纽综合开发项目庆盛人工智能产业园及安置配套工程，位于广州市南沙区东涌镇，总占地范围约2600平方米。主要建设内容：场地平整工程、市政道路工程（含桥梁）、水务工程（河涌整治）、东涌污水处理厂工程、安置配套工程及城市绿地系统工程等子项目18个。项目总投资额1138180.12万元，建安工程费850533.81万元。安置房项目计划2023年1月15日完成A地块竣工备案，2023年6月30日完成B地块竣工备案，2023年12月30日完成C地块竣工备案，2024年4月30日完成D、E地块竣工备案。　（张　斌）

【境外投资】　2020年，聚力米丘林地铁上盖项目土地获取、项目开工筹备等各项前期工作，重点推进莫斯科科穆纳尔卡新城等在俄项目跟踪任务，虽困于当地疫情肆虐影响，但米丘林项目逐步走向运营正轨，跟踪项目均取得实际性进展。在聚焦重点城市的同时，部门启动东南亚区域市场进入工作，与中国土木就缅甸达拉船厂配套设施投资等房地产类项目进行紧密协同，建立良好的合作关系。

科穆纳尔卡新城项目框架协议顺利签约，既有工作成果和合作基础得到巩固。科穆纳尔卡新城项目作为集团公司海外业务2020年重点跟踪项目，虽受制于莫斯科工程院主要人员调整，合作决策流程缓慢，土地价值迟迟未定等因素影响，全年协同铁建国投积极推进商务对接，全力夯实项目信息数据。协同铁建国投于8月28日与莫斯科工程院正式签订科穆纳尔卡新城项目合作框架协议，巩固前期工作成果和合作基础。项目一期地块尽职调查工作上半年启动，资产评估、法律报告和财务报告等各板块尽调工作均陆续完成。

（尹志远）

【党群工作】 党的工作。深入贯彻"中央企业党建巩固深化年"专项行动要求，认真落实《中国共产党国有企业基层组织工作条例（试行）》。以提升组织力为重点，持续抓好基层党组织覆盖，优化所属二级单位党组织设置，调整为5个党委、7个党总支和5个党支部，确保党的组织设置始终与企业改革发展、生产经营活动、组织管理幅度相适应；开发并运用基层决策监督系统，进一步强化对基层单位决策单元管控力度，不断加强基层风险防控。着力建设高素质专业化党务干部队伍，组织243名党支部书记、支部组织委员和专职党务干部参加股份公司线上党务培训，考试全部合格并获得结业证书。严把发展党员入口关，举办2020年度发展对象培训班，对全集团46名党员发展对象开展入党前培训。制定《2020—2023年党员教育培训工作实施意见》，系统谋划党员教育培训内容，发放最新彩图版《应知应会手册》《党员学习手册》"口袋书"2000余本，不断提升党员政治素养；牵头组织"大干100天"劳动竞赛，促进各单位党组织积极发挥战斗堡垒作用和党员先锋模范作用，有力推动集团公司生产经营任务完成。党群工作部坚决贯彻集团公司党委"防患于未然、主动出击、早发现早处置"的舆情防控思路，切实维护品牌声誉。督导各单位建立健全舆情防控体制机制，组织舆情防控专项督导检查，组织舆情培训和演练，提升全集团舆情防控意识和应对能力；优化负面舆情信息监测预警，落实"早发现、早处置"，全年累计监控到负面舆情250余条，督促各责任单位及时报送处置结果，并要求各单位每月开展潜在舆情风险自查自纠，提升舆情处置应对的主动性和专业性；妥善处置负面舆情事件，强化问责，向前传导压力，及时约谈舆情防控应对不力的责任领导，引导全集团强化以客户为中心、以客户需求为导向的经营理念，敬畏群众投诉和媒体监督，着力在提升产品和服务品质，提升客户满意度上下功夫，从根本上消除负面舆情发生的隐患。强化思想政治建设，坚持"第一议题"学习制度，聚焦习近平新时代中国特色社会主义思想主线，深入学习贯彻党的十九届五中全会精神，策划党委中心组学习内容，认真做好中心组学习服务工作，全年组织开展党委中心组学习12次，集中研讨4次。督导规范各二级单位党组织中心组学习，提升党员领导干部理论学习质量，表彰"学习强国"学习平台学习优秀分子，党群工作部员工思想政治和理论水平得到同步提升。制定下发《关于意识形态阵地管理的实施意见》，严格执行标准管理动作，定期对意识形态阵地进行梳理更新，及时注销、关闭、解散僵尸阵地；利用各种宣传媒介、网络平台对职工开展意识形态教育引导，弘扬正能量，壮大主流舆论场。

纪检监察工作。积极贯彻中国铁建党委、集团公司党委"四个"专项整治要求，牵头负责、组织开展化公为私问题专项整治，做实做细自查自纠、检查抽查和整改等三个阶段具体工作。坚持集团本级与所属单位专项整治一体推进，着力抓好长效制度建设，巩固、拓展违规经商办企业专项治理成果。不断完善党风廉政建设领导体制和工作机制，坚持把党风廉政建设和反腐败工作与生产经营工作同研究、同部署、同落实、同检查、同考核。协助党委召开党风廉政建设和反腐败工作会议，统筹部署全年工作。协助党委召开2020年全面从严治党"两个责任"促进会暨警示教育大会，通报执纪审查案例，总结警示教训，强化教育效果，进一步推进全面从严治党向纵深发展。集团公司和所属单位结合工作实际，分别制定印发《2020年党风廉政建设和反腐败工作要点》。组织开展所属二级单位纪委履职考核和纪委书记履职专项考核，按照"专职纪委书记绩效考核以集团公司纪委专项考核结果为主、兼职纪委书记绩效考核时集团公司纪委专项考核结果所占比例原则上不低于50%"的原则对考核结果进行应用，与纪委书记的绩效挂钩，传导压力，增强动力。集团公司纪委确保举报电话、邮箱等举报渠道的畅通，严格按照《线索处置工作细则（试行）》，通过专人负责、统一受理、全程督办等方式，做好问题线索的受理、分办和处置工作，做到件件有着落、事事有结果。在执纪审查中，坚持实事求是，严格依规执纪，坚持"三个区分开来"，正确运用监督执纪"四种形态"，做到严管与厚爱相结合，惩前毖后、治病救人。在"治标"的同时，加大"治本"力度，深入剖析总结案件特点和管理中的问题教训，及时向党委提出工作建议，向涉案单位和职能部门提出监督建议，推动"事后查处"向"事前预防"的转变。加大警示教育力度，注重以案明纪、以案释法、警钟长鸣。加大对所属单位的线索处置全过程跟踪、指导力度,有效提升所属单位的执纪审查水平。2020 年,全集团受理问题线索 102 件次。其中,集团公司纪委本级处置 52 件次、转所属二级单位处置 51 件次(含一案分办 2 件次)、留存备查(重复件)1 件次。全集团办结问题线索 109 件次。其中,集团公司纪委本级办结 50 件次,包括谈话函询 7 件次、初步核实 37 件次、予以结案 6 件次;立案 1 件,结案 1 件,重处分 2 人次;诫勉谈话 4 人次,责令检查 1 人次,批评教育 1 人次,提醒谈话 10 人次。所属二级单位办结 59 件次,包括谈话函询 2 件次,初步核实 57 件次;立案 9 件,结案 8 件,重处分 2 人次,轻处分 6 人次;诫勉谈话 12 人次,责令检查 4 人次,批评教育 3 人次,提醒谈话 25 人次。

共青团工作。深入开展"青年大学习"行动,通过主题教育、主题团日、"三会两制一课"等线上线下多种形式,持续推动习近平新时代中国特色社会主义思想大学习、大宣贯、大普及、大落实。全年开展青年大学习、宣讲会、大讲堂等相关活动 104 次,1434 人次参加。以中国人民志愿军抗美援朝出国作战 70 周年、决战脱贫攻坚的收官之年、全力防控疫情为契机,组织开展"初心永在、奋进新时代"主题教育汇报展演、"五四精神、传承有我"新媒体大赛、"坚定初心跟党走、我为党旗添光彩"主题演讲比赛、"青年志、温暖行"志愿者活动、成立青年志愿者社会实践基地等主题活动。在"后浪奔涌,我们的时代"主题短视频展播活动中,地产集团上报的 3 个作品均被采用,并在股份公司外网"后浪奔涌,我们的时代"专栏进行展播。全年组建青年突击队伍 77 个,涵盖人数 748 人次;开展青年安全生产相关活动 22 次,350 余人次参加,创建青年安全示范岗 11 个。全年开展青年志愿服务 95 次,1047 人次参加。地产集团团委联合国际集团、物资集团、资本控股和发展集团,组织团员青年至河北省张家口市万全区旧堡小学三里庄分校开展"青年志、温暖行"志愿者活动,为 56 名贫困小学生捐赠书包 60 个、图书 6000 余本,文具 2000 套,以实际行动传递温度,践行央企社会责任。推动各级团组织融入青年群体、提升服务能力,服务单身团员青年的婚恋社交需求,积极参与"缘聚铁建"系列青年线上线下联谊活动,帮助单身青年拓宽"朋友圈"。

工会工作。坚持以工建、团建服务职工和青年的成长发展,服务生产经营大局,使工会工作更"聚民心",团青工作更"接地气"。第一时间落实上级防控要求,制定下发《集团公司工会设立防控专项资金的通知》,拨付防疫经费 140 余万元,指导基层工会组织协同行政多渠道为员工采购发放口罩、酒精等劳动保护和疫情防控用品,慰问坚守岗位的员工、隔离观察的员工以及不能照顾的亲属 1700 余人。制定下发《关于规范集团公司所属基层工会组织建设指导意见》,明确所属工会组织的管理和经费管理模式;指导未符合成立工会条件的单位设立工会筹备组;要求符合条件的各二级单位单独注册社团法人资格等一系列措施,完善各级工会组织网络。继续加强职代会建制工作。地产集团所属各级工会组织严格制定和执行相关制度,建立上情下达、下情上递的信息管理机制,引导所属基层工会发挥职代会主渠道作用,推动集团公司企务公开制度化、提案工作常态化、集体协商专业化、民主测评规范化。以基层工会职工之家建设为重点,逐步加大资金帮扶力度。2020 年集团工会拨付投入建家建线资金 50 余万元。制定下发《中国铁建房地产集团有限公司工会员工慰问及困难员工帮扶管理办法》,明确各项慰问标准和要求,全年用于员工过节、生日、结婚生育、生病、去世等慰问支出 534 万元,慰问员工 10000 余人次。组织女员工积极参与"书香铁建·共克时艰"主题系列活动,征集读书、家书征文 88 篇,书画、摄影、朗读和才艺展示作品 166 个,经集团工会评选后,择优分类上报 20 个作品参与股份公司和全总"书香三八"活动;积极响应股份公司开展的家风家训故事征集活动,征集家规家训、家书、家风故事等 67 篇,筛选上报作品 13 篇。

(朱国庆　王球璐　魏普通)

【中铁房地产集团北方有限公司】 拥有房地产开发企业二级资质。2016 年 4 月 27 日,由中铁房地产集团北京正达置业有限公司更名成立。注册资本金 200000 万元。驻北京市房山区良乡长虹西路翠柳东街 1 号-3406。执行董事、党委书记代春利,总经理王晓飞。职工 323 人。资产总额 2935416 万元。其中,固定资产原值 1927 万元、净值 398 万元,流动资产 2875645 万元,非流动资产 59771 万元。

2020 年,营业收入 197163 万元,净利润 2930 万元,销售回款 952224 万元。人均创利 9.61 万元,全员劳动生产率 98.65 万元/(人·年),职工年人均收入 24.26 万元。国有资产保值增值率 102.81%,净资产收益率 1.14%,产值利润率 1.79%,投资回报率 0.21%,资产负债率 91.2%。

(温　婕　谢铁军　高德永)

【中铁房地产集团华东有限公司】 拥有房地产开发企业二级资质。2020 年 7 月 17 日,由中铁房地产集团浙江京城投资有限公司更名成立。注册资本金 20 亿元。驻浙江省杭州市拱墅区双湾国际城 16 幢。执行董事、党委书记马建军,总经理王娟。职工 421 人。资产总额 2665589 万元。其中，固定资产原值 2693 万元、净值 735 万元，流动资产 2317399 万元，非流动资产 348190 万元。

2020 年，营业收入 64.23 亿元，净利润 10 亿元，销售回款 178.83 亿元。人均创利 17.36 万元，全员劳动生产率 248.63 万元/(人·年)，职工年人均收入41.76 万元。国有资产保值增值率 118.13%，净资产收益率 17.56%，产值利润率 19.44%，投资回报率 17.56%，资产负债率 78.41%。（陆淑泓　王　颖　宋子歆）

【中铁房地产集团华南有限公司】 拥有房地产开发企业二级资质。2016 年 8 月 1 日成立，注册资本金 20 亿元。驻广东省广州市天河区珠江西路 15 号珠江城大厦 31 楼。执行董事、党委书记叶政谙，总经理李晓光。职工 340 人。资产总额 217.92 亿元。

2020 年，营业收入 24.99 亿元，净利润 4.34 亿元，销售金额 76.56 亿元，权益销售回款 34.99 亿元。人均创利 127.65 万元，全员劳动生产率 735 万元/(人·年)，职工年人均收入 29.52 万元。国有资产保值增值率 116.27%，国有资本回报率 13.75%，净资产收益率 13.58%，资产负债率 86.64%。（傅　璠）

【中铁房地产集团西南有限公司】 拥有房地产开发企业一级资质。2016 年 4 月 5 日，由中铁房地产集团四川有限公司更名成立，注册资本金 20 亿元。驻四川省成都市成华区成华大道二段 298 号 1 幢 2 层 201 号。执行董事、党委书记阮兴，总经理崔跃峰。职工 552 人。资产总额 303.1 亿元。其中，固定资产原值 779.9 万元、净值 119.7 万元，流动资产 286.5 亿元，非流动资产 16.6 亿元。

2020 年，营业收入 46.3 亿元，净利润 8 亿元，人均创利 235.2 万元。全员劳动生产率 486.7 万元/(人·年)，职工年人均收入 28.1 万元。国有资产保值增值率 128.8%，净资产收益率 23.6%，产值利润率 20.3%，净利润率 17.4%，资产负债率 87.8%，应上缴款完成率 100%。（杜文娟　孙英莉　蒋玲葛）

【武汉京铁房地产开发有限公司】 2019 年 8 月 28 日，武汉京铁房地产开发有限公司作为中南区域公司总部的法人主体。注册资本金 10 亿元。驻湖北省武汉市江汉区云霞路 189 号泛海创业中心 21/22 楼。执行董事、党委书记徐昌旭，总经理孙宏伟。职工 246 人。资产总额 77.46 亿元。其中，流动资产 73.78 亿元，非流动资产 3.68 亿元；固定资产原值 3186.09 万元、净值 210.87 万元。

2020 年，营业收入 32.41 亿元，净利润 3.5 亿元。人均创利 184.1 万元，全员劳动生产率 352.74 万元/(人·年)，职工年人均收入 19.73 万元。国有资产保值增值率 122.3%，净资产收益率 20.86%，资产负债率 76.94%，应上缴款完成率 100%。

（谭　琪　邹　景　蒋　栓）

【大连京信置业有限公司】 拥有房地产开发企业二级资质。2019 年 8 月 28 日，大连京信置业有限公司作为东北公司的法人主体，承担东北公司的管理职能。注册资本金 2000 万元。驻辽宁省大连市沙河口区联合路国资创新大厦 6A 号 33 层。执行董事、党总支书记戴定财，总经理樊占刚。职工 118 人。资产总额 581954 万元。其中，固定资产原值 580 万元、净值 125 万元；流动资产 545315 万元，非流动资产 36638 万元。

2020 年，营业收入 196897 万元，净利润 10842 万元，销售回款 138800 万元。职工年人均收入 15.79 万元。国有资产保值增值率 109.97%，净资产收益率 23.38%，产值利润率 6.71%，投资回报率 23.16%，资产负债率 92.97%。（何玉涵　孟　硕　姜振华）

【西安中铁京泰房地产开发有限公司】 拥有房地产开发企业二级资质。2019 年 12 月，西安中铁京泰房地产开发有限公司作为华中公司法人主体。注册资本 10 亿元，驻陕西省西安市高新区唐延路 11 号国寿金融中心 A 座 28 楼。执行董事、党委书记姚健，总经理李渊。资产总额 747963 万元。其中，固定资产原值 185 万元、净值 100 万元；流动资产 686017 万元，非流动资产 61947 万元。职工 256 人。

2020 年，营业收入 10255 万元，净利润 26543 万元，销售回款 14.39 亿元。净资产收益率 185.56%，资产负债率 80.88%。（杨　蕊　李佳薇　刘琳清）

【中铁房地产集团商业地产开发管理有限公司】 拥有房地产开发企业二级资质。2016 年 7 月 13 日，商业公司由中铁房地产集团(天津)置业有限公司更名成立。注册资本金 10 亿元。驻天津市河北区中山北路与华新大街交口东南侧鼎盛大厦 1－1510。党委书记、执行董事任望东，经理赵洪军。职工 201 人。资产总额 67.51 亿元，负债总额 54.34 亿元。

2020 年，销售 37966 万元，销售回款 31269 万元，营业收入 27609 万元，净利润－923 万元。

（周　平　陈　睿　周晓东）

【中铁建公寓管理有限公司】 拥有房地产开发企业三级资质，为中国智慧家庭生态联盟的理事单位及创始成员，中国老龄产业协会战略合作伙伴，取得中房协

3A级企业最高信用等级评价。2019年成立，前身系中铁房地产集团海外地产发展有限公司。注册资本金10亿元。驻北京市朝阳区来广营镇北苑东路19号院铁建广场A座。党总支副书记（主持党总支工作）费洪伟，总经理李宝红。职工177人。

2020年，回款额49317万元，营业收入57875万元，净利润－2739万元。（张勤欢　樊佳砥　董　强）

【中铁建物业管理有限公司】 拥有物业管理一级资质。2012年5月23日成立。注册资本金1亿元。驻北京市石景山区。党委书记、执行董事赵如，总经理邓秋生。职工2406人。

2020年，营业收入9.56亿元，净利润3296万元。

（杨晓慧　梁晓玲　陈慧萍）

【中铁房地产集团设计咨询有限公司】 2016年6月3日成立。注册资本金6000万元。驻北京市海淀区复兴路40号铁建大厦B座14层。董事长、党支部书记胡陆平，总经理王刚。职工147人。资产总额18220.26万元。其中，固定资产原值363.41万元、净值189.63万元；流动资产16674.07万元，非流动资产1546.19万元。

2020年，营业收入2.77亿元，净利润1515.31万元，利润总额2073.67万元。国有资产保值增值率113.12%，净资产收益率22.31%，资产负债率60.43%。（王继晗　李　珂）

【中铁房地产集团创新产业投资有限公司】 拥有房地产开发企业三级资质。2011年10月20日成立，原名中铁房地产集团北京顺捷金海置业有限公司；2016年5月，更名为中铁房地产集团创新产业投资有限公司。注册资本金10亿元。驻北京市门头沟区龙石经济开发区永安路20号3号楼A－7657室。职工104人。资产总额37.12亿元。

2020年，营业收入32201万元，净利润－1777万元，销售额5.88亿元，销售回款5.48亿元。

（廖　珊）

【中铁房地产集团北京投资管理有限公司】 拥有私募基金管理人资质。2016年8月29日成立。注册资本金50000万元。驻北京市海淀区复兴路40号中国铁建大厦B座14层1411。执行董事、党支部书记钟昌华，总经理龚臻条。职工12人。资产总额571150万元。其中，流动资产477003万元，非流动资产94147万元。

2020年，净利润1003万元，表内外融资总额74.53亿元，全员劳动生产率265.54万元/（人·年），职工年人均收入23.51万元。国有资产保值增值率100.49%，净资产收益率1.83%，资产负债率90.4%。

（曹竞艺　许诗原）

【中铁建南沙投资发展有限公司】 2015年10月30日成立。注册资本金10亿元。驻广东省广州市南沙区黄阁镇南府路1号中国铁建环球中心1号楼23层。执行董事、党委书记李宏杰，总经理李葆华。职工151人。资产总额1129969.07万元。其中，流动资产1012066.05万元，非流动资产117903.02万元。

2020年，营业收入259094.73万元，净利润28985.36万元，销售额487009万元，销售回款326087万元，职工年人均收入22.36万元。国有资产保值增值率100.38%，净资产收益率19.21%，产值利润率11.19%，资产负债率86.65%。

（夏柳颖　陈章进　瞿婉璇）

【中铁房地产集团（贵州）有限公司】 拥有房地产开发企业二级资质。2010年4月19日成立。注册资本金10亿元。驻贵州省贵阳市南明区太慈桥车水路11号。执行董事、党总支书记侯思军，总经理、党总支副书记李留安。职工156人。资产总额1508275万元。

2020年，签约额49.72亿元，销售金额497076万元，销售回款193607万元，营业收入43317.63万元，净利润7489万元。资产负债率91%，加权平均净资产收益率8%，国有资本保值增值率107%。

（时丽丽　黎修倩　陆　伟）

【中铁房地产集团济南第六大洲有限公司】 2017年1月11日在济南市历城区注册成立。驻山东省济南市历下区奥体西路2666号铁建大厦A座7楼。资产总额196799.81万元。其中，固定资产原值67.1万元、净值43.86万元；流动资产196776.57万元，非流动资产23.24万元。职工13人。（郭　静　郑添元）

【中铁房地产集团文旅发展有限公司】 拥有房地产开发企业暂定资质。2019年7月成立。注册资本金10亿元。驻河北省万全经济开发区创业东大街8号。执行董事、党委书记、总经理李宝红。职工76人。

2020年，销售额14610.42万元，权益回款2165万元。（王　静　柳　青）

【中铁建河北雄安城市建设有限公司】 2020年3月24日成立。注册资本金5000万元。驻河北省保定市容城县奥威路85－2号。执行董事、党支部书记赵力，总经理王春雷。职工56人。资产总额5690.06万元。其中，固定资产7.68万元，流动资产5681.81万元。

2020年,营业收入2725.51万元,净利润194.2万元。（陈媛媛　何超群　陈丹丹）

【重要记载】

▲3月17日　中国房地产TOP10研究组主办的“2020中国房地产百强企业研究成果发布会”举行。中铁地产入选“2020中国房地产百强企业”和“2020中国房地产百强企业——成长性TOP10”。

▲7月31日　品牌强国、行业中坚、战疫先锋——拥抱中国房地产品牌新时代暨2020中国房地产品牌大会在北京召开。中铁地产以品牌综合价值629亿元入围“2020中国房地产品牌价值百强榜”TOP20,列第19位。中铁地产所属西南公司获评“2020中国西南部地区房地产企业品牌价值十强”,物业公司获评“2020中国房地产抗击疫情模范先锋物业服务企业”及“2020中国物业服务企业品牌价值百强”,中国铁建·西派宸樾获“中国好房子”称号。

▲8月31日　中铁地产与华为技术有限公司在北京签署战略合作协议。

▲9月10—11日　中铁地产组织“品质铁建之脱贫攻坚”媒体行,邀请主流媒体走进集团公司定向扶贫点——张家口市万全区三里庄村和孙家小庄村,了解央企扶贫助农举措,感受新农村发展成果。

（吴小月）

中铁第一勘察设计院集团有限公司

【简况】　国家大型综合性勘察设计单位,拥有工程设计综合甲级、工程勘察综合甲级资质及工程咨询综合甲级资信,持有国家颁发的建设监理、造价咨询,地质灾害评估、灾害防治、勘查、设计、施工、环境影响评价和测绘等多项甲级资质证书,涵盖工程建设全过程,拥有国家批准的对外经济技术经营合作权。主要经营铁路、轨道交通、公路、市政、建筑、水利、港航、机场等行业中的工程勘察、工程设计、工程监理、工程项目管理与评估咨询、工程总承包、岩土工程治理、环境影响评价和对外经济技术合作等业务。1995年在全国大型综合性甲级勘察设计单位中第一个通过ISO9001质量体系认证;2010年经商务部会同住房和城乡建设部审批,取得新的对外承包工程资格证书;2009年建立并通过中国船级社质量认证公司“三标一体”(质量、环境、职业健康安全)综合管理注册认证和英国皇家UKAS质量体系认证。前身系成立于1953年1月1日的铁道部设计局西北设计分局;1956年1月,扩建改称铁道部设计总局第一设计院;1958年,更名为铁道部第一设计院;2001年,由事业单位改为科技型企业,并改称铁道第一勘察设计院;2003年,由铁道部划归中国铁道建筑总公司管理;2007年7月4日企业改制,名称变更为中铁第一勘察设计院集团有限公司;2008年9月18日,组建成立中铁第一勘察设计院集团。总部驻陕西省西安市西影路2号。下辖行政管理职能部门13个、专业生产单位20个、科研生产单位3个、子公司6个、分公司5个、参(控)股公司14个、驻外经营分支机构16个。资产总额186.69亿元。其中,流动资产157.31亿元,固定资产7.59亿元,其他资产21.79亿元。各类仪器、设备等资产10056台(件)。

2020年,新签合同额220亿元,营业收入118亿元,利润总额13.28亿元,净利润11.08亿元;国有资产保值增值率116.75%,净资产收益率19.35%,主营业务利润率19.36%,总资产报酬率7.87%,资产负债率66.95%,应上缴款完成率100%。依托重点工程建设,加大各类先进典型的选树,累计获全国及省部、市等各类先进集体和个人45项。其中全国性荣誉6项:院副总工程师净文常、孟祥连获“全国劳动模范”称号;铁一院川藏指挥部获“第十六届全国职工职业道德建设标兵单位”称号;桥隧院桥二所获评全国模范职工小家;西安至延安高铁项目总体组、川藏指挥部综合部获评全国“安康杯”竞赛优胜班组。获铁总和陕西省荣誉15项,中国铁建荣誉9项,陕西省建设工会荣誉15项。获中施企协2020年度国家优质工程奖7项、工程建设设计项目绿色建造设计奖2项;获陕西省优秀勘察设计49项;获全国优秀测绘工程奖4项、省级测绘工程奖2项;获中国铁道工程建设协会(国铁集团)QC成果一等奖6项,二等奖7项;获中国勘察设计协会(国家级)QC成果一等奖4项,二等奖10项,三等奖8项;获陕西省勘察设计协会QC成果一等奖1项,二等奖2项,三等奖3项;获中国铁建股份公司优秀QC成果奖6项。学术带头人孟祥连获第九批全国工程勘察设计大师;王杰获中国铁道学会科学技术奖“铁道环保奖”;刘赪入选陕西省“三秦学者”创新团队支持计划;周福军入选陕西省“特支计划”青年拔尖人才,并获“茅以升铁道工程师奖”;周东卫获“陕西省测绘青年科技奖”。（张孟桥）

【领导人员】

董事会

董事长　　刘为民

董　勇
李金城
朱力争

职工董事　余　洁

监事会

监事会主席　黄锦波
职工监事　谭德瑞
监事　陈孝勇

行政系统

院长　董　勇
副院长　朱力争
李金城
彭文盛
张学伏
谭新建
白继科
陈　虎
冯　威
总工程师　张学伏
总会计师　白继科
总法律顾问　刘　岩(10月免)

党群系统

党委书记　刘为民
党委副书记　董　勇
余　洁
工会主席　余　洁
纪委书记　黄锦波

(张孟桥)

【职工队伍】 职工4189人。其中,院(股份)2723人,各公司1466人;干部3610人,技能人员579人;正高级职称(含教授级)373人,高级职称1663人,中级职称1050人,初级职称及以下524人;高级技师13人,技师232人,高级工219人,中级工67人,初级工29人,普工19人;硕士研究生及以上1348人(硕士学位139人),大学本科2064人,大学专科310人,中专及以下467人;30岁及以下713人,31~40岁1240人,41~50岁1247人,51岁及以上989人。职工平均年龄41.8岁。

中国工程院院士1人,全国工程勘察设计大师5人,享受国务院政府特殊津贴专家20人(其中在职8人),FIDIC百年杰出咨询工程师1人,全国杰出工程师2人(含鼓励奖1人),"百千万人才工程"国家级人选2人,国家有突出贡献中青年专家2人;陕西省"三秦学者"2人,陕西省突出贡献专家2人,陕西省工程勘察设计大师4人,甘肃省工程勘察设计大师1人,陕西省优秀勘察设计师9人,陕西省"新世纪三五人才"第二层次人选2人,陕西省"特支计划"青年拔尖人才1人,陕西省测绘地理信息科技领军人才1人,陕西省测绘地理信息青年学术和技术带头人2人;原铁道部有突出贡献专家、中青年专家、拔尖人才、专业技术带头人9人;交通运输部交通运输青年科技英才1人;茅以升铁道工程师奖8人,詹天佑铁道科学技术奖23人,中国铁道学会铁道环保奖5人;中国铁建杰出科技创新带头人1人,中国铁建创效功臣2人,中国铁建创效标兵1人;铁一院专业技术带头人82人,铁一院优秀青年工程师115人。

取得国家注册(执业)资格1200人次,其中一级注册建筑师19人、二级注册建筑师9人、一级注册结构工程师56人、二级注册结构工程师4人、注册岩土工程师77人、注册电气工程师37人、注册公用设备工程师48人、注册造价工程师80人、注册监理工程师242人、注册咨询工程师235人、一级建造师170人、二级建造师46人、注册城市规划师32人、环境影响评价工程师23人、注册安全工程师40人、环保工程师7人、测绘工程师28人、招标师13人、道路工程师5人、其他类别注册人员29人。(张孟桥)

【勘察设计】 2020年,勘察设计1739.3线路折算千米,1135电化折算千米。预可行性研究7866千米,初测1118千米,可行性研究3267千米,定测1728千米,初步设计1436千米,补充定测304千米,施工图设计1450千米。

勘察工作。完成中尼铁路、天陇铁路、兰张三四线武威至张掖段、榆林至鄂尔多斯铁路、西延高铁(渭河至铜川改线)、西宁至青海湖至茶卡铁路等初测及补充初测;沿江高铁、兰合铁路、济滨铁路、将淖铁路、兰州至中川国际机场环线、天陇铁路先开段及全线定测;西延、西成、西康高铁,乌将二线、兰合铁路等多项补充定测以及西康、襄渝、宝成铁路防洪病害整治应急工程勘测等20余项外业勘测工作。累计完成勘察长度约2550千米,安排外业队伍约38队次,完成钻探总量140万米以上。

设计、规划工作。继续牵头深化《2021—2050年西北及西藏地区铁路网布局研究》,积极参与国铁集团新时代暨"十四五"铁路网高质量发展研究,完成陕、甘、青、宁、新、藏六省区"十四五"及中长期铁路网规划研究、青海省城际铁路网规划研究、尼泊尔共和国铁路网规划研究,参与广东省"十四五"及中长期铁路网规划、广西壮族自治区路网规划项目实施推进项目梳理等国家级、省区级路网研究工作;牵头开展并完成山西中部盆地城市群城际轨道交通网规划、环兰州城际铁路网规划、呼包鄂城际铁路通道规划研究、大兰州轨道交通多网融合规划、鄂尔多斯市“十四五”铁路发展规划、中国铁路乌鲁木齐局集团有限公司“十四五”发展规划、宝鸡南北铁路通道规划研究、粤西地区铁路网发展规划、铜川市“十四五”铁路发展规划、天水市“十四五”及中长期铁路发展规划等工作，为前期项目储备打下扎实基础。

铁路及城际铁路设计。坚持高起点高标准高质量推进川藏铁路设计工作，按期完成川藏铁路色季拉山隧道初步设计、施工图的批复，11 月 8 日开工建设。按照国铁集团、川藏公司的安排部署和工作要求，积极完善各项专题报告，按时完成先开段（波密至林芝）初步设计鉴修及施工图。完成中尼铁路、伊宁至阿克苏铁路、延榆鄂城际铁路等 38 个项目预可研工作；中平庆铁路、济滨城际铁路等 16 项可研；北沿江铁路（安徽）、包银铁路惠农至省界及银巴支线、淖将铁路等 12 项初步设计及鉴修工作；川藏铁路（波密至林芝段）、西延高铁（铜川至宜君段）、西十高铁、西宁至成都铁路先开段、西康高铁等 14 项施工图设计。重点做好新开工的南玉铁路、西宁至成都铁路（海东西站改及甘青隧道）、兰张三四线中川机场至武威段等项目供图及配合施工工作，及时督促已开通的黔张常铁路、吴忠中卫铁路、阳安二线、敦格铁路、新筑物流等项目的变更设计和清理概算工作。

城市轨道交通设计。主要开展西安地铁 5 号线、6 号线、9 号线、1 号线三期、2 号线二期、8 号线、14 号线、16 号线，成都地铁 13 号线一期，厦门地铁 6 号线一期，南京地铁 10 号线二期等优势区域城市地铁的施工图设计工作；开展重庆地铁 6 号线初步设计、合肥地铁 6 号线一期初设及施工图设计、西安咸阳国际机场轨道预留工程设计项目初步设计、厦门地铁 9 号线可研、青岛地铁 6 号线二期和 9 号线可研、兰州地铁第二期建设规划及专题报告编制、漳州市域轨道交通线网规划、关中城市群核心区城市轨道交通线网规划、西安市城市轨道交通线网规划等工作。承担的广州地铁 8 号线北延段（轨道系统、供电系统）开通初期运营；成都地铁 6 号线（车站 6 标段及供电系统）、9 号线（车站 1 标段，2 站 1 区间）开通初期运营；青岛地铁 1 号线北段（青岛北站至东郭庄站，全线综合监控、AFC 标段）、8 号线（土建 2 标段 1 站 3 区间、停车场及车辆基地，系统 5 标段）开通初期运营；太原地铁 2 号线一期（总体总包、土建 2 标段、系统 2 标段、系统 5 标段）开通初期运营；西安地铁 5 号线（一期总体总包，土建 3、4、8 标段，系统 5、9 标段，二期勘察设计总承包）、6 号线一期、9 号线（总体总包，土建 3、7 标段，系统 6、8 标段）正式开通初期运营。全年通车运营项目 10 个，累计里程 270 千米，其中总体总包或勘察设计总承包项目 4 项、工点或系统标段项目 6 项。

新兴业务设计。重点完成重庆市传感器特色产业基地设计采购施工一体化总承包项目的初步设计与施工图设计、安庆高铁新区一期工程初步设计及施工图设计；灞桥区城市改造项目、达州“两城一线”综合开发、攀枝花空港新城片区综合开发项目、西部（重庆）科学城北碚高新产业园综合开发 PPP 项目（一期）、天津金钟街片区综合开发项目开展前期工作；张家界七星山旅游轨道初步设计和长治太行山大峡谷旅游轨道投融资专题报告等前置性文件、陕西渭北红色扶贫旅游轨道照金至马栏段示范段项目建议书编制、西安市南客站至草堂工业园低运量轨道交通（有轨电车）项目工程预可研等。

海外项目设计。完成几内亚西芒杜矿区至马塔康港铁路预可鉴修及初测和马来西亚东海岸铁路项目的初步设计、施工图设计工作。

水利工程设计。完成引汉济渭二期工程初步设计并通过评审，先期开工的黄午隧洞 18 座支洞配套道路施工图设计工作。（任碧江）

【市场经营】 国铁及城际铁路市场中标 13 项。传统区域相继中标呼包鄂城市群客运通道研究总牵头及包头至鄂尔多斯高速铁路项目预可行性研究、天水至陇南铁路可行性研究、拉林铁路林芝车站综合换乘工程初步设计及概算比选等 3 项前期项目，淖毛湖至将军庙铁路项目定测、初步设计以及中尼铁路（日喀则至吉隆口岸段）、伊宁至阿克苏铁路、西宁至青海湖至茶卡铁路（察汗诺）、新建兰州中川国际机场综合交通枢纽环线、榆林地区机辆一体化、宝成铁路 K227 地质灾害整治工程等 6 项勘察设计。粤港澳大湾区等非传统区域相继中标广州至珠海（澳门）高铁项目预可研、梅州（大埔）至潮州港铁路专用线预可行性研究、湘桂铁路南宁至凭祥段扩能改造工程可行性深化研究等 3 项前期项目。

轨道交通市场中标 18 项。获取西安市轨道交通线网规划、漳州市市域轨道交通线网规划、合肥市轨道交通 7 号线二期（肥东段）预可研等 3 项前期项目和长沙市轨道交通 2 号线西延二期工程、济南轨道交通 4 号线一期工程、雄安新区至北京大兴国际机场快线等 3 项设计咨询项目。中标重庆市轨道交通 7 号线一期、6 号线重庆东站延伸段、8 号线一期、18 号线渝中区延伸段、18 号线一期设计总承包项目和南宁市市郊铁路机场线工程系统 5 标段（车辆段），合肥市轨道交通 7 号线一期、S1 线供电系统 1 标段（供电），南宁市轨道交通 3 号线南延工程土建设计及系统设计 4 标段

(通信),青岛市轨道交通上马维保中心工程设计,南宁市市郊铁路武鸣线工程系统设计5标段(车场段),长沙市轨道交通7号线一期工程勘察设计项目土建设计1标段,长江三角洲都市圈轨道交通项目南京至马鞍山城际铁路单项设计,西安咸阳国际机场轨道预留工程设计项目,长沙市轨道交通7号线一期工程勘察设计项目主变电站设计等8项工点或土建项目。并承揽沈阳地铁7号线一期工程、西安地铁8号线工程1标段(第四次)、沈阳地铁6号线一期工程等3项施工图审查项目。

新兴业务市场中标27项。持续加大对JM融合、新型轨道、片区综合开发等新兴业务市场的耕耘力度,JM融合业务实现中标新增中部KJ、东部KJ、某部新疆北区、某部新疆电力工程EPC批量发包项目22项;新型轨道业务中标重庆武隆仙女山旅游轨道项目、乌鲁木齐至昌吉磁浮项目。城市综合开发业务中标安庆高铁新区一期项目、广东台山市广海湾基础设施综合开发特许经营项目、重庆北碚区传感器产业园EPC项目等3项。

依托国家发改委短名单咨询评估项目12项。受国家发改委委托,获福州市城市轨道交通第二期建设规划调整(2015—2023年)、济南市城市轨道交通第二期建设规划(2020—2025年)等2项。受地方发改委委托,陆续获合肥市轨道交通2号线东延线工程可行性研究、成都市轨道交通资阳线工程可行性研究、合肥市轨道交通7号线一期工程可行性研究和长沙市轨道交通2号线西延二期工程初步设计,天津地铁8号线一期工程、4号线北段工程初步设计补充评审,西安地铁10号线一期工程初步设计,南京地铁11号线一期工程可研、初步设计(补充),成都市轨道交通资阳线工程初步设计,合肥新桥机场S1线初步设计等10项。

(任碧江)

【企业管理】 规章制度体系建设。全面梳理现行各项制度和管理办法,公布《中铁第一勘察设计院集团有限公司规章制度清单(2019年版)》,梳理有效制度386项。制定下发《海外业务技术管理办法》《几内亚西芒杜铁路项目部管理办法》,同时制定《海外人才管理办法》《海外项目部管理办法》《海外项目商务管理办法》《海外事业部项目监管部管理办法》《海外项目计费管理办法》。

企业改革。调查摸清院属大集体企业户数、资产总额、负债总额、净资产、利润总额、在职职工人数、离退休人员人数等基本状况,并就大集体情况向中国铁建和有关部门进行汇报。积极跟踪学习国家及地方相关政策,深刻理解政策精神要点,掌握政策依据,在此基础上制定改革方案及具体工作方案,多次进行政策宣讲并组织召开职工大会,改革方案顺利通过。启动12家公司国有股权回归工作。

风险内控。完成内控评价工作,通过年度内控独立评价、内控缺陷认定及内控评价报告编制等3个阶段,组织配合独立评价小组综合运用书面检查、调查问卷、抽样、证据检查等多种方法,对2019年度铁一院经营管理活动的设计和执行情况进行系统检查总结,向中国铁建提交2019年度风险内控工作报告。起草《中铁第一勘察设计院集团有限公司2019年重大、重要风险管控措施落实方案》,推进落实本年度的风险管控工作。根据《中国铁建股份有限公司狠抓2019年度重大、重要风险管控》,系统研究分析铁一院风险管控的实际情况,制定落实方案,进一步明确重大、重要风险管理及内控体系建设管理责任,提高风险防范和管理水平,保证铁一院安全、持续、健康、稳定发展。组织开展内控审计及自我评价工作。接受内控审计,先后安排和组织有关部门配合审计机构开展前期的审阅、访谈和审计等工作,及时发现在内控及全面风险管理工作中存在的问题和缺陷,为下一步实施整改工作打好基础,满足外部监管机构的合规要求。根据中国铁建2020年内控评价的最新要求,组织开展院内控评价工作。在风险内控领导小组的组织框架内明确各部门配合人员及相关工作原则,保证工作的顺利开展。对于评价中发现的问题,依照从严管理的要求,对相关单位、部门提出整改意见,同时研究与分析管理流程中存在的缺陷问题,落实改进完善的意见,督促和检查整改落实情况。

合规管理。组建铁一院合规管理委员会、合规办公室,合规管理委员会主任由党委书记、院长担任,副院长、总会计师担任首席合规官,合规办公室主任由法律合规部部长担任。按照中国铁建合规官任职条件,遴选合规官17人到位履职。其中海外、资本运营、房地产、经营生产、财务、知识产权管理等职能管理业务单元都设置合规官;下属子公司都成立合规办公室,并配备合规官。为加强海外项目部的合规管理,海外2个较大项目均设置有合规官,并独立聘用境外律所及税务会计师等参与项目合规管理。

财务管理。持续完善各项规章制度,有效构建风险防范长效机制,从根本上保障资金安全。制定保函管理暂行办法、存出现金保证金管理暂行办法、财务人员轮岗交流管理办法、资金集中管理办法4项制度,填补院财务管理的制度空白,堵塞合规漏洞。修订备用金管理办法、财务报销管理办法、财务事项审批管理办法、会议费管理办法、收款收据管理办法、银行账户管理办法、应收款项管理暂行办法、调整固定资产和低值易耗品标准8项制度。通过制度“立改废”工作，进一步把风险管理、内部控制和监督制约要求融入经营管理制度和业务流程，明确各级职责，规范业务审批流程管理，严格执行各项规章制度，建立完善财会人员交流机制，形成强而有效的内控机制，有效消除内部财务风险。持续加强顶层设计，统一会计基础工作标准，突出内部牵制机制，重点防范资金风险和道德风险，确保企业资金财产安全。修订完善资金结算制度，严格控制资金流向，严禁坐收坐支、资金账外循环，严查套取资金设立“小金库”，切实防控资金风险。在修订印发制度的同时，财务部采用多种形式强化制度宣贯，组织财务人员集中学习、掌握新制度，要求财务人员不仅能够熟练恰当地应用，还要能够合理解释和日常宣贯；针对不同使用者，抓住各类会议机会对财务制度进行讲解，方便决策与应用；总结提炼制度文件，印制提示卡发放给全院职工。通过多种途径，以宣贯促进制度执行力的提升，保证制度执行不走样、不变形。

审计工作。制定下发《中铁第一勘察设计院集团有限公司审计整改工作管理办法》《中铁第一勘察设计院集团有限公司专(兼)职审计人员管理办法(试行)》《中铁第一勘察设计院集团有限公司经济责任审计实施细则》等内部审计文件，提高审计工作的规范性、程序性和科学性。认真贯彻中央对审计工作的决策部署，明确“强监督、重服务、促规范”的职责定位，由查错防弊型审计向增值型审计转变，着力提升内部审计工作质量、整改质量，围绕“十三五”发展规划总体要求和年度重点工作，积极履行审计监督、评价、建议职能，完善制度建设，优化工作流程，推进审计全覆盖，增加审计价值，为企业高质量发展提供保障。贯彻国家新修订出台的《党政主要领导干部和国有企事业单位主要领导人员经济责任审计规定》，开展新疆院、逸博置业、兰州院、鑫铁物业、陕勘院的经济责任审计。组织开展银行账户和资金管控专项审计调查、国家重大政策措施落实情况跟踪审计、军民融合项目专项审计等专项审计工作，借助专项审计的特点和优势，及时发现院及所属各单位在相关方面的共性问题，提出针对性建议，协调院职能部门参与整改和管控，促进院规范经营管理、防范和化解风险。全年开展各类内部审计项目19项。 (任碧江)

【技术管理与科技创新】 梳理、完善技术管理体系，修(制)订和完善技术管理制度，推进管理工作标准化。下发《工程建设项目勘测过程控制程序》《工程建设项目设计过程控制程序》《建设项目勘测任务书编制规定》《建设项目互提资料技术管理规定》《建设项目配合施工过程控制程序》《总体设计负责制》《勘察、设计流程控制》《建设项目勘察设计接口管理程序》等企业技术管理标准。结合《铁路建设项目预可行性研究、可行性研究和设计文件编制办法》的实施，修订下发《铁路建设项目各阶段勘测资料设计文件各级审查职责规定》《铁路建设项目各专业工作分工细则》《〈铁路建设项目预可行性研究、可行性研究和设计文件审查签署(范围)规定〉〈铁路建设项目预可行性研究、可行性研究和设计文件图幅图标规定〉》等技术管理规定。为规范和加强铁路建设项目水土保持、建设项目工程质量验收等技术管理工作，下发《铁路建设项目水土保持工作实施细则(试行)》《建设项目工程质量验收管理办法(试行)》。针对JM融合、铁路咨询、城市片区开发项目的特点，经过调研及勘察设计过程中问题的总结，组织编制空军项目、城市片区开发项目(含海绵城市)设计工作内容及专业分工，下发《高寒地区建筑工程勘察设计技术指导(试行)》《铁路建设项目施工图审核(工程咨询)文件审查签署及样式规定》《城市片区开发类项目专业设置及技术文件审签规定(暂行)》。开展《建设项目设计文件会签管理规定》《工程勘测技术交底管理规定》等技术标准的修订。

加强重点建设项目勘察设计过程中的技术管理工作，积极推进技术工作组现场办公(中间检查)、资料验收和技术协调。结合建设项目勘察设计计划进展情况，由院主管副总组织技术工作组赴将军庙至淖毛湖铁路、济滨高铁、天陇铁路、西延高铁西安至铜川段改线、沿江高铁、西宁至青海湖至茶卡铁路，渝湘高速公路复线彭水至酉阳段，绵阳至苍溪、苍溪至巴中高速公路等建设项目的初测(补充初测)、定测(补充定测)勘察现场，现场办公，完成现场调研、技术方案审查、中间检查和指导勘察工作；同时组织相关单位技术负责人和现场勘察专业技术人员完成上述项目勘察资料的院级中间检查及验收工作。完成银西铁路、川藏铁路、阳安二线、南玉铁路、广佛环城际铁路，辽宁盘锦环境生态修复工程，青岛、成都、南宁、西安地铁等建设项目勘察设计工作中的专业分工及技术接口协调工作。

根据国家铁路局、国铁集团对铁路建设项目勘察设计工作提出的新要求，组织技术讲座和专题研讨，进一步落实相关技术管理工作。下发《国家铁路局关于做好2020年春运监督检查工作的指导意见的通知》《关于进一步加强铁路建设项目勘察设计管理工作的通知》《关于转发国铁集团〈铁路房屋建筑设计标准补充规定〉的通知》《转发国铁集团工电部普速铁路车站股道电码化实施单端发码改双端发码工作的通知》《关于进一步落实铁路建设勘察设计工作要求的通知》等。组织完成2005年以来开通及在建铁路项目的隧道安全风险排查整治工作，完成《铁一院关于全面开展“铁路隧道安全风险隐患排查整治专项督查行动”工作总结》。

组织参与2020年度国家、行业、院级标准化和业务建设的编制166项。中国工程建设标准化协会标准《现代齿轨交通设计规范》由铁一院牵头主编。结合川藏铁路综合勘察技术，申报的《川藏铁路综合勘察技术规范》立项2021年国家铁路局行业标准。

项目申报和创优获奖。积极开拓项目申报渠道，积极参与国家自然科学基金、国家铁路局、国铁集团、陕西省、西藏自治区等高等级科研项目，丰富科技创新项目组成，提升科技创新项目品质。新开科研项目103项，其中针对川藏铁路科研立项36项。组织院内课题结题18项，中国铁建组织课题评审35项。2020年，获国家级、省部级优秀勘察、设计、测绘、优质工程奖63项；科技奖23项；优秀QC小组36个。专利申请427件（其中发明专利237件），专利授权207件（其中发明专利17件），软件著作权52件。（任碧江）

【人才培养及引进】 2020年，先后完成百千万人才工程国家级人选、享受国务院政府特殊津贴专家、詹天佑铁道科学技术奖、中国铁建一级项目经理、西安市优秀青年勘察设计师等各类专家人才项目255人次的推荐选拔和申报工作。引汉济渭隧道设计创新团队（团队带头人刘赪）入选陕西省“三秦学者”创新团队支持计划、周福军入选陕西省高层次人才特殊支持计划青年拔尖人才，并获茅以升铁道工程师奖；王杰获中国铁道学会铁道环保奖；周东卫获陕西省测绘青年科技奖。为发挥高端人才引领效应，成立孟祥连勘察设计大师工作室。积极与相关高校联系，考察博士后人才引进人选，组织安排博士后进站项目答辩会，与中国矿业大学联合招收培养博士后1人。

2020年招聘应届毕业生164人，重点引进清华大学、北京大学、浙江大学、同济大学、南京大学、东南大学、武汉大学、华中科技大学、哈尔滨工业大学、吉林大学、大连理工大学、西安交通大学、重庆大学、电子科技大学、中南大学、西南交通大学、北京交通大学、澳大利亚新南威尔士大学、日本京都大学等全国著名“双一流”院校及海外名校应届大学毕业生，其中博士研究生5人，硕士研究生142人，本科生17人，研究生以上学历人员占引进人员总数的89.6%，“985”“211”“双一流”及海外高校占比73.5%，招聘范围由传统铁路院校向国内外一流名校扩展。同时引进机场场道、供油等新兴业务紧缺人才及拥有注册岩土、环评等重点注册证书人员53人。

完成专业技术职务评审工作。经中国铁建评转认定正高级工程师190人，评审通过正高级工程师38人，高级经济师1人；经院评审通过高级职称112人，中级职称122人。开展2020年新取得职称资格人员的聘任工作，正高级职称聘任38人（含往年未聘3人），高级职称聘任112人（含往年未聘7人），中级职称聘任122人。（张孟桥）

【党群工作】 下设党委14个、党工委18个。其中党总支3个，党支部164个，党员2611人。基层纪委（工委）32个。党委巡察办2人。基层工会43个，工会会员4068人。基层团（工）委20个，团支部45个，共青团员244人，专兼职团干145人。

全院各级党组织以习近平新时代中国特色社会主义思想和党的十九大，十九届二中、三中、四中、五中全会精神为指导，强党建、抗疫情、促发展，政治引领充分发挥，疫情防控坚决有效，党建基础持续夯实，党建工作与改革发展同向发力，企业综合实力、核心竞争力大幅提升，职工获得感、幸福感持续增强，一流强院建设呈现出日新月著、行稳致远的奋进局面。

党建引领充分发挥，企业发展取得佳绩。一年来，院党委团结带领广大党员干部职工，聚力“十三五”决胜目标，众志成城、攻坚克难，一流强院建设取得突出成绩，实现以高质量党建引领高质量发展。生产经营、科技人才、改革发展亮点纷呈。两轨市场开拓成效突出，中标中尼（境内段）、伊阿、西宁至青海湖至茶卡等铁路项目，获取西安、重庆等10多个城市23项任务；海外市场新签几内亚西马、巴基斯坦ML－1升级改造等项目；资本运营、房地产、咨询监理等业务稳中有进，军民融合、新型轨道交通、城市开发、生态环保等新兴业务蓬勃开展，多元经营格局持续完善。川藏铁路前期工作高质量完成，确保世纪性战略工程进入建设实施新阶段。获得国家科技进步二等奖1项，中国铁建BIM工程实验室、特殊复杂环境下长大隧道建造技术铁路行业工程研究中心获批成立，孟祥连、净文常2人当选全国劳动模范，企业核心竞争力与行业影响力持续提升。“十四五”规划编制高质量开展，各项重大改革任务稳步推进，有力确保企业高质量发展。

疫情防控坚决有效，全力确保职工生命健康安全。面对突如其来的新冠肺炎疫情，院党委高度重视、迅速行动，多次召开专题会议、建立完善防控体系，统筹部署推动疫情防控和院生产经营工作开展。采购配备消毒清洁物资、深入一线检查指导，有力推动各项防疫措施落实见效。深入慰问一线职工、海外职工和医务家属，包机组织92名勘探人员入藏复工，受到中央媒体广泛宣传报道。各级党组织和广大党员按照《告中国铁建全体党员书》的要求，充分发挥表率作用，以最严肃的政治态度、最有力的保障举措，扎实打好疫情防控阻击战，有效确保全院职工的生命健康安全和企业发展正常运行。

思想武装紧抓不懈，理论学习有效助推企业发展。把学习宣传贯彻党的十九届五中全会精神作为重要政治任务，坚持在学懂弄通做实习近平新时代中国特色社会主义思想上持续用力。坚决贯彻习近平总书记关于川藏铁路的历次指示批示精神，努力把川藏铁路建设成为“五个工程”，以实际行动树牢“四个意识”、坚定“四个自信”、做到“两个维护”。结合脱贫攻坚、总书记在陕重要讲话、十九届五中全会精神等内容，全年开展党委中心组集中学习 8 期；各二级党委、党工委开展中心组学习 210 余次。院领导班子成员深入一线调研讲党课 17 次，全院创新开展讲党课 150 场，各基层党组织灵活开展迎“七一”主题党日、红色教育等活动。

党建责任深入落实，党建基础持续强化。认真组织做好中国铁建党建责任制考核评价和整改工作；高质量开展 32 个党委、党工委的年度党建责任制考核和书记抓基层党建工作述职评议考核，加大结果应用力度，党建主体责任进一步压实。持续深化主题教育成果，分解落实年度整改措施 54 条，完善巩固整改长效机制。积极开展示范党支部创建活动，线运院线二所党支部获得中国铁建第二批示范党支部称号。印发院领导班子成员建立基层联系点办法，制定党支部工作手册，开展外聘党员摸底，持续完善智慧党建平台功能，党建工作规范化、智慧化水平全面提升。结合重大项目攻坚和改革发展重点工作，建立党员先锋岗、突击队，推行设岗定责、承诺践诺，党组织战斗堡垒和党员先锋模范作用充分发挥。

监督执纪持续强化，全面从严治党深入践行。高质量开展巡视巡察和专项整治。认真接受中国铁建财务资金管理专项巡视，完成 17 条反馈事项的立行立改，扎实做好反馈意见后续整改工作。组织完成院内 20 家单位和项目的财务资金管理专项巡察，扎实开展四个专项整治，深入监督整改落实情况。推进总部机关化问题整改，制定“两个清单”，持续优化机关职能。完善体制机制。设立党委巡察办，修订巡察工作办法，完善常态长效监督机制。推进纪检监察体制改革，健全纪委 + 职能部门的“大监督”体系，有效实现资源共享与工作联动。强化监督执纪问责。加强对疫情防控和复工复产措施监督，深入项目现场检查调研，监督把控一线廉洁风险。开展追责问责“回头看”，全年诫勉谈话 16 人次，通报批评 9 人次，对 19 人给予党政纪处分，有力督促各单位压实管理责任。加强教育引导。开展形式多样的反腐倡廉宣教月活动，持续推进“廉洁一院”文化建设，加大节假日前提醒力度，防止“四风”反弹回潮。

干部人才不断优化，激发干事创业活力。深入推进“四好”领导班子创建，院领导班子连续 3 年获评中国铁建“四好”领导班子，7 家单位被授予 2020 年度院“四好”领导班子。印发领导人员、后备干部等管理办法，进一步加强领导干部管理，加快优秀年轻干部培养选拔步伐。坚持党管干部，全院 33.3% 的班子配备 40 岁以下年轻干部，干部队伍结构进一步优化。

发挥凝心聚力作用，和谐一院欣欣向荣。宣传文化引领有力。落实意识形态工作责任制，制定《企业文化建设纲要》，举办中尼尖兵、川藏亲属慰问座谈会，精心汇编川藏尖兵故事集，统一制作驻外机构和指挥部、项目部企业文化标识，文化建设稳步推进。成立融媒体工作室，推出短视频与系列专栏，库格、银西等项目开通运营在央视、新华社等主流媒体上广泛报道，企业美誉度有效提升。工会职能充分发挥。评先树模再创佳绩，全年累计获得全国及省部、市等先进集体和个人 47 项。扎实做好劳模工作室建设，积极开展劳动竞赛，加强现场慰问，开展建家建线帮扶，举办职工文艺演出，建成使用母婴关爱室、缓解停车难问题，一院员工劳动热情与幸福指数不断攀升。团青工作有声有色。完善构建院青年创新工作室管理体系，引领全系统青年创新成效提升。全年累计获得省部级和中国铁建以上奖励 25 项，2 人当选全国青年岗位能手，其中 1 人获评全国青年岗位能手标兵。开展青年方案汇报大赛、“线上悦读会”、线上植树等活动，组建志愿者团队，有效激发青年蓬勃朝气。社会责任积极履行。帮扶陇县北关村制定乡村振兴八项措施，发挥行业优势开展关山旅游轨道规划设计，扎实做好甘肃、新疆等地对口扶贫工作。积极参与商洛扶贫合力团，向洛南县捐助 30 万元用于灾后重建，完成中国铁建等各类消费扶贫 143 万元。保密维稳有序可控。制定军民融合项目保密管理工作实施细则，顺利通过各级主管部门保密检查，积极稳妥做好信访维稳工作，维护和谐稳定大局。（马建飞）

【新疆铁道勘察设计院有限公司】 驻新疆维吾尔自治区乌鲁木齐市北京南路 703 号。董事长、党委书记庄新玉，院长彭晓川。职工 539 人。拥有全站仪、水准仪、GPS 卫星定位仪、绘图仪、台式计算机、笔记本电脑、钻机、汽车钻、载重汽车、激光测距仪、线缆测高仪、手持 GPS、静力触探车、地震仪、电磁勘探仪、测井仪等仪器设备 981 台（套）。

2020 年，营业收入 9.82 亿元，利润 0.375 亿元，进款 8.14 亿元，新签合同额 8.97 亿元。（马建飞）

【青海铁道工程勘察有限公司】 驻青海省西宁市共和南路23号。执行董事、党工委书记、总经理赵卫东。职工59人。拥有全站仪、水准仪、台式计算机、笔记本、钻机、手持GPS、汽车、复印机、RTK等仪器设备90台(套)。

2020年,营业收入2514万元。 (马建飞)

【甘肃铁道综合工程勘察院有限公司】 驻甘肃省兰州市和政路131号。董事长、党委书记贺光华,院长陆勇翔。职工328人。拥有测绘设备、电算设备、电子设备、勘探设备、生产设备、施工机械设备、文整办公设备、运输设备等363台(套)。

2020年,生产经营收入7.52亿元,利润1.04亿元。新签合同114个,合同额5亿元。 (马建飞)

【陕西铁道工程勘察有限公司】 驻陕西省西安市雁塔区公园南路60号中铁一院科技园。党委书记、董事长侯全德,党委副书记、总经理冯海明。职工237人。拥有勘探设备、测绘设备、物探设备、其他测量及实验设备、文整办公设备、运输设备、其他固定资产889台(套)。

2020年,营业收入5.48亿元,利润2000万元,新签外委合同额8841万元,外委进款1.01亿元。

(马建飞)

【重要记载】

▲1月10日 铁一院主持完成的“长大深埋挤压性围岩铁路隧道设计施工关键技术及应用”获2019年度国家科学技术进步二等奖。

▲4月1日 铁一院牵头的“轨道交通区间隧道工程通过活断层的关键技术及应用”与“富水卵石土地层盾构法隧道关键技术与环境影响体系研究”两项课题分别获中国轨道交通协会一、二等奖。

▲5月9日 铁一院与中车资阳机车有限公司签署战略合作框架协议。

▲6月10日 铁一院取得住建部环保工程专业承包一级施工资质。

▲6月29日 铁一院成立海南分院,负责海南市场的开拓、经营工作。

▲10月6日 铁一院申报的参赛作品“BIM技术在陕西城际项目中的应用研究”作为铁路BIM联盟唯一的铁路申报项目获building SMART国际BIM大赛提名。

▲10月20日 铁一院获批8项施工资质。

▲10月27—28日 铁一院承办的第二届“联盟杯”铁路工程BIM应用大赛在西安举行。

▲11月24日 2020年全国劳动模范和先进工作者表彰大会在北京举行。院副总工程师孟祥连、净文常获“全国劳动模范”称号并受到表彰。

▲12月17日 铁路BIM联盟第二届第三次会员代表大会暨铁路BIM技术论坛在北京铁道科学研究院举行,铁一院3项作品获BIM大赛一等奖。

(张孟桥)

中铁第四勘察设计院集团有限公司

【简况】 从事交通基础设施建设勘察设计的高科技大型综合性企业。综合实力位居全国勘察设计实力百强前列,被认定为国家企业技术中心。是国家委托铁路、城市轨道交通投资咨询评估单位、国际工程咨询工程师联合会(FIDIC)和国际电工委员会(IEC标准)团体成员,中国城市轨道交通协会常务理事单位,中国工程咨询协会副会长单位。拥有国家住建部颁发的工程设计综合甲级资质证书和工程勘察综合一级资质证书,国家测绘局颁发的甲级测绘资格证书,国土资源部颁发的地质灾害防治工程勘查、设计、监理三项甲级资质以及地质灾害危险性评估甲级资质,国家环保总局颁发的环境影响评价甲级资质证书,国家发展改革委颁发的工程咨询甲级资质,以及工程承包、工程监理、工程造价等20余项甲级及专项资质;主持过数十项国家、行业规范、标准编写;具有独立对外经营权;设有博士后工作站。具有配套完善的ISO9001、ISO14001环境和GB/T28001管理体系,持有相应认证证书。拥有线路、站场、桥梁、隧道、地质路基、电力电气化、通信信号、房屋建筑等30多个专业。能承揽多个行业的工程勘察、工程设计、工程咨询、工程监理、工程总承包业务。1953年2月4日成立;1956年1月,扩编为铁道部第四设计院;2003年11月,由铁道部划转中国铁道建筑总公司;2007年11月,改制为中铁第四勘察设计院集团有限公司。资产总额273.08亿元。其中,固定资产净值15.16亿元,流动资产187.02亿元,其他资产70.9亿元。各类设备22224台(套),其中全站仪、光电测距仪、GPS定位系统、RC30航空摄影仪、物理勘探、原位测试等先进设备1075台(套);计算机12162台,局域网上网节点7128个,大中型计算机工作站867个。机械运输设备626台,设备净值3836万元,总功率90657千瓦,动力装备率17.21千瓦/人,技术装备率7280元/人,设备完好率99%、利用率99%。

2020年,新签合同额338.8亿元,营业收入165.1亿元,利润总额24.1亿元,净利润20.1亿元,人均创利38万元。国有资产保值增值率123.33%,净资产收益率21.66%,国有资本回报率21.76%,资产负债率63.39%,应上缴款完成率100%。 (邓云文)

【领导人员】

董事会

董事长	蒋再秋(9月免)
	凌汉东(10月任)
副董事长(正职待遇)	雷佳民(5月免)
董事	蒋兴锟
	徐昌富
	张　浩(12月任)
职工董事	田要成(10月免)

监事会

监事会主席	刘家美
监事	胡丙齐(11月免)
职工监事	方　东

行政系统

院长	蒋兴锟
副院长	田要成(10月免)
	王玉泽(5月免)
	张　浩
	付　裕
	徐昌富
	韩向阳
总工程师	朱　丹
总会计师	付　裕

党群系统

党委书记	蒋再秋(9月免)
	凌汉东(10月任)
党委副书记	蒋兴锟
	雷佳民(5月免)
	张　浩(12月任)
纪委书记	刘家美
工会主席	刘家美

(李　佐)

【职工队伍】 职工5290人。其中,博士研究生74人,硕士研究生2517人,大学本科2122人,大学专科及以下577人。高级职称2866人(其中正高级工程师513人),中级职称1405人,初级职称625人。高级技师151人,技师77人,高级工及以下86人。40岁及以下3152人,41~50岁1174人,51岁及以上964人。

全国工程勘察设计大师3人,中国工程监理大师1人,百千万人才工程国家级人选3人,国家有突出贡献中青年专家2人,享受国务院政府特殊津贴专家25人;湖北省突出贡献中青年专家13人,享受湖北省政府专项津贴专家15人;原铁道部专业技术带头人2人、青年科技拔尖人才12人;詹天佑铁道科学技术奖15人,詹天佑中国铁建专项奖22人,詹天佑电气化专项奖2人;茅以升铁道工程师奖10人;全国优秀科技工作者3人;湖北省新世纪高层次人才工程人选8人;湖北省青年科技奖2人;铁四院专业技术带头人101人,青年科技拔尖人才231人。各类注册职业资格1500余人次。 (李　佐)

【勘察设计】 2020年,承担国铁30%开工项目、41%开通项目的勘察设计任务,完成勘察设计2000余千米,地质钻探281万延长米;确保沿江高铁等16个项目顺利开工建设,合安等14个项目成功开通运营。同期在29个城市开展轨道交通总体总包83项、工点及系统设计任务280余项,助推320千米轨道交通项目投入使用。开展600千米高速公路、23座大跨桥梁、28座水下隧道的设计工作,实现四川、云南、山东等地高速通车。开展交通强国"铁路篇"、铁路"十四五"发展规划等国家级重要规划设计,夯实后期工作基础。

面对疫情防控常态,创新开启"互联网+"中检模式、紧急开发应用网上审图系统、启动远程会审机制,保障技术需要。制定专业设计分工,明确新兴业务分工,提升技术协作精度和效率。强化现场服务,认真兑现承诺,收到各类表扬信、感谢信162封,技术服务得到广泛认可。 (邓云文)

【经济发展】 铁路市场方面,中标邵永等3个国铁项目,占国铁40%的年度招标份额;获地方主导铁路项目7项,深汕高铁等项目实现"当年中标、当年开工"的目标;承揽铁路站房15座,在全路作精品客站经验交流。轨道交通市场方面,中标轨道交通总体总包项目10个,承揽工点和系统设计任务21项;承担中车长客悬浮试验线等规划与设计任务,抢抓新型轨道交通市场先机。公路市政及其他市场方面,中标海南美兰机场东延线等35个项目,承揽四川、山东等地25个项目前期研究任务,设计全球最大直径盾构法隧道以及东津黄河大桥等水下隧道、桥梁工程;承担一批综合管廊等项目,各领域经营均取得积极进展。

协同发展多元业务。资本运营业务方面,全年新签投资合同额91亿元，拉动实体合同额72亿元。富阳场口安置房项目实行银企合作投标新模式，拓宽融资渠道。杭衢高铁实质性开工建设，光谷基地招商运营等工作顺利推进，昆明5号线等项目建设管理不断加强，项目股权投资良性发展，投资驱动效力持续发挥。工程总承包和工程维养业务方面，首次承揽常德站等既有高铁站改扩建EPC工程，以及多个车站综合配套项目；依托投资、设计优势，过江隧道总承包项目承揽实现零的突破，全年新签工程总承包合同额224.5亿元。积极统筹各方力量，实现国内首条采用EPC模式建设的武汉至仙桃城际铁路开通运营。建设高铁维养工程实验室，开拓铁路病害整治以及轨道交通维养领域，抢占新建铁路开通前缺陷修复市场。监理咨询业务方面，新签监理合同额3.4亿元，积极开拓“独立特大桥、特长隧道”等高、精、尖领域监理市场，“高端化、品牌化”战略转型取得实质性进展。新签咨询合同额2.6亿元，同比增长27.2%，中标西安至成都等高铁咨询项目，开展潍坊滨海铁路物流园全过程咨询，新业务领域实现重大突破。海外业务方面，签订海外合同7项，合同总额1.9亿元。密切与国家部委联系，顺利获得国家发展改革委2020年国际产能合作补助。扎实推进海外项目生产，全面加强质量管控，马东铁路考核排名第一位。房地产业务方面，深耕武汉土地市场，再次成功拓展土地储备。“杨春湖畔”等既有项目按计划推进。高端制造业务方面，累计实施转化的专利研发产品17项，转化率24.3%。签订专利许可、产品销售、软件转让与技术服务等合同230项，合同额2.7亿元，收款额1.6亿元。其中，郑许市域铁路郑州段2700余万元专利转化合同额创历史新高。（邓云文）

【科技创新】 建设BIM管理系统，推广智能勘察技术，建立三维实景展示中心，推动新技术与传统作业模式融合应用。筹建智慧桥梁、无砟轨道、地下空间实验室，构建“2个国家级+5个省部级+3个股份公司级”的多层次科技创新平台。主编发布中国首部市域（郊）铁路行业标准，填补行业空白。开展高速磁浮、高速轮轨、智轨等核心技术攻关，承揽高层次课题16项，获各类科技奖94项，43项科技成果达到国际先进或领先水平。11人次获省部级及以上专家称号；新增专利授权786件。（邓云文）

【经营管理】 研究调整职能部门机构编制，重组辅助生产单位和后勤保障单位，成立机场设计院、富阳设计院，参股济南舜达设计院，合资设立无锡研究院，机构体系不断优化。开展“十四五”规划调研，启动中长期发展战略与“十四五”规划编制，发布三年滚动规划，完善战略规划管理体系。研究制定《“总部机关化”问题专项整改实施方案》，全面深化专项整改工作。优化“双百行动”改革思路举措，加快推动子公司改革进程。研究部署“对标世界一流管理提升行动”，持续强化企业治理能力。坚持“聚焦提升、加强统筹、创新管理”工作思路，编制铁四院首部行政事务沟通协调标准化文本，深入推进标准化建设；加强信息渠道化和发文全过程管理，削减文山会海；统筹谋划调研检查及大型会议，彰显部门协同合力；落实重点工作分解，推进督办工作，高质量完成高层次接待任务，行政综合管理能力持续提升。用足用好国家及地方应对疫情财税帮扶政策，减免房产税、土地使用税217万元，延缓缴纳企业所得税汇算清缴近3亿元；依托高新技术企业等累计节税2.8亿元；争取进项税额留抵退税2.26亿元，成功争取房地产土地增值税退税1522万元。以创湖北省新低的利率水平发行全国首单三年期10亿元中期票据，产融结合、以融促产取得新突破。扎实开展财务资金管理专项整治，确保企业经济运行安全。内部审计聚焦监督项目建设运营管理效能，推动工程项目管理上档升级。紧盯合同履约情况，突出做好诉讼案件防控处置，加强工程项目生产安全风险管控，提升网络设施和安全防护能力，无重大安全生产责任事故。开展信息化“十四五”规划编制，开发防疫管理系统等，为疫情防控工作提供信息化保障。严格落实国铁集团“三查”“五防”专项检查要求，建立质量安全风险管控和现场隐患排查双重机制。编制标准化作业手册和审查评价清单，优化文件编制及作业表模板，进一步完善技术标准和管理体系。出台质量事件应急管理办法，建立快速反应监管体系，积极有效处理相关质量问题。（邓云文）

【党群工作】 坚持以习近平总书记系列重要讲话和中央重要会议精神为主要内容，党委理论学习中心组集中学习15次，研讨交流4次，宣讲党的十九届五中全会精神62次，撰写理论文章90余篇。全面梳理和规范党委会、董事会、院长办公会权责边界和议事程序，严格落实党委前置要求，全年召开党委常委会9次，研究决定“三重一大”事项101项。

坚持“做活做实做好”支部主题党日，创新线上“联学联建”，在疫情防控、复工复产中体现党支部战斗堡垒和党员先锋模范作用。1人获评全国抗击新冠肺炎疫情先进个人，2个基层党组织、1名优秀共产党员获省政府国资委表彰，铁四院获评湖北省“全省党建工作示范单位”。落实“四同步、四对接”，调整设置党组织11个，15个党支部按期换届，规范合资公司、联合体总包项目部、境外项目部党组织设置模式，确保党的组织和党的工作全覆盖。坚持以述职促履职，线上线下结合推进党组织书记述职评议考核，强化第一责任落实。持续深入排查提升薄弱基层党组织，制定《加强党工委建设意见》，铁四院在股份公司党建责任制考核中获评"优秀"。

制定激励疫情防控和复工复产一线人员具体措施，树立生产经营、驻外现场干部选拔任用导向，全年提拔交流中层及以上管理人员60余人次。持续健全人才遴选、培养、使用机制，部署启动"3218"技术人才工程（至"十四五"末，选拔培养300名35周岁以下的青年科技先锋——四院菁才，200名40周岁以下的青年科技拔尖人才——四院英才，100名专业技术带头人——四院将才和80名专业领军人才——四院帅才），着力构建多层次、全方位、立体式的专业技术人才选拔培养体系，加快建设高层次专家人才和创新团队，新增各类省部级以上专家10余人次，成立咨询委员会，规范退休资源利用，构建多层次、全方位、立体式人才体系。

坚持"品牌建设特色化、文化建设标准化、文明创建常态化"，推进文化落地。开展"履职尽责守初心"系列道德讲堂4次。铁四院及所属8家二级单位顺利通过全国、省级文明单位复评。聚焦重点工程，在中央及省市主流媒体刊稿2000余篇次，两条热点新闻传播量超过1亿次；"喝彩四院"传播影响力指数首次进入全国二级央企70强。聚焦基层一线，开辟《大美四院人、最美的坚守》等系列专栏。关注"后疫情"时代基层职工思想变化，编印《基层职工思想政治工作简明手册》，推动一线职工思想政治工作走深走实。充分利用"两网一报一屏多客户端"宣传平台，开展形势任务教育。认真落实《意识形态工作责任制》，制定《舆情研判和新闻处置实施细则》，推进舆情管控科学化、精细化。

压实管党治党责任。听取全面从严治党工作汇报6次，召开"两个责任"促进会、党群例会，与所属党组织负责人工作谈话90余次，推进主体责任落实。坚持新任职领导人员任前廉洁谈话制度，组织廉政知识测试、签订廉洁从业承诺书，增强领导干部责任感。持续推进"总部机关化"问题专项整改。构建"事前预防、事中监控、事后处置"的廉洁风险防控机制，实现全业务、各环节、各流程风险防控全覆盖。高悬巡视巡察利剑，配合股份公司党委财务资金管理专项巡视，发现问题立行立改。制定《财务资金管理专项巡察工作实施方案》，对15家单位开展专项巡察，督促制定整改工作方案，促进企业规范化管理。坚持依法依规治企，严抓严管安全质量问题，严肃追责问责，给予党纪政纪处分2人。运用监督执纪"四种形态"，批评教育、提醒谈话、通报批评、诫勉谈话25人次。聚焦疫情防控，开展监督检查160余项次，对问题较为突出的单位点名通报曝光。

领导和支持工会组织推进民主管理。铁四院和所属24家单位规范有序召开职代会。以"奋起直追比作为、质效并重赛贡献"为主题开展劳动竞赛，助推生产经营任务完成。组织创新工作室命名复检，1家工作室获评全国示范性劳模和工匠人才创新工作室，2家获湖北省表彰；征集职工技术创新成果，1个项目获得湖北省特等奖。慰问项目部职工2000余人次，为职工定制工服，帮助解决职工子弟就学，提升职工幸福感。铁四院被评为全国百家厂务公开民主管理示范单位，保持全国"安康杯"竞赛优胜集体称号，1人获"全国劳动模范"，10个集体、10名个人获省部级表彰。

构建青年科技人才发展模型，启动首届"四院菁才"评选，以积分管理为导向，筑牢青年科技人才成长阶梯。创建青年学习前沿技术渠道，举办青年智能勘测大讲堂，以"智慧设计"为方向，助力企业勘测手段革新提升。搭建青年学技练功成长平台，开展技能素质提升活动，以干事创业为志向，为青年成长成才蓄力增能。

（邓云文）

【建成开通工程】 6月28日，铁四院总体设计的商丘至合肥至杭州高铁合肥至湖州段（简称商合杭高铁合湖段）开通运营。项目全长311千米，设计时速350千米，其中芜湖至宣城段时速250千米。商合杭高铁是中国高速铁路、客运专线建设中衔接关系最为复杂的项目，沿线车站29座；桥梁比例82.6%。

6月28日，铁四院总体设计的长沙地铁3号线一期工程开通初期运营。项目全长36.5千米，设车站25座。全线地质条件复杂，在国内首次长距离下穿越水下岩溶区，首次下穿高铁浏阳河隧道，首次长距离上下重叠并行下穿既有运营隧道。

7月1日，铁四院设计的上海至苏州至南通铁路开通运营。项目全长143千米，设计时速200千米，设车站9座。

7月1日，铁四院设计的黄埔有轨电车1号线先开段正式商业运营。项目全长7.83千米，设车站11座，其中有轨电车1号线的地铁长平站与地铁21号线接驳，可半小时直通广州市区。

8月10日，葛洲坝集团投资，铁四院代建管理，跨越中国北方最大淡水湖——微山湖的枣庄至菏泽高速公路通车。项目东起京台高速滕州北，西至日兰高速牡丹区，沿线经过三市八县（区），项目全长177.787千米，配套建设微山连接线9.551千米，概算总投资

190亿元。主线设计标准为双向四车道高速公路，设计时速120千米。

8月13日，铁四院设计的乐清湾铁路正式开通运营，实现乐清湾港区水铁联运。乐清湾铁路是铁路投融资体制改革后，以省为主投资、建设和运营管理的第一条地方铁路。线路长72千米，设4站，桥隧比78.81%。为国铁Ⅱ级单线铁路，设计时速80千米。

8月18日，铁四院总体设计的珠海市区至珠海机场城际轨道交通工程拱北至横琴段通车运营。全长39.475千米，设计时速100千米。其中一期工程（珠海站至珠海长隆站）正线16.86千米。沿线设置的7座车站中，除珠海为高架站外，其余均为地下站，其中横琴站为国内第一座地下城际口岸站，珠海长隆站为国内第一座主题火车站。

9月27日，铁四院总体设计的衢州至宁德铁路通车运营。项目正线379千米，设计时速160千米，正线新建大中桥144座51千米，新建隧道94座249千米，桥隧比79%，是一条电气化客货共线铁路。

12月18日，铁四院总体总包设计的全国最长全地下地铁线——成都轨道交通6号线开通运营。

12月22日，铁四院勘察设计的京港高速铁路合肥至安庆段开通运营。

12月25日，铁四院勘察设计的四川成都蒲江至都江堰高速公路正式通车。

12月26日，铁四院勘察设计的云南宜良至石林高速公路正式建成。

12月26日，铁四院勘察设计的山东高唐至东阿高速公路正式通车。

12月26日，铁四院总体设计的福州至平潭铁路开通运营。福平铁路自福州站引出，向东南经福州市长乐区，以桥梁跨越海坛海峡至平潭岛。线路全长88千米，时速200千米，设客运车站6座。

12月26日，铁四院设计施工总承包的武汉至仙桃城际铁路开通运营。该铁路是国内首条采用EPC模式建设的城际铁路，开通后仙桃城区到武汉由原来的1个多小时缩短至41分钟。

12月26日，铁四院设计的怀化枢纽、渝怀铁路复线、焦柳铁路怀化至塘豹段电气化改造工程开通运营。

12月26日，铁四院总体总包设计的郑州市轨道交通3号线一期、4号线工程开通运营。

12月26日，铁四院参与设计的南昌地铁3号线开通运营。

12月28日，铁四院设计的广州黄埔有轨电车1号线全线开通运营。广州黄埔区有轨电车1号线（长岭居—萝岗）起于香雪，终于永和新丰，线路全长14千米，设站20座，近期设站19座，其中高架站1座、地面站18座，远期预留地面站1座。全线设1段1场，车辆段占地面积6.58万平方米，停车场占地面积3.25万平方米。 （邓云文）

【中铁四院集团广州设计院有限公司】 拥有铁道行业甲（Ⅱ）级设计、建筑工程甲级设计、工程勘察专业类岩土工程甲级勘察资质；市政行业（桥梁工程、道路工程）专业乙级设计资质；工程测量乙级资质；铁路、城市轨道交通、水文地质、工程测量、岩土工程咨询单位甲级资信证书；通过质量、环境和职业健康安全管理体系认证及广东省高新技术企业认定。职工173人。资产总额20125万元。其中，流动资产19745万元，固定资产原值669万元、净值274万元。

2020年，签订合同额31003万元，开展勘察设计项目334项，总产值44016万元，营业收入25942万元，利润744万元，净利润736万元，上缴税费1102万元。净资产收益率19%，利润增长率－42%，资产负债率81%。勘测设计文件合格率100%，优良率100%，优秀率31.7%；工程监理项目合格率100%，全年无事故发生。 （郑四安）

【中铁四院集团南宁勘察设计院有限公司】 拥有铁道行业设计甲（Ⅱ）级，市政行业道路工程设计专业甲级，建筑行业（建筑工程）设计专业甲级，市政行业桥梁工程设计专业乙级，市政行业给排水专业丙级；工程勘察专业类（岩土工程、工程测量）甲级；工程监理（房屋建筑工程、市政公用工程、铁路工程）专业甲级；工程咨询资格（铁路、工程测量）、城乡规划编制乙级、工程造价咨询乙级等资质。拥有境外工程勘察设计、咨询经营资格。位于广西壮族自治区南宁市西乡塘区高新区科兴路3号。职工212人。资产总额45005万元。其中，固定资产原值5822万元、净值3094万元，流动资产40383万元，其他资产1527万元。各类汽车32台、GPS测绘仪器21台、电子水准仪12台、全站仪6台、大型绘图仪4台。

2020年，新签合同额70137万元，总产值50485万元，盈利3053万元，人均创利14.4万元。国有资本保值增值率120%，净资产收益率21%，产值利润率8.2%，资产负债率64.9%，投资收益上缴率100%，应上缴款完成率100%。 （卢水梅）

【重要记载】

▲6月11日 铁四院与浦发银行签署战略合作协议。

▲8月21日 铁四院主导完成的“地下车站复合装配逆作技术”获全国首届地下空间创新大赛“十大

创新技术”称号,“武汉光谷广场综合体工程”“深圳福田站综合交通枢纽”获“十大典范工程”称号。

▲9月8日　全国抗击新冠肺炎疫情表彰大会在北京人民大会堂举行。铁四院张浩获评“全国抗击新冠肺炎疫情先进个人”并参加表彰大会。

▲10月25—30日　铁四院通过中国船级社质量认证公司对铁四院进行的为期6天质量、环境、职业健康安全管理体系监督审核。

▲11月11日　铁四院与广东省铁投在武汉举行合资组建广东省铁路规划设计研究院合作框架协议签约仪式。

▲11月24日　中国工程勘察设计大师、中国铁建首席专家、铁四院副总工程师肖明清被评为全国劳动模范并赴京参加2020年全国劳动模范和先进工作者表彰大会。

▲12月1日　铁四院2个QC小组获“全国优秀QC小组”称号,2个班组获“全国质量信得过班组”称号。

▲12月1日　铁四院获国家优质工程金奖1项,国家优质工程奖6项。

▲12月1日　铁四院通过国家级高新技术企业认定。

▲12月10日　全国厂务公开民主管理工作经验交流暨先进单位表彰电视电话会在北京召开。铁四院被授予“厂务公开民主管理示范单位”称号,相关经验在大会交流。

▲12月28日　国家铁路局组织、铁四院主编的中国首部市域(郊)铁路铁道行业标准《市域(郊)铁路设计规范》正式发布。

▲12月29日　铁四院邱绍峰创新工作室被中华全国总工会命名表彰为第三批全国示范性劳模和工匠人才创新工作室。　(邓云文)

中铁第五勘察设计院集团有限公司

【简况】　拥有工程设计综合甲级、工程勘察综合甲级、工程咨询甲级、工程监理甲级、地质灾害危险性评估甲级等各类甲级资质20余项,持有商务部对外承包工程经营资格证和北京市科技研究开发机构等证书,通过质量、环境、职业健康与安全管理三体系认证。具有为国家综合交通和城镇化建设提供全产业链服务及投融资的能力,业务领域涵盖铁路、公路、城市轨道交通、市政、建筑、航务工程等各行业。是集工程设计、勘察、咨询、监理、检测及科技研发、设备制造、工程总承包于一体的综合大型勘察设计企业。全国勘察设计百强企业、国家认定企业技术中心,全国文明单位和北京市首批高新技术企业。总部驻北京市大兴区康庄路9号。前身系始建于1958年10月的中国人民解放军铁道兵科学研究处(院);1984年1月1日,集体转业并入铁道部,为铁道部工程指挥部科学技术研究所;1990年10月1日,更名为铁道建筑研究设计院;2004年,原哈尔滨铁路局齐齐哈尔、哈尔滨勘测设计院划到本院;2005年7月1日,更名为铁道第五勘察设计院;2008年1月,改制为中铁第五勘察设计院集团有限公司。下辖线路运输设计研究院、站场设备设计研究院、地质路基勘察设计研究院、桥梁设计研究院、电化通号设计研究院、环境与航务工程设计研究院、建筑设计研究院、工程经济设计研究院、城市轨道与地下工程设计研究院、交通与市政工程设计研究院、中国铁建机场设计研究院、测绘与地理信息研究院、工程咨询院、科学技术研究院(科学技术中心、战备办公室、实验中心)14个专业咨询设计院以及东北院、郑州院、新疆院、天津院、广西院、常州院、上海院和合肥院;海外事业部、工程总承包事业部、资本运营事业部、知识产权中心、轨道交通认证中心、基建管理中心、图文中心、后勤服务中心8个直属单位;北京铁城建设监理有限责任公司、北京铁研建设监理有限责任公司、北京中铁建北方路桥工程有限公司、北京铁五院工程机械有限公司、北京铁五院工程试验检测有限公司、北京铁城信诺工程检测有限公司、北京中铁生态环境设计院有限公司、广州京穗勘察设计有限公司、苏州众通规划设计有限公司、衢州市交通设计有限公司、北京铁五院工程设计咨询有限公司、北京中港路通工程管理有限公司、北京铁资造价咨询有限公司、北京铁建院物业管理有限公司14个全资或控股子公司及《铁道建筑技术》杂志社。在沈阳、内蒙古、兰州、西安、南京、苏州、杭州、浙江、南昌、长沙、太原、济南、广州、成都、贵阳、昆明设立驻外经营机构16个。资产总额66.56亿元。其中,固定资产原值5.52亿元、净值2.99亿元,流动资产48.92亿元,其他资产14.65亿元。

2020年,新签合同额135.05亿元,比上年同期增长84.36%。　(李晓雪)

【领导人员】

董事会

董事长　汤友富

董事　黄　超

庞建文
杜寅堂

监事会

监事会主席　徐度斌

行政系统

院长　黄　超

副院长　庞建文
杜寅堂
刘宇栋(5月免)
马秀之(5月任)
沙文杰
姚汉文
谌启发

总工程师　杨岳勤(10月免)
谌启发(10月任)

总会计师　刘宇栋(5月免)
马秀之(5月任)

党群领导

党委书记　汤友富

党委副书记　黄　超

纪委书记　徐度斌

（靖　良）

【职工队伍】 职工2406人。其中,正高级职称145人,高级职称1137人,中级职称663人,初级职称279人;博士研究生23人,硕士研究生794人,大学本科1511人,专科及以下78人。平均年龄37岁。

全国勘察设计大师2人,全国工程监理大师1人,享受国务院特殊津贴的高级技术专家17人;中国土木工程詹天佑奖获得者17人,大兴区青年技术人才7人,茅以升科学技术奖获得者7人,新国门领军人才5人,大兴区优秀青年人才12人,交通协会科技英才人物1人,创新青年1人。（李　唐　李　涵）

【企业管理】 企业改革。全面完成工作台账中的建立改革机制、完成"三供一业"分离移交、细化改革方案、完成大集体改革工作、健全激励约束机制、健全法人治理结构、完善市场化经营机制、加强党的领导8项改革任务。积极推进对外合作,以补短板、固优势为目的,加大对重点区域市场的经营布局,通过兼并重组、控股、参股合作等方式,搭建合作平台。与南通沿海开发集团有限公司合资成立南通中铁设计研究院有限公司,同时成立苏州分公司、浙江分公司、雄安分公司、天水分公司、哈萨克斯坦分公司、哥伦比亚分公司。原后勤服务处列入直属中心,总部部门精简至13个;撤并原信息化管理处,原水利水运工程设计处并入环境与航务工程设计研究院,原轨道交通认证中心并入电化通号设计研究院,北京中港路通工程管理有限公司交由北京铁城建设监理有限责任公司代管,提升管理效率。同时,成立集团公司铺架技术及装备研发中心,完成北京中铁生态环境设计院有限公司增加注册资本金事宜。成立总包业务、海外业务、资本运营业务三大事业部,独立核算,实行总经理负责制,打造"经营中心、成本中心、效益中心",持续提升效率和利润。

资质管理。完成地质灾害危险性评估甲级资质延续、勘察综合甲级资质延续申报及技术负责人变更及咨询资信(水文地质、工程测量、岩土工程)专业甲级增项及咨询资信、设计资质证书技术负责人变更;把工程造价咨询甲级资质由北京铁资造价咨询有限公司平移至集团公司;完成高新技术企业重新认定。

合规管理。编制下发《关于贯彻执行中国铁建股份有限公司合规管理制度的通知》。增设合规官35人,做到各单位、各部门全覆盖;积极组织参加股份公司举办的合规培训,自主开展线上线下合规培训和制度宣传贯彻工作。全员签署《员工合规申明》,提高合规意识;严格按照股份公司《关于加强境外依法合规管理工作的通知》的要求,全面梳理集团公司境外法律合规管理工作,查缺补漏,使项目管理更加依法合规;在开展投标、第三方合作、采购、合同合规审查等业务过程中全面加强合规管理,全年完成各项合规审查8000余次;从管理、生产不同角度选取9家单位、部门及在建项目部进行合规风险评估。

（王　月　史俊历　林昊峰）

【市场经营】 一手抓疫情防控,一手抓经营生产,坚持强化市场开拓、深化企业改革、优化内部管控,全面完成"十三五"战略目标。结合市场发展趋势,深化与股份公司、区域总部、投资平台的协同融合,实现合作共赢;积极与系统内各单位联手开拓市场,开展协同经营,成功落地项目30余项;发挥科技研发优势,与系统内各产业板块优势互补,共同开展多个领域和项目的联合攻关;成立集团公司经营工作领导小组和国铁、重大城市轨道交通、军民融合、海外、资本运营项目5个专项经营工作领导小组,进一步加强顶层设计,完善制度体系;优化机构设置,集团职能部门精简至13个,成立资本运营、工程总承包、海外3个事业部,压减6家法人单位;完善印发《集团公司经营管理制度》,确立集团公司总部实行"1+3"(经营计划部+3个事业部)的经营架构;加强"昆仑号""国家北斗重大专项面向铁路行业的首个综合应用示范项目"等科研项目正面宣传,加速建立五院品牌。2020年,新兴产业领域承揽合同额14.26亿元,占全年新签合

同额的10.56%。（牛欣欣）

【生产管理】 2020年,集团管铁路项目108项,集团管城市轨道交通项目126个,分布于26个城市。完成或开展中的公路、市政项目24项。完成廊坊临空经济区起步区11个村街棚户区改造项目、保定主城区城中村连片开发等多个城市片区开发项目。完成庐山站、江阴站、武进站、金坛站、句容站、蕲春站、泉港等10余座站房的初步设计、施工图设计;以及河源东站、武乡站、长治县站、襄垣站等10余座站房施工配合。完成衢州高铁教育小镇、中铁建股份公司(大院内)住宅项目、国家行政学院宿舍楼项目等20多个工民建项目的方案、初步设计、施工图设计、施工配合以及设计咨询。完成加纳保障房项目、斯里兰卡南部铁路二期项目、几内亚铂金广场装配式住宅项目、科特迪瓦艺术教育职业高中综合文化中心、应用艺术技术中心项目等近10个海外项目竞标、可研、初步设计、施工图设计。（李中波）

【科技创新】 2020年,国家铁路局铁路行业科技创新基地"北斗导航装备与时空信息技术铁路行业工程研究中心"获得认定,并联合共建国家铁路局"四电BIM工程与智能应用实验室";筹建中铁建铺架技术及装备研发中心;完成国家级企业技术中心、北京市设计创新中心、北京市科技研发机构等创新平台的维护工作。10项科技成果通过评审,其中1项成果达到国际领先水平,4项成果达到国际先进水平,5项成果达到国内领先水平。获科学技术奖13项,其中省部级5项。开展各级科研计划项目154项(上级40项),其中2020年新立科研49项:参与中国工程院科研项目子课题2项;主持国家铁路局科研项目2项;参与国铁集团科研项目3项;参与知识产权课题3项;主持股份公司A类重大专项1项,B类重点项目2项;新立院立科研项目32项,其中A类1项、B类15项、C类16项。全年通过结题验收42项。（于伟伟 樊莉）

【成果转化】 依托北京市重大专项、股份公司重大专项"高速铁路40米预应力简支箱梁运架成套设备研制"项目,按知识产权中心布局申报专利55件,其中发明专利超过20件,具有完全自主知识产权。四机一系统继福厦铁路、南沿江铁路应用之后,在杭衢铁路、昌景黄铁路、沪苏湖铁路和沈白铁路也相继推广,销售运架设备7套,销售额超过3亿元,市场占有率超过80%。大力发展桥梁转体系统性研究,依托BIM+IOT模型搭建连续梁转体智能化施工平台,提供转体桥梁球铰设计、加工、安装、桥梁称重、转体施工、转体信息化展示等全产业链服务,进一步发展铁五院"全方位、全过程"特桥施工技术服务模式。"可逆式桥梁转体系统及装备维护技术研究"项目成功立项,标志着五院桥梁转体系统、施工工艺工法的研究水平再上新台阶。转体设计安装有廊坊光明路立交等转体桥2座,转体施工有哈西大街打通工程斜拉桥等2座,成果转化超过900万元。依托国铁线路设计项目,优化升级通航桥梁阻尼消能防撞系统,2020年先后为连淮扬镇铁路淮河入海道大桥、汉巴南铁路恩阳河大桥、巴河大桥等桥梁提供桥梁防撞系统的设计、加工制造、运输安装等一揽子服务,新签合同额1500万元。智能化建造技术在铁路施工中取得进一步推广。在双块式无砟轨道智能建造方面,结合郑万铁路进行优化升级的全套智能化双块式无砟轨道的施工装备,2020年在黄黄高铁、赣深高铁等线路也得到成功推广与应用,全年销售额2000余万元;在CRTSⅢ型无砟轨道板智能化铺设关键装备研制方面,研制的Ⅲ型板自动化精调系统在京雄高铁、朝凌客专相继成功试用,并在安九铁路项目取得订单,为产品的推广应用打下基础。王德乾劳模与工匠人才创新工作室正式加入中国铁建"大盾构"和"城市轨道交通"创新工作室联盟。工作室研发产品与华南建设深入合作,实现科研大融合,华南建设所全年生产盾尾密封油脂和泡沫剂产品销售额8000万元。2020年,签订专利转化许可合同12项,合同额295.18万元,到款157.3万元。（樊莉）

【党群工作】 党委工作。下辖基层党委17个,党支部92个,党员1625人。坚持以习近平新时代中国特色社会主义思想为指导,全面贯彻党的十九大,十九届二中、三中、四中、五中全会精神,始终保持政治定力,强化党对企业工作的全面领导,借力巡视整改,聚力"三基建设",充分发挥各级党组织和全体共产党员在抗疫、复工中的堡垒先锋作用,有力保障企业改革发展和生产经营顺利推进。坚持党的领导,加强党的建设,及时研究安排防疫工作,成立驻鄂临时党支部,精准布控、严防死守,全年保持"零疑似""零确诊"。全面履行重大决策把关定向职能,全年召开党委常委会28次,审议议题213项,涉及组织干部、纪检工作、意识形态、法治建设、保密工作、工团事项、职工权益保障等议题76项;前置研究涉及经营管理、企业改革、发展战略、重要制度等议题89项,"三重一大"决策把关定向严肃负责。坚持把学习贯彻习近平总书记最新重要讲话精神和重要指示批示精神作为党委会"第一议题"和党委理论学习中心组"常设议题",通过党委常委会、党委理论学习中心组集中学习《习近平谈治国理政》(第三卷)、习近平总书记关于抗疫和经济社会发展的最新重要论述,党的十九届四中、五中全会精神,全国“两会”精神等，进一步增强“四个意识”，坚定“四个自信”，坚决做到“两个维护”。聚力“三基”建设，认真落实“中央企业党建巩固深化年”工作要求，以学习贯彻《中国共产党国有企业基层组织工作条例（试行）》为重点，扎实开展“高质量基层党建年”活动，“六升六无一保障”目标顺利实现。坚持“党管干部”，修订《集团公司领导人员管理规定》、制定干部选任管理系列制度办法，强化干部选、用、管、评、培全生命周期管控；开展驻外实体分院领导班子、驻外机构和重点项目负责人公开遴选，有力推动干部队伍年轻化、专业化。结合对外联学联建、对内创新党建，开展“优服务、树标杆”形象展示活动、“党课开讲啦”活动、组建党员先锋队、深化主题党日等，推动党建与生产经营深度融合。坚决扛起巡视整改责任，加强组织领导，细化责任分工，在规定时限内完成集中性整改任务，取得阶段性成果；坚决执行从严管党治党政治要求，认真落实党风廉政建设主体责任，深化廉洁教育，增强遵规守纪意识，加强巡视巡察，始终保持反腐败高压态势；坚持党建带群建，支持工团组织发挥各自优势当好桥梁纽带，着力激发员工干事创业精气神，进一步推动和谐企业建设。

纪委工作。以习近平新时代中国特色社会主义思想为指引，全力克服新冠肺炎疫情带来的不利影响，紧紧围绕企业高质量发展中心，认真贯彻落实党中央和上级纪委关于全面从严治党的各项安排和部署，不断强化监督职能，巩固作风建设成果，完善制度机制建设，深入开展“两纪一规”宣教，组织党风廉政监督员和专兼职纪检干部培训，有力推进监督工作向基层延伸。认真落实集团年初党廉政建设和反腐败工作会议部署各项重点工作，年中“两个责任”促进会推动责任落实贯通，党风廉政建设和反腐败各项工作取得显著成效。

宣传工作。坚持在疫情期间“正面发声”，先后策划《嫂子，我们都是你的后援团》《战疫亲兄弟》等稿件，被央广中国之声、《经济日报》等中央主流媒体关注；复工阶段，撰写的《中老铁路地勘监理火线复工》稿件，被《人民日报》海外版、《经济日报》专题刊发，成为央企展现担当，投身“一带一路”建设的生动写照。2020 年策划“我国最长沿江公路开通”“西北首条有轨电车开通”两大新闻点，吸引新华社、中央电视台、央广、《经济日报》、中新社等中央主流媒体聚焦关注。策划的世界首台千吨级架桥一体机“昆仑号”投入使用、“北斗三号卫星首次应用于高铁建设领域”的新闻宣传迅速引起全网关注，《人民日报》、新华社、央视新闻、《经济日报》、中央广播电视总台中国之声、中新社等纷纷进行报道推送，新华社刊发的新闻被近 300 家专业媒体转发，视频阅读量超过 200 万次，相关话题在微博热搜置顶；10 月底，赴现场拍摄“昆仑号”首次海上架梁，制作 96 秒短视频，成功被《人民日报》、央视新闻、新华社、《科技日报》、中新社等 313 家媒体的官方微信、微博、抖音主动转载推送，进而引起主流媒体关注，并成功登上《新闻联播》，铁五院和“昆仑号”凭借硬核实力在网上完成一次“现象级传播”，有效助力企业品牌塑造。

工会工作。积极开展“抗疫保增长，夺取双胜利”劳动竞赛活动，各级工会坚持融入中心，服务大局，以“生产效率有提高，产品质量有提升，安全措施有保障，科技创新有亮点”为目标，致力打造集团公司“比学赶帮超”的良好氛围，收到实效。经计部新建中卫至兰州铁路配合施工项目、经计部深南铁路（深肇铁路）工程预可行性研究项目、总包部三门峡铁路综合枢纽物流园项目、线运院连云港赣榆港区铁路专用线工程一期 EPC 项目、地路院北京市房山区史家营乡曹卫煤矿治理区废弃矿山生态环境修复设计项目、建筑院新建太原至焦作铁路长治南站、襄垣东站、武乡西站项目、城轨院西安地铁 15 号线一期工程、交通院长春至太平川高速公路工程、科技院京沈客专有砟轨道精测项目、铁城监理新建川藏铁路拉萨至林芝段工程监理 LLJL－7 标段、衢州交通衢州市沿江公路工程获得表彰奖励。正式印发《劳模（职工）创新工作室管理办法》，建立劳模创新工作室的建设标准、管理机制、建设程序以及考核及奖罚措施，为做好劳模创新工作室建设工作提供制度保障。院工会推进智慧工会建设，开发“铁五院一起走”微信小程序，开展两季“云上约步”活动，并利用该平台组织“最美项目部，最美一家人”抖音短视频作品评选活动。

共青团工作。基层团组织 41 个，其中，团总支 6 个，团支部 35 个，共青团员 215 个。专兼职团干部 59 人。团委组织团员青年积极抗疫、复工复产，全院团员青年累计捐款超过 10 万元，所属浙江分院团支疫情期间组织在衢青年职工第一时间驰援衢州中心血站，无偿献血 3400 毫升。铁五院团委深入开展“五个一”系列活动，围绕生产经营积极创新深化“导师带徒”、“十大杰出青年”评选、青年方案汇报大赛、“奋进新时代·逐梦新征程”主题演讲比赛等“青”字号长效化平台载体建设，积极引导团员青年在攻坚克难、超额完成年度各项任务目标中发挥生力军、主力军作用。1 人被增补为中央企业青联委员。

（张安慧　刘　皓　孙咏梅）

【北京铁城建设监理有限责任公司】　拥有铁路、公路、市政、房屋建筑、人防、地质灾害治理、设备监理甲级资质,电力、机电安装监理和工程造价咨询乙级资质。1996 年 1 月成立,1998 年 11 月完成股份制改革,2015 年 7 月整体划转铁五院。注册资本金 6000 万元。为原铁道部首批做强做大试点监理企业,企业规模稳居全国 8400 余家同行业前 10 位,在中国铁路和城轨市场占有率名列前茅,足迹遍及中国大陆所有省份和亚洲、非洲、南美洲、大洋洲等境外区域。

2020 年,承揽铁路、公路、城市轨道交通、房屋建筑及其他工程 56 项,新签合同额 5.93 亿元,营业收入 5.14 亿元,净利润 3122 万元。 (龚成术)

【北京铁研建设监理有限责任公司】 拥有建设部铁路工程、公路工程、市政公用工程、房屋建筑工程等甲级监理资质和电力工程乙级资质,化工、石油乙级资质,国家商务部对外承包工程资质,通过质量、环境、职业健康安全三体系认证。1988 年成立,是铁路系统最早从事工程监理的单位之一,1994 年经国家建设部核定为甲级监理单位。

2020 年,营业收入 2.62 亿元,净利润 2803 万元。 (景 飒)

【北京铁五院工程试验检测有限公司】 拥有中国国家认证认可监督管理委员会资质认定计量认证证书,建设部桩基检测资质证书。通过 ISO9001:2000 标准认证。连续多年获准进入铁路工程质量监督检测机构名录。资产总额 3700 万元。各类工程检测和监测设备 200 台(套)。

2020 年,在建项目和新建项目 60 余项,产值 6834 万元,营业收入 7614.63 万元。 (吴文辉)

【北京中铁建北方路桥工程有限公司】 国内唯一一家专门从事铁路节段拼装梁技术研究、拼装装备及附属产品开发、专项施工的具有独特专利技术的科技型专业化公司,通过北京市 2017 年第三批高新技术企业认定。1994 年 11 月 24 日成立,前身系中国铁道建筑总公司造桥工程分公司。生产性固定资产 1 亿元,具有完全自主知识产权、自行研制开发、国内领先水平的单线专用移动支架式造桥机 4 套、客运专线双线节段拼装造桥机 4 套、最新自主研发的造桥机——TPZ80/2500 型双线连续梁造桥机 1 套,能适应铁路不同类型桥跨节段拼装梁架设;大型龙门吊起重机 8 台,各类大中型桥梁施工机械设备 400 余台(套)。主要设备完好率 95%,综合机械化施工水平 95%,年施工能力 5 亿元以上。

2020 年,新签合同额 6054 万元,经营收入 1.1 亿元,实际收入 0.84 亿元,在建项目 10 个,合同履约率 100%,工程质量优良率 100%。 (王 恒)

【北京铁五院工程机械有限公司】 通过 ISO9001 质量体系认证和北京市高新技术企业认证。固定资产投资 2009.33 万元,拥有土地 4 万平方米、大型机械 40 台(套)、各种精密仪器 13 台、加工设备 117 台(套)、微机 70 台。

2020 年,新签合同 67 个,合同总额 8709 万元,产值 7743.6 万元,利润 776.35 万元。 (李 欣)

【《铁道建筑技术》杂志社有限公司】 业务范围包括出版《铁道建筑技术》期刊;信息咨询服务(中介除外);承办展览展示;技术交流;铁道建筑技术培训;计算机图文及设计;销售行业软件、建筑材料、机械设备、设计印刷品广告。《铁道建筑技术》期刊为中国铁道建筑集团有限公司主管主办的刊物,刊号:ISSN 1009-4539, CN 11-3368/TU,刊物为月刊。2007 年,在工商登记注册成立《铁道建筑技术》杂志社;2017 年公司制改制,变更单位名称为北京《铁道建筑技术》杂志社有限公司。法定代表人汤友富,注册资本金 125 万元。

2020 年,出版《铁道建筑技术》13 期(含 1 期增刊),刊发论文 540 篇,发行刊物 45000 余册,总收入 473 万元。 (马妍钧)

【重要记载】

▲1 月 21 日 铁五院与铁科院签订战略合作协议。

▲5 月 11 日 铁五院与中铁建电气化局签订战略合作协议。

▲5 月 20 日 铁五院与中国长城工业集团有限公司在北京签署战略合作协议。

▲5 月 21 日 铁五院与复星基础设施产业发展集团在北京签署战略合作协议。

▲7 月 16 日 铁五院与中土集团在北京签署战略合作框架协议。

▲8 月 18 日 铁五院与中国航空规划设计研究总院有限公司在北京签署战略合作协议。

▲11 月 9 日 铁五院与上海电动所集团在北京签署战略合作协议。

▲12 月 1 日 铁五院桥梁院和北京交通大学共同筹备组建的"装配式桥梁研发中心"在北京举行揭牌仪式,该中心为国内首个聚焦桥梁装配式技术的研发中心。

▲12 月 3 日 铁五院、中铁十六局集团与温州市平阳县人民政府签订西塘"未来社区"合作框架协议。

▲12月15日　北斗导航装备与时空信息技术铁路行业工程研究中心正式落户铁五院。　（李晓雪）

中铁上海设计院集团有限公司

【简况】　拥有工程设计综合资质甲级、工程勘察综合资质甲级、建筑工程施工总承包一级、市政公用工程施工总承包一级、工程测绘甲级、工程咨询甲级、工程项目管理甲级、工程监理甲级等多项资质，涵盖工程勘察、设计、咨询、监理、总承包、项目管理等工程建设全过程。是国有大型综合甲级勘察设计企业，上海市高新技术企业、科技创新型企业、科技小巨人企业和上海市文明单位、诚信创建单位、平安示范单位。主要从事铁路、轨道交通、建筑、市政、公路、新型业务等领域的勘察、设计、咨询、监理、总承包、投融资等技术支持与服务业务。设经济调查、行车、线路、路基、站场、桥梁、隧道、建筑、道路、通信、信号、电气化、环境评价、工程经济等30余个专业。下辖职能管理部门15个、专业生产院9个、事业部3个，设南昌院、杭州院、合肥院、南京院、徐州院、长沙院、天津分院、广州分院、监理公司、预制构件公司、海门公司、启东公司等二级单位，在北京、广东、四川、福建、浙江、陕西、内蒙古、山东、河南设经营分院9个。职工1619人。资产总额250808万元。其中，流动资产206782万元，非流动资产44026万元。

2020年，新签合同额1014917万元，营业收入301699万元，净利润30417万元。国有资产保值增值率129.51%，净资产收益率26.27%，资产负债率49.13%，总资产周转率1.43次。　（赵艳军）

【领导人员】

董事会

董事长	凌汉东（10月免）
副董事长	李永利
董事	刘建红
	马汉栋
职工董事	王　勋

行政系统

院长	刘建红
副院长	马汉栋
	张国峰
	钟国钢
	赵君瑞
总工程师	薛新功
总会计师	赵君瑞

党群领导

党委书记	凌汉东（10月免）
党委副书记	刘建红
	王　勋
纪委书记	古春生
工会主席	王　勋

（赵艳军）

【职工队伍】　职工1619人。其中，专业技术人员1578人，技能人才41人。高级职称783人（含正高级52人，教授级高级工程师10人），中级职称613人。全国工程勘察设计大师1人，上海市领军人才1人，享受国务院政府特殊津贴人员3人，詹天佑奖获奖者5人，茅以升工程师奖1人。　（陈英才）

【企业管理】　开展“十四五”发展规划编制工作，形成“十三五”的总结研判成果、九大专题研究，形成集团“十四五”发展总体规划报告初稿。入选国务院“科改示范行动”。开展“科改示范行动”实施方案研究，形成公司法人治理、申请授放权事项、领导人员任期制和契约化管理、工资总额备案制与单列管理、现金性激励等5个模块的方案成果。取得建筑工程、市政公用工程施工总承包双一级资质，成为铁路行业首家，全国第3家拥有此两项施工资质的“双综甲”设计院，形成集团资质链战略新优势，助推和支撑集团总承包业务的经营开拓。进一步抓实“四项审核”，提高四项审核送审率及审核率，审核合同2200余份，规章制度30余份，授权委托1300余份，重要决策7份。持续完善法律风险防控体系，开展民法典、建设工程及知识产权等普法宣传。针对疫情，落地疫情优惠政策，减免社保、个税等各类优惠金额2200多万元。严格实施案件目标责任状考核，被诉及未结案件数量（不含撤诉案件）同比分别下降33%、25%，被诉案件金额同比下降53.2%，无已决未执行案件，未发生被法院列入失信被执行人名单，以及导致上级、本级及关联单位账号被查封等影响企业生产经营情形，案件降控形势整体较好。全面更新内部控制体系文件，修订流程189项，其中拆分流程3项、合并流程5项、新增流程20项，形成覆盖全集团18个管控模块的49个二级流程和207个三级流程，并梳理流程风险354项、对应控制点817个，不相容职责206组、权限指引254项。探索风险内控体系与合规体系的融合，在体系更新过程中融入合规要求,制定合规管理相关流程7项,积极打造"强内控、防风险、促合规"升级版大综合防控体系,形成管控合力。响应中国铁建"去机关化"要求,对集团总部机构、职务称谓统一做调整,进一步优化总部职能、机构及岗位。 (杨 丽)

【境外工程】 印度尼西亚巴彦集团专用铁路、码头工程可行性研究 位于印度尼西亚东加里曼丹省中东部,经由TENGGARONG、SANGATA两县,为印度尼西亚最大的能源企业巴彦集团煤炭运输专用铁路,线路全长180千米。

中国交建马来西亚东海岸铁路项目工程造价咨询服务 位于马来西亚东部,正线从哥达巴鲁新建桥式站引出,至莪唛新建车站结束,正线524千米。

尼日利亚中线铁路项目 北起首都阿布贾,向南经尼日利亚首都区、尼日尔州及科吉州,最后接轨既有铁路。项目包含新建时速150千米、单线标准轨距铁路302千米,以及南段既有铁路适应性扩能改造工程,工程投资约30亿美元。

特立尼达和多巴哥迭戈马丁立交桥项目 连接城市Diego Martin和城市Port of Spain City Corporation的主要道路,项目里程1.8千米,项目投资约2500万美元。

中国交建马来西亚东海岸铁路项目线下工程工程量专项审核项目 中国交建承建,北起哥打巴鲁站,南至巴生港站,全长640千米,预计2026年12月完工,设计时速客运160千米、货运80千米。

加纳阿克拉悬挂式空轨项目 规划全线路为Adenta - Liberation路段,全长22千米,一期建设Ghana University - Liberation路段,长10千米,拟采用悬挂式单轨列车,最高运行时速70千米。 (马如箭)

【勘察设计】 新建连云港至镇江铁路 线路自在建连云港至盐城铁路连云港董集站引出,经淮安、扬州,跨越长江后至沪宁城际铁路镇江丹徒站,正线305.2千米。全线设董集、灌云、灌南、涟水、淮安东、宝应、界首、高邮、扬州南、横山、丹徒11座车站。线路跨越长江采用五峰山桥位方案,大桥采用双线铁路+八车道公路合建方案,主跨采用1036米的钢桁梁悬索桥方案。

池州至黄山铁路 位于安徽省南部。起点接轨宁安城际池州站、经合安九客专沟通武汉方向,终点接轨黄山北站与杭黄客专贯通至杭州方向,是武汉至杭州快速铁路通道的组成部分,连接九华山、黄山等风景名胜的黄金旅游线路,以承担跨线中长途客流为主、旅游观光客流为辅、兼顾城际客流的客运专线。前期研究推荐方案线路正线126.1千米,设车站5座,桥隧比83.1%,其中隧道比66.7%,最长隧道为宏村隧道长9.95千米。

淮北至宿州至蚌埠城际铁路 线路自淮萧客车联络线淮北北站引出,向南经淮北市、宿州市至蚌埠市,改建蚌南联络线,直股接入京沪高铁蚌埠南站,新建线路长162.2千米,改建淮萧联络线上行线1.8千米。全线设淮北北、淮北西、宿州西、双堆集、固镇南、蚌埠南车站6座,其中淮北北站和蚌埠南站为既有站。新建淮北西存车场,设存车线6条。设计时速350千米。

新建六安至安庆铁路 位于安徽省西南部,行经大别山东麓,经由六安、安庆两市及下属的霍山、岳西、潜山、怀宁等市(县)。新建正线167.63千米,改建既有六安联络线上行1.262千米、下行1.45千米;设车站6座,其中新建车站4座、接轨站2座,预留六安南站,设计时速250千米。

盐泰锡常宜铁路 北起苏北盐城市,在兴化进入苏中泰州市,向东南经泰兴后于靖江跨越长江,进入无锡市,经江阴、惠山,过常州东南部后止于无锡下辖的宜兴市。线路北承连盐铁路、徐宿淮盐铁路,中联北沿江高铁、苏南沿江城际铁路、沪宁城际,南接宁杭高铁等多条铁路通道,是国家高速铁路网中重要的区域铁路连接线,南北向横跨鲁苏浙三省南北向快速通道的重要组成部分,长三角区域一体化发展进程中重要的城际铁路;以中长途客流为主,兼顾省内短途城际客流。正线322.4千米,设计时速350千米,投资总额879.7亿元。 (汪文锋)

【经营管理】 2020年,新签合同额102.45亿元,包含3项系统内分包项目0.96亿元。铁路板块:国铁市场承揽六安至安庆至景德镇铁路六安至安庆段可行性研究、浦东铁路扩能改造勘察设计、淮北至宿州至蚌埠城际铁路勘察设计、新建阜阳至蒙城至宿州(淮北)铁路勘察设计和新建六安至安庆铁路勘察设计等重大铁路项目,进一步提升和扩大集团公司品牌影响力,实现铁路板块可持续性发展。轨道交通板块:中标长株潭城际轨道交通西环线一期工程第2标段勘察设计、珠三角城际轨道公司"十四五"发展规划研究、天津地铁8号线一期工程建设期全过程设计咨询服务、长沙市轨道交通7号线一期工程(云塘站—五里牌站)勘察设计项目设计咨询等项目。市政房建板块:市场范围广泛分布于全国10余个省份近20个城市。监理咨询板块:在咨询业务经营方面,在国铁、市域铁路、站房施工图审查、施工图强审、轨道交通、全过程咨询等业务领域均有所斩获,承揽的上海轨道交通市域线机场联络线工程施工图审查采购项目中标价7368万元，是集团公司史上最大咨询标。海外市场：主动开展高端经营，勇于探索新领域，在海外投融资及总包领域进行大胆探索。总承包板块：在集团公司“上规模、上质量”发展战略的引领下，在传统涉铁、市政、房建等领域全面发力，2020年新签合同额突破60亿元，继续保持高速发展态势。投融资板块：中标宁波奉化东部新城综合开发、四川资阳临空高铁新城综合开发和古田梅花山文旅康养试验区3个项目，实现小投资博得大回报。新兴市场：预制构件业务发展势头良好，国铁、城市轨道交通、公路市政及工业民建领域取得突破性进展；军民融合经营工作进展顺利，取得军民融合领域新签设计合同额1亿元。积极布局其他新兴领域。在高速公路、码头、机场、新基建等新兴领域布局，承揽山东小清河综合规划项目、宁蒗国土空间规划项目、云南高速公路项目、启东内河码头项目等项目。经营基础管理：优化经营布局，正式组建总承包事业部，成立华南分院和西南分院，并撤销江西分院；完善经营管理制度，修订《区域经营管理办法》《应收款管理办法》《委外管理办法》《合格供方管理办法》等办法；完善合同管理系统，提升合同管理的智能化、信息化水平；进一步提升市场开发能力，成立集团公司板块经营指导组。（汪文锋）

【科技成果】 以“十三五”规划和科技分规划为指引，以科改示范行动为契机，加强科技创新能力建设。全年获省部级科学技术一、二、三等奖各1项；省部级优秀工程勘察设计一等奖4项、二等奖3项、三等奖3项；国家铁路局2019—2020年度铁路工程勘察设计奖3项。获国家授权专利56件，其中发明专利4件；首次获得国外专利2件；获得软件著作权7项；获得股份公司实用新型专利优秀奖1项。首次主持的地方标准《上海市市域铁路标准》通过上海市组织的专家评审；联合主导编制的国际标准《公用电网电能质量限值及其评估方法》完成发布。依托重点工程项目积极开展科技研发，由股份公司立项的6项课题通过股份公司组织的结题验收。11项课题成果通过股份公司组织的评审。其中，上海院主持研发的“铁路桥梁大直径管桩应用关键技术研究”科技研发成果达到国际先进水平，“隧道近距离下穿快速路普速高铁等多风险环境的工法及措施研究”“成都轨道交通10号线高架区间岛式车站运梁车过站关键技术研究”等达到国际先进水平，5项成果达到国内领先水平，3项达到国内先进水平。主持的“新型装配式桥梁结构体系与绿色建造关键技术研究”获住房和城乡建设部科研立项，参与的“地方铁路与多层次轨道交通一体化发展总体方案”获上海市交通运输行业协会立项。推进创新平台建设，在八大研发中心和一大研发基地的基础上，成功通过人力资源社会保障部博士后科研工作站建站审批。（孙蔚芝）

【党群工作】 党委工作。强根铸魂，把稳方向之舵。理论武装入脑入心。以中心组学习为龙头，开展专题学习12次、集体学习6次，对习近平新时代中国特色社会主义思想、形势任务、从严治党等主题系统学习。召开纪念建党99周年大会，结合“四史”教育，开展专题党课20余场，推动广大党员干部理想信念再深化、再坚定。深入学习贯彻党的十九届五中全会精神，提高政治站位、安排部署从严从细，领导带头宣讲、示范引领见行见效，党员细照笃行、学思践悟有声有色。政治引领善作善成。严格落实党委前置讨论，召开党委常委会20次、前置讨论议题168项，对疫情防控等重点工作周密部署，对“科改示范行动”等重要举措系统研究，对“十四五”规划等重大战略科学谋划。踏石留印，压实党建之责。在“大战大考”中担当作为。干部身先士卒，领导挂帅、上下一心，成立1个领导小组、7个工作组、5个督导组、1个监督组，研究部署工作近10次、制定印发文件20余个，坚决夺取防疫发展双胜利。党员以身作则，隔离办公点党旗飘扬、复工复产一线斗志昂扬，900余名党员勇当科学防控的践行者、爱岗敬业的实干家、守望相助的排头兵。在全面抓实上久久为功。抓谋篇布局，年初制定党委计划、统筹重点工作，全面签订党建责任书、层层压实责任。抓动态落实，以党群工作例会、月度管理例会为载体，既议发展、也议党建，推动深度融合。抓考核管理，扎实开展党建责任制考核，精心组织17家党组织书记述职评议，管党治党不断向纵深发展。选人育才，夯实基业之根。着眼于“用”，把好任免关。坚持国企好干部标准，优者上、庸者下、劣者汰，全年选用调整中层副职及以上干部49人次，其中提拔任用16人、兼任职务3人、交流岗位14人、免职14人、调入2人。着眼于“优”，把好管理关。出台领导人员管理规定等一批制度，严格各级干部管理标准，选人用人更加有章可循。启动员工职业发展体系、薪酬管理体系和绩效考核体系优化调整，致力人人有收获、人人有盼头。着眼于“育”，把好储备关。加强后备力量建设，对8家单位同步开展后备干部集中选拔推荐。提升年轻干部能力，选派优秀青年赴上海市交委、建委等单位挂职锻炼。固本培元，筑牢治党之基。提升驱动力，基本组织更硬。严格落实“四同步、四对接”，成立咨询院党总支、广州分院党支部、海门公司党支部，将南京院、徐州院、长沙院、线站院、桥隧院、城建院等6家单位升格党委，设立池黄配施等临时党支部。扎实开展换届，9 个党组织实现新老班子交替。注重典型示范，完成首批“示范党支部”选树命名。激发战斗力，基本队伍更强。规范支部工作，首次采取“现场 + 视频”方式开展培训，实现支委全覆盖。提升党员素养，创新开展党员教育线上轮训，首批覆盖党员 501 人。严格队伍建设，遵循“控制总量、优化结构、提高质量、发挥作用”方针，全年发展党员 21 人。增强约束力，基本制度更严。巩固深化“不忘初心、牢记使命”主题教育常态化机制，制定完善《党委议事规则》《党委（总支）工作细则》《党组织工作经费使用管理办法》等规章制度，严密管党治党体系。守正创新，唱响奋进之音。意识形态紧抓不懈。抓实主体责任，专题研究意识形态工作 2 次，梳理登记各类阵地 70 余个。聚焦重点热点，开展疫情防控宣传、进行复工复产引导 40 余次，推动中央大政方针落地生根。榜样引领熠熠生辉。深入发掘经营、生产、管理、抗疫一线涌现出的先进典型，推出 30 余期、近 50 人次，激发创先争优内在动力。新闻宣传蒸蒸日上。完善体制机制，修订管理办法、上线审批系统、深化工作培训。优化内宣品质，发布报道 781 篇，组织“在开拓中铸就不凡”等深度报道。提升外宣层级，对外报道 146 篇，打造以连镇宣传为代表的立体格局、登上以央视为代表的高端平台。巩固新媒体建设，发布微信 133 期，策划“助力长三角交通一体化”等优质宣传。企业文化传承创新。确立普及“以人为本、诚信创新、精品人品”的新时代企业价值观，精心打造企业宣传片、“走出去”专题片等一批文化产品。严管厚爱，涵养正气之风。紧抓主体责任。两次研究全面从严治党，按季开展中心组廉政学习，组织党风廉政建设大会，召开“两个责任”促进会，历时 3 月严肃“四个”专项整治。压实监督职责。政治监督挺在前，健全体制机制加强监督力度，聚焦科技创新开展专项监督，围绕疫情防控实施重点监督。执纪问责不松劲，受理来信来访举报 6 件、结 5 件、初核 1 件，提醒谈话 42 人次、谈话函询 4 人次、诫勉 2 人次、留用察看 1 人次。筑牢思想防线。组织各级廉政学习，下沉所属单位与驻外机构宣教，开展“四心”主题教育月，累计活动近 400 场、覆盖 3000 余人次。加强作风建设。持续落实八项规定、坚定不移反对四风，多管齐下强化思想引领、紧盯重要节点进行常态化提醒。做实巡视巡察。严抓巡视整改，针对上级专项巡视反馈，制定措施 19 项、修订制度 7 项。开展专项巡察，对财务独立核算单位实现全覆盖。

工会工作。保障防疫工作，采购口罩 7 万余只、防疫物品 5000 余件、设立专项资金 80 万元。弘扬劳模精神，选树铁建劳模等先进典型，挂牌“罗利平电气创新工作室”等创新平台，开展“地质勘察技能大赛”等劳动竞赛。加强人文关怀，开展送清凉、送温暖、建家建线、帮扶救助等活动，覆盖 800 余人次、投入近 120 万元。

共青团工作。加强思想引领，组织开展“奋进新时代、逐梦新征程”演讲比赛，选派骨干参加“青马工程”。擦亮特色品牌，改革创新“导师带徒”体制机制，评出首届“金牌师徒”。贡献青春力量，成立隔离办公点临时支部，深化“青字号”创建创誉。

（王昊巍　余　毅）

【南昌铁路勘测设计院有限责任公司】 拥有铁道行业设计、建筑行业（建筑工程）设计、市政行业（道路工程、桥梁工程）设计乙级资质；工程勘察专业类［岩土工程（勘察）］乙级资质；铁路、城市轨道交通、建筑、市政公用工程甲级资信及测绘乙级资质。可承担铁路、轨道交通、市政（道路、桥梁）和建筑工程及其配套的给水排水、电力、通信、信号工程的勘测设计和相应的项目总承包、技术咨询、软件开发等业务。由南昌铁路勘测设计院改制而成。驻江西省南昌市工人新村二路 27 号。院长彭跃辉（9 月免）、邬歆（9 月任），党委书记胡庆安（9 月免）、邵辉丹（9 月任）。职工 352 人。资产总额 19323 万元。其中，固定资产原值 2535 万元、净值 779 万元，无形资产（土地使用权）1287 万元，流动资产 16990 万元，其他资产 266 万元。

2020 年，营业收入 26197 万元，新签合同额 13513 万元，利润 1331 万元。国有资产保值增值率114.1%，净资产收益率 13.17%（不含少数股东权益）。

（王安昌）

【杭州铁路设计院有限责任公司】 拥有铁道行业工程设计乙级、建筑工程设计乙级、工程咨询单位乙级资信资质等资质证书，并通过质量、环境、职业健康安全管理体系认证。主要从事铁路、轨道交通、市政、房建领域的工程设计，以及工程总承包、技术咨询等业务。原为杭州铁路设计院，2007 年 7 月改制更名为杭州铁路设计院有限责任公司。驻浙江省杭州市江干区三里亭路 27－35 号。院长、党委书记林平。职工 122 人。资产总额 12194 万元。其中，固定资产原值 2204 万元、净值 1867 万元，流动资产 10130 万元。

2020 年，产值 1.67 亿元，新签合同额 1.9 亿元，净利润 2008 万元。国有资产保值增值率 127.74%，净资产收益率 25.63%。

（韩晶晶）

【中铁上海设计院集团合肥有限公司】 通过质量、环境、职业健康安全管理体系认证。主要从事铁路、桥梁、工业与民用建筑、通信信号、给排水、电力、市政道路、轨道交通等工程勘察设计以及工程总承包、技术咨询等业务。驻安徽省合肥市瑶海工业园区新海大道15号(中国铁建安徽大厦)。院长、党委书记王可群。职工99人。资产总额6306万元。其中,固定资产1597万元,流动资产4536万元。

2020年,新签合同额14354万元,其中总承包3323万元。营业收入15105万元,净利润1650万元。净资产收益率20.79%,国有资产保值增值率121.95%,总资产周转率0.83次。 (钟　涛)

【上海先行建设监理有限公司】 拥有铁路工程监理甲级、市政公用工程监理甲级、房屋建筑工程监理甲级、公路工程监理乙级、机电安装监理乙级,人防监理丙级资质。通过质量、环境、职业健康安全管理体系认证。经营范围包括铁路、公路、市政公用工程,工业与民用建筑工程,暖通、给排水工程,通信、信号及电力工程,室内外装饰工程,园林绿化工程,设备安装工程,环保及消防工程监理。1993年8月成立,驻上海市天目中路291号。总经理、党委书记康新平。职工800人。

2020年,新签合同额23565万元,营业收入13500万元,净利润1994万元。 (贾凤丽)

【中铁上海设计院集团有限公司天津分院】 主要从事城市轨道交通、铁路、市政、工业与民用建筑等工程的勘察设计业务。驻天津市南开区卫津路18号中恺国际广场15层。院长、党委书记张洪威。职工106人。资产总额4125万元。其中,固定资产原值1795万元、净值1138万元,流动资产2948万元。

2020年,新签合同额12365万元,营业收入4704万元,利润总额784万元,净利润662万元。净资产收益率22.85%。 (赵晓丽)

【中铁上海设计院集团有限公司南京设计院】 主要从事铁路、建筑、市政领域的工程勘察设计、总承包、技术咨询等业务,设有道路、桥梁、规划、建筑、结构、给排水、电力、暖通、景观、线路、通信、信号、工经等10余个专业。由原上海铁路局南京铁路勘测设计所划入,2009年3月16日挂牌成立。驻江苏省南京市鼓楼区中山北路223号建达大厦。院长潘必胜,党委书记张青松。职工98人。资产总额8894万元,净资产4613万元。

2020年,新签合同额14434万元,营业收入13292万元,净利润3143万元。 (严　云)

【中铁上海设计院集团有限公司徐州设计院】 主要从事铁道工程、桥梁、城市轨道交通、市政、工业与民用建筑等工程的勘察设计以及工程总承包业务,设有线路、路基、站场、轨道、桥梁、建筑、结构、通信、信号、给排水、暖通、电力、电气化等专业。原系上海铁路局徐州铁路设计研究院,2013年1月1日组建成立。驻江苏省徐州市新城区镜泊西路吉田商务广场C栋4层。院长韩其胜,党委书记丁志平。职工67人。资产总额5441万元。其中,固定资产原值1635万元、净值1210万元,无形资产144万元,流动资产4079万元。

2020年,新签合同额15588万元,其中勘察设计费合同10099万元。营业收入9817万元,利润1776万元。 (朱　萍)

【中铁上海设计院集团有限公司长沙设计院】 主要从事房建、市政、公路、铁路、地铁、工程咨询、总承包、投融资片区开发等业务的经营生产服务。驻湖南省长沙市雨花区香樟路819号万坤图财富广场1栋10楼。党委书记、院长杨敏捷。职工100人。资产总额5941万元。其中,固定资产原值2001万元、净值1730万元,流动资产24194万元。

2020年,新签合同额10656万元,营业收入5447万元,利润总额1619万元,净利润1373万元。净资产收益率47.45%。 (楚　俊)

【中铁建预制构件研发咨询(上海)有限公司】 主要从事混凝土预制构件产品研发、销售及技术咨询综合服务,包括混凝土预制构件的设计咨询及技术服务,供应链管理,货物及技术的进出口业务,自有机械设备租赁。由中铁上海设计院集团有限公司控股51%、建华建材(中国)有限公司控股49%合资成立,2017年10月揭牌。驻上海市天目中路291号15楼;江苏省镇江市润州区冠城路8号工人大厦17楼。董事长陈鹏,总经理许俊。职工16人。资产总额4789万元,净资产2467万元。

2020年,新签合同额44011万元,营业收入20814万元,净利润160万元。 (杨志君)

【中铁上海设计院集团有限公司广州分院】 主要开展华南区域铁路、城市轨道交通、市政、建筑、风景园林、工程咨询、总承包等业务的经营生产管理工作,支撑区域经营。2019年11月成立。驻广东省广州市天河区高唐路242号301房。负责人杨晓明。职工31人。资产总额826.27万元。其中,固定资产原值35.14万元、净值30.29万元,流动资产391.91万元。

2020年,新签合同额3813万元,营业收入697万元,利润214万元。 (龙仕林)

【中铁上海设计院集团海门有限公司】 主要从事工程设计、工程勘察、工程管理服务(投资咨询除外)、工程监理服务、市政公用工程。设有风景园林、道路、桥梁、建筑、结构、电力、暖通、给排水等专业。由中铁上海设计院集团控股51%、海门市交通产业集团有限公司控股49%合资成立,2019年11月揭牌。驻江苏省南通市海门区东布洲中路33号。董事长范军琳,院长黎锋。职工26人。资产总额622.77万元。其中,固定资产原值43.86万元、净值35.89万元,流动资产586.86万元。

2020年,新签合同额1864万元,营业收入820万元,利润53.54万元。 (陈 帅)

【重要记载】

▲1月9日 合同管理系统与财务信息化平台的对接完成以及合同管理(二期)非设计项目经济合同功能上线运行,上海院合同管理信息化建设全面完成。

▲3月27日 上海院获2019年度湖南省交通厅公路水运设计企业信用评价A级。

▲4月16日 上海院与中铁十四局签署海外战略合作协议。

▲5月15日 上海院获中国铁路上海局集团有限公司2019年度“标杆设计单位”称号。

▲5月25日 上海院取得工程造价咨询企业资质乙级证书。

▲7月21日 上海院与中交第三航务工程勘察设计院签署战略合作协议。

▲9月4日 上海院取得建筑工程施工总承包和市政公用工程施工总承包一级资质。

▲9月17日 上海院与同为“科改示范行动”企业的中智关爱通科技股份有限公司签署战略合作协议。

▲11月5—10日 上海院成功完成承办的第三届进博会中国铁建交易团的服务保障工作。 (赵艳军)

中铁物资集团有限公司

【简况】 拥有铁路建设用钢轨招标与采购供应代理、成品油内部批发经营、工程招标代理、民爆器材经营、国铁集团部管物资招标代理、中央投资项目招标、国家道路运输经营许可证和北京市道路运输等重要经营资质,以及危化品经营许可、成品油批发经营、无船承运、海关进出口等多项资质。是国铁集团铁路建设项目部物资代理公司、铁路用钢轨招标代理服务商,国家发改委批准的成品油专项供应单位;是中国物流与采购联合会评选的5A级物流企业、企业信用评价3A级信用企业、中国建筑业协会评选的全国建筑业3A级信用企业、中国质量协会评选的全国实施用户满意工程先进单位及用户满意企业;是中国物流采购联合副会长单位、中国建筑业协会建筑供应链与劳务管理分会副会长单位、中国砂石协会副会长单位。主营物流贸易、加工制造、国际业务、集采代理和电子商务。前身系中国人民解放军铁道兵后勤部物资处;1984年1月,集体转业并入铁道部,改编为铁道部工程指挥部物资处;1990年3月,组建中国铁道建筑总公司物资局;1999年,改称中铁建物贸公司;2000年12月,更名为中铁建物资集团有限公司;2003年,企业改制改称现名。总部驻北京市海淀区西四环中路19号。注册资本金30亿元。下辖全资子公司11个、控股子公司3个和钢厂办事处5个,在4家公司参股,并在重庆、大同、无锡等地设有多个分公司和办事机构。与鞍钢、包钢、攀钢、武钢、河北钢铁、首钢、中石油、中石化、中建材、中远洋、中外运、山桥、宝桥、南岭民爆等大型企业建立长期稳定的战略合作伙伴关系,实现国内首次销售企业与民爆骨干企业共同组建专营公司的合作;成为国内首家成功进军时速350千米百米钢轨市场的企业。先后承担成昆、大秦、京九、南昆、内昆、青藏铁路,京沪高速铁路,郑西、武广铁路客运专线等国家重点工程的物资供应任务,直接或间接参与建设的新建铁路总里程累计50000余千米,占全国铁路的50%。先后参与京沪、京珠、沪宁等高速公路,北京、上海、广州、深圳、南京等城市地铁,首都机场扩建项目、南京环城铁路、南水北调工程以及诸多港口、码头、水利水电、民用建筑等工程的物资供应;积极为北京2008年奥运会、上海2010年世博会、广州2010年亚洲运动会的配套工程提供物资保障;在欧洲、中东、南亚、东南亚、东亚等地建立良好的业务关系。资产总额260.62亿元。其中,流动资产248.4亿元,固定资产原值8.02亿元、净值5.16亿元,固定资产外的其他非流动资产7.07亿元。

2020年,营业收入336.09亿元,净利润5.58亿元;人均净利润25.95万元,全员劳动生产率95.95万元/(人·年),职工年人均收入19.67万元;国有资产保值增值率116.66%,净资产收益率15.99%,产值利润率1.96%,国有资本回报率15.88%,资产负债率85.68%,应上缴款完成率100%。居“2020中国建材流通企业10强”榜首,位列“2020中国建材服务业100强”第9名。完成中国物流与采购联合会组织评审的5A级物流企业、3A诚信企业复审的相关工作,并取得

证书。在“中国物流企业50强”排名第9位。完成集团公司“无船承运”资质备案相关工作。（王　蕾）

【领导人员】

董事会

董事长　王　辉

董事　唐建勇

王跃飞

职工董事　于俊海

监事会

监事会主席　孙　义

监事　阚　巍

职工监事　夏俊杰

经理层

总经理　王　辉（2月免）

唐建勇（2月任）

副总经理　熊卫东

王跃飞

吴福存

李　芳

魏广铭

总经济师　李　芳

党群领导

党委书记　王　辉

党委副书记　于俊海

纪委书记　孙　义

工会主席　于俊海

（王　蕾）

【职工队伍】 职工1870人。干部1728人，其中，技术干部1198人。技术工人142人。高级职称156人，中级职称323人，初级职称719人。（高　艳）

【企业经营】 2020年，系统内新签合同额433亿元，同比增长65%，新签占比59%；实现产值170.03亿元，产值占比50.5%，同比增长15.6%；系统外新签合同额301亿元，同比增长14.25%，新签占比41%。工程物流板块，实现产值164.71亿元，与上年同期基本持平，产值占比48.9%。钢轨线上料板块，路内外销售钢轨87.7万吨，实现产值47亿元，较上年下降15.7%。物资代理服务板块，巩固西南区域市场，拓展西北、华南区域市场，做好华东、华北区域市场开发基础。新型业务板块，实现产值36.55亿元，同比增长43.3%，产值占比10.9%。现货贸易板块，实现产值72.53亿元，同比增长45.6%，产值占比21.5%。国际贸易板块，雅万高铁项目中，由集团公司供应的8790吨50米高铁钢轨从防城港顺利发往印度尼西亚，标志着中国定尺钢轨走向世界市场。新签合同额12.03亿元，同比增长8.69%，新签占比1.64%；实现产值4.79亿元，同比下降43.9%，产值占比1.4%。军民融合业务及机电集成业务板块，军民融合业务新签合同额31.75亿元，实现产值13.06亿元；机电集成业务新签合同额6.95亿元，实现产值7.52亿元。区域集采业务板块，收集10个集团公司的216个项目应急采购需求，涉及钢材26.62万吨，水泥69.91万吨，有效保障特殊时期各项目复工复产进度；物资需求集中度进一步提升，钢材及制品采购同比增长24.84%，水泥采购计划同比增长16.06%；通过线上招标实现采购金额199.77亿元。扎实开展区域集采，采购金额845.95亿元，“降本增效”成果卓著。（王　蕾）

【企业管理】 推进落实“总部机关化”改革，对具有行政色彩的机构名称和职务职级称谓进行规范。组织各单位对监管权责事项和相应的授放权事项进行梳理。组织开展股份公司其他业务三级公司建设调研摸底工作、股份公司国有资本布局和产业链水平情况摸底调查并报股份公司。参加中国物流与采购联合会组织的中国物流企业家年会、集团和钢之家网站联办的2021年钢铁产业链发展形势高峰论坛、中国施工企业管理协会组织的第16届信息化发展大会等相关会议及活动。完成集团领导在协会任职情况的变更，协助中国建筑业协会建筑供应链与劳务管理分会完成2019年经营数据调查等协会联络相关工作。

机构变更。成立中铁物资集团（天津）智慧物流有限公司（控股公司）、中国铁建物资集中采购中心办公室；华北区域经营指挥部雄安新区办事处更名为雄安新区指挥部，由集团公司直管；集团公司驻钢厂办事处更名为驻钢厂驻在组；撤销铁路线上料经营指挥部（线上料集采分中心）、海外区域经营指挥部（海外集采分中心）、新型业务经营指挥部；集团公司财务资金部下设机关财务室更名为财务室；铁路与代理服务事业部、海外事业部调整为职能部门，更名为铁路与代理服务部、海外部；调整融资性大宗贸易业务债权相关职责、集团公司大宗风险业务工作组、集团公司大宗物资风险业务清欠领导小组办公室下设的北京指挥协调中心和西安指挥协调中心的统筹协调范围和职责编制；设立中铁物资集团有限公司JM融合指挥部；产业开发事业部（产业孵化器）、新产品事业部（产品孵化器）调整为产业开发事业总部（产业孵化器）、新产品事业总部（产品孵化器）；注销西南公司重庆分公司；设立工业公司保定分公司；成立中铁物资集团有限公司陕铁流设备物资服务中心；成立中铁物资集团混凝土管理公司压减工作领导小组。截至 2020 年 12 月,压减法人机构 18 家,超额完成股份公司下达的压减 15 家指标任务。中铁物资集团混凝土管理公司纳入“两非”剥离范围,对其进行剥离注销。

财务管理。制定《会计工作交接管理办法》《清收清欠管理办法》《经营类业务财务核算有关规定》《财务共享系统运维管理办法》,修订《集团本级经费管理办法》《资金管理办法》。拓展筹融资渠道,银行授信担保总额 394.43 亿元,同比增长 28.86%;全年平均资金集中度 98.5%,平均资金上存度 88.85%;管理费用降低 0.7%,销售费用降低 1.5%,财务费用降低 19.2%;有息负债余额 26 亿元,降低 8.7%;带息融资金额 26 亿元,较同期减少 2.5 亿元;货币资金存量 62.52亿元。“三费”开支同比下降。清收清欠坚持“123”(减一控二禁三)+“721”(70% 现场 +20% 子公司 +10% 集团对接模式)的方针,实现系统内无争议逾期欠款的 90.43% 的回款目标;正常业务综合回款率 100.29%。企业综合税负由上年的 1.49% 降至 1.05%;根据各项抗疫优惠政策,各单位全年享受抗疫优惠减免 3966 万元。财务共享服务中心完成费用预算模块的建设集成,实现“三费”预算的系统管控;在前期报销类业务财企直联的基础上,所有支付类业务均实现财企直联全覆盖;建立“双通报”制度,促进各单位提单质量和审批时效的提高,起到管控作用。组织会计职业道德培训、供应链金融培训 90 人次,并组织参加股份公司相关培训;组织全集团财务人员参与“品质铁建杯”2020 年财税知识竞赛,个人赛成绩 2 银 2 铜,团体赛中位列第 13 名;考试通过中高级职称 14 人,中高级持证人员占比 38.42%。

审计监督。开展审计项目 42 个;配合股份公司完成对集团公司原董事长的离任经济责任审计;组织所属单位参与内审协会理论研讨活动,1 篇论文获三等奖;全面落实中央企业违规经营投资责任追究工作,印发并宣贯制度;发现问题和线索 2 件,其中移交纪委 1 件。

信息化管理。修订《信息化项目建设管理办法》等制度,在相关系统建立对应流程。设立中铁物资集团项目群管理办公室,负责集团公司信息化项目的顶层设计及系统间的对接整合工作。推动完成股份公司信息化考核丢分项整改工作。建设完善集团公司企业微信平台,出台《中铁物资集团 2020 年疫情防控期间利用信息化手段远程办公指导意见》,应用信息化手段助力全集团复工复产。组织无纸化会议系统选商、测试,上线“小鱼易连”云视频会议系统,打造视频会议平台;开发协同办公督办模块;配合法律、审计等部门出台相关业务信息化方案。全面梳理集团公司主要信息系统的各业务条线审批流程,形成《2020 集团公司全部信息系统审批流程台账》并调整各业务条线流程,推进各职能间的工作协同。供应链管理系统、财务共享系统、铁建云商平台、物资采购网平台全部完成中国电信公有云环境部署,实现云化运营。原有的 17 个系统(模块)全部完成中国电信云环境迁移。除旧 ERP 系统、OA 系统保留在集团公司内网运行外,其他核心信息系统已全部实现云部署。初步实现集团公司核心信息系统基于公有云和私有云相结合的虚拟化和云化基础架构。根据股份公司要求,参加项目实施试点,推动物资采购网与股份公司一体化平台集成,上线中国铁建统一邮件平台,参与股份公司统一 OA 系统筹建,保持集团公司与股份公司信息化发展的高度一致。升级既有系统。梳理平台数据资源,减少子公司重复性手工填报,提高统计效率。全集团实现 ERP 系统与供应链集成管理系统的并轨切换,正式停用 ERP 系统。拟定《中铁物资集团有限公司信息安全管理制度汇编》,以保障集团公司整体网络信息安全为目标,对涉及信息安全各种管理等提出具体措施。利用帕累托分析,找到频发问题,为系统分权管理员提供域名管理和《OA 系统运维操作指南》,减轻集团及软件厂商运维人员工作负担。多措并举,筹划集团公司智慧供应链互联网平台。完善股份公司采购管理平台建设方案,并在此基础上形成《中国铁建物资采购管理信息系统建设工作方案》《中国铁建采购管理信息系统技术可行性报告》以及股份公司信息化项目立项相关材料,并向股份公司正式提交立项申请。集团公司供应链管理系统于上半年完成全部子公司的上线运行和业财系统对接,在此基础上完成企信宝、邓白氏、我的钢铁、兰格网、行业价格信息等外部数据平台对接和应用,推动集团公司供应链系统的数字化发展。重新确定大宗物资网定位与发展路径。通过与欧冶云商、积微物联等企业对标和专家研讨,基本确立集团公司数字化平台的基本架构。广泛调研行业细分垂直平台及互联网技术龙头企业,线上以核心物资品类交易平台为前台,资讯、物流、金融平台及集团公司内部整体系统为中台,线下以各子分公司实体服务为依托的智慧供应链建设路径日趋清晰。以公安部 2020 年网络安全演练活动为契机,采购专门的第三方网络安全服务,开展对集团公司在护网期间开放的信息系统进行全面的安全检查和加固工作。完成公安部 2020 年网络安全演练工作。在全集团范围内开展 Windows10 以前版本替换为 Windows10 政府版工作。巩固 WPS 软件的推广成果,重点推广金山 PDF 软件。参加股份公司第七轮、第八轮软件集中采购,未出现使用非授权软件被诉讼,及发生行政处罚或败诉案件。申报股份公司课题3项，其中“中国铁建供应链体系建设”为与股份公司运营管理部的联合课题，刷新集团公司年度科技立项数量峰值。

法治合规工作。制定下发《关于新型冠状病毒疫情防控期间法律合规风险防范指引的通知》，指引全集团在疫情期间规避风险；向境外雅万铁路项目发出《不可抗力通知书》，规避因疫情可能导致的合同履约不能法律风险；督导各子公司梳理案件情况，及时与法院、仲裁委联系沟通，提交延期申请，避免因疫情导致诉讼权利丧失的情况出现；落实四项审核制度，严格贯彻“4＋1”审核制度要求，全面落实“一没四不”理念，充分发挥法律审核在经营合同、授权委托书、重大决策、规章制度和印信管理的作用；加强用印法律审核，完善印章审核流程，基本避免印章使用不规范引发的诉讼风险；利用供应链系统，将《非诚信合作方警示名录》第一时间录入系统，在源头识别风险，把风险拒之门外；充分贯彻“没有法律意见，议题不上会”的要求，在涉及重大的投资事项上会研究前，要求必须由法律合规部出具法律意见书为企业决策防控堵漏。通过合规线上审查合作方资信和履约保障能力，有效识别合规风险等级，提出评审建议，补足缺陷，得到股份公司的认可和推广；针对企业不同板块进行多次合规培训；成立合规风险评估小组，对全集团进行合规风险访谈；通过实地走访谈话，解读、阐明集团公司合规理念和管理要求，访谈双方对合规管理都有更充分的理解，明确今后合规工作的努力方向。成立北京、西安两个清欠指挥协调中心，全力开展大宗风险业务清欠工作，效果良好；成立多个案件工作组，调派精干亲赴一线处理大宗风险案件。全系统实行起诉案件集中审批、被诉案件集中备案。各子公司新发起诉案件要求形成诉讼方案及风险分析报告上报集团公司审批通过后方可起诉。集团公司对子公司及时进行指导帮扶，避免盲目诉讼造成不必要的损失。受新冠肺炎疫情影响，各地法院开庭、执行处于半停滞状态，为挽回国有资产损失、实现清欠目标，集团公司抓住重点案件，坐实抵押担保，推动以房、物抵债实现回款。

集中采购。与各工程局物资部门建立“中国铁建疫期物资应急供应保障群”，及时掌握项目应急物资需求情况，全力做好疫情防控期间的物资供应保障工作，使“供、需、组织集采”三方信息有效沟通；成立成都区域中心；配合股份修订《物资管理规定》《物资采购管理办法》等6项物资管理制度；通过调研学习、技术交流，协助股份公司推进采购管理系统平台建设的有序进行；成立中国铁建物资集中采购中心党总支及第一届委员会，6个区域中心的党组织全部由其统一管理；完成区域中心2019年度考评，平均分94.95分，得到股份公司及各工程局集团的肯定；推广“铁建云商”电子招标系统，开展在线招标采购业务，确保疫情期间采购工作正常进行。

产业开发。建立投资项目集团公司主投、区域子公司专业化主营，集团总控、两级协同、合作共赢的孵化机制。重点推进盐津县玄武岩矿山开采、河南信阳河道疏浚、成都轨道昆仑绿色建材基地、大桥局天津产业园等项目合作。探索股权投资领域和模式，参股许昌德通振动搅拌科技股份有限公司，投资513.5万元。成功申报“盾构管片自动控温循环蒸养装置”“通用型管片盖板全自动锁紧装置”两项专利。

海外工作。第一时间成立境外疫情工作领导小组，贯彻落实各级上层要求，统筹安排疫情防控工作，严控出境审批程序。深入推进“海外优先”战略，依托中国铁建海外施工优势，保障疫情下海外项目物资保应：在雅万高铁项目中，8700多吨钢轨成功运往印度尼西亚，克服超长50米钢轨的海外陆运困难。（王　蕾）

【党群工作】 党的工作。全年进行党委中心组学习16次，高质量学习研讨13次。创新学习方式——“走出去(组织领导班子成员前往腾讯总部参观践学)、请进来(邀请阿里云智能公司专家进行专题授课)”。坚持领导班子联系点制度，党委领导班子下沉基层一线调研73人次，在联系点单位和支部讲党课17场次，推动基层解决重难点问题20余项。围绕“党建巩固深化年”主题，印发党委年度工作要点，对下签订党建责任书。落实“党建进章程”要求，重新梳理“三重一大”决策事项清单，明确党组织研究讨论作为企业决策重大事项前置程序。印发并执行《中铁物资集团党委落实全面从严治党主体责任清单》。统筹疫情防控和复工复产，组织全集团党员为抗疫捐款14万元，为所属74个党支部拨付抗疫专项党费11.6万元，全集团无确诊感染或疑似病例。稳步推进复工复产，成立应急供应保障机构，全力保供中国铁建系统内物资需求，全面完成中国铁建下达的各项目标任务。提升党建规范化水平，在中国铁建2019年度党建考核中等级“良好”，被评为中国铁建2019年度“四好领导班子”。贯彻“四同步”原则，对新成立单位同步设立党组织，实现党组织100%全覆盖，持续优化组织设置。强化基层党建。认真贯彻落实《中国共产党支部工作条例(试行)》，落实党支部换届选举、党费收缴、“三会一课”、组织生活会等制度。下发《中国铁建党支部建设指导手册》，指导支部开展工作。召开基层党建工作推进会，命名3个“示范党支部”；“七一”期间表彰先进基层党(工)委4个、先进基层党支部13个、优秀共产党员16人、优秀党务工作者13人。完善述职考核机制。持续开展所属单位党建工作责任制和党(工)委书记抓基层党建工作述职评议考核,对下党建考核发现问题进行一对一指导,配合巡察“回头看”和审计发现问题的整改监督检查和督导,推动实现普遍性问题销号。开展庆祝建党99周年、纪念抗美援朝70周年、“党课开讲啦”系列活动,参加党的十九届五中全会精神知识竞赛。“如何做一名新时代合格的共产党员”被中国铁建党委评为优质党课。全年新发展党员31人。春节和“十一”期间,拨付慰问金15.3万元,慰问困难党员81人次。

宣传思想工作。以讲好物资集团故事为核心,围绕疫情防控、改革创新、高质量发展、党建成效等,扩大新闻舆论,塑造良好形象。在中央和省部级主流、核心媒体刊登稿件10余篇,其中《挺进雅万高铁,中国首次向海外大批量出口50米钢轨》专题被中央电视台一套《新闻联播》、新闻频道《朝闻天下》、报纸《China Daily》、外交部“一带一路”新闻合作联盟(《人民日报》和BRNN海外媒体创办)等国内外主流媒体广泛报道。修订《党委落实意识形态工作责任制实施办法》。两级党委坚持专题研究意识形态安全每年至少2次,并定期在党内通报意识形态领域情况。按照“七个纳入”的要求,进一步加强意识形态管理及阵地管控工作。召开全集团宣传部部长工作视频会议4次,统一宣传思想和宣传口径。坚持舆情月报工作制度,在全国“两会”期间,严格落实每日舆情零报告制度。修订《对外门户网站管理办法》,严格落实“双审核”制度,同时定期对纸媒、网媒、新媒上的敏感信息进行搜索清理。集团公司官方微信保持较好的周发布频次,围绕企业各项工作,尤其是对疫情防控的宣传教育和复工复产达产最新内容进行更新发布,其中入选国务院国资委官微2次、中国铁建官微18次。《2020下半年攻略》《文艺星空》等专题深受职工喜爱。《党组织书记有话说》《抗美援朝的利刃之柄——打不烂、炸不断的钢铁运输线》《原来最美女护士是咱铁建员工家属》等专题得到广泛关注。东北公司文明单位创建、港澳公司出口退税申报平台、中南公司党员下沉社区、工业公司钢材集中加工配送等专题策划,取得良好效果。

企业文化建设工作。积极践行新时代铁建文化。6月,配合中国铁建对集团本级和工业公司进行品牌建设线上调研访谈。总结党的十八大以来精神文明建设成果,积极申报,主动对接地方文明办,东北公司获评第六届“全国文明单位”,这也是集团公司获得的首家“全国文明单位”。

人才队伍建设。制定《会计人员委派制度实施办法》《领导人员异地交流任职有关待遇指导意见》《因私出国(境)管理办法》等干部管理制度,使干部管理工作更加科学化、规范化、系统化、标准化。通过基层举荐,按规定程序审核考察,选准用对基层党政主管,配齐配强班子副职。全年考察提拔21人,调整领导人员148人次,引进领导人员7人,完成试用期满考核正式任职32人次。推进“智库”建设,拓宽选人用人视野渠道,招收高校毕业生76人。与铁建党校积极对接,搭建集团公司一体化线上培训平台,提升队伍能力素养。配合山东省国资委开展“雏鹰”计划,接收挂职干部2人。

党风廉政建设。成立中铁物资集团有限公司党风廉政建设和反腐败工作协调小组。针对违规违纪违法问题,加强部门间联系沟通,统筹发挥好监督作用。深化作风建设。认真学习领会习近平总书记重要指示批示精神,切实增强节约粮食、制止浪费的思想自觉和行动自觉。持之以恒落实中央八项规定及其实施细则、纠治“四风”。全年开展监督检查50次,约谈关键岗位人员53人次。一体推进“三不”体制机制。始终坚持“严”的主基调,从严查处违纪违规问题,坚持重遏制、强高压、长震慑。全年受理信访举报45件,处置问题线索47件,立案4件,问责15人,其中给予党员干部党政纪处分8人、诫勉谈话2人、谈话提醒2人、责令书面检查3人。针对领导人员违规报销因私发生交通费问题开展专项清查整改工作,推动职能部门制定《领导人员异地交流任职有关待遇指导意见》,完善制度。集体约谈所属单位领导班子和重要职能部门人员,督促强化职能监管,促进制度规范执行。扎实开展包括反腐倡廉宣传教育、警示教育在内的形式多样、种类丰富的培训教育,加强防腐工作。

党委巡视工作。6月,中国铁建党委巡视组对集团公司进行财务资金管理专项巡视,集团公司党委按照要求完成此次巡视反馈问题整改。通报在两级党委巡视巡察中发现的问题,剖析重点问题,强化警示震慑。推动各单位党组织严格整改巡视巡察发现的问题,推动本级各职能部门充分发挥巡视巡察整改的监管责任,共同推动成果运用和巩固提升。完善巡察工作制度体系。按照上级党委要求,编制巡察工作手册,对所属18家单位或党组织开展财务资金管理专项巡察,对中铁物资直属机关党委开展常规巡察,不断强化巡察整改和成果运用。实行党委书记听取巡察汇报情况报备制度。全年向中国铁建党委报备2次,充分履行党委主体责任和党委书记第一责任人责任,稳步推进党委内部巡察工作。

工会工作。2月20日,召开二届二次职工代表大会暨2020年工作会视频会议;4月17日,集团公司机关工会一届一次会员代表大会召开;6月12日,机会工会委员会在北京市总工会顺利注册;7月31日,召开二届三次职工代表大会。选举完成集团公司女工委主任改选。调整9家单位工会主席负责人,并督促指导完成所属单位换届选举,配齐各公司工会委员会及相应组织。规范提案征集处理,修订《优秀提案管理办法》。为全系统工会会员办理工会会员证,并建立电子档案。拨付10万元帮助西南公司拉萨分公司用于建家建线。组织各子公司工会深入基层、清凉一线,各公司工会拨付"送清凉、扩抗汛"资金10.63万元。总部工会发放节日福利19.68元、发放生日慰问卡59人,疫情期间慰问职工5.04万元。慰问困难职工及退休、内退人员22.05万元。开展"弘扬法治精神、服务高质量发展"职工专项答题活动。参与全路职工"全民健身摄影、视频大赛",向中国铁建工会报送优秀视频作品4部,优秀摄影作品5幅。参加抗美援朝出国作战70周年纪念活动,向中国铁建工会报送抗美援朝诗词、观后感等优秀作品5篇,优秀照片6幅。为全系统各单位职工书屋配发长篇小说《国门之外》,并要求各单位将其列为职工书屋的重点书目。8月18日机关工会举办以"关爱职工子女,共建和谐之家"为主题的座谈会。集团公司各工会组织上半年投入57.31万元用于疫情防控工作。在全系统开展"抗击疫情,铁建同行"主题系列征集活动,收集战"疫"一线铁建人故事10篇,原创歌曲1首、原创视频2个、摄影作品30余幅,其中,原创歌曲被中国铁建工会采用,在"中国铁建职工e家"公布。开展以"健康你我、共同抗疫"为主题的线上趣味运动会和"健体魄、促和谐、凝心聚力、勇攀高峰"的登山活动;大力推广"中国铁建职工e家"。开展主题为"赋能品质铁建、筑梦全面小康"的系列读书活动。其中,"科学防控疫情、有序复工复产"专项答题活动,在中国铁建系统获得第二名;"弘扬劳模精神、争做时代楷模"线上朗读活动收到朗诵作品39篇;组织北京区域职工迎国庆乒乓球比赛;组建集团公司总部员工篮球协会。组织各级工会全体工作者参加中国铁建2020年工会干部培训,85人参加培训,工会从业者培训率100%。全年工会系统向"中国铁建职工e家"投稿6篇,向集团公司外网发布新闻8篇,在集团公司内网发布工会工作的相关新闻38篇。西南公司党委书记、董事长刘家云获评四川省第八届劳动模范。"三八"妇女节期间,女工委紧扣抗击疫情主题,创新开展线上活动。注重疫情防控中女职工的心理疏导,利用社会资源、网上资源,组织开展电话热线、心理微课堂、空中驿站等网上咨询,为女职工疫情期间提供防控知识、心理咨询、情绪疏导等服务。9—11月,组织参加中国铁建工会干部线上培训班,确保各级女工干部参加培训100%。评选先进女职工集体10个,先进女职工21人,先进女职工工作者11人。开展特色主题亲子活动,集团本级开展"我爱我家、快乐六一"亲子活动。与中国铁建系统内相关单位女工组织加强联动,加强学习,取长补短。组织全集团女职工参加铁路总工会女工委与全国"书香三八"读书活动组委会联合举办的"书香铁路·爱上阅读"活动,以"阅读:开启幸福列车"为主题,以《爱上阅读——阅读力就是幸福力》为共读文本,通过多种形式,掀起热爱阅读、积极创作的热潮。集团公司女职工获"最佳学员"1人、"优秀学员"1人。对油品、西南、华南、华东、工业、东北、港澳、中南公司等8家单位进行财务检查并完成6家单位工会主席离任审计工作,同时顺利通过中国铁建工会财务大检查。

共青团工作。开展"青年大学习",组织团员学习贯彻党的十九大、党的十九届历次全会和习近平总书记系列讲话精神,持续推进"学习总书记讲话,做合格共青团员"教育实践常态化。获中国铁建"青年文明号"2个、"青年岗位能手"2人,集团公司命名表彰"青年文明号"7个、"青年岗位能手"10人。开展青年"号手岗队""两红两优"评选表彰、"导师带徒"、岗位练兵等活动,用先进典型激励和带动广大团员青年爱岗敬业、建功成才。贯彻落实以青年为本的理念,深入调查解广大青年在思想、学习、工作和生活等方面的普遍诉求,帮助青年解决婚恋交友、心理疏导、特困帮扶等实际困难,推动"青年暖心工程"取得实效。扎实推进区域化团建工作。多次联合永定路街道、街道社区青年汇开展活动;联合国际集团、地产集团、资本集团、铁建发展等在京兄弟单位开展扶贫志愿、足球友谊赛;联合大唐集团、华电集团、国新集团开展联谊活动。"从严治团",规范团组织设置、"三会两制一课"。集团公司团委规范完成换届选举。 (王　蕾)

【中铁物资集团东北有限公司】 主营铁路建设所需的钢轨、道岔及配件、金属材料、油料、煤炭、矿粉、火工品等,大型基建项目所需钢材、水泥等相关物资及工程物流、仓储物流服务等综合物流配送业务。前身系中国人民解放军铁道兵后勤部东北办事处;1984年,铁道兵集体改工并入铁道部,改编为铁道部工程指挥部东北办事处;1989年,更名为中国铁道建筑总公司东北办事处;2003年4月,改制改称现名。驻辽宁省沈阳市大东区东北大马路337号。董事长、党委书记季利平(1月免)、许学良(1月任),总经理曹庆成。职工469人。资产总额33.55亿元。其中,固定资产原值1.62亿元、净值1.14亿元,流动资产31.73亿元,其他资产0.68亿元。

2020年,承揽任务91.85亿元,总产值47.92亿元,利润1.18亿元;人均创利25.99万元,全员劳动生产率54.39万元/(人·年),职工年人均收入10.88万元;国有资产保值增值率 129.14%,净资产收益率 51.27%,产值利润率 2.46%,资产负债率 92.69%,应上缴款完成率 100%。 (彭 畅)

【中铁物资集团华东有限公司】 主营铁路线上料、现货贸易、工程物流、能源矿产及国际贸易业务。前身系中国人民解放军铁道兵后勤部华东办事处;1984 年 1 月,集体转业并入铁道部,改编为铁道部工程指挥部华东办事处;1989 年 3 月,更名为中国铁道建筑总公司华东办事处;2003 年 4 月,改制改称现名。驻上海市杨浦区逸仙路 25 号 19 层。法定代表人、党委书记、董事长张泓(1 月免)、季利平(1 月任),总经理单单(8 月免)、崔玉强(9 月任)。职工 145 人。资产总额 19.26亿元。其中,固定资产原值 1.4 亿元、净值 1.01 亿元,流动资产 17.79 亿元,其他资产 0.14 亿元。

2020 年,承揽任务 70.09 亿元,产值 35.19 亿元,净利润 1565 万元;人均创利 10.47 万元,全员劳动生产率 40.48 万元/(人·年),职工年人均收入 17.4 万元;国有资产保值增值率 103.84%,净资产收益率 4.92,产值利润率 0.48%,投资回报率 4.92%,资产负债率 87.23%,应上缴款完成率 100%。 (张蓉蓉)

【中铁物资集团中南有限公司】 主营金属材料、建筑材料贸易,机械设备租赁,房屋租赁,金属矿、非金属矿的销售,水泥、钢材、铁路设备器材销售、仓储服务及货物、技术、代理进出口业务。2005 年 7 月 7 日成立,2007 年成为集团公司独资子公司。驻湖北省武汉市武昌区丁字桥路 25 号。法定代表人、董事长、党委书记王成伟(7 月免)、高南林(7 月任),总经理李学锋(1 月免)、米永伟(9 月任)。职工 149 人。资产总额39.1 亿元。

2020 年,新签合同额 92.23 亿,营业收入 43.48 亿元,利润总额 1.11 亿元;人均创利 74.94 万元,全员劳动生产率 124.99 万元/(人·年),职工年人均收入 21.42 万元;国有资本保值增值率 132.75%,净资产收益率 29.43%,营业收入利润率 2.54%,国有资本回报率 29.43%,资产负债率 92.09%,应上缴款完成率 100%。 (简心怡)

【中铁物资集团西南有限公司】 主营批发、零售钢材、水泥等建材;普通货物代办仓储运输;煤炭批发经营;自有房屋租赁;货物进出口贸易;销售矿产品、沥青。前身系铁道兵西南办事处;1984 年 1 月,集体转业并入铁道部,改称为铁道部工程指挥部西南办事处;1989 年,更名为中国铁道建筑总公司西南办事处;2001 年,改制改称成都中铁建西南物资有限公司;2004 年,划归中铁物资集团有限公司,改称现名。驻四川省成都市一环路北三段 1 号 SOHO－C 座。党委书记、董事长刘家云,总经理林斌。职工 274 人。资产总额 50.99 亿元。其中,固定资产原值 2.56 亿元(含投资性房地产 1.92 亿元)、净值 1.94 亿元(包含投资性房地产 1.49 亿元),流动资产 48.67 亿元,其他资产 0.38 亿元。

2020 年,承揽任务 155.7 亿元,产值 80 亿元,净利润 1.32 亿元;人均创利 50.6 万元,全员劳动生产率 112 万元/(人·年),职工年人均收入 24.77 万元;国有资产保值增值率 114.78%,净资产收益率25.24%,产值利润率 1.93%,资产负债率 89.03%。 (李 政)

【中铁物资集团华南有限公司】 主营工程物流和现货自营业务。2004 年 1 月注册成立,注册资本金 3 亿元。驻广东省广州市越秀区东风东路 745 号东山紫园商务大厦 17 层。董事长、党委书记、法定代表人胡永强,副总经理(主持工作)石泉(1 月任)、总经理石泉(9 月任)。职工 126 人。资产总额 25.98 亿元。

2020 年,承揽任务 100.33 亿元,产值 36.29 亿元,利润总额 5026.6 万元,净利润 3766 万元;全员劳动生产率 82.48 万元/(人·年),职工年人均收入 13.82 万元;国有资产保值增值率 112.63%,净资产收益率 12.12%,产值利润率 1.39%,投资回报率 3.09%,资产负债率 87.16%,应上缴款完成率 100%。

(何素贞)

【中铁物资集团港澳有限公司】 主营城市轨道交通物资供应及铁路物资的国际贸易,机电设备的供应、安装及调试。2010 年 7 月 28 日成立。注册资本金 1 亿元。驻广东省珠海市九州大道西 3026 号 11 栋。法人代表、董事长、总经理杨奎,党委书记刘虹云。职工 141 人。资产总额 138615 万元。其中,固定资产 1504 万元,流动资产 137012 万元。

2020 年,新签合同额 22.49 亿元,产值 13.45 亿元,净利润 5679 万元;人均创利 39 万元,全员劳动生产率 934 万元/(人·年),职工年人均收入 29 万元;国有资产保值增值率 110.84%,净资产收益率 23.94%,产值利润率 4.22%,资产负债率 82.01%,应上缴款完成率 100%。 (朱明明)

【北京中铁工业有限公司】 主要从事铁路物资、工程物流、大宗商品贸易、矿产资源、驻厂监造、混凝土及制品加工制造和物业管理。前身系中国铁道建筑总公司工厂局;2001 年 11 月,工厂局机关撤销;2001 年 12 月,工厂局机关(含局机关服务中心)与其下属北京海石丰工业科技开发公司重组，称北京海石丰工业科技开发公司，划归北京铁建工贸集团公司管理；2006年11月，划归中铁物资集团有限公司管理；2010年1月，北京海石丰工业科技开发公司注销，改称现名；2014年2月，与中铁物资集团北京有限公司（下辖北京五棵松饭店有限公司）、芜湖中铁科吉富轨道销售有限公司、中铁物资集团混凝土管理有限公司合并重组；2014年9月，芜湖中铁科吉富轨道销售有限公司划出；2016年8月，与北京中铁物资贸易有限公司合并重组，沿用现名；2016年9月，北京五棵松饭店有限公司（含五棵松航服）划出。驻北京市石景山区玉泉路65号。法定代表人方玉国（1月任），党委书记、董事长方玉国（9月任），总经理汤祥（1月任）。职工293人。资产总额27.28亿元。其中，固定资产原值0.7亿元、净值0.46亿元，流动资产26.76亿元，其他资产0.52亿元。

2020年，新签合同额105.5亿元，产值31.93亿元，利润3825万元；人均创利13.88万元，全员劳动生产率38.73万元/（人·年），职工年人均收入15.09万元；国有资产保值增值率104.03%，净资产收益率-3.95%，产值利润率0.37%，投资回报率0.64%，资产负债率102.33%，应上缴款完成率100%。

（郭云婷）

【北京中铁国际招标有限公司】 拥有中央投资项目招标代理机构甲级资格证书和政府采购代理机构甲级资格证书。聚焦国家和地方铁路建设、城市轨道交通、市政基础设施建设、高速公路、机场水利、港口码头、政府采购、军队和国防现代化建设等国家重要行业及重大建设项目，以及各级政府部门、国铁集团、中央企业、地方大型国有企业当为主要客户群，为客户提供物代服务、工程招标、服务招标、物资设备招标及前期咨询、造价咨询等全过程工程咨询服务。2012年4月成立，前身系物资集团部管物资事业部。驻北京市西四环中路19号。执行董事、党工委书记马达，总经理李琦磊。职工86人。资产总额2.27亿元。其中，固定资产原值64.44万元、净值10.43万元，流动资产22534.37万元，其他资产133.5万元。

2020年，新签合同额5001.64万元，主营业务收入4770.32万元，净利润469.54万元；人均创利0.92万元，全员劳动生产率30.29万元/（人·年），职工年人均收入28.92万元；国有资产保值增值率100.27%，净资产收益率0.29%，产值利润率9.84%，资产负债率72.71%，应上缴款完成率100%。（张 俊）

【北京五棵松饭店有限公司】 国家旅游局涉外三星级酒店。主营餐饮、租赁、客房。前身系1977年1月成立的铁道兵司令部第一招待所；1996年12月，更名为北京中铁五棵松饭店；2002年8月，更名为北京五棵松饭店；2007年12月，更为现名；2013年1月，变更为中铁物资集团北京有限公司子公司；2016年9月，调整为集团公司的全资子公司。驻北京市海淀区西四环中路19号。法人代表、董事长、党工委书记韩元军。职工84人。资产总额4475.19万元。其中，固定资产原值918.33万元、净值58.04万元，流动资产4375.26万元，其他资产41.89万元。

2020年，承揽任务2533万元，产值3036.39万元，净利润207.84万元；人均创利2.7万元，全员劳动生产率20.9万元/（人·年），职工人均年收入13.9万元；国有资产保值增值率110.48%，净资产收益率10.78%，产值利润率9.01%，资产负债率58.18%，应上缴款完成率100%。（马 宁）

【中铁物资集团云南有限公司】 主要从事货物及技术进出口（国家限制项目除外）；主营焦炭、煤炭、非金属矿产品、金属矿石（粉）、金属材料、建筑材料、电子商务，以工程物流项目为主，涉及各类大宗物资贸易。2013年7月1日成立，注册资本1亿元。驻云南省昆明市官渡区广福路樱花语幸福广场A1-E栋8楼。执行董事吴越，总经理马庆明。职工59人。资产总额21.91亿元。

2020年，新签合同额81.05亿元，产值36.47亿元，净利润6615万元；人均创利110.25万元，全员劳动生产率235.03万元/（人·年），职工年人均收入33.12万元；国有资产保值增值率131.89%，净资产收益率29.42%，产值利润率2.14%，资产负债率88.95%，应上缴款完成率100%。（段匕鹂）

【中铁民爆物资有限公司】 拥有北京市民爆物品销售许可证。主营炸药、雷管、导爆索等民用爆炸物品和钢材。2006年10月成立，由中铁物资集团有限公司与湖南南岭民爆器材股份有限公司共同出资组建，原名中铁物资集团铁建民爆器材专营有限公司；2015年11月，改称现名。驻北京市海淀区西四环中路19号。党工委委员、董事、法定代表人、常务副总经理方玉国（主持工作，1月免），党工委委员、副书记（主持工作）、法定代表人、董事唐文彧（1月任），董事长唐文彧（9月任），总经理张书强（9月任）。职工35人。资产总额13030万元。其中，固定资产原值241.43万元、净值12.99万元，流动资产130156万元。

2020年，新签合同额2.47亿元，产值1.31亿元，利润94万元；国有资产保值增值率100.55%，净资产

收益率0.55%,产值净利润率0.48%,资产负债率11.32%,应上缴款完成率100%。（林 郁）

【北京中铁福斯罗技术有限公司】 主要从事研究开发扣件系统技术、技术转让和技术咨询;批发城铁打磨设备及其配件并提供上述产品的相关服务。由中铁物资集团有限公司与德国福斯罗公司出资组建,2009年3月17日成立。注册地北京市海淀区西四环中路19号。法定代表人、董事长熊卫东(5月免)、肖锋(5月任),总经理刘建国。职工13人。资产总额2371万元。其中,流动资产2345万元,固定资产净值7万元,无形资产净值19万元。

2020年,产值72万元,利润50万元;人均创利4万元;国有资产保值增值率101.61%,净资产收益率2.06%,产值利润率69.77%,投资回报率10%,资产负债率44.98%。（肖 锋）

【中铁物资集团钢之家电子商务有限公司】 主要从事电子商务、软件开发等业务。2012年4月由中铁物资集团有限公司与上海钢之家信息科技有限公司共同出资500万元组建成立;2014年4月股东双方按原股比增资至1000万元。驻上海市浦东新区东方路818号众城大厦10楼D座。董事长、法人代表张泓,总经理吴文章。职工51人。资产总额10672.06万元。其中,固定资产净值3.56万元,流动资产10426.15元。

2020年,产值6.62亿元,利润总额20.09万元,净利润14.38万元;人均创利0.28万元,职工年人均收入8.13万元;国有资产保值增值率101.39%,净资产收益率1.38%,产值利润率0.03%,投资回报率1.38%,资产负债率90.21%。（何 芳）

中国铁建重工集团股份有限公司

【简况】 集地下施工装备、轨道交通装备的研究、设计、制造、服务于一体的专业化大型企业,中国铁建装备制造板块的核心企业,国家认定的重点高新技术企业,国家级两化深度融合示范企业。2007年创立。专注于非标、特种、个性化、定制化的高端装备制造与服务,从零起步打造轨道系统、掘进机、隧道施工装备三大成熟产业板块,积极布局新型交通装备、高端农机、绿色建材装备、煤矿装备、新兴工程材料等多个新兴产业板块。总部驻湖南省长沙市经济技术开发区东七路88号。总部职能部门(含合署办公)18个,研发经营系统、专业技术系统、生产保障系统、道岔分公司等直管单位,中铁建特种装备工程有限公司、中铁隆昌铁路器材有限公司、株洲中铁电气物资有限公司、铁建重工新疆有限公司等全资子公司6个,在包头、大连、南通、洛阳、成都等地设有合资公司。先后获评国家重大技术装备首台(套)示范单位、国家863计划成果产业化基地、制造业向服务型制造业成功转型的典型企业、制造业单项冠军企业、中国专利奖企业、中国轨道交通创新力TOP50企业、中国工程机械制造商5强企业、全球工程机械制造商50强企业。获"全国企业文化建设先进单位""中央企业思想政治工作先进单位"等称号。职工10070人。资产总额243.84亿元。其中,流动资产155.45亿元,固定资产净值51.06亿元。生产设备4859台,总功率12.92万千瓦,技术装备率7.73万元/人,动力装备率17.78千瓦/人。

2020年,新签合同额176.38亿元,完成产值109.66亿元。排名"中国工程机械10强"第5位,"全球工程机械50强"第32位。

（田如本 胡蓓蓓 徐支力）

【领导人员】

董事会

董事长	刘飞香
董事	雷升祥
	程永亮
	赵 晖
	白云飞
	贺勇军
独立董事	苏子孟
	夏毅敏
	万良勇

监事会

监事会主席	王 彪
监事	陈培荣
	朱小刚
职工监事	王 彪

经理层

总经理	程永亮
执行总经理	赵 晖
副总经理	胡 斌
	刘 丹
	刘在政
	唐 翔
总工程师	胡 斌(兼)

总会计师　　唐　翔(兼)

党群领导

党委书记　　刘飞香

党委副书记　　程永亮

赵　晖

贺勇军

纪委书记　　王　彪

工会主席　　贺勇军

(刘　婷)

【职工队伍】 职工10070人。其中,企业自管员工6887人、劳务派遣制(含劳务外包)人员3183人;研发人员1871人、技术应用人员425人、营销人员458人、管理人员1076人、技能人员5312人、其他人员928人,研发人员占企业自管员工的27%;博士研究生学历29人,硕士研究生学历1084人,大学本科学历3168人,大专及以下学历5789人,本科及以上人员占32.5%。员工平均年龄33.7岁。(张　浩)

【经营管理】 2020年,新签合同额(含铁建装备)176.38亿元,同比增长16.24%;营业收入(含铁建装备)91.69亿元,同比下降2.53%;净利润(含铁建装备)15.9亿元,同比增长0.49%;产值(含铁建装备)109.66亿元,同比增长4.2%。其中掘进机产品产值61.93亿元,产量78台(套);轨道系统产品产值11.01亿元,产量1543组;特种装备产品产值12.14亿元,产量481套;交通装备产品产值0.16亿元,产量3组/2千米;弹条扣件与闸瓦产品产值9.46亿元,产量11780万件;电气制品产值0.71亿元,产量1636根/7068吨;高端农机产品产值0.33亿元,产量11台;铁建装备产值13.92亿元,产量55台。(胡蓓蓓)

【风险内控】 2020年,打造"总部+研发经营系统+专业技术系统+生产保障系统+分子公司"的组织架构,形成定位清晰、权责对等、运转协调、制衡有效的法人治理结构,实现集中控制和统一指挥,进一步明晰董事会、经理层、业务部门及公司各级法人之间在风险内控决策、执行、监督等方面的职责权限,完善"三重一大"的决策监督机制,形成科学有效的职责分工和制衡机制。着重打造制度流程一体化平台,将制度进行结构化分解,与相应流程进行匹配,做到制度流程一一对应,实时推送到各岗位,保证制度的有效执行。继续深化"法治铁建"合规理念,严格遵守"四项审核"工作要求,促进授权、重大决策、规章制度、经济合同审核的规范性。落实股份公司"1+9"合规管理工作制度要求,初步搭建起"大合规"体系,完善重大风险排查和防控,有序开展内部评价。围绕铁建重工发展战略和目标安排审计工作,重点审计国家重大政策落实情况,重大经济事项(工程项目)决策的制定和执行情况及效益,以及财务对账、差旅费用报账、应收账款逾期等专项问题。持续做好月度流程运行情况检查工作,持续落实履职管控考核,督促审计问题整改,强化审计结果运用,努力提升审计工作成效。(赵勤砚　徐　辛)

【市场经营】 2020年,参照中国铁建区域经营模式,在国内市场设置八大区域经营指挥部,提升经营驾驭能力。面对经营承揽的严峻市场形势,制定薄利多销、海外优先等经营战略,实施"区域经营、增量考核、风险薪酬"创新经营模式,并以"四多、两少、三发挥"为重要抓手,强化业绩导向,高端经营、行业经营、区域经营协同开展。

"海外优先"创新经营,全年实现阿联酋、菲律宾、安哥拉、塞尔维亚4个新国别市场突破,特装产品与铁路产品全面进入南亚区域。通过"借船出海"的方式,重点关注国内大型央企及国企海外项目,对接中资企业。通过"当地代理+总部+当地员工"的形式拓宽销售网络,减少经营风险,快速响应客户服务需求。专业项目市场经营业绩突飞猛进。在原有特种装备、竖向掘进机、钢结构基础上,扩展TBM、绿色建材等产业体系,并发展与之配套的注浆、吊装、仰拱预制块等业务,努力实现行业、产品、区域项目全覆盖。重点跟进川藏铁路、珠三角长三角城际铁路、济南地铁、福州地铁等项目。承揽的超大直径盾构订单实现批量交货,成功完成国产最大泥水平衡盾构机"京华号"下线、中煤三建可可盖TBM、永煤股份TBM、紫金矿业TBM、水利竖直皮带机系统等项目合同签订。煤矿装备、绿色建材装备、新兴工程材料等新产业成为新的经济增长点。(戴辉阳)

【财务管理】 2020年,密切围绕公司发展战略,以财务风险控制为着力点,切实履行好财务管理职责,为公司持续健康稳定发展保驾护航。在全球疫情影响及国内外经济下行压力持续加大的情况下,总体经济运行基本平稳,财务管理各项工作有序推进。以全面预算引领方向,用强化执行落实管理。基于"事前预算、事中管控、事后分析考核"的指导思想,明确年度经济指标和资源配置方案,严控各项费用支出,压控"两金"规模和增速,引领企业平稳发展。进一步完善财务内控建设,全年修订制度43个,着力提升财务集中管控力度与效率,并积极宣贯、执行落实,持续推进财务职能向"服务型+管控型"转变,有效锤炼和提升财务内控实力。加强资金风险管理,统一账户管理、统一资金使用、统一资金分析、统一支付流程;创新融资方式,加大带息融资管控力度;加强税收政策法规的学习,用好税收优惠政策,充分享受政策红利。 (胡蓓蓓)

【人力资源管理】 持续优化基于丛林法则的人力资源管理体系。高标准引进各类人才,满足企业战略发展需求,2020 年招聘引进研发、营销、管理、技术服务等类别成熟人才 187 人。坚持贯彻落实好党管干部原则,按照对党忠诚、勇于创新、治企有方、兴企有为、清正廉洁的好干部标准,构建"中层岗位、职位层级、职衔层级"三条线分离的中层干部管理体系。创新积分制后备干部选拔机制,首次采用大数据分析法,充分发掘公司内部优秀人才,选拔后备干部 72 人。创新性开展基层职务竞聘,培育人才梯队,发布基层职务 234 个,最终录用 188 人,46 个岗位空缺,切实保障竞聘环节的公平、公正。持续运用内部人力资源市场等手段,促进人才合理流动,盘活内部人力资源。全年发布 3 批招聘信息岗位 56 个,14 人报名,8 人录用到新岗位。为满足经营人员的需求,全年面向全集团组织实施 3 次营销储备人员竞聘工作,最终 53 人进入营销岗工作。进一步完善以业绩、能力为导向的薪酬体系,重点修订《职衔制员工季度(含中层干部季度)与年度奖励办法》等 11 个薪酬激励制度。构建集团公司劳动定额制度体系,建立基础定额标准,实现管理与技术双管齐下的劳动定额管理模式。扎实开展内部员工及外部客户的培训、鉴定、考核等工作。全员人均学习时间较上年度增加 4.03%,全年开展客户培训服务项目 17 项,培训 745 人次。 (张 浩 沈怡歆)

【信息化建设】 2020 年,围绕《股份公司"十三五"信息化规划》《集团公司"十三五"数字化规划》,开展数字化系统实施与深化应用、业务大数据治理与探索、信网安全规划与建设、制度流程与组织架构优化、项目申报与推进等工作,不断完善信息化人才队伍的建设,积极开展新一代信息技术的研究工作。

持续深入开展组织架构与职能的变革和调整,不断优化制度、流程体系,支撑和促进集团各产业发展战略落地,拥有一级制度 200 余项,流程 3000 余条。完成研发设计数字化二期全面上线运行,完成物料主数据管理平台(MDM)建设与上线运行,推进集团"五化"工作的落地;继续深化 ERP 应用,完成 CRM、MES、SRM 等核心业务系统验收,实现核心业务数据流打通;完成制度流程一体化平台(EBPM)的建设与优化,助推制度流程再造;自主研发铁建重工内部创新平台、人力资源共享中心,联合开发叉车管理系统、电子签章系统,助力管理水平的提升;完成数字化指挥监控中心建设,构建大数据平台,探索打造数智化"铁建重工企业大脑"的决策支持平台;持续加强信息化基础建设,建成集团公司私有云,并完成研发桌面云平台建设并全面投入使用;完成信息安全规划与建设二期项目实施任务,形成强有力的集团信网安全防护网,全年无信网安全事件发生,为信息化建设保驾护航;成功申报工信部 2020 年工业互联网、大数据产业发展试点示范项目、长沙经开区 5G + 工业互联网试点示范项目,获政府补贴超过 1000 万元。 (沈建龙)

【安全质量】 2020 年,开展安全生产专项整治三年行动、坚持每周对长沙两个产业园区进行安全环保巡查,每月对长沙、株洲地区各单位进行月度安全环保检查,组织开展春节、劳动节、"安全生产月"和国庆节 4 次集团安全大检查。全年无职业病、无死亡及重大财产损失事故、未发生环境污染事故、未发生任何疫情事件。通过方圆标志认证集团有限公司湖南分公司对铁建重工的环境、职业健康安全管理体系认证审核。

深化质量体系建设,实施质量内部审核,建立纠正预防措施,从根本上优化质量管理。加强产品的监测和改进,建立组织级到班组级金字塔结构逐层分解的实物质量 KPI 监测体系,实现重要质量问题由个别跟踪到系统管理的转变。全年立项关键质量问题改进项目 3 项,一般质量问题改进项目 16 项,纠正措施报告项目 115 项,到期完成 82 项,到期完成率 100%。

(颜 晨 李智敏)

【科技创新】 扎实推进"五化"工作,持续深化完善科研体系,新产品、新技术取得新的突破。掘进机、特种装备等成熟产品型谱不断扩展,交通装备、煤矿装备、高端农机等产品研发力度持续加强,成功研制国产首台超大直径泥水平衡盾构机(16 米级)、超大直径竖井掘进机、超小转弯隧道 TBM、智能拱架台车、悬臂式掘进机、采棉打包一体机、煤矿切顶卸压装备等重大新型产品,为打造新的经济增长点奠定坚实基础;突破围岩超前地质预报、TBM 岩渣检测分析、TBM 自动喷混、机器人防撞及轨道规划等数十项前沿技术,有效助推公司产品优化升级。2020 年新增申报国家重点研发计划 8 项,国家工业和信息化部项目 1 项,国家发展改革委项目 1 项,国务院国资委项目 1 项,省部级项目 5 项;国家绿色制造系统集成项目"盾构机绿色再制造关键工艺突破与集成示范"和国家智能制造新模式专项"轨道交通盾构机智能制造新模式"顺利通过验收,国家重点研发计划"面向 TBM 施工的机器人智能作业系统"完成联调联试;科技创新平台有序共建,获批

2020年度湖南省模范院士专家工作站，签订湖南省重点实验室任务书等；专利标准建设迈出新步伐，新增申请专利643件，新增授权专利393件，其中授权发明专利69件、境外发明专利8件，发明专利数量稳居行业第一位；上级标准研制力度进一步加强，2020年新增发布行标1项、团标2项，新增获批主编行标2项、参编团标2项；获岩石力学与工程学会科技特等奖、中国交通运输协会一等奖、中国铁建科技奖等多种科学技术奖励6项，重大科技成果奖等级逐步提升。“五化”工作展现新成效，建立产品“五化”工作机制，开展土压盾构、湿喷机、搅拌站等八大类32款整机产品五化设计，贯穿产品研发全生命周期，清理减压物料近3万条，集团整体减压率35.7%；建立物料选型标准库，编制通用件设计规范，做到产品“实用、可靠、经济、智能”，真正降低产品成本、售价，有效提升产品性能和规模化销售。（胡小勇）

【党群工作】 党的工作。2020年，铁建重工党委在疫情影响和经济下行双重压力下，树牢底线思维，着力发挥党建优势，有效克服风险挑战，引领企业实现新的发展。全面贯彻党的十九届四中、五中全会精神，巩固深化主题教育成果，制定工作实施方案，完成各项问题整改57个，相关经验做法材料被国务院国资委推荐至光明网宣传展示。发挥党委把关定向作用，修订完善《“三重一大”决策制度》《党委会议事规则》等制度，全年召开党委常委会12次，集体研究181项涉及企业党建和经营的重大事项。部署疫情防控“六要求”，严格落实防控制度，自疫情暴发以来未发生一例感染；组建党员先锋队协助防控执勤，稳妥推进复工复产，复工首日自主研制盾构机出口土耳其，被中央主流媒体广泛报道，得到省（自治区、直辖市）各级党委和政府高度肯定；组织党员开展抗疫捐款18.8万元，海外采购并捐赠医疗防疫物资4批，收到湖南省委、省政府来信致谢。全年投入扶贫资金373.126万元，实施产业扶贫、消费扶贫等项目，精准扶贫联系点麻阳县玳瑁坡村以零问题圆满通过全国脱贫攻坚普查验收。全年收文161件、发文133件，认真执行党的保密工作方针和国家保密法规，严格用印，无失泄密案件及违规用印情况。积极推进巡视整改、巡察全覆盖，对集团所属隆昌公司等4家单位进行2020年常规巡察、财务资金管理专项巡察以及落实历次巡视巡察及审计反馈问题整改情况“回头看”，并开展“四个专项整治”、管理改进提升专项行动。铁建重工党委获评中国铁建2019年度“四好”领导班子，在中国铁建2019年度党建工作责任制考核评价中被评为“优秀”等级。

组织工作。党委13个、党总支4个、党支部79个，党员2464人。抓好“三基建设”，根据组织架构调整变化及时调整完善基层党组织设置，设立研发经营系统党委、新疆公司党委。压实党建责任，对所属7家单位党委开展党建考核，考核结果与领导班子行政绩效考核挂钩，铁建重工各级党委累计开展党建工作责任制考核12次，检查基层党支部建设情况341次，抽查基层党支部24个，进一步传导工作压力，压实工作责任。举办发展对象和入党积极分子培训班，发展党员58人。制定印发《集团公司2019—2023年党员教育培训工作清单》等制度，组织处级干部、党组织负责人培训319人次，提拔党群干部3人，招聘党务人才5人。开展“创岗建区”“党员突击队”等创先争优活动，充分发挥党支部战斗堡垒作用和党员先锋模范作用。开展庆祝建党99周年知识竞赛，组织开展集团公司“七一”表彰工作，评选表彰先进基层党委1个、先进基层党支部11个和优秀共产党员29人。元旦、春节期间，向56名困难党员发放慰问金9.75万元。

宣传思想工作。2020年，在中央和省级主流媒体报道286次，实时传播集团科技创新、改革发展好声音好故事，央视8集专题片《神农架的“地下军团”》等重磅报道陆续推出，进一步塑造集团行业龙头的品牌形象。紧抓集团公司国产最大直径盾构机“京华号”下线等最新宣传热点，打造微信、抖音等“互联网＋”传播矩阵，在重工“朋友圈”引发“铁粉”共鸣。宣传模式持续创新，实现大型活动线上直播观众超10万人次。组织策划2020上海宝马国际工程机械展等重要展会10个，通过品牌活动助推公司经营。加大海外广告投入和宣传力度，增强谷歌等海外搜索引擎曝光度，进一步扩大企业海外品牌影响力。

纪检监察工作。铁建重工纪委始终坚持严的主基调，紧紧围绕企业中心任务，推进“不敢腐、不能腐、不想腐”体制机制建设，为企业改革发展营造清风正气的良好政治生态。坚持管理从严，加强纪检队伍建设。交流提拔2人分别到二级单位担任纪委书记，充实基层力量，举办问题线索处置、案件查办专项培训，规范监督执纪工作。制定下发《党委落实全面从严治党主体责任清单》《“一岗双责”工作日志》。坚持执纪从严，强化不敢腐的震慑。全年处置问题线索30件，谈话函询6件，初步核实22件、了结2件、立案6件。着重加强廉洁文化建设，通过送课下基层、分析典型案例、录制廉洁微课等多种形式，把廉洁教育宣传纳入集团公司培训体系，以廉洁文化建设增强广大职工群众反腐倡廉的文化自觉和行动自觉。开展经商办企业整改落实情况“回头看”、因私出国护照管理和审批专项监督检查、“四风”问题的监督检查，对技能人员招聘、技能等级鉴定考试等进行监督，成立党风廉政建设和反腐败工作协调小组，组织召开党风廉政建设和反腐败工作联席会议，督促各部门压实监管责任和“一岗双责”。

工会工作。认真履行“维护职工合法权益、竭诚服务职工群众”基本职责，积极作为。召开中国铁建重工集团股份有限公司一届一次工代会，产生新一届的工会委员会、经审委员会、女工委员会。召开中国铁建重工集团股份有限公司一届一次职工代表大会，对企业的重要事项进行集体审议。签订2020年集体合同、工资专项合同、女职工权益保护专项合同。加大职工关爱力度，继续开展“春助圆梦、夏送清凉、金秋助学、冬送温暖”的四季帮扶活动。疫情防控复工复产期间，响应湖南省总工会号召，投入277.14万元为全体职工发放人均300元的疫情防控爱心消费券。建家建线再加强，二园区车间的知识充电站、党建工作室、爱心港湾装修一新投入使用，一园区重工家苑职工书屋完成装修扩容，并添置首批400余套书籍。组织开展“弘扬劳动美、勇夺双胜利”——积极投身集团公司超常规高质量发展劳动竞赛，开展“八比八赛”活动，助推企业提升管理效能，引导职工为集团公司第三次创业贡献集体智慧和力量。承办中国铁建工会长沙区域联动活动党的十九届五中全会精神串讲暨知识竞赛。在集团公司创立13周年之际，组织职工拍摄MV《春风十里》，展现职工奋发向上的精神风貌，弘扬企业精神。组织开展“中国梦·铁路情·劳动美”系列职工文化活动。开展幸福家庭评选表彰活动。组织女职工体检，保障女职工健康权益。争取省总工会公益专家讲座机会，组织长沙园区女职工学习《习近平总书记教我们的读书方法》。成立瑜伽兴趣协会，为女职工瑜伽锻炼提供平台场地；组织羽毛球协会参加与招商银行职工举行的羽毛球友谊赛、长沙经开区羽毛球三级联赛；支持足球兴趣协会参加经开区足球甲级联赛。

共青团工作。组织引领全体团员青年学习习近平总书记五四寄语青年重要讲话精神，学习传达党的十九届五中全会精神，进一步激发团员青年的责任感与使命感；完成组织信息录入“智慧团建”系统，并积极为新入职大学生办理团组织关系转接手续，全年办理团组织关系转接300余人；开展“战疫·彰显青春力量”“疫断情长，凝聚青年力量”五四主题团日活动。通过专项答题、主题摄影、主题征文，提高团员青年疫情防控意识和爱国情怀。先后组织团员青年参与铁建重工运动会、技能大赛、最美一家人等多项活动，展现团员青年风采；为14名青年联系铁路建设者春运免费专列，帮助春节返乡青年解决实际困难。春节前夕开展困难团员慰问，为7名生活困难团员送去团组织关爱；组织完成中国铁建五四表彰推选工作，组织完成铁建重工五四表彰工作。（刘志河　陈海燕　邹新春）

【中国铁建高新装备股份有限公司】 始建于1954年，2015年由昆明中铁大型养路机械集团有限公司整体改制成立，并在香港联交所上市。主要生产道床养护、道床清洁、钢轨维护、线路大修、综合检测及工程应用集成等产品60余种。产品覆盖普通铁路、高速铁路及城市轨道交通铁路养护领域，并定制化开发包括窄轨、标准轨、宽轨等多种轨距的系列产品。经营业务涵盖机械制造及销售、零部件销售及服务、产品大修服务和铁路线路养护服务。铁路大型养路机械年生产能力300标准台（套），是中国铁路大型养路机械行业的领军企业。获批组建全行业唯一国家大型养路机械技术研究中心，同时成立博士后工作站。驻云南省昆明市官渡区金马镇羊方旺384号。董事长刘飞香，党委书记赵晖，总经理童普江。职工2504人。

2020年，新签合同额21.54亿元，营业收入15.58亿元，产值13.92亿元。

（向盈盈　桂　曦　雁云柏安）

【研发经营系统】 主要负责铁建重工掘进机、隧道装备、轨道系统、新型轨道交通、高端农机、绿色建材、煤矿装备等产业板块产品的研发、经营、服务、管理及研发经营系统党建工团工作。2020年2月成立。驻湖南省长沙市经济技术开发区东七路88号。党委书记郑大桥。职工984人。

2020年，新签合同额127.5亿元。

（傅春香　代　薇）

【专业技术系统】 铁建重工产品研发设计、液压、工艺、信息化、数字化、智能化等前沿与基础专业技术研究以及科技创新管理机构。负责协同研发运营中心开展产品研发、市场开拓；主机产品的电气系统研发设计以及电气、智能化等前沿基础技术研究；主机产品的液压流体系统研发设计以及高端液压前沿基础技术研究；机产品工艺、工装等研发设计以及前沿、共性工艺技术的研究及应用；智慧企业体系、业务流程体系的规划、研究与建设以及智慧企业数字化系统、智能化系统的研发、设计与实施；开展新产品研发试验验证、数字孪生技术交互式验证、专业检验检测服务；科技创新、科技平台、知识产权、技术标准的研究与管理。2020年2月成立。驻湖南省长沙市经济技术开发区东七路88号。职工684人。（胡小勇）

【生产保障系统】 负责掘进机、特种装备（含绿色建材装备）、农机装备、煤炭装备、矿山装备、交通装备、专用项目等产品的生产及技术服务资源的培养、储备和提供。统筹管理包头、新疆等外地生产基地的生产。

2020 年 2 月成立。职工 3071 人。

2020 年,产值 69.27 亿元。 （刘 清）

【中铁建特种装备工程有限公司】 主要从事建筑工程用机械、矿山机械的制造;城市轨道桥梁工程服务、交通设施工程服务;铁路、道路、隧道和桥梁工程建筑;市政公用工程施工;城市地铁隧道工程服务;装卸搬运;工程机械管理服务;工程机械维修服务;工程机械检测技术服务;机械设备租赁;建材、装饰材料零售。2012 年 11 月 7 日成立。驻湖南省长沙市经济技术开发区东七路 88 号,注册资本金 4000 万元。

2020 年,营业收入 7.53 亿元。 （陈 瑞）

【道岔分公司】 中国铁路总公司认证的铁路道岔产品专业制造企业。2006 年成立。驻湖南省株洲市。党委书记梁智坚,总经理贾延春。职工 787 人。固定资产原值 51398 万元、净值 17991 万元。

2020 年,新签合同额 13.31 亿元,营业收入 12 亿元。 （程有恒 任斐鸿）

【中铁隆昌铁路器材有限公司】 经营扣件系统、摩擦材料和特种零部件三大产业板块。前身系始建于 1967 年的铁道部隆昌工务器材厂;2008 年 5 月,整体划转到中国铁建股份有限公司;2009 年,改制为中铁隆昌铁路器材有限公司。注册资本金 1.8 亿元。驻四川省隆昌市金鹅街道重庆路 598 号、四川省隆昌市外站路 491 号。党委书记、执行董事杨兵,总经理李宇才。职工 598 人。

2020 年,新签合同额 11.89 亿元,营业收入 9.84 亿元。 （徐林玲）

【株洲中铁电气物资有限公司】 主要从事复合材料研制开发、生产、销售和服务,产品可广泛应用于轨道交通、高速公路、建筑及市政工程、高端装备、海洋装备、汽车、新能源和油气管道等行业和领域。驻湖南省株洲市石峰区北站路 199 号。党委书记、执行董事施展。职工 158 人。2020 年,新签合同额 1.57 亿元,营业收入 1.01 亿元。 （王 健）

【铁建重工新疆有限公司】 拥有完整的自动化生产加工设备和仓储物流系统,西北最大、最先进的立式车床、落地式镗铣床,综合生产加工能力处西北地区首位。注册资本金 3 亿元。执行董事刘海华,党总支书记田泽宇,总经理宋立新。职工 312 人。主要生产设备 302 台(套),包含机加、起重、铆焊、全自动激光切割设备、粉末涂装设备、自动化物流仓储等,设备完好率 100%、利用率 95%。

2020 年,营业收入 2.05 亿元。 （孙春艳）

【铁建重工包头有限公司】 2017 年 5 月 11 日成立,注册资本 1 亿元,其中铁建重工出资 9000 万元(占股 90%)、包头市城市投资建设集团有限公司出资 1000 万元(占股 10%)。驻内蒙古自治区包头市青山区装备制造产业园区远大路 9 号。2020 年 12 月投产,具备盾构机/TBM 及钢结构加工的生产能力。合同制员工 17 人。

2020 年,营业收入 0.15 亿元。 （王雪婷）

【重要记载】

▲5 月 11 日　在铁建重工长沙第二产业园,一批载有凿岩台车、湿喷台车的平板货车相继发车,这是铁建重工地下工程装备首次批量出口到中东市场。

▲6 月 10 日　湖南省科技创新奖励大会在长沙召开。铁建重工牵头并联合中南大学、华中科技大学、浙江大学等单位共同申报的“敞开式全断面岩石隧道掘进装备(TBM)研制及产业化”获 2019 年度湖南省科技进步一等奖。

▲7 月 11 日　铁建重工和中铁十八局联合研制的国产首台新型敞开式 TBM“北江号”顺利验收下线,参建粤港澳大湾区互联互通重点建设项目广州北江引水工程 4 号隧洞建设。

▲9 月 16 日　河南能源化工集团和铁建重工联合研制的煤矿首台全功能智能化 TBM“永煤先锋号”在长沙第二产业园区顺利验收下线,参建河南能源永煤集团城郊煤矿回风大巷。

▲9 月 15—19 日　第 22 届中国国际工业博览会在国家会展中心(上海)举行。作为中国工程院杨华勇院士团队的创新成果代表,铁建重工硬岩隧道掘进机(TBM)参加此次院士专家创新成果展。

▲9 月 27 日　最大开挖直径 16.07 米的超大直径盾构机在铁建重工长沙第一产业园下线。该台“巨无霸”盾构机整机长 150 米,总重量 4300 吨。

▲11 月 23 日　2020 全球工程机械 50 强峰会暨中国建造科技创新大会在上海召开。会上发布 2020 年全球工程机械制造商 50 强榜单,铁建重工连续 4 年上榜,列第 32 位,在上榜的中国企业中排名第 5 位。

▲11 月 24 日　2020 年全国劳动模范和先进工作者表彰大会在北京人民大会堂举行。铁建重工党委书记、董事长刘飞香获评全国劳动模范并接受表彰。

▲12 月 8 日　在铁建重工长沙第二产业园,一批载满隧道施工装备的货车陆续发出,参与高原铁路建设,这是铁建重工首批,也是国产全工序隧道钻爆法施工装备首次批量应用到高原铁路建设。

▲12 月 25 日　铁建重工新疆公司自主研制高端智能六行采棉打包一体机上市，该款采棉打包一体机采净率高于 93%，含杂率低于 10%，具有采收速度快、故障率低等特点；还配备智能检测系统，可利用手机随时随地查看设备工作效率、作业地点等相关信息。

（陈海燕）

中国铁建国际集团有限公司

【简况】　海外大型、特大型基础工程建设承包商，交通建设及城市综合建设运营商，能源、资源、投融资高端运作的发展商，技术开发、装备出口、物流贸易的服务商。2012 年 4 月 11 日组建，同年 9 月 20 日完成工商注册。总部驻北京市海淀区复兴路 40 号。下设中国铁建国际集团有限公司北非区域公司、中国铁建国际集团有限公司西非区域公司、中国铁建国际集团有限公司港澳区域公司、中国铁建国际集团有限公司亚太区域公司、中国铁建国际集团有限公司美洲区域公司、中国铁建国际集团有限公司欧亚区域公司、中国铁建国际集团有限公司中东区域公司、中国铁建国际集团有限公司东南亚区域公司八个区域公司，以及一个境内公司、一个直管境外公司、一个直管事业部。共有中国铁建（香港）有限公司、中国铁建（加勒比）有限公司、中国铁建马来西亚有限公司、中国铁建墨西哥有限公司、中国铁建俄罗斯有限公司、中铁建（北京）国际贸易公司、中国铁建西非有限公司、中国铁建（东南亚）有限公司、中国铁建巴西有限公司、中国铁建阿尔及利亚有限公司、中国铁建（国际）尼日利亚有限公司、中国铁建国际集团美洲区域总部、中国铁建股份有限公司沙特分公司、中国铁建股份有限公司安哥拉分公司、中国铁建股份有限公司卡塔尔分公司、中国铁建股份有限公司阿根廷分公司、中国铁建国际集团有限公司孟加拉分公司、中国铁建国际集团有限公司玻利维亚分公司、中国铁建国际集团有限公司中美洲分公司、中国铁建国际集团有限公司摩洛哥分公司、中国铁建国际集团有限公司秘鲁分公司、中国铁建国际集团有限公司格林纳达分公司、中国铁建国际集团有限公司哥斯达黎加分公司、中国铁建国际集团有限公司智利分公司、中国铁建国际集团有限公司圭亚那分公司、中国铁建股份有限公司伊朗代表处、中国铁建股份有限公司刚果（布）代表处、中国铁建股份有限公司莫桑比克代表处、中国铁建股份有限公司巴基斯坦代表处、中国铁建国际集团有限公司东非代表处、中国铁建国际集团有限公司印度尼西亚代表处、中国铁建国际集团有限公司巴基斯坦代表处、中国铁建国际集团有限公司柬埔寨代表处、中国铁建国际集团有限公司突尼斯代表处、中铁建物业投资（香港）有限公司、中铁国际贸易（香港）有限公司、中国铁建—中国中铁—中国交建联合体有限公司、红日国际经贸有限公司 38 个正式注册的境内外法人公司和办事机构。职工 583 人。资产总额 961431.4 万元。其中，固定资产原值 44072.8万元、净值 9255.1 万元，流动资产 878734.3 万元。机械运输设备 1622 台（套），设备原值 42698.6 万元、净值 6832.2 万元。

2020 年，新签项目 46 个，新签合同额 941.51 亿元。营业收入 78.72 亿元，利润 1.69 亿元。职工年人均收入 34.7 万元。企业净资产收益率 4.6%，净利润率 2.14%，资产负债率 61.9%。获 2020 年度对外承包工程企业信用等级 AAA 等级评价、第六届全国文明单位、2019—2020 年度优秀政研成果一等奖、第十一届“创新杯”建筑信息模型（BIM）应用大赛工程全生命周期 BIM 应用特等成果奖、首届工程建设行业 BIM 大赛建筑工程综合应用类一等成果奖、北京市三八红旗集体等。1 人获中华全国铁路总工会火车头奖章，1 人获评中华全国铁路总工会全国先进女职工，1 个家庭获评全国文明家庭，1 个家庭获评首都最美家庭。

（熊丛文）

【领导人员】

董事会

董事长	卓　磊
副董事长	陆建忠（10 月任）
董事	莫文贺
	魏万征
	薛立智
职工董事	冯来刚

监事会

监事会主席	李德玮
监事	曲　勇
职工监事	李　红

经理层

总经理	莫文贺
执行总经理	仇　湘
副总经理	魏万征
	薛立智
	于洪忠
	李重阳

杨晋军
徐华祥

总会计师　薛立智(兼)

总法律顾问　于洪忠(兼)

首席合规官　于洪忠(兼)

党群领导

党委书记　卓　磊

党委副书记　莫文贺
冯来刚

纪委书记　李德玮

工会主席　冯来刚

(王玉强　王　帅)

【职工队伍】　职工583人。硕士研究生及以上学历259人,本科学历303人,大专及以下学历21人。专业技术人员548人,其中正高级专业技术人员14人、高级专业技术人员222人、中级专业技术人员159人、初级专业技术人员153人。35岁及以下267人,36~40岁130人,41~45岁69人,46~50岁72人,51~54岁24人,55~59岁15人。　(王玉强　乔方源)

【海外工程】　沙特达曼至利雅得2号线铁路整修工程　项目分为78.4千米段和91千米段,业主为沙特铁路机构。78.4千米段2014年8月26日签订合同,同年10月开工,合同投资20482万元,2017年底完工;91千米段2015年3月25日签订合同,同年5月开工,合同投资26917万元,处于缺陷整改阶段,开工累计完成投资27313万元。

沙特麦加轻轨铁路2019年运营维保项目　2019年6月6日签订合同,合同投资70868万元。主要工程内容:麦加轻轨服务期系统维保管理(包括朝觐期间),车辆、站台膜结构和轨道的局部修复工作等。朝觐运营自2019年8月8日开始,8月14日结束,持续运营156小时。其间开行列车2214列,累计发送朝觐者240万人次。2020年签订两次补充合同,补充合同1合同期限2019年10月11日至2020年3月10日,合同投资2625万元;补充合同2合同期限2020年4月1日至2020年12月31日,合同投资3750万元。补充合同内容已完成,均签订结算协议。

特多丘吉尔罗斯福高速公路与南部干道交叉口立交桥及其附属工程设计施工工程　位于连接特多首都西班牙港和阿里马自治市的丘吉尔罗斯福高速的中间地带。业主为特多政府基础设施工程部。2017年10月12日签订合同,合同投资21363万元。主要工程内容:深化设计及施工,新建桥面宽13.6米、桥长76延长米的立交桥1座,高速中央隔离带新建道路,高速道路两边加宽,南部主干道改建,6条匝道和附属道路3条以及其他附属工程的设计与施工。2018年1月24日开工,2020年6月8日竣工通车,缺陷责任期2年。

特多阿利玛医院设计、施工、设备供应和试运行　位于特立尼达岛阿利玛市。占地面积14051平方米,建筑面积26000平方米。业主为特多卫生部。2014年12月31日签订合同,合同投资124002万元,合同工期60个月。主要工程内容:拆除旧建筑,建设150个床位新医院大楼,采购并安装医疗设备,对各专业系统设备进行测试、试运行及维护、人员培训等。2015年6月15日开工,2017年9月20日完成主体结构封顶,2020年6月9日移交业主。

多巴哥老炮台山医学院改建工程　位于多巴哥炮台山,原斯卡伯勒医院西南侧。特多政府出资,业主为特多城市发展有限公司。合同投资433.64万元。主要工程内容:将原有停止使用的西南侧一层和二层的办公室和设备室内改造成教室,供教学和教师办公使用。2020年2月14日开工,2020年4月26日移交业主。

特多西班牙港总医院外科病房及手术室搬迁改造工程　位于特多西班牙港圣詹姆斯医疗中心,业主为特多城乡发展有限公司,合同投资3280万元。项目室内面积1700平方米。主要工程内容:南北两部医用电梯、室内平面建筑结构及建筑装修、空调水电的设计与施工,家具、医疗设备的采购、安装与调试。2019年3月27日开工,2020年3月6日移交业主。

多巴哥罗克斯伯勒消防站工程　位于多巴哥岛东部罗克斯伯勒地区,Windward路。占地面积3355平方米,总建筑面积1633平方米。业主为特多城镇发展有限公司。2019年4月8日签订合同,合同工期15个月,合同投资3088万元。2019年3月20日开工,2020年7月20日移交业主。

泰国曼谷上城公寓工程　位于泰国曼谷市辉煌区。总建筑面积12.8万平方米。业主为碧桂园有限公司。2018年5月23日签订合同,合同投资14456万元,合同工期16个月。主要工程内容:土建结构二次结构及外立面装饰工程。已完成全部工作内容,进入验收阶段,缺陷责任期2年,至2021年12月31日。

泰国曼谷暹罗素坤逸路48巷公寓工程　位于泰国曼谷市素坤逸路48巷。总建筑面积2.6万平方米。业主为暹罗地产有限公司。2017年6月15日签订合同,合同投资16557万元,合同工期30个月。主要工程内容:土建装修工程和机电工程。2020年4月30日竣工移交。

泰国曼谷暹罗素坤逸路42巷高端公寓工程　位于泰国曼谷市素坤逸路42巷。总建筑面积3.09万平方米，其中主楼2.79万平方米，附楼3000平方米。业主为暹罗地产有限公司。2018年3月20日签订合同，合同投资13551万元，合同工期27个月。主要工程内容：结构、装饰、室外工程。2020年4月30日竣工移交，开工累计完成投资11395万元。

孟加拉阿米果厂房及辅助建筑建设工程　位于孟加拉国达卡市贾吉普区，业主为AMIGO BANGLADESH LTD。厂区占地面积20.2万平方米，总建筑面积13.2万平方米。主要工程内容：1号楼、2号楼、办公楼、宿舍楼等12个单体建筑的主体结构、装修、水电、给排水、消防、防雷等施工，以及厂区整体道路、围墙、排水系统、回用水系统、排污系统、消防系统、供水供电系统等附属工程。2016年12月12日，阿米果一期厂房及附属建筑工程项目签约，合同投资32114万元，合同工期34个月，2017年1月15日开工；2017年1月21日，孟加拉阿米果二期厂房建筑工程项目签约，合同投资16329万元，合同工期28个月，2017年1月25日开工；阿米果洗水房工程，合同投资2210万元，合同工期16个月，2018年6月12日开工；阿米果污水厂工程，合同投资2141万元，合同工期16个月，2018年6月12日正式开工。项目完成全部工作内容，进入质保阶段。

几内亚CBG公司parawi铺轨工程　位于几内亚博凯大区桑格里地市，业主为美国铝业公司。2019年7月1日签约，2019年7月2日开工，合同投资2591万元。主要工程内容：道路铺设CFB工程用于铺设道路/轨道标段施工，路基4.8千米，终点单线480米，其他为双线和三线，线路备料、铺砟、正线铺轨，起道、沉落整修、其他安装以及相关工程。2020年1月31日完工，开工累计完成投资2703万元。

几内亚涵洞埋设工程　位于几内亚博凯大区桑格里地市，业主为美国铝业公司。2017年12月1日签约，2017年12月7日开工，合同投资80万元。主要工程内容：位于施工便道的两座涵管安装、八字墙、护坡及涵洞顶部回填。2019年11月13日完工，2020年4月15日签署验收报告，开工累计完成投资81万元。

阿尔及利亚贝佳亚连接线工程　连接贝佳亚港口和东西高速公路，全长100千米。2013年12月18日开工，合同工期80个月，中国铁建和SAPTA联合体承担施工，中国铁建占91%。2019年签订7号补充协议，中国铁建合同投资900366万元。主要工程内容：道路、桥梁及隧道工程设计与施工。SIDI AICH隧道左洞2020年6月28日贯通、右洞2020年11月30日贯通，PK22－PK32段2020年11月30日正式通车。开工累计完成投资857365万元。

阿尔及利亚特莱姆森连接线工程　连接阿尔及利亚西部重要港口贾扎维港和东西高速公路连接线一期工程，全长11.6千米，设计时速80～110千米，双向6车道，执行欧洲技术标准。合同投资167027万元，合同工期51个月。2014年12月30日开工，截至2020年底，主体工程全部完工，具备通车条件，处于收尾工程施工阶段。开工累计完成投资156311万元。

阿尔及利亚贝佳亚2000套保障房设计与施工工程　政府投资住宅小区，业主为贝佳亚房地产管理局，合同投资41525万元。总使用面积13.4万平方米，65栋楼。2013年12月签订合同，2014年2月18日开工，合同工期24个月。截至2020年底，项目主体结构全部完工，装修水电基本完工办理临时验收中。开工累计完成投资43535万元。

阿尔及利亚布里达省5000套租售房工程　阿尔及利亚政府投资住宅小区，业主为阿尔及利亚住房改善与发展局。总使用面积38.75万平方米，185栋楼。2014年6月25日签订合同，合同投资120323万元，2014年8月28日开工，合同工期32个月。2019年签订6号补充合同，合同投资123842万元。项目完成临时验收。开工累计完成投资125289万元。

阿尔及利亚布里达省2000套租售房设计施工工程　阿尔及利亚政府投资住宅小区，业主单位为阿尔及利亚住房改善与发展局。总使用面积15.5万平方米，65栋楼。2014年6月25日签订合同，合同投资47698万元，2014年8月28日开工，合同工期28个月。2019年签订5号补充合同，合同投资49496万元。项目主体结构全部完工，装修水电完成95%。开工累计完成投资53218万元。

阿尔及利亚比斯克拉温泉疗养中心设计与施工工程　阿尔及利亚国防部投资的设计施工交钥匙工程，业主为阿尔及利亚国防部基础设施施工局，合同投资34949万元。总建筑面积2.03万平方米，含宾馆、温泉疗养区、餐厅及室外设施等。2017年10月18日签订合同，11月20日签发开工令，合同工期24个月。项目完成施工并进入调试验收阶段。开工累计完成投资39684万元。

阿尔及利亚艾因迪夫拉温泉疗养中心设计与施工工程　阿尔及利亚国防部投资的设计施工交钥匙工程，业主为阿尔及利亚国防部基础设施施工局。总建筑面积2.03万平方米，含宾馆、温泉疗养区、餐厅及室外设施等。2018年5月7日签订合同，合同工期18个月，合同投资33783万元。主楼结构接近完工，装修机电施工已经启动。开工累计完成投资24334万元。

阿尔及利亚布哈尼菲亚温泉疗养院工程　阿尔及利亚国防部投资的设计施工交钥匙工程，业主为阿国防部基础设施施工局。总建筑面积2.03万平方米，含宾馆、温泉疗养区、餐厅及室外设施等。2018 年 5 月 7 日签订合同,合同工期 18 个月,合同投资 31358 万元。主楼及别墅、员工宿舍等建筑完成施工,开始装修机电施工。开工累计完成投资 9625 万元。

阿尔及利亚达尔夫省家庭度假村工程　阿尔及利亚国防部投资的设计施工交钥匙工程,业主为阿尔及利亚国防部基础设施施工局。总建筑面积 3.8 万平方米,含宾馆、温泉疗养区、餐厅及室外设施等。2019 年 4 月 30 日签订合同,合同工期 24 个月,合同投资 15279 万元。开工累计完成投资 5734 万元。

阿尔及利亚比斯卡拉乌马什三期工程　位于阿尔及利亚比斯卡拉省乌马什镇附近,业主为阿尔及利亚电力生产公司和电力天然气工程公司。CRCCI - YOUKAIS 联合体先后与联合承包商 HDEC(韩国现代工程建设有限公司)签订场平合同和土木工程合同,合同工期 35 个月;与总承包商 HYENCO(由 SONELGAZ 与三家韩国公司共同成立的 EPC 公司)签订土木结构工程和装修工程合同,合同工期 42 个月,合同投资 15527 万元。2020 年 7 月 9 日开工。开工累计完成投资 7488 万元。

阿尔及利亚东西高速东段设备运营安装工程　横跨阿尔及利亚东部 EL TARF 至 BBA 8 个省份,业主为高速公路管理局。2020 年 10 月 20 日开工,合同投资 88034 万元,合同工期 2 年。主要工程内容:收费站内的建筑工程、装修装饰工程、安装工程、市政工程。开工累计完成投资 5419 万元。

沙特内政部第五期军营工程　遍布沙特东部、中部以及西部地区。总建筑面积 155 万平方米,包括 243 个地块,单体建筑 1707 个,含结构、装饰装修、家具、家电、机电系统安装、室外配套、绿化等工程。设计施工总承包模式。合同工期 1440 天。业主为沙特阿拉伯内政部。2014 年 10 月 25 日、2014 年 11 月 25 日分别签订两部分合同,合同投资 1755244 万元,开工日期分别为 2015 年 1 月 8 日、2015 年 3 月 5 日。开工累计完成投资 236964 万元。

卡塔尔卢赛尔体育场工程　2022 年世界杯主体育场,可容纳观众 92500 人,总建筑面积 18 万平方米。业主单位为卡塔尔交付与遗产最高委员会。2016 年 11 月 10 日签订合同,2016 年 11 月 21 日开工,合同工期 1197 天,合同投资 522324 万元。主要工程内容:结构、顶棚、比赛场地、球队房间、进场区、退场区、卫生间、观众席、记者区、记分板以及其他所有附属设施等。开工累计完成投资 479018 万元。

沙特萨勒曼国王能源城南部基础设施和管线工程　位于沙特阿拉伯东部省布盖格地区,占地面积 12.8 平方千米。业主为沙特阿美石油公司。2019 年 5 月 22 日开工,合同投资 172170 万元,合同工期 740 天。主要工程内容:市政道路、管线、电缆、交通信号等 16 个系统的安装和实施,其中实施道路 54 千米、管线铺设 305.1 千米、中压与低压电缆铺设 502.4 千米、通信电缆铺设 951.4 千米、涵洞 2 个、蓄水蒸发池 14 个。开工累计完成投资 162211 万元。

沙特货运 2 号线侧线延长线工程　全长 20.9 千米,业主为沙特铁路组织。2020 年 6 月 15 日开工,合同投资 21620 万元,合同工期 24 个月。主要工程量:路基土石方 29.06 万立方米、道砟 4.65 万立方米,既有箱/管涵修复接长 12 座、新铺轨 20.9 千米,新铺道岔 8 组,拆铺道岔 14 组,以及修复平立交道口 6 处,其中靠近达曼方向的三处侧线业主要求新增 ETCS - 1 信号系统。开工累计完成投资 2149 万元。

马来西亚槟城梦想之城工程　位于槟城乔治城邻海处,建筑总高 148.4 米,总建筑面积 15 万平方米。业主为 Ewein Zenith 私人有限公司。合同投资 41693 万元,合同工期 24 个月, 2018 年 1 月 18 日开工。主要工程内容:首层酒店大堂、1 ~ 5 层的停车场及第 6 层多功能设施(主要包括游泳池、健身房、保龄球馆以及迷你高尔夫球场)组成的裙楼,7 ~ 34 层为公寓套房,572 户。开工累计完成投资 38800 万元。

马来西亚金新铁路工程　位于马来西亚金马士与新山之间,业主为马来西亚交通部。合同工期 59 个月,合同投资 1446072 万元。2019 年 8 月开工。主要工程内容:双线电气化升级改造米轨铁路,正线全长 191.14 千米,沿线设置车站 11 座、车辆段 1 个;线下工程以路基和高架桥为主,轨道采用 54E1 无缝线路,机车采用电力牵引。开工累计完成投资 395611 万元。

马来西亚吉隆坡轻轨 3 号线工程 GS06 标段　业主为马来西亚国家基建公司。2017 年 12 月 29 日签订合同,合同工期 58 个月,合同投资 131449 万元。主要工程内容:3.9 千米长高架区段的土建部分,包括 2 站 3 区间。开工累计完成投资 22264 万元。

马来西亚怡宝技术学院工程　位于马来西亚霹雳州。业主为教育局。2019 年 12 月 23 日开工,合同工期 18 个月,合同投资 17048 万元。主要工程内容:承建技术学院主建筑、多功能厅、伊斯兰中心、造船实验车间、船舶维修及维护车间、车库、泵房、配电房、男生宿舍、女生宿舍、职工宿舍、警卫室等 4.2 万平方米。开工累计完成投资 2413 万元。

泰国巴蜀至春蓬复线铁路巴蜀至邦萨潘诺伊段工程　位于泰国巴蜀府,全长 167 千米。业主为泰国铁路局。2017 年 12 月 28 日签订合同,合同投资 129063 万元,合同工期 33 个月,工期延期 15 个月。2018 年 2 月 1 日开工。主要工程内容:88 千米线路范围内的路基、桥梁、车站、轨道工程施工。开工累计完成投资24799万元。

泰国23号国道改扩建工程M标段　位于泰国东北部的黎逸府，全长25.9千米。业主为泰国公路局，资金来源为亚行融资贷款。2018年8月10日签订合同，合同工期870天。合同投资19600万元。2018年10月1日开工。主要工程内容：路基填方57万立方米，水泥改良土基层7.2万立方米，沥青路面4.66万立方米，旧桥拆除12座626延长米，新建桥梁24座1252延长米，卡车服务区1座。开工累计完成投资6209万元。

星迈黎亚泰国二期商城工程　位于泰国北榄府，室内建筑面积34000平方米，室外建筑面积48000平方米。2020年7月29日签订合同，合同投资3787万元。主要工程内容：ABCD四栋钢结构厂房的室内装修工程、机电工程，室外给排水系统、路面工程、水泵房、化粪池、保安亭、停车场、监控系统、广播系统、交通标示工程、室外绿化工程。开工累计完成投资3657万元。

多巴哥罗克斯伯勒医院工程　位于多巴哥岛东部罗克斯伯勒地区，Bloody Bay路。占地8031平方米，总建筑面积2722平方米。业主为多巴哥议会。2019年7月1日开工，合同投资6991万元，合同工期458天，缺陷责任期12个月。主要工程内容：设计、施工、医疗设备和各配套系统的采购、安装、试运行、人员培训和后期维护。开工累计完成投资7151万元。

多巴哥ANR罗宾逊国际机场新建航站楼及附属工程——主体工程　位于特立尼达和多巴哥共和国多巴哥岛的西南角。建筑面积2.58万平方米，总占地面积26.8万平方米。业主是特多国家基础设施发展有限公司。2020年1月28日签署合同，合同工期24个月，合同投资89758万元。主要工程内容：新建航站楼工程、空侧工程、陆侧工程、新航站楼的装备、征地范围内建筑物的拆迁、公共服务设施的改移等。开工累计完成投资5975万元。

多巴哥ANR罗宾逊国际机场新建航站楼及附属工程——升级改造工程　位于特立尼达和多巴哥共和国多巴哥岛的西南角。建筑面积1263平方米。业主为特多国家基础设施发展有限公司。2020年1月28日签署合同，开工日期2020年6月18日，合同工期6个月，缺陷责任期24个月，合同投资3808万元。主要工程内容：扩建既有航站楼的候机厅和行李提取大厅，室外道路、给排水设施和钢结构雨棚的升级和改造，增加既有航站楼的装备采购、购买和安装等。开工累计完成投资1893万元。

阿利玛总医院维保项目　业主为特多城镇发展有限公司，合同投资1589万元，合同工期1年，开工日期2020年6月1日。主要工程内容：预维护、纠正性维护、培训、维护的计划表、呼叫服务。开工累计完成投资787万元。

特多立交桥及其附属道路工程　位于中美洲特立尼达和多巴哥境内，业主为国家基础设施发展有限公司。2020年5月20日签订合同，合同工期18个月，开工日期2020年8月17日，缺陷责任期2年，合同投资19482万元。主要工程内容：上跨迭戈马丁高速主桥1座、连接线2条，匝道3条以及其他附属道路2条。开工累计完成投资2351万元。

玻利维亚鲁雷纳瓦克至里韦拉尔塔公路工程　位于玻利维亚贝尼省，全长508.07千米，设计时速100千米。业主为玻利维亚公路管理局。2014年8月27日签署合同，合同投资362131万元。2020年10月30日，签订第4号补充合同，全线各标段工期均延长911天，调整后合同工期98个月。开工累计完成投资249770万元。

安哥拉卡宾达新建供水工程　业主单位为安哥拉能源水利部。2016年6月30日签订合同，合同投资58903万元，合同工期23个月。主要工程内容：专项设计及施工方案的优化，包括主蓄水池、办公楼、各区域发电机房提升泵站等附属配套房的土建施工；卡宾达市区主输水管道铺设、兰达纳市区输水配水（含入户）施工。开工累计完成投资40388万元。

几内亚五城市供水项目－1标段莱鲁玛市工程　位于洛拉、约穆、图盖、莱鲁马和加瓦尔5座城市，业主为几内亚水利能源部。合同投资1722万元。主要工程内容：在Lélou河上筑坝拦水，采用两台水泵取水，新修蓄水池2座，水站运营楼1栋，行政管理楼1栋，输水管道铺设。开工累计完成投资1822万元。

几内亚20000套安居房工程　业主为几内亚国家规划和房地产开发公司。2020年8月12日签约，合同投资688255万元。主要工程内容：2万套安居房及附录中所涵盖的配套设施（道路、照明、水路及电路工程等），首期试验段为314套安居房和26套门面房。开工累计完成投资2284万元。

科特迪瓦国防部统一通信二期工程　业主为科特迪瓦国防部。2019年12月11日签约，2020年1月1日开工，合同投资96062万元。主要工程内容：通信网络系统设备采购、安装和人员培训，以及相关土建安装、光纤和自助铁塔。开工累计完成投资19490万元。

俄罗斯莫斯科地铁第三换乘环线西南段工程　位于莫斯科市西南部，3站4区间，全长5.3千米。业主为莫斯科工程设计院。初步设计合同投资3157万元，合同工期8个月；施工合同投资273177万元，工期至

2020年12月31日;施工补充协议合同投资10026万元;最新施工进度表工期至2021年12月31日。主要工程内容:车站、区间和附属结构的土建施工以及铺轨工程。开工累计完成投资214086万元。

俄罗斯莫斯科地铁西南线工程　全长6489米,3站3区间。业主为工程技术发展管理开放式股份公司。2019年4月16日签署合同。合同工期至2023年6月30日。合同投资283856万元。开工累计完成投资115659万元。

俄罗斯莫斯科地铁第三换乘线东段大盾构工程　位于莫斯科市东南部地区,全长2.95千米。业主为莫斯科工程设计院。2019年2月26日签署施工合同,合同投资564150万元,合同工期至2021年2月3日。2020年12月28日签署补充协议,区间长度延长,合同投资增加至83853万元,工期延长至2021年6月25日。开工累计完成投资38680万元。

俄罗斯别雷拉斯特物流园工程　业主为别雷拉斯特终端物流中心有限责任公司。2019年10月8日签订合同,合同投资3914万元;2020年1月21日签署吊车基础施工合同;2020年10月5日合同投资增加5171万元。主要工程内容:6.3万平方米道路工程以及地磅基础、平台支撑板、龙门吊轨道梁等控制工期的关键性工程。开工累计完成投资5669万元。

俄罗斯莫喀高速公路工程　全长729千米,其中第5标段长108.25千米。业主为俄罗斯国家公路集团。2020年9月21日签订合同,合同投资531874万元,合同工期至2024年6月30日。主要工程内容:勘察设计、施工准备,路基、桥涵、路面、机电、大型临时设施等工程的施工及采购。开工累计完成投资73735万元。

俄罗斯四川楚瓦什农业园青贮场工程　业主为四川楚瓦什农工商有限责任公司。2020年2月27日签署设计合同,合同投资150万元;2020年5月13日签署施工合同,合同投资4761万元。2020年6月1日开工。主要工程内容:依照业主提供的技术任务书完成有效堆放总面积不少于72000平方米,可容纳385000立方米(23万吨)的青贮场的设计和建设工作。开工累计完成投资372万元。

俄罗斯米丘林大街地铁上盖地产开发设计工程　业主为米丘林大街交通枢纽项目有限公司。合同投资1344万元。2019年9月25日签约,主要工程内容:2号场地1期工程的概念、初步和施工图设计以及1号场地2期工程的概念设计。开工累计完成投资1227万元。

尼日利亚翁多州人行天桥工程　位于尼日利亚翁多州依瑞雷市。业主为尼日利亚尼日尔三角洲事务部。合同投资900万元。2019年3月1日签约,2019年6月20日开工。主要工程内容:建设长400米、宽3.8米的钢筋混凝土人行天桥1座,包括桩基础、桩承台、墩柱、桥面系等工程。开工累计完成投资103万元。

尼日利亚塞吉罗拉金矿工程　房屋建筑面积12538.72平方米。业主为塞吉罗拉资源开发有限公司。合同投资2865万元,2020年3月9日签约,2020年2月1日开工。主要工程内容:清表、场地平整、原矿堆场、各类车间、皮带廊、中间矿堆、浸出吸附车间、试化验室、仓库、新水池、回水池、尾矿输送系统、尾矿坝、水坝、原水输送系统、尾矿回水系统、炸药库、发电站、永久营地、道路及其他辅助和福利设施。开工累计完成投资2437万元。　（王欣然）

【港澳工程】　香港南港岛线东段黄竹坑地铁站下行人行通道工程　业主为香港铁路有限公司。2019年1月10日开工,合同投资971万元,合同工期18个月。主要工程内容:建造长125米的人行通道上盖1条,机电和屋宇设备安装,迁移小巴站牌和路政署交通指示牌和地基,临时交通管理方案。2020年7月23日取得竣工证书。

广深港高铁香港段轨旁信号设施维护工程　业主为香港铁路有限公司。2018年3月19日签订合同,合同投资27489万元,其中铁建国际合同份额13010万元。主要工程内容:对广深港高铁香港段轨旁信号设备以及信号系统进行半年试运行期和三年正式营运期的故障维保和定期维保,并可选择续签3年的维护合约。开工累计完成投资5366万元。

香港港铁接触网监测工程　业主为香港铁路有限公司。2019年9月30日签订合同,合同投资3004万元,合同工期44个月。主要工程内容:为港铁供应接触网综合监测系统2套,分别安装于25000V交流和1500V直流接触网系统的9款车型上。开工累计完成投资792万元。

粉岭绕道东段(崇谦堂至九龙坑)高架道路工程　业主为香港土木工程拓展署。2020年4月16日签订合同,合同投资201524万元,其中铁建国际合同份额71944万元,合同工期54个月。主要工程内容:建造1段长2千米由崇谦堂至九龙坑的双线双程粉岭绕道东段,路段主要为高架桥并包括两条横跨现有东铁线的长跨距天桥;修改部分支路及粉岭公路,并重定走线;建造、迁移隔音屏障;改动及加建行人天桥;重置巴士转乘站;进行相关的斜坡、土地勘测,安装土力仪器及监测、挡土墙、排水系统、水务、污水收集系统,安装交通管制及监察系统,机电及环境美化工程。开工累计完成投资6648万元。　（王欣然）

【工程经营】 2020年，新签项目46个，新签合同额138亿美元，完成股份公司下达年度计划135亿美元的102%。业务结构日趋均衡，新业务领域增加，项目落地迅速。泰国林查班港口开发项目三期、加纳阿克拉和库马西两城垃圾综合处理、泰国储油罐和生物柴油炼油厂、阿尔及利亚联合循环电厂、沙特麦加轻轨大修等项目合同的签署，标志着公司在大型港口建设、固废处理发电、石化设施工程、电力基础设施、轨道交通设施维修等多领域实现新突破，有力推动公司业务向多元化发展。项目迅速落地特征明显，泰国林查班港口项目，2020年9月签署分包合同，年内即收到预付款；俄罗斯莫喀高速公路项目第5标段自2019年跟踪，2020年9月中标，是唯一一家外国公司中标的标段；科特迪瓦国防部GF通信二期项目2019年12月签署商务合同，2020年4月签署融资协议，10月签署贷款协议，年内收到预付款。积极推动投建营一体化，投资业务再获丰收。继泰国EEC高铁（投资额74亿美元）之后，实现智利5号公路签约目标（投资额12亿美元），项目的签约优化业务模式，有力拓展市场空间。特别是泰国EEC高铁EPC项目金额约50亿美元，是中国企业在海外首次成功参与高铁领域投资并获得EPC总包的项目，是铁建国际落实投建营一体化发展思路的重要成果。高端对接助力市场开发。5月和7月，先后两次协助国家发展改革委在铁建国际总部召开中吉乌铁路项目三方工作会；9月，策划巴基斯坦新任驻华大使莫因·哈克到访中国铁建；11月，参加第十七届中国—东盟博览会并在中国—东盟自贸区10周年专题论坛上做主旨发言，受邀参加第十二届中国对外投资合作洽谈会，受邀出席2020年中国对外承包工程企业发展高层论坛；12月，受邀出席中国对外承包工程商会第七届六次理事会暨2020年行业年会。市场开发软实力提升，企业综合竞争力增强。成功申请全球邓白氏编码（DUNS），满足参与欧美等发达国家项目投标的此项必要条件。首次获评中国对外承包工程商会2020年度企业信用等级评价AAA级，彰显企业综合实力。

（杨宝成）

【企业管理】 2020年，根据业务发展需要，注册境外机构4个，分别为中国铁建国际集团有限公司智利分公司、中国铁建国际集团有限公司格林纳达分公司、中国铁建国际集团有限公司哥斯达黎加分公司和中国铁建国际集团有限公司圭亚那分公司。注销中国铁建美国有限责任公司。

（文家珍）

【党群工作】 党的工作。下辖二级党组织11个，其中党委6个、党总支4个、直属党支部1个。党员433人。持续加强政治建设，扎实巩固深化“不忘初心、牢记使命”主题教育成果，为企业高质量发展提供坚强保障。以党委中心组学习为龙头，深入学习领会习近平新时代中国特色社会主义思想和党的十九届五中全会精神，全年开展集体学习13次，专题研讨4次，3次邀请有关专家围绕学习贯彻十九届五中全会精神等内容做辅导讲座。坚持党的领导，强化党委把关定向作用，大力推行“三重一大”系统建设，及时修订完善“三重一大”决策程序，上线运行“三重一大”监管系统，规范录入会议23次、议题100余项，进一步巩固党组织的领导地位。两级党组织召开党委（总支）会议186次，其中前置讨论中涉及生产经营重大事项70%。坚持推动所属单位和项目部制定“三重一大”集体决策制度和事项清单，覆盖率100%。集团纪委牵头7个部门集中开展“三重一大”决策制度建立与执行情况专项检查，出具整改建议47条并督促所属单位限期整改，进一步提升各单位决策质量。全力做好疫情防控工作。面对境内外疫情两线作战的挑战，牢固确立“生命至上、员工至上”理念，慎终如始抓好疫情防控。加强领导，压实责任。班子成员亲自挂帅境外疫情防控，对疫情防控进行全面督导，压实防控责任。内外联动，加强保障。协调向境外发运防疫物资66批次，覆盖25个国家，为境外防疫解决燃眉之急。各境外单位同时加大在属地采购力度，确保储备用量。突出重点，筑牢屏障。按照“一国一策”和“一项目一策”的要求，指导境外公司、项目部建立应急预案，多次进行修订完善。加强与驻在国使领馆、政府部门、医疗机构对接，协调解决检测机构、收治医院、隔离房间等。积极援外，彰显担当。奋力抢建特多收治新冠肺炎定点医院，妥善安置滞留阿尔及利亚21名中国留学生，积极开展对外捐赠，向阿尔及利亚、科特迪瓦、俄罗斯、马来西亚等近20个国家，以实物和现金方式，捐赠呼吸机、医用口罩以及检测试剂盒等其他防疫物资。抓好党务干部培训，利用信息手段，推进党员在线培训教育，开展在线答题等活动，开展为期5天的党组织书记培训。以总部集中与境外远程培训相结合的方式进行，部分课程扩大到全体党员、入党积极分子，近300人参加培训。先后委派近10名党务工作人员或党组织书记参加股份公司举办的党务培训，组织全体基层党支部书记参加中国铁建2020年党支部书记在线培训。狠抓党建工作责任制落实。铁建国际党委获评“优秀”等级。严格抓好对所属单位责任考核，坚持把党建工作责任制作为提升党建水平的重要抓手，总结考核经验，修订并改进考核办法，个性化制定任务指标106个，强化抓党建意识。根据公司组织架构和发展层次的不同，探索符合境外特点的“红黄蓝”三线考核办法，立足工作实效,不搞“上下一般粗”,确保党建工作焕发活力。全年新建或修订《中国铁建国际集团有限公司党委议事规则》《中国铁建国际集团有限公司“三重一大”主要事项会议决策程序和范围细目》等党内制度办法。

宣传和企业文化工作。2020 年,铁建国际在国际国内主流媒体刊发各类稿件数量同比增长 97%,获评中国铁建宣传报道先进单位、中国铁建新媒体建设先进单位。制作的短视频《这项工程,让 60 万安哥拉人用上干净水》作为唯一一部中央企业在境外履行社会责任以及外语作品,获由国务院新闻办公室指导、中国外文局主办的 2020 年“讲好中国故事”创意传播大赛三等奖;《为特多战“疫”提供“铁建方案”》获中央企业践行社会主义核心价值观主题微电影征集活动二等奖,获《人民日报》“我的 2020”第二届全球华人生活短视频大赛同心抗疫优秀作品奖,成为传播中国故事的生动案例。集团党委积极拓宽对外传播渠道,协同各单位对接中央媒体不同语种部室、记者站,融入国家外宣主题主线,推出莫斯科地铁项目“胜利号”盾构机始发、中国建造首次登上卡塔尔货币等 20 余部流量破 1000 万次的爆款作品。同时,以当地人讲当地事的形式,推出《我为家乡修公路》等法语、俄语、西班牙语作品,扩大传播范围和受众人群,为全球合作伙伴多维度了解铁建国际生产经营信息提供渠道和便利。大力推进企业文化和精神文明建设。2020 年,铁建国际获评“全国文明单位”,成为“走出去”企业文明创建的优秀典范;此外,1 个员工家庭获评“全国文明家庭”,成为全系统唯一一家“双全国文明”单位。铁建国际沙特萨勒曼国王能源城基础设施和管线项目获中国铁建“企业文化建设优秀项目部”称号,是中国铁建系统内唯一获此荣誉的海外项目。集团公司积极参加“创文明城区,树时代新人”做文明有礼的北京人礼仪大赛,囊括大赛“特等奖”“最佳组织奖”“卓越礼仪之星”三项大奖,展现“一带一路”建设者文明风采,树立良好的企业形象。各级党组织切实强化社会责任,彰显文明形象,铁建国际获评承包工程信用等级评价 AAA 级企业、贝佳亚连接线项目获“海外工程优秀营地”称号,有效扩大企业国际影响力。

统战工作。加强统战基础信息统计工作,对统战成员、统战工作人员信息实行动态管理;建立统战工作人员队伍,明确工作职责;通过组织集体学习、座谈会,员工文化体育活动等进一步畅通统战成员建言献策的沟通渠道,增强统战成员爱国爱企之情,激发统战成员为实现企业高质量发展贡献力量的热情。

纪检工作。聚焦主责主业,强化政治监督。传导压实全面从严治党责任。《全面从严治党主体责任清单》,严明党委(党总支)、党委(党总支)书记、班子成员责任;定期收集“一岗双责”纪实材料,更新领导人员廉政档案信息,提高从严律己思想自觉;加强对所属单位党风廉政建设和反腐败工作检查考核并反馈整改建议,进一步提升全面从严治党工作水平。落实“工防”监督要求。印发《关于进一步加强境外疫情防控监督工作的通知》等通知,设立疫情防控专项举报渠道,开展防疫检查,对 1 个所属党组织和 2 名领导人员落实防疫工作不力问题进行快查快办,实现政治效果、纪法效果和社会效果相统一。加强专项检查提升治理效能。集团纪委组织 8 个部门对所属 9 家单位“三重一大”决策制度建立与执行情况进行专项检查,出具 47 条整改建议并督促限期整改,进一步规范决策制度。扎实推进“四个专项整治”,印发专项整治工作方案,认真对照整治要求自查自纠,制定、修订《领导人员插手干预重大事项记录报告制度》等管理制度 20 余项,巩固整治成果。持之以恒落实中央八项规定精神,有效遏制反弹回潮。针对干部职工关切和易发问题,印发《关于明确党员领导干部操办报告婚丧喜庆事宜有关纪律规定的通知》,引导党员领导干部树立良好作风形象。坚持联防联控,增强监督合力。构建完善廉洁风险防控体制。选取北非、中东、港澳区域公司 3 家有代表性境外单位,结合当地法律法规、营商环境和管理特点,围绕重要领域和关键环节,完成廉洁风险防控手册编制;组织全集团党员领导干部排查岗位廉洁风险等级,编制《廉洁风险防控手册编制指导纲要》,建立廉洁风险库和防控措施。推进运行协同联动监督机制。年内召开党风廉政建设和反腐败工作会议 4 次,联合相关职能部门制定年度综合检查方案,交流研究监督检查情况,增强大监督工作格局实效。成立追逃追赃工作领导小组,从人、财、证等关键环节,研究防逃工作报告机制,强化防逃责任意识。严明纪律规矩,一体推进“三不腐”。挺纪在前增强纪律刚性约束。依纪依规办结问题线索 4 件,对 2 人和 1 个党组织进行组织处理,党政纪处分 1 人,在集团警示教育大会上通报曝光,形成不敢腐的震慑。加强不能腐制度建设。重新修订保廉合同,认真审核业务制度并反馈 90 余项修改意见建议;分析近两年案发背后的体制机制问题,督促抓好案件整改,完善内控制度管理。积极培育廉洁文化。及时将党风廉政建设相关精神纳入党委中心组学习,围绕“知敬畏守底线、严监管强执行”主题,持续开展反腐倡廉宣传教育月活动,举办员工优秀廉洁文化作品展,对 22 人和 2 个家庭的优秀作品予以表彰奖励。组织观看警示教育片,发布“好家风”倡议书,开展新员工入职廉洁从业教育、加强廉洁风险防控建设等专题讲座,发布警示案例 10 余期,增强广大干部职工思想自觉和纪律规矩意识。突出问题导向，深化巡视巡察整改效果。认真配合巡视相关工作。对2016年以来股份公司的历次巡视整改情况进行3轮审查验收，认真落实股份公司纪委巡视整改督查反馈问题整改，修订完善11项管理制度，持续深化整改；积极配合股份公司财务资金管理专项巡视，认真研究专项巡视反馈意见，制定方案推进整改落实。协同推进财务资金管理专项巡察。根据巡察工作要求，延伸梳理373个事项逐一对照检查，整改问题107项，完善制度14项，织密财务资金管控安全体系。实现巡察整改督查全覆盖。集团纪委牵头联合党委组织部、党群工作部、财务等部门对所属10家单位党组织全面开展巡察整改落实情况专项督查，反馈并督促整改问题35项，不断巩固和扩展巡察成果。落实改革要求，持续加强纪检队伍建设。持续健全两级组织。落实股份公司党委关于集团纪检监察体制改革批复意见，合理划分内设机构，实现审理与审查职能分设，厘清职责权限，规范工作程序；所属各区域公司陆续完成纪委书记选举和纪检委员配置，明确纪检业务岗位设置和职能，不断完善基层纪检组织。持续提升履职能力。坚持组织纪检干部深入学习领会中央精神、党纪国法和上级工作要求，常态化组织学习研讨，打造学习型纪检队伍；结合业务重点，编制纪检工作常用文件清单和《纪检工作手册》，不断提升专兼职纪检人员业务能力水平。持续改进工作作风。集团各级纪检人员自觉接受约束和监督，始终紧绷执纪"安全弦"，依规依纪、严谨文明办案，在12次配合地方监委"走读式"谈话、上级纪委审查谈话过程中，严格执行陪同、交接程序，确保执纪审查安全。

工会工作。提升工会基层基础。结合机构调整，2020年所属8个境外区域公司严格履行选举程序，选举产生新一届委员会。集团工会全年召开工会委员会13次，研究讨论议题41项；指导境外单位加强职工之家建设，建立完善工作机制，中东区域公司工会获评全路"模范职工之家"荣誉。加强工会财务工作，集团工会财务工作获中国铁建工会财务工作竞赛一等奖。"家文化"升级创新。升级改版"我的后半生"婚恋平台，由PC端拓展至移动端，策划开展"零时差环球恋爱之旅"活动，来自20个国家的200余名青年共同参与。启动铁建国际"丝路心语"EAP项目，搭建线上心理咨询服务平台，为900余名境内外员工购买专业服务，咨询前后员工心理困扰平均值由7.12下降至4.25，服务满意度和咨询效果得到员工普遍认可；开展"家在国际，爱赢未来"六大关爱行动，积极对接亲情服务，累计寄出600余份手写亲情服务卡，拨出1000多个跨省越洋慰问电话，在30余个国家开展800余人次亲属座谈会，走访慰问因病、因故困难员工家庭20余户，两次号召为困难员工家庭捐款，累计捐赠36万余元。延伸拓展家庭建设。坚持家风美德共育，积极争创家庭"最美"荣誉。尤丁剑家庭获评"全国文明家庭"，是海淀区"唯一"获评家庭；李重阳家庭获评首都"最美家庭"，展现出的"一带一路"工匠精神，受到北京电视台、融媒体新闻中心等争相采访；7个家庭分别获得海淀区"最美"家庭和中国铁建"幸福家庭"表彰。开展劳动竞赛和劳模创新。围绕"抗疫保增长、夺取双胜利"主题，各单位先后开展劳动竞赛10余次。专门拿出10万元定向支持两个劳模工作室建设。依托"李白、康清明创新工作室"，在卡塔尔卢赛尔体育场项目全周期应用BIM技术，同步带动各项科研成果转化，先后获中国技术创业协会智能建造技术创新大赛、中国施工企业管理协会工程建设行业BIM大赛、中国勘察设计协会BIM大赛、中国建筑装饰协会智慧建造大赛最高奖项。发挥工作室创新孵化作用，先后组织6个区域公司的工程师赴卡塔尔进行BIM技术现场培训，累计时长超过600个小时。推进民主管理。对职代会61条提案进行分类梳理，组织相关部门专题研究讨论。组织开展"公开解难题，民主促发展"主题活动，凝聚全员智慧，助力企业发展。深入推进"学习宣传贯彻党的十九届五中全会精神向企业'十四五'规划建言"活动，收集职工建言152条。竭诚服务职工群众。加强境外"三线建设"，拿出40万元专项资金，定向支持卡塔尔卢赛尔体育场、特多多巴哥机场等4个项目开展建家建线工作；女职工委员会牵头组织代表团参加海淀区文明礼仪大赛，摘得"特等奖""最佳组织奖"和"卓越礼仪之星"三项大奖。各级工会常态化开展送清凉、金秋助学、困难职工帮扶、结婚生子祝福、员工节日慰问等活动，发放慰问金150余万元。

共青团工作。"青年志"品牌正式启动。以"志在四海""志汇服务""志高气扬""志趣不凡"等活动为载体，扎实推进青年突击队、导师带徒签约、"童心童画"抗疫等活动，带领300余名青年参与"青年志"系列活动，为海内外青年提供施展才华、建功立业、回报社会的广阔平台。开展童心抗疫活动，活动相关宣传视频通过中小学《德育学堂》栏目覆盖全国19个省（自治区、直辖市），超过4000万名中小学生收看，新华视点微博播放量超过200万次，300多家媒体刊载。青年志愿服务逐步拓展。开展"青年志·温暖行"志愿服务活动，组织境内外员工捐书700余册、文具50余个，到中国铁建定点扶贫地区张家口旧堡小学三里庄分校对全校学生进行慰问。开展"背街小巷"环境治理和垃圾分类志愿活动，走进社区，彰显青年良好形象,提升企业影响力。各单位以“公益行动”为出发点,组织海内外青年履行国际社会责任,在救助自然灾害、兴建基础设施、扶危济贫救困、援助医疗卫生等方面积极行动。东南亚区域公司走进曼谷儿童福利院,开展捐赠活动,为护佑属地民众生命健康安全贡献力量。打造群团联建特色品牌。积极推动与国家部委、驻外使领馆等单位的互动交流活动,畅通商务交流渠道;广泛开展“导师带徒”活动,为新入职的大学生指定双导师,签订导师协议;以“海外青年突击队”为抓手,在阿尔及利亚贝佳亚连接线项目等关键环节中发挥生力军作用。（章海建　王秉良　刘海燕）

【中国铁建国际集团有限公司北非区域公司】 负责铁建国际在北非市场的项目开发、实施管理、企业运营和党的建设工作,组织系统内中铁十二局、中铁十四局、中铁十七局、中铁十九局、中铁二十局、中铁二十四局、铁一院在阿单位参与项目的设计、施工。2019 年 8 月在中国铁建阿尔及利亚有限公司的基础上组建。驻阿尔及利亚首都阿尔及尔市。

2020 年,新签合同额 271603 万美元,施工产值 20629 万美元,营业收入 14300.87 万美元,净利润 1754.89 万美元。（马彦林）

【中国铁建国际集团有限公司西非区域公司】 2019 年 8 月在中国铁建西非有限公司的基础上组建。驻科特迪瓦首都阿比让。总经理杨勇,党总支书记郭永平。员工 58 人。资产总额 5.05 亿元。其中,固定资产原值 240 万元、净值 29.6 万元,流动资产 4.99 亿元。

2020 年,新签合同额 10.88 亿美元,产值 3.76 亿元。（张大学）

【中国铁建国际集团有限公司港澳区域公司】 经营范围包括铁路、公路、桥梁、隧道、水利、港口、城市轨道交通、房建等工程项目的设计、技术咨询、施工或安装;国内资源的调配及资源管理。重点从事香港特别行政区的铁路、城市轨道交通、公路、房建和其他土建工程的投标及中标工程的实施与管理;其他项目的研究开发与运营。1999 年 3 月,中国铁建在香港设立全资子公司中国铁道建筑(香港)有限公司;2007 年 5 月,更名为中国铁道建设(香港)有限公司;2012 年 4 月,并入中国铁建国际集团有限公司;2017 年 10 月,更名为中国铁建(香港)有限公司;2019 年 8 月,铁建国际以香港公司为基础设立港澳区域公司。驻香港九龙观塘海滨道 133 号万兆丰中心 10 楼 A 室。员工 80 人。资产总额 7312 万元。

2020 年,新签合同额 131604 万元,产值 10606 万元。（战鲁杰）

【中国铁建国际集团有限公司亚太区域公司】 经营区域主要辐射马来西亚、印度尼西亚、菲律宾、新加坡、澳大利亚及南太平洋诸岛等国家和地区。2019 年 8 月,以中国铁建马来西亚有限公司为基础整合中国铁建国际集团有限公司印度尼西亚代表处和中国铁建国际集团有限公司菲律宾代表处(筹)组建。党总支书记袁晓春,总经理高树申。员工 89 人。

2020 年,新签合同额 18.39 亿元,营业收入 19.54 亿元,净利润 4329 万元。（韩晓宇）

【中国铁建国际集团有限公司美洲区域公司】 2019 年 8 月,在原中国铁建国际集团有限公司美洲区域指挥部基础上整合中国铁建(加勒比)有限公司及中国铁建国际集团有限公司玻利维亚分公司资源组建成立。是铁建国际在美洲区域市场的经营管理机构。驻巴拿马。党委书记李学梅,总经理颜猛。资产总额 134964.4 万元。其中,固定资产原值 20784.09 万元、净值 2965.81 万元,流动资产 123696.6 万元。自有设备 479 台(套),原值 19405 万元,设备完好率 100%。

2020 年,新签合同额 220919 万美元,产值10000.1 万美元,营业收入 45920.23 万元,净利润 598.19 万元。（闫泽峰）

【中国铁建国际集团有限公司欧亚区域公司】 拥有俄罗斯除涉密工程外的最高等级设计和施工资质。经营范围包括工程总承包、专业承包;地铁工程、房建工程、铁路工程、公路工程;工程勘察设计;机械设备租赁;销售机械设备、建筑材料。2019 年 8 月,依托中国铁建俄罗斯有限公司设立,与中国铁建俄罗斯有限公司合署办公。驻莫斯科。总经理蒙涛,党总支书记孔建峰。员工 92 人。

2020 年,营业收入 175602 万元,净利润 8998 万元。人均创利 83 万元,职工年人均收入 40.58 万元。净资产收益率 14%,产值利润率 5%,国有资产保值增值率 339%。（石　磊）

【中国铁建国际集团有限公司中东区域公司】 2019 年 8 月,在中国铁建股份有限公司沙特分公司基础上组建。党委书记、总经理杨伟。资产总额 23.79 亿元。其中,固定资产原值 12799.42 万元、净值 2811.64 万元,流动资产 223129.59 万元。中方在编员工 101 人。机械运输设备 381 台(套)。设备原值 13419.41 万元,总功率 41054.9 千瓦,动力装备率 41.05 千瓦/人,技术装备率 13.42 万元/人,设备完好率 94.49%、利用率

82%。

2020 年,营业收入 230835.84 万元,净利润 14270.97 万元。 (金彬璐)

【中国铁建国际集团有限公司东南亚区域公司】 2019 年 8 月 24 日组建,代表铁建国际在泰国、孟加拉国、柬埔寨、越南、缅甸、老挝、斯里兰卡、印度、尼泊尔开展经营生产工作。管理人员 139 人。资产总额 6.4 亿元。其中,固定资产原值 448.8 万元、净值 93.1 万元,流动资产 59709.4 万元。 (李院生)

【中铁建(北京)国际贸易公司】 2012 年 11 月注册成立。主营工程物资供应、工程租赁、海外项目综合服务。驻北京市海淀区复兴路 40 号中国铁建大厦 B 座 2 层。2020 年 6 月 18 日,公司法人由徐政志变更为陈海波。职工 51 人。 (朱海侠)

【中国铁建(国际)尼日利亚有限公司】 驻尼日利亚首都阿布贾,2016 年 8 月 16 日完成工商注册成立。注册资本金 1000 万奈拉。总经理窦义锁。职工 21 人,其中中方员工 11 人、尼日利亚籍员工 10 人。

(盛建慧)

【重要记载】

▲5 月 20 日　中国铁建国际集团有限公司格林纳达分公司注册成立。

▲6 月 16 日　中国铁建国际集团有限公司哥斯达黎加分公司在哥斯达黎加注册成立。

▲8 月 20 日　中国铁建国际集团有限公司智利分公司成立。

▲9 月 3 日　铁建国际“2022 年世界杯主体育场工程建设 BIM 技术应用”获建筑工程类(综合应用大型项目组)一等奖。

▲10 月 15 日　铁建国际“BIM 技术在 2022 年卡塔尔世界杯主场馆卢赛尔体育场全生命周期中的创新应用”成果获第十一届“创新杯”建筑信息模型(BIM)应用大赛工程全生命周期专项特等奖。

▲11 月 24 日　铁建国际参评 2020 年度对外承包工程企业信用等级,获评 AAA 级。

▲11 月 30 日　铁建国际承建的阿尔及利亚贝佳亚连接线项目 PK22 - PK32 优先段通车、SIDI AICH 隧道右洞一区贯通。标志铁建国际在非洲承建的最大断面公路隧道突破泥灰岩地质这一世界级难题,实现隧道双线贯通。

▲12 月 10 日　中国铁建国际集团有限公司圭亚那分公司注册成立。 (熊丛文)

中铁城建集团有限公司

【简况】 拥有建筑工程施工总承包特级,市政工程和铁路工程施工总承包一级,地基基础、钢结构、建筑机电安装工程、建筑装修装饰专业承包一级,军工涉密业务咨询服务安全保密条件备案资质。总部驻湖南省长沙市岳麓区洋湖路 695 号。下辖第一、第二、第三、北京工程有限公司及南昌建设有限公司,房地产开发有限公司,物资有限公司,城市运营有限公司 8 家子公司;总承包分公司;华南、华东、西南、华中、华北、东北、西北区域指挥部和海外经营部 8 个区域经营机构;财务共享服务中心、投资事业部、技术中心 3 家分支机构。职工 5161 人。资产总额 272.95 亿元。其中,固定资产原值 10.7 亿元、净值 6.39 亿元,流动资产 154.01亿元,货币资金 35.11 亿元。机械运输设备 1296 台(套)。设备原值 12555.86 万元、净值 3264.31 万元,总功率 53678.91 千瓦,动力装备率 9.78 千瓦/人,技术装备率 0.59 万元/人。

2020 年,新签合同额 489.87 亿元,其中自揽 450.56亿元,完成企业总产值 221.07 亿元,净利润 6.13亿元。人均创利 11.75 万元,全员劳动生产率 35.69万元/(人·年),职工年人均收入 12.53 万元。完成主要实物工程量:土石方 763 万立方米,桥梁 1803 延长米,房屋建筑面积 625.58 万平方米。获中国建设工程鲁班奖 1 项,国家优质工程奖 3 项,中国钢结构金奖 3 项,省级优质工程奖 17 项;获国家“建设工程项目施工安全生产标准化建设工地”2 项;获省部级安全文明工地 17 项;获省级绿色施工(示范)工程 8 项、省级扬尘治理突出项目 1 项。 (李小鹏)

【领导人员】

董事会

董事长	罗海滨
董事	罗海滨
	申景涛(10 月任)
	邱　卫
	王忠良
	郑　军(12 月任)
	贾　洪(2 月免)
	周晓兵(11 月免)

监事会

监事会主席	龚道君
监事	高彩燕

职工监事　　刘　婉

经理层

总经理　　申景涛(10月任)
贾　洪(2月免)

副总经理　　周晓兵(11月免)
张宇川
申景涛(10月免)
王忠良
张晓峰
杨　萍(5月任)
余　跃(5月免)
郑　军
张绪和(10月任)

总工程师　　王忠良

总会计师　　余　跃(5月免)
杨　萍(5月任)

党群领导

党委书记　　罗海滨

党委副书记　　申景涛(10月任)
贾　洪(2月免)
邱　卫

纪委书记　　龚道君

工会主席　　邱　卫

(曾佳骏)

【职工队伍】　职工5161人。其中,硕士研究生学历83人、本科学历3732人、专科学历506人、中专99人、高中及以下741人,正高级职称10人、高级职称555人、中级职称1139人、初级职称2534人,35岁以下3114人、35~39岁548人、40~44岁339人、45~49岁477人、50~54岁364人、55岁及以上319人。

工人891人。其中,本科学历34人、大专学历114人、中专和职业高中50人、高中206人、初中及以下487人,初级工12人、中级工45人、高级工156人、技师27人、高级技师9人。　(曾佳骏)

【工程施工】　成都地铁6号线土建工程15标段　总建筑面积191028.9平方米。合同工期2017年8月14日至2020年9月30日,合同投资161843万元。主要工程量:停车列检库、临检月修库、综合办公楼及公寓、工程车库、污水处理站、混合变电所等。2020年完成投资30508万元,开工累计完成投资161843万元。

成都地铁6号线一、二期机电工程8标段　总建筑面积192204.05平方米。合同工期2019年5月1日至2020年12月31日,合同投资29718万元。主要工程量:张家寺站及相邻区间风水电及装修工程、龙灯山停车场及龙灯山出入线的风、水、电安装及装修工程。2020年完成投资10464万元,开工累计完成投资29718万元。

成都地铁6号线15A标段张家寺站项目　合同工期2016年12月26日至2020年12月31日,合同投资19661万元。主要工程量:总长404米,车站为12米岛式车站。2020年完成投资1236万元,开工累计完成投资19661万元。

新建丽江至香格里拉铁路站后“四电”系统集成及站房施工工程　位于云南省香格里拉市。房屋总建筑面积53522平方米。合同投资37464万元,合同工期2019年7月15日至2020年12月15日。主要工程量:全线包含香格里拉站、小中甸站及拉市海站3座客运站。2020年完成投资7516万元,开工累计完成投资35679万元。

徐州城市轨道交通2号线一期工程17标段　总建筑面积12.7万平方米。合同工期2018年10月1日至2020年11月15日。合同投资29068万元。主要工程量:二环北路站,物资市场站,彭城广场站,建国路站,师范大学站,中心医院站的二次结构、装修安装施工。2020年完成投资14399万元,开工累计完成投资24478万元。

张家港高铁新城(西北片区)基础设施及公共建设配套投资建设项目　①花园三期北区。总建筑面积83604.69平方米。合同工期2020年8月1日至2022年11月11日,合同投资29717万元。主要工程量:住宅6栋,配电房2栋,地下车库2栋。2020年完成投资4460万元,开工累计完成投资4460万元。②妙景小区三期C区。合同工期2020年7月15日至2021年12月29日。合同投资14493万元。主要工程量:建筑面积46217.29平方米,其中地上35555.26平方米、地下10662.03平方米,包含住宅楼6栋及地下车库1个,地下1层、地上8层,建筑高度24.87米。2020年完成投资5254万元,开工累计完成投资5254万元。③花园五期(北区)。总建筑面积83604.69平方米。合同工期2020年8月1日至2022年11月11日,合同投资29717万元。主要工程量:住宅6栋,配电房2栋,地下车库2栋。2020年完成投资4460万元,开工累计完成投资4460万元。　(李　勇)

【海外工程】　柬埔寨国防部办公楼项目　合同投资15600万元,2018年7月1日开工。主要工程量:新建柬埔寨国防部办公大楼1座,建筑面积29709平方米。2020年完成投资6131.58万元,开工累计完成投资13551.72万元。

科特迪瓦圣佩德罗非洲杯体育场馆及附属设施项

目　合同投资27041.47万元,2018年12月1日开工。主要工程量:新建科特迪瓦圣佩德罗非洲杯体育场1座,座位2万个,建筑面积20349平方米;改造既有体育场4个,建筑面积20300平方米。2020年完成投资9329.3万元,开工累计完成投资13956.9万元。

柬埔寨金边 The Peak 香格里拉酒店项目　合同投资130378.89万元,2020年4月10日开工。主要工程量:打造融住宅、酒店、办公、休闲、娱乐等为一体的多功能建筑,包括裙楼、1号住宅楼、2号住宅楼、3号办公楼和酒店公寓,总建筑面积28万平方米。2020年完成投资46687.76万元,开工累计完成投资46687.76万元。

科特迪瓦西部地区公路改造项目一期　合同投资63331.75万元,2020年10月20日开工。主要工程量:项目施工路段总长325千米,其中一期施工路段为达洛亚—迪埃奎107千米和马恩—祖安胡年126千米;施工涵盖清理既有道路两侧土方和植被、完善既有道路的路基防护和防排水设施、根据既有道路的破损情况对既有道路的基层和面层进行修复加铺以及完善既有道路的安全设施;既有桥涵修复利用、既有涵洞清淤疏通、既有桥梁桥面维修加护。2020年完成投资1360.62万元,开工累计完成投资1360.62万元。

塞内加尔 PTN 附属楼项目　合同投资6595.72万元,2019年12月28日开工。主要工程量:新建塞内加尔信息部数字科技园区 A2、A3、A5、A6、B1、C1 建筑物6栋,总建筑面积13847.7平方米。2020年完成投资2672.17万元,开工累计完成投资2672.17万元。

（温　磊）

【项目建设】 2020年,参股投资项目6个,分别为烟台市夹河新城项目、河南范县范水生态保护 PPP 项目、太原市城轨交通1号线一期 PPP 项目、云南曲靖市陆良至寻甸高速公路建设项目、成都市金堂县环保应急片区综合开发项目、西安市临潼区片区开发项目;牵头组织完成江苏江阴市高铁站综合交通枢纽 PPP 项目等10个重大投资项目合同评审及签订工作。与各类金融机构全面对接,落地融资招商银行4.9亿元无追保理、北金所7.5亿元债权融资,累计实现表外融资12.42亿元。房地产开发落地项目1个,为江苏省张家港市金港镇2013－B11－A地块。　（张　凯）

【经营管理】 经营承揽。新签合同151项,合同总额489.87亿元,其中铁路工程32.21亿元、房建工程352.75亿元、市政工程91.46亿元、城市轨道交通5.38亿元、公路工程3.02亿元、其他工程0.02亿元。与四家重点客户签订战略合作框架协议。中标赣深铁路惠州北站、张吉怀铁路、郑万铁路、成昆铁路等大型铁路站房项目;中标山西合成生物产业生态园水处理及再利用项目(综合污水处理工程)、范县范水生态保护与综合提升工程、东方市东河镇苗村搬迁安置装配式建筑等新兴市场项目;中标西安曲江文创中心超高层项目;人工智能科技园安居工程、泰山路西侧、赣江路北侧地块商住楼、新平县老城片区综合开发等大体量房建项目。印发《加强企业经营基础工作的指导意见》《市场经营完全指导手册》。

项目管理。在建工程233个,工程类型主要涉及房建、铁路、市政。其中房建176个、铁路19个、市政38个。工程分布在北京、天津、山西、黑龙江、广东、内蒙古、山东、江苏、贵州、湖南、四川等26个省(自治区、直辖市)。竣工验收项目23个。张家港高铁新城(西北片区)基础设施及公共建设配套工程、成都地铁6号线工程、徐州轨道交通2号线一期工程被列为股份公司重点工程,新建丽江至香格里拉铁路站后"四电"系统集成及站房工程被列为股份公司重点关注工程。

安全管理。与所属9家子分公司签订安全包保责任书,督促各工程公司与所属在建项目签订《年度安全包保责任书》226份。组织5242名员工按要求签订安全生产承诺书并进行内部公示。全年对在建项目进行飞行检查78次,下达安全环保问题整改通知书78份,查处各类安全隐患1754项、环境污染隐患和能源资源浪费问题141项。狠抓特殊时期安全责任落实,组织开展节前节后、复工复产、疫情防控、防洪抗汛、"安全生产月"、消防安全专项排查、冬季施工等工作落实情况抽查并予以通报,确保安全生产、疫情防控平稳。启动安全生产专项整治三年行动,制定下发《安全生产专项整治三年行动实施方案》,明确具体目标任务、推进计划和有关工作措施,并督促集团上下联动开展。

质量管理。2020年,获中国建设工程鲁班奖1项,国家优质工程奖3项,中国钢结构金奖3项,省级优质工程奖17项,股份公司级优质工程奖5项,地市级优质结构工程奖12项;省部级以上优秀 QC 小组活动成果60项,其中国家级成果13项;全国质量信得过班组5项;获长沙市住房和城乡建设局"建筑业引导专项资金"奖励25万元。

设备物资管理。原材料、能源采购金额87.96亿元,其中集中采购84.12亿元,集采率95.6%,集采节约资金2.03亿元,节资率2.4%;新购5000元以上设备146台,金额698.5万元,集采率100%,节余12.1万元,节资率7.2%。报送"五类"集采物资采购计划200份,提报率100%,各区域中心组织实施93项,成功61项,签约27.79亿元。严格执行单品种10万元以上招标采购制度,组织10万元以上设备物资招标采购1215次,综合节资率5.8%。小件物资网络采购2.1亿元,平均节资率9.8%。

财务管理。经营承揽489.87亿元,完成股份公司下达指标的108.86%;营业收入200.96亿元,完成股份公司下达指标的122.28%;净利润6.13亿元,完成股份公司下达指标的104.79%;清收清欠完成率104.44%,资产负债率83.39%,有息负债期末余额20.44亿元,均完成股份公司下达指标。集团融资总额94.5亿元,较年初净增长6.6亿元,占总资产规模的34.6%,内部资金调剂20.31亿元。财务管理工作以"稳增长、高质量"为目标,以"降杠杆、压两金"为工作重点,落实"两高三低"和"三个不得"要求,做实项目收益,夯实经济基础,实现资源高效配置、产业结构优化、营运效率提升、资产质量改善、债务风险可控。采取"巡查+"模式,采用线上远程抽查与现场抽查相结合的方式,多维度检查抽查,补齐管理短板,规避财务风险,构建风险防范的长效机制;全面开展资金自查清理工作,丰富资金运作方式,拓宽融资渠道,推进创新融资和低成本融资业务,保障生产经营需要;2020年集团全体领导班子成员签署督导责任书,分别到8家子分公司多次召开"清收清欠及两金压控专项督导会议";规范涉税业务,降低企业税负;持续开展财务管理规章制度"立改废"工作。获2020年中国施工企业管理协会优秀论文比赛一等奖4篇,二等奖1篇。获2020年股份公司"品质铁建杯"财税知识竞赛金奖1人、银奖1人、铜奖1人,股份公司47家二级单位中排名个人赛第6位。

经济管理。全面落实集团"1261"结算目标制,建立"结算未完成,款项不收回,责任不解除"的责任机制;通过组织竣工未结算项目核查,清理各单位一年以上久拖未结项目,全年完成项目结算65个。落实重点项目二次经营现场帮扶指导策略,完成广佛环线项目与建设单位的地材调差6539万元,江苏盐城希望大道项目、蒲都高速、长阳中学等多个项目实现新增工作内容变更索赔超过1亿元,海外项目也实现变更索赔零的突破,其中柬埔寨项目完成新增工程签认580万美元。

投融资管理。制定《中铁城建投融资项目投标管理暂行办法》等制度性文件4份;全面梳理集团投资管理审批备案事项,建立健全投融资项目投、融、建、管、收五位一体的全过程管理体系;不定期地组织开展在建投资项目复工复产情况、PPP项目出资情况、运营维管业务情况、参股经营投资情况等各类统计清查工作;加强投资项目资金管理尤其是现金流管理和投资项目资金筹划能力,鼓励使用1年期以上票证类支付,启用2年期以上的供应链或反向保理。完成集团公司产权登记和资产评估自查整改工作,梳理产权管理相关审批备案事项。完成新设产权登记项目6个、增资登记项目3个、注销登记1个、资产评估备案项目1个。

房地产项目管理。洋湖苑一期、二期、三期2020年度累计实现销售回款31789万元;唐山"中国铁建·唐颂国际"、成都"中国铁建·西派浣花"、太原"中国铁建·花语城"项目2020年度累计偿还借款本息14456万元;中铁地产归还集团借款74440万元。2020年度中铁城建集团房地产开发有限公司纳税评级为A级单位,并实现集团总部基地扶植基金4000万元拨付到位;获中国房地产业最高荣誉广厦奖、产业化技术应用优秀奖、规划与建筑设计优秀奖;"中国铁建·京师璟台"项目获"中国人居范例奖·2020年中国优质人居金奖楼盘"称号。

审计工作。两级审计机构完成审计任务84项。加强国家重大政策措施落实跟踪审计、军民融合项目专项审计,推动国家宏观政策的落实。积极推进审计整改工作开展,加强部门协调联动,推动问题整改落实。2020年度监事列席董事会12次,审核通过董事会议案73项。

法律合规。审核制度11项,审核合同6614份,审核授权委托书373份,针对集团公司重大决策出具法律意见书59份。申报守合同重信用企业,连续7年取得长沙市和湖南省"守合同重信用企业"称号。开展投标合规审核346次,第三方尽职调查9次,采购相对方尽职调查6036次,合同合规审核6135次,现金支付合规审核301次,业务招待合规审核1467次,捐赠赞助合规审核1次。全集团开展合规风险评估,各单位均完成合规风险自评,集团总部及各子分公司按要求完成对下评估及整体评估。受理合规咨询与举报,助推合规制度落实,解答各类合规咨询188次。

企业管理。战略规划。起草2020—2022年滚动规划;研究推进新兴产业新兴业务发展,向股份公司报送2019年和2020上半年新兴产业新兴业务发展情况报告。企业管理。制定《"工程公司建设年"实施方案》《主要举措事项清单》,指导工程公司建设开展。机构编制。全年按合规程序设立项目分公司5个,研究批复子公司设立分公司2个,成立集团名义中标项目经理部28个;两次发文调整总部机构名称、职务称谓和直属机构职务称谓,印发《项目部机构编制管理指导意见》。内控与风险管理。制定《关于进一步加强新型冠状病毒感染的肺炎疫情防控工作的通知》《中铁城建集团有限公司重大风险事件报告工作制度》,建立专项风险预警工作机制,进一步加强风险评估与监测，对2020年度重大风险预警指标进行梳理、量化，按季度对重大风险情况进行跟踪监测。编制《风险评估报告》（含应对措施和处置预案），为投融资项目决策提供科学参考依据。加快推进厂办大集体改革，通过完善各项基础性改革工作，有效降低离、退休职工信访事件的发生。完成一级建造师重新注册120人、初始注册38人，截至2020年底，集团一级建造师275人。2020年，中铁城建名列湖南省19家建筑强企名单，并获“建筑强企”奖牌。获中国施工企业管理协会评审的“AAA信用等级企业”、长沙市AAA信用等级评定。加入湖南省建筑业“走出去”战略合作联盟，成为副理事长单位。

信息化建设。根据股份公司信息化总体架构要求，初步建立集团公司自建系统技术标准，规范新建系统总体架构、技术要求、集成标准和信息安全标准。初步建立以OA系统网页端为PC端门户、OA系统移动端为移动门户的应用架构，并在此架构上实现统一待办和统一消息提醒。进一步完善OA协同办公系统，优化规章制度发布等功能106项，提升协同办公效率，并与股份公司一体化技术平台对接集成，实现单点登录，统一组织和用户。按照一体化技术平台技术规范，组织建设设备物资和劳务分包准入评价、闲置商城平台，并推动系统试运行。实现企业微信、企业邮箱与OA系统组织人员数据实时同步，进一步统一各系统间人事基础信息。按照股份公司统一部署，持续推进“三重一大”、资金管理（二期）等系统推广工作，确保各统建系统顺利上线使用。积极筹备、参加2020年度网络安全演练，全面防护各靶向系统，未出现被攻破问题。稳步推进基础设施和软资管理工作，确保各信息系统稳定运行，全年未发生软件诉讼事件。

人力资源管理。修订印发《领导人员管理规定》，补充调整集团公司总部部门副职及以上干部9人，调整补充所属单位领导班子21人。招聘管理和专业技术人才21人，招收大学毕业生415人。组织工程、经济、会计、政工4个系列职称评审工作，通过2020年中高级专业技术职务评审335人。其中，高级工程师80人、工程师245人、政工师10人。推荐并通过股份公司专业技术职务评审15人，其中，正高级工程师3人、高级会计师3人、高级经济师5人、高级政工师4人。一级建造师网络培训、岗位证等培训319期，培训员工18232人次，干部培训17769人次。缴纳基本养老保险费9724.2万元，基本医疗保险费4152.73万元，失业保险费579.05万元，工伤保险193.68万元，生育保险费136.18万元，住房公积金11995.73万元，补充医疗保险1061.98万元。全年审核拨付离退休人员统筹外费用153.64万元。总部及9家子分公司建立企业年金制度，并进行投资运营，覆盖人数4341人，覆盖率84%。当年新增637人，转移和退休减少245人，领取退休待遇212人。2020年底企业年金资产净值17000.32万元，当年完成缴费5599.46万元，实现投资收益1389.17万元，年度收益率10.54%；累计收益2275.89万元，累计收益率25.61%。2020年全集团退休人员2562人（其中党员698），签订移交协议2555人，完成率99%；移交人事档案2536人，完成率99%；党组织关系移交672人，完成率96%；管理服务职能移交2536人，完成率99%。

行政管理。持续巩固深化“作风建设年”成果，坚持落实“为基层减负”要求，制定年度文件、会议、督查检查考核管理工作计划，进一步解决文山会海、督导检查考核多的问题。全年制发文件278件，同比下降12.5%；召开全集团范围内会议14次，同比下降6.7%；组织全集团范围内检查考核18次，同比下降18.1%。 （李小鹏　方瑞健　曾佳骏）

【科技管理】 科技研发计划项目92项，科研经费计划7.07亿元。取得中国铁道学会科学技术奖1项、社会力量办科学技术奖1项；省级新技术应用示范工程8项、省部级工法9项；参编行业、地方标准5项；获发明专利3件、实用新型专利50件；获BIM技术奖18项。获“湖南省科技先进企业”称号。 （王晓杰）

【党群工作】 党的工作。基层组织176个，其中党委15个，党总支5个，党支部156个，党员1984人。全年召开常委（扩大）会13次，审议议题183项。持续开展主题年系列活动，推进2020—2022年三年滚动规划编制，启动“十四五”规划编制工作，大力开展总部“去机关化”改革，巩固和深化“作风建设年”成果，确保企业健康稳定发展。坚决扛起疫情防控政治责任，协调和督促疫情防控工作，抓实抓细防控措施，集团境内外保持“零感染”纪录；积极响应党中央号召，组织党员捐款近20万元。千方百计、科学有序推进复工复产，对5家单位党组织进行常规巡察，实现常规巡察全覆盖，共反馈问题235个；对所属二级单位财务资金专项巡察全覆盖，共反馈问题71项。所属各单位对28个基层党组织进行巡察，谈话217人，发现问题237个。先后接受国资委党委、股份公司党委巡视组的巡视检查，针对反馈意见中4个方面17项问题，制定整改措施32条。扎实推进境外腐败、利益输送、设租寻租和化公为私问题“四个”专项整治，并结合常规巡察做好监督检查和重点抽查工作。在“化公为私”问题专项整治中，组织两级领导班子成员、总部部门副职及以上人员、关键岗位人员2787人进行自查自纠。坚持把立行立改与建立长效机制贯穿专项整治全过程，对86项管理制度进行梳理，修订制度9项，新制定制度11项。把统一战线工作纳入党委的重要议事日程，年初对统战工作要求进行安排，加强对统战工作的领导。根据工作实际，及时对统战机构设置及人员配备情况、统战成员数量及分布情况、统战代表人士情况等信息进行更新。

组织工作。在股份公司2019年度党建责任制考核中，集团公司党委被评为“良好”。把巩固主题教育成果作为年度重点工作列入2020年组织工作要点，制定《关于巩固深化“不忘初心、牢记使命”主题教育成果的实施方案》，与持续推进作风建设相结合，聚焦执行力提升，切实抓好问题整改。下发《关于持续深入整顿软弱涣散基层党组织的通知》，全面查缺补漏、巩固提高，推动基层党支部组织力不断提升。下发关于深入学习贯彻《中国共产党国有企业基层组织工作条例（试行）》（以下简称《条例》），两级党委把学习领会《条例》精神作为党委中心组学习的重点内容，采取领导带头学、线上结合学、竞赛交流学等多种形式全面掌握《条例》内容，推动学习入脑入心。现场考核所属17个二级单位的党建工作情况，随机抽取项目党支部延伸检查，检查情况在全集团通报，考核得分计入领导班子年度绩效考核。召开党组织书记抓基层党建述职评议考核会，4家二级单位党组织书记现场述职，13家二级单位党组织书记书面述职，传导履职压力。指导成立党工委2个，指导3家单位党组织完成补选和改选工作，指导新成立的三级单位同步建立党组织，配备党务工作人员，确保基层党组织全覆盖。开展基层党组织按期换届专项排查，1个二级单位党委顺利完成选举。两级党委开展党组织书记集中培训4次，累计培训党组织书记293人次。下发《中铁城建集团2020年党员教育培训计划》，组织72名党员发展对象开展为期3天集中培训。下发《中国铁建党支部建设指导手册》，编制《党支部工作手册》《党支部工作记录本》，持续加强党支部规范化、标准化建设。开展“七一”评优评先，34名优秀个人和14个党组织受到表彰。开展困难党员慰问，为104名生活困难党员送去慰问金14.48万元。推行“互联网+党建”模式，在“党建e家”微信公众号开设5期党建业务在线答疑。集团公司党委在全集团大力开展“五个一”系列活动，即“组织一次专题研讨、讲好一堂专题党课、开展一项特色活动、表彰一批先进典型、选树一批示范党支部”。各级党支部围绕疫情防控和复工复产等重点工作大力开展“创岗建区”等创先争优活动，充分发挥党支部的战斗堡垒作用和党员的先锋模范作用，促进各项目标任务的完成。继续对口扶贫湖南省怀化市麻阳县石羊哨乡岩落寨村，召开扶贫工作现场推进会，拍摄专题宣传片《从这里遥望十八洞村》。对口扶贫工作在湖南省派驻村办检查考核中被评定为“优秀”，群众满意度100%。对口扶贫麻阳岩落寨村顺利脱贫“摘帽”。下发《关于落实股份公司消费扶贫任务的通知》，订购甘德县、万全区、尚义县消费扶贫产品91.29万元，占年度计划82万元的113%，圆满完成消费扶贫任务。

宣传工作及企业文化建设。深入学习习近平新时代中国特色社会主义思想和党的十九届五中全会精神，全年开展集中学习10次，其中专题研讨4次，编发《理论学习资料参考》10期。严格落实意识形态工作责任制，加强舆情监测分析和处置工作，编发《舆情信息管控参考》4期。在国内外各类媒体刊（播）各类新闻3900余篇，微视频《刘龙飞和他的兄弟们——香格里拉高原上的坚守》在中央企业主题大赛中获优秀奖。开展“3·18”文化艺术节“领导寄语”“企情教育”“网络才艺秀”等系列活动，持续推进文化融合。选树6名集团“道德模范”，创建“2020届湖南省直机关文明标兵单位”。

纪律审查工作。受理信访举报19件，处置问题线索34件，其中拟立案6件，初步核实28件，暂存1件；立案6件，结案6件，办结上年度结转案件1件，处分16人，党纪处分6人，政纪处分15人，其中党纪政纪双处分5人，组织处理14人，诫勉谈话7人、提醒谈话3人。纪委工作。2020年，持续加强扶贫攻坚领域监督，重点对扶贫资金使用、扶贫商品销售等关键环节开展监督，提升帮扶成效，为对口扶贫点顺利脱贫摘帽提供纪律作风保障；督导各级党组织深入推进“四个专项整治”工作，在全集团形成上下联动、全面覆盖的专项整治体系，督促相关单位部门修订完善制度20余项，形成长效机制；强化对餐饮浪费的监督，印发《关于贯彻落实习近平总书记重要批示精神　加强监督执纪坚决制止餐饮浪费行为的工作意见》，把节约粮食、制止餐饮浪费作为落实中央八项规定精神、纠治“四风”的重要方面纳入监督检查、巡察的重要内容。

工会工作。深入开展劳动竞赛。优化考核机制，结合“当好主人翁，建功新时代”竞赛，创新组织“区域劳动竞赛”。积极推进评先树模。选树10名劳动模范并召开集团第二届劳模表彰会。多维推动劳动保护。举办“安康杯”竞赛活动，组织各类安全相关知识培训164场，参与4100余人次，全面落实工会安全监督检查制度，及时调整补充安全监督检查员队伍。召开两级职代会。对4家单位开展职工代表巡视，对职工代表大会提案的办理情况进行专项检查，提出整改意见32条。优化企务公开。完善企务公开制度，通过职代会、公开栏、OA系统、网站、微信等形式，及时公开企业重大决策问题、生产经营管理的重要问题、涉及职工切身利益的问题和党风廉政建设等群众关心的焦点问题，全方位接受职工监督。职工之家。参与新开项目建家建线策划，集团公司在衡阳总部基地项目举行建家建线现场观摩。持续推进“项目好食堂”建设、“向劳务队派遣工会指导”制度，推进“模范职工书屋”“优秀职工夜校”评选。开展“砥砺·奋进”主题活动。维权维稳。定期统计工资发放数据，建立风险预警机制。督促各单位和所属项目学习落实《保障农民工工资支付条例》。持续推进“七必谈”制度，建立应急机制。开展2020年“两节”送温暖活动，支付168.9万元，覆盖困难职工家庭135户、离退休职工125人、劳模先进146人及生产一线职工、劳务工4573人。开展金秋助学活动，31名困难职工子女领取助学金6.8万元。协同湖南省总工会“高温送清凉、助力‘双胜利’”活动在渝怀铁路项目举行，集团领导下基层，对14个在建重难点项目进行专项慰问。积极投身疫情防控。设立防控专项资金，用于防疫保障和慰问等专项工作。加强正面宣传引导，帮助广大职工坚定信心，科学抗疫。组织开展线上防疫知识讲座，覆盖全部项目，建立项目防控情况汇报制度，督促指导封闭管理、设立隔离间、实行分餐制、定期消毒等措施，实现全集团零感染。疫情期间，按照每位会员300元标准累计发放防疫物资102万元。完善2020年基层工会工作考核办法。各单位及时建立健全新开项目并调整、整合收尾项目工会组织。集团340名专兼职工会干部参加工会干部在线培训。利用职工电子书屋、网络、微信以及项目文化阵地等，落实“互联网+工会”工作。引领女职工有效作为。召开二届二次女工委会议暨女职工工作研讨会，持续开展培育好家风和“幸福家庭”评选活动，组织开展“书香城建”读书分享会、经典诵读、家书分享及才艺展。集团总部、一公司、北京公司工会与团委组织“缘来是你”联谊活动，18对未婚青年现场牵手成功。严肃财务经审纪律。规范工会经费审查工作，出台《工会经费审查委员会工作实施细则》，开展工会资金安全专项检查，严格规范经费的使用管理，获评全总财务工作先进单位。

共青团工作。基层团委8个，团支部175个，35岁以下团员青年3286人。以习近平新时代中国特色社会主义思想为指导，全面贯彻落实党的十九大和十九届历次全会精神，团的十八大、中央党的群团工作会议精神，按照湖南省直团工委和中铁城建党委的部署要求，围绕“工程公司建设”，对内凝聚青年力量，对外展示企业形象，团结带领广大团员青年积极防控新冠肺炎、保障生产经营，以打造“品质铁建”为工作中心，紧扣“围绕中心，服务大局”的主线，抓好服务企业、服务青年两个重点，推进组织、队伍、阵地三项建设，确保理论学习、团青影响、思想引领、服务能力四个加强。获评湖南省直团工委“规范团组织”和中央企业团工委“五四红旗团委”称号。

（石　犇　周　瑾　杨　曦）

【第一工程有限公司】 拥有建筑工程施工总承包特级，机电、市政公用工程施工总承包二级，钢结构、地基基础、建筑机电安装、建筑幕墙、消防设施、建筑装修装饰工程专业承包一级，工程设计建筑行业甲级，建筑装饰工程设计专项甲级，建筑幕墙工程设计专项乙级资质。驻山西省太原市迎泽西大街169号。董事长、党委书记林其涛，总经理张蒙。职工1380人。资产总额100.57亿元。其中，固定资产净值9784.62万元，流动资产74.51亿元。机械设备659台。设备原值3950.82万元、净值940.52万元，总功率22910.35千瓦，设备完好率89.15%、利用率90.5%，技术装备率0.72万元/人，动力装备率17.50千瓦/人。年施工生产能力80亿元以上。

2020年，承揽任务230.17亿元，施工产值80.04亿元，利润3.56亿元。国有资产保值增值率113.91%，净资产收益率14.26%，产值利润率4.91%，资产负债率75.53%，应上缴款完成率100%。（马会会）

【第二工程有限公司】 拥有建筑、市政公用工程施工总承包一级，铁路工程施工总承包三级，消防设施、环保、钢结构、建筑机电安装工程专业承包一级资质。由中铁二十五局建筑安装工程有限公司于2013年整体划转更名而来。注册资本金2亿元。驻广东省广州市。执行董事、党委书记王金海，总经理黄伟强。职工737人。资产总额32.91亿元。其中，固定资产净值0.72亿元，流动资产26.75亿元，无形资产（土地使用权）0.03亿元，递延所得税资产0.04亿元。机械运输设备（含第2、第3、第4、第5类固定资产设备）169台（套），设备原值947.31万元、净值266.25万元，资产净值增长率7.79%，技术装备率0.36万元/人，动力装备率5.41千瓦/人，综合机械化施工程度80%以上。

2020年，承揽任务84.93亿元，施工产值33.4787亿元，营业收入31.54亿元，利润8933万元，净利润9136万元。经济增加值10535.06万元，年人均创利12.4万元。资产负债率87.79%，国有资产保值增值率117.04%，净资产收益率22.74%，利润率2.89%，应上缴款完成率100%。（刘秀玲）

【第三工程有限公司】 拥有建筑、市政公用工程施工总承包一级，建筑装修装饰、消防设施、机电设备安装工程专业承包一级，防水防腐保温工程专业承包二级，地基基础、城市及道路照明、环保工程专业承包三级资质。由中铁二十二局集团第六工程有限公司整体划转成立。驻天津市滨海新区海洋高新区桂海路21号。执行董事、党委书记王忠良，总经理田玉江。职工1059人。资产总额33.63亿元。其中，固定资产原值1.76亿元、净值1.22亿元，流动资产37.16亿元，货币资金8.92亿元。机械运输设备222台(套)。设备原值1598.96万元、净值459.28万元，总功率7562.15千瓦，动力装备率6.45千瓦/人，技术装备率0.39万元/人，设备完好率81%、利用率68%。

2020年，承揽任务44.97亿元，施工产值320244万元，营业收入29.14亿元，净利润8300万元。

（王汉强）

【北京工程有限公司】 拥有建筑、机电工程施工总承包一级，钢结构、建筑装修装饰工程专业承包一级，机场场道、桥梁工程专业承包二级资质。2013年由中铁十六局集团北京工程有限公司整体划转成立。驻北京市朝阳区五里桥一街1号院21号楼。执行董事、党委书记李宏强。职工733人。资产总额394100.23万元。其中，固定资产原值14436.38万元、净值8741.68万元，流动资产315567.86万元，其他资产78532.36万元。机械设备160台(套)。设备原值2285.29万元、净值366.63万元，资产增长率6.56%，成新率16.04%，技术装备率0.49万元/人，动力装备率9.74千瓦/人。

2020年，经营承揽51.87亿元，总产值32.01亿元。国有资本保值增值率28.85%，应上缴款完成率100%。

（王　磊）

【南昌建设有限公司】 拥有房屋建筑工程施工总承包一级，铁路、机电安装、公路工程施工总承包二级，钢结构、建筑装修装饰、隧道、桥梁工程专业承包一级资质。由中铁二十四局集团南昌建设有限公司整体划转成立。驻江西省南昌市二七南路116号。执行董事、党委书记贺旭，总经理张海林。职工664人。资产总额271631.97万元。其中，固定资产原值6007.67万元、净值1870.66万元，流动资产182268.81万元。机械设备99台(套)。设备原值2176.87万元、净值421.56万元，技术装备率0.63万元/人，动力装备率8.89千瓦/人。

2020年，承揽任务100.69亿元，施工产值27.07亿元，营业收入23.23亿元，利润总额7564.81万元，净利润7552.66万元。

（王　浩）

【房地产开发有限公司】 营业范围为房地产开发、销售，物业管理。2014年9月2日成立，驻湖南省长沙市岳麓区洋湖路695号。注册资本金20000万元。执行董事苏建宇，总经理邓胜兵。职工50人。

2020年，净利润0.38亿元，销售额5.46亿元，销售回款31801万元，营业收入263万元。（颜　灿）

【物资有限公司】 2016年5月10日成立。注册资本金1亿元。驻广东省广州市南沙区黄阁镇蕉门村蕉门路8号。执行董事李世平。职工13人。资产总额21332.68万元。其中，固定资产原值16.02万元、净值3.96万元；流动资产21325.23万元，非流动资产7.45万元。

2020年，新签物资供应合同30085万元，供应内外部客户20个，营业收入16973.67万元，净利润14.71万元。（刘炳松）

【城市运营有限公司】 拥有二级物业管理诚信等级，一级清洁企业等级，甲级市政环境清洁维护服务企业资质。2016年7月19日成立，2020年9月16日名称变更为中铁城建集团城市运营服务有限公司。注册资本金5000万元。驻湖南省长沙市岳麓区洋湖路695号。副总经理(主持工作)刘云峰。职工13人。

2020年，营业收入1500.16万元，净利润96.83万元。资金集中度98.89%，资金上存度92.85%。

（高　彬）

【总承包分公司】 2017年5月3日成立，驻湖南省长沙市岳麓区洋湖路695号。总经理、党委书记尹玉平。职工255人。资产总额157427万元。其中，固定资产净值717万元，无形资产54万元，流动资产150079万元。机械设备29台。设备原值184.87万元、净值102.79万元，资产增长率7.24%，成新率55.6%，技术装备率0.36万元/人，动力装备率5.03千瓦/人。

2020年，承揽任务17.83亿元，总产值16.07亿元，净利润6658万元。产值利润率4.14%，应上缴款完成率100%。（王子畅）

【重要记载】

▲7月　云贵铁路昆明枢纽站后工程一段两所项目动车组检查库项目、内蒙古冰上运动训练中心建设项目、铁建大厦项目主体工程获第十四届第一批中国钢结构金奖。

▲12月　南宁市轨道交通3号线一期工程获2020—2021年度中国建设工程鲁班奖。

▲12月　广西东盟信息交流中心一期建设项目、成都元华路神仙树节点项目、新建云贵铁路引入昆明

枢纽昆明南站站房工程获 2020—2021 年度国家优质工程奖。（李小鹏）

中国铁建投资集团有限公司

【简况】 2011 年 5 月在北京成立。初始注册资本金 30 亿元，2013 年 2 月，注册资本金增加至 62.76 亿元；2014 年 2 月，注册地由北京市迁至广东省珠海市横琴新区；2015 年 6 月，更名为中国铁建投资集团有限公司，注册资本金增加至 100 亿元；2018 年 4 月，现金增资至 120 亿元；2020 年 4 月 26 日，注册资本金 120.67 亿元。中国铁建股份有限公司出资 105.39 亿元。内设 16 个部门，下辖控股公司 36 个、项目指挥部 54 个。资产总额 1422.52 亿元，负债总额 1120.24 亿元，所有者权益 302.29 亿元。

2020 年，新签合同额 2555.23 亿元，投资 536.5 亿元，建安投资 336.64 亿元。营业收入 323.1 亿元，利润 21.44 亿元，经营活动现金净流量 37.72 亿元。职工年人均收入 20.37 万元。资产负债率 78.75%。被中国铁建评为 2020 年度安全工作优秀单位，陕西合阳至铜川高速公路项目、湖南省安乡至慈利高速公路项目被中国铁建评为 2020 年度安全标准工地。

（韩烈慧楼　王文文　王　浩）

【领导人员】

董事会

董事长	高治双
董事	李卫华
	张　捷（10 月任）
	杨晓华（2 月任）
职工董事	亓　超（4 月免）

监事会

监事会主席	宋旭东（2 月任）
监事	高慧蔷（2 月任）
职工监事	黄锋昌（2 月任）

经理层

总经理	李卫华
执行总经理	刘虎军（5 月任）
副总经理	张　捷（10 月任）
	戴保民
	刘宇栋（5 月任）
	许玉和
	杨晓华
	李寿福
	高志明
	刘青林（2 月免）
	周京波（5 月免）
总会计师	周京波（5 月免）
	刘宇栋（5 月任）
总工程师	杨晓华

党群领导

党委书记	高治双
党委副书记	李卫华
	亓　超（4 月免）
纪委书记	宋旭东
工会主席	亓　超（4 月免）

（林　毅）

【职工队伍】 职工 1839 人。其中，博士研究生学历 13 人、硕士研究生学历 342 人、本科学历 1035 人、大专及以下学历 449 人，20～30 岁 522 人、31～40 岁 817 人、41～50 岁 398 人、50 岁以上 102 人，正高级职称 43 人、高级职称 481 人、中级职称 367 人、初级及以下 279 人。（于　鑫）

【区域指挥部及所属公司】 中国铁建投资集团有限公司重庆分公司　驻重庆市渝北区。执行董事、总经理王成。

中国铁建投资集团有限公司山东分公司　驻山东省济南市。执行董事、总经理牛之印。

中国铁建投资集团有限公司北京分公司　驻北京市丰台区。执行董事、总经理冯鹏。

中国铁建投资集团有限公司华中指挥部　驻江苏省南京市。指挥长王亚伟。

中国铁建投资集团有限公司西北指挥部　驻陕西省西安市。指挥长梁月胜。

中国铁建投资集团有限公司东北指挥部　驻吉林省长春市。副指挥长余颂。

中国铁建投资集团有限公司华北指挥部　驻北京市丰台区。指挥长冯鹏。

中国铁建投资集团有限公司华南指挥部　驻广东省广州市。指挥长张其浪。

中国铁建投资集团有限公司中原指挥部　驻河南省郑州市。指挥长赵守仁。

中国铁建投资集团有限公司华东指挥部　驻浙江省杭州市。指挥长周延武。

中国铁建投资集团有限公司西南指挥部　驻重庆

市渝北区。指挥长王成。

中铁建南方投资有限公司　驻广东省珠海市。执行董事马南飞。

中铁建公路运营有限公司　驻广东省珠海市。执行董事张新斌（代理）。

中铁建苏州设计研究院有限公司　驻江苏省苏州市。董事长魏佳北。

中铁建恒诚实业有限公司　驻广东省珠海市。党委书记、执行董事刘龙。

北京通达京承高速公路有限公司　驻北京市密云区。董事长谭振武。

中铁建山东京沪高速公路济乐有限公司　驻山东省济南市。党委书记、董事长胡建强。

中铁建湛江开发有限公司　驻广东省湛江市。董事长郝文洲。

中铁建桂林投资有限公司　驻广西壮族自治区桂林市。总经理任天生。

青岛蓝色硅谷城际轨道交通有限公司　驻山东省青岛市。执行董事、总经理林振华。

中铁建山东济徐高速公路济鱼有限公司　驻山东省济宁市。董事长贾光伟。

中铁建（山东）德商高速公路有限公司　驻山东省聊城市。董事长、总经理王延东。

中铁建四川简蒲高速公路有限公司　驻四川省眉山市。执行董事范军。

中铁建重庆轨道环线建设有限公司　驻重庆市渝北区。执行董事、总经理李新民。

中铁建贵州安紫高速公路有限公司　驻贵州省安顺市。执行董事马涛。

中铁建四川德都高速公路有限公司　驻四川省德阳市。党委书记、董事长童鹏。

中铁建四川德简高速公路有限公司　驻四川省德阳市。党委书记、董事长罗玉刚。

北京兴延高速公路有限公司　驻北京市昌平区。董事长谭振武。

中国铁建乌鲁木齐轨道交通2号线工程指挥部　驻新疆维吾尔自治区乌鲁木齐市。指挥长陈永栓。

中国铁建股份有限公司青岛地铁4号线工程总承包部　驻山东省青岛市。指挥长兼总经理任世林。

中铁建新疆京新高速公路有限公司　驻新疆维吾尔自治区乌鲁木齐市。董事长达文斌。

中铁建陕西高速公路有限公司　驻陕西省西安市。党委书记、董事长郑刚。

中铁建（山东）高东高速公路有限公司　驻山东省聊城市。党委书记、董事长牛之印。

中铁建甘肃张扁高速公路有限公司　驻甘肃省张掖市。董事长蒋向阳。

中国铁建投资集团大横琴隧道工程EPC总承包部　驻广东省珠海市。指挥长黄君。

中国铁建投资集团滁宁城际铁路工程总承包部　驻安徽省滁州市。指挥长张启迪。

中铁建河南兰原高速公路有限公司　驻河南省新乡市。董事长郝文洲。

中铁建陕西眉太高速公路有限公司　驻陕西省宝鸡市。党委书记、董事长张海龙

中国铁建投资集团黑白面将军山隧道工程EPC总承包部　驻广东省珠海市。指挥长黄君。

中铁建投山东泰东高速公路有限公司　驻山东省泰安市。党委书记、董事长牛之印。

中铁建宁夏高速公路有限公司　驻宁夏回族自治区银川市。董事长刘虎军。

陕西关环麟法高速公路有限公司　驻陕西省宝鸡市。董事长任文辉。

中铁建甘肃投资有限公司　驻甘肃省兰州市。党委书记、执行董事高志明。

中铁建珠海投资开发有限公司　驻广东省珠海市。执行董事、总经理刘云彦。

中铁建置业有限公司　驻北京市丰台区。党委书记、董事长刘思维。

中铁建投（桐乡）建设管理有限公司项目公司　驻浙江省嘉兴市。董事长兼总经理高明昆。

珠海铁建大厦置业有限公司　驻广东省珠海市。党委书记、执行董事魏佳中。

中铁建青岛投资有限公司　驻山东省青岛市。执行董事、总经理林振华。

中铁建珠海西部投资开发有限公司　驻广东省珠海市。董事长刘云彦。

中铁建桂林旅游开发有限公司　驻广西壮族自治区桂林市。党委书记、执行董事、总经理杜东升。

中铁建南京新市镇开发有限公司　驻江苏省南京市。董事长张银川。

扬州湾头玉器特色小镇有限公司　驻江苏省扬州市。党委书记、董事长任唯伟。

珠海铁建梧桐苑置业有限公司　驻广东省珠海市。执行董事高俭坤。

中铁建万方张家口房地产开发有限公司　驻河北省张家口市。党委书记、董事长范彬。

中铁建置地有限公司　驻北京市丰台区。党委书记、董事长刘思维。

中铁建投悦居有限公司　驻北京市丰台区。执行董事刘思维。

中铁建科江门人才岛投资有限公司　驻广东省江

门市。董事长李寿福。

温州铁建城置业有限公司　驻浙江省温州市。执行董事王华。

中铁建湖南高速公路有限公司　驻湖南省常德市。董事长耿杰。

珠海西部铁建城开发有限公司　驻广东省珠海市。执行董事高俭坤。

张家口铁建城房地产开发有限公司　驻河北省张家口市。执行董事范彬。

唐山唐丰置业有限公司　驻河北省唐山市。董事长马涛。

中铁建投(天津)城市开发有限公司　驻天津市静海区。董事长赵轶山。

中铁建投(青岛)城市开发建设有限公司　驻山东省青岛市。执行董事林振华。

中铁建投(肇庆)开发建设有限公司　驻广东省肇庆市。董事长张其浪。

中铁建投(廉江)开发建设有限公司　驻广东省湛江市。董事长王永强。

中铁建投未来城(珠海)置业有限公司　驻广东省珠海市。董事长高俭坤。

中铁建投温玉(台州)铁路有限公司　驻浙江省台州市。董事长阚宏明。

中铁建投富春湾(杭州)城市开发有限公司　驻浙江省杭州市。董事长戚喜章。

中铁建投(烟台)开发有限公司　驻山东省烟台市。董事长董国桢。

铁建高速中油(四川)能源有限公司　驻四川省成都市。董事长吴英。

中铁香港发展有限公司　驻香港特别行政区九龙尖沙咀。董事长刘宇栋。　(韩烈慧楼　王　璐)

【资本运营项目】　累计投资项目112个,总投资规模8276.03亿元。其中,基础设施项目46个,合同投资3874.28亿元,占47.37%;城市综合开发项目51个,合同投资4258.63亿元,占52.07%;股权投资项目11个,合同投资45亿元,占0.55%。　(郑雅文)

【经营管理】　基础设施投资经营。2020年,中标基础设施类项目7个,项目总投资840亿元。其中,岑溪(粤桂界)至大新公路(玉林至横县段)、岑溪(粤桂界)至大新公路珠海至玉林(广西段)项目投资252.47亿元,关中环线眉县经岐山至凤翔公路和麟游至法门寺高速公路PPP项目投资62.3亿元,台山市大广海湾基础设施综合开发项目投资55.71亿元,太原市城市轨道交通1号线一期工程PPP项目投资209.36亿元,武汉市轨道交通12号线工程PPP项目投资158.87万元,横琴杧洲隧道工程勘察设计施工总承包项目投资6.97亿元(EPC总包),G30连霍高速公路清水驿至忠和段扩容改造及配套工程PPP项目投资93.94亿元。

城市开发投资经营。2020年,中标城市开发类项目13个,项目总投资1683亿元。其中,烟台市福山区夹河新城片区综合开发项目投资203亿元,杭州富春湾新城春北片区开发项目投资204.14亿元,驻马店市城乡一体化示范区新型城镇化建设项目投资215.42亿元,宁波奉化区东部新城综合开发项目投资103.88亿元,保定市清苑区高铁片区启动区项目投资101.23万元,慈溪市新城河区块二、三期改造项目投资105.25亿元,保定市主城区城中村连片开发ABO项目投资225.15亿元,扬州湾头玉器特色小镇项目投资23.73亿元(股权转让),沈阳市中关村科技创新基地北区配套工程项目投资53.79亿元,西安市灞桥区城市环境改造项目投资118.3亿元,中德天津大邱庄生态城片区综合开发项目投资68.88亿元,南京江北新区中心区地下空间二期工程PPP项目投资130.3亿元,金钟街片区综合开发项目投资129.9亿元。

房地产项目销售。2020年,房地产项目4个,销售额32.63亿元。珠海铁建大厦项目销售回款13.98亿元,中国铁建花园项目销售回款1.61亿元,温州鹿城德政项目13.85亿元,珠海湖心公馆3.2亿元。

股权投资经营。京广客专河南公司营业收入72.58亿元,净利润3.48亿元,总资产576.05亿元,净资产450.08亿元,净资产收益率0.35%;川铁泸州营业收入0.38亿元,净利润-0.85亿元,总资产23.7亿元,净资产1.78亿元;铁道大厦营业收入0.1亿元,净利润-80.47万元,总资产1.84亿元,净资产1.64亿元。完成投资股权项目7个,中国铁建高新装备股份有限公司营业收入15.65亿元,净利润0.22亿元,总资产73.25亿元,净资产54.52亿元,净资产收益率0.4%;新疆银行营业收入9.74亿元,净利润2亿元,总资产521.12亿元,净资产55.46亿元,净资产收益率3.6%;黄河财险营业收入4.44亿元,净利润-0.58亿元,总资产40.42亿元,净资产22.95亿元;铜陵有色营业收入994.38亿元,净利润9.61亿元,总资产521.38亿元,净资产206.6亿元,净资产收益率4.65%;国任财险营业收入60.81亿元,净利润6亿元,总资产104.05亿元,净资产42.88亿元,净资产收益率14%;泰升集团营业收入25.74亿港元,净利润-0.88亿港元,总资产19.08亿港元,净资产12.06亿港元;国信双创营业收入0.27亿元,净利润-257.71万元,总资产0.18亿元,净资产0.16亿元。

企业管理。全年完成新签合同额2555亿元,连续4年居系统内二级单位第一名,实现营业收入303.67亿元、净利润23.3亿元,超额完成股份公司下达的考核指标。城市开发板块发展迅猛,规模占比超过60%,有力助推投资结构调整。华北指挥部新签合同额突破500亿元,华东、中原指挥部超过400亿元,华南、华中指挥部超过300亿元,核心区域支柱效应凸显。总部机构改革顺利实施,"总部机关化"整改全面推进,组织体系得到优化。专业公司建设扎实推进,建立起支撑企业专业化发展的四梁八柱。绩效考核深度调整,打破"大锅饭"格局,业绩优先原则进一步彰显。立改废20项,更加适应企业改革发展需要。启动"十四五"发展规划编制工作,按计划完成初稿。

财务管理。集团公司资产总额1422.52亿元,负债1120.24亿元,所有者权益302.29亿元。资产负债率78.75%,营业收入323.1亿元,利润21.44亿元。年内对24家单位约谈督导,累计回款124.3亿元,运用多种方式降"两金","两金"余额峰值由130亿元压降至56亿元,控制在股份公司下达的63亿元的管控目标内。对接各大保险公司和其他机构,引入外部权益资金,实现新上项目资本金投放,满足表外运作条件。以互投基金、中国PPP基金、信托保险资金,实现基金认购,以内部融资置换外部融资,年末有息负债883.7亿元,与股份公司管控指标928亿元相比少44.3亿元,低4.7%。投资集团连续7年保持中诚信国际信用评级AAA级,授信总额2135亿元。抢先发行疫情防控专项公司债券。上半年累计发行19亿元,其中疫情防控专项公司债券5亿元为全国建筑央企首单疫情防控专项公司债券。成功在银行间市场交易商协会公开发行2020年度第一期超短期融资债券,募集资金15亿元,票面利率1.98%。成功簿记发行两期合计30亿元银行间市场次级永续中票,为集团公司首次公开发行次级永续中票。

监察审计。全年完成审计项目17个,完成年度计划14个的121%。其中,企业领导人员经济责任审计11项,新建项目前期工作规范性审计5项。系统梳理全集团上年审计发现问题,督促被审计单位全面落实"三表一单"制度,审计整改成效得到进一步提升;积极归纳总结审计调查发现的典型性、倾向性、普遍性问题,发掘提炼审计成果,及时更新《内部审计发现易发、多发问题及风险提示清单》,为企业多途径推动建立遏制共性问题的长效机制奠定坚实基础。

法律事务。结合建筑企业在疫情过程中可能受到的影响,以建筑企业应对新型冠状病毒疫情的措施为主题印发1期《法苑论坛》,分析界定疫情导致损失的责任承担方式,提示复工注意事项和防范措施。指导项目单位在实施过程中以新冠肺炎疫情为由向政府申请政策红利,或通过补充协议形式明确补偿,有效地维护合理利益。印发《2020年度合规工作计划》《2020年合规风险评估工作方案》《关于集团公司本级合同合规管理工作的补充通知》,对合规培训、风险评估、审查等工作进行重点部署。

安全质量管理。牢固树立安全发展理念,始终坚持"安全第一、预防为主、综合治理"方针,积极应对新冠疫情严重影响,不断强化全员安全生产责任意识,层层压实安全生产主体责任,狠抓安全监管措施落实,扎实开展安全生产大检查,积极推进安全生产专项治理活动,安全生产形势总体稳定,为"十三五"圆满收官构建安全生产防线。（荆凯 张森 王浩）

【党群工作】 领导班子建设。强化理论武装,扎实开展政治学习。以党委理论中心组学习为抓手,强化理论武装,狠抓学习型党组织建设。完善党组织发挥领导作用的体制机制。完善党组织议事规则和"三重一大"集体决策制度,切实把党组织研究讨论作为董事会、经理层决策重大问题前置程序,真正实现党委会、董事会、经理层议事决策机制对接,把党组织"把方向、管大局、保落实"的作用落到实处。投资集团党委强化领导班子成员"一岗双责",建立党建联系点,领导班子成员全年共深入联系点单位19人次。发挥政治优势,统筹疫情防控和生产经营。疫情发生以来,集团公司党委坚决贯彻落实习近平总书记重要指示批示精神和上级党委决策部署,全力以赴做好疫情防控,有序推进复工复产,坚决打赢疫情防控阻击战和生产经营攻坚战。集团公司获评股份公司2019年度四好领导班子。

党组织建设。压实主体责任,层层传导党建压力。实行党建目标责任管理,通过签订党建工作责任书、年度党建工作考核,督促各单位持续抓紧抓实党建工作;全面推行党组织书记述职评议考核管理,连续5年举行党组织书记抓党建工作述职评议考核。不断加强基层组织建设。按照"四个同步"的要求,新成立单位及时成立党组织,做到基层党组织"应建尽建",同时根据情况变化及时调整,成立党组织9个,撤销和调整基层党组织20个。扎实开展党员教育培训。集团公司党委结合实际,制定培训计划,举办2020年度党组织书记培训班和组宣干部培训班,进一步提升基层党务工作者的履职能力。持续深化创先争优。坚持主题党日、书记讲党课等活动常态化、规范化,不断推进党员活动与当前重点工作相结合,鼓励党员积极参与到企业改革发展和生产经营中，在急难险重任务和重大突发事件中，组织党员亮明身份、擦亮党徽、高扬党旗。

宣传文化工作。新闻宣传亮点纷呈。全年在中央电视台、新华社、《人民日报》等中央级媒体刊稿37篇，省部级媒体刊稿15篇；在《中国铁道建筑报》刊稿99篇，其中头版头条20篇；新媒体运维跃居中国铁建非工程单位第一名，在中国铁建官方抖音、快手推送内容7条，点赞量268万次。疫情期间，山东济乐高速保障援助火神山医院物资优先通行，相关视频在全网点赞超过1000万次、播放量超过1亿次，入选国务院国资委官方纪录片《超级医院》《担当》，彰显新时代中国精神、中国力量，树立投资集团良好形象。全年无网络舆情发生，意识形态阵地得到有效管理和维护。文化与品牌建设深入人心。完成宣传片、企业画册等文化产品更新，对外展示企业良好形象；大力弘扬先进典型，珠海西部投资公司1人抗疫故事入选第三届中央企业优秀故事；选树青年榜样代表，珠海置业公司1名新员工事迹入选中国铁建“后浪奔涌，我们的时代”微视频征集活动。公路运营公司“铁建高速”文化品牌获2020年交通运输“优秀文化品牌”，济乐公司“同心共济、乐道行远”铁建高速文化子品牌获2020年交通运输“成长力文化品牌”，德商高速公司被评为中国铁建系统3家企业文化建设示范基地之一。精神文明创建取得成效。兴延公司和中铁建置业公司申报首都文明单位，通过首都文明办审核及公示。政研课题研究取得佳绩。集团公司牵头课题“加强宣传人才队伍建设，增强宣传干部‘四力’研究”获股份公司二等奖。

党风廉政建设。压实管党治党责任。强化对各级党组织及班子成员的监督，监督党组织和班子成员依法合规履职尽责。强化民主集中制监督，督促各级领导班子严肃议事决策程序和纪律，纪委书记全程参与各单位“三重一大”决策会议，监督对企业发展重大问题的集体研究。深化作风建设。公司党委班子带头执行中央八项规定及其实施细则精神，重大节日期间组织系统内各级纪检部门进行抽查，全年累计对8家单位开展廉洁过节情况突击检查，营造风清气正的良好氛围。严格监督执纪。构建执纪巡察上下联动监督网，压实责任链条，形成监督合力。组成7个专项巡察组，累计配合并监督对苏交院、珠海置业等42家单位开展财务资金管理专项巡察。保持惩治腐败高压态势，紧盯“关键少数”，全年收到并处置信访举报线索18件，处置率100%，同时，把好执纪尺度，运用好“四种形态”，始终将“三个区分开来”贯穿纪律审查全过程，做到区别对待。

纪检监察。内设纪委办公室、执纪审查室2个部门，定编6人，将巡察职能从纪委办公室分离，单设党委巡察办公室。为公路运营公司、南方公司等专业化平台公司单设纪检部门，分别定编3人，配齐配强专职纪检干部，着力提升专业化平台公司纪检工作规范化、标准化水平。结合集团实际制定《所属单位纪检组织书记调整方案》。所属10家单位新设纪检组织，调整任命33名纪（工）委书记。制定印发《关于禁止领导人员亲属和其他特定关系人所办企业与本企业发生业务往来行为的规定》，持续扎紧制度的笼子。各级纪委注重加强廉政教育，持续推进源头治理。组织开展以“知敬畏守底线、严监管强执行”为主题的“反腐倡廉宣传教育月”系列活动。结合疫情防控实际，组织1444名管理人员全部参与“反腐倡廉宣传教育月”线上活动。深入推行“每月一课”廉洁从业教育活动，各单位全年累计开展各类廉洁从业教育活动500余场次。开展财务人员专题教育。通报和剖析系统内财务人员违法违规典型案例，组织开展职业道德建设宣讲，对全集团190余名财务人员进行集中警示教育，督促全体财务人员牢记职业操守，时刻绷紧遵章守纪弦。强化对各级党委及班子成员的监督。严肃党内政治生活、严格贯彻落实上级安排部署、日常谈心谈话及廉洁提醒等方式，督促党委和班子成员依法合规履职尽责。强化民主集中制监督。督促各级领导班子严肃议事决策程序和纪律，纪委书记全程参与集团公司“三重一大”决策会议，监督对企业发展重大问题进行集体研究。强化干部监管。更新完善276名中层干部廉政档案，做到一人一档，动态更新。坚持对中层干部选拔全过程监督，累计全程监督24名中层干部选拔任用，出具廉洁从业意见37份，发放学习书籍96册，并全部组织开展任职廉政谈话。监督各级党委认真贯彻落实疫情防控措施，并对滁宁城际、南京新市镇等4家单位疫情防控工作进行现场监督检查，被检查单位均能严格落实集团公司和属地政府疫情防控的工作部署和各项工作要求，防控措施得当到位，未发生疫情事件。全面贯彻落实党委要求，扎实开展内部巡察。根据年度巡察工作安排和股份巡视巡察工作要求，从巡察（审计）人才库抽调30名政治素质高、业务能力强的同志组成4个专项巡察组，累计配合并监督对苏交院、珠海置业等42家单位开展财务资金管理专项巡察。全面梳理近年来历次巡视巡察反馈的问题，督促被巡察单位党组织针对反馈问题剖析根源、制定措施、堵塞漏洞，切实做好“后半篇文章”。坚持严肃执纪，持续加大问题线索处置和追责力度，做到件件有回音、件件有落实。全年累计收到并处置信访举报线索18件，处置率100%。

工会工作。组织召开投资集团一届四次职代会，增替补部分职工代表，调整投资集团专门委员会委员名单,民主评议投资集团领导干部。审议通过《中国铁建投资集团有限公司员工定职定级管理办法》;选举集团公司参加股份公司第三届职代会职工代表。同时指导所属各单位工会组织相继建立本单位的职工(代表)大会制度,并按照要求分别对本单位领导干部进行民主评议。指导各级工会设立并规范使用工会防控专项资金,积极落实防疫物资保障。组织开展艰苦项目建家建线帮扶工作,现场帮扶和慰问艰苦项目3个,投入帮扶资金11.23万元。开展“夏送清凉、冬送温暖”活动,慰问职工1000余人,投入资金20余万元。组织城开板块21家单位开展以“抗疫保增长,当好城市开发建设主力军”为主题的劳动竞赛活动。2020年,集团公司工会财务获评“2019年度铁路工会财务工作先进单位”;1人获铁路总工会火车头奖章,1人获评中国铁建劳动模范。

共青团工作。围绕新冠肺炎疫情防控要求、企业改革发展和生产经营重点任务,全面深化开展争创“青年文明号”、争当“青年岗位能手”和“优秀共青团员”、创建“五四红旗团委”和“五四红旗团支部”活动,引导广大团员青年爱岗敬业、注重安全、保障生产,积极投身企业急难险重任务。制定下发《共青团中国铁建投资集团有限公司委员会“五四”评优表彰办法》。下发评先评优的通知,要求所属各级团组织广泛开展团员青年评先评优活动,4个团队获评“青年文明号”,1个团组织获评“五四红旗团委”,5个团组织获评“五四红旗团支部”,13人获评“青年岗位能手”,7人获评“优秀共青团干部”,11人获评“优秀共青团员”。在五四青年节到来之际,集团公司团委向广大团员青年发出倡议书,号召集团公司全体青年团员继承五四传统,做政治坚定、忠诚企业的表率;弘扬五四精神,做勇于担当、创新创效的表率;高举五四火炬,做勤奋敬业、创造价值的表率;传播五四爱心,做崇德尚礼、传播正能量的表率。（张　晶　朱川青　郑俊霞）

【中国铁建投资集团有限公司华中指挥部】 2017年3月,原武汉指挥部改名为中国铁建投资集团有限公司华中指挥部;2018年12月,华中指挥部经营范围调整为江苏省、安徽省、湖南省、湖北省。

2020年,新签合同额312.9亿元。（李丽晶）

【中国铁建投资集团有限公司西北指挥部】 2017年3月成立。

2020年,中标落地项目4个,经营承揽额332.39亿元。（李婧怡）

【中国铁建投资集团有限公司东北指挥部】 经营范围为黑龙江省、吉林省、辽宁省、内蒙古自治区。2018年5月成立。驻辽宁省沈阳市浑南区营盘北街3号七星公馆1703室。

2020年,中标沈阳·中关村智能制造创新中心项目,合同投资53.79亿元。（徐晓阳）

【中国铁建投资集团有限公司华北指挥部】 经营范围为北京市、天津市、河北省。2018年12月成立。原北方指挥部更名为华北指挥部。

2020年,承揽项目4个,经营业绩525.16亿元。（高　苏）

【中国铁建投资集团有限公司华南指挥部】 经营范围为广东省、广西壮族自治区、海南省。2018年12月成立。资产总额0.25亿元。

2020年3月,中标岑溪(粤桂界)至大新公路玉林至横县段、珠海至玉林(广西段)项目,合同额252.47亿元;6月,中标江门市滨江新区总部大道项目,参股额12.83亿元;10月,中标台山大广海湾基础设施综合开发项目,合同额55.71亿元。（胡润稷）

【中国铁建投资集团有限公司中原指挥部】 2018年12月成立。

2020年,承揽项目2个,经营业绩424.78亿元。（薄慧勇）

【中国铁建投资集团有限公司华东指挥部】 2018年12月,经营范围优化调整为浙江省、江西省、福建省、上海市。

2020年,中标项目3个,完成经营业绩413.27亿元。（杨金鸣）

【中国铁建投资集团有限公司西南指挥部】 经营范围为重庆市、四川省、云南省、贵州省、西藏自治区。2019年1月,由中国铁建投资集团有限公司重庆分公司整体组建。固定资产原值89.69万元,净值70.8万元。重点跟踪项目信息两大板块12个项目,其中基础设施板块6个、城市开发板块6个。（杜熙俊）

【中铁建桂林投资有限公司】 2013年3月成立,注册资本金1亿元。资产总额77.72亿元。其中,固定资产原值260.15万元、净值126.85万元,流动资产1.8亿元。累计融资68.61亿元,资产负债率89.81%。

2020年,高速运营收入0.65亿元,入口车流量89.91万辆,出口车流量90.12万辆,节假日期间减免通行费423.06万元。（李维英）

【青岛蓝色硅谷城际轨道交通有限公司】 2013年5月成立，注册资本金10亿元。资产总额137.82亿元。其中，BT投资额133.96亿元，资产货币资金、预付账款、留抵增值税进项税等3.86亿元。青岛蓝色硅谷城际轨道交通项目2014年10月全面开工，2018年4月23日开通试运营。

2020年，完成投资2.84亿元；开工累计完成投资140.59亿元。（赵映玲）

【中铁建重庆轨道环线建设有限公司】 2014年3月成立。资产总额29.59亿元。其中，固定资产原值246万元、净值18万元，流动资产10.14亿元。重庆轨道环线二期工程项目采用BT模式建设，2014年4月开工建设。

2020年，完成工程费0.98亿元，营业收入3.67亿元，利润总额0.2亿元，回购4亿元。（徐　超）

【中铁建四川德都高速公路有限公司】 2015年11月成立。中铁建四川德都高速公路由中国铁建投资集团公司、中铁十一局集团、中铁十二局集团共同出资建设和运营，2018年4月28日开工建设，建设期3年，运营期29年11个月10天。

2020年，开工累计总投资31.59亿元，其中建安投资25.1亿元，（胡建国）

【中铁建四川德简高速公路有限公司】 2015年11月成立，注册资本金1亿元。资产总额124.74亿元，负债总额92.01亿元，所有者权益32.74亿元。BOT建设模式，采用“项目公司+总承包部”管理模式。项目全长105.56千米，2017年3月28日开工建设，2020年12月31日全线开通。

2020年，开工累计投资129.14亿元。（王　思）

【中国铁建乌鲁木齐轨道交通2号线工程指挥部】 2016年7月成立。概算总投资162亿元，线路全长19.35千米，PPP合作模式，建设期5年，运营期30年。项目计划开工日期2016年10月18日，计划竣工及开通试营日期2020年12月28日，特许经营期终止时间2050年12月27日。计划总工期66个月，计划2022年6月30日建成通车。

2020年，利润总额1075.04万元。（张亚军）

【中国铁建股份有限公司青岛地铁4号线工程总承包部】 工程总承包部和工程总承包管理部分别成立于2016年12月8日和2017年2月13日，采用“一门两牌”合署办公方式投资。采用BOT+PPP基金模式建设，总投资172.76亿元，资本金60.47亿元，中国铁建出资21.16亿元。

2020年，营业收入3.2亿元，利润总额2.95亿元。（霍秀丽）

【中铁建新疆京新高速公路有限公司】 2017年6月9日，中标京新高速（G7）梧桐大泉至木垒公路项目，注册资本金15亿元。资产总额133.41亿元。其中，固定资产原值258.93万元、净值88.93万元；流动资产7.32亿元，非流动资产126.08亿元。2017年7月1日开工建设，计划2021年6月30日竣工，总工期48个月。

2020年，完成投资57.96亿元，其中建安费用41.05亿元。（张乃川）

【中铁建湖南高速公路有限公司】 2017年4月成立，注册资本金1亿元。固定资产原值26.93万元、净值61.78万元，流动资产2.14亿元。2019年1月25日安慈高速全线开工。石门至慈利段根据湖南省交通运输厅要求，在2020年底建成通车，实现湖南省“县县通高速”政治任务目标。

2020年，完成投资26.52亿元。（王　雷）

【中铁建陕西高速公路有限公司】 2017年7月成立，注册资本金6亿元。资产总额150.03亿元。其中，流动资产80.92亿元，固定资产原值647.53万元、净值216.29万元。项目全长160.1千米，建设里程130.1千米，连接线30千米，建设工期3年4个月，运营期29年。

2020年，开工累计完成总投资135.37亿元，其中合铜项目124.27亿元、吴华项目11.1亿元。（景若慧）

【中铁建（山东）高东高速公路有限公司】 2017年7月成立。资产总额63.22亿元。其中固定资产原值206.81万元、净值110.55万元，流动资产3.94亿元。高唐至东阿高速公路项目主线76.75千米，采用BOT模式，初步设计概算69.09亿元。2019年3月20日开工建设，2020年12月26日一期建成通车运营，预计2022年底前竣工，建设周期36个月，运营期29年9个月。

2020年，完成投资20.3亿元。（常　钊）

【中铁建甘肃张扁高速公路有限公司】 2018年5月成立。固定资产51.55亿元，流动资产4.13亿元，非流动资产47.42亿元。项目采用政府和社会资本合作模式实施，具体操作模式为 BOT + EPC + 政府特殊股份方式。2018 年 8 月开工，2020 年 12 月 17 日交工验收。

2020 年，完成投资 15.95 亿元，建安投资 15.49 亿元，利润总额 4.04 亿元。 （李存婷）

【中国铁建投资集团大横琴隧道工程 EPC 总承包部】 2018年6月成立。资产总额3.24亿元。其中，固定资产原值56万元、净值30万元，流动资产0.44亿元。项目采用勘察设计施工一体化模式，合同投资20.56亿元，路线全长4.9千米，其中隧道2座4590延长米。

2020 年，完成产值 3.22 亿元，营业收入 2.98 亿元；开工累计完成产值 14.62 亿元。 （孙 甜）

【中国铁建投资集团滁宁城际铁路工程总承包部】 2019 年 4 月成立。固定资产原值 91.66 万元、净值 76.3 万元。项目建设期 3.5 年，2019 年 1 月开工，一期工程工期至 2023 年 6 月。

2020 年，营业收入 7.03 亿元，净利润 0.59 亿元。 （李涛军）

【中铁建河南兰原高速公路有限公司】 2019 年 5 月成立。资产总额 13.58 亿元，其中流动资产 0.84 亿元。项目采用 PPP 投资模式运作，合作期限 43 年，其中建设期 3 年、运营期 40 年。项目估算总投资 55.41 亿元，资本金 11.08 亿元。2020 年 3 月 9 日开工，计划 2022 年 12 月 31 日竣工。

2020 年，完成投资 10.48 亿元，建安投资 9.78 亿元。 （孙 洋）

【中铁建陕西眉太高速公路有限公司】 2019 年 10 月成立，注册资本金 4 亿元。资产总额 2.5 亿元。其中，流动资产 2.36 亿元，非流动资产 0.13 亿元。项目全长 75.44 千米，估算投资 122.95 亿元，建设期 4 年，运营期 29 年 11 个月。

2020 年，完成投资 2.73 亿元，建安投资 1.22 亿元。 （原红霞）

【中国铁建投资集团黑白面将军山隧道工程 EPC 总承包部】 2019 年 10 月成立。资产总额 0.65 亿元，其中流动资产 0.18 亿元。项目采用勘察设计施工一体化模式（EPC），合同投资 10.31 亿元，其中建安费 10.17亿元、勘察设计费 0.14 亿元。

2020 年，完成投资 2.38 亿元，营业收入 2.07 亿元，净利润 734 万元；开工累计完成投资 2.38 亿元。 （孙 甜）

【中铁建投山东泰东高速公路有限公司】 2020 年 2 月成立。资产总额 0.19 亿元。其中，固定资产原值 107.77 万元、净值 95.29 万元，流动资产 311.22 万元。泰安至东平高速公路项目全长 41.512 千米，投资估算总额 45.67 亿元，采取 BOT 模式建设，资本金占总投资的 25%，约 10.54 亿元。建设期 3 年，运营期 30 年。

2020 年，完成投资 0.15 亿元。 （李 娟）

【中铁建宁夏高速公路有限公司】 2020 年 5 月成立。固定资产原值 696.93 万元、净值 605.8 万元。项目全长 236.92 千米，概算总投资 261.46 亿元，建设期 4 年，2020 年 8 月 18 日开工，计划 2024 年 8 月 17 日交工。

2020 年，完成投资 30 亿元。 （张建民）

【陕西关环麟法高速公路有限公司】 2020 年 8 月成立。资产总额 5.73 亿元。其中固定资产原值 430.03 万元、净值 416.68 万元；非流动资产 1473.56 万元，流动资产 5.54 亿元。项目采用 PPP 运作方式。具体运作模式为 BOT + 总承包 + 运营期补贴，计划 2021 年 5 月 1 日开工，2025 年 4 月 30 日竣工。

2020 年，开工累计完成投资 3.85 亿元，建安投资 0.98 亿元。 （李 睿）

【中铁建甘肃投资有限公司】 2012 年 11 月成立。资产总额 9.04 亿元。其中，固定资产原值 788.94 万元、净值 598.81 万元，流动资产 3.38 亿元。项目占地面积 2.67 平方千米，合同投资 100 亿元，开发周期计划 3～5年，进入清算阶段。

2020 年，完成投资 421 万元，利润总额 2.7 亿元；开工累计完成投资 23.06 亿元，建安投资 1.08 亿元。 （段兴娜）

【中铁建珠海投资开发有限公司】 2013 年 5 月成立，注册资本金 5 亿元。珠海西部中心城区首期开发区域（B 片区）基础设施工程位于广东省珠海市，开发面积 6.58 平方千米，投资总额 98.48 亿元。开发期 120 个月，其中建设期 96 个月。2013 年 8 月 30 日开工，计划 2021 年 8 月 30 日竣工。

2020 年，完成投资 7.17 亿元，收回土地出让款 9.85亿元；开工累计完成投资 36.9 亿元，收回土地出让款 29.11 亿元。 （陈茂盛）

【中铁建置业有限公司】 2013 年 11 月成立，注册资本金 2.35 亿元。资产总额 117.83 亿元。其中，固定资产原值 180 万元、净值 23 万元，流动资产 9.1 亿元。项目土地面积 56.5 万平方米，其中国有土地 35.2 万平方米、集体土地 21.3 万平方米，划为 23 个地块，投资总额 200.4 亿元。

2020 年，开工累计完成投资 118.69 亿元。

（孙　恒）

【珠海铁建大厦置业有限公司】 2014 年 1 月成立。资产总额 42.78 亿元。其中，固定资产原值 363 万元、净值 102 万元，流动资产 31.21 亿元。项目占地面积 17274.64 平方米，总建筑面积 164130 平方米，投资总额 31 亿元。

2020 年，利润总额 0.49 亿元；开工累计完成投资 3.7 亿元，其中建安投资 2.85 亿元。（康　旭）

【中铁建青岛投资有限公司】 2014 年 6 月成立，注册资本金 1 亿元。固定资产原值 107.53 万元、净值 20.13万元，流动资产 5.27 亿元。

2020 年，完成项目投资 0.25 亿元；开工累计完成投资 8.85 亿元。（孙　爽）

【中铁建珠海西部投资开发有限公司】 2014 年 10 月成立，注册资本金 1 亿元。珠海市西部中心城区首期开发区域（A 片区）基础设施工程合作开发项目位于珠海市，开发面积 4.02 平方千米。投资总额 76.54 亿元。开发时间 120 个月，建设期 96 个月。2014 年 12 月 30 日开工，2020 年 12 月 30 日竣工。

2020 年，完成投资 9.45 亿元，收回土地出让款 12.47 亿元；开工累计完成投资 44.39 亿元，收回土地出让款 32.39 亿元。（陈茂盛）

【中铁建桂林旅游开发有限公司】 2016 年 3 月成立。固定资产原值 176.91 万元、净值 18.17 万元，流动资产 582.2 万元。首期投资 7.02 亿元，建设期 3 年，建成后运营 40 年。2017 年 7 月，中铁建桂林旅游开发有限公司与广西壮族自治区桂林市资源县政府签订《特许经营权协议》《景区资产移交协议》，正式接管景区。

2020 年，完成投资 0.56 亿元，其中项目建安投资 0.34 亿元，征地拆迁费用 880 万元。游客量 47617 人，门票收入 268.05 万元，商铺出租收入 0.81 万元。

（何芷倩）

【中铁建南京新市镇开发有限公司】 2017 年 4 月成立。资产总额 18.07 亿元。其中，固定资产原值 105 万元、净值 30 万元，流动资产 0.61 亿元。负责南京市江宁区江宁街道新市镇建设 PPP 项目的投资建设，项目总投资 37.59 亿元，采用“设计—建设—运营—移交”（DBOT）模式运作。建设期 5 年，运营期 5 年。

2020 年，营业收入 2.93 亿元，利润总额 0.33 亿元，净利润 0.25 亿元。（高迎春）

【扬州湾头玉器特色小镇有限公司】 2017 年 10 月成立，注册资本金 10 亿元。资产总额 5.32 亿元。其中，固定资产原值 131 万元，流动资产 0.49 亿元。项目主要建设内容：特色产业和基础设施。投资总额 57.73 亿元，其中建设投资 53.68 亿元，建设期利息 4.05 亿元。合作期限 33 年。

2020 年，完成投资 13.99 亿元，完成建安投资3.26 亿元，营业收入 0.26 亿元，利润总额 0.21 亿元。

（李　玲）

【珠海铁建梧桐苑置业有限公司】 2017 年 1 月成立。资产总额 26.56 亿元。其中，固定资产原值 112 万元、净值 40 万元，流动资产 26.04 亿元。项目位于珠海市中心城区南湾片区洪湾板块，2018 年 11 月开工，计划 2021 年 6 月竣工。

2020 年，完成投资 4.22 亿元；开工累计完成投资 20.28 亿元。（陈天云）

【中铁建万方张家口房地产开发有限公司】 2017 年 11 月成立。资产总额 5.66 亿元。其中，固定资产原值 48.34 万元、净值 18.99 万元，流动资产 6409.84 万元。项目采用“棚户区改造固定收益”的合作模式，占地面积 2.15 平方千米，拆迁户 7121 户，拆迁面积 48 万平方米，投资总额 75.06 亿元，开发周期 3 年。

2020 年，完成棚改投资 1.47 亿元，营业收入 0.1 亿元，利润总额 0.11 亿元；开工累计完成投资 14.76 亿元。（姚艳东）

【中铁建置地有限公司】 2018 年 7 月成立。资产总额 4097 万元。其中，固定资产原值 73 万元、净值 44 万元，流动资产 249 万元。项目占地总面积 303.05 万平方米，投资总额 149.8 亿元，开发周期 4 年。

2020 年，累计完成投资 0.24 亿元。（孙　恒）

【中铁建投悦居有限公司】 2018 年 7 月成立，注册资本金 1 亿元。资产总额 1.15 亿元。其中，固定资产原值 1 万元、净值 1 万元，流动资产 894 万元。项目采用农村集体经济组织以项目经营权出租的方式进行合作开发，投资总额 12.81 亿元。实施周期计划 54 年，其中建设期 4 年、运营期 50 年。

2020 年，开工累计完成投资 1.06 亿元。

（孙　恒）

【中铁建科江门人才岛投资有限公司】 2018 年 8 月

成立。固定资产原值131万元、净值101万元,流动资产0.95亿元。

2020年,完成总投资30.82亿元,建安投资完成20.99亿元;营业收入21.98亿元,利润总额2842万元,净利润2131万元。（张家麒）

【温州铁建城置业有限公司】 2019年1月成立。资产总额101048万元。其中,流动资产7.21亿元,固定资产净值36万元。项目投资额28.43亿元,开发周期2019年4月至2022年5月。

2020年,销售额13.85亿元,利润1.13亿元。

（尚西西）

【珠海西部铁建城开发有限公司】 2019年3月成立。资产总额20.8亿元。其中,固定资产原值145万元、净值112万元,流动资产20.7亿元。

2020年,完成投资3.86亿元;开工累计完成投资20.37亿元。（陈天云）

【张家口铁建城房地产开发有限公司】 2019年3月成立,注册资本金1000万元。固定资产原值45.67万元、净值32.14万元,流动资产1.34亿元。

2020年,完成投资1.39亿元;开工累计完成投资1.47亿元。（刘晓勇）

【唐山唐丰置业有限公司】 2019年7月成立,注册资本金1亿元。资产总额5.7亿元。其中,固定资产原值97.93万元、净值73万元,流动资产4.43亿元。唐山市丰润区棚户区改造项目分为9个片区,总占地面积2.576平方千米,拆迁5224户,安置房建设面积98万平方米。总投资估算59.89亿元,实施周期4年。采用“投融资+工程总承包(EPC)+固定年化收益”模式滚动开发。

2020年,完成总投资3.86亿元。（王小东）

【中铁建投(天津)城市开发有限公司】 2019年8月成立,注册资本金1亿元。资产总额0.38亿元。其中,固定资产原值555.43万元、净值457.72万元,流动资产0.17亿元。项目采用PPP模式实施,合同投资40.89亿元,总建筑面积80万平方米,建设期5年,运营期17年。开工时间2019年9月,计划竣工时间2024年6月30日。

2020年,完成投资0.14亿元。（张成豪）

【中铁建投(青岛)城市开发建设有限公司】 2019年10月成立,注册资本金5000万元。固定资产原值80.71万元、净值75.31万元,流动资产总额21.48亿元。

2020年,开工累计完成投资205849.76万元。

（白　煜）

【中铁建投(肇庆)开发建设有限公司】 2019年12月成立。资产总额1.32亿元。其中,固定资产原值505.42万元、净值491.48万元,流动资产1.26亿元。项目总投资126亿元,其中建筑安装工程费99.39亿元。

2020年,完成投资3.54亿元,建安产值3.19亿元,施工效益0.41亿元。（陈　庆）

【中铁建投(廉江)开发建设有限公司】 2020年2月成立。资产总额10.08亿元。其中,货币资金1.16亿元,预付账款0.13亿元,其他流动资产0.71亿元,固定资产净值115万元。项目以“建设—运营—移交”(BOT)运作方式实施。

2020年,完成投资8.99亿元,建安产值8.38亿元。（周　鹏）

【中铁建投未来城(珠海)置业有限公司】 2020年2月成立。资产总额8.18亿元。其中,固定资产原值26万元、净值26万元,流动资产8.18亿元。项目位于珠海市斗门区。2020年5月开工,预计2022年8月竣工。

2020年,完成投资7.7亿元。（陈天云）

【中铁建投(桐乡)建设管理有限公司项目公司】 2020年3月成立。固定资产原值105.34万元,累计折旧46.44万元。项目采取PPP投资模式运作,合作期15年,其中建设期3年、运营期12年。纳入PPP项目总投资37.12亿元,其中建安费22.95亿元。2020年10月30日开工建设,预计2023年10月29日竣工。

2020年,完成总投资9.98亿元,建安产值0.96亿元。（乔军亭）

【中铁建投温玉(台州)铁路有限公司】 2020年7月成立。资产总额2.02亿元。其中,固定资产原值339万元、净值306万元,流动资产1.04亿元。温玉铁路项目总长37.172千米,桥隧比87.56%,全线设车站3座。采用“建设—拥有—运营—移交”(BOOT)模式运作,建设期3年,运营期30年。

2020年,完成投资0.95亿元。（余明志）

【中铁建投富春湾(杭州)城市开发有限公司】 2020年7月成立,注册资本金5亿元。项目动态总投资

204.14 亿元、静态总投资 191.92 亿元，其中建安费 118.27 亿元，土地整理费 50 亿元，工程建设其他费用及预备费 23.65 亿元。项目合作期 12 年，其中建设期 10 年。2020 年 11 月 19 日开工，计划 2030 年 11 月 18 日竣工。

2020 年，完成投资 15.55 亿元。（杨　治）

【中铁建投(烟台)开发有限公司】 2020 年 7 月成立，注册资本 5.26 亿元。资产总额 2.7 亿元。其中，固定资产原值 79 万元，流动资产 0.49 亿元。项目总投资估算 203 亿元。

2020 年，完成投资 2.28 亿元，建安投资 1.82 亿元，投资收益 220 万元。（刘长龙）

【中铁建南方投资有限公司】 铁建投资城市开发项目专业化管理公司，承担城市开发项目投资开发、建设管理、服务运营、利润核算 4 项核心职能。2013 年 6 月成立，驻广东省珠海市。资产总额 29.22 亿元。其中，固定资产原值 637.35 万元、净值 452.56 万元，流动资产总额 28.16 亿元。（何雪根）

【中铁建苏州设计研究院有限公司】 主要从事公路、市政、水运工程的设计、咨询工作。前身系始建于 1989 年的苏州市交通设计研究院有限责任公司；2001 年完成改制；2018 年 5 月 30 日挂牌成立，纳入铁建投资管理。

2020 年，中标杭州富春湾新城春北片区开发项目工程总承包(EPC)项目，合同投资 113.95 亿元。（许金双）

【中铁建公路运营有限公司】 2018 年 12 月成立。注册资本金 1 亿元。负责管理和运营筹备 16 条高速公路，其中投资集团 14 条、系统内托管 2 条，运营里程 1374 千米，资产规模 1500 亿元。资产总额 0.33 亿元。其中，固定资产原值 123.25 万元、净值 76.52 亿元，流动资产 0.32 亿元。

2020 年，公路运营板块所属 8 条高速公路入口总车流量 6860 万辆，日均 26.08 万辆，主营业务收入 23.32亿元，非主营业务收入 1.12 亿元。（高　倩）

【中铁建恒诚实业有限公司】 支撑投资集团战略发展的房地产开发专业化管理与服务运营中心。2020 年 10 月成立。资产总额 1011.59 万元。其中，固定资产原值 65.79 万元、净值 11.08 万元，流动资产 993.04 万元。（余　勇）

【重要记载】

▲10 月 22 日　铁建投资与国开行陕西分行签署战略合作协议。

▲10 月 22 日　国务院国资委党委在京召开中央企业抗击新冠肺炎疫情表彰大会暨先进事迹报告会。铁建投资所属济乐公司杨庆广被授予“中央企业抗击新冠肺炎疫情先进个人”称号。

▲11 月 3 日　铁建投资与广州市越秀区人民政府签署战略合作框架协议。

▲11 月 13 日　铁建投资珠海置业公司开发的珠海铁建大厦项目获中国建筑节能协会 2020 年“华夏好建筑”示范项目称号。

▲12 月 1 日　北京兴延高速公路石峡隧道工程入选 2020—2021 年度国家优质工程奖。

▲2020 年　新冠肺炎疫情期间，铁建投资各高速公路运营项目开启应急防疫物资专用通道 96 条，全面响应免费通行政策要求，减免通行费 4.8 亿元。

（王　璐　肖　颖）

中铁建资本控股集团有限公司

【简况】 以中国铁建财务有限公司、诚合保险经纪有限公司、中铁建金融租赁有限公司、中铁建资产管理有限公司为基础组建，是中国铁建深入落实党中央关于金融供给侧结构性改革、强化产融结合、提升企业产业链一体化竞争力、打造“品质铁建”作出的重大战略决策。2020 年 3 月成立，注册资本金 90 亿元，注册地深圳市前海深港合作区。营业范围：金融股权投资及投资管理、资产管理、投资咨询、财务顾问、担保业务、金融信息咨询与服务、金融科技开发与服务及与公司经营有关的实业投资等。（赵　爽）

【领导人员】

董事会

董事长	王秀明
董事	王　闯
	张国俊
	张建国
	冀　涛
	周仲华
	王　磊

经理层

总经理　王　闯
执行总经理　张建国
　王　磊

监事会

监事会主席　吴靖萍

党群领导

党委副书记　王　闯
　张国俊
纪委书记　吴靖萍
工会主席　吴靖萍

（赵　爽）

【职工队伍】 职工542人。男职工327人，女职工215人。硕士研究生及以上学历172人，本科学历352人，专科及以下学历18人。正高级职称9人，高级职称112人，中级职称110人，初级职称91人。35岁及以下296人，36～40岁99人，41～45岁67人，46～50岁53人，51～54岁15人，55岁及以上12人。

（于江龙）

【企业管理】 2020年，铁建资本以习近平新时代中国特色社会主义思想为指导，坚持"稳中求进"工作总基调，遵循"实事求是、守正创新、行稳致远"工作方针，落实"守正、革新、提质、做实"工作要求，坚守"中国铁建综合金融服务平台"的发展定位，顺利完成金融板块改革重组，形成"1+5"的组织架构体系。初步形成资金集中管理与运用平台、保险集采平台、金融租赁及相关业务管理平台、产业链金融和创新金融服务平台、产业基金管理平台五大专业平台，企业改革管理工作扎实推进。

坚持完善总部管理。根据前中后台职能分工设置8个职能部门，梳理编制部门工作职责和岗位说明书，初步形成管理有力、运转协调、权责清晰、精干高效的总部管控模式；持续开展"总部机关化"整改专项工作，全面提升集团总部管控效能和服务意识；推进授权放权，组织梳理集团总部监管权力与责任清单和授权放权清单，进一步明确总部与各管控单位的权责界限。科学抓好战略规划。全面启动"十四五"规划编制工作，开展咨询机构选聘和规划编制调研，认真谋划企业今后五年宏伟发展的行动指南。系统实施机构编制调整。按照集约化管理、专业化运营的原则，指导各单位开展机构编制调整，大幅压缩中后台管理人员，充实前台队伍力量，后台管理人员比重降低16.27%。统筹开展资源整合。完成2户法人企业系统内股权划转和1户法人企业压减工作，坚持聚焦主责主业，集中资源做强、做精铁建资本主业。

（陈森楠）

【经营管理】 主要经济指标全面超额完成。始终围绕"服务主业、服务实体、以融促产、产融结合"中心开展工作。全年实现新签合同额114.82亿元、营业收入107.85亿元、净利润26.41亿元，其中净利润额在中国铁建系统排名第一。

经营体系初步搭建。立足"中国铁建综合金融服务平台"总体定位，整合金融资源，以协调管控单位"融融协同"发展为契机，构建"大协同"经营体系，设立华北、华东、华南、西部四大区域经营服务中心，构建集团"管总"、区域经营服务中心"管面"、管控单位"管线"、金融研究中心"管点"的四位一体客户服务体系，推动各管控单位初步建立起交流互通、渠道互联、业务互动和利益共享的合作机制。

业务规模持续攀升。充分发挥金融板块优势，依托中国铁建产业背景和全产业链优势，拓展市场领域，优化业务结构，提升经营能力。财务公司吸收存款规模1475亿元，全年结算业务金额6.6万亿元；保险经纪业务集中度稳步攀升，近五年累计为中国铁建系统节约保费支出12亿元，协助取得索赔收入16亿元；金融租赁业务累计投放1413亿元；资产证券化累计盘活资产规模1372亿元，持续保持业内领先水平；铁建银信业务开具量1144亿元，成为国内规模最大、客户最多的企业端供应链金融平台之一；铁建基金实现基金总规模630亿元，累计投放268亿元。

服务主业贯穿始终。为稳步推进金融与实体产业融合发展，集团统筹资金集中、金租、资管、保险、基金等多种金融服务，重点在优化资金运用、提升使用效率，引入外部低成本资金，盘活主业资产、实现资产资本化，放大资本功能，确保资金安全等方面助力主业发展，提高金融资源配置效率和服务水平，不断扩大产融结合的广度和深度。全年为中国铁建系统各成员单位投放表内表外融资和投资项目资本金1980亿元。

金融创新多元发展。持续增强创新驱动力度，以客户需求为导向，不断提高金融服务的"精准性"和"便利性"，更好地服务主业、服务实体，实现收入多元化，寻找收入增长点。铁建财务适时推出"战疫贷""F+"系列金融服务、"超短贷"等系列创新信贷产品；"投融研一体化"平台高效运作，灵活运用金融工具降成本减负债，实现存量债券资产全品种盘活，成为全国首批创设标准化票据业务的财务公司。诚合保险互联网保险自营销售平台上线运营。中铁金租首单外资银行银团贷款业务落地，首次在全国银行间债券市场发行30亿元金融债券。铁建资产成功发行首单质保金资产证券化产品，铁建商城首单循环物资线上交易成功落地，重庆保理全国首单货车ETC保理业务落地。

铁建基金开拓资管新规后与信托基金合作新模式，为系统成员单位置换资本金 33.6 亿元，保障项目长期稳定建设。

践行央企抗疫担当。集团积极履行社会责任，为主业抗疫补血助攻。铁建财务为成员单位储备总额 50 亿元低利率专项优惠贷款，设置 10 亿元专项投资债券。诚合保险推出 3 种"抗疫复工保险"产品，3.7 万名铁建员工及家属免费领取 10 万元保额的新冠肺炎保险，第一时间为河北省区域内抗疫一线干部职工赠送总保额 2.8 亿元的保险产品。中铁金租及时实行租金延期支付总额 3.3 亿元，为企业减负。铁建资产适时发行专项 ABS 募集资金 20 亿元，降低银信融资利率，为湖北供应商"补血"1.75 亿元。（杨艺芳）

【风险管理和内部控制】 积极探索"纵横"管理和协同的"大风控"模式。纵向管理方面，集团本级重在体系建立和督导协调，按照各级要求，分批发布《中铁建资本控股集团有限公司全面风险管理制度（试行）》等 28 项制度；管控单位对照集团全面风险管理的各项要求，制定各项实施办法（细则），着力落实全面风险管理的各类具体措施。横向协同方面，注重风险内控、法律合规与审计、纪检部门协同工作，形成分级分层多元的"大风控"机制和体系。结合管控单位的不同业务特点，确定各单位风险管理的关键环节、核心要点，建立全面风险管理考核机制，"以考促管"，制定"共性 + 个性"的考核指标，指导管控单位有针对性地开展全面风险管理工作。集团督促管控单位做好各类风险事件的报告工作，促进风险事件的预警、评估、处置等各项工作有效开展。成立由集团公司领导亲自参与的督导组，对管控单位可能出现的风险事件开展专项督导，全年未发生任何重大风险事件。制定《中铁建资本控股集团有限公司内部控制指引（试行）》等制度规范及《中铁建资本控股集团有限公司 2020 年度内部控制评价及考核工作实施方案》等具体实施方案，组织集团本级和各管控单位开展内控各项工作。以 2020 年内控评价和考核为契机，坚持问题导向，督促各管控单位就自查和审计发现的问题"立查立改"或制定切实可行的方案，限期予以整改完善。全年未发现任何重大缺陷。（周腾达）

【党群工作】 党委工作。始终把政治建设摆在首位，坚持以习近平新时代中国特色社会主义思想为指导，深入贯彻党的十九届五中全会精神，坚持增强"四个意识"、坚定"四个自信"、做到"两个维护"，始终在政治立场、政治方向、政治原则、政治道路上同党中央保持一致。结合铁建资本各管控单位人员集中、党员数量少等特点，创新建立党建工作集约化管理机制，调整各管控单位党委为党总支、工会为工会分会、团委为团支部，为各管控单位派驻纪检专员，优化机构人员配置，逐步打造专业化管理模式。健全完善《中铁建资本控股集团有限公司党委落实全面从严治党主体责任清单》《党建工作责任制实施办法》《党建工作责任制考核评价暂行办法》等党建工作制度办法，梳理优化全集团党建工作管理流程，进一步明确各级党组织管理边界，形成三个层次"四个统一"的党建管理机制，减少各级组织的重复性工作，提高工作效率，节约组织成本。充分发挥党组织领导作用，督促各级党组织工作入章程，设立各级党组织、董事会、监事会和经营管理层相互制约协调运作的治理体系，制定党委会议事规则、"三重一大"决策制度和《"三重一大"事项清单（2020 年版）》等配套制度，为公司发展提供坚强的政治保证。

党组织工作。建立健全党组织，印发《党组织建设的意见》《关于调整中国铁建财务有限公司党群组织的通知》《关于成立中国共产党中铁建资本控股集团有限公司第一支部委员会的通知》等文件，先后调整 4 个党总支、26 个党支部，党组织设置实现全覆盖。集团实行集约化改革后，对部门和机构设置进行较大调整，各管控单位党总支分别向集团公司党委报送调整支部设置的请示，集团公司均予以批复，各支部均在 2020 年成立。注重党务干部及党员队伍建设，集团 24 名党支部书记均参加支部书记集中培训，完成率 100%。积极举办党务干部线上培训，集团本部及管控单位党群工作干事和各支部委员 64 人参加培训，并通过线下交流座谈进一步加深各管控单位对集团集约化管理的理解和贯彻落实。坚持落实"三会一课"，印发《2020 年度党员教育培训工作方案》，进一步加强党员队伍建设。充分发挥党组织及党员作用。组织开展"党建金融系列知识竞赛"，收到有效答卷 275 份，参与率 84%；举行"决战决胜 30 天，党员冲锋勇向前"活动，广大党员干部职工勇于在急难险重任务中当先锋、打头阵，保证高标准完成年度各项任务指标；积极开展"五小"创新活动，推动管控单位围绕"品质服务，党员先行"等主题，以支部为单位开展"五小"创新工作，切实发挥支部战斗堡垒作用和党员先锋模范带头作用。

宣传工作。坚持把学习习近平总书记重要讲话和重要指示批示精神作为"第一议题"，学习内容紧密围绕党的路线方针政策、金融行业以及企业发展实际情况，通过集体学习和研讨相结合，使中心组成员能够把理论知识与企业实际相结合，推动解决实际问题。围绕思想建设，抓实意识形态工作，党委班子成员带头讲党课，各级党组织班子成员跟进，强化对广大党员和员工思想政治教育。出台《新闻宣传管理暂行办法》,组建由各管控单位业务骨干组成的通讯员队伍,强化审核审批管理,建立新闻宣传报道管理机制,抓实宣传报道工作。按照股份公司党委有关要求,围绕企业党的建设、改革发展和生产经营重点,及时开展对外报道。在《经济日报》、《金融时报》、"学习强国"学习平台等累计发布新闻30余篇,内容涉及金融支持抗疫和复工复产、金融支持脱贫攻坚、金融服务实体等重大主题宣传任务。开展2020年度集团公司"十大新闻"评选,进一步凝心聚力,扩大集团影响力,增强美誉度。

干部工作。从制度建设着手,强化干部选拔任用、培养激励机制建设,落实容错纠错机制,理顺管理流程。印发《领导人员管理规定》,按照相关规定先后完成各管控单位党总支、班子成员的任命,纪检专员考察、任命,董事、监事的委派,集团本部部门正职与副职的任命,诚合保险和铁建资产各2名副总经理以及4个区域中心负责人的选拔、考察、任命工作等。开展"一报告两评议"工作,对管控单位领导班子履职和干部选拔任用工作进行考核评价,强化干部队伍管理。加强领导人员出入境管理,印发《因私出国(境)管理办法》,按照要求对各管控单位班子成员及财务、资金以及信息管理等关键岗位人员69人证照进行收缴管理,并在深圳出入境管理局完成备案。

党风廉政建设和反腐败工作。从组织建设、制度建设和监督机制建设等方面加快推进纪检体制改革的研究落实,确立公司纪委工作体系。对各管控单位的监督执纪采取派驻纪检专员制度,研究确定以"交叉任职、交流派驻"为主的纪检专员职责内容、职责权限和工作方式;抓好"关键少数",督促各级班子成员认真履行"一岗双责",强化主体责任落实;把财务资金管理专项巡视巡察作为一项重要政治任务,全面配合股份公司党委巡视,并同步开展对各管控单位的巡察工作,督促立行立改,确保整改见底见效;注重加强与法律、风控、审计监事等监督职能部门间的协调配合,通过共同开展廉洁风险防控工作调研和座谈等,不断拓宽发现问题的渠道,推进金融廉洁风险防控体系建设,努力构建大监督管理体系。

群团工作。充分发挥工会和团委桥梁纽带作用,形成党群共建合力,努力实现"资本一家人"理念普及推广。按照中国铁建"抗疫保增长,夺取双胜利"的总体目标要求,结合公司"产融协同、融融协同"战略需要和各管控单位业务特点,围绕企业生产经营重点,推进各管控单位开展特色劳动竞赛,保证全面超额完成公司2020年度生产经营目标;深入开展劳模和工匠人才创新工作室创建工作,命名成立公司首批6家劳模创新工作室,激发企业创新活力和广大职工的创造潜能;借助微信公众号创建"资本悦声汇"品牌栏目,策划、编排和发布朗诵作品20期30篇,以有声阅读促进职工形成好读书、读好书的良好氛围;同时举办"时代新人说——资本腾飞,奋斗有我"主题演讲比赛,首届职工趣味运动会等一系列文体活动,其中"推行'资本一家人'工会组织集约化管理模式"和"搭建'资本悦声汇'职工文化活动平台"被评为中国铁建工会特色工作,汇集企业发展凝聚力。 (王楚怡)

【**中国铁建财务有限公司**】 经中国银保监会批准,具有独立法人资格的非银行金融机构。2012年4月18日开业运营。

2020年,营业收入32.45亿元,净利润11.88亿元。全年让利10.61亿元。本外币日均吸收存款折合人民币941.75亿元,发放各类贷款970.61亿元,信贷投放余额749.82亿元,代理成员单位办理对外收支、电票清算等各类结算业务940.25万笔,结算金额6.65万亿元。 (杨泽伟)

【**诚合保险经纪有限公司**】 2009年成立。职工141人。确立"立足主业、相关多元"发展战略,在全国主要区域成立20余家子分公司和客户服务中心,业务涵盖保险经纪、再保险经纪、保险公估、保险代理、风险管理咨询等服务领域,形成从风险管理、保险建议、保险安排到索赔服务等全方位保险服务体系。业务涉及铁路、公路、地铁、水利、房建、通信信号、城市轨道交通、物流物贸、环保等多个领域和行业。资产总额4.75亿元。

2020年,新签合同额3.41亿元,营业收入2.31亿元,净利润5109万元。 (樊美麟)

【**中铁建金融租赁有限公司**】 立足产业金融定位,依托中国铁建上下游全产业链优势和股东资源禀赋,协同产业发展,促进产融结合,高质量服务中国铁建产业链、供应链,聚焦基础设施、工程装备、新兴产业等领域开展金融租赁业务。经营范围包括融资租赁业务、转让和受让融资租赁资产、接受承租人的租赁保证金、吸收非银行股东3个月(含)以上定期存款、同业拆借、向金融机构借款、境外借款等。2016年6月设立,是国内首家由建筑央企发起设立的金融租赁公司,注册资本金34亿元,注册地天津自贸试验区(东疆保税港区)。职工137人。资产总额461.92亿元,负债总额406.07亿元,所有者权益55.85亿元,资产负债率87.91%。

2020年,新签合同额40.21亿元,投放175.93亿元,营业收入45.45亿元,净利润6.22亿元,授信规模996.4

亿元。总资产收益率1.31%,资本充足率12.71%。

(李艳平)

【中铁建资产管理有限公司】 拥有铁建银信、铁建资管、金融科技平台和铁建商城四大板块业务,经营范围涉及互联网金融、商业保理、资产管理、投资与并购、新兴产业投资、商旅出行以及电子商务等领域。2011年3月注册成立,2017年8月正式运营,注册资本金30亿元。职工132人。

2020年,新签合同额30.01亿元,营业收入26.74亿元,净利润7.18亿元。

(胡军辉)

【中铁建投资基金管理有限公司】 中国铁建专业产业基金管理平台。2017年6月注册成立,注册资本金2亿元。职工22人。资产总额140亿元。

2020年,新签合同额10.01亿元,营业收入1.3亿元,净利润0.75亿元,新中标项目38个,投资总额超过3000亿元。

(杨丽娟)

【重要记载】

▲3月19日 铁建资本在深圳前海注册成立,注册资本金90亿元。

▲4月28日 铁建资本揭牌仪式在北京举行。

▲10月10日 《中铁建资本控股集团有限公司"融融协同"总体方案》正式印发,"融融协同"战略进入实施阶段。

▲11月25日 铁建资本与中国人寿保险股份有限公司合作设立国寿铁建基础设施投资基金,基金规模280亿元,投资中国铁建系统内基础设施项目。

(赵 爽)

中铁建商务管理有限公司

【简况】 前身系铁道兵司令部管理处、铁道部工程指挥部管理处、中国铁道建筑总公司机关事务管理部、总公司机关服务中心、北京铁建工贸集团;2008年1月,改制成立为中铁建(北京)商务管理有限公司;2015年7月改称现名。主营业务涵盖物业管理、医疗服务、餐饮服务、机票商旅服务、车辆保障服务等。下辖北京铁建物业管理有限公司、中国铁道建筑总公司北京铁建医院、北京铁建餐饮有限公司、中铁国际航空服务有限公司、大厦服务中心5家单位。

2020年,营业收入26204万元,净利润244万元。资产总额38332万元,负债总额31089万元,资产负债率81.10%,股东权益7243万元。

(韩 明)

【领导人员】

董事会

董事长	吕 岗
董事	贾晖东
	孙 胜

监事会

监事会主席	孙利民

经理层

总经理	贾晖东
副总经理	孙 胜
	王 青
总会计师	王 青(兼)

党群领导

党委书记	吕 岗
党委副书记	贾晖东
纪委书记	孙利民
工会主席	孙 胜

(孙 乾)

【职工队伍】 职工582人。干部105人。其中,高级职称15人、中级职称31人、初级职称18人。技术干部占在岗干部总数的60.95%。工人477人。其中,高级技师2人、技师5人、高级技术工6人、中级技术工2人。技术工人占在岗工人总数的3.14%。 (孙 乾)

【服务经营】 以打造"满意后勤"、提升服务满意度为目标,做优做精服务,做实做细管理,统筹抓好服务保障、安全保卫、深化改革、提质增效、党建群团各方面工作,增强股份公司总部院区的获得感、幸福感、安全感。

服务保障。服务保障与疫情防控常态化相结合,积极推进服务规范化、标准化建设。以保障股份公司重要会议、重要接待、重要活动为中心任务,制定重要接待(会议)服务保障工作方案、应急预案,实行分级管理,保障更加规范化,提高服务品质。完成股份公司总部会议服务4387次。总部院区大力推行生活垃圾分类,安排垃圾分类引导员,引进智能垃圾分拣站,实行"并站、定点、分类"投放。复兴路40号院被评为2020年北京市首批、永定路首家"生活垃圾分类示范小区"。积极配合做好总部院区"三供"移交后的工作。物业公司获评2020年中国铁建先进集体。总部汽车队完成股份公司公务出行、来宾接送保障任务,安全行驶50万千米。铁建医院门诊量11.9万人次,完成总部院区疫情防控宣教、医疗物资供应、疫苗接种配合等大量工作。餐饮公司创新餐饮服务理念,引进专业管理团队,开展“厨艺比武”,倡导“光盘行动”,扎实推进“满意食堂”建设。中铁航服与系统内38家集团公司总部、372家三级公司和项目部保持差旅集采关系,提供便捷、合规的差旅解决方案。销售机票16.5万张,销售额1.5亿元。被国航评为A类服务商,获东航客户卓越贡献奖。

疫情防控。按照“宁可十防九空,不可失防万一”工作思路,加强人员测温、公共区域消毒通风,把北京市“新六规”“十二条”“一米线”规定和股份公司防控要求落实到办公区、生活区、食堂。6月初北京市新发地市场疫情扩散,股份公司总部院区实施14天全封闭管控。发挥餐饮公司资源优势,每天供应蔬菜、水果、肉禽蛋奶等近100种,累计供应6500千克,保障居民生活“菜篮子”“米袋子”。组织志愿者,主动为下楼不便的老人、居民送菜、送饭、送快递,提供上门到家配送服务。北京市疫情第156次新闻发布会肯定复兴路40号社区疫情防控和居民生活保障工作。

企业改革。加快“总部机关化”问题整改,实施清单管理和授权管理,为各部门授权明责,为各单位松绑减负。稳妥推进“三项制度”改革,在市场化用工方面有所突破。按照中国铁建统一安排部署,稳步推进退休人员社会化管理专项工作。移交退休职工454人。

精准扶贫。按照股份公司要求,主动承担中国铁建全系统消费扶贫集中采购的任务,在全系统搭建消费扶贫产品集采供销平台。在中国铁建对口帮扶的3个扶贫区县、9家扶贫企业、全系统47家二级单位之间开通销售扶贫产品的“爱心专线”。处理订单1200余个,订单销售额约3000万元,消费扶贫指标圆满完成,助力中国铁建履行打赢脱贫攻坚战的政治责任、社会责任。（韩　明）

【社会事务】 认真履行股份公司赋予的交通安全、消防安全、集体户口管理、爱国卫生、绿化美化、避雷检测等社会事务职能工作,代表股份公司总部院区与地方政府沟通联系,保持中国铁建良好的社会形象。2020年,总部院区继续保持北京市爱国卫生红旗单位、首都绿化美化花园式单位等荣誉,被评为北京市交通安全先进单位。（郭　琪）

【党群工作】 坚持以政治建设为统领,中心组学习66场次,组织研讨24次,党课37场。加强改进党的领导,推动党的领导融入公司治理制度化、规范化方面,及时修订议事规则,完善“三重一大”制度。坚持抓基层打基础。建立基本制度,出台《党委落实全面从严治党主体责任清单》《纪委加强政治监督责任清单》,印发《领导班子成员履行“一岗双责”实施意见》。健全基本组织,党支部换届做到应换尽换。党组织书记抓基层党建述职评议100%,综合评定成绩均在良好以上。建强基本队伍,制定《党员教育培训工作清单》、党员教育培训计划,新发展党员3人。各级党组织围绕服务保障、疫情防控、复工复产等重点任务,抓好党员示范岗创建活动,把党建优势转化为发展优势。在疫情防控上融合。党员主动靠前、带头值班,发挥好党员先锋模范作用。在服务保障和安全保卫上融合。党员带领干部职工提升服务品质、提高群众满意度,涌现一批身边榜样和先进典型。在发展改革上融合。公司党委以减员增效为改革重点任务,坚决完成法人单位压减任务,外部用工减少37.26%,推动提质增效。坚持选人用人正确导向。修订《企业领导人员管理暂行办法》,出台《干部、纪检部门对领导人员进行提醒、函询和诫勉的实施细则》。提拔交流干部4人,职级职称提升12人。加强所属单位负责人薪酬管理,激励担当作为。加强人才培训招聘,营造拴心留人的良好环境。抓牢宣传思想文化和意识形态工作。网站刊稿101篇,微信公众号刊稿377篇,有关事迹被《人民日报》、《北京日报》、《中国铁道建筑报》、《科技日报》、《新京报》、“学习强国”学习平台、北京电视台等主流媒体报道。加强党风廉政建设。出台规范权力运行制度16项。约谈所属各单位负责人24人次。签订党建工作责任书18份。94名重点岗位党员干部签订廉洁从业承诺书。开展“两个责任”监督检查14次。44人建立廉政档案。组织警示教育16次。编印《公司党风廉政建设工作文件选编》。以廉洁文化“进岗位”为切入点,在院区、诊室、班组制作创意海报;自编自演4部警示片,在防止“小微权力”滥用上提升参与度。对所属单位制度建设、物资采购、物资领用、仓储管理等方面进行监督检查,提出4个方面15条整改意见。抓好股份公司巡视反馈意见整改落实。查阅台账130余册,个别谈话62人次,梳理归纳问题75个。对历年来巡视巡察、内部审计、财务检查发现的党的建设、财务管理问题整改情况再检查、再监督。发挥群团组织桥梁纽带作用。调整统战领导小组成员和工作机构,研究出台进一步加强统战工作的举措。两级工会组织按要求设置、按期换届。办理职代会提案16条。维护职工合法权益,及时慰问困难职工,发放慰问金12.3万元。坚持党建带团建、树品牌、促发展,1家青年集体被推荐表彰为“中央企业青年文明号”。（韩　明）

【北京铁建物业管理有限公司】 主要负责中国铁建总部办公区和家属区的物业管理。在管中国铁建总部院区、朝阳中国铁建国际城、乐想汇、铁建广场、昌平青秀尚城、海淀环保嘉苑等项目。驻北京市海淀区复兴路40号。党委书记、执行董事、总经理赵军。职工

274 人。资产总额 8053 万元。

2020 年,营业收入 7789 万元。所属各在管项目物业服务整体满意度 93% 以上。 (杨新飞)

【中国铁道建筑总公司北京铁建医院】 前身是中国人民解放军铁道兵司令部门诊部。一级综合医院,海淀区万寿路街道中铁建社区卫生服务站,事业法人单位,北京市基本医疗保险定点医院,北京市海淀区西南部医联体成员单位。主要承担院区及周边社区居民的日常门诊、体检、社区卫生医疗和健康管理服务。驻北京市海淀区复兴路 40 号。党委书记、院长顾庆久。职工 99 人。资产总额 5395 万元。

2020 年,营业收入 9094 万元,门诊量 11.9 万人次,体检 5946 人次。 (王 寒)

【北京铁建餐饮有限公司】 中国铁建股份公司总部餐厅,为股份公司总部提供工作餐及会议接待等服务保障工作。党委书记、执行董事、总经理赵军。职工 112 人。资产总额 2421 万元。

2020 年,营业收入 2187 万元。 (姜 庶)

【中铁国际航空服务有限公司】 拥有客运代理一级(国际客运)、二级(国内客运)资质,主要负责中国铁建系统因公机票集中采购及差旅管理服务等业务。驻北京市海淀区复兴路 40 号中国铁建大厦 B 座一层东区。2010 年 7 月成立,注册资本金 5000 万元。执行董事、总经理、党支部书记孙友霞。职工 34 人。

2020 年,营业收入 552 万元,销售额 1.495 亿元。 (焦振华)

【中铁建商务管理有限公司大厦服务中心】 主要负责股份公司总部及部分系统内部企业的物业服务工作和重要接待(会议)等特约服务保障工作。驻北京市海淀区复兴路 40 号。总经理、党支部书记刘芳。职工 117 人。

2020 年,营业收入 3299.86 万元。服务满意度 98%。 (张丽荣)

中铁磁浮交通投资建设有限公司

【简况】 主要从事磁浮交通、单轨交通及其他新型交通项目的投融资、研发、规划、设计、建设、运营组织管理、咨询、培训及技术服务等。2016 年 10 月 9 日注册成立,注册资本金 20 亿元。总部驻湖北省武汉市武昌区张之洞路 169 号金星大厦。承担世界最长、中国首条中低速磁浮商业运营线——长沙磁浮快线设计、施工、综合联调、运营维护的一站式总承包服务商,也是国内首条磁浮旅游线——清远磁浮旅游交通的一站式总承包服务商。公司定位于城市新型轨道交通产业资本运作、核心技术研发合作、专业集成平台,具备投资经营能力、关键技术研发能力、规划设计组织能力、资源整合集成利用能力、运营组织管理能力等全产业链能力;公司以投融资为引擎,创新合作模式,运用更加安全、节能、环保、经济、高效的技术,引领现代新型轨道交通产业发展,为国内外新型交通发展做出贡献。设立职能部门 9 个,下辖清远磁浮交通有限公司,托管中国铁建股份有限公司清远磁浮工程总承包项目部。

2020 年,营业收入 34105 万元,净利润 4981 万元,人均创利 71.62 万元,全员劳动生产率 118.66 万元/(人·年),职工年人均收入 30.32 万元。净资产收益率 4.8%,国有资产保值增值率 104.7%,资产负债率 31.03%,资金上存度 60% 以上。 (项何丰)

【领导人员】

董事会

董事长	张海亮
董事	谢海林
	周京波(9 月任)

监事会

监事会主席	吴兰青(10 月免)
监事	周 飞(9 月免)
	王 洁(10 月任)
职工监事	冯 亮(9 月免)
	洪 伟(9 月任)

经理层

总经理	谢海林
副总经理	周京波(5 月任)
	鄢巨平
	李寒生
总会计师	周京波(5 月任)
总工程师	鄢巨平

党群领导

党委书记	张海亮
党委副书记	谢海林
纪委书记	吴兰青(10 月免)

(刘 铭)

【职工队伍】 职工 76 人。干部 73 人。硕士研究生及以上学历19人。专业技术干部73人,其中正高级职称10人、高级职称40人、中级职称14人、初级职称7人、未聘专业技术职务2人。工人3人,其中高级工1人、技师2人。 (陆 蒂)

【工程项目指挥机构】 清远磁浮工程总承包项目部(股份公司托管) 驻广东省清远市。项目经理谢海林,党工委书记、常务副经理唐希峰。 (陆 蒂)

【项目建设】 清远市磁浮旅游专线工程是国内首条中低速磁浮旅游专线,以服务长隆主题公园旅游景区为主要功能,初期实现广清城际银盏温泉站与长隆主题公园站的联通,初期工程线路全长8.014千米,2017年12月29日开工建设。开工累计完成投资14.4248亿元。 (项何丰 任煦晨)

【企业管理】 编制完成《公司“十四五”企业发展与战略规划编制工作方案》,并开展市场调研、内外部环境形势及企业现状分析、标杆企业对标分析等工作。按照武汉市市场监督管理局的监管要求,及时编写和报送2019年度企业报告,按照有关规定公开企业经营基础信息。围绕清远磁浮项目的高效有序推进,梳理编制《权利与责任清单》《授权放权清单》。 (周 宇)

【经营管理】 经营承揽。按照“六个亲自”要求,中铁磁浮领导带领经营人员先后拜访清远市、梅州市、贵州茅台集团、四川省交通投资集团、武汉市、汉川市、南通市、晋城市、西南交通大学、佛山市铁投集团、安顺市、潍坊市、钦州市、贺州市、昌吉州、嘉兴市、遵义市等17个地方和企业领导。重点经营项目15个。积极响应股份公司大客户、大市场、大项目“三大战略”,大客户33个,坚持做好核心客户维护工作。

财务管理。利用财政政策和疫情期间复工复产金融支持政策,为清远磁浮交通有限公司争取政府专项债2亿元和专项应急贷款5亿元。连续三年利用研发费用加计扣除政策,降低企业税负,企业所得税汇算清缴节约税金222万元;顺利通过高新技术企业认定,自2020年起适用15%的企业所得税税率,减少企业所得税562万元;充分利用地方税收优惠政策,2020年收到政府补助215万元,其中税收返还178万元。

技术管理。承担完成工程项目规划研究18项,方案全长3524.191千米,其中磁浮制式12项3408.041千米、有轨电车1项37.07千米、智轨4项68.28千米、窄轨铁路1项10.8千米。配合完成清远磁浮旅游专线工程建设阶段的设计审查、标准审核、投资控制、变更设计、设备选型与招投标等技术服务和咨询工作。

建设管理。按照“1234+”工程项目管理思路,抓好在建项目管理,切实做好质量管理和安全控制,落实生产进度计划,做好项目经济指标管控,实现年度责任目标;持续推进2020年提质增效专项行动,组织落实各项工作措施,配合加大市场开拓力度,加强行业创新引领,实现提质增效工作目标;按计划推进安全生产专项整治三年行动,进一步落实安全生产主体责任,完善安全生产管理制度,推进安全风险分级管控和隐患排查治理“双预控”体系,完善和落实从根本上消除事故隐患的安全生产责任链、工作机制和预防控制体系,扎实推进安全生产治理能力现代化,努力提升本质安全水平;积极探索投资+工程总承包项目管理模式下合同管理,掌握工程分包成本的第一手资料,建立公司施工定额,为项目合同管理和成本控制打好基础。

运营管理。全年组织社会招聘引进运营管理人才12人,运营中心定员218人,到位123人,到位率56%。线上运营培训管理系统进一步完善,累计上线课程数量200个、题库82个、题量10154个。

法律合规。贯彻执行“主要负责人履行推进法治建设第一责任人职责”,审核重要法律文件119份,包含经济合同55份、重大决策文件4份、规章制度12份、授权委托书48份。组织“合规管理基础课程”“合规管理高级课程”合规培训,参训213人次,签署员工合规申明80份,完成采购合规审查70次、第三方尽职调查合规审查5次、合同合规审查81次、业务招待费合规审查393次、捐赠赞助合规审查1次。

综合管理。撰写各类会议讲话稿和汇报材料、工作总结21篇,撰写各类会议纪要43份。全年收文1216份,均及时流转。印制各类制度、通知、文件及函件等95份,清理修订公司涉及综合管理服务的制度,筹备上级来访、客户对接及专题会议等不定期重大会议35次。董事会、总经理办公会、年中工作会及调度会等常规会议47次。 (李志林 别碧勇 项何丰)

【科技成果】 组织各单位完成中国铁建科技重大专项A类课题“中低速磁浮轨道交通系统成套技术工程化应用研究”,取得新产品、新材料、新工艺、新装置、计算机软件等6项;发表科技论文20篇,其中国外发表1篇;申请专利48件,获授权30件;制定行业标准1项、企业标准18项。2020年度新申请专利5件,其中双申请1件,新获专利授权22件。其中“一种磁浮轨道交通砌块式承轨梁”获股份公司优秀专利奖。

(韦随庆)

【党群工作】 党的工作。下辖9个党组织,党员75人。深入学习习近平新时代中国特色社会主义思想,开展党委理论学习中心组学习12次,邀请专家授课2次,开展专题研讨9次,学习内容110余篇。与3个党(工)委签订2020年度党建工作责任书,对3名党(工)委书记2019年度抓基层党建情况进行述职评议考核,对各党(工)委2019年党建工作责任制进行考核。

发挥党委领导作用。积极贯彻落实国有企业基层组织工作条例等有关规定,“把方向、管大局、保落实”的领导作用得到有效落实,“三重一大”事项均经党委班子集体研究讨论后作出决定或提出决策意见,全年召开党委会议7次、研究事项89项,其中前置讨论重大事项40项,研究决定重大事项49项。

党组织建设。调整中国铁建股份有限公司清远磁浮工程总承包项目部党工委组成。公司党群职能部门编制7人,选配6人。下发中铁磁浮2020年度党建工作要点;印发《关于巩固深化“不忘初心、牢记使命”主题教育成果的实施方案》,安排落实贯彻习近平新时代中国特色社会主义思想等5个方面15项措施;组织学习贯彻党的十九届四中、五中全会精神专题网络培训班4期;公司领导班子成员讲授党课20余次。贯彻习近平总书记关于新冠肺炎疫情防控重要指示批示精神,统筹部署新冠肺炎疫情防控和复工复产,使用党费0.6万元,慰问困难党员2人;划拨党费6.2万元,组织党员捐款1.398万元支持疫情防控。党建经费按照职工薪酬1%比例提取。举办中铁磁浮第二期党组织书记暨党务干部培训班,对19名党支部书记和党务干部进行集中培训,组织6名党支部书记参加中国铁建党支部书记培训班,选送1名党工委书记参加中国铁建三级单位党委书记培训班。聚焦疫情防控、复工复产和清远磁浮创效,开展“创岗建区”活动,指导2个党工委设置26个党员先锋岗和4个红旗责任区。表彰先进党支部1个,优秀共产党员9人,其中新冠肺炎疫情防控优秀共产党员3人、优秀党务工作者3人。

干部管理。贯彻落实中国铁建党委企业领导人员管理制度要求,修订《中铁磁浮交通投资建设有限公司中层管理人员管理办法》《中铁磁浮交通投资建设有限公司领导人员因私出国(境)管理办法》《中铁磁浮交通投资建设有限公司组织人事部门对中层管理人员进行提醒、函询和诫勉的实施细则》等干部选用管理配套制度。对公司党委领导班子、班子成员、董事履职情况进行综合考核评价。开展“四个专项”整治和企业领导人员兼职、因私出国(境)证件、领导人员亲属在本单位工作等“三项清理”,累计备案因私出国(境)人员38人,其中公司党委领导班子成员6人、中层管理人员23人、财务等关键岗位人员9人。

党风廉政建设。贯彻上级党风廉政建设和反腐败工作会会议精神,开展集中学习13次,学习研讨6次;监督领导干部严格执行中央八项规定精神,开展节假日廉洁提醒4次,组织专项检查4次;坚持廉洁谈话制度,对重要岗位的7名员工开展廉洁谈话;建立公司党委管理干部廉政档案23份;通过资料抽查、召开座谈会、工作会及面对面谈话等形式,督促各单位班子成员落实“一岗双责”,切实担负起管党治党的责任。开展反腐倡廉宣传教育月系列活动,以纪明廉、以谈守廉、以讲植廉、以读养廉、以家助廉“五廉”主题教育。党员领导干部撰写《追问》读书心得体会20篇,开展谈心谈话20余人次,各级纪(工)委书记讲党课4次,推送反腐倡廉微型主题信息30余次,反腐倡廉主题教育月干部职工参与率100%;对清远磁浮公司、清远总包部、总部本级3家单位进行财务资金管理专项巡察,召开2019年巡察情况反馈会议,集中反馈2019年度巡察发现问题56项。对两家单位开展巡察“回头看”,两家单位整改反馈问题52项,整改完成率93%。

宣传思想和文化建设。在中央级、省部级媒体以及股份公司宣传平台累计刊发各类稿件、电视新闻、视频作品40篇次。公司网站全年发布信息211条,微信公众号发布信息211条,新浪微博发布信息158条,抖音平台推送视频8条。推送疫情防控工作主题宣传信息120余篇次,制作的《武汉加油》短视频、原创抗疫主题MV《前行“江城”》、诗歌《你们用生命护航生命》等作品先后得到“学习强国”中央平台、湖北平台以及湖北省总工会微信公众号推荐,累计播放量超过120万次。以“践行铁建新文化、提高企业软实力”“新时代如何弘扬铁道兵精神”等主题大讨论为载体,积极践行新时代中国铁建文化,培育中铁磁浮特色文化。修订完善落实意识形态工作制度4项。举办专题培训班,邀请湖北“长江云”、《湖北日报》专家授课。

工会工作。召开一届一次职代会,落实集体协商、领导干部述职、民主评议领导干部要求,落实职工董事、监事制度,做好职工提案收集和落实工作。1项提案获湖北省总工会优秀提案一等奖、中华全国总工会2020年度“聚合力促发展”全国优秀职工代表提案。中铁磁浮获2020年度湖北省安康杯劳动竞赛优胜单位。鄢巨平创新工作室被评为湖北省劳模创新工作室、中国铁建创新工作室,并加入中国铁建轨道交通联盟创新工作室;林全荣创新工作室被评为中国铁建创新工作室;李志林创新工作室被命名为清远市创新工作室;清远磁浮公司工会被评为中国铁建模范职工之家;技术研发中心创新班组被授予湖北省工人先锋号;谢海林被授予湖北省五一劳动奖章。

共青团工作。2020年开展志愿者服务活动17次;开展以“当好主人翁·建功新时代”为主题的劳动竞赛1次。组织开展“固基础、强技能、促提升”主题专业知识竞赛1次。组织团员青年参与“五四有我艺术作品征集”线上活动和“后浪奔涌,我们的时代”主题短视频拍摄。 (王璐 杨戈 袁青顺)

【清远磁浮交通有限公司】 注册资本金6.00823亿元,专营清远市磁浮轨道交通项目的投资、建设、经营、运营管理。职工150人。

2020年,清远磁浮旅游专线工程完成投资4.3亿元。 (杨丽娟)

【重要记载】

▲1月2日 中铁磁浮应邀出席2019年度武汉科技创新与创业高峰论坛并获评“2019年度武汉十大科技创新企业领跑者”。

▲4月2日 中铁磁浮牵头组建,铁一院、铁四院、铁五院、上海院、铁建重工为主要支持单位的中国铁道学会轨道交通工程分会新型轨道交通学组正式成立。

▲5月6日 中铁磁浮主导编制的涵盖中低速磁浮工程建设全过程和运维全周期的15项中国铁建企业标准正式实施。

▲5月8日 湖北省总工会对2019年全省劳动竞赛先进集体和先进个人进行表彰。中铁磁浮获2018—2019年度湖北省“安康杯”竞赛优胜单位,中铁磁浮技术研发中心创新班组被授予“湖北省工人先锋号”称号,中铁磁浮总经理谢海林获湖北省五一劳动奖章。

▲11月25日 清远市发展和改革局与清远磁浮交通有限公司签订《清远市磁浮旅游专线工程银盏站至长隆主题公园段特许经营协议》。清远磁浮成为中国铁建首次采用“特许经营+TOD”合作模式投资建设的轨道交通项目。

▲12月1日 中铁磁浮获批为国家级高新技术企业。 (项何丰)

中铁建华南建设有限公司

【简况】 拥有市政公用工程施工总承包和建筑施工总承包一级资质。2017年1月在广州南沙自贸区注册成立,注册资本金10亿元。响应中国铁建“品质铁建”要求,充分发挥“统筹、协调、管控、服务、滚动经营及产业协同”职能,走“集约化、专业化、差异化、区域化”发展道路,坚持产业协同发展战略,努力建设高质量发展的总承包企业,打造“集约型、管理型、创新型、实体型”总部企业。立足广州,辐射周边,代表中国铁建开展广州及周边建筑市场的经营承揽、在建项目监管督导、基础设施建设项目投资开发及建设管理、地铁盾构施工专用化工材料及碴土改良等化学产品的研发和生产等业务。下设广州市轨道交通18号和22号线工程总承包部、广州市轨道交通10号线工程总承包部2个总承包部,高科公司1个全资子公司,建材公司和中咨公司2个合资子公司。

2020年,新签合同额8.9亿元,营业收入117.76亿元。 (罗贵业)

【领导人员】

董事会

董事长	张　成
董事	张夕和
	徐加兵
职工董事	邵汉军

监事会

监事会主席	葛　斌
监事	李文辉
职工监事	王丽娟

经理层

副总经理	张夕和
	徐加兵
	邵汉军
总会计师	张夕和(兼)
总工程师	徐加兵(兼)

党群领导

党委书记	张　成
党委副书记	葛　斌
纪委书记	葛　斌(兼)
工会主席	葛　斌(兼)

(刘海波)

【职工队伍】 职工119人。其中,干部117人、工人2人。专业技术干部117人。干部中,高级职称66人、中级职称26人、初级职称17人,大专以上学历117人,女干部14人;干部平均年龄40岁。 (刘海波)

【工程项目指挥机构】 广州市轨道交通18号和22号线工程总承包部 驻广东省广州市番禺区。总经理张成,党工委书记、常务副总经理徐加兵。

广州市轨道交通10号线工程总承包部 驻广东省广州市荔湾区。总经理徐波,党工委书记刘西文(5月免)、雷泽鸿(8月任)。 (王雪扬 王兰兰)

【工程施工】 广州市轨道交通18号线和22号线工程总承包项目 全长93.1千米,设计时速160千米。合同投资436.29亿元,2017年11月开工,合同工期1464天。主要工程量:18号线全长61.3千米,车站9座、停车场1个、车辆段1个;22号线全长31.8千米,车站8座、停车场1个。2020年完成投资133.43亿元,开工累计完成投资300.6亿元。

广州市轨道交通10号线工程总承包项目 设计时速80千米。合同投资112.48亿元。合同工期2018年12月至2023年12月。主要工程量:车站19座,其中换乘站11座;既有段线6千米,车站5座;新建段线19.2千米,车站14座,其中换乘站9座;车辆段1座。2020年完成投资5.03亿元,开工累计完成投资7.33亿元。

广州市城市轨道交通18号线陇枕停车场枢纽综合体一级同步实施工程设计施工总承包项目 合同投资5.53亿元。合同工期2019年3月1日至2021年11月30日。主要工程量:新增上盖面积8.42万平方米,盖板高度9.5米;土石方工程203651立方米,灌注桩54817立方米,叠合梁板11827立方米,混凝土123329立方米,钢管柱(钢支撑)13402吨,钢梁2741吨。2020年完成投资2.67亿元,开工累计完成投资5.33亿元。

2019—2020年广州市南沙区农村生活污水查漏补缺治理工程(榄核镇、珠江街、龙穴街等)勘察设计施工运维(EPC-O)总承包项目 位于广东省广州市南沙区。合同投资8.4亿元。合同工期2019年至2020年。主要工程量:新建污水处理站11座、污水主管145.47千米、污水支管161.28千米、污水提升井28座和其他雨污水管道修复项目。

新塘站综合交通枢纽一体化工程(含地铁预留工程)施工总承包项目(1标段) 位于广东省广州市增城区新塘镇,为5条轨道交通地铁与国铁换乘站。合同投资4.72亿元。合同工期2020年9月11日至2022年6月30日。主要工程量:车站土建工程长254米、宽47.3米、深23.5米,基坑占地面积27619平方米;通廊224.285米,通廊横向宽度受国铁柱网制约,土建净宽度设计6.6米、深13.1米,基坑占地面积3776平方米;车站设置出入口6个,20/13号线付费区换乘通道1个,20/13号线还建出入口1个。

广州南站商务区东新高速周边市政道路项目 位于广东省广州市。合同投资3亿元。合同工期525天,开工日期2021年1月9日。主要工程量:规划一路至规划六路市政道路6条,新建道路3315米,新建桥涵8座。主要建设内容:道路、桥涵、排水、电力管沟土建结构、照明和绿化工程等。

(鲁德利 王雪扬 王兰兰)

【经营管理】 经营承揽。2020年,中标新塘站综合交通枢纽一体化工程(含地铁预留工程)施工总承包项目(1标段),合同额47312万元;中标广州南站商务区东新高速以东保障房周边市政道路工程及附属设施项目施工总承包项目,合同额30014万元;建材公司新签物贸合同额10862万元;高科公司新签工业制造合同额1017万元;中咨公司九月份股权划转后新签咨询合同额103万元。华南建设累计新签合同总额89308万元。

企业管理。大力推进以流程管理为核心的基础管理。通过定期梳理、修订制度,实施“制度清单”管理,强化内部控制和合规管理,有效防范和化解风险;结合“总部机关化”问题专项整改,深入推进“放管服”改革。制定总部权责事项清单和授权放权事项清单2个清单,合理压缩审批备案事项,在有效管控的前提下通过合理授权提升审批时效和管理效能。

安全质量。新制定《中铁建华南建设有限公司所属管理项目建立安全网格化管理的指导意见》《中铁建华南建设有限公司轨道交通工程轨行区施工安全“十不准”行为管理规定》《中铁建华南建设有限公司安全生产专项整治三年行动实施方案》。开展以“消除事故隐患,筑牢安全防线”为主题的安全生产月活动、以“建设质量强国,决胜全面小康”为主题的质量月活动。通过推行“安全监督官”制度、创新立体网格化安全管理体系、引入“第三方安全咨询”服务、开展“校企合作”等多种手段,持续开展安全教育,筑牢安全思想防线,切实做到“监管到位、检查到位、整改到位”。开展安全教育培训工作139次,累计参训人员1800人次。组织综合应急演练、专项应急演练和现场处置方案等各类应急救援演练活动293次,3647人次参加和观摩演练。开展各类安全检查309次,发现安全隐患1542处,全部按“四定”原则进行整改并跟踪落实。全年施工生产平稳可控,未发生等级安全事故。

设备物资。集中采购物资设备金额7.65亿元,节约资金0.46亿元,节资率5.67%;推广在花岗岩残积土等特殊地层采用的超前注浆加气压辅助盾构掘进施工法,解决岩层坍塌问题,减少刀具磨损,经济效益明显;广州市轨道交通18号和22号线工程总承包项目49台盾构安全平稳完成掘进任务。

财务管理。营业收入117.76亿元,完成年度预算的115.06%。利润3.36亿元,净利润2.59亿元,完成年度预算指标的253.92%。资产总额48.09亿元,同比增长7.99%，负债总额33.47亿元，资产负债率69.60%。

经济管理。做好责任成本、二次经营、计划统计、合同及分包管理、清收、提质增效、对标一流等经济管理业务。牵头部署并推进公司全年提质增效工作。加强疫情政策梳理，确保优惠政策落实到位。牵头组织对中铁十一局桥梁公司拟投入建材公司合资的资产进行全面清理。清理完成高科公司的建设费用，组织相关单位办理完成基地建设费用的结算工作。

（鲁德利　张熙文　叶兆兵）

【科技工作】 与国中租赁公司、广东省科学院中乌焊接研究所、哈尔滨工业大学合作开展低真空管（隧）道高温超导磁悬浮交通、智能焊接和盾构自动换刀等国内外先进科学技术的研究。新立项科研课题8项，在研股份公司科研课题3项；国家知识产权局受理专利33件，其中发明13件，实用新型20件；获得授权实用新型专利14件，累计21件；发表科技论文7篇，形成广东省工程建设省级工法1项；参编广东省住房和城乡建设厅主持的《轨道交通架空刚性接触网系统技术标准》、中国工程建设标准化协会主持的《城市轨道交通工程混凝土耐久性技术规程》。

开发出适用于寒冷地区的耐低温盾尾密封油脂和盾构泡沫剂配方，优化形成盾构注浆用干拌砂浆配方17套，并推广应用于广东、江苏、河南和四川等地项目；研究应用的地铁超前注浆加气压辅助盾构掘进施工法，成功地解决岩层坍塌问题，减少刀具磨损，经济效益明显。

BIM应用技术成果参赛项目获中国施工企业管理协会首届工程建设行业BIM大赛一等成果、中国图学学会第九届“龙图杯”全国BIM大赛二等奖、中国勘察设计协会第十一届“创新杯”BIM应用大赛二等成果、第五届中国建筑业协会BIM大赛三类成果等。

（鲁德利）

【工业制造】 中铁建华南建设（广州）高科技产业有限公司自主研发、生产“铁箭”系列干拌砂浆、盾尾密封油脂和盾构泡沫剂等产品。产品坚持“精品+定制”的市场定位，在粤港澳大湾区得到广泛应用，并逐步全国推广，得到行业、建设单位和客户高度认可。盾构新材车间被评为“中国铁建2020年度安全标准化工地（车间）”。2020年，新签合同额中干拌砂浆6077.64万元、油脂泡沫2985.46万元、周转材料2851.58万元。内部完成干拌砂浆4665.59万元、油脂泡沫1477.07万元、周转材料2075.17万元，外部完成干拌砂浆1412.04万元、盾尾密封油脂1508.39万元、周转材料776.40万元。

中铁建华南建设（广州）建材有限公司下设3个加工厂，其中南沙加工厂、番禺加工厂主营钢筋加工，混凝土制品厂主营混凝土制品。两个钢筋加工厂合计最大生产能力960吨/天，混凝土制品厂年产轨枕30万根、封堵盖板1200块。累计向广州市轨道交通18号和22号线等项目配送钢材8.6万吨；Ⅻ型和双块式轨枕11.3万根；场站短枕、正线短枕（块）、挡砟块、预制封堵块8907块，岔枕75组24257.16延长米。

（敖传朋　王琥珀）

【党群工作】 党的工作。党委3个，党工委2个，党支部6个，党员155人。坚持把学习宣传贯彻党的十九届系列全会精神和习近平新时代中国特色社会主义思想作为首要政治任务，强化理论学习中心组示范引领作用，全年集中学习8次。在党委中心组学习和党委会研究重大事项中严格遵守“第一议题”制度。严格落实党委会前置程序和“三重一大”决策议事制度，民主决策公司重大事项58项。深入推进“两学一做”学习教育常态化制度化，逐级签订党建工作责任书。贯彻落实中央“党建巩固深化年”各项要求，落实党建责任制考核和党组织书记抓党建述职工作。统筹做好疫情防控和复工复产工作制定整改方案，针对9个方面问题制定整改措施20项，全部整改完成。召开公司所属各单位党组织书记抓基层党建述职评议，与公司财务资金管理专项巡察相结合，对所属单位的党建工作进行综合考评。按照“四同步”要求，成立高科公司、建材公司党组织，以竞聘方式选拔两名“80后”任职所属单位党委副书记，在合资单位建立党务工作机构，社会化招聘党群干部。通过“学习强国”慕课平台、专题讲座等线上线下途径加强党员教育培训；完成38名党员组织关系转接及信息入库，发展党员8人；认真落实“三会一课”等党内组织生活制度；持续深化党建引领“1+N”“双融合双转化”“双融双创”“红联共建”主题活动，促进党建工作融入生产经营。坚持党管干部原则，2020年引进副处级以上领导干部7人，提拔任用正处级干部1人，平级岗位交流、调整5人。开展导师带徒活动，为16名新学员配备思想和业务“双导师”，加强新员工培养。落实人才强企战略，通过集中培训、重大课题研讨、重大项目锤炼等综合培养手段，提升员工素质能力，组织各类人员培训502人次，申报南沙区骨干人才奖励108人；积极开展2019年度相关绩效考核、2020年职称评审及档案完善等基础性工作。全年在华南建设官方微博上编发文章160篇，根据公司疫情防控和复工复产形势，制作《华南建设防控手册》和口罩夹分发至全体员工。组织宣传报道培训1次,参训人员90余人。在省部级以上媒体刊稿209篇,其中在中央电视台刊发新闻5条、《人民日报》(含海外版)刊发新闻3篇、《经济日报》刊稿1篇、新华社网站刊稿1篇、广东卫视播放新闻6条、“学习强国”学习平台刊稿10篇。

纪检监察。把监督检查中央八项规定及其实施细则精神、股份公司实施办法落实情况作为重点任务和经常性工作来抓,紧盯享乐主义和奢靡之风,严肃查处顶风违纪行为。在微信公众号上开设“清风纪语”专栏,加强日常教育监督。践行执纪监督“四种形态”,纪委主要领导年度约谈、提醒谈话、廉政教育谈话24人次。把践行监督执纪“四种形态”作为推进全面从严治党的重要抓手,既常态化管住“大多数”,又坚决处理“少数”和“极少数”。开展疫情防控和复工复产监督检查、疫情防控常态化监督检查工作。积极开展廉政知识答题、警示教育会、家风教育、廉洁文化等“反腐倡廉宣传教育月”活动。开展“四个专项整治”,聚焦股份公司财务资金管理专项巡视反馈问题和要求,完成对所属5家单位专项巡察的现场巡察工作。

工会工作。围绕施工生产搭建载体平台,深入开展“十赛十建”劳动竞赛、“劳模和工匠人才创新工作室”、“职工流动服务站”、“模范职工之家”等活动。工会系统选树先进典型团体28个、个人13人。积极组织申报广东省工会系统荣誉,5个单位获评广东省五一劳动奖状、4人获广东省五一劳动奖章、3个工作室获广东省工业工会“劳模和工匠人才创新工作室”。持续开展“解决小诉求,凝聚大力量”主题活动;积极开展“送清凉”“送健康”活动,吸收73名劳务派遣工入会。积极应对新冠疫情防控,总投入超过100万元。

共青团工作。组织开展“奋进新时代、逐梦新征程”主题演讲比赛,策划承办“青春建功、筑梦羊城”中国铁建“青创杯”广州地铁项目青年创新成果大赛,组建4支“团员青年战疫志愿突击队”为疫情期间返穗隔离人员义务服务150余人次、捐款1100元。1人参加“青马工程”培训,8名团员、2个团组织分别获股份公司和广州地铁集团团委表彰。

(王丽娟　刘石顺　刘海波)

【中铁建华南建设(广州)高科技产业有限公司】 2019年12月30日注册成立,注册资本金5000万元。驻广东省广州市南沙区。党委书记、执行董事姜军,党委副书记、副总经理(主持经理层工作)刘明。资产总额14447.23万元。自主研发、生产“铁箭”系列产品,包括干拌砂浆、盾尾密封油脂和盾构泡沫剂等产品。年产干拌砂浆100万吨、盾构泡沫剂1.2万吨和盾尾密封油脂1.1万吨。

2020年,新签合同额11914.68万元,产值28519.79万元,营业收入25238.76万元,利润总额1741万元。

(教传朋)

【中铁建华南建设(广州)建材有限公司】 2019年12月30日注册成立,注册资本金5000万元。驻广东省广州市番禺区南村镇江南村“牛石马”。由中铁建华南建设有限公司、中铁十一局集团有限公司合资成立,分别占股55%、45%。经营范围包括钢结构制造,钢铁结构体部件制造,建筑钢结构、预制构件工程安装服务,混凝土制造,生产混凝土预制件,钢结构销售,混凝土销售,混凝土预制件销售,钢材批发,钢材零售,贸易代理,物流代理服务,建材、装饰材料批发。董事长、党委书记万明,总经理刘辉胜。职工31人。资产总额56650万元。

2020年,新签合同额14.29亿元,营业收入5.39亿元,税后利润1004万元。净资产收益率33.45%,产值利润率2.72%,资产负债率89.4%。

(董韩玉)

【广州中咨城轨工程咨询有限公司】 2009年9月注册成立,注册资本金1000.02万元。驻广东省广州市海珠区新港东路1238号。立足城市轨道交通行业,开展规划、设计、建设、运营、管理、资源开发等全过程、全方位咨询服务。主要业务产品包括联调联试、运营筹备、评估评审和管理专题咨询等。党委书记王春生,总经理赵军。职工47人。资产总额6468万元。

2020年,新签合同额1.2亿元,营业收入7270万元,回收款6373万元,利润总额571万元。资产负债率63%。

(王嗣强)

【重要记载】

▲4月　华南建设被广东省工业工会评为“参与火神山、雷神山医院建设先进集体”,参建单位3名职工被评为“参与火神山、雷神山医院建设先进个人”。

▲6月1日　华南建设获评广东省“守合同重信用”企业。

▲7月3日　华南建设获“广州市安全生产标准化达标建筑企业”证书。

▲8月5日　华南建设获评中国企业联合会AAA级信用企业。

▲10月10日　华南建设5个单位获广东省五一劳动奖状,4人获广东省五一劳动奖章。

(李慧娟)

中铁建网络信息科技有限公司

【简况】 拥有IT行业5个专业等级资质、机电工程施工总承包三级、电子与智能化专业承包二级施工资质和16项软件著作权,并获得国家高新技术企业认证。中国铁建股份有限公司旗下集咨询规划设计、信息应用系统开发、信息系统(平台)运维和信息安全运维及信息技术产品应用推广、信息技术业务培训支持等于一身的信息科技企业,中国铁建系统内唯一一家信息科技综合服务商,主要以中国铁建为服务主体,同时面向建筑施工产业伙伴提供信息化、数字化、智慧化综合服务。设董事会、党委会和领导层。2018年7月成立,驻北京市石景山区万达广场A座8层808室,注册资本金1亿元。下设管理应用事业部、业务应用事业部、运营管理部、财务管理部、综合管理部(人力资源部)、党群工作部、解决方案中心、平台研发中心、网络数据运维中心。

2020年,网信科技认真贯彻落实股份公司"十三五"信息化总体规划,勇担使命,砥砺奋进,统筹推进疫情防控和生产经营各项工作,圆满完成中国铁建下达的各项目标任务。新签合同额12554万元,营业收入11398.56万元,企业资产总额14362万元,负债总额4115万元,资产负债率28.65%,年度人均创利1.11万元,全员劳动生产率22.34万元/(人·年),职工年人均收入24.8万元。 (王星晨)

【领导人员】

董事会

董事长	吕良和
董事	窦宏冰
	陈绮语

经理层

总经理	陈绮语
副总经理	李　斌

党群领导

党委书记	吕良和

(王星晨)

【职工队伍】 职工152人。其中,技术人员136人、管理人员16人,硕士研究生学历23人、本科学历118人、大专学历11人,高级职称4人、中级职称10人、初级职称12人。 (裴　欣)

【经营管理】 2020年,新签合同额12554万元,营业收入11398.56万元。其中,研发、咨询及运维类项目合同额3145.89万元,正版化销售、系统集成销售及智慧工地项目合同额9408.03万元。系统研发收入4276.83万元,系统运维收入664.32万元,咨询服务收入47.27万元,正版化软件销售收入2928.38万元,系统集成销售收入3481.75万元;股份公司项目收入3747.54万元,系统内其他单位项目收入5438.79万元,系统外项目收入2212.23万元。战略体系建设。根据《网信科技2019—2021三年发展战略规划》,结合行业变化形势和股份公司信息化工作部署安排,制定《中铁建网络信息科技有限公司发展报告》,动态调整部分目标要求,进一步明确未来发展方向。企业治理体系建设。健全完善董事会、总经理办公会等议事规则,厘清权责边界,明确各治理主体决策事项,决策议事向规范性、时效性积极推进。人才队伍体系建设。在市场化选聘、人才调动和校园招聘等方式的基础上,加大市场化专业项目团队和部分高端人才的引进力度,既引入平台研发领域的高端人才,也引入物资供应链项目的专业团队,不断充实公司技术队伍力量。完成社会招聘33人,校园招聘12人。风控合规体系建设。对照股份公司内控评价要求,分析控制目标及控制点,制定印发工作制度15项,完善公司的内控体系;严格落实股份公司"1+9"合规管理制度,把合规要求覆盖各业务领域、各部门及全体员工,合规管理工作与法律风险防范、内控、审计等工作协调联动,确保合规制度有效执行;认真开展合规风险评估工作,抓牢重点领域、重点人员的合规管理,组织公司全员及时签署《诚信合规协议》《员工合规申明》。绩效管理体系建设。结合实际工作情况,动态调整考核指标,不断优化全员绩效考核体系。坚持考核激励向业务项目倾斜、向一线员工倾斜原则,建立《项目考核管理办法》,对项目是否按时交付、交付质量、客户满意度、项目成本、过程管控、项目资料等方面进行考核,全面激发高质量交付和创效动力。科技创新工作体系建设。全面强化自主知识产权保护工作,申请通过实物资产运管系统V1.0、机构征信数据服务平台V1.0、"三重一大"决策和运行监管系统等10项软件著作权;扎实做好科技立项工作,积极申请股份公司科技管理创新课题,完成3个股份级别科研课题的合同签署。 (李　莹　王星晨)

【能力建设】 完善微服务架构体系,制定项目管理制度、云研发平台建设规划和研发技术规范,全面提升系统开发效率和质量。协助股份公司进行“十四五”信息化总体规划前期编制工作,有序推进中铁建设、铁一院的“十四五”信息化规划编制工作,实现咨询规划能力输出;完成公司安全基线评估,建立健全信息安全管理体系,积极参与国家级“2020网络攻防”演习,不断提高公司整体安全防护能力;持续优化运维服务体系,通过标准化管理与自动化运维相结合的手段,有效保障股份公司IT基础设施及公共服务组件高效、稳定运行。 (王星晨)

【项目建设】 股份公司“1+3”核心系统建设。组建自研团队,完成全系统统一的门户系统开发工作并上线试运行,全面接手应用注册中心、单点登录,并实现可迭代开发,为实现“数字铁建”奠定坚实基础。配合开展“铁建通”信息平台项目实施工作,后续为全体铁建员工提供移动办公服务能力。稳步开发人力资源管理系统群,人事业务子系统1.1完成技术可研报告评审,薪酬子系统1.0、社保子系统1.0完成2次报检。经济管理系统群8个公共数据服务完成验收,基本实现统一的业务标准和数据标准,为经济管理数字化管控打下基础。

其他重点业务系统建设。资本运营系统(投资子项目、房地产子项目)、实物资产管理系统完成验收工作,系统持续升级。新签、产值、工程量清单子系统完成验收工作,经营数据管理平台(经营业务管理系统、大数据平台、可视化分析子系统)通过技术可研评审。海外业务信息服务系统通过技术可研评审,并完成5个子系统的验收工作。“三重一大”项目进入运营模式,覆盖47家二级单位、437家三级及以下单位,完成全层级实施应用。

智慧工地建设。开拓“智慧工地”业务,实现“智慧工地”业务从0到1的突破,形成成熟“智慧工地”解决方案。在雄安房建项目、雄安公益性项目、重庆北碚项目群、深圳地铁3号线北延线项目、北京朝阳安贞医院项目5个项目开展“智慧工地”建设工作。其中,雄安房建项目获得中建协第六届建筑企业信息化建设优秀案例一类奖项和中国铁建首批“十大”智慧工地样板工程。 (王星晨)

【党群工作】 下设党支部2个,党员28人。深入学习习近平新时代中国特色社会主义思想、党的十九大和历次全会精神,及时制定出台党委中心组学习规则及中心组学习计划,召开党委中心组扩大学习会12次。持续抓好“基本组织、基本制度、基本队伍”建设,建立规章机制,规范党员培训、发展党员等工作,全年建立7个制度,发展8名党员,组织党务人员、党员干部参加股份公司各类培训20余人次。围绕防疫复工、劳务实名制、智慧工地等重点工作做好主题报道,在中央、国资委及铁道建筑报等媒体刊稿14篇。稳步做好企业文化和形势教育工作,积极倡导“以企为荣、以企为家”“项目成败责任在我”等文化理念,同步开展“品读红色经典,向党的生日献礼”“红色观影”等主题活动,引导广大干部职工重温党的峥嵘岁月,坚定爱国主义信仰。工会筹委会开展送温暖、送清凉、节日慰问、职工健步走等主题活动,组织开展“百日大干”劳动竞赛,充分体现组织关怀,并有力促进生产经营。团委积极开展“导师带徒”“青年大学习”“青春向党”等主题活动,引导青年建功企业发展。严格落实“两个责任”,持续加强信息化业务领域廉洁风险排查和治理,落实股份公司党委巡视问题整改,始终保持严抓党风廉政建设的高压态势。 (王星晨)

【重要记载】

▲2月6日　网信科技建设的中国铁建首个疫情防控登记系统上线运行。

▲9月7日　网信科技建设的中国铁建实物资产运管系统正式上线运行。

▲10月21日　网信科技获实物资产运管系统等7项软件著作权。

▲11月26日　网信科技获“三重一大”系统等3项软件著作权。 (王星晨)

中铁建国际投资有限公司

【简况】 践行国家“一带一路”倡议,实施“海外优先”战略背景下成立的大型专业国际投资公司。为形成内外联动的资金通道,2019年4月2日在中国香港挂牌成立中国铁建国际投资集团有限公司,注册资本金50亿港元;2019年8月29日在广州南沙区成立中铁建国际投资有限公司,注册资本金30亿元。持有厄瓜多尔科里安特矿产公司、尼日利亚莱基自贸区以及西班牙阿尔德萨集团公司部分股权。聚焦东南亚、欧亚、拉美以及粤港澳大湾区。经营范围主要包括境外基础设施投资、建设及运营,境外城市房地产综合开发与运营,境外矿产资源投资、建设及运营,境外工业园区、产业园区投资、建设及运营,境外并购等业务。投资业务板块主要包括基础设施、城市综合开发、矿产资源、新产业与园区以及收并购。总部位于中国香港,在东南亚、拉美、欧亚地区设有区域总部。下辖中非莱基投资有限公司、中铁建铜冠投资有限公司和西班牙阿尔德萨集团公司3家控股参股公司。

（付　涛　王晓燕）

【领导人员】

董事会

董事长	李　宁
副董事长	廖　军（12月任）
	赵佃龙
	莫文贺
	范永芳
职工董事	董付堂

监事会

监事	高　斌

经理层

代总经理	范永芳
执行总经理	董付堂
副总经理	丰　宇（2月任）
	唐　刚（5月免）
	李建辉
	王玉龙
总会计师	董付堂

党群领导

党委书记	廖　军（12月任）
党委副书记	范永芳
工会筹委会主任	董付堂

（胡晓悦　杨奇鑫）

【职工队伍】　职工107人。其中，博士、硕士研究生学历62人，30～40岁62人。从事市场经营57人，从事资金、风控工作9人。拥有驻外工作经历员工超过57%。2020年新录用78人。（张惠晴）

【企业管理】　设总部职能部门8个、投资业务部门3个、区域总部3个和区域总部筹备组1个，发展形成1个市场经营部统筹管理、财务资金和风控法务2个部门提供经营支持、3个投资开发业务部门进行投资论证、4个区域总部和筹备组在一线战斗、多个跨部门的项目工作组落实推进的“1+2+3+4+N”体系架构，明确各单位的权责关系，保障项目开发的质量与效率。2020年，颁布规章制度30余项，现行规章制度51项，涉及市场经营、财务资金、风控合规、人力资源和行政后勤管理等各方面，涵盖公司治理、基本管理、专项业务和综合保障4个层次，构成公司有序运行的体制框架和经营活动的体制保障。严格遵循现代企业制度要求，依据公司章程，制定党委会、董事会、总经理办公会议事规则和贯彻落实“三重一大”决策制度实施办法。全年召开党委会23次，审议并通过75项议题；召开董事会10次，审议20项议题，通过19项议题；召开总办会23次，审议并通过106项议案。

贯彻落实中国铁建股份有限公司及上级部门外事管理精神和规定，印发《中铁建国际投资有限公司外事工作管理办法》，加强党对外事工作的集中统一领导，明确公司外事审批事项及权限，规范外事工作流程。新冠肺炎疫情暴发后，严格执行股份公司对于人员跨境流动管理的要求，落实防疫要求，加强人员出入境疫情防控工作。外事工作全力服务和保障公司海外生产经营，全年累计办理外事团组报批手续86例，197人次；累计办理商务签证45人次、香港工作签注30人次、香港商务访问签注10人次、澳门商务访问签注4人次；累计申办或更新外事证件59人次。

强化风控合规，建立区域上报、投资部门分析论证、专家评审、党委会前置研究、总经理办公会审议、董事会批准的6条线决策程序，采用法律风险管理前移的策略，风控团队切入重点环节，全面防控风险。成立合规委员会，任命首席合规官，设立合规委员会办公室，组织合规工作要点培训6次，198人次参与培训。针对公司业务和面临的实际情况，为公司经营管理和业务人员提供切实有效的指导，提高公司对于中美贸易战等相关风险的防范水平。OA平台上线试运行合同及法律文件审批系统，进一步提高法律合规审核效率，加强内控信息化体系建设。编制发布多项风险防范规章制度，各规章制度相互衔接，从公司管理、业务开展、项目开发等不同角度出发，逐步构建全面的风险防控制度体系。开展风险内控评价，通过自我评价和独立评价相结合的形式，查找制度和管理上的漏洞、盲区、风险点，及时纠正管理中的偏差，规范业务流程，促进制度建设和完善。集风险、法律、合规、内控、审计等职能于一身的大风控平台进一步形成。全年公司本级未发生风险损失事件，未发现违规经营投资责任事件，全面风险管理工作取得良好成效。

（胡晓悦　杨奇鑫　施　忆）

【经营管理】　铁建国投发展愿景是成为央企海外投资领导者，打造世界一流的综合产业投资运营商；发展战略是实施拓疆战略，发展具有比较优势的区域市场。首要发展拉美和东南亚区域；积极拓展欧亚和大湾区区域；择机布局其他区域市场，专注基础设施、城市综合开发、矿产能源、产业园、新兴产业等业务领域，培育六大关键能力，即战略管理能力、投资能力、融资能力、投后管理能力、风险管理能力、资源统筹协调能力。

根据中国铁建股份有限公司“十四五”规划工作总体安排，为充分贯彻落实“海外优先”发展战略，在德勤咨询提出的战略规划、组织结构和薪酬设计方案的基础上，结合对标世界一流管理提升行动，启动铁建国投“十四五”规划的编制工作。成立“十四五”规划领导小组，制定编制方案，细化部门分工，明确时间安排，全力保障规划的编制质量。

2020年，签约项目23项，包括巴西萨尔瓦多跨海大桥项目、哈萨克斯坦钨矿项目，以及西班牙阿尔德萨公司签约的21个项目。投标项目待中标结果2项，包括智利5号公路塔尔卡—奇廉段第二次特许经营项目、克罗地亚赫瓦茨基—莱斯科瓦茨—卡洛瓦茨铁路项目。待融资落地项目2项，为墨西哥Kabil风电项目和乌拉圭5号公路项目。此外，中国香港坚尼地城南里房地产项目、乌克兰粮食码头等项目有序推进。在拉美、欧亚、东南亚、粤港澳大湾区分别设有区域总部（筹备组）。

拉美区域总部立足境外工作实际，结合公司管理要求，制定区域内部合规管理办法、境外安全管理制度、日常考勤和休假管理制度等，履行向公司报备程序。依据在手任务、发展目标和覆盖国别，设置区域内部管理层、综合部、法务合规部、市场开发部的组织架构，指定各国别项目经理。明确各部门的工作职责及对接公司相关业务部门，保证区域内部各项业务各司其职、运转有序、衔接顺畅。组建总部同时开发市场，全年完成立项4项、签约1项。

欧亚区域总部以各个核心及重点国别实现项目落地为目标，逐步开展项目所在国的市场经营工作。提升项目信息质量，与系统内企业和当地投行、政府、银行充分对接联系，提高项目初步分析及运作能力，做到落实一批、跟踪一批、培育一批，为区域可持续发展打下基础。着重打造培育项目信息识别、投资分析、风险识别、融资能力4个方面能力。充分发挥部门各职员的专业优势及技术特长，各项职责明确到人，设立AB角相互配合，实现岗位职责和工作的连续性、时效性和顺畅运行。以俄罗斯为核心市场，同时重点开拓乌克兰、哈萨克斯坦、阿塞拜疆，关注土耳其、波兰市场。投后在建项目2个，分别为莫斯科米丘林地铁上盖房地产开发项目、哈萨克斯坦巴库塔钨矿项目。初评入库项目7个，完成立项项目2个。

东南亚区域总部针对所辖区域内各国别开展系统的分析研究，包括各国的基本概况、宏观经济情况、基础设施现状和规划、PPP政策和法规、竞争对手分析、应对策略等内容。确定核心国别5个、重点国别5个和关注国别4个，明确重点围绕印度尼西亚、越南、马来西亚、泰国、柬埔寨核心国别开展市场开发，并辐射周边国别。确定以房地产、基础设施、新能源为重点开发领域，聚焦重点国别、重点行业。与铁建系统内在东南亚开展业务的兄弟单位全面建立沟通机制，充分利用兄弟单位已有的海外经营网络和机构，强化对东南亚各国市场的布局。东南亚区域总部与AECOM公司、星展银行、安永等国际知名咨询机构建立信息沟通渠道，形成优势互补、强强联合，提高区域开发能力。

粤港澳大湾区筹备组继续立足粤港澳大湾区，围绕公司主营业务，努力开展国内投资工作，完成区域总部项目的立项并通过政府部门评审会，引入“新基建”产业园项目并与政府就项目落地开展座谈，考察和学习多个城市更新项目，重点跟踪推进南横村城市更新项目。积极维持与当地政府的良好关系，加强与政府各部门的沟通交流，先后与南沙区政府、区商务局、明珠湾管理局、区行政审批局进行多次沟通座谈，畅通资源获取通道，研判属地范围内政府的政策变化及应对策略。利用公司注册地招商引资优惠政策，积极推进总部型企业认定和落户奖励申请工作。被南沙区政府评定为总部型企业。（胡晓悦　杨奇鑫　张博良）

【境外项目】 厄瓜多尔米拉多铜矿项目　主要包括米拉多和桑潘两个矿区，其中米拉多矿区位于萨莫拉—钦奇佩省，包括米拉多、米拉多北两个铜矿。米拉多铜矿估算资源储量8.6亿吨，铜地质品位0.525%，铜金属量451.66万吨。设计界内矿石量5.85亿吨，平均地质品位铜0.544%、金0.18克/吨、银1.44克/吨、硫2.75%。概算总投资18.92亿美元，股权收购投资6.45亿美元。2015年12月21日开工建设，2019年7月18日投产，计划年产铜矿石2000万吨，含铜金属9.6万吨。2020年营业收入8.38亿元。开工累计完成建设投资15.92亿美元，累计生产精铜31656吨。

尼日利亚中非莱基自贸区项目　2006年投资创办，位于尼日利亚拉各斯州东南部的莱基半岛，占地面积30平方千米，是中国政府批准的国家级境外经贸合作区。截至2020年底，完成投资总额24223.5万美元。

俄罗斯米丘林地铁上盖项目　位于俄罗斯莫斯科西南部拉缅基街区。开发用地面积9071平方米，建筑高度105米，总建筑面积59821.48平方米。项目投资58.82亿卢布。2020年6月，完成总经理变更，王丰玉任总经理。2020年8月，与莫斯科市资产局签订土地租赁协议。2020年11月，完成土地注册。

巴西萨尔瓦多跨海大桥项目　位于巴西东北部巴伊亚州首府萨尔瓦多市，全长46.8千米，同时配套修复、拓宽与大桥相连接的其他公路。项目特许经营期35年，其中预估建设期6.5年、运营期28.5年。项目收入包括使用者付费+政府可行性缺口补贴(建设期补贴及运营期固定补贴)+其他收入。总投资23.46亿美元。铁建国投在该项目累计承担6.7亿美元的资金责任,其中资本金出资1.63亿美元,总贷款担保4.33亿美元。2020年1月23日正式中标。完成SPE公司在JUCEB(巴伊亚州贸易委员会)的登记注册并获得税务登记号,首笔5000万雷亚尔的注册资金注入SPE公司。

智利5号公路塔尔卡至奇廉段(Talca – Chillán)项目　全长193.3千米,为智利第二繁忙公路段。2020年12月30日中标,是中资企业在智利中标的首个公路PPP项目。总投资12.23亿美元,铁建国投和铁建国际按照60%:40%的股比组建智利5号公路塔尔卡—奇廉特许经营股份有限公司,负责该项目特许经营。新建及扩建部分建设期7.7年,计划2028年投入运营。主要经营内容:设计与建设绕城路54千米,扩建既有路29.6千米,新建13个电子收费站以及运营和维护199.5千米路段。（薛　奎　朱　刚）

【党群工作】　坚持把党的建设放在首位,成立专职党群部门,建立维稳、统战、保密等党委专项工作机构。严格按照上级党组织要求开展各项党的建设工作,结合公司发展战略及国际化发展目标,全年召开党委会23次,党委中心组学习13次,突出研究和谋划制定公司"十四五"规划启动工作方案,开展对标世界一流管理提升行动,有序推进总部机构调整及定责定编定岗,优化总部所属党组织设置,统筹开展宣传文化教育及群团工作,一体推进境外腐败、利益输送、设租寻租和化公为私问题"四个专项"整治,推动党的机构与行政机构相适应,党的领导与完善公司治理相统一,确保中央和上级重大决策部署有效落实。领导班子成员带头讲学习、做表率,密切跟踪国际国内政策形势,主动研判行业和企业态势;贯彻民主集中制组织原则,严格落实"三重一大"制度和廉洁自律规定,认真召开2020年度民主生活会,开展批评与自我批评,领导班子思想政治素质、能力建设、作风建设等方面显著提升。根据公司机构设置及党员分布情况,新成立总部机关党委,优化调整公司总部所属3个党支部、区域总部所属党支部的组织设置及党员构成。进一步完善党员管理工作台账,采集梳理51名党员信息,全年入党申请12人,备案5名入党积极分子。坚持从源头抓党建,以制度保落实,制定出台《党建工作责任制实施办法》《民主生活会实施细则》等系列制度,推动党建工作责任有效传导,管党治党责任得到进一步明确和落实。积极开展形势任务教育,引导广大党员干部从服务"一带一路"建设的高度,认识企业的角色定位和责任使命;推动开展疫情防控宣传讲解,征集撰写疫情防控典型故事,全力做好疫情防控及复工复产各项思想宣传引导工作。把握宣传方向,公司成功入股境外公司、首次进入拉美基础设施领域等报道陆续在系统内外平台刊载,企业影响力大幅提升。强化与国际各有关单位沟通和联系,大力宣传公司海外业绩和责任形象,疫情之下领导班子带队奔赴巴西、尼日利亚、柬埔寨等多国开展商务活动,不断深化跨国文化交流,优化企业形象"第一窗口"。纪检工作职能纳入党群工作部。坚持落实股份公司党风廉政建设和反腐败工作会议精神,认真组织开展"反腐倡廉宣传教育月"活动,观看警示教育宣传片、讲授党风廉政专题党课;深化纪律教育、日常教育,注重抓好党内法规的学习贯彻,节日期间注重做好廉洁提醒,认真贯彻落实中央八项规定精神,筑牢思想防线。扎实开展"四个"专项整治工作,组织学习股份公司《关于开展境外腐败、利益输送、设租寻租和化公为私问题专项整治总体工作方案》,成立专项整治工作领导小组,制定"工作推进表",对总部及所属单位21名领导班子成员、中层管理人员、关键岗位人员启动自查自纠工作。推动股份公司纪委核查6项违规问题整改和股份公司党委巡视12条问题线索反馈整改,聚焦企业管理中存在的风险点和薄弱环节,进一步规范总部机构设置、海外分公司设立、选人用人程序等有关工作,规范管理行为,深化整改成果。

工会工作。完善工会组织建设,成立工会筹委会,推动开展工会建会及相关工作,组织各部门、所属各单位分别建立工会小组并推选工会小组长。组织开展"新形势、新目标、新起点、新征程"等教育活动,组织广大职工和家属积极参与"弘扬法治精神服务高质量发展"职工专项答题活动。注重提升民主管理水平,充分发挥网络和微信平台作用,了解职工思想,倾听职工心声,开展合理化建议征集活动,拓展公开有效的职工群众诉求表达渠道。推动"两节"送温暖,关心赴海外员工,发布防疫健康温馨小提示,为境外员工寄送爱心礼包,增强海外人员的认同感和归属感。推动开展评先创模活动,明确各类表彰的评选标准、评选及奖励办法,公司本级对3个先进集体和10名先进个人进行集中表彰,1人获评股份公司"劳动模范"。（李莎莎）

【中非莱基投资有限公司】　主要与国内各政府部门、股东单位等沟通协调,积极发挥"管理、监督、参谋、招商、服务"五项工作职能,密切配合莱基自贸区项目的规划建设、招商宣传、政策研究和融资业务等工作。莱基开发则专事莱基自贸区的规划、建设、招商和运营,通过与尼日利亚有关政府部门的沟通,积极争取有利莱基自贸区的各项政策和措施，由中国铁建（持股57.29%）、中土集团（持股17.18%）、中非基金和南京江宁经济技术开发总公司共同合资组建。2006年3月在北京注册成立，注册资本金11.43亿元，驻北京市海淀区复兴路40号中国铁建大厦A座6层。职工9人。资产总额11.74亿元。

2020年，税前利润547万元，新签入驻企业9家。累计完成投资24223.501万美元，其中基础设施投资17301.3378万美元，累计签订投资协议86家。

（薛　奎）

【中铁建铜冠投资有限公司】　由中国铁建和铜陵有色共同出资成立的合资公司，2009年12月在安徽省铜陵市经济技术开发区注册成立；2011年7月，并入投资集团。职工835人。资产总额167.97亿元。其中，境内资产总额19.21亿元，境外资产总额148.76亿元。所有者权益48.74亿元。在厄瓜多尔的主要资产包括科里安特铜矿带铜矿资源和配套港口、水电站土地。

2020年，营业总收入83824万元。（朱　刚）

【西班牙阿尔德萨集团公司】　2019年12月25日签署股份收购协议；2020年5月完成交割。项目分布在西班牙、波兰、墨西哥、秘鲁、葡萄牙、智利、丹麦和匈牙利等多个国家。项目内容涵盖交通运输、市政改造、房屋建筑、通信工程建设、电力工程建设五大业务板块。

2020年，新签合同额39.68亿元，营业收入21.75亿元。（薛　奎）

【重要记载】

▲1月12日　铁建国投与中国银行（香港）有限公司在香港中银大厦签署战略合作协议。

▲1月13日　铁建国投与中国工商银行（亚洲）有限公司、中国工商银行广州分行在香港中国工商银行大厦签署战略合作协议。

▲2月8—24日　铁建国投积极响应中国铁建和社会各界的捐赠倡议，先后捐赠南沙区政府医用外科口罩20000个，捐赠香港中联办二级医用外科口罩21000个。中央人民政府驻香港特别行政区联络办公室特别向铁建国投发来感谢信。

▲5月8日　铁建国投入股西班牙阿尔德萨集团庆典活动在北京举行。

▲12月31日　铁建国投与中国大唐集团太阳能产业有限公司签署战略合作协议。

（李莎莎　施　忆）

中铁建发展集团有限公司

【简况】　拥有市政公用工程施工总承包一级资质，并获中关村高新技术企业认证，通过质量、环境、职业健康安全三大管理体系认证。2019年9月成立，驻北京市石景山区石景山路22号铁建发展大厦，注册资本金20亿元。设置职能部门9个，包括办公室、发展规划部、投资经营部、股权投资部、运营管理部、财务管理部、人力资源部、审计法务部、党群工作部。下辖运营管理中心、新兴产业研究院（筹）、生态规划院（筹）3个直属机构，中铁建发展集团有限公司华东区域总部、中铁建发展集团有限公司华南区域总部、中铁建发展集团有限公司西部区域总部3个区域总部，中铁建发展集团有限公司太原分公司1家分公司，诚合瑞正风险管理咨询有限公司、阿达驻车投资建设管理有限公司2家子公司，铁建发展（范县）范水生态环境治理有限公司1家项目公司。职工264人。

2020年，全年新签合同额103.09亿元，完成股份公司下达年度指标的103.09%。其中生态环保板块93.03亿元，占比90%；停车领域9.35亿元，占比9%；工程咨询0.71亿元，占比1%。营业收入16035.77万元，完成预算的392.26%。资产总额9.14亿元，净资产6.58亿元，资产负债率27.99%，自有资金65828.16万元，有息负债4447万元，应收账款13384.66万元。净利润-1071.58万元，超过预算-61.54万元；管理费用3337.98万元，比预算减少3557.22万元。

（葛大勇　李　卓　王厚友）

【领导人员】

董事会

董事长	倪　真（2月任）
董事	贾　洪（2月任）
	王中岐（2月任）
	戴建国（2月任）

监事会

监事会主席	刘　璇（10月任）
监事	刘正昶

经理层

总经理	贾　洪（2月任）
执行总经理	王中岐（2月任）
副总经理	戴建国（2月任）
	于程水（5月任）
总会计师	戴建国（2月任）

党群领导

党委副书记　　贾　洪(2 月任)
纪委书记　　刘　璇(10 月任)
工会主席　　刘　璇(12 月任)

(李卓谷实)

【职工队伍】 职工 264 人,其中女职工 52 人。35 岁以下 133 人,36~40 岁 66 人,41~50 岁 51 人,50 岁以上 14 人。研究生及以上学历 60 人、大学本科学历 191 人、专科及以下学历 13 人。正高级工程师 6 人,高级职称 49 人,中级职称 60 人,中高级职称人员占职工总数的 43.56%。 (李卓谷实)

【企业管理】 战略规划。依托第三方专业机构和内部专业团队,开展公司发展战略研究,初步明确公司战略目标、产业方向、重点任务和发展路径、保障措施,为公司高质量、高效率开展业务经营和市场布局提供方向、原则和策略指引;围绕公司重点产业领域,完成智慧停车业务发展战略研究和四份专题研究简报,为公司业务规划和投资决策提供智力支撑。

机构编制管理。制定《中铁建发展集团有限公司总部机构设置及岗位编制暂行办法》,明确与公司战略定位相适应的总部组织架构、部门职责和岗位编制。制定三大区域总部、太原分公司及多个项目部、项目公司的设立方案,为业务经营和管理活动开展提供组织体系保障。顺利完成铁建发展章程、注册地址工商变更。

资质管理。完成中关村高新技术企业申报,通过重组平移获得市政工程总承包一级资质,通过质量、环境、职业健康安全三大管理体系认证。

所属企业管理。完成阿达驻车、瑞正咨询 2 家企业划转接收工作,指导或协助下属企业开展机构编制调整、战略规划制定等划转后管理工作,协助新设立项目公司完成工商注册。 (罗江涛　李　宁)

【董事会工作】 铁建发展董事会由 4 名董事组成,设董事会秘书 1 人,牵头实施董事会日常工作,办公室为董事会工作机构,办公室 4 人,设董事会工作专岗 1 人。2020 年,铁建发展董事会召开会议 16 次,审议议案 52 项,内容涉及发展规划、企业管理、投资经营、股权投资、财务管理、人力资源、审计法务等各个类别。

(葛大勇　姜树人)

【经营管理】 2020 年,铁建发展围绕"重点区域、重点领域、重点项目"的经营思路,立足京津冀、深耕长三角和大湾区、抢滩中西部重点城市的经营布局,把有行业影响力的生态环保和智慧城市类重大项目作为经营工作重点,力争重点突破。出台《中铁建发展集团有限公司投资管理暂行办法》,初步规范项目投资、股权投资、平台创设 3 种类型投资业务决策流程和标准。结合股份公司区域总部布局及铁建发展市场经营理念,按照做大区域市场,实现属地持续发展的定位,设立华东、华南、西部 3 个区域总部,作为铁建发展区域经营的主体,明确铁建发展本级和区域总部的经营范围及经营职能,逐步形成协同经营、共同推进的市场经营体系。对外签署战略合作协议,建立项目信息和资源共享机制,铁建发展领导带队访问地方政府,进行有效沟通,与股份公司各区域总部和兄弟单位开展对接,共同拓展项目资源,实现强强联合,获取多个流域治理、污水处理项目,拓宽经营网络,实现较好的经营成效。

项目承揽。6 月,承揽河南省范县范水生态保护与综合提升工程 PPP 项目,总投资 16.77 亿元。8 月,承揽山西合成生物产业生态园水处理及再利用(综合污水处理工程)项目,EPC 工程费用中标价 21.39 亿元,为中国铁建在工业污水行业获取的首个大型项目,是全国投资规模较大和技术难度较高的工业污水处理项目,日处理量 14.4 万吨,执行全国园区污水处理的最高标准,在股份公司传统优势领域以外的行业和领域取得重大突破。9 月,承揽日照市东港区生态旅游精致城市及老旧小区改造配套基础设施建设 PPP 项目,总投资 16.08 亿元。11 月,承揽河北省定州市唐河流域综合治理 PPP 项目,总投资 29.65 亿元。12 月,承揽河源市东源县城乡基础环境综合提升工程项目,总投资40.92亿元,是中国铁建首个利用农田垦造指标交易作为回报来源的大型环保类投资项目,通过省内交易土地整治形成水田指标产生的收益用于项目建设,改善提升城市环境。12 月,承揽 2020 年冬奥赛场周边及阜石路沿线整治提升疏整促市政工程项目,合同总金额 0.72 亿元,包括市政设施提升改造、绿化工程,是铁建发展落地石景山后首个中标项目。

安全监督。按照"党政同责、一岗双责、齐抓共管、失职追责"的总要求,制定《中铁建发展集团有限公司安全生产监督管理办法》《中铁建发展集团有限公司安全生产责任制规定》,完善铁建发展及所属各单位的安全生产责任体系。落实上级安全生产工作要求,开展"安全生产月"活动,通过举行各种各样的安全生产宣传活动,提高铁建发展全员安全生产意识;印发《中铁建发展集团有限公司安全生产专项整治三年行动实施方案》,指导铁建发展及所属各单位切实通过开展三年行动,建立消除事故隐患的工作机制和预防控制体系,推进安全生产治理体系和治理能力现代化。

股权管理。编制完成铁建发展层面的《中铁建发展集团有限公司投资管理暂行办法》及部门层面的中铁建发展集团有限公司收并购标的初步选择标准;响应《中国铁道建筑集团有限公司暨中国铁建股份有限公司境内并购管理暂行办法》中的相关要求,合理、量化评估标的收购的可行性。与券商、律师事务所、会计师事务所、财务顾问、产业资本等20余家专业机构建立合作并形成日常沟通交流机制;与水处理、固废处理、土壤修复、环境监测等领域的10余家潜在并购标的(上市及非上市)达成合作意向。建立以上市公司为主,涵盖生态环保、智慧城市、建筑建材、仓储物流等类别的项目库,其中重点关注的生态环保及智慧城市领域入库企业超过200家;在此基础上,形成38家企业、约17.5万字的长名单企业研究报告;完成超过10家企业的投资论证。

财务管理。围绕企业战略发展定位,建立财务内控管理制度,制定《中铁建发展集团有限公司差旅费管理办法(暂行)》等财务管理制度4项。落实税收优惠政策,跟进疫情降费措施,助力企业减负增效。全面落实资金集中上存管理,所属单位资金集中上存至铁建发展"资金池",预算上存度和考核上存度均超过75%,高于股份公司70%的管控要求。开展财务大检查、全面排查银行账户、会计核算主体撤并、银行账户管理系统全面上线等多项通知要求,配合股份公司各项工作,落实财务管控要求。积极对接不同类型金融机构,与各大国有商业银行、股份制银行形成良好的银企合作关系,办理授信和调增授信额度,取得各银行授信额度累计165亿元。

审计工作。2020年,制定《内部审计暂行办法》《经济责任审计暂行办法》《违规经营投资责任追究实施暂行办法》等内部审计制度。按照《关于做好参股经营投资自查整改工作的通知》要求,对阿达驻车参股经营投资情况进行检查,摸清阿达驻车受让正元地理45%股权事项的前后脉络。设计审计数据表格,摸清被审计单位财务状况,结合目标单位系列会议记录、文件通知等资料,挖掘审计线索,充分利用现场资料查阅、场外充分沟通,按时完成离任审计报告,厘清经营管理中存在的问题,提出具体改进措施。开展国家重大政策落实跟踪审计、参股经营项目自查整改审计。成立铁建发展违规经营投资责任追究工作管理委员会,加强和规范违规经营投资责任追究工作。

法律事务。制定《法律事务管理暂行办法》等细则,印发《1+9合规手册》,稳步提升法律合规审核能力,持续建立健全企业法律风险防范机制,保障企业决策与运营的安全和高效。结合企业实际,规范合同订立、合同履行、合同登记、争议处理等合同环节的标准程序,理顺合同审批流程,明确合同主办部门主体责任和业务部门的审核重点,保证合同评审意见的落实,兼顾审批效率。把合规管理要求融入现有制度、审批流程、审批单据,做到合规管理要求的落实、深化。健全组织机构,增强法治意识,推进企业决策合法合规,成立法治建设工作领导小组,规范企业治理体系和决策机制流程,持续推动企业依法、民主、科学决策。以法律审核为抓手,做到法律合规参与业务、融入业务、服务业务。积极参与项目投资决策、合同谈判、文书审核,从法律、合规、风险角度提出意见和建议。制作投资意向、保密、战略合作等合同示范文本,提高合同文本起草的效率性和规范性。建立健全以总法律顾问制度为核心的法律风险防范机制。做好"四项"法律审核,防范法律风险,促进企业经营管理合法合规。规范企业规章制度、经济合同、重要决策、授权委托书的"四项"法律合规审核工作,逐步建立法律风险防范机制,促进企业经营管理合法合规。全年完成经济合同审核106份,为投资项目出具法律意见书13份。压存控增、以案促管,稳步增强案件管理能力。开展案件管理"压存控增、提质创效"专项行动,建立法律纠纷案件管理制度,梳理划转子公司遗留案件,处理法律纠纷案件4件。落实股份公司"七五"普法规划,积极开展法律培训。

人力资源管理。出台《中铁建发展集团有限公司员工招聘录用暂行规定》,通过公开招聘、定点猎取、内部推荐等多种方式,引进人才62人。增强铁建发展总部管理力量,加强阿达驻车的班子建设,完成运营管理中心,西部、华东区域经营机构,新兴产业研究院,生态规划院等直属机构负责人配备。任免集团总部部门副职以上领导人员29人次。任免集团所属单位领导人员23人次。按期组织工程、经济、会计、政工4个系列职称评审工作。起草《员工教育培训管理办法》,搭建员工教育培训体系,制定阶段培训计划,规范各级培训管理。组织局级、处级领导干部以及相关业务人员参加股份公司线上、线下培训10余次,企业开展各类业务培训17次。结合企业生产经营需要,组织员工参加执业资格证书培训考试。出台《中铁建发展集团有限公司总部员工薪酬管理办法(暂行)》,制定总部各直属机构及总部行政后勤人员薪酬发放标准,建立工资发放台账,严格把控所属各单位工资总额年初预算、季度执行情况,进行各季度劳资报表统计汇总工作,强化工资总额过程管控。组织全体在岗员工签订《合规申明》,构建诚信廉洁的合规文化。按时完成社会保险和住房公积金缴费,依规完成2020年度社会保险基数核定工作,配合铁建发展投标、资质划转等工作,开具社保权益记录110人次。出台《中铁建发展集团有限公司总部员工津补贴与职工福利发放办法(暂行)》《中铁建发展集团有限公司总部职工补充医疗保险管理办法》。出台《中铁建发展集团有限公司干部人事档案管理暂行规定》,规范干部档案专项审核程序,并按规定设立档案室并配备标准档案柜。全年接收人事档案47本,委托中智进行存档11本。出台《中铁建发展集团有限公司因私出国(境)管理办法实施细则》,对集团34名领导干部和总部财务人员进行备案登记,完成申请办理因私护照审批1人次。

信息化建设。2020年,先后成立网络安全和信息化领导小组、"护网2020"网络攻防演习领导小组及"护网2020"网络攻防演习指挥部,负责信息化相关工作。先后印发《中铁建发展集团有限公司网站建设管理办法》等制度,推进股份公司一体化平台在集团系统中应用。开通铁建发展官方网站,建立铁建发展OA协同办公平台。落实部署软件资产国产化和正版化,开展软件集采工作。

扶贫工作。先后从消费扶贫工作指定地区青海省甘德县、河北省张家口尚义县和万全区9家扶贫单位采买各类物资117514.9元,完成股份公司下达消费扶贫指标。

疫情防控。2020年,采购各类防疫物资6批次、八大类,总价值近10万元,包括口罩、防护服、84消毒液、酒精、洗手液、测温枪等,累计为职工发放口罩近3000只,组织集体核酸检测1次,组织员工进行疫苗接种。 (许 嘉 孙连波 杨 宁)

【科技成果】 完善制度体系建设,根据股份公司相关制度,制定《中铁建发展集团有限公司研究开发计划管理办法(试行)》。申报并取得6项科研课题批复,分别为"中低层全装配式混凝土建筑产业化技术研究""工业污染场地治理修复与生态开发技术研究""'数字铁建'云化指挥中心技术体系研究""智能安防体系研究""黄河流域(河南段)生态保护关键技术与高质量发展战略研究""建筑垃圾资源化利用综合技术"。积极开展对外合作,围绕发展集团重点投资方向,与系统内、外单位搭建联合研究平台,在模块化建筑、数字安防、水生态和新型材料4个方向开展协同创新。 (吕剑锋 王银宾)

【党群工作】 2020年3月26日中国共产党中铁建发展集团有限公司委员会正式成立,负责统一领导并组织实施铁建发展党的建设和思想政治工作,担负党风廉政建设主体责任。下设基层党委1个,党总支1个,党支部8个,党员105人。

党建政治建设。深化党建融合,实现同频共振。集团本级及所属单位落实"双向进入、交叉任职"的领导机制,推进党建工作进章程,加强对所属单位领导班子建设,确保有效发挥党组织的领导核心和政治核心作用。制定"三重一大"决策制度以及决策事项清单和前置事项清单,筛选86项决策事项,明确其决策会议及顺序,促进"三重一大"决策清单化、程序化、透明化。全年召开11次党委会,研究涉及企业生产经营事项77项,其中总经理办公会、董事会决策重大问题前置研究议题51项。加强理论学习,强化政治担当,推动"第一议题"有效落实。全年党委会前组织学习11次,集团及所属单位两级班子累计组织中心组学习26次,专题党课16场。

党建基础工作。按照"四同步"原则,健全铁建发展总部党组织,推动所属二级单位党组织关系划转,实现两级党组织全面覆盖。规范基层党建工作,贯彻《中国共产党国有企业基层组织工作条例(试行)》,开展软弱涣散党组织专项整治、换届选举专项排查,督促各级党组织逐项对照整改提升。梳理党建制度,印发党建工作制度20项。编订《党支部标准化建设工作手册》,出台《党支部工作细则》,下发《党建工作表格样式规范》,各级党组织工作常态化、标准化管理有序推进。注重日常检查指导,对所属各级党组织严格执行关于"三会一课"、组织生活会、民主评议党员、主题党日等方面的"规定动作"进行系统检查。对发展党员及党组织换届、党费收缴等基础工作落实进行日常监督,以督促提醒的方式督导具体工作有效落实。举办2020年基层党组织书记暨政工干部培训班,提升党务工作队伍履职能力。

宣传工作。对标一流企业,提出"创新、创业、创效,开放、协同、包容"的文化理念,聚焦思想文化及宣传引领,组织"七一""云党建、微党课"活动、主题"文化塑形"活动、文化融合专题讲座、创业者宣誓等多种活动,以文化为导向,提高企业凝聚力和向心力。建立舆情监控机制,开展24小时全网监控,主动出击、抓早抓小,及时排除隐患;通过系列主题外宣活动,构筑媒体朋友圈,不断加强正面舆论引导。利用官网及微信两大宣传载体,围绕企业生产经营成果、改革发展成效、创新创效业绩等报道企业发展动态,积极对外推广业务板块、发展思路、企业文化,累计发布微信推送64期,正面阅读量超过16万人次,推送量和阅读量在系统内初创官微中居于前列,成为企业自主发声重要平台。围绕企业重大项目的关键性节点、重要成绩等关键事件开展外宣工作,累计在中央、省、市级媒体平台刊发正面报道10余篇。

纪检监察工作。2020年3月26日,铁建发展纪委正式成立，在股份公司纪委、铁建发展党委的领导下开展工作。制定实施《落实全面从严治党主体责任和监督责任实施细则》，明确责任清单、细化责任事项、印发责任手册，推动主体责任落实。针对新任职的19名中层干部开展集体廉洁谈话。成立党风廉政建设和反腐败工作领导小组、巡察工作领导小组等2个领导小组，明确各小组职责范围、工作机制，设立日常办事机构，加强铁建发展党委对全面从严治党工作的领导。制定党委巡察工作实施细则、纪检监察日常监督管理办法、铁建发展领导人员廉政档案管理办法等8项规章制度，夯实制度基础。日常监督教育持续深化，对21项党委集体研究决策等“三重一大”事项进行监督把关，全程监督总部干部选拔任用工作，为5名拟任新职务人员出具党风廉政情况意见。不定期以文字、视频、漫画等形式推送廉洁提醒7次。中秋、国庆和元旦前夕，推送廉洁过节提醒和违反中央八项规定精神典型案例，公布举报电话、邮箱，畅通监督渠道。为总部党员、职工购买发放党员手册、政务处分法、75个违纪违法典型案例剖析等学习资料；认真开展“反腐倡廉宣传教育月”活动，组织党员干部观看《动漫说规矩》视频，督促加强学习，强化纪法意识。巡察工作有序推进。对所属阿达驻车、瑞正咨询两家单位党组织开展财务资金管理专项巡察，梳理出相关突出问题20多条。把专项巡察与离任审计、划转调研摸底工作结合开展，推动巡察工作落实落地。协助铁建发展党委组织化公为私问题自查自纠，开展申报核查，加强监督检查及整改落实，按时完成专项整治工作。

工会工作。12月22日召开中铁建发展集团有限公司工会第一次代表大会，会议选举产生第一届工会委员会委员、经费审查委员会委员、女职工委员会委员，铁建发展工会正式成立。

（吕良和　张吟雪　董丽丽）

【中铁建发展集团有限公司华东区域总部】 2020年11月25日成立，负责上海、浙江、福建、江苏、安徽、山东等省（直辖市）区域经营拓展工作，重点地区为上海、浙江、江苏、山东。总经理张明革。驻浙江省杭州市江干区创智绿谷发展中心7幢1201室。

（张明革　段文权）

【中铁建发展集团有限公司华南区域总部】 2020年11月25日成立，负责广东、广西、海南、湖北、湖南、江西等省（自治区）区域经营拓展工作，重点地区为广东、海南。总经理周伟。驻广东省广州市天河区越秀财富世纪广场A1栋403室。（周　伟　丁　璞）

【中铁建发展集团有限公司西部区域总部】 2020年11月25日成立，负责四川、重庆、云南、贵州、西藏、陕西、甘肃、宁夏、青海、陕西等省（自治区、直辖市）区域经营拓展工作，重点地区为四川、重庆、山西、陕西、云南、甘肃、新疆（生态脆弱区）。总经理朱昌锋。驻四川省成都市高新区天府五街花漾锦江B座7楼705室。

（朱昌锋　吴婉秋）

【阿达驻车投资建设管理有限公司】 2014年10月17日成立，是中国铁建智慧停车板块的核心业务平台和专业运营公司。注册资本金1.3934亿元。驻天津自贸试验区（空港经济区）东三道瑞航广场21号楼5层。党委书记庞博，董事长、党委副书记邓建涛（8月免），总经理朱昌锋（8月免），董事长、党委副书记、总经理刘永刚（8月任）。职工65人。资产总额24146.5万元，净资产11511.23万元。

2020年，收集项目信息18个，承揽项目8个，新签合同额769.82万元。其中轻资产项目7个，智能改造项目1个，泊位数2640个。营业收入2089.9万元。净利润－1397.75万元。资产负债率52.33%。应收账款115.13万元。有息负债额4447万元。

（庞　博　吴玫媚）

【诚合瑞正风险管理咨询有限公司】 2017年10月12日成立，注册资本金5000万元；2020年4月23日，随母公司诚合保险经纪有限公司并入中铁建资本控股集团有限公司；2020年9月1日，诚合保险经纪有限公司股权划转至中铁建发展集团有限公司。建立覆盖全部业务范围、健全的质量管理体系，并通过ISO9001、ISO14001和ISO45001体系认证。驻北京市海淀区复兴路40号中国铁建大厦A座。董事长李治国，总经理傅文智。职工63人。

2020年，新签合同额10913.69万元，营业收入4538.2万元，回款3835.39万元，利润总额683.71万元。

（李治国　田凯凯）

【中铁建发展集团有限公司太原分公司】 2020年9月23日成立。驻山西省太原市阳曲县小微企业园综合办公楼6层622室。总经理徐振生。职工10人。

2020年，产值11304万元，年人均产值1130万元。

（徐振生　王洪伟）

【铁建发展（范县）范水生态环境治理有限公司】 2020年6月12日成立。注册资本金1亿元。驻河南省濮阳市范县新区应急救援中心6楼。董事长孙连波。职工7人。

（孙连波　张　浩）

【重要记载】

▲1 月 18 日　铁建发展在京举行战略合作签约暨揭牌仪式。铁建发展分别与北京市石景山区人民政府、中国(深圳)综合开发研究院、毕马威企业咨询(中国)有限公司、北京首创股份有限公司、中国地质大学(北京)、中信建投证券股份有限公司签订战略合作协议。

▲6 月 12 日　铁建发展首个项目公司铁建发展(范县)范水生态环境治理有限公司注册成立。

▲7 月 7 日　铁建发展通过中关村高新技术企业认证。

▲7 月 13 日　铁建发展与中国化工新材料有限公司签订合作框架协议。

▲8 月 18 日　铁建发展与昆明农业发展投资有限公司、中铁十六局集团在云南省昆明市签订战略合作框架协议。

▲8 月 25 日　铁建发展牵头组成的联合体单位与厦门公交集团有限公司举行战略合作协议签约仪式。

▲9 月 8 日　铁建发展取得市政公用工程施工总承包一级资质。

▲9 月 23 日　铁建发展太原分公司成立。

▲10 月 29 日　铁建发展通过质量、环境、职业健康安全三大管理体系认证。

▲11 月 25 日　铁建发展华东区域总部、华南区域总部和西部区域总部正式成立。

▲12 月 16 日　铁建发展与山东省海洋局、山东财金集团签署战略合作协议,合作发起海水淡化产业基金。

▲12 月 22 日　诚合瑞正风险管理咨询有限公司股权划转至铁建发展。　(葛大勇　姜树人)

中国铁建股份有限公司北京培训中心(中国铁建股份有限公司党校)

【简况】　前身系 1983 年 12 月组建的中国人民解放军铁道兵指挥部干部学校;1984 年 1 月集体转业,改编为铁道部工程指挥部干部学校;1990 年 10 月,改称中国铁道建筑总公司干部学校;1991 年 1 月,定名为中国铁道建筑总公司党校、干部学校;2002 年 3 月,成立中国铁道建筑总公司北京培训中心,实行一套班子,兼有党校、干校、北京培训中心 3 种职能;2005 年 5 月,总公司决定干部学校更名为管理学院;2008 年 1 月,随着中国铁建股份有限公司整体上市,更名为中国铁建股份有限公司北京培训中心;2009 年 1 月,中国铁道建筑总公司党校更名为中国铁建股份有限公司党校,实行培训中心(党校)党委领导下的主任(校长)负责制。总部驻北京市大兴区龙河路 16 号。下辖办公室(党委办公室)、教务部、培训部、信息化管理部、财务部、后勤部 6 个部门。2002 年被列入中央党校原中央企业工委分校(现中央党校国资委分校)教学管理体系,同年被列为中央国家机关会计人员继续教育培训单位。2006 年被定为中央党校在职研究生教学点。2011 年 4 月,国家事业单位登记管理局批准中国铁建股份有限公司北京培训中心(党校)培训业务范围变更为政治思想教育、领导素质教育、建筑工程项目管理、工商管理和财务管理专业培训,具备同时接待 280 多名学员的办学规模。

2020 年,举办线上各类培训班 23 期,培训学员 69808 人次;举办线下各类培训班 26 期,培训学员 2854 人次;毕业研究生 54 人。　(张慧峰　刘德忠)

【领导人员】

党委副书记、副校长
(副主任)、主持工作　　朱　霖

(张慧峰　刘德忠)

【职工队伍】　职工 24 人,全部为本科及以上学历。高级职称 12 人,中级职称 8 人,初级职称 4 人。

(孟慧婷)

【教学培训】　2020 年,党校紧紧围绕企业工作大局和干部教育培训任务,充分发挥“主渠道、主阵地”作用,整合培训资源,成立“在线培训中心”、推送“抗击疫情,‘课’不容缓”公益课、制作上线入职宣传片、开展视频会议直播活动、开启“线上 + 线下”混合式培训,做到疫情防控和培训工作两手抓、两不误,走在同行业央企党校的前列。全年完成线上培训项目 23 个,参训人数接近 70000 人。8000 人以上大型线上培训项目包括中国铁建学习贯彻党的十九届四中全会精神处级领导人员专题网络培训,经营实战提高班,新入职大学毕业生在线培训,党支部书记培训班及工会干部线上培训班。完成线下重要培训班 26 个,参训人数接近 2900 人。其中,重要班次包括局级领导人员党性教育

培训班,三级单位党委书记培训班,青年干部战略思维与领导能力培训班,组工干部培训班,两期项目经理培训班,二次经营高级管理人员培训班,四期水利水电工程施工企业安全生产管理“三类人员”培训考试和继续教育培训班,三期注册安全工程师继续教育培训班及两期会计人员继续教育培训班等。培训部参与所有班次的前期对接、策划、落地、复盘总结等全流程,培训班整体效果得到学员和主办部门的认可。承办2021届中国铁建校园招聘空中宣讲活动,并在微博、抖音、快手三大平台同步直播,为中国铁建人才招聘工作做出贡献。编辑发行《铁建党校》杂志4期,约30万字,设立“品质铁建大家谈”等专题,刊发企业热点专题文章40余篇。把部分线上、线下重点培训班的成果呈现到《铁建党校》中,提高杂志影响力,努力把《铁建党校》打造成集聚铁建系统优秀人才智力成果的重要平台。(刘德忠)

【行政工作】 坚持合规管理,修订《员工绩效考核办法》。平稳有序推进退休职工社会化管理移交工作。加强固定资产管理,盘查清点、制定固定资产卡片,做到账、卡、物相一致。加强财务内控管理,强化预算审批,完善会计核算体系,严格执行内控制度,严格资金集中管理,保证各项经济业务合法合规。深化党校改革,应对新冠疫情冲击,整合培训资源,成立“在线培训中心”,在非常时期展现党校人的责任担当。增强办学活力,改革调整党校内设机构,优化部门职能和岗位职责,促进线下线上培训的高效开展。

(刘德忠)

【党群工作】 党的工作。党建工作质量持续提升。围绕“中央企业党建巩固深化年”专项行动部署要求,注重理论学习,强化理论武装。疫情期间,用好各种线上学习资源,疫情防控常态化以后,共组织集中学习13次,开展专题研讨3次。坚持民主集中制,严格执行党委会议事规则,全年主持召开党委(扩大)会10次,研究重大决策18项,前置研究11项。严把意识形态关口,坚持“党校姓党”原则,坚持管好课堂主阵地,宣传好党和国家主流意识形态的“红色内容”,认真审核线上线下每一节课程内容,确保党校讲台无“杂音”。落实落细党建主体责任,认真落实《中国共产党国有企业基层组织工作条例(试行)》,与党支部签订党建目标责任书,把责任分工、学习教育、夯实组织等16项任务分解到各部门各支部,做到分工到岗、责任到人。丰富党建活动内容和形式,结合线上培训课程录制,组织实施“党课开讲啦”活动,通过“微党课”的录制剪辑和线上播放,使培训工作与党建实现有效融合。重视党员发展培养,从思想上引导、工作中教带、帮助青年员工健康成长、快速成才。2名优秀青年员工加入党组织。

纪检工作。党风廉政建设扎实推进。切实履行“两个责任”,与各支部签订《2020年党风廉政建设责任书》《廉洁从业承诺书》,制定《全面从严治党主体责任清单》,形成“一级抓一级、层层抓落实”的责任体系。加强廉洁教育,通过组织党员干部观看警示教育片,开展“优良家风传承有我”征文、摄影及微视频征集活动,增强廉洁教育的针对性和实效性。认真抓好自查自纠,按照《关于开展财务资金管理专项巡视巡察的通知》精神及要求,及时开展自查自纠工作,通过风险识别,用制度管人,发挥标本兼治作用。

工会工作。结合部门机构改革,调整工会工作领导小组。结合节日安排,在国庆节组织开展健步走活动;为进一步关心关爱特殊时期女职工、职工子女,维护好女职工的合法利益和特殊利益,在“六一”儿童节期间组织开展女职工和职工子女关爱活动,以拍摄记录亲子教育、家风家教等形式,开展“六一”亲子关爱活动;定期为职工过集体生日。通过形式多样的文体活动,增强工会组织的吸引力和凝聚力,活跃职工的校园生活。

共青团工作。坚持思想引领,提升政治站位。以纪念五四运动101周年为契机,组织青年团员大学习并同步开展“五四精神、传承有我”主题团日活动,引导团员青年把思想和行动统一到习近平总书记寄语精神上,进一步增强“四个意识”、坚定“四个自信”、做到“两个维护”。围绕党校中心任务,服务工作大局。开展“党校青年谈”活动,引导团员青年踊跃投身品质党校建设,为推动中国铁建实现品质发展贡献青春力量。(刘德忠　闫　寒)

【重要记载】

▲3月16日　中国铁建处级领导人员在线学习贯彻党的十九届四中全会精神网络专题培训开班。

▲5月20日　中国铁建2020年经营实战提高班线上培训开班。

▲7月10日　中国铁建2020年新入职大学毕业生线上培训开班。

▲8月10日　中国铁建2020年软件应用培训班线上开班。

▲8月12日　中国铁建2020年党支部书记培训班线上开班。

▲9月12日　中国铁建2020年投资业务线上培训开班。

▲9月21日　2020年中国铁建工会干部线上培

训开班。

▲10 月 12 日　青年马克思主义者培养工程(第一阶段)开班。

▲10 月 19 日　中央党校国资委分校 2020 年秋季学期中国铁建处级干部进修班开班。

▲11 月 29 日　局级领导人员党性教育培训班开班。

▲12 月 2 日　二次经营高级管理人员培训班开班。

(刘德忠)

中铁建锦鲤资产管理有限公司

【简况】　前身系 2007 年 7 月中国铁道建筑总公司股改上市时成立的锦鲤资产管理中心,负责管理未纳入股份公司的资产和存续企业,以及社会服务性机构。2017 年 12 月 11 日,改制为中铁建锦鲤资产管理有限公司,注册资本金 5 亿元。驻北京市海淀区复兴路 40 号东院。下辖西安天创房地产有限公司、北京锦成宏资产管理咨询有限公司、北京通达京承高速公路有限公司、达喜(香港)有限公司和中铁十九局集团职工中心医院 5 个全资子公司。下设资产管理分中心 26 个。资产总额 234508 万元,负债总额 99978 万元,所有者权益 134520 万元。管理的在册土地、房屋及构筑物、铁路专用线和设备等 3845 项资产,其中,土地 846 宗,证载面积 1475 万平方米;房屋 2746 项,证载面积 218.7万平方米;铁路专用线 20 条,长度 14723 米。

2020 年,锦鲤公司(不含京承公司)营业收入 16719 万元,利润总额 8248 万元,净利润 7760 万元。

(孙振宇　王宗刚)

【领导人员】

董事会

执行董事	李学福(5 月免)
	金守华(5 月任)

监事会

监事	刘正昶(兼)

经理层

一级咨询、副总经理	铁建伟
副总经理	孙永利
	虞　塘
总会计师	虞　塘(兼)

党群领导

党委书记	李学福(5 月免)
	金守华(5 月任)

(孙振宇)

【职工队伍】　职工 31 人。其中,公司总部 25 人,所属西安天创公司 6 人。男性 13 人,女性 18 人。30 岁及以下 3 人,31 ~ 40 岁 8 人,41 ~ 50 岁 14 人,51 岁及以上 6 人。党员及预备党员 24 人。博士研究生学历 1 人,硕士研究生学历 7 人,本科学历 20 人。正高级工程师 2 人,高级工程师 6 人,高级会计师 7 人,高级经济师 3 人。

(田雪莲)

【企业管理】　按照 2020 年工作会议上提出的“摸清家底、掌握实情,加强实物资产盘点与日常管理,厘清每一笔实物资产的产权关系与收益情况”的要求,确定“盘清资产知家底、管住资产防流失、盘活资产创效益、用好资产开新路”的总体思路,围绕非上市资产运营管理的中心任务,发挥党委的全面领导作用,不断健全规章制度,完善工作流程,推动企业高质量发展。

实行资产管理专员制度。为加强公司运营管理,规范非上市资产管理,加强公司与各分中心及各资产使用单位的沟通联络,公司实行资产管理专员制度,由总部部门工作人员担任分中心资产管理专员。引导专员深入资产管理工作一线,了解掌握各分中心的资产情况、需求情况和运营质量,摸清各类长期闲置土地、房产情况,一对一、面对面、手来手地服务资产使用单位。推动资产形态管理向价值挖掘转变,提高资产管理效率和经济创效能力,努力提高资产运营管理质量和效率,为资产安全使用、依法合规处置、开发盘活提供支持,促进锦鲤公司逐步由资产记账者向资产经营者转变。

清理历史遗留问题。非上市资产情况错综复杂,确保资产处置程序合规,依据国家和地方政策法规,参照总部集团相关规章制度,推动划拨土地变性盘活工作,提高资产质量、优化资产结构,基本形成标准化、规范化处置流程。严格审核各分中心提交的“三供一业”资产移交申请,做好移交资产的审核把关工作和医院改制资产评估工作,对批准纳入处置范围的资产,严格执行移交协议标准和评估程序,并监督落实,确保国有资产不流失。

清算和清欠工作。为保证总部集团和锦鲤公司(中心)对锦鲤资产使用批复的规范性,全面落实批复结果,与各局集团共同推进历年审计问题整改,组织梳理历年的批复开发项目,积极开展清收清欠工作。一是开展对锦鲤资产项目进行清算或预清算工作。2020年9月，要求各分中心对各单位使用锦鲤资产开发的项目进行清算或预清算，同时总部集团或股份公司对涉及锦鲤资产的已批复处置项目一并进行清算。其中，对已竣工结算的项目，报送清算报告；对未竣工或竣工未结算项目，报送预清算报告；涉及锦鲤资产需给予对价的，根据批复实施确权。二是开展对资产处置款的清算结算工作。组织各分中心将已批复处置的涉及非上市资产项目进行清算，对于政府征收非上市资产给予补偿款，比照补偿款金额清算；对于使用非上市土地进行项目开发，按土地及地上建筑物、构筑物等资产评估价格清算结算。

财务集中管理。一是推进资金集中管理。加强账户风险监控，规范银行账户管理，保障资金运作安全，防范企业风险，提高资金使用效率。2020年，注销外部银行账户12个，累计注销外部银行账户72个。在财务公司开立银行账户88个，均属于资金池归集子账户，资金集中度95.37%。在财务公司日均存款余额8.21亿元，归集资金余额3.16亿元，调剂使用资金2.53亿元。二是统一财务核算体系。按照总部集团对企业财务信息化建设的总体要求和统一部署，建立财务共享系统，整合构建公司财务共享管理平台。上线集中核算模块、固定资产管理模块、财务共享服务平台（报账系统）、增值税进项发票管理（发票池）和铁建财务公司的直连结算系统，对财务核算标准化管理奠定坚实基础。（张红彦　孙振宇　王宗刚）

【经营管理】　2020年，聚焦专业拓展经营，确保国有资产保值不流失、增值创效益，重点开展调查研究，加强股权管理，加快资产盘活创效，着力研究如何提高资产利用效率，加快处置盘活低效无效资产。

调查研究。2020年，锦鲤公司全面深入开展各类调查研究，走访资产分中心23家，完成调研土地744宗、房屋建筑物2274项，分别占总数的81.3%、78.1%。基本掌握土地及房屋的存续状态和资产的使用形态，初步判断有无开发价值。同时，走访中国交建、中国中铁、中国建筑等中央企业的国资管理运营机构和单位，重点围绕涉及公司全局性、战略性、改革性的热点难点堵点，在实地调研的基础上，积极做好调研“后半篇文章”，及时汇总梳理调研发现的问题、听到的意见，切实分析透彻问题症结，改进工作思路，执行具有可参考性、借鉴性和可操作性工作措施，以确保调研工作“深”、调研方向“准”、调研成果“实”。

股权管理。一是积极推动分红款收取工作，提升资产综合收益。详细梳理新疆院等12家联营企业的历史沿革相关文件及历年财务指标情况，编制《关于新疆院等十二家单位的代管方案》《关于新疆院等十二家单位利润分配方案》，积极与铁一院商讨12家单位2019年利润分配。经过数次谈判，新疆院等3家单位上交分红款3060万元，并上交总部集团。二是积极推动股权转让工作，积极推动股权盘活。与铁一院在总部集团评估机构备选库内联合委托中资资产评估有限公司，以2019年12月31日为评估基准日，对新疆院等12家公司股东全部权益价值进行评估，并分别出具资产评估报告。为理顺管理关系，避免同业竞争，降低产生关联交易等不合规问题风险，以经资产评估备案的资产评估结果为基础，通过非公开协议转让锦鲤公司持有新疆院等12家公司的股权。

资产盘活创效。一是加快土地盘活。在多层次、全方位调研勘察的基础上，借鉴资产开发相关经验，转变思想观念，强化创新意识，拓展资产盘活经营思路，探索适合非上市国有资产的经营模式。结合实物资产盘点工作情况，分析各项可供开发盘活资产状况，梳理近三年准备开发盘活项目11个。协调配合推进长沙杨家山地块开发项目。二是探索盘活开发路径。以资产为支点，结合房屋资产现状和特点，探索多元化经营模式，广泛开展新能源、新基建领域合作，充分发挥中国铁建综合实力和竞争优势，在确保国有资产保值增值的基础上，实现优势互补，合作共赢。（马　媛　徐　辉）

【党群工作】　坚持“一个总体目标”“两个一以贯之”“三个有利于”“四个坚持”的原则，围绕巩固和加强党对国有企业的全面领导，加强党建引领作用，坚持完善现代企业制度与加强党的领导相统一，确保党建工作与中心工作深度融合，不断强化党组织建设，切实抓好党建基础工作，努力实现高质量党建引领企业高质量发展。

政治理论学习。公司党委理论中心组深入学习贯彻党的十九大精神，学习领会习近平新时代中国特色社会主义思想等新知识、新理论，系统研读《习近平谈治国理政》第三卷，学习习近平总书记在党的十九届五中全会、在全国抗击新冠肺炎疫情表彰大会、纪念中国人民志愿军抗美援朝出国作战70周年大会上的重要讲话，学习贯彻习近平总书记对本领域工作的重要指示批示精神，切实增强“四个意识”，坚定“四个自信”，做到“两个维护”，坚决在思想上、政治上、行动上同以习近平同志为核心的党中央保持高度一致。全年开展中心组集中学习7次，领导班子围绕企业党建、改革转型等热点讲授专题党课7次，累计组织专题学习5次，广泛开展五中全会精神进基层活动。围绕资产接收、运营管理、开发盘活、运营创效以及学习五中全会精神内涵等内容开展学习研讨，进一步统一思想、凝聚共识，打造学习型党组织，汇聚企业发展合力。努力把学习成果与公司改革发展结合起来，转化为加强和改进公司党建工作、推动企业改革的有效措施。

党组织建设。10月21日，公司党委撤并原第一、第二党支部，成立总部党支部、西安天创公司党支部。全年召开党委会议10次，根据《党委议事规则》和《“三重一大”决策制度》等制度，讨论和决定企业的重大事项112项。扎实推进学习型、创新型、服务型党组织建设，引导全体党员干部以“为职工谋幸福、为锦鲤谋发展”为初心使命，围绕国有资产保值增值核心业务，大力开展调查研究、深入基层，厚植服务意识，强化宗旨意识，培养为民情怀，转变工作作风，摒弃“机关化”做派，将提升公司党建工作成效转化为企业发展的活力和竞争力。制定并完善各项制度10项，包括《党委会议议事规则》《贯彻落实“三重一大”决策制度实施办法》《党建工作责任制实施办法》《关于进一步规范企业领导干部亲属经商办企业行为的规定（试行）》《因私出国（境）管理暂行办法》等。

党员干部管理。始终将总部集团关于干部选拔任用工作的相关规定和要求，作为公司干部队伍建设的总体指导思想，在人才选拔过程中始终严格遵循党管干部原则，坚持德才兼备、任人唯贤、群众公认、注重实绩的理念，大力选拔勇于担当、勤于做事的中层干部，为“在状态、有激情、敢担当、守规矩、重落实”的干部提供施展才华的平台。锦鲤公司总部编制35人，公司党委严格根据总部集团相关编制批复要求和管理规定，结合公司实际业务开展情况，遵循科学发展、逐步到位的原则，实际到位工作人员25人，其中公司领导4人，部门负责人6人。为充实党务人员队伍，2020年调入综合管理部负责人1人和工作人员3人。

人力资源管理。严格根据总部集团相关文件精神和要求控制员工总量，充分挖掘人力资源潜力，在保证生产经营和部门职能的情况下，要求各部门和所属单位人员精简高效，杜绝人员冗余和人浮于事。全年引进各类人员4人，均根据公司实际业务情况和部门需求审慎引进急缺的管理、党务、法务人才。针对非上市资产点多面广的情况，为充分挖掘内部人力资源潜力，积极研究畅通员工岗位交流渠道。加强学习培训。开展资产专员工作以来，多次组织专员交流汇报、优秀专员经验交流培训等活动，并积极与铁建党校沟通联络，专门开设为期两个月的“中铁建锦鲤资产管理有限公司干部培训班”网络课程，对公司本级和所属单位全体职工进行培训，课程涵盖党建政治理论、经济管理、资本运营、风险防控、企业文化建设等方面。

宣传思想工作。高度重视意识形态阵地建设，坚持正确的舆论导向，加强新闻宣传和舆情管理。充分利用网络平台和融媒体宣传全面从严治党、党风廉政建设、社会主义核心价值观、党的政策方针、党纪国法企规等内容，专门开辟锦鲤公司微信公众号，及时报道公司党建活动、十九届五中全会精神、防疫防控、劳动模范、重大经营活动等。马媛获“中国铁建2020年度劳动模范”称号，公司通过微信公众号对其先进事迹进行专题报道，在公司内部掀起学劳模的热潮。积极参与《无限深度》电影的投资拍摄工作，为宣传铁道兵精神和中国铁建企业品牌贡献力量。

党风廉政建设和反腐败工作。严格履行“一岗双责”工作责任制，将党风廉政责任制与企业改革转型发展、非上市资产运营管理同部署、同实施，坚持一手抓生产经营，一手抓党风廉政建设，不断增强领导干部规矩意识，形成党委书记一手抓、班子成员分工抓、基层支部书记具体抓的工作局面，确保廉政工作取得实效。组织重要岗位任用学习廉洁从业要求，并签订《廉洁从业承诺书》《党风廉政建设责任书》。结合总部集团开展的“四个”专项整治工作，制定《关于进一步规范企业领导干部亲属经商办企业行文的规定（试行）》，加强整治巡察和自查自纠，不断压实管党治党政治责任。

统战群团工作。公司中国民主建国会会员1人，侨属人士1人，积极贯彻落实党的统一战线方针政策，加强对党外人事的引领，凝聚各方力量，营造服务企业经营和改革转型的良好氛围，创建和谐环境，促进公司团结健康发展。2020年12月，该民主建国会会员递交入党申请书，经全面考察，党委将其列为重点发展对象。2020年，工会筹备委员会成立，由公司领导班子成员担任筹委会主任，认真开展工会筹备工作，听取职工群众呼声，认真解决职工群众关心问题，按月发放工资薪酬，按时足额缴纳各项社会保险，定期组织全体员工进行健康体检，做好职工集体福利慰问、“两节”送温暖、暑期送清凉等活动，确保公司员工合法权益，努力创建和谐劳动关系。（孙振宇　徐　辉）

【西安天创房地产有限公司】 2002年6月6日成立；2018年，整体并入中铁建锦鲤资产管理有限公司。注册资本金2000万元，职工6人。资产总额15804万元。

2020年，主营业务收入2861万元，营业成本914万元。（徐　辉）

2020 年 12 月 8 日，中铁第四勘察设计院集团有限公司在武汉召开 2020 年劳模先进表彰暨事迹报告会。

（欧　巍 摄）

人　物

新闻人物

【张浩·全国抗击新冠肺炎疫情先进个人】 张浩，中铁第四勘察设计院集团有限公司党委副书记、副院长，正高级工程师，中共党员。1968年11月出生，陕西省神木市人。武汉水利电力大学工程机械专业毕业，硕士研究生。2020年春节，新冠肺炎疫情汹涌而至。作为铁四院新冠疫情防控领导小组常务副组长，他冲锋在前、身先士卒，和同事们一起连续奋战在抗击疫情最前沿。在主要领导的指挥部署下，张浩组织召开疫情防控专题会议50余次，制定防疫文件20余份，组织专家宣贯防疫知识，商讨研究疫情防控措施。大到广场消杀车，小到医用防护口罩，他事必躬亲，章法有度，确保公司实现“疫情零扩散”“患者零病亡”，并率先完成全员核酸检测，为呵护员工的生命安全和身体健康赢得宝贵时间。积极组织员工加快复工复产，推动重大项目建设，使公司成为武汉中心城区疫情“震中”第一批复工、第一批达产的单位，体现服务“六稳、六保”、当好交通运输“先行官”的责任和担当。张浩先后获湖北省青年岗位能手、湖北省知识型职工先进个人、湖北省国资委优秀共产党员、湖北省劳动模范、中华全国总工会火车头奖章等荣誉，2020年被授予“全国抗击新冠肺炎疫情先进个人”称号。

（陈龙超）

模范人物

【张丕界·全国劳动模范】 张丕界，中铁十一局集团有限公司副总经理、总工程师。1965年6月出生，山东省青岛市人，中共党员。石家庄铁道学院铁路隧道专业毕业，本科学历，教授级高级工程师，享受国务院政府特殊津贴专家。主要从事现场项目管理、施工管理、技术管理和科技开发等工作。是高原高寒和高速铁路施工技术进步的重要参与者、复杂地质长大铁路隧道技术进步的重要推动者，在长大隧道施工领域，带领科研团队，创造性地研发特大体量高压隐伏溶腔泄水消能等工法，成功攻克宜万铁路马鹿箐隧道岩溶溃水风险控制及处治技术等施工难题。在兰渝铁路全线重难点控制性工程全长9164延长米的新城子隧道施工中，成功攻克高地应力大跨断面隧道施工难题。组织施工世界首条盾构施工大直径煤矿斜井工程神东补连塔煤矿斜井工程，开创世界双模式盾构施工煤矿斜井先例。在张丕界主导下，中铁十一局集团有限公司拥有国家认定企业技术中心、国家级工程教育实践基地、博士后科研工作站、院士工作站等科研平台，推动一批高技术含量、高施工难度、高社会关注度工程安全优质施工，攻克中国“天眼”、杭州湾跨海大桥、国内首条中低速磁浮铁路长沙磁浮、武汉光谷综合体等超级工程。累计培养博士后20余名，领导主编、参编国家和行业标准40余部，参建的工程获中国土木工程詹天佑奖15项、中国建设工程鲁班奖13项，获国家科技进步特等奖1项、二等奖1项，省部级科技进步奖71项，国家专利授权858件。张丕界先后获湖北省劳动模范、茅以升科学技术奖（铁道工程师奖）、全国建筑业优秀总工程师、中国公路建设行业科技创新英才等荣誉，2020年被授予“全国劳动模范”称号。

（郭 琳）

【刘军华·全国劳动模范】 刘军华，中铁十二局集团第三工程有限公司副总工程师、技术中心主任，享受国务院政府特殊津贴专家。1973年12月出生，山西省太原市人。1994年参加工作，先后参建青藏铁路、京沪高速铁路、大西高速铁路、海南文昌078卫星发射场火箭垂直转运轨道等200余项重难点工程，测量桥梁、隧道、路基3000千米。刘军华多年从事测量工作，练就“一测准”的技术能力，在京沪高速铁路建设中，把CRTSⅡ型轨道板检测标准由“德国标准”变成“中国精度”，打破德国的垄断；在海南文昌078卫星发射场火箭垂直转运轨道工程施工中，研发的用于火箭垂直转运轨道超宽轨距精调与平顺性的检测方法，彻底解决世界第一条小半径超宽轨距高平顺性精调无法直接测量“轨距、水平、超高、轨向、高低、扭曲”

等难题。编写省部级工法10篇，取得发明专利4件、外观设计专利6件、软件著作权专利6个、工艺创新120余项。刘军华先后获得山西省五一劳动奖章、山西省十大能工巧匠、中华技能大奖、全国职工创新能手、全国技术能手、全国五一劳动奖章等荣誉，2020年被授予“全国劳动模范”称号。（唐晓明）

【郑卫红·全国劳动模范】 郑卫红，中铁十八局集团第五工程有限公司天津地铁项目部党支部书记兼总工程师。1970年3月出生，安徽省淮南市人。中共党员。华东交通大学工业与民用建筑专业毕业，本科学历，高级工程师。作为项目总工程师，郑卫红始终以女性特有的坚韧坚守一线，先后参与京津城际交通、天津津滨轻轨和天津地铁等重难点工程的建设，负责的天津地铁4号线、5号线是国内最长的上下重叠隧道、天津市最深的四层车站、最长的盾构区间，项目先后获全国AAA安全文明标准化工地、天津市建设工程优质结构评价、质量安全文明施工现场观摩工地、优质服务窗口等荣誉。她带领项目团队，攻克多项技术难题，项目先后获全国和天津市工程建筑优秀QC小组7项，实用新型专利3件、发明专利1件，1项科技成果被鉴定为国际先进水平。作为项目党建带头人，郑卫红大胆创新，用“严”字夯实党建工作，打造刚性执行队伍。项目党支部先后获中央组织部、国务院国资委国有企业党建工作专题调研组的好评及中国铁建首批“示范党支部”称号。郑卫红先后获天津市劳动模范、天津市五一劳动奖章和全国三八红旗手、全国五一巾帼标兵等荣誉，2020年被授予“全国劳动模范”称号。

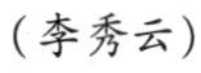
（李秀云）

【李绍杰·全国劳动模范】 李绍杰，中铁十九局集团第三工程有限公司兰渝铁路项目部1标段三工区总工程师。1970年11月出生，辽宁省锦州市人。石家庄铁道学院毕业，中共党员。中国铁建参建的兰渝铁路胡麻岭隧道全长13.6千米，建设者仅用两年时间就挖通10余千米，但最后的173米却耗时6年，主要是因为胡麻岭隧道距离贯通仅剩173延长米的时候，前方突然涌出大量泥沙，呈喷射状，日均突水量达到1200立方米。面对大自然的严峻挑战，李绍杰团队从新技术到新设备，从新材料到新工艺，一项项尝试、一次次探索，并经过对各种工艺试验进行总结分析，提出矿山法、新奥法和新意法“三法合一”，辅以综合降水、注浆固结措施的新思路。他率领攻关小组，针对隧道水害产生机理、影响因素等，尝试不同降水方案，研究制定CRD六部和双侧壁九部施工工法，运用超前支护和加固措施减少或避免围岩变形，尽快使支护结构闭合，按分部顺序采取分割方式一块一块地开挖，边挖边支撑以确保安全，为攻克胡麻岭隧道奠定基础。从2009年3月进场以来，李绍杰和技术团队解决胡麻岭隧道“豆腐脑”中打洞的施工难题，填补中国国内特定地质条件下隧道施工技术空白。2017年6月19日，被国内外专家定性为“国内罕见，世界难题”的全路头号重难点工程兰渝铁路胡麻岭隧道实现贯通。李绍杰主持攻关的“超前辐射状降水通道系统”等4项研究成果获国家知识产权局专利授权，其本人先后获中央企业劳动模范、中国铁建“六好”共产党员标兵、中华全国铁路总工会火车头奖章等荣誉，2020年被授予“全国劳动模范”称号。

（方迎春）

【刘正林·全国劳动模范】 刘正林，中铁二十局集团第四工程有限公司铁路电力运输分公司司机长。1972年9月出生，云南省曲靖市人，中共党员。1993年参加工作，历任内燃机车学员、副司机，电力机车副司机、司机、司机长。刘正林长期坚守铁路运输生产一线，参与宝成复线、宝中、神朔等国家重点铁路运输，累计值乘3000余趟、行车120余万千米安全无事故，发现并排除各类安全隐患30余个，有效防止各类行车安全事故60余起。通过“刘正林创新工作室”开展技术攻关，完成机车自动过分相装置、万吨重联机车改造等任务，取得19项创新成果，节约成本230余万元，有效提高行车安全系数，实现节能环保；其工作室获评陕西省建设工会示范性职工创新工作室、示范性劳模和工匠人才创新工作室等。他编写《电力机车乘务员应急故障处理方法》等书籍，把自己多年的行车经验全部传授给徒弟们，培养20余名技术骨干、60余名电力机车司机，并积极做好“传帮带”，帮助乘务员提升综合能力。刘正林先后获陕西省劳动模范、陕西省第五届“十大杰出工人”、全国交通技术能手等荣誉，2020年被授予“全国劳动模范”称号。

（麻　炜　王　丽）

【孟祥连·全国劳动模范】　孟祥连，中铁第一勘察设计院集团有限公司副总工程师，中国铁建首批技术专家，正高级工程师，享受国务院政府特殊津贴专家。1965年10月出生，山东省曹县人。西南交通大学毕业，本科学历。作为一名从事铁路、公路和市政领域工程地质勘察设计科研工作者，孟祥连积极投身陕西省重大基础设施建设，勇于科技创新，为形成以西安为中心的高速铁路大通道做出重要贡献。先后主持完成西成高速铁路、大西高速铁路、银西高速铁路、郑西高速铁路、西康铁路秦岭特长隧道、西安地铁、秦岭终南山公路隧道、引汉济渭秦岭特长输水隧洞等多项重点工程勘察设计工作，研究成果“高速铁路路基工程湿陷性黄土地基沉降控制技术”总体达到国际领先水平。在西康铁路秦岭特长隧道的勘察设计中，他创立一套独具特色的长大隧道地质综合测试方法及中国首个TBM围岩等级划分标准，填补国内该领域研究的空白。组织编制的《西安地铁岩土工程勘察实施大纲》是中国湿陷性黄土地区地铁勘察的首部纲领性技术文件，在地铁建设史上具有重要意义。作为地质专业技术负责人，他除承担陕西省地区路网规划设计外，还承担青藏铁路、兰新高速铁路、哈大高速铁路、川藏铁路等多条铁路长大干线的勘察设计工作。通过多年研究，确立青藏高原地区、西北湿陷性黄土地区、戈壁大风地区、东北严寒松软土地区高速铁路勘察工作的重点和难点，形成在高海拔、特殊气候、复杂地质条件下进行项目勘察的一整套理念和方法，达到国际先进水平，为推动“一带一路”项目实施做出积极贡献。孟祥连先后获陕西省有突出贡献专家、陕西省工程勘察设计大师、黄汲清青年地质科学技术奖、中华铁路总工会火车头奖章、全国五一劳动奖章、全国工程勘察设计大师等荣誉，2020年被授予“全国劳动模范”称号。

（胡永刚）

【净文常·全国劳动模范】　净文常，中铁第一勘察设计院集团有限公司副总工程师。1965年出生，陕西省岐山县人，中共党员。上海铁道学院毕业，本科学历，正高级工程师。先后主持和参加青藏铁路、拉日铁路、中尼铁路、新藏铁路、拉墨铁路等多条国家重点铁路项目的勘察设计工作，为解决多年冻土、地热、风沙等重大工程技术难题做出贡献，成为铁路行业的知名专家、选线专家。负责拉日铁路线路方案时，净文常与设计团队深入实地，综合比对，最终选定雅鲁藏布江方案，并根据地质成果意见最终决定采用北方案，节约投资8891万元。针对拉日铁路雅江峡谷区的地热形成机理、分布特征和地热灾害特性，他提出地热地区隧道应遵循“正交地热带、高位傍山、临江降温”的选线原则，首创高地热峡谷区“空间控制法”选线技术，成功解决高地温环境下隧道热害防治和处理技术难题，并经过五年努力，成功攻克拉日铁路建设过程中面临的“地热温度最高、内燃机车牵引隧道最长、高海拔风沙治理”三项世界性难题。2018年，他成为负责川藏铁路的院主管副总工程师，并组织设计团队展开全方位技术研究与攻关，在高海拔大高差、冰川型泥石流、深大活动断裂带、喜马拉雅运动形成的造山带及地热活动区域，分别采取不同特色技术处理的设计方案，赢得各方好评。净文常先后获国家优秀工程奖、全国勘察金奖及科技进步一等奖等省部级以上奖项30余项，2020年被授予“全国劳动模范”称号。

（胡永刚）

【肖明清·全国劳动模范】　肖明清，中铁第四勘察设计院集团有限公司副总工程师。1970年12月出生，湖南省邵阳市人，中共党员。西南交通大学地下及隧道工程专业毕业，博士学位，正高级工程师，一级注册结构工程师，全国工程勘察设计大师，中国铁建首席专家，享受国务院政府特殊津贴专家。肖明清长期奋战在高速铁路隧道、水下隧道、城市隧道的设计和技术研发一线，取得众多突破性创新成果，他主持的“高速铁路狮子洋水下隧道工程成套技术”获2017年度国家科技进步二等奖，本人获得国家科技进步奖。作为国家863项目“大型跨江海隧道结构力学特征及整体化设计方法研究”的课题副组长、国家科技支撑计划项目“盾构施工煤矿长距离斜井关键技术研究与示范”的分课题负责人和示范工程的设计负责人，他在水下隧道建设领域勤勉耕耘，先后获国家科技进步二等奖2项、省部级优秀设计一等奖11项、中国土木工程詹天佑奖3项；取得国家发明专利14件，出版专著7部，发表EI检索论文14篇，主编和参编行业规范2本，主持编制铁路行业标准设计10项，为推动中国隧道技术进步和发展做出贡献。领衔研究和设计40余座大型水下隧道，多座隧道创造全国乃至世界之最。肖明清先后获全国青年岗位能手、全国五一劳动奖章、国家百千万人才工程国家级人选、国家有突出贡献中青年专家等荣誉，2020年被授予“全国劳动模范”称号。（王振宇）

【刘飞香·全国劳动模范】 刘飞香，中国铁建重工集团股份有限公司党委书记、董事长。1963年5月出生，湖南省湘阴县人，中共党员。西南交通大学工程机械专业毕业，本科学历，工学学士学位，正高级工程师，享受国务院政府特殊津贴专家，十三届全国人大代表，西南交通大学、湖南大学兼职教授。1983年参加工作，主要历任车间主任、副总经理、厂长、党委书记、董事长。多年来，刘飞香以敢为人先的精神，开展自主创新，引领企业创新发展，走出企业高质量发展新路。主持研发全球首台煤矿斜井双模式TBM、全球首台永磁同步驱动盾构机等数百项国内和全球首台（套）产品，自主研制的掘进机产品国内市场占有率稳居第一，打破国外装备长期垄断局面，推动中国盾构机实现从跟跑到全球领跑的大逆转。他领衔突破100余项核心技术，把“卡脖子”关键技术完全掌握在自己手中，团结带领企业从零起步，快速打造掘进机、特种装备、轨道系统等产业板块，开拓美国、俄罗斯和中东等30余个海外市场。他带领铁建重工入围全球工程机械50强、中国工程机械制造商前10强榜单，获中国最佳自主创新企业荣誉，成为全球最大的高端地下施工装备制造商。刘飞香先后获湖南光召科技奖、湖南最美科技工作者、央企楷模、全国五一劳动奖章、全国优秀企业家等荣誉，2020年被授予“全国劳动模范”称号。（陈海燕）

逝世人物

【陈奋健】 中国共产党十九大代表，中国铁道建筑集团有限公司党委书记、董事长，中国铁建股份有限公司党委书记、董事长，于2020年8月16日在北京不幸逝世，享年58岁。

陈奋健，广东省梅县人，1962年10月出生，1983年8月毕业于长沙交通学院土木工程系港航工程专业后参加工作，1997年10月加入中国共产党，2007年1月取得北京大学光华管理学院高级管理人员工商管理硕士学位。历任交通部四航局一公司三处技术员，副股长、副主任，一处副主任，三处主任，一公司经理助理、副经理；中国港湾建设（集团）总公司四航局一公司经理，四航局副局长、局长、党委副书记。中国交通建设集团有限公司成立后，先后担任副总经理，董事，临时党委委员，党委常委，党委书记、董事，副董事长、总经理、党委副书记，同时担任中国交通建设股份有限公司副总经理，副总经理、临时党委委员，副总经理、党委常委，执行董事、总经理、党委副书记，副董事长、总经理、党委副书记。2018年6月任中国铁道建筑集团有限公司党委书记、董事长；2018年7月任中国铁道建筑集团有限公司党委书记、董事长，中国铁建股份有限公司党委书记、董事长。（刘爱民）

【周玉成】 中铁二十局集团有限公司原党委书记。因病医治无效，于2020年5月26日在北京逝世，享年72岁。

周玉成，山东省金乡县人，1948年1月出生，1968年3月应征入伍，1969年11月加入中国共产党。1986年7月毕业于铁道兵党校锦州分校，1996年1月中央党校经济管理在职研究生毕业，高级政工师职称。历任铁道兵第10师50团五连、一营三连战士、一营文书、团政治处宣传股报道员、见习干事，师政治部秘书科、宣传科见习干事、秘书科秘书，49团二营九连副指导员，师政治部组织科副科长、科长；铁道部第二十工程局党委政治部组织部副部长、纪律检查委员会副书记，局人事处处长，济青高速公路工程指挥部党委书记，局党委副书记、书记；中铁二十局集团公司党委书记，中铁保险经纪公司董事长等。长期从事宣传、组织、纪委、党委工作，担任局党委书记、集团公司党委书记12年，是优秀的企业党组织领导者，先后撰写《浅谈菲迪克条款与思想政治工作》《对社会主义本质的探索——在否非中求是》《思想方法漫谈》《菲迪克条款效应》等论文数篇，并在《铁道政工学刊》《中国党政干部论坛》《人民铁道》《工人日报》《企业家》《中国铁道建筑管理》等报纸杂志发表。1982年荣立铁十师三等功1次，2006年获评中国铁道建筑总公司优秀党务工作者。2008年7月退休。 （麻 炜）

【易晓晴】 原铁道部第十一工程局副局长。因病医治无效，于2020年9月29日在湖北省武汉市逝世，享年84岁。

易晓晴，湖南省临湘市人，1936年4月出生，1953年8月入伍，1956年9月毕业于石家庄铁道兵学校线路专业。1957—1965年在中国人民解放军铁道兵第六师任排长、连长，在此期间加入中国共产党。1965在中国人民解放军铁道兵第一师任连长、营长、团参谋长、团长、师参谋长。1984年兵改工后，担任铁道部第十一工程局副局长。先后参加黎湛铁路、鹰厦铁路、贵昆铁路、成昆铁路、襄渝铁路、兖石铁路、南昆铁路、京九铁路等国家重点工程建设。1996年6月退休。

（罗 彬）

【李玉棋】 原铁道部第十一工程局副局长。因病医治无效，于2020年1月16日在福建省莆田市逝世，享年69岁。

李玉棋，福建省莆田市人，1950年11月出生，1969年1月加入中国人民解放军铁道兵，1970年6月加入中国共产党。历任中国人民解放军铁道兵第一师战士、排长、连长、营长、团参谋长。1984年兵改工后，担任铁道部第十一工程局四处副处长、处长，1994年9月任铁道部第十一工程局副局长。先后参加襄渝铁路、兖石铁路、南昆铁路、内昆铁路、合福铁路等国家重点工程建设。2010年11月退休。 （罗 彬）

【吴贵新】 中铁第四勘察设计院集团有限公司原副总工程师，于2020年5月6日在湖北省武汉市逝世，享年81岁。

吴贵新，河北省滦县人，1939年3月出生，1963年9月毕业于唐山铁道学院后参加工作。1979年3月加入中国共产党，1994年12月被批准为提高工资待遇高级工程师，享受教授（研究员）同等有关待遇，1992年10月起享受政府特殊津贴。历任实习生、技术员、工程师、高级工程师、院副总工程师职务（职称）。先后获评院级优秀共产党员、先进生产（工作）者、双文明先进个人、爱岗敬业先进个人等。1999年6月退休。 （朱 浩）

2020 年 11 月 25—27 日，2020 年全国行业职业技能竞赛——中国铁建股份有限公司职业技能竞赛在湖南省长沙市举行。

（黄星霖 提供）

统计资料

中国铁建系统企业总产值完成情况排名

（2020 年度）

排名	单位名称	年度计划（万元）	企业总产值（万元）	完成年度计划（%）
1	中铁十二局集团有限公司	7000000	9904972	141.5
2	中铁建设集团有限公司	6130000	7950336	129.7
3	中铁十一局集团有限公司	7000000	7766561	111.0
4	中铁十四局集团有限公司	6000000	7598223	126.6
5	中铁十八局集团有限公司	6000000	6606345	110.1
6	中铁十六局集团有限公司	5900000	6201498	105.1
7	中铁二十局集团有限公司	6100000	6102668	100.0
8	中铁十七局集团有限公司	5300000	5533376	104.4
9	中铁十九局集团有限公司	5000000	5063104	101.3
10	中国铁建大桥工程局集团有限公司	4360000	4100988	94.1
11	中铁二十四局集团有限公司	3430000	4061468	118.4
12	中国铁建房地产集团有限公司	4050000	3958054	97.7
13	中铁十五局集团有限公司	2750000	3402420	123.7
14	中铁二十一局集团有限公司	3120000	3351834	107.4
15	中铁物资集团有限公司	3300000	3306686	100.2
16	中国铁建投资集团有限公司	1800000	3300000	183.3
17	中铁二十二局集团有限公司	2800000	3105896	110.9
18	中铁二十三局集团有限公司	2280000	2513551	110.2
19	中铁二十五局集团有限公司	2490000	2454596	98.6
20	中国铁建电气化局集团有限公司	2280000	2288965	100.4
21	中铁城建集团有限公司	1860000	2210701	118.9
22	中国土木工程集团有限公司	2100000	1987030	94.6
23	中铁第四勘察设计院集团有限公司	1510000	1605325	106.3
24	中国铁建国际集团有限公司	1200000	1200211	100.0
25	中国铁建重工集团股份有限公司	1260000	1096596	87.0
26	中铁建资本控股集团有限公司	1107000	1075622	97.2
27	中国铁建港航局集团有限公司	1030000	1053120	102.2
28	中铁第一勘察设计院集团有限公司	1040000	1051025	101.1
29	中铁第五勘察设计院集团有限公司	415000	421709	101.6
30	中铁上海设计院集团有限公司	248500	301176	121.2
31	中铁建国际投资有限公司	224000	275272	122.9
32	中铁建华南建设有限公司	135000	176598	130.8
33	中铁建商务管理有限公司	28000	26482	94.6
34	中铁磁浮交通投资建设有限公司	10000	7589	75.9
35	中国铁建股份有限公司北京培训中心（党校）	2000	2466	123.3

（制表：马信卿）

中国铁建系统各区域总部新签合同额完成情况统计

（2020 年度）

区域总部	负责省市自治区市场	年度计划（亿元）	新签合同额（亿元）	完成年度计划（%）
东北区域总部	辽宁省	190	353.2	185.9
	吉林省	220	303.0	137.7
	黑龙江省	130	244.4	188.0
	内蒙古自治区	260	213.2	82.0
华北区域总部	北京市	638	539.3	84.5
	天津市	492	518.9	105.5
	河北省	710	1141.2	160.7
中原区域总部	山西省	400	644.4	161.1
	山东省	920	1951.4	212.1
	河南省	800	1049.1	131.1
华中区域总部	江苏省	1000	1224.6	122.5
	安徽省	380	518.6	136.5
	湖北省	480	745.7	155.4
	湖南省	340	312.5	91.9
华东区域总部	上海市	200	213.3	106.6
	浙江省	1100	1586.2	144.2
	江西省	480	634.9	132.3
	福建省	420	395.3	94.1
华南区域总部	广东省	1470	1993.4	135.6
	广西壮族自治区	650	684.2	105.3
重庆区域总部	重庆市	900	782.3	86.9
西南区域总部	四川省	1320	2152.5	163.1
	云南省	850	805.8	94.8
	贵州省	800	568.5	71.1
	西藏自治区	220	147.0	66.8
	海南省	230	231.5	100.6
西北区域总部	陕西省	760	1011.4	133.1
	甘肃省	620	522.0	84.2
	宁夏回族自治区	150	121.3	80.8
	青海省	70	31.0	44.3
	新疆维吾尔自治区	400	435.5	108.9
工程总承包部		300	584.0	194.7

（制表：马信卿）

中国铁建系统各单位新签合同额完成情况排名

（2020 年度）

排名	单位名称	年度计划（万元）	新签合同额（万元）		完成年度计划（%）
			完成	其中自揽完成	
1	中国铁建投资集团有限公司	16500000	25552313	25552313	154.9
2	中铁建设集团有限公司	10700000	16673639	15911698	148.7
3	中铁十四局集团有限公司	10700000	16271490	14657296	137.0
4	中铁二十局集团有限公司	10700000	16175587	15248036	142.5
5	中铁十一局集团有限公司	10700000	15476947	13081960	122.3
6	中铁十八局集团有限公司	10700000	15191893	12653071	118.3
7	中铁十二局集团有限公司	10700000	14570512	12873537	120.3
8	中铁十六局集团有限公司	9300000	13062516	11584773	124.6
9	中铁十七局集团有限公司	8200000	9735430	9149754	111.6
10	中国铁建房地产集团有限公司	10800000	9579624	9579624	88.7
11	中铁十五局集团有限公司	7800000	9261705	8066248	103.4
12	中国铁建国际集团有限公司	9450000	9166627	9166627	97.0
13	中国铁建大桥工程局集团有限公司	5800000	7485987	6012161	103.7
14	中铁二十四局集团有限公司	5300000	7413833	6891951	130.0
15	中铁十九局集团有限公司	6300000	7307919	6443538	102.3
16	中国土木工程集团有限公司	11190000	7032976	7032976	62.9
17	中铁物资集团有限公司	6000000	7010492	7010492	116.8
18	中铁二十一局集团有限公司	5300000	6737145	5776326	109.0
19	中铁二十三局集团有限公司	3400000	6711747	5931055	174.4
20	中铁二十二局集团有限公司	5300000	5255353	4162278	78.5
21	中铁二十五局集团有限公司	4300000	5140478	4609726	107.2
22	中铁城建集团有限公司	4500000	4898688	4505635	100.1
23	中国铁建电气化局集团有限公司	3100000	4003597	3269289	105.5
24	中国铁建港航局集团有限公司	2900000	3198903	2904812	100.2
25	中铁第四勘察设计院集团有限公司	2600000	2647658	2647658	101.8
26	中铁第一勘察设计院集团有限公司	1900000	2204303	2204303	116.0
27	中国铁建重工股份集团有限公司	1760000	1763759	1763759	100.2
28	中铁第五勘察设计院集团有限公司	800000	1350545	1325847	165.7
29	中铁建资本控股集团有限公司	1100000	1148158	1148158	104.4
30	中铁建发展集团有限公司	1000000	1030857	1030857	103.1
31	中铁上海设计院集团有限公司	700000	1024539	1014917	145.0
32	中铁建国际投资有限公司	3000000	847461	396837	13.2
33	中铁建华南建设有限公司	500000	89308	89308	17.9
34	中铁磁浮交通投资建设有限公司	1000000			

（制表：马信卿）

中国铁建系统新签合同额按板块完成情况统计

（2020 年度）

单位名称	年度计划（万元）	完成（万元）	其中							海外（万元）	自揽完成（万元）	完成年度计划（%）	上年同期完成（万元）	同比增长（%）
			工程承包（万元）	勘察设计咨询（万元）	工业制造（万元）	物资物流（万元）	房地产开发（万元）	金融保险（万元）	其他（万元）					
中国铁建股份有限公司	214000000	255428875	222074464	2255370	3451156	12040429	12652378	1053189	1901888	23280799	255428875	119.4	200685442	27.3
中国土木工程集团有限公司	11190000	7032976	7023127	3314	145		1318		5073	6910960	7032976	62.9	10504765	-33.0
中铁十一局集团有限公司	10700000	15476947	14894664	8897	127705	272117	158441		15123	273073	13081960	122.3	9530101	37.3
中铁十二局集团有限公司	10700000	14570512	14089229	2861	11583	401263			65577	116453	12873537	120.3	10082027	27.7
中国铁建大桥工程局集团有限公司	5800000	7485987	7132769	10061	234222	43997	64720		218	205481	6012161	103.7	4388404	37.0
中铁十四局集团有限公司	10700000	16271490	15658659		344557	3093	212138		53043	583620	14657296	137.0	10128298	44.7
中铁十五局集团有限公司	7800000	9261705	8824455	1856	45727	374974	14693			181531	8066248	103.4	6954176	16.0
中铁十六局集团有限公司	9300000	13062516	11767492	1168	17539	491105	92608		692605	1251684	11584773	124.6	7597783	52.5
中铁十七局集团有限公司	8200000	9735430	9334599	2642		370217	27972			672441	9149754	111.6	7416138	23.4
中铁十八局集团有限公司	10700000	15191893	14557772	16033	18827	152447	446814			906461	12653071	118.3	9802512	29.1
中铁十九局集团有限公司	6300000	7307919	7091957		172	134147	81643			977387	6443538	102.3	4809694	34.0
中铁二十局集团有限公司	10700000	16175587	14455008	17154	83557	1114068	300793		205008	2061568	15248036	142.5	10356887	47.2
中铁二十一局集团有限公司	5300000	6737145	6490604	3498	36196		194522		12324	94974	5776326	109.0	4563417	26.6
中铁二十二局集团有限公司	5300000	5255353	4916724	329	36606	28774	249265		23655	1942	4162278	78.5	4484006	-7.2
中铁二十三局集团有限公司	3400000	6711747	6277356	8270	361531		61003		3586	172040	5931055	174.4	2755191	115.3
中铁二十四局集团有限公司	5300000	7413833	7240648		130875		12000		30310	168896	6891951	130.0	4808237	43.3
中铁二十五局集团有限公司	4300000	5140478	4674753			331407	133822		496	134344	4609726	107.2	3614733	27.5
中铁建设集团有限公司	10700000	16673639	14888635	3428		1114721	604545		62309	120979	15911698	148.7	10181072	56.3
中国铁建电气化局集团有限公司	3100000	4003597	3670010	7572	233308	29341			63366	298611	3269289	105.5	2421674	35.0

续表

单位名称	年度计划（万元）	完成（万元）	其中							海外（万元）	自揽完成（万元）	完成年度计划（%）	上年同期完成（万元）	同比增长（%）
			工程承包（万元）	勘察设计咨询（万元）	工业制造（万元）	物资物流（万元）	房地产开发（万元）	金融保险（万元）	其他（万元）					
中国铁建港航局集团有限公司	2900000	3198903	3183482	12197					3224	377958	2904812	100.2	2442366	18.9
中铁城建集团有限公司	4500000	4898688	4848300			16882	33494		12		4505635	100.1	3724531	21.0
中国铁建国际集团有限公司	9450000	9166627	9166430	197						9166627	9166627	97.0	8882060	3.2
中铁第一勘察设计院集团有限公司	1900000	2204303	1209590	788696	3119	1390	201509			55491	2204303	116.0	1851197	19.1
中铁第四勘察设计院集团有限公司	2600000	2647658	1690727	813461			143470			18620	2647658	101.8	2596015	2.0
中铁第五勘察设计院集团有限公司	800000	1350545	873819	320187	6467		150000		72	10322	1325847	165.7	719636	84.2
中铁上海设计院集团有限公司	700000	1024539	737483	233551		53505				4643	1014917	145.0	612767	65.6
中铁物资集团有限公司	6000000	7010492				7001149			9343	120265	7010492	116.8	5614139	24.9
中国铁建重工集团股份有限公司	1760000	1763759			1758002				5758	78065	1763759	100.2	1517278	16.2
中国铁建房地产集团有限公司	10800000	9579624					9454617		125007		9579624	88.7	11097938	-13.7
中铁建资本控股集团有限公司	1100000	1148158				94969		1053189		1455	1148158	104.4	1042364	10.1
中国铁建投资集团有限公司	16500000	25552313	25225983				326330				25552313	154.9	12942149	97.4
中铁磁浮交通投资建设有限公司	1000000													
中铁建华南建设有限公司	500000	89308	77326		1017	10862			103		89308	17.9	154376	-42.1
中铁建发展集团有限公司	1000000	1030857	931010						99846		1030857	103.1		
中铁建国际投资有限公司	3000000	847461	847461							847461	396837	13.2		

（制表：马佶卿）

中国铁建系统工程承包板块承揽合同额按类别分完成情况统计

（2020 年度）

单位：万元

单位名称	工程承包	其中							
		铁路	公路	房建	城市轨道	市政	水利、电力	机场、港口及航道	其他工程
合计	222074464	28921009	26217192	85855126	19663567	45989445	6143322	3003901	6280904
中国土木工程集团有限公司	7023127	1750269	724506	1496464	2099935	54741	220038	239991	437184
中铁十一局集团有限公司	14894664	2216644	2448272	3975366	3000104	2487280	605168	79148	82682
中铁十二局集团有限公司	14089229	2562144	1553590	4817526	1297533	3167956	546254	131556	12671
中国铁建大桥工程局集团有限公司	7132769	690339	1879215	1693150	1031728	1420681	283711		133945
中铁十四局集团有限公司	15658659	2374773	1830040	5962635	1590709	3050222	761283	7929	81068
中铁十五局集团有限公司	8824455	334830	1719485	3017642	390647	2962766	367536		31548
中铁十六局集团有限公司	11767492	1026011	1874263	4357248	928468	3067133	156602	35303	322464
中铁十七局集团有限公司	9334599	556853	1559245	4639667	673369	1232159	215436	827	457042
中铁十八局集团有限公司	14557772	1196679	1304141	5699868	1045997	4208456	700447	42091	360093
中铁十九局集团有限公司	7091957	678494	962843	1816430	645191	1079275	145381	114941	1649403
中铁二十局集团有限公司	14455008	725647	1989214	7415375	270340	3734780	85725	188479	45449
中铁二十一局集团有限公司	6490604	929085	1116777	2423195	167676	1532921	228389	56556	36004
中铁二十二局集团有限公司	4916724	397447	503583	2237629	709456	966041	76789		25778
中铁二十三局集团有限公司	6277356	334091	391878	1745461	321416	3392530	76772	960	14248
中铁二十四局集团有限公司	7240648	442764	1510084	2303499	591663	1920445	111054	56556	304583
中铁二十五局集团有限公司	4674753	803856	706439	1849945	223669	907655	1582		181608
中铁建设集团有限公司	14888635	894718	42302	12570685	203287	891633		281677	4333
中国铁建电气化局集团有限公司	3670010	1220368	360534	274312	1186224	393910	147001		87661
中国铁建港航局集团有限公司	3183482	4004	247566	68413		1050428	729122	967840	116110
中铁城建集团有限公司	4848300	322127	30167	3526967	53839	915049			150
中国铁建国际集团有限公司	9166430	5097917	639392	1780099	174307	2848	917036	543344	11488
中铁第一勘察设计院集团有限公司	1209590	152911	7177	520040	83	499829			29551
中铁第四勘察设计院集团有限公司	1690727	591621	77178	63497	2768	955663			
中铁第五勘察设计院集团有限公司	873819	120056		124019	26777	586580	6387	10000	
中铁上海设计院集团有限公司	737483	52508		287459	13044	284209	7163	93100	
中国铁建投资集团有限公司	25225983		4087117	16829705	3682316	69732		557113	
中铁建华南建设有限公司	77326					77326			
中铁建发展集团有限公司	931010					634493	296517		
中铁建国际投资有限公司	847461	3965	623753	82703		230	94397	1453	40961

（制表：马佶卿）

中国铁建系统企业总产值完成情况统计

（2020 年度）

单位名称	计划（万元）	完成（万元）	其中								海外（万元）	完成年度计划（%）	上年同期完成（万元）	同比增长（%）
			施工产值（万元）	勘察设计咨询（万元）	工业产值（万元）	物资物流（万元）	房地产收入（万元）	金融保险收入（万元）	运营维管收入（万元）	其他营业收入（万元）				
合　计	100000000	107805227	90295433	1470824	2017627	5955897	5230236	1057348	308655	1469207	5496430	107.8	92715743	16.3
中国土木工程集团有限公司	2100000	1987030	1975529	5028	145		1255			5073	1660014	94.6	2135000	-6.9
中铁十一局集团有限公司	7000000	7766561	7516283	9121	90437	110427	33825		6467		97890	111.0	7057678	10.0
中铁十二局集团有限公司	7000000	9904972	9534448	4098	59546	232733		55300	557	18290	82722	141.5	8077473	22.6
中国铁建大桥工程局集团有限公司	4360000	4100988	4018387	10158	44555	20619	2909			4359	18234	94.1	3976101	3.1
中铁十四局集团有限公司	6000000	7598223	7192300		278532	761	85338		2632	38660	183675	126.6	5738274	32.4
中铁十五局集团有限公司	2750000	3402420	3178151	2061	33684	116362	24867		37595	9700	40347	123.7	2585926	31.6
中铁十六局集团有限公司	5900000	6201498	5812151	434	19852	250303	46355		70078	2325	283340	105.1	5580146	11.1
中铁十七局集团有限公司	5300000	5533376	5259999	4405		205011	40000			23961	113082	104.4	5092346	8.7
中铁十八局集团有限公司	6000000	6606345	6292324	11240	11606	72912	214244		1631	2388	297176	110.1	5632359	17.3
中铁十九局集团有限公司	5000000	5063104	4933259		18583	100705	8426			2131	79039	101.3	4601053	10.0
中铁二十局集团有限公司	6100000	6102668	5575371	10079	65427	189526	232066		20082	10117	114974	100.0	5710391	6.9
中铁二十一局集团有限公司	3120000	3351834	3092697	3566	25626	501	210154		6536	12755	78937	107.4	2826151	18.6
中铁二十二局集团有限公司	2800000	3105896	2909069	5452	1300	20167	166348			3560		110.9	2598460	19.5
中铁二十三局集团有限公司	2280000	2513551	2411835	8012	76757				1560	15387	4866	110.2	2167865	15.9
中铁二十四局集团有限公司	3430000	4061468	3963459		39764	43508	12000			2737	50175	118.4	3200332	26.9
中铁二十五局集团有限公司	2490000	2454596	2267673	120		153418	6985			26400	45658	98.6	2301023	6.7
中铁建设集团有限公司	6130000	7950336	6401285	2130		1012816	451338			82767	100035	129.7	5708086	39.3
中国铁建电气化局集团有限公司	2280000	2288965	2117125	2498	162818	1863			1056	3605	15047	100.4	2198081	4.1
中国铁建港航局集团有限公司	1030000	1053120	1035126	16067					1262	665	30295	102.2	903087	16.6
中铁城建集团有限公司	1860000	2210701	2207049			3040	204			409	62148	118.9	1670433	32.3
中国铁建国际集团有限公司	1200000	1200211	1180873	4370					1976	12993	1164582	100.0	1098330	9.3
中铁第一勘察设计院集团有限公司	1040000	1051025	635151	400231			15643				13281	101.1	906052	16.0
中铁第四勘察设计院集团有限公司	1510000	1605325	898521	629744			77060				5784	106.3	1447551	10.9

续表

单位名称	计划（万元）	完成（万元）	其中								海外（万元）	完成年度计划（%）	上年同期完成（万元）	同比增长（%）
			施工产值（万元）	勘察设计咨询（万元）	工业产值（万元）	物资物流（万元）	房地产收入（万元）	金融保险收入（万元）	运营维管收入（万元）	其他营业收入（万元）				
中铁第五勘察设计院集团有限公司	415000	421709	219091	196610	6008						5110	101.6	359043	17.5
中铁上海设计院集团有限公司	248500	301176	130897	145401		24878					1876	121.2	208457	44.5
中铁物资集团有限公司	3300000	3306686				3289092				17594	49087	100.2	2961839	11.6
中国铁建重工集团股份有限公司	1260000	1096596			1054167					42429	7125	87.0	1052400	4.2
中国铁建房地产集团有限公司	4050000	3958054	269951				3563096		90000	35007		97.7	3813801	3.8
中铁建资本控股集团有限公司	1107000	1075622				73574		1002048			914	97.2	1005785	6.9
中国铁建投资集团有限公司	1800000	3300000	2838000							462000		183.3	1642582	100.9
中铁磁浮交通投资建设有限公司	10000	7589								7589		75.9	6855	10.7
中铁建华南建设有限公司	135000	176598			28822	33681				114095		130.8	122892	43.7
中铁建国际投资有限公司	224000	275272	275272								891018	122.9		
中铁建商务管理有限公司	28000	26482							10157	16325		94.6	29943	-11.6
中国铁建股份有限公司北京培训中心（党校）	2000	2466								2466		123.3	2206	11.8
中国铁建股份有限公司东北区域总部	7000	3226	3226									46.1		
中国铁建股份有限公司华北区域总部	34000	36173								36173		106.4	33755	7.2
中国铁建股份有限公司中原区域总部	5000	12099	12099									242.0		
中国铁建股份有限公司华中区域总部	11000	7080								7080		64.4	9206	-23.1
中国铁建股份有限公司华东区域总部	15000	19214								19214		128.1	12146	58.2
中国铁建股份有限公司华南区域总部	45000	65258								65258		145.0	42903	52.1
中国铁建股份有限公司重庆区域总部	420000	457503	195347				38122		57066	166968		108.9	299986	52.5
中国铁建股份有限公司西南区域总部	200000	211720								211720		105.9	225350	-6.0
中国铁建股份有限公司西北区域总部	3500	525	525									15.0		

（制表：马佶卿）

中国铁建系统施工单位工程总产值按类别分完成情况统计

（2020 年度）

单位：万元

单位名称	工程产值	其中								
		铁路	公路	房建	城市轨道	市政	水利、电力	矿山	机场、港口及航道	其他工程
合计	90295433	18920916	18298193	22538923	11674987	13647818	2563994	665917	951807	1032879
中国土木工程集团有限公司	1975529	755679	291978	243970	146305	320704	83912		92761	40220
中铁十一局集团有限公司	7516283	2140495	1656499	946409	1807146	622892	151687		7132	184023
中铁十二局集团有限公司	9534448	2504214	1949397	2319385	1128111	1121375	294647	2710	99962	114647
中国铁建大桥工程局集团有限公司	4018387	845385	1188027	456716	762656	537839	197848		27492	2424
中铁十四局集团有限公司	7192300	1178564	1424687	1502416	1227333	1448029	239593		3738	167940
中铁十五局集团有限公司	3178151	293190	1287175	561483	355762	579756	65685		20758	14342
中铁十六局集团有限公司	5812151	1215548	1294800	768113	1219010	1092184	178781		7464	36251
中铁十七局集团有限公司	5259999	1024325	1699125	1010567	329792	948680	102835	27828	31319	85528
中铁十八局集团有限公司	6292324	1125501	1091885	1679186	805026	1242986	312645		12260	22835
中铁十九局集团有限公司	4933259	956758	1284263	789424	947373	207352	138053	560240	24065	25731
中铁二十局集团有限公司	5575371	611097	1113106	1988261	505097	1124285	189751		27631	16143
中铁二十一局集团有限公司	3092697	884884	661784	828500	193878	348577	156095	16521		2458
中铁二十二局集团有限公司	2909069	608357	271096	841412	467823	650394	41166			28821
中铁二十三局集团有限公司	2411835	131238	1186995	420465	105917	388533	48623	56181		73883
中铁二十四局集团有限公司	3963459	1248477	692762	577119	434573	979145	10405		4301	16677
中铁二十五局集团有限公司	2267673	550349	459133	524800	278220	390258	11477		41016	12420
中铁建设集团有限公司	6401285	761070	2535	5067921	151497	268766			149496	
中国铁建电气化局集团有限公司	2117125	1393365	114691	350	518511	33826	42005			14377
中国铁建港航局集团有限公司	1035126	14650	304912	33182	4787	224989	104076		348530	
中铁城建集团有限公司	2207049	245313	1148	1627119	133343	197109				3017
中国铁建国际集团有限公司	1180873	171408	263769	385008	151870	11207	7801	2437	49860	137513
中铁第一勘察设计院集团有限公司	635151	167737	230902			229902				6610
中铁第四勘察设计院集团有限公司	898521	247207	36826		50600	563888				
中铁第五勘察设计院集团有限公司	219091	119127		25665	12164	61565	570			
中铁上海设计院集团有限公司	130897	35106	1715	30313	1770	58416	3577			
中铁建国际投资有限公司	275272	19937	68708	51251	821	37291	92327		4587	350
中铁建重庆投资集团有限公司	195347		13116	9803		45541	98202			28685

（制表：马佶卿）

中国铁建系统施工单位主要实物工程量完成情况统计

（2020 年度）

单位名称	土石方（万立方米）	隧道（折合米）	桥梁（折合米）	正线铺轨（千米）	站线铺轨（千米）	公路（千米）	通信线路（条千米）	供电线路（千米）	轻轨（折合米）	地铁（折合米）	施工面积（平方米）	竣工面积（平方米）
合　计	154776	1173069	1359838	2756	516	3029	6524	5689	28595	545999	282160430	22006827
中国土木工程集团有限公司	97	120	7			28					1062990	
中铁十一局集团有限公司	10401	134350	163324	706	92	258	65	130	203	59152	15188436	119185
中铁十二局集团有限公司	11906	149262	185067	941	36	326	156	116		35737	37768343	4482549
中国铁建大桥工程局集团有限公司	5602	61851	100476	1		352	4	617	5202	67236	8574912	1356061
中铁十四局集团有限公司	4761	85733	60006	505	26	171	391		11505	57494	12660922	453120
中铁十五局集团有限公司	5512	57686	42164	22	4	114				862	2106532	32252
中铁十六局集团有限公司	8751	93164	135773	28		184			3686	92371	9280299	4074
中铁十七局集团有限公司	7671	93661	88775	43	61	161	22			20992	9050074	324817
中铁十八局集团有限公司	7384	153418	99667	22	9	283			1849	26890	27287533	1978087
中铁十九局集团有限公司	36703	121993	95546	69	56	280	34	17	599	35720	9547970	290089
中铁二十局集团有限公司	20109	55301	103999	50	33	175	11			12029	10870363	920407
中铁二十一局集团有限公司	12375	44363	48183	139	71	183	552	276		11745	9335922	251950
中铁二十二局集团有限公司	3242	24954	50760	1	11	22	52	26	977	8261	4684879	1525354
中铁二十三局集团有限公司	8913	32569	57645		2	227	44		116	1096	2787614	331079
中铁二十四局集团有限公司	3744	33539	53056	168	27	24	69			7186	3185772	444074
中铁二十五局集团有限公司	4711	28964	49418	56	87	102	388	431	458	14314	8080080	264961
中铁建设集团有限公司											78049423	5515088
中国铁建电气化局集团有限公司	6						4736	4076	4000	94913	615073	3251
中国铁建港航局集团有限公司	2114	2141	24170			133					463419	55176
中铁城建集团有限公司	763		1803	5		5					31046754	2703705
中国铁建国际集团有限公司	9										513120	951547

（制表：马信卿）

中国铁道建筑集团有限公司从业人员及劳动报酬统计(一)

(2020 年度)

行业类别	从业人员											
	在编在岗职工				其他在岗职工				其他从业人员 纳入财务报表职工统计口径的其他从业人员			
	期末人数(人)	平均人数(人)	工资总额(万元)	平均工资(元/人)	期末人数(人)	平均人数(人)	工资总额(万元)	平均工资(元/人)	期末人数(人)	平均人数(人)	工资总额(万元)	平均工资(元/人)
总　计	257153	261227	3894270.56	149076.11	45976	47864	428134.66	89448.16	6504	7878	60972.37	77395.75
工程承包	215045	219915	3054035.38	138873.45	35818	36852	310374.17	84221.80	4891	5977	43573.86	72902.56
勘察设计承包	13669	13866	407638.41	293984.14	3554	3591	56759.44	158060.26	129	139	1226.50	88237.41
工业制造	10034	9763	129378.88	132519.59	1056	1132	9388.77	82939.66	282	409	6834.19	167095.11
物资物流	4988	4939	74955.90	151763.31	454	473	3014.99	63741.86	11	13	91.00	70000.00
房地产开发	6376	6390	114020.33	178435.57	410	495	4126.16	83356.77	676	615	4824.29	78443.74
金融保险	512	492	19850.53	403466.06								
其他	6529	5862	94391.13	161022.06	4684	5321	44471.13	83576.64	515	725	4422.53	61000.41

(制表:岳向文)

中国铁道建筑集团有限公司从业人员及劳动报酬统计(二)

(2020 年度)

行业类别	从业人员								在编不在岗职工			
	其他从业人员 未纳入财务报表职工统计口径的其他从业人员				劳务派遣人员							
	期末人数(人)	平均人数(人)	劳动报酬总额(万元)	平均报酬(元/人)	期末人数(人)	平均人数(人)	劳动报酬总额(万元)	平均报酬(元/人)	期末人数(人)	平均人数(人)	劳动报酬总额(万元)	平均生活费(元/人)
总　计	5030	4861	34513.11	71000.02	45703	42802	365830.48	85470.42	18670	18932	51430.26	27165.78
工程承包	5007	4841	33580.11	69366.06	31864	31442	270154.28	85921.47	16387	16696	45475.94	27237.63
勘察设计承包					3007	2521	33680.38	133599.29	142	158	84.51	5348.73
工业制造					1493	1660	13486.53	81244.16	893	781	1113.16	14253.01
物资物流					2182	1969	12969.52	65868.56	318	324	1613.05	49785.49
房地产开发					654	623	4605.39	73922.79	56	60	93.63	15605.00
金融保险	16	12	881.67	734725.00	355	191	1262.72	66110.99	5	6	83.60	139333.33
其他	7	8	51.33	64162.50	6148	4396	29671.66	67496.95	869	907	2966.37	32705.29

(制表:岳向文)

中国铁道建筑集团有限公司从业人员统计

（2020 年度）

单位：人

指标名称	人数	指标名称	人数
一、2019 年末从业人员人数	355065	三、2020 年减少从业人员人数	51452
1. 在编在岗职工	257019	1. 减少在编在岗职工	29317
2. 其他在岗职工	51236	（1）解除劳动合同	12000
3. 其他从业人员	10232	（2）终止劳动合同	6557
其中：纳入财务报表职工统计口径的其他从业人员	8881	其中：离休退休	5176
未纳入财务报表职工统计口径的其他从业人员	1351	（3）减少不在岗职工	3135
4. 劳务派遣人员	36578	（4）调出	7625
二、2020 年增加从业人员人数	54387	其中：调往集团公司外	1326
1. 增加在编在岗职工	28368	调往股份公司系统外	440
（1）政策性安置	222	整建制划出	329
（2）录用毕业生	14914	其中：需支付经济补偿人数（指减少的在编在岗职工中）	123
（3）在编不在岗职工回归	1161	2. 减少其他在岗职工	10045
（4）调入	6950	3. 减少其他从业人员	4817
其中：集团公司外调入	1724	其中：纳入财务报表职工统计口径的其他从业人员	4088
股份公司系统外调入	992	未纳入财务报表职工统计口径的其他从业人员	729
整建制划入	487	4. 减少劳务派遣人员	7273
（5）其他方式	5121	四、2020 年末从业人员人数	358000
2. 增加其他在岗职工	4615	1. 在编在岗职工	256070
3. 增加其他从业人员	6128	2. 其他在岗职工	45806
其中：纳入财务报表职工统计口径的其他从业人员	1727	3. 其他从业人员	11543
未纳入财务报表职工统计口径的其他从业人员	4401	其中：纳入财务报表职工统计口径的其他从业人员	6520
4. 增加劳务派遣人员	15276	未纳入财务报表职工统计口径的其他从业人员	5023
		4. 劳务派遣人员	44581

（制表：岳向文）

中国铁道建筑集团有限公司从业人员专项指标统计(一)

(2020年度)

单位:人

类别	合计	其中:女性	按年龄划分																	
			25岁及以下	其中:女性	26~30岁	其中:女性	31~35岁	其中:女性	36~40岁	其中:女性	41~45岁	其中:女性	46~50岁	其中:女性	51~54岁	其中:女性	55~59岁	其中:女性	60岁及以上	其中:女性
总计	359397	67350	42916	7075	70482	13004	83356	17521	63981	12310	35781	7453	31554	7045	14003	2321	16728	527	596	94
在编在岗职工	256903	50575	28812	4731	48186	8896	59498	13349	44777	9733	25938	6248	24451	5815	10982	1671	14167	132	92	
其他在岗职工	45932	7109	4581	746	9186	1711	11228	2029	9707	1255	4908	565	4075	537	1247	179	948	80	52	7
其他从业人员	11543	1589	590	170	2605	225	3159	290	2000	270	1269	182	723	189	500	136	534	102	163	25
劳务派遣人员	45019	8077	8933	1428	10505	2172	9471	1853	7497	1052	3666	458	2305	504	1274	335	1079	213	289	62

(制表:岳向文)

中国铁道建筑集团有限公司从业人员专项指标统计(二)

(2020年度)

单位:人

类别	按人才结构划分							按文化程度划分					
	合计	管理人员	其中:中层及以上	专业技术人员	其中:管理岗位	技能人员	其他人员	合计	高中及以下	中专	大专	大学本科	研究生
总计	359288	101928	29243	165735	46402	87351	50676	359398	50959	30606	79124	184243	14466
在编在岗职工	256127	89812	28429	142027	42600	46992	19896	255892	27200	14621	43134	157879	13058
其他在岗职工	46600	7502	651	13336	2464	16453	11773	47018	9349	6019	17098	13865	687
其他从业人员	11542	256	30	1184	65	4094	6073	11497	5728	3378	1408	853	130
劳务派遣人员	45019	4358	133	9188	1273	19812	12934	44991	8682	6588	17484	11646	591

(制表:岳向文)

中国铁建系统在岗干部基本情况统计

（2020 年度）

单位：人

单位名称	总数			各类干部											学历					政治情况				年龄							
	干部总数	女	少数民族	正局级	副局级	局级非领导职务	正处级	副处级	处级非领导职务	正科级	副科级	科级非领导职务	科员、办事员	专职从事专业技术工作	高等院校 研究生	高等院校 大学本科	高等院校 专科	中专	高中及以下	共产党员	共青团员	民主党派	无党派	35岁以下	36岁至40岁	41岁至45岁	46岁至50岁	51岁至54岁	55岁至59岁 小计	55岁至59岁 女	60岁以上
中国铁建股份有限公司总部	285	60	19	40	41	10	61	25	4					104	72	205	5	1	2	259				31	49	39	74	43	48		1
中国土木工程集团有限公司	3213	442	143	3	13	1	103	122	4	374	167	2	1242	1182	565	2075	391	91	91	1250	506	8		1807	542	297	296	147	124		
中铁十一局集团有限公司	14374	2248	690	2	7	4	9	260	17	1150	1760	86	1249	9830	380	11537	1971	123	363	5307	4305	1	4761	10017	1892	1053	766	241	405		
中铁十二局集团有限公司	12888	2146	491	2	9	3	142	269	66	939	1635	43	2773	7007	265	10552	1672	235	164	3727	4079	4		8614	1758	901	867	424	324		
中国铁建大桥工程局集团有限公司	9051	1314	635	2	9	2	109	215	35	643	925	91	2884	4136	175	7474	1195	122	85	3236	2827	6		5938	1083	901	668	242	219		
中铁十四局集团有限公司	11618	2686	235	2	11	6	98	226	59	1331	712	47	729	8397	328	9089	1961	195	45	4498	2645			6926	1767	1321	1079	298	227		
中铁十五局集团有限公司	9329	2513	266	2	11		120	200	33	860	1040	49	2131	4883	185	6438	2222	295	189	3450	2032	3	3844	5848	1456	847	634	247	297		
中铁十六局集团有限公司	14878	4206	799	2	8	2	100	208	111	562	554	397	1351	11583	391	10430	3377	307	373	5497	4602	1		9942	2285	1050	711	277	613		
中铁十七局集团有限公司	11167	2625	257	2	7	1	99	162	243	1143	1279	209	1829	6193	273	8058	2033	477	326	4834	2696	1		6378	2209	1009	776	299	496		
中铁十八局集团有限公司	16215	3946	992	2	10	2	153	354	68	1153	1699	336	3131	9307	216	11497	3131	372	999	5206	3396			9721	2666	1570	1334	377	547		
中铁十九局集团有限公司	11078	2770	1298	2	11	3	85	202	79	849	1268	327	2470	5782	123	8146	2405	222	182	4004	3119	2		7031	1512	929	1139	218	249		
中铁二十局集团有限公司	9891	2557	287	2	10	2	88	209	81	1003	882	8	1066	6540	197	7235	1888	386	185	3721	878			5431	1931	1124	735	294	373		3
中铁二十一局集团有限公司	7723	1523	263	2	10	2	85	166	69	627	892	814	341	4715	135	6361	1055	120	52	3088	2217	2	2416	4773	1199	551	612	292	296		
中铁二十二局集团有限公司	9127	2000	467	2	9	2	68	160	105	517	850	63	401	6950	183	6797	1892	128	127	2923	2427	4	939	6184	1304	626	596	204	212		1
中铁二十三局集团有限公司	6847	1755	218	2	11	1	68	146	26	538	850	58	1934	3213	129	4906	1540	209	63	2791	1722	3	1662	4016	1200	674	622	196	139		
中铁二十四局集团有限公司	6291	882	161	2	10	3	88	141	36	510	650	34	381	4436	118	5230	760	134	49	2601	1627	14	2049	4105	667	337	506	284	392		
中铁二十五局集团有限公司	6565	1321	548	2	11	1	75	146	36	570	733	19	1698	3274	106	5427	896	111	25	2499	1585	2	1197	4654	616	439	467	192	197		
中铁建设集团有限公司	9074	1574	459	2	11	3	73	202	7			1447	3264	4065	391	6338	1803	224	318	2910	2002	2		6291	1331	629	525	137	161		
中国铁建电气化局集团有限公司	5155	1208	208	2	11	1	63	133	71	439	541	32	935	2927	181	3897	825	129	123	2008	1310	1	1836	3155	770	482	412	154	182	4	
中国铁建港航局集团有限公司	2863	443	94	2	8		44	87	11	238	466	16	786	1205	143	2437	203	33	47	923	1004	2		1848	366	222	259	121	46		1
中国铁建房地产集团有限公司	4306	1707	275	1	8		51	189	7	323	281	483	2001	962	708	2901	534	72	91	1472	555	6		2578	940	454	238	63	33		
中铁第一勘察设计院集团有限公司	3610	567	118	2	10		99	130	38	233	68		76	2954	1209	2166	195	33	7	2127	513	30		1245	677	408	509	359	412		
中铁第四勘察设计院集团有限公司	6096	938	147	2	6	4	94	193		128	194		422	5053	2519	2411	943	61	162	3140	225	60	99	2728	1023	547	636	616	546		
中铁第五勘察设计院集团有限公司	6507	1795	254	2	8	2	106	114	14	366	179	45	2450	3221	1053	3308	1889	180	77	2164	687	18		2924	1365	724	689	427	378		
中铁上海设计院集团有限公司	1554	514	34	3	6		45	71	6	181	153		93	996	608	902	44			826	179	12	4	882	299	116	112	63	82	17	
中铁物资集团有限公司	1728	481	100	2	8	1	59	92	26	185	184		1171		202	1224	218	20	64	792	311			928	329	170	118	96	87		
中国铁建重工集团股份有限公司	4308			5	12		86	139	5	64	15		218	3764	1100	2839	300	29	40	1727	260	1	1167	2999	618	246	249	104	91		1
中国铁建国际集团有限公司	898	170	54	2	10	2	44	57	63	76	33	53	513	45	301	430	44	2	121	403	93	2	400	421	179	101	108	48	41	2	

续表

单位名称	总数			各类干部											学历					政治情况				年龄							
															高等院校														55岁至59岁		
	干部总数	女	少数民族	正局级	副局级	局级非领导职务	正处级	副处级	处级非领导职务	正科级	副科级	科级非领导职务	科员、办事员	专职从事专业技术工作	研究生	大学本科	专科	中专	高中及以下	共产党员	共青团员	民主党派	无党派	35岁以下	36岁至40岁	41岁至45岁	46岁至50岁	51岁至54岁	小计	女	60岁以上
中铁城建集团有限公司	4181	664	141	2	8	1	43	72	14	290	521	6	297	2927	79	3693	342	44	23	1359	1795	3	614	3178	386	210	247	89	71		
中国铁建投资集团有限公司	1706	440	67	3	8	3	93	127	10	307	177		978		354	971	190	83	108	878	235	4	589	901	316	209	178	58	44		
中国铁建财务有限公司	81	37	4	1	3		7	3		2				65	32	49				50	7	3	21	49	16	9	5		2		
中铁建商务管理有限公司	104			2	3		6	8	2	20	11	2	19	31	13	48	21	5	17	84	10			22	7	9	21	22	23		
中铁磁浮交通投资建设有限公司	73	9	3	2	3		3	18		19	6		16	6	19	54				54	5	2	1	21	20	9	13	8	2		
中铁建资本控股集团有限公司	461	178	30	5	8	2	41	61	2	5	4	1	120	212	140	303	17	1		263	66	2		247	83	58	48	15	10		
中铁建发展集团有限公司	264	52	13	2	3		17	25	1	16	16	11	81	92	60	191	13			130	51	2	21	133	66	32	19	13	1		
中铁建华南建设有限公司	118	14	6	1	4		9	22	4	32	11			35	22	90	6			93	14			41	19	21	20	15	2		
中铁建国际投资有限公司	107	30	5	3	3		17	16						68	64	42			1	53				53	25	6	8	11	4		
中国铁建股份有限公司北京培训中心(中国铁建股份有限公司党校)	24	11	4		1		4	2		2				15	7	17				20	3			8	2		7	5	2		
中国铁建股份有限公司东北区域总部	28	2	4	3	4		5	4		2	3	4	3		4	20	4			24				8	5	4	5	4	2		
中国铁建股份有限公司华北区域总部	144	19	8	2	4	1	19	13		21	13		71		29	94	20		1	95	7	1		64	26	24	19	5	6		
中国铁建股份有限公司中原区域总部	42	2		1	5	1	14	13		8					16	26				39			3	5	6	8	12	7	4		
中国铁建股份有限公司华中区域总部	59	3		2	5		12	8		14	13			5	5	54				51	1		7	12	11	11	15	7	3		
中国铁建股份有限公司华东区域总部	148	33	5	2	4		20	19		19	27		57		42	96	7	2	1	101	11	1		79	19	22	20	4	4		
中国铁建股份有限公司华南区域总部	167	30	5	3	5		35	36		23	6		59		22	136	9			123	17		27	53	27	38	29	14	6		
中国铁建股份有限公司重庆区域总部	625	181	22		5		39	53	7	84	92	9	336		52	499	58	7	9	326	94	2	203	290	136	90	74	20	15		
中国铁建股份有限公司西南区域总部	675	81	31	4	5	4	35	79		135	141		136	136	169	476	27	1	2	482	63			304	158	106	81	16	10		
中国铁建股份有限公司西北区域总部	100	18	1	2	3	2	14	15	2	28	20		14		26	69	5			80				33	27	13	17	6	4		
审计中心及直管指挥部	28	3		2	3		1							22	3	25				22				8	7	5	5	2	1		
合　计	215774	46198	9861	140	383	72	2749	5212	1362	16029	19071	4692	39726	126338	13414	157263	36111	4454	4532	81710	50181	205	21860	132924	33395	18651	16580	6784	7433	23	7

（制表:张瑞全　尉松恺）

中国铁建系统技术干部情况统计

（2020 年度）

单位：人

单位名称	总数：技术干部总数	总数：其中：正高级	总数：其中：高级	总数：其中：中级	总数：其中：初级及以下	工程技术人员：小计	工程技术人员：正高级工程师	工程技术人员：教授级高工	工程技术人员：高级工程师	工程技术人员：工程师	工程技术人员：助工、技术员及未聘职务	卫生技术人员：小计	卫生技术人员：正副主任医师	卫生技术人员：主治医师	卫生技术人员：医、护师及未聘职务	教师：小计	教师：教授、高师	教师：讲师	教师：助教、助讲、教员及未聘职务	经济人员：小计	经济人员：正高级经济师	经济人员：高级经济师	经济人员：经济师	经济人员：助经、经济员及未聘职务	统计人员：小计	统计人员：高级统计师	统计人员：统计师	统计人员：助统、统计员及未聘职务	政工人员：小计	政工人员：教授级高级政工师	政工人员：高级政工师	政工人员：政工师	政工人员：助政、政工员	会计人员：小计	会计人员：正高级会计师	会计人员：高级会计师	会计人员：会计师	会计人员：助会、会计员及未聘职务	文案人员	翻译人员	新闻人员	文艺人员	农艺研究体育律师
中国铁建股份有限公司总部	283	56	187	31	9	121	42		70	8	1									50	8	36	4	2					55		45	5	5	47	3	33	5	6	1	1	7	1	38
中国土木工程集团有限公司	2009	43	648	730	478	1435	37	6	504	517	371	3		1	2	1	1			117	1	24	62	30	3			3	27		8	16	3	201	3	46	66	86	3	208	1		10
中铁十一局集团有限公司	14374	98	2026	4930	7320	11045	91		1719	4134	5101	102	9	22	71	16	4	9	3	826	1	87	106	632	2		1	1	944		117	296	531	1438	6	89	362	981	1				
中铁十二局集团有限公司	12719	102	1855	3192	6927	9440	97		1509	2645	5189	255	35	104	116	17		7	10	1129	1	119	180	829	3			3	438	1	100	131	206	1415	4	122	276	1013	16	2	1		3
中国铁建大桥工程局集团有限公司	8897	145	1598	2545	4609	6232	123	9	1196	1913	2991	23	2	5	16	43	19	15	9	940	1	140	200	599					621		149	199	273	1029	3	99	202	725	9				
中铁十四局集团有限公司	11479	115	2123	3474	5767	8841	104		1678	2956	4103	17		10	7	13	3		10	681	4	153	131	393	1			1	683		133	222	328	1236	6	151	154	925	6	1			
中铁十五局集团有限公司	9042	70	1197	2633	5142	6905	56	10	850	2052	3937	30	2	7	21	4	1	3		544	1	128	134	281	3		2	1	553		112	218	223	990	3	104	212	671	2	6			5
中铁十六局集团有限公司	14739	120	2101	4053	8465	10941	111	22	1670	3270	5868	70		31	39	4		3	1	1286	4	116	197	969	20		1	19	853		135	276	442	1554	5	158	274	1117	11				
中铁十七局集团有限公司	10155	81	1617	3029	5428	6364	44	10	1206	2075	3029	435	113	175	147	5		1	4	1263	1	102	210	950	6		4	2	870	1	131	294	444	1208	1	89	270	848	4				
中铁十八局集团有限公司	14584	120	2292	3424	8748	11144	90	14	1907	2857	6276	69	4	14	51	35	13	7	15	909	8	85	116	700	5		1	4	863		123	248	492	1524	6	154	174	1190	17	18			
中铁十九局集团有限公司	10738	94	1503	3154	5987	8073	43	38	1135	2675	4182	182	24	76	82	2	1		1	748	3	162	95	488	2		1	1	383		92	121	170	1336	3	95	183	1055	4	8			
中铁二十局集团有限公司	9743	69	1407	3240	5027	6955	50	16	1144	2487	3258	45		14	31	39	15	20	4	878	1	73	247	557	4		3	1	709		93	203	413	1077	2	82	266	727		36			
中铁二十一局集团有限公司	7668	60	1450	2382	3776	5979	57	13	1190	2042	2677	27		16	11	2		1	1	311		30	53	228	2		1	1	374		94	120	160	969	2	63	148	756	4				
中铁二十二局集团有限公司	8915	57	1081	2884	4893	7016	38	16	899	2475	3588	86	3	10	73	6		3	3	451	1	45	62	343	1			1	516		77	218	221	837	2	57	115	663	2				
中铁二十三局集团有限公司	6642	28	946	1982	3686	5141	25	2	763	1642	2709	12	1	4	7	3	1	1	1	361	1	57	84	219	2			2	390		64	115	211	717	1	56	134	526	3	11	1		1
中铁二十四局集团有限公司	6216	37	1091	2109	2979	4828	36		877	1794	2121	3	1	1	1	2	1	1		517	1	76	88	352	4	1		3	191		52	98	41	670		83	126	461			1		

续表

单位名称	总数					工程技术人员						卫生技术人员				教师				经济人员					统计人员				政工人员					会计人员					文案人员	翻译人员	新闻人员	文艺人员	农艺研究体育律师
	技术干部总数	其中																																									
		正高级	高级	中级	初级及以下	小计	正高级工程师	教授级高工	高级工程师	工程师	助工、技术员及未聘职务	小计	正副主任医师	主治医师	医、护师及未聘职务	小计	教授、高师	讲师	助教、助讲、教员及未聘职务	小计	正高级经济师	高级经济师	经济师	助经、经济员及未聘职务	小计	高级统计师	统计师	助统、统计员及未聘职务	小计	教授级高级政工师	高级政工师	政工师	助政、政工员	小计	正高级会计师	高级会计师	会计师	助会、会计员及未聘职务					
中铁二十五局集团有限公司	6533	28	797	1898	3810	4947	15	11	655	1557	2709	3			3	1		1		494	1	50	110	333	2			2	314		46	91	177	769	1	46	135	587	3				
中铁建设集团有限公司	6328	52	430	1706	4140	4452	48		306	1198	2900									1102	1	54	248	799	4		2	2	254	1	25	119	109	514	2	45	138	329	0	2			
中铁城建集团有限公司	4156	12	626	1150	2421	3241	7	3	542	980	1709	2	1		1	1		1		343	1	27	51	264					150		29	46	75	418	1	28	71	318	1				
中国铁建电气化局集团有限公司	5113	65	947	1357	2733	4001	43	16	786	1127	2163	9	1	2	6	3		2	1	282	1	44	37	200					266		77	111	78	552	5	60	108	379					
中国铁建港航局集团有限公司	2536	30	369	709	1428	1967	17	9	295	502	1144					1	1			196	2	28	82	84	1			1	145		26	52	67	226	1	20	73	132					
中国铁建房地产集团有限公司	2401	10	256	724	1411	1532	9		207	482	834									372		17	93	262	17		3	14	83		7	18	58	384	1	25	127	231	3	1		1	8
中铁第一勘察设计院集团有限公司	3610	373	1663	1050	524	3400	409		1579	961	451	12		1	11	6	1	4	1	33	1	11	11	10	4	2	1	1	23		7	14	2	123	1	24	49	49	4	5			
中铁第四勘察设计院集团有限公司	6020	516	2378	1822	1304	5746	514		2293	1717	1222	1		1		10		7	3	55		17	22	16	14	3	8	3	43		13	16	14	133	2	49	47	35	14	3	1		
中铁第五勘察设计院集团有限公司	5447	145	1646	2161	1495	5245	144		1600	2109	1392	3			3	6		1	5	66		12	21	33	2			2	18		7	8	3	99	1	25	20	53	4	4			
中铁上海设计院集团有限公司	1554	61	713	602	178	1488	47	13	696	567	165	1	1							14		4	6	4	1		1		4			3	1	43	1	12	23	7	2				1
中铁物资集团有限公司	1198	5	151	319	719	216	1		57	88	70									695	2	52	135	506					92		19	50	23	195	23	2	46	124					
中国铁建重工集团股份有限公司	3745	23	333	745	2644	3306	23		292	647	2344	4			4					286		19	40	227	7		2	5	28		3	18	7	109		19	35	55	1	4			
中国铁建国际集团有限公司	583	14	222	159	188	359	12		175	94	78									109	1	16	32	60					20	2	8	5	5	57	1	16	19	21	2	35	1		
中国铁建投资集团有限公司	1161	43	480	362	276	781	27	12	384	226	132									121	3	31	49	38	4		4		95		22	29	44	160	1	43	54	62					
中国铁建财务有限公司	81	2	24	29	26	8			2	1	5									29		7	12	10					3		1	2		40	2	14	13	11					1
中铁建商务管理有限公司	104	3	11	30	61	11	1		3	3	4	18	1	12	5					52	1	4	8	39					6		3	3		17	1	1	5	10					
中铁磁浮交通投资建设有限公司	73	10	40	14	9	54	9		32	9	4									5		2	1	2					7		3	3	1	7	1	3	1	2					
中铁建资本控股集团有限公司	325	10	108	107	100	90	1		35	37	17	1		1						95		18	33	44					30		14	12	4	104	9	40	25	30	1	3	1		

续表

单位名称	总数					工程技术人员						卫生技术人员				教师				经济人员					统计人员				政工人员					会计人员					文案人员	翻译人员	新闻人员	文艺人员	农艺研究体育律师
	技术干部总数	其中																																									
		正高级	高级	中级	初级及以下	小计	正高级工程师	教授级高工	高级工程师	工程师	助工、技术员及未聘职务	小计	正副主任医师	主治医师	医、护师及未聘职务	小计	教授、高师	讲师	助教、助讲、教员及未聘职务	小计	正高级经济师	高级经济师	经济师	助经、经济员及未聘职务	小计	高级统计师	统计师	助统、统计员及未聘职务	小计	教授级高级政工师	高级政工师	政工师	助政、政工员	小计	正高级会计师	高级会计师	会计师	助会、会计员及未聘职务					
中铁建发展集团有限公司	240	6	49	60	125	123	6		35	38	44									31		4	12	15					7		1	4	2	26		4	7	15					
中铁建华南建设有限公司	118	6	60	27	25	90	4	1	48	18	19									6		4	2						11		5	3	3	11	1	3	4	3					
中铁建国际投资有限公司	79		13	21	45	28			9	10	9									32		4	7	21										12			4	8		6			1
中国铁建股份有限公司北京培训中心(中国铁建股份有限公司党校)	24		12	8	4	4			2	1	1					4	3	1		1		1							11		4	4	3	4		2	2						
中国铁建股份有限公司东北区域总部	28	2	14	7	5	16	2		10	2	2									1		1							5		1	3	1	6		2	2	2					
中国铁建股份有限公司华北区域总部	144	13	46	32	53	90	12		31	20	27									20	1	3	6	10					12		4	4	4	22		8	2	12					
中国铁建股份有限公司中原区域总部	42	9	22	10	1	22	7	1	12	2										6		3	3	0					6		3	2	1	8	1	4	3						
中国铁建股份有限公司华中区域总部	59	4	41	8	6	47	2	2	33	6	4									3		2		1					4		2	2		5		4		1					
中国铁建股份有限公司华东区域总部	93	13	33	31	16	58	12		20	17	9									10	1	4	1	4					11		4	5	2	14		5	8	1					
中国铁建股份有限公司华南区域总部	122	16	60	28	18	94	16		48	21	9									7		3	1	3					7		4	3		14		5	3	6					
中国铁建股份有限公司重庆区域总部	549	15	173	163	198	320	10	3	125	107	75									75	1	10	13	51					69		14	20	35	85	1	24	23	37					
中国铁建股份有限公司西南区域总部	603	29	289	193	92	383	26		223	110	24									62	1	21	22	18					73		24	29	20	85	2	21	32	30					
中国铁建股份有限公司西北区域总部	100	8	44	29	19	63	5	1	37	16	5									11		3	5	3					13		4	5	4	13	2	6	3	2					
审计中心及直管指挥部	28	3	15	9	1	5	3			1	1									2		2												21		13		8					
合计	201400	2821	35187	59362	103316	152647	2476	228	28889	48216	72973	1413	198	507	708	224	64	88	72	15627	55	1911	3032	10629	114	6	35	73	10280	5	1905	3464	4906	20524	111	2054	4049	14310	118	354	14	2	68

（制表：张瑞全　尉松恺）

中国铁建系统政工干部情况统计

（2020 年度）

单位：人

单位名称	总数								部门情况					学历					年龄						
	合计	其中																							
		女	少数民族	共产党员	民主党派	已取得专业职务	局级	处级	党委政治部门	纪委	工会	共青团	其他	研究生	本科	专科	中专	高中及以下	35 岁及以下	36 岁至 40 岁	41 岁至 45 岁	46 岁至 50 岁	51 岁至 54 岁	55 岁至 59 岁	60 岁及以上
中国铁建股份有限公司总部	55	10	5	53					14	9	5	2	25	18	37				8	7	6	9	9	16	
中国土木工程集团有限公司	65	21	4	61		38	1	9	30	16	12	4	3	12	45	7		1	25	14	6	8	4	8	
中铁十一局集团有限公司	263	74	4	235		258	3	29	178	40	31	14		13	231	16	1	2	107	37	41	44	16	18	
中铁十二局集团有限公司	450	90	15	356	1	280	1	35	223	42	47	12	126	23	290	79	18	40	147	76	49	61	47	70	
中国铁建大桥工程局集团有限公司	605	195	55	445	2	476	2	47	97	50	34	10	414	22	486	86	5	6	289	56	88	84	45	43	
中铁十四局集团有限公司	547	86	5	495		535	2	59	218	62	60	14	193	24	413	94	9	7	106	89	133	127	44	48	
中铁十五局集团有限公司	531	186	15	420		380	1	60	105	45	40	12	329	20	367	106	14	24	198	78	69	75	36	75	
中铁十六局集团有限公司	853	522	55	455				36	92	16	37	10	698	54	625	153	3	18	528	137	61	49	24	54	
中铁十七局集团有限公司	716	214	7	581		679	2	55	162	41	29	12	472	29	465	141	42	39	253	152	122	102	27	60	
中铁十八局集团有限公司	912	251	46	651		321	2	75	189	71	90	17	545	46	643	155	17	51	332	188	133	146	48	65	
中铁十九局集团有限公司	383	161	52	285		362	2	39	94	24	32	17	216	13	260	93	2	15	142	42	60	80	21	38	
中铁二十局集团有限公司	709	341	19	439		620	2	38	19	9	8	2	671	28	481	130	33	37	399	108	51	67	31	53	
中铁二十一局集团有限公司	349	71	4	316	33	68	2	37	113	51	59	19	107	5	250	80	5	9	90	63	56	70	45	25	
中铁二十二局集团有限公司	409	135	16	377	1	372	1	37	148	41	34	13	173	26	299	71	4	9	153	88	56	66	18	28	
中铁二十三局集团有限公司	356	124	9	286		299	2	36	103	30	26	26	171	14	249	80	10	3	123	58	62	65	29	19	
中铁二十四局集团有限公司	334	71	5	323		305	3	63	71	32	36	15	180	13	232	78	5	6	95	47	27	62	44	59	
中铁二十五局集团有限公司	309	86	26	295		208	2	50	98	35	28	7	141	17	237	45	6	4	90	52	50	63	23	31	
中铁建设集团有限公司	299	71	11	274			2	60	89	78	9	3	120	38	191	55	4	11	127	44	37	41	17	33	
中国铁建电气化局集团有限公司	296	159	9	217		125	2	27	70	35	42	16	133	27	217	44	2	6	104	53	42	50	27	20	
中国铁建港航局集团有限公司	145	42	9	106		135	1	17	42	23	13	9	58	12	119	12	2		83	19	17	15	10	1	
中国铁建房地产集团有限公司	145	76	19	118		61		6	38	23	23	12	49	39	99	6	1		103	25	9	7		1	
中铁第一勘察设计院集团有限公司	23	2	1	21			2	10	10	5	4	2	2	2	13	7		1	1	3	1	3	5	10	
中铁第四勘察设计院集团有限公司	43	10		43				15	12	7	3	1	20	2	23	17	1		2			9	11	21	
中铁第五勘察设计院集团有限公司	18	10		16		18		2	1	1		1	15	3	13	2			4	5	1	5		3	
中铁上海设计院集团有限公司	19	4		19		4	2	8	11	4	2	2		3	15	1			6	1	4	2	2	4	
中铁物资集团有限公司	92	49	7	82		92		15	38	18	13	12	11	11	71	10			31	19	15	7	13	7	
中国铁建重工集团股份有限公司	67	24	2	62		28		19	33	7	16	2	9	10	51	5	1		17	15	9	12	6	8	

续表

单位名称	总数								部门情况					学历					年龄						
	合计	其中																							
		女	少数民族	共产党员	民主党派	已取得专业职务	局级	处级	党委政治部门	纪委	工会	共青团	其他	研究生	本科	专科	中专	高中及以下	35岁及以下	36岁至40岁	41岁至45岁	46岁至50岁	51岁至54岁	55岁至59岁	60岁及以上
中国铁建国际集团有限公司	48	15	1	44		43	2	25	10	7	9	2	20	21	27				15	7	10	9	4	3	
中铁城建集团有限公司	174	61	9	135	1	137	2	17	40	16	21	8	89	8	137	24	2	3	86	22	21	22	9	14	
中国铁建投资集团有限公司	95	35		73		95	1	10	87	5	3			18	71	6			48	19	11	10	3	4	
中国铁建财务有限公司	3	2		3		3							3	1	2				1	2					
中铁建商务管理有限公司	6			6		6	1	3	5			1		2	3	1			1			3	2		
中铁磁浮交通投资建设有限公司	6			6		6		2	6						6				1	3	1	1			
中铁建资本控股集团有限公司	33	17	2	27		15	2	11	16	5	2	1	9	5	26	2			9	8	5	7	2	2	
中铁建发展集团有限公司	10	3	3	8		3	1	5	4	2	3		1	6	3	1			5	4	1				
中铁建华南建设有限公司	13	5	1	10		11	1	5	10	1	1	1		3	10				5	1	2	2	2	1	
中铁建国际投资有限公司	2	1		2		2		1	2					1	1				1			1			
中国铁建股份有限公司北京培训中心（中国铁建股份有限公司党校）	11	6	1	8								1		4	7				7			3	1		
中国铁建股份有限公司东北区域总部	5	1	2	4		4	1		3	1	1			1	3	1			1	1	2	1			
中国铁建股份有限公司华北区域总部	7	1	2	7		7	1	5	4	1	1		1	4	3				1	4	1		1		
中国铁建股份有限公司中原区域总部	6			6		6		2	4	1	1			1	5				1	1	1	3			
中国铁建股份有限公司华中区域总部	4			4		4	1	2	2	1	1				4				1	1			2		
中国铁建股份有限公司华东区域总部	12	1	1	12		11		8	5				7	1	10	1			3	2	1	3	2	1	
中国铁建股份有限公司华南区域总部	8	2		8		6	1	2	4	1			3	1	7				2	1	2	1	2		
中国铁建股份有限公司重庆区域总部	34	15		25				8	15	2	3	1	13	2	31	1			11	13	4	4	1	1	
中国铁建股份有限公司西南区域总部	54	13	3	49		52	2	5	47	4	1	2		7	45	1	1		29	11	7	6		1	
中国铁建股份有限公司西北区域总部	13	4		12		13	1	2	10	1	4	1		5	6	2			3	1	5	2	2		
合　计	9537	3267	425	7480	38	6088	54	997	2572	863	784	284	5027	615	6829	1613	188	292	3794	1577	1279	1407	635	845	0

（制表：张瑞全　尉松恺）

中国铁建系统机械动力设备资产综合情况统计

（2020 年度）

单位名称	职工人数（人）	企业年度利润总额（元）	期末实有			新购		报废		大修		设备资产利润率（%）	资产增长率（%）	成新率（%）	设备总功率（千瓦）	技术装备率（万元/人）	动力装备率（千瓦/人）
			总台数（台）	原值（元）	净值（元）	台数（台）	原值（元）	台数（台）	原值（元）	台数（台）	费用（元）						
2019 年汇总	252285	11899343968.02	134261	71116177459.99	28809140259.50	10336	4081967564.89	8563	2082295333.13	1271	312840621.79	48.50	0.30	40.51	13184560.34	11.42	52.26
2020 年汇总	256992	14021641669.34	140401	76726305076.00	29776263013.00	12560	5928389000.00	8489	2900230864.00	1823	272786971.60	18.97	7.31	38.81	14013643.50	11.59	54.53
中国土木工程集团有限公司	6683	780020000.00	13864	6238373200.00	921513100.00	2007	1240756300.00	1084	352320500.00	435	8360923.32	12.50	14.48	14.77	1936431.56	13.79	289.75
中铁十一局集团有限公司	18064	1510687042.99	10224	5594725831.41	1845147982.61	639	357131000.24	543	73786775.21	113	65251273.05	27.00	3.20	32.98	1166111.26	10.21	64.55
中铁十二局集团有限公司	18301	1035000000.00	10070	6150615522.98	2387281072.95	1011	250982172.38	741	394374444.39	159	22892983.29	17.02	2.24	38.81	1326549.57	13.04	72.49
中国铁建大桥工程局集团有限公司	13309	230730862.68	3631	4745780983.58	2339626340.30	286	102576554.23	865	390337740.86	42	21165911.06	4.83	-1.42	49.30	573422.55	17.58	43.09
中铁十四局集团有限公司	13629	1040800000.00	6799	8617796443.92	5326262974.37	787	1190057704.99	627	311640400.30	98	12548416.09	12.73	11.43	61.81	705430.34	39.08	51.76
中铁十五局集团有限公司	15238	207540000.00	5706	4532913379.10	1824840583.65	721	452851336.52	385	87283754.41	68	35167900.00	4.72	6.33	40.26	947151.78	11.98	62.16
中铁十六局集团有限公司	19876	348940000.00	5902	7759004819.38	3241368259.48	499	496399195.00	314	126006097.42	15	4804441.93	4.66	7.46	41.78	1199388.81	16.31	60.34
中铁十七局集团有限公司	16185	179490000.00	7358	3840025850.54	1232778033.98	448	225360131.64	247	74996090.51	33	20992459.68	4.67	5.87	32.10	732233.01	7.62	45.24
中铁十八局集团有限公司	15404	911400000.00	10446	6306770711.75	2603485745.21	772	506944621.91	514	169815490.11	565	14385597.88	14.45	2.10	41.28	1264749.62	16.90	82.11
中铁十九局集团有限公司	16291	189520000.00	9007	6298919043.34	2123532759.04	942	418694983.34	711	393429966.90	89	18594834.82	2.96	-3.27	33.71	1255721.90	13.04	77.08
中铁二十局集团有限公司	15903	780000000.00	3723	3028377090.32	964022837.67	339	97425791.07	275	136421040.27	47	8214739.88	26.16	3.22	31.83	710033.14	6.06	44.65
中铁二十一局集团有限公司	12068	458780000.00	5269	1868835760.09	496586309.60	307	78865385.43	429	141578983.20	24	5021918.00	24.55		26.57	203222.71	4.11	16.84
中铁二十二局集团有限公司	11686	370120000.00	10573	2439136934.94	941182924.34	609	72049906.60	309	59822291.41	4	5017923.00	15.94	10.66	38.59	617926.10	8.05	52.88
中铁二十三局集团有限公司	10925	272443763.67	10376	1834138764.75	574876601.09	505	48831774.22	596	62834531.19	25	4849562.73	14.85	0.43	31.34	441042.05	5.26	40.37
中铁二十四局集团有限公司	9821	538990000.00	5372	1495818434.41	383874156.68	476	62146751.48	317	38484997.21	9	488095.00	36.34	1.70	25.66	201851.24	3.91	20.55
中铁二十五局集团有限公司	8668	214590000.00	8476	1592413941.34	666415136.01	830	190842204.71	214	35381077.54	49	5149570.90	14.03	8.53	41.85	255074.46	7.69	29.43
中铁建设集团有限公司	9600	600000000.00	843	304223531.38	97231067.42	392	7426.70	59	13394625.00		0.00	197.22	6.2	31.96	0.00	1.01	0.00
中国铁建电气化局集团有限公司	8890	1503000000.00	2420	625962661.93	109034664.56	107	14098960.19	143	22182400.60	42	17241450.00	98.37	3.19	17.42	135001.50	1.23	15.19
中国铁建港航局集团有限公司	3039	153380000.00	2461	1360622142.97	1036527730.17	245	43214434.72	19	5342113.25	1	900412.39	13.54	4.78	76.18	137888.89	34.11	45.37
中国铁建重工集团股份有限公司	7267	1855960000.00	4859	1538366407.09	561942643.56	381	58543635.92	56	5306102.90	4	1713558.62	120.64	3.96	36.53	129238.59	7.73	17.78
中铁城建集团有限公司	5215	670000000.00	1400	126497613.04	30409239.00	146	6984959.20	41	5491441.26	1	25000.00	53.00	0.70	24.04	57911.22	0.58	11.10
中国铁建国际集团有限公司	930	170250000.00	1622	426986007.70	68322851.50	111	13623770.00		0.00		0.00	0.43	0.14	0.16	17263.20	7.35	18.56

（制表：张宏成）

中国铁建系统大型施工设备综合情况统计

(2020 年度)

单位名称	期末实有					新购				报废			大修		闲置			成新率（%）	闲置率（%）	完好率（%）	利用率（%）
	台数（台）	其中进口台数（台）	原值（元）	其中进口原值（元）	净值（元）	台数（台）	其中进口台数（台）	原值（元）	其中进口原值（元）	台数（台）	原值（元）	净值（元）	台数（台）	费用（元）	台数（台）	原值（元）	净值（元）				
2019 汇总	3550	694	40732432805.16	7706163708.80	18203442548.50	190	15	2577127571.65	176372693.85	285	717120345.34	78578325.43	194	208360509.72	894	10649843338.02	3283524174.87	44.69	26.15	84.70	81.00
2020 汇总	3775	764	44455236925.05	7659778075.21	18955176880.89	235	24	3267881527.56	79125069.89	165	878579842.19	182572710.98	192	191976349.99	985	12481969599.64	3573503190.53	42.64	28.08	83.80	80.60
中国土木工程集团有限公司	361	229	1297997905.40	322449228.30	117320998.20	73	19	461795600.00	59773300.00				2	407848.96	75	237133910.40	13812764.68	9.04	18.27	45.32	81.73
中铁十一局集团有限公司	255	44	3240188128.72	1005810764.69	1039505849.17	9		128405866.37	0.00	5	29991600.00	1248080.00	36	59211175.03	56	560150308.64	119731044.21	32.08	17.29	87.00	89.00
中铁十二局集团有限公司	254	49	3064611425.59	497137013.74	1280998573.86	15	1	108068216.36	4247787.60	20	214400317.86	107284037.60	12	7498791.22	132	1415197649.24	453294303.85	41.80	46.18	92.15	70.35
中国铁建大桥工程局集团有限公司	174	24	3442873453.22	605852415.69	1635706967.92	5		59144513.27	0.00	34	184242104.23	23441741.32	19	18530000.00	41	1250583863.85	477799609.54	47.51	36.32	93.50	87.00
中铁十四局集团有限公司	237	36	6944447206.56	596831742.64	4594650717.81	16	2	1049517886.00	8997787.60	19	81420229.48	30345316.17	17	6208790.95	53	957904764.65	360872686.50	66.16	13.79	86.80	80.18
中铁十五局集团有限公司	183	40	2950411998.21	1434119923.49	1246068444.27	11	1	301284630.09	6106194.69	3	9917000.00	806627.42	11	26753211.00	78	1355400685.60	557786963.03	42.23	45.94	90.00	65.00
中铁十六局集团有限公司	324	33	5776213307.83	474503403.45	2335759673.61	21		614130775.37	0.00	5	18968800.24	1240407.01	2	3350780.00	75	2128514843.47	645465970.29	40.44	36.85	99.38	76.85
中铁十七局集团有限公司	186	30	2088953021.12	433431239.10	623744611.24	2		130100000.00	0.00	2	10133000.00	506650.00	3	18721535.00	94	1240117724.93	290092796.96	29.86	59.37	89.00	77.00
中铁十八局集团有限公司	277	57	3787224773.15	747904704.37	1598150377.29	15		212334628.39	0.00	8	25858000.00	1292900.00	13	7916863.28	62	1240590414.83	227257066.01	42.20	32.76	96.55	84.44
中铁十九局集团有限公司	398	113	3837693032.51	649149609.54	1362029647.43	10		38814159.25	0.00	40	176042640.10	8045045.81	19	12286290.54	41	346601613.82	77835083.53	35.49	9.03	83.00	80.34
中铁二十局集团有限公司	147	8	1657901988.09	55053517.06	563888168.91	3		32580000.00	0.00	2	31808000.00	1590400.00	9	4229608.00	21	445848478.90	86247891.80	34.01	26.89	94.24	85.78
中铁二十一局集团有限公司	73	4	757031003.28	34064144.94	238534140.16	1		2619469.03	0.00	4	60593933.62	3185863.57	7	3613700.00	17	143112976.00	22460351.32	31.51	18.90	79.00	77.00
中铁二十二局集团有限公司	98	14	1071830132.15	110548512.69	497321621.74			0.00	0.00	3	7739380.50	2549262.55	4	5017923.00	30	269416719.58	68858749.87	46.40	25.14	73.00	69.00
中铁二十三局集团有限公司	72	19	593496456.36	228501913.99	87328217.30	25		2269204.00	0.00	1	4500000.00	225000.00	1	415212.00	33	179535067.02	53319547.50	14.71	30.25	67.00	62.00
中铁二十四局集团有限公司	101	13	718500272.88	97670723.36	129620535.12	2		4185840.71	0.00	1	2603300.00	130165.00		0.00	41	262709173.88	30260424.79	18.04	36.56	75.00	65.00
中铁二十五局集团有限公司	88	8	793267685.88	74818986.26	366403182.54	10		107928705.20	0.00	2	6698288.53	334914.43		0.00	29	300032451.65	75496261.72	46.19	37.82	87.84	66.25
中铁建设集团有限公司	8	1	44265089.00	8500000.00	14126009.00			0.00	0.00		0.00	0.00		0.00		0.00	0.00	31.91	0.00	81.00	87.00
中国铁建电气化局集团有限公司	338	18	375723311.56	67733901.81	54948071.14	12		1180894.81	0.00	14	9173247.63	130603.13	35	15431450.00	103	138787953.18	11223774.93	14.62	36.94	79.20	64.31
中国铁建港航局集团有限公司	22		991003061.56	0.00	883545538.99			0.00	0.00	1	3440000.00	172000.00	1	900412.39	1	3440000.00	172000.00	89.16	0.35	95.00	85.00
中国铁建重工集团股份有限公司	152	23	929412770.08	213265755.09	271386170.64	5	1	13521138.71	0.00	1	1050000.00	43696.97	1	1482758.62		0.00	0.00	29.20	0.00	100.00	94.92
中铁城建集团有限公司	3		6891000.00	0.00	1515900.00			0.00	0.00		0.00	0.00		0.00	3	6891000.00	1515900.00	22.00	100.00	80.00	79.00
中国铁建国际集团有限公司	24	1	85299901.90	2430575.00	12623464.55			0.00	0.00		0.00	0.00		0.00		0.00	0.00	14.80	0.00	93.00	64.00

（制表：张宏成）

中国铁建系统设备专业人员综合情况统计

（2020 年度）

单位名称	设备管理人员（人）						设备操作技工（人）						主要工种人数（人）			全年专业培训	
	总人数	其中					总人数	其中					机械司机	汽车驾驶员	修理工	期数（期）	人数（人）
		高级工程师	工程师	助理工程师	技术员	其他管理人员		高级技师	技师	高级工	中级工	初级工					
2019 年汇总	13517	933	2543	3781	1644	4622	20185	716	2707	5239	5705	5814	9235	9088	2809	1090	25428
2020 年汇总	14322	847	2895	4032	1646	4902	20498	734	2673	5403	5984	5700	9663	9546	2949	1060	30348
中国土木工程集团有限公司	254	32	70	40	34	78	981		75	227	337	342	425	502	325	103	2215
中铁十一局集团有限公司	1008	30	192	283	41	462	1255	31	68	469	246	441	817	445	312	373	7006
中铁十二局集团有限公司	1232	58	198	257	103	616	1304	107	212	407	345	233	576	584	128	26	2619
中国铁建大桥工程局集团有限公司	815	26	146	330	49	264	722	69	158	228	182	85	139	298	75	14	923
中铁十四局集团有限公司	1195	78	209	309	182	417	920	31	120	244	340	185	764	512	150	44	1446
中铁十五局集团有限公司	721	47	148	218	97	211	1492	39	174	308	514	457	912	714	230	17	333
中铁十六局集团有限公司	1424	109	509	322	207	277	1795	44	252	454	627	418	1313	981	283	29	2456
中铁十七局集团有限公司	877	28	161	223	144	321	2179	50	340	772	560	457	954	937	324	46	1074
中铁十八局集团有限公司	1549	114	187	419	145	684	1926	54	188	223	331	1130	674	831	342	66	1577
中铁十九局集团有限公司	673	53	134	228	72	186	1642	72	337	443	299	491	746	842	115	21	1468
中铁二十局集团有限公司	904	39	139	252	132	342	719	27	143	122	313	114	289	238	84	78	2905
中铁二十一局集团有限公司	476	35	103	109	31	198	395	25	66	159	81	64	208	358	43	20	752
中铁二十二局集团有限公司	1029	87	292	361	147	142	692	29	139	198	201	125	400	540	89	43	1672
中铁二十三局集团有限公司	408	17	76	126	59	130	679	44	118	229	137	151	305	361	75	11	447
中铁二十四局集团有限公司	341	19	69	80	37	136	495	21	39	155	227	53	175	199	89	29	323
中铁二十五局集团有限公司	574	18	106	224	79	147	414	7	22	212	88	85	118	218	85	31	633
中铁建设集团有限公司	85	1	13	19	16	36	370	2	14	37	203	114	220	301	28	1	50
中国铁建电气化局集团有限公司	159	13	21	20	20	85	536	11	70	123	164	168	291	299	6	10	270
中国铁建港航局集团有限公司	241	19	53	83	15	71	238	3	8	1	73	153	135	185	19	9	112
中国铁建重工集团股份有限公司	54	5	25	14	3	7	1678	63	104	386	703	422	180	55	142	54	1026
中铁城建集团有限公司	277	14	38	112	29	84	56	5	26	6	9	10	9	121	1	35	1041
中国铁建国际集团有限公司	26	5	6	3	4	8	10			4	4	2	13	25	4		

（制表：张宏成）

2020 年 12 月 25 日，中国铁建昆仑投资集团有限公司投资建设的成都经济区环线高速公路蒲江至都江堰段建成通车。

（彭思成 摄）

文献辑要

中国铁道建筑集团有限公司扶贫资金使用与监督管理办法

（中铁建行办〔2020〕41号）

第一章 总 则

第一条 政策依据

为切实加强中国铁道建筑集团有限公司（以下简称公司）扶贫资金使用与监督管理，确保扶贫资金的使用安全，充分发挥扶贫资金的使用效益，根据《中共中央 国务院关于打赢脱贫攻坚战的决定》《关于印发〈中央财政专项扶贫资金管理办法〉的通知》以及中国铁建《对外捐赠管理办法》《关于对外捐赠管理有关事项的通知》《捐赠赞助合规管理实施细则》等文件精神，结合公司定点扶贫工作实际，特制定本办法。

第二条 主要原则

（一）精准施策，精准扶贫。坚持项目投入精准、资金使用精准、帮扶对象精准，注重项目资金投入与脱贫成效相挂钩，切实使扶贫资金惠及贫困村及贫困户。

（二）规范管理，强化监督。规范管理扶贫资金，强化扶贫资金使用自我管理与跟踪监管相结合。

（三）明确目标，确保效果。围绕脱贫攻坚规划、年度计划和任务目标，重点监管扶贫项目实施和资金使用，聚焦提高脱贫质量和减贫效果，助力地方政府全面完成脱贫攻坚任务。

（四）统筹部署，压实责任。公司援疆援藏及扶贫开发工作领导小组统筹部署，公司援疆援藏及扶贫开发工作领导小组办公室（以下简称扶贫办）和相关职能部门及各级企业各司其职，扶贫资金使用单位承担管理主体责任。

第三条 适用范围

本办法适用于公司承担中央定点扶贫任务相关的资金。公司所属各级企业承担驻地扶贫任务或其他公益项目，可参考本办法执行。

本办法所称的扶贫资金，是指用于公司及所属各级企业为支持定点扶贫县脱贫攻坚投入的直接帮扶资金或购买贫困地区农产品等间接帮扶资金。

第二章 工作职责

第四条 职责划分

（一）公司援疆援藏及扶贫开发工作领导小组审核扶贫规划和年度扶贫工作计划，报公司党委常委会审议通过后执行。

（二）公司扶贫办是公司扶贫资金和项目的归口管理部门，负责制订扶贫相关管理制度、工作规划、年度计划和年度预算；负责配合国家相关管理机构对扶贫资金和项目的审计、检查工作。

（三）公司财务资金部是扶贫资金预算和支出管理部门，负责审核年度扶贫资金预算、预算外调整、拨付统计等工作。

（四）公司审计和纪检监察机构负责对扶贫资金管理使用情况的监督检查等工作。

（五）所属各级企业按照本办法要求，指定扶贫归口管理部门，负责本单位投入扶贫资金的日常管理，监督扶贫项目执行情况。

第三章 资金使用管理

第五条 资金预算

（一）直接帮扶资金预算列入公司对外捐赠预算管理，由公司扶贫办根据定点扶贫县脱贫攻坚需要统筹指导，各级归口管理部门提出资金预算，公司扶贫办会同财务资金部审核后纳入年度预算管理。

（二）所属各级企业在预算批复额度内的直接帮扶资金捐赠，授权各级相关会议自行决策，不再报上级审批；对预算外的扶贫支出，由各级归口管理部门提出预算调整申请，并按公司预算调整流程报批。

第六条 资金审批

（一）扶贫资金参照中央财政专项扶贫资金使用范围，结合当地扶贫开发工作实际情况，聚焦“两不愁三保障”，围绕培育和壮大贫困地区特色产业、全力推进就业扶贫、深入推动易地搬迁扶贫、加强生态扶贫、着力实施教育脱贫攻坚行动、深入实施健康扶贫工程、强化综合保障性扶贫、加快推进农村危房改造、开展贫困残疾人脱贫行动、扶贫扶志行动等方面支持贫困县脱贫攻坚，以改善贫困群众的基本生产、生活条件和发展经济、增加收入为重点安排使用。

不得用于下列各项支出：行政事业单位和企业基本支出；通信设备；各种奖金、津贴和福利补助；弥补企业亏损；修建楼、堂、馆、所以及贫困农场、林场棚户改造以外的职工住宅；弥补预算支出缺口和偿还债务；城市基础设施建设和城市扶贫；其他与脱贫攻坚无关的支出。

（二）申请扶贫资金需有明确的扶贫项目，由地方政府来函提出申请，并随函报送具体项目建设计划和资金使用方案等资料；公司扶贫办按照公司扶贫开发工作领导小组批准的年度工作方案，履行相关程序后批复实施。特殊情况下，或通过公益性社会团体实施的扶贫项目，可由各级归口管理部门直接发起申请。

（三）扶贫资金按照国家有关政策实行专款专用，由地方扶贫部门实行报账制管理，坚持“按计划运行，按项目拨款”的原则。地方扶贫资金管理部门主要领导签字后，须经扶贫挂职干部（如有）签字确认方可付款。

第七条 资金调整

（一）扶贫资金批复后须专款专用，不得随意更改用途。如因项目不具备实施条件或扶贫效果不及预期确需变更，须由地方政府重新来函申请调整用途，经批复后方可使用。

（二）扶贫资金应节俭使用，项目完成后的结余资金不得随意转做他用，地方政府应及时统计并纳入下一年度帮扶资金申报计划，经批复后方可使用。

（三）对违反本办法规定未经批复使用的资金，应严肃整改，责令收回资金本金，并通报至上级主管部门。

第四章 资金监督管理

第八条 监督检查

公司及所属各级企业应按扶贫项目分类核算，规范资金审批拨付程序，建立完善扶贫项目台账和扶贫资金使用档案，积极配合相关部门对扶贫资金使用情况进行监督检查。

第九条 责任追究

公司扶贫办根据需要联合审计、纪检监察部门对扶贫资金、扶贫项目以及扶贫干部开展专项审计，发现资金违规使用、用途随意变更、项目完成不达标等情况，及时提出整改意见。凡转移、挪用、挤占、侵占扶贫资金的，按有关规定追究相关人员责任。

第五章 附 则

第十条 本办法由公司扶贫办负责解释和修订。

第十一条 本办法自印发之日起施行。

中国铁道建筑集团有限公司暨
中国铁建股份有限公司内部控制与风险管理办法

（中铁建发展〔2020〕97号）

第一章 总 则

第一条 为建立健全中国铁道建筑集团有限公司暨中国铁建股份有限公司（以下简称中国铁建）风险内控体系，规范全系统内部控制与风险管理工作（以下简称风险内控工作），充分发挥风险内控工作积极作用，全面提升公司的内部控制水平和风险防范能力，根据《中华人民共和国公司法》、《中华人民共和国证券法》、国务院国资委《中央企业全面风险管理指引》、财政部等五部委《企业内部控制基本规范》及配套指引等相关法律法规，结合中国铁建实际，制定本办法。

第二条 本办法适用于中国铁建总部及各区域总部、所属各集团公司、公司（以下统称各单位）。

第三条 本办法所称内部控制是指企业董事会、监事会、经理层和全体员工实施的、旨在实现控制目标的过程。内部控制的目标是合理保证企业经营管理合法合规、资产安全、财务报告及相关信息真实完整，提高经营效率和效果，促进企业战略目标的实现。

本办法所称风险是指未来的不确定性对企业实现其战略及经营目标的影响。风险管理是指企业围绕战略及经营目标，明确风险管理目标，确定风险偏好，搭建风险管理框架，建立风险评估及管理机制，在经营管理各个环节落实风险管理要求，实现全流程风险有效管控，逐步提升全员风险意识，培育企业风险管理文化，从而为实现风险管理总体目标提供合理保证的过程和方法。

第四条 风险内控工作坚持以风险管理为导向、以内部控制为抓手、以合规管理为基础、以信息技术为支撑的工作理念，突出集团管控要求，强化不同层级工作协同，推动风险内控工作有序开展。

第五条 进一步强化管理制度化、制度流程化、流程信息化的内控理念，将风险管理与内部控制要求嵌入各项业务流程，重视解决实际问题及过程控制要求，提升风险内控工作对决策支持和业务支撑的促进作用，形成全面、全员、全过程、全体系的风险防控机制，保障企业持续、健康、稳定、高质量发展。

第二章　工作目标和原则

第六条　工作目标

（一）合规目标。合理保证企业经营管理活动合法合规，保障企业资产安全、财务及相关报告内容真实完整，各项规章制度和管理措施有效落实。

（二）管理目标。围绕企业发展战略，建立良好内部控制环境，培育企业风险管理文化，提高全员风险内控意识，强化集团管控，落实“放、管、服”要求，完善内部控制管理机制和管控手段，规范风险管理程序和方法，促进企业综合管理水平不断提高。

（三）价值目标。重视风险威胁与机遇的分析与平衡，开展风险经营，精确辨识、防范和化解重大风险，减少风险损失；多角度分析风险，把握风险中的机遇，创造风险收益，提升盈利能力，为企业保护和创造价值。

第七条　工作原则

（一）统一设计、各负其责。中国铁建总部负责风险内控工作顶层设计和统筹规划；各单位结合行业特点、发展阶段、组织模式、管理水平等，分类别、分阶段、分层次推进落实。

（二）全面覆盖、突出重点。风险内控工作在覆盖所有单位及全部业务领域基础上，重点关注重要业务、新兴业务、关键管理环节和高风险领域。

（三）战略引领、管理融入。坚持战略引领，突出风险导向，在依法合规前提下，强调内部控制在日常经营管理活动中的作用，优化企业管理体系，提升管理效率和效果。

（四）持续改进、不断优化。全面、客观揭示经营管理中存在的管理缺陷和问题，建立常态化整改工作机制，推动风险内控工作持续改进和不断优化。

第三章　组织机构与职责

第八条　本着“统一领导、分级负责，全面防范、重点控制”的管理思路和“横向到边，纵向到底”的工作原则，中国铁建构建“四横、三纵、一监督”的风险内控组织架构。

“四横”为中国铁建董事会（审计与风险管理委员会）、经理层（内控与风险管理领导小组）、风险内控牵头部门（内控与风险管理领导小组办公室）、各专业部门（风险内控工作责任部门）。

“三纵”为中国铁建总部、二级单位（区域总部、集团公司）、三级单位（工程公司及其他单位）。

“一监督”为中国铁建审计监事部及所属二、三级单位内部审计部门。

第九条　工作职责

（一）董事会决定公司的风险内控体系，对公司风险管理的实施进行总体监控，全面领导风险内控工作；批准风险内控工作规划、风险内控基本制度及手册文件；倡导培育风险管理文化，明确风险管理目标，确定风险偏好和风险承受度；了解、掌握企业面临的各项重大风险，健全风险管控决策机制，强化重大风险应急处置管理；审定重大风险管理策略，批准年度风险内控体系工作报告、内部控制评价报告等。审计与风险管理委员会代表董事会持续监督公司的风险管理及内部控制系统，并确保至少每年一次对公司及所属各单位的风险管理及内部控制系统的有效性进行审核。

（二）经理层负责风险内控工作的组织实施。设立内控与风险管理领导小组（以下简称领导小组），贯彻落实董事会关于风险内控工作要求，拟订公司风险内控体系方案，组织、领导、推进全系统风险内控工作开展，批准风险内控工作考核结果。领导小组组长由公司主管领导担任。

（三）风险内控牵头部门承担内控与风险管理领导小组办公室职能，负责贯彻落实内控与风险管理法规、政策和工作要求，健全风险内控体系，完善风险管理机制，组织开展公司层面重大风险评估和内部控制评价，组织协调各专业部门实施重大风险管控，指导、督促所属单位风险内控工作开展，组织开展风险内控工作考核。

（四）各专业部门为风险内控工作责任部门，与风险内控牵头部门共同建立健全内部控制和风险管理机制，负责履行部门职责范围内的内控与风险管理职能，执行落实内控与风险管理政策法规，按照内部控制要求规范职责范围内的规章制度、业务流程等；收集、识别职责范围内的风险信息，建立健全风险监测、预警、报告及应急管理机制，按规定及时报送重大风险事件相关信息；分析、测试、辨识、评估本部门职责范围内的风险，提出风险管理应对措施，制定风险管控方案，对重大风险持续进行监控；组织开展职责范围内的自查、自纠及问题整改工作。

部门负责人为各部门风险内控工作第一责任人，设置由部门副职或业务骨干兼任的风险内控专员，在部门负责人领导下负责本部门风险内控工作的组织、统筹和协调，配合公司风险内控相关工作开展。

（五）各单位根据中国铁建整体工作要求，结合实际情况和所处行业管控要求，健全本单位风险内控体系，明确不同管理层级和专业部门工作职责，设立或明确风险内控牵头部门，配备满足工作需要的专职工作人员，组织、统筹、协调本单位风险内控工作，指导、督促、支持所属单位开展工作。各单位董事会对本单位风险内控工作有效性负责，主管领导为风险内控工作第一责任人。

（六）审计监事部及所属二、三级单位内部审计部门作为风险内控工作监督机构，对风险内控工作开展情况进行审计监督，揭示风险隐患和内控缺陷，进一步发挥查错纠弊作用，促进企业不断优化风险内控体系。针对风险内控工作的审计监督应充分落实国务院国资委等有关部门要求，可结合年度审计、任期审计或专项审计工作一并开展。

第四章　内部控制

第十条　建立健全良好的内部控制环境，包括规范的治理结构、科学的机构设置及权责分配、独立有效的内部审计、可持续发展的人力资源政策、积极向上的企业文化等。

第十一条　根据国家法律、法规要求，结合管理需要，建立健全贯穿于生产、经营、管理活动的各个环节，涵盖所有业务流程和事项的内部控制体系。重视完善主营业务、新兴业务、改革重点领域、国有资本运营以及境外国有资产监管等关键环节和高风险领域的管理制度和业务流程。

第十二条　持续完善管理制度体系，重视内外部信息收集，及时将相关法律法规、外部监管要求、内部控制管控要求融入企业管理制度，明确重要业务领域和关键环节的控制程序和风险应对措施。将违规经营投资责任追究内容纳入企业管理制度中，强化制度执行刚性约束。

第十三条　根据企业实际及业务特点，结合内部控制要求和风险管理需要，不断优化完善、合理应用控制措施。常见的控制措施包括：不相容职务分离控制、授权审批控制、会计系统控制、财产保护控制、预算控制、运营分析控制和绩效考评控制等。

第十四条　充分识别不相容岗位，按照不相容职务分离控制、授权审批控制要求，严格规范重要岗位和关键人员在授权、审批、执行、报告等方面的权责；编制一般授权和特别授权规定，明确授权的对象、范围和期限，严禁转授权；严格控制特别授权，规范特别授权的权限、程序和责任。

第十五条　完善决策审批程序，对于重大决策、重要人事任免、重大项目安排、大额度资金运作及投资并购、改革改制重组等重大经营决策事项，须纳入内部控制范畴，健全制度、完善流程、集体决策、规范运作。

第十六条　建立健全预算管理体系和运营分析制度，通过科学编制、全面执行预算，并对运营活动开展全面、客观分析，发现问题、查明原因、调整策略、及时改进，促进经营管理目标的实现。

第十七条　运用信息技术加强内部控制，突出风险导向，建立与管理活动相适应的信息系统。

第十八条　按照外部监管要求接受第三方内部控制审计，并健全内部控制自我评价机制，定期开展内部控制自我评价、监督评价。要不断规范评价工作程序、标准和方式方法，定期、不定期梳理分析风险内控体系运行状况，关注内外部环境和风险变化情况，辨识分析经营管理活动中存在的缺陷和问题，及时研究制定改进措施，组织开展缺陷整改并跟踪整改情况，保证整改效果。

第十九条　内部控制相关记录和资料应以书面或其他适当形式，妥善保存、保管。

第五章　风险管理

第二十条　风险管理目标确定。结合自身特点、发展阶段和业务领域，建立风险管理目标机制，准确把握风险管理与发展战略、公司治理、集团管控、绩效评价等关系，明确风险偏好，合理确定风险承受度，提出风险管理总体要求和任务目标，建立风险管理目标体系。

第二十一条　风险信息收集。完善风险信息收集机制，持续收集内外部风险信息。风险信息收集应坚持全面性、重要性、客观性、及时性原则，注重全方位收集与企业经营管理相关的各类风险信息，突出重大、有代表性风险信息和案例的收集。

第二十二条　风险辨识分析。风险辨识分析是风险评估的重要前提和基础，对收集的风险信息应进行必要的筛选、提炼、对比、分类、组合，充分发现、辨认、描述风险，并按传递渠道和程序及时、准确、完整提交风险内控牵头部门，由风险内控牵头部门完成风险信息的最终整理、汇总和分析工作，持续更新风险信息库、案例库。

第二十三条　风险评估。制定定性与定量相结合的风险评估标准，对辨识出的风险及其特征进行明确的定义描述，分析风险发生的条件或原因，评估风险发生可能性的高低，以及对目标实现可能产生的影响及其程度。

在风险内控体系建设过程中统一开展业务层面的风险评估，并至少按年度定期开展公司层面风险评估。对于投资并购、改革改制重组等重大经营事项，在决策前应开展专项风险评估工作，并将专项风险评估报告（含风险应对措施和处置预案）作为重大经营事项决策的必备支撑材料，对超出风险承受能力或风险应对措施不到位的决策事项，不得组织实施。

第二十四条　风险应对策略。根据风险评估结果，围绕企业现状及发展战略，基于风险偏好和风险承受度，权衡风险与收益，制定风险应对总体策略，配置相应资源，选择适合的风险管理工具和方式方法。常见的风险应对策略包括风险规避、风险降低、风险分担、风险承受四类。针对不同的风险,可综合选择合适的应对策略或策略组合。

第二十五条 风险管理解决方案。根据风险应对策略,针对各类各级风险制定可行的风险管理解决方案,进行过程跟踪管控。

重大风险管理解决方案应履行备案程序,突出管控目标、主要风险源、产生原因、可能造成影响、应对策略、职责划定、具体管控措施等。重大风险主责部门应跟踪重大风险管理解决方案实施情况,关注内外部环境变化,并及时采取对策或调整解决方案。

当外部环境和内部管理发生较大变化时,应重新组织开展风险评估,并适时调整风险管控重点和策略。

第二十六条 风险报告。健全风险信息沟通传递机制,以定期风险管理报告和不定期专项报告形式,及时、准确、全面传递风险信息,排查风险隐患,有效制定应对方案。对风险管理情况实施持续监控,重大风险事件处置完毕后,相关部门应向风险内控牵头部门提交专项报告。风险内控牵头部门负责汇总分析各专业部门及所属单位提交的专项报告和定期报告,编制本单位专项分析报告和年度风险管理报告。

第二十七条 风险预警和突发事件应急处理。建立健全风险预警和突发事件应急处理机制,划分预警等级,设计预警指标,规范处置程序,明确责任部门和人员,对预警信息持续监测,制定预警响应措施并对执行情况进行跟踪。开展必要应急演练和培训,确保危机得到及时妥善处理。

第六章 信息系统

第二十八条 信息技术是加强内部控制、开展风险管理的有效工具,逐步建立涵盖风险管理和内部控制基本流程的信息管理系统,有效支撑风险内控体系运转,提升工作效率、提高工作质量。

第二十九条 风险内控牵头部门应加强与专业部门、内部审计部门、信息化管理部门的协同配合,梳理、规范各项审批流程及各层级管理人员权限设置,将内部控制要求嵌入业务信息系统,确保自动识别并终止超越权限、逾越程序和审核材料不健全等行为,促使各项经营管理决策和执行活动可控制、可追溯、可检查,有效减少人为违规操纵因素。

第三十条 集团管控能力和信息化基础较好的单位,可逐步探索利用大数据、云计算、人工智能等技术,科学设定风险量化指标和风险预警阈值,实现实时监测、自动预警、监督评价等功能,进一步提升信息化和智能化管理水平。

第三十一条 注意信息系统的稳定和安全,实现管理信息的集成与共享,根据管理需要不断优化、更新,满足内部控制与风险管理工作要求。

第七章 风险管理文化

第三十二条 风险管理文化是企业文化的重要组成部分,工作中应引导员工树立正确的风险管理理念,将内部控制与风险管理要求转化为全员的共同认识和自觉行动。

第三十三条 董事会、高管层应当在培育风险管理文化中起表率作用,各级管理人员应成为培育风险管理文化的骨干力量。

第三十四条 通过多种形式积极开展内部控制与风险管理知识宣贯,提升全员风险意识和规则意识,培育良好风险管理氛围,逐步形成适合企业特点的风险管理文化。

第三十五条 健全风险内控工作培训机制,并按年度制定培训计划细化实施。鼓励按需参加外部专业培训,同时围绕内部控制和风险管理理念、知识、管理制度、业务流程、内控指引及风险案例等,组织开展多种层次、形式灵活的内部风险内控业务培训、研讨交流,推动风险内控工作团队建设,培养满足管理需要的专业人员。

第三十六条 建立工作激励机制,对于在风险管理与内部控制工作中作出突出成绩的先进集体和个人,给予表彰奖励。

第八章 监督考核与责任追究

第三十七条 建立健全内部控制监督检查工作机制,将日常监督、专项监督、评价监督等工作相结合,合理利用审计、财务、纪检、巡视等内外部监督成果,实现风险内控体系不断优化。

第三十八条 根据风险内控工作开展情况及监督检查成果,按照相关规定编制风险内控工作相关报告。本着实质重于形式的原则,如无特别要求,各类报告可以合并编制。向上级单位报送或按规定公开披露的报告,需经本单位董事会批准。

第三十九条 风险内控考核是子公司绩效考核的重要组成部分,根据工作需要,逐级建立风险内控考核工作机制,明确考核对象、内容、期间、程序、指标及考核结果应用要求,对子公司风险内控工作开展情况实施考核。

第四十条 强化监督问责机制建设,对于因内控机制失效、内控重大缺陷、重大风险事件等造成重大损失和影响的,以及瞒报、漏报、谎报或迟报重大风险及内控缺陷事件的,应严肃追究相应责任。责任追究相关部门依照规定和程序组织开展责任追究工作,风险内控、法律合规、财务、审计等部门应做好协同配合。

第四十一条 对违反国家有关法律、法规的，除对相关责任人进行责任追究外，还应当依法承担法律责任，涉嫌犯罪的，移送司法机关处理。

第四十二条 及时总结责任事故，吸取教训，制定和落实整改措施，完善风险内控体系，建立健全风险防范长效机制。

第九章 附 则

第四十三条 中国铁建董事会授权公司经理层根据本办法制定风险内控工作相关制度和实施细则。

第四十四条 依照本办法，各单位应对内部控制与风险管理办法进行及时修订、完善，并报中国铁建风险内控牵头部门备案。

第四十五条 本办法由中国铁建风险内控牵头部门负责解释。

第四十六条 本办法经中国铁建董事会批准，自发布之日起施行。原《中国铁建股份有限公司内部控制与全面风险管理办法（暂行）》（中国铁建发展〔2011〕177 号）同时废止。

中国铁建股份有限公司子公司主业管理办法

（中国铁建发展〔2020〕74 号）

第一章 总 则

第一条 为加强中国铁建股份有限公司（以下简称中国铁建）所属企业主业管控力度，规范主业范围，明确主业调整优化流程，促使所属企业聚焦主责主业，提升核心竞争力，依据中国铁建功能定位和主业范围，围绕产业发展战略，特制定本办法。

第二条 本办法所称的主业包括主营业务和新兴业务。主营业务是指依据《企业章程》和发展战略确定并经中国铁建发布的主要经营业务。新兴业务是指所属企业根据发展战略确定并经中国铁建确认的拓展新领域、开拓新产业涉及的业务。非主业是指主业以外的其他经营业务。

第三条 本办法适用于中国铁建所属全资及控股集团公司（公司）（以下简称子公司）。其中，上市子公司的主业管理，有关法律法规另有规定的，从其规定。

第四条 中国铁建发布的子公司主业范围（附件1）是编制战略规划和年度计划的重要依据，是中国铁建对子公司战略规划、重大投资事项依法履行出资人职责的重要依据。

第二章 主业发展原则

第五条 坚持统筹谋划，培育子公司差异化核心主业的原则。立足子公司历史沿革、自身条件、竞争优势，引导、支持其持续巩固强化、培育升级核心业务，促使子公司主营业务实现相对差异化良性发展，规避子公司间不当竞争。持续加强内部资源优化配置和调整，培育子公司之间协同作战、互补发展能力。

第六条 坚持聚焦主业、精干主业的原则。子公司应贯彻中国铁建产业发展战略和产业结构布局调整导向，根据本企业功能定位、战略规划、核心资源、市场基础，科学确定规划期内主业发展策略，聚焦主业并突出精干主业，推动企业资源向主业产业链、价值链高端集中，严控非主业发展。

第七条 坚持助力子公司转型升级、拓展新兴业务的原则。鼓励、协助子公司以现有资源、现有市场为依托，按照中国铁建产业发展规划，大力发展与主营业务相关的新兴产业、新兴业务，培育新的经济增长点。发展与主营业务关联不大的新兴业务，须经中国铁建批准，子公司不得擅自进入，已进入的要适时退出。

第三章 主业界定

第八条 依据中国铁建产业发展战略、产业构成，子公司主业设置原则上不超过 6 项。

（一）主营业务是子公司的核心业务或支柱业务，是已形成较大的资产规模，具有持续稳定的盈利能力，具备较好的人才、技术、设备、渠道、管理等资源优势和基础条件，在同行业或中国铁建内部具有比较优势，能支撑企业未来长远发展的业务板块。其中，辅助核心业务发展的相关配套业务或由支柱业务衍生、向整个产业链延伸发展的中小规模业务，也作为主营业务的组成部分。原则上纳入主营业务范围的单个业务总资产、营业收入和利润总额等三项指标中的某一项或多项在企业总量的占比不低于 10%。

（二）新兴业务是符合中国铁建新兴产业和新兴业务发展方向、子公司重点投资布局发展、预期能够发展成为主营业务的新业务。原则上新兴业务主要经济指标预期增长率应高于行业平均水平或企业现有业务平均水平。

（三）子公司主营业务和新兴业务的合计总资产

或营业收入原则上不低于企业总量的85%。

第四章　主业管理

第九条　子公司依据中国铁建产业发展方向以及自身主业范围，按照提升、培育、整合、退出等导向分类明确各类业务发展策略，制定本企业主业发展规划和方案，明确企业主业发展方向。

第十条　按照既定发展规划和方案推进主业发展。其中，主营业务注重优化提升，结合“三转”“四者”要求，集中投向价值链的中高端环节和具有协同效应的关键项目。新兴业务注重审慎有序，做好技术、市场等前瞻性研究，风险评估和资金、人才等保障，积极稳妥推进。非主业积极推进重组整合或逐步退出。

第十一条　建立完善主业发展情况统计、监测和分析制度体系，子公司每年对主业的资产、经营、投入、产出情况进行分析总结，并于次年4月底前报中国铁建备案。

第十二条　依据子公司主业发展规划和方案，中国铁建对子公司的主业发展情况实施不定期评估，对在一定经营期内，发展业绩不达标、发展态势不理想的主业项目进行动态优化调整。

第五章　主业项目调整程序

第十三条　除中国铁建对子公司主业项目动态调整外，子公司主业调整原则上与中长期战略规划同步。规划期内，子公司因客观情况发生重大变化并经评估需要增加或减少主业项目的，由本企业履行内部程序研究决策后，经中国铁建总裁办公会予以研究审批。

第十四条　子公司向中国铁建提出调整主业项目的书面申请至少应包含以下内容：申请调整主业项目的事由，近三年主要经济指标及占比，调整前主业的竞争力优劣势分析，调整后企业未来三年主要经济指标规划目标以及主业发展潜力分析、发展目标及策略等。

第六章　附　则

第十五条　本办法由中国铁建发展规划部负责解释。

第十六条　本办法自发布之日起实行。

附件1

子公司主业范围

序号	单位名称	主业范围
1	中国土木工程集团有限公司	工程承包、设计勘察、新兴业务
2	中铁十一局集团有限公司	工程承包、设计勘察、房地产开发、工业制造、新兴业务
3	中铁十二局集团有限公司	工程承包、设计勘察、新兴业务
4	中国铁建大桥工程局集团有限公司	工程承包、设计勘察、新兴业务
5	中铁十四局集团有限公司	工程承包、设计勘察、房地产开发、新兴业务
6	中铁十五局集团有限公司	工程承包、设计勘察、新兴业务
7	中铁十六局集团有限公司	工程承包、设计勘察、房地产开发、工业制造、新兴业务
8	中铁十七局集团有限公司	工程承包、设计勘察、新兴业务
9	中铁十八局集团有限公司	工程承包、设计勘察、房地产开发、新兴业务
10	中铁十九局集团有限公司	工程承包、设计勘察、新兴业务
11	中铁二十局集团有限公司	工程承包、设计勘察、工业制造、房地产开发、新兴业务
12	中铁二十一局集团有限公司	工程承包、设计勘察、房地产开发、新兴业务
13	中铁二十二局集团有限公司	工程承包、设计勘察、房地产开发、新兴业务
14	中铁二十三局集团有限公司	工程承包、设计勘察、新兴业务
15	中铁二十四局集团有限公司	工程承包、设计勘察、新兴业务
16	中铁二十五局集团有限公司	工程承包、设计勘察、新兴业务
17	中铁建设集团有限公司	工程承包、设计勘察、房地产开发、物资物流、新兴业务
18	中国铁建电气化局集团有限公司	工程承包、设计勘察、工业制造、新兴业务
19	中国铁建港航局集团有限公司	工程承包、设计勘察、新兴业务
20	中国铁建房地产集团有限公司	房地产开发、物业管理、新兴业务
21	中铁第一勘察设计院集团有限公司	勘察设计咨询、工程承包、房地产开发、新兴业务

续表

序号	单位名称	主业范围
22	中铁第四勘察设计院集团有限公司	勘察设计咨询、工程承包、房地产开发、新兴业务
23	中铁第五勘察设计院集团有限公司	勘察设计咨询、工程承包、新兴业务
24	中铁上海设计院集团有限公司	勘察设计咨询、工程承包、新兴业务
25	中铁物资集团有限公司	物资物流、新兴业务
26	中国铁建重工集团股份有限公司	装备制造
27	中国铁建国际集团有限公司	工程承包、设计勘察、新兴业务
28	中铁城建集团有限公司	工程承包、设计勘察、新兴业务
29	中国铁建投资集团有限公司	投资与资产管理、房地产开发
30	中铁建资本控股集团有限公司	建筑产业相关金融、保险及服务
31	中铁建商务管理有限公司	商务服务、物业管理、餐饮
32	中铁磁浮交通投资建设有限公司	新型轨道交通投资
33	中铁建国际投资有限公司	投资与资产管理
34	中铁建发展集团有限公司	新兴业务
35	中铁建网络信息科技有限公司	软件和信息技术服务

（制表：刘　辉　牛　峰）

中国铁建股份有限公司企业托管管理办法

（中国铁建发展〔2020〕75 号）

第一条　为进一步规范中国铁建股份有限公司（以下简称中国铁建）企业托管内容和流程，明确管理权限和责任，提高管控效率，依据《中华人民共和国公司法》《中国铁建股份有限公司章程》及企业有关规章制度，制定本办法。

第二条　本办法适用于中国铁建委托所属机构管理的全资、控股或实际控制企业及非法人分支机构。其中：中国铁建为委托单位；接受委托的所属企业及机构为受托单位；中国铁建委托所属企业及机构实施管理的全资、控股或实际控制企业及非法人分支机构为被托管单位。

第三条　受托单位包括区域总部、专业总部（军民融合指挥部）、集团公司（公司）等。

第四条　被托管单位包括：

（一）各区域投资平台公司；

（二）区域总部、专业总部及集团公司（公司）以中国铁建名义组建，属于中国铁建全资、控股或实际控制的专业公司、项目公司、项目指挥部、总承包项目部等；

（三）其他由区域总部、专业总部及集团公司（公司）以中国铁建名义设立的分公司、合伙企业、直属机构等分支机构。

第五条　中国铁建对被托管单位的设立实行统一管控、归口管理。受托单位要严控被托管单位的设立，非因特殊需要，严禁以中国铁建名义设立任何机构，确需设立的被托管单位必须严格按照《中国铁建股份有限公司机构编制管理办法》（中国铁建发展〔2017〕168 号）规定，履行机构设立审批程序，经批准后才可设立。

第六条　本着充分授权、全权委托原则，被托管单位的组织架构、机构编制、发展战略、制度体系、生产经营、财务管控、人员选聘、职工薪酬福利、党组织和纪检、工会、共青团组织管控等均由受托单位负责。其中，须经中国铁建审批的事项，按照《中国铁建股份有限公司监管权力和责任清单》（中国铁建发展〔2020〕15 号）的有关规定办理。

第七条　被托管单位在生产经营过程中若出现生产安全等各类事故、违反法律法规、违纪违规给企业造成损失或使企业信誉、声誉受到严重影响，受托单位须承担责任。

第八条　除按规定须经中国铁建审批的事项外，被托管单位的一般决策事项，均由受托单位依法合规决策。被托管单位为上市公司的，要严格按照证券监管的有关规定，合规履行相关决策程序。托管事项的管理流程为：

（一）须由中国铁建审批的决策事项。由受托单位履行自身决策程序后，提交中国铁建审批。

（二）无须中国铁建履行决策程序，但需要中国铁建作为股东方出具相关书面文件的决策事项。由受托单位履行自身决策程序后，向中国铁建提出出具股东文件的书面申请。申请至少应包含以下内容：请示理由、受托单位的决策意见、法律意见书、需要出具股东文件的文本内容等。中国铁建总部相关部门将依据书面申请，经法律合规部审核，并经中国铁建分管领导、主管领导批准后，予以出具股东文件。

（三）无须中国铁建审批，也不需要中国铁建作为股东方出具相关书面文件的决策事项。由受托单位依法合规自行决策，按规定需要报中国铁建备案的及时备案。

第九条 受托单位要强化对被托管单位的全过程管控，特别是对于因经营承揽、实施项目等目的而设置的各种机构，在其履行完相关职能、项目已完工清算或者经营机构设立三年后仍未达到设立初衷、严重偏离设立目标的，受托单位要及时办理被托管单位注销手续，并报中国铁建备案。被托管单位注销后，相关印章不得私存或自行销毁，应按管理权限及时交印章制发部门统一存档或销毁。中国铁建将加强对被托管单位动态监控，对其生产经营异常情况及时提出预警。

第十条 本办法由中国铁建发展规划部负责解释。

第十一条 本办法自发布之日起执行。

中国铁建股份有限公司能源节约与生态环境保护监督管理办法

（中国铁建运管〔2020〕46号）

第一章 总 则

第一条 为切实履行能源节约与生态环境保护主体责任，促进企业绿色低碳可持续发展，根据《中华人民共和国节约能源法》《中华人民共和国环境保护法》等有关法律法规，制定本办法。

第二条 本办法适用于中国铁建股份有限公司（以下简称股份公司）本级、区域总部（平台公司）、工程总承包部、直管项目部以及所属各级单位（以下统称各单位）。

第三条 能源节约与生态环境保护遵循以下原则：

（一）坚持节约保护优先。坚决执行节约能源法、环境保护法及政策，正确处理能源节约、生态环境保护与企业发展的关系，加快构建企业绿色低碳可持续发展体系。

（二）坚持依法合规管理。严格遵守国家能源节约与生态环境保护法律法规和有关条例，依法接受国家和地方政府相关部门的监督执法。

（三）坚持绿色低碳发展。全面推行“四节一环保”绿色施工管理，坚守底线，不碰红线，创造亮点，努力打造绿色品质铁建。

第二章 管理分类

第四条 按照各单位主要经营范围、能源消耗及污染物排放情况，划分为重点类和一般类。

（一）重点类单位：中国土木、中铁十一局、中铁十二局、中国铁建大桥局、中铁十四至二十五局、中铁建设、中铁建电气化局、中铁建港航局、中铁地产、铁建重工、铁建国际、中铁城建、中铁磁浮、华南建设等。

（二）一般类单位：东北、华北、中原、华中、华东、华南、重庆、西南、西北区域总部，工程总承包部，铁一、四、五院，上海院，中铁物资，铁建投资，铁建财务，诚合保险，中铁商务，中铁金租，铁建资产，铁建国投，铁建发展，锦鲤公司，培训中心（党校），网信科技等。

第五条 股份公司根据能耗总量和生态环境影响程度等指标以及机构重组、合并或新设等情况适时对单位分类进行调整。

第三章 管理目标

第六条 全面完成国资委下达的各项指标、目标；杜绝发生环境污染、违规违法和群体投诉事件，减少行政处罚；践行绿色施工，节约能源，防治污染，坚守底线、不碰红线、创造亮点，建设资源节约型、环境友好型企业。

第七条 各单位要对所属单位能源节约与生态环境保护工作实行目标管理。

第四章 组织机构

第八条 各单位必须按照国资委要求成立由党政

主要负责人任组长的能源节约与生态环境保护工作领导小组,全面管理本单位能源节约与生态环境保护工作。

第九条 各单位应当明确能源节约与生态环境保护机构并配置相应管理人员,配齐检验监测设备,完善组织管理、统计监测、考核奖惩工作运行体系,形成自上而下的四级(集团公司、工程公司、分公司、项目部)管理架构,实现纵向管理到底。

第五章 责任体系

第十条 按照国资委"党政同责、一岗双责、失职追责"的要求,落实能源节约和生态环境保护主体责任,建立全员责任制,形成以党政主要负责人统一领导、业务部门各负其责、全员各尽其职的责任体系。

第十一条 单位党政主要负责人是本单位能源节约与生态环境保护工作的第一责任人;分管领导承担主要责任;业务部门承担履职责任。

第十二条 项目经理是本项目能源节约与生态环境保护工作的第一责任人;分管领导承担主要责任;专职人员承担履职责任。

第六章 基本要求

第十三条 各单位应当把能源节约与生态环境保护融入企业发展战略,编制三年、五年规划,优化能源消费结构,推行清洁生产和绿色施工,追求可持续发展。

第十四条 各单位必须严格控制能源消费总量和单位能耗强度,减少温室气体和污染物排放,实现降本增效和环境保护。

第十五条 各单位应当建立"三同时"制度,即项目节能环保管理设施与项目施组同设计、同施工、同使用,做到工前技术交底、过程严格监控、完工科学评价。

第十六条 各单位应当建立环境影响因素识别制度,动态管理在建项目不同施工阶段的环境因素识别工作,做到措施到位、责任到人,强化环境污染风险分级防控机制。

第十七条 各单位应当坚持开展以绿色施工为主题的"四节一环保"活动,最大限度地节能、节水、节材、节地、保护环境,积极创建"绿色施工文明标准化工地"。

第十八条 各单位必须推行"6 个 100% 标准化工地建设",做到工地周边 100% 围挡、物料堆放 100% 覆盖、土方开挖 100% 湿法作业、路面 100% 硬化、出入车辆 100% 清洗、砟土车辆 100% 密闭运输。

第十九条 各单位要积极推广应用节能低碳环保新技术、新工艺、新设备、新材料,加速淘汰落后产能、工艺和技术,组织开展技术攻关和科研活动,加大科技节能力度。

第二十条 各单位必须建立生态环境污染源和风险点排查治理制度,重点治理噪声污染、扬尘污染、烟气污染、污水泥浆污染、固体废弃物污染等,制定相应的防范整改措施,逐项盯控,责任到人,及时消除,实现排查、统计、分析、治理闭环管理。

第二十一条 各单位必须高度重视节能减排和环境保护培训工作,有计划地组织开展法律法规、能源管理与生态环境保护方面的培训,努力提高队伍人员素质和工作能力。

第二十二条 各单位要坚持开展"全国节能宣传周和全国低碳日"活动,采取多种形式和措施加强全员宣传教育,普及节能环保法规知识和行为准则,提高全员能源节约与生态环境保护意识,促进工作有效开展。

第七章 统计监测报告制度

第二十三条 各单位应当建立逐级填报、审核的能源节约与生态环境保护统计报告制度,并完善信息化管理系统。

第二十四条 各单位应当按照国家和地方政府要求,建立污染物排放和能源消耗监测系统,有效开展污染物排放自行监测或委托第三方监测,依法合规达标排放,全面获取原始统计数据。

第二十五条 各单位应当规范统计监测口径、范围、标准和方法,并结合内、外部审计,确保能源节约与生态环境保护统计监测数据的真实性、准确性和完整性。

第二十六条 各单位必须建立健全能源消耗、温室气体排放、污染物排放原始记录和统计台账。

第二十七条 各单位应当严格遵守统计报表上报工作制度。重点类、一般类单位分别按季度和半年度上报汇总报表和总结分析报告。季度报表报送时间为报告期满之次月 15 日前,半年报表报送时间为 7 月 15 日之前,年度报表报送时间为次年 2 月 20 日前。报表内容应当包括报告期本单位节能环保受表彰和处罚情况。

第八章 突发环境事件应急管理

第二十八条 突发环境事件是指突然发生,在短时间内大量排放污染物质,造成环境严重污染和破坏,致使人员伤亡和重大财产损失的违反国家规定的行为。按照《国家突发事件应急预案》分级标准,突发环境事件分为特别重大环境事件(Ⅰ级)、重大环境事件(Ⅱ级)、较大环境事件(Ⅲ级)、一般环境事件(Ⅳ级)。

第二十九条 各单位应当高度重视突发环境事件的应急管理工作，建立健全应急管理工作制度。单位主要负责人对应急管理工作负全责。

第三十条 各单位必须加强应急处置能力建设，制定相应管理制度，配备必要的专业人才和应急处置器材等，并保证正常状态。同时根据本单位可能发生的环境污染事件的特点，建立专（兼）职应急处置队伍。

第三十一条 各单位应当针对环境因素的识别情况进行风险辨识和评估，制定相应的应急预案。应急预案必须符合有关法律、法规、规章和标准的规定，具有科学性、针对性和可操作性，并按规定组织开展应急预案演练。

第三十二条 各单位应当采取多种形式开展应急预案、应急知识、自救互救的教育培训，提高从业人员的应急处置技能。

第三十三条 各单位应当建立健全突发环境事件和舆情应对工作机制。当造成或者可能造成突发环境事件时，应当立即启动突发环境事件应急预案，并按规定向有关部门和股份公司报告。

第九章 考核与奖惩

第三十四条 股份公司将能源节约与生态环境保护工作作为管控指标（扣分指标）纳入子公司负责人绩效考核体系。

第三十五条 股份公司对各单位能源节约与生态环境保护工作实行年度考核，定量和定性考核能源节约与生态环境保护工作指标。能源节约考核施行中国铁建工管〔2013〕172 号《中国铁建节能减排工作目标指标考核评价实施细则》；生态环境保护考核施行中国铁建工管〔2013〕173 号《中国铁建工程项目环境保护目标指标考核评价实施细则》。

第三十六条 发生下列情形之一的，对单位负责人年度绩效考核结果予以一票否决：

（一）发生突发环境事件的；

（二）发生能源管理与环境保护重大违规违法行为，造成严重后果、恶劣影响的。

第三十七条 发生下列情形之一的，对单位负责人年度绩效考核予以扣分处理：

（一）单位或所属项目部受省（部）级及以上部门通报批评，经查单位负有主要责任的，每起扣减 0.2 分，最高扣 4 分。

（二）单位或所属项目部被国家和地方政府相关部门予以行政处罚的，每起扣减 0.1 分，最高扣 3 分。

（三）单位未按要求建立能源节约与环境保护组织管理、统计监测、考核奖惩体系的，每项扣减 0.2 分。

（四）单位未完成年度能源节约定量指标和环境保护定性指标的，每项扣减 2 分，最高扣 6 分。

第三十八条 同一事件存在以上多种情形的，按最高分值扣分，不重复扣分。

第三十九条 各单位应当结合股份公司下达的能源节约与生态环境保护考核指标和目标，逐级分解落实，并明确相关责任。对成绩突出的单位和个人予以表彰奖励。

第四十条 股份公司对认真贯彻执行本办法，年度能源节约与生态环境保护考核评价居系统前列，在节能环保管理体系建设、管理创新等方面做出突出成绩或获得国家级节能环保奖项等荣誉的单位和个人予以通报表彰奖励。

第四十一条 股份公司每两年进行一次能源节约与生态环境保护先进单位和先进个人评选，并予以通报表彰奖励。

第十章 附 则

第四十二条 本办法由股份公司运营管理部负责解释。

第四十三条 本办法自公布之日起施行。《中国铁建股份有限公司节能减排监督管理暂行办法》（中国铁建工管〔2013〕37 号）和《中国铁建股份有限公司工程项目环境保护管理办法（试行）》（中国铁建工管〔2011〕9 号）同时废止。

中国铁建股份有限公司对外参股经营投资管理办法

（中国铁建投开〔2020〕124 号）

第一章 总 则

第一条 为规范中国铁建股份有限公司（以下简称股份公司或公司）的对外参股行为，加强对参股企业的管理，有效降低风险，切实保障公司资产的保值增值，根据国家有关法律法规、国资委加强中央企业参股投资管理等有关规定,结合公司实际,制定本办法。

第二条 本办法主体适用范围包括股份公司本级及其所属各级全资企业、控股企业,以及具有实际控制权的子公司(以下统称投资主体)。

第三条 本办法所指参股经营投资,是指投资主体通过合资设立、股权受让、股权转让、增资扩股、吸收合并、无偿划转等方式,对所出资企业形成无实际控制权的经营投资行为。

控制是指中国铁建各层级投资主体直接或间接合计持股比例超过 50%,或者持股比例虽然未超过 50%,但通过投资关系、协议或其他安排能够对企业行为实际支配的情形。

投资主体对合伙企业的出资行为,由中国铁建系统内多家企业合资设立且由系统内企业控股或共同控制的合资公司,不属于本办法规范范围。

第四条 公司对外参股经营投资管理坚持"战略引领、严格决策、规范管理、维护权益、防范风险"基本原则,将参股投资作为协同既有核心业务、发展培育新兴产业的有效途径,提高国有资本运行和配置效率,完善产业链,确保国有资产保值增值,为公司长期、持续发展奠定基础。

第五条 股份公司投资开发部牵头负责公司本级参股股权管理工作,总部各部门根据职能分工对参股企业进行专业指导、监督及管理。

第六条 各二级单位负责本企业及所属企业投资的参股股权管理,以及经股份公司授权其行使管理权的参股股权管理。

第七条 各级单位应当明确参股经营投资管理的分管领导、责任部门和责任人,并结合企业实际情况,根据本办法的有关内容,细化并完善本单位关于参股经营投资管理的相关制度办法。

第二章 参股经营投资审批和决策管理

第八条 投资主体要结合公司自身优势和国家区域战略、产业发展战略,聚焦主业,严控非主业投资,发挥参股投资经营的战略协同和转型引领作用,做强做优既有核心业务,推动向战略新兴产业转型。选择参股投资方式时,要合理确定持股比例,以资本为纽带,以产权为基础,依法约定各方股东权益。参股对外投资应当符合以下要求:

(一)符合国家法规和政策;

(二)符合公司发展规划、功能定位、产业布局和结构调整方向;

(三)聚焦主业,有利于促进主业发展;

(四)不得开展超过国务院国资委核定的非主业投资比例的非主业参股投资项目;

(五)不得开展公司投资项目负面清单禁止类业务;

(六)拟参股的目标企业管理规范或有可靠措施使其管理规范;

(七)有退出方式,有控制或降低风险的有效措施;

(八)不采取约定固定分红等"名为参股合作、实为借贷融资"的名股实债方式;

(九)三级及以下层级企业原则上不允许对外参股投资;

(十)不得存在其他根据公司相关规定不符合投资主体条件的情形。

第九条 投资参股企业要严格甄选合作方。

应进行充分尽职调查,通过各类信用信息平台、第三方调查等方式审查合作方资格资质信誉,选择经营管理水平高、资质信誉好的合作方。

对已被纳入中国铁建合作方警示名录的意向合作方,禁止合作;对存在失信记录或行政处罚、刑事犯罪等违规违法记录的意向合作方,要视严重程度审慎或禁止合作。

不得选择与参股投资主体及其各级控股股东领导人员存在特定关系(指配偶、子女及其配偶等亲属关系,以及共同利益关系等)的合作方。

第十条 投资参股企业按照《中国铁建股份有限公司对外投资管理制度》等相关规定进行审批决策。

投资参股企业申报除规定的材料外,投资方案或项目建议书中应包括其他股东财务和资信证明、是否使用集团或所属企业的商号、注册商标及使用范围专项说明、参股企业所属行业平均投资回报水平。如通过股权转让、受让、增资入股等形式参股,标的企业不论是参股国有企业还是非国有企业,均应开展资产评估,并按照国资委、股份公司关于国有资产评估相关规定执行。

第三章 参股经营投资过程管理

第一节 无形资产使用

第十一条 加强无形资产管理,严格规范字号等无形资产使用。投资主体不得将字号、经营资质和特许经营权等提供给参股企业使用。参股企业原则上不得使用"中国铁建""铁道兵""中铁建""铁建"等特有或关联名称、字号、商标等(房地产项目推广案名除外)。产品注册商标确需授权给参股企业使用的,须严格依法和依照股份公司相关规定申报,明确使用条件,并经批准同意后,采取市场公允价格,在授权范围内规范使用。

第十二条 投资主体要在股东协议、合作协议、公司章程等协议文件中预先设置相应的商标保护条款，明确违约责任和建立退出机制。对于使用公司产品注册商标等无形资产的参股企业，投资主体应当动态监控参股企业的经营情况，出现参股企业产品质量和经营业绩不良等情况，继续冠以公司注册商标等可能影响公司商誉的，投资主体要立即采取有效措施，终止该参股企业使用公司注册商标等无形资产授权。

第二节 规范产权管理

第十三条 严格按照国有产权管理有关规定，及时办理参股股权的产权占有、变动、注销等相关登记手续，按期进行数据核对，确保参股产权登记的及时性、准确性和完整性。

第十四条 参股股权取得、转让应严格执行国有资产评估、国有资产进场交易、上市公司国有股权管理等制度规定，确保国有权益得到充分保障。

第三节 依法履行股东权责

第十五条 投资主体可结合实际情况，通过公司章程、议事规则或协议约定，明确投资主体对参股企业重大经营事项、关联交易、股权稀释、章程修订、重要人事任免等特定事项的参与权，灵活应用一票否决权、随售权、拖售权、股权锁定等特殊条款，有效维护国有权益。参股企业为股份有限公司、上市公司的，应遵守有关法律、法规及上市地监管规则。

第十六条 投资主体应按照公司法等法律法规规定，依据协议、参股企业公司章程约定，委派股东代表和相应数量的董事、监事及重要岗位等人员（以下统称委派人员）参加股东会、董事会、监事会或担任一定岗位管理职务等方式参与参股企业的经营决策与管理，有效行使股东权利；无委派人员的，要明确责任部门负责与参股企业的日常工作对接，行使股东职权，维护股东权益，避免“只投不管”，保证投入资产的保值增值。

第十七条 投资主体应根据公司有关人事管理的规定，结合具体任职资格要求、业务关系等因素，确定委派人员，委派人员应具备高度责任感、敬业精神以及履行相关职责的工作经验和业务能力；投资主体要加强对委派人员的管理，进行定期轮换，并将其履职情况纳入考核，对于考核不合格或未能有效维护国有权益的人员，应予以撤换。

第十八条 投资主体应当按照依法依规和全体股东利益最大化的原则履行管理职责，并努力维护公司的合法权益。

第十九条 各级领导人员在参股企业兼职，应根据工作需要从严掌握，一般不越级兼职，不兼“挂名”职务。确需兼职的，按照权力权限审批，且不得在兼职企业领取工资、奖金、津贴等任何形式的报酬和获取其他额外利益；任期届满连任的，应重新报批。投资主体及其各级控股股东领导人员亲属在参股企业关键岗位任职，应参照企业领导人员任职回避有关规定执行。

第二十条 投资主体应当通过股东会、董事会、监事会（简称“三会”）参与对参股企业的管理及监督。投资主体对参股企业的三会议案进行审查并提出意见。派出的股东代表、董事和监事应当按照审定的意见参加会议并进行表决。会前未通知的重大事项，应当提出暂缓决策，不应进行表决。

第二十一条 投资主体委派股东代表出席参股企业股东会，投资主体应与股东代表签署授权委托书，明确相应权责，经投资主体法定代表人批准后，股东代表方可依据投资主体的意见在参股企业股东会提出提案、发表意见、行使表决权或采取行动。

第四节 严格财务监管

第二十二条 投资主体应加强对参股企业的运行监测，及时掌握参股企业的财务数据和经营情况，发现异常要深入剖析原因，及时采取应对措施防范风险。

第二十三条 加强对参股企业的财务决算审核，对于关联交易占比较高、应收账款金额大或账龄长、经营不善的参股企业，要加强风险排查。对风险较大、经营情况难以掌握的股权投资，要及时退出。

第二十四条 参股企业各股东要同股同权，严禁超比例出资，不得对参股企业其他股东出资提供垫资，严格控制对参股企业提供担保，确需提供的，应严格履行决策程序，且不得超股权比例提供担保。

第五节 注重参股投资回报

第二十五条 投资主体要定期对参股企业进行清查，核实分析参股收益和增减变动等情况。

第二十六条 合理运用增持、减持或退出等方式加强价值管理，不断提高国有资本配置效率。

第二十七条 对满5年未分红、长期亏损、非持续经营或连续三年分红低于投资决策收益的参股企业股权，要进行价值评估，属于低效无效的要尽快处置，属于战略性持有或者培育期的要强化跟踪管理。

第六节 及时报告和定期梳理制度

第二十八条 及时报告制度。投资主体委派人员及责任部门负责跟踪参股企业经营运行情况和参股企业及合作方对形成参股投资相关协议的执行情况。如出现包括但不限于以下情形，应及时向投资主体及投资行为各级决策单位报告，并及时采取应对措施防范风险：

（一）参股企业的主营业务、重要股东、实际控制人、核心管理人员发生变动或可能发生变动的；

（二）参股企业经营情况发生或可能发生重大变化的；

（三）参股企业及其所属企业、合作方违反与投资主体签署的相关协议或公司章程约定开展经营业务的；

（四）参股企业及所属企业开展或计划开展高风险业务或有严重社会影响业务的；

（五）参股企业及所属企业有重大违法违规经营行为的；

（六）存在损害或可能损害参股企业及投资主体利益情况的；

（七）参股企业及其所属企业发生重大司法、行政或仲裁事件的；

（八）参股企业无正当理由不分红或分红金额不合理的；

（九）参股企业及其所属企业以集团成员企业名义开展经营活动，损害投资主体或集团的利益或声誉的；

（十）合作方未按期缴付出资，或未提供有效验资报告或出资证明的；

（十一）参股企业未按期办理工商登记、税务登记、股份登记及其他必要的登记手续的；

（十二）参股企业及其所属企业未按协议约定，擅自使用投资主体商标、字号的；

（十三）参股企业及合作方未履行或违反协议等约定事项的；

（十四）委派人员及责任部门认为应报告的其他重大事项。

第二十九条 定期评价和梳理制度。投资主体每年定期组织参股经营投资梳理，结合投资决策收益、实际参股投资回报和财务监管情况，开展评价工作，梳理排查参股项目投资风险，形成梳理报告；编制并更新投资主体参股企业台账；梳理报告和台账按照要求报股份公司投资开发部备案。

评价标准：结合投资主体发展战略，根据投资回报能力和分红情况对参股企业进行客观评价，评价结果分为五类：

（一）优秀类（符合发展战略；投资回报能力优于或持平参股企业同行业平均水平且每年分红的企业）；

（二）正常类（符合发展战略；投资回报能力、分红情况未出现异常但未达优秀类标准的企业）；

（三）关注类（符合发展战略；处于培育期，投资回报能力出现异常或分红情况较差的企业）；

（四）观察退出类（符合发展战略；但投资回报能力和分红情况均较差的企业）；

（五）立即退出类（不符合发展战略。或投资回报能力很差的企业，包括但不限于：参股企业满5年未分红、长期亏损或非持续经营的，进行价值评估后列入低效无效资产；投资主体不掌握参股公司经营情况且存在较大风险；参股投资时作为战略投资，但现已无战略合作意义）。

对于部分参股投资项目具有战略及协同意义，对于投资回报和分红情况评价为退出类，但投资主体战略需要保留或培育的，需详细说明战略性持有的效果分析，并调整至关注类继续进行重点跟踪。

梳理报告内容包括但不限于：

（一）参股企业基本情况（包括成立时间、注册资本、法人代表、注册地、主营业务、历史沿革、股权结构、对外投资状况等）；

（二）参股企业经营和财务情况（包括年度主要经营和损益情况分析、资产和负债状况分析、现金流量分析等）；

（三）参股企业基建和投资项目情况（如有，包括参股企业年度投资计划和完成情况、项目形象进度、项目资本金到位情况、投产计划、重大股权投资情况等）；

（四）参股企业“三会”重大决策情况（包括董事会和监事会人数及结构、本年度召开“三会”及形成的重大决议情况等）；

（五）对经营和财务有重大影响的其他事项（包括涉及财务和经营风险的重大事项、可能损害股东合法权益的行为等）；

（六）存在的问题和建议（包括但不限于与投资决策收益的对比、与参股企业同行业平均投资回报水平的对比，对参股股权的评价结果、对今后管理的建议、后续处置或增持建议等）；

（七）将参股企业的年度财务报表作为本报告的附件。

第七节 参股企业党的建设

第三十条 加强党的建设。投资主体协助非公有制参股公司加强党建工作，推进党的组织和工作覆盖，宣传贯彻党的路线方针政策，团结凝聚职工群众。

第四章 参股经营投资处置

第三十一条 对评价结果为优秀类项目，投资主体要持续巩固优势，在符合公司战略的前提下，鼓励其择机通过增资扩股等方式适度提高比例，争取实现控股或相对控股。

第三十二条 对评价结果为正常类项目，投资主体要提升经营水平，力争达到优秀水平。

第三十三条 对评价结果为关注类项目，投资主体结合参股企业未来三年经营情况进行预判，如预计发展前景向好，则继续持有；如预计仍难以好转，则需早做打算，尽早退出，避免错过时机难以退出。

第三十四条 对评价结果为观察退出类项目，要尽快推动参股企业改善经营状况，如不尽快改善，跨年将列入立即退出类。

第三十五条 对评价结果为立即退出类项目，列入次年完成退出计划，推动尽早退出。

第三十六条 投资处置必须严格按照《公司法》《公司章程》及股份公司关于股权处置和产权办理等相关规定执行；按照《中国铁建股份有限公司对外投资管理制度》，批准收回投资的程序及权限与批准实施投资的程序及权限相同；各投资主体负责做好投资收回和转让的资产评估工作，防止公司资产的流失；在完成股权变化后，及时办理工商备案和产权登记。

第五章 违规投资责任追究

第三十七条 投资主体要将参股经营作为内部管控的重要内容，建立健全以风险管理为导向、合规管理监督为重点的规范有效的内控体系。各级单位对所属企业负责人开展任期经济责任审计时，要将其任期内参股投资、与参股公司关联交易等事项列入重点审计内容。

第三十八条 严格落实问责制度。各投资主体违反本办法有关规定的，或根据项目后评价、审计巡视等监督发现有关问题，公司将根据国资委《中央企业违规经营投资责任追究实施办法（试行）》《中国铁道建筑有限公司暨中国铁建股份有限公司职工违纪违规处分规定（试行）》《中国铁道建筑有限公司违规经营投资责任追究实施办法（试行）》等有关规定追究责任。对瞒报、谎报、不及时报送信息的单位，公司予以通报批评。

第六章 附 则

第三十九条 本办法由股份公司投资开发部负责解释。

第四十条 本办法自发布之日起执行。

中国铁建股份有限公司金融业务管理办法

（中国铁建财资〔2020〕48 号）

第一章 总 则

第一条 为深入贯彻党中央、国务院关于金融工作相关决策和部署，根据国家法律法规、中国人民银行及银保监会监管要求、国务院国资委《关于加强中央企业金融业务管理和风险防范的指导意见》（国资发资本规〔2019〕25 号）等精神，进一步加强股份公司金融业务管理，有效防控金融风险，提高发展质量，结合实际，制定本办法。

第二条 本办法所称金融业务包括以下内容：

（一）持牌单位金融业务，即拥有国家金融监管部门金融业务许可证开展的业务，主要为产业金融板块持牌单位开展的信贷投放、同业拆借、金融租赁等金融业务。

（二）非持牌单位金融业务，即其他类金融业务或金融相关服务：

1. 产业金融板块非持牌单位开展的各项业务，主要包括：票据票证、保险经纪、产业基金、商业保理、供应链金融、融资相关服务等；

2. 非产业金融板块单位开展的各项类金融业务，主要包括：私募基金、商业保理、供应链金融、融资相关服务等。

（三）金融相关投资业务：

1. 金融机构股权投资业务，主要包括：新设或投资入股各类金融及类金融业务单位等；

2. 金融工具投资业务，主要包括：为配合自身主业拓展而开展的基金及信托等金融工具投资、为流动性管理而开展的低风险金融工具投资业务、其他金融工具投资业务等。

（四）金融衍生业务：

1. 商品类衍生业务，指以商品为标的资产的金融衍生业务，包括大宗商品期货、期权等；

2. 货币类衍生业务，指以货币或利率为标的资产的金融衍生业务，包括远期合约、期货、期权、掉期等。

第三条 金融业务管理的基本原则：

（一）服务主业、以融促产。基于自身产业需求、围绕主业发展需要，积极推进产融结合，提高企业生产经营效率和效果。

（二）统一规划、分类管理。统筹规划、合理布局，分级分类对金融业务进行管控，结合各金融业务特点及实际情况实施差异化管理政策，实现金融业务高质量发展。

（三）依法合规、严控风险。严格遵守国家法律法规和行业监管要求，坚决执行国务院国资委规定及股份公司相关制度，严格准入标准，严格审批和负面清单管理，审慎开展金融业务，加强体制机制及制度建设，严控金融风险。

第四条 本办法适用于股份公司及所属各单位。

第二章 职责分工

第五条 股份公司建立分级管理体系对全系统金融业务集中管控，总部负责全系统金融产业管理，制定全系统金融产业战略规划及相关政策并监督执行，整体协调监管部门、外部金融机构、系统内单位推进产业金融相关工作。

第六条 资本控股集团为股份公司的金融控股平台，负责落实股份公司确定的产业金融战略规划及相关政策，推动股份公司金融产业的培育和发展，在股份公司授权范围内审批有关事项；负责对产业金融板块其他单位的管理、监督、考核及风险内控体系建设；负责推进产融结合、产业金融板块内部协同等相关工作。

第七条 产业金融板块其他单位为金融业务的实施主体，受股份公司业务指导及资本控股集团直接业务管理，接受行业主管部门监管，遵守行业自律管理相关规定，负责本单位的金融业务推进及相关管理具体工作，建立有效管理体制机制，加强制度建设，控制金融业务风险。

铁建财务为股份公司资金归集平台、资金结算平台、资金监控平台、金融服务平台，主要与成员单位开展资金结算、资金集中及内部信贷等业务；

诚合保险为股份公司保险资源集中管理平台，主要与成员单位及外部优质客户开展保险经纪、风险咨询、保险公估及代理等业务；

中铁金租为股份公司金融租赁服务平台，主要开展资产盘活和产融结合等业务及与外部优质客户开展融资租赁等业务；

铁建资产为股份公司产业链金融及创新金融综合服务平台，主要与成员单位开展产业基金、商业保理、供应链金融及产融创新等业务；

后续通过投资新设、重组并购等方式新增的主营金融及类金融业务的单位，其定位由资本控股集团提出，报股份公司研究确定。

第八条 非产业金融板块单位应按照股份公司要求并结合自身需要开展相关类金融业务，支持和配合产业金融板块单位开展金融业务，原则上不得开展金融及类金融机构股权投资。

第三章 业务管理

第九条 股份公司对金融业务实施全面预算管理，未纳入预算的金融业务原则上不得开展。产业金融板块其他单位预算应经资本控股集团审核后，履行股份公司核定程序。

第十条 股份公司对金融业务实施负面清单管理，结合监管要求及公司实际，不定期发布金融业务负面清单，明确禁止类金融业务。产业金融板块其他单位应结合股份公司要求及自身实际情况，制定本单位的重点行业、客户、业务清单及负面清单，经资本控股集团审核后，报股份公司财务资金部备案。

第十一条 股份公司对金融业务实施过程监管，定期或不定期统计分析各单位金融业务开展情况及相关信息，并结合实际情况提出管理意见或建议。产业金融板块单位应严格对金融业务实施过程管控，要按规定向上级单位、股份公司及外部监管部门提供业务报告及报表，严格执行信息披露相关要求。

第十二条 股份公司对金融业务开展情况实施考核管理，以金融服务能力、产融结合效果、风险防控及合规管理情况等作为主要考核指标，引导金融业务规范发展。产业金融板块单位应根据股份公司要求，结合自身功能定位、发展阶段及业务特点，建立完善本单位的金融业务考核体系，面向集团内部开展的业务，主要考核服务主业能力及发挥的作用，面向外部市场开展的业务，主要考核稳健经营能力和发展的质量。

第四章 业务审批

第十三条 各单位应在监管部门批准的经营范围内，按照独立法人运行体系开展金融业务，以下业务须报股份公司审批：

（一）金融机构股权投资业务，包括新设或投资入股各类金融和类金融业务单位及后续投资变更或退出等业务。

（二）金融工具投资业务：

1. 短期金融工具投资业务，包括可随时变现且持有时间不超过一年的各种股票、基金、债券或其他金融工具投资等。

产业金融板块单位以现金管理、流动性管理为目的开展的股票、基金、债券等短期金融工具投资，由资本控股集团在股份公司授权额度范围内审批，超授权额度的报股份公司审批。

2. 其他金融工具投资，包括产业基金、理财产品投资、委托贷款（不含通过铁建财务对集团内部的委托贷款）等。

对为促进主业投融资目的开展的基金、信托等金融工具投资业务，应结合具体项目研究论证，在项目请示方案中列专门章节分析金融工具投资事项，报请批准投资项目时一并进行审批。

（三）金融衍生业务，按国务院国资委金融衍生业务相关管理规定执行。

（四）其他业务：

1. 股份公司参与或增信的金融业务；

2. 股份公司履行报告、请示及信息披露职责的金融业务；

3. 与股份公司关联方开展的关联交易业务；

4. 按照国家法律法规、国务院国资委、行业监管部门及《公司章程》的有关规定，必须由股份公司审批的其他事项等。

第十四条 资本控股集团在股份公司授权范围内，审批产业金融板块其他单位的相关金融业务。

第十五条 金融业务审批材料主要包括：请示报告，本单位内部决策文件，开展金融业务需求分析、业务开展计划及目标、经济效益分析、风险防控等可行性研究报告，金融业务相关监管政策文件，法律审核意见书，必要时提供外部独立第三方出具的评估报告等其他材料。

第五章 风险管理

第十六条 产业金融板块单位须严格执行以下风险管理要求：

（一）建立完善法人治理结构。企业主要领导人员是内部控制与风险管理工作第一责任人，董事会对内部控制和风险管理总体负责，监事会承担内部控制和风险管理的监督责任，经理层承担内部控制体系的日常运行和风险管理的实施责任，并建立相应党纪监督与内部审计、内控合规管理的协调配合机制。

（二）建立健全内部控制和风险管理体系。应采取定性和定量相结合的方法，识别、计量、评估、监测、报告、控制或缓释各类金融风险，构建风险防范的长效机制，确保内部控制水平和风险管理能力与金融业务发展和潜在风险水平相适应。

（三）建立与服务主业实业相适应的风险偏好体系。应做好财务承受能力的压力测试，明确风险管理目标及风险偏好，确定对各类风险的风险容忍度、风险限额及关键风险管理指标，并基于自身风险偏好合理制定内外部客户风险评级及授信制度，确保内外部金融业务风险可控。

（四）建立完善风险监测及舆情管控机制。应充分利用监管部门及行业自律组织相关风险管控工具和手段，多方渠道监控市场变化、重大事项、负面舆情等信息，与系统外部单位开展融资信贷相关业务必须接入中国人民银行征信系统，并将履约情况纳入征信记录。应建立健全声誉风险监测、评估和应急处置机制，降低风险事件对本单位及股份公司整体声誉形象的负面影响。

（五）建立完善风险资产责任追究机制。应建立项目终身责任制，制定并严格落实薪酬延期支付制度，项目资金全部收回且风险解除前不得兑付主要绩效。应对风险资产分级分类管理，充分计提风险拨备，并严格按照规定做好审计和责任认定工作，明确区分履职尽责、失职失察、违法违纪等行为，严格限制风险资产责任人离职，对发现的违规行为和未尽职情况要严厉问责。

（六）建立完善风险报告制度。应定期分析本单位风险管理情况，逐级向股份公司按月报送风险资产项目情况，按季报送重点项目、重大事项、关键指标及发现风险整改情况；对监管部门及行业自律机构开展相关检查或督导出具的通报、意见及处罚等情况及时逐级报送股份公司；对发现可能引发系统性金融风险或影响自身发展的风险隐患和风险事件要在12小时内报告股份公司。

第十七条 资本控股集团负责监督产业金融板块其他单位落实股份公司各项风险管理规定；应定期或不定期开展产业金融板块风险评估和检查工作，持续提高风险管理水平，按年度向股份公司报送产业金融板块风险管理报告；应每年聘请外部独立第三方对产业金融板块内部控制进行评价，并将内部控制评价报告报送股份公司。

第十八条 非产业金融板块单位开展金融业务应参照以上风险管理要求执行。

第六章 监督管理

第十九条 股份公司对各单位金融业务工作定期或不定期组织开展调研、检查及督导。资本控股集团应对产业金融板块其他单位建立常态化检查监管机制，并根据外部监管及股份公司要求对重点业务进行专项检查监管。

检查结束后，应向被检查单位书面反馈检查意见，明确提出整改要求并持续跟踪整改工作进展情况，被检查单位应根据检查中发现的问题进行认真整改，整改结果及时报送检查单位。

第二十条 发生下列行为之一的，按照有关规定对相关责任人严肃问责：

（一）未按规定履行审批程序擅自开展金融业务；

（二）开展金融业务负面清单列示业务；

（三）融资业务发生兑付违约情况；

（四）金融业务风险管控不利造成重大经济损失；

（五）金融业务信息系统管理不当造成重大经济损失；

（六）信息管理及披露不当造成重大负面影响；

（七）风险报告不及时、处置不当引发系统性金融风险或造成重大影响；

（八）报告虚假信息、隐瞒资产损失、未按要求及时报告有关情况；

（九）其他违反法律法规及本办法规定行为造成重大影响。

第二十一条 在监督检查过程中，发现违规经营投资行为及其他违纪违规行为的，将严格按照总部集团违规经营投资责任追究办法及职工违纪违规处分规定等相关制度追究相关责任单位和人员责任，涉嫌违法犯罪的，移送国家监察机关或司法机关处理。

第七章 附 则

第二十二条 本办法由股份公司财务资金部负责解释。

第二十三条 本办法自下发之日起执行，股份公司原有制度规定与本办法不一致的，以本办法为准。

中国铁道建筑集团有限公司暨中国铁建股份有限公司经济责任审计管理办法

（中铁建审监〔2020〕62号）

第一章 总 则

第一条 为加强对中国铁道建筑集团有限公司暨中国铁建股份有限公司（以下简称公司）所属单位负责人经济责任履行情况的监督，客观评价各单位负责人经济责任与经营绩效，规范公司经济责任审计工作，根据《党政主要领导干部和国有企事业单位主要领导人员经济责任审计规定》、《审计署关于内部审计工作的规定》（审计署第11号令）和《中国铁道建筑有限公司暨中国铁建股份有限公司内部审计管理规定》（中铁建审监〔2018〕67号）等规定，结合公司实际，制定本办法。

第二条 本办法适用于公司及公司所属各单位，包括公司占控股地位或者具有实际控制权的企业。

第三条 本办法所称经济责任审计，是指公司各级审计机构依法依规，对单位负责人任职期间贯彻执行党和国家经济方针政策及上级决策部署，执行党内法规、国家有关法律法规和公司规章制度，推动本单位改革发展、重大经济决策、经营管理、重大经济风险防控及个人遵守廉洁从业规定等履职情况进行监督和评价的工作。

第四条 本办法所称单位负责人是指各单位的法定代表人，分公司（含分支机构）、指挥（项目）部的主要行政负责人（含主持工作），以及上级领导兼任下级单位正职领导职务且不实际履行经济责任时，实际分管日常工作的领导干部。

第五条 经济责任审计包括离任经济责任审计、任中经济责任审计和专项经济责任审计。

（一）离任经济责任审计是指对单位负责人离任，或者任期内办理调任、免职、辞职、退休等事项时进行的经济责任审计。

（二）任中经济责任审计是指对单位负责人任职期间进行的经济责任审计。包括实行年薪制及股权激励机制的企业（含试点企业）在任期内奖励兑现前的审计、任期届满连任时的审计，以及任职时间较长、上级根据规定和需要安排的审计。

（三）专项经济责任审计是指所任职企业发生债务危机、长期经营亏损、有息负债及“两金”占用异常增长、资产质量较差等重大经营异常状况，发生合并分立、破产关闭、重组改制等重大经济事项情况，因上级对单位负责人特殊监管要求，以及单位负责人存在违反廉洁从业规定和其他违法违纪行为情况下进行的经济责任审计。

第六条 内部审计机构在党委、董事会（董事长）领导下开展经济责任审计工作，经济责任审计计划报本单位党委、董事会批准后，组织实施。

第七条 坚持“有离必审”的原则，未经审计，不得解除单位负责人经济责任和兑现任职期间的全部绩效薪金。

第八条 内部审计机构实施经济责任审计，任何单位（部门）和个人不得拒绝、阻碍、干涉，不得打击报复审计人员。干部管理、纪检、审计等部门应各司其职、各负其责，加强对经济责任审计的协调与配合。公司其他职能部门应对经济责任审计工作提供必要的配合和支持。

第九条 公司经济责任审计工作接受审计署等国家机关的监督与指导。

第二章 审计组织

第十条 公司各单位经济责任审计工作，按照干部管理权限和企业产权关系，依据“统一要求、分级负责”和“谁任命、谁审计”的原则分级组织实施。干部管理权限与产权隶属关系不一致时，审计管辖范围由上级内部审计机构组织部门确定。

第十一条 单位负责人离任均应组织开展任期经济责任审计，离任审计覆盖面要达到100%；逐步加大任中经济责任审计的力度，原则上单位负责人任期每满3年，应组织开展任中经济责任审计。

第十二条 单位负责人任职期间发生符合专项经济责任审计情形时，应当组织进行专项经济责任审计，及时发现问题，明确经济责任，纠正违法违规行为。

第十三条 公司内部审计机构开展经济责任审计工作履行以下职责：

（一）根据国家法律法规、党和国家政策和上级经济责任审计规定，结合公司实际情况，制定公司有关经济责任审计工作规章制度；

（二）科学制定经济责任审计中长期规划和年度审计项目计划，推进领导干部经济责任审计全覆盖；

（三）负责组织实施公司所属单位负责人的经济责任审计工作；

（四）在所属单位发生重大经营管理异常等情况下，决定并组织实施专项经济责任审计工作；

（五）指导监督所属单位开展经济责任审计工作；

（六）推进经济责任审计结果运用，督促审计发现问题的整改。

第十四条 为有效整合审计资源，经济责任审计可以与其他审计相结合。在确保审计结果客观公正的基础上，可以参考使用内外部监督资料，避免重复审计。

第三章 审计内容

第十五条 开展经济责任审计应根据被审计单位所在行业板块、发展阶段等实际情况来确定审计内容和重点，单位负责人经济责任审计的主要内容包括：

（一）贯彻执行党和国家经济方针政策、上级决策部署情况；

（二）企业发展战略规划的制定、执行效果情况；

（三）重大经济事项的决策、执行和效果情况；

（四）财务管理，财务状况和经营成果的真实合法性及国有资本保值增值情况；

（五）内部控制和风险管控制度的制定和执行情况，境外投资管理情况，社会责任履行情况，生态环境保护情况，锦鲤资产管理情况，内部审计工作开展情况；

（六）在经济活动中执行党内法规、国家有关法律法规情况，落实有关党风廉政建设责任和遵守廉洁从业规定情况；

（七）以往审计发现问题的整改情况；

（八）其他需要审计的内容。

专项经济责任审计的主要内容可根据专项情形确定审计内容和重点。

第十六条 有关单位主要领导由上级领导兼任，且实际履行经济责任的，对其经济责任审计时，审计内容仅限于该领导所兼任职务应履行的经济责任。

第十七条 经济责任审计应当坚持问题、风险、管理和价值“四个导向”，坚持客观公正、实事求是、廉洁奉公、保守秘密的“四项原则”，并执行审计回避制度的规定。

第四章 审计计划与实施

第十八条 各单位根据干部管理和经济责任监督工作的需要，制定年度经济责任审计计划。

第十九条 各单位应当加强经济责任审计的计划管理，内部审计机构应当与干部管理部门及时沟通，确保科学制定年度经济责任审计计划；因人事管理和监督工作需要临时增加审计项目，干部管理部门、纪检部门应向内部审计机构提出建议，报请单位党委及董事会批准。

实施年度内新增经济责任审计项目时，干部管理部门、纪检部门应以书面形式向内部审计机构出具委托书。委托书的内容包括审计对象、职务、审计范围、审计重点等。

第二十条 内部审计机构应建立健全经济责任审计信息管理制度，有效利用审计信息技术，提高审计工作效率。

第二十一条 内部审计机构根据年度经济责任审计计划，组成审计组并实施审计，审计组应当按照公司内部审计管理规定的要求，制定审计实施方案，报内部审计机构审核后，开展经济责任审计。审计组组长、内部审计机构对审计实施方案和审计质量负责。

第二十二条 经济责任审计通知书经组织实施审计单位的主要领导签发后，送达被审计单位，同时抄送被审计单位负责人。

第二十三条 被审计单位负责人应按照审计通知书要求，在实施现场审计前，向审计组提供经济责任履行情况的书面报告，报告主要内容包括：

（一）本人岗位工作职责及履行情况；

（二）任职单位历年企业负责人业绩考核指标完成情况；

（三）企业发展战略规划的制定及实施、重大经营决策和采取的主要措施及其效果；

（四）任职单位遵守国家财经法规、公司规章制度以及本人执行廉洁从业规定情况；

（五）存在的主要问题和改进建议；

（六）需要说明的其他事项。

第二十四条 被审计单位负责人及被审单位应对所提供资料的真实性、完整性负责，并作出书面承诺。被审计单位应按照审计通知书要求做好准备工作，及时、准确、完整地提供以下资料：

（一）单位组织机构、领导岗位分工及职责、议事规则、经营决策程序及主要内部控制制度；

（二）任期各年度工作计划和工作总结，董事会决议、总经理办公会纪要以及与经营决策事项有关的会议决议和记录；

（三）任期各年度财务决算审计报告及管理建议书、财务会计报告、会计账簿和会计凭证以及新签合同额、完成产值等生产经营统计资料；

（四）任期各年度企业负责人业绩考核指标完成情况及其分析报告，对所属单位（项目）负责人业绩考核指标完成情况及其分析报告；

（五）任期内重要的经济合同、协议，重大投资项目方案及其实施结果资料；

（六）任期内各种财产物资清理核销及资产处置资料；

（七）任期末对外担保、抵押、未决诉讼等或有事项资料；

（八）任职前后有关经济遗留问题资料；

（九）有关监督部门对单位检查后提出的检查结果、处理意见及整改情况等资料；

（十）审计组认为需要提供的其他有关资料。

第二十五条 经济责任审计过程中，审计组可采取审计公告、召开座谈会、问卷调查、个别访谈等方式，广泛征求各级干部职工对被审计单位负责人任期经济责任履行情况的意见。同时，关注任职期间被审计单位对在内外部监督检查中发现的有关问题的整改和处理处罚情况。

第二十六条 经济责任审计过程中，采用其他监督检查资料时，对有疑义的事项应对其真实性、完整性进行复核。

第二十七条 审计实施方案中确定审计范围应遵循重要性原则，被审计单位本级及重要的所属单位（项目）应当纳入经济责任审计工作范围内，其他所属单位（项目）可视不同情况决定是否纳入延伸审计工作范围；主要子企业审计户数不得低于50%，审计资产量不得低于被审计单位资产总额的70%。下列子单位（项目）应当纳入经济责任审计范围，做到“六必审”：

（一）资产或者效益占重要位置的子企业（项目）；

（二）企业负责人兼任领导职务的子企业（项目）；

（三）任期内新设立或发生合并、分立、重组、改制等产权变动的子企业；

（四）任期内关停并转或者出现经营亏损、资不抵债，有息负债及“两金”占用异常增长等财务状况异常的子企业（项目）；

（五）任期内未经审计或者财务负责人更换频繁的子企业（项目）；

（六）内部控制不健全，风险评估较高的子企业等。

审计实施过程中，审计组应根据工作进展情况或访谈、举报掌握的有关信息，对发现的重要审计线索开展延伸审计。

第二十八条 审计实施过程中，审计人员应及时与被审计单位、事项经办人交换意见，核实相关证据。

第二十九条 审计实施过程中，对敏感问题或重大发现，审计组应开展内部讨论和研究，及时向派出的内部审计机构报告。

第三十条 内部审计机构在审计实施过程中应全程跟踪、加强督导，对审计工作质量严格把关。

第三十一条 提交审计报告前，审计组组长和主审应组织审计组成员对报告草稿进行内部讨论，保证报告质量。

第三十二条 审计组实施审计后，应当向派出审计组的内部审计机构提交经济责任审计报告。经济责任审计报告的主要内容应包括：

（一）基本情况。主要包括：被审计单位基本情况、单位负责人任职情况、经济责任审计期间划分、任期财务状况变动及资产质量分析等。

（二）任期主要经营业绩。主要包括：任期主要经济技术指标完成情况、单位考核的定量及定性指标等。

（三）审计发现的主要问题。根据经济责任审计的主要内容进行分类总结、归纳。

（四）审计评价、处理意见及建议。

第三十三条 在提交审计报告前，审计组应当征求被审计单位和被审计单位负责人对审计报告的意见。被审计单位和被审计单位负责人应当自收到审计组审计报告之日起10个工作日内提出书面意见，在规定期限内未提出书面意见的，视同无异议。如有异议，审计组应当进一步核实，并做出是否采纳说明。审计组对其提交的审计报告承担责任。

第三十四条 内部审计机构应当按照规定程序对审计组提交的审计报告进行复核，应重点关注：审计证据是否充分、主要事实是否清楚、审计评价是否适当、责任认定和审计处理意见是否正确。

第三十五条 内部审计机构应当按照规定程序将复核后的审计报告提交本单位党委常委会审议或审批。依据有关审批或审议结果作出审计决定，下达被审计单位执行，并抄送被审计单位负责人、相关部门和上级审计机构。

第三十六条 被审计单位和被审计单位负责人必须严格执行审计决定、认真落实审计意见，自收到审计决定之日起3个月内，向组织实施审计的内部审计机构书面报送审计决定执行情况和审计意见落实情况。被审计单位、被审计单位负责人对审计报告、审计决定有异议的，按照《中国铁道建筑有限公司暨中国铁建股份有限公司内部审计管理规定》（中铁建审监〔2018〕67号）有关规定执行。

第五章 审计评价及责任认定

第三十七条 经济责任审计在审计查证或认定事实的基础上，结合被审计单位负责人的履职特点、履职时期的客观环境等因素，综合运用多种方法和评价指标，坚持定量评价与定性评价相结合的原则，依据国家法律法规、政策规定、国务院国资委制定的企业绩效评价体系及公司综合绩效考核办法，对单位负责人任期内经营业绩与经济责任进行客观公正、实事求是的分析和评价。

审计评价应当围绕被审计单位负责人的经济责任履行情况进行，应有充分的审计证据支持，对不受审计监督或审计中未涉及的事项不做评价。

第三十八条 对单位负责人履行经济责任过程中存在的问题，内部审计机构应当按照权责一致原则，区别不同情况，依纪依法依规认定其应当承担的直接责任或领导责任。

（一）本办法所称直接责任，是指单位负责人对履行经济责任过程中的下列行为应当承担的责任：

1. 直接违反党内法规、国家法律法规、党和国家政策的；

2. 授意、指使、强令、纵容、包庇下属人员违反党内法规、国家法律法规、党和国家政策的；

3. 贯彻党和国家经济方针政策及决策部署不坚决不全面不到位，造成国有资产损失浪费、生态环境破坏、公共利益损害等后果的；

4. 未完成有关法律法规规章、政策措施、文件制度、目标责任书等规定的单位负责人作为第一责任人（负总责）事项，造成国有资产损失浪费、生态环境破坏、公共利益损害等后果的；

5. 未经民主决策程序或者民主决策时在多数人不同意的情况下，直接决定、批准、组织实施重大经济事项，造成国有资产、国有资源损失浪费、生态环境破坏、公共利益损害等后果的；

6. 不履行或者不正确履行职责，对出现的问题起决定性作用的其他行为。

（二）本办法所称领导责任，是指单位负责人对履行经济责任过程中的下列行为应当承担的责任：

1. 民主决策时，在多数人同意的情况下决定、批准、组织实施重大经济事项，由于决策不当或者决策失误造成国有资产国有资源损失浪费、生态环境破坏、公共利益损害等后果的；

2. 违反单位内部管理规定造成国有资产国有资源损失浪费、生态环境破坏、公共利益损害等后果的；

3. 参与相关决策和工作时，没有发表明确的反对意见，相关决策和工作存在违反党内法规、国家法律法规、党和国家政策，或者造成国有资产国有资源损失浪费、生态环境破坏、公共利益损害等后果的；

4. 疏于监管，未及时发现和处理管辖范围内本级或者下一级单位（部门）违反党内法规、国家法律法规、党和国家政策的问题，造成国有资产国有资源损失浪费、生态环境破坏、公共利益损害等后果的；

5. 除直接责任外，不履行或者不正确履行职责，对造成的后果应当承担责任的其他行为。

（三）对被审计单位负责人的责任认定，应当把在推进企业改革中因缺乏经验，先行先试出现的失误和错误，同明知故犯行为区分开来；把上级尚无明确限制的探索性试验中的失误和错误，同上级明令禁止后依然我行我素的违纪违法行为区分开来；把推动发展的无意过失，同为牟取私利的违纪违法行为区分开来。责任认定应结合实际情况，核实认定违规行为的事实、性质及其造成的损失和影响，既考虑量的标准也考虑质的不同，以保护企业经营管理人员干事创业的积极性、主动性、创造性。

第六章 审计结果及运用

第三十九条 对在履行经济责任过程中，因违反党内法规、国家法律法规、党和国家政策或者上级单位及本单位规章制度，以及未履行或者未正确履行职责等过错行为造成企业资产损失或经济效益流失的，应当根据《中央企业违规经营投资责任追究实施办法（试行）》（国务院国资委第37号令）、《中国铁道建筑有限公司违规经营投资责任追究实施办法（试行）》（中铁建审监〔2018〕91号）对相关责任人追责处理。

对审计中发现企业职工违反国家法律法规和企业规章制度，或者不履行、不正确履行职责给企业造成损失以及不良社会影响的，依照《中国铁道建筑有限公司暨中国铁建股份有限公司职工违纪违规处分规定（试行）》（中铁建监〔2018〕17号）给予处分。

对于有严重违纪违法行为的，应当作出以下处理：

（一）对承担一般经济责任的相关人员，依据相关法律法规及企业规定予以处理；

（二）对违反党纪政纪的，移交纪检部门予以处理；

（三）对以权谋私、贪污挪用、失职渎职、行贿受贿，以及其他违法违纪、涉嫌犯罪行为的，应根据国家有关规定报经单位领导批准后，移交纪检监察等相关部门或单位处理。

第四十条 针对经济责任审计中发现的问题、揭示的风险和提出的建议，被审计单位应严格按照公司审计整改管理办法及时落实整改，堵塞管理漏洞。

第四十一条 针对经济责任审计中发现的问题和风险的整改情况，内部审计机构应当建立健全整改台账，做好跟踪检查工作，必要时开展后续审计工作。

第四十二条 经济责任审计结果报告及审计整改报告，应当归入被审计干部本人考核（廉政）档案，作为考核、任免和奖惩被审计领导干部的重要参考。

第四十三条 对于预留或延期支付的单位负责人的绩效薪金，根据公司有关绩效薪酬与考核的相关规定，依照经济责任审计结果兑现发放。

第四十四条 各单位下列经济责任审计工作事项应当向公司审计监事部备案：

（一）对所属单位的经济责任审计报告，包括单位其他班子成员担任所属子单位负责人的经济责任审计报告；

（二）发生重大经营异常等情况开展的专项经济责任审计报告；

（三）需要上报的其他审计资料。

第四十五条 干部管理、纪检等有关部门应高度关注、充分利用审计成果，适时向内部审计机构反馈经济责任审计结果运用情况。

第四十六条 经单位主要负责人批准，审计结果及审计决定执行情况，以适当的方式在一定范围内通报。

第七章 罚 则

第四十七条 被审计单位负责人或所在单位拒绝、阻碍经济责任审计，或拒绝、拖延提供相关资料或证明材料，影响审计工作正常开展并造成不良后果的，其上级单位应当责令改正，并对负有直接责任的主管人员和直接责任人给予党纪政纪处分。

第四十八条 被审计单位转移、隐匿、篡改、伪造、毁弃有关经济责任审计资料的，其上级单位对负有直接责任的主管人和直接负责人给予党纪政纪处分；涉嫌犯罪的，依法移送司法机关处理。

第四十九条 对于打击报复或者陷害检举人、证明人、资料提供人和审计人员的，上级单位应当责令其改正，并给予党纪政纪处分；给被害人造成损失的，应当予以赔偿；涉嫌犯罪的，依法移送司法机关处理。

第五十条 对于拒不纠正审计发现问题，整改完成率长期不达标，措施不到位，工作流于形式，问题屡审屡犯的单位，公司将责令限期改正，并对直接负责的主管人员和其他直接责任人员进行问责处理。

第五十一条 对于利用职权牟取私利、徇私舞弊、玩忽职守、索贿受贿和泄露国家机密或者企业商业秘密的内部审计人员，应当给予党纪政纪处分并调离审计工作岗位；涉嫌犯罪的，依法移送司法机关处理。

第五十二条 对于内部审计机构出具虚假不实的审计报告，或者违反有关审计工作要求，避重就轻、回避问题或明知有重要事项不报告的，按照《中国铁道建筑有限公司暨中国铁建股份有限公司职工违纪违规处分规定（试行）》（中铁建监〔2018〕17 号）和《中国铁道建筑有限公司暨中国铁建股份有限公司内部审计管理规定》（中铁建审监〔2018〕67 号）追究内部审计机构负责人和相关人员的责任。

第八章 附 则

第五十三条 各单位可根据本办法，并结合本单位实际情况，制定实施细则或工作规范，报公司审计监事部备案。

第五十四条 本办法由公司审计监事部负责解释。

第五十五条 本办法自发布之日起实施。2010 年 8 月印发的《中国铁建股份有限公司经济责任审计管理暂行办法》（中国铁建审监〔2010〕169 号）同时废止。

中国铁建股份有限公司合作方警示名录管理办法

（中国铁建法〔2020〕4号）

第一章 总 则

第一条 为进一步提升中国铁建股份有限公司（以下简称股份公司）法律风险防范能力，规范生产经营活动，降控法律纠纷案件，加快合作方信用体系建设，保障企业依法经营、依法决策和合规管理，特制定本办法。

第二条 本办法所称合作方警示名录是指股份公司法律合规部将严重失信的合作方列入股份公司警示名录，向全系统内部公布，实施合作约束、联合防控等措施的统称。

第三条 合作方警示名录由股份公司法律合规部唯一归口管理，具体负责评定、发布、解除、管理、监督等相关工作。各单位法律合规部门为本单位合作方警示名录归口管理部门。

第四条 合作方警示名录中的合作方按法人类（含其他组织）和自然人类两大类别进行管理。

第五条 合作方警示名录适用于股份公司及所属各单位（以下简称各单位），各单位在实施过程中内部掌握，不得外传。

第二章 评定与发布

第六条 合作方警示名录，由各二级单位汇总并初审后，按照股份公司统一要求格式正式上报股份公司。

第七条 具有下列情形之一的合作方应当列入合作方警示名录：

（一）利用立案登记制度滥用诉权，恶意将与其直接合作的我方单位的上级单位列为共同被告；

（二）三次及以上起诉我方单位（含仲裁），或对我方单位采取三次及以上财产保全或强制执行措施，申请法院查封、冻结、扣押我方单位银行账户、财产等行为，且在诉讼（仲裁）过程中拒不和解，坚持主张高额利息、违约金；

（三）在纠纷处理过程中，存有多次阻挠施工、恶意组织上访、蓄意制造安全质量事故、向媒体诋毁企业形象和信誉等恶劣情形，造成极坏影响；

（四）在诉讼前、诉讼中或执行过程中，意图伪造证据通过诉讼获得非法利益，或通过提供片面材料、虚假陈述、隐瞒事实等不当手段，误导司法机关、公安机关、行政机关等国家机关或新闻媒体，强制到与其直接合作的我方单位的上级单位调查、取证、要求协助执行等，导致较大不利影响的；

（五）在法律纠纷案件处理过程中，存在隐藏、转移、变卖、毁损财产等恶意转移资产行为，或伪造、毁灭重要证据，或以暴力、威胁、贿买方法阻止证人作证，或者指使、贿买、胁迫他人作伪证，或恶意躲避等行为的；

（六）恶意拖欠农民工工资，纵容或串通农民工闹访，或在处理劳务人员受伤、内部管理纠纷、外欠款等纠纷过程中，不作为或拒不履行自身职责，致使我方单位被牵连诉讼二次及以上，最终造成我方单位经济损失或不良信誉影响的；

（七）其他经股份公司法律合规部评定认为应当纳入合作方警示名录的情形。

第八条 合作方警示名录不限于以上形成法律纠纷案件的当事人，各单位在生产经营活动中发现的其他不诚信合作方，可参考以上标准，结合具体实际情况，综合分析上报评定。

第九条 具有下列情形的合作方，一般不予列入合作方警示名录：

（一）股份公司系统内单位；

（二）国家立法、司法、行政机关以及其他具有公共社会管理职能的机构组织；

（三）业主指定的开户银行、政府特许部门或机构；

（四）与股份公司签有战略合作协议；

（五）中央企业及所属子企业或地方省级重点国有企业；

（六）知名国内、国际组织、机构；

（七）确属内部劳动争议的；

（八）债权债务清晰，确系我方原因形成法律纠纷案件的；

（九）存在身份证号、住所地等基本信息缺失情形，列入警示名录对其他单位无法起到借鉴作用的自然人类合作方；

（十）其他认为不予列入的情形。

上述第（四）（五）（六）项所列情形，各二级单位认为确有必要列入警示名录的，在上报股份公司前，应提前向股份公司法律合规部说明原因，经同意后再行上报。

第十条 股份公司法律合规部按年度将评定更新的合作方警示名录向全系统内部公布。

第三章 管理与监督

第十一条 各单位应加强警示名录机制的信息化管理，各业务部门在生产经营过程中（包括但不限于投融资、工程施工、劳务分包、物资设备采购等），应加强合作方资格审查，禁止与列入合作方警示名录的合作方进行合作。

第十二条 各单位不得对已经列入合作方警示名录的任何合作方签订合同或付款。合作方在列入警示名录前，已签订合同且未履行完毕的，待合同履行完毕后，按本办法规定执行。

第十三条 因特殊原因确需与被列入合作方警示名录的合作方进行合作或付款的，必须按程序将该合作方从合作方警示名录中解除。在提起申请但未解除前，应按照股份公司《第三方尽职调查实施细则》的有关规定在履行审核审批流程后报股份公司法律合规部批准。

第十四条 股份公司法律合规部对各单位合作方警示名录的使用落实情况进行监督、指导和检查。

各单位法律合规部门对本单位范围内合作方警示名录的使用落实情况进行监督、指导和检查。

第十五条 对于可能发生或已经发生法律纠纷案件，且可能纳入合作方警示名录的，各二级单位应及时上报股份公司，情形特别恶劣的，股份公司可对该合作方及时进行警示通报。

第四章 解除程序

第十六条 对于已经列入警示名录中的合作方，具有下列情形的，由二级单位向股份公司提出申请，予以解除：

（一）诚意悔改，有继续合作愿望的；

（二）处理案件态度积极，通过撤诉、和解、免除利息、违约金、主动承担诉讼费用等使得案件得到妥善处理的；

（三）案件形成原因确系我方违约，不应当被列入警示名录的；

（四）其他应当解除的情形。

第十七条 股份公司只接受二级单位解除申请，对合作方的申请不予受理。

第十八条 对于多家二级单位上报的同一警示合作方，只有一家单位提出解除申请的，股份公司不予解除。

第十九条 股份公司对各二级单位上报的解除申请，经审核后，对符合解除条件的合作方，每半年一次，集中下发通知予以解除。

第五章 责任追究

第二十条 各单位应建立举报机制，接受并核实本单位范围内对不执行警示名录相关规定的举报，并将警示名录工作纳入绩效考核体系，完善考核机制。

第二十一条 对于不遵守股份公司规定，擅自与列入警示名录的合作方进行合作，给单位造成损失的，对相关责任人予以追责。

第二十二条 财务部门向警示名录中的合作方付款时，没有按本办法第十三条规定执行，给单位造成损失的，对相关责任人予以追责。

第二十三条 将合作方警示名录外传，尤其是上传至外部媒体和网络，根据对单位造成损害及不良影响情形，对相关责任人予以追责。

第二十四条 各单位及员工发现有以上追责情形时，均有权向所属（或）上级单位法律合规部门进行举报。

第二十五条 对相关责任人的追责，执行《职工违纪违规处分规定》的相关规定，违反国家法律法规的，追究其相应法律责任。

第六章 附 则

第二十六条 本办法由股份公司法律合规部负责解释，自发布之日起实施。

2020年中国铁道建筑集团有限公司文件选目

文件号	文件标题
中铁建外事〔2020〕1号	关于调整中国铁道建筑集团有限公司外事工作领导小组的通知
中铁建退管〔2020〕2号	关于成立中国铁道建筑集团有限公司退休人员社会化管理移交工作领导小组的通知
中铁建行办〔2020〕3号	关于进一步明确总部各部门对口联系国家部委和有关单位职责的通知
中铁建科创〔2020〕4号	中国铁道建筑集团有限公司关于推荐中铁第五勘察设计院集团有限公司申报“北斗铁路行业综合应用示范工程”的请示
中铁建审监〔2020〕5号	关于印发《中国铁道建筑集团有限公司暨中国铁建股份有限公司审计整改工作管理办法》的通知
中铁建外事〔2020〕6号	中国铁道建筑集团有限公司关于邀请马来西亚柔佛州苏丹访华的请示
中铁建财资〔2020〕7号	中国铁道建筑集团有限公司关于2020年度预算报告的请示
中铁建审监〔2020〕8号	关于印发《中国铁道建筑集团有限公司暨中国铁建股份有限公司内部控制审计管理办法》的通知
中铁建审监〔2020〕9号	关于印发《中国铁道建筑集团有限公司暨中国铁建股份有限公司专项审计调查实施办法》的通知
中铁建人〔2020〕13号	中国铁道建筑集团有限公司关于《工资总额备案制管理办法》的请示
中铁建投开〔2020〕15号	中国铁道建筑集团有限公司关于2019年度国有资产评估管理工作总结的报告
中铁建发展〔2020〕16号	中国铁道建筑集团有限公司关于交通强国建设试点实施方案和任务申报表的报告
中铁建投开〔2020〕18号	中国铁道建筑集团有限公司关于中国铁建重工集团股份有限公司国有股东证券账户标识的请示
中铁建投开〔2020〕19号	中国铁道建筑集团有限公司关于2020年投资计划情况的报告
中铁建投开〔2020〕20号	中国铁道建筑集团有限公司关于确定2020年非主业投资控制比例的请示
中铁建审监〔2020〕23号	关于印发《中国铁道建筑集团有限公司暨中国铁建股份有限公司工程项目审计指导意见》的通知
中铁建发展〔2020〕25号	中国铁道建筑集团有限公司关于报送《处置“僵尸企业”国有资本经营预算补助资金清算申报报告》的报告
中铁建发展〔2020〕26号	中国铁道建筑集团有限公司关于报送《2020年特困企业专项治理国有资本经营预算申报报告》的报告
中铁建财资〔2020〕27号	中国铁道建筑集团有限公司关于申请2020年度企业外债额度的请示
中铁建法〔2020〕28号	中国铁道建筑集团有限公司关于请求协调所属中铁建物业合肥分公司13名员工涉嫌刑事案件的请示
中铁建发展〔2020〕29号	中国铁道建筑集团有限公司关于“科改示范行动”科技型企业改革方案及工作台账备案的报告
中铁建退管〔2020〕31号	关于印发《中国铁道建筑集团有限公司退休人员社会化管理移交工作方案》的通知
中铁建人〔2020〕33号	中国铁道建筑集团有限公司关于2020年度工资总额预算方案的报告
中铁建财资〔2020〕38号	中国铁道建筑集团有限公司关于内保外贷业务情况的报告
中铁建发展〔2020〕40号	中国铁道建筑集团有限公司关于《2019年度内控体系工作报告》的报告
中铁建行办〔2020〕41号	关于印发《中国铁道建筑集团有限公司扶贫资金使用与监督管理办法》的通知
中铁建人〔2020〕49号	中国铁道建筑集团有限公司关于2019年度工资总额预算执行情况的报告

续表

文 件 号	文 件 标 题
中铁建投开〔2020〕50 号	关于印发《中国铁道建筑集团有限公司暨中国铁建股份有限公司境外投资管理办法》的通知
中铁建发展〔2020〕51 号	中国铁道建筑集团有限公司关于设立中铁十八局集团有限公司苏丹分公司的请示
中铁建发展〔2020〕53 号	中国铁道建筑集团有限公司关于设立中国土木工程集团有限公司索马里分公司的请示
中铁建发展〔2020〕54 号	中国铁道建筑集团有限公司关于调整所属三家“双百企业”任务台账的请示
中铁建科创〔2020〕55 号	中国铁道建筑集团有限公司关于知识产权工作高质量发展行动方案（2020—2025 年）的报告
中铁建财资〔2020〕56 号	中国铁道建筑集团有限公司关于 2019 年度国有资本收益情况的报告
中铁建海外〔2020〕57 号	中国铁道建筑集团有限公司关于协助组织包机运送匈塞铁路塞尔维亚境内贝旧段项目分包商管理及劳务人员赴塞事宜的请示
中铁建海外〔2020〕58 号	中国铁道建筑集团有限公司关于协助安排包机往返尼日利亚的请示
中铁建发展〔2020〕59 号	关于印发《中国铁道建筑集团有限公司暨中国铁建股份有限公司重大风险事件报告工作制度》的通知
中铁建发展〔2020〕61 号	中国铁道建筑集团有限公司关于“总部机关化”问题专项整改工作总结的报告
中铁建审监〔2020〕62 号	关于印发《中国铁道建筑集团有限公司暨中国铁建股份有限公司经济责任审计管理办法》的通知
中铁建投开〔2020〕63 号	中国铁道建筑集团有限公司关于调整 2020 年非主业投资控制比例的请示
中铁建投开〔2020〕64 号	中国铁道建筑集团有限公司关于调整 2020 年投资计划情况的报告
中铁建海外〔2020〕65 号	中国铁道建筑集团有限公司关于廖娇等 29 名员工搭乘包机赴坦桑尼亚的请示
中铁建投开〔2020〕67 号	中国铁道建筑集团有限公司关于参股金融类企业情况的报告
中铁建投开〔2020〕70 号	中国铁道建筑集团有限公司关于调整 2020 年非主业投资控制比例的请示
中铁建投开〔2020〕71 号	中国铁道建筑集团有限公司关于调整 2020 年投资计划情况的报告
中铁建投开〔2020〕72 号	中国铁道建筑集团有限公司关于报送职工家属区“三供一业”分离移交中央财政补助资金绩效自评报告的报告
中铁建投开〔2020〕73 号	中国铁道建筑集团有限公司关于职工家属区“三供一业”分离移交中央财政补助资金清算的请示
中铁建海外〔2020〕74 号	关于印发《中国铁道建筑集团有限公司暨中国铁建股份有限公司境外并购管理办法（暂行）》的通知
中铁建发展〔2020〕75 号	中国铁道建筑集团有限公司关于设立中铁十一局集团有限公司中非分公司的请示
中铁建房管〔2020〕76 号	中国铁道建筑集团有限公司关于朝阳区皮村北巷 2 号棚户区改造项目周转住房立项的请示
中铁建投开〔2020〕77 号	关于评估机构备选库调整的通知
中铁建海外〔2020〕78 号	关于调整中国铁道建筑集团有限公司外事工作领导小组的通知
中铁建投开〔2020〕79 号	中国铁道建筑集团有限公司关于投资巴西巴伊亚州萨尔瓦多—伊塔帕利卡跨海大桥及配套公路项目的请示
中铁建财资〔2020〕80 号	中国铁道建筑集团有限公司关于《2018—2020 年享受重大技术装备进口税收政策复核报告》的报告
中铁建发展〔2020〕81 号	中国铁道建筑集团有限公司关于《中国铁建对标世界一流管理提升行动实施方案》报备的报告

续表

文件号	文件标题
中铁建审监〔2020〕82 号	关于印发《中国铁道建筑集团有限公司暨中国铁建股份有限公司违规经营投资责任追究工作操作规程(试行)》的通知
中铁建财资〔2020〕85 号	关于印发《中国铁道建筑集团有限公司暨中国铁建股份有限公司 2020—2022 年"两金"压控三年工作方案》的通知
中铁建退管〔2020〕86 号	关于调整中国铁道建筑集团有限公司退休人员社会化管理移交工作领导小组组成人员的通知
中铁建海外〔2020〕87 号	中国铁道建筑集团有限公司关于 2019 年度国际化经营自评情况的报告
中铁建经计〔2020〕88 号	中国铁道建筑集团有限公司关于申请参与世界最大直径盾构隧道项目——圳机荷高速改扩建工程荷坳隧道项目建设的请示
中铁建科创〔2020〕89 号	中国铁道建筑集团有限公司关于"十四五"科技创新专项规划(初稿)的报告
中铁建发展〔2020〕91 号	关于印发《中国铁道建筑集团有限公司暨中国铁建股份有限公司境内并购管理暂行办法》的通知
中铁建海外〔2020〕92 号	中国铁道建筑集团有限公司关于所属中铁十七局援孟八桥项目员工遇袭情况的报告
中铁建海外〔2020〕93 号	中国铁道建筑集团有限公司关于疫情期间亚吉铁路运营情况的报告
中铁建发展〔2020〕94 号	关于增加中国铁道建筑集团有限公司注册资本金的请示
中铁建经计〔2020〕96 号	中国铁道建筑集团有限公司关于积极融入国际物流供应体系的请示
中铁建发展〔2020〕97 号	关于印发《中国铁道建筑集团有限公司暨中国铁建股份有限公司内部控制与风险管理办法》的通知
中铁建法〔2020〕98 号	中国铁道建筑集团有限公司关于报送法治央企建设总结及有关报表的报告
中铁建发展〔2020〕99 号	关于印发《中国铁道建筑集团有限公司暨中国铁建股份有限公司内部控制评价与考核管理办法》的通知
中铁建发展〔2020〕100 号	中国铁道建筑集团有限公司关于改革三年行动实施方案(2020—2022 年)备案的报告
中铁建人〔2020〕101 号	中国铁道建筑集团有限公司关于 2019 年度企业负责人薪酬兑现情况的报告
中铁建财资〔2020〕102 号	中国铁道建筑集团有限公司关于 2021 年度主要指标预报表的报告
中铁建人〔2020〕103 号	中国铁道建筑集团有限公司关于中国铁建股份有限公司部分所属单位企业年金方案实施细则备案的报告
中铁建发展〔2020〕104 号	关于印发《中国铁道建筑集团有限公司改革三年行动实施方案(2020—2022年)》的通知
中铁建财资〔2020〕105 号	中国铁道建筑集团有限公司关于 2020 年度财务决算管理备案的报告

2020 年中国铁建股份有限公司文件选目

文件号	文件标题
中国铁建经计〔2020〕1 号	关于下达 2020 年生产经营计划的通知
中国铁建发展〔2020〕2 号	关于成立中铁建江西投资建设有限公司的通知
中国铁建发展〔2020〕3 号	关于成立中铁建华东投资发展有限公司的通知
中国铁建法〔2020〕4 号	关于印发《中国铁建股份有限公司合作方警示名录管理办法》的通知

续表

文件号	文件标题
中国铁建发展〔2020〕5号	关于成立中国铁建股份有限公司阿布扎比分公司的通知
中国铁建安监〔2020〕6号	关于公布中国铁建2019年度安全标准工地(车间)名单的通知
中国铁建科创〔2020〕7号	关于公布2018—2019年中国铁建股份有限公司优秀工法的通知
中国铁建科创〔2020〕8号	关于公布首批中国铁建股份有限公司工程实验室(研发中心)筹建认定名单的通知
中国铁建安监〔2020〕9号	关于表彰2019年度安全生产先进单位的通报
中国铁建安监〔2020〕10号	关于兑现2019年度安全包保责任书的通报
中国铁建科创〔2020〕11号	关于下达2019年度科技研究开发计划及资助计划的通知
中国铁建发展〔2020〕12号	关于成立中国铁建股份有限公司西安地铁八号线工程施工总承包2标段项目经理部的通知
中国铁建发展〔2020〕13号	关于成立中国铁建股份有限公司"十四五"发展战略与规划领导小组和编制小组的通知
中国铁建人〔2020〕14号	关于印发2020年度表彰奖励计划的通知
中国铁建发展〔2020〕15号	关于印发《中国铁建股份有限公司监管权力和责任清单》和《中国铁建股份有限公司授权放权清单》的通知
中国铁建发展〔2020〕16号	关于加强机构编制管理工作的通知
中国铁建投开〔2020〕17号	关于印发《2020年股份公司企业投资计划》的通知
中国铁建科创〔2020〕18号	关于表彰2019年度获得国家科学技术奖励单位的通报
中国铁建发展〔2020〕19号	关于成立中国铁建股份有限公司滨海快线(福州至长乐机场城际铁路工程)土建施工第2标段项目经理部的通知
中国铁建发展〔2020〕20号	关于成立中国铁建股份有限公司东莞市城市轨道交通1号线一期工程1302段项目指挥部的通知
中国铁建发展〔2020〕21号	关于成立中国铁建股份有限公司厦门市轨道交通6号线林埭西至华侨大学段工程土建施工总承包项目经理部的通知
中国铁建发展〔2020〕22号	关于发布中国铁建第四届企业管理创新成果评选结果的通报
中国铁建运管〔2020〕23号	印发《中国铁建股份有限公司关于落实"1234+"工程项目管理思路的实施意见》的通知
中国铁建法〔2020〕24号	关于印发《中国铁建股份有限公司依法防控新冠肺炎疫情法律合规风险的指导意见》的通知
中国铁建经计〔2020〕25号	关于印发中国铁建股份有限公司新型冠状病毒疫情防控期间企业经营工作指导意见的通知
中国铁建法〔2020〕26号	关于印发《中国铁建股份有限公司2020年法治工作要点》的通知
中国铁建发展〔2020〕27号	关于成立中铁建财资管理(香港)有限公司的通知
中国铁建发展〔2020〕28号	关于成立中国铁建·中铁十一局·湖南路桥·中铁建电气化局·中铁上海设计院联合体长株潭西环线一期总承包2标项目经理部的通知
中国铁建经计〔2020〕32号	关于表彰2019年度经营工作先进单位和先进个人的通报
中国铁建发展〔2020〕33号	关于成立中国铁建股份有限公司洛阳市城市轨道交通2号线一期工程刘富村车辆段指挥部的通知
中国铁建发展〔2020〕34号	关于成立中国铁建股份有限公司南京地铁9号线一期工程施工总承包D.009.X-TA02标项目部的通知

续表

文 件 号	文 件 标 题
中国铁建董办〔2020〕35 号	关于印发《中国铁建董事会 2020 年工作要点》的通知
中国铁建运管〔2020〕36 号	关于成立中国铁建股份有限公司提质增效专项行动领导小组的通知
中国铁建运管〔2020〕37 号	关于印发《中国铁建股份有限公司 2020 年提质增效专项行动方案》的通知
中国铁建发展〔2020〕38 号	关于增设中国铁建股份有限公司物资集中采购成都中心的通知
中国铁建董办〔2020〕39 号	关于修订《中国铁建股份有限公司章程》的通知
中国铁建董办〔2020〕40 号	关于修订《中国铁建股份有限公司股东大会议事规则》的通知
中国铁建法〔2020〕41 号	关于印发《中国铁建股份有限公司总法律顾问述职管理办法》的通知
中国铁建投开〔2020〕42 号	关于印发《中国铁建投资项目负面清单(2019 年版)》的通知
中国铁建投开〔2020〕43 号	关于印发《中国铁建境外投资项目负面清单(2019 年版)》的通知
中国铁建发展〔2020〕44 号	关于调整铁建资产所属中铁建投资基金管理有限公司股权的通知
中国铁建人〔2020〕45 号	关于成立中国铁建股份有限公司先进集体和劳动模范评审委员会的通知
中国铁建运管〔2020〕46 号	关于印发《中国铁建股份有限公司能源节约与生态环境保护监督管理办法》的通知
中国铁建运管〔2020〕47 号	关于印发《中国铁建股份有限公司内部施工企业信用评价管理办法》的通知
中国铁建财资〔2020〕48 号	关于印发《中国铁建股份有限公司金融业务管理办法》的通知
中国铁建财资〔2020〕49 号	关于修订《中国铁建股份有限公司资金集中管理办法》的通知
中国铁建财资〔2020〕50 号	关于修订《中国铁建股份有限公司银行账户管理办法》的通知
中国铁建科创〔2020〕51 号	关于印发 2020 年中国铁建企业技术标准编制计划的通知
中国铁建财资〔2020〕52 号	关于印发《中国铁建金融业务负面清单(2020 年版)》的通知
中国铁建运管〔2020〕53 号	关于成立中国铁建股份有限公司采购管理信息系统项目建设管理组织的通知
中国铁建发展〔2020〕54 号	关于成立中国铁建股份有限公司东部指挥部的通知
中国铁建发展〔2020〕55 号	关于成立中国铁建股份有限公司中部指挥部的通知
中国铁建发展〔2020〕56 号	关于成立中国铁建股份有限公司北方指挥部的通知
中国铁建运管〔2020〕57 号	关于表彰中国铁建股份有限公司 2019 年度优秀项目经理的通报
中国铁建运管〔2020〕58 号	关于公布 2019 年度中国铁建杯优质工程奖的通知
中国铁建发展〔2020〕59 号	关于成立中国铁建股份有限公司深圳皇岗路快速化改造工程设计施工总承包部的通知
中国铁建人〔2020〕60 号	关于做好 2020 年专业技术职务任职资格评审工作的通知
中国铁建发展〔2020〕61 号	关于成立中铁建(天津)轨道交通投资发展有限公司(项目公司)的通知
中国铁建财资〔2020〕63 号	关于成立中铁建财资管理(香港)有限公司筹备组的通知
中国铁建运管〔2020〕64 号	关于公布 2020 年度中国铁建股份有限公司优秀质量管理小组活动成果的通报
中国铁建行办〔2020〕65 号	关于印发《中国铁建系统档案全宗编号和档案单位名称代号表》的通知
中国铁建海外〔2020〕66 号	关于印发《中国铁建股份有限公司境外新冠肺炎疫情突发事件应急预案》的通知

续表

文　件　号	文　　件　　标　　题
中国铁建海外〔2020〕67 号	关于表彰 2019 年度中国铁建海外工作先进单位和先进个人的通报
中国铁建发展〔2020〕68 号	关于成立中国铁建股份有限公司沈阳指挥部的通知
中国铁建行办〔2020〕69 号	关于印发《总部管理类档案部门代号、档号简称及代码表》的通知
中国铁建法〔2020〕70 号	关于发布 2020 年版中国铁建合作方警示名录的通知
中国铁建人〔2020〕71 号	关于印发《股份公司 2020 年员工培训计划》的通知
中国铁建发展〔2020〕72 号	关于成立中国铁建股份有限公司郑州轨道 12 号线一期土建施工项目经理部的通知
中国铁建发展〔2020〕73 号	关于二级单位开展“总部机关化”问题专项整改工作的通知
中国铁建发展〔2020〕74 号	关于印发《中国铁建股份有限公司子公司主业管理办法》的通知
中国铁建发展〔2020〕75 号	关于印发《中国铁建股份有限公司企业托管管理办法》的通知
中国铁建财资〔2020〕76 号	关于印发《中国铁建股份有限公司财务资金管理专项整治行动方案》的通知
中国铁建发展〔2020〕77 号	关于中国铁建股份有限公司厦门轨道 6 号线林埭西至华侨大学段工程土建施工总承包项目经理部更名的通知
中国铁建科创〔2020〕78 号	关于成立中国铁建股份有限公司知识产权工作高质量发展领导小组的通知
中国铁建发展〔2020〕79 号	关于成立中国铁建股份有限公司福宜高速公路工程指挥部的通知
中国铁建发展〔2020〕80 号	关于成立中国铁建股份有限公司长春市城市轨道交通 7 号线一期工程总包部的通知
中国铁建发展〔2020〕81 号	关于成立中国铁建股份有限公司三清高速公路工程指挥部的通知
中国铁建发展〔2020〕82 号	关于印发《中国铁建股份有限公司三级公司 20 强评选发布实施办法》的通知
中国铁建科创〔2020〕83 号	关于印发《中国铁建股份有限公司知识产权工作高质量发展行动方案（2020—2025 年）》的通知
中国铁建安监〔2020〕84 号	关于印发《中国铁建股份有限公司安全生产专项整治三年行动实施方案》的通知
中国铁建安监〔2020〕85 号	关于成立安全生产专项整治三年行动领导机构和工作专班的通知
中国铁建发展〔2020〕86 号	关于中国铁建股份有限公司 2020 年全面深化改革工作任务的通知
中国铁建发展〔2020〕87 号	关于成立中铁建轨道城市发展有限公司的通知
中国铁建发展〔2020〕88 号	关于成立中国铁建股份有限公司新疆项目区域指挥部的通知
中国铁建运管〔2020〕89 号	关于发布《中国铁建 2020 年分包商名录》的通知
中国铁建人〔2020〕90 号	关于印发《中国铁建股份有限公司干部人事档案管理规定》的通知
中国铁建运管〔2020〕91 号	关于成立中国铁建股份有限公司雄安新区工程建设领导小组的通知
中国铁建发展〔2020〕93 号	关于成立中国铁建股份有限公司新疆项目电力专项指挥部的通知
中国铁建发展〔2020〕94 号	关于发布 2019 年度“中国铁建三级工程公司 20 强”的通报
中国铁建科创〔2020〕97 号	中国铁建股份有限公司关于申请地下空间领域发明专利集中审查的报告
中国铁建财资〔2020〕98 号	关于印发《中国铁建股份有限公司“两金”管控工作指导意见》的通知
中国铁建财资〔2020〕99 号	关于印发《中国铁建股份有限公司直托管项目税务管理暂行办法》的通知

续表

文　件　号	文　　件　　标　　题
中国铁建海外〔2020〕100 号	关于印发《中国铁建股份有限公司妥善应对“带疫解封”推动境外项目有序实施工作方案》的通知
中国铁建经计〔2020〕101 号	关于下达 2020 年度经营承揽力争计划的通知
中国铁建财资〔2020〕102 号	关于修订《中国铁建股份有限公司产业基金业务管理办法》的通知
中国铁建科创〔2020〕103 号	关于 2019 年度合理化建议和技术改进项目评审结果的通报
中国铁建发展〔2020〕104 号	关于成立中铁建华南投资集团有限公司的通知
中国铁建董办〔2020〕105 号	关于修订《中国铁建重大新中标项目与新签合同信息披露实施细则》的通知
中国铁建投开〔2020〕106 号	关于修订《中国铁建股份有限公司房地产项目备案管理暂行办法》的通知
中国铁建发展〔2020〕107 号	关于修订《中国铁建股份有限公司机构编制管理办法》的通知
中国铁建人〔2020〕108 号	关于印发《中国铁建股份有限公司总部补充医疗保险实施办法》的通知
中国铁建人〔2020〕109 号	关于举办 2020 年全国行业职业技能竞赛——中国铁建股份有限公司职业技能竞赛的通知
中国铁建发展〔2020〕110 号	关于成立中国铁建股份有限公司中部区域指挥部的通知
中国铁建安监〔2020〕111 号	关于印发《中国铁建股份有限公司生产安全事故管理规定》的通知
中国铁建安监〔2020〕112 号	关于印发《中国铁建股份有限公司生产安全事故应急管理暂行办法》的通知
中国铁建发展〔2020〕113 号	关于注销中国铁建美国有限责任公司的通知
中国铁建发展〔2020〕116 号	关于成立中国铁建股份有限公司陆军工程大学基础设施建设项目指挥部的通知
中国铁建发展〔2020〕117 号	关于成立中国铁建股份有限公司苍巴高速公路项目工程总承包部的通知
中国铁建科创〔2020〕118 号	关于表彰第二十一届中国专利奖获奖单位的通报
中国铁建投开〔2020〕119 号	关于印发《中国铁建股份有限公司投资项目设计审查和备案管理实施细则（2020 年版）》的通知
中国铁建科创〔2020〕120 号	关于公布 2019 年度发布技术标准研制资助和奖励项目的通知
中国铁建投开〔2020〕124 号	关于印发《中国铁建股份有限公司对外参股经营投资管理办法》的通知
中国铁建科创〔2020〕126 号	印发《关于创建中国铁建劳模和工匠人才创新工作室联盟的指导意见》的通知
中国铁建发展〔2020〕129 号	关于成立中铁建淄博投资发展有限公司的通知
中国铁建安监〔2020〕130 号	关于调整中国铁建股份有限公司安全生产委员会组成人员的通知
中国铁建发展〔2020〕131 号	关于成立中国铁建股份有限公司 33059 工程项目部的通知
中国铁建发展〔2020〕132 号	关于成立中国铁建股份有限公司 33046 工程项目部的通知
中国铁建发展〔2020〕133 号	关于成立中国铁建股份有限公司 31111 工程项目部的通知
中国铁建发展〔2020〕134 号	中国铁建　中国铁建党委关于调整总部有关部门职责和编制的通知
中国铁建法〔2020〕135 号	关于印发《案件管理“压存控增、提质创效”专项行动实施方案》的通知
中国铁建科创〔2020〕136 号	关于公布 2020 年度中国铁建股份有限公司优秀工法的通知
中国铁建运管〔2020〕137 号	关于印发《中国铁建股份有限公司工程质量监督管理办法》的通知

续表

文　件　号	文　件　标　题
中国铁建运管〔2020〕138 号	关于修订《中国铁建杯优质工程评选办法 》的通知
中国铁建运管〔2020〕139 号	关于印发《中国铁建股份有限公司本级项目总承包质量管理办法》的通知
中国铁建行办〔2020〕140 号	关于表彰获“中央企业信访工作先进集体和先进个人”称号单位及个人的通知
中国铁建行办〔2020〕141 号	关于国资委向中央企业从事信访工作 20 年以上的信访工作者颁发荣誉证书的通知
中国铁建投开〔2020〕142 号	关于修订《中国铁建股份有限公司企业固定资产建设项目投资管理办法》的通知
中国铁建发展〔2020〕143 号	关于成立中铁建华中投资有限公司的通知
中国铁建人〔2020〕144 号	关于印发《中国铁建股份有限公司超额利润分享激励操作指引》和《实施案例》的通知
中国铁建经计〔2020〕145 号	关于进一步强调区域总部去实体化管理化激发集团公司主体活力的通知
中国铁建运管〔2020〕146 号	关于表彰股份公司项目管理先进单位和优秀项目经理部的通报
中国铁建人〔2020〕147 号	关于调整中国铁建股份有限公司院士培养申报工作领导小组的通知
中国铁建法〔2020〕148 号	关于调整中国铁建股份有限公司法治铁建建设领导小组的通知
中国铁建信管〔2020〕149 号	关于调整中国铁建股份有限公司网络安全和信息化委员会组成人员的通知
中国铁建运管〔2020〕150 号	关于调整股份公司节能环保工作领导小组成员的通知
中国铁建人〔2020〕151 号	关于成立中国铁建股份有限公司保障农民工工资支付工作领导小组的通知
中国铁建发展〔2020〕152 号	关于调整中铁建城市开发有限公司股权结构的通知
中国铁建运管〔2020〕153 号	关于调整中国铁建股份有限公司质量管理委员会成员的通知
中国铁建科创〔2020〕154 号	关于下达 2020 年度科技研究开发计划及资助计划的通知
中国铁建发展〔2020〕155 号	关于印发《中国铁建“两非”剥离专项治理工作实施方案》的通知
中国铁建发展〔2020〕157 号	中国铁建　中国铁建党委关于调整中国铁建全面深化改革领导小组成员的通知
中国铁建人〔2020〕158 号	关于表彰 2020 年全国行业职业技能竞赛——中国铁建股份有限公司职业技能竞赛获奖单位和个人的通报
中国铁建行办〔2020〕159 号	关于调整中国铁建股份有限公司援疆援藏及扶贫开发工作领导小组的通知
中国铁建财资〔2020〕161 号	关于表彰“品质铁建杯”2020 年财税知识竞赛获奖单位及个人的通报
中国铁建科创〔2020〕162 号	关于成立中国铁建股份有限公司专家委员会的通知
中国铁建财资〔2020〕163 号	关于印发《中国铁建股份有限公司 2020 年提质增效高质量发展特别奖励办法》的通知
中国铁建科创〔2020〕165 号	关于公布 2020 年度中铁建科学技术奖获奖项目的通知
中国铁建发展〔2020〕166 号	关于成立中国铁建股份有限公司珠三角城际广清北延 GQBY－1 标项目经理部的通知
中国铁建发展〔2020〕167 号	关于成立中国铁建股份有限公司即墨项目第一标段建设工程指挥部的通知
中国铁建科创〔2020〕168 号	关于公布 2020 年度股份公司专利奖获奖项目的通知
中国铁建发展〔2020〕169 号	关于调整中国铁建“十四五”发展战略与规划领导小组成员的通知

续表

文　件　号	文　　件　　标　　题
中国铁建经计〔2020〕171 号	关于明确中国铁建股份有限公司名义 JM 融合项目及特定工程总承包项目合同评审相关事项的通知
中国铁建科创〔2020〕172 号	关于发布《铁路箱梁架设信息化施工技术规程》等 6 项中国铁建企业技术标准的通知
中国铁建海外〔2020〕173 号	关于印发《中铁建国际投资集团有限公司负责人年度海外经营管理绩效考核指标(试行)》的通知
中国铁建发展〔2020〕174 号	关于加强和规范境内驻外地机构监督管理的通知
中国铁建安监〔2020〕175 号	关于公布 2020 年度安全标准工地(车间)名单的通知
中国铁建发展〔2020〕176 号	关于增补第二批新兴产业重点业务及重点扶持单位的通知
中国铁建运管〔2020〕177 号	关于公布 2020 年度中国铁建杯优质工程奖的通知

2020 年中国铁道建筑集团有限公司党委文件选目

文　件　号	文　　件　　标　　题
中铁建党组〔2020〕3 号	中国铁道建筑集团有限公司党委 2019 年度党建工作报告
中铁建党办〔2020〕4 号	关于推荐李绍杰同志申报全国劳动模范的情况报告
中铁建党组〔2020〕6 号	中国铁道建筑集团有限公司 2019 年度二级单位党委书记抓基层党建述职评议考核工作总结报告
中铁建党组〔2020〕8 号	中国铁道建筑集团有限公司党委关于领导班子专题民主生活会情况的报告
中铁建党巡〔2020〕9 号	关于印发《中国铁道建筑集团有限公司党委贯彻〈中国共产党巡视工作条例〉的实施办法》的通知
中铁建党办〔2020〕10 号	关于印发国资委党委第二巡视组巡视中国铁建党委动员会上领导讲话的通知
中铁建党巡〔2020〕18 号	关于调整中国铁道建筑集团有限公司党委巡视工作领导小组组成人员的通知
中铁建党巡〔2020〕19 号	关于调整中国铁道建筑集团有限公司党委党风廉政建设和反腐败工作领导小组组成人员的通知
中铁建党巡〔2020〕23 号	关于印发《中国铁道建筑集团有限公司暨中国铁建股份有限公司党委关于禁止领导人员亲属和其他特定关系人所办企业与本企业发生业务往来行为的规定》的通知
中铁建党组〔2020〕33 号	关于将北京通达京承高速公路有限公司党组织关系划转至中国铁建投资集团有限公司党委的通知
中铁建党组〔2020〕39 号	中国铁道建筑集团有限公司党委关于领导班子巡视整改专题民主生活会情况的报告
中铁建党巡〔2020〕40 号	关于印发《中国铁道建筑集团有限公司党委巡视工作领导小组工作规则》的通知
中铁建党巡〔2020〕42 号	印发公司党委巡视组《关于专项巡视中国铁建东北区域总部的反馈意见》的通知
中铁建党巡〔2020〕43 号	印发公司党委巡视组《关于专项巡视中国铁建华北区域总部的反馈意见》的通知
中铁建党巡〔2020〕44 号	印发公司党委巡视组《关于专项巡视中国铁建中原区域总部的反馈意见》的通知
中铁建党巡〔2020〕45 号	印发公司党委巡视组《关于专项巡视中国铁建华中区域总部的反馈意见》的通知
中铁建党巡〔2020〕46 号	印发公司党委巡视组《关于专项巡视中国铁建华东区域总部的反馈意见》的通知

续表

文　件　号	文　　件　　标　　题
中铁建党巡〔2020〕47 号	印发公司党委巡视组《关于专项巡视中国铁建华南区域总部的反馈意见》的通知
中铁建党巡〔2020〕48 号	印发公司党委巡视组《关于专项巡视中国铁建重庆区域总部的反馈意见》的通知
中铁建党巡〔2020〕49 号	印发公司党委巡视组《关于专项巡视中国铁建西南区域总部的反馈意见》的通知
中铁建党巡〔2020〕50 号	印发公司党委巡视组《关于专项巡视中国铁建西北区域总部的反馈意见》的通知
中铁建党巡〔2020〕51 号	印发公司党委巡视组《关于专项巡视中国土木工程集团有限公司的反馈意见》的通知
中铁建党巡〔2020〕52 号	印发公司党委巡视组《关于专项巡视中铁十一局集团有限公司的反馈意见》的通知
中铁建党巡〔2020〕53 号	印发公司党委巡视组《关于专项巡视中铁十二局集团有限公司的反馈意见》的通知
中铁建党巡〔2020〕54 号	印发公司党委巡视组《关于专项巡视中国铁建大桥工程局集团有限公司的反馈意见》的通知
中铁建党巡〔2020〕55 号	印发公司党委巡视组《关于专项巡视中铁十四局集团有限公司的反馈意见》的通知
中铁建党巡〔2020〕56 号	印发公司党委巡视组《关于专项巡视中铁十五局集团有限公司的反馈意见》的通知
中铁建党巡〔2020〕57 号	印发公司党委巡视组《关于专项巡视中铁十六局集团有限公司的反馈意见》的通知
中铁建党巡〔2020〕58 号	印发公司党委巡视组《关于专项巡视中铁十七局集团有限公司的反馈意见》的通知
中铁建党巡〔2020〕59 号	印发公司党委巡视组《关于专项巡视中铁十八局集团有限公司的反馈意见》的通知
中铁建党巡〔2020〕60 号	印发公司党委巡视组《关于专项巡视中铁十九局集团有限公司的反馈意见》的通知
中铁建党巡〔2020〕61 号	印发公司党委巡视组《关于专项巡视中铁二十局集团有限公司的反馈意见》的通知
中铁建党巡〔2020〕62 号	印发公司党委巡视组《关于专项巡视中铁二十一局集团有限公司的反馈意见》的通知
中铁建党巡〔2020〕63 号	印发公司党委巡视组《关于专项巡视中铁二十二局集团有限公司的反馈意见》的通知
中铁建党巡〔2020〕64 号	印发公司党委巡视组《关于专项巡视中铁二十三局集团有限公司的反馈意见》的通知
中铁建党巡〔2020〕65 号	印发公司党委巡视组《关于专项巡视中铁二十四局集团有限公司的反馈意见》的通知
中铁建党巡〔2020〕66 号	印发公司党委巡视组《关于专项巡视中铁二十五局集团有限公司的反馈意见》的通知
中铁建党巡〔2020〕67 号	印发公司党委巡视组《关于专项巡视中铁建设集团有限公司的反馈意见》的通知
中铁建党巡〔2020〕68 号	印发公司党委巡视组《关于专项巡视中国铁建电气化局集团有限公司的反馈意见》的通知
中铁建党巡〔2020〕69 号	印发公司党委巡视组《关于专项巡视中国铁建港航局集团有限公司的反馈意见》的通知

续表

文　件　号	文　　件　　标　　题
中铁建党巡〔2020〕70 号	印发公司党委巡视组《关于专项巡视中国铁建房地产集团有限公司的反馈意见》的通知
中铁建党巡〔2020〕71 号	印发公司党委巡视组《关于专项巡视中铁第一勘察设计院集团有限公司的反馈意见》的通知
中铁建党巡〔2020〕72 号	印发公司党委巡视组《关于专项巡视中铁第四勘察设计院集团有限公司的反馈意见》的通知
中铁建党巡〔2020〕73 号	印发公司党委巡视组《关于专项巡视中铁第五勘察设计院集团有限公司的反馈意见》的通知
中铁建党巡〔2020〕74 号	印发公司党委巡视组《关于专项巡视中铁上海设计院集团有限公司的反馈意见》的通知
中铁建党巡〔2020〕75 号	印发公司党委巡视组《关于专项巡视中铁物资集团有限公司的反馈意见》的通知
中铁建党巡〔2020〕76 号	印发公司党委巡视组《关于专项巡视中国铁建重工集团股份有限公司的反馈意见》的通知
中铁建党巡〔2020〕77 号	印发公司党委巡视组《关于专项巡视中国铁建国际集团有限公司的反馈意见》的通知
中铁建党巡〔2020〕78 号	印发公司党委巡视组《关于专项巡视中铁城建集团有限公司的反馈意见》的通知
中铁建党巡〔2020〕79 号	印发公司党委巡视组《关于专项巡视中国铁建投资集团有限公司的反馈意见》的通知
中铁建党巡〔2020〕80 号	印发公司党委巡视组《关于专项巡视中铁建资本控股集团有限公司的反馈意见》的通知
中铁建党巡〔2020〕81 号	印发公司党委巡视组《关于专项巡视中铁建商务管理有限公司的反馈意见》的通知
中铁建党巡〔2020〕82 号	印发公司党委巡视组《关于专项巡视中铁磁浮交通投资建设有限公司的反馈意见》的通知
中铁建党巡〔2020〕83 号	印发公司党委巡视组《关于专项巡视中铁建华南建设有限公司的反馈意见》的通知
中铁建党巡〔2020〕84 号	印发公司党委巡视组《关于专项巡视中铁建网络信息科技有限公司的反馈意见》的通知
中铁建党巡〔2020〕85 号	印发公司党委巡视组《关于专项巡视中铁建国际投资有限公司的反馈意见》的通知
中铁建党巡〔2020〕86 号	印发公司党委巡视组《关于专项巡视中铁建发展集团有限公司的反馈意见》的通知
中铁建党巡〔2020〕87 号	印发公司党委巡视组《关于专项巡视中国铁建股份有限公司北京培训中心（中国铁建股份有限公司党校）的反馈意见》的通知
中铁建党巡〔2020〕88 号	印发公司党委巡视组《关于专项巡视中铁建锦鲤资产管理有限公司的反馈意见》的通知

2020 年中国铁建股份有限公司党委文件选目

文件号	文件标题
中国铁建党组〔2020〕1 号	关于同意召开中国共产党中国土木工程集团有限公司代表大会和增选党委委员候选人预备人选的批复
中国铁建党办〔2020〕3 号	关于做好 2020 年春节期间有关工作的通知
中国铁建党组〔2020〕4 号	关于元旦春节期间开展走访慰问生活困难党员和老党员活动的通知
中国铁建党宣〔2020〕6 号	关于表彰 2019 年度对外宣传报道、新媒体建设先进单位和个人的决定
中国铁建党办〔2020〕7 号	关于印发党委书记、董事长陈奋健在中国铁建加强新型冠状病毒感染肺炎疫情防控工作视频会上讲话的通知
中国铁建党组〔2020〕8 号	关于中国共产党中国土木工程集团有限公司代表大会选举结果的批复
中国铁建党办〔2020〕10 号	关于印发股份公司领导在中国铁建统筹推进新冠肺炎疫情防控和复工复产工作视频会议上讲话、传达精神的通知
中国铁建党办〔2020〕11 号	关于印发《中国铁建党委 2020 年党建工作要点》的通知
中国铁建党组〔2020〕12 号	关于成立中国共产党中铁建资本控股集团有限公司委员会和纪律检查委员会的通知
中国铁建党组〔2020〕13 号	关于成立中国共产党中铁建发展集团有限公司委员会和纪律检查委员会的通知
中国铁建党组〔2020〕15 号	关于做好 2020 年政工专业职务任职资格评审工作的通知
中国铁建党纪〔2020〕16 号	关于追授钱勇飞同志中国铁建“优秀纪检干部”荣誉称号的决定
中国铁建党组〔2020〕17 号	关于调整中国铁建股份有限公司清远磁浮工程总承包项目部党工委组成人员的通知
中国铁建党组〔2020〕18 号	关于成立中国共产党中铁建城市开发有限公司委员会和纪律检查委员会的通知
中国铁建党组〔2020〕19 号	关于深入学习贯彻《中国共产党国有企业基层组织工作条例(试行)》的通知
中国铁建党组〔2020〕23 号	关于印发《中国铁建股份有限公司组织人事部门对领导人员进行提醒、函询和诫勉的实施细则》的通知
中国铁建党组〔2020〕24 号	关于印发《中国铁建股份有限公司领导人员报告个人有关事项工作规程》的通知
中国铁建党组〔2020〕25 号	关于印发《中国铁建股份有限公司领导人员因私出国(境)管理办法》的通知
中国铁建党宣〔2020〕26 号	关于印发《中国铁建党委关于深化新时代文明单位创建工作的指导意见》的通知
中国铁建党组〔2020〕27 号	关于印发《中国铁建党委领导班子专题民主生活会整改方案》的通知
中国铁建党组〔2020〕29 号	关于成立中国共产党中国铁建股份有限公司郑州轨道 12 号线一期土建施工项目经理部工作委员会的通知
中国铁建党组〔2020〕31 号	关于成立中国共产党中国铁建股份有限公司长春市城市轨道交通 7 号线一期工程总包部工作委员会的通知
中国铁建党组〔2020〕33 号	关于认真学习贯彻习近平总书记在中央政治局第二十一次集体学习时重要讲话精神的通知
中国铁建党办〔2020〕34 号	中国铁建关于坚决制止餐饮浪费行为切实培养节约习惯的通知
中国铁建党组〔2020〕36 号	关于 2019 年度党建工作责任制考核评价结果的通报

续表

文件号	文件标题
中国铁建党办〔2020〕37号	关于调整中国铁建股份有限公司国家安全人民防线建设领导小组人员的通知
中国铁建党办〔2020〕38号	关于调整中国铁建股份有限公司维护稳定工作小组组成人员的通知
中国铁建党办〔2020〕39号	关于调整中国铁建股份有限公司统战工作领导小组组成人员的通知
中国铁建党组〔2020〕40号	关于同意召开中国共产党中国铁建股份有限公司华中区域总部党员大会和党委纪委组成人员候选人预备人选的批复
中国铁建党组〔2020〕41号	股份公司党委　股份公司关于表彰2019年度"四好"领导班子的决定
中国铁建党组〔2020〕42号	关于调整中国铁建股份有限公司人才工作领导小组的通知
中国铁建党组〔2020〕44号	关于中共中国铁建股份有限公司华中区域总部党员大会和党委、纪委一次全会选举结果的批复
中国铁建党办〔2020〕45号	关于深入学习贯彻党的十九届五中全会精神的通知
中国铁建党办〔2020〕46号	关于中国铁建股份有限公司领导班子成员分工调整的通知
中国铁建党组〔2020〕48号	关于同意召开中国共产党中国铁建股份有限公司重庆区域总部第一次代表大会和党委纪委组成人员候选人预备人选的批复
中国铁建党组〔2020〕49号	关于同意召开中国共产党中国铁建股份有限公司东北区域总部党员大会和党委纪委组成人员候选人预备人选的批复
中国铁建党组〔2020〕50号	关于印发《关于巩固深化"不忘初心、牢记使命"主题教育成果的实施意见》的通知
中国铁建党办〔2020〕51号	关于2020年荣获全国、省部级先进集体和劳动模范的通报
中国铁建党办〔2020〕52号	关于表彰2020年中国铁建先进集体和劳动模范的决定
中国铁建党组〔2020〕53号	关于命名第二批中国铁建"示范党支部"的通知
中国铁建党组〔2020〕54号	关于印发《中国铁建股份有限公司党支部工作细则(试行)》的通知
中国铁建党办〔2020〕56号	关于印发《中国铁建股份有限公司贯彻落实"三重一大"决策制度实施办法(试行)》和《中国铁建股份有限公司"三重一大"决策事项清单(试行)》的通知
中国铁建党组〔2020〕57号	关于开展2020年度党委书记抓基层党建述职评议考核工作的通知
中国铁建党组〔2020〕58号	关于"党课开讲啦"活动优秀党课评选结果的通知
中国铁建党组〔2020〕59号	关于印发2021年发展党员计划的通知
中国铁建党组〔2020〕60号	关于中共中国铁建股份有限公司重庆区域总部第一次代表大会和第一届委员会、纪律检查委员会一次全会选举结果的批复
中国铁建党组〔2020〕61号	关于召开2020年度党员领导干部民主生活会的通知
中国铁建党组〔2020〕62号	关于中国铁建股份有限公司军民融合指挥部党委更名的通知
中国铁建党组〔2020〕63号	关于同意召开中国共产党中国铁建股份有限公司西南区域总部第一次代表大会和党委纪委组成人员候选人预备人选的批复
中国铁建党组〔2020〕64号	关于印发《中国铁建股份有限公司党员领导干部民主生活会实施细则》的通知
中国铁建党组〔2020〕65号	关于印发《中国铁建股份有限公司领导班子成员联系点工作实施办法》的通知
中国铁建党巡〔2020〕66号	关于印发《关于建立健全巡视机构与有关职能部门协作配合机制的意见》的通知
中国铁建党办〔2020〕67号	关于做好2021年元旦春节期间有关工作的通知

2020 年 11 月 19 日，中铁建设集团有限公司承建的中老铁路万象站举行主站房封顶仪式暨钢结构首拼仪式。

（王　礼摄）

附　录

附录	文献辑要	统计资料	人物	所属单位	区域总部	工会工作	党的工作	科技创新	综合管理	经营管理	海外业务	工程施工	董事会工作	概况	大事记	特载

美国《财富》2021年度
“世界企业500强”前30名企业名单

2021年排名	2020年排名	企业名称	营业收入（百万美元）	利润（百万美元）	国家
1	1	沃尔玛	559151.0	13510.0	美国
2	3	国家电网有限公司	386617.7	5580.4	中国
3	9	亚马逊	386064.0	21331.0	美国
4	4	中国石油天然气集团有限公司	283957.6	4575.2	中国
5	2	中国石油化工集团有限公司	283727.6	6205.2	中国
6	12	苹果公司	274515.0	57411.0	美国
7	13	CVSHealth公司	268706.0	7179.0	美国
8	15	联合健康集团	257141.0	15403.0	美国
9	10	丰田汽车公司	256721.7	21180.1	日本
10	7	大众公司	253965.0	10103.5	德国
11	14	伯克希尔—哈撒韦公司	245510.0	42521.0	美国
12	16	麦克森公司	238228.0	−4539.0	美国
13	18	中国建筑集团有限公司	234425.0	3578.4	中国
14	6	沙特阿美公司	229766.2	49286.8	沙特阿拉伯
15	19	三星电子	200734.4	22116.4	韩国
16	21	中国平安保险(集团)股份有限公司	191509.4	20738.9	中国
17	23	美源伯根公司	189893.9	−3408.7	美国
18	8	英国石油公司	183500.0	−20305.0	英国
19	5	荷兰皇家壳牌石油公司	183195.0	−21680.0	荷兰
20	24	中国工商银行股份有限公司	182794.4	45783.4	中国
21	29	Alphabet公司	182527.0	40269.0	美国
22	26	鸿海精密工业股份有限公司	181945.4	3456.7	中国
23	11	埃克森美孚	181502.0	−22440.0	美国
24	20	戴姆勒股份公司	175827.3	4132.8	德国
25	30	中国建设银行股份有限公司	172000.2	39282.5	中国
26	22	美国电话电报公司	171760.0	−5176.0	美国
27	* *	开市客	166761.0	4002.0	美国
28	* *	信诺	160401.0	8458.0	美国
29	* *	中国农业银行股份有限公司	153884.6	31293.4	中国
30	* *	嘉德诺	152922.0	−3696.0	美国

注:表中2020年排名标* *为2020年未入选企业。

美国《财富》2021年度“世界企业500强”中国企业名单

序号	2021年排名	2020年排名	企业名称	营业收入（百万美元）	总部所在城市
1	2	3	国家电网有限公司	386617.7	北京
2	4	4	中国石油天然气集团有限公司	283957.6	北京
3	5	2	中国石油化工集团有限公司	283727.6	北京
4	13	18	中国建筑集团有限公司	234425.0	北京
5	16	21	中国平安保险（集团）股份有限公司	191509.4	深圳
6	20	24	中国工商银行股份有限公司	182794.4	北京
7	22	26	鸿海精密工业股份有限公司	181945.4	新北
8	25	30	中国建设银行股份有限公司	172000.2	北京
9	29	35	中国农业银行股份有限公司	153884.6	北京
10	32	45	中国人寿保险（集团）公司	144589.1	北京
11	35	50	中国铁路工程集团有限公司	141383.6	北京
12	39	43	中国银行股份有限公司	134045.6	北京
13	42	54	中国铁道建筑集团有限公司	131992.3	北京
14	44	49	华为投资控股有限公司	129183.5	深圳
15	56	65	中国移动通信集团有限公司	111825.5	北京
16	59	102	京东集团股份有限公司	108087.0	北京
17	60	52	上海汽车集团股份有限公司	107555.2	上海
18	61	78	中国交通建设集团有限公司	106867.7	北京
19	63	132	阿里巴巴集团控股有限公司	105865.7	杭州
20	65	92	中国五矿集团有限公司	102014.8	北京
21	66	89	中国第一汽车集团有限公司	101075.8	长春
22	67	107	恒力集团有限公司	100773.1	苏州
23	68	91	正威国际集团有限公司	100280.5	深圳
24	69	79	中国华润有限公司	99437.6	香港
25	70	295	山东能源集团有限公司	97860.6	济南
26	72	111	中国宝武钢铁集团有限公司	97643.1	上海
27	74	90	中国邮政集团有限公司	96304.1	北京
28	85	100	东风汽车公司集团有限公司	86856.3	武汉
29	90	112	中国人民保险集团股份有限公司	84290.4	北京
30	91	105	中国南方电网有限责任公司	83699.0	广州
31	92	64	中国海洋石油集团有限公司	83296.3	北京
32	101	108	国家能源投资集团有限责任公司	80716.2	北京
33	107	157	中国电力建设集团有限公司	78486.5	北京
34	109	145	中国医药集团有限公司	77278.2	北京
35	112	136	中粮集团有限公司	76855.6	北京
36	115	126	中国中信集团有限公司	74689.2	北京
37	122	152	中国恒大集团	73514.0	深圳
38	124	134	北京汽车集团有限公司	72147.3	北京
39	126	158	中国电信集团有限公司	71400.9	北京
40	127	154	中国兵器工业集团有限公司	71017.5	北京
41	132	197	腾讯控股有限公司	69864.2	深圳
42	137	162	交通银行股份有限公司	67605.5	上海
43	138	463	晋能控股集团有限公司	67534.8	大同
44	139	147	碧桂园控股有限公司	67080.4	佛山
45	140	163	中国航空工业集团有限公司	66964.1	北京

续表

序号	2021 年排　名	2020 年排　名	企　业　名　称	营业收入（百万美元）	总部所在城市
46	142	176	绿地控股集团股份有限公司	66095.8	上海
47	148	234	厦门建发集团有限公司	64111.8	厦门
48	149	75	太平洋建设集团有限公司	64037.7	乌鲁木齐
49	151	109	中国中化集团有限公司	63544.0	北京
50	158	193	中国太平洋保险（集团）股份有限公司	61185.7	上海
51	159	224	联想集团有限公司	60742.3	香港
52	160	208	万科企业股份有限公司	60740.7	深圳
53	161	164	中国化工集团有限公司	60491.9	北京
54	162	189	招商银行股份有限公司	60433.2	深圳
55	163	235	招商局集团有限公司	60280.7	香港
56	170	210	物产中大集团股份有限公司	58545.7	杭州
57	171	284	厦门国贸控股集团有限公司	58279.0	厦门
58	174	191	中国保利集团有限公司	58072.3	北京
59	176	206	广州汽车工业集团有限公司	57723.9	广州
60	177	187	中国建材集团有限公司	57115.3	北京
61	189	298	厦门象屿集团有限公司	54323.9	厦门
62	194	253	中国光大集团股份公司	53429.0	北京
63	196	222	兴业银行股份有限公司	53313.9	福州
64	198	217	中国铝业集团有限公司	53191.2	北京
65	200	218	河钢集团有限公司	52760.7	石家庄
66	201	220	上海浦东发展银行股份有限公司	52628.3	上海
67	213	250	友邦保险集团有限公司	50359.0	香港
68	220	273	陕西煤业化工集团有限责任公司	49314.3	西安
69	224	239	中国民生银行股份有限公司	49076.0	北京
70	225	343	江西铜业集团有限公司	48820.1	贵溪
71	231	264	中国远洋海运集团有限公司	47998.3	上海
72	234	265	陕西延长石油（集团）有限责任公司	47529.1	西安
73	235	269	和硕	47517.9	台北
74	239	243	浙江吉利控股集团有限公司	47191.0	杭州
75	240	* *	中国船舶集团有限公司	46844.6	北京
76	248	266	中国华能集团有限公司	45750.4	北京
77	251	362	台积公司	45477.8	新竹
78	255	* *	浙江荣盛控股集团有限公司	44725.9	杭州
79	260	290	中国联合网络通信股份有限公司	44034.4	北京
80	279	329	青山控股集团有限公司	42448.1	温州
81	282	308	山东魏桥创业集团有限公司	41878.8	滨州
82	284	281	中国机械工业集团有限公司	41712.0	北京
83	288	307	美的集团股份有限公司	41407.1	佛山
84	293	316	国家电力投资集团有限公司	40322.8	北京
85	301	353	中国能源建设集团有限公司	39439.0	北京
86	307	352	中国航天科技集团有限公司	38741.9	北京
87	308	351	江苏沙钢集团有限公司	38664.5	张家港
88	309	* *	浙江恒逸集团有限公司	38561.7	杭州
89	311	455	盛虹控股集团有限公司	38440.0	苏州
90	315	367	安徽海螺集团有限责任公司	37929.8	芜湖
91	320	332	中国航天科工集团有限公司	37697.0	北京
92	324	377	广达电脑公司	37042.9	桃园
93	328	324	苏宁易购集团股份有限公司	36564.5	南京
94	332	354	阳光龙净集团有限公司	36263.9	福州

续表

序号	2021年排名	2020年排名	企业名称	营业收入（百万美元）	总部所在城市
95	334	386	中国电子信息产业集团有限公司	35930.9	北京
96	336	369	金川集团股份有限公司	35907.1	金昌
97	338	422	小米集团	35632.6	北京
98	339	396	仁宝电脑	35619.1	台北
99	343	424	泰康保险集团股份有限公司	35475.6	北京
100	344	392	中国太平保险集团有限责任公司	35460.5	香港
101	346	374	国泰金融控股股份有限公司	35123.5	台北
102	349	361	中国中车集团有限公司	34778.2	北京
103	351	434	中国兵器装备集团有限公司	34454.6	北京
104	352	370	中国华电集团有限公司	34440.0	北京
105	353	328	长江和记实业有限公司	34347.1	香港
106	354	381	中国电子科技集团有限公司	34311.4	北京
107	359	296	雪松控股集团有限公司	33837.0	广州
108	363	423	上海建工集团股份有限公司	33525.6	上海
109	364	* *	融创中国控股有限公司	33418.4	北京
110	371	493	中国核工业集团有限公司	32662.8	北京
111	372	301	怡和集团	32647.0	香港
112	375	* *	敬业集团有限公司	32528.2	石家庄
113	384	459	山东钢铁集团有限公司	31990.3	济南
114	388	403	富邦金融控股股份有限公司	31837.8	台北
115	390	* *	新希望控股集团有限公司	31605.7	北京
116	396	442	深圳市投资控股有限公司	31143.6	深圳
117	400	401	鞍钢集团有限公司	30885.6	鞍山
118	403	485	山西焦煤集团有限责任公司	30453.7	太原
119	405	435	海尔智家股份有限公司	30395.0	青岛
120	407	456	铜陵有色金属集团控股有限公司	30301.1	铜陵
121	411	429	首钢集团有限公司	30053.7	北京
122	415	* *	新华人寿保险股份有限公司	29544.6	北京
123	421	452	纬创集团	28694.5	台北
124	425	* *	潍柴动力股份有限公司	28621.8	潍坊
125	428	468	海亮集团有限公司	28466.7	杭州
126	430	477	中国通用技术(集团)控股有限责任公司	28379.3	北京
127	431	* *	北京建龙重工集团有限公司	28361.5	北京
128	433	* *	浙江省交通投资集团有限公司	28168.2	杭州
129	435	465	中国大唐集团有限公司	27928.3	北京
130	437	473	上海医药集团股份有限公司	27812.9	上海
131	439	490	广西投资集团有限公司	27707.9	南宁
132	444	443	新疆广汇实业投资(集团)有限责任公司	27448.3	乌鲁木齐
133	451	496	中国中煤能源集团有限公司	27104.9	北京
134	456	* *	龙湖集团控股有限公司	26745.9	北京
135	460	* *	广州市建筑集团有限公司	26682.4	广州
136	468	* *	广州医药集团有限公司	26070.1	广州
137	470	* *	华润置地有限公司	26027.1	香港
138	471	* *	云南省投资控股集团有限公司	25886.9	昆明
139	474	* *	万洲国际有限公司	25589.0	香港
140	481	499	华阳新材料科技集团有限公司	25187.9	阳泉
141	486	* *	紫金矿业集团股份有限公司	24855.2	龙岩
142	488	436	珠海格力电器股份有限公司	24709.7	珠海
143	497	* *	中国再保险(集团)股份有限公司	24376.0	北京

注:表中2020年排名标* *为2020年未入选企业。

2021 年全球最大 250 家承包商中国企业入选名单

序号	2021 年排名	2020 年排名	企业名称	营业收入（百万美元）
1	1	1	中国建筑集团有限公司	195658.7
2	2	2	中国中铁股份有限公司	141852.7
3	3	3	中国铁建股份有限公司	134745.0
4	4	4	中国交通建设集团有限公司	100811.6
5	5	5	中国电力建设集团有限公司	65717.6
6	6	8	中国冶金科工集团有限公司	54100.2
7	8	9	上海建工集团股份有限公司	45863.4
8	9	＊＊	绿地大基建集团有限公司	43653.5
9	13	12	中国能源建设集团有限公司	28469.7
10	14	13	北京城建集团有限责任公司	25624.7
11	15	33	江苏中南建设集团	19493.4
12	17	18	中国化学工程集团有限公司	18325.7
13	19	32	山西建设投资集团有限公司	16933.9
14	20	27	北京建工集团有限责任公司	16234.2
15	21	26	江苏南通三建集团股份有限公司	15684.7
16	26	30	浙江省建设投资集团股份有限公司	14377.9
17	27	28	湖南建工集团有限公司	13936.4
18	31	＊＊	江苏南通二建集团股份有限公司	13232.3
19	34	36	安徽建工集团股份有限公司	12066.1
20	38	53	江苏省建设工程集团有限公司	11012.9
21	39	42	中国石油集团工程股份有限公司	10593.5
22	42	＊＊	青建集团股份有限公司	9660.5
23	43	47	上海城建（集团）公司	9444.0
24	44	51	中石化炼化工程（集团）股份有限公司	8853.5
25	46	44	南通四建集团有限公司	8577.1
26	49	50	河北建工集团有限责任公司	7893.0
27	53	46	江西省建工集团有限责任公司	7493.9
28	55	65	四川公路桥梁建设集团有限公司	7147.7
29	56	52	中国机械工业集团公司	6927.6
30	64	76	特变电工股份有限公司	6255.9

续表

序号	2021年排名	2020年排名	企业名称	营业收入（百万美元）
31	72	83	中国东方电气集团有限公司	5534.3
32	78	103	浙江省交通工程建设集团有限公司	5017.3
33	89	99	龙信建设集团有限公司	4253.9
34	90	98	新疆生产建设兵团建设工程(集团)有限责任公司	4177.9
35	95	95	中国通用技术(集团)控股有限责任公司	3906.1
36	97	110	中国武夷实业股份有限公司	3870.6
37	108	89	中铝国际工程股份有限公司	3303.5
38	111	130	中国铁路设计集团有限公司	3147.6
39	122	131	中信建设有限责任公司	2518.9
40	124	210	上海电气集团股份有限公司	2501.8
41	125	119	中国中材国际工程股份有限公司	2449.4
42	134	126	湖南路桥建设集团有限责任公司	2209.4
43	137	141	南通建工集团股份有限公司	2079.7
44	138	132	烟建集团有限公司	2063.2
45	146	166	中钢设备有限公司	1906.1
46	147	154	中国江苏国际经济技术合作集团有限公司	1904.7
47	148	170	山东淄建集团有限公司	1902.3
48	153	* *	山东德建集团有限公司	1784.9
49	154	161	中石化中原石油工程有限公司	1762.7
50	158	164	凯盛集团	1704.1
51	162	175	中国中原对外工程有限公司	1635.4
52	201	174	北方国际合作股份有限公司	1165.8
53	203	218	中地国际工程有限公司	1157.0
54	206	* *	正太集团有限公司	1103.5
55	208	219	中国江西国际经济技术合作公司	1086.8
56	219	* *	中国电力技术装备有限公司	1019.4
57	226	* *	江西中煤建设集团有限公司	989.9
58	228	* *	哈尔滨电气国际工程有限公司	980.0
59	235	206	浙江省东阳第三建筑工程有限公司	893.6

注：表中* *表示未进入2020年度250强排行榜。

2021 年全球最大 250 家国际承包商中国企业入选名单

序号	2021 年排名	2020 年排名	企业名称	营业收入（百万美元）
1	4	4	中国交通建设集团有限公司	21348.4
2	7	7	中国电力建设集团有限公司	13007.9
3	9	8	中国建筑集团有限公司	10746.2
4	11	12	中国铁建股份有限公司	8375.0
5	13	13	中国中铁股份有限公司	7419.9
6	19	22	中国化学工程集团有限公司	4221.8
7	21	15	中国能源建设集团有限公司	4177.4
8	33	34	中国石油集团工程股份有限公司	3340.5
9	35	25	中国机械工业集团公司	3113.0
10	51	160	上海电气集团股份有限公司	1731.9
11	53	41	中国冶金科工集团有限公司	1659.8
12	55	63	中国中原对外工程有限公司	1635.4
13	60	54	中国中材国际工程股份有限公司	1297.8
14	63	62	中信建设有限责任公司	1242.1
15	67	73	中国通用技术(集团)控股有限责任公司	1151.7
16	72	81	中国江西国际经济技术合作公司	1023.6
17	73	111	中国电力技术装备有限公司	1019.4
18	75	85	江西中煤建设集团有限公司	989.9
19	78	95	哈尔滨电气国际工程有限公司	942.6
20	81	90	北方国际合作股份有限公司	894.9
21	84	82	浙江省建设投资集团股份有限公司	871.6
22	86	70	中石化炼化工程(集团)股份有限公司	807.2
23	89	97	中国水利电力对外公司	772.8
24	90	139	山东高速集团有限公司	736.1
25	93	101	上海建工集团股份有限公司	692.5
26	94	58	青建集团股份有限公司	685.3
27	100	96	中国地质工程集团有限公司	588.3
28	105	110	中石化中原石油工程有限公司	524.6
29	106	106	云南省建设投资控股集团有限公司	516.8
30	107	99	江苏省建设工程集团有限公司	515.1
31	108	122	江苏南通三建集团股份有限公司	507.3
32	109	105	北京城建集团有限责任公司	502.0
33	111	93	特变电工股份有限公司	489.3
34	113	168	新疆生产建设兵团建设工程(集团)有限责任公司	476.3
35	117	117	北京建工集团有限责任公司	457.4
36	119	146	烟建集团有限公司	450.0
37	121	107	中国河南国际合作集团有限公司	444.8
38	123	123	中国东方电气集团有限公司	427.9

续表

序号	2021 年排名	2020 年排名	企　业　名　称	营业收入（百万美元）
39	124	120	中国江苏国际经济技术合作集团有限公司	427.0
40	127	126	安徽省华安外经建设（集团）有限公司	410.2
41	129	138	中国武夷实业股份有限公司	408.1
42	132	143	江西水利水电建设集团有限公司	388.7
43	135	144	中鼎国际工程有限责任公司	365.3
44	143	136	中地海外集团有限公司	331.7
45	147	185	上海城建（集团）公司	321.3
46	148	145	中钢设备有限公司	314.0
47	155	133	中国有色金属建设股份有限公司	244.3
48	159	127	中国航天技术国际工程有限公司	231.5
49	167	* *	西安西电国际工程有限责任公司	211.7
50	171	154	沈阳远大铝业工程有限公司	197.3
51	172	148	中国成套设备进出口集团有限公司	197.0
52	173	186	山西建设投资集团有限公司	194.1
53	174	178	安徽建工集团股份有限公司	191.7
54	175	188	山东德建集团有限公司	191.3
55	176	194	龙信建设集团有限公司	191.0
56	177	187	山东淄建集团有限公司	189.6
57	180	191	湖南建工集团有限公司	185.2
58	184	198	浙江省东阳第三建筑工程有限公司	167.9
59	186	241	河北建工集团有限责任公司	162.7
60	189	205	南通建工集团股份有限公司	161.6
61	190	201	浙江省交通工程建设集团有限公司	160.4
62	192	221	湖南路桥建设集团有限责任公司	156.3
63	193	240	江苏中南建筑产业集团有限责任公司	155.7
64	194	208	江西省建工集团有限责任公司	153.0
65	197	140	中国建材国际工程集团有限公司	143.0
66	199	167	天元建设集团有限公司	134.9
67	200	207	重庆对外建设（集团）有限公司	133.6
68	202	204	中国甘肃国际经济技术合作有限公司	125.9
69	207	* *	绿地大基建集团有限公司	112.3
70	210	* *	正太集团有限公司	100.5
71	211	* *	南通四建集团有限公司	100.5
72	213	210	四川公路桥梁建设集团有限公司	92.0
73	217	* *	中国大连国际经济技术合作集团有限公司	84.7
74	219	202	山东科瑞石油装备有限公司	79.7
75	221	* *	中铝国际工程股份有限公司	75.8
76	228	* *	蚌埠市国际经济技术合作有限公司	70.1
77	232	* *	江苏南通二建集团股份有限公司	61.7
78	242	177	江联重工集团股份有限公司	37.0

注：表中 2020 年排名标 * * 为 2021 年首次入选或 2020 年未入选企业。

2021 年中国企业 500 强名单

续表

名次	企业名称	营业收入（万元）
1	国家电网有限公司	266766782
2	中国石油天然气集团有限公司	195931195
3	中国石油化工集团有限公司	195772455
4	中国建筑股份有限公司	161502333
5	中国平安保险(集团)股份有限公司	132141486
6	中国工商银行股份有限公司	126128136
7	中国建设银行股份有限公司	114475400
8	中国农业银行股份有限公司	106043500
9	中国人寿保险(集团)公司	99766657
10	中国铁路工程集团有限公司	97554878
11	中国银行股份有限公司	92280100
12	中国铁道建筑集团有限公司	91074888
13	华为投资控股有限公司	89136800
14	中国移动通信集团有限公司	77159747
15	京东集团股份有限公司	74580189
16	上海汽车集团股份有限公司	74213245
17	中国交通建设集团有限公司	73738891
18	阿里巴巴集团控股有限公司	71728900
19	中国五矿集团有限公司	70390347
20	中国第一汽车集团有限公司	69742459
21	恒力集团有限公司	69533561
22	正威国际集团有限公司	69193677
23	中国华润有限公司	68611944
24	山东能源集团有限公司	67523956
25	中国宝武钢铁集团有限公司	67373867
26	中国邮政集团有限公司	66449974
27	东风汽车集团有限公司	59930949
28	中国人民保险集团股份有限公司	58369600
29	苏宁控股集团	58278071
30	中国南方电网有限责任公司	57752408
31	中国海洋石油集团有限公司	57474604
32	国家能源投资集团有限责任公司	55694290
33	中国电力建设集团有限公司	54155793
34	中国医药集团有限公司	53321958
35	中粮集团有限公司	53030503
36	中国中信集团有限公司	51535674
37	恒大集团有限公司	50724800
38	北京汽车集团有限公司	49781770
39	中国电信集团有限公司	49266732
40	中国兵器工业集团有限公司	49002216
41	腾讯控股有限公司	48206400
42	中国航空工业集团有限公司	46880346
43	交通银行股份有限公司	46617700
44	晋能控股集团有限公司	46599091
45	碧桂园控股有限公司	46285600
46	绿地控股集团股份有限公司	45606199
47	厦门建发集团有限公司	44237231
48	太平洋建设集团有限公司	44186077
49	中国中化集团有限公司	43845360
50	中国太平洋保险(集团)股份有限公司	42218239
51	招商银行股份有限公司	42007400
52	万科企业股份有限公司	41911168
53	联想控股股份有限公司	41756685
54	中国化工集团有限公司	41739411
55	招商局集团有限公司	41593770
56	厦门国贸控股集团有限公司	40212600
57	中国保利集团公司	40069966
58	广州汽车工业集团有限公司	39829579
59	中国建材集团有限公司	39409660
60	厦门象屿集团有限公司	37483544
61	中国光大集团股份公司	36866010
62	兴业银行股份有限公司	36786700

续表

名次	企业名称	营业收入（万元）	名次	企业名称	营业收入（万元）
63	中国铝业集团有限公司	36701991	95	小米公司	24586563
64	河钢集团有限公司	36404984	96	泰康保险集团股份有限公司	24478229
65	上海浦东发展银行股份有限公司	36309900	97	中国太平保险集团有限责任公司	24467745
66	陕西煤业化工集团有限责任公司	34026966	98	中国中车集团有限公司	23996982
67	中国民生银行股份有限公司	33862440	99	中国兵器装备集团有限公司	23773708
68	江西铜业集团有限公司	33685917	100	中国华电集团有限公司	23763660
69	中国远洋海运集团有限公司	33118871	101	中国电子科技集团有限公司	23674894
70	中南控股集团有限公司	33009152	102	雪松控股集团有限公司	23347530
71	陕西延长石油（集团）有限责任公司	32766209	103	上海建工集团股份有限公司	23132723
72	浙江吉利控股集团有限公司	32561869	104	融创中国控股有限公司	23058734
73	中国船舶集团有限公司	32322774	105	中国核工业集团有限公司	22537364
74	中国华能集团有限公司	31419332	106	敬业集团有限公司	22444527
75	国美控股集团有限公司	31047660	107	重庆市金科投资控股（集团）有限责任公司	22381421
76	浙江荣盛控股集团有限公司	30860925	108	山东钢铁集团有限公司	22073340
77	潍柴控股集团有限公司	30488263	109	新希望控股集团有限公司	21807950
78	中国联合网络通信集团有限公司	30488253	110	深圳市投资控股有限公司	21489121
79	海尔集团公司	30247330	111	鞍钢集团有限公司	21311112
80	青山控股集团有限公司	29289244	112	山西焦煤集团有限责任公司	21013130
81	山东魏桥创业集团有限公司	28896461	113	铜陵有色金属集团控股有限公司	20907830
82	美的集团股份有限公司	28570972	114	首钢集团有限公司	20737071
83	中国机械工业集团有限公司	28287460	115	新华人寿保险股份有限公司	20653800
84	国家电力投资集团有限公司	27822779	116	中国林业集团有限公司	20460921
85	中国能源建设集团有限公司	27212971	117	海亮集团有限公司	19642059
86	中国航天科技集团有限公司	26731911	118	中国通用技术（集团）控股有限责任公司	19581759
87	江苏沙钢集团有限公司	26678565	119	北京建龙重工集团有限公司	19569510
88	浙江恒逸集团有限公司	26607632	120	浙江省交通投资集团有限公司	19436092
89	盛虹控股集团有限公司	26523669	121	中国大唐集团有限公司	19240874
90	安徽海螺集团有限责任公司	26171587	122	上海医药集团股份有限公司	19190916
91	中国航天科工集团有限公司	26010986	123	广西投资集团有限公司	19118515
92	阳光龙净集团有限公司	25021130	124	多弗国际控股集团有限公司	19091564
93	中国电子信息产业集团有限公司	24792373	125	新疆广汇实业投资（集团）有限责任公司	18939387
94	金川集团股份有限公司	24775947	126	中国中煤能源集团有限公司	18702415

续表

名次	企业名称	营业收入（万元）
127	龙湖集团控股有限公司	18454730
128	广州市建筑集团有限公司	18390878
129	广州医药集团有限公司	17988428
130	云南省投资控股集团有限公司	17861994
131	万洲国际有限公司	17646430
132	中国重型汽车集团有限公司	17564831
133	华阳新材料科技集团有限公司	17379672
134	紫金矿业集团股份有限公司	17150134
135	珠海格力电器股份有限公司	17049742
136	中国平煤神马能源化工集团有限责任公司	17031995
137	中国再保险(集团)股份有限公司	16819440
138	南通三建控股有限公司	16777160
139	河南能源化工集团有限公司	16710826
140	天能控股集团有限公司	16482138
141	华夏银行股份有限公司	16423000
142	东浩兰生(集团)有限公司	16183072
143	潞安化工集团有限公司	16170997
144	上海电气(集团)总公司	16063032
145	南京钢铁集团有限公司	15715916
146	北京首农食品集团有限责任公司	15706161
147	比亚迪股份有限公司	15659769
148	光明食品(集团)有限公司	15574792
149	杭州钢铁集团有限公司	15461073
150	顺丰控股股份有限公司	15398687
151	北京电子控股有限责任公司	15364413
152	国家开发投资集团有限公司	15307859
153	TCL	15281977
154	杭州市实业投资集团有限公司	15222889
155	湖南华菱钢铁集团有限责任公司	15202110
156	中国航空油料集团有限公司	15131594
157	云南省建设投资控股集团有限公司	15059527
158	中升集团控股有限公司	14834807

续表

名次	企业名称	营业收入（万元）
159	华侨城集团有限公司	14708022
160	甘肃省公路航空旅游投资集团有限公司	14544927
161	陕西有色金属控股集团有限责任公司	14459580
162	四川长虹电子控股集团有限公司	14302825
163	陕西建工控股集团有限公司	14282336
164	河北新华联合冶金控股集团有限公司	14232625
165	山东高速集团有限公司	14189091
166	中天钢铁集团有限公司	14003355
167	北大荒农垦集团有限公司	13919097
168	冀南钢铁集团有限公司	13907899
169	无锡产业发展集团有限公司	13801604
170	复星国际有限公司	13662948
171	海信集团控股股份有限公司	13631446
172	中国有色矿业集团有限公司	13609998
173	广东鼎龙实业集团有限公司	13462321
174	北京金隅集团股份有限公司	13392236
175	云南省能源投资集团有限公司	13150164
176	河北津西钢铁集团股份有限公司	13036986
177	浙江省兴合集团有限责任公司	13010772
178	西安迈科金属国际集团有限公司	12887046
179	超威电源集团有限公司	12822745
180	万向集团公司	12673776
181	北京银行股份有限公司	12665100
182	三一集团有限公司	12531796
183	北京城建集团有限责任公司	12525443
184	四川省宜宾五粮液集团有限公司	12107223
185	中国化学工程集团有限公司	12094971
186	中天控股集团有限公司	12065311
187	东岭集团股份有限公司	12020369
188	物产中大金属集团有限公司	11937540
189	中国国际技术智力合作集团有限公司	11853051
190	上海均和集团有限公司	11762032

续表

名次	企业名称	营业收入（万元）
191	广西柳州钢铁集团有限公司	11740007
192	亨通集团有限公司	11700579
193	上海德龙钢铁集团有限公司	11561923
194	阳光保险集团股份有限公司	11497979
195	美团公司	11479451
196	酒泉钢铁（集团）有限责任公司	11406950
197	南山集团有限公司	11358670
198	洛阳栾川钼业集团股份有限公司	11298101
199	传化集团有限公司	11173172
200	中国广核集团有限公司	11087379
201	九州通医药集团股份有限公司	11085951
202	新疆中泰（集团）有限责任公司	11050341
203	珠海华发集团有限公司	10919024
204	中国黄金集团有限公司	10860869
205	百度网络技术有限公司	10770400
206	浙江省能源集团有限公司	10738544
207	云南省交通投资建设集团有限公司	10640906
208	北京建工集团有限责任公司	10551211
209	海澜集团有限公司	10521688
210	雅戈尔集团股份有限公司	10481096
211	宁波金田投资控股有限公司	10382009
212	长城汽车股份有限公司	10330761
213	卓尔控股有限公司	10208663
214	辽宁方大集团实业有限公司	10197710
215	唯品会控股有限公司	10185849
216	山东东明石化集团有限公司	10166832
217	北京外企服务集团有限责任公司	10148195
218	中兴通讯股份有限公司	10145067
219	北京控股集团有限公司	10126115
220	江苏永钢集团有限公司	10096904
221	龙光交通集团有限公司	10067914
222	协鑫集团有限公司	10039029
223	湖南建工集团有限公司	9857362

续表

名次	企业名称	营业收入（万元）
224	上海银行股份有限公司	9853783
225	贵州茅台酒股份有限公司	9799324
226	弘阳集团有限公司	9787913
227	日照钢铁控股集团有限公司	9711525
228	内蒙古伊利实业集团股份有限公司	9652396
229	利华益集团股份有限公司	9621648
230	江铃汽车集团有限公司	9456716
231	中国国际海运集装箱（集团）股份有限公司	9415908
232	前海人寿保险股份有限公司	9387258
233	永辉超市股份有限公司	9319911
234	中国南方航空集团有限公司	9305143
235	万达控股集团有限公司	9302513
236	陕西汽车控股集团有限公司	9300892
237	通威集团有限公司	9263517
238	江苏悦达集团有限公司	9262176
239	立讯精密工业股份有限公司	9250126
240	东方国际（集团）有限公司	9235469
241	神州数码集团股份有限公司	9206044
242	晨鸣控股有限公司	9162298
243	广西北部湾国际港务集团有限公司	9036745
244	正泰集团股份有限公司	8935473
245	奥园集团有限公司	8835171
246	福建大东海实业集团有限公司	8816736
247	新奥天然气股份有限公司	8809877
248	开滦（集团）有限责任公司	8704453
249	重庆市迪马实业股份有限公司	8679400
250	包头钢铁（集团）有限责任公司	8667610
251	双胞胎（集团）股份有限公司	8663084
252	天津泰达投资控股有限公司	8653070
253	山东省国有资产投资控股有限公司	8619026
254	中国宏桥集团有限公司	8614464
255	江苏南通二建集团有限公司	8602674
256	内蒙古电力（集团）有限责任公司	8596369

续表

名次	企业名称	营业收入（万元）
257	天津荣程祥泰投资控股集团有限公司	8505107
258	奇瑞控股集团有限公司	8286878
259	山西建设投资集团有限公司	8121904
260	中国铁塔股份有限公司	8109900
261	振烨国际产业控股集团（深圳）有限公司	8105145
262	重庆华宇集团有限公司	8084989
263	荣盛控股股份有限公司	8072639
264	上海永达控股（集团）有限公司	7983600
265	新余钢铁集团有限公司	7980988
266	浙江省建设投资集团有限公司	7954965
267	广州工业投资控股集团有限公司	7927400
268	河北普阳钢铁有限公司	7918524
269	中基宁波集团股份有限公司	7913177
270	杭州锦江集团有限公司	7889834
271	永锋集团有限公司	7866643
272	南通四建集团有限公司	7820558
273	玖龙纸业（控股）有限公司	7813009
274	山东黄金集团有限公司	7665271
275	华泰集团有限公司	7649093
276	武安市裕华钢铁有限公司	7626638
277	陕西投资集团有限公司	7541571
278	红豆集团有限公司	7500322
279	温氏食品集团股份有限公司	7493891
280	广东省广晟控股集团有限公司	7464437
281	金鼎钢铁集团有限公司	7436768
282	中国东方航空集团有限公司	7387773
283	中国国际航空股份有限公司	7386070
284	网易公司	7366713
285	山东招金集团有限公司	7355595
286	云天化集团有限责任公司	7343694
287	万华化学集团股份有限公司	7343297
288	成都兴城投资集团有限公司	7299846

续表

名次	企业名称	营业收入（万元）
289	浙江省国际贸易集团有限公司	7189989
290	中天科技集团有限公司	7183181
291	旭辉控股（集团）有限公司	7179866
292	广东省广新控股集团有限公司	7113661
293	桐昆控股集团有限公司	7101058
294	蓝润集团有限公司	7100016
295	甘肃省建设投资（控股）集团有限公司	7075457
296	奥克斯集团有限公司	7063720
297	恒信汽车集团股份有限公司	7051452
298	中国旅游集团有限公司	6992848
299	广州越秀集团股份有限公司	6965922
300	南京银行股份有限公司	6964558
301	北京能源集团有限责任公司	6940960
302	广东省建筑工程集团有限公司	6937922
303	广厦控股集团有限公司	6831071
304	兰州新区商贸物流投资集团有限公司	6815822
305	唐山港陆钢铁有限公司	6801593
306	四川华西集团有限公司	6750695
307	上海城建（集团）公司	6722142
308	青建集团股份公司	6663210
309	渤海银行股份有限公司	6621688
310	浙江前程投资股份有限公司	6620344
311	上海中梁企业发展有限公司	6615524
312	旭阳控股有限公司	6602635
313	四川省川威集团有限公司	6579094
314	中国铁路物资集团有限公司	6577404
315	淮北矿业（集团）有限责任公司	6552350
316	山东京博控股集团有限公司	6533080
317	山东海科控股有限公司	6532582
318	河北新金钢铁有限公司	6511408
319	中联重科股份有限公司	6510894
320	贵州磷化（集团）有限责任公司	6431979

续表

名次	企业名称	营业收入（万元）
321	深圳市爱施德股份有限公司	6418995
322	宁夏天元锰业集团有限公司	6413255
323	江苏省苏中建设集团股份有限公司	6402683
324	深圳海王集团股份有限公司	6339653
325	三房巷集团有限公司	6325015
326	德力西集团有限公司	6291633
327	安徽建工集团控股有限公司	6220401
328	百联集团有限公司	6211884
329	晶科能源控股有限公司	6202061
330	河北新武安钢铁集团文安钢铁有限公司	6178592
331	本钢集团有限公司	6159631
332	盘锦北方沥青燃料有限公司	6152777
333	白银有色集团股份有限公司	6142270
334	云南锡业集团(控股)有限责任公司	6140825
335	河北省物流产业集团有限公司	6111800
336	新疆特变电工集团有限公司	6096838
337	泸州老窖集团有限责任公司	6076553
338	重庆化医控股（集团）公司	6062002
339	四川省能源投资集团有限责任公司	6056236
340	广东海大集团股份有限公司	6032386
341	牧原实业集团有限公司	5942750
342	浙江富冶集团有限公司	5906312
343	四川公路桥梁建设集团有限公司	5874635
344	远大物产集团有限公司	5860283
345	上海钢联电子商务股份有限公司	5852122
346	江苏新长江实业集团有限公司	5848383
347	广西盛隆冶金有限公司	5840699
348	安徽江淮汽车集团控股有限公司	5825477
349	绿城房地产集团有限公司	5803567
350	天元建设集团有限公司	5779130
351	歌尔股份有限公司	5774274
352	厦门路桥工程物资有限公司	5730709
353	建业控股有限公司	5724197

续表

名次	企业名称	营业收入（万元）
354	山西鹏飞集团有限公司	5678218
355	山东如意时尚投资控股有限公司	5671453
356	恒申控股集团有限公司	5666242
357	福建永荣控股集团有限公司	5661317
358	新疆金风科技股份有限公司	5626511
359	湖南博长控股集团有限公司	5573500
360	物美科技集团有限公司	5567770
361	重庆建工投资控股有限责任公司	5567143
362	江苏国泰国际集团股份有限公司	5563778
363	闻泰通讯股份有限公司	5518361
364	红狮控股集团有限公司	5497879
365	隆基绿能科技股份有限公司	5458318
366	大汉控股集团有限公司	5439571
367	南昌市政公用投资控股有限责任公司	5428951
368	山东太阳控股集团有限公司	5404945
369	中华联合保险集团股份有限公司	5396526
370	广州智能装备产业集团有限公司	5392268
371	福建省三钢(集团)有限责任公司	5357563
372	广西北部湾投资集团有限公司	5341509
373	杉杉控股有限公司	5313824
374	辽宁嘉晨控股集团有限公司	5312895
375	北京首都创业集团有限公司	5270094
376	北京首都开发控股(集团)有限公司	5247846
377	龙记泰信实业集团有限公司	5213655
378	新凤祥控股集团有限责任公司	5185887
379	老凤祥股份有限公司	5172150
380	新凤鸣控股集团有限公司	5148647
381	富通集团有限公司	5123603
382	研祥高科技控股集团有限公司	5095715
383	兴华财富集团有限公司	5082717
384	河南豫光金铅集团有限责任公司	5082342
385	广东省广物控股集团有限公司	5063517
386	稻花香集团	5057532

续表

名次	企业名称	营业收入（万元）
387	宁德时代新能源科技股份有限公司	5031949
388	福佳集团有限公司	5031230
389	安阳钢铁集团有限责任公司	5029911
390	天瑞集团股份有限公司	5026666
391	龙信建设集团有限公司	5014875
392	重庆农村商业银行股份有限公司	4990405
393	郑州中瑞实业集团有限公司	4981717
394	威高集团有限公司	4978281
395	山东泰山钢铁集团有限公司	4974172
396	汇通达网络股份有限公司	4961023
397	福建省港口集团有限责任公司	4941062
398	江苏南通六建建设集团有限公司	4918672
399	江西正邦科技股份有限公司	4916630
400	山东九羊集团有限公司	4907189
401	帝海投资控股集团有限公司	4901878
402	广东省能源集团有限公司	4897642
403	上海闽路润贸易有限公司	4875304
404	融信（福建）投资集团有限公司	4854412
405	南京新工投资集团有限责任公司	4848350
406	天津友发钢管集团股份有限公司	4841870
407	欧菲光集团股份有限公司	4834970
408	三河汇福粮油集团有限公司	4815435
409	江西省建工集团有限责任公司	4799406
410	山东中矿集团有限公司	4790108
411	宁波均胜电子股份有限公司	4788984
412	天津渤海化工集团有限责任公司	4764335
413	中国信息通信科技集团有限公司	4750222
414	广西玉柴机器集团有限公司	4749276
415	广西交通投资集团有限公司	4729291
416	人民电器集团有限公司	4696591
417	隆鑫控股有限公司	4695753
418	通州建总集团有限公司	4686350
419	河北文丰钢铁有限公司	4683338
420	重庆机电控股（集团）公司	4665129

续表

名次	企业名称	营业收入（万元）
421	河北建工集团有限责任公司	4636082
422	明阳新能源投资控股集团有限公司	4626820
423	重庆中昂投资集团有限公司	4624605
424	江苏华西集团有限公司	4614720
425	东营齐润化工有限公司	4611600
426	江苏省华建建设股份有限公司	4582201
427	祥生地产集团有限公司	4572626
428	远景能源有限公司	4555397
429	山东创新金属科技有限公司	4551359
430	心里程控股集团有限公司	4538097
431	东方润安集团有限公司	4537856
432	浙江中成控股集团有限公司	4535824
433	福建省电子信息（集团）有限责任公司	4524248
434	水发集团有限公司	4522925
435	重庆医药（集团）股份有限公司	4521953
436	四川德胜集团钒钛有限公司	4521138
437	四川省商业投资集团有限责任公司	4517092
438	盛京银行股份有限公司	4512775
439	通鼎集团有限公司	4511879
440	恒丰银行股份有限公司	4480390
441	申能（集团）有限公司	4474359
442	中国节能环保集团有限公司	4439436
443	齐成（山东）石化集团有限公司	4417152
444	山东汇丰石化集团有限公司	4415001
445	山东渤海实业股份有限公司	4398565
446	中铁集装箱运输有限责任公司	4394572
447	福建省能源集团有限责任公司	4358303
448	远东控股集团有限公司	4349782
449	山东金岭集团有限公司	4302881
450	步步高投资集团股份有限公司	4302278
451	宏旺投资集团有限公司	4301255
452	沂州集团有限公司	4298812
453	富海集团新能源控股有限公司	4285514
454	中科电力装备集团有限公司	4281482

续表

名次	企业名称	营业收入（亿元）
455	西王集团有限公司	4263690
456	上海华谊（集团）公司	4260017
457	金澳科技（湖北）化工有限公司	4256736
458	贵州盘江煤电集团有限责任公司	4255044
459	重庆市能源投资集团有限公司	4242164
460	宁波富邦控股集团有限公司	4217583
461	山东金诚石化集团有限公司	4210501
462	新疆生产建设兵团建设工程（集团）有限责任公司	4209438
463	中融新大集团有限公司	4182191
464	上海新增鼎资产管理有限公司	4177875
465	淮河能源控股集团有限责任公司	4175770
466	万基控股集团有限公司	4158946
467	上海农村商业银行股份有限公司	4155550
468	金浦投资控股集团有限公司	4149067
469	云账户技术（天津）有限公司	4140397
470	西部矿业集团有限公司	4136351
471	河北省国和投资集团有限公司	4125996
472	徐州矿务集团有限公司	4108056
473	深圳金雅福控股集团有限公司	4102225
474	法尔胜泓昇集团有限公司	4098825
475	广东省交通集团有限公司	4092696
476	广州农村商业银行股份有限公司	4090552
477	重庆千信集团有限公司	4068020

续表

名次	企业名称	营业收入（亿元）
478	宜昌兴发集团有限责任公司	4053946
479	森马集团有限公司	4051223
480	四川科伦实业集团有限公司	4042711
481	山东科达集团有限公司	4041564
482	石药控股集团有限公司	4035608
483	伊电控股集团有限公司	4032330
484	深圳市中农网有限公司	4028649
485	江苏扬子江船业集团	4026258
486	澳洋集团有限公司	4016403
487	河北建设集团股份有限公司	4014993
488	创维集团有限公司	3985341
489	双良集团有限公司	3983063
490	河北安丰钢铁有限公司	3980619
491	江苏华宏实业集团有限公司	3977545
492	北京江南投资集团有限公司	3974219
493	杭州市城市建设投资集团有限公司	3972538
494	山东清源集团有限公司	3971183
495	江苏阳光集团有限公司	3961174
496	卧龙控股集团有限公司	3958745
497	鲁丽集团有限公司	3957637
498	石横特钢集团有限公司	3942296
499	广州国资发展控股有限公司	3926853
500	盛屯矿业集团股份有限公司	3923619

中国铁建所属单位名录

单位名称	地址	电话	邮政编码
中国土木工程集团有限公司	北京市海淀区北蜂窝4号	0086-10-63263392	100038
北京中土大厦有限公司	北京市海淀区北蜂窝6号	0086-10-51818888	100038
中土集团北方建设有限公司	北京市丰台区望园北路西街300号呼铁大厦	0086-10-83063615	100038
中土集团南方建设有限公司	广东省珠海市香洲区香工路18号金地门道B2区43栋	0086-756-2669700	519030
中土集团福州勘察设计研究院有限公司	福建省福州市晋安区火车站沁园支路41号	0086-591-87051157	350013
中国土木工程集团有限公司资产分公司	北京市海淀区北蜂窝6号中土大厦21层	010-63369072	100038
中铁建轨道运营有限公司	北京市海淀区北蜂窝6号中土大厦17层	010- 51916520	100038
中土埃塞俄比亚工程有限公司	埃塞俄比亚的斯亚贝巴市内法斯尔克—拉夫托区沃雷达03号	00251-966834230	90777
中土尼日利亚有限公司	尼日利亚阿布贾10公里机场路地籍区215号	00213-83488488	900107
中土东非有限公司	坦桑尼亚达累斯萨拉姆市邮政信箱4083号	00255-22-2851129	4083
中国土木工程集团博茨瓦纳有限公司	博茨瓦纳哈博罗内市特洛昆区邮政信箱T08号	00267-3925332	
中国土木工程集团(肯尼亚)有限公司	No. 38, Apple Cross Road, Lavintong, Nairobi, Kenya	00254-203860808	21617-00505
中国土木工程(赞比亚)有限公司	赞比亚卢萨卡市赞比西路609号福克斯代尔二期213-214号	00260-211293461	36186
中国土木工程集团塞拉利昂有限公司	塞拉利昂弗里敦市蓝茉莉海滩“西非阳光”小区7号B2-3&4		
中国土木工程集团有限公司几内亚分公司	几内亚科纳克里市东卡区中国大使馆旁	00224-620778899	999049
中国土木工程集团有限公司塞内加尔分公司	塞内加尔达喀尔市范恩住宅莱奥街7号	00221-338684980	
中国土木工程集团科特迪瓦有限公司	科特迪瓦阿比让市科科迪区滨海高尔夫区	00225-69914230	
中非莱基投资有限公司	北京市海淀区复兴路40号中国铁建大厦A座8层	0086-10-52689888	100855
中国土木阿尔及利亚有限公司	阿尔及利亚阿尔及尔市阿舒尔区瓦迪罗玛尼公寓瓦赫拉尼70号	00213-23-300211	16000
中国土木工程集团有限公司阿联酋分公司	Villa 559, Al Anwar Street, Z19, Mohamed Bin Zayed City, Abu Dhabi, UAE	00971-50-2512681	
中国土木工程集团有限公司沙特阿拉伯分公司	沙特阿拉伯利雅得市苏莱曼尼亚区欧鲁巴路邮政信箱99861号	00966-11-4608288	11625
中国土木工程集团有限公司埃及分公司	埃及开罗市Rehab城29栋32号	0020-1095876920	11865
中国土木工程集团有限公司港澳分公司(筹)	澳门宋玉生广场263号中土大厦22楼C-H座	00853-28781160	999078
中国土木工程集团有限公司巴基斯坦分公司	巴基斯坦伊斯兰堡F-8/2区公园路28号		

续表

单位名称	地址	电话	邮政编码
中土孟加拉有限公司	孟加拉国达卡市巴里达拉区(使馆区)13号路1号	0880-17-43583628	1212
中国土木(新加坡)有限公司	新加坡市克罗士街上段531号芳林大厦04-42号	0065-82188868	050531
中国土木工程集团有限公司菲律宾分公司	菲律宾大马尼拉地区马卡蒂市圣洛伦佐萨尔赛多170号3层	0063-279038752	1223
中国土木工程集团有限公司缅甸分公司	缅甸仰光市眉扬功镇7英里 Mg Weigh B 栋501房间	0095-94-56880088	11061
中国土木工程集团有限公司柬埔寨分公司	柬埔寨金边市桑园区百色河分区茉莉花路J25	00855-979214511	120101
中国铁道建筑总公司土耳其安卡拉分公司	土耳其安卡拉市奥兰区尤卡勒迪克门区629街丰达拜亚泽维尔3号	0090-312-4911130	06500
中国土木工程集团(波兰)有限公司	波兰华沙德拉夫斯卡大街17号	0048-512483488	02-202
中国土木工程集团有限公司巴尔干分公司	Augusta Cesarca 27, Savski venac, Belgrade, Serbia	00381-11-4099518	11000
中国土木工程集团黑山有限公司	Bulevar Dzordza Vasingtona 116, A52, 81000 Podgorica, Montenegro	00382-69111699	81000
中国土木工程集团罗马尼亚有限公司	罗马尼亚伊尔佛夫县沃伦达瑞市扬古尼古拉英雄大街83号	0040-31-1010076	77190
中国土木工程集团有限公司哥伦比亚分公司	Carrera 7 #113-43, Torre Samsung Oficina 602, Bogota, Colombia	0057-031-4824579	110111
中国土木工程集团有限公司厄瓜多尔分公司	厄瓜多尔基多市葡萄牙大街阿玛巴勒大厦901室	00593-2-3959840	170150
中国土木工程集团巴拿马分公司	巴拿马城巴波尔大街 BICSA 金融大厦3003室	00507-3882888	0801
中国土木工程集团哥斯达黎加分公司	圣何塞拉斯托雷斯公寓B座1002	00506-88206810	10108
中国土木工程集团秘鲁分公司	Lima, Calle Enrique Palacios 420, Oficina 701, Miraflores	00511-6985423	15074
中国土木工程集团有限公司以色列分公司	以色列特拉维夫市 HaShlosha 街2号 Madaness 办公楼	00972-52-8706688	
中国土木工程集团(俄罗斯)有限责任公司	俄罗斯莫斯科维尔纳茨大街93-1-282室	007-9153114921	52514
中国土木工程集团有限公司塔吉克斯坦分公司	塔吉克斯坦杜尚别市鲁达基大街127号鲁达基大厦910室	00992-888088717	
中国土木工程集团有限公司哈萨克斯坦分公司	哈萨克斯坦阿拉木图市丝绸之路大街135号5B楼	007-7028910355	050004
中国土木工程集团有限公司吉尔吉斯斯坦分公司	吉尔吉斯斯坦比什凯克市伊萨诺夫大街33号	0099-65509633388	720001
中国土木工程集团加纳办事处	加纳阿克拉坎通门水晶花园47号	00233-0547921327	CT8503
中国土木工程集团有限公司欧洲代表处	德国法兰克福海波林大街62号	0049-69-520148	60431
中国土木工程集团印度尼西亚代表处	印度尼西亚雅加达市默加库宁岸 DEA 大厦1座 MZ 层	0062-21-5760815	12950

续表

单 位 名 称	地 址	电 话	邮政编码
中国土木工程集团有限公司驻乌兹别克斯坦代表处	House No. 16, 5th way, Mironshox street Mirabad district, Tashkent city	00998－909006211	100015
中国土木工程集团有限公司驻日本代表处	日本东京都江户川区东葛西6－23－5号106室	0081－3－68084667	134－0084
中国土木工程集团有限公司津巴布韦办事处	20 CAMERON ROAD, BORROWDALE, HARARE,ZIMBABWE	00263－784568516	
中铁十一局集团有限公司	湖北省武汉市武昌区中山路277号	027－88710611	430061
第一工程有限公司	湖北省襄阳市襄州区航空路73号	0710－3712008	441104
第二工程有限公司	湖北省十堰市茅箭区白浪中路99号	0719－8362010	442000
第三工程有限公司	湖北省十堰市茅箭区武当路15号	0719－8763791	442012
第四工程有限公司	湖北省武汉市东湖开发区佳园路21号	027－87586438	430074
第五工程有限公司	重庆市沙坪坝区新桥新村71号	023－61536226	400037
第六工程有限公司	湖北省襄阳市高新区七里河路2号	0710－3719459	441003
汉江重工有限公司	湖北省襄阳市樊城区中航大道22号	0710－3124849	441046
电务工程有限公司	湖北省武汉市东湖新技术开发区佳园路19号	027－87570805	430074
建筑安装工程有限公司	湖北省武汉市武昌区丁字桥路47号	027－87255685	430064
桥梁有限公司	江西省鹰潭市月湖区南站路24号	0701－6463892	335003
物资贸易有限公司	江西省鹰潭市月湖区南站路24号	0701－6463892	335003
城市轨道工程有限公司	湖北省武汉市东湖开发区佳园路23号	027－87201548	430074
房地产开发有限公司	湖北省武汉市汉阳区四新北路100号		430000
武汉物业管理有限公司	湖北省武汉市武昌区中山路347号中铁大厦1701～1702号	027－88710940	430061
建设发展有限公司	湖北省武汉市汉阳区芳草路99号纽宾凯国际社区锦城5号楼307号	027－87255607	430050
西安建设有限公司	陕西省西咸新区秦汉新城窑店街道办兰池大厦19楼		712000
华东建设有限公司	江苏省南京市溧水区经济开发区柘塘街道柘宁东路3号	025－56613363	221215
中铁十二局集团有限公司	山西省太原市西矿街130号	0351－2653130	030024
第一工程有限公司	陕西省西安市灞桥区柳雪路368号	029－89512850	710038
第二工程有限公司	山西省太原市小店区人民南路19号	0351－2655010	030032
第三工程有限公司	山西省太原市万柏林区西线街39号	0351－2656010	030024
第四工程有限公司	陕西省西安市浐灞生态区欧亚一路336号	029－68571904	710021
建筑安装工程有限公司	山西省太原市西矿街130－1号	0351－2654076	030024
电气化工程有限公司	天津市空港经济区环河北路与中心大道交口空港商务园西区12号楼	022－58096806	300308
第七工程有限公司	湖南省长沙市天心区友谊路202号	0731－85585548	410004
振海工程有限公司	海南省海口市面前坡东村1号	0898－36630208	570206
市政工程有限公司	广东省广州市南沙区海滨路169号成卓大厦	020－39002686	510000
铁路养护工程有限公司	西藏自治区拉萨市柳梧高新区火车站青藏公司工务楼	0891－6752100	850000

续表

单位名称	地址	电话	邮政编码
国际工程有限公司	天津市空港经济区中环西路86号中科天保智谷6号楼	022-89956873	300308
物资有限公司	山西省太原市万柏林区西线街27号	0351-2656551	030024
房地产开发有限公司	山西省太原市西矿街130号	0351-2653770	030024
投资管理有限公司	山西省太原市西矿街130号	0351-2654079	030024
铁道大厦	山西省太原市迎泽西大街143号	0351-2653765	030024
中心医院	山西省太原市西矿街182号	0351-2654145	030053
湘潭铁路工程学校	湖南省湘潭市广技路58号	0732-58281074	411100
兴城疗养院	辽宁省兴城市兴海北路二段103号	0429-3919478	125100
中国铁建大桥工程局集团有限公司	天津市自贸试验区(空港经济区)中环西路32号	022-88958803	300300
第一工程有限公司	辽宁省大连市沙河口区沙跃街9号	0411-62838200	116033
第二工程有限公司	广东省深圳市盐田区东海大道70号中铁大厦	0755-36884891	518083
第三工程有限公司	辽宁省沈阳市沈河区方家栏路60号	024-24202435	110043
第四工程有限公司	黑龙江省哈尔滨市南岗区先锋路459号	0451-55188599	150008
第五工程有限公司	四川省成都市新都区蜀龙大道中段1000号	028-83961551	610500
第六工程有限公司	吉林省长春市二道区岭东路2138号	0431-86161068	130033
电气化工程有限公司	天津市自贸试验区(空港经济区)中环西路32号	022-58802071	300300
中铁株洲桥梁有限公司	湖南省株洲市石峰区建设北路487号	0731-28372019	412005
西北工程有限公司	宁夏回族自治区银川市中山北街571号	0951-3837085	750000
建筑公司	天津市自贸试验区(空港经济区)中环西路32号	022-58802058	300300
南方工程有限公司	广东省广州市南沙区黄阁镇中国铁建环球中心6栋A座1002		511458
海外公司	天津自贸试验区(空港经济区)中环西路32号	022-88958831	300300
设计研究院	天津自贸试验区(空港经济区)中环西路32号	022-88954289	300300
物资贸易有限公司	天津自贸试验区(空港经济区)中环西路32号	022-58503593	300300
靖江桥梁科技产业园有限公司	江苏省靖江市斜桥镇康桥路2号	0523-81160656	214500
技师学院	吉林省长春市兴隆山镇新兴路707号	0431-86165313	130102
中铁十四局集团有限公司	山东省济南市历下区奥体西路2666号	0531-88386460	250000
第一工程发展有限公司	山东省日照市海曲东路66号	0633-2285918	276826
第二工程有限公司	山东省泰安市岱岳区东岳大街西首樱桃园西路71号	0538-8871111	271000
第三工程有限公司	山东省济南市长清区崮云湖街道西部创新园B座1406	0531-82516300	250300
第四工程有限公司	山东省济南市市中区英雄山路267号	0531-82516777	250002
第五工程有限公司	山东省济宁市兖州区金谷路80号	0537-3638015	272117
隧道工程有限公司	山东省济南市和平路1号	0531-88387001	250014
大盾构工程有限公司	江苏省南京市浦口区新浦路120号江浦总部经济园5-7F	025-58171996	211800
建筑工程有限公司	山东省济南市历下区奥体西路2666号铁建大厦A座	0531-88386697	250000

续表

单　位　名　称	地　址	电　话	邮政编码
房桥有限公司	北京市房山区阎村镇大件路1号	010－89349121	102400
电气化工程有限公司	山东省济南市历下区和平路1号	0531－88385366	250014
房地产开发有限公司	山东省济南市历下区奥体西路2666号铁建大厦A座	0531－88385801	250000
铁正检测科技有限公司	山东省济南市和平路1号	0531－88385493	250013
西北工程有限公司	陕西省西安市沣东新城后卫寨地铁口启航时代广场A座10层	029－89145061	710086
海外建设发展有限公司	山东省济南市奥体西路2666号铁建大厦A座	0531－88385631	250000
市政工程分公司	山东省青岛市崂山区香港东路254号碧海山庄E3号栋	0532－80622658	266061
京津冀区域总部	北京市海淀区阜城路115号	010－88120700	100142
资金管理中心	山东省济南市历下区奥体西路2666号铁建大厦A座	0531－88385318	250000
山东中铁十四局职业教育培训中心	山东省济南市二环东路12856号兴隆山庄	0531－88387263	250002
中铁十五局集团有限公司	上海市静安区共和新路666号	021－66119123	200070
第一工程有限公司	陕西省西安市凤城二路13号凯发大厦901室	029－86688611	710018
第二工程有限公司	上海市青浦区朱家角镇沈巷路246号	021－39251366	201714
第三工程有限公司	四川省成都市郫县犀浦镇珠江东街16号	028－87847202	611731
第四工程有限公司	河南省新郑市新区华祥喜度大厦B座8楼		451150
第五工程有限公司	天津市红桥区湘潭道1号	022－87701155	300133
路桥建设有限公司	江苏省南京市浦口区泰山街道三河280号	025－58170263	210031
城市建设工程有限公司	河南省洛阳市洛常路6号院	0379－62631065	471002
城市轨道交通工程有限公司	河南省洛阳市四通路2号院	0379－62637156	471013
电气化工程有限公司	上海市松江区九亭镇博安路46号	021－57637777	201615
物资有限公司	河南省洛阳市西工工业园区汉宫路西段	0379－60892718	471041
四川建筑勘察设计有限公司	四川省宜宾市翠屏区岳武里14号	0831－5968660	644000
东来地产投资开发有限公司	河南省郑州市二七区航海路197号索克大厦	0371－87553035	450000
济阳迎宾黄河大桥有限公司	山东省济阳市济阳县黄河大桥1号	0531－84225799	251400
铁建浙江投资开发有限公司	浙江省宁波市江北区环城北路万星汇大厦8楼		315000
华东中铁工程检测技术有限公司	河南省洛阳市四通路2号院		471013
轨道交通运营公司	河南省洛阳市四通路2号院		471013
职工培训中心	河南省洛阳市瀍河区振兴北路2号院		471013
中铁十六局集团有限公司	北京市朝阳区红松园北里2号	010－51883114	100018
第一工程有限公司	北京市顺义区府前东街15号	010－89959686	101300
第二工程有限公司	天津市河东区万新村三区	022－24017036	300162
第三工程有限公司	浙江省湖州市湖东路288号	0572－2096966	313000
第四工程有限公司	北京市怀柔区迎宾中路2号	010－51045421	101400
第五工程有限公司	河北省唐山市丰润区光华道2号	0315－3082230	064000
北京轨道交通工程建设有限公司	北京市通州区新华西街15号	010－69551058	101100

续表

单 位 名 称	地 址	电 话	邮政编码
地铁工程有限公司	北京市朝阳区惠河南街 1008 – A 四惠大厦	010 – 87661921	100124
铁运工程有限公司	河北省高碑店市兴华北路 117 号	0312 – 5591013	074000
路桥工程有限公司	北京市密云区新北路 29 号	010 – 69080800	101500
电气化工程有限公司	北京市朝阳区金盏乡皮村北街 16 号院 3 号	010 – 51884400	100018
物资贸易有限公司	北京市朝阳区金盏乡皮村北街 2 号院	010 – 51883971	100018
置业投资有限公司	北京市朝阳区金盏乡皮村北巷 2 号院	010 – 51883368	100018
城市建设发展有限公司	北京市朝阳区红松园北里 2 号	010 – 51884805	100018
建功机械有限公司	北京市密云区新北路 29 号西门	010 – 61095318	101500
中国友发有限公司	北京市朝阳区金盏乡皮村北街 2 号院	010 – 51883155	100018
中铁十七局集团有限公司	山西省太原市小店区平阳路 84 号	0351 – 7258470	030006
第一工程有限公司	山东省青岛市黄岛区滨海大道 8899 号	0532 – 86109987	266000
第二工程有限公司	陕西省西安市未央区浐灞二路 1217 号	029 – 89871106	710024
第三工程有限公司	河北省石家庄市中山西路	0311 – 83983336	050081
第四工程有限公司	重庆市北部高新区洪湖西路 18 号上丁企业公园 24 ~25 栋	023 – 67030811	401121
第五工程有限公司	山西省太原市小店区人民北路 20 号	0351 – 7771032	030032
第六工程有限公司	福建省福州市连江中路 181 号中铁大厦	0591 – 83632714	350014
建筑工程有限公司	山西省太原市小店区平阳南路 34 号	0351 – 7259578	030032
上海轨道交通工程有限公司	上海市浦东新区张扬路 1518 号 10F	021 – 68554723	200135
城市建设有限公司	贵州省贵阳市贵安新区兴安大道汤庄安置点（兴安大道中 109 号）	0851 – 88904868	550003
铺架分公司	山西省太原市小店区平阳南路 34 号	0351 – 7259983	030032
物资有限公司	山西省太原市小店区平阳南路 34 号	0351 – 3252633	030032
山西铧兴工程检测有限公司	山西省太原市平阳路西一巷 17 号	0351 – 7258527	030012
勘察设计院	山西省太原市小店区平阳南路 34 号	0351 – 7257842	030032
中心医院	山西省太原市小店区人民北路 19 号	0351 – 7259800	030032
中铁十八局集团有限公司	天津市河西区柳林大沽南路 1519 号	022 – 60283520	300222
第一工程有限公司	河北省涿州市冠云路	0312 – 3686239	072750
第二工程有限公司	河北省唐山市丰润区光华道 28 号	0315 – 7763491	064000
第三工程有限公司	河北省涿州市冠云路	0312 – 3686868	072750
第四工程有限公司	天津市津南区双港高科技产业园丽港园 33 号	022 – 60978292	300350
第五工程有限公司	天津市滨海高新区塘沽海洋科技园新北路 3199 号	022 – 25216502	300459
隧道工程有限公司	重庆市北碚区蔡家岗镇凤栖路 6 号	023 – 60310378	400700
市政工程有限公司	天津市河西区柳林中铁十八局集团东区	022 – 28349828	300222
建筑安装工程有限公司	天津市空港经济区中环西路 285 号	022 – 58098568	300300
北京工程有限公司	北京市大兴区西红门镇欣荣北大街 31 号	010 – 80256072	100162
房地产开发有限公司	天津市津南区双港镇津沽路北海军仓库南	022 – 28348001	300222
物资贸易有限公司	天津市空港经济区中环西路 285 号 8 楼	022 – 59060572	300308

续表

单 位 名 称	地 址	电 话	邮政编码
环保科技工程有限公司	天津市蓟州区上仓镇	022 – 59950518	301906
中铁十九局集团有限公司	北京市经济技术开发区荣华南路 19 号 1 号楼	010 – 59819114	100176
第一工程有限公司	辽宁省辽阳市白塔区卫国路 138 号	0419 – 2324114	111000
第二工程有限公司	辽宁省辽阳市白塔区和平路 17 号	0419 – 2327210	111000
第三工程有限公司	辽宁省沈阳市沈北新区沈北路 36 号	024 – 67856839	100136
第五工程有限公司	辽宁省大连市金州区拥政街 586 号	0411 – 82163715	116000
第六工程有限公司	江苏省无锡市新吴区香山路 7 号	0510 – 83109698	214045
第七工程有限公司	广东省广州市南沙区黄阁镇丰泽西路中国铁建环球中心 6 栋 B 座 707	020 – 39091907	511455
电务工程有限公司	北京市大兴区西红门新建开发区金服大街 13 号	010 – 57550018	100176
轨道交通工程有限公司	北京市顺义区林河大街 16 号 2 幢	010 – 57477798	101300
矿业投资有限公司	北京市丰台区风荷曲苑 2 号楼	010 – 52730878	100161
西藏工程有限公司	西藏自治区拉萨市经济技术开发区扎西路西藏人力资源管理有限责任公司 41 号工位		850000
广州工程有限公司	广东省广州市南沙区丰润路海熙大街 16 号 1 楼 102 房		510000
华东工程有限公司	浙江省余姚市新建北路 425 号中塑世纪大厦 2 幢 901		315400
房地产开发有限公司	辽宁省辽阳市白塔区和平路 17 号	0419 – 2327005	111000
物资有限公司	辽宁省沈阳市沈北新区沈北路 36 号	0419 – 2327498	111000
工程检测有限公司	辽宁省辽阳市白塔区八一街 137 号	0419 – 2327082	111000
国际建设分公司	北京市经济技术开发区路东区经海 3 路 109 号院天骥智谷科技园区 19 号楼	010 – 67817857	100176
勘察设计院分公司	北京市经济技术开发区荣华南路 19 号 1 号楼 18 层 1801		100176
职工中心医院	辽宁省辽阳市白塔区卫国路 75 号	0419 – 2327160	111000
中铁二十局集团有限公司	陕西省西安市太华北路 89 号	029 – 82153600	710016
第一工程有限公司	江苏省苏州市新区大同路 10 号	0512 – 66160128	215151
第二工程有限公司	北京市海淀区西四环北路 158 号慧科大厦东区 12 层	010 – 88591336	100142
第三工程有限公司	重庆市南岸区黄桷垭镇崇文路 28 号附 7 号	023 – 62626940	400000
第四工程有限公司	山东省青岛市崂山区东海东路 89 号	0532 – 88017020	266061
第五工程有限公司	云南省昆明市官渡区国贸路星河明居 A 幢附属楼	0871 – 67176639	650200
第六工程有限公司	陕西省西安市未央区广安路 3619 号	029 – 82519636	710032
市政工程有限公司	甘肃省兰州市城关区大砂坪永新产业园综合楼 5 楼	0931 – 8344636	730046
中铁贵州工程有限公司	贵州省贵阳市花溪区黔中大道沙坝路口	0851 – 88915055	561113
电气化工程有限公司	陕西省西安市高新区新型工业园企业壹号公园 6 号	029 – 62680920	710119
房地产开发有限公司	重庆市南岸区同景路 8 号山水之星 7 楼	023 – 62962309	400000
中铁长安重工有限公司	陕西省西安市未央区广安路 3619 号	029 – 82551916	710032
中铁建科检测有限公司	陕西省西安市太华北路 89 号	029 – 81033669	710016
物业管理有限公司	陕西省西安市未央区太华北路 89 号	029 – 82152509	710016

续表

单 位 名 称	地 址	电 话	邮政编码
安哥拉国际有限公司	安哥拉共和国罗安达市维也纳给古西 CR20	00244－941431388	
莫桑比克有限公司	莫桑比克共和国楠普拉省 NACALA 市 Maiaia 区		
塞拉利昂有限公司	塞拉利昂共和国弗里敦市阿伯丁区		
蒙古国有限公司	蒙古国乌兰巴托市青格勒泰区第 4 分区昂个日音街 19/2 号	00976－95243728	
巴基斯坦有限公司	巴基斯坦伊斯兰堡市 F8/4 人马座 A 座 1507 室	00923123876630	
巴西有限公司	巴西巴伊亚州萨尔瓦多,安东尼奥卡洛斯马加良斯 2573,1508 室,皇室贸易大楼,贝拉维斯塔公园		40280－00
中铁建安工程设计院有限公司(合资)	河北省石家庄市长安区北二环东路 17 号	0311－87939537	050043
阿达驻车投资建设管理有限公司(合资)	天津市自贸试验区(空港经济区)东三道瑞航广场 21 号楼 5 层	022－84958586	300308
西安市政勘察设计院(分公司)	河北省石家庄市长安区北二环东路 17 号	0311－87939537	050043
投资管理分公司	陕西省西安市未央区浐灞生态区欧亚大道十字西北 700 米西安铁建大厦 9 层		710021
技工学校	陕西省渭南市向阳北街 245 号	0913－2167628	714000
咸阳基地管理处	陕西省咸阳市渭城区新兴北路北端东侧	029－32875467	712000
中铁二十一局集团有限公司	甘肃省兰州市安宁区北滨河西路 921 号	0931－4539986	730070
第一工程有限公司	新疆维吾尔自治区乌鲁木齐市经济开发区河南西路 275 号	0991－7924237	830011
第二工程有限公司	甘肃省兰州市城关区和平路 63 号	0931－8783160	730030
第三工程有限公司	陕西省咸阳市迎宾大道	029－33761739	712000
第四工程有限公司	陕西省西安市高新区唐延路中段 37 号洛克大厦 7、8、9 楼	029－68593506	710065
第五工程有限公司	重庆市永川区文昌路 877 号	023－887307 转 8014	402100
第六工程有限公司	北京市经济技术开发区科创十四街 99 号 33 幢 A 座	010－56532206	101111
电务电化工程有限公司	甘肃省兰州市城关区红山根西村 148 号	0931－4924656	730030
路桥工程有限公司	陕西省西安市高新区唐延路 37 乙号洛克大厦	029－68593621 转 515/609	710065
德盛和置业有限公司	陕西省西安市雁塔区曲江新区新开门南路梧桐苑	029－85567281	710061
国际工程有限公司	北京市海淀区万丰路 18 号院 5 号楼 3 层	010－59811999	100161
勘察设计院	甘肃省兰州市城关区和平路 63 号	0931－4930615	730030
轨道交通工程有限公司	山东省济南市槐荫区烟台路与顺安路交叉口西元大厦东楼 18－21 楼	0531－55620918	250000
西部铁建工程材料科技有限公司	甘肃省兰州市永登县秦川镇经十三路纬五十四路交叉口以南 900 米	0931－7847611	730300
铁路运营管理有限公司	新疆维吾尔自治区乌鲁木齐市头屯河区站前街 303 号	0991－7959189	830000
市政工程分公司	湖北省武汉市青山区和平大道 1276 号锐创中心 28 层 7 号		430081
铁建中原工程有限公司	河南省郑州市二七区淮河路街道陇海中路 70 号	0371－56100700	450000
甘肃铁鹰建筑质量检测有限公司	甘肃省兰州市城关区牟家庄 497 号	0931－4923837	730030

续表

单位名称	地址	电话	邮政编码
中铁二十二局集团有限公司	北京市石景山区石景山路35号	010-51889066	100043
第一工程有限公司	黑龙江省哈尔滨市南岗区西大直街113号	0451-86423657	150006
第二工程有限公司	北京市石景山区实兴大街西山汇30号院6号楼12、15层	010-57551530	100041
第三工程有限公司	福建省厦门市集美区同集南路301号中铁海新大厦B栋2层	0592-5550126	361021
第四工程有限公司	天津市武清开发区创业总部基地B16	022-59903589	301700
第五工程有限公司	重庆市北碚区城南新区文长路2号	023-61389907	400700
第六工程有限公司	陕西省西咸新区沣东新城西咸大道中段国润城西咸人才大厦A3栋10层	029-33186798	712000
轨道工程有限公司	北京市石景山区鲁谷路86号	010-51888357	100040
电气化工程有限公司	北京市门头沟区永定镇龙兴南二路中国铁建梧桐汇S13号楼14~18层	010-63379259	102300
北京中铁天瑞机械设备有限公司	北京市石景山区银河大街6号院1号楼二层南塔203	010-68635150	100043
房地产开发有限公司	北京市石景山区实兴大街30号院6号楼11层	010-57551383	100041
中铁京诚工程检测有限公司	北京市房山区长阳镇夏场村天瑞嘉园2号楼	010-60355283	102444
中铁雄安建设有限公司	河北省保定市雄县高速引线东侧	0312-6155800	071800
市政工程有限公司	广东省广州市花都区新华街道交通东路21号	020-36966025	510800
国际工程分公司	北京市石景山区古盛路36号院1号楼11层1103室	010-63709997	100043
中铁二十三局集团有限公司	四川省成都市二环路西二段10-1号	028-68311286	610072
第一工程有限公司	山东省日照市黄海二路65号	0633-31638029	276826
第二工程有限公司	黑龙江省齐齐哈尔市铁锋区站前大街256号	0452-2924257	161000
第三工程有限公司	四川省成都市温江区天府街中段336号	028-67230000	611130
第四工程有限公司	四川省成都市青羊工业总部基地G区8栋A/B座	028-68618103	610091
轨道交通工程有限公司	上海市浦东新区惠南镇城南路335号	021-68037915	201300
第六工程有限公司	重庆市北部新区金开大道68号协信星光天地二幢22~27楼	023-63035822	401121
电务工程有限公司	天津市南开区密云一支路燕宇小区45号	022-27531522	300100
建筑设计研究院	四川省达州市通川区张家湾路2号	0818-2373110	635000
中铁二十四局集团有限公司	上海市杨浦区邯郸路8号	021-55930627	230011
安徽工程有限公司	安徽省合肥市瑶海工业园区新海大道15号	0551-62124910	230011
江苏工程有限公司	江苏省南京市栖霞区幕府东路339号	025-68029912	210038
上海铁建工程有限公司	上海市静安区会文路2号	021-51231157	200071
浙江工程有限公司	浙江省杭州市上城区江城路692号	0571-56721257	310009
福建铁路建设有限公司	福建省福州市晋安区沁园路77号	0591-87586040	350013
南昌铁路工程有限公司	江西省南昌市西湖区二七南路109号	0791-87022857	330002
西南建设有限公司	四川省成都市成华区华盛路58号8幢1号	028-62611137	610052
上海电务电化有限公司	上海市静安区王家宅路40号	021-51226558	200071

续表

单　位　名　称	地　　址	电　　话	邮政编码
桥梁建设有限公司	江西省南昌市新建区玉壶山大道414号	0791－83867590	330100
上海房地产开发有限公司	上海市静安区民德路20号	021－51223735	200071
路桥分公司	上海市静安区秣陵路80号	021－51236002	200070
轨道交通分公司	上海市静安区天目中路585号新梅大厦18楼	021－51223097	200071
北京公司	北京市大兴区金服大街11号	010－81287423	102600
中铁二十五局集团有限公司	广东省广州市越秀区中山一路55号	020－61322147	510600
第一工程有限公司	广东省广州市越秀区桂花岗东2号	13302236227	510405
第二工程有限公司	江苏省南京市栖霞区仙林街道仙林智谷5号楼	025－87750201	210046
第三工程有限公司	湖南省长沙市雨花区雨花路88号大鸿杰座	0731－85099577	410007
第四工程有限公司	广西壮族自治区柳州市柳南区和平路138号	0772－3924417	545007
第五工程有限公司	山东省青岛市崂山区科苑纬三路25号	0532－58702750	261000
电务工程有限公司	广东省广州市黄埔区观虹路8号	020－32624553	510700
房地产开发有限公司	天津市东丽区先锋路61号汇城科技大厦23楼	022－24936999	300300
南方实业开发有限公司	广东省广州市越秀区福今路6号	020－61323737	516000
广州铁诚工程质量检测有限公司	广东省广州市越秀区机务段大街303号	020－62161108	516000
中铁建大湾区建设有限公司	广东省广州市南沙区进港大道南1号中国铁建环球中心2号楼5楼	020－31005581	511455
西北分公司	陕西省西安市未央区文景路15号	029－86330936	710048
中铁建设集团有限公司	北京市石景山区石景山路20号	010－51885010	100040
北京工程有限公司	北京市丰台区张仪村路16号	010－51885002	100040
华北工程有限公司	天津市空港经济区中环西路62号	022－58503588	300308
华中分公司	河南省自贸试验区郑州片区（郑东）七里河南路75号意中大厦13层1305室	0371－55352987	450018
西北分公司	陕西省西安市莲湖区杏园路太奥国际13号楼16层	029－88323250	710014
中南建设有限公司	湖北省武汉市青山区友谊大道999号	027－83592841	430080
华东工程有限公司	江苏省昆山市花桥经济开发区光明路88号	0512－81863267	215332
南方工程有限公司	广东省广州市南沙区丰泽东路106号	020－39092192	511458
西南分公司	四川省成都市成华区东华一路47号铁建广场大厦6层	028－64654965	610000
基础设施事业部（铁总指）	北京市石景山区苹果园路28号中铁创业大厦A座	010－51885657	100041
设备安装有限公司	北京市石景山区苹果园路28号	010－51885164	100043
北京中铁装饰工程有限公司	北京市石景山区苹果园路28号中铁创业大厦A座16层	010－51885423	100043
房地产有限公司	北京市石景山区石景山路20号	010－51812905	100040
建筑设计院	北京市石景山区石景山路20号中铁建设大厦南配楼	010－51885084	100040
北京中铁建工物资有限公司	北京市石景山区苹果园路28号院2号楼17层1701至1707	010－51885211	100040
建筑发展有限公司	北京市丰台区张仪村路16号	010－51885172	100040

续表

单位名称	地址	电话	邮政编码
北京中铁建建筑科技有限公司	北京市丰台区张仪村路16号	010-51885508	100040
北京中铁电梯工程有限公司	北京市丰台区张仪村路16号	010-51885201	100040
物业管理有限公司	北京市石景山区石景山路20号中铁建设大厦2层	010-51812845	100040
中国铁建电气化局集团有限公司	北京市石景山区石景山路29号	010-88779810	100043
第一工程有限公司	河南省洛阳市洛龙区白马寺18号	0379-63791027	471013
第二工程有限公司	山西省太原市尖草坪区柴村镇昌盛西街18号	0351-3258099	030023
第三工程有限公司	河北省高碑店市兴华北路57号	0312-2826802	074000
第四工程有限公司	湖南省长沙市雨花区中意一路728号	0731-85627021	410114
第五工程有限公司	四川省成都市青羊区成飞大道一号青羊工业园N区12栋	028-81726007	610031
南方工程有限公司	湖北省武汉市东湖开发区佳园路17号	027-50108776	430074
北方工程有限公司	山西省太原市万柏林区迎泽西大街369号	0351-6867526	030053
北京中铁建电气化设计研究院有限公司	北京市石景山区石景山路29号	010-68145100	100043
科技有限公司	河北省高碑店市西大街建国胡同9号	0312-7938598	074000
西安电气化制品有限公司	陕西省西安市未央区文景路首创富北高银26号楼5层	029-86682700	710000
康远新材料有限公司	江苏省无锡市锡山区浙大网新3栋	0510-88535792	214000
轨道交通器材有限公司	江苏省常州市武进区雪堰镇潘家工业集中区旷达路27号	0519-86547055	213179
北京京燕饭店有限公司	北京市石景山区石景山路29号	010-68876666	100043
北京城市轨道工程公司	北京市石景山区石景山路29号	010-88779952	100043
运营管理有限公司	湖北省襄阳市襄州区航空路75号	0710-3781780	441100
中国铁建港航局集团有限公司	广东省珠海市香洲区前山翠峰街189号	0756-6250000	519000
第一工程分公司	广东省广州市番禺区兴南大道118号1号楼	020-84567068	510000
第二工程分公司	浙江省宁波市鄞州区泰康中路459号	0574-89069058	315100
第三工程分公司	山东省青岛市城阳区高新区华贯路27号	0532-55679016	266000
第四工程分公司	重庆市江北区港安二路28号冠陆两江汇谷D栋10~11楼	023-67071033	400025
总承包分公司	广东省珠海市香洲区梅华西路2372号26栋3、4层	0756-6333515	519000
船舶工程分公司	广东省珠海市香洲区梅华西路2372号26栋	0756-6333500	519000
武汉分公司(长江工程有限公司)	湖北省武汉市江岸区金桥大道特115号长江传媒大厦14层	027-85690062	430012
勘察设计院有限公司	广东省广州市番禺南村兴南大道118号2号楼5~8楼	020-83300830	511400
海外分公司	广东省珠海市香洲区前山翠峰街189号3楼	0756-6250000	519000
中国铁建房地产集团有限公司	北京市海淀区复兴路40号中国铁建大厦B座	010-52689999	100039
中铁房地产集团北方有限公司	北京市丰台区小屯路美域家园南区1号楼	010-68635667-800	100166

续表

单　位　名　称	地　　址	电　　话	邮政编码
中铁房地产集团华东有限公司	浙江省杭州市拱墅区石祥路255号19幢	0571－86056050	310000
中铁房地产集团华南有限公司	广东省广州市天河区珠江西路15号珠江城大厦31楼	020－81237200	510000
中铁房地产集团西南有限公司	四川省成都市成华区东华一路47号	028－61682255	610000
中铁房地产集团商业地产开发管理有限公司	北京市朝阳区建国路27号紫檀大厦2层	010－52596086	100123
中铁建公寓管理有限公司	北京市朝阳区来广营乡北苑东路19号院中国铁建广场7号楼(A座)22层	010－65568001	100012
中铁建物业管理有限公司	北京市石景山区晋元庄路6号首钢体育大厦15层	010－56967918	100144
中铁房地产集团设计咨询有限公司	北京市石景山区金融街长安中心1号楼8层	010－53856888	100043
中铁房地产集团创新产业投资有限公司	北京市石景山区长安街金融中心54号院6号楼侨梦苑大厦9层		102300
中铁房地产集团北京投资管理有限公司	北京市石景山区玉泉路59号院3号楼中煤资源大厦8层806	010－68668862	100043
中铁建南沙投资发展有限公司	广东省广州市南沙区南府路1号中铁建环球中心一幢23楼	020－39030030	511458
中铁房地产集团(贵州)有限公司	贵州省贵阳市云岩区甲秀北路8号公路集团大厦8层	0851—85505188	550003
中铁房地产集团济南第六大洲有限公司	山东省济南市历城区荷花路街道宁华路3号	0531－82516172	250000
中铁房地产集团文旅发展有限公司	北京市石景山区鲁谷路74号瑞达大厦	010－68683282	10040
中铁房地产集团华中区域公司	陕西省西安市高新区唐延路11号国寿金融中心A座28楼	029－88456976－8191	710000
武汉京铁房地产开发有限公司	湖北省武汉市江汉区泛海国际创业中心22楼中铁集团	027－85508815	430012
大连京信置业有限公司	辽宁省大连市沙河口区联合路6A号国资创新大厦33层	0411－39676377	116000
中铁建河北雄安城市建设	河北省保定市雄县文昌大街153号	0312－5626128	071800
中铁第一勘察设计院集团有限公司	陕西省西安市西影路2号	029－82365023	710043
线路运输设计院	陕西省西安市西影路2号	029－82365210	710043
地质路基设计院	陕西省西安市西影路2号	029－82365308	710043
桥梁隧道设计院	陕西省西安市西影路2号	029－82365382	710043
工程经济设计院	陕西省西安市西影路2号	029－82365260	710043
电气化设计院	陕西省西安市西影路2号	029－82365712	710043
通信信号设计院	陕西省西安市西影路2号	029－82365686	710043
环境与设备设计院	陕西省西安市西影路2号	029－82365880	710043
交通与市政工程设计研究院	陕西省西安市雁塔区公园南路60号	029－82365395	721001
城市轨道与建筑设计研究院	陕西省西安市雁塔区公园南路60号	029－82365520	721001

续表

单位名称	地址	电话	邮政编码
测绘地理信息工程技术研究院	陕西省西安市西影路2号	029－82365978	710043
工程咨询院	陕西省西安市雁塔区公园南路60号	029－82349701	721001
信息网络中心	陕西省西安市西影路2号	029－82349001	710043
轨道交通工程信息化国家重点实验室	陕西省西安市西影路2号	029－82349800	710043
海外事业部	陕西省西安市西影路2号	029－82365176	710043
资本运营事业部	陕西省西安市西影路2号	029－82349776	710043
兰州铁道设计院有限公司	甘肃省兰州市和政路131号	0931－4934519	730000
中铁一院集团逸博置业有限公司	陕西省西安市雁塔区公园南路60号	029－82349629	721001
新疆铁道勘察设计院有限公司	新疆维吾尔自治区乌鲁木齐市北京南路703号	0991－3838877	830011
青海铁道工程勘察有限公司	青海省西宁市共和南路23号	0971－6103780	810007
甘肃铁道综合工程勘察院有限公司	甘肃省兰州市和政路131号	0931－4934733	730000
陕西铁道工程勘察有限公司	陕西省西安市雁塔区公园南路60号	029－82366416	721001
甘肃综合铁道工程承包有限公司	甘肃省兰州市和政路127号	0931－4934597	730000
中铁一院集团南方工程咨询监理有限公司	广东省珠海市香洲区香工路18号金地门道B2区34栋	0756－8919895	519000
西安铁一院工程咨询监理有限责任公司	陕西省西安市高新区丈八一路1号汇鑫ABC大厦D座	029－81770772	710065
陕西格瑞环境治理有限责任公司	陕西省西安市雁塔区公园南路60号	029－82349064	721001
甘肃环通工程试验检测有限公司	甘肃省兰州市和政路131号	0931－4933093	730000
广东南海国际建筑设计有限公司	广东省佛山市夏西国际商务区城市动力联盟大厦	0757－86281409	528251
山东建筑设计院有限公司	山东省青岛市高新区火炬路100号盘谷创客空间	0532－66026739	266000
甘肃宏图文印有限公司	陕西省西安市西影路2号	029－82349710	710043
西安百和物业管理有限公司	陕西省西安市西影路2号	029－82349833	710043
兰州鑫铁物业管理有限公司	甘肃省兰州市和政路131号	0931－4934021	730000
中铁第四勘察设计院集团有限公司	湖北省武汉市武昌杨园和平大道745号	027－86812844	430063
桥梁设计研究院	湖北省武汉市武昌杨园和平大道745号	027－86811470	430063
线路站场设计研究院	湖北省武汉市武昌区和平大道745号	027－86816193	430063
地质路基设计研究院	湖北省武汉市武昌区和平大道745号	027－51155953	430063
城市轨道与地下工程设计研究院	湖北省武汉市武昌区和平大道745号	027－51155305	430063
隧道设计研究院	湖北省武汉市武昌区和平大道745号	027－51184014	430063
通信信号设计研究院	湖北省武汉市武昌区和平大道745号	027－86814195	430063
电气化设计研究院	湖北省武汉市武昌区和平大道745号	027－86814200	430063
机械动力设计研究院	湖北省武汉市武昌区和平大道745号	027－51155236	430063
建筑与城市规划设计研究院	湖北省武汉市武昌区和平大道745号	027－51156234	430063
工程经济设计院	湖北省武汉市武昌区和平大道745号	027－51155288	430063
交通市政与港航设计研究院	湖北省武汉市武昌区和平大道745号	027－51184246	430063
环境工程设计研究院	湖北省武汉市武昌区和平大道745号	027－51156792	430063

续表

单 位 名 称	地 址	电 话	邮政编码
国际事业部	湖北省武汉市武昌区和平大道745号	027－51155594	430063
工程勘察研究院	湖北省武汉市洪山区铁机村	027－51156248	430063
国际事业部	湖北省武汉市武昌区和平大道745号	027－5115594	430063
数据图文中心	湖北省武汉市武昌区和平大道745号	027－51155636	430063
保障服务中心	湖北省武汉市武昌区和平大道745号	027－51155657	430063
广东分院(佛山分院)	广东省广州市三元里大道463号矿泉游泳场	020－86574306	510400
江苏分院(常州分院)	江苏省南京市鼓楼区中央路399号天正国际广场6幢15楼	025－83575520	210037
福建分院	福建省福州市北环东路96号沁园新村3－101	0591－83720039	350013
河南分院	河南省郑州市金水区郑汴路138号英协广场B座26楼	0371－53371810	450004
浙江分院	浙江省杭州市上城区环站南路59号铁四院杭州大厦	0571－86539879	310000
杭州分院	浙江省杭州市上城区环站南路59号铁四院杭州大厦	0571－56297202	310017
深圳分院	广东省深圳市南山区粤海街道科伟路东方科技大厦703	0755－26530649	518054
湖北分院	湖北省武汉市武昌区和平大道745号	027－51156794	430063
北京(雄安)分院	北京市海淀区北小马厂华天大厦11楼	010－63325104	100039
海南分院	海南省海口市美兰区五指山南路6号国瑞城铂仕苑写字楼北座23楼	0898－65337590	570203
上海分院	上海市虹口区广灵四路24号甲开隆大厦7层	021－65608347	200083
安徽分院	安徽省合肥市瑶海区滁菊路18号	0551－62125658	230011
湖南分院	湖南省长沙市袁家岭五一大道253号湘域中央2号楼32层	0731－88156123	410011
重庆分院	重庆市渝北区财富大道2号财富大厦A座17楼	023－60390122	401121
江西分院	江西省南昌市红谷滩区绿茵路129号联发广场1509室	0791－88890783	330038
珠海分院	广东省珠海市香洲区联安路99号	0756－3926838	519020
山东分院	山东省济南市历下区解放东路5号舜通大厦10楼	0531－68658539	250101
徐州分院	江苏省徐州市泉山区解放南路256号	0516－83950151	221009
南通分院	江苏省南通市崇川区工农南路150号政务中心北侧停车楼14楼	0513－81027678	226000
温州分院	浙江省温州市锦江路鹿城区458号深蓝大厦5楼	0577－56909255	325011
四川分院	四川省成都市高新区天府大道中段530号东方希望天祥广场B座37楼	028－85331262	610041
西北分院	陕西省西安市雁塔区曲江新区雁翔路3269号旺座曲江B座3005室	029－89126408	710061
广西分院	广西壮族自治区南宁市西乡塘区高新五路3号	0771－2720237	530003
厦门分院	福建省厦门市思明区湖滨东路6号华龙大厦29楼	0592－5800708	361010
新型轨道院	江苏省苏州市新区青石路500号	0512－68139639	215009

续表

单　位　名　称	地　　址	电　话	邮政编码
无锡公司	江苏省无锡市梁溪区清扬路228号地铁大厦14层	0510－80217758	214063
广州院	广东省广州市越秀区共和西路6号	020－61322307	510600
南宁院	广西壮族自治区南宁市高新区高新五路3号	0771－2722157	530003
海峡(福建)交通工程设计有限公司	福建省福州市台江区交通路43号	0591－83371570	350004
中铁四院集团西南勘察设计有限公司	云南省昆明市官渡区官渡镇广福路5349号银海樱花语幸福广场F幢	0871－63512359	650214
铁四院(湖北)工程监理咨询有限公司	湖北省武汉市武昌区和平大道745号	027－86811518	430063
武汉铁四院工程咨询有限公司	湖北省武汉市武昌区和平大道745号	027－51156952	430063
武汉铁四院工程造价咨询有限公司	湖北省武汉市武昌区和平大道745号	027－51155305	430063
武汉铁道工程承包有限责任公司	湖北省武汉市武昌区和平大道745号	027－86715014	430063
中铁四院集团建设工程有限责任公司	湖北省武汉市武昌区和平大道745号	027－51155953	430063
中铁四院集团投资有限公司	湖北省武汉市武昌区和平大道745号	027－51185719	430063
中铁四院集团昆明工程建设投资有限公司	云南省昆明市呈贡新城白龙潭善书院25栋	0871－63962233	650500
中铁四院集团房地产开发有限公司	湖北省武汉市武昌区和平大道745号	027－51155729	430063
武汉铁辰工程检测有限公司	湖北省武汉市武昌区和平大道745号	027－51155407	430063
中铁四院集团楚桂审图咨询有限公司	广西壮族自治区南宁市高新区高新五路3号	0771－2721367	530003
中铁第五勘察设计院集团有限公司	北京市大兴区康庄路9号	010－51010102	102600
线路运输设计研究院	北京市大兴区康庄路9号	010－51010298	102600
站场设备设计研究院	北京市大兴区康庄路9号	010－51010303	102600
地质路基勘察设计研究院	北京市大兴区康庄路9号	010－51010400	102600
桥梁设计研究院	北京市大兴区康庄路9号	010－51010710	102600
电化通号设计研究院	北京市大兴区康庄路9号	010－51010519	102600
环境与航务工程设计研究院	北京市大兴区康庄路9号	010－51011227	102600
建筑设计研究院	北京市大兴区康庄路9号	010－51010566	102600
工程经济设计研究院	北京市大兴区康庄路9号	010－51015112	102600
城市轨道与地下工程设计研究院	北京市大兴区康庄路9号	010－51010672	102600
交通与市政工程设计研究院	北京市大兴区康庄路9号	010－51010636	102600
中国铁建机场设计研究院	北京市大兴区康庄路9号	010－51011133	102600
测绘与地理信息研究院	北京市大兴区康庄路9号	010－51011849	102600
工程咨询院	北京市大兴区康庄路9号	010－51011325	102600
科学技术研究院	北京市大兴区康庄路9号	010－51011517	102600
东北院	黑龙江省哈尔滨市南岗区西大直街119号	0451－86426207	150006

续表

单 位 名 称	地 址	电 话	邮政编码
郑州院	河南省郑州市高新区翠竹街1号总部企业基地100号楼	0371－86628312	450000
新疆院	新疆维吾尔自治区乌鲁木齐市新市区北京南路946号金坤大厦9楼	0991－3679205	830011
天津院	天津市南开区黄河道大通大厦A803946号金坤大厦9楼	022－87900005	300100
广西院	广西壮族自治区南宁青秀区紫荆路1号	0771－8060103－0	530000
常州院	江苏省常州市武进区潞城街道东方东路51－1号	0519－68217200	213025
上海院	上海市长宁区定西路1310弄6号(福安大厦)5楼	18621800919	200050
北京铁城建设监理有限责任公司	北京市海淀区复兴路40号东院	010－52689375	100855
北京铁研建设监理有限责任公司	北京市大兴区黄村镇康庄路9号	010－53203301	102628
北京中铁建北方路桥工程有限公司	北京市大兴区黄村镇康庄路9号	010－5101121	102600
北京铁五院工程机械有限公司	北京市大兴区工业开发区科苑路18号	010－51011556	102600
北京铁五院工程试验检测有限公司	北京市大兴区康庄路9号	010－51015112	102600
北京中铁生态环境设计院有限公司	北京市大兴区西红门镇中鼎北路1号2层209室	010－51011846	100076
苏州众通规划设计有限公司	江苏省苏州市相城区高铁新城南天成路8号天成大厦9、10层	0512－68838132	215100
衢州市交通设计有限公司	浙江省衢州市柯城区白云街道花园中大道82号1～2层	13705703017	324000
北京铁五院工程设计咨询有限公司	北京市大兴区黄村镇康庄路9号院(南院)5号楼	18610135577	102600
北京铁建院物业管理有限公司	北京市大兴区黄村镇康庄路9号	010－51011699	102600
南通中铁设计研究院有限公司	江苏省南通市崇州大道60号紫琅科技6号楼308	15210572447	226000
北京铁城检测认证有限公司	北京市大兴区鼎利路10号院9号楼1层101室	010－56495458	102600
北京中港路通工程管理有限公司	北京市大兴区西红门镇中鼎北路1号二层219室	010－50927378	100076
海外事业部	北京市大兴区康庄路9号	010－51011629	102600
工程总承包事业部	北京市大兴区康庄路9号	010－51123848	102600
资本运营事业部	北京市大兴区康庄路9号	010－51010825	102600
基建管理中心	北京市大兴区康庄路9号	010－51011179	102600
图文中心	北京市大兴区康庄路9号	010－51011512	102600
后勤服务中心(退管办)	北京市大兴区康庄路9号	010－51125047	102600
《铁道建筑技术》杂志社	北京市大兴区康庄路9号	010－53271773	102600
中铁上海设计院集团有限公司	上海市天目中路291号	021－63818358	200070
南昌铁路勘测设计院有限责任公司	江西省南昌市工人新村二路27号	0791－87021157	330002
杭州铁路设计院有限责任公司	浙江省杭州市江干区三里亭路27～35号	0571－56735223	310004
中铁上海设计院集团合肥有限公司	安徽省合肥市瑶海工业园区新海大道15号	0551－62123591	230011
上海先行建设监理有限公司	上海市天目中路291号	021－63810150	200070
中铁上海设计院集团有限公司天津分院	天津市南开区卫津路18号中恺国际广场新都大厦A座15层	022－27776861	300073

续表

单位名称	地址	电话	邮政编码
中铁上海设计院集团有限公司南京设计院	江苏省南京市鼓楼区中山北路223号建达大厦7楼	025－83302580	210009
中铁上海设计院集团有限公司徐州设计院	江苏省徐州市新城区镜泊西路吉田商务广场C栋4层	0516－80805777	221000
中铁上海设计院集团有限公司长沙设计院	湖南省长沙市雨花区香樟路819号万坤图财富广场1栋10楼	0731－85350987	410000
中铁建预制构件研发咨询(上海)有限公司	上海市天目中路291号15楼	021－62362089	200070
中铁上海设计院集团有限公司广州分院	广东省广州市天河区高唐路242号301房	020－89811071	510640
中铁上海设计院集团海门有限公司	江苏省南通市海门区东布洲中路33号	0513－82826000	226100
中铁物资集团有限公司	北京市海淀区西四环中路19号	010－51881098	100143
东北有限公司	辽宁省沈阳市东北大马路337号	024－88204333	110044
华东有限公司	上海市杨浦区逸仙路25号同济晶度大厦18～19楼	021－62172358	200437
中南有限公司	湖北省武汉市武昌区丁字桥路25号	027－87129851	430070
西北有限公司	陕西省西安市碑林区友谊东路150号	18009244835	710054
西南有限公司	四川省成都市一环路北三段1号SOHO－C座	028－87666612	610081
华南有限公司	广东省广州市越秀区东风东路745号东山紫园商务大厦17层	020－28079988	510080
港澳有限公司	广东省珠海市香洲区九洲大道西3026号11栋	0756－3800255	519000
北京中铁工业有限公司	北京市石景山区玉泉路65号	010－51888618	100040
新疆有限公司	新疆维吾尔自治区乌鲁木齐市经济技术开发区中亚南路81号	0991－3776903	830026
北京中铁国际招标公司	北京市海淀区西四环中路19号	010－51881640	100143
北京五棵松饭店有限公司	北京市海淀区西四环中路19号	010－51881187/88/89	100143
湖南有限公司	湖南省长沙县星沙镇经济技术开发区开元大道17号	0731－88289215	410100
云南有限公司	云南省昆明市官渡区广福路樱花语幸福广场A1－E栋8楼	0871－63575127	650200
中铁煤焦销售有限公司	北京市石景山区玉泉路65号院	010－51886233	100040
中铁民爆物资有限公司	北京市海淀区西四环中路19号26号楼5层	010－51886649	100143
北京中铁福斯罗技术有限公司	北京市海淀区西四环中路19号218房间	010－51881080	100143
钢之家电子商务公司	上海市浦东新区东方路818号众城大厦10楼D座	021－50582191	200122
中国铁建重工集团股份有限公司	湖南省长沙市经济技术开发区东七路88号	0731－84071801	410100
中国铁建高新装备股份有限公司	云南省昆明市官渡区金马镇羊方旺384号	0871－63831815	650000
研发经营系统	湖南省长沙市经济技术开发区东七路88号	0731－84071779	410100
专业技术系统	湖南省长沙市经济技术开发区东七路88号	0731－84071874	410100
生产保障系统	湖南省长沙市经济技术开发区东七路88号	18570496604	410100
中铁建特种装备工程有限公司	湖南省长沙市经济技术开发区东七路88号	0731－84071826	410100

续表

单位名称	地址	电话	邮政编码
道岔分公司	湖南省株洲市建设北路	0731－28300006	412005
中铁隆昌铁路器材有限公司	四川省隆昌市金鹅街道重庆路598号	0832－3998026	642150
株洲中铁电气物资有限公司	湖南省株洲市田心北站路81号	0731－22681288	412001
新疆公司	新疆维吾尔自治区乌鲁木齐市经济技术开发区融合南路399号	0991－7526016	830000
包头公司	内蒙古自治区包头市青山区包头装备制造产业园	0472－2622758	014000
中国铁建国际集团有限公司	北京市海淀区复兴路40号中国铁建大厦B座	010－52689100	100855
中国铁建国际集团有限公司北非区域公司	143, Route d'Amara, Chéraga, Alger, Algérie	00213－23305032	16002
中国铁建国际集团有限公司西非区域公司	Zone 4, Lot 591 lot3, Abidjan, Côte d'Ivoire	00225－87650755	1706ABJ06
中国铁建国际集团有限公司港澳区域公司	香港九龙观塘海滨道133号万兆丰中心10楼A室	00852－27749886	
中国铁建国际集团有限公司亚太区域公司	Suite 20－02, 20th floor, Menara Tan&Tan, 207, Jalan Tun Razak, 50400 Kuala Lumur, Malaysia	0060－321628228	50400
中国铁建国际集团有限公司美洲区域公司	Piso 42－D, Torre 2000, Oceania Business Plaza, Punta Pacifica, San Francisco, Ciudad de Panama, Panama	00507－3825068	07196
中国铁建国际集团有限公司欧亚区域公司	Berezhkovskaya Embankment, 16Ac3, 121059 (этаж 2), Moscow, Russia	007－9104712286	
中国铁建国际集团有限公司中东区域公司	Office No. 16, Building No. 4450, Anas Ibn Malik Street, Al Malqa District, Riyadh, KSA	0966－114873114	12616
中国铁建国际集团有限公司东南亚区域公司	B3801－3802, CW tower, Ratchadaphisek Road, Huaykwang District, Bankok, Thailand	0066－21683060	10310
中铁建(北京)国际贸易有限公司	北京市海淀区复兴路40号中国铁建大厦B座2层	010－52687500	100855
中国铁建(国际)尼日利亚有限公司	Block C Plot No. 561 Zangon Daura Estate, Kado Abuja, Nigeria	00234－08108051495	99062
中铁城建集团有限公司	湖南省长沙市岳麓区洋湖路695号	0731－88605600	410208
第一工程有限公司	山西省太原市万柏林区迎泽西大街169号	0351－2654912	030024
第二工程有限公司	广东省广州市南沙区丰泽西路华飞街2号6号楼	020－31005990	511455
第三工程有限公司	天津市滨海高新区塘沽海洋科技园桂海路21号	022－60615958	300457
北京工程有限公司	北京市朝阳区常营北路五里桥一街1号院21号楼	010－85717577	100024
南昌建设有限公司	江西省南昌市西湖区二七南路116号	0791－87023247	330002
房地产开发有限公司	湖南省长沙市岳麓区洋湖路695号	0731－89590657	410208
物资有限公司	广东省广州市南沙区黄阁镇蕉门村蕉门路8号		511455
城市运营服务有限公司	湖南省长沙市学士街道含浦中路785号4栋	0731－89590603	410006
总承包分公司	湖南省长沙市岳麓区洋湖路695号	0731－89590891	410001
中国铁建投资集团有限公司	北京市海淀区复兴路40号铁建大厦B座	010－52689500	100855
北京通达京承高速公路有限公司	北京市密云区巨各庄镇前焦家坞村左提路171号	010－61074038	101500

续表

单　位　名　称	地　址	电　话	邮政编码
中铁建山东京沪高速公路济乐有限公司	山东济南济阳区太平镇济乐高速管理中心	15628987039	250000
中铁建湛江开发有限公司	广东省湛江市人民大道中46号	1382823992	524002
中铁建桂林投资有限公司	广西壮族自治区桂林市资源县铲子坪资兴高速管理中心	0773－2202022	541400
青岛蓝色硅谷城际轨道交通有限公司	山东省青岛市崂山区苗岭路36号国际发展中心28楼	18794882883	266000
中铁建山东济徐高速公路济鱼有限公司	山东省济宁市任城区济安桥北路永基城写字楼A座	13792355522	272000
中铁建(山东)德商高速公路有限公司	山东省聊城市东昌府区斗虎屯镇聊城北收费站驻地	15345454966	252000
中铁建四川简蒲高速公路有限公司	四川省眉山市东坡区太和镇太和大道中段	028－38566369	620010
中铁建重庆轨道环线建设有限公司	重庆市渝北区财富中心财富园1号B栋6楼	13933563885	401120
中铁建贵州安紫高速公路有限公司	贵州省安顺市西秀区七眼桥镇云峰本寨	0851－33222410	561000
中铁建四川德都高速公路有限公司	四川省德阳市旌阳区鞍山路39号凯信高新大厦16楼	0838－2530320	618000
中铁建四川德简高速公路有限公司	四川省德阳市旌阳区鞍山路39号高新大厦15层	0838－2909720	618000
北京兴延高速公路有限公司	北京市昌平区流村镇流村环岛(兴延公司)	010－69788110	102204
中铁建陕西高速公路有限公司	陕西省西安市经开区文景路凤城十路十字普汇中金国际中心11层	029－89820191	710000
中铁建(山东)高东高速公路有限公司	山东省聊城市高新区财金大厦8楼	0635－8512708	252000
中铁建甘肃张扁高速公路有限公司	甘肃省张掖市甘州区新墩镇南华村八社小区办公楼	19993625299	734000
中铁建河南兰原高速公路有限公司	河南省新乡市红旗区海马路2号	13811696669	453000
中铁建陕西眉太高速公路有限公司	陕西省宝鸡市金台区行政中心鹏博财富中心2号楼B座11楼	18966661228	721000
中铁建投山东泰东高速公路有限公司	山东省泰安市东平县经济开发区创业创新公共平台4号楼5层	0538－2238789	271500
中铁建宁夏高速公路有限公司	宁夏回族自治区银川市金凤区德丰大厦19层	0951－7619028	750000
陕西关环麟法高速公路有限公司	陕西省宝鸡市金台区鹏博财富中心2号楼B座5层	18066885958	721000
中铁建甘肃投资有限公司	甘肃省兰州市七里河区秀川街道恒大名都雅苑二期3栋204、205室	17361683192	730050
中铁建珠海投资开发有限公司	广东省珠海市金湾区红旗镇双湖北路华信荣大厦东区	18578204321	519090
中铁建置业有限公司	北京市丰台区东铁匠营街道南窑39号	010－60936315	100079
珠海铁建大厦置业有限公司	广东省珠海市香洲区吉大情侣中路51号1单元4楼	13539581787	519000

续表

单位名称	地址	电话	邮政编码
中铁建青岛投资有限公司	山东省青岛市市北区傍海中路13号	13001679010	266000
中铁建珠海西部投资开发有限公司	广东省珠海市金湾区红旗镇双湖北路华信荣大厦东区	13926906112	519090
中铁建桂林旅游开发有限公司	广西壮族自治区桂林市临桂区西城南路1号花样年华城5栋B单元6层	15908373628	541100
中铁建南京新市镇开发有限公司	江苏省南京市江宁区秣陵街道胜太路99号1号楼	025－86108978	211100
扬州湾头玉器特色小镇有限公司	江苏省扬州市广陵区湾头镇长安路479号	0514－85555116	222500
珠海铁建梧桐苑置业有限公司	广东省珠海市香洲区明珠南路2021号金嘉创意谷1栋3楼	0756－8606841	519000
中铁建万方张家口房地产开发有限公司	河北省张家口市桥西区清水河中路18号丽城大厦A座6层	0313－5985150	075061
中铁建置地有限公司	北京市丰台区张仪村路215号	010－60936315	100166
中铁建投悦居有限公司	北京市丰台区张仪村路215号	010－60936315	100166
中铁建科江门人才岛投资有限公司	广东省江门市蓬江区祥和路138号	0750－3991579	529000
温州铁建城置业有限公司	浙江省温州市鹿城区车站大道577号财富中心1202室	17702734567	325000
中铁建湖南高速公路有限公司	湖南省常德市武陵区龙岗路448号鼎沣财富广场10楼	0736－7778765	415000
珠海西部铁建城开发有限公司	广东省珠海市香洲区明珠南路2021号金嘉创意谷1栋3楼	0756－8606841	519000
张家口铁建城房地产开发有限公司	河北省张家口市桥西区西坝岗路80号1号楼	0313－5985150	075061
唐山唐丰置业有限公司	河北省唐山市丰润区林荫路18号唐山轨道创新发展中心3号楼	18286318899	064000
中铁建投(天津)城市开发有限公司	天津市静海区春曦道11号	18660801877	301600
中铁建投(青岛)城市开发建设有限公司	山东省青岛市市北区傍海中路19号	17693231415	266000
中铁建投(肇庆)开发建设有限公司	广东省肇庆市大旺高新区建设路40号	13059285225	526238
中铁建投(廉江)开发建设有限公司	广东省湛江市廉江市塘山路29号3～5层	15113182228	524000
中铁建投未来城(珠海)置业有限公司	广东省珠海市金湾区红旗镇金荷路泰然西西里6楼	17703065252	519000
中铁建投(桐乡)建设管理有限公司项目公司	浙江省嘉兴市桐乡市梧桐街道振兴西路888号富力大厦6楼	0573－88210959	314500
中铁建投温玉(台州)铁路有限公司	浙江省台州市椒江区市府大道507号台州商务广场16楼	13817864903	318001
中铁建投富春湾(杭州)城市开发有限公司	浙江省杭州市富阳区江滨东大道1号	13811756946	311401

续表

单位名称	地址	电话	邮政编码
中铁建投(烟台)开发有限公司	山东省烟台市福山区盐场街2号	18944618777	264000
中铁建南方投资有限公司	广东省珠海市香洲区九洲大道东1195号中航大厦6楼	18811575368	519000
中铁建苏州设计研究院有限公司	江苏省苏州市姑苏区三香路1338号恒业铂金大厦9～10F	0512－65333172	215007
中铁建公路运营有限公司	广东省珠海市香洲区海滨南路47号光大国际贸易中心5层	18721965113	519000
中铁建恒诚实业有限公司	广东省珠海市香洲区前山明珠南路金嘉创意谷1栋3楼	13241961868	519000
中国铁建投资集团有限公司山东分公司	山东省济南市二环南路3377号凯瑞大厦19层	18678860799	250000
中铁建资本控股集团有限公司	北京市海淀区复兴路40号中国铁建大厦A座7层	010－52681291	100855
中国铁建财务有限公司	北京市海淀区复兴路40号中国铁建大厦A座10层	010－52689068	100855
诚合保险经纪有限公司	北京市海淀区复兴路40号中国铁建大厦A座	010－52689665	100855
中铁建金融租赁有限公司	北京市石景山区石景山路45号星座大厦	010－68093191	100043
中铁建资产管理有限公司	北京市石景山区石景山路45号	010－68448210	100043
中铁建投资基金管理有限公司	北京市石景山区燕保大厦15层	010－59856328	100040
中铁建商务管理有限公司	北京市海淀区复兴路40号	010－51889291	100039
北京铁建物业管理有限公司	北京市海淀区复兴路40号	010－51887649	100855
中国铁道建筑总公司北京铁建医院	北京市海淀区复兴路40号	010－51888417	100855
北京铁建餐饮有限公司	北京市海淀区复兴路40号	010－51888692	100855
中铁国际航空服务有限公司	北京市海淀区复兴路40号	010－51887251	100855
大厦服务中心	北京市海淀区复兴路40号	010－52689702－8005	100855
中铁磁浮交通投资建设有限公司	湖北省武汉市武昌区张之洞路169号金星大厦	027－88068796	430060
清远磁浮交通有限公司	广东省清远市清城区广清大道96号凤城明珠花园凤迎阁(五栋)商铺首层39层	0763－3216566	511500
中铁建华南建设有限公司	广东省广州市海珠区新港东路1222号万胜广场B塔16楼	020－89557607	510220
中铁建华南建设(广州)高科技产业有限公司	广东省广州市南沙区万顷沙镇万环西路新安村	020－39011460	511462
中铁建华南建设(广州)建材有限公司	广东省广州市番禺区南村镇江南村金山二路	15131575772	511400
广州中咨城轨工程咨询有限公司	广东省广州市海珠区新港东路1238号万胜广场A塔15层	020－83649521	510220
中铁建网络信息科技有限公司	北京市石景山区石景山路万达广场A座	010－68612510	100040
中铁建国际投资有限公司	北京市东城区建国门外大街8号华润大厦1701室	010－50973265	10000
中国铁建资产管理(香港)有限公司	香港漆咸道南39号铁路大厦23楼	＋852－61997661	999077
中国铁建国际投资集团有限公司	香港湾仔港湾道1号会展办公广场4001－09室	＋852－21907500	999077
中铁建发展集团有限公司	北京市石景山区玉泉路59号燕保大厦12层	010－68705810	100040

续表

单位名称	地址	电话	邮政编码
北京培训中心(党校)	北京市大兴区龙河路16号	010-60282716	102600
中铁建锦鲤资产管理有限公司	北京市海淀区复兴路40号中国铁建大厦A座6层	010-52681191	100855
中国铁建股份有限公司东北区域总部	辽宁省沈阳市沈北新区沈北路36号6楼605	024-67856893	110000
中铁建北方投资建设有限公司	辽宁省沈阳市沈北新区沈北路36号6楼605	024-67856893	110000
中铁建长春投资建设有限公司	吉林省长春市高新区融创上城D15-103	15948937680	130012
中铁建黑龙江投资建设有限公司	黑龙江省哈尔滨市松北区中源大道10957号保利水韵W15-2楼	15004623281	150027
中国铁建股份有限公司华北区域总部	河北省石家庄市裕华区槐北路27号	0311-87051505	050011
中铁建华北投资发展有限公司	河北省石家庄市裕华区槐北路27号	0311-87051505	050011
中铁建雄安投资发展有限公司	河北省保定市容城县奥威路93-3	15128495288	071700
石家庄嘉盛管廊工程有限公司	河北省石家庄市桥西区汇明路99号	17731419073	050000
石家庄嘉泰管廊运营有限公司	河北省石家庄市裕华区槐北路27号	17731419073	050011
石家庄润石生态保护管理服务有限公司	河北省石家庄市裕华区长江大道168号天山银河广场写字楼C座1110	15135015440	050035
北京华北投新机场北线高速公路有限公司	北京市大兴区礼贤镇大辛庄村辛英街5号	010-89207180	102600
中国铁建股份有限公司北京分公司	北京市通州区经济开发区南区漷兴三街1号-A24	0311-87051505	101100
中铁建(天津)轨道交通投资发展有限公司	天津市南开区南马路北侧铭隆大厦1号楼	022-83698887	300190
中铁建华北建筑科技有限公司	河北省石家庄市行唐县经济开发区唐尧大道路北工业路路西	13832319642	050600
中国铁建股份有限公司中原区域总部	山东省济南市槐荫区日照路2573号西城大厦7楼	0531-69988900	250000
中铁建黄河投资建设有限公司	山东省济南市槐荫区日照路2573号西城大厦8楼	0531-69988901	250001
中铁建中原投资建设有限公司	河南省郑州市郑东新区正光路111号晖达商务大厦9楼	15617903007	450046
中国铁建股份有限公司华中区域总部	江苏省南京市建邺区白龙江东街8号科技创新综合体A3栋19楼	025-89660883	210019
中铁建城市建设投资有限公司	江苏省南京市建邺区白龙江东街8号科技创新综合体A3栋19楼	025-89660883	210019
中铁建长江投资有限公司	湖北省武汉市江岸区谌家矶大道85号	15549192222	430014
中铁建竹埠港新区建设开发有限公司	湖南省湘潭市岳塘区荷塘乡团山铺街8号综合楼3楼305号	18102131817	411100
安庆市高铁新区建设投资有限公司	安徽省安庆市经开区湖心北路76号	18913310033	246000
中铁东津利津大桥管理有限公司	山东省东营市利津县利一路117号	0546-5555699	257000
中国铁建股份有限公司华东区域总部	浙江省杭州市拱墅区上石祥路255号中国铁建国际城19幢17~19楼	0571-87780671	310000

续表

单 位 名 称	地 址	电 话	邮政编码
中铁建东方投资建设有限公司	浙江省杭州市拱墅区上石祥路255号中国铁建国际城19幢17~19楼	0571-87780671	310000
中铁建华东建设发展有限公司	上海自由贸易试验区临港新片区环湖西二路888号899室	021-66110070	200000
中铁海峡建设集团有限公司	福建省厦门市集美区同集南路92号东侧一楼	0592-5553368	361000
中铁建东南投资建设有限公司	江西省南昌市红谷滩区春晖路6号新龙大厦20楼	0791-86385656	330038
中铁建城市开发有限公司	浙江省杭州市拱墅区上石祥路255号	0571-81907689	310000
中铁市政(厦门)投资管理有限公司	福建省厦门市翔安区大嶝岛大嶝中路522号	0592-5938572	361103
中铁(丰城)市政建设管理有限公司	江西省宜春市丰城市新城小区A区11栋1单元102室	0592-5938572	331199
中铁建(福州)工程建设有限公司	福建省福州市晋安区象园街道晋连路19号	0591-83203811	350000
中铁建东方投资建设(慈溪)有限公司	浙江省慈溪市白沙路街道南白河路128号	0574-63012817	315300
上海铁建城市建设发展有限公司	上海自由贸易试验区临港新片区环湖西二路888号C楼	021-58281509	200000
温州京瓯城市开发有限公司	浙江省温州市鹿城区广化街道上横街82号金浦嘉园3幢211室-9	0571-81907695	325000
丽水京城开发建设有限公司	浙江省丽水市莲都区白云街道文进街58号一楼	0578-2252111	323000
中国铁建股份有限公司华南区域总部	广东省广州市番禺区汉溪大道时代E-PARK A1栋13楼	020-39981515	511400
中铁建南方建设投资有限公司	广东省深圳市福田区福田街道滨河大道南京基滨河时代广场A座49楼	0755-39910776	518000
中铁建北部湾建设投资有限公司	广西壮族自治区南宁市青秀区佛子岭路33号凤岭佳园29栋	0771-5888960	530022
中铁建(东莞)建设投资有限公司	广东省东莞市大岭山镇科技工业园		523820
深圳市深汕特别合作区中铁建建设投资有限公司	广东省深汕特别合作区赤石镇新联工业区行政楼		518240
中国铁建股份有限公司西南区域总部	四川自由贸易试验区成都高新区益州大道中段1999号4栋21~22层	028-86059977	610094
中国铁建昆仑投资集团有限公司	四川自由贸易试验区成都高新区益州大道中段1999号4栋21~22层	028-86059977	610094
中铁建海南建设发展有限公司	海南省三亚市崖州区崖州湾科技城标准厂房二期3楼C288区	0898-88284726	572000
中铁建融城发展有限公司	四川自由贸易试验区成都市天府新区正兴街道蜀州路2828号	028-85187986	610094
中国铁建股份有限公司西北区域总部	陕西省西安市雁塔区曲江新区万众国际A座19层	029-81208988	710061
中铁建西北投资建设有限公司	陕西省西安市雁塔区曲江新区万众国际A座19层	029-81208988	710061
中国铁道建筑报社	北京市海淀区复兴路40号中国铁建大厦A座	010-52689219	100855

索　引

使用说明

一、本索引采用内容分析索引法编制，除大事记外，年鉴中有实质检索意义的内容均予以标引，以便检索使用。

二、本索引基本上按汉语拼音音序排列，具体排列方法如下：以数字开头的索引词，排在最前面；以英文字母开头的索引词，列于其次；汉字索引词则按首字的音序、音调依次排列，首字相同时则以第二个字排序，依此类推。

三、索引词后的数字，表示检索内容所在的正文页码；数字后面的英文字母a、b，表示正文栏别，合在一起即指该页码及所在的版面区域。年鉴中用表格、图片反映的内容，则在索引词后面用括号注明（表）（图）字，以区别于文字索引词。

四、为反映索引词间的隶属关系，对于二级索引词，采取在上一级索引词下面缩二格的形式编排，之下再按汉语拼音音序、音调排列。

0～9

A ~ Z(英文)

A

B

C

D

E～F

G

H

J

K

L

M

N ~ P

Q

R

S

T

W

Z

（王彦祥、毋栋、张若舒　编制）